常德市商务志

(1989—2010)

常德市地方志编纂委员会
常　德　市　商　务　局　编

方志出版社
Publishing House of Local Records

图书在版编目（CIP）数据

常德市商务志：1989—2010 / 常德市地方志编纂委员会，常德市商务局编. —北京：方志出版社，2018.6
ISBN 978-7-5144-3108-7

Ⅰ. ①常…　Ⅱ. ①常…　②常…　Ⅲ. ①商业史－常德－1989-2010　Ⅳ. ①F729

中国版本图书馆 CIP 数据核字（2018）第 138528 号

常德市商务志（1989—2010）

编　　者：常德市地方志编纂委员会、常德市商务局
责任编辑：罗　滔

出 版 人：冀祥德
出 版 者：方志出版社
地址　北京市朝阳区潘家园东里 9 号（国家方志馆 4 层）
邮编　100021
网址　http://www.fzph.org
发　　行：方志出版社发行中心
电话（010）67110500
经　　销：各地新华书店
印　　刷：常德市武陵区宏垣彩色印刷厂

开　　本：787×1092　1/16
印　　张：83.5
字　　数：1200 千字
版　　次：2018 年 6 月第 1 版　2018 年 6 月第 1 次印刷
印　　数：0001~1000 册

ISBN 978-7-5144-3108-7　定价：568.00 元

常德市地方志编纂委员会

《常德市商务志》编纂委员会

《常德市商务志》编纂办公室

供　　图　陈建才　李培轩　黄彧汪　潘文达　涂传酚　钟云鹏
　　　　　刘熹俊

英语目录　李楠芳

《常德市商务志》审稿验收人员

周　波　江时宜　孟　韵　罗志秋　蹇　甜　李宗柯
高　节　石　林　钟云鹏　朱梅清　易湘域　王　见

序　一

中国有一条古训："治天下者以史为鉴，治郡国者以志为鉴。"地方志不仅具有"补史之缺、参史之错、详史之略、续史之无"的存史价值，更可起到以志为鉴、启迪后人的巨大作用。因此，在中华民族五千年的文明史上，历朝历代都十分重视史志的编纂出版，正所谓盛世治史、盛世修志。这一优良传统，也为中华文明悠久的、连续不断的历史传承提供了不可辩驳的佐证。

党的历史是党和人民的宝贵财富，是推动中国特色社会主义伟大事业不断前进的重要力量源泉。凝聚了广大修志工作者智慧和汗水的《常德市商务志（1989—2010）》（以下简称《常德市商务志》）是在中共常德市委、市人民政府领导下关于全市商务工作的备忘录，同时也是常德人民奋勇拼搏、开拓发展商务工作的自述史。

一书在手，常德商务了然。

《常德市商务志》通过朴实的文字记述、严谨准确的图表，精准地记录了1989—2010年（少数内容上溯至清末民国初，下延至2012年）我市商务大流通的历史，涵盖了全市商业、粮食、物资、外经、外贸、外资、石油、招商引资等多方面的经营活动。如此广泛的内容，而且其中诸多的企业（单位）乃至系统在改革的大潮和市场经济的快速发展中早已湮没无闻，为将各方面商务大流通的史实记录在志书中，本书的编纂者们历时4年多时间，在市档案馆和相关单位的档案室卷帙浩繁的故纸堆中去寻找、甄别、消化……对于那些历史档案中散佚或无法寻觅的重要史料，他们便登门访问或召开座谈会等形式从知情人这类活档案中发掘，通过大量去粗取精、去伪存真的工作，终将其编纂成为我们看到的华丽篇章与精彩纷呈。

当我们翻开这本志书时，您也许会为我市二十余年商务大流通的飞速发展而豪情满怀，为常德商务人的勤劳和智慧而赞叹不已，为搜寻到某些历史数据而粲然开怀，为了解到某些商务史实的来龙去脉而颔首自得，为欣赏到某些珍稀的历史资料而拍案称奇，为一睹某些罕见的镜头而击掌惊叹……

《常德市商务志》客观上对常德商务工作进行了一次系统、全面、深入的大调查，详细记录了发展成就、梳理了发展轨迹、总结了发展经验、分析了发展得失，为科学决策提供了翔实、真实和可靠的依据、借鉴与启发，其积累的大量文字、数据和图照文献同样是一笔不可多得的宝贵财富，是不可替代的数据库、信息库和资料库。我想，该志一定能为我市的商务事业，为我市智慧常德、健康常德、美丽常德、现代常德、幸福常德“五个常德”建设发挥出重要的资政能量。

现在，《常德市商务志》正式出版了，这是我市文化史上一项具有战略意义的文化建设工程，是我市方志工作取得的又一丰硕成果，也是编纂者们辛勤劳作的佳绩，我为你们点赞。同时也衷心希望《常德市商务志》成为世人了解常德、关注常德的窗口，期望通过此书获得各界朋友来支持常德、投资常德，与621万常德人民共创美好明天，共享发展成果。

是为序。

常德市人民政府副市长 [signature]

2016年9月

序 二

盛世修志，欣逢其时。《常德市商务志（1989—2010）》（以下简称《常德市商务志》）经过市商务局、市粮食局、市贸促会、中石化常德分公司、中石油常德分公司、市酒管办（市商务执法支队）等单位的全体编纂人员历时4年有余的辛勤笔耕，现在终于付梓问世了。这是常德无数商务工作者创业奋斗的真实记录，是常德地改市以来全市商务事业发展全面、集中的展现，是常德商务领域精神文明和文化建设的丰硕成果。

商务流通是国民经济极其重要的组成部分，是反映一个地区经济发展和社会繁荣程度的窗口。一部商务史就是社会发展史的真实写照和生动缩影。《常德市商务志》紧贴时代发展脉搏，全面、系统、翔实地展现了这一历史时期全市商业、粮食、贸促、物资、外经、外贸、外资、石油、招商引资等系统发生的深刻变化，记录了常德商务人革故鼎新、开放搞活的改革精神和继往开来、奋发图强的兴业历程。1989以年，全市商务系统坚持以经济建设为中心，坚持改革开放，为市委、市政府实施“兴工强农富市”和“开放开发兴市”战略加力，促进了常德商务事业跨越式的发展。常德商务工作为满足人民日益增长的物质文化生活需要，促进地方国民经济的增长发挥了无可替代的重要作用。

《常德市商务志》以1989年为上限，2010年为下限，为保持史实记载的连续性，对某些内容涉及的时限适当上溯或者下延。此期，正是我国社会主义市场经济的确立和逐步深入时期，企业改革的大潮席卷我市商务系统，全市的国内外商品流通、招商引资、粮油购销、石油成品油的销售等商务活动在激烈的变革中快速发展。这虽然为该志的编纂生产出丰富的素材，但剧烈的变革带来的行政和企（事）业单位的变迁，给我们的修志工作带来严重的困难。但我们的全体编志工作人员不畏艰难，先后用11个多月的时间，到市档案馆集中查找、搜集、扫描了7个部委办局、64个下属公司、11个事业单位的5000多卷档案中的相关资料。同时，在市商务局及各承修单位机关、改制办、市纪委、市委办、市委编委办等单位的档案室查阅、扫描了1000多卷档案资料。先后走访有关知情人员 900 多人次，调查、搜集到500多万字的修志相关资料。为求史事真实、数据准确、资料全面，本志编修期间，在全面搜集纸质资料的基础上，先后5次召开近200人次的座谈会，征求对商务志篇目和各公司基本情况以及商品经营的意见和建议。

现在出版的《常德市商务志》共10篇，约120万字，近百张照片，无疑是一部传承常德商务历史、通观商务全局的存史之册；是指导我们未来商务工作的文约事丰的资治之书、宝贵财富。因此，本志不仅系统地为世人提供了了解常德商务变迁的历史之窗，而且为从事商务工作的各级领导和广大工作人员提供可资借鉴的历史智慧。

编纂《常德市商务志》是一项复杂的系统工程，全体编纂人员殚精竭虑，辛勤笔耕，完成了这部近120万言的长篇巨著，它的字里行间凝聚了专家学者和商务老前辈的箴言，渗透了编纂者的心智。在此我代表市商务局党组谨向所有关心、支持和参与编纂《常德市商务志》的全体同志表示衷心的感谢！

抚今追昔，无比自豪。展望未来，任重道远。借此机会，寄语全市商务系统全体人员：以史为鉴，以史资治，坚持创新、协调、绿色、开放、共享的发展理念，抢抓国家“一带一路”“长江经济带”“洞庭湖生态经济区”等建设的重大机遇，拓展商务发展新思路，开创商务发展新境界，加快培育商务和开放性经济发展新优势，努力续写常德商务事业更加绚丽多彩的新篇章，将常德打造成泛湘西北开放发展新高地和现代商贸中心！

是为序。

常德市商务局局长 [signature]

2016年10月

凡　例

本志以马克思列宁主义、毛泽东思想、邓小平理论、“三个代表”重要思想、科学发展观、习近平新时代中国特色社会主义思想为指导，坚持辩证唯物主义和历史唯物主义的立场、观点和方法，真实地记载常德市1989—2010年的商务大流通历史，其中部分系统因上一轮修志未参与或其他系统因此次编纂内容完整性的需要而在时间断限上有上溯（最远至清末民国初）或下延（最迟至2012年，但为了保证整个家电下乡活动数据的完整性，该项数据截止到2013年2月）。

本志为原《常德地区志》中相关部分的续修，包含商业、物资、对外经贸、贸促、粮食、石油、酒类产销管理等商务流通领域，因此，分别大致承接原《常德地区志》的《商业志》《经济综合志》（第三篇物资工作）、《对外贸易志》《粮油贸易志》《酒志》等相关部分。

本志采用述、记、志、传、图、表、录、考等体裁，以志为主。本志分别由市商务局（市招商局）、市粮食局、中国国际贸易促进委员会常德市支会（中国国际商会常德商会）、市酒类产销管理办公室（市商务执法支队）、中国石油化工股份有限公司湖南常德石油分公司、中国石油天然气股份有限公司湖南销售常德分公司等承修单位分别编纂后汇编成书。市供销社、市蔬菜办的相关内容编入《市农业志》；市盐业公司因故未编修，故食盐经营部分内容缺如。

对志书未能全文使用的重要文件，以附录的形式附列于后，便于读者参阅。

市商务局办公大楼，位于武陵区洞庭大道1628号，1997年12月投入使用，占地面积2390平方米，建筑面积8808平方米

市粮食局办公大楼，位于武陵区沙港路798号，2011年10月投入使用，占地面积4000平方米，建筑面积5932平方米

1989年3月6日，省政协主席刘正(前左一)由市政协主席王大元(前左二)陪同考察常德的农贸市场

1990年 3月29日，商业部副部长兼湖南省商业厅长曹文斌(前左六)在省商业厅接见全省商业劳模合影。前右四为常德的张燕洁

1991年秋，张燕洁(前右)陪同外经贸部副部长白美清（左一)、常德市长蔡长松(右三)考察湘北工贸进出口公司

1992年7月，商业部副部长兼省商业厅厅长曹文斌(左五)在常德宾馆召开全省扭亏增盈会，市商业局局长刘霞飞（左三）与会

1993年4月21日,省外经贸委副主任贺同新(左二)、总会计师袁锡成(右一)、市外经贸委副主任黄彧汪(左一)陪同外经贸部党组成员、部长助理刘山在（左三）考察市直外贸公司

1993年冬，省委书记王茂林(右三)由市委书记庞道沐(右一)陪同考察汉旺公司

1993年冬，省委书记王茂林(左二)考察桥南市场

1994年1月6日，副省长唐之享(左二)由市外经贸委主任易湘域(左一)陪同考察湘北工贸进出口总公司

1995年9月7日，副省长庞道沐(后排左一)与唐之享(后排左三)参加第五届湘交会常德招商项目发布会，市长张昌平(后排左二)主持会议

1995年11月17日，国内贸易部副部长罗植龄(左五)等由副市长洪明祥(左四)、市粮食局局长车世炎(左三)陪同，重点检查樟木桥粮库

1996年4月24日，在国家小康住宅示范小区第七次评审会上，外资企业紫菱花园项目顺利通过国家级评审。右起：副市长杨万柱、建设部科技司季秉仁、建设部副部长（国家小康办主任）叶如棠、建设部科技司司长聂梅生

2000年3月13—14日，国家粮食局副局长孔令鉴 (左三)等在副市长龚建明 (右三)、市粮食局长车世炎(左二)陪同下考察常德粮食企业改革

2003年4月2日，人社部王东进副部长(右三)由常务副市长陈文浩(右四)、副市长宋冬春(右二)陪同考察再就业广场

香港特区全国人大代表、第十一届全国人大常委会委员范徐丽泰(前右二)参观金健米业，省人大常委会副主任颜永盛(后穿白衬衣者)与常德市委书记武吉海(前左二)等陪同

2004年7月，国家粮食局局长聂振邦(右二)在副市长龚建明(左四)陪同下在汉寿太子庙粮库考察

2004年10月22日，省委副书记、常务副省长于幼军(右三)和省人大常委会副主任庞道沐(右二)出席湘交会常德招商项目签字仪式

2005年冬，省委常委、宣传部部长蒋建国(图中)、副省长贺同新(图右)考察常德商贸流通

2006年9月26日，省人大常委会副主任庞道沐(后排右四)、市委书记武吉海(后排右五)、市长陈君文(后排右三)出席中博会常德投资环境说明会暨项目签字仪式

2006年10月22日，中纪委原副书记、监察部原部长曹庆泽(右五)，省人大常委会副主任庞道沐出席常德珍珠城奠基仪式

2007年2月，省长周强 (左一)在市委书记武吉海(左二)、金健米业公司总裁肖汉族(右一)陪同下考察该公司

2007年3月22日，副省长贺同新(左二)在市商务局局长滕明友(左一)陪同下考察桥南市场

2007年6月20日，商务部原副部长沈觉人(居中者)由市商务局副局长涂贤春(左一)陪同在常德考察

2007年8月11日，省委常委、常务副省长肖捷(前左)在汉寿县委书记刘定青(前右)和县长宋云文(后右三)陪同下在汉寿县考察早稻收购工作

2008年6月30日，中国粮食行业协会会长白美清(前右一)一行考察金健米业

2008年10月，省委书记张春贤(左二)由市委书记武吉海（右二）陪同考察重啤国人有限公司，公司总裁李开喜（右一）接待

2009年4月8日，国家海协会会长陈云林(左二)在省委常委、统战部部长李微微(右一)、市委书记卿渐伟(左三)陪同下考察金健米业

2009年6月9日，省委书记张春贤(左三)考察金健米业，市委书记卿渐伟(右三)、市长陈文浩(左二)、公司总裁肖汉族陪同

2009年6月24日，国家粮食局副局长张桂凤（右三）到金健米业公司考察

2010年6月3日，商务部副部长蒋祝平（前左二）由市长陈文浩(左一)、市商务局局长马慧(右二)陪同考察恒安纸业公司

2010年7月29日，国家粮食局副局长任正晓（前排左三）等一行5人，在副市长沈习森（后排左一）、市粮食局局长张阳（右三）陪同下检查调研常德粮食工作

2010年9月29—30日，湖南省经济合作洽谈会暨第四届湘商大会在常德召开，常务副省长陈肇雄(后排左二)出席开幕式

2011年5月11日，海南省委原副书记、中央第六巡视组原组长蔡长松（左四）在德山酒业参观生产车间

利比里亚共和国总统瑟利夫女士(中)和朱迪（时任总统项目办主任，后任利比里亚工程部部长）与中国驻该国大使馆经参室二秘、市招商局副局长管楚运(右)合影

1991年7月，省物资厅厅长谭照华(左四)由副市长陈德铨(左三)、市物资局局长陆训寿(右一)陪同考察德海大厦工地

1992年9月3日，省外经贸委副主任杨鄂祥（右三）参加省政府在香港举办的港交会，常务副市长李江(右二)、市外经贸委副主任钟冬才(右一) 陪同

1991年7月4日，市委、市政府领导与全市红旗党组织代表、模范党员合影。第二排右三为市武陵百货大楼党支部书记张恩美

1993年9月，副市长钦时中(后左四)主持常德(深圳)招商项目签字仪式，市协作办主任范自立(后左三)与市外经贸副主任黄彧汪（后右二）协助

1993年11月2日，副市长李延生（后排左五）主持常德(深圳)招商会项目签字仪式，市协作办主任范自立（后排右二）与市外经贸委副主任黄彧汪（后排右一）协助

1994年7月28日，副市长洪明祥(右三)、李延生(右四)在深圳芙蓉大酒店主持召开常德市特邀嘉宾经贸座谈会。左四为省政府驻深办主任黄道望

1994年9月8日，省招商局常务副局长张昌平(后右一)、副市长李延生(后右二)参加省政府在香港举办的港交会项目签字仪式

1994年9月28日，副市长洪明祥(前排左三)、市财贸办主任朱梅青(前排左一)、市商业局局长王见(前排右一)为市纺织站南门商厦开业剪彩

1996年4月12日,常德港深招商会项目签字仪式，后排左二起依次为刘明、姚珍友、陈君文、莫道宏、杨万柱

1996年4月9日，市长张昌平(后排右二)率代表团赴香港招商，出席项目签字仪式

1993年10月，副市长杨万柱(左二)、市物资局局长窦长清(左四)、市化轻公司经理陈月平（左一）参加市化轻公司与上海轮胎橡胶集团公司联营剪彩

1996年4月24日，紫菱花园选点在武陵区南坪乡南坪村。右起依次为市长张昌平、华星宇董事长周业华、国家小康办秘书长叶明、市规划局副局长刘启仪、省建委副主任张建新

1996年9月8日，副市长陈君文(前排左八)率代表团参加省政府在香港举办的港交会，市招商局副局长黄彧汪（前排右八)陪同

2001年11月7日，市长陈君文(后右四)、副市长龚建明(后右五)率代表团参加省政府举办的港交会常德招商项目签字仪式，市外经贸局局长王孝山(后右三)参加

2003年10月23日，市委常委李平(左三)、副市长龚建明(右三)与客商(右四)签约后合影。市外经局领导滕明友（左二）、黎运龙（右一）、易发力（左一）、钟云鹏（右二）等陪同

2003年8月20日参加上海招商引资推介会，左二起为市贸促会会长刘志卫、上海国际商会副会长陈建华、市委常委李平、副市长龚建明

2006年10月22—23日，商务部市场建设司司长常晓村(左四)在常德主持召开全国大型农产品流通企业工作会，左三为副市长朱晓平，左五为省商务厅副厅长易昌伦

2006年7月16日，市委书记武吉海(左三)在市粮食局召开早稻收购工作座谈会

2006年9月16日，副市长李爱国(右一)参加车博会，市政府副秘书长孙大忠(右二)、市商务局副局长谭晓文（左二）、市汽车流通协会会长张力权（左一）陪同参观

2005年9月14日，市长陈君文(前右一)参加美国安尼朗德郡合作洽谈签字仪式。后排右六为市委副书记周用金、右五为市委常委李平

2006年11月26日，副市长朱晓平(后排左三)参加市废旧交易大市场开业剪彩

2006年11月27日，国家粮油检测中心主任杜政(右二)到常德考核评审市粮油食品质量检测中心工作

2007年1月15日，市商务局副局长朱国模(左四)陪同省商务厅厅长毛叙保(左三)考察常德节日市场

2007年12月24日，市贸促会会长黎运龙(图左)与省贸促会会长李沛出席中国国际商会会员代表大会

2008年7月15日，市委书记卿渐伟(前右一)考察农贸市场，市商务局局长马慧(黑衣者)陪同

2009年9月21日，省商务厅副厅长易昌伦(左四)考察农贸市场，市商务局党组书记吴德新(左二)、副局长谭晓文(左三)陪同

2009年9月30日，市长陈文浩(右三)检查国庆节日市场，市商务局党组书记吴德新(左三)陪同

2010年4月15—16日，省粮食局局长夏文星(左四)等6人到常德开展粮食产业化调研，市人民政府副厅级干部黎建平(右一)、市粮食局局长张阳(左三)陪同。

2010年7月，市委书记卿渐伟（右七）督导步行街文明创建，市商务局局长吴德新（右三）、市委宣传部副部长曾莉（右二）陪同

2010年7月27日，市委书记卿渐伟(前右二)、市长陈文浩(前右一)和上海世博会的湖南馆负责人共同点按常德活动日启动按钮

2010年11月2日，市长陈文浩(前右二)考察德山洞北农贸市场提质改造工地，市商务局局长吴德新(左一)、工会主席石林(左二)陪同

2006年1月18日，市政府副秘书长陈华（左二）、副市长朱晓平（左三）、市委副书记曹儒国（左四）、市政协副主席胡子达（左五）等参加市外商投资企业协会成立大会

2012年3月20日，市直招商小分队培训暨出征动员大会召开，副市长沈习森（左三）、市商务局局长吴德新（左二）等参加

2012年副市长匡加才（左三）、市商务局局长吴德新（左五）参加老干部春节团拜会

2011年6月27日，副市长朱晓平(图中)、市商务局局长吴德新(图左)、重啤公司总裁李开喜(图右)触摸启动球，宣布常德市首届重啤啤酒节正式启动

2008年11月16日，外经贸部原副部长佟志广（左四）考察常德钢材大市场，董事长刘荣（左二）、副总经理杨芝林（左一）陪同

2017年4月19日《常德市商务志（1989—2010）》评审会与会人员合影。后排左起：孟韵、罗志秋、李宗柯、钟云鹏、雷志兴、翦甜、涂传酚、张家海、李培轩；前排左起：黄彧汪、江时宜、周波、石林、朱梅青、易湘域、王见、潘文达

常德市河洲水产有限公司

常德市河洲水产有限公司是湖南省一家集中华鳖种鳖繁育、生态养殖、产品研发、销售服务、互联网+为一体的农业产业化省级龙头企业。公司在董事长王国顺的带领下，历经31年的坚守，历经六次产业融合发展，已形成了一二三产业的良性互动。

公司旗下河洲龟鳖专业合作社经过多年艰苦探索，独创了“优水、优养、优种、优长、优标、优味”六优生态甲鱼养殖模式，对入社成员实行种苗供应、技术指导和产品回收，截止目前带动了全省10多个县（市）上千户农民养殖中华鳖，养殖面积达1.26万亩，年产值已达3.8亿多元，带动产值7亿多元。2016年，常德市河洲水产有限公司被评为湖南省农业产业化龙头企业，河洲龟鳖专业合作社也相继被评为国家农民合作社示范社。

第 6181836 号

商标注册证

河洲

核定使用商品(第31类)

活动物；贝壳类动物（活的）；活鱼；活家禽；甲壳动物；甲鱼（活的）；龙虾（活的）；鳝鱼（活的）；泥鳅（活的）；牛蛙（活的）（截止）

注册人 王国顺 432421197304201117

注册地址 湖南省常德市鼎城区十美堂镇三岔路

注册有效期限 自公元 2009年09月07日 至 2019年09月06日

局长签发 李建昌

河洲产业以园区建设为产业发展龙头，先后创办了柳叶湖河洲甲鱼生态养殖产业园和十美堂河洲甲鱼产业示范园。柳叶湖产业园坐落在享有“中国城市第一湖”美誉的柳叶湖畔，分为生态养殖和渔业体验区两大功能区，占地300余亩，目前，已完成投入3000多万元。园区先后荣获有机甲鱼生产基地、农业部水产健康养殖示范场、湖南省现代农业特色产业园省级示范园、湖南省科学技术普及基地、湖南省五星级乡村旅游（点）、湖南五星级休闲农业庄园、省级休闲渔业示范点等多项荣誉。十美堂示范园占地近500多亩，目前两园已具有养殖示范、产品研发、良种繁育、技术推广、商务办公、形象展示、科普教育八大功能。两大园区比翼齐飞，为河洲产业的发展夯实了坚实的基础。

公司大力实施营销战略，开辟了流通销售、酒店直销、品牌形象店专卖和电商销售四大销售战线为河洲产业助力。其中，公司通过大力建设网络河洲，成为中国甲鱼电商销售的领头雁，2016年10月31日，河洲甲鱼在天猫聚划算1分钟内热销1100只，开行业之先河，同年11月11日，河洲甲鱼网销额突破

50万元，创业界之奇迹。目前，河洲甲鱼已畅销全国23个省（市）。

目前，河洲产业已成为中国生态甲鱼的一面旗帜，品牌影响力日益显著，河洲甲鱼先后荣获湖南省著名商标、湖南省优质农产品金奖、中国湖南畜牧渔业博览会金奖、全国百佳农产品品牌、中国中部（湖南）农业博览会农产品金奖、湖南省休闲农业创新创意产品奖等多项殊荣，2016年12月5日，河洲甲鱼江南店荣获全国先进个体工商户荣誉称号，在当日举行的全国先进个体工商户表彰大会暨纪念中国个体劳动者协会成立30周年座谈会上受到隆重表彰，李克强总理发表重要讲话并颁奖。

五年鳖

养生一号鳖

玥子鳖

三年鳖手提袋

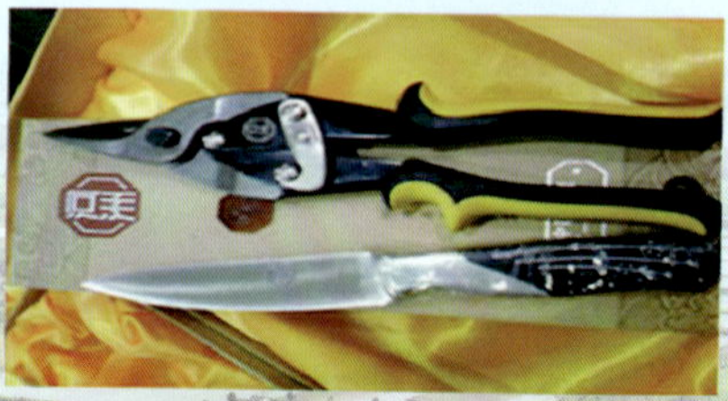

宰杀工具

养生煲

清咸丰五年（1855年），谢氏而芳公世系16代祖谢聪亨承办秦人擂茶坊，开始小规模生产，此时擂茶制作也并非这一家，但以谢聪亨一家为擂茶制作技艺的主要代表人物，出于崇拜，人们称他为“谢老头”，都说“擂茶还是谢老头的好”。“谢老头”名称由此传开。清同治十二年（1873年）谢聪亨之子谢启鼎作为谢老头擂茶第二代传人，经营三十六年，改进工艺、技术，逐步固定成型，以适应工厂化生产。清宣统二年（1910年），谢聪亨之孙谢福泰作为谢老头擂茶第三代传人，在战火纷飞的年代苦苦支撑了40年，直到1949年全中国解放。1951年，谢福泰三子谢运彦作为谢老头擂茶第四代传人承办公私合营的桃源县桃花源擂茶厂。1965年，谢老头擂茶第五代传人谢立钧接手青山大队擂茶馆，1984年自主创办桃源县桃花源萃源擂茶厂，成为民营独资企业。2009年，企业注册商标“谢老头”，意在“弘扬先祖精神，展示武陵渔父形象，践行修善积德，造福广大民生”。2015年1月，谢老头擂茶第六代传人谢伟华子承父业，企业更名谢老头食品有限公司，并对企业进行了大规模扩充，建成湖南最大的擂茶厂。

2007年中央电视台第7套节目《每日农经》与地方各大媒体进行了专题报道。2013年获全国富硒农产品金奖，推荐为“全国补硒产品”；2015年被评为“中国名优硒产品”，同年8月，谢老头擂茶代表湖南名优特新产品在北京参展，企业法人谢立钧受到全国人大委员长栗战书等党和国家领导人的接见，并与栗战书委员长和泰国副总理功·塔帕朗西夫妇等在人民大会堂合影。

富硒擂茶

炒米

薯片

野蒿粽叶粑

杞枣五谷擂茶

原味擂茶

富硒香粽

原味擂茶

擂茶王

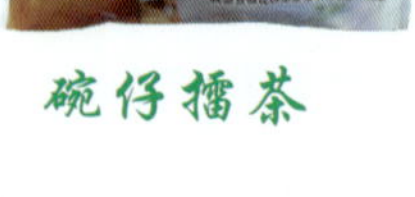

碗仔擂茶

湖南老字号——福千府

清光绪十五年（1889年），桃源县漆河镇土秀才郑开新先生在开办郑家油榨坊时，取名“福千府”，意为“福及千府，惠泽万家”，迄今已有130余年的历史。

据郑氏家谱·祖业小传记载与乡村证明：“清光绪年间，郑家榨坊开设在砖木结构的四合院内的天井北边，南边为厨房，东侧布茶室，西侧布书房。每当榨坊撞响或炊烟从天井里升腾起来，从房舍飘出来的油香便四处洋溢，惹得左邻右舍、过往行人直呼“好香”！

1932年，长子郑佳生承续父业，他从15岁开始操这门技艺，掌握了茶籽采摘与榨油的技巧，成为十里八乡有名的打油匠。

1943年11月，日寇入侵，战事连连，父子俩遵循祖辈“福及千府、惠泽万家”的旨意，服务上门，“打油郎”名声鹊起。部分茶油以及桐油、木子（乌桕）油还搭乘黄石驳子，经沅水，出洞庭，销往省内外。

1959年，农村公社化，“福千府”油坊归并郑家溶大队加工厂。70年代集体添置了95型螺旋式的压榨机，炒籽、破籽、碾粉都实现了半机械化，大大提高了榨油效率和出油率。

改革开放后的1994年，郑红华在漳江镇创办万家油脂厂，商标注册沿袭“福千府”，把老祖宗的“福及千府、惠泽万家”诠释为“为耕者谋利，为食者造福”；2012年万家油厂迁入漳江工业园（省高新技术产业园），2015年“福千府”评为湖南省著名商标；2017年企业更为现名——湖南福千府生物科技有限公司，以更好地“发展生物经济，萃取植物精华，福送千府万家”。企业在油脂产业扩能的基础上，又开辟了药食同源的葛根产业，两个产品共打“福千府”一个老品牌，其品牌影响力愈来愈大，富硒油脂与康必硒等葛粉保健系列食品已享誉国内市场。

企业与其产品先后获得“中国优秀绿色健康食品”（2009）、“第四届中国（长沙）国际食品博览会金奖”、“中国著名畅销品牌”（2009）、“全国富硒农产品金奖”（2013）、“全国富硒产业开发十佳明星企业”（2013）、“中国诚信品牌万里行重点推荐诚信经营示范企业”（2016）、“全国重质量、守信用诚信示范单位”（2017）等荣誉称号。

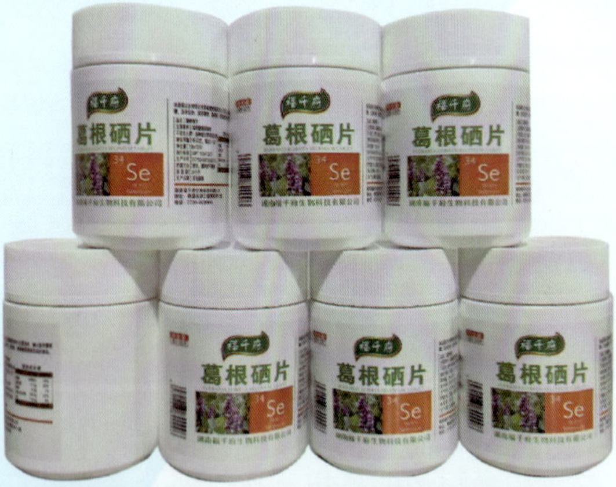

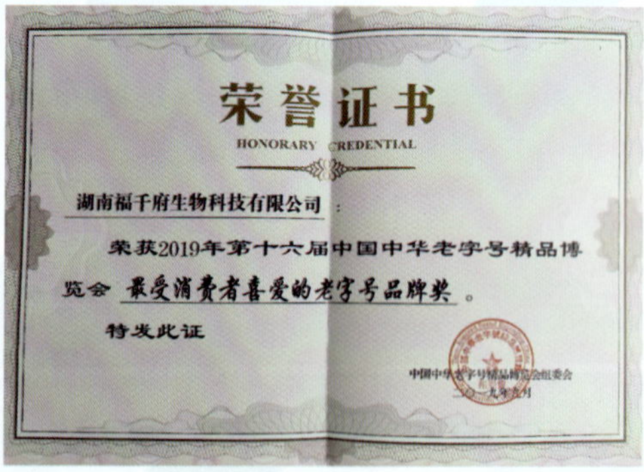
荣誉证书

HONORARY CREDENTIAL

湖南福千府生物科技有限公司：

荣获2019年第十六届中国中华老字号精品博览会最受消费者喜爱的老字号品牌奖。

特发此证

中国中华老字号精品博览会组委会

目 录

第二篇　生活资料经营

第三篇　工业生产资料经营

第四篇 粮油经营

第五篇　石油经营

第六篇 对外与对港澳台经贸及招商引资

第七篇　服务经营

第八篇 国际贸易促进

第九篇　行政执法与监管

第十篇　市场建设与管理

附 录

CONTENS

Part Two Management of Means of Livelihood

Part Three Management of Industrial Means of Production

Part Four Operation of Grain and Oil

Part Five Operation of Petroleum

Part Six Trade and Investment Invitation to Hong Kong, Macao & Taiwan and Foreign Countries

Part Seven Service Operations

Part Eight International Trade Promotion

Part Nine Administrative Law-enforcement and Supervision

Appendix

概　述

1988年1月，国务院批准撤销常德地区，建立省辖常德市，原辖慈利县于次年1月划归大庸市后，所辖有原常德县和常德市分别更名的鼎城区和武陵区两个行政区，安乡、汉寿、澧县、临澧、桃源、石门6县，西洞庭和西湖两个管理区，代管县级的津市市。辖区内后又陆续成立常德经济技术开发区（成立时名德山经济科技开发区）、柳叶湖旅游度假区、桃花源旅游管理区。全市辖域面积18189.8平方千米。1988年年底，常德市总人口（不含慈利县）为551.51万人（其中农业人口470.80万人、非农业人口80.71万人）。

撤区建市之后，原常德地区对外经济贸易委员会更名常德市对外经济贸易委员会、常德地区粮食局更名为常德市粮食局、常德地区物资局更名为常德市物资局、常德地区商业局更名为常德市商业局，其时中国石油化工股份有限公司湖南常德石油分公司尚为市商业局所属的石油公司，中国国际贸易促进委员会常德市支会（中国国际商会常德商会）于1988年12月19日经中国国际贸易促进委员会湖南省分会（中国国际商会湖南商会）批准成立为市对外经济贸易委员会的一个内设机构。

至2010年年底，常德市总人口为609.96万人（不含未落常住户口人员5.98万；其中农业人口464.38万人、非农业人口145.58万人）。

撤区建市的1988年，全市工农业总产值为85.39亿元。当时全市没有高速公路，铁路通车里程为60.1千米，但偏于辖区西方一隅，当年水运货运量为500.5万吨，斗姆湖机场（后改名桃花源机场）扩建后于1996年恢复营运，1997年运送旅客4.38万人。

至2010年年末，全市工农业总产值为1887.7亿元，市辖区内的长常、长张、常吉3条高速公路通车里程达200千米，铁路通车里程达207千米，港口货物吞吐量948万吨（2010年水运货运量1975.1万吨），机场旅客吞吐量26.88万人次。

在这样的基础上，常德市没有辜负“九省通衢”的美誉，而且在市场经济的新环境下赋予了商务发展以更丰富的内涵。

1989—2010年常德商务大流通的发展，是常德商务人共同奋斗结出的硕果。这支商务队伍是由市商务局（原市外经贸局及其前身市外经贸委）、市粮食局、市贸促会、中石化常德石油分公司、中石油常德分公司、原市物资局、原市商业局等单位及其所属的62家企业、10家服务事业单位、2家行政管理机构的约4.5万名干部、职工组成的。在21

世纪初完成的企业改制或破产，职工买断工龄的改革中，除湖南金健米业股份有限公司等少数粮油类企业和从事石油经营的两家公司外，悉数被注销，但它们创造的辉煌永垂史册，而且正在由尚存的商务企业和民营企业续写着。

一、对外经济贸易和招商引资

（一）进出口

1988年以前，湖南省对外经济贸易中的进出口业务，由具有进出口经营权的省级专业公司（主要为省对外经济贸易委员会下属的专业公司）经营，地（州）市的外贸公司只进行出口商品的收购，再调拨给对口的省级外贸专业公司，省公司收货后给地（州）市外贸公司一定比例（一般在销售额的3%左右）的经营管理费，然后出口至国外或销往港澳台地区以换取外汇，将所收入的外汇以固定的换汇率上交给国家。出口盈亏由国家负担。随着国家外汇汇率的逐步调整和国内物价水平的逐年抬升，出口亏损越来越大。1988年，国家决定对外贸体制实行改革，即对出口实行切块承包。湖南省于当年开始，也对各地（州）市贯彻执行上述政策，即在批给每个地（州）市至少一家外贸公司进出口经营权的基础上，将国家下达的出口收汇计划和拨补的出口亏损补贴计划相应分解到各地，由各地自负盈亏。

1989年，常德市具有进出口权的3家企业（湖南省湘北工贸进出口公司、常德市对外经济贸易公司、临澧太平实业公司）的进出口额为2188.85万美元（其中进口1679万美元，出口509.85万美元），占工农业总产值的0.9651%。此后，随着招商引资的发展，具有进出口经营权的“三资”企业数量的增多以及常德市工农业生产的发展，以后全市的出口额逐年均有较大幅度的增长。与此同时，全市国有外贸系统的经济效益也有较大幅度的提高，如1989年全市对外经贸系统亏损35.86万元，较上年减亏445.69万元，但随着国家对外经贸体制改革的逐渐深入，市级以下国有对外经贸企业与经济环境不相适应的实际日趋明显，加上企业管理方面的问题（经营者不考虑公司效益而只虑及个人所得，甚至在经营中携资出逃境外，如湖南省湘北工贸进出口公司1991年时任总经理的李某和副总经理杜某以及1995年该司下辖的珠海公司法人代表贵某携妻外逃等，给企业的业务和资财造成巨大损失），业务逐年萎缩，效益日渐下滑，至1996年亏损达1289.69万元；次年，有几家企业因停业而停止会计核算。之后，常德市的国有对外经贸企业逐渐破产改制，至2002年以后渐次完毕，全市国有对外经贸企业消失。虽然如此，但全市的外贸进出口逐渐由“三资”企业和民营企业全面担当起来，在全市经济的发展中仍然呈现逐年增长的趋势，至2010年，全市具有进出口经营权的企业达225家（其中年出口过千万美元者6家：常德达门船舶有限公司、湖南省桃源杰新纺织印染有限公司、湖南省汉寿县冷冻加工厂、湖南广源麻业有限公司、湖南鸿鹰祥生物工程股份有限公司、湖南洞庭药业股份有限公司；年进口过千万美元者4家：湖南恒安集团、湖南创元铝业有限公司、常德达门船舶有限公司、常德美化尼龙有限公司），进出口额达25788万美元（其中进口11840万美元、出口13948万美元），占工农业总产值的0.9248%，其绝对额22年年均增长11.86%。

（二）招商引资

常德地处中西部内陆，从地理位置上来说，并非投资商的青睐之地。为此，全市利用新闻媒体和互联网等现代的科技手段，对常德进行全方位的宣传推介。主要的方式有：编辑并及时更新招商引资项目手册，制作音像视频（如1991年的《中国常德》、1996年的《奔向新世纪》《春满桃花源》、1998年的《开放的常德》）等。在宣传常德的基础设施、招商引资项目、招商引资优惠政策等的同时，还介绍常德人在招商引资方面的软件建设。在引商的基础上，还要安商和富商，因此，常德人注重优化环境，为投资商进行全程的优质服务；设立市长外商接待日，在倾听外商诉求的基础上高效率地解决问题；组织市商务局、税务、外汇、海关等多家有关部门联合办公，使外商的年检等重大商事活动简便易行。

市委、市政府为加大招商引资力度，自1990年以来，陆续出台一系列鼓励招商引资的文件，主要有1995年的《常德市招商引资奖励暂行办法》《关于进一步加强发展外向型经济的决定》《关于鼓励外商投资的若干意见》，1996年的《常德市改善外商投资环境八条措施》，2006年的《市本级工业发展奖励办法》，2007年的《常德市工业投资奖励暂行办法》等。

2001年9月，市委、市政府专门成立招商引资奖金评审委员会，专司对市内招商引资先进单位和个人的表彰与奖励的评审。2000—2010年，全市引进重大新型工业项目67个，市委、市政府斥资2250.91万元，先后对市直47家招商引资先进单位和40余名招商引资先进个人进行奖励。

通过在国内外举办各种类型的招商引资活动，或组团参与国家或省有关部门举行的重大招商引资活动以吸引海内外客商来市内投资，是常德市招商引资的重大举措之一。

市委、市政府在市外举办的主要招商引资活动有：1991年3月在深圳市举办的常德市首届名、优、特、新产品展销会暨对外经贸洽谈会，1994年4月在上海举办的招商会，1994年9月在香港和深圳举办的招商会，1996年4月的港深招商会，1999年4月在厦门举行的经贸洽谈会，2002年12月举办的常德（香港）投资贸易洽谈会，2004年的常德（美国）招商洽谈会，2005年6月在香港举行的常德（香港）投资说明会暨项目签约仪式，2008年的长三角4市招商引资推介会，2009年5月举办常德（深圳）承接产业转移招商推介会和参加湖南（香港）投资洽谈会及重大项目签约仪式，2009年11月举办常德（上海）招商推介会，2010年9月组团参加在南昌举行的第五届中国中部投资贸易博览会等。

在市内举办的招商引资活动主要有：1992—1998年每年3月举办的中国湖南桃花源游园会、经贸洽谈会，以1999年9月第八届亚洲皮划艇锦标赛在常德举行为契机举办的经贸洽谈会，2006年9月承办的省第二届海外华商潇湘行常德之旅活动，2010年9月在常德市举办2010年湖南经济合作洽谈会及第四届湘商大会等。

组团参与国家或省有关部门举办的各种招商引资活动主要有：1991年1月湖南省在深圳召开的对外经贸洽谈会、1995年10月23日至11月7日外经贸部在美举办的’95中美贸易投资洽谈会、1998年9月外经贸部主办的厦交会、2006年9月的首届中国中部投资贸易博览会，2008年组织企业赴德国参加纽伦堡亚洲消费展览会和阿拉伯联合酋长国第四届沙迦中国商品展等。

除此之外，市商务（对外经贸）系统根据市委、市政府的部署，联合市直有关部门，组织小分队不定期地分赴沿海或其他经济发达地区上门招商，使之成为举办或参与大型招商引资活动的重要补充形式。

纵观1989—2010年全市的招商引资，可以将其大致分为5个阶段：

1.发轫期（1988年之前）：有了一个好的开端。

2.困顿期（1989—1991年）：1989年北京政治风波后西方对华实行经济制裁，全市招商引资跌入低谷，1990年处于停顿状态，次年，颓势方渐次扭转。

3.成长期（1992—1996年）：合作伙伴已经由港澳台同胞而扩展到世界各地，不但亚洲的韩国、印尼等国的商人成为常德的合资方，欧美的发达国家如美国、加拿大、英国、意大利、荷兰等国的公司亦纷纷到常德投资，从地域意义上来说，这才真正地引来了外国的“金凤凰”。

4.成熟期（1997—2002年）：本期国际国内（市内）环境极差：1998年全市遭遇特大洪涝灾害，是年发生罕见的亚洲金融危机；1999年科索沃战争爆发，美国轰炸中国驻南斯拉夫联盟大使馆，中美摩擦加剧，台湾的“台独”势力甚嚣尘上，海峡两岸关系紧张等，这些都使全市的招商引资受到重大影响。此阶段引人注目的是以前由国有企业招商的一统天下被民营企业打破，且比例逐年上升。此外，1999年起开始统计国内市外资金的引进，此项的金额相对于外资来说，无论绝对值还是增幅都是“大数据”。

5.发展期（2003—2010年）：此阶段，虽有2003年国内的“非典”（重症急性呼吸综合征）、2007年美国次贷危机全面爆发演变为全球性金融风险并于次年演变为全球信贷危机等的影响，但常德市的外资到位额跃上了亿美元的关口，且逐年均有较大幅度的上升。

全市自1985年诞生首家“三资”企业以来，至1988年累计引进4家，总投资4458.4万元人民币，合同利用外资207万美元，外资到位118.5万美元；2010年，当年引进“三资”企业25家，总投资28.23亿元人民币，合同利用外资2.96亿美元，外资到位2.51亿美元。1989—2010年，全市先后批准建立“三资”企业696家，到位外资总额19.68亿美元。

二、商业流通

1989年时，全市商业系统企业固定资产原值21040万元，其中市直商业企业6150万元。全系统有职工28289人，其中市直商业企业3789人。是年，全市社会商品零售额33.50亿元，其中商业及饮食业零售额24.23亿元，剔除供销系统的7.50亿元后则为16.73亿元，占整个社会商品零售额的49.94%。全系统调入94163万元（其中国内商业纯购进

58446 万元），销售 82824 万元（其中国内商业纯销售 65120 万元），全年利润 1013.2 万元，银行利息和上缴国家税收 2100 多万元。全年完成财政入库利润 629 万元，比 1988 年增长 68.2%。

作为全市商务流通的主力军，市国营商业系统在 1989 年至 21 世纪初经历了数轮改革直至完全破产改制，为民营商业企业所取代。

（一）机构改革

1988 年常德撤区建市时，地区商业局更名为市商业局，原行政职能不变，管理市五交化总公司（站）、百货总公司（站）、中心商贸总公司（1988 年 10 月 13 日划归市商业局管理；1991 年 10 月，中心百货大楼与常德宾馆合并成立市中心商业大厦，1993 年 11 月更为此名）、武陵百货大楼（1988 年 10 月 13 日划归市商业局管理）、纺织品总公司（站）、蔬菜总公司、食品总公司、糖酒副食品总公司（站）、常德肉联厂、商业职工中专、商业信息咨询服务中心（1991 年成立）、上海武陵实业公司（1991 年 11 月成立）、商业经济开发总公司（1992 年成立）等单位。

1989 年湘北工贸总公司移交给市外经贸委归口管理。

1990 年 5 月，武陵区肉食水产公司上收与市肉食水产公司合并；武陵区蔬菜公司上收归口市商业局管理，并在其基础上重新组建市蔬菜公司。

1992 年，4 个批发二级站和肉食、蔬菜两个公司分别改为总公司，市肉食水产公司更名为市食品总公司。同年 9 月 15 日，市商业运输公司并入市百货总公司。

1994 年 6 月，市商业局退出政府行政机构序列，成建制转为经济实体。1995 年 6 月，根据市委、市政府的市级党政机关机构设置安排，成立市商业行业管理办公室，恢复行业管理职能。2001 年 4 月，根据市委、市政府关于市直机关机构改革的精神，商业行业管理办公室于当年年底并入市内贸办。

（二）改革改制

1989 年起，全市国有商业系统的状况是：

1.亏损激增。1990 年亏损 1529 万元。1995 年，市直国有商业仅 9 家企业累计亏损即达 1907.6 万元，比 1994 年增亏 409.6 万元，资产负债率均超过 100%以上。1997 年市直国有商业企业亏损 1969 万元，1998 年亏损 1154 万元，1999 年亏损 875 万元。

2.社会商品零售总额占比大幅下降。由于经济效益每况愈下，全市国有商业系统日趋萎缩，与此同时，全市个体私营商业蓬勃发展，逐步成为流通领域的主力军，终于取代国有、集体商业。在社会商品零售总额占比中，国有和集体商业 1988 年时为 73.46%，2000 年则下降到 21.98%；相应的，个体私营商业经济比重则从 26.54%上升到 78.02%。其角色的位置进行互换。2000 年市城区拥有民营商业企业 3800 多家，从业人员 2 万人，年销售额达 15.2 亿元。

由于经济效益差，市直国有商业企业职工下岗逐年增多，至 1999 年时达 2379 人，占职工总数的40.1%。至此，国有商业企业的经营活动趋于停止，实际上已经退出商业流通领域。

在全市国有商业企业逐步为民营商业所取代的同时，商业新型业态快速兴起。1999年12月30日，常德市第一家自选超市步步高武陵量贩广场在步行街落户，开创常德市开放式经营的先河。2001年家润多超市在市城区落户。2004年，市城区步行街的春天百货、新一佳、苏宁电器等国内知名商业企业，汇集了梦特娇、金利来、杉杉等数百个中外名牌，精品名店达120多家，日均人流达6万人左右。从2005年起，年均营业额突破10亿元，年均上缴税收7000多万元；2010年营业额突破20亿元，上缴税收近2亿元。

市外乃至国外的商业企业如沃尔玛、台湾大润发和国内市外的国美电器、步步高百货、新一佳等著名商贸连锁企业相继落户常德。2010年，市城区的大润发、家润多、步步高、春天百货、新一佳、梅尼广场、华星电器、苏宁电器、国美电器等9家企业销售额达11.93亿元，上缴税金近3000万元。

国外快餐企业“肯德基”“麦当劳”分别于2001年3月、2002年12月落户常德。

到2002年年底，全市超市、连锁店、专卖店从无到有，分别发展到80家、100家和400多家。到2009年，全市注册连锁（含特许）经营企业达286家，连锁门店324个。

在市场经济逐步确立，流通领域的竞争日趋激烈的情况下，市商业系统的企业改革一直没有松懈，采取诸如清理整顿公司、承包经营、风险抵押、国有民营或“四自一包”、实行股份制、租赁经营等多种形式来因应形势。但是，市场经济的大潮还是无情地冲垮了国有商业，使其只能在民营商业崛起的灿烂之中走上破产改制之路。

1997年，市肉联厂成为市直商业企业的首家破产企业。

2002年年底，市直商业企业全部进入“两个置换”程序，其中实施破产置换的有7家，非破产置换的7家。在破产改制前，市直商业系统共有职工6389人，其中离退休人员2150人。实施破产改制期间，达到退休年龄或因工伤残退休的123人；按改革政策或因病提前退休的844人，共有3117名离退休人员全部进入社保和医保，人事档案移交到相关社区和单位；市直商业企业合计置换职工身份3284人，占应置换职工身份人数的99.6%；合计处置资产2.41亿元，占总资产的98.8%。2004年，市直14家商业企业的破产工作基本完成。

虽然国有商业企业完成了自己的历史使命，但民营商业企业为主担起了社会消费品零售的重担，2010年该项总额达469.4亿元。

三、物资流通

作为计划经济时期常德地区流通环节中的重要部门，湖南省常德专员公署物资供应局成立于1958年7月，内设人秘、业务、计划财务3个科；局下设冶金、机电、综合3个专业经营公司（1960年起）。1986年12月更名为常德地区物资局，至1988年，全系统独立核算的经营单位发展到100多个，其中公司54个，组建物资贸易中心10家，开设门市部 46 个、供应网点 42 个。

从 1958 年开始，国家逐渐取消生产资料的市场供应部分，绝大部分物资实行计划调拨制度，因此，当专署物资局成立后，即由其统一管理全区工农业生产资料的供应。

1962 年，贯彻“集中统一，全面管理，统一领导，分级负责”的方针，对全区工农业生产建设所需的统配部管物资，按照“指标到局、实物到厂”的原则，全部由物资部门“统一订货、统一供应”，各生产企业生产的统配部管产品，亦由物资部门统一组织销售。

1979 年 1 月，全省物资系统实行“两统一”的物资管理体制，即：资金由省统一核算，物资由省统一调拨。

随着国家宏观经济体制的改革，1985 年 1 月，取消“两统一”，实行分级管理。物资企业内部不断调整、改革，逐步完善经营管理运行机制，由“管理型”转向“经营服务型”。

1992 年，市直物资企业为了增强自身实力，提高市场竞争能力，经市政府批准，成立物资工贸集团总公司，促进物资体制改革向集团化和集约化的方向发展。

总之，1978—1992 年的改革，使市物资系统发生了显著的变化：

(一) 在物资管理体制上，由统得过多、管得过死的封闭式体制转变为条块结合、面向市场的开放式体制。

(二) 在物资供应体制上，由单一的计划分配、产品调拨转变为按市场经济规律组织的商品流通。

(三) 在物资流通方式上，由多环节、少渠道、按行政区划组织流通，转变为少环节、多渠道、按经济流向组织流通。

(四) 在企业内部管理上，由不重核算不讲效益转变为以经济效益为中心。

(五) 在企业自身建设上，由过去的投资少、设施差、底子薄、后劲弱转变为合理布局、适当调整、逐年提高、稳步发展。

1989 年年初，全市物资系统拥有固定资产总额原值为 3836.37 万元，占地 48.09 万平方米（其中市直系统 23.18 万平方米），建筑面积 27.53 万平方米（其中市直系统 9.08 万平方米），当年购进 5.13 亿元，销售 5.56 亿元（其中市直系统干部、职工 751 人，购进 2.47 亿元，销售 2.27 亿元），盈利 1008.9 万元。

在市物资系统存在的四十余年间，其辉煌时期的 1992 年，有干部职工 2568 人，物资销售收入达 9.87 亿元，创造利润 998.5 万元。

其后，随着国家市场经济体制的逐渐确立，作为计划经济产物的国有物资系统被边缘化，业务日趋萎缩，1999 年，购进仅为 0.8 亿元，销售 0.88 亿元，亏损 1072 万元。在无以为继的情况下，市物资系统于 2000 年以后逐步破产改制。其时，市直物资系统资产总额为 0.83 亿元，负债 2.38 亿元。破产改制完成，市国有物资系统消失。

四、粮食流通

常德市地处洞庭湖滨，是湖南省粮食生产大市，也是全国商品粮生产基地。而粮油又是关系到国计民生的商品，因此，国家根据实际适时对粮食流通领域进行改革是必然的。1989—2010年，全市粮食流通领域即发生了从计划经济过渡到市场经济的大变革。

在这种变革中，全市粮食部门既要顾及社会的安定，又不可消极，从而不可避免地经历了靠吃政策饭到进入市场参与竞争、自负盈亏的嬗变；广大干部职工则经历了端铁饭碗吃国家大锅饭到置换身份下岗自谋职业的巨变。

（一）粮油经营改革

1.粮食收购

1985年，国家取消粮食统购，实行合同定购至1989年，粮食合同定购任务与奖售物资“三挂钩”。

1990年，国务院决定从秋粮收购开始，改合同定购为国家定购，执行至1992年，其间实行粮食经营“双轨制”：农民完成国家定购后，余粮可卖议价。

1993年，国家定购改为合同收购。因国家收购粮食减少，1994—2002年恢复粮食定购。其中1995年，实行购、销、调拨包干和下放财务管理（简称“三包一放”），并明确“米袋子”行政首长负责制。1999年，粮食收购价格实行定购价与保护价两价合一，定购中先淘汰4个早稻劣质品种。2000年早稻价格不予保护，随行就市。

2002年后，粮食收购市场化，价格随行就市，粮食部门不下达收购任务。

2004—2010年，为保护种粮农民的利益，国家对重点粮食品种实行最低收购价制度。

2.粮食销售

计划经济时期，平价粮食购销价格倒挂，国家财政补贴逐年增多，为缓解此矛盾，国家从1988年11月至1992年4月，对城镇粮食供应采取3次压缩控制销量和对城乡粮食供应2次提高销价的措施。

1992年11月起，放开平价粮油销价，粮油销售市场化。

2004年6月，国务院决定主要粮食品种销售由国家定价，其他粮食品种销售价格放开。为应对竞争，全市各级粮食部门通过优质服务活动来做好粮食供应。在农村粮食供应上，粮食部门重在安排灾区群众生活用粮和经济作物区、水库移民、退耕还林等人员的口粮供应。对军粮供应则做到优先安排。在粮食调销不畅、库存增多时，则通过参加省外粮油交易会、洽谈会、出口大米等方式解决。

粮食经营体制改革后，粮食部门加大对粮食市场的监控，建立粮食供应保障应对预案，以确保粮油的应急之需。

3.企业改制

1995年，按照省政府实行“三包一放”政策和增强“米袋子”行政首长负责制要求，实行政策性业务和经营性业务分开并进行单独核算，同时进行财务亏损挂账清理。

1998年，根据国务院《关于进一步深化粮食流通体制改革的决定》和省、市政府的统一部署抓粮食经营企业的改革，组建湖南金健米业股份有限公司。该司股票上市，成为常德市第一股，也是全国粮食行业第一股。

2000年，实行粮食企业职工身份和企业产权置换。2004年年底，165.5万吨“老粮”销售完毕。2006年，基本完成企业职工身份置换，2007年完成企业产权置换和企业亏损挂账工作：粮食企业的14748名“老人”，采取到龄退休、提前退休、返聘、下岗分流、再就业、自谋职业等措施进行安置，支付安置费用57218万元；44.39亿元“老账”得到消化处理。存在的国有或国有股份粮食企业迈入市场经济行列。

改制前，全市原有国有粮食企业276家，改革中有187家通过拍卖、转让、破产、兼并、收购重组等方式退出国有序列，所余89家企业仍为国有或国有控股。

（二）粮食储藏

粮食储藏重在仓储设施的建设。全市新建的粮食仓库主要是房式仓、立筒仓，并对原建的苏式仓全部进行了改造，基本上废除了民间祠庙仓、土圆仓。新建粮仓统一规划、合理布局，按照“花园式”企业建设，且均设在交通沿线。

2010年，全市共有117个粮食仓储企业，库、点214个，仓容2891095吨，比1988年的127850吨增加21.6倍。

在粮食保管上，开展“四无”粮仓活动，每年进行两次大检查，加强制度管理，工作责任落实到人，各基层领导亲自管粮保粮，并办有“样板仓”“示范仓”“标准仓”，以点带面逐步推广。运用科学储粮，提高粮食的安全储存度。

1989—2010年，全市9个区、县（市）及市直各单位粮食储藏做到基本安全，均达到“四无”标准。2009年，市粮食局进行清仓查库，统计库存659353吨与实物库存相差率为0.03%。被湖南省人民政府办公厅表彰的全省粮食清仓查库工作先进单位有常德市粮食局及临澧、汉寿、桃源3县粮食局。

（三）粮食调运

计划经济时期，按照粮食购、销、调拨包干政策，对调出的粮食，做到优先安排，无论调往省内省外均能按时、按量、按质，保证粮食的调出能有效支援缺粮地区的粮食供应。

据1990—1992年和1994—1996年统计，6年内计划调出粮食106.1万吨。1999年后，取消粮食计划调运。原有的市粮运车队、粮运船队随着社会运输业的发展和粮油价格的放开，尤其是石长铁路通车，粮食运输走向市场而终结，粮食系统内的粮食运输终结。

（四）粮油工业

计划经济时期，市粮油工业的任务主要是加工出米、面、油，保障本地粮油销售市场的供给和计划调出，生产的粮油产品为粗加工，追求的是出品率。粮油销售价格放开后，为了适应在市场中的生存和发展，全市粮油工业企业加强了技术改造、设备更新、引进新技术、加强内部管理，进行体制和机制的转换，有了新的转变。

全市粮油企业为适应粮油产品销售市场以深加工和精加工的商品为主导的现实，开发拳头产品，注册商标，产出“名优粮油”产品；对加工设备与生产流程革故鼎新，用电脑全程控制生产，陆续改变了20世纪80年代之前粮油加工企业灰尘污染，劳动强度大的不良形象。

从1997年起，以深圳潇湘米业公司为龙头，开展“企业连基地、公司加农户”的粮食产业化经营模式。到2000年，粮食产业化初具规模。全市有金健米业股份公司、广积米业、澧县金罗米业、汉寿金牛山米业、安乡惠丰米业5家龙头企业建立优质稻生产基地1586.67平方千米，辐射到黑龙江、海南等6个省80多个乡镇。

截至2010年，全市粮食产业化龙头企业达40家，其中：大米加工25家、面粉加工1家、专业油脂加工8家、饲料生产6家。上述企业，达到国家级的有3家、省级的15家、市级的22家。

（五）多种经营与扭亏增盈

粮食系统多种经营在粮油销售价格放开前，重点仍然是粮油食品生产。1992年以后，全市粮油系统扩大经营范围，采取招商引资，技术改进，设备更新，转换机制，把发展多种经营作为其半壁江山和两大支柱之一来抓。

至1997年，由于经营范围的扩大，全市粮食企业大部分经济效益显著上升，不仅提高了干部、职工的经济待遇，同时还解决了部分子女的就业问题，收到了较好的社会效益和经济效益。此时全市固定资产原值达16507万元，比1989年增加17倍。1995年省财政体制下放后，市、县两级政府对粮食部门的扭亏增盈更加重视，粮食部门内部的财务管理愈加严格。

五、石油经营

（一）经营机构

1949年之前，常德的石油经营为外商垄断，因此民众称所使用的油品为“洋油”。1907年，英、美商人相继在常德开店销售灯用煤油。1950年10月1日中国石油公司常德支公司开业，结束了外商垄断常德地区石油市场的历史。此后至2003年7月，全市的石油经营由中国石油化工股份有限公司湖南常德石油分公司（以下简称中石化常德石油分公司）一家经营，之后，中国石油天然气股份有限公司湖南销售常德分公司的前身长江公司常德配送中心成立，形成两家共同经营的局面。2004年5月30日，中石油湖南销售公司在常德注册中国石油天然气股份有限公司湖南销售常德分公司（以下简称中石油常德分公司）。

1949—1957年，除国营石油公司和各县国营贸易公司外，还有私营商号（如常德城区复新成、瑞隆、南货全业等）从事石油业务经营，经过对资本主义工商业的改造后，形成以国营石油机构为主导的石油商业市场。之后，各县有供销社（负责农村煤油供应）、副食品公司（负责城镇煤油零售）、物资局（负责动力用油）、农机站（局）（负责农用油和抗旱用油）、粮食局和棉麻公司（负责定购粮棉挂钩奖售柴油）、防汛抗旱指挥部（负责防汛用油）等机构参与石油经营。

1994年以后，虽有一些单位和个人设立机构从事成品油经营，但随着市场竞争、政府对石油市场的整顿管控、国家对进入石油市场实行许可证制度，有的逐步退出。到2010年，常德市场主要有中国石化和中国石油两大集团公司下属企业和一些专门从事加油站零售业务的民营机构从事成品油经营业务。

（二）供应区域

20世纪50年代，中石化常德石油分公司（常德石油公司）除负责常德专署所辖常德、安乡、南县、华容、澧县、临澧、桃源、石门、慈利、安化、益阳、桃江、沅江、汉寿14县和常德、益阳、津市3市的石油供应外，还负责湘西自治州、怀化地区、贵州铜仁地区、四川秀山、湖北鹤峰等地50多个县的成品油供应。

1962年12月益阳专署成立，是月22日，益阳、沅江支公司一并划出。

1971年12月30日，常德六九〇九油库负责供应湘西自治州的泸溪、吉首、花垣、古丈、保靖、凤凰6县，黔阳地区（包括辰溪、沅陵），桃源县的三阳、陬溪、剪市、桃花源、龙潭、茶安铺等6个区，四川省秀山县，同时担任贵州省铜仁地区的油料中转任务。常德地区石油煤建公司负责湘西自治州的大庸、桑植、龙山、永顺四县和桃源县的陬溪、漆河、理公港3个区以及铁路四局的三线用油及常德市、常德、慈利、石门、临澧、澧县、津市、安乡、汉寿诸县（市）和湖北鹤峰的油料供应。随着枝柳铁路的建成通车，湘西等地的成品油逐步由铁路运输，经常德水运中转的量越来越少，20世纪80年代初，只有大庸、沅陵两县的油品仍经由常德水运中转。

1985年，中石化常德石油分公司对大庸、安化供货至1990年。

1989年3月慈利支公司划归大庸后，中石化常德石油分公司的成品油销售区域基本稳定于常德市行政区划内。2009年2月，根据省石油分公司安排，中石化常德石油分公司跨区域配送沅陵片区的油品。

（三）经营网点

1.油库。常德油库最初是由外商建立的，1950年10月后，支公司在原美孚油栈的基础上，相继设立常德德山、津市阳由垸桶装油库。阳由库搬迁后，1955年建成津市果园油库。

1969年8月，由六九〇九油库动工兴建，1971年10月建成，库容3.1万立方米，直属省商业局管理，1987年划归中石化常德石油分公司。

从1970年开始，各县先后建成油库15座，其中铁路库2座（石门、慈利），水运库13座。

2000年开始，先后收购部分县（区）的系统外油库7座，经陆续报废拆除，至2008年年底，在营油库为德山和石门荷花两座。

2.加油站。1979年11月1日，岩坪加油站建成。1982年后，常德辖区各县（市）的加油站建设发展起来，至1985年，中石化常德石油分公司有加油站13座，至2000年达

101 座。2007—2010 年在营站保持在 124~126 座。

中石油常德分公司 2003 年当年即建成或并购加油站 9 座，至 2012 年,其加油站达到 51 座。

（四）油价

随着机械化施工在各行各业普及程度的加深和各类汽车的猛增，人们的生产和生活对石油产品的依赖程度愈益加强。由于与国计民生联系的密切，因此，成品油的价格一直由国家管控。其价格在 20 世纪 50 年代初期至 80 年代初期由国家统一制定且基本稳定；1981—1994 年则实行多种价格形式并行；1994 年 5 月至 1998 年 6 月实行油价并轨；1998 年 6 月起，油价与国际市场接轨。

六、服务经营

常德的服务经营涵盖宾馆（酒店）、餐饮、美容美发、洗浴按摩、照相、干洗和特种经营中的拍卖、典当、二手车、报废汽车回收拆解、直销等。

（一）宾馆（酒店）：1989 年 2 月 25 日，湘北工贸总公司与香港富隆实业有限公司合资创办市城区第一家宾馆——德晖宾馆，1990 年 9 月 1 日正式营业。2011 年，全市拥有星级宾馆 50 家，其中五星级宾馆 4 家、四星级宾馆 8 家、三星级宾馆 13 家。

（二）餐饮：1989 年，全市有饮食经营网点 8510 个，从业人员 18664 人。2010 年,全市饮食业机构网点达 10234 户，其中城区 4400 户，全市餐饮业实现营业收入 61.3 亿元，其中城区 16 亿元。拥有中国烹饪大师 2 名，湘菜大师 6 名等。餐饮名店有常德共和酒店、金龙玉凤酒店等。能烹饪潇湘武陵龟、洞庭柳叶水鱼、秘制牛尾等常德名菜和常德米粉、常德酱板鸭等风味小吃。

（三）美容美发：1990 年以后，理发业逐渐向美容美发方向发展。市城区最早从事美容业务的是珍珍美容院。2010 年全市美容美发企业发展到 3500 家。

（四）洗浴按摩：20 世纪 90 年代从沿海传过来的桑拿、足疗、按摩在常德发展成为新兴服务业，2010 年，全市城区足疗按摩沐浴场所近 400 家，从业人员 2 万多人。

（五）照相：20 世纪 80 年代，常德市城区有照相馆 17 家，其中国营照相馆 6 家，从业人员 113 人。2010 年，全市大小摄影企业达到 1000 多家。

（六）干洗：20 世纪 80 年代出现“西装热”，干洗店应运而生；90 年代，大型洗衣、烘干、熨烫设备进入常德，自动化程度提高，业务量扩大，效益显著。2012 年全市干洗店 161 家。

（七）拍卖：常德市的拍卖行业恢复于 20 世纪 90 年代末。1997 年 6 月 27 日，省政府财贸领导小组办公室发文同意常德市成立金翼等 5 家拍卖公司。至 2012 年，全市有拍卖企业 17 家，注册资本 1942 万元，具有从业资格者 66 人，年成交额 6.98 亿元。

（八）典当：常德市典当业恢复于 20 世纪 90 年代末。1997 年 9 月，常德市滨湖典当有限责任公司注册成立，成为全市首家典当企业。至 2011 年，全市有典当企业 6 家，注册资本1亿元，年典当总额2164万元。

（九）二手车交易：常德市的二手车交易市场始建于1987年7月。1998年5月，省计划委员会同意设立常德市旧机动车交易市场，同年6月正式挂牌成立。至2012年，全市备案的二手车交易市场达32个。

（十）报废汽车回收拆解：1992年，市物资企业改制分立成国资控股企业——常德市金属回收综合经营公司，从事报废汽车回收拆解业务。至2010年，全市有2家报废汽车回收拆解企业。

对于直销企业，市商务局只根据省商务厅的委托对其进行核查，然后将核查结果报省厅。2006—2010年，市商务局共核查直销企业15家，涉及其在常德市辖区设立的62个网点。

七、商务行政执法与监管服务

商务行政执法与监管服务范围宽泛，内容繁多，主要有如下方面：

（一）对外商投资企业的监管与服务：市商务局对外商投资企业的监管与服务主要有对外商投资企业设立的审批、与有关部门合作对外商投资企业进行联合年检、就外商投资企业在营运中出现的问题和困难进行协调解决服务。还有对外商投资企业实行挂牌保护。

（二）市整规办的监管：2005年成立市整顿和规范市场经济秩序领导小组办公室（以下简称市整规办），设市商务局，专司对市场运行秩序的监管。是年，市整规办组织市工商、生猪屠宰管理等部门开展对食品、药品、建材、农资及废旧等市场进行监管和整顿；打击侵犯知识产权，整治非法出版物等专题活动。

（三）安全生产监督：对商务系统的安全生产进行监督，是商务监管的主要内容之一，市商务局每年均对商场、超市、专业市场等人员密集场所使用的设施及其运行进行不定期地检查。2006—2010年，全市商务系统未发生任何安全生产事故。

（四）粮食市场管理与行政执法：主要为企业的经营准入的审批、储粮安全监管等。计划经济时期，以县为单位在未完成国家定购任务之前，除粮食部门外，其他任何单位和个人不准插手粮油经营。粮油销售价格放开后（1993—1994年），多渠道开始经营，但是以县为单位，在未完成粮食定购任务之前，国家粮食市场以外的任何单位不能直接到乡村和农户收购粮食。外来常德市采购粮食的，一律到县以上粮食批发市场交易。1998年8月成立市粮食执法大队，市、县先后成立粮食市场管理领导小组，专抓市场管理，打击非法收粮行为。2004年，市粮食局成立粮油食品质量检测中心，监督全市粮油质量标准化工作，维护粮食生产者、经营者、消费者的合法权益。市、县都对从事行政执法的人员进行培训，做到亮证检查，做到公正、公开、依法查处案件，使粮食市场的监管步入法治轨道。

（五）生猪定点屠宰监管：2001年年底之前由市食品总公司负责。2001年12月，市政府批准成立市生猪定点屠宰管理办公室（以下简称市屠管办），履行全市的生猪定点屠宰监管。2005年市商务局成立以后，该项监管工作由市商务局的市场秩序科和市屠管办进行。2002年5月，市政府发布《常德牲畜屠宰管理办法》，全市生猪定点屠宰步入正规化、法治化轨道。2005年，市政府将市江北城区的生猪定点屠宰稽查、肉类产品市场管理工作由市、区两级管理改为由武陵区统一归口管理。至2009年，全市累计投资1.8亿元，提升定点屠宰场的建设标准。同年，全市8家县级机械化屠宰场统一购置安装生猪无害化处理设施，使屠宰场的病死猪、病害猪能及时有效地进行无害化处理。2010年全市建有屠宰场199个（其中县级以上机械化屠宰厂12个），县城以上进点屠宰率100%。全市定点屠宰量由2001年的20万头上升到2009年的80万头；城区由2001年的不到3万头上升到2009年的27万头，最高年份（2005年）达30万头。

（六）石油经营监管：常德市的石油经营监管先后由市经贸委、市商务局和石油经营企业共同进行。2005年，市商务局成立，市经贸委的成品油市场管理职能移交至市商务局。石油成品油加油站的经营准入审批由省级商务行政主管部门执行，市商务局负责相应的资料审核和申报。石油成品油和天然气商品的安全监管、质量管理、计量等，由经营企业自行负责，市商务局不定期地进行督察。2008年，成品油市场供应出现全国性紧张，局地发生哄抢现象。市商务局会同公安、工商等部门联合发布《关于切实加强成品油市场经营秩序管理的通告》，制定《常德市成品油供应中断应急预案》，增加投放保证重点，加强市场调度，使全市成品油市场恢复正常秩序。2009年，市商务局在全市范围内开展成品油市场整治，共拆除（或停业）无证加油站点30多个，处罚站点20多个。

（七）酒类生产和流通监管：常德自古以来产美酒，其渊源可上溯到青铜器时代。1989年，常德的酒类生产有产能基础，消费口碑良好。之后，随着从计划经济向市场经济转变，常德的酒类生产和流通经历了从国有垄断、部门主管、条块分割，到逐步形成民营主导、市场竞争、依法管理的过程。酒类监管的宗旨是保证酒类产品质量，保障酒类消费，维护酒类产销秩序，维护国家利益和酒类生产者、经营者、消费者的合法权益。对其生产和流通的监管主要是实行酒类生产许可证制度、酒类批发许可和零售备案制、防伪保真和商品溯源、抽样检测。在监管中打击假冒伪劣，亦是酒管部门的主要任务之一，2007—2012年，全市集中公开销毁假酒5次。

（八）特种行业的监管：常德经营的特种行业主要有拍卖、典当、二手车交易、报废汽车回收拆解、直销等。对其监管的主要内容为：

1.经营准入。其审批权在省商务厅，市商务局进行申报材料的初核和上报。其中二手车交易市场的设立于2005年年底放开，无需到商务行政主管部门备案登记。

2.年检。由市商务局对企业的经营及其遵规守纪情况进行年度审验。

另外，2009年年初，市商务局组建市商务举报投诉中心，商务综合执法投诉服务热线电话“12312”开通，市民可对全市商务领域的行政违法案件进行举报、投诉，是为商务行政执法监管的又一途径。2009—2010年年底，该中心共接收到投诉举报及咨询电话

196起。

八、市场建设

市场作为商务活动最主要的载体，其硬件的建设无疑是人们极其重视的。

1989年时，常德城区大型的消费品综合零售市场主要有市中心百货大楼、市武陵百货大楼等寥寥可数的几座。1999年12月30日，常德市首家自选超市步步高武陵量贩广场开业，经营兴隆空前。其后，陆续开业的有家润多超市常德店（2002年2月10日开业）、春天百货常德店（2003年12月7日开业）、常德大润发商业有限公司（2007年7月31日开业）等大型综合商场。

1995年，常德城区商业步行街开街。

市城区集群市场主要有桥南市场（1992年始建，含工贸市场、家电城、副食城、轻纺市场）、火车站大市场（市场首期建设的糖酒副食城于2000年8月28日正式营业，建筑面积6万平方米；家电日化城于2000年12月18日营业，建筑面积7万平方米）。

20世纪70年代以前，城区的农产品交易由“马路市场”承担，此后，为加强城市管理，专门的农贸市场渐次兴建。1989年时，城区主要的农贸市场有：龙港巷工农贸综合市场、北站市场、青阳阁农贸市场等。1995年由武陵区扩建并管理的甘露寺蔬菜批发大市场，成为当时最大的农贸市场。至2010年年末，市城区共有农贸市场36家，按地理位置划分：江北22家，江南9家，德山经济技术开发区5家；按管理隶属划分：市直6家（由常德市市场服务中心管理），武陵区17家，鼎城区9家，德山经济技术开发区3家，柳叶湖区1家。为了保持或提升农贸市场的经营能力和质量，市财政或有关管理部门自21世纪初起，每年都投资对农贸市场逐个进行提质改造。

随着城市建设的发展，21世纪初起，市城区不时崛起一些大型的专业市场，主要有：常德兴隆装饰城（2001年投资创办）、常德钢材大市场（2004年11月开业）、市新世纪汽车城（2005年1月建成）、市废旧物资交易大市场（2006年11月建成开业）、常德水产大市场（2010年修建）等。

常德市自2005年起参与“万村千乡市场工程”试点，至2010年年末，14家较大型的商业流通企业参加承办该工程，全市6年改造或新建成2758个连锁化农家店，营业面积达39.57万平方米，从业人员0.85万人；所建农家店覆盖全市100%的乡镇，其中2680家农家店正常营业，年销售额4.93亿元。

粮油市场：1989年成立常德市粮油贸易公司，武陵区原市粮油贸易公司及原地区粮食局驻岳阳转运站的资产和市粮油加工厂的部分仓库均划归其管理。1992年起，常德市各区县（市）陆续建起县级粮食批发交易市场。

大 事 记

1989 年

2 月 13 日，市政府常务会议决定：湖南省湘北工贸总公司由市商业局划归市对外经济贸易委员会（以下简称市外经贸委）管理。

3 月 4 日，市中心百货大楼总经理张燕洁被全国妇联授予全国“三八红旗手”称号。

3 月 29—31 日，受市委、市政府委托，由市外经贸委牵头组织在深圳市芙蓉宾馆召开常德市首届对外经济贸易洽谈会，共发布外经项目 80 个，正式签约和草签协议、意向书 18 个，贸易成交额 926 万美元，人民币 1020 万元，港币 54 万元。

3 月，省商业厅授予石门县副食品公司“三八商店”为 1988 年度“文明单位”。副食品公司经理黄先福获省商业厅“优秀企业家”称号。

是月，常德石油分公司慈利支公司划归大庸石油分公司。会计工作被省财政厅授予财务管理国家二级单位、档案工作被国家档案局授予企业档案管理二级单位。

5 月，石门县明珠商场被省爱国卫生运动委员会授予“文明卫生单位”奖牌。

1986 年 6—7 月，岩码头石油站先后发生采油款 20 万元和 300 万元于北京被骗的案件，追回 152.02 万元，直接损失 167.98 万元，间接损失 65 万元。1989 年 5—9 月，岩码头石油站原经理陈某、业务科科长陈某因失职受到撤职、各降两级工资的处分。

7 月 21 日，湘北大厦（建筑面积 9750 平方米）建成开业。

8 月，汉寿县财办所属芦苇科学研究所“获良种选育及品种资源研究”项目获国家科技进步二等奖，并被列为国家“八五”重点科技成果推广项目。

9 月 9 日，国家教委、人事部、中国教育工会授予市粮食职工中等专业学校教师肖步庄“全国优秀教师”称号和“全国优秀教师”奖章。

是月，市中心百货大楼被商业部和全国财贸总工会授予“全国商业先进企业”称号。

12 月，省物资厅及其所属的省化工轻工总公司在常德市召开 1990 年全省化工产品订货会，由市化轻公司协办。

是月，1982 年由原商业部投资 1012 万元兴建的省属县处级金罗肉类联合加工厂建成投产。该厂占地 168 亩，有铁路专线 816 米，月台 1000 平方米，冷库 11560 平方米，蛋品车间 2200 平方米，电梯楼 3360 平方米。

是年，市机电设备总公司经市政府领导批准，连续三年每年只上缴市财政利润 1 万元，另自筹资金 639 万元，在武陵大道与洞庭大道交会处西北角动工修建占地 15 亩、高 11 层、建筑面积 8000 平方米的机电大厦。

是年，湘北工贸进出口公司出口 408 万美元，获省政府“出口创汇二等奖”。

是年，市化工轻工总公司在省物资厅开展的“销售、效益”目标考核的竞赛活动中，获得 14 个地（州）市化轻公司组的第一名。

1990 年

3 月 1 日，市政府办公室同意海口丰华实业公司由市政府海口办事处管理改归市外经贸委管理。

4 月 1 日，常德石油分公司临澧新安油库铁路专线建成投产。

4 月 7 日，中国国际商会常德商会、中国国际贸易促进委员会常德市支会召开第一届会员大会。

4 月 15 日，市政府召开全市国合商业“四放开”工作会议。

4 月 29 日，市中心百货大楼总经理张燕洁获“全国五一劳动奖章”。

4 月，物资部物资再生利用管理办公室给市金属回收公司刘仕林颁发“1989 年全国物资再生系统先进工作者”证书。

5 月 28 日，鼎城区粮食局被商业部授予粮食收购先进单位、桃源县盘塘乡粮店倪清明被商业部授予粮食收购先进工作者称号。

6 月，安乡县糖果糕点厂生产的优质桃酥获全国妇联、商业部、北京市政府等 8 部委联合举办的“中国妇女儿童用品四十年”博览会铜奖；礼品桃酥被评为省优；火腿月饼被评为全省同行业优质产品。

7 月 5 日，省石油公司常德分公司更名为湖南省石油公司常德市公司，各县支公司比照更名为湖南省石油公司××县（市）公司。

1989 年 2 月 25 日，湘北工贸总公司与香港富隆实业有限公司合资投入 700 万元创办德晖宾馆，1990 年 9 月 1 日正式营业。

9 月 10 日，商业部授予市粮食职工中等专业学校教师孙满秀“优秀教师”称号。

10 月 2 日，省食品工业调整开发现场经验交流会在津市召开。

10 月，湘北工贸总公司组团参加中国贸促会在美国洛杉矶市举办的“’90 洛杉矶中国商品展销会”。

是年，市物资局建筑材料公司在全省物资系统保供促销优质服务竞赛活动中获地（州）市建材组第一名金杯。

是年，市物资贸易中心被物资部评为全国“四好”（执行政策好、为生产建设服务好、职业道德好、开拓创新好）优质服务竞赛优胜单位。

1991 年

1 月 18—24 日，常德市代表团在陈德铨副市长任团长、市外经贸委主任刘士六任秘书长的带领下，参加湖南省在深圳召开的对外经贸洽谈会，会上签订正式合同 2 份，合同利用外资总金额 630 万美元。

3 月 4—8 日，常德市在深圳市举办首届名优特新产品展销会暨对外经济洽谈会。全市 1000 多人、580 多家企业、1500 多种产品与会参展，发布招商项目 120 多个，参会客商 1000 多人，其中外商 400 多人；内外贸成交总额 8.38 亿元，其中内贸成交 5.7 亿元，外贸成交 2.66 亿元；签订外经项目 27 个，总投资 1.4 亿元，利用外资 1689 万美元。

4 月，市石油公司机关由武陵区人民东路 365 号迁至武陵区朗州南路 457 号。办公楼及两栋宿舍楼建成使用。

6 月，市武陵百货大楼总经理张恩美被中共湖南省委授予湖南省“优秀共产党员”称号。

7 月 16 日《湖南日报》以题为“浩浩正气”和第九期《共产党人》以题为“沧海横流显本色”报道石门县商业干部、职工抗洪抢险事迹。25 日，《湖南日报》头版头条撰文介绍“石门县商业系统奋起抗灾补损经营自救”的先进事迹，省商业厅厅长曹文斌派员到石门察看并慰问石门县商业系统干部、职工，拨给救灾款 25 万元。

7 月，安乡县商业局被商业部授予全国商业系统抗灾救灾先进集体称号。

8 月，市粮食局万祖钧、李淑芬等主编的《粮食商业职业道德教程》，全书约 20 万字。由省粮食局、市粮食局印刷成书，下发至全省粮食系统各单位。

是月，市物资贸易中心被省政府评为“省级先进企业”；被省物资厅评为 1991 年度“先进单位”。

9 月 8—14 日，副市长陈德铨任团长、市外经贸委主任刘士六任秘书长，带领市直各部门和企业单位 300 多人组成的常德市代表团参加省政府在长沙举办的湖南省对外经济贸易洽谈会（以下简称第三届湘交会）。市代表团展出商品 120 余种，签订出口供货合同 3000 多万元；发布项目 45 个，签订利用外资合同 11 个，总投资额 4825.71 万元，其中合同引进外资 2981.9 万美元。

9 月 22 日，省粮食局在市粮食职工中等专业学校召开全省粮食系统职工中专学校评估工作会议。

10 月 1 日，记述全市粮食系统的 19 名先进典型的报告文学集《金海银星》经湖南出版社出版发行。该书由市粮食局万祖钧、王焕松主编，市粮食系统人员撰写。

12 月，商业部召开抗灾救灾“先进集体”和“先进个人”表彰电视电话会，石门县商业系统获“全国商业系统抗灾救灾先进单位”锦旗。市商业局局长刘霞飞、石门县商业局局长覃道武、汉寿县商业局局长涂炳桂获“全国商业系统抗灾救灾先进个人”证书。

是月，省商办工业厂长会议在澧县的湖南棉机厂召开。

是年，省外经贸委所属的省纺织品进出口公司将常德定为出口服装基地；商业系统在全面开展服务优良、经营优质、管理优化、环境优美的“四优”效益杯竞赛活动中，石门县的明珠商场、县五交化公司获得全省先进单位称号。

1992 年

1 月，商业部授予津市市商业局“全国抗洪救灾先进单位”。

2 月，汉寿最大的集工贸、农贸、批发于一体的综合集贸市场——西套大市场竣工开业。该市场占地 19.8 亩，建筑面积 1.4 万平方米，投资 600 多万元，门面（摊位）500 多个，建设工期仅 100 天。省委书记熊清泉为市场题名。

3 月 26—29 日，市委、市政府举办’92 湖南常德经济技术贸易洽谈暨桃花源游园会。市外经贸委副主任黄彧汪、钟冬才与市协作委主任范自立共同负责经济技术贸易洽谈，接待来自 14 个国家和地区的 300 多名外商与港澳客商。该会共签约 56 个项目，协议利用外资 3345.2 万美元；外贸成交合同金额 2219 万元。

4 月 1 日起，国家粮食市场开放，取消城镇居民计划供应口粮，为保障城镇居民口粮结余指标的供应，市大米厂 24 小时开班生产，每天分两班，每班 12 小时生产大米 1400 包，每包 90 公斤。连续生产 30 余天，共产标一大米 8000 余吨。

6 月，市物资局按照全市经济主管局的改革方案和市政府常政函〔1992〕21 号文件批复，转体为市物资工贸集团总公司，实行两块牌子、一套人员模式。

8 月 20 日，组建市对外经济贸易集团公司，隶属市外经贸委。

9 月 1—10 日，湖南省在香港举办对外经济技术贸易洽谈会，由常务副市长李江任团长、市外经贸委副主任钟冬才任秘书长组成 12 人的常德代表团参会。

9 月 25 日，由省教委 7 人，市教委 3 人组成的评估检查团至市粮食职工中等专业学校验收，验收得分 93.237 分（满分 95 分）。

9 月，省石油公司常德市公司更名为湖南省石油总公司常德市公司，各县公司比照更名为湖南省石油总公司××县（市）公司。

10 月 26 日，经市政府常政人〔1992〕19 号文件批复，成立市粮油购销总公司。

12 月 12 日，香港协洋发展有限公司与市绣品厂的经济合作项目签字仪式在桃林宾馆举行，首家港商独资企业——湖南德洋绣品有限公司由此在常德成立，市政府首次向外商批租土地成交。代市长吴定宪、市人大常委会主任罗寅阶、香港协洋发展有限公司董事长赵涛峰出席签字仪式。

是年，按照中国贸促总会章程规定，贸促会领导成员采取聘任制，庞道沐（市委书记）、李杰（原副专员）为名誉会长，会长李江，第一副会长刘士六，常务副会长王育贵，另有副会长 5 人。1992 年 11 月李江调离常德市，副市长陈德铨任会长。

是年，湘北工贸进出口公司出口创汇1200万美元，成为湖南省出口创汇大户，获省政府授予的“湖南省出口创汇先进单位”称号。

是年，物资部部长柳随年到常德调研，市政府副市长与市物资局负责人陪同调研。

1993年

2月，省教委授予市粮食职工中等专业学校“全省成人中等专业教育先进学校”称号。

3月3日，市委书记庞道沐到市粮食职工中等专业学校考察。

3月17日，市人民政府常务会议决定市外经贸委增设出国选派科。

3月26—29日，市委、市政府举办’93中国湖南桃花源游园会暨经技贸洽谈会。市外经贸委副主任黄彧汪与市协作委主任范自立共同负责经济技术贸易洽谈，接待14个国家和地区的328名外商与港澳客商；此会共签约66个项目，协议利用外资6909.6万美元；外贸成交合同金额1.55亿元，内贸成交合同金额11.33亿元。

4月21日，外经贸部党组成员、部长助理刘山在一行4人到常德考察对外经贸工作，省外经贸委副主任贺同新、市政府副市长刘士六、市政府副巡视员徐天宝、市外经贸委副主任黄彧汪陪同考察。

5月，市政府决定成立市招商局，在市外经贸委机构上加挂市招商局牌子，与市外经贸委合署办公，实行两块牌子、一套人员的体制。

9月6—13日，副市长陈德铨、李延生任团长，市外经贸委主任易湘域任秘书长，市外经贸委副主任黄协舫与黄彧汪任副秘书长，组成500多人的常德代表团，参加湖南省第四届对外经济贸易洽谈会（湘交会）。在此次会上，全市共签订招商合同项目36个，合同总投资6亿元，合同利用外资7141万美元；签订进出口合同30份，合同成交额1110.3万美元；企业成交产权转让2项，成交额1700万元；国土转让项目成交1个，成交额1888万元。

10月12—14日，副市长莫道宏和市财贸办负责人率团赴深圳参加全省首次国合商业对外招商洽谈会。

11月，常德肉联厂谢友田等人开发的“用猪油脂制人造奶油”技术获国家科技成果奖。

是月，副市长李延生任贸促会会长。

11月29日至12月2日，’93中国湖南常德（深圳）招商洽谈会在深圳举行，市长吴定宪、副市长钦时中、李延生参加，市外经贸委副主任黄彧汪与市协作委主任范自立共同负责具体组织实施，各区县（市）和市直有关部门组成16个代表团共400多名代表参会。接待客商600人，其中外商360余人；签约项目116个，总投资10.2亿元，协议引进资金5.79亿元；内外贸成交合同额36.24亿元。

12月，国家取消猪肉差价供应；商业系统取消统购统销、计划分配。

是年，市化工轻工总公司在省物资厅开展的“销售、效益”目标考核的竞赛活动中，获得 14 个地（州）市化轻公司组的第一名。

1994 年

1 月 15 日，《人民日报》头版头条以《繁荣的批发市场》为题，刊登桥南市场繁荣景象照片。3 月 16 日，省委书记王茂林考察桥南市场。

1 月 17 日，市编委发出常编发〔1994〕1 号通知：市物资局机关现有工作人员转为企业员工，原定 47 名编制收回；决定撤销市物资职工学校，收回其现有的 11 名事业编制，人员分流到市物资集团总公司所属企业。

3 月 28 日，’94 桃花源国际游园会在桃源县桃花源镇开幕，市外经贸委副主任黄彧汪带领委机关外经科全体人员协助桃源县外经办组织招商活动。会上推出 58 个招商项目，签约 13 个，总投资近亿元，其中合同引进外资 500 万美元。

3 月，常德肉联厂谢友田、杨湘庆、朱彦群、沈悦玉、张作田、吴志林、邓达明、王用述等开发的“用猪油脂制人造奶油”科技项目，获省商业科技进步二等奖。

5 月 3—6 日，由市政府常务副市长钦时中牵头，市纪委书记李少甫与副市长杨万柱参加，市经协委主任范自立和市外经贸委副主任黄彧汪具体组织实施的’94 中国湖南常德上海经贸洽谈会在上海蓝天宾馆举行。此会全市共成交项目 168 个，其中外经 35 个、内联 133 个；协议总投资 12.86 亿元，引进资金 6.74 亿元。

5 月，成品油价格双轨制取消。成品油流通体制改革，全面整顿石油市场。

6 月，根据市政府〔1994〕17 号文件要求，市商业局退出政府机构序列，成建制转为经济实体。

7 月 12 日上午，国内贸易部副部长、国家粮食储备局局长白美清在益阳听取市粮食局局长车世炎关于 1994 年春油收购和当前早中稻入库准备工作情况汇报，对常德市的粮食工作给予充分肯定。

7 月 28 日，副市长洪明祥、李延生领导和主持，市外经贸委主任易湘域、副主任黄彧汪具体组织实施，在深圳芙蓉宾馆举行’94 湖南常德特邀嘉宾经贸座谈会，常德老乡、老朋友、老客户参加。此会宣传常德及其产品，市招商局编印和发放《常德招商项目册》《出口商品目录》《邀请参加“港交会”的请柬》2000 多份。

9 月 5—9 日，副市长李延生任团长，市外经贸委副主任黄彧汪任秘书长，市外经贸委副主任黄协舫和市经委副主任苏以明任副秘书长，率各区县（市）与市直各单位代表 66 人参加湖南省在香港举办的对外经济技术贸易洽谈会（以下简称“港交会”）。组织湘北工贸进出口公司、常德市对外经济贸易公司、临澧太平实业公司、临澧对外经济贸易公司等 4 家有进出口经营权的企业参加省外经委到香港设立的展厅布展。市委宣传部长蒯定勋和副市长洪明祥由市外经贸委主任易湘域陪同在深圳开展招商活动。

9 月 15 日，省粮食局副局长李明在市粮食局副局长粟绍元的陪同下到市粮食职工中等专业学校考察。

12 月 24 日，市武陵百货大楼总经理张恩美被省妇联授予全省“三八红旗手”称号。

是年，经市贸促会向上级申请，由中国贸促总会批准，在常德设立原产地证代签点，常德市出口企业能在本地办证，大为提高企业的通关结汇速度。

1995 年

1 月 25 日，市编委办发出常编发〔1995〕1 号《关于市直行业管理机构设置事宜的通知》和《常德市商业行业管理办公室工作任务和职责范围》，设立市商业行业管理办公室，行使行业管理职能。

1 月，市编委发出常编发〔1995〕1 号通知，市物资工贸集团公司加挂“常德市物资行业管理办公室”的牌子。

3 月 28 日至 4 月 5 日，’95 桃花源国际游园会在桃源县桃花源镇举行。市外经贸委副主任黄彧汪带领局机关相关科室人员协助桃源县外经办组织招商活动。此会签订招商项目 22 个，其中外商投资项目 12 个，合同引进资金 1.95 亿元。商品零售额 3200 万元，合同交易额 1.4 亿元。

4 月 22 日，常德卷烟厂和香港贵联发展有限公司合作的常德金鹏凹版印刷有限公司在常德卷烟厂正式签约，该项目总投资 7000 万元，其中常德卷烟厂占 51%的股份。副市长钦时中、市外经贸委副主任黄彧汪出席签约仪式。

5 月 19 日，市外经贸委与市自来水公司签订机关院落整体出让合同。

5 月 28—29 日，市委、市政府召开全市外向型经济工作会议，出台一些鼓励招商引资的优惠政策。

6 月 18 日，湖南鸿升置业有限公司（香港振升投资有限公司在常德成立的独资公司）的投资项目——武陵大道北段开发工程交地仪式在桃林宾馆举行。常务副市长钦时中、副市长杨万柱、市外经贸委副主任黄彧汪和市直有关部门负责人出席。

7 月 7 日，国内贸易部部长陈邦柱到常德市考察养猪、蔬菜批发和汉寿县灾情。市长张昌平和市财办主任朱梅青等陪同。

7 月，市外经贸委新建机关院落工程在武陵区洞庭大道西段 2 号动工。

9 月 8—12 日，省第五届湘交会在湖南国际展览中心举行，市长张昌平、副市长钦时中与李会刚分别任正副团长，市外经贸委主任王孝山、市招商局副局长黄彧汪分别任正副秘书长，带领全市 18 个代表分团约 1000 人赴会，签订合同利用外资项目 76 个，合同金额 1.61 亿美元。

9 月，澧县兰江百货大楼向媒体承诺“购物不满意可以退货”，全年退换货 281 人次，受理投诉 8 起，省消协授予其“消费者满意单位”牌匾。

10 月 4 日，市招商局副局长黄彧汪陪同市长张昌平会见常德达门船舶有限公司的投资合伙人——荷兰达门控股集团代表，双方商定将常德建成挖泥船生产基地。

10月23日至11月7日，市招商局副局长黄彧汪带领13人的市代表团，随外经贸部赴美参加’95中美贸易投资洽谈会。市代表团成交项目5个，总投资5453.81万美元，其中美方出资2570万美元。

10月，常德肉联厂谢友田等人开发的“猕猴桃果茶”获国家科技成果奖。

12月17日，市编委发出常编发〔1995〕75号文件，批准市粮食职工中等专业学校由正科级事业单位升格为副处级事业单位。

12月21日，为市政府设立的首个旨在为“三资”企业解难的“市长接待日”，市长张昌平、副市长李延生及市直有关部门负责人对10多家“三资”企业的负责人所反映的问题予以解答，并听取其意见和建议。

是年，澧县肉联厂被省经贸委授予“优秀企业”称号。

是年，国家取消计划内油品供应，润滑油实行石油集团公司经营。

1996年

4月9—14日，市外经贸委（市招商局）王孝山、黄彧汪分别任香港、深圳两地招商会秘书长，在香港的三湘大厦和深圳的芙蓉宾馆两地组织“1996常德招商会”，市长张昌平，市领导莫道宏、杨万柱、陈君文、喻斌龙、姚珍友等出席，全市共300多人组团参会，签约项目102个，总投资29.05亿元人民币，协议利用外资2.35亿美元。

6月，市中级人民法院根据企业申请，以〔1996〕常经破字第6-1号民事裁定书裁定常德肉类联合加工厂破产还债。

7月17日，洪水淹没桃源白洋河油库，库区水深6.8米，4个500立方米的立式油罐中3个浮起；岩码头公司水泵房被淹达20米；汉寿周文庙油库卸油设施被水淹没冲坏，油库围墙倒塌10余米，倾斜30米；德山油库进水深达0.4米。全市石油系统损失500万元。

8月14日，市水电局向常德达门船舶有限公司定购CI500S型高效挖泥船合同签字仪式在芷园宾馆举行。荷兰达门集团公司副总裁冈宁、常德市市长张昌平、副市长李会刚、市招商局等部门负责人出席签字仪式。

8月30日至9月1日，省第八届运动会在常德市举行，同时举行对外经贸洽谈会。全市16个代表团，400多名党政领导与工矿企业负责人参会。市委书记吴定宪、市长张昌平等领导、组织、参与此会，市外经贸委具体组织对外经贸洽谈会。到会客商152人，共签约招商引资项目127个，总投资19.82亿元，利用外资1.67亿美元；签约贸易合同36个，贸易总额2.28亿元，其中出口合同11个，出口商品11种，出口额725万美元。

9月8—11日，湖南省在香港举办“港交会”。副市长陈君文任团长，市招商局副局长黄彧汪任秘书长带28人组成的市代表团参会。此会签订合同项目28个，合同利用外资8758.1万美元；签订协议项目16个，协议利用外资11.23亿美元。主要项目有207国道常德城区段的建设，由市路桥公司与香港祥富国际投资有限公司于10日下午正式签署合同，总投资2.5亿元，合同利用外资4000万美元。

9月25日，市外经贸委具体组织，以市政府名义召开“常德市迎中秋外商代表座谈会”，邀请来自荷兰、英国、泰国等国的10多名外商及港澳台商代表共度节日，征求其对常德的意见和建议，解决其实际困难。市长张昌平到会讲话。

10月，省石油总公司常德市公司新班子履职。12月，因经营亏损，省公司分流岩码头石油公司100人到常德之外的13个地（州）市公司工作。

11月5日，市面粉公司生产的“麦王”牌系列面粉在国际食品及加工技术博览会上获“’96亚太地区国际博览会金奖”。

11月11日，市编委办核发“常德市事业单位法人登记证”，市粮食职工中等专业学校机构规格为副处级，编制员额62名，经费预算形式为全额拨款。

11月16日至12月6日，以市长张昌平为团长、市委副书记彭孟芝为副团长、市外经贸委主任王孝山为秘书长的常德市政府代表团应邀访问英国肯特郡、德国德威龙公司、豪居公司、荷兰达门公司，就建立友好城市关系和合资生产挖泥船、卷烟机械、烟草包装等项目进行商谈。

12月8日，恒安纸业有限公司生活用纸项目落户德山开发区。该项目由恒安集团出资5亿元建设，占地150亩，日生产能力100吨，年产值4亿元。市长张昌平、副市长钦时中与市外经贸委、市国土局等部门负责人和恒安集团总裁许连捷一行参加签字仪式并到厂址现场办公。

12月，省教委授予市粮食职工中等专业学校“1996年度教育工作先进单位”称号。

1997年

1月14日，省委书记王茂林在永州市九嶷宾馆接见市粮食局下属的深圳潇湘米业公司经理郑治文一行，观看该公司生产的“金健牌珍珠强身米”，称赞该产品设计美观，勉励该公司加快发展。

3月12—13日，副省长贺同新、省招商局副局长李沛一行在副市长龚建明、市招商局副局长黄彧汪陪同下到汉寿考察荣祺食品罐头（汉寿）有限公司（台商独资企业）、汉旺汽车维修有限公司、澧县益侨制药有限公司、津市的蓝筹食品有限公司、安乡县的拾比佰船务有限公司等外资企业。

4月，省石油公司批复岩码头石油公司依法申请破产，容量3.2万吨的岩码头油库报废拆除。

6月5日，《湖南日报》登载题为《常德市粮食职工中专抓好联合办学》文章。

6月13日，市政府召开全市外向型经济工作会。市领导钦时中、鲁之芙、陈君文、戴平安、各区县（市）分管区县（市）长、外经办主任、市直外经贸企业及全市有进出口经营权的企业负责人参加会议。

9月2—5日，省第六届“湘交会”在长沙举行。市领导钦时中、陈君文率市代表团（下属16个分团）400多人参加会议。参加常德市代表团洽谈项目和贸易的外商120多人。此会全市共签订利用外资项目73个，总投资6.9亿美元，利用外资4.09亿美元；对外工程承包和劳务输出项目2个，成交额1300万美元；全市14家企业签订15份合同，出口商品14种，合同成交额1260万美元。

11月，全省文明市场检查验收，澧县澧州市场、湘鄂边贸城评为省级文明市场。

12月17—19日，由农业部国际合作司原司长、联合国粮食组织官员朱丕荣、国内贸易部科技局副局长黄木娇、国家粮食储备局购销管理司副司长任圣江、《经济日报》社农村部主任高以诺、主任记者李百祥等组成的专家组至常德，对粮食产业化经营进行考察。专家组考察潇湘米业设在桃源浯溪河乡的“中香一号”优质稻基地，听取市委副书记洪明祥、市粮食局局长车世炎的汇报。

从9月起，市外经贸委开始将机关院落从武陵区人民西路683号搬迁至武陵区洞庭大道1628号，至1998年春节前搬迁完成，机关人员办公和居住均在新址。

1998年

3月9日，省教委发出湘教函〔1998〕30号《关于同意常德市粮食职工中专加挂“常德工商贸易职业中等专业学校”校牌的批复》。

3月27—30日，副省长贺同新率省政府办公厅、省外经贸委、省招商局领导一行到常德市考察，听取常德市对外经贸工作情况汇报，在副市长龚建民、市招商局副局长黄彧汪陪同下考察汉寿县、德山开发区、桃源县、澧县、武陵区、津市市等地的“三资”企业。贺同新出席’98中国湖南桃花源游园会暨经贸洽谈会开幕并发表讲话。

3月28—30日，’98中国湖南桃花源游园会暨经贸洽谈会，签订利用外资合同项目21个，合同利用外资461.3万美元；签订内联项目23个，利用资金1.37亿元。

3月29日，中国证券监督委员会发出《关于湖南金健米业股份有限公司（筹）申请公开发行股票的批复》（证监发字〔1998〕39号），同意湖南金健米业股份有限公司（筹）本次向社会公开发行普通股500万股。发行价为每股5.3元，共募集资金2.65亿元。

4月，省委书记王茂林一行在市委书记吴定宪陪同下到汉寿考察“三资”企业。王茂林指示县委、县政府要全力支持荣祺食品等“三资”企业的外向型经济发展。

5月6日，金健米业（股票代码600127）5000万股在上交所挂牌上市交易，首日开盘价为16.61元。

5月7—9日，市委在澧县召开区县（市）委书记例会，首次将全市的对外开放、招商引资工作进行专题研究和部署。

6月4日，市委召开常委扩大会，听取省对外开放专题会议精神，对全市招商引资工作进行专题研究。

6月，常德市市县石油公司整体上划中国石油化工集团公司。

7月24日，安乡安造大垸溃决，成千车辆、船舶参加抗洪抢险，安乡石油公司为抢险车船供应油料700多吨。8月，中共湖南省委、省政府授予安乡石油公司“抗洪救灾先进集体”称号。

9月5—11日，副市长龚建明带52人组成的常德代表团参加对外经济贸易部主办的“厦交会”，签订合同利用外资项目7个，合同金额3490万美元。

10月6日，澧县粮食局粮油食品公司电工刘军获全国总工会颁发的“全国五一劳动奖章”。

10月17—20日，市政府牵头，市外经贸委（市招商局）具体组织各区县（市）和市直有关部门及单位参加在长沙举办的中西部地区对外经济技术合作洽谈会，签订合同利用外资项目33个，合同金额2.12亿美元。

10月，在湖南省第三次民族团结进步表彰会上，市粮食局被国家民委和省政府授予“民族团结进步模范单位”称号。

12月17日，省粮食局副局长李明到市粮食职工中等专业学校考察。

12月，石油油价实行全省一价、城乡一价。

1999年

1月28日，国家发展计划委员会副主任郝建秀一行4人，在副省长周时昌、市长程海波的陪同下专程对世界银行贷款项目樟木桥粮库工程建设情况进行检查。

2月6日，武陵区人民路上南门至下南门路段“步行街”建成并正式启用。

2月11—12日，省粮食局局长任正晓在市粮食局局长车世炎的陪同下，先后到安乡县粮食局、津市市粮食局收储公司、澧县粮食局道河粮站、面粉厂等单位慰问水灾重灾区基层粮食职工。

3月28日，’99桃花节暨桃花源主景区开园式举行。

4月7—9日，’99常德—厦门经贸洽谈会在厦门召开。市长程海波、副市长杨光宏、龚建明、市人大常委会副主任肖友志等到会主持项目发布，参加项目洽谈和签约。

8月1日，副省长周时昌、省政协副主席陈彰嘉考察金健粮食工业城。

9月15日，第八届亚洲皮划艇锦标赛在常德举行，常德以此为契机举办经贸洽谈会。此会共签订引资项目合同、协议81个，其中利用外资项目合同、协议38个，利用外资额8249.5万美元；签订利用内资项目合同、协议43个，利用内资7.08亿元人民币。

9月，市粮食职工中等专业学校林如汉撰写的《职校生与跨世纪人才浅谈》获中国职业技术教育学会期刊编辑委员会“中国优秀职教文章优秀奖”，并颁发证书。

10月20日，金健米业生产的米、面、油系列产品正式获得中国绿色食品发展中心的认可，获准为A级绿色食品，均被许可打上“绿色食品”标志。

11月18—24日，在全省首届名特优新农副产品博览会上，市粮食系统获得“四金四银”的奖牌。其中金健米业送展的珍珠强身米、万家炊烹调油、全营养葛面以及市米业公司送展的广积牌猫牙米荣获金奖。

11月23—24日，中国粮食经济学会会长白美清一行4人在省粮食局局长任正晓的陪同下考察金健米业。

11月29日，国务院粮改工作检查组组长、财政部经贸司司长虞列贵一行6人在省财政厅副厅长卿渐伟、省粮食局副局长左恩南以及省、市有关负责人的陪同下到安乡县，对该县粮改工作精神贯彻情况进行为期2天的检查。

12月30日，常德市第一家自选超市——“步步高武陵量贩广场”在步行街落户，开业当天顾客人流量达3.4万人次，日销售额达50多万元。

2000年

1月28日，金健粮食工业城精米制造中心正式建成投产，其主机设备分别从日本、瑞士、意大利和韩国等几家大公司引进，年生产能力10万吨。省长助理阳宝华、省粮食局局长任正晓、市委书记吴定宪、市长程海波等有关党政部门领导参加投产庆典。

3月13—14日，国家粮食局常务副局长孔令鉴带队的中央粮食企业改革调查组，对常德市粮改工作进行调研,省粮食局局长任正晓、市长程海波、副市长龚建明陪同。调查组还实地考察金健粮食工业城、市米业公司。

3月18日，市委书记吴定宪、副市长张元英在市教委主任何英满、市粮食局局长车世炎等的陪同下到市粮食职工中等专业学校考察。

3月20日，市委决定市粮食职工中等专业学校与市第六中学合并。7月1日，两校人、财、物合并正式施行。

3月，石化行业实施重组改制、主辅分离。常德市石油公司主业划入上市部分，名称为中国石油化工股份有限公司湖南常德石油分公司，各县比照设立支公司。辅业划入非上市部分，沿用湖南省石油总公司常德市公司的名称（即存续部分）。4月，终止各县市公司销售部成品油批发业务。当年中石化取消地市公司的进货权。

4月15—18日，市政府副秘书长朱梅青和市招商局副局长黎运龙带领市代表团100多人参加第87次广州出口商品展销会。

4月17日，《中共常德市委常委会议纪要》将中国国际贸易促进委员会常德市支会、中国国际商会常德商会（以下简称贸促会）定为正处级社会团体。6月21日，市编委核定贸促会全额拨款事业编5名。

5月22日至6月6日，副市长龚建明率部分企业负责人前往德国慕尼黑市，参加2000年中国湖南（欧洲）投资贸易洽谈会，签约项目2个。会议期间，省长周伯华单独会见常德达门船舶公司的代表。

5 月 28 日，由市招商局和武陵开发区共同协调引进的常德烟草机械股份公司易地改造工程项目奠基仪式在武陵开发区举行，市长程海波、常务副市长陈君文出席。

9 月 16—20 日，首届中国中西部地区糖酒副食品展销会在常德火车站大市场糖酒副食品城举行。参展客商 5150 人，展销会交易总额 32.6 亿元。

10 月 15—18 日，首届湘粤名优家具博览会暨常德家具产业园开工庆典在常德市城区举行。

10 月 16—18 日，在厦门举办的全国第二届粮油精品展示交易会暨中国国际粮油技术设备展览会上，常德市的米糠营养素、方便米粉等金健牌系列产品吸引客户。交易会期间共签订各类粮油产品销售合同 1.64 万吨，成交金额达 4153 万元。

11 月 7—9 日，在北京召开的全国农业产业化工作会议上，农业部、国家计委等 8 部委联合发出通知，公布 151 家农业产业化国家重点龙头企业名单，湖南省 7 家企业入选，金健米业股份有限公司是常德市唯一入选企业。

12 月 21 日，省粮食局局长任正晓、副局长虢岳先带领调控处工作人员，在常德市召开岳阳、益阳、湘潭、株洲、常德 5 市粮食局局长会议，要求贯彻落实保护价敞开收购中晚稻，解决中晚稻入库中违反收购政策的问题。

12 月底，原市商业局机关院落由市信托投资公司收购拆除后修建商品房。原办公楼于 1958 年修建，位于武陵区建设路四眼井社区，固定资产原值 180 万元，占地面积 6500 平方米。

2001 年

2000 年 12 月 29 日至 2001 年 1 月 9 日，金健米业公司通过上市向社会成功增发 5000 万股新股，募集资金 8.05 亿元，该司用此实施 5 大项目：兴建金健米业健康食品中心，建设环洞庭湖优质大米加工基地，与省水稻研究所投资组建金健优质稻种开发中心，与武汉大学共建金健生物环保工程有限责任公司，扩建“乐米乐”营销网络。

3 月，“肯德基”连锁店在武陵区人民路下南门正式开业。

4 月 14—28 日，由衡阳市监察局、财政局、粮食局、质量技术监督局、农发行 5 部门 109 人组成的全国粮食清仓查库检查组，对常德市 8 个区县（市）和 5 个市直粮食购销企业的 528 个点、库的 113 万吨粮食进行清查。清查显示实际差率为 1.3%。

4 月，省委书记杨正午到汉寿考察外资企业和移民建镇工作。

5 月初，常务副市长陈君文、副市长龚建明带领 9 人的常德代表团参加北京高新技术产业周，签订合同、协议、贸易项目 9 个，合同投资额 4.47 亿元，其中合同项目 4 个，投资额 1.4 亿元；贸易项目合同 1 个，合同贸易额 1.5 亿元。项目中大者为中太化纤公司与荷兰、法国等国的进口商签订防弹材料供货合同 1.1 亿元，占全省成交额的 80%。

5月中旬，副市长龚建明带领8人到美国硅谷招商洽谈在常德生产电脑软件项目。

5月31日，樟木桥粮库交接仪式在市粮食局举行。按照省计委等5部门《关于转发国家计委等五部门〈关于划转部分粮库为中国储备粮管理总公司直属库的通知〉的通知》要求，交接双方（常德市粮食局、中国储备粮管理总公司长沙分公司）就樟木桥粮库的人、财、物交接等项目达成一致意见。省粮食局、市政府有关领导，市财政局、市农发行等有关部门负责人参加监交。

7月10—13日，副市长龚建明任团长，市政府副秘书长沈习森与市外经贸委主任、市招商局局长王孝山任副团长，市招商局副局长黎运龙任秘书长，带领153人的常德代表团参加省政府在香港举行的湖南（香港）投资贸易洽谈会，签约项目15个，合同（协议）利用外资额8018.1万美元。签订出口合同11个，出口额2012万美元。

8月17日，市委、市政府批准市财贸办与市经济委员会合并组建市经济贸易委员会，另设立由其管理的副处级的市内贸管理办公室。

8月，市外经贸委更名为市对外贸易经济合作局（简称市外经局），加挂市招商合作局牌子。

9月8—12日，副市长龚建明带领43人的常德团参加对外经济贸易部在厦门主办的第五届“中国投资贸易洽谈会”（以下简称“厦交会”），签约项目2个，总投资2.4亿元。

9月，在北京举办的第三届全国粮油精品、绿色食品展示交易会上，全国政协副主席杨汝岱、白立忱，国家粮食局的有关领导参观常德市展区。金健米、江南香米、芙蓉贡米、小背篓方便米粉、广积牌系列精米等受到好评。此会共签订各类粮油合同4535万元。

10月12—17日，代市长陈君文带领75人的常德代表团参加科技部在深圳举办的“高交会”，签约招商项目10个，总投资1.94亿元，协议利用外资1.46亿元。

11月，根据市委、市政府（常发〔2001〕2号和常政通字〔2001〕16号）文件精神，成立“常德市酒类产销管理办公室”（以下简称市酒管办），为市财政全额拨款的、由市经贸委管理、具有行政职能的副处级事业机构，管理人员实行公务员制度。

12月20日，市米业公司生产的广积牌系列精米确定为湖南名牌产品，被授予“湖南名牌产品”称号，并获得2001年度湖南省产品质量奖。

12月，餐饮企业“麦当劳”在武陵区武陵大道南端落户。

是月底，按照市委、市政府文件精神,市商业行业管理办公室并入市内贸办，其原有人员实行分流，除部分进入市内贸办外，有14名干部、职工按规定提前离岗。

是年，市委、市政府3次上门招商：市委书记程海波带队福建招商、市政府巡视员钦时中带队海南招商、市外经贸局负责人带队江苏等地招商。

是年，市广积米业公司的“芙蓉贡米”“中国香米”“江南软米”三大系列二十多个品种获得农业部绿色食品认证标志。

是年，市酒管办被省酒类产销管理办公室评为“省酒类产销管理工作先进单位”。

是年，在科技部公布的“2001年国家星火项目计划”中，金健米业股份有限公司的“早稻米深加工”项目位列其中。

2002年

1月4—6日，市委书记程海波、市长陈君文等带领常德市团赴广州、深圳两地开展联谊招商活动。

3月8日，全市投资与利用外资工作会议在芷园宾馆召开。常务副市长杨光宏主持会议，市委书记程海波出席并讲话，陈君文、彭孟芝、刘昌进、龚建明、陈文浩等市领导出席会议。

3月19日，市委办、市政府办发出常办通字〔2002〕24号《关于印发中国国际贸易促进委员会常德市支会（中国国际商会常德商会）机构改革方案的通知》，对贸促会的工作任务、内设机构、人员编制和领导职数作出规定：市贸促会为正处级群团组织，全额拨款事业编制8名（含后勤服务人员1名）。

4月23日，全市实施“放心食品”工程动员大会在工人文化宫召开，副市长龚建明主持会议，市长陈君文作报告，市委、市政府、市人大、市政协有关领导参加会议。会议决定对米粉、蔬菜、猪肉、牛肉等食品实行市场准入制，5月1日起全面实施。

5月26—30日，市长陈君文任团长、外经局副局长滕明友任秘书长，带领288人代表团参加省政府举行的“2002湖南-上海经贸活动周”。市领导彭孟芝、刘昌进、李平、洪明祥参加。此次活动周邀请客商138人，常德市签约项目43个，总投资35.45亿元。

7月9—12日，副市长龚建明任团长，市委副秘书长吴让见任副团长的54人的常德市经贸代表团至广州参加省政府举办的2002年湖南—广州经贸洽谈活动，共邀请客商30人，组织参展企业7家，贸易合同成交额1.3亿元。签订招商项目5个，总投资3.2亿元，利用市外资金1.95亿元。

8月31日至9月6日，副市长龚建明率市招商局等市直有关部门和部分企业的负责人组成的小分队赴温州、厦门考察招商。9月4日，常德代表团在温州总商会举行“湖南常德投资环境说明会”，9位海外华人华侨代表、38位温州企业家出席说明会。

9月7—9日，副市长龚建明为团长的市招商考察团在对温州进行招商考察后，至厦门参加第六届“中国投资贸易洽谈会”。参会人员16人，其中企业9人。会上共发布招商项目和产权交易项目60个，收集投资信息100多条，联系客商50多名，洽谈项目10多个，并就家居原辅材料大市场建设和饲料加工等2个项目草签协议。协议利用外资2800万元。

9月9—10日，副省长周时昌在省粮食厅、省财政厅、农发行省分行负责人陪同下到常德进行为期两天的深化粮食流通体制改革调查，市长陈君文、副市长龚建明等陪同。

10月12—18日，市外经局（市招商局）组织10人小分队参加在深圳举办的第四届中国国际高新技术成果交易会（以下简称“高交会”），发布招商项目62个，发送招商项目资料2550份（册），签约利用外资协议项目2个，总投资8000万元，协议利用外资5580万元。

10月16—18日，第四届中国粮油精品、绿色食品展交会在武汉举行。市粮食系统现场合同交易粮油类4.29万吨、粮油机械4.55万台（套），签约金额1.18亿元。

11月，中石化常德分公司将各县级石油公司（辅业非上市部分），改组为常德市石油公司××县经营部。

12月9—12日，市委书记程海波、市长陈君文、市委常委李平、市外经局副局长滕明友带领131人的常德市团赴香港开展2002常德（香港）投资贸易洽谈会，与会客商160多人，共签项目37个，其中利用外资项目28个，项目总投资16.95亿元，其中利用外资15.64亿元；签订贸易出口合同9份，出口额3484.9万美元。

12月，金罗肉联厂引进南京雨润集团组建福润食品加工有限责任公司。

是年，市酒管办被湖南省酒类产销管理办公室评为“省酒类产销管理工作先进单位”。

2003年

4月4—10日，副市长龚建明带团赴西安参加第七届中国东西部合作与投资贸易洽谈会，全市共签约项目14个，总投资10.5亿元，协议引进资金7.6亿元

4月10—12日，以市长陈君文为团长，市委常委李平、副市长刘剑英为副团长，带领市外经局、市建设局、市交通局等有关部门组织的各代表团一行共48人参加在深圳举行的“2003年常德（深圳）城建交通投资洽谈会”，共签约项目25个，其中签约外资项目8个，合同项目3个，总投资1559万美元，合同利用外资963万美元。

4月18日，全市对外开放工作会议召开，市委书记程海波主持会议，市长陈君文作报告，市领导周用金、陈文浩、刘明、李平、龚建明、胡子达出席会议。

6月26—28日，省酒管办主办、市酒管办承办的省“依法治酒”会议在常德桃林宾馆召开。省经贸委副主任陈锋、省酒管办主任刘飞等出席，各地（州）市、县（市）区酒管办主任共120人参加。

7月，中石油集团长江公司成立常德配送中心，11月改组为湘西北配送中心。办公地址位于武陵区鸿升小区159栋。

8月4—7日，市长陈君文、副市长龚建明率市直有关单位及各区县（市）负责人在深圳、广州召开招商引资恳谈会，为参加10月的“深洽会”做准备。

8月21日，以台湾华商协会联盟副会长郭赞守为团长的台澳企业家访湘团到常德市参观考察，市委、市政府举行招商引资恳谈会，市长陈君文、市委副书记周用金、副市长宋冬春出席恳谈会并参加有关活动。

9月6日，以副市长龚建明为团长的常德代表团一行22人赴厦门参加由商务部主办的第七届中国投资贸易洽谈会。此会议发布项目170个，签订协议项目3个，总投资2.4

亿元，协议利用内外资 1.85 亿元。

9 月 22—23 日，全省第四届烹饪技术比赛在长沙举行，常德市 20 名选手参加所有项目的比赛，取得 7 枚金牌、6 枚银牌、11 枚铜牌；市代表队获得优秀组织奖。津市兰苑宾馆刘文娴取得餐厅服务第一名的成绩，获“湖南省技术能手”称号，何永庆两位选手直接晋升为技师。

10 月 13—17 日，以市委书记程海波为顾问、市长陈君文为团长、分管市级领导为副团长、市外经局局长滕明友为秘书长的市代表团 300 多人参加 2003 年湖南（深圳）投资洽谈会暨 2003 年常德（深圳）投资贸易洽谈会，共签约利用内外资项目 65 个，总投资 122.9 亿元，合同（协议）利用内外资 112.4 亿元，利用外资项目 36 个，总投资 9.39 亿美元，合同（协议）利用外资金额 8.39 亿美元；利用内资项目 29 个，总投资 45.38 亿元，利用内资 43.08 亿元。

12 月 7 日，湖南友谊阿波罗集团投资 6000 万元建设的营业面积 2 万平方米的“春天百货”在步行街正式开业。

是年，市酒管办被湖南省酒类产销管理办公室授予“省酒类产销管理工作先进单位”。

2004 年

2 月 3 日，中石油集团华中公司副总经理李多、湖南公司总经理李建军等一行到常德检查工作。

5 月 31 日，中石油集团湖南公司注册成立常德分公司，11 月 15 日湘西北配送中心被撤销，常德分公司正式营运。

6 月 9—13 日，德国杜席集团、A.C.A 公司和阿特拉斯公司到常德考察，与市政府和中联重科签订汽车生产项目合作谅解备忘录。市领导程海波、曹儒国、陈文浩、李平、龚建明及市工商联和市外经局领导陪同。

6 月 25—26 日，市政府召开四届二次全体会议，专题研究部署招商引资工作。市委书记程海波出席并讲话，市长陈君文在会上作题为《认清形势，加大力度，全面掀起招商引资新高潮》的报告。

6 月 30 日，以市长陈君文为团长的常德代表团一行 10 人赴德国慕尼黑参加省政府举办的“2004 年湖南（欧洲）投资洽谈会”。

8 月 10 日，中国储备粮总公司党组书记、总经理林军在中国储备粮总公司长沙分公司总经理王贵峰、市政府副市长龚建明、汉寿县政府副县长涂贤春、汉寿县粮食局党委书记、局长许世伟等陪同下考察汉寿县粮食局太子庙粮食储备库。

8 月 12—14 日，国家粮食局局长聂振邦至常德市检查早稻收购和考察粮改工作，考察组先后至汉寿县太子庙粮库、毛家滩粮站、鼎城区斗姆湖粮库、白鹤山粮站等地考察。

9 月 1 日，常德市的芙蓉王、金键米、心相印 3 个品牌获中国名牌产品称号。

9月7—11日，以龚建明副市长为团长的常德代表团赴厦门参加第八届中国投资贸易洽谈会。此会推介淡水珍珠等4个重点项目，洽谈2个重大项目，恒安集团决定对德山恒安纸业进行第三期扩建，增资3亿元。

9月26日，以市长陈君文为团长，副书记周用金、市委常委李平为副团长的常德代表团一行17人赴美国华盛顿与美国少数族裔企业家协会（MBRT）举办“2004年中国常德—美国华府招商洽谈会”。此会与美方签订7个协议书，发放项目资料和光碟170份。

10月12—18日，市外经局（市招商局）组织10人小分队参加第六届中国国际高新技术成果交易会。会上发布招商项目52个，发送招商项目资料200份（册），签约利用外资协议项目2个，总投资8000万元，协议利用外资5580万元。

10月21—25日，以书记程海波为顾问、市长陈君文为团长、市委常委李平、副市长龚建明为副团长的由13个分团组成的常德代表团370人参加由省政府举办的2004年湖南投资贸易洽谈会（以下简称“湘交会”）。常德团参展企业100家。会上全市签订外资合同项目19个，总投资2.95亿美元，合同利用外资1.79亿美元；签订内资合同项目28个，总投资16.36亿元，利用内资15.72亿元；签订出口贸易合同11份，合同额7421.2万美元；内贸商品成交额逾6.2亿元。

10月30日，全国政协港澳台侨委员会副主任、台盟中央副主席刘亦铭率全国政协台联、台盟界部分委员一行24人在省政协副主席龙国键的陪同下到常德考察台资企业发展与保护台商权益情况。该团听取市政府关于常德市台资企业发展与保护台商权益情况汇报，走访台资企业特季轻纺和华联轻纺公司。市纪委书记曹儒国、副市长张元英、市委统战部部长文承保（市政协副主席）和市台办、市外经局负责人等陪同考察。

11月15日，市贸促会牵头组织参加“湖南—欧盟中小企业合作洽谈会”。

12月13—14日，香港珍珠商会会长、太湖珍珠首饰有限公司董事长吴广强，世界珍珠协会主席、香港珍珠商会名誉会长何乃华率团考察常德市珍珠产业。市委副书记戴军勇、市委常委李平及市外经局负责人等陪同。

是年，中石化公司的常德城区加油站全部实行电脑管理和IC卡加油。

是年，市酒管办被省酒类产销管理办公室评为“省酒类产销管理工作先进单位”。

是年，中石油集团常德分公司被中石油华中公司授予“先进营销中心”称号、被中石油湖南公司评为“安全生产先进单位”。

2005年

1月8日，中石油常德分公司办公地址迁至武陵区柳叶大道2618号市国家安全局办公楼五楼。

1月11日，香港财富报业集团董事局主席范光陵、香港财富投资集团董事局主席陈春、香港财富投资集团执行总裁张雨轩等一行，在副省长贺同新的陪同下到常德考察，与市委、市政府进行投资恳谈。市领导陈君文、李平、龚建明及市外经局（市招商局）负责人等参加活动。

1月14日，根据市委、市政府《关于印发〈常德市人民政府机构改革方案实施意见〉的通知》（常通字〔2005〕2号）精神，组建常德市商务局，加挂常德市招商合作局牌子。市场服务中心、市场建设开发中心、再就业广场管理办公室划归市商务局管理。设立市商务局离退休人员服务管理中心，为副处级事业单位，归口市商务局管理。设立市商务局信息中心，为正科级事业单位，归口市商务局管理。

1月，市商务局组织13家企业参加东盟博览会，其中有4家企业参展。

是月，根据市委、市政府《关于印发〈常德市人民政府机构改革实施意见〉的通知》（常通字〔2005〕2号），市酒管办划归市商务局管理。

2月18日，副省长贺同新率省商务厅、省旅游局负责人一行到常德就外向型经济问题进行考察。市领导李平、龚建明及市商务局（市招商局）负责人等陪同考察。

4月13日，省政府法制办到常德市进行《湖南省酒类管理条例》立法调研，省酒管办主任刘飞、省酒协秘书长刘维平陪同，市法制办、市酒管办负责人参与汇报。

5月22日，商务部市场运行司副司长王北膺、处长曲英等一行至常德市进行商务部《酒类流通管理办法》立法调研，省酒管办主任刘飞陪同，副市长龚建明、市商务局局长滕明友、市酒管办负责人参与汇报。

5月30日至6月3日，以市委书记程海波为顾问，市长陈君文为团长，市委常委、常务副市长陈文浩，市委秘书长刘明，市委常委李平为副团长，市商务局局长滕明友任秘书长，率各区县（市）和市直有关单位组织的16个分团100多人至香港参加省政府举办的“2005年中国湖南（香港）投资洽谈活动周”。

5月31日，副市长龚建明、市贸促会会长刘志卫率团参加日本爱知世博会，在中国馆举行“常德城市日”活动。

5月，中石化湖南常德石油分公司进行市县经营一体化改革，对内取消县支公司，对外保留牌子，设立县（销售）片区。

是月，市商务局内设机构全体人员实行竞争上岗

6月22日，商务部以商建函〔2005〕228号文件批复省商务厅报告，批准汉寿、石门两县为“万村千乡市场工程”试点县，并明确石门县亚太电器、楚江电器、惠利佳超市和汉寿县的金湾超市和三联购物中心为承办试点企业。

6月25—26日，旅美湖南同乡会会长、美国华侨进出口商会秘书长陈泰行一行，对常德市投资环境和珍珠项目进行可行性考察，副市长龚建明和市商务局（市招商局）负责人等陪同考察。

7月18日，临澧县在全国率先全面启动粮食直补电子网络发放工作，将国家种粮补贴资金直接用存折形式发放到农户手中。

8月10—11日，省人大财经委主任孙振华和省商务厅负责人到常德市进行《湖南省酒类管理条例》立法调研，省酒管办主任刘飞、副主任赵子瑞陪同，市人大常委会副主任李学林、副市长龚建明、市商务局和市酒管办负责人等参与汇报并陪同视察德山酒厂和国人啤酒公司。

8月30日，副省长贺同新到石门新关、皂市实地考察“万村千乡市场工程”试点，其间还考察市场建设。

9月8—11日，以市政府副市长龚建明为团长、市政府助理巡视员叶培明为副团长、市商务局副局长黎运龙任秘书长的代表团参加在厦门由商务部主办，由联合国贸发会议(UNCTAD)、世界投资促进机构协会（WAIPA）等协办的第九届中国国际投资贸易洽谈会。

9月19—20日，中国粮食经济学会白美清会长一行到常德考察调研粮食中介组织建设情况，并到金健米业、鼎城区斗姆湖国家粮食储备库调研龙头企业发展和托市收购情况。

9月，市商务局组织11家企业赴欧盟参加欧洲纽伦堡亚洲品牌展，其中5家企业参展。

10月12—17日，以市政府副市长龚建明为团长、市商务局负责人任秘书长的常德代表团赴深圳参加第七届中国国际高新技术成果交易会，在会上发送招商项目册150本、光碟120张。新结识30多位境内外高科技公司、投资公司的负责人和商务代表，并与其进行洽谈。

12月2日晚，中石油湖南公司总经理李建军在常德分公司经理姚朝耀陪同下拜会市委书记程海波，进行工作交流。

12月12日，省人大常委会法规工作委员会派员到常德进行《湖南省酒类管理条例》立法调研，省酒管办副主任赵子瑞陪同，市人大和市商务局有关负责人、市酒管办负责人参与汇报。

是年，中石油集团常德分公司被华中公司评为“先进营销中心”；桃源县被列为全省十大出口基地县；市酒管办被省酒类产销管理办公室评为省酒类产销管理工作先进单位。

是年，商务部授予汉寿“万村千乡市场工程先进集体”称号。

2006年

1月5日，省委常委、统战部部长石玉珍带领省民政、劳动和社会保障等部门负责人至德山粮站慰问企业特困职工，并代表省委、省政府送给德山粮站解困金5万元，听取常德市国有粮食企业改革情况汇报。

1月，商务部批准在澧县农村启动“万村千乡”市场工程。

2月10日，2006年全省“百城万店无假货”活动启动仪式暨创建示范点现场经验交流会在市城区步行街举行。省委宣传部部长蒋建国，副省长贺同新，市领导周用金、夏朝华、覃清香、李爱国及市商务局、市工商局负责人等参加活动。

3月，国家粮食局表彰全国粮食系统先进单位和先进工作者，鼎城区白鹤山粮站原主任余有德获“全国粮食先进工作者”称号。

是月，汉寿县被省政府确定为“湖南省放心蔬菜基地县”。

4 月 6 日，市委、市政府召开全市招商引资暨商务工作会议，市领导陈君文、曹儒国、李爱国出席会议并讲话。

4 月 23—28 日，市商务局组团参加湖南省在德国黑森法兰克福市举办的中国湖南（欧洲）投资贸易洽谈会。

7 月 16 日，市委书记武吉海和部分市领导率有关部门负责人前往中储粮常德直属库等企业收粮现场考察早稻收购工作。

7 月 25 日，省粮食局局长王柏林、副局长邓德林一行至桃源毛家桥大库、鼎城区白鹤山粮站、汉寿县周文庙大库等托市收购指定企业考察早稻收购工作，并调研湘鲁万福、金健米业等龙头企业发展状况。

7 月 26 日，商务部以商运函〔2006〕34 号函正式批准津市市为“东桑西移”工程全国 50 个基地县（市）之一。

7 月下旬，在全省粮食产业化经营经验交流和理论研讨会上，常德市上报 9 篇研讨文稿，5 篇获奖，其中一等奖 3 篇（全省共 11 篇）、二、三等奖各 1 篇。

8 月 13 日，省长周伯华至常德考察早稻收购工作，与售粮农民交谈，了解售粮情况，要求各级党委、政府和粮食部门一定要把收购政策宣传好，把最低价收购政策落实好，把粮食市场秩序维护好。

8 月，省石油总公司常德市（辅业非上市）公司被撤销，改组为湖南石油资产分公司常德工作部。

9 月 8—11 日，市商务局派出 3 人小分队参加在福建厦门举行的第十届中国国际投资贸易洽谈会。

9 月 24—25 日，湖南省第二届海外华商潇湘行常德之旅活动在常德市举行。此次活动共签约 7 个项目，总投资 6.98 亿元。

9 月 26—28 日，以市委书记武吉海为顾问、市长陈君文为团长，市委常委李平、副市长李爱国为副团长，市商务局局长滕明友为秘书长的常德代表团 350 余人参加在长沙由商务部等部委和中部 6 省政府主办，湖南省商务厅、长沙市人民政府、商务部投资促进事务局承办的首届中国中部投资贸易博览会。常德市 16 家企业参展。中央政治局委员、国务院副总理吴仪一行参观常德市展区。

10 月 12—17 日，市商务局副调研员管楚运带领常德小分队在深圳参加由商务部、科技部、信息产业部、发展和改革委、教育部、人事部、中国科学院、中国工程院和深圳市政府共同主办的第八届深圳“高交会”。

10 月 23—24 日，商务部全国大型农产品流通企业工作会议在常德市召开，全国 37 个省、自治区、直辖市、计划单列市及新疆生产建设兵团和 100 家大型农产品流通企业的代表参加会议。商务部市场建设司司长常晓村、省商务厅副厅长易昌伦到会讲话，副市长朱晓平致辞。中国农业大学教授胡小松、中国农业科学院研究员胡定寰就食品质量安全与保障体系和超市发展对农产品质量安全的影响进行了专题讲解。

11月30日，副省长贺同新一行到常德调研招商引资工作。市委书记武吉海、市长陈君文、副市长朱晓平及市商务局负责人等陪同调研。

12月上旬，市粮油食品质量检测中心顺利通过国家粮食局粮油质量标准管理办公室专家组的考核评审，正式被国家粮食局授权为第一批国家粮食质量监测机构。

12月26日，恒安（湖南）心相印纸业有限公司挂牌暨恒安（湖南）生活用纸有限公司年产12万吨生活用纸项目奠基仪式在德山开发区举行。市领导武吉海、陈君文、曹儒国、刘春林、宋冬春、邹克忠、朱晓平及德山开发区与市商务局等市直部门负责人出席。

是年，桃源县连续2年被省政府评为湖南省十大出口基地县；省政府授予市商务局利用外资工作先进单位称号；市酒管办被省酒类产销管理办公室评为省酒类产销管理工作先进单位。

2007年

2月，国家工商总局局长周伯华根据国务院总理温家宝的批示，在省领导郭开朗和市领导武吉海、陈君文等的陪同下，到汉寿县城东套市场和太子庙集贸市场检查食品安全监管工作。

3月25日，全市招商引资暨商务工作会议召开，市委书记武吉海出席会议并讲话，市领导陈文浩、文承保、彭明健参加会议。

4月26—28日，以市政府常务副市长陈文浩为团长、副市长朱晓平为副团长，市商务局负责人为秘书长的常德代表团及所属12个小分队和4家参展贸易企业的代表共60多人，参加在河南郑州举办的第二届“中博会”。

5月30日至6月1日，市委、市政府在深圳举办2007年常德市（深圳）招商会，市委书记武吉海、代市长卿渐伟等市领导及各区县（市）和市直有关单位负责人参加。市领导和市直有关部门负责人参观考察28家企业，会见一批重要客商，会上共签订项目46个，其中投资项目42个，总投资70.19亿元，利用外资1.67亿美元；外贸出口合同4份，合同成交额5150万美元。

5月，市商务局争取的商务部重点工程“东桑西移”项目落户澧县，在官垸、道河、梦溪3个基地种植桑园1万亩，带动种植户2016户，引进705万株桑苗，帮助农民增收1500万元，增加就业350人，2010年通过部、厅检查验收。

6月8—12日，第四届泛珠三角区域经贸合作洽谈会在长沙举行。常德市组成以市委书记武吉海为顾问，代市长卿渐伟为团长，市商务局局长滕明友为秘书长的常德代表团参会。

6月20日，商务部副部长沈觉人到常德调研商务工作，市商务局局长滕明友、副局长涂贤春陪同调研。

6月27—29日，省粮食局局长吴奇修带领省局相关处室负责人一行到常德考察粮食工作并调研省粮食局新农村建设联系点——澧县兔子口村的基础建设和产业发展情况，并至金健米业、广积米业、桃源湘鲁万福等粮食产业化龙头企业调研粮食深加工及转化增值情况。

6月，财政部酒管立法调研组一行在省酒管办副主任赵子瑞陪同下到常德市进行立法调研。

8月11日,省委常委、常务副省长肖捷率省政府副秘书长石华清、省粮食局局长吴奇修以及中储粮湖南分公司总经理王贵峰、省农业发展银行行长周农翻、省物价局局长龚秀松、国家统计局湖南调查总队队长张松青等到汉寿县考察早稻收购情况。市委书记武吉海、代市长卿渐伟等陪同考察。

8月13—14日，深圳市常德商会29名“德商”回乡进行为期两天的商务考察。市领导武吉海、卿渐伟、陈文浩、欧运崇、朱晓平、曹佳中及市商务局负责人陪同考察。

8月，汉寿县粮食局被国家粮食局授予“全国粮食依法行政示范单位”称号。

9月8—11日，市商务局派小分队参加在厦门国际会议展览中心举行的第十一届中国国际投资贸易洽谈会。此会洽谈项目20个，签约项目4个。

10月12—17日，第九届中国国际高新技术成果交易会在深圳市举行，常德市组织小分队参会。

10月，市粮食局被国家粮食局评为“2007年度全国粮食流通监督检查工作先进单位”。

11月3—4日，商务部“酒类流通管理暨法规培训工作大会”在常德市共和大酒店召开。此会由商务部市场运行调节司主办，湖南省酒管办筹办，常德市酒管办承办。商务部市场运行司副司长王北膺、北京市商务局副局长李顺利、省商务厅副厅长易昌伦、常德市市长卿渐伟、副市长朱晓平出席大会。与会代表205人。

11月21日，商务部全国猪肉质量安全专项整治行动湖南现场会常德检查组到常德检查，市领导李爱国、叶培明及市商务局负责人陪同检查。

12月8日，市德山粮油公司史堃代表省粮食局参加国家粮食局、劳动保障部主办的首届全国粮食行业职业技能大赛，获“首届全国粮食行业职业技能大赛银奖”。

12月，市贸促会会长黎运龙赴北京参加中国国际商会年会，常德国际商会成为中国国际商会会员单位。

是年，桃源县为全省十大出口基地县；汉寿县为全省出口基地县；商务部确定石门县为全国百县农村市场监测试点县，从4月开始，每月分旬对农产品价格、农资价格、配合饲料价格及其波动情况及时上报；市商务局被省政府授予年度“利用外资工作先进单位”

称号；市酒管办被省酒类产销管理办公室授予年度“省酒类产销管理工作先进单位” 称号。

2008年

1月18—19日，全国粮食行业职业技能鉴定操作考试手册编写工作会在常德召开，国家粮食局人事司司长徐京华、副市长李爱国等出席。

1月中旬至2月上旬，出现连续将近一月的低温冰雪灾害天气，市城区部分农贸市场的一些大棚被降雪压垮或濒于坍塌，造成人员受伤和财产损失。市商务局全体人员在此期间进行两项专项工作：一是派人至各农贸市场值班，和相关市场管理机构一道维护市场安全；二是协助政府有关部门鼓励城区经营生活燃煤的经销商购买和调进煤炭，日夜电话值班，及时记录相关数据，为市财政进行补贴提供资料。

常德市成立由市委武书记武吉海、市长卿渐伟任顾问，陈文浩常务副市长任主任，副市长朱晓平与曹佳中为副主任，相关责任单位一把手为成员的长三角招商活动组委会，4月5—23日，在上海、萧山、昆山、武汉举办长三角招商活动。

4月26—28日，以市长卿渐伟为团长，副市长朱晓平、秘书长沈习森为副团长的常德代表团及所属12个分团和4家贸易参展企业的代表70多人，参加在湖北省武汉召开的第三届“中博会”并布展。会上，市参展企业签订内外贸易合同7个，内外贸易销售额达1260万元，其中出口供货合同2个，出口额120万美元。

5月16日，全省粮食政策法规与监督检查工作会议在常德市芷园宾馆召开，省粮食局副局长向才昂、常德市副市长万成贞等出席。

6月16—21日，市委书记武吉海、市长卿渐伟率党政代表团于6月15—17日访问无锡、江阴、上海闸北等地后，参加省政府在上海举办的“2008年湖南（上海）投资洽谈活动周”。会上，全市共签约项目43个，总投资143亿元，引进内资128.7亿元，合同引进外资1.203亿美元。

6月30日，中国粮食行业协会会长白美清、副会长王瑞元、刘与忠一行在省粮食局领导石少龙、省粮食行业协会常务副会长廖玉球的陪同下，至金健米业股份有限公司考察。同日，省粮食局副局长向才昂等一行至常德督查粮食安全生产工作。

7月23—24日，省粮食局副局长焦小毅等在市粮食局局长张阳等的陪同下至桃源、鼎城、汉寿及市直广积米业等粮食收购点督查早稻收购工作。

7月29日，省粮食局局长吴奇修带领有关人员到常德考察粮食深加工项目和早稻收购工作。

8月，汉寿县被省政府确定为全省首批承接产业转移10个重点县之一。

10月12—17日，第十届中国国际高新技术成果交易会在深圳市举行，市商务局组织小分队参加。

10月24日下午，省委书记张春贤在市、县两级领导的陪同下考察安乡毅力能源项目建设工地。

10月27—28日，由常务副市长陈文浩任团长、市政协副主席陈伟俊任副团长、市商务局负责人任秘书长的常德代表团，参加在岳阳市举行的2008湖南经济合作洽谈会暨第二届湘商大会，签约7个合作项目，合同引进内资11.4亿元人民币，合同引进外资8000万美元。

12月8日，《中华人民共和国粮食法》起草调研组至常德，在共和大酒店召开座谈会。调研组一行9人，组长邓亦武（国家粮食局财务司司长）、副组长曲美玉（女，国家发改委产业司处长）等。参加座谈会的有省、市人大代表，省、市政协委员、省、市粮食局领导，岳阳、常德、益阳三市政府领导，岳阳县、湘阴县、澧县、桃源县、益阳市资阳区、赫山区6个县级政府领导等共38人。

12月18日，省粮食局局长吴奇修、副局长石少龙等到常德考察金健米业和湘鲁万福。

是年，市贸促会编制增加到12名（含后勤服务人员1名），其人员参照公务员管理，内设2部1室（办公室、国际业务部、会务展览部）。办公地址位于武陵区朗州路855号。

是年，常德广积米业有限公司被农业部、国家发展和改革委员会、财政部、商务部、中国人民银行、国家税务总局、中国证监会、中华全国供销合作总社审定为“农业产业化国家重点龙头企业”，是常德市第三家获得此称号的单位。

是年，全市选派18名干部赴沿海发达地区挂职和开展招商活动。

是年，市酒管办被省酒类产销管理办公室评为省酒类产销管理工作先进单位。

2009年

1月12日，市政府在芷园宾馆召开全市酒类产销管理工作会议，各区县（市）政府和管理区分管领导、商务局局长、酒管办主任及部分酒类产销企业负责人100多人参加会议。副市长朱晓平出席并讲话。

1月18日，省酒管工作会议在常德市八百里大酒店召开。会议由省商务厅、省酒管办召集，市酒管办和武陵酒业承办。省商务厅副厅长易昌伦、副巡视员罗双峰、省酒管办主任刘飞等出席。全省各市州、区县（市）酒管办、省酒协及部分酒类企业的负责人120人参加会议。

1月20日，常德市举行外来投资企业家春节团拜会。代市长陈文浩出席会议并讲话，市委副书记曹儒国致辞，市人大常委会主任刘本之、市政协主席刘春林、副市长朱晓平、市商务局等市直有关部门负责人出席。

4月7日，市粮食局召开全市粮食系统关于全国第三次粮食清仓查库普查工作的誓师大会，副市长李爱国出席会议并讲话。

4月26—28日，由市长陈文浩为团长，副市长石谋军为副团长，市商务局负责人任秘书长的常德代表团及所属12个小分队和4家贸易参展企业的代表共70多人，参加在安徽省合肥市举行的第四届“中博会”并参展。

4月下旬至5月下旬，市委、市政府组成专门班子，参加省委、省政府在“粤港澳”举办的为期一个月的投资洽谈活动。全市共发布重点投资项目近200个，涉及电子、通信、化工、纺织、机制等10多个行业。共签约项目54个，总投资129.88亿元，其中外资项目12个，总投资3.91亿美元，内资项目42个，总投资102.73亿元人民币。

5月20日，市长陈文浩，副市长朱晓平，市长助理、市政府秘书长沈习淼及市商务局负责人出席省政府在香港召开的2009中国（香港）投资洽谈会暨重大项目签约仪式。

6月23—24日，国家粮食局副局长张桂凤、副司长姚秀敏、处长段建丽、白鸥、省粮食局副局长向才昂、副巡视员罗传尧、调控处甘霖、潘祝明、钟建仕、李应得等至常德市进行调研。

7月29日，省商务厅正式批复桃源县为“湖南省外派劳务基地县”。

8月18—19日，由省政府办公厅牵头，省粮食局、省农发行、中储粮湖南分公司组成的早稻收购工作联合督查调研组对汉寿、鼎城、桃源早稻收购工作进行督查和调研。

9月8日，市商务局负责人带小分队参加在厦门举行的第十三届中国国际投资贸易洽谈会。

9月27—28日，2009湖南经济合作洽谈会暨第三届湘商大会在湘潭市举行，市领导卿渐伟、陈文浩、刘小明、石谋军、陈伟俊等及市商务局和市直相关部门负责人参会。

9月28日，省政府法制办巡视员罗伯钧、省粮食局副局长焦小毅一行在市政府副秘书长马麦秋、市政府法制办主任于汉卿、市粮食局局长张阳的陪同下，就《湖南省地方储备粮管理办法》的立法工作到常德进行调研。

9月，石门县商务局被省商务厅授予“全省市场运行监测工作先进单位”称号；汉寿县被省商务厅确定为全省商务综合行政执法试点县。

10月18日，中石化常德分公司机关搬迁至武陵区柳叶大道2527号。

11月16—21日，市商务局分管领导带领小分队参加在深圳市举行的第十一届中国国际高新技术成果交易会。

11月27—29日，由市委书记卿渐伟、市长陈文浩任顾问，常务副市长刘小明任主任，副市长朱晓平、市政府副秘书长张跃华任副主任，市商务局党组书记吴德新及相关责任单位一把手为成员的常德市上海招商活动组委会组团在沪举行招商推介活动，共签约项目26个，总投资42.6亿元。

12月8日，国家发改委、财政部、国家粮食局等11个单位组成的《中华人民共和国粮食法》起草调研组到常德开展粮食流通产业发展专题调研。省粮食局副局长邓德林、市政府副市长李爱国陪同调研。

12月10日，省政府办公厅以湘政办函〔2009〕230号文件表彰全省粮食清仓查库工作先进单位和先进个人。市粮食局、临澧县粮食局、汉寿县粮食局、桃源县粮食局为先进单位，张家海、杨良丰、苏青林、郭杰、淳勇为先进个人。

12 月，津市市棠华乡财政所被省财政厅、省商务厅评为 2009 年度省家电下乡推广工作先进单位；澧县市场服务中心被国家市场学会评为全国商贸交易市场系统先进单位。

是年，德山洞庭北路市场被商务部列入 2009 年度“双百市场工程”承办市场，筹资 181 万元对市场 3800 平方米的大棚及部分门面等经营设施进行改造，顺利通过省商务厅“双百市场工程”项目的验收。

2010 年

2 月 3 日，中国石化集团公司安全环保局局长吕品、湖南省石油分公司副总经理陈智勇一行到常德公司调研。

2 月，市商务局退管处党总支被省委组织部、省委老干部局评为全省先进离退休干部党总支。

3 月 23 日，市钢材行业协会在第三批深入学习实践科学发展观活动中被民政部授予“社会组织深入学习实践科学发展观活动先进单位”称号。

4 月 15—16 日，省粮食局局长夏文星带队到常德调研粮食产业化工作，对金健米业、万福生科、广积米业等龙头企业进行调研。

4 月 27 日，市政府在金悦国际大酒店召开第二次“全市酒类产销管理工作会议”。

5 月 9 日，市商务局党组成员、市招商局副局长兼常德市人民政府驻深圳招商联络处副主任管楚运，被商务部借调派往中国驻利比里亚大使馆经商参赞处工作（外交职衔为二等秘书），负责对外援助工作。

6 月 3—4 日，商务部副部长蒋耀平、省商务厅厅长刘捷一行到常德调研商务和招商引资工作。市长陈文浩、市政府秘书长周代惠及市商务局负责人陪同调研。

6 月 10—12 日，2010 年省粮油质量检验员常德培训班在常德宾馆举办。

7 月 24 日，在 2010 年湖南（上海）投资推介会暨重大合作项目签约仪式上，常德市有 3 个项目签约。省领导周强、徐守盛、于来山、杨泰波、戚和平、甘霖及上海市市长韩正，常德市政府领导陈文浩、朱晓平等出席推介会及签约仪式。

7 月 29 日，国家粮食局副局长任正晓等一行 5 人，就粮食收购和质量、军粮供应工作到常德进行检查和调研，先后至津市军粮供应站、临澧县粮食储备库、临澧县米扬米业等企业。

8 月 20 日，由市商务局等单位举办，常德苏宁电器公司承办的“家电以旧换新”启动仪式在市城区水星楼举行。苏宁电器、国美电器等 12 家家电商场成为市民进行家电以旧换新的企业。

8 月 30 日，由省外商投资企业协会、《湖南日报》等媒体共同主办的“湖南十大最具投资价值产业园区暨投资湖南十大杰出贡献人物”评选结果揭晓，常德经济技术开发区和落户常德经济技术开发区的湖南恒安纸业有限公司首席执行官许连捷分别获得“湖南十大最具投资价值产业园区”和“投资湖南十大杰出贡献人物”称号。

9月26—28日，由市政府副厅级干部黎建平为团长、市商务局副局长白鸿谋为秘书长带领的含6家贸易参展企业代表的13人代表团，参加在江西南昌国际会展中心召开的第五届中国中部投资贸易博览会，签订内外贸易合同3份，金额达1600万元，其中出口供货合同1份，合同出口额110万美元。

9月29—30日，2010年湖南经济合作洽谈会及第四届湘商大会在常德市召开。第九届全国政协副主席毛致用，省委书记、省人大常委会主任周强等出席，省长徐守盛讲话，市委书记卿渐伟致辞。28个省、市、自治区和新疆生产建设兵团的代表团及相关机构、新闻媒体代表共3900多人参会。常德市此会共签约52个项目，总投资286.71亿元。全市实际引进内外资总额235.3亿元。

10月，根据市编委常编发〔2010〕40号《关于组建市商务综合行政执法支队有关事项的通知》，撤销市酒管办，在其基础上组建市商务综合行政执法支队，原市酒管办人员编制整体划转至支队，人员编制增至20人。酒类监管职能中除酒类批发许可由市商务局审批外，其余的仍由支队承担。

是月，石门县被省出入境检验检疫局、省商务厅、省农业厅、市政府确定为全省首个出口食品（农产品）质量安全示范区。

11月16—21日，副市长朱晓平带领常德市代表团参加在深圳市举行的第十二届中国国际高新技术成果交易会。11月16日下午，朱晓平及市商务局领导吴德新等参加商务部、人力资源社会保障部、海关总署在深圳高交会会议厅共同为加工贸易转型升级试点城市授牌，常德系13个加工贸易梯度转移点承接地之一，朱晓平受牌。

12月4日，市委书记卿渐伟在共和酒店会见豪德集团董事局主席王再兴一行，就豪德集团投资50亿元建设常德现代物流中心事宜进行会晤。省委统战部副部长彭军良，市领导李爱国、朱晓平、韦绍斌及市工商联、市招商局、市发改委等部门负责人参加会见。

12月，澧县市场服务中心被国家市场学会评为全国十佳市场服务中心。

是年，市城区农贸市场升级改造纳入市政府“为民办实事”的重要内容，有朝阳、高车、三闾、芷兰、楠竹山、维畅、佳泰、乾明寺、东方美景、东沿路、鼎城区朝阳路、樟木桥等12家农贸市场改造升级，全部竣工。

是年，市酒管办被省酒类产销管理办公室评为省酒类产销管理工作先进单位；中石油常德分公司被湖南公司评为 “安全生产先进单位”。

第一篇　机构与队伍

常德市的商务机构包含广泛，本篇将纳入本志编修的机构分为行政管理、服务事业、企业经营机构几大类进行记述。常德市的商务队伍亦较为庞大，本篇分系统就其职教、党风廉政建设、专业技术职务评聘、获得的荣誉等进行记载。对商务系统的先模人物、社团和工会组织亦设专章进行介绍。

第一章　行政管理机构

第一节　市对外经济贸易委员会（招商局）、市对外贸易经济合作局（招商局）

一、市对外经济贸易委员会

（一）机构沿革

1988年8月24日，根据常政通字〔1988〕11号文件，原常德地区对外经济贸易委员会更名为常德市对外经济贸易委员会（以下简称为市外经贸委）。是年10月13日，根据常编发〔1988〕58号文件机关内设：办公室、人事教育科、计划业务科、财务基建科、外经科。是年12月1日，根据常编办发〔1988〕44号文件批复市外经贸委内部机构设置为：办公室、人事教育科、计划统计科、财务基建科、贸管基地科、审计科、外经科。根据工作需要并与省贸促会业务对口，委机关设立贸促会办公室。1993年6月以前委机关所有人员编制和经费由省对外经济贸易委员会核定下拨，核定49人，实有45人。1993年7月开始委机关行政经费改由地方财政拨付，委机关人员编制由市编办核定。

办公地址位于武陵区人民西路683号，实际用地面积7533平方米，总建筑面积1.1万平方米。

1993年5月25日，根据市政府常政函〔1993〕27号文件精神要求，成立市招商局。该局与市对外经济贸易委员会实行两块牌子、一套人员、合署办公，同时加挂常德市招商局牌子。

1994年市委、市政府以常发〔1994〕17号文《关于常德市市级党政机关机构设置的通知》确定市对外经济贸易委员会为市政府组成机构，并与市招商局实行两块牌子、一套人员、合署办公。市编委同时对委局机关的内设科室作了相应的变更和增设（见后内设机构部分）。

1995 年 5 月 19 日，签订市外经贸委大院整体出让给市自来水公司的合同，在洞庭大道与朝阳路交会处新建市外经贸委机关办公楼和机关宿舍。新大院占地面积 6107 平方米（地价 232.45 万元，实际用地 5067 平方米），总建筑面积 16 745 平方米，总投资 1861.60 万元，其中宿舍 82 套，8230 平方米，造价 675.08 万元（机关院内宿舍 54 套，建筑面积 5660 平方米，造价 473.02 万元；皂果小区宿舍 28 套，建筑面积 2570 平方米，造价 202.06 万元）；办公楼建筑面积 8515 平方米，造价 940.13 万元。

1997 年年底机关整体搬迁至新址办公，地址为武陵区洞庭大道西段 2 号，后改为洞庭大道 1628 号。

（二）主要职责

市外经贸委是市人民政府综合管理全市对外贸易经济合作的职能部门。其主要职责是：

1.负责全市外经贸工作的宏观管理，研究拟订全市外经贸发展的战略规划、方针、政策、规章制度、体制改革方案和外经贸管理办法。

2.组织拟订全市中长期进出口规划和出口商品、市场拓展方案及贸工、贸农、贸技结合的发展战略，汇总编报全市年度进出口计划和贸易外汇收支计划，运行总量平衡并组织实施。

3.指导、协调全市外经贸工作，宏观管理全市进出口商品工作；会同有关部门审批全市性外经贸公司（集团）；归口管理设立各类外经贸企业的审批呈报工作；会同有关部门呈报市内企业的进出口经营权和国际货运代理企业的经营权；推广各种新的国际贸易方式；负责常德市参加国内外各种外经贸交易、展销会、洽谈会的规划指导和协调管理；指导、协调全市进出口反倾销、反补贴及保障措施等案件的调查处理。

4.指导、协调全市外经贸出口商品生产基地的建设，研究拟订提高全市出口产品质量，调整出口商品结构的发展规划，推动科技兴贸、以质取胜战略的实施。

5.根据全市国民经济和社会发展的要求，组织进口全市工农业生产、重点工程项目、基本建设项目、技术改造项目等急需的成套技术、设备、生产资料、原辅材料等。

6.拟订外经贸财务会计制度实施细则，对全市进出口贸易的成本、盈亏、资金需求进行分析、预测、监测，掌握执行情况，提出协调解决方案。

7.监督管理中央和省对外经贸主管部门分配常德市进出口企业的出口商品计划、配额的使用以及一般许可证管理的商品，并检查执行情况。

8.拟订全市外经贸货物运输发展规划，核定、编制外贸运输计划并监督计划执行。

9.拟订对外技术贸易的政策、规章，参与拟订技术和成套设备出口、利用外国政府贷款的政策、制度和管理办法；组织和指导协调国际投标项目和同类进出口项目的联合对外工作。

10.拟订全市对外承包工程、劳务合作的政策、管理办法及年度计划并组织实施，归口管理全市对外承包工程劳务合作等业务，管理并组织外经贸出国考察和经贸洽谈人员的选派工作。

11.拟订全市海外企业的发展规划和管理制度，负责海外企业的报批，归口管理我市在海外投资开办的企业；负责组织出国商务考察、经贸洽谈和产品促销工作；协调指导或承办本市在国内外举办的重大对外经贸洽谈活动。

12.指导全市外经贸单位的有关工作，组织拟订外经贸管理体制改革方案，研究协调本系统企业改革中的重大问题，指导外经贸企业具体改革方案的实施，促进全市外经贸企业经营机制的转换；管理直属企业的国有资产。

13.负责全市各项外经贸业务统计，掌握全市外经贸信息并提供咨询服务；管理和指导贸促会，商会外商投诉中心及相关学会、协会等社团工作。

14.组织指导全市的招商引资工作，拟订招商引资的有关政策、措施，编制全市利用外资的中长期规划和年度计划；搞好招商咨询服务，建立招商项目和投资信息库。

15.会同有关部门做好外资项目的筛选及可行性论证工作，对本级权限内的外资项目的合同、章程进行审批、办文及发证，负责县管项目的协调，办理需呈报省、国家审批项目的手续。

16.协调有关部门解决“三资”企业生产经营中的有关矛盾和问题。

17.拟订使用、偿还外国政府贷款的有关政策和措施，参与编制利用外国政府贷款的使用计划，负责外国政府贷款项目及有关工作的管理，审批与外国贷款有关的出国与培训，管理与外国政府贷款有关的无偿援助，境外赠送设备项目；协调、组织和管理全市的对外劳务合作、“三来一补”及国际租赁业务等。

1992年10月，市外经贸委主任易湘域（左三），副主任黄协舫（右一）、黄彧汪（左一），纪委书记王育贵（右二）与日本东京市商社社长岛本一幸（左二）洽谈贸易并合影

18.承办市人民政府和上级业务主管部门交办的其他事项。

（三）内设机构

委机关内设：办公室、财务基建科、审计科、企业管理科、进出口科、出国人员选派科、政工科、纪检监察室；招商局内设：招商联络科、外资项目审批科、外资企业管理科。另外根据全市工作需要，机关设有中国国际商会常德商会，中国国际贸易促进委员会常德市支会、机构编制由市外经贸委内部调剂。

（四）人员编制

市外经贸委（招商局）核定行政编制49名，其中委（局）领导职数7名，纪工委书记1名，联合工会主席1名，正副科长（主任）职数19名，其他工作人员21名。机关后勤服务人员事业编制5名。

（五）市外经贸委历届行政领导班子

1988.5—1991.12

主任：刘士六（1988.5—1991.12）；副主任：刘宪锋（1988.3任）、黄协舫（续任）、陈章任（续任至1989.7）、孔繁松（1989.12任）、黄彧汪（1991.9任）、钟冬才（1991.9任）；纪检书记：王育贵（1985.12任）；联合工会主席：段贤东（1986.1任）。

1991.12—1994.12

主任：易湘域（1991.12—1994.12）；副主任：黄协舫（续任）、刘宪锋（续任至1993.4）、孔繁松（续任至1994.12）、黄彧汪（续任）、钟冬才（续任至1993.7）、周正湘（1992.4—1994.12）、郭耀远（1993.10任）、张冠洲（1994.2任）；纪检书记：王育贵（续任至1994.12）；联合工会主席：段贤东（续任）。

1994.12—2001.8

主任：王孝山（1994.12—2001.8）；副主任：易湘域（1995.9—2000.8）、黄协舫（续任至1995.9）、黄彧汪（续任至1995.9）、郭耀远（续任至2000.8）、张冠洲（续任至1998.3）、黄栋贤（1995.9—2001.4）、曾志德（1999.5—2000.1）、刘志卫（2000.8—2001.8）、王吉亚（2000.9—2001.1）、滕明友（2001.1任）；联合工会主席：段贤东（续任至1996.8）、杨时来（1996.8—2001.8）；纪检书记：刘海清（1994.12任）。

（六）市外经贸委历届党委、工委领导班子

1988.3—1990.2

党委书记：刘宪锋（1988.3—1990.2）；副书记：刘士六（1988.5—1990.2）；委员：黄协舫（续任）、王育贵（1985.12任）、段贤东（1986.1—1990.2）、陈章任（1988.10—1989.7）、孔繁松（1989.12任）。

1990.2—1991.11

工委书记：刘士六（1990.2—1991.11）；副书记：刘宪锋（1990.2任）；委员：黄协舫（续任至1991.9）、王育贵（续任）、孔繁松（续任）、段贤东（1991.9任）、黄彧汪（1991.9任）、钟冬才（1991.9任）。

1991.11—2000.8

工委书记：易湘域（1991.11—2000.8）；副书记：刘宪锋（续任至1993.4）、黄协舫（1991.9—1995.9）、王孝山（1994.12—2000.8）；委员：王育贵（续任至1994.12）、段贤东（续任至1996.8）、孔繁松（续任至1994.12）、黄彧汪（续任至1995.9）、钟冬才（续任至1993.7）、周正湘（1992.4—1994.12）、郭耀远（1993.8—2000.8）、张冠洲（1994.2—1998.3）、刘海清（1994.12任）、黄栋贤（1995.9任）、杨时来（1996.8任）、曾志德（1999.5—2000.1）。

2000.8—2001.8.

工委书记：王孝山（2000.8—2001.8）；副书记：王吉亚（2000.8—2001.1）；委员：刘海清（续任）、黄栋贤（续任至2001.4）、杨时来（续任）、黎运龙（2000.1任）、刘志卫（2000.8—2001.8）、滕明友（2001.1—2001.8）、夏光明（2001.1任）。

（七）市招商局历届领导班子

1994.2—1995.9

局长：易湘域（1994.2—1995.9）；副局长：黄彧汪（1994.2任）、郭耀远（1994.2任）、苏以明（1994.2兼任）、黄定华（1994.2兼任）。

1995.9—2001.8

局长：王孝山（1995.9—2001.8）；副局长：黄彧汪（续任至2001.8）、郭耀远（续任至2000.8）、苏以明（兼任至2000.8）、黄定华（兼任至1996.8）、彭惠武（1996.8—2000.8兼任）、张家典（1995.9—2000.1）、刘北平（1996.4—2001.1）、王吉亚（1997.5—2000.9）、黎运龙（2000.1任）、滕明友（2000.8—2001.1）、夏光明（2001.1任）。

二、市对外贸易经济合作局

（一）机构沿革

2001年8月17日根据常德市委、市人民政府《关于市委市政府机构设置旳通知》（常通字〔2001〕16号）和《关于印发常德市市直党政群机关机构改革方案实施意见的通知》（常发〔2001〕2号）文件精神，将原常德市对外经济贸易委员会更名为常德市对外贸易经济合作局（简称市外经局），同时加挂常德市招商合作局牌子。办公地址设原常德市对外经济贸易委员会办公大楼，位于洞庭大道西段2号，后改为洞庭大道1628号。

（二）主要职责

1.贯彻执行国家、省有关对外贸易、经济合作和外商投资的方针政策、规章制度、改革方案和外经贸管理办法。

2.拟定和执行全市外贸进出口中长期规划和发展战略；分析国际国内经贸形势和本市进出口状况，提出总量平衡、结构调整等项宏观调控建议；研究和推广各种新贸易方式（含电子商务）；会同有关部门审批全市性外经贸（集团）公司；归口管理设立各类外经贸企业的审核呈报工作；会同市经贸委等有关部门呈报市内企业的进出口经营权和国际货运代理企业的经营权；拟定全市外经贸货物运输规划；指导外经贸货物仓储工作；按国家调整进出口许可证管理商品的管理权限，拟定本市外商投资企业进出口商品许可证管理制度，审核、申报外商投资企业进出口许可证，组织、参加全国出口商品配额竞标；指导协调外国对本市出口商品的反倾销应诉；管理出口商品商标注册登记后的有关事务；指导出口广告宣传。

3.拟定全市对外技术贸易的措施办法和规章制度并组织实施，参与拟定鼓励技术和成套设备出口的政策；管理全市技术引进、设备进口和国际招标。

4.分析研究全市外商投资情况，宏观指导全市外商投资工作；参与拟定外商投资的发展战略和中长期规划，负责提出直接利用外资项目，建立招商引资项目库，统一对外发布招商项目；指导、监督全市大型招商引资活动；按权限核准外商投资项目的合同、章程及变更事项；督促检查外商投资企业执行有关法律法规和合同、章程的情况；指导和管理全市招商引资、投资促进及外商投资企业的进出口工作；协调和管理从市外招商引进的项目；负责全市外商投资企业中产品出口企业、先进技术企业的审核和申报；审批港、澳、台和外资企业驻常德市常设商业代表机构；参与协调指导市级经济技术开发区的有关具体工作。

5.负责全市国外经济技术合作工作；拟定和执行全市对外承包工程、劳务合作的管理办法，监督管理全市对外承包工程、劳务合作、设计咨询等业务，审核申报全市对外承包工程、劳务合作、设计咨询项目。

6.研究拟定提高全市出口产品质量、调整出口商品结构的发展规划，推动科技兴贸、以质取胜战略的实施。

7.编报全市外经贸中长期规划；参与外经贸方面宏观调控政策的研究并提出有关建议；负责全市外贸发展基金项目的审核申报和风险基金的管理；监管直属单位的国有资产；指导和管理全市外经贸财务会计工作；会同税务、海关等有关部门对进出口企业出口退税进行稽核、检查；负责外经贸系统的内部审计。

8.制订全市境外发展、投资的规划和管理办法，审核和呈报市内企业在境外投资开办的企业（金融企业除外）并实施监督管理。

9.指导和协调全市外经贸的业务工作，研究协调外经贸企业改革中的重大问题，指导国有外经贸企业的改革。

10.负责全市外经贸统计及其信息发布，提供信息咨询服务，负责信息化工作；指导相关的学会、协会等社团工作。

11.承办市委、市人民政府交办的其他事项。

（三）内设机构

办公室、政策法规科、计划财务科、对外贸易科、招商联络科、外资企业管理科、国外经济合作与出国人员选派科、人事教育科、监察室（与纪检组合署办公）

（四）人员编制

行政编制为34名。其中：局长1名，副局长4名（含市招商局专职领导），纪检组长1名，工会主席1名；正副科级领导职数16名，其他工作人员11名。机关后勤服务编制5名。

（五）市外经局历届行政领导班子

2001.8—2002.5

局长：王孝山（2001.8—2002.5）；副局长：滕明友（2001.8任）、朱国模（2001.8任）、杨时来（2001.8任）；纪检书记：刘海清（续任）；工会主席空缺。

2003.3—2005.1

局长：滕明友（2003.3—2005.1）；副局长：朱国模（续任）、杨时来（续任至2003.6）、张家典（2003.6—2005.1）、黎运龙（2003.6任）；纪检组长：刘海清（续任至2003.6）、易发力（2003.6—2005.1）；工会主席：金三葵（2003.6—2005.1）。

（六）市外经局历届党组班子

2001.8—2002.5

党组书记：王孝山（2001.8—2002.5）；副书记： 刘志卫（2001.8任）、滕明友（2001.8任）；党组成员：朱国模（2001.8任）、刘海清（续任）、杨时来（续任）、黎运龙（续任）、夏光明（续任至2002.5）。

2003.2—2005.1

党组书记：滕明友（2003.2—2005.1）；副书记： 刘志卫（续任至2003.6）；党组成员：刘海清（续任至2003.6）、朱国模（续任至2005.1）、杨时来（续任至2003.6）、黎运龙（续任）、邓朝晖（2002.5—2005.1）、张家典（2003.6—2005.1）、易发力（2003.6—2005.1）、金三葵（2003.6任）、罗宗红（2003.6—2005.1）。

（七）市招商合作局历届领导班子

2001.8—2002.5

局长：王孝山（2001.8—2002.5）；副局长：滕明友（续任）、黎运龙（续任）、夏光明（2001.8—2002.5）、邓朝晖（2002.5任）。

2003.3—2005.1

局 长：滕明友（2003.3—2005.1）；副局长：黎运龙（续任至2003.6）、邓朝晖（续任至2005.1）、罗宗红（2003.6—2005.1）。

第二节 市商务局（市招商合作局）

一、机构沿革

该局是根据市委2005年1月14日下发的常通字〔2005〕2号《关于印发〈常德市人民政府机构改革实施意见〉的通知》文件精神，由原市对外贸易经济合作局、原市招商合作局、原市内贸管理办公室、原市经济贸易委员会部分科室合并组建的，同时加挂常德市招商合作局牌子。办公地址位于常德市洞庭大道西段2号，后改为洞庭大道1628号。

二、主要职责

（一）贯彻执行国家有关内外贸易、国际经济合作和招商引资的发展战略、方针、政策；拟订全市相应的中长期发展规划以及规定、办法和措施。

（二）研究提出流通体制改革的意见，培育发展城乡市场，推进流通产业结构调整和连锁经营、物流配送、电子商务等现代流通方式。

（三）拟订全市规范流通领域市场体系及流通秩序和打破市场垄断、地区封锁的规定和办法，建立健全统一、开放、竞争、有序的市场体系；监测分析市场运行和商品供求状况，组织实施重要消费品市场调控和重要生产资料流通管理。

（四）起草全市商品流通和餐饮、住宿等服务业的有关规范性文件，制定实施细则和市场准则；调查研究流通行业重大问题，提出政策建议；负责茧丝绸协调工作；负责对餐饮、住宿等服务业的行业管理；指导报废汽车管理和再生资源回收工作；按有关规定对拍卖、典当、租赁、旧货流通活动和对成品油、酒类流通进行监督管理。

（五）执行国家制定的进出口商品管理办法、进出口商品目录和进出口配额招标政策；负责进出口配额计划的申报及配额、许可证管理工作。

（六）执行国家对外技术贸易、进出口管制以及鼓励技术和成套设备出口的政策；依法监督技术引进、设备进口、国家限制出口的技术和引进技术的出口与再出口工作；负责与防扩散相关的出口许可证申报工作。

（七）负责全市商务系统涉及世贸组织相关事务的研究、指导和服务工作；组织协调反倾销、反补贴、保障措施及其他与进出口公平贸易有关的工作；建立进出口公平贸易预警机制，组织全市产业损害调查；指导协调国外对常德市出口商品的反倾销、反补贴、保障措施的应诉及相关工作。

（八）负责全市外商投资工作；分析研究全市外商投资情况，参与拟订外商投资的发展战略和中长期规划，依法核准大型外商投资项目的合同、章程及法律特别规定的重大变更事项；督促检查外商投资企业执行有关法律法规和合同、章程的情况；指导和管理全市招商引资、投资促进及外商投资企业的进出口工作；负责办理全市外商投资企业中产品出口企业、先进技术企业的申报，参与协调、指导经济技术开发区的有关具体工作。

（九）负责全市对外经济技术合作工作；拟订并执行全市对外经济合作的政策、规章和管理办法，指导和监督全市对外承包工程、劳务合作、设计咨询等业务的管理；负责对外经济合作企业的经营资格认定和申报工作；承担联合国等国际组织对我市经济技术合作的有关管理事务；负责全市国际经济援助和受援项目的归口管理工作。

（十）贯彻实施国家对香港、澳门特别行政区和台湾地区的经贸政策、贸易中长期规划；管理和指导常德市对香港、澳门特别行政区及台湾地区贸易，协调港、澳、台商投资管理工作；组织对香港、澳门特别行政区和台湾地区的经贸交流和合作活动。

（十一）负责组织省商务厅、市政府举办的内外贸易促销活动和招商引资、对外经济技术合作活动；指导、协调以常德市名义在境内外举办的各种内外贸交易会、展览会、展销会和招商引资等活动。

（十二）负责全市商务系统统计及其信息发布，提供信息咨询服务；指导全市流通领域信息网络和电子商务建设；指导全市商贸流通行业协会、学会等社团组织工作。

（十三）归口管理常德市酒类产销管理办公室、常德市市场服务中心。

（十四）承办市委、市人民政府交办的其他事项。

2010年，根据《中共常德市委常德市人民政府关于印发（常德市人民政府机构改革方案实施意见）的通知》（常委〔2010〕6号）和《中共常德市委办公室常德市人民政府办公室关于常德市人民政府机构设置的通知》（常办〔2010〕6号）设立常德市商务局，正处级，为市政府工作部门。重新对市商务局的主要职责和内设科室作出明确调整：取消已由市政府公布取消的行政审批事项；划入原市食品安全委员会办公室承担的生猪定点屠宰监督管理职责。

职能调整后的主要职责为：

（一）贯彻落实国家、省有关内外贸易、国际经济合作和招商引资的发展战略、方针、政策；拟订全市相应的中长期发展规划以及办法和措施。

（二）研究提出流通体制改革的建议，培育发展城乡市场，推进流通产业结构调整和连锁经营、物流配送、电子商务等现代流通方式。

（三）拟订全市规范流通领域市场体系及流通秩序和打破市场垄断、地区封锁的政策，建立健全统一、开放、竞争、有序的市场体系；监测分析市场运行和商品供求状况，组织实施重要消费品市场调控。

（四）承担牵头协调整顿和规范全市市场秩序工作的责任。负责提出整顿和规范全市市场秩序的工作的建议，推动商务领域信用建设，指导商业信用销售，建立市场诚信公共服务平台，按有关规定对特殊流通行业和药品流通行业进行监督管理。

（五）负责调查研究流通行业重大问题，提出政策建议；负责市茧丝绸协调工作和生猪定点屠宰的监督管理工作；承担商品流通业和商贸服务业（含餐饮业、住宿业等）的行业管理工作；指导报废汽车管理、再生资源回收工作；按有关规定对拍卖、典当、租赁、旧货流通活动和对成品油、酒类产销进行监督管理。

（六）执行国家制定的进出口商品管理办法、进出口商品目录和进出口配额招标政策，承担进出口配额计划的编报、下达和组织实施及配额、许可证管理工作。

（七）贯彻执行国家对外技术贸易、进出口管制以及鼓励技术和成套设备出口的政策。推进进出口贸易标准化体系建设，依法监督技术引进、设备进口、国家限制出口的技术和引进技术的出口与再出口工作。

（八）牵头拟订服务贸易发展规划并开展相关工作，会同有关部门制定促进服务出口和服务对外承包发展规划、政策并组织实施，推动服务对外承包平台建设。

（九）承担全市商务系统涉及世贸组织相关事务的研究、指导和服务工作；组织协调反倾销、反补贴、保障措施及其他与进出口公平贸易有关的工作；负责建立进出口公平贸易预警机制；组织全市产业损害调查；负责指导协调国外对常德市出口商品的反倾销、反补贴、保障措施的应诉及相关工作。

（十）负责分析研究全市外商投资情况，参与拟订外商投资的发展战略和中长期规划，依法核准大型外商投资项目的合同章程及法律特别规定的重大变更事项；依法监督检查外商投资企业执行有关法律法规和合同章程的情况并协调解决有关问题；负责指导和管理全市招商引资、投资促进及外商投资企业的进出口工作，办理全市外商投资企业中产品出口企业、先进技术企业的申报；参与协调、指导经济技术开发区的有关具体工作。

（十一）承担全市对外经济技术合作工作；拟订对外经济合作的规范性文件，并组织实施；指导和监督全市对外承包工程、劳务合作、设计咨询等业务的管理；承担联合国等国际组织对常德市经济技术合作的有关管理事务；承担全市国际经济援助和受援项目的归口管理工作。

（十二）负责贯彻实施国家对香港、澳门特别行政区和台湾地区的经贸政策、贸易中长期规划；管理和指导常德市对香港、澳门特别行政区及台湾地区贸易，协调港、澳、台商投资管理工作；组织对香港、澳门特别行政区和台湾地区的经贸交流和合作活动。

（十三）负责组织省商务厅、市政府举办的内外贸易促销活动和招商引资、对外经济技术合作活动；负责指导、协调以常德市名义在境内外举办的各种内外贸交易会、展览会、展销会和招商引资等活动。

（十四）承担全市商务系统统计及其信息发布工作，提供信息咨询服务；负责指导全市流通领域信息网络和电子商务建设；指导全市商贸流通行业协会、学会等社团组织工作。

（十五）承办市委、市政府交办的其他事项。

三、内设机构

2005 年市商务局组建时，市编委办批准其内设科室为：办公室、对外贸易发展科、科技发展和技术贸易科、招商联络科、流通秩序管理科（加挂常德市整顿和规范市场经济秩序领导小组办公室牌子）、外资管理科、外经外事科、市场体系建设科、商业发展科、市场运行调节科、人事教育科、规划财务科、监察室（与纪检组合署办公）、政策法规科（2008 年成立“12312”商务举报投诉服务中心）。

2010 年市商务局的职能进行调整，内设机构也进行了调整。市编委办另行批准的内设科室是：办公室、人事科、财务科、法制科（“12312”商务举报投诉服务中心）、信访科、对外贸易发展科、商贸服务管理科、机电和科技产业科、投资促进科、市场秩序科、外资管理科（2011 年常编办 174 号批复加挂行政许可办公室牌子）、外经外事科、市场体系建设科、市场运行调节科（市酒类产销管理办公室）

四、人员编制

2005 年市商务局组建时，市编委办核定的市商务局机关行政编制 40 名，其结构为：局长 1 名，副局长 4 名（含招商合作局副局长 1 名）、纪检组长 1 名，工会主席 1 名，总经济师 1 名；正副科级领导职数 19 名；其他工作人员 13 名。

机关后勤服务全额拨款事业编制 4 名。

2010 年，市商务局机关职能调整后，市编委办核定市商务局机关编制为 42 名（行政编制 39 名、招商引资专项全额拨款事业编制 3 名），其中：局长 1 名，副局长 3 名，工会主席1名，总经济师1名；正科级领导职数17名（含机关党委专职副书记、正科级党风廉政建设联络员、工会副主席各1名），副科级领导职数3名；其他工作人员16名。招商引资专项全额拨款事业编制实行动态管理，人员实行只出不进，编制相应核减。

机关后勤服务全额拨款事业编制4名。

五、市商务局历届行政领导班子成员

2005.1—2008.2

局长：滕明友（2005.1—2008.2）；副局长：朱国模（2005.1—2007.2）、郑治文（2006.6任）、谭晓文（2005.1任）、白鸿谋（2005.1任）、黎运龙（2005.1—2007.12）；总经济师：徐晓明（2006.1—2008.3）；工会主席：张益民（2005.1—2008.3）。

2008.2—2010.11

局长：马慧（2008.2—2010.11）；副局长：郑治文（续任至2009.2）、谭晓文（续任）、白鸿谋（续任）、王新军（2009.7任）；总经济师：蔡国华（2008.3任）；工会主席：石林（2008.3任）。

2010.11—2012.12

局长：吴德新（2010.11任）；副局长：徐晓明（2010.11任）、曾莉（2012.3任）、谭晓文（续任）、白鸿谋（续任至2012.3）、王新军（续任）；总经济师：蔡国华（续任）；工会主席：石林（续任）。

六、历届党组班子

2005.1—2008.2

党组书记：滕明友（2005.1—2008.2）；副书记：朱国模（2005.1—2007.2）、郑治文（2006.6—2008.3）；党组成员：谭晓文（2005.1任）、白鸿谋（2005.1任）、黎运龙（2005.1—2007.3）、金三葵（2005.1任，纪检组长）、张益民（2005.1—2007.3）、雷文乔（2005.8—2006.6）、涂贤春（2005.12—2008.3）。

2010年5月4日，市商务局欢送副局长管楚运（前右四）至利比里亚大使馆任职。前左五为局党组书记吴德新，前左四为局长马慧

2008.3—2009.2

党组书记：郑治文；副书记空缺；党组成员：谭晓文（续任）、白鸿谋（续任）、金三葵（续任，纪检组长）、石林（续任）、胡晓明（2008.3任）。

2009.6—2012.12

党组书记：吴德新（2009.6任）；副书记：曾莉（2012.3任）；党组成员：谭晓文（续任）、金三葵（续任至2010.2，纪检组长）、白鸿谋（续任至2012.3）、石　林（续任）、胡晓明（续任）、王新军（2009.7任）、管楚运（2009.7—2010.10）、蔡　玮（2010.10—2012.12）、严利民（2010.10任）、蔡国华（2012.3任）、蒋祖玉（2012.3任）、符志斌（2012.3任）。

七、市招商合作局历届领导班子

2005.1—2008.3

局长：滕明友（2005.1—2008.3）；副局长：黎运龙（2005.1—2007.3）、徐晓明（2005.1—2006.1兼任）、涂贤春（2006.1—2008.3）。

2008.3—2009.2

局长：郑治文（2008.3—2009.2）；副局长：徐晓明（2008.3兼任）、胡晓明（2008.3任）。

2009.6—2010.10

局长：吴德新（2009.6—2010.10）；副局长：徐晓明（2008.3—2010.10兼任）、胡晓明（续任）、管楚运（2009.7任）。

2010.10—2012.12

局长：徐晓明（2010.10任）；副局长：胡晓明（续任）、管楚运（续任）、蔡玮（2010.10任）、曾莉（2012.3任）。

第三节　市人民政府财经贸易办公室（市内贸管理办公室）

一、机构沿革

1984年成立地区财贸委员会，1988年地改市后更名为市人民政府财经贸易办公室（以下简称市财贸办），2001年市委、市政府批准市财贸办与市经济委员会合并组建经济贸易委员会，另设立由其管理的市内贸管理办公室（以下简称市内贸办），办公地址在常德市朗州路120号（市政府机关所在地）。

（一）市财贸办

1988年，市委关于市直机构调整设置的方案将其作为政府管理财贸工作的综合办事机构，不再是政府工作部门，其工作职能是在市政府的领导下，做好财贸系统的“组织、指导、协调、服务”工作，归口管理市商业局、供销社、粮食局、税务局、工商行政管理局、审计局、物价局、人民银行、工商银行，农业银行、建设银行、中国银行、保险公司、财政局。上述单位中，对财政局只管一般的情况综合和思想政治工作。

同年11月，市编委办以常编办发〔1988〕14号文批复同意其内设机构为：综合调研室、业务科、企业管理科、政工科。

1986年人员定编22人，1989年年初实有22人。

1990年7月10日市编委办以常编办发〔1990〕49号文批复同意其增设商办工业科。

1995年10月30日，中共常德市委机构编制委员会、常德市机构改革领导小组以常编发〔1995〕43号文印发《常德市人民政府财经贸易办公室职能配置、内设机构和人员编制方案》，其主要职责是：

1.参与全市经济发展战略目标的研究，制订以及中长期规划的编制工作，根据中长期规划提出的总量控制指标，会同有关部门组织编制、下达和监督实施商贸年度经济运行调控方案。

2.对宏观经济进行分析、监测、预测，会同有关部门综合管理和运用经济运行调控手段，对商贸经济运行进行调控，协调解决经济运行中的重大问题。

3.负责组织拟订商贸以及商品市场建设方面的综合性经济政策和规章，并组织实施和监督检查。

4.研究制订全市商品流通的方针、政策和流通体制改革方案并组织实施；规划组织商品市场建设和发展，协调监督商品市场建设和运行中的有关问题，组织全市重大的以内销为主的商品贸易活动。会同有关部门组织重要商品的储备，调控市场供需平衡，重点抓好粮棉油供应“菜篮子”工程建设和市场网点建设工作。

5.综合协调经济运行中涉及财税金融方面的问题，参与财税体制改革重大问题的研究；研究分析经济运行中的资金流向和使用效益，组织协调商贸企业流动资金、技改资金和主要农副产品收购所需的资金。

6.负责企业工作，组织制订和实施商贸企业改革方案，协调解决企业改革中的问题；指导企业加强管理，转换经营机制，促进扭亏为盈；会同有关部门做好国有资产的监管工作；组织指导企业法制工作；指导部门行业管理,联系有关行业协会工作、

7.研究连接国内外两个市场的方针、政策，组织、指导现有企业利用外资、发展对外贸易。

8.掌握国内外、省内外商贸信息，为全市经济决策和企业、社会服务。

9.贯彻执行党的干部人事政策，制定本系统党建规划；会同有关部门抓好本系统商贸企业单位的领导班子建设和基层组织建设；负责权限内干部的培养、选拔、任免、调配等管理工作；指导本系统纪检、监察工作，抓好党风廉政建设，对党员领导干部实行监督；负责处理群众来信来访和违纪案件；组织指导商贸企业干部培训、理论宣传、法制教育和思想政治工作；指导协调本系统商贸企业的群团工作；协同有关部门指导、协调本系统专业技术职称评定和劳动工资管理工作。

10.承办省经贸委和市人民政府交办的其他事项。

批准其内设机构为：综合调研科、市场调控科、市场建设科（对外加挂市商业网点建设领导小组办公室牌子）、财税金融科、内贸管理科、政工科（与财贸工委办公室合署办公）6个职能科室和纪工委（监察室）。

核定行政编制19名，事业编制2名。

（二）市内贸办

2001年8月17日，市委、市政府发出《关于印发〈常德市市直党政群机关机构改革

方案实施意见〉的通知》（常发〔2001〕2号）和《关于市委市政府机构设置的通知》（常通字〔2001〕16号），明确市财贸办和市经委合并组建市经贸委，另行设立副处级事业单位市内贸办，由市经贸委管理，具有行政职能，主管全市商品流通。此前的8月10日，市委常委会议议定，该办按正处级配备班子，内设机构按正科级配备领导。

同年12月26日，市政府办印发《常德市内贸管理办公室职能配置、内设机构和人员编制规定》（常政办发〔2001〕105号），明确其主要职责为：

1.拟定流通行业发展战略和行业规划，提出流通体制改革建议。

2.组织市场供应的有关工作，监控市场运行、组织实施关系人民生活重要商品（肉、菜、糖等）的市场调控储备，负责副食品风险基金项目的认定和申报工作；组织对拍卖业、生猪定点屠宰的监督管理。

3.规划全市商品市场体系和商业网点布局，指导商品市场的培育、建设和发展；协调监管市场建设和运行中的有关问题；做好大型市场建设项目的有关审批、监管等工作；负责全市重点市场的评审和国家级市场的论证、申报。负责省级重点商业网点项目认定和建设资金的申报工作。

4.负责管理全市蔬菜产业发展和城镇蔬菜产销工作，指导、协调全市蔬菜市场建设；负责市城区新菜地开发建设基金的征收、管理和使用。

5.研究流通业态、营销方式的改革，指导连锁经营、代理制、配送制、电子商务等现代营销方式的发展；组织旧货流通和实物租赁等流通方式的改革。

6.指导国有流通企业和商办工业的改革、推进结构调整，建立和完善现代企业制度。

7.指导、协调各种经济成分的商品流通活动，维护行业公平竞争秩序；制订和实施商品流通、餐饮服务的行业规章、市场规则、标准；负责流通企业分等划型并协同有关部门做好商业、饮食服务行业的技术等级、技师任职资格考评、发证工作。

8.负责全市物资行业的综合、协调、服务与管理；制订废旧物资市场流通的规则和管理办法，指导再生资源的回收利用；负责化学危险品、民用爆破器材、老旧汽车报废更新和废旧金属回收等经营项目的审批和管理。

9.负责流通行业的统计、分析和商贸信息工作，提供信息咨询服务；指导流通行业协会、学会、研究会等社团组织的工作。

10.承办市委、市政府和市经贸委交办的其他事项。

其内设机构为综合科、市场建设与调控科（加挂市商业网点建设领导小组办公室牌子）、商业行业管理科、物资行业管理科、组织人事科（监察室与其合署办公）、蔬菜产业发展科、蔬菜科技科（加挂蔬菜基金征收科牌子）7个职能科室，机构级别均为副科级。纪检机构按有关规定设置。

市内贸办全额拨款事业编制为20名，管理人员实行公务员制度。2001年该办实有21人，其中工勤人员2人。

2005年1月14日，市委以常通字〔2005〕2号文印发《常德市人民政府机构改革方案实施意见》，批准撤销市内贸办，其人员中的10人（其中工勤编1名）并入新组建的市商务局。

二、历届行政领导班子成员

（一）1988年10月—1993年2月

主任：傅启芳（1988.10—1993.2）；副主任：张先春（1989.12—1993.2）、刘呈祥（1988.10—1989.7）、王见（1988.10—1993.7）、胡子达（1990.2—1992.7）、王华轩（1991.5—1993.2）、刘书林（1992.8—）。

（二）1993年2月—1997年11月

主任：朱梅清（1993.2—1997.11）；副主任：王见（续任至1993年7月调离）、刘书林（续任）、孙大忠（1993.7—）、徐建国（1995.1—1996.4）、滕国华（1996.4—）、徐联梅（1997.5—2003.6）。

（三）1997年11月—1999年7月

主任：朱晓平（1997.11—1999.7）；副主任：滕国华（续任）、刘书林（续任）、孙大忠（续任）、徐联梅（续任）、沈大军（1998.3—2001.1）、陈正华（1999.5—）；工会主席：雷文乔（1998.3—）。

（四）1999年8月—2001年1月

主任空缺，各副主任及工会主席续任。

（五）2001年1月—2001年8月

主任：张友德（2001.1—2001.8）；副主任：滕国华（续任至2001年1月免）、刘书林（续任至2000年1月免）、孙大忠（续任）、徐联梅（续任）、陈正华（续任）、曾志德（2000.1—2001.1）、龚椰林（2001.1—）、杨新民（2001.1—）；工会主席：雷文乔（续任）。

（六）2001年8月—2005年1月

主任：孙大忠（2001.8—2005.1）；副主任：徐联梅（续任至2003年6月免）、陈正华（续任至2005年1月免）、龚椰林（续任至2005年1月免）、杨新民（续任至2001年10月免）、谭晓文（2003.6—2005.1）、贺圣国（2003.6—2005.1）；工会主席：雷文乔（续任至2005年1月免）。

三、历届党委（组）班子成员

市委1990年2月26日以常发干〔1990〕35号文决定成立中共常德市财贸工作委员会。

（一）1990年2月—1993年2月

书记：傅启芳（1990.2—1993.2）；副书记：张先春（1990.2—1993.2）；委员：王见（1990.2—）、胡子达（1990.2—1992.7）、粟绍元（1990.2—1991.5）、王华轩（1991.5—1992.2）、刘书林（1992.8—）、周萼全（1992.2—）。

（二）1993年2月—1996年4月

工委书记：朱梅清（1993.2—1996.4）；副书记：王见（1993.2—1993.7）；工委委员：刘书林（续任）、周莩全（续任至1994年12月免）、孙大忠（1993.7—）、龙旭光（1994.12—）、徐建国（1994.12—1996.4）。

（三）1996年4月—2001年1月

工委书记：滕国华（1996.4—2001.1）；工委副书记：朱梅清（1996.4—1997.11）；工委委员：徐联梅（1997.5—）、刘书林（续任至2000年1月免）、孙大忠（续任）、龙旭光（续任）、沈大军（1998.3—2001.1）、雷文乔（1998.3—）、陈正华（1999.5—）。

（四）2001年1月—2001年8月

工委书记：张宏成（2001.1—2001.8）；工委副书记：张友德（2001.1—2001.8）；工委委员：孙大忠（续任至2001年8月）、龙旭光（续任）、徐联梅（续任至2001年8月）、雷文乔（续任）、陈正华（续任）、龚椰林（2001.1—）、杨新民（2001.1—）。

（五）2001年8月—2003年6月

根据市委2001年9月29日发布的常通字〔2001〕21号《关于机构改革中市直单位党组织设置的通知》，设置中共常德市内贸管理办公室委员会。

党委书记：徐联梅（2001.8—2003.6）；党委副书记：孙大忠（2001.8—）；党委委员：龙旭光（续任）、雷文乔（续任）、陈正华（续任）、龚椰林（续任）、杨新民（续任至2001年10月免）、谭晓文（2003.6—）、贺圣国（2003.6—）。

（六）2003年6月—2005年1月

党委书记：（空缺）；党委副书记：孙大忠（续任至2005年1月）；党委委员：龙旭光（续任至2005年1月）、雷文乔（续任至2005年1月）、陈正华（续任至2005年1月）、龚椰林（续任至2005年1月）、谭晓文（续任至2005.1）、贺圣国（续任至2005.1）。

第四节 市粮食局

一、机构沿革

1989年，该局办公地址位于武陵区大高山街（2007年9月搬迁至朗州路137号凯利大酒店，租用其6楼），全局共有83人，管理安乡县、汉寿县、澧县、鼎城区、临澧县、桃源县、石门县、津市市、武陵区粮食和油脂（料）收购、销售、储藏、调运、加工及多种经营等各项业务。全市粮食系统共有干部、职工13442人，其中：行政人员752人、商业企业8584人、工业企业3578人、其他企业528人；粮站117个、城镇粮店109个、农村粮店325个；1339栋仓、仓容113246万公斤；工业企业44个，其中：大米加工厂27个、面粉厂3个、油厂5个、饲料厂9个、其他5个。

内设机构有：办公室、计统科、供应科、储运科、检测站、工业管理站、财基科、审计科、人保科、劳资科、监察室、工会、团委等行政办事机构。下辖直属单位有：市粮油贸易公司、市粮油供应公司、市粮运车队、市粮油工业锅炉厂、市粮油加工厂、市大米厂、市面粉厂、市饲料公司、市粮食职工中等专业学校等9个直属单位，共有干部、职工2159人。

1990年10月，市粮食局党组撤销，成立党委（中共常德市委文件常发干〔1990〕139号），党委成员由陈长久、车世炎、夏远佩、孙际松、万祖钧、覃事忠、孙孝思7人组成，陈长久任党委书记。中共市财贸工作委员会常财工字〔1990〕46文件通知，批准同意成立市粮食局纪律检查委员会，纪检会由覃事忠、涂光玉、蒋祖恕、颜昌健、连季斋等5位同志组成，覃事忠为局纪委书记。12月29日，经请示市委组织部、宣传部同意设立中共常德市粮食局委员会党校，党委研究决定：万祖钧同志兼任校长、全学忠同志兼任副校长，校址设常德市粮食职工中等专业学校。主要任务是对市直粮食系统党员、要求入党积极分子、党务工作干部、共青团组织骨干进行培训。

1991年，内设机构除保留原来的科室外，增设多经办和武装部。

1992年，为适应粮油购销价格放开，搞活粮食企业经营，经市政府批准市局成立了粮油购销总公司（粮食局与总公司两块牌子、一套人马），局长陈长久兼任粮油购销总公司董事长、总经理。下辖新成立的单位有：市粮油仓储公司、深圳潇湘米业公司、樟木桥粮库筹建处，更名的单位有：市粮油加工厂更名为市植物油公司、市大米厂更名为市米业公司、市面粉厂更名为市面制品公司、市粮运车队更名为市粮油运输公司。

1993年，下辖新成立的单位有：市金海实业公司、市粮油科技实业公司、市国家粮食储备处、另外，岳阳公司、德山仓库移交市粮食局管理。更名的单位有：粮油购销总公司更名为粮油总公司（与粮食局一套人员、两块牌子），由局长车世炎兼任董事长、总经理。市粮食局机关和直属单位共有干部、职工3205人，全市粮食系统有干部、职工13768人。

1995年，通过机关机构改革后，内设机构是：办公室、人事教育科、计划统计购销科、储备储藏调运科、财务基建科、科技与行业管理科、审计科、监察室（纪委会）、党委办公室，同时设立事业单位4个：工业管理站、检测站、市粮油结算中心、市世界银行贷款粮食流通项目办公室。

1996年，金海大厦修建完工，与金海实业公司合并为金海公司，根据省贸易餐饮服务企业划型领导小组湘贸企划〔1996〕6号文件常德市金海公司批准为服务中型企业。新成立的单位有：湘北粮食批发市场，是一家自收自支的正科级事业单位。

1997年，由市粮油贸易公司代管的武陵粮油管理站，改由市粮食局直属管理，更名为武陵粮油总公司。

1998年，根据常编发〔1998〕53号文件，市粮局内设机构新成立稽查大队，根据常粮发〔1998〕33号文件，撤销岳阳公司，与德山公司合并成立德山粮油实业有限公司。市植物油公司、市面制品公司、金海公司、深圳潇湘米业公司、临澧县合口油厂组合成立湖南金健米业股份有限公司。市粮油仓储公司与市樟木桥粮库筹建处合并成立市樟木桥粮食储备库。市直单位有：湖南金健米业股份有限公司、市粮油贸易公司、市粮油供应公司、市德山粮油实业有限公司、市武陵粮油总公司、市米业公司、市饲料公司、市粮油运输公司、市粮油工业锅炉厂、市粮油科技实业公司、市粮食职工中等专业学校、市国家储备处、市粮油总公司（与市粮食局机关一套人员、两块牌子）、市湘北粮食批发交易市场共 14 个单位，局机关和市直单位共有干部职工 3119 人。全市从业人员 15608 人，年工资水平 5474 元，比 1997 年增加 170 元；退休人员 4459 人，其中：离休 239 人、退休 4159 人、退职 61 人。

1999 年，市直单位更名的有：市粮油供应公司更名为市粮食局武陵分局、市粮油工业锅炉厂更名为市金鼎粮油工业锅炉有限公司。

2000 年，省粮食局将其管辖但设在常德的粮油机械厂移交给市粮食局管理。同年，市粮食局根据市政府下发的常政发〔2000〕9 号文件《关于市直工交企业国有产权及置换职工身份实施细则的通知》、常政办发〔2000〕31 号《关于印发置换职工身份实施细则的通知》、常政办发〔2000〕32 号《关于印发转换国有产权实施细则的通知》精神，对全市粮食系统经营体制的改革，加强了领导，成立了以局长为首的改革领导小组，制定了改革的方案，特别重视市直企业的改革。市粮贸公司、市粮油运输公司、市粮机厂、金鼎锅炉公司、市饲料公司、市米业公司等单位先后实施“两个置换”。置换后，各单位根据自身情况，有的进行重组、有的申请实施破产。

2001 年，樟木桥粮食储备库移交中储粮长沙分公司管理，市粮食局对樟木桥粮食储备库不再具有管理职能。当年，全市行政事业单位实施机构改革，市政府下发常政发〔2001〕49 号文《关于印发〈常德市粮食局职能配置、内设机构和人员编制规定〉的通知》，根据通知精神，市局内设 7 个职能科室，即办公室（加挂法制科牌子）、计划购销科、储备储藏科、行业发展指导科、人事教育科（加挂保卫科牌子）、监察室（与纪检组合署办公）、财基科；设 1 个执法机构（市粮食局稽查大队，市粮油检测站与其一个机构、两块牌子）和 2 个具有行政职能的事业单位（市粮食局武陵分局、市粮食企业生产经营指导办公室，加挂市军粮供应管理站、市粮食局信息中心牌子）。

2002 年，通过粮食经营体制改革和“两个置换”后，市直单位有：湘北粮食批发市场、市粮食局武陵分局、市德山粮油公司、市武陵粮油总公司、东门粮食储备库、湖南金健米业股份有限公司。

2003 年下半年，内设机构中增设 3 个科室，即项目办、机关党委办、常德粮食科技与经济学会和常德粮食行业协会办公室（以下简称“两会”办）。市直单位更名的有：湘北粮食批发市场更名为常德粮食交易中心。湖南金健米业股份有限公司由市政府直接管理，市粮食局对其不再具有管理职能。

2004 年 12 月，内设机构中减少 1 个科室，即项目办。市直单位有：常德粮食交易中心、市粮食局武陵分局、市德山粮油公司、市武陵粮油总公司、东门粮食储备库。常德市粮食局和市直单位共有干部、职工 330 人。

2005 年 12 月，市粮食局内设机构进行了调整，即：（1）办公室（加挂保卫科牌子）、（2）政策法规科（加挂监督检查科牌子）、（3）调控科（加挂军粮供应管理办公室牌子）、（4）行业发展指导科、（5）财务审计科、（6）人事教育科、（7）监察室（与纪检组合署办公）、（8）离退休人员管理科、（9）粮食行政执法大队（具有行政管理职能的正科级事业单位）、（10）粮油食品质量监督管理办公室（具有行政管理职能的正科级事业单位，加挂粮油质量检测中心牌子）、（11）机关党委办公室、（12）联合工会、（13）“两会”办。局机关共有 57 人。市直单位有：常德市粮食局武陵分局、常德粮食交易中心、市德山粮油公司、市武陵粮油总公司、东门粮食储备库，共有干部、职工 265 人。

2007 年，更名的有：东门粮食储备库更名为常德市广积粮食储备库（2007 年 10 月，东门粮食储备库搬迁至德山经济开发区，与广积米业两个单位、一套领导班子）。市粮食局和市直单位共有干部、职工 472 人。

2010 年，市委、市政府对市直单位进行“三定”，市粮食局机关内设机构为 7 个，即：办公室（加挂法制科牌子）、人事科、财务审计科、行业管理科、监督检查科、调控与统计科（加挂储备粮管理科牌子）、离退休人员管理服务科。机关党委和工会单设。因工作需要，设“两会”联络办和建设办。3 个正科级公务员参管单位，即：粮食行政执法大队、粮油食品质量监督管理办公室（加挂检测中心牌子）和常德市粮食局武陵分局。1 个正科级自收自支事业单位：常德粮食交易服务中心。5 个市直属企业，即：市德山粮油公司、市武陵粮油总公司、市广积粮食储备库、广积米业有限公司和科雄饲料公司。常德市粮食局和市直单位共有干部、职工 328 人。

二、主要职责

（一）1995 年市粮食局工作职责

1995 年年底，根据市委机构改革“三定”方案规定：

1.贯彻执行国家和省、市人民政府粮油购销方针、政策、法规、决定，负责拟订全市粮油流通体制改革方案，储备粮管理和实施办法，并组织监督实施。

2.研究制订全市粮食行业和储备粮、定购粮中长期规划和年度购销计划，负责粮油收购工作，确保国家掌握足够的粮油商品，确保城镇居民口粮供应，稳定物价、繁荣市场，促进工农业生产。

3.负责管理国家和省、市储备粮（包括定购粮、战略粮和市场调节粮），组织和实施对储备粮推陈储新，调节丰歉，应付突发事件和各种自然灾害，保证军队、工矿区、大专院校、低收入居民口粮供应，按省计划安排以工代赈和国家重点建设项目的粮油供应。

4.落实粮油价格政策，贯彻执行国家粮油购销价格的方针、政策，检查全市粮油购销价格的落实情况。

5.负责上级主管部门和市财政下拨的粮油政策性补贴及各项基金费用的管理、使用；

提出全市粮食行业固定资产投资规模意见，并对行业重点基本建设、技术改造、技术引进、利用外资项目进行审查、申报和验收；规划全市粮油流通网点设施和国家储备库布局和建设；严格划分政策性费用和商业性经营费用，实行财务分账、分开核算，负责全市粮食系统财务预决算，指导和监督本系统财务管理及财务审计工作。

6.建立和发展我市粮油批发市场、完善三级批发市场机制，进一步发挥粮食部门的主渠道作用。

7.负责全市粮食企业和粮油批发市场的行业管理，对粮食行业国有资产的保值增值实施监督、管理。

8.组织、指导全市粮食系统职工教育、专业培训、安全保卫、劳动工资等管理工作和行业思想政治工作，负责粮食系统的纪检、监察等有关工作。

9.负责全市粮油科技、质量、计量等有关工作，研究制订科学技术发展规划和现代企业制度，组织推广科技成果。

10.完成市人民政府和上级粮食部门交办的其他事项。

科室工作主要职责

（二）2001 年市粮食局工作职责

2001 年年底，根据常政办发〔2001〕49 号文件，市委、市政府对市粮食局的工作职责进行调整。

1.贯彻执行国家和省有关粮食流通和粮食储备的方针、政策和法规；研究提出并组织实施全市粮食宏观调控和总量平衡中长期规划及年度粮食购销、进出口计划和粮食流通发展战略；拟定全市粮食流通产业政策；制订全市粮食流通体制改革方案，并组织实施；参与规划和组织实施粮食生产结构调整。

2.指导督促国有粮食购销企业按保护价敞开收购粮食，发布并监督全市粮食经营企业执行有关粮食品种的指导性收购价格；协调发展粮食产区和销区之间的粮食购销协作关系，组织市内外粮食产需衔接和余缺调剂。

3.协调促进全市粮食的促销、推销，确保军队粮食供给；研究制订并组织落实应付各种严重自然灾害和突发事件引发的粮食供求失衡的具体措施。

4.制订和实施地方储备粮总量规模、网点布局方案；指导督促区县（市）建立地方粮油储备和粮食风险基金；指导国有粮食购销企业的粮食安全储存工作，组织实施各级储备粮食的划转轮换、推陈储新和吞吐调节。负责粮食质量监测管理。

5.审核非国有粮食购销企业直接收购、经营粮食的资格，核准市直粮食经营企业粮食收购、经营、批发资格，依法查处打击粮食经营不法行为，加强粮食市场管理；协调粮食产业化经营，对全市粮食收储、加工、销售各环节的质量实施监督管理，依法查处打击假冒伪劣行为；负责全市粮食加工、储藏和流通领域科研成果的鉴定与推广。

6.负责建设和规范粮食市场体系，完善粮食市场交易规则，搞好粮食市场行情的分析预测；负责全市粮食仓储、加工和流通设施建设的规划、布局，帮助筹措、落实建设资金。

7.指导全市粮食行业的财务核算与监管，落实粮食财务管理制度；督促检查各项粮食补贴资金的拨补、使用和管理情况；负责粮食行业重点项目的审核、申报、验收等有关工作。

8.实施全市粮食行业指导，制订调整粮食行业产业布局、优化资源配置规划；对粮食行业国有资产向保值增值实施监管；组织粮食会展推销活动；承担粮食行业统计工作；推进粮食科技进步，组织实施粮食质量标准、计量标准化管理工作；协调指导粮食工业、粮食经营企业的规划与发展。

9.承办市委、市人民政府交办的其他事项。

（三）2010年市粮食局工作职责

2010年10月，根据常政办发〔2010〕13号文件，市委、市政府对市粮食局的工作职责进行调整。

1.研究提出全市粮食宏观调控、总量平衡以及粮食流通的中长期规划和收储、动用市级储备粮的建议，拟订粮食流通体制改革方案并组织实施，推动国有粮食企业改革，研究提出现代粮食流通产业发展战略的建议。

2.承担粮食监测预警和应急责任，负责全市粮食流通宏观调控的具体工作，指导协调最低收购价等政策性粮食购销和粮食产销合作，保障军队粮食供应。

3.贯彻执行国家和省有关粮食流通管理的方针、政策和法规，按照国家有关政策和省政府、市政府统一部署，制定粮食流通、粮食库存监督检查制度并组织实施；负责对粮食收购、储存环节的粮食质量安全和原粮卫生进行监督管理。

4.负责粮食流通的行业管理，制定并组织实施全市粮食行业发展规划，优化粮食资源配置和产业布局；提出粮食收购市场准入标准建议，负责实施粮食收购行政许可的有关行政管理，指导粮食流通向科技进步、技术改造和新技术推广。

5.承担市级储备粮行政管理责任，会同有关部门研究提出市级储备粮的规模、总体布局、购销计划以及提出动用市级储备粮的建议；会同有关部门审批市级储备粮轮换计划并监督实施，监督检查市级储备粮的数量、质量和储存安全；制定市级储备粮管理的技术规范并监督执行。

6.会同有关部门拟订全市粮食市场体系建设与发展规划并组织实施。编制粮食流通、仓储、加工设施建设规划，管理有关粮食流通设施投资项目。

7.负责全市社会粮食流通的统计工作，指导全市粮食系统财务和内部审计工作，监管直属单位的国有资产。

8.承办市委、市政府交办的其他事项。

三、历届领导班子成员

（一）行政领导班子成员

1989—1993年

局长：陈长久（1988.9—1993.2）；副局长：夏远佩（1988.10—1991.4）、孙际松（1988.10—）、万祖钧（1989.11—1993.2）、车世炎（1990.10—1993.2）、粟绍元（1991.4—）；联合工会主席：孙孝思（1986.4—1993.2）；储备处主任：殳祖荣（1993.7—）。

1993—1998 年

局长：车世炎（1993.2—）；副局长：孙际松（续任）、粟绍元（续任）、沈大军（1993.2—1998.3）、张耀良（1994.2—1998.3）、覃道舫（1995.6—）、郭南方（1997.11—）；储备处主任：殳祖荣（续任至 1996.11）。

1998—2003 年

局长：车世炎（续任至 2003.3）；副局长：王见（1998.3—2003.3）、孙际松（续任至 2000.8）、粟绍元（续任至 2000.8）、覃道舫（续任）、郭南方（续任）、钟广新（1998.11—）、罗忠义（1999.5—）；联合工会主席：连季斋（2000.1—2003.8）。

2003—2005 年

局长：王见；副局长：罗忠义（1999.5—）、覃道舫（续任至 2005.8）、郭南方（续任）、钟广新（续任至 2004.2）、陈法利（2003.6—）、杨万里（2003.8—2005.8）。

2005—2007 年

局长：张阳（2005.8—）；副局长：陈正华（2005.1—2007.1）、郭南方（续任至 2007.4）、陈法利（续任）、刘新民（2005.8—）、杨万里（2005.8—）、张益民（2007.4—）。

2007—2010 年

局长：张阳（续任）；副局长：陈法利（续任）、刘新民（续任）、杨万里（续任）、张益民（续任）、许文荣（2009.11—）；联合工会主席：孙锦辉（2008.3—）。

（二）党的领导班子成员

1989—1993 年

党委书记：陈长久（1988.9—1993.2）；副书记：夏远佩（1988.10—1991.4）、车世炎（1990.10—1993.2）；委员：孙际松（1988.10—）、万祖钧（1989.11—1993.2）、孙孝思（1986.4—1993.2）、覃事忠（1990.9—）、粟绍元（1991.4—）；纪委书记：覃事忠（1990.9—）。

1993—1998 年

党委书记：车世炎（1993.2—1998.3）；副书记：沈大军（1993.2—1998.3）；委员：孙际松（续任）、粟绍元（续任）、张耀良（1994.2—）、覃道舫（1995.6—）、郭南方（1997.11—）；纪委书记：覃事忠（续任）。

1998—2003 年

党委书记：王见（1998.3—2003.3）；副书记：车世炎（1998.3—2003.3）、罗忠义（1999.5—）；委员：孙际松（续任至 2000.8）、粟绍元（续任至 2000.8）、张耀良（1994.2—1998.3）、覃道舫（1995.6—）、郭南方（1997.11—）、钟广新（1998.11—）；纪

委书记：覃事忠（续任至2003.8）。

2003—2005年

党组书记：王见（2003.3—2005.8）；副书记：罗忠义（续任至2004.9）；党组成员：覃道舫（续任至2005.8）、郭南方（续任）、钟广新（续任至2004.2）、陈法利（2003.6—）；纪检组长：杨万里（2003.8—2005.8）。

2005—2007年

党组书记：张阳（2005.8—）；副书记：陈正华（2005.1—2007.1）；党组成员：郭南方（续任至2007.4）、刘新民（2005.8—）、陈法利（续任）、杨万里（2005.8—）、张益民（2007.4—）；纪检组长：柴同勤（2005.8—）。

2007—2010年

党组书记：张阳（续任）；副书记：陈法利（2007.1—）；党组成员：郭南方（续任至2007.4）、刘新民（续任）、杨万里（续任）、张益民（续任）、许文荣（2009.11—）；纪检组长：柴同勤（续任）。

第五节　市商业行业管理办公室（市商业局）

一、机构沿革

1986年7月，地委、行署发出通知（常署发〔1986〕17号），金罗肉联厂划归澧县管理。同年底，地区商业局有下属二级公司6个，即地区肉食水产公司、省副食品公司常德分公司、省百货公司常德分公司、省纺织品公司常德分公司、省五金交电化工公司常德分公司和地区商业汽车运输公司。二级事业单位1个，即常德地区商业职工中等专业学校。归口管理单位1个，即常德肉联联合加工厂。1988年6月底，地区商业局机关人员编制36人，退离休5人，借用16人。内设办公室、人事教育科、财务基建科、计统物价科、业务科、储运保卫科。另设体制改革办公室、职称改革办公室、法律顾问室、商业志办公室等机构。局辖直属单位有：湖南省湘北工贸总公司、地区商业职工中等专业学校、常德肉类联合加工厂、地区肉食水产公司、地区副食品公司（含地区分公司）、纺织品采购供应站（含地区分公司）、五交化采购供应站（含地区分公司）、地区商业汽车运输公司。其时职工总数3789人，其中干部799人，全民职工1797人，合同制职工383人，集体职工221人，计内临时工131人，计划外用工458人。

1988年7月1日，地区商业局更名为市商业局，机关人员编制37人，离退休5人，借用16人。原行政职能不变,内设办公室、业务科、人事教育科、财务基建科、基层商业科、储运保卫科、计统物价科、监察室、食品工业科。同年10月13日，市中心百货大楼、武陵百货大楼、常德宾馆3家武陵区所属的商业企业划归市商业局管理。

1990年5月，武陵区肉食水产公司、蔬菜公司上收归口市商业局管理。常德市、武陵区两肉食公司合并，蔬菜公司在区公司基础上组建市公司。

1992年市商业局管理市五交化总公司（站）、百货总公司（站）、中心商贸总公司、武陵百货大楼、纺织品总公司（站）、蔬菜总公司、食品总公司、糖酒副食品总公司（站）、常德肉联厂、商业职工中专、商业信息咨询服务中心（1991年成立）、上海武陵实业公司（1991年11月成立）、商业经济开发总公司（1992年成立）等单位。

在1990年第二次市、区职能调整中，市商业局行政编制40名，从武陵区商业局划收10名行政管理人员，实际在编干部职工45人，超编5名。

1991年2月市编委同意成立“常德市商业信息咨询服务中心”，定为正科级事业机构，编制5名，解决了超编的问题。

1994年6月，根据市政府〔1994〕17号文件进行的全市机构改革,市商业局退出政府工作部门序列,转变工作职能,成建制转为经济实体,是年机关编制46人，实际在职机关干部职工40人。

1995年11月，全市商业工作会在石门县夹山碧岩山庄召开，市商业行业管理办公室主任王见（后排左五）、副书记张合良（后排左四）、副主任黎新兵（后排右四）等参加

1995年1月，市委机构编制委员会发出《关于市直行业管理机构设置事宜的通知》（常编发〔1995〕1号），成立市商业行业管理办公室（以下简称市行业办），作为正处级事业单位。同年6月，市政府明确宣布恢复行使行业管理职能，并批准下发《常德市商业行业管理办公室工作任务和职责范围》，市行业办内设办公室、业务科、人事教育科、财务审计科、行政科、储运保卫科、纪委监察室、武装部、商业联合工会。辖市五交化总公司（站）、百货总公司（站）、纺织品总公司（站）、中心商贸总公司、武陵百货大楼、食品总公司、糖酒副食品总公司（站）、常德宾馆、常德新宇食品总厂、商业职工中专、商业运输公司、商业信息咨询服务中心、商业经济开发总公司等单位。

1998年3月18日，市政府下发市长办公会第3号《关于财贸工作有关问题的会议纪要》，明确市行业办的工作职责，同意行业办当时的干部、职工、离退休人员的工资、医疗福利、办公经费，按行政序列标准列入财政预算。当年，市行业办被市政府评为“全市目标管理先进单位”。

1999年，市行业办有在职干部职工29人，离退休人员19人。

2001年4月，市委办、市政府办下发常办通字〔2001〕23号《关于市直机关机构改革有关事项的通知》，同年8月，市委、市政府又先后下发《关于印发常德市市直党政群机关机构改革方案实施意见的通知》（常发〔2001〕2号）、《市委、市政府关于市委市政府机构设置的通知》（常通字〔2001〕16号）和《市委市政府关于印发〈常德市政府机构改革中人员分流实施意见〉和〈常德市政府机构改革人员选配定岗实施意见〉的通知》（常发〔2001〕3号）等3个文件，由此，市行业办于当年年底并入市内贸办，同时有14名在职干部职工按政府机构改革政策规定提前离岗。

二、主要职责

（一）市商业局主要职责（1988.7—1995.6）

市商业局系政府主管全市商业工作的职能部门，负责贯彻落实党的路线、方针、政策及政府和上级主管部门的重大决策并组织实施，其主要职责有：

1.对全市商业企业实行宏观指导、协调、服务，对企业购销业务活动提供信息，帮助决策。协助市政府抓好“菜篮子”工程，组织好蔬菜、肉食等关系人民基本生活资料的供应,确保市场稳定。

2.对全市商业系统的经营管理履行监督职能，确保国有资产的完整。

3.负责全市商业系统国有企业、集体企业、商办工业财务及统计等近二十种报表的月报、季报、年报汇总上报。

4.负责市直商业企业职工队伍建设、班子建设，包括劳资管理、职工教育、党风党纪教育，干部职工奖惩、计划生育、老干部管理等，做好职工尤其是特困企业职工思想工作，稳定商业职工队伍。

5.商业局联合工会，按照《中华人民共和国工会法》行使五大职能，维护职工合法权益，加强企业民主管理。

（二）市商业行业管理办公室主要职责（1995.6—2001.12）

认真贯彻执行国家有关法律、政策和市委、市人民政府的决策、决定，对市属商业企业两个文明建设全面负责。

1.集中精力抓好市直商业企业的体制改革，全面转换企业机制。

2.抓好行业规划，加强业务指导，做好市直商业企业重大决策的调查研究、审批把关。

3.加强对市直商业国有资产的运营、管理和监督，负责国有资产的保值增值。

4.加强商业企业人事管理。按照干部管理程序，抓好企业领导班子的选拔、培养、配备和奖惩，帮助企业控制人员增长。

5.加强企业财务管理，审计监督，做好扭亏增盈工作。

6.加强协调服务，搞好上传下达，上对口省商行业办，下对区、县（市）商业实行行业指导。

7.加强商业企业的精神文明建设，切实做好稳定工作。

8.负责全市商品流通行业的技术培训、技能考核等工作。

9.负责全市国有商业企业财务报表和行业统计分析。

10.承办市政府交办的其他工作。

三、历届领导班子成员

（一）局（行业办）行政领导班子

1.市商业局

1988年5月—1993年2月

局长：刘霞飞（1988.5—1993.2）；副局长：孟宝生（1988.5—1988.10）、沈大军（1988.10—1993.2）、李世成（1988.5—1989.7）、陈海俊（1988.5—1992.11）、张唯一（1990.2—1993.2）；工会主席：刘明樵（1990.9—1992.8）。

1992年，市商业局领导班子和部分企业经理合影

1993年2月—1993年8月

局长：段国祥（1993.2—1993.8）；副局长：黎星兵（1993.2—1993.8）、张唯一（续任）、祝光友（1993.2—1993.8）；工会主席：刘明樵（续任）。

1993年8月—1998年3月（1995年1月改为市商业行业管理办）

局长：王见（1993.8—1998.3）；副局长：黎星兵（续任）、张唯一（续任至1993.10）、祝光友（续任至1993.10）、张树华（1996年10月起任市商业行业管理办公室副主任）；工会主席：刘明樵（续任）。

2.市商业行业管理办公室

1998年3月—2001年12月

主任（兼）：朱晓平（1998.3—1999.7）；副主任：黎星兵（1998.3—2001.1）、张树华（1998.3—2001.1）、曾国赋（2000.10—2001.12）；工会主席：李父军（2000.1—2001.1）。

（二）局（行业办）党委领导班子

1.局党委

1990年9月—1992年8月

党委书记：刘霞飞（1990.9—1992.8）；副书记：沈大军（1990.9—1992.8）；张合良（续任）；党委委员：陈海俊（1990.9—1992.8）、刘明樵（1990.9—1992.8）、张唯一（1990.9—1992.8）；纪委书记：曾长清（1990—1992.8）。

1992年8月—1993年7月

党委书记：段国祥（1992.8—1993.7）；副书记：沈大军（续任至1993.2）、黎星兵（1993.3—1993.7）、张合良（续任）；党委委员：陈海俊（续任至1992.11）、张唯一（续任至1993.7）、刘明樵（续任）、祝光友（1993.2—1993.7）；纪委书记：曾长清（续任）。

1993年7月—1998年3月

党委书记：王见（1993.7—1998.3）；副书记：黎星兵（续任至1998.3）、张合良（续任至1996.4）；党委委员：刘明樵（续任至1998.3）、张树华（1996年10月任市商业行业管理办党委委员）；纪委书记：曾长清（续任至1994.12）。

2.行业办党委

1998年3月—2001年12月

党委书记：朱晓平（1998.3—1999.6）；副书记：黎星兵（1998.3—2001.1）；党委委员：刘明樵（1998.3—2000.1）、张树华（1998.3—2001.1）、曾国赋（2000.10—2001.12）、李父军（2000.1—2001.1）。

附：市商业医务所

该所始建于1974年7月，成立之初名为常德地直财贸医务所，归口地区商业局管理，时任地区商业局副局长张桂清兼任该所所长。

该所当时负责地区商业、供销、粮食、物质、外贸、医药、银行、税务等系统近万名干部、职工及家属的看病就医。1975年12月，供销社从地区商业局分出单设后，供销及其他系统的干部职工仍然在该所看病购药。

20世纪80年代以后，医务所规模不断扩大，医护人员、医疗设施逐渐到位完善。1985年，共有医、护及后勤管理人员14人，医务所设有西医、中医诊室、注射室、中药房等，有西医医生4人、中医医生2人、中药师1人、护士4人。1988年，该所更名为市商业医务所，为市商业局下属单位。

为方便干部、职工及家属看病就医，该所制订了有关措施和规定：每周三派出医生到落路口、东门盐关等企业仓库巡回上门出诊；对于重病、瘫痪病人送医送药上门；对危急病人做到随喊随到，经常半夜出诊，及时进行抢救；每逢老干部旅游，医务所均派医护人员全程陪护。

至20世纪90年代，该所部分医护人员回所属企业医务室工作，故医务所人员规模和工作量相对减少。90年代中期，大多数商业、供销企业经济效益滑坡，企业无力支付干部职工医药费用，医务所资金周转出现困难，渐至难以为继。

2002年，随着市直商业、供销企业的全面改制和市城市中区改造，医务所被裁撤，医护人员回所属企业办理退休或下岗手续，医疗设施交市商业局处理。

该所设在市城南鸡鹅巷口，系原市糖酒副食品总公司房产，该房后在市城市中区改造中被拆除。

医务所从成立到裁撤，存续28年，历届领导：

所长：张桂清（1974—1980）、于声力（1980—1986）、肖有为（1986—1989）、李传翠（1989—1992）、刘桂秀（1992—2002）；副所长：代玉琪（1974—1980）、代玉琪（1980—1989）、于世荣（1989—1992）。

第六节 市物资行业管理办（物资局、总公司）

一、市物资局

1989年原市物资局办公楼

1988年7月，常德撤区建市，原常德市改为武陵区，原地区物资公司更名为市物资公司。武陵区物资公司所属的6家企业中，除机电分公司外，其余的金属材料公司、轻化建材公司、金属回收公司、物资贸易公司、德山物资公司等5家企业，根据市委办常办通字〔1988〕25号文件精神，划归市物资公司管辖，于同年12月5日举行交接签字仪式。物资贸易公司和德山物资公司划归市物资公司后分别更名为市物资经营开发公司和德山物资供应公司。原市轻化建材公司在并入原地区轻化建材公司后，再划分为市化工轻工和市建筑材料两个公司。经过上述调整和变更，市物资公司管辖的经营单位增加到9家：市金属材料公司、市机电设备公司、市化工轻工公司、市建筑材料公司、常德物资贸易中心、市金属回收公司、市钻石公司、市物资经营开发公司、德山物资供应公司。这些公司均从1989年1月1日起按新体制运行。经市物资公司与武陵区政府和区计委协商，武陵区物资公司的25名在编机关人员和8名离退休人员，除分别留下2人和1人外，均调配至市物资公司。

1988年8月24日，按市委〔1988〕常通字11号文件通知，市物资公司更名为市物资局，成为市政府工作部门。市编委核定市物资局编制47人（当年年底实有54人，其中干部50人、工人4人），内设纪检组、政工科、办公室、财务物价科、计划业务科、基建储运科、物资协作科、物资配套承包供应办公室。

1991年1月9日，市物资局副局长黄彧汪调任欢送会合影，市委组织部、市计委有关领导和市物资局领导班子成员与各公司负责人参加。前排左起段国安、欧运崇（市委组织部）、朱梅青（市计委）、刘洪华、黄彧汪、陆训寿、李丛珠、李怀文、赵永福；中排左4起万祖辉、朱协庭、莫长松、祁运希

市物资局地址：武陵区人民中路40号物资大厦。

其主要职责有：

1.市物资局系政府下设的物资综合管理部门。行使对市直物资系统各单位的党群工作、社会工作、经营管理、综合经济管理和行政管理五大职能，并加强全行业管理。

2.指导所属单位搞活生产资料流通，开展金属材料、化工、轻工、建筑材料、机电设备、金刚石等工业生产资料的购销工作。

3.本着宏观控制、微观搞活的精神。既对全市物资系统行使行政管理职能，又对全市物资系统的业务经营管理承担具体任务，指导、检查本系统的物资流转计划、财务计划的制定和执行情况，并负责各类报表的汇总、上报、下达。

4.适应计划体制改革的需要，有计划、有领导地组织生产资料市场，统筹安排和综合平衡全市的工业生产资料；调度、调剂社会物资库存。

5.指导全市物资系统开展横向、纵向经济联合，建立、完善并掌握全市物资系统纵横交错的经济联合网络，负责主要物资的协作业务；配合物价主管部门审批生产资料价格和有关收费标准；开展全社会重要工业生产资料的成交鉴证及管理。

6.适应废旧金属市场放开的形势，负责废旧金属的市场管理，并承担社会老旧汽车报废更新工作。

7.负责对全市物资系统干部职工的业务技术和文化培训。

二、市物资工贸集团总公司

1992 年 6 月，市物资局按照市属经济主管部门的改革方案，率先转体为市物资工贸集团总公司（以下简称市物资工贸集团），实行两块牌子一套人员，内设总经理办公室、人事保卫部、财务物价部、综合管理部、综合经营部、生活服务部、基建储运办公室。市物资工贸集团机关 26 人，其中干部 23 人、工人 3 人，下辖 8 个专业公司。

根据常政函〔1992〕21 号文件批复，市政府赋予市物资工贸集团的权力和职能是：

1.市物资工贸集团与市物资局两块牌子、一套人员，既管理，又经营。

2.下属各公司的经理由集团总公司聘任，副经理及中层骨干由经理聘任。

3.市政府委托市物资总公司对市直物资系统全民所有制企业的国有资产进行管理，防止国有资产的流失，保证国有资产增值。

4.市政府同意市物资工贸集团以市物资局机关当时拥有的资产注册，与受托管理的企业实行统一规划、自主经营、分层决策、分级核算。所属公司法人资格不变，在经营上接受市物资总公司的指导、考核与审计。

5.市政府同意市直物资系统 7 家公司对市物资工贸集团承包，市物资工贸集团统一对市财政实行资产经营总承包。承包的各项指标按所属企业第二轮承包合同数相加确定，完成承包任务后的超收部分，由市财政与市物资工贸集团对半分成。

1994 年 1 月 17 日，根据市编委常编发〔1994〕01 号文件精神，收回市物资局原定 47 名编制，同时也收回市物资职工学校 11 名事业编制。

1995 年 1 月，为进一步完善市物资工贸集团的机构，加挂“常德市物资行业管理办公室”（以下简称市物资行业办）的牌子。

1995 年 12 月 12 日，经湖南省贸易餐饮服务企业划型领导小组湘贸企划〔1995〕286

号文件批复：常德市物资工贸集团总公司为湖南省批发贸易业大型企业（未见市委、市政府呈报文件与确认文件）。

三、市物资行业管理办

1997年9月，市委、市政府决定将市物资行业办与市物资工贸集团分设（市编委常编发〔1997〕16号文件），核定事业编制6人，其中领导3名、其他工作人员3名。确定市物资行业办的主要任务是贯彻国家制定的产业政策和经济政策，搞好规划、协调、监督和服务，促进全行业经济的健康发展；其主要职责是：

1.根据国家产业政策和发展战略，编制我市物资行业中长期发展规划和年度计划，制定产业结构调整方案。

2.搞好生产资料市场的规划、布局和建设。依照国家法规和政策，会同有关部门搞好生产资料市场的管理，做好归口经营物资的协调管理工作。

3.协助市计委等有关部门制定和落实国家统配物资的分配及管理，负责组织生产要素和物资供应的协调，保证国家重点建设对物资的需要。

4.组织制定企业管理规范和指标评价体系，指导企业改革，引导企业加强内部管理，对区县（市）物资行业管理办公室进行业务指导。

5.会同有关部门协调解决行业发展中的重大问题，发挥行业优势，推进行业购销联合，促进规模经营的形成和规模效益的提高。

6.负责行业经营情况的统计和会计报表的汇总，及时掌握行业经营动态，为企业提供商品、生产、市场、技术等信息。

7.加强对全行业改革和发展的调查研究，分析新情况，研究新问题，总结推广新经验，并及时向市政府和有关部门提出政策建议。

8.协助市计工委抓好物资行业思想政治工作，基层党建工作、干部工作、劳动人事工作、纪检监察工作和原物资局机关、本行业办的离退休人员管理服务工作。

9.协助市政府做好行业规范性文件的起草工作，经授权监督执行。

10.承担市政府和上级业务主管部门交办的其他任务。

2001年12月，市物资行业办与市商业行业办和市财贸办合并为市内贸办。

市物资工贸集团人员遗留问题的处理：2003年，市机构改革办根据2002年第6次市委常委会议研究的意见，明确对该司5类人员参照执行《常德市政府机构改革中人员分流实施意见》的有关政策进行分流安置。

四、局行政领导班子成员

（一）市物资局

1.1988年9月—1991年6月

局长：陆训寿（1988.9—1991.6）；副局长：黄彧汪（1988.9—1990.12.）、朱协庭（1988.9—1991.6）、万祖辉（1988.9—1991.6）、段国安（1990.2—1991.6）。

2.1991 年 6 月—1992 年 6 月

局长：窦长清（1991.6—）；副局长：朱协庭（1991.6—）、万祖辉（1991.6—）、段国安（1991.6—）。

（二）市物资工贸集团总公司（保留市物资局牌子，1995 年 1 月 25 日加挂市物资行业管理办公室牌子）

1.1992 年 6 月—1998 年 3 月

局长、董事长、总经理：窦长清（1991.6—1998.3）；副局长、副总经理：朱协庭（1991.6—1995.5）、段国安（1991.6—1995.5）、祁运希（1994.4—1998.3）、万祖辉（1991.6—1994.3）、何英望（1993.2 任副局长—1998.3）、黄银廷（1995.6.2 任副总经理—1998.3）、陈月平（1995.6.2 任副总经理—1998.3）；副总经理、行业工会主席：汤治波（1995.6 任—1998.3）；总会计师：蒋志贻（1994.4 任—1998.3）。

2.1998 年 3 月—2005 年 12 月

市物资行业管理办公室 1997 年 9 月 1 日独立。

总经理：何英望（1998.3 任—2005.12）；副总经理：祁运希（1998.3—2005.12）、黄银廷（1998.3 月—11 月）、陈月平（1998.3—2005.12）；副总经理、行业工会主席：汤治波（1998.3—2005.12）；总会计师：蒋志贻（1998.3—2005.12）。

五、党组（党委）班子成员

（一）市物资公司党委

1988 年 5 月—1988 年 9 月

党委书记：雷立杰（续任至 1988 年 9 月）；副书记：俞斌龙（续任至 1988 年 9 月）；委员：祁运希（续任并兼纪委书记）、朱协庭（续任）、万祖辉（续任）

（二）市物资公司（局）党组

1.1990 年 6 月—1993 年 2 月，公司党组

书记：陆训寿（1990.6—1993.2）；副书记：窦长清（1991.5—1993.2）；成员：黄彧汪（1990.6—1991.2）、朱协庭（1990.6—1993.2）、段国安（1990.6—1993.2）、祁运希（1990.6—1993.2 兼任纪委书记）、万祖辉（1992.2—1992.2）。

2.1993 年 2 月—1994 年 3 月，局党组

书记：空缺；副书记：窦长清（1993.2—1994.3）；成员：朱协庭（1993.2—1994.3）、段国安（1993.2—1994.3）、祁运希（1993.2—1994.3 兼任纪委书记）、万祖辉（1993.2—1994.3）。

3.1994 年 3 月—1997 年 11 月，党组、党委

书记：窦长清（1994.3—1997.10）；副书记：朱协庭（1994.3—1995.5）、余子安（1994.4—1997.10）、何英望（1995.6—1997.10）；成员：祁运希（1994.3—1997.10）、段国安（1994.3—1995.5）、万祖辉（1994.3—1995.5）、黄银庭（1995.6—1997.10）、陈月平

(1995.6—1997.10)、汤治波（1995.10—1997.10）、蒋志贻（1995.5—1997.10）。

4.1998年3月—2005年12月，党委

书记：何英望（1998.3—2002.12）；副书记：余子安（1997.10—2005.12）；委员：祁运希（1997.10—2005.12）、陈月平（1997.10—2005.12）、汤治波（1997.10—2005.12）、蒋志贻（1997.10—2005.12）。

第七节 市酒类产销管理办公室（商务执法支队）

一、机构沿革

该办于2001年3月经市委编委办下发常编发〔2001〕3号《关于成立常德市酒类产销管理办公室的通知》而成立。初时由市经贸委委派3人负责筹建。是年11月，市委、市政府《关于印发〈常德市市直党群机关机构改革方案实施意见〉的通知》（常发〔2001〕2号）和《关于市委市政府机构设置的通知》（常政通字〔2001〕16号），“常德市酒类产销管理办公室”（以下简称市酒管办）为市经贸委管理的具有行政职能的副处级事业机构，管理人员实行公务员制度，核定市财政全额拨款事业编制10名，其中主任(副处级）1名，书记（副处级）1名，副主任（正科级）1名；副科级领导职数3名；其他工作人员4名（含机关后勤服务人员1名）。

2005年1月，根据市委、市政府《关于印发〈常德市人民政府机构改革实施意见〉的通知》（常通字〔2005〕2号），市酒管办划归市商务局管理。

2010年10月，根据市委编委办《关于组建市商务综合行政执法支队有关事项的通知》（常编发〔2010〕40号），撤销市酒管办，在其基础上组建市商务综合行政执法支队，原市酒管办人员编制整体划转至支队，人员编制增至20人。在酒类监管方面，除酒类批发许可由市商务局审批外，其余仍由支队承担。

二、主要职责

1.负责本行政区域内酒类产销的行业管理；按照国家产业政策，拟定本市酒类产业发展规划。

2.负责本行政区域内酒类生产企业的审查发证和年检。负责对生产企业产品质量以及安全生产实施日常监管；负责行业生产经营、企业管理及酒管执法人员的培训；负责生产企业生产情况综合。

3.负责酒类流通企业资格审查、证照发放与年检；负责对流通市场酒类产品质量实行监控；负责外省酒类在本市市场销售管理工作；参与酒类市场建设的论证、评估和审查；对进行酒类产品媒体宣传及开展促销、营销、会展等活动进行事前审查备案登记，规范酒类广告宣传促销行为。

4.负责市城区范围内酒类市场行政执法稽查，打击无证经营酒类产品违法行为；协同工商部门受理消费者投诉，配合和协助有关部门调查处理酒类产品质量案件，打击和取缔

不正当竞争及假冒伪劣等各种违法行为；受理行政复议案件；负责对各区、县（市）的酒类行政执法进行监督。

5.承办市委、市人民政府和市经贸委交办的其他事项。

三、内设机构

内设综合科、行业管理科（加挂标识验管科牌子）、稽查科。均为副科级。

四、办公地点

2001 年 3 月—2002 年 1 月，朗州路 855 号，原市化工局办公楼 5 楼。

2002 年 2 月—2009 年 2 月，朗州路 808 号，市环卫处综合办公楼 5 楼；

2009 年 2 月以后，光荣路 88 号，民主党派大院 1 号办公楼 1—2 楼。

五、获得的荣誉

2004 年，市酒管办被市委、市政府授予“目标管理责任制先进单位”；2001—2008 年，市酒管办连续 8 年被省酒类产销管理办公室授予“省酒类产销管理工作先进单位”；2010 年，市酒管办再次被省酒类产销管理办公室授予“省酒类产销管理工作先进单位”。

六、历届领导班子成员

（一）酒管办（2001 年 10 月—2012 年 3 月）

主任：石林（2001 年 10 月—2008 年 3 月）、蒋祖玉（2008 年 3 月—2012 年 3 月）；副主任：彭少平（2001 年 10 月—2007 年 8 月）、姚爱祥（2001 年 10 月—2010 年 12 月）、石祖国（2002 年 1 月—2012 年 7 月）、谭永贵（2008 年 11 月—2012 年 7 月）；书记：刘昌年（2001 年 8 月—2010 年 10 月）、王景领（2010 年 10 月—2012 年 3 月）。

（二）执法支队（2012 年 3 月—）

支队长：蒋祖玉（2012 年 3 月—）；副支队长：谭永贵（2012 年 7 月—）、石祖国（2012 年 7 月—）；书记：戴卫军（2012 年 3 月—）。

（说明：本目副职与主职任职截止时间不同，是因为市商务局任命滞后所致。）

第八节　市生猪定点屠宰管理办公室

一、机构沿革

市生猪定点屠宰管理办公室（以下简称市屠管办）于 2001 年 12 月经市政府批准成立，为具有行政职能的参照公务员管理的正科级事业单位，主要职能是：负责贯彻落实生猪屠宰管理法规、规章和有关标准，并进行日常监督检查；负责向市政府提出城区定点屠宰厂（场）设置意见，经批准后组织实施；负责向经市政府审查确定的屠宰厂（场）发放定点屠宰标志牌；负责查处未经定点，擅自屠宰生猪的违法行为；负责对定点屠宰厂（场）的生产经营行为进行监督管理；负责全市生猪屠宰行业管理。

2009 年 7 月，主任岗位高配为副处级，其职能调整为：负责全市生猪定点屠宰场的规划、设置和审批；全市生猪定点屠宰场的证、章、票统一印制和监管；肉品质量安全政策法规落实；肉品流通秩序规范整顿；全市肉品检验和管理人员培训发证；参与配合财政、商务局确定全市生猪活体、冻肉储备管理，制定应急方案，确保市场稳定；协调“三区”肉品流通；代表市政府对区县市定点屠宰管理工作进行考核以及对市牛羊定点屠宰场的监督管理。

2011 年 3 月，市商务局组建市商务综合执法支队，将市屠管办的执法职能移交给执法支队。此后，市屠管办的主要职能是：负责全市生猪定点屠宰厂（场）的规划、设置和审批；负责全市生猪定点屠宰厂（场）证、章、牌、票据的统一印制、发放和监管；负责肉品质量安全政策法规的贯彻落实；负责肉品流通秩序的规范整顿；负责全市生猪无害化处理资金使用的监督管理；负责全市肉品检验和管理人员的培训。

2001 年 12 月 26 日，市政府办发出常政办发〔2001〕105 号文件，印发《常德市内贸管理办公室职能配置、内设机构和人员编制规定》，核定市屠管办全额拨款事业编制 7 名，其中主任 1 名、副主任 2 名、其他工作人员 4 名，管理人员实行公务员制度。根据编制，市屠管办内设综合科、财务科、信息科 3 个科室。

2010 年年初，该办在编人员 11 人，聘用 1 人；固定资产 23 万元。

该办成立时，办公地址位于武陵区人民中路 40 号原物资局大厦，2009 年 5 月迁至武陵区朗州路 808 号。

二、获得的荣誉

市生猪定点屠宰管理办公室自成立以来，全市的生猪定点屠宰工作一直走在全省、乃至全国的前列，从 2002 年起连续 8 年全省综合排名第一。全市的乡镇生猪定点屠宰场占全省乡镇生猪定点屠宰场家的近 2/5，常德市主创的“肉品质量检验合格证”经省商务厅推荐已经在全省、全国推广，由市屠管办编制的《常德市生猪定点屠宰厂（场）设置规划》已作为样本在全省推广。2003 年 9 月，在杭州召开的全国整顿屠宰工作会议上，市屠管办作为湖南省的唯一代表在大会上作典型经验发言。2007 年 10 月，全国 10 省、市猪肉质量安全专项整治工作现场会在常德召开，省商务厅曾在〔2007〕61 号文件中指出：常德生猪定点屠宰工作模式就是全省的目标。

三、领导班子成员

2001—2007 年：

主任：符志斌；副主任：覃春秋、罗跃平。

2007—2011 年：

主任：符志斌；副主任：覃春秋、罗跃平、翦斌。

2011 年起：

主任：符志斌（高配为副处级）；副主任：翦斌、彭冠南。

第二章　服务事业机构

第一节　市市场服务中心

一、机构沿革

1999 年 10 月，根据国务院国发〔1998〕41 号《国务院批转国家工商行政管理体制改革的方案》，市工商行政管理局为合理使用和安置机构改革中的分流人员，筹备成立市市场服务中心，管理原自办市场。

2000 年 3 月 24 日，市委机构编制委员会下发常编发〔2000〕6 号文件，宣布成立市市场服务中心（本节内简称中心），为副处级事业单位，作为事业单位法人，实行企业化管理，独立核算，自负盈亏，归口市人民政府财经贸易办公室管理。

根据省政府《关于全省工商行政管理系统自办市场移交工作的通知》（湘政发〔1999〕24 号）的规定，中心成立后，原由市工商行政管理局管理的同名机构予以撤销。

中心的主要职能：负责城区（不含江南但包括德山开发区）原工商部门所移交的农贸市场及个别综合市场资产的经营管理和物业的管理、进行市场的开发和维护；为所辖市场的治安、消防、卫生等服务；为经营者有偿提供经营场所和设施；开展代储、代运、信息咨询和其他服务。在经营管理中，收取市场设施租赁费、交易手续提成费和其他符合国家和省规定的有偿服务费。

1995 年中心办公地（市场楼上）

根据市编委 2000 年 8 月 17 日下发的常编发〔2000〕13 号文件所载《常德市市场服务中心机构编制方案》，中心内设 3 个职能科（正科级）：综合科、财务基建科、市场科；下设 5 个市场服务站（副科级）：龙港巷市场服务站、北站市场服务站、青阳阁市场服务站、桥北市场服务站、德山市场服务站。配置自收自支的事业编制 72 名，其中中心机关 13 名，市场服务站 59 名。总编制中，中心领导职数另行下达，科长（副科长）5 名，站长 5 名，其余为工作人员。

2000 年，中心实有 53 人，其中干部身份的 7 人。

中心成立时辖龙港巷、北站、新一村、青阳阁、茉莉村、新五村、桥北、洞庭北路、东沿路、长胜桥 10 个市场。

2001年7月，中心由市人民政府财经贸易办公室管理转变为由市工商行政管理局代管。

2003年7月29日，由市编委和市人事局监交，市工商行政管理局将市市场服务中心移交给市内贸办（所移交项目的基准日为2000年4月30日）：

1.人员：共计62人，其中市工商局市直分流人员47人（其中干部7人、工人40人），体改后新增人员15人（其中干部7人、工人8人）。

2.固定资产：共计1707.9万元，其中：（1）龙港巷市场261.35万元；（2）北站市场887.11万元；（3）新一村市场35.19万元；（4）青阳阁市场37.97万元；（5）茉莉村市场40.80万元；（6）新五村市场6.15万元；（7）桥北市场183.49万元；（8）洞庭北路市场154.45万元；（9）东沿路市场81.39万元；（10）长胜桥市场19.99万元。

3.负债：总额520万元，其中工行常德支行贷款本金230万元、农行武陵支行贷款本金120万元、农行江北支行贷款本金80万元、农行德山支行贷款本金20万元、建行武陵支行贷款本金40万元、中行长城卡部贷款本金30万元。

另外移交工商部门代管期间（2000年5月至移交时）新增加的固定资产总额869.2万元，其中长胜桥市场581.6万元、洞庭北路扩建159.3万元、北站市场扩建改造64.3万元、龙港巷市场改造13.4万元、购工作用车一辆20万元、其他设备添置30.6万元。

同年8月12日，市委办、市政府办下发常办通字〔2003〕39号《关于工商部门不再代管市场服务中心的通知》，明确市工商行政管理局不再代管市市场服务中心。

是年12月13日，市编委下发常编发〔2003〕30号文件，所载《常德市市场服务中心机构编制方案》确定：

（一）主要工作任务：

1.经营管理市场资产，收取市场设施租赁费、交易手续提成费和其他符合国家和省规定的有偿服务费。

2.提供交易场所和服务设施，开展代储、代运、信息咨询和其他服务。

3.负责市场内物业管理，市场规划、市场开发和维修。

4.负责市场内治安、消防、卫生等日常服务。

5.承办市委、市政府和市内贸办交办的其他事项。

（二）内设机构：

内设5个职能科室（部）：办公室、财务科、管理科、人事科（监察室与其合署办公）、开发部；下设6个市场服务站：龙港巷市场服务站、北站市场服务站、长胜桥市场服务站、茉莉村市场服务站、青阳阁市场服务站、德山市场服务站。内设职能科室（部）和下属市场服务站机构级别均为副科级。

工会、共青团等群团组织按有关《章程》规定设置。

（三）人员编制和领导职数：

核定自收自支事业编制65名，其中主任（副处级）1名，书记（副处级）1名，副主任（正科级）2名，纪检员（正科级）1名，工会主席1名；科长（主任、站长）职数12名（均为副科级领导职数，含监察室主任1名）；市场管理人员45名；后勤服务人员2名。

2005年1月14日，市委下发常通字〔2005〕2号《关于印发〈常德市人民政府机构改革实施意见〉的通知》,确定中心归市商务局管理。

6月22日，市商务局批准中心成立常德市市场服务中心行业协会，由中心管理。

2006年8月3日，市委编委办发出常编办〔2006〕149号批复，同意中心增加自收自支的事业编1名，至此，编制总数达到66名。

根据市政府的安排，原市物资工贸集团总公司及其所属金麟市场27名干部、职工于2007年9月28日移交到中心。

2010年3月18日，市委编委办发出常编办〔2010〕77号批复，同意撤销青阳阁市场服务站，其7名编制分别调整1名和3名到龙港巷市场服务站和新增设的副科级级别的安全科，所余3名核销，至此，中心自收自支的事业编总数达到67名。

2011年年底，中心编制为99人，其中自收自支的事业编71人、企业编28人；另有经劳动部门登记的临时聘用人员17人。

至2012年年末，中心实有82人，其中在编人员64人（干部30人、职工34人），退休人员18人。在编人员中离岗者11人（其中停薪留职3人、内退4人、待岗4人）。内设办公室、人事科、监察室、财务科、管理科、安全科、开发部7个科（室、部）和常德市昌润农贸市场开发经营有限责任公司；下设龙港巷、北站、长胜桥、德山洞庭北路、茉莉村5个市场服务站；辖龙港巷、北站、长胜桥、德山洞庭北路、茉莉村、东沿路、新五村7个市场。

中心原设朝阳南路2号，2012年年底搬迁至光荣路332号原市工商局机关院内。

二、领导班子成员

（一）中心行政班子

1.1999—2000年的筹备小组

组长：张树华；成员：罗华仪、涂巨波。

2.2001—2007年

主任：张树华（2001.1~2007.8）；副主任：罗跃平（2001.1~2001.12）、罗华仪（2002.1~2005.8）、黄建平（2001.7~2003.8）、严利民（2002.11~2007.8）；纪检员：涂义美（2004.2~2007.10）；工会主席：张建湘（2004.2~2007.9）。

3.2007—2010年

主任：严利民（2007.8~2010.10）；副主任：张建湘（2007.9~2010.10）、涂义美（2007.9~2010.3）、孙绍君（2010.3~）；纪检员：涂巨波（2007.10~）；工会主席：孙绍君（2007.9~2010.3）、陈祖斌（2010.3~）。

3.2010年—

常德市市场服务中心主要数据统计表

表 1-2-1-1

年份	总人数（人）				党员数（人）	专业技术职务（人）			固定资产（万元）	市场情况					财政拨款（万元）	
	合计	干部	职工	离退休		高级	中级	初级		市场个数	市场建筑面积（平方米）	门面个数	摊位个数	门面摊位租金（万元）	两费拨入	专项拨款
2000	59	10	49	—	23	2	—	2	1707.90	10	—	599	958	—	73	—
2001	59	10	49	—	23	2	—	2	1707.90	10	—	599	958	—	79	—
2002	59	18	41	—	23	2	—	2	1867.30	10	—	599	958	—	79	—
2003	59	18	40	1	23	3	—	2	1867.30	9	—	573	878	—	96.70	—
2004	59	18	40	1	25	3	1	2	2511.65	8	—	378	878	—	125.58	—
2005	65	26	37	2	28	3	1	2	2479.71	8	—	378	878	—	128.80	—
2006	68	26	40	2	30	3	1	2	2518.08	7	—	347	782	—	151.75	—
2007	91	32	52	7	35	4	2	2	2819.89	7	—	347	782	—	198.45	81
2008	92	32	51	9	37	4	2	2	3882.74	7	—	347	782	—	198.45	80
2009	87	32	43	12	37	4	2	2	3884.20	7	—	347	782	—	198.45	80
2010	84	30	39	15	41	4	2	2	3908.15	7	—	347	782	—	198.45	75
2011	83	30	37	16	42	4	2	2	4457.47	6	10600	174	292	230	198.45	70
2012	82	30	34	18	42	3	1	2	4459.43	6	10600	174	292	230	198.45	81.25

说明：1.2002 年干部人数中含以职代干人员；2.2007 年金麟市场成建制转入 27 名人员

主 任：罗华仪（2010.10—）；副主任：涂巨波（2011.4—）、孙绍君（2010.3—）；纪检员：涂巨波（续任至 2011.4）、陈祖斌（2011.4—）；工会主席：陈祖斌（20010.3—2011.4）、张华蓓（2011.4—）。

（二）中心党支部

2001 年 1 月—2001 年 9 月

书记：朱建湘（2001.1—2001.9）；副书记：张树华；支委：罗跃平、罗华仪、涂巨波。

（三）中心党总支部

1.2001 年 12 月—2005 年

书记：陈章强（2001.12—2005.8）；副书记：张树华；支委：罗华仪、黄建平、涂巨波。

市市场服务中心 2001 年—2010 年历届班子成员

2.2005 年—2010 年

书记：罗华仪（2005.8—2010.10）；副书记：严利民；支委：涂巨波、张建湘、涂义美、孙绍君、钟美华。

3.2010 年—

书记：张建湘（2010.10—）；书记：罗华仪；支委：涂巨波、孙绍君、陈祖斌、张华蓓、陈丹。

第二节　市商务局离退休人员服务管理处

一、机构沿革

（一）市商务局离退休人员服务管理中心

2005 年 1 月 14 日，市委、市政府下发《关于印发〈常德市人民政府机构改革方案实施意见〉的通知》（常通字〔2005〕2 号），成立市商务局离退休人员服务管理中心（以下简称退管中心），为副处级事业单位，由市商务局归口管理。

办公地址位于武陵区人民中路 40 号原市物资局大楼。

（二）市商务局离退休人员服务管理处

2009 年 6 月，经市编委批准更名为市商务局离退休人员服务管理处（以下简称退管处）。

二、主要职责

根据 2005 年 4 月 13 日市政府办印发的《关于印发〈常德市商务局离退休人员服务管理中心职能配置、内设机构和人员编制的规定〉的通知》（常政办发〔2005〕11 号），退管中心的职责是：

1.贯彻执行国家、省、市有关离退休人员工作的方针、政策。

2.研究拟定市商务局系统离退休人员服务管理工作规划和措施，并组织实施。在市委老干部局指导下，做好市商务局直属系统离退休人员服务管理工作，积极落实离退休人员政治待遇和生活待遇，加强学习教育，组织开展有关活动，发挥离退休人员作用。

2010 年市商务局离退休人员服务管理处部分工作人员合影

3.负责市商务局离退休人员的服务管理工作。

4.负责原市外经局、市内贸办系统市属国有企业离休人员的服务管理工作。

5.承办市委、市政府和市商务局交办的其他事项。

三、人员编制及内设机构

根据前述常政办发〔2005〕11 号文，市编委办核定退管中心全额拨款事业编制 10 名。其结构为：主任（副处级）1 名；书记（副处级）1 名；副主任（兼正科级纪检员）1 名；正副科长 3 名（均为副科级领导职数）；其他工作人员 4 名。管理人员实行公务员制度。所需机关后勤人员按《常德市市直机关后勤服务人员管理暂行办法》（常办通字〔2004〕38 号）规定执行。

2012 年 8 月 6 日，退管处主任黄英（前右一）在全市老干工作会上领奖

2008—2010 年，退管处实有在编干部 11 人（2008 年 9 月 5 日，市编委办发出〔2008〕61 号文件，核定编制为 11 人）。

根据退管中心的职责，内设综合科、生活待遇科、组织宣传科 3 个副科级级别的科。

四、获得的荣誉

市商务局离退休人员服务管理处所获荣誉统计表

表 1-2-2-1

时间	授奖单位	荣誉称号
2006 年 2 月	市委组织部、市委老干局	2005 年度全市老干工作先进单位
2007 年 3 月	市委、市政府	2006 年度全市老干工作先进单位

续表 1-2-2-1

时间	授奖单位	荣誉称号
2008 年 3 月	市委、市政府	2007 年度全市老干工作红旗单位
2010 年 2 月	湖南省委组织部、湖南省委老干部局	全省先进离退休干部党支部
2010 年 3 月	市委、市政府	2009 年度全市老干工作红旗单位
2011 年 3 月	市委、市政府	2010 年度全市老干部工作先进单位
2012 年 3 月	市委、市政府	2011 年度全市老干部工作先进单位
2012 年 7 月	湖南省委组织部、湖南省委老干部局	全省离退休干部创先争优活动先进单位

五、历届领导班子成员

2005 年 7 月 18 日，退管中心党组织成立，设党总支及 1 个机关党支部和 3 个老干党支部。

（一）2005 年 1 月—2008 年 3 月

主任：雷文乔（2006 年 6 月 15 日任商务局调研员）；书记：易发力；副主任：周湘永；副调研员：王继虎（2005 年 12 月 9 日调入）。

（二）2008 年 3 月—2010 年 10 月

主任：易发力；书记：黄英（2008 年 3 月 18 日调入）；副主任：周湘永；副调研员：王继虎。

（三）2010 年 10 月以后

主任：黄英；书记：王继虎；副主任：周湘永；副处级干部：易发力。

2005—2012 年常德市离退休人员情况表

表 1-2-2-2

年份	离退休人员（人）			年份	离退休人员（人）		
	合计	离休	退休		合计	离休	退休
2005	161	93	68	2009	149	70	79
2006	157	87	70	2010	150	69	81
2007	148	77	71	2011	155	62	93
2008	147	74	73	2012	153	59	94

第三节 市市场建设开发中心

一、机构

1995年年底，市财办根据市政府44号专题会议纪要向市委编委办请求成立市市场建设开发中心，位于武陵区芙蓉路农贸市场。1996年3月9日，市委编委办以常编办直〔1996〕13号文正式批复成立常德市市场建设开发中心（以下简称市建开中心），为正科级事业单位，隶属于市财办管理；其主要职责是根据城市规划的要求，负责城区旧农贸市场的改造和新辟农贸市场的建设开发工作；核定编制5人，其中领导职数2人（正副主任各1人）、工作人员3人（会计1人、内勤1人、其他市场管理人员1人）。

2005年市商务局成立，市建开中心隶属于该局。同年市委编委办发出《关于市市场建设开发中心增加自收自支编制的批复》（常编办〔2005〕140号），定编主任1名、副主任2名、专业技术人员2名、市场管理人员4名，共计9名。

至2011年，该中心实有在编人员10人。

二、所辖农贸市场及其经营

常德卷烟厂于1994年在武陵区护城乡西郊村修建约1500套住宅的宿舍三区（以下简称烟厂三区），居民超过5000人。当时烟厂三区方圆500米以内没有一个农贸市场，为解决该区居民买菜难的问题，市政府于1995年8月10日召集市财办、市工商局、市规划局、市国土局、市蔬菜办、市商业网点办等单位的负责人召开第44次专题会议，决定在烟厂三区附近修建农贸市场。根据此次专题会议纪要的精神，市商业网点办征地6.22亩（约4200平方米），自己融资100万元，常德卷烟厂捐资70万元，年底开始施工。1996年8月底市场建成，9月正式投入使用，命名为常德市芙蓉路农贸市场，成为市建开中心管理的唯一市场。

市场临街两层，共有门面22个，1660平方米，办公用房与出租经营户用房约720平方米（第三层），员工宿舍500多平方米，钢瓦结构的蔬菜售货大棚约2400平方米，内设蔬菜摊位180个，家禽摊位6个，约60平方米的公厕1个，总投资约430万元。

1998年将6套员工宿舍（约500平方米）、7个门面（约360平方米）转让，清偿投资债务105万元。

市建开中心的收入主要来自其所辖的市场门面和摊位的租金，年收入在30万元以内。市场开业十余年后，由于硬件老化，租赁户减少，年租金收入降至25万元以下。

2004年年底以前，由于单位人员少，只有5人，人员工资及其费用低，加上每年还能够向市财政甚至省商务主管部门申请到一些补助，所以每年除了维护市场之外，还有点结余偿还市场修建时的投资债务。2005年以后，由于人员增加、工资上调、物价上涨等原因造成的费用增大，导致超支逐年增加，2010年以后达每年50万元以上。

三、历届负责人(主任) 任职时间

罗跃平（1996年4月—2002年1月）、应先友（2002年1月—2004年3月）、邹兵福（2004年3月—2011年8月）、肖政（2011年8月起）。

第四节　市再就业广场管理办公室

一、机构

2002年，市委、市政府决定对下岗援助人员进行集中安置，于9月开工建设再就业广场（以下简称广场）。市财政投入资金2000多万元，在对市体育广场周边进行部分拆迁改造、掩盖流经该区域的护城河、配套修建停车场、公共厕所和给排水等设施后，广场于同年12月26日开市。

广场的主体系封闭广场路和体育路两条街道后，形成环体育广场的市场圈，分为餐饮、百货、古玩花鸟和综合四个经营区，分别以门面、亭棚、地摊几种形式开展经营，无偿地供1500多名四五十岁的下岗需要援助的人员从事经营活动。

广场初由市城管局管理。2004年10月8日，市政府召开专题会议，决定将再就业广场移交给市内贸办直管。

同年10月28日，市编委办印发《关于设立市再就业广场管理办公室的通知》（常编办〔2004〕74号），成立市再就业广场管理办公室（以下简称管理办），为正科级事业单位，由市内贸办管理，市劳动保障局负责有关业务指导。

2005年，市内贸办撤销并入新组建的市商务局后，管理办成为市商务局的直属单位。管理办办公地址位于市体育中路。

为了改善市体育馆周边的交通状况，市政府于2008年12月12日第59次召开专题会议，决定于12月16日正式拆除广场的小百货区，广场路和体育路恢复通行，使广场的经营区只剩下紧邻体育广场的东和北两面的区域。

二、主要职责

负责拟定再就业广场建设和管理的发展规划；负责再就业广场卫生保洁、经营秩序、设施维护和社会治安管理；接受劳动保障部门的业务指导，引导再就业经营者转换经营理念，搞活市场，做好有关思想政治工作；负责综合协调、督促相关职能部门的有关工作。

三、人员编制及内设机构

根据前述市编委办印发《关于设立市再就业广场管理办公室的通知》，核定管理办差额拨款事业编制5名，其中：主任1名，副主任2名；其他工作人员2名。

四、经营

管理办除了管理广场的经营场地之外，每年不定期地在广场举办1~2届商品展销会，适当收取场地租赁费以弥补自身经费之不足。

五、历届领导班子成员：

主任：肖政（2004.12.28—2011.8.24）、覃富华（2011.8.24—）；副主任：覃富华

(2004.12.28—2011.8.24)、刘利科(2004.12.28—2012.12,兼工会主席)。

第五节 市商务流通与招商信息管理办公室(市商务局信息中心)

一、机构沿革

(一)市商务局信息中心

2005年1月31日,市编委办发出《关于设立市商务局信息中心的通知》(常编办〔2005〕9号),同意设立市商务局信息中心(以下简称信息中心),为正科级事业单位,核定其参照公务员管理的财政全额拨款事业编制3人,其中正(副)主任1人、其他工作人员2人。

根据市政府办2005年4月18日《关于印发〈常德市商务局职能配置、内设机构和人员编制规定〉的通知》(常政办发〔2005〕15号)规定,其职能是:研究运用电子商务开拓国内外市场的相关政策,拟定本市相应发展规划,推动内外贸易企业和物流企业信息化,规划并实施商务局电子政务和网站的运行与管理;承担商品进出口预警,市场运行、商品供求监测网络体系的建设。

(二)市商务流通与招商信息管理办公室

2008年7月,根据《关于市商务局信息中心更名的批复》(常编办〔2008〕48号)一文,信息中心更名为市商务流通与招商信息管理办公室(以下简称信息办),为商务局管理的具有行政职能的事业单位。

其职责主要是:负责全市商务流通和招商信息的收集、发布、管理;负责商品进出口预警,市场运行、商品供求监测网络体系建设;负责协调商品流通领域国内外市场开拓、区域合作的相关问题;负责指导商贸企业跨区域投资活动等。

此次更名后,其机构级别不变,人员编制6名,其中设主任1名、副主任1名、其他工作人员4名。

二、信息办(信息中心)的主要业务及其管理

(一)负责对商务部常德商务之窗网站、省商务厅常德商务网站和常德市商务局网站的日常维护和管理。

(二)维护市商务局微机房、网络(局域网)及机关办公电脑的软件和硬件设施,确保其正常安全运行。

(三)负责局领导及全市重大商务与招商活动的新闻报道。

(四)负责电子政务工作,加强与市电子政务办等部门的联系,并承担相关资料的报送工作,配合市商务局办公室和相关科室作好电子政务、政务公开及保密工作。

(五)负责对市属各区县(市)商务和招商网站的指导和监管,并每月进行考评。

(六)每年对专职信息员进行一次培训。

三、获得的荣誉

2006年被湖南省商务厅评为商务系统信息化先进单位（湘商信息〔2006〕12号）；被市政府办评为电子政务工作先进单位。

2005年、2007年、2008年、2010年分别被市政府办评为市政府网站的优秀子网站。

第六节　市粮食局武陵分局

一、机构沿革

市粮食局武陵分局的前身为原常德市（地改市时更名为武陵区）粮食局，负责原常德市范围内的平议粮油供应。地改市后更名为武陵区粮食局，其供应范围未变。

1990年6月根据市委、市政府关于职能调整的有关精神，撤销武陵区粮食局，成立市粮油供应公司，隶属市粮食局。

1999年5月，根据国务院及省有关精神，市粮食供应公司更名为市粮食局武陵分局（以下简称武陵分局），其机构、级别、隶属关系仍维持不变。下辖东城粮油食品公司、南城粮油食品公司、西城粮油食品公司、德山粮油经营公司、源安粮油综合商场（原一仓库更名）、市粮油商场（原甘露寺食品厂）、马家粮库、汽车队等8家独立核算的企业单位，共有干部职工633人，其中在岗466人、离退休167人。

2001年5月起，国家粮食局、省粮食局做出了取消“市镇居民粮食供应转移证”（省粮食局〔2001〕28号文件）的决定，“居民购粮本”取消。市粮食局武陵分局所属粮店，完全进入自主经营，自负盈亏的阶段，粮食采购多渠道，即既向国有加工企业采购，也向个体加工企业采购。随购随销，不再囤粮在仓库，只存放在店堂内即可。在此环境下，武陵分局的粮食销售市场占有率大幅下降，一般只占到市城区粮食市场份额的25%~30%。

2003年，武陵分局开始启动企业“两个置换”（国有粮食企业资产置换，国有粮食企业职工身份置换并买断工龄），3月制定改制实施方案。

2004年3月，根据常国企改发〔2004〕6号文件和市粮食局常粮指〔2004〕7号文件，武陵分局8家企业正式进入改制程序。至2006年1月止，8家企业置换期间在册职工712人，应置换426人，已置换422人。8家企业大部资产被处置变现，用于买断资金的兑付。（1）挂牌拍卖变现资产7处：粮油商场147万元、沅安商场409万元、紫桥粮店28万元、新村粮店34万元、战备桥粮店26万元、战备桥仓库19万元、莲花池粮店66万元。（2）规划占用补变现资产7处：老码头粮店3.5万元、民主街粮店130万元、东风粮店155万元、三岔路粮店106万元、东升粮店121万元、常蒿粮店32万元、光荣路粮店35万元。（3）由市土地储备中心收购2处：粮供车队314万元、东方红粮店91万元。合计取得收入1762.5万元。并为提前退休及离休人员281人办好医保手续。

2010年，武陵分局机关被省、市批准为参照公务员法管理的正科级事业单位。

办公地址位于市城区人民中路58号。

二、职能、编制、内设机构

武陵分局的主要职能是：行使武陵区辖区内的行业管理职能；承担市城区的购、销、调、存、加任务和城区非农业人口粮食供应任务以及军粮供应管理任务；行使办理城区居民粮食关系证明的迁入、迁出、出生入户、死亡注销、“农转非”等粮食关系转移手续的职能。

1990年，武陵区粮食局更名为市粮油供应公司并隶属市粮食局，市机构编制委员会以常编办直〔1990〕55号文批准其为正科级全民所有制事业单位，并撤销了其下属的储运公司、粮油检测站、粮食职工学校、幼儿园、医务室。当时的主要职能：保留其原有的购、销、调、存等主要职能，承担市城区30万人口粮油供应主渠道任务以及军供粮供应管理任务。机关事业编制65人，实有人数47人，其中：女22人、男25人，党员32人。内设机构为：政工股、保卫股、业务股、财基股、储运股、审计股、工会、办公室、监察室。

1999年5月，市编委根据湘编办〔1997〕175号文件“事业单位不得使用‘公司’、‘商场（店）’等企业组织形式的名称”的精神，同意将市粮油供应公司更名为武陵分局(常编办〔1999〕15号)，其机构性质、级别、人员编制等维持不变。局机关编制46人。内设股室8个：政工股、财审股、业务股、经营储运股、保卫股、办公室、纪检监察室、工会。

2001年8月，市粮食局常粮人函〔2001〕46号明确武陵分局的行政管理职能有：

1.贯彻执行国家和上级粮食局有关粮油购销方针、政策和法规，拟定年度粮食购销计划、承担粮食行业统计工作。

2.对市城区粮食购销及粮食行业发展进行总体规划、衔接与其他各区、县（市）的粮食流转，在依托市城区拉动全市经济发展中，发挥粮食行业的助推作用。

3.协调城区粮食的促销、推销、确保军队粮食供应。

4.协同工商行政管理部门管理粮食销售市场，确保城区粮油销售有序进行。

5.组织帮促下属供应网点搞好市城区粮油供应，保持粮价和市场稳定。

6.负责市城区新增粮油销售网点的规划、布局和资金筹措使用及工程质量的监管。

7.监管全局国有资产，确保其保值增值。

8.指导全局粮食行业的财务核算与监管，落实扭亏增盈目标责任制和粮食财务管理制度，负责粮食行业重点项目的审核、申报、验收等工作。

9.监督企业执行粮改政策，贯彻落实上级重大工作部署、促进改革顺利进行。

10.审查市城区粮油批发及零售经营资格。

11.对市城区近50万常住人口的粮证进行管理，包括新生婴儿、大中专学生、军人、农转非等对象粮食关系的历史资料保存。

机构编制为40人，内设机构调整为5个职能股（室）（政工股、业务股、财审股、办公室、纪检监察室）。

2004 年 5 月，市粮食局发布《关于粮食收购资格审核的公告》，武陵分局承担市城区粮食收购资格的认定、年审、执法工作，并成立监督检查股、政策法规股。

2006 年经市粮食局核定（常粮办〔2006〕32 号），武陵分局的主要工作职责调整为：

1.贯彻执行国家和省、市关于进一步深化粮食流通体制改革的方针、政策及法规。制订本局深化粮食流通体制改革方案，指导所属国有粮食企业深化改革、转换经营机制，并具体组织实施。

2.制定辖区内粮食行业发展指导规划、组织协调、服务粮食对外交流与合作，落实支持所属企业改革与发展的各项优惠政策。

3.编制辖区内粮食供需平衡规划和粮食供需应急预案，并保障实施。承担军粮等政策性粮食供应任务；加强军供网点的建设与维护，稳定军粮供应渠道，建设新形势下的军地后勤保障体系。指导、扶持国有参股粮食企业搞好市城区粮油供应，确保市场稳定。

4.执行粮食收购市场准入制度。依法受理辖区内“粮食收购许可证”的办理与年审核证工作。

5.依法履行粮食流通监督检查职能。依法对辖区内粮食经营者从事粮食收购、储存、运输活动和政策性用粮的购销活动进行监督检查；会同工商、质监、卫生等部门对辖区内粮食经营企业执行国家粮食质量标准、卫生标准情况进行检查，确保粮食食用安全。依法查处和打击违法收购，囤积居奇、欺行霸市、哄抬粮价、以次充好等违法经营行为，保护粮食生产者、经营者和消费者的合法权益，规范粮食流通。同时，负责承担辖区内粮食行政诉讼案件的应诉工作。

6.做好辖区内社会粮食流通统计工作。对各类粮食经营企业和用粮企业执行粮食流通统计制度的情况进行监督检查，定期开展社会粮食供求平衡统计调查、价格信息采集和市场行情分析，为上级主管部门的宏观决策提供定性与定量分析。

7.组织辖区内粮食质量调查和品质监测抽样、送样工作，受理承办委托的粮油质量检验业务，为加强粮食质量管理提供准确、公正的检验结果。

8.组织开展法律、法规和粮食政策的学习宣传和教育培训工作，组织实施粮食行业从业人员的业务知识和劳动技能的培训和鉴定。

9.负责本局的财务核算与监督。落实粮食财务管理制度及各项补贴资金的拨付、使用和管理；受托对所属企业改革后的国有资产进行监督并确保其保值增值。

10.承办市粮食局交办的其他事项。

内设机构为办公室、调控股、财务审计股、人事教育股、综治办、粮食行政执法大队、党办、工会。

2010 年市粮食局下放市本级粮食收购资格行政许可给武陵分局（常粮调函〔2010〕54 号）。

2010 年，核定其全额拨款事业编制 40 名。其时武陵局机关共计 81 人，其中在职 33

人，自主创业3人，离退休39人。所属市城区军粮供应管理站，属政策性经营业务单位，人员编制10名，实有从业人员9人。

三、获得的荣誉

1994年获武陵区“文明单位”称号；1996年为湖南省抗洪救灾“先进集体”；2001年获常德市“文明标兵”单位称号；2002年为全省粮食系统扭亏增盈工作先进单位；2003年获湖南省“文明窗口单位”称号；2004—2005年获湖南省“四好军粮供应站”称号；2010年获市“文明单位”称号。

四、历届领导班子成员

（一）行政领导班子成员

1.1988年6月—1990年6月，武陵区粮食局

局长：杨春华（1988.6—1990.6）；副局长：龚永良（1989.2—1990.6）、刘湘豪（1988.6—1990.6）、莫桃英（1989.6—1990.6）、高秀华（1988.6—1990.6）；武装部部长：刘连生（1988.6—1990.6）。

2.1990年—1999年，市粮油供应公司

经理：林瑞鑫（1990.6—1998.7）、曾广洪（1998.7—1999.5）；副经理：莫桃英（1990.6—1993.5）、高秀华（1992.3—1999.5）、苏文元（1990.6—1994.9）、曾广洪（1993.8—1998.7）、李应国（1998.7—1999.5）；工会主席：高秀华（1990.6—1992.3）、汪学梅（1992.3—1994.9）、苏文元（1994.9—1999.5）。

3.1999—2010年，市粮食局武陵分局

局长：曾广洪（1999.5—2006.7）、彭达平（2008.1—）；副局长：高秀华（1999.5—2008.1）、李应国（1999.5—2001.11）、杨家华（2003.7—）、郑玉平（2008.1—）；工会主席：朱先华（1999.5—2003.07）、吴双霞（2003.7—2008.1）、李嘉风（2008.1—）。

（二）党委领导班子成员

1.1989年—1990年

书记：龚永良（1989.2—1990.6）；副书记：杨春华（1989.2—1990.6）；委员：刘湘豪（1988.6—1990.6）、莫桃英（1989.6—1990.6）、高秀华（1988.6—1990.6）、刘连生（1988.6—1990.6）；纪委书记：朱光华（1988.6—1990.6）。

2.1990年—1999年

书记：林瑞鑫（1990.6—1998.7）、曾广洪（1998.7—1999.5）；副书记：刘连生（1990.6—1999.5）；委员：莫桃英（1990.6—1993.5）、高秀华（1990.6—1999.5）、苏文元（1990.6—1994.9）、曾广洪（1993.8—1998.7）、李应国（1998.7—1999.5）、汪学梅（1992.3—1994.9）；纪委书记：朱光华（1990.6—1999.5）。

3.1999—2010年

书记：曾广洪（1999.5—2004.6）、刘连生（2004.6—2008.1）、彭达平（2008.1—）；

副书记：刘连生（1999.5—2004.6）、吴双霞（2008.1—）（兼纪委书记）；委员：高秀华（1999.5—2008.1）、李应国（1999.5—2001.11）、杨家华（2003.7—）、吴双霞（1999.5—2008.1）、郑玉平（2008.1—）、李嘉风（2008.1—）；纪委书记：朱先华（1999.5—2003.07）。

1989—2010 年武陵分局粮食购销存统计表

表 1-2-6-1

年度	购入（吨）	销售（吨）	库存（吨）	定量人口（人）	年度	购入（吨）	销售（吨）	库存（吨）	定量人口（人）
1989	56754	42537	16392	204 200	2000	1483	1461	326	262 826
1990	37896	43175	12436	206 900	2001	1475	1652	142	
1991	53076	42383	8995	210 800	2002	1265	1275	140	
1992	12239	12943	1589	212 000	2003	843	854	117	
1993	19594	16187	4568	219 292	2004	1218	1225	110	
1994	32900	16384	7063	225 612	2005	15095	11019	4028	
1995	39004	41080	4539	242 243	2006	42729	37187	68385	
1996	23772	23204	3432	248 055	2007	129735	62351	18513	
1997	2992	3904	1158	248 834	2008	45200	57881	22416	
1998	2541	2957	955	254 371	2009	42070	39659	16270	
1999	2470	2600	293	260 094	2010	44229	33523	17878	

1989—2010 年武陵分局人员统计表

表 1-2-6-2

年份	人员总数（人）						离退休	党组织（个）				团员（人）	专业技术职务（人）			
	合计	干部				职工		党员	党委	支部	党小组		合计	高级	中级	初级
		合计	处级	科级	一般											
1989																
1990				18	68											
1991	590	192		15	177	398	110	128	1	10	10	55	160		13	147
1992	565	157		14	143	408	109	117	1	7	8	56	134		11	123
1993	521	154		13	141	367	157	123	1	7	8	70	142		17	125
1994	563	153		11	142	416	166	118	1	7	8	40	144		17	127

续表 1-2-6-2

年份	人员总数（人）						离退休	党组织（个）				团员（人）	专业技术职务（人）			
	合计	干部				职工		党员	党委	支部	党小组		合计	高级	中级	初级
		合计	处级	科级	一般											
1995	649	65		9	56	584	174	142	1	9	10	57	158		20	138
1996	697	76		8	68	621	155	155	1	9	10	65	156	1	19	136
1997	648	76		8	68	572	167	132	1	9	10	67	152	1	17	134
1998	642	72		8	64	570	181	140	1	10	12	68	151	1	17	133
1999	642	72		8	64	570	181	141	1	10	12	41	151	1	17	133
2000	600	72		7	65	528	185	141	1	9	10	40	128	3	23	102
2001	533	75	1	7	67	458	184	145	1	9	10	40	128	5	25	98
2002	535	64	1	6	57	471	192	156	1	9	10	39	110	5	23	82
2003	532	69	1	10	58	463	200	158	1	9	10	38	118	4	24	80
2004	510	64	1	14	49	446	207	153	1	9	10	37	106	4	25	77
2005	47	35	1	15	19	12	37	59	1	2	2	1	32	4	21	7
2006	45	34	1	16	17	11	37	57	1	2	2	1	32	3	22	7
2007	42	31	1	18	12	11	41	59	1	2	2	1	29	2	20	7
2008	43	32	1	21	10	11	39	61	1	2	2	1	29	2	21	6
2009	40	29	1	18	10	11	39	62	1	2	2	1	27		21	6
2010	39	27	1	17	9	12	41	61	1	2	2	1	29		20	9

第七节　市粮食交易服务中心

一、机构沿革

（一）湘北粮食批发市场

1996 年 8 月经市政府批准，市编委办发出常编办直〔1996〕64 号文件，批准成立湘北粮食批发市场，隶属于市粮食局，为自收自支的正科级事业单位，核定该市场事业编制 15 名，其中：主任 1 名，副主任 2 名，会计 1 名，出纳 1 名，财务结算 1 名，专业技术人员 9 名。其主要工作职责是：提供并管理粮食现货和期货交易场所；提供信息服务，指导粮食经营企业的经营活动，监督进入粮食市场双方合同的执行；规范交易行为。

办公地址位于市城区人民中路市粮食局武陵分局办公楼 3 楼（其期货交易平台设在 7 楼）。

1998 年成立市粮食批发交易市场定点实通市场（位于武陵区丹阳路 168 号）。

2000 年，湘北粮食批发市场迁移到甘露寺大市场。

（二）市粮食交易服务中心

2003 年 8 月，市编委办发出常编办〔2003〕80 号文件，批准湘北粮食批发市场更名为常德市粮食交易服务中心（以下简称粮食交易中心），其主要职能为：负责全市粮食系统陈化粮销售处理前的品质确认。陈化粮竞价交易履约合同监管；提供粮食现货和期货交易服务；为粮食主管部门提供粮食市场信息预警服务。编制由原来的 16 名核定为 19 名。当年粮食交易中心实有在编工作人员 15 名，其中管理人员 5 名（含主任 1 名、副主任 2 名），专业技术人员 2 名，技术工人 8 名。另有退休人员 3 名。当年有党员 10 名，设党支部。内设财务部、综合办公室、信息部、业务科 4 个部室。

二、主要经营活动

1998 年成立市粮食批发交易市场定点实通市场，通过督促企业加强管理，规范市场行为，促进当地粮食有序流通，为国有粮食收储加工企业以及从事粮食购销的企业和个人提供方便，提高单位的社会效益和经济效益。

1999 年发出《关于印发常德市粮食准入制度管理办法的通知》和《关于规范粮食市场管理有关问题报告的通知》等粮食市场管理规定，通过规范管理，当年为国家税务部门完成税收 30 多万元。

2000 年，湘北粮食批发市场迁移到甘露寺大市场后，通过开展中介服务、信息咨询、现货买卖交易等业务活动，为广大进场业主提供了较好的经营环境，当年完成市总工会、市解困办下达的 63 吨“解困粮”的送粮任务。

2003—2005 年，配合全市粮食系统流通体制改革，先后组织 4 次大型的经过品质确认的陈化粮竞价交易活动，归口集中销售全市陈化粮 150 多万吨，阻止了陈化粮进入口粮市场，保护了消费者的食品安全。

2008 年以后，开展下列主要经营活动：

1.清理、清偿历史债务

至 2008 年时，粮食交易中心负外债达 170 多万元，10 多位债主不时上门催讨，企业无法正常工作。管理人员在法院、市粮食局和债主之间来回工作，历经 3 个多月，债务纠纷得到合理处理，清偿外债 30 多万元。

2.国有资产保值增值

至 2009 年，企业在长沙的写字楼产权证已被市有关部门收押多年，经做工作，得到有关部门的支持，将房产证退还，保全固定资产 90 多万元。

2010 年，明确国有资产必须经单位全体职工半数以上通过并报市粮食局国资办批准方能处置。每年向市粮食局国有资产管理委员会报送国有资产使用情况、报表、统计资料等，使国有资产管理和使用公开、透明、民主。

3.保涉军群体稳定

该企业逐年接收和安置军队转业干部1名、志愿兵2名、军转家属1名。由于企业经营量下降，致使职工基本生活费无法得到保障，给军转人员的思想稳定带来困难。企业领导主动走访这些军转人员，通过沟通并解决他们的生活困难，维护了企业的稳定。

4.整理规章制度和档案

（1）2008年，企业结合自身实际，经班子成员策划和全体员工民主决策，制定规范化管理的《临时管理办法》。

（2）同年，清理并规范管理档案。

5.保储备粮安全

2004—2008年，与民营企业精为天米业有限责任公司合作，落实市级动态储备粮的收购、储备工作，并及时向主管局报送报表、反馈库存信息，协助主管部门对粮食的质量和安全作不定期检查，保证3900吨市级动态储备粮的安全。

三、历届领导班子成员

1997年6月—1999年12月

主任：张会中；副主任：彭信勇、罗承贵。

2000年3月—2003年4月

主任：彭信勇；副主任：罗承贵；副书记：潘宏国。

2003年5月—2008年2月

主任：张会中；副主任：刘益民；副书记：潘宏国。

2008年3月以后

主任：刘益民；副主任：彭信勇、许强。

第八节　市粮食职工学校

一、学校简介

市粮食职工中等专业学校（以下简称市粮校），校址位于市城区城东盐关1号（地名皇经阁，原常德地区粮食局饲料公司旧址），1980年组建时称常德地区粮食干部学校。

1984年11月，经湖南省教育厅批准，升格为中等专业学校，更名为常德地区粮食职工中等专业学校。

1989年更名为市粮食职工中等专业学校（以下简称粮食中专）。

1991年3月，经中共市粮食局委员会批准，加挂中共常德市粮食局党校牌子。

1995年11月30日，市委常委扩大会议议定，市粮食职工中等专业学校升格为副县级机构的事业单位，仍归口市粮食局管理。1996年，市编委办发布常编发〔1996〕23号《关于常德市粮食职工中等专业学校内部机构设置的批复》，同意该校内部设置5个正科级的职能科室（办公室、人事保卫科、行政科、教务科、学生科）；核定领导班子成员4名，各科室人员 26 名，教师 32 名。

1998 年 3 月 9 日，湖南省教委湘教函〔1998〕30 号《关于同意常德市粮食职工中专加挂“常德工商贸易职业中等专业学校”校牌的批复》，同意加挂“常德工商贸易职业中等专业学校”校牌，开设计算机应用、财会、企业管理、市场营销、文秘等 5 个专业，招收应届初中毕业生，学制 3 年，执行省编中等职业学校教学大纲，教学计划、招生和学籍等归省教委职教处管理。

2000 年 6 月，根据市政府《关于市城区中等教育布局调整的通知》（常政发〔2000〕13 号）文件精神，粮食中专与市六中合并，组建新的市第六中学。7 月 1 日前，粮食中专人、财、物与市六中合并，不复存在。

粮食中专存续 20 年，至 2000 年，固定资产总值达到 1200 余万元。校园面积 4 万平方米，校舍面积 1.8 万平方米，可接纳学员上千人。图书 3 万册，科技实验仪器 500 多台(件)。有专职教师 35 人，其中高级讲师 6 人、讲师 15 人。

20 年中，产生过全国优秀教师、商业部系统优秀教师、省级优秀班主任、省级后勤工作先进个人、市级优秀教师各 1 人。出版由该校 20 多名教师编写（独撰或合撰）的著作、教材 5 册，在省级以上刊物或有关学术会上发表论文 32 篇，其中有 9 篇论文获得国家级、省级或其他级别的科技、职教论文奖。特别是合并前 8 年的教学改革，形成了计算机应用、电算会计、财务会计、企业管理、文秘、市场营销、餐旅管理、粮油储藏为骨干的专业体系，摆脱了单一职工培训问题，实行职工教育，职业教育、技工教育并举，学历教育与短期培训结合，大、中专学历教育与单项技术培训并重，培养成大专毕业生 61 人、中专毕业生 1895 人、技校毕业生 577 人、短期结业生 9500 人。先后与中国人民大学、中南工业大学、湖南电大、省粮食该校、省粮食技校、省粮食二技校、资江化校、常德师专、常德经贸学院、常德经济管理该校联合办学。

为提高就业率，该校建立与本地区和沿海地区劳动人事部门以及 30 多家企业、单位的联合办学体制，实行以中专教育为主体，以中期就业培训和短期业务技术培训为两翼的“一体两翼”教育教学新体系。该校毕业的中专毕业生中，担任行政机关、事业单位负责人的有 483 人，占中专毕业生的 25.4%，担任基层企业领导职务或业务、技术骨干的 1288 人，占中专毕业生的 68%；获得初、中、高级技术职务的 1746 人，占中专毕业生的 92%。

该校创办的《教与学》杂志，共出刊 9 期。

1999 年兴建 1260 平方米的科技实验大楼，作为素质教育实验基地。

1988—2000 年，该校除开设公共课和专业课外，还进行粤语、英语、书法、应用文写作、计算机操作、求职技巧、企业管理模拟运作等技术和知识教育。

该校于 1997 年 12 月，被市政府命名为市级“园林式”单位。

该校定期召开职工大会，建有各项群团组织：女工委员会、学生会以及团委会。

该校于 1985 年、1988 年、1993 年、1997 年分别被省委、省政府、省爱卫会、省教委授予“全省教育先进集体”“全省文明卫生单位”“全省成人中等专业教育先进单位”“全省教育工作先进单位”称号。1993年，省教委组织评估验收，该校获得93.237分（满分为95分），在全省同类学校中排名于前列。

二、机构设置

（一）市粮食职工中等专业学校（正科级）

常德市粮校名称及内设机构变化表

<table>
<tr><td colspan="2">1980年3月成立常德地区粮食干部学校</td><td colspan="2">1984年11月成立常德地区粮食职工中等专业学校</td><td colspan="2">1988年8月改为常德市粮食职工中等专业学校</td></tr>
<tr><td colspan="6">1980年3月—1995年11月</td></tr>
<tr><td colspan="2">行政机构</td><td colspan="2">党组织设置</td><td colspan="2">群团组织设置</td></tr>
<tr><td>正副校长</td><td>1980年6月成立党支部，1986年1月成立党总支委员会</td><td>1984年7月成立工会</td><td>1984年3月成立团支部，1989年9月成立团委会</td><td>1984年10月成立学生会</td><td>1992年3月成立女工委员会</td></tr>
</table>

办公室	人保科	教务科	学生科	行政科	1991年11月成立党校教务科	1992年3月成立多经办	教工党支部	学生党支部	若干团支部

（二）市粮食职工中等专业学校（副处级）

常德市粮校机构升格变化表

<table>
<tr><td colspan="3">1995年12月该校升格为副处级</td><td colspan="3">1998年4月加挂常德工商贸易职业中等专业学校校牌</td></tr>
<tr><td colspan="6">1995年12月—2000年6月</td></tr>
<tr><td colspan="2">行政机构</td><td colspan="2">党组织设置</td><td colspan="2">群团组织设置</td></tr>
<tr><td>正副校长</td><td>党总支委员会</td><td>工会</td><td>共青团委员会</td><td>学生会</td><td>女工委员会</td></tr>
</table>

办公室	人事科	保卫科	教务科	学生科	招生与就业联络科	行政科	一党支部	二党支部	若干团支部

三、历届校领导班子成员

（一）校行政班子

1.1980年3月—1984年11月

校长：高茂昌（1980.3—1983.7）；副校长：张介忠（1980.3—1983.7；1983.7—1984.11代理校长）、杨宏生（1980.3—1983.7）、徐超文（1980.3—1983.7）、黄大春（1983.7—1984.11）。

2.1984年11月—1987年11月

校长：肖步庄（1984.11—1987.11）；副校长：全学忠（1984.11—1987.11）、夏一

（1985.4—）、卢应坤（1985.4—）。

3.1987 年 12 月—1994 年 3 月

校长：全学忠（1987.12—1994.3）；副校长：夏一（续任—1994.3）、卢应坤（续任—1994.3）、杨玉林（1987.12—1994.3）。

4.1994 年 3 月—1996 年 8 月

校长：夏一（1994.3—2000.6）；副校长：覃道舫（1994.3—1996.3）、全学忠（1994.3—1996.8）、云国祥（1994.3—2000.6）、刘以平（1997.7—2000.6）。

（二）校党总支（支部）委员会成员

1.支部委员会（1980.5—1985.7）书记：姜绍英（1980.5—1984.4）；委员：高茂昌、张介忠、杨宏生、王有德（1980.5—1984.4）、张介忠、刘小林、王有德（1984.4—1985.7）。

2.支部委员会（1985.8—12 月）书记：李锡文；委员：刘小林、王有德。

3.总支部委员会（1986.1—1987.11）书记：李锡文；副书记：丁为胜；委员：肖步忠、杨宏生、徐超文、夏一、刘小林。

4.总支部委员会（1987.11—1989.8）书记：全学忠；副书记：丁为胜；委员：杨宏生、徐超文、夏一、刘小林。

5.总支部委员会（1989.8~1994.1）书记：杨玉林；副书记：覃道舫（1989.11—1994.1）；委员：全学忠、王有德、赵淑君。

6.总支部委员会（1994.1—1996.8）书记：全学忠；副书记：夏一、覃道舫；委员：云国祥、马根柱、赵淑君。

7.总支部委员会（1996.8—1997.7）书记：夏一；委员：云国祥、全学忠、马根柱、赵淑君。

8.总支部委员会（1997.7—2000.6）书记：夏一；副书记：赵淑君；委员：云国祥、刘以平、汪学梅、黄勇军、张政。

第九节 市商业职工中专

一、学校沿革

（一）地区商业干部学校

1979 年，地区商业局将原常德财贸干校改建为“常德地区商业干部学校”。当时学校占地面积约 7000 平方米，有 2 栋楼房，1 栋平房食堂，全部建筑面积 2600 平方米。

校址位于市城区洞庭大道东段。

（二）地区商业职工中等专业学校

1984 年报经省教育厅批准，学校更名为“常德地区商业职工中等专业学校”。

1984—1986 年，学校承担全区商业在职干部、职工培训，并为县（市）商业学校培训师资。该校在在职干部、职工培训之外，还举办财会、统计、仓储保管、中级营业员等

1998 年 6 月常德市商业职工中等专业学校电算会计第十八班毕业合影

专业培训班和中青年干部培训班，其间共培训干部、职工 1515 人次，其中 186 人达到中专毕业水平，90 人获“专业证书”。1986 年全国县级公司经理（厂长）统考，该校培训班在全省 17 个统考点中，成绩名列第一。同时，该校还实施学历教育，每年招收财会、物价两个班，在校学生 120 人，3 年时间共有 350 人获得国家承认的中专学历。

（三）市商业职工中等专业学校

1988 年，学校更名为“常德市商业职工中等专业学校”。当年，市商业局对该校投资扩建，新征土地 20 多亩，陆续新建教学楼、教职工宿舍和礼堂，建筑面积扩大到 4460 平方米，还添置了教学设备和图书。

1989 年，该校拥有教职员工 26 人，其中干部 23 人；中共党员 8 人，共青团员 12 人；获得专业技术职称者 14 人，其中高级讲师 1 名，讲师 4 人，助理讲师 7 人，员级职称 2 人。

1991—1993 年，该校中专层次的财会、物价两个专业在校学生规模达到 200 人。在此期间，该校还举办高等教育自学考试班，在校学生 180 人。

1994 年，市商业局党委加强对该校的领导，调整了学校领导班子。当年，学校设置的中专层次的专业达 4 个：财会、公关旅游、计算机、服装设计。

1994—1998 年，该校共招收学生 2000 多人。1996 年是学校最兴旺的年份，是年招收学生 800 多人。同时，该校还向市劳动局申请 200 名定向委培指标，解决了财贸系统部分干部、职工子女的就业问题。

（四）市外事旅游学校

2000 年 5 月，该校更名为市外事旅游学校，并与长沙大学、湖南商学院联合办学，设置了大专层次的 3 个专业：财会、公关旅游、计算机辅助设计。至 2003 年，3 年时间共毕业学生 1500 多人。

（五）并入常德财经学校

根据市政府相关文件精神，2003 年 12 月底，市外事旅游学校成建制并入常德财经学校。

该校自建校以来，组织教师编写参考资料、讲义、提纲共 20 余种；该校教师历年在省级以上刊物发表教育论文 25 篇。部分教师与省内外院校合作，编写了《商业企业管理学》《经济法教程》《政治经济学概论上册》等大中专教材，分别由中国商业出版社、海南人民出版社出版。

二、历任校领导

（一）校长：

徐宗喜（1985—1988）、唐建中（1988—1989.12）、丁玉新（1989.12—1992.1）、刘先荣（1992.1—1994.6）、张树华（1994.6—1998.7）、潘均辉（1998.7—1999.3）、邹明慧(1999.3—2003.12)。

（二）党支部书记：

徐宗喜（1985—1986）、倪志坚（1986—1988）、丁玉新（1989—1994）、张树华(1994—1998.6)、胡元清（1998.6—2001）

三、人员统计

1989—2000年市商业职工中专人员统计表

表1-2-9-1　　单位：人

年份	总人数				党员数	团员数	专业技术职务			
	合计	干部	职工	离退休			高级	中级	助级	员级
1989	26	23	2	1	8		1	4	7	2
1990	26	23	2	1	9	11	1	5	8	3
1991	26	23	2	1	12		1	6	8	2
1992	27	24	2	2	10	13	1	8	9	3
1993	27	23	2	2	8		1	8	8	4
1994	23	19	2	2	6		1	7	7	4
1995	24	19	2	3	6		1	7	8	2
1996	26	21	2	3	6		1	7	7	2
1997	27	21	2	4	7	2	1	8	7	3
1998	26	20	2	4	6		1	7	7	5
1999	33	24	5	4	8		1	9	5	7
2000	30	24	2	4	9		1	9	3	3

第十节　市物资职工学校

一、学校沿革

1984年4月24日，地区物资公司根据省政府职工教育管理委员会、省教育厅〔1983〕第10号文件和省物资局〔1983〕第208号文件精神，将原创办的职工教育训练班撤销，正式成立常德地区物资职工学校。经地区职教办、教育处批准并向地区编委申请，当年4月29日，地区编委以常编发〔1984〕17号文件批复同意成立“常德地区物资职工学校”，属地区物资公司二级独立单位，核定其事业编制11名。

1988年7月，该校更名为“常德市物资职工学校”。

1994年1月17日，市编委常编发〔1994〕1号文件宣布收回该校11个事业编制，学校员工由市物资工贸集团总公司安置。市物资职工学校至此结束。

二、学校编制及机构设置

该校成立时编委核定其编制11人，连人带编从地区金属材料公司、金属回收公司、机电设备公司、轻化建材公司、生产服务公司各划拨调进两名、物资车队划拨调进一名。

学校设党支部书记1人、校长1人、副校长2人（1人兼教务室主任、1人兼总务室主任），教务室3人（均为教员）、总务室3人（财务、后勤、炊事员各1人）

1988年7月省物资中专常德班毕业合影

三、经费来源

根据财政部〔1982〕财企字第37号《关于职工教育经费管理和开支范围的暂行规定》和湘财〔1982〕企字第243号《关于职工教育管理经费和开支范围的暂行规定》第一条规定，企业职工教育经费按照在职职工工资总额1.5%的范围内每月按时支报。另外，各县（市）参加学习的学员按学校规定缴费。

四、校址及固定资产

该校坐落在武陵区落路口市金属材料仓库旁的一座独立院子内，占地面积约6亩。

该校建筑面积1200多平方米，系5栋平房，其中教室2栋、学员宿舍2栋、图书阅览室与教学仪器室半栋、厨房与食堂半栋；另有篮球场1个。

五、招生培训对象

1.文化业务培训

该校主要为全地区（市）所辖8县2市物资系统的干部、职工约5000余人进行文化和业务培训。1980—1993年共办各类初、高中文化补习班和物资业务培训班24期，每期办班时间2—3个月，每期办班人数20—30人。

2.办大、中专班

该校在举办各类培训班的同时，与省广播电视大学和省物资学校联合举办大、中专班。

与省物资学校挂钩的班面向社会招生，共办4期中专班，每期学员20多人，学制2年；与省广播电视大学挂钩办3期大专班，每期学员20多人，学制3年。中专班和大专班学员完成学业，毕业时由挂钩学校派员监考，成绩合格者发给国家教育部门认可的中专或大专文凭。

六、教学内容及主要教学活动

该校主要是根据物资系统职工所从事的各个专业和岗位，如计划、采购、销售、开票、会计、劳动工资、储运、保管等9大人员所在岗位的业务知识和工作技能进行培训，还有金属材料、机电设备、化工轻工建材、金属回收、物资贸易等不同的专业和岗位的培训。其大、中专班的教学内容，按教育部的教学大纲进行组织。

该校开展的主要教学活动：

1.1987—1992年，主要抓岗位培训。按照国家物资部和省物资厅的要求，从1987年起，物资系统45岁以下的职工，要用5年时间对其所在岗位的业务进行全部培训，培训考试合格方可从事所在岗位的工作，否则不许上岗或调换至其他岗位工作。当时，全市物资系统有近4000人须参加岗位培训，面对时间紧、任务重、人员多、教员少，该校采取两种办法：

一是本市城区物资系统的职工，分期分批到物校直接参加培训，其结业考试成绩登记在册；二是对县、市（区）的物资系统的职工，由物校培训县、市（区）局的教学骨干，让教学骨干回单位后再组织其所在单位的有关职工办班进行培训。每期培训班的结业考试均由市局和该校派员监考，考试试卷由监考人带回，由该校统一阅卷评分，登记在册。待全部岗位科目培训考试完后，由该校汇总统一上报省物资厅审核，合格者由省物资厅发给培训合格证。

从1987—1992年5年间，该校每年举办2期培训班，每年统一组织2次考试，对考试不合格者，准许参加下次培训补考。至1992年，基本完成省厅下达的培训任务。凡参加培训考试的职工都发给了由国家物资部印发、省物资厅盖章的“物资人员岗位培训合格证”。此项培训活动受到省物资厅的表彰。

该校成立10年，有3年获得省物资厅颁发的“全省职工教育先进单位” 称号的奖牌；多次被市物资局评为先进单位。

七、历届领导班子成员

校长：窦长清（1993.3.18—1994.1.17）；副校长：杨万胜（1989.12.5—1994.1.17）、伍作君（1984.5.24—1994.1.17）、易太山（1986.1.14—1990.6）；党支部副书记：李桐林（1984.5.24—1994.1.17）。

第三章　企业经营机构

第一节　中国石油化工股份有限公司湖南常德石油分公司

一、机构沿革

1950年10月1日，中国石油公司常德支公司（即中国石油化工股份有限公司湖南常德石油分司的前身）在常德市兴街口成立并正式开业。1952年9月，成立中国石油公司常德支公司津市推销组。

1953年2月6日，常德支公司改组为省石油公司所辖的常德供应站，定编58人，下设津市供应组（定编14人）、沅陵供应组（定编15人）、慈利供应组（定编8人）、新晃县供应组（定编6人，于1953年撤销改大庸供应组）。经理李二祥。

1955年1月3日，改常德供应站为湖南省石油公司常德分公司，直接受省石油公司管理，下设津市、益阳、草尾、辰溪经营处。1955年7月15日，常德分公司改为省石油公司和地方商业局双重领导的常德石油分公司。本身为经营管理机构，下设津市、益阳、草尾批发处。

1958年2月，常德专署商业局成立工业器材经理部。同年6月，体制改革，实行政企合一。常德分公司以及各批发处人、财、物全部下放到地方商业局。在市人民东路（365号）城门口组成专署商业局工业器材公司石煤经理部，公司机关第一次搬迁。10月，常德专署商业局成立石油煤建公司。

1960年11月11日，公司更名为常德专署商业局石油煤建经理部。

1961年9月11日，公司更名为常德专署第一商业局石油煤建公司。

1962年5月28日，成立常德石油分公司。6月25日，根据省商业厅关于恢复和建立专业公司的精神，同年7月12日石油、煤炭分家，成立常德石油批发站（兼分公司），下设津市、益阳、沅江（设草尾）支公司。12月10日国务院令，将常德专员公署拆分为常德和益阳两个专署。同年12月22日，益阳、沅江支公司一并划出，成立益阳石油分公司。

1963年6月22日，根据省商业厅《调整机构设置报告》，常德二级批发站不变，但不再兼分公司职能，津市支公司由省公司直接管理。当时，常德站负责常德市（县）、桃源、沅陵、桑植、黔阳、芷江、古丈、花垣、保靖、吉首、泸溪以及辰溪、四川秀山的石油调拨任务。津市支公司负责供应津市、临澧、澧县、石门、慈利、大庸及湖北鹤峰。安乡和汉寿县均为草尾运销站供应石油。

上述各届内部一般设立有人秘、业务、统计、财务、保卫等课室。

1965年7月17日，成立常德专区石油批发站。

1969年3月，常德石油站下放到地方管理，直接受地区商业局领导，同时成立石油煤建公司。12月7日，成立常德地区商业局石油煤建公司革命委员会。内部机构改称组，例如政工组、计财组、石油组、煤炭组等。

1971年，岩码头油库建立（当时称六九〇九油库），正县团级单位，直属省公司管理。

1970—1973年，各县石油煤建公司相继成立，其业务由常德公司指导。

1975年4月20日，公司名常德地区商业局石油煤建公司。机关内设政工、计财、石油、煤炭、统计物价节油、办公室等课室。

1978年8月，石油商品实行统购统配定量供应的方针。为加强统一管理，省经委、

1991 年 4 月之前常德石油公司位于常德市人民东路 365 号的办公楼

省商业厅决定：撤销石油煤建公司建制，石油煤建分家成立湖南常德石油站和常德地区煤炭公司。属省石油公司和地区商业局双重管理。

1983 年中共中央、国务院（中发〔1983〕7 号）文件决定，全国石油化工企业“人财物、产供销、内外贸实行集中领导，统一管理，同意将国内石油产品（汽油、煤油、柴油、润滑油及石蜡、溶剂油），实行产销合一，由中国石油化工总公司经营，商业部所属的各级石油商业机构（包括生产加工企业、车船队、科研所、学校）成建制地划归中国石油化工总公司领导”。

1984 年 1 月 27 日，公司名为常德石油站（常德地区石油公司）。

1985 年，根据国务院国发〔1984〕142 号文件批转中国石化总公司《关于进一步推行改革，提高经济效益的方案》中的规定，中石化〔1984〕办字 42 号文件，省人民政府办公厅 1985 年第 5 号文件《关于我省成品油经营业务交接问题的通知》精神，湖南县以上各级石油经营单位成建制划归中国石油化工总公司管理。成立中国石化销售公司湖南省石油公司，受中国石油化工总公司和省人民政府双重领导。业务管理以总公司为主，对省人民政府承担经济责任。3 月 1 日成立湖南省石油公司常德分公司，并上升为正处级单位。人、财、物均属省公司管理。下设津市、安乡、汉寿、桃源、石门、临澧、澧县、常德县、慈利等 8 个支公司和 1 个销售部（撤销原常德县石油公司，成立湖南省石油公司常德分公司销售部。）。同年 9 月，常德地区行政公署确定将地区石油分公司和各县市支公司归口领导单位从财口改为地县经委。机构设置：办公室、政工科、业务科、财务科、仓储基建科、保卫科（两科合并办公）、纪律检查委员会。

1986 年 9 月，湖南省石油公司常德分公司。12 月历史上第一次成立党委。

1987 年 11 月 28 日，根据〔1987〕湘石人字第 063 号《关于调整岩码头石油站隶属关系的通知》，改岩码头石油站由省司直接管理为常德分公司领导下的副处级单位。

1988 年增、改设经理办公室、计物科、销售科、安全仓基科、人事保卫科、行政科、离退工作办公室、基建办公室、党委办公室等。

1989 年 3 月湖南省石油公司组建大庸分公司,慈利支公司划入大庸。

1990 年 7 月 5 日，根据国家工商法规和省石油公司湘石办字〔1990〕第 91 号文件精神，将湖南省石油公司常德分公司更名为湖南省石油公司常德市公司。各支公司更名为县（市）公司。

1991 年 4 月，湖南省石油公司常德市公司。公司机关由常德市人民东路 365 号迁至常德武陵区朗州南路457号。

1992年9月根据湖南省石油总公司湘石办字〔1992〕第168号文件精神，更名为湖南省石油总公司常德市公司，各县（市）公司相继更名为湖南省石油总公司××县（市）公司。

1996年10月，湖南省总石油公司常德市公司。

1998年2月，常德市中级人民法院判决,岩码头石油公司因经营艰难、连年亏损、资不抵债宣告破产。

1991年4月—2009年9月常德石油公司位于常德市朗州路585号的办公楼

1998年3月1日，九届全国人大一次会议批准《国务院机构改革方案》，决定对石油管理体制进行重大改革，组建中国石油天然气集团公司和中国石油化工集团公司，实行上中下游、产供销、内外贸一体化管理。石油行业管理体制走向了全新的发展阶段。6月，常德市石油公司整体上划中国石化集团公司。

2000年3月，石化行业整体重组改制，实行主辅分离。4月，常德市石油公司主业划入上市部分，设立中国石油化工股份有限公司湖南常德石油分公司，下设桃源、临澧、石门、澧县、津市5个县级支公司，原常德销售部实行同城重组并入常德分公司，不再设立支公司（其间因鼎城区政府以减少税收为由不同意撤并，同城重组并未实质进行），安乡，汉寿因亏损维持原状。辅业划入非上市部分，沿用湖南省石油总公司常德市公司的名称(即存续部分)。下设经理办、人事教育科、财务资产科、业务科、政工科、零贸科、安全仓储规划科、监察审计科等。

2002年11月，撤销原安乡、汉寿公司，实行以资抵债后，成立上市的中国石油化工股份有限公司安乡和汉寿经营部。将原非上市部分湖南省石油总公司桃源、石门、津市、临澧、澧县石油公司、常德销售部撤销；改组为湖南省石油总公司常德市公司××县（市）经营部。

2003年7月，经营管理体制改革，压扁管理层，实行市县公司一体化、专业化、垂直化管理。县支公司的人事、财务、物流、批发、油库等公司职能全部上移，对外保留牌子，对内设立片区。至2005年5月，市县一体化和市分公司机构改革基本到位。常德石油分公司对8个县片区（即5个支公司、3个经营部）的领导班子重组聘任，经理称ME，副经理称ME助理（ME是英语Regional Manager的缩写，意为区域经理)。

2005年9月，中国石油化工股份有限公司湖南常德石油分公司。

2006年8月4日根据湖南省石油总公司《关于撤销所属市（州）县（市）公司和多种经营实体的通知》（湘石办〔2006〕30号），常德市公司（即存续部分）被撤销。10月

16日湖南省石油总公司改名为湖南石油资产分公司（石化资产湘办〔2006〕1号），原湖南省石油总公司常德市公司的工作由湖南石油资产分公司常德工作部承担。

2008年4月，设立“中国石油化工股份有限公司湖南鼎城区石油支公司”，注销原“湖南省石油总公司常德销售部”。

2009年9月起常德石油公司位于常德市柳叶大道2527号的办公楼

2009年6月，中国石油化工股份有限公司湖南常德石油分公司与湖南石油资产分公司常德工作部实行一体化管理。9月，公司更名为中国石油化工股份有限公司湖南常德石油分公司。公司机关搬迁至常德武陵区柳叶大道2527号。下辖8个县（市）经营片区。总资产4.5亿元。内设经理办、人力资源科、发展规划科、非油品业务科、安全数质量科、营销管理部、零售管理部、物流管理部、润滑油经营部、财务核算部、资产工作部。

二、历届领导班子成员

（一）行政领导班子成员

1.中国石油公司常德支公司（1950.10—1953.2）经理：崔大义。

2.湖南省石油公司常德供应站（1953.2—1955.1）经理：李二祥。

3.湖南省石油公司常德分公司（1955.1—1955.7）经理：耿仲仁。

4.湖南省石油公司常德分公司（1955.7—1958.2）书记：周银修（无经理）。

5.常德专署商业局工业器材公司（1958.2—1958.6）经理：王金英。

6.常德专署商业局工业器材公司石煤经理部（1958.6—1958.10）经理：张祥盛。

7.常德专署商业局石油煤建公司（1958.10—1960.11）经理：张祥盛；书记：周银修。

8.常德专署石油煤建经理部（1960.11—1961.9）书记：周银修（无经理）。

9.常德专署第一商业局石油煤建公司（1961.9—1962.6）经理：张祥盛。

10.常德石油批发站（又名常德地区石油分公司1962.6—1965.7）经理：雷平；副经理：朱德庆；书记：周银修。

11.常德专区石油批发站（1965.7—1969.12）经理：雷平；政治教导员：周立新（原名周银修）；副经理：朱德庆。

12.常德地区革命委员会商业局石油煤建公司（1969.12—1975.4）革命委员会主任：黄之馨；副主任：郑文光、李书义、梁修林。

13.常德地区商业局石油煤建公司（1975.4—1978.7）经理：张祥盛；书记：郑文光；副经理：鲍明开、吴开贵、卢遂华。

14.常德地区石油公司（对省是湖南省常德石油站 1978.7—1984.1）经理：郑文光；书记：张祥盛；副经理：吴开贵、杨民权、卢遂华、武金生。

15.湖南省常德石油站（常德地区石油公司）［1984.1.27—1986.9.13（其间于 1985 年 4 月整体成建制上划中国石化销售公司湖南省石油公司）］经理：余沅江；副经理：杨民权、唐宗元；纪检员：吴开贵；工会主席：钟协堂（1984.1.27—）。

16.湖南省石油公司常德分公司（1986.9.13—1991.4.12）经理：庄宗富；副经理：杨昌全、周配寿、杨民权、余沅江（1991.4 任）；工会主席：钟协堂（续任至 1987.10.5）、杨昌全（1987.10.5—1990.1.3）、余沅江（1990.1.3—）。

17.湖南省石油公司常德市公司（1991.4.12—1996.10.17）经理：庄宗富；副经理：周配寿（续任至 1996.1）、杨昌全（续任）、杨民权（回族，续任至 1996.1）、余沅江（续任至 1996.1）、刘世良（土家族，1995.11—）、郑昌喜（1995.11—）；工会主席：余沅江（续任至 1992.10.4）、杨昌全（1992.10.4—1995.11.13）、杨民权（1995.11—）。

18.湖南省石油总公司常德市公司（省公司任命，1996.10.17—2000.3.21）经理：刘世良（土家族）；副经理：杨昌全（续任至 1998.12.30）、郑昌喜（续任至 1997.5）、姚力华（1997.8—）、刘治平（1997.8—）；工会主席：杨民权（续任至 1999.1.12）、姚力华（1999.1.12—2000.3.29）；总会计师：蒋厚觉（1998.12.30—）；经理助理：韩能元（1996.10.17—）。

19.中国石油化工股份有限公司湖南常德石油分公司（2000.3.21—2005.9.7）经理：刘治平；副经理：姚力华（续任至 2009.7.2）、刘军（2000.3.21—2003.4.22）、梅昌杰（2002.1.9—）、王明胜（2003.4.22—）、冯春初（2003.4.22—2004.12.14 病故）；工会主席：冯春初（2000.3.29—2003.4.22）、姚力华（2003.4.22—2009.10.23）、王明胜（2009.10.23—）；总会计师：蒋厚觉（续任至 2006.12.27）；经理助理：韩能元（续任至 2003 年）；副处级干部：朱长瑞（2003.4.22—2006.12.27）、丁传发（2003.4.22—）。

20.中国石油化工股份有限公司湖南常德石油分公司（2005.9.7—2012.7.20）经理：梅昌杰；副经理：王明胜、文金亮（2005.9.7—2009.7.2）、杨明颀（2009.7.2—2012.7.）、徐昊（2009.7.2—）；总会计师：杨明颀（2007.6.17—）；经理助理：徐业芳（2009.7.2—2012.1）、卜德安（2012.1.29—）。

21.中国石油化工股份有限公司湖南常德石油分公司（2012.7.30—）经理：李小平；副经理：王明胜（续任）、徐昊（续任）、陈华（2012.7.30—）。

（二）公司党的领导班子成员

1.湖南省石油公司常德分公司（1955.7—1958.2）书记：周银修。

2.常德专署商业局工业器材公司石煤经理部（1958.6—1958.10）书记：周银修。

3.常德专署商业局石油煤建公司（1958.10—1960.11）书记：周银修。

4.常德专署石油煤建经理部（1960.11—1961.9）书记：周银修。

5.常德石油批发站（又名常德地区石油分公司1962.6—1965.7）书记：周银修。

6.常德专区石油批发站（1965.7—1969.12）政治教导员：周立新（原名周银修）。

7.常德地区商业局石油煤建公司（1975.4—1978.7）书记：郑文光。

8.常德地区石油公司（对省是湖南省常德石油站1978.7—1984.1）书记：张祥盛。

9.中共湖南省常德石油站总支委员会（1984.4.6—1986.12.13）书记：郑文光；委员：余沅江、吴开贵、钟协堂、王立阳。

10.中共湖南省石油公司常德分公司委员会（1986.12.13—1990.5.31）书记：王家铨（常德地区经委副主任兼）；副书记：庄宗富；委员：杨昌全、周配寿、杨民权（回族）。

11.中共湖南省石油总公司常德市公司党委（1990.5.31—1997.4.28）书记：庄宗富；副书记：杨昌全（1990.5.31—1997.4）、刘世良（土家族，1997.4—）；委员：杨民权（回族）、周配寿（1995.11免）、余沅江（1993.8—1995.11）、李树卿（1990.1—1993.4）（兼任岩码头石油站党总支书记）、郑昌喜（1995.12—1997.5）、刘世良（土家族，1995.12—）。

12.中共湖南省石油总公司常德市公司党委（1997.4.28—1998.12.30）书记：庄宗富；副书记：刘世良；委员：杨昌全、郑昌喜（续任至1997.5）、杨民权、姚力华（1997.8任）、刘治平（1997.8任）。

13.中共湖南省石油总公司常德市公司党委（自此届起均由中共湖南省石油总公司党组任命）（1998.12.30—2000.3.21）书记：刘世良；委员：姚力华（续任）、刘治平（续任）、庄宗富（续任至1998.12.30）、杨昌全（续任至1998.12.30）、杨民权（续任至1998.12.30）。

14.中共湖南省石油总公司常德市公司党委（中共湖南省石油总公司党组任命）（2000.3.21—2009.7.6）书记：姚力华；委员：刘治平（续任）、刘军（2000.3.21—2003.4.22）、冯春初（兼纪委书记，2000.3.21—2004.12.14）、梅昌杰（2002.1.9—）、王明胜（2003.4.22—）、文金亮（2005.9.7—2009.7.6）。

15.中共常德市石油公司委员会（2009.7.6—2012.7.30）书记：王明胜；委员：梅昌杰（续任）、杨明颀（2009.7.6—2012.7.30）、徐昊（2009.7.6—）。

16.中共常德市石油公司委员会（2012.7.30—）书记：李小平；副书记：王明胜；委员：徐昊、陈华（2012.7.30—）。

20世纪90年代初期常德岩码头石油公司的部分库房

三、岩码头石油公司

（一）企业沿革及经营概貌

该司位于沅江畔的鼎城区许家桥乡，靠山临水，司（站）库合一，占地26.67公顷，油库容量3万多立方米。

1968年9月12日，省革命委员会生产指挥组决定兴建岩码头油库（见省革委生产指挥组关于“上报长沙、桃源油库初步设计方案”的函，〔1968〕湘生综字第0409号）。

20世纪90年代初期常德岩码头石油公司正门

1969年6月28日建设立项，成立桃源六九〇九工程（系1969年国家的第九项重点工程，故命此名）筹建处，23名工作人员从省物资局、水利厅、农业厅、临澧县委、常德地区公安处、中级人民法院、商业局、外贸局、文教局、石油煤建公司、生资公司、百货公司、工程公司和德山油库等单位抽调，办公地点设常德地区石油煤建公司院内（常德市人民东路）。8月动工兴建。

1971年10月竣工投产，库容3.1万立方米，为隐蔽型战备石油库。

岩码头油库容器统计表

表1-3-1-1

区号	隐蔽立式双顶金属覆土罐（平方米）			备注
	容量(平方米)	个数	规格×个数	
1号罐区（汽油）	13000	4	5000×1；3000×2；2000×1	另外：3号罐区有50立方卧罐20个，1000立方米
2号罐区（柴油）	17000	5	5000×2；3000×1；2000×2	
合　计	30000	9		

12月30日，省革委商业局生产资料公司下发“关于常德六九〇九库、常德地区石油煤建公司业务供应区划问题的通知”，决定从1972年1月1日起，将原由地区石油煤建公司供应的部分区域划归六九〇九库，即该库“负责供应湘西自治州的泸溪、吉首、花垣、古丈、保靖、凤凰六县；黔阳地区（包括辰溪、沅陵），桃源县的三阳、陬溪、剪市、桃花源、龙潭、茶安铺等六个区；四川省秀山县；同时担任贵州省铜仁地区的油料中转任务。”

1972年1月13日，省生产资料公司“关于六九〇九站体制问题的报告”，将该库改为六九〇九站，确立为县团级单位，此时职工人数发展到133人。2月1日，省商业局“关于启用株洲八一五站常德六九〇九站新印鉴的通知”，明确该站改为省革命委员会商业局常德六九〇九站。6月7日，省生产资料公司“关于启用株洲、常德两石油站新印鉴的通知”，决定取消企业代号“六九〇九站”，更名为省革命委员会商业局生产资料公司常德石油站。

从20世纪70年代末期起，该站供应区域逐渐缩小，80年代初，缩小到只有大庸、沅陵、桃源3个县，最后只有沅陵、桃源2个县。企业员工由240人减少至142人（不包括离退休53人）。

1987年11月28日，根据省石油公司《关于调整岩码头石油站隶属关系的通知》，岩码头石油站由省司直接管理改为常德分公司领导，为副处级单位。

1986年6—7月，该站先后发生自采油款20万元和300万元被骗的严重事件。至1989年4月底止，追回自采油款152.02万元，直接经济损失167.98万元，间接经济损失65万元。

1989年5月26日，省石油公司作出“关于陈文甫同志所犯错误的处分决定”，对在岩码头石油站自采油款320万元被骗事件中负有领导责任的原经理陈文甫，给予撤销经理职务，由正处级降为正科级，工资降两级的处分。

1990年7月5日，岩码头石油站易名为湖南省石油公司岩码头公司。

1994年8月29日，市纪律检查委员会对该司自1993年3月起私设的小钱柜进行检查清理，收缴其违纪金额97 643.81元。

1987年至1995年10月，该司商品销售总额2.9亿元，纳税500多万元，累计亏损85.4万元（其中1987年盈利500元、1988年盈利1.9万元、1989年盈利8.2万元、1990年盈利0.1万元、1991年盈利9.05万元、1992—1994年未体现利润、1995年1—10月亏损104.7万元）

该司历年平均销量在1.5万吨以上，高峰期曾超过2.4万吨，1995年，该司销油2.29万吨，亏损112.3万元。1996年，销油1.26万吨，吨油费用322元，支付银行利息116.6万元，吨油利息92.69元，亏损166.7万元。

1996年年底，企业累计亏损279万元，资产负债率高达89.45％；职工人均月工资不足300元。

1996年12月2日，省总石油公司发出《关于分流岩码头公司职工的通知》，决定从该司分流100人到常德以外的13个地（州）市公司（含所属县市公司）工作。其余人员由常德公司安排。

部分年份常德市成品油经营统计表

表1-3-1-2　　单位：吨

	销售					中转				
年度	合计	汽油	煤油	柴油	润滑油	合计	汽油	煤油	柴油	润滑油
1972	24078	7419	2655	12871	1133	16071	4051	1574	9341	1105
1973	15289	6379	449	7770	691	25170	4744	4470	14585	1371
1974	20791	9782	480	9857	672	21620	3480	3644	13695	801
1975	16851	7491	641	7797	922	21451	3352	5743	11224	1132
1980	15215	8879	70	5485	781	37534	11203	4259	20387	1685
年均	18445	7990	859	8756	834	24369	5366	3938	13846	1219

注：部分年份无数据，故未列示。

1988—1997年常德市成品油销售统计表

表1-3-1-3　　单位：吨

年度	合计	汽油	煤油	柴油	润滑油	年度	合计	汽油	煤油	柴油	润滑油
1988	12447	7395	16	4617	419	1993	22683	14463	492	7424	304
1989	14373	8074	10	5819	470	1994	24673	13156	307	10962	248
1990	18624	11268	12	6781	563	1995	22841	11214	519	10880	228
1991	18744	11686	14	6576	468	1996	11524	6471	0	4987	66
1992	20408	11849	98	8209	252	1997	1560	1243	0	72	245
						年均	16787.7	9681.9	146.8	6632.7	326.3

该司因地理位置偏僻，油库设备和生活设施年久失修，资金包袱沉重，无力继续经营。1997年4月15日，省石油总公司鉴于该司"连年亏损，资产负债率达110%"的状况，同意其依法向市中级人民法院申请破产。

该司油库于当年报废拆除。

1998年2月16日，市中级人民法院以常经破字第1–10号民事裁定书裁决该司破产。

(二) 获得的荣誉

比预期提前二年建成，创全国建库史上先例，受到中商部通报表彰。

1983—1991年，该站连续9年被评为省级先进油库。

1989年被评为中国石化销售公司油库安全管理先进单位。

(三) 各届领导班子成员

1.1969年12月—1972年年初

革命领导小组组长：李章（原省物资局副局长）；副组长：高喜兰（原专署公安处副处长）、李东海（原临澧县委常委，监委副书记）。

2.1972年—1973年

组长：（空缺）；副组长：陈化民（副书记，1972年3月16日—）、李东海（续任—1972年3月24日）；革命领导小组成员：周祖发、李仲文。

3.1973年—1974年）

组长：苏延年（书记）；副组长：陈化民。

4.1975年—1976年10月，组长：陈化民（书记）。

5.1977年—1979年6月

主任：熊和森（书记，1977年—1978年11月）、胡斌（1978.11—）；副主任：陈文甫、任敬堂、李树卿。

6.1979年7月—1983年

主任：陈文甫；书记：胡斌；副主任：高庆书；纪检委员：李树卿。

7.1984 年—1987 年

经理：陈文甫；书记：李树卿；副经理：杨昌全、姚厚凡。

8.1987 年—1989 年 2 月

经理：杨昌全；副经理：姚厚凡；书记：李树卿（1988.7）；副书记：樊启巨。

9.1989 年 2 月—1992 年 7 月

经理：李树卿（兼书记）；副经理：陈国地、姚厚凡、唐新华；副书记：樊启巨。

10.1992 年 7 月—1996 年 12 月

经理：丁传发（兼书记）；副经理：陈国地、姚厚凡、唐新华；副书记：樊启巨。

附

中华人民共和国成立之前的石油经营机构简介

1949 年之前，常德的油品经营为外商垄断，因此民众称所使用的油品为“洋油”。

第二次鸦片战争以后，美商美孚、德士古石油公司和英商亚西亚火油公司，先后在我国沿海城市设商行、建库栈，继而沿江深入内地建立经营处，批发销售石油。汉口开埠后，外国石油商纷纷来此经营，向内地销售石油制品，特别是灯用煤油。因其煤油格低廉，被广泛使用。但因当时灯具简陋，易酿火灾，影响到其销售的扩大。为占领并扩大中国的市场，美孚石油公司送出几百万盏廉价油灯，甚至送油试点试用，又重新打开销路。清光绪三十三年（1907 年），英商亚细亚、美商美孚和德士古相继在常德开店销售煤油。

民国前期，石油买办的销售网迅速扩大，买办人数剧增。英商亚细亚石油公司汉口区公司第三任买办杨坤山于 1914 年上任后，组成了一个跨湘、鄂等 6 省的推销网。为应对亚细亚的竞争，美孚石油公司汉口分公司亦开始实行买办包销油品，并在重庆、长沙、常德、津市等地设立 7 个分所（小型支行），在经销店下又增设分店和三级店，扩大销售网络。美商德士古石油公司挤入汉口，亦建立起同美孚类似的推销网。

民国 6 年（1917 年），美孚买办陈子钧在德山老码头购买蔡春和祖父等人的屋基和山地，1927 年建成具有驳岸、房屋、油池的“美孚公司常德油栈”（油池容量 6500 多立方米，1943 年 11 月中日常德会战时被日寇敌机和地面炮火炸毁，数月后，代办周厚邦来此复业至 1949 年），并在常德市大河街设立“正大洋行”。

英商亚细亚火油公司于清光绪三十三年（1907 年）在常德下关（后称盐关）建立油栈（油罐容量 430 多立方米，中日常德会战中被损毁），隶属于长沙亚细亚公司，专营煤油，并委托常德市“德康福”（抗日战争后改为福记煤油号）经销。抗日战争爆发后，下关油栈停业。抗日战争后，英商亚细亚一直未在常德存油。曹晓珊在城内开设福记煤油号，负责经销亚细亚的煤油，其油源来自长沙和汉口两地。

德士古亦设立煤油公司常德经销站。

1950 年 8 月 8 日，奉长沙军管会发布的征用、接管外商资产命令，湖南省石油公司派遣十余人到常德接收“美孚常德油栈”，并相继接收亚细亚盐关油栈和德士古煤油公司常德经销站。同年10月1日，中国石油公司常德支公司开业，常德地区的石油经营结束洋人主宰的时代。

第二节　中国石油天然气股份有限公司湖南销售常德分公司

一、机构沿革

(一) 长江公司常德配送中心至湘西北配送中心阶段（2003.7—2004.11）

2000年年初，中国石油在湖南岳阳成立首家子公司——中油销售长江有限责任公司(以下简称长江公司)。

2002年10月，中国石油在长沙建立湖南销售公司（以下简称湖南公司），之后，湖南公司又相继在全省14个地、州、市建立了地区级分公司，开始大规模在湖南投资建设加油站及仓储网点设施。

2011年秋，中国石油常德分公司员工举行登山健身活动

2003年7月，长江公司成立常德配送中心，办公地点设武陵区鸿升小区159栋。其主营业务为基本石油化工产品、衍生化工产品及其他化工产品的销售；天然气、原油和成品油的输送及天然气的销售。作为长江公司的二级单位，该中心由湖南公司、长江公司共同管理，其管理者同时将湘北配送中心常德地区的业务、资产和人员划归其管理。成立之初，机关设销售岗、储运岗、零售岗、财务岗、综合岗和经理岗，同时配备若干销售代表。零售岗和财务岗由上级管理部门委派，实行双重领导。

11月，常德配送中心改组为湘西北配送中心，负责常德、张家界地区的成品油市场开发和销售业务。

2004年8月，配送中心机关设4部1室：综合办公室、零售部、销售部、财务部、投资部。

11月，湘西北配送中心被撤销，其业务、资产和人员根据管辖区域分别划归新组建的常德分公司、张家界分公司管理。

(二) 中国石油湖南销售常德分公司时期（2004.5—2012.12）

2004年5月，常德分公司注册并取得成品油批发资质，筹备期间依托长江湘西北配送中心开展业务。

11月，湘西北配送中心被撤销，常德分公司正式营运，作为湖南公司的二级单位，机构规格为正科级，负责所辖区域成品油市场开发、销售代表和机构用户管理、网络建设

2010 年，中国石油常德分公司青年志愿者服务队举行活动前合影

和加油站管理等业务。公司设 4 部 1 室：综合办公室、财务部、加油站管理部、销售部、投资部，定编 15 人，其中领导职数 3 人。

2005 年 1 月，公司增设安全环保部，机关编制增至 17 人。同时，办公地点迁至武陵区柳叶路 2618 号国家安全局五楼。

3 月，机关编制增至 18 人。

同月，公司工会及团总支成立，分别隶属湖南公司工会、湖南公司团委。

6 月，公司党支部成立，隶属于湖南公司党委，张家界分公司党组织关系暂时由常德分公司党支部管理。

12 月，公司增设人力资源部，编制增至 20 人。至此，公司机构设置达 6 部 1 室：综合办公室、财务部、加油站管理部、销售部、投资部、安全环保部、人力资源部。

2006 年 2 月，增加客户经理编制 4 人，机关编制增至 24 人。9 月，公司职能部门编制增至 26 人，领导职数不变。

2007 年 4 月，机关编制调整为 32 人，其中领导职数 5 人，客户经理不再纳入机关管理人员编制。9 月，张家界分公司党支部成立，常德分公司党支部不再管理张家界分公司党组织关系。

2009 年 3 月，湖南公司再次规范所属分公司简称，常德分公司对内简称“常德分公司”，对外简称“中国石油湖南常德分公司”。11 月，公司职能部门编制调整为 26 人，领导职数以实际配备为准。

2010 年 8 月，湖南公司明确市、州分公司领导职数并规范职务名称，分公司总经理与党委（总支或支部）书记交叉任职，即分公司总经理兼党委（总支或支部）副书记，党委（总支或支部）书记兼副总经理。领导职数确定为 4 人，公司职能部门编制不变。

2012 年 6 月，公司党委会成立，隶属于湖南公司党委。

从常德配送中心到湘西北配送中心，再到常德分公司，经过 10 年的发展，截至 2012 年 12 月，公司成为拥有加油站 51 座，在册员工 374 人，固定资产 1.2 亿元，机构设置合理，专业技术人员齐全，运、销、存信息网络配套，服务功能完备，网络覆盖常德各个区县（市）的石油成品油经营企业。

二、公司地址

初设武陵区鸿升小区 159 栋，2005 年 1 月迁至武陵区柳叶大道 2618 号国家安全局 5 楼。

三、历届领导班子成员

（一）行政领导班子成员

1.中油长江公司常德配送中心至湘西北配送中心（2003.7—2004.11）

经理：姚朝耀（2004.2—11）；副经理：尚海峰（2004.4—11）、龙勇（2004.8—11）。

2.中国石油湖南销售常德分公司（2004.12—2012.12）

经理：姚朝耀（2004.12—2008.7）；黎亚军（2008.7—2010.8）；副经理：龙勇（2004.12—2005.6）、李冰（2004.12—2009.7）、张付黔（2005.5—2006.6）、赵大明（2006.6—2008.7）、黄志强（2008.7—2010.8）、徐静妮（2009.7—2010.8 女，正科级）、宋阳（2009.7—2010.8）；工会主席：刘波（2005.3—2007.6）、李冰（2007.6—2009.7）、徐静妮（女，2010.1—2010.8）；

总经理：黎亚军（2010.8—2012.6）、张民（副处级，2012.6—）；副总经理：宋阳（2010.8—2012.8）、曹卫国（正科级，2010.8—）、车志猛（2010.9—）、王建（2012.8—）；工会主席：曹卫国（2011.1—）。

（二）党委（总支）领导班子成员

1.中共中石油湖南销售常德分公司支部委员会（2005.6—2012.6）

书记：张付黔（2005.6—2006.7）、姚朝耀（2006.7—2008.7）、黎亚军（2008.7—2009.8）、徐静妮（2009.8—2010.8）、曹卫国（2010.8—2012.6）；副书记：黎亚军（2009.8—2012.6）。

2.中共中石油湖南销售常德分公司委员会（2012 年 6 月以后）

书记：曹卫国（2012.6—）；副书记：张民（2012.6—）。

四、主要数据统计

中石油常德分公司油品销售及加油站统计表

表 1-3-2-1

年份	油品销量（万吨）	加油站（座）	年份	油品销量（万吨）	加油站（座）
2003		9	2008	11.952	43
2004	2.02	21	2009	12.267	45
2005	6.32	35	2010	14.04	47
2006	7.622	39	2011	14.07	49
2007	9.205	42	2012	15.22	51

说明：2012 年的加油站中收购 42 座，租赁 4 座，自建 5 座。

中石油常德分公司职工人数统计表

表 1-3-2-2

年份	人数	年份	人数	年份	人数	年份	人数	年份	人数
2003		2004	99	2005	296	2006	387	2007	346
2008	379	2009	406	2010	417	2011	368	2012	374

第三节　市粮食系统

至 1998 年，市粮食系统直属企业有：湖南金健米业股份有限公司、市粮油贸易公司、市德山粮油实业有限公司（7 月更名为市德山粮油公司）、市武陵粮油总公司、市米业公司（改制后更名为市广积米业有限公司、增设东门粮食储备库，2007 年，与广积米业搬迁到德山开发区，更名为广积粮食储备库，两个企业，一套领导班子）、市饲料公司（改制后更名为常德科雄饲料有限公司）、市粮油运输公司、市粮油工业锅炉厂（1999 年更名为金鼎粮油工业锅炉有限公司）、市粮油科技实业公司等 9 个粮食经营企业。

2000 年，省粮食局将常德粮食机械厂移交市粮食局管理，市直单位除市国家粮食储备处、市粮油总公司（与市粮食局机关一套人马）外，共 13 家，共有干部职工 4261 人，其中：离退休人员 885 人，在职人员 3376 人。

通过“两个置换”，市直粮食企业破产的 5 家：市粮油贸易公司、金鼎粮油工业锅炉有限公司、市粮油运输公司、市粮油科技实业公司、常德粮食机械厂；改制的 6 家：广积米业有限公司（广积粮食储备库）、常德科雄饲料有限公司、市德山粮油公司、市武陵粮油总公司，包括市粮食局武陵分局、常德粮食交易中心，市直单位共有干部职工 273 人。

2003 年，湖南金健米业有限公司由市政府直接管理，市粮食局不再是其主管部门。

一、市粮油贸易公司

位于市城区大高山街 15 号，系 1989 年经市政府批准成立的以经营议价粮油为主的国有粮食中型企业，内设机构为 3 部 2 办：人事秘书部、财务审计部、综合管理部、党委办、工会办。

1996 年之前的数年，该司年年亏损，自 1997 年 1 月起停业。1998 年 12 月 28 日，市粮食局发出《关于市粮贸公司要求破产的批复》（常粮财函〔1998〕84 号），同意该司破产。

该司破产时有干部、职工 143 人，其中离退休人员 21 人，在职人员 122 人。企业账面资产总额 1723 万元（评估值 762 万元），负债总额 3222 万元（其中银行贷款 2293 万元），净资产-1499 万元。

破产时的 122 名在职职工中，在破产期间退休 2 人，置换身份 120 人，安置费用 749 万元。

二、金鼎粮油工业锅炉有限公司

该司位于市城区人民东路 343 号，系市粮油工业锅炉厂 1999 年实行两个买断后新组建的股份制企业，公司具有国家B级锅炉设计、制造许可证和一、二类压力容器设计、制造许可证。

1982年起，该司定点生产粮油工业锅炉和部分粮油加工机械配件。改制前共有干部、职工236人，其中离退休人员59人，在职人员177人；企业账面资产总额1168.2万元，负债总额849.7万元，净资产318.5万元。

改制安置在职职工177人，其中正常退休11人，提前退休21人，置换身份145人。安置费用总额1569.9万元，其中现金支付1391.4万元，财政挂账178.5万元。

改制后，该司被市大金诚贸易有限公司整体收购，重组企业名称为常德金沅锅炉有限公司（属民营企业），在职职工约40人，其中吸收原企业职工15人。

三、市粮油运输公司

该司位于武陵区人民西路561号，属国有小型粮食运输企业，原名市粮油运输车队，1992年更此名。

至1988年，该司有汽车主车57辆，挂车50辆，总吨位145吨；固定资产390万元；干部、职工244人，其中驾驶员60人，修理工67人。

该司主要承担全市区、县、市间的粮油调拨和部分县的县内粮油集运的公路运输工作。

1992年更名为市粮油运输公司后，成立了货运分公司、建筑工程分公司、综合贸易分公司、粮食贸易分公司、行政服务分公司、特种防锈油厂和保养厂。

1998年12月，市粮食局派出审计组对该司进行审计，1994年6月至1998年7月，累计亏损457.4万元。在此期间，由于粮油运输业务减少，公司卖出汽车27辆，售卖金额62万元，实际收到31万元，另有31万元未收回。1998年9月4日，该司综合办公室发生一起纵火案，烧毁公司部分重要财务会计资料（1998年1—6月全部记账凭证6本、1994—1998年银行日记账5本、1998年现金日记账1本、1998年负债类、所有者权益类、损溢类账簿3本），致使账目无法查清。

该司破产改制时，账面资产733.1万元，负债1127.6万元，净资产-394.5万元；干部、职工295人，其中离退休122人，在职173人。改制安置的在职职工173人中，破产期间退休10人，置换身份163人，安置费用1289.8万元，其中：现金支付749万元，财政挂账540.8万元。

四、市粮油科技实业公司

1993年，市粮食局分流3名机关干部，在外招聘16人，吸收一部分机关干部集资款，成立市粮油科技实业公司，自收自支。

该司以销售粮油加工设备为主，并提供设计、安装、修理等业务。

1995年，该司中原市粮食局机关分流的干部只剩1名，负责管理公司经营。至2001年，这名干部辞去公职，获得一次性计发的退职金后自谋职业。

该司货物进行变卖处理。

五、常德粮食机械厂

位于市城区人民东路225号。该厂原系1965年从无锡内迁常德的国有粮食企业，内迁时由国家粮食部管理，1985年下放至省粮食局管理；2000年6月，省局将其下放至常德市管理，成为市直属粮食企业。

该厂是国家定点生产砻谷胶辊的国内最大专业厂家，也是国家机械工业骨干企业之一，其“双狮”品牌是享誉国内外的著名商标，也是部、省、市的名牌产品。

该厂自1994年以来连年产生巨额亏损，至2001年10月31日累计亏损5283万元，资产负债率达186%。

改制时全厂干部职工828人，其中离退休人员227人，在职人员601人；实际安置职工828人，其中离退休人员498人（含破产期间正常退休33人和提前退休238人），社保、医保全部费用1084.9万元，置换安置职工330人，安置费用1400.1万元，合计安置费用2485万元，其中现金支付1619.7万元，财政挂账865.3万元。

新组建的湖南双狮橡胶制品有限公司120人，安置该厂置换职工115人。

六、常德广积米业有限公司、市广积粮食储备库

（一）简介

常德广积米业有限公司（以下简称广积米业）、常德市广积粮食储备库（以下简称广积储备库）两企业，相继成立于20世纪50年代。

广积米业名称的变更是：市粮油加工厂→市大米厂→市米业公司→常德广积米业有限公司。

广积储备库名称的变更是：市粮食二仓库→市米业公司储备库→市东门湖南省粮食储备库→市东门粮食储备库→市广积粮食储备库

至2010年，广积米业总资产1.72亿元，广积储备库总资产5162万元，两家企业共有员工120人。

两家企业集粮食收购、储藏、加工、销售、种业与种植为一体，其仓储能力为6.4万吨，年生产加工能力12万吨。

2010年销售收入达1.52亿元，是国家级的农业产业化重点龙头企业和湖南省粮油加工重点骨干企业。

（二）沿革与发展

1988年，原常德市更变为武陵区，原常德市粮食局管理的市粮油加工厂与粮食二仓库归属武陵区粮食局管理。

同年9月，常德市粮油加工厂因与原常德德山粮油加工厂名称易于混淆，恢复原名常德市大米厂，与常德市粮食二仓库一起同处市城区人民东路249号内。

1992年3月，市粮食局组建市粮油仓储公司，粮食二仓库划归其管理。9月，市粮食局整合市大米厂、粮食二仓库、裕民饲料厂、市大米厂劳动服务公司等企业的人、财、

物，组建市米业公司。新组建的市米业公司占地8.8万多平方米，建筑面积4.8万平方米，年大米加工能力5万吨，可生产面条0.2万吨、饲料3万吨，仓储容量3.5万吨，固定资产1200万元，干部、职工297人。12月，市米业公司被市政府商业企业划类工作领导小组划定为中一型企业。

1993年3月，省粮食局发文命名全省131个省粮食储备库，市粮食二仓库被命名为常德市东门湖南省粮食储备库。

1998年7月，根据国务院粮食流通体制改革精神，粮食收储业务与附营业务进行分离，市粮食局将原粮食二仓库的资产和收储业务从米业公司剥离，组建成立常德市东门粮食储备库。储备库隶属于市米业公司党委领导，实行两块牌子、一套班子的管理模式。

2001年3月，市米业公司实行“两个置换”，进行改制重组，重组后的企业名为常德广积米业有限公司，属国有控股企业。

2004年4月，市德山经济科技开发区管委会正式行文批复同意市东门储备库、市米业公司迁至该区，并于当年7月20日正式签署《常德市粮食储备库及配套加工项目入园协议》。该项目总投资1亿元，一期投资4000万元，选址于德山开发区崇德路以北、乾明路以西，规划占地面积13.33公顷，其中仓库项目8公顷，精米加工项目5.33公顷，第一期项目出让面积6.67公顷。

2006年10月，广积米业在德山开发区新址四栋储粮仓房建成，当年收购晚稻8000余吨。

2007年，根据市政府要求，广积米业与市东门粮食储备库从城区搬迁至德山经济开发区，首期建设100亩，新建综合办公楼一栋，生产车间一栋，仓库4栋8廒，倒班楼一栋，总建筑面积达1.08万平方米。10月，市东门粮食储备库因名称与新址不相符，便更名为常德市广积粮食储备库。

2008年，公司股东大会决议引进民营资本，自然人蔡佐出资515.2万购买公司工会所持员工股份，股本结构变为国有股54%，自然人蔡佐46%。李成秀任董事长，蔡佐任法人代表、总经理。

至2010年年底，广积米业注册资本1000万元（2012年增资为2200万元），总仓容6.4万吨，固定资产总投资6000万元，建筑总面积2.13万平方米。

（三）营销与企业宣传

1992年前，企业主要承担本市居民口粮生产供给及外省市计划调拨粮的生产，企业为纯生产性企业。

1993年，粮食走向市场经济，企业形成了已销定产的格局，公司开始先后在广州、深圳、惠州、长沙设立办事处，在本市设立自销经营部，大部分的粮食主要销往广东地区。

1996—1998年，公司通过省粮食厅、省粮油进出口总公司，连续3年出口加工，分别销往南非、巴西等十几个国家，出口大米达3万多吨。

1999年，公司率先在常德粮食行业中生产销售10~25千克优质小包装米，以省会长沙为中心，在本省各地州市拉开了精制大米销售序幕。

2002年开始公司规范设计各类品种规格的优质米包装，提出“立足本省、辐射周边、面向沿海、走向国际”16字的营销方针，先后在广东、广西、福建、四川、浙江、湖北、江西、重庆、贵州等16省市地区设立总经销，在湖南各地州市设立经销商，并先后进入了沃尔玛、家乐福、新一佳、家润多、步步高、大润发等国际国内有影响的连锁超市，使公司产品赢得了相当部分市场份额。

从2000年开始，公司在电视媒体CCTV-1、CCTV-2、CCTV-3、CCTV-7，广东卫视、温州、武汉、宜昌、南昌、柳州、湖南卫视、经视、都市、娱乐、常德等几十家电视台，投入企业广告。在平面媒体中《经济日报》《粮油市场报》《湖南日报》《三湘都市报》《武汉晚报》《常德日报》等30多家媒体宣传广积和广积品牌产品，广告宣传投入累计达1000万元以上。

从1999年开始，先后参加国家粮食局、农业部、湖南、广东、福建、云南、四川、湖北等组织的各类展示展销会多达100多场次，使“广积”品牌，不断获得社会认知，“健康生活、财富广积”广告语被列为优秀广告词，收录在2005年中国广告词大全书中。公司先后三期设计制作企业宣传画册。通过各种形式的宣传，企业的知名度日益提高，从而进一步增加了广积产品在市场中的影响力与竞争力。

（四）生产加工与设备

公司的生产加工能力，大米生产线为日产240吨，精米生产线为日产120吨，挂面生产线为年产6000吨。

1989—1992年，公司主要承担城区居民口粮供应的加工任务和大米计划外调的加工。

公司在经营生产、大米加工主业的同时，发展了多种经营和循环经济。1990年，公司组建肌醇生产线，从糠饼中提取肌醇（医药原料）出口创汇，产品分别销往日本、德国。

1991年公司自行研发和组建稻谷粗壳碳棒制碳机成套设备生产线，在全省率先解决粗壳深加工和环保难题。该项目获得国家专利。

1994年，在公司内部成立米业工贸公司实现粮食加工销售一条边的内部核算责任管理，搞活了公司的粮食生产经营。同年公司成立科工贸公司，生产组合小米机成套设备、仓储机械设备。公司还成立了食品分厂，从上海引进小食品生产线，生产“俏俏”牌小包装膨化食品，进行粮食副产品深加工，实现了公司多种经营的目标，实现了公司内部的责任目标管理。

1994—1999年，公司生产精洁免淘米、普通晚籼米、早籼米、主要外销广东、本省市场以及出口大米加工。

1998年公司投资300多万元组建精米生产线，大力发展精米生产。

1999年，公司坚持普米、精制米生产销售二线运行的方式，最大限度地与市场对接。

1999年开始，公司生产设备不断升级换代，生产工艺不断改进完善，砻谷机由皮带传动改为齿轮传动，精米抛光机由卧式改为立式抛光机。

2000年新增引进日本安西色选机，新购武汉正大抛光机。

2003年精米生产线的抛光机再次由立式改为卧式抛光机。

2004年为增加色选机产量，引进日本佐竹160型色选机。

2007年砻谷机再次换代改为气动控制砻谷机。

2008年为适应生产发展需要，再次引进日本佐竹800型大容量色选机。

到2010年，公司设备更新换代总投资达800多万元。

常德广积米业有限公司设备引进更新换代情况表

表1-3-3-1

大米车间		
年份		
1990	米机自胶砂辊改为卧式砂辊米机	米　机
1992	老式卧式米机改为新式立式米机	米　机
1992	为降低劳动强度长胶辊换短胶辊	砻谷机
1998	为提升产量立式米机升级（MNML21.5型立式双辊米机）	米　机
1999	皮带传动更换成齿轮箱砻谷机（MLGQ51型）	砻谷机
2003	为降能耗提升出米率改卧式米机（SMV-320A型）	米　机
精米车间		
1998	组建精米车间：英国色选机、瑞士布勒抛光机、瑞士布勒电子定量包装秤	
1999	为增加产量和抛光效果选购齐鲤抛光机（MPG19B型）、郴州MPGL16型立式抛光机	抛光机
2000	为增加选别能力提升产品质量购ADM-60A型安西色选机台	色选机
2000	降低劳动强度减少故障率选购湖北武汉正大MPGV-150A型抛光机	抛光机
2004	提高产量购佐竹XS160型色选机	色选机
2007	新厂组建精米车间，选用浙江齐鲤MLGQ51气动胶辊砻谷机	
2008	进一步提升质量和产量购XS800型佐竹色选机	色选机
面条车间		
1991	改为索道式烘房（当时为仿日式生产工艺技术）	
2009	新建机电一体化面条生产线	

（五）收购与储备

粮食二仓库在计划经济年代，承担城区口粮供应的储存，调拨任务，负责市郊区公粮、原常德县南坪乡、芦山乡、丹洲乡、河袱乡等乡镇跨界交粮的收购任务，负责接收每年汛期到来之前的水患粮调入接收任务。

1988—1992 年，粮食生产连续丰收，全市各粮库、粮站库存爆满。二库所有仓库装满后，还建了大小 7 个露天堆，用麻袋灌包堆码达 7000 多吨，其时粮食库存量达历史新高，突破 3 万吨。

1992 年，粮食市场放开，粮食统购统销政策废除，储存在粮食二仓库的平价周转粮食，被转入代省定点储存储备粮，12 月，市粮食局下文首批划转 2.75 万吨，其中早籼稻 1.98 万吨，晚籼稻 0.77 万吨。1993 年 3 月市粮食局下文划转代省储备粮计划 0.5 万吨，二仓库实际代储省储备计划 2.25 万吨。当年二库收购早晚稻 12688 吨。

1993—2000 年，该库每年收购均超过万吨，并担负省级储备粮和国家专储粮任务 2.6 万余吨。

1994 年 3 月底，储备库实际储备国家专储粮早稻 3590 吨，省专储粮早稻 22500 吨，平价周转贸易粮 1566 吨，议价粮早稻 554 吨、晚稻 2578 吨、糯谷 1094 吨，晚米 639 吨，总储粮达 3.2 万余吨。

2006 年，农业税取消，以粮食实物代征农业税停止，粮食收购完全市场化。至 2010 年，该库拥有高标准储粮仓房 9 栋 19 廒，标准仓房 5 栋 9 廒，总仓容 6.4 万吨，输送设备 20 台，输送长度 240 米，清谷设备 3 台，通风设备 108 台，鱼鳞式模压铁质地上笼 2900 米，环流熏蒸设备 34 组，担负省级调节储备粮任务 1 万吨，市级调节储备粮 10400 吨，静态小包装米 800 吨，食用油 700 吨。

（六）种植与农业产业化

该司自 1998 年开始种植优质稻丰香丝苗（此名后改为湘晚籼 5 号）。

该司实施“公司+基地+农户”的农业产业链，把分散零星种植户组织起来形成成片的“一乡一品”“一村一品”“一地一品”的优质稻开发，一直坚持到 2010 年，优质稻种植面积达 113 万亩，总收购为 41 万吨，按品种分别加价为 10%~15%，个别品种达 30%，为农民创收 9.8 亿元，涉及乡镇 90 个，涵盖全市 9 个区、县（市）。

2001 年，该司被审定为省级农业产业化龙头企业，根据省政府文件精神，于 2002 年依法开办水稻种子经营部（原公司二级非法人企业），主要从事优质稻种子繁育、提纯、生产、示种、示范推广等工作。2008 年，该司晋升为国家级农业产业重点龙头企业。

2002 年，该司申报生产绿色食品，于同年 8 月获得农业部绿色食品认证中心认证标志。

2003 年和 2004 年，该司连续两年申报生产有机食品，主要以稻鸭共生技术为主，按照有机食品生产要求进行规范化栽培。2004 年获得中国华夏有机食品认证中心认证标志。有机食品基地在桃源县深水港乡，面积 1000 亩。

2004年，由农业部主办，由省农业厅承办的国际水稻规范化栽培技术（GAP）及从种子到大田至餐桌的水稻食品安全技术（HPPA）项目被委托至该司实施，公司在石板滩镇现阳堡村进行栽培并于同年获得验收通过。记录和推广此项目技术的书籍在全国发行。

广积农业产业化情况见表1–3–3–4。

（七）企业荣誉

1989年，市大米厂晚籼特等米获商业部部优产品称号。

1990年9月，市粮食二仓库获省政府颁布的“省级先进企业”称号。

1991年9月，市大米厂被省政府财贸办评为“最佳效益企业”。

1993年6月，市米业公司被湖南省政府投入产出办评为先进集体。

2001年，广积牌系列精米获湖南省质量技术监督局“质量奖”；广积牌“江南软米”获中国首届国际食品博览会金奖产品。

2002年，被省人民政府授予湖南省“农业产业化龙头企业”称号。

同年3月，“江南软米”被湖南省名牌农产品评审委员会评为2001年度湖南省名牌农产品。

同年10月，广积“芙蓉贡米”“中国香米”“江南软米”被中国粮食行业学会评为放心米；广积牌精米获“全国质量信得过食品”（中国食品工业协会）。

2003年11月“广积牌”长寿面获湖南省第五届（国际）农博会金奖；广积米业被中国市场监测中心评为“中国讲诚信守合同重质量典范企业”。

同年12月，广积米业被人民日报社新闻信息中心评为“全国诚信单位”。

2004年被省粮食局评为“全省粮食产业化经营先进单位”。

同年2月起，“广积牌”中国香米、芙蓉贡米、洞庭水鸭获有机食品称号（中绿华夏有机食品认证中心）。

同年3月，被省农业产业化工作办授予湖南省“农业产业化龙头企业”称号。

同年9月，起“广积牌”中国香米、江南软米、芙蓉贡米、桃花香、粒粒香米、洞庭香米、洞庭湖米、万家香米、银针米、猫牙米、洞庭丝苗、洞庭雪粘、洞庭水鸭被中国绿色食品发展中心认定为绿色食品A级产品。

同年11月，广积米业被评为湖南省第六届（国际）农博会先进单位；“广积”商标被湖南省工商行政管理局评为“湖南省著名商标”。

2005年，公司总经理毛先红被国家粮食协会授予优秀企业家称号。

同年11月，广积“洞庭雪粘米”被第四届中国优质稻米博览交易会组委会评为优质产品、“中国香米”被评为十大金奖大米。

2006年，“广积”牌系列大米被国家质检总局评为国家免检产品。

同年4月，被中国粮食行业协会评为“全国放心粮油进农村先进单位”。

2007年1月，起“广积大米”被湖南省质量技术监督局评为“湖南名牌”产品。

2008年被农业部、国家发展和改革委员会、财政部、商务部、中国人民银行、国家税务总局、中国证监会、中华全国供销合作总社审定为“农业产业化国家重点龙头企业”。

同年获得湖南省企业质量信用A级企业。

同年4月，广积米业被湖南省粮食局授予“湖南省粮油加工重点企业”称号。

2009年3月，公司总经理蔡佐被授予“全国新农村建设模范人物”称号。

同年11月，“洞庭雪粘”获中国中部（湖南）国际农博会金奖。

2010年，被中国粮食协会授予“全国放心粮油进农村进社区示范工程示范加工企业”称号。

（八）广积米业领导班子成员

1.大米厂

厂长：刘焕清（1989—1992.8）；副厂长：孟玉华（1989—1992.8）、胡培德（1989—1992.8）、陈宪辉（1989—1990）、周庆军（1989—1992.8）；工会主席：周虎仲（1989—1990）、陈宪辉（1991—1992）、卢光汉（1993—1998）；书记：卢光汉（1989—1992）。

2.米业公司

总经理：刘焕清（1992.9—2000.12）、毛先红（2001.3—2002.2）；副经理：孟玉华（1993—1998）、胡培德（1993—1998）、周庆军（1993—1998）、陈启云（1992.10—1997）、毛先红（1998—2001.2）、龙顺如（1999—2001）、苏青林（2000—2001）；工会主席：孟玉华（1999—2004）；党委书记：陈建军（1993—1998）。

3.广积米业

董事长：毛先红（2002.3—2008）、李成秀（2009—）；副董事长：刘润华（2001—2006）；总经理：毛先红（2004—2008）、苏青林（2002—2003）、蔡佐（2008.6—）；副总经理：龙顺如（2002—2006.5）、舒福荣（2002—2007）、李成秀（2005—2008.5）；执行经理：尹明德（2008.6—2010）；工会主席：孟玉华（1999—2004）、刘润华（2005—2006）、孙永忠（2009—2010）；监事会主席：孟玉华（2002—2005）、舒福荣（2008—）；党委书记：毛先红（2002.3—2008）、李成秀（2009—2010）；副书记：刘润华（2001—2006）。

（九）广积储备库领导班子成员

1.市粮食二仓库（1993年—1998年6月，成为米业公司二级机构的储备库，熊建华任主任）

主任：苏文元（1989）、毛先红（1992.3—）、陈启云（1990）、熊建华（1993年—1998年6月任主任时，该库成为米业公司二级机构）；副主任：熊建华（1989—1990）、毛先红（1989—1990）、周榕生（1992.3）；工会主席：熊建华（1989—1990）；书记：王文君(1989—1990)、李银凤（1992.3）。

2.市东门粮食储备库

主任：毛先红（1998.7—2009.4）；副主任：熊建华（1998.7—2009.4）。

3.市广积粮食储备库

主任：李成秀（2009.5—）；副主任：舒福荣（2009.5—）。

常德广积米业人员统计表

表 1-3-3-2

年份	人员总数（人）						离退休（人）	党组织							团员（人）	专业技术职务（人）			
	合计	干部				职工		党员	工委	党组	党委	总支	支部	党小组		合计	高级	中级	初级
		合计	处级	科级	一般														
1989	189	27		5	22	162	87	40				1	3		40			4	29
1990	209	26		6	20	183	81	38				1	3		42			4	30
1991	224	27		7	20	197	85	39				1	3		35			4	31
1992	297	37		9	28	260	96	52				1	3		55			9	43
1993	297	36	2	5	29	261	101	56			1		4		53			11	48
1994	319	40	2	6	32	279	98	58			1		4		50			12	58
1995	343	44	2	6	36	299	95	67			1		4		56			11	49
1996	362	55	2	6	47	307	99	71			1		4		66			12	48
1997	386	62	2	6	54	324	92	72			1		4		76			12	50
1998	382	62	2	4	56	320	84	69			1		4		86			10	47
1999	381	57	2	3	52	324	81	69			1		4		84			10	46
2000	275	54	2	3	50	221	76	69			1		4		75			8	42
2001	272	54	1	3	50	218	114	71			1		4		36			8	43
2002	170						114	55			1		3		28			10	24
2003	184						113	55			1		3		28			10	24
2004	185						110	43			1		3		29			10	25
2005	184						104	46			1		3		27			12	25
2006	110						102	34			1		2		11			8	17
2007	107						100	32			1		2		7			7	18
2008	110						98	35			1		2		5			7	16
2009	118						96	35			1		2		12			7	16
2010	113						95	35			1		2		10			6	15

常德市广积米业生产经营状况表

表 1-3-3-3

年份	仓储量（吨）	生产加工（吨）						销售收入（万元）	利税（万元）
		大米	面条	食用油	米粉	饲料	合计		
2010	48000	24437	89			4318	28844	15123	58
2009	35000	7983				1048	9031	10843	26
2008	25000	10519				1472	11991	4213	−31
2007	20000	6847	55			845	7747	5370	33
2006	20000	12195	175	8		1690	14068	4400	15
2005	35000	10641	627	29		2116	13413	10536	10
2004	38000	18686	601	61		1922	21270	12826	92
2003	27000	12251	216		381	3980	16828	5515	79
2002	25000	8801	7		365	6357	15530	6536	25
2001	28000	14690	67			8163	22920	4326	−137
2000	26000	14080	102			8575	22757	4046	−197
1999	29000	13392	185			3572	17149	3918	−196
1998	45000	27017	205			5445	32667	11258	99
1997	25800	8031	245			931	9207	3513	−194
1996	29850	10993	228			2423	13644	3975	50
1995	28730	10349	215			2031	12595	3943	10
1994	30280	8884	362			968	10214	3991	189
1993	30958	9962	762			2418	13142	2914	187
1992	40820	15447	504			3714	19665	3891	15
1991	45290	26865	1135			5464	33464	4920	16
1990	45010	25789	1682			8470	35941	4567	43
1989	56960	32262	2350			9894	44506	5590	74

常德市优质稻种植推广统计表

表 1-3-3-4

年份	乡镇（个）	品种	面积（万亩）	数量（万吨）	加价幅度（%）
1998	3	丰香丝占	0.4	0.12	25—30
1999	10	湘晚籼 5 号、湘晚籼 9 号 野澳丝苗、湘晚籼 10 号	9.1	1.97	25—30
2000	11	湘晚籼 5 号、湘晚籼 9 号 湘晚籼 11 号	3.7	0.93	20—25
2001	13	湘晚籼 12 号、湘晚籼 13 号 丰优 162、南京 16，中香 1 号	4.44	1.21	25—30、20
2002	26	湘晚籼 12 号、湘晚籼 13 号 湘晚籼 11 号、桂香占、中健 2 号	7.45	2.34	15—20、25—30
2003	29	湘晚籼 11 号、湘晚籼 13 号、南京 16 浓香 99	7.56	2.35	15—20、25—30
2004	21	湘晚籼 11 号、湘晚籼 13 号 南京 16、浓香 99、衡晚 3 号	8.16	2.51	15—20、25—30
2005	21	湘晚籼 11 号、湘晚籼 13 号、广积 4 号 丰优香占、衡晚 3 号、新软占 13 号	5.3	1.59	15—20、25—30
2006	8	丰优香占、野丝占、新软占 13 号 湘晚籼 11 号、湘晚籼 13 号、粤农占	2.44	0.75	15—20、25—30
2007	7	湘晚籼 11 号、湘晚籼 13 号 野丝占、粤农占	1.49	0.45	15—20、25—30
2008	16	黄华占、湘晚籼 13 号 野丝占、粤农占、农香 18	15.18	4.99	10—15、20—25
2009	22	湘晚籼 12 号、湘晚籼 13 号 野丝占、黄华占、衡晚 3 号	14.44	4.75	10—15、20—25
2010	22	湘晚籼 12 号、湘晚籼 13 号 野丝占、黄华占、农香 18	13.96	4.28	15—20
2011	18	黄华占、湘晚籼 13 号 野丝占、农香 18	20.02	12.95	10—20
合计			113.64	41.18	

七、市德山粮油公司

（一）公司概述

该司正式挂牌于1993年9月，位于常德经济技术开发区德山老码头，主要经营项目为：粮食收购；预包装食品、散装食品批发兼零售；食用油收购、储存及销售。

该司隶属于市粮食局，为国有独资企业，注册资本56万元，占地面积26亩，员工24人，其中班子成员3人，均由市粮食局聘任。公司下设办公室、财计科、储备科、业务科、物管科。拥有粮食仓库8栋，有效仓容（麦容）2.5万吨，承储省、市两级储备粮1.62万吨（其中省级储备粮1.4万吨、市级调节储备粮0.22万吨），托市粮6088吨，市级储备油700吨。

自2001年起，该司每年被湖南省粮食局授予省级储备粮管理先进单位。

该司的前身为常德县粮食局德山直属仓库，组建于1956年，承担着常德县境内的粮食归集和外运任务。

1985年划归地区粮食局管辖，增加地区境内沅水流域其他县市的粮食集并和外运任务，年进出粮食数万吨。

1986年3月，该司与原常德地区粮油加工厂（后更名为金健德山植物油厂）合并，又增加了粮油的收购、加工和销售的业务。

1989年4月，与原地区粮油加工厂分开，更名为“常德市粮油贸易公司德山仓库”（以下简称市德山仓库），占地面积29.6亩，拥有苏式砖木结构粮食仓库5栋，总仓容1.3万吨，30吨地磅一个及建筑面积3000多平方米的简易工棚。其主要功能为：承储国家的政策性粮油和市场贸易粮。

1991年，新建日产24 吨的米厂一座。

1993年3月，市德山仓库被省粮食局批准为“常德德山湖南省粮食储备库”（以下简称德山储备库）。同年5月，市德山仓库划归市粮油总公司（市粮食局）直接管理，成为小一型企业，更名为“常德市粮油总公司德山公司”（以下简称市德山公司），同时挂德山储备库的牌子，主要承担国家储备粮、其他政策性粮油和企业自主经营粮油的保管，德山片区定购粮的收储，同时开展大米加工、粮油外购、外销、面条加工、居民生活用纸加工、庄吉品牌服装常德专卖、生猪养殖等多种经营业务。

1994年投资40多万元，将两栋露天棚仓改造成规范性储粮仓库，增加仓容1800吨。

1995年，又投资30多万元将原30吨的地磅改造成60吨的电子地磅。还投资近50万元新建2个100吨的立式储油罐及油泵房。

1998年7月，经市粮食局批准，原市粮油总公司岳阳公司与市德山公司合并组建新的市德山公司。合并后的市德山公司资产总额达6187万元。合并后的公司主要职能为：承储国家政策性粮油和自主经营的粮油，同时自主开展粮油市场经营活动。

同年9月，经市粮食局批准，又在市德山公司的基础上成立具有独立法人资格的从事附营业务活动的常德市德山粮油实业有限公司（秀峰公司），主要从事本公司的大米加工销售，居民生活用纸加工销售、庄吉品牌服饰常德专卖、生猪养殖、水产养殖等附营业务的管理。

1999 年，投资 30 多万元将原日产 24 吨的米厂改造成日产 50 吨的优质米厂。此后至 2002 年，又投资 200 多万元，对原有的 4 栋苏式砖木结构的粮仓进行提升改造，增加有效仓容 2000 吨，并将原有的仓外 7.5 千瓦风机，仓内地上簸笼通风道改造成 1.5 千瓦的大风道、小风机的通风加环流熏蒸系统，降低了能耗，增强了通风效果，减轻了粮保员的劳动强度和接触熏蒸药品的时间。2000 年，该司获得 8000 吨的省级储备粮的承储资格。

同年 3 月，市德山公司根据湘政发〔1997〕21 号文件和国办发〔1999〕10 号文的相关规定为 39 名自愿报名的员工进行了身份置换。

2004 年 6 月，公司对置换身份后的 39 名员工，通过考试后择优竞争上岗，录用其中的 28 名，剩下的作为退休人员移交至社区进行管理。

同时，该司通过参与湖南省储备粮代储企业的采购竞争性谈判，获得 9000 吨的省级储备粮代储资格，又投资 30 多万元对 P1 粮仓进行提升改造，增加储粮仓容近 1000 吨。

2005 年 12 月，因汉寿太子庙粮库划归央库又获得调整增加的 5000 吨省储粮规模。

2006 年，投资近 40 万元购置两组输粮设备，撤除院内的 2 栋简易工棚，增加通道及晒坪近 1000 平方米，同时改造硬化近 2000 平方米的库区道路。

2007 年，投资近 10 万元，添置全库智能粮情检测设备。

2009 年，筹资 130 万元将原米厂的部分仓库改扩建为仓容 2200 吨的规范性储粮仓库，使该库的有效仓容达 25013 吨。

常德市德山粮油公司承储储备粮油统计表

表 1-3-3-5　　单位：吨

年份	国家		省级储备粮油	市级调节储备粮油	最低保护价粮	议价油
	储备粮	储备油				
1989						
1990						
1991						
1992	2250					
1993	3450		2000			
1994	2250		2000			
1995	2250		2000			
1996	6250					

续表 1-3-3-5

年份	国家		省级储备粮油	市级调节储备粮油	最低保护价粮	议价油
	储备粮	储备油				
1997	6250		2143			73
1998	2549		2143			71
1999	3500	3170	2583			
2000	5592	3170				
2001			8000			
2002			8000			
2003			8000			
2004			9000		1248	
2005			9000		3000	
2006			14000		800	
2007			14000	1800		
2008			14000	1800		
2009			14000	1800		
2010			14000	1500		

常德市德山粮油公司定购粮收购统计表

表 1-3-3-6　　单位：吨

年份	1994	1995	1996	1997	1998	1999	2000	2001	2002
数量	437	62	990	400	1000	5782	6082	6082	2478

（二）公司领导班子成员

1.市粮油贸易公司德山仓库

主任：陈孟怀（1989.4—1992.2）、陆友洲（1992.2—1993.7）；副主任：彭若瞻（1989.4—1990.2）、王平（1990.3—1992.7）、陈华丽（1992.8—1993.6）；党支部书记：陈孟怀（1989.10—1993.7）；工会主席：陈天艳（1992.7—1993.6）。

2.市德山粮油公司

（1）1993 年 7 月—1998 年 6 月

经理：陈华丽（1993.7—1998.6）；副经理：胡万全（1993.7—1994.2）、李志祥（1994.3—1998.6）；工会主席：陈天艳（1993.7—1998.6）；党支部书记：陈孟怀

(1993.7—1998.6)

(2) 1998 年 7 月—2011 年 2 月

经理兼党支部书记：肖友平（1998.7—2004.6）、李志祥（2004.7—2011.2）；副经理：李志祥（1998.7—2004.6）、李成秀（1998.7—2004.6）、胡绍国 2004.7—2011.2、李文清 2004.7—2009.2、史 堃 2009.3—2011.2；工会主席：胡绍国（1998.7—2004.10）、许梅生（2004.11—2010.10）；党支部副书记：许梅生（1998.7—2004.6）、吴先斌（2009.3—2011.2）。

常德市德山粮油公司人员统计表

表 1-3-3-6

年份	人员总数（人）					离退休（人）	党组织		团员（人）	专业技术职务(人)		
	合计	干部			职工		党员（人）	支部（个）		合计	中级	初级
		合计	科级	一般								
1989	21	11	3	8	10	3	7	1	9	5	1	4
1990	26	13	3	10	13	3	7	1	14	6	2	4
1991	28	13	3	10	15	3	7	1	14	8	2	6
1992	29	13	3	10	16	4	7	1	14	8	2	6
1993	40	13	3	10	27	4	7	1	14	8	2	6
1994	49	13	3	10	36	4	10	1	10	9	1	8
1995	57	15	3	12	42	4	14	1	15	10	2	8
1996	61	16	3	13	45	6	15	1	18	10	2	8
1997	69	18	3	15	51	6	16	1	20	15	2	13
1998	82	27	5	22	55	8	23	1	24	16	3	13
1999	80	25	5	20	55	10	17	1	26	13	3	10
2000	41	15	5	10	26	10	20	1	11	10	1	9
2001	41	15	5	10	26	11	19	1	10	10	1	9
2002	39	14	5	9	25	12	21	1	9	11	1	10
2003	39	13	5	8	26		18	1		11	1	10
2004	28	12	5	7	16		13	1		10	1	9
2005	28	8	6	2	20		13	1		10	1	9
2006	28	8	6	2	20		13	1		10	1	9
2007	27	8	6	2	19		13	1		9	1	8
2008	27	7	5	2	20		13	1		8	1	7
2009	28	7	5	2	21		13	1		8	1	7
2010	27	7	5	2	20		13	1		8	2	6

常德市德山粮油公司产、购、销、存统计表

表 1-3-3-7　　　　单位：吨

年份	库存粮食	购入	销售	加工	年份	库存粮食	购入	销售	加工
1989	5207	8842	8293	1743	2000	15458	4703	4824	—
1990	9796	9564	4975	1822	2001	15997	8000	7461	—
1991	11134	13181	11843	3	2002	12364	1700	5333	—
1992	6870	3674	7938	1010	2003	10933	2347	3778	—
1993	8971	7774	5673	435	2004	10248	2248	2933	—
1994	8691	6508	6788	—	2005	12223	8600	6625	—
1995	7936	7328	8083	—	2006	14800	9878	7301	—
1996	7314	6856	7478	1339	2007	15800	15200	14200	—
1997	11017	7157	3454	189	2008	15800	5000	5000	—
1998	7248	2055	5824	—	2009	15800	8200	8200	—
1999	15579	2810	5521	—	2010	15500	6900	7200	—

八、市武陵粮油管理站

（一）历史沿革

该站为市粮食局直属的国有独资粮食购销企业，位于武陵区城北紫桥社区紫桥北路289号，注册资本163万元。

1995年9月25日，根据市政府〔1995〕18号文件，常德武陵区和鼎城区的部分乡镇区划进行调整，将鼎城区的河洑镇、河洑乡、丹洲乡、南坪乡、芦山乡等5个乡镇划入武陵区。为便于上述5个乡镇粮食行业工作的管理，市粮食局以常粮办〔1995〕18号文件发出《关于鼎城区“四乡一镇”粮食方面实施交接的通知》，以鼎城区原河洑中心粮站为基础，连接河洑、丹洲、南坪、芦山等4个乡粮店，组建“河洑粮食管理站”并加挂“河洑粮油经营公司”牌子，成为市粮食局直属的实行独立核算、自负盈亏的法人实体，主要负责4个乡区域内的定购粮收购、非农业人口粮食供应和农村粮食销售（含原鼎城区渔场的粮食定购收购），同时开展市场经营。其财务和粮食购、销、调拨包干计划由市粮食局单列，实行独立核算。其党、政事务委托市粮油贸易总公司代管，其所属人、财、物亦与市粮油贸易总公司对接。以河洑镇粮管站及其所属大米加工厂、渡口粮店组建新的河洑镇粮管站，划归市粮油供应总公司。

1995年11月，由原鼎城区粮食局直属的河洑中心粮管站下属河洑乡粮店、南坪乡粮店、丹洲乡粮店及牛鼻滩中心粮管站下属芦山乡粮店等4个乡粮店组建常德市武陵粮油管理站（以下简称市武陵粮管站），并加挂常德市武陵粮油总公司牌子，主要从事4个乡区域内的农村定购粮收购和非农业人口粮食供应。

该站注册地址在武陵区河洑乡岩桥村三组，注册资金163万元，法人代表张惠忠；下属单位有：河洑乡粮站、丹洲乡粮站、南坪乡粮站、芦山乡粮站。后又成立岩桥粮油经营分公司，从事议价粮食贸易经营。

1997年3月28日，市粮食局公布《关于河洑镇粮站人、财、物移交问题会议纪要》，决定将原河洑镇粮管站从市粮油供应总公司划出，与市武陵粮管站合并为新的市武陵粮管站；在原河洑镇粮管站米厂的基础上组建河洑米厂，河洑乡粮管站更名为河洑镇粮管站，这两个单位归属新的市武陵粮管站管理。市武陵粮管站不再由市粮油贸易总公司代管，改由市粮食局直属管理。原河洑粮管站渡口粮店由于其城镇居民粮食供应职能的消失而注销。同年4月，市武陵粮管站搬迁至市城区朗州北路梅园小区11组，下属单位有河洑镇粮站、丹洲乡粮站、南坪乡粮站、芦山乡粮站、河洑米厂、河洑粮油经营公司。

1998年6月，市武陵粮管站主、副业务分开，于8月将河洑米厂、河洑粮油经营公司等副营业务企业合并成立常德市金达粮油有限公司（以下简称金达），专门从事粮食加工、市场粮食销售等业务。金达出资主体为市武陵粮管站，作为独立法人，自负盈亏。金达位于常德武陵区河洑镇犀牛口社区。

市武陵粮管站接管金达的粮食收储（购销）主营业务，下属单位有丹洲乡粮站，河洑镇粮站、南坪乡粮站、芦山乡粮站。

2003年6月，市武陵粮管站开始实施职工身份置换改革，实行“买断走人”或留岗返聘。

至2004年7月，该站305名职工，49人按政策提前退休并与原已正常退休的33人一同交由市社保处管理，2名离休人员交市粮食局管理，221人被置换身份，其中60人参与该站返聘竞争上岗，161人“拿钱走人”。改制后，该站将金达更名为河洑米厂，将丹洲乡粮站并入河洑米厂管理。

2010年2月，根据市政府当月22日第5次《专题会议纪要》精神，收回南坪乡粮站52.61亩国有土地使用权，武陵粮管站拆销南坪乡粮管站，国有资产整体出让，员工另行安排。

2012年6月，南坪乡粮管站注销。

（二）党政管理工作

1995年11月，根据市粮食局的规定、企业管理规章和企业章程，市武陵粮管理站的党、政工作由市粮油贸易总公司代管，该站作为一级法人，下属单位丹洲乡粮站、河洑乡粮站、南坪乡粮站、芦山乡粮站实行二级非法人单位管理，财务管理上实行报账制。单位设党支部书记1名、副书记1名，支委若干名；设经理1名，副经理若干名。

1997年3月，市武陵粮管站的党、政工作改由市粮食局直接管理，单位仍为一级法人，下属单位丹洲乡粮站，河洑镇粮站、南坪乡粮站、芦山乡粮站、河洑米厂、河洑经营公司实行二级非法人管理，其财务管理上仍实行报账制。单位党总支设书记1名、副书记1名、委员若干名，经理集团设经理1名、副经理若干名；下属单位设党支部6个，并设直属机关党支部1个。

1998年7月，市武陵粮管站以出资人的身份组建金达，其党、政管理由该站负责。金达作为独立法人，自负盈亏；设董事长1名，经理1名，副经理若干名；设党支部1个。

市武陵粮管站下设河洑镇粮站、丹洲乡粮站、南坪乡粮站、芦山乡粮站等4个下属单位党支部和机关党支部。

2004年7月，市武陵粮管站下属单位合并为河洑米厂、河洑镇粮站、南坪乡粮站、芦山乡粮站等4个，金达被拆销，设河洑镇粮站、南坪乡粮站、芦山乡粮站及直属机关支部。

2011年3月，南坪乡粮站拆销，市武陵粮管站下属单位为河洑米厂、河洑镇粮站、芦山乡粮站，设河洑镇粮站党支部、芦山乡粮站党支部、机关党支部。

（三）经营管理

1995年11月起，市武陵粮管站主要承担武陵区范围内丹洲乡、河洑镇（包括原河洑乡）、南坪乡、芦山乡等4个乡镇的农村定购数、保护价粮等的收购与销售（收储），2000年起另行承担部分中储粮常德直属库的托市粮食收购。

1997年3月起，原市粮油供应总公司河洑镇粮管站并入市武陵粮管站后，仍承担部分市城区粮食供应的大米加工，并自主进行市场大米加工销售。1998年，主副业务分开后，市武陵粮管站的粮食加工业务由金达承担，直至2004年7月金达被拆销。同时，市武陵粮管站开始实行以粮食经营为主的多种经营模式。

（四）历届领导班子

1.1995年11月—1997年3月

经理：张惠忠；副经理：冯本亮、阳仁杰、郑元珍；党支部书记：张惠中；副书记：冯本亮（至1996年6月调出）；支部委员：郑元珍。

2.1997年3月—1998年6月

经理：张惠中；副经理：阳仁杰、程富彩、郑元珍；党总支书记：张惠中；副书记：阳仁杰；总支委员：程富彩、郑元珍。

3.1998年6月—2000年1月

经理：陈华丽；副经理：阳仁杰、程富彩、郑元珍；党总支书记：陈华丽；副书记：阳仁杰（任职至1999年12月内退）；委员：程富彩、刘益民、郑元珍（任职至1999年12月内退）。

4.2000年1月—2004年7月

经理：陈华丽；副经理：程富彩、刘泽荣、张宏东；党总支书记：陈华丽；副书记：刘益民；总支委员：程富彩、刘泽荣、张宏东。

5.2004年7月—2011年3月

经理：刘泽荣；副经理：程富彩、吴先斌、张宏东；党总支书记：刘泽荣；副书记：程富彩；总支委员：吴先斌（任至2009年3月调出）、张宏东、潘杰（2005年7月辞职）、彭子新（2005年7月增补）。

6.2011年3月—

经理：吴先斌；副经理：程富彩、张宏东；党总支书记：吴先斌；副书记：程富彩（任至2012年5月内退）；总支委员：张宏东、彭子新。王华（2012年8月增补）、皮银娥（2012年8月增补）。

武陵粮油总公司人员统计表

表1-3-3-8

年份	人员总数（人）						离退休（人）	党组织（个）				团员（人）	专业技术职务（人）		
	合计	干部				职工		党员	总支	支部	党小组		合计	中级	初级
		合计	处级	科技	一般										
1995	209	12		4	8	197	12	15		1		27	18		18
1996	210	11		3	8	199	12	15		1		27	18		18
1997	264	17		4	13	247	30	27		1		39	28	1	27
1998	266	21		6	15	245	30	27	1	6		39	28	1	27
1999	268	23		6	17	245	33	27		6		42	28	1	27
2000	272	25		6	19	247	34	27		6		44	30	2	28
2001	286	25		6	19	261	34	28		6		45	30	2	28
2002	298	25		6	19	273	35	29		6		45	30	2	28
2003	305	25		6	19	280	35	31		6		42	30	2	28
2004	60					60		19		4			6	1	5
2005	53					53		19		4			6	1	5
2006	53					53		19		4			6	1	5
2007	53					53		17		4			7	1	6
2008	50					50		17		4			7	1	6
2009	49					49		17		4			6	1	5
2010	49					49		17		4			6	1	5

说明：1.1997年起人员总数大幅度增加是因为原武陵粮油总公司与常德市粮油供应总公司河洑镇粮管站合并后人员相加；2.2004年武陵粮油总公司完成职工身份置换改革，人员身份全部为合同制员工，无职工与干部之别；3.2014年后离退休人员全部交社保或有关行政管理部门

武陵粮油总公司粮食收购量统计表

表 1-3-3-9　　　　单位：吨

年份	收购数量	备注	年份	收购数量	备注
1995	13243		2000	14359	包括代储粮
1996	15702		2001	11223	包括代储粮
1997	19640		2002	5380	
1998	4910		2003	1191	
1999	2263				

九、常德科雄饲料有限公司

（一）公司沿革

该司根据常粮饲〔1998〕047 号文件精神，将原“地区粮油工业饲料公司”中的饲料企业管理职能和部分人员析出，加上上收的原常德市（1988 年更名为武陵区）饲料厂的全部人、财、物组建而成，隶属于市粮食局，为自主经营，自负盈亏的国有饲料企业。该司位于人民东路 103 号，占地面积 4 公顷多，总投资 600 多万元。全套饲料生产和检验、化验设备匀从澳大利亚引进，单班生产能力 2 万吨。后配套建设 1000 头猪场、1000 只鸡场，固定资产达 630 多万元。该司有员工 120 多名，有一支科技队伍，研制生产孤峰牌畜禽水产养殖全价饲料系列产品，该产品荣获省科委颁发的科技成果奖，同时荣获湖南省农资产品博览会金杯奖。

公司采取畜禽养殖、畜产品加工、饲料生产销售一条龙的经营方式。

2001 年年初，根据常企改制〔2001〕9 号文件《关于常德市饲料公司、企业改制重组的报告》的精神，保留原饲料公司部分建制，将生产经营划出，成立科雄饲料责任有限公司。

2005 年，科雄饲料公司迁至西洞庭管理区，占地面积 40 亩，投资 2000 多万元，在西洞庭食品工业园兴建生产能力 20 万吨的饲料生产基地，生产“科雄牌”系列产品。

（二）领导班子成员

1.1989 年 4 月—1991 年

经理：张春志；副经理：陈彩、刘大海；工会主席：李占荣；书记：莫元勇。

2.1992 年

经理：刘大海；副经理：陈彩、甘俭民；工会主席：唐德志；书记：刘大海。

3.1993—1994 年

经理：钟广新；副经理：陈彩、刘丛友、甘俭民；工会主席：唐德志；书记：刘大海。

4.1995—1997 年

经理：刘丛友；副经理：陈彩、甘俭民；工会主席：唐德志；书记：刘大海。

5.1998 年

经理：吴家茂；副经理：陈彩、梁正南、蒋志祥；工会主席：唐德志；书记：吴家茂。

6.1999 年

经理：梁正南；副经理：甘俭民；工会主席：唐德志；书记：梁正南。

7.2000—2003 年（科雄饲料有限责任公司 2001 年 4 月成立，梁正南任董事长、经理、书记；任市公司经理、书记）

经理：梁正南；副经理：甘俭民；书记：梁正南。

8.2004 年以后，梁正南辞去市饲料公司经理、书记职务，甘俭民任市饲料公司经理。

市科雄饲料公司生产经营统计表

表 1-3-3-10

年份	品名	产量（吨）	产值（万元）	利税
1989	鸭料	3700	499.5	−36.4
	猪料	960	144	
	小计	4660	643.5	
1990	鸭料	3800	513	−38
	猪料	1000	150	
	小计	4800	663	
1991	鸭料	3480	469.8	−41
	猪料	1216	182.4	
	鱼料	500	62.5	
	小计	5196	714.7	
1992	鸭料	3656	493.6	持平
	猪料	1248	187.2	
	鱼料	800	100	
	小计	5704	786.8	
1993	鸭料	3856	532.1	4.2
	猪料	1300	208	
	鱼料	1180	159.3	
	小计	6856.6	899.4	
1994	鸭料	3760	518.9	10.7
	猪料	1248	199.7	
	鱼料	5360	723.6	
	小计	10368	1442.2	
1995	鸭料	4160	561.6	7.8
	猪料	1210	193.6	
	小计	2980	405.3	
1996	鸭料	1600	220.8	−3.8
	猪料	800	128	
	鱼料	2130	278.6	
	小计	4530	636.4	
1997	鸭料	1380	190.4	−40
	猪料	740	118.4	
	鱼料	2216	321.3	
	小计	4336	630	
1998	鸭料	270	37.26	−120
	猪料	120	19.2	
	鱼料	570	82.7	
	小计	960	139	
1999	鸭料	310	37.8	−110
	猪料	130	22.1	
	鱼料	860	146.2	
	小计	1300	206.1	
2000	鸭料	310	40.3	−180
	猪料	180	35.6	
	鱼料	200	58	
	小计	690	133.9	
2001	鱼料等	2600	409	10.8
2002	鱼料等	2680	992	10.3
2003	鱼料等	6000	1130	5.2
2004	鱼料等	7200	1525	19.2
2005	鱼料等	6800	1494	0.3
2006	鱼料等	4000	736	持平
2007	鱼料等	3000	735	−21.2
2008	鱼料等	960	230.5	−128
2009	鱼料等	970	252.305	持平
2010	鱼料等	4654	1256.58	18

十、湖南金健米业股份有限公司

（一）公司简介

该司成立于1998年，是中国农业银行控股的一家以优质粮油深度开发和新型健康食品研制为主的国有上市公司。经营领域涉及粮油食品、乳品、药品、对外贸易等行业，主导产品为大米及米制品、面粉、面条、食用油、牛奶及其制品、药品等。

湖南金健米业股份有限公司概貌

至2012年年底，公司总资产13.54亿元，下辖14家子公司，员工2467人。

1.产能规模：大米年加工能力25万吨，油脂油料年加工能力20万吨，面制品年加工能力15万吨，米粉、牛奶及糙米饮料年加工能力5万吨。

2.基地及仓储规模：拥有绿色、有机、优质稻核心基地3.33万公顷，粮食及油料仓储能力20万吨，油罐储备能力3万吨，是郑州商品交易所早籼稻、菜籽油期货交割库。

3.市场状况：公司建立面向全国的小包装粮油产品市场营销网络，进入全国2800多个大型KA卖场系统，拥有全国经销商300多个、终端网点近10万个，省会城市产品覆盖率达100%，地级城市产品覆盖率达70%。

4.2012年经营指标完成情况：销售大米25万吨；销售面条8.5万吨；销售小包装食用油6万吨；牛奶7548万元；大输液1.77亿瓶（袋）；同比增效7200万元。

（二）成立及上市

1998年1月12日，经省政府湘政函〔1998〕2号文件批准，由市粮油总公司作为独家发起人，以其下属深圳潇湘米业公司、常德植物油公司、常德市面粉公司、常德市金海实业公司、临澧合口油脂化工厂经评估确认后的净资产折为1亿股设立湖南金健米业股份有限公司，1998年4月8日以募集方式在上海证券交易所首次向社会公开发行人民币普通股A股5000万股，募集资金2.65亿元,合计总股本1.5亿股。

（三）增资扩股及股本结构

1.增资扩股情况

1999年10月8日，公司以1998年底股本1.5亿股为基数，向全体股东实施每10股送2股红股及转增5股，公司股本增至2.55亿股。

2001年1月9日，公司向社会公众增发人民币普通股A股0.5亿股，募集资金8.05亿元,总股本增至3.05亿股。

同年5月27日，公司以2000年末总股本2.55亿股为基数，以10∶2比例送红股0.51

亿股，以 10:3 比例用资本公积金转增股 76 500 065 股，公司股本增至 432 500 065 股。

2006 年 1 月，因解决大股东占用问题，公司通过“以股抵债”方式注销了 9506 万股国有法人股，公司股本变更为 337 440 065 股。

同年 11 月，公司以总股本 337 440 065 为基数，实行股权分置改革，以 10:6.135 比例用资本公积金转增股 207 019 552 股，公司股本增至 544 459 617 股。

2.公司股本结构

公司总股本为 641 783 218 股。其中，湖南金霞粮食产业有限公司持股 143 350 051 股（其中持有有限售条件股份 50 693 501 股），占总股本的 22.34%；湖南发展投资集团有限公司持有有限售条件股份 24 330 900 股，占总股本的 3.79%；湘江产业投资有限责任公司持有有限售条件股份 1500 万股，占总股本的 2.34%；湖南兴湘创富投资有限公司持有有限售条件股份 729.92 万股，占总股本的 1.14%。

（四）大股东更替

公司大股东原为市粮油总公司，2005 年，其所持股权被依法拍卖，但三次拍卖均告流拍。2006 年，法院依法裁定将公司的 1.46 亿股股权（持股比例为 43.27%）按第三次拍卖的保留价折价后抵偿中国农业银行的贷款本息，并于同年 6 月 13 日正式完成该 1.46 亿股股权的过户手续。由此，农行正式成为金健米业最大的法人股股东。

（五）经营地址变迁

公司筹建初期，总部办公地址设市粮食局金海实业公司后栋办公楼（工商注册为常德市大高山街 26 号）。

1998 年 4 月，总部办公地址迁至市农业银行（工商注册为常德市武陵大道 37 号）9—10 楼；

2002 年 4 月，德山金健粮食工业城建成投产，公司总部科技大楼落成，总部办公地址迁至市德山开发区崇德路 158 号。

（六）公司历届主要领导成员

1.1998 年 4 月—2001 年 5 月

第一届董事长：车世炎；总经理：郑治文；监事会主席：钟儒敏。

2.2001 年 5 月—2004 年 6 月

第二届董事长：郑治文、梁宋模；总经理：孙圣斌；监事会主席：钟儒敏、肖瑛。

3.2004 年 6 月—2006 年 5 月

第三届董事长：梁宋模；总经理：孙圣斌；监事会主席：张宏成。

4.2006 年 5 月—

第四至第五届董事长：肖立成；总经理：肖汉族；监事会主席：余少君。

5.2011 年年底—

董事长：周星辉；总经理：肖汉族；监事会主席：余少君。

（七）产业结构调整

公司一直以粮油食品精深加工为主业，1999 年开始向多元化发展。

1999 年 11 月，收购临澧湘北制药厂组建湖南金健药业有限责任公司。

2000 年 3 月，与黑龙江省监狱局所属天盈集团共同组建黑龙江金健北方现代农业有限公司。

2001 年 7 月，成立由金健米业控股的湖南阳光乳业股份有限公司。

同年 10 月，与市农业科学研究所合资组建湖南金健种业有限责任公司。

2002 年，公司提出实施“一体两翼”的产业调整战略，基本形成以大米、面条、米粉、食用油、乳品、优质稻种子等粮油食品的精深加工为主体产业（“一体”），以医药产业和城建房地产开发为“两翼”的产业发展格局。

2003 年 8 月，公司立足盘活政府欠款抵偿的土地资产而进入房地产业，组建了金恒房地产公司，开发“金色晓岛”楼盘。

2004—2005 年，公司先后合资成立了金健米业（泸州罗沙）有限公司、金健米业（临澧）精米有限公司、岳阳金健米业精米有限公司，进行大米产业扩张。

从 2004 年开始，公司逐步退出电力、路桥收费、酒店、对外实业和证券投资等产业；2006 年起又逐步退出黑龙江金健北方现代农业有限公司、金健米业（泸州罗沙）有限公司、岳阳金健米业精米有限公司。

（八）品牌建立与创新

公司“金健”品牌系自创。该司是国内第一家走出大米散装经营，最早生产加工小包装米并推向市场的企业，是中国第一个创立大米品牌的企业，被誉于“中国大米第一品牌”，是参与大米国家标准修订的唯一企业单位。

1994 年，金健米业前身之一的潇湘米业公司开发“珍珠强身米”，注册“金健”商标，成为国内第一个小包装大米品牌，结束了中国大米无品牌的历史。

2002 年，公司获湖南省首届质量管理奖。

2004 年 9 月，“金健”牌大米被评为“中国名牌产品”。从 2004 年起，公司连续 4 年被世界品牌试验室及世界经济论坛联合组织评为“中国 500 最具价值品牌”。

2006 年 1 月，“金健”商标被认定为“中国驰名商标”，公司成为全国粮食行业第一家取得“中国名牌产品”和“中国驰名商标”的企业，并在泰国、柬埔寨、日本、越南等国家和中国香港地区分别进行注册。

2007 年，大米“中国名牌产品”复评和面条申报“中国名牌产品”，双双以行业总分第一的成绩获牌。此外，“金健”牌面粉、植物油、液态奶、大输液均为“湖南省名牌产品”。公司主导粮油产品均获“绿色食品”A 级认证证书，其中高档大米均获得“有机食品”认证证书，公司先后通过 ISO 9001:2000 质量管理体系认证、HACCP-EC-01（ISO 22000）食品安全管理体系认证及 ISO 14001:2004 环境管理体系认证。

2007 年 9 月，公司副总裁吴远海参加人民大会堂举办的中国名牌产品暨中国世界产品表彰大会

2007 年 9 月，公司原董事长肖立成出席省名牌颁奖会议

（九）科技体系的建立与创新

2001 年 6 月，人事部批准该司成立“企业博士后工作站”，成为中国粮食系统和常德市第一家博士后科研工作站。

同年 7 月，公司技术中心被认定为省级技术中心；公司被科技部确定为“十五”首批全国 50 家国家级科技创新型星火龙头企业之一。

2008 年 9 月，公司被省科技厅确定为稻米工程技术研究中心。10 月，公司被农业部确定为粮油加工领域的稻谷研发分中心；同时，公司及其下属的金健药业公司、金健高科技食品公司、金健种业公司均被认定为湖南省高新技术企业。

2011 年 3 月，公司被农业部认定为国家水稻产业技术体系常德综合实验站。7 月,公司被省科技厅认定为湖南省米制品研究与开发企业重点试验室。

左图为湖南金健米业股份有限公司于 2001 年 4 月被中国粮食行业协会评为 2010 年度全国大米加工企业 50 强时所获得的证书。

中图为 2007 年 9 月国家质量监督检验检疫总局为湖南金健米业股份有限公司生产的金健牌大米颁发的 2007 年~2010 年中国名牌产品证书。

右图为 2007 年 9 月国家质量监督检验检疫总局为湖南金健米业股份有限公司生产的金健牌挂面颁发的 2007 年~2010 年中国名牌产品证书。

公司自成立以来，先后承担20多项国家级、省级“九五”“十五”“十一五”“十二五”科研项目及“863”计划项目，取得系列重要成果，特别是在稻米深加工领域处于国际先进水平，取得如“99NKY1002-3早稻米深加工——保鲜方便米粉”“稻米深加工的技术与应用研究”“籼型优质不育系金23A的选育与应用研究”等一批有代表性的重大科研成果。公司累计获得专利授权55项，获得国家级科技进步二等奖5项，省部级科技进步二等奖5项、三等奖2项，常德市科技进步奖11项，并先后参与制定《大米》国家标准、《大米加工企业规范》国家标准和《湘米》地方标准、《湿米粉》地方标准，在稻米深加工科研和产业化领域处于国内领先水平。

第四节　市商业系统

1989年，全市商业企业固定资产原值21 040万元，其中市直商业企业6150万元；全市有商业职工28 289人，其中县局以上机关293人。按行业统计：百货5216人，纺织1751人，五交化2435人，肉食水产7359人，副食品3654人，蔬菜1422人，饮食服务4019人，工行贸易1500人，仓储运输67人。同年市直商业企业职工总数3789人，其中干部801人，获评技术职称653人，其中获高级职称8人，中级职称216人，初级职称429人。党员总数775人，所辖党委2个，党总支3个，党支部33个，党小组117个。

当年全市购（调）入合计94 163万元，其中国内商业纯购进：58 446万元；国内商业销售82 824万元，其中国内商业纯销售65 120万元；实现利润1013.2万元（财政入库利润629万元，比上年增长68.2%）；缴税及付银行利息2100多万元。

是年，全市商业系统开展清理整顿公司活动，纳入清理整顿范围的公司989家，撤销267家，降格改名56家。

1990—1991年，根据国务院《全民所有制工业企业承包经营责任制暂行条例》、省政府湘政发〔1989〕26号文件和湖南省商业厅〔1989〕湘商字第25号文件精神以及市政府经济工作会议精神，全市商业企业推行承包经营等改革。

1990年，大多数国营企业都在超额完成了第一轮承包任务的基础上承包租赁到期。全市大中型商业企业第一轮承包到期的有44家，承包3年销售收入比承包前增长43.64%，实现利润比承包前增长6.4倍，3年上交国家财政584.6万元，比承包前财政退库1154万元增加1738.6万元；固定资产增值3134万元，比承包前增长91%；其中税前还贷比承包前增长7.37倍。当年，商业部门公开招标的基础上选择经营者，对53家大中型商业企业重新确定承包基数和租赁租金，签订新一轮承包租赁合同。

1991年国营商业市场占有率下降，批发销售日益萎缩。全市三级批发除五交化全面盈利和百货行业略盈外，其他行业盈利极少。当年全市批发销售额87 882万元，比上年下降5.5%。

1992年全市批发销售66 390万元，消费品零售44 481万元，分别比上年下降15%、

8.2%；商品纯购进 46 928 万元，商品纯销售 50 145 万元.是年，市直商业企业亏损面继续扩大，除原有的肉食、蔬菜公司外，副食品总公司、纺织品总公司和常德肉联厂也相继成为亏损大户。当年 5 月起，根据国务院《全民所有制工业企业转换经营机制条例》和商业部、国务院经贸办、国家体改委〔1992〕商社联字 287 号《全民所有制商业企业转换经营机制实施办法》，全市国有商业实行“四放开”（经营放开、价格放开、用工放开、分配放开）。至年底，全市 89 家大、中型国有商业企业均实行“四放开”，308 家小型企业实行“四放开”的 201 家，占 65.3%。

实行“四放开”后，1993 年，全市商业系统先后开拓建材、石油、煤炭、旅游、文化娱乐、建筑装饰等 10 多个新的经营项目，扩大销售 5000 万元。放开价格商品 2507 种，4.62 万个，放开后价格上升的 3917 个，下降的 1.75 万个。建立“跳蚤”柜台 15 个，与顾客面议价格的商品达 1.23 万个。用工放开，对企业领导干部实行聘任制，对企业职工实施在岗、试岗、待岗制度。分配放开，实行百元销售工资（毛利）含量包干、工资浮动等多种分配形式；大多数企业建立了按级分档的风险抵押制度。市直商业系统参加风险抵押者 1837 人，抵押金额 57.54 万元。

自 1978 年到 1992 年年底，全市商业系统共投资 12 883 万元，先后建起 21 个大中型商业网点，新增营业面积 11.27 万平方米。新建的大中型网点主要有：市中心百货大楼、常德百货大楼、常德交电大厦、华厦商业大楼、清真第一春、德山商业大厦、鼎城商业大楼、东门百货大楼、津市中心大楼、津市友华商场、澧县兰江第一、第二百货大楼、澧县翊武大楼、澧县中心大楼、安乡纺织品大楼、安乡中心大楼、临澧百货大楼、桃源漳江大楼、鼎园大楼、石门明珠商场等。

至 1992 年年底，全市商业系统拥有固定资产原值 2.95 亿元，职工总人数 29 885 人，独立核算单位 570 个，自然网点 902 个，自有流动资金 5000 万元。

1993 年，全市商业系统在小型企业中引入个体经营，推行以租赁为主要内容的“国有民营”、“国有私营”改革。全市国有商业共有 259 个企业的 2458 个门店和柜台实行“国有民营”；有 10 个企业的 90 个门店实行“四自一包”（自愿组合、自筹资金、自主经营、自负盈亏、包干上交）。

1995 年，根据省政府湘政府〔1994〕8 号《批转省经委关于国有企业改革 3 个文件的通知》和湘政发〔1995〕19 号《关于深化国有工业改革有关问题的通知》精神，国有商业企业推行股份制改革试点。市直商业系统确定武陵百货大楼、五交化站、百货站为实施股份制改革试点单位。到 1996 年年底，全市国有商业企业实行股份制和股份合作制改造者达 19 家，股本总额达 745 万元。

1997 年，全市国有商业市场份额大幅下滑，当年全市社会商品零售总额 89.86 亿元，国有商业仅占其中的 9.9%。与此同时，个体私营商业则逐年增长，同年全市个体工商户达到 21.98 万户，从业人员 8.42 万人，营业额达 88.59 亿元，比 1996 年增长 8%，上缴税金 1.85 亿元。

对此，市政府加大企业改革力度，当年市财办抽调 38 名干部，组成 10 个工作组派到 10 个国有商业企业，帮助企业抓改革，推行股份制或股份合作制。市直商业企业根据自身的实际情况，在改革中制定了“因企制宜、一企一策、一企多策”的原则，对条件较好的如中心商贸总公司和常德宾馆就整体改制为有限责任公司，对过去以批发为主的二级站实行分体改制，把原有的分公司从总公司分立出来，由职工自愿入股组建新的有限责任公司；对零售大楼则实行商场变市场，如常德百货大楼、武陵百货大楼、交电大厦、糖酒副食品总公司的德嘉商场都先后改变成市场；对亏损严重且扭亏无望的市肉联厂则实施破产，使其成为市直商业企业首家破产者。

1999 年年底，市直商业企业下岗职工达 2379 人。

2000 年 4 月 7 日，市委、市政府全面部署并展开市属国有企业的“两个置换”工作。市内贸办当年即成立专门领导班子，设立了内贸企业改革办公室，抽调机关和企业干部共 342 名，组成 19 个工作组和清算组，进驻企业开展“两个置换”。至 2002 年年底，市直商业企业实施破产置换的 6 家，非破产置换的 8 家。

破产改制前，市直商业系统共有职工 6508 人，其中离退休人员 2150 人。实施破产改制期间，达到退休年龄或因工伤残退休的 124 人；按改革政策或因病提前退休的 844 人，共有 3118 名离退休人员全部进入社保和医保，人事档案移交至相关社区和单位。市直 14 家国营商业企业累计置换职工身份 3403 人，占应置换职工身份人数的 99.6%；累计处置资产 2.41 亿元，占总资产的 98.8%。2004 年，市直 14 家商业企业改革任务基本完成。

市直商业企业“两个置换”统计表

表 1-3-4-1

企业名称	在职职工（人）	离退休（人）	处置资产（万元）	置换身份（人）	改制期间正常退休（人）	改制期间提前退休（人）	改革形式
市食品总公司	592	342	2608.30	354	19	219	破产置换
市糖酒副食品总公司	122	181	5230.80	105	2	13	非破产置换
市百货总公司	562	195	3011	463	10	77	破产置换
市纺织品总公司	150	74	1309.4	123		27	破产置换
市五交化总公司	479	166	2015.8	411	2	66	破产置换
市中心百货大楼	395	111	2045.5	348	39	37	非破产置换
市武陵百货大楼	464	97	2765.3	363	9	89	破产置换
常德宾馆	270	104	982.2	222	4	44	非破产置换

续表 1-3-4-1

企业名称	在职职工（人）	离退休（人）	处置资产（万元）	置换身份（人）	改制期间正常退休（人）	改制期间提前退休（人）	改革形式
常德新宇食品总厂	813	507	1935.8	684	22	107	非破产置换
市蔬菜总公司	175	201	388.6	127	13	35	非破产置换
市饮料工贸开发公司（蔬菜公司下属集体单位）	137	79	592	73	2	62	破产置换
市恒嘉贸易公司（蔬菜公司下属集体单位）	84	91	247	35		49	非破产置换
市商业运输公司	43	0	155.5	39	1	3	非破产置换
市新大陆商贸有限公司	72	2	858	56	1	16	非破产置换
合　计	4358	2150	24145.2	3403	124	844	

一、市食品总公司

（一）公司沿革

地区肉食水产公司的前身为1953年1月成立的湖南省食品公司常德收购站，先后改名为中国食品公司湖南省常德分公司、常德地区肉食经理部。1961年9月省肉食水产公司常德专区分公司正式挂牌，“文化大革命”期间曾并入地区副食品公司、地区商业管理处。1970年4月恢复地区肉食水产公司名称，系政企合一的管理经营机构。原常德市(武陵区）肉食水产公司始建于1954年，是一个以经营猪、蛋为主要商品，集批发、零售为一体的国营企业。1990年6月，根据市委、市政府第二次机构调整会议精神，原常德地区肉食水产公司与原武陵区肉食水产公司合并，成立常德市肉食水产公司。1990年，该司拥有库容350吨的肉食冷冻加工厂、年产再制蛋1000万枚的松花皮蛋厂和设施配套的牛羊肉加工厂各1座。公司下设经营部和20个肉食商店。主要产品：出口（内销）分割肉、白条肉、牛肉、羊肉、鲜（冻）鱼、松花皮蛋、西湖咸鱼、猪（牛）肉腊制品，其中获部优、省优产品5个。1992年5月更名为“常德市食品总公司”，下设肉类食品公司、禽蛋公司、水产公司、肉食供应公司和星火冰淇淋厂。同年10月经市政府批准划类为中一型企业，主要供应市区市场、实行行业管理等。

1996年，接收河洑乡食品站、丹洲乡食品站、南坪乡食品站、芦山乡食品站和河洑镇食品站。至此，该公司共有职工965人，其中干部64人，离退休302人，中共党员140人，共青团员55人。具有专业技术职称122人，其中高级卫师1人，中级技术职称20人，初级职称101人（助级职称47人、员级职称54人）；固定资产718万元。

该司位于武陵区青年北路209号。

（二）经营实绩

1985 年生猪经营放开，1992 年，猪肉凭证定量供应完全取消。全市私商屠宰迅速发展，对以往独家经营的国营肉食业带来重大冲击。1989 年至 1992 年城区销售生猪分别为 56552 头、38203 头、27138 头、17294 头，国营肉食店肉食销量逐渐下降。1991 年，市肉食公司为了在竞争中搞活本公司业务，扭转亏损局面，筹措资金，修建批零交易市场；坚持主业经营，开展近购远销；开拓新的购销门路，兼营其他农副产品，开展柑橘、粮食、油料、茶叶等产品的购销业务。1992 年，市食品总公司购进生猪 26068 头，销售生猪 27293 头，猪肉制品 28744 公斤，销售废牛 1969 头，山羊 1639 只，鲜鱼 30512 斤，销售蛋品 166.2 吨，完成商品销售总额 1398 万元，当年该公司被湖南省食品公司评为全省食品行业扭亏增盈先进单位。

1993 年，该司的历史资金包袱达 882 万元，全部挤占银行贷款，因资金紧张，仅完成销售 800 万元，是为历史最低点。

1995 年，市食品总公司成立市区定点屠宰工作领导小组，当年投入 30 万元分别对德山食品站、东郊食品站、大西门商店、松花皮蛋厂、北门宰场和牛羊加工进行技术改造，修建 6 个标准化屠宰场。是年 7 月，市城区开始实施定点屠宰，半年时间共宰杀生猪 8766 头供应市场，比 1994 年同期的 4055 头增长 116%，市场占有量从上半年的 10%上升到 26%；市场猪肉价一直保持在每公斤 12 元；上缴税金 60 万元，比上年同期增长 2.4 倍；上缴各种规费 14 万元，比上年同期增长 1 倍，取得显著的经济效益。

1996 年，市政府决定由市食品总公司单独承担城区生猪定点屠宰工作。当年 6 月 1 日，市城区牲畜定点屠宰全面铺开，全年共宰杀生猪 41 288 头，是 1995 年全年的 5 倍；上缴税金 110 万元，比上年同期增长 50 万元。1997 年宰杀销售生猪 42 889 头，比上年增加 2690 头；实现销售收入 1169.5 万元，取得利润 100 万元。

1999 年，市食品总公司历史上形成的资金包袱已达 2443 万元，资产负债率达 98.9%，下岗职工已达 404 人，占在册职工的 63%。

2000 年，按照市委、市政府的指示精神，市食品总公司制定“买断企业产权，买断职工工龄”的改革方案，2002 年 7 月 3 日市中级人民法院以〔2002〕常民破字第 8-1 号文件宣布市食品总公司实施破产，市内贸办派出“破产改制、两个置换”工作组，分步买断企业产权和职工工龄。改制前企业人员总数 934 人，其中离退休 342 人，在职人数 592 人。破产期间处置资产 2608.30 万元，办理正常退休 19 人，提前退休 219 人，置换企业职工身份 354 人。原企业离退休人员 342 人移交给市社保、医保及相关部门。原企业职工移交给相关社区居委会实行社区管理。

2004 年 6 月 27 日，原企业文书、财务、技术档案移交市档案局（文书档案 293 份、技术职称档案 135 份、基建设备档案 23 份、会计档案 5267 份、死亡职工档案 228 本）；2007 年 1 月 8 日，346 份置换职工档案移交职业介绍中心；3 月 18 日，551 份退休职工档案移交社保。

（三）公司领导班子成员

1.公司合并前历任经理：贺岩溪（原地区肉食水产公司经理，1989—1990.6）、管文芝（原市肉食水产公司经理，1989—1990.6）。

2.公司合并前历任党组织负责人：徐宗喜（原地区肉食水产公司党支部书记，1989—1990.6）、魏祖权（原市肉食水产公司党支部书记，1989—1990.6）。

3.公司合并后历任经理：管文芝（1990.6—2000.3）、尹家荣（2000.3—2002.7）。

4.公司合并后历任党组织负责人：管文芝（1990 年 6 月—1993 年先后任党支部书记、党总支书记，1993 年 9 月—2002 年 7 月任党委书记）。

1990—2000 年市食品总公司主要指标统计表

表 1-3-4-2

年份	总人数（人）				党员数（人）	团员数（人）	专业技术职务（人）				固定资产（万元）	购进（万元）	销售（万元）	利润（万元）	缴税（万元）
	合计	干部	职工	离退休			高级	中级	助级	员级					
1990	919	78	591	250	112	55	1	19	47	53	686.2	949	563.4	−165.8	16.6
1991	911	77	582	252	112	35	1	20	44	41	717.9	683	443	−198.6	8.6
1992	922	72	598	252	112	26	1	18	43	45	726.9		421.9	−152	23
1993	917	67	595	255	112	30	1	20	42	45	564.7		344.2	−196.6	21
1994	885	61	565	259	111	30	1	17	41	45	899.8		373	−324	26
1995	876	61	561	254	117	25		15	41	57			860	−301	69
1996	959	64	601	294	118	15		14	46	59	2634		1123	−79	110
1997	965	63	600	302	122	20		16	35	37	2952		1178	−73	97
1998	968	66	592	310	141	32		16	38	37			577	−98	62.8
1999	967	65	574	328	142	31	1	16	36	37			1057.3	−266.9	71.9
2000	969	63	577	329	139	30		14	34	33					

二、市糖酒副食品总公司

（一）公司沿革

该司位于武陵区洞庭大道中段 134 号，其前身系原地区副食品公司，又名为湖南省常德糖酒副食品采购调拨供应站，成立于 1950 年，系全市糖酒副食行业历史最久、规模最大的国有批发企业。1992 年，该站更名为市糖酒副食品总公司，下设糖业经营、酒类饮料、副食果品、综合经营、曙光彩扩、长沙 6 个分公司和德嘉购物城、永昌 2 个商场以及饮食服务中心等 5 个行管职能部室。

1999 年 9 月，市糖酒副食品总公司第五届职代会第一次会议代表合影

该司主要业务：调拨市辖各县区的食糖、经营各类酒、糖、奶粉、饮料、海产品、酱干腌菜等副食品。该司还担负全市副食、食品加工、饮食三大行业的行业管理工作。1993 年 10 月，经市政府批准划为中二型企业。自 1989 年以来，该司连年被市工商银行评为 AAA 级信用度企业；1991 年 4 月被市政府评为“重合同、守信用”单位。

1989 年时，该司拥有固定资产 259 万元，有从业人员 124 人，其中干部 71 人，中共党员 43 人，共青团员 20 人；具有专业技术职称者 63 人，其中中级职称 19 人，初级职称 44 人（助师级职称 29 人、员级职称 15 人）。

1989 年完成购销总额 11 345 万元，实现税利 378.1 万元。达到历史最高水平。

1991 年，食糖产大于销，每吨进销倒挂 400 元左右，导致该司销售额减少并出现其经营史上的第一次政策性亏损。当年共调入计内外食糖 14 197 吨，其中计内 9350 吨，销售 5650 吨，发生亏损近 160 万元。

1992 年，该司被列为市直 10 家国营商业企业“四放开”试点单位之一。6 月始创精品商场，8 月开业，当年底完成销售额 35.98 万元，上缴利税 3.2 万元。

1995 年，公司耗资 1200 万元修建德嘉购物城，次年 1 月开业。该购物城一楼营业面积 1400 平方米，设有 12 个柜组，当年实现销售额 920 万元，年创税利 3.1 万元。

1996 年，市政府办公室根据国务院国发〔1991〕61 号和国家工商局工商市字〔1995〕第 50 号文件精神，以常政电〔1996〕53 号明传电报下发《关于加强食糖市场管理的通知》，该司配合工商等部门，对食糖市场进行整顿。

1997 年 4 月，公司成立企业改制领导小组，对所属曙光彩色扩印照相器材分公司进行改制，采取买断固定资产，成立有限责任公司的模式。该分公司有 11 名员工自愿认股买断固定资产，选举出董事会、监事会等领导机构。11 月 7 日，曙光摄影扩印有限公司开业，成为常德市第一家买断国有资产的有限责任公司。

1998 年，公司商品经营基本停止，物业经营成为公司主业。通过招租的形式，先后将河洑仓库、柏园仓库、公司大楼 2 楼西头和原医务所的部分剩余门面及场地等予以出租，同时将德嘉购物城一楼改为 9 个门面，年增租金 25 万元。1999 年，租金总收入达91 万元。2000 年，公司对府坪宿舍一楼进行开发建设，10 月将建好的 10 个门面一次性出售 10 年经营权，获得收入 125 万元。

根据市国有企业产权制度改革领导小组办公室常改办字〔2001〕8 号文件和市市直内

贸企业改革领导小组办公室常内企改〔2002〕6号文件所批复的企业改革方案，2003年3月，市内贸办派出“两个置换”改革工作组，对该司实施“非破产改制、两个置换”。公司改制前员工总数181人，其中离退休59人、在职122人。改制期间处置资产5230.80万元，置换职工身份105人，办理正常退休2人，提前退休13人。59名离退休人员移交至社保、医保等相关部门。原企业职工移交武陵区城南府坪巷、城西长胜桥、穿紫河等居委会实行社区管理。

2004年5月20日，原企业文书、财务、技术档案移交市档案局（文书档案147份、会计档案2261份、死亡职工档案6本）；6月28日，125份/128人置换职工档案移交职业介绍中心，7月20日，67本/74人退休职工档案移交社保；9月20日文书资料20册、财务档案33卷移交主管部门，文书资料12册移交产权办；2005年9月21日，6份离休干部档案移交市商务局退管中心。

（二）历届领导班子成员

经理：李正焰（1989—1992）、杨跃恒（1993—2003）；党支部书记：周德喜（1989—1991.1）；党总支书记：杨跃恒（1991.1—1992）；党委书记：杨跃恒（1993—2003）。

（三）公司主要数据

1989—2000年市糖酒副食品总公司主要指标一览表

表1-3-4-3

年份	总人数（人）				党员数（人）	团员数（人）	专业技术职务（人）				固定资产（万元）	购进（万元）	销售（万元）	利润（万元）	缴税（万元）
	合计	干部	职工	离退休			高级	中级	助级	员级					
1989	130	66	53	11	43	20		19	29	15	258.9	6666.05	6283	298.6	96.2
1990	131	66	45	20	48	24		19	25	15	419.1	3825	4467	81.5	91.6
1991	150	72	52	26	51	41		19	24	14	272	3017	2554.1	−127.9	25.2
1992	154	71	56	27	52	43		19	25	15	367		2549.7	−89.3	20.6
1993	166	69	64	33	57	46		17	33	17	395		3602	−11.7	33.3
1994	170	69	68	33	57	47		15	32	19	434.57		3144	−29	42
1995	171	68	69	34	61	48		19	33	13	873.09		3270	−159	20
1996	170	72	63	35	65	50		19	30	15	944.6		2986	−198	27
1997	205	68	78	46	64	45		16	28	13	948.5		1083	−109	5
1998	198	68	72	58	63	38		13	25	12			132	−58	
1999	198	68	74	56	61	29		24	23	12					
2000	198	65	75	58	62	15		14	28	12					

三、市百货总公司

（一）公司沿革

该司位于武陵区人民中路187号，原名中国百货公司中南区公司常德分公司，成立于1950年3月，1957年改为中国百货公司湖南常德批发站，1979年3月改为地区百货采购供应站，1992年更名为市百货总公司，并继续保留地区百货采购供应站的名称。同年6月，经市政府批准划类为中一型企业。总公司下设8个分公司：洗涤化妆用品分公司、钟表缝纫机分公司、鞋帽分公司、小百货分公司、搪铝玻璃器皿分公司、文体纸张分公司、劳保综合分公司、运输分公司；1个零售营业大楼（常德百货大楼）、1个经营部（长沙经营部）。

1989年，该司有固定资产697万元，营业面积7368平方米，仓储面积18 460平方米。有干部职工476人，其中干部123人，中共党员82人，共青团员91人，具有专业技术职称者154人，其中高级职称1人，中级职称33人，初级职称121人（助师级职称72人，员级职称49人）。主营百货、文体用品、兼营五金交电、针棉纺织、烟酒副食、日杂用品等。1989年购销总额1.7亿元，创利税474.8万元。1989年至1991年连续三年被省商业厅、市政府授予“文明单位”或“优秀商业企业”称号。

1991年下半年，该司投入近600万元扩建零售大楼，当年12月12日落成开业，成为当时全市规模最大、设备最精、功能最全的百货大楼。该大楼营业面积扩大到7000平方米，经营柜组增至45个，第一年销售额达2205万元，实现利润131.67万元。

1991—1993年组织工业品下乡，干部、职工三带下乡1500余人次，组织大篷车赶场赶集23次，请基层单位上门参加选货会100余次，增加销售收入近5000万元。

20世纪90年代初的市百货总公司的常德百货大楼

1992年起，改为以工厂直购为主，用名优商品供应市场，当年在业务上联系新厂家500多个，使经营品种由1990年的17932个增加到26491个，其中名优商品由2358个增加到4891个。

1993年该司对下属分公司、百货大楼、经营部实行“五定”到位：定销售任务、定利润上交、定资金周转、定平均流动资金占用、定库存定额。

1995年以后，该司销售额和经济效益逐年下滑，1996年销售跌至2381万元，当年亏损841万元。1998年，该司商品经营基本停止。1999年该司下岗578人，占职工总数的95%，大楼门面、柜台出租或承包给个人，百货商品经营全部转为个体经营。

2001年8月3日，市中级人民法院以〔2001〕常经破字第21-1号文件宣布该司破产还债，市内贸办派出改革工作组，对该公司实施“破产改制、两个置换”。破产期间处置资产3011万元，破产前职工总数562人，破产期间办理正常退休10人，提前退休77人，置换身份463人，原企业离退休195人移交市社保、医保等相关部门，原企业职工移交德山开发区及武陵区城东、城南、城西、城北、三叉路等5个办事处的相关居委会实行社区管理。

2004年12月，退休职工档案265份移交社保；2005年1月15日，破产清算资料移交法院（会计账簿11册、会计凭证22册、文书资料10册）；2月2日，432份置换职工档案移交职业介绍中心；6月18日，原企业文书档案237卷移交市档案局（其中：永久卷142卷、长期卷95卷）；10月14日，置换资料32本、财务资料58本（其中：会计账本5本、凭证52本、会计报表1本）移交主管部门。

（二）历届领导班子成员

经理：卞光佛（1989—1992.10）、张唯一（1992.10— 1996.2）、张经栋（1996.2—1996.10）、胡文科（1996.10—1998.5）、胡晓明（1998.5—2001.8）。

党支部（总支、党委）书记：卞光佛（1989—1996年4月先后为党支部、党总支、党委书记）、张唯一（1996.7—1996.10，党委书记）、胡文科（1996.10—1998.5，党委书记）、胡晓明（1998.5—2001.8，党委书记）。

（三）公司主要数据

1989—2000年市百货总公司主要指标一览表

表1-3-4-4

年份	总人数（人）				党员数（人）	团员数（人）	专业技术职务（人）				固定资产（万元）	购进（万元）	销售（万元）	利润（万元）	缴税（万元）
	合计	干部	职工	离退休			高级	中级	助级	员级					
1989	530	123	319	88	82	91	1	33	72	49	697	7951.7	9353	272.19	202.55
1990	592	118	365	109	92	110	1	34	74	51	972.5	7326.25	8340.53	155.7	288.7
1991	636	127	397	112	96	112	1	35	74	49	1645.9	7417.43	7988.63	177	209.4
1992	822	146	540	136	127	102	1	33	85	47				83	
1993	802	140	526	136	129	94	1	35	88	58	1810.0			61.7	
1994	892	143	612	137	160	102	2	38	93	70			10494	−146	271
1995	885	123	620	142	156		2	36	80	57	3766		8641	−718.	205
1996	886	139	600	147			3	34	76	50	3798.5	1259.1	2381	−841	24
1997	886	142	460	175			1	27	65	51	3820		308	−361	0
1998	789	154	449	186			1	14	60	53	3861		214	−197	
1999	788	154	431	204	150		1	14	56	53					
2000	760	141	418	201				18	44	38					

四、市纺织品总公司

（一）公司沿革

该司位于武陵区人民中路102号，其前身为1950年成立的湖南省花纱布公司常德分公司。1956年成立纺织品采购供应站，为全国248个纺织品大、中型批发企业之一。

1991年7月，公司班子及中层负责人合影，二排右三为书记李森年，二排左四为经理廖德寿

1989年，该司拥有固定资产253万元，有职工212人，其中干部103人，离退休36人，中共党员55人，共青团员36人。员工中具有专业技术职称者114人，其中中级职称32人，初级职称82人（助师级职称46人、员级职称36人）。

1990年以前，公司内设纺织品科、绸呢化科、针棉织品科、桃源分站、长沙分站、驻上海、深圳办事处和综合经营部。

1992年成立市纺织品总公司，内设针棉、绸呢、纺织3个分公司和1个南门商厦，仓容面积8000平方米。南门商厦面积4000平方米，主要经营棉布、呢绒、化纤布、针棉织品，服装。兼营百货、五交化、副食，同时担负着全市9个区、县（市）纺织品行业的管理工作。20世纪80年代最高年销售额曾高达1.36亿元，创利460万元，上缴税收40万元。1993年经市政府批准划类为中二型商业企业。

1991年和1992年，省政府和国务院分别下发55号、16号文件，要求清理企业一次性潜亏，该司由此造成潜亏挂账476万元。

1989—1991年，该司对所属科室、商场实行承包经营责任制；1992年，实施“四放开”改革；1993年该司在所属批发公司和商场引进“国有民营”机制。1994年筹资修建南门商厦。

1999年，该司业务经营基本停止，将公司大楼1~4层整体出租，实行卖断经营使用权10年的方式，其500万元租金分年收取。

2000年，企业下岗职工已占职工总数的80%。2001年，该司成立企业改革领导小组，制定“两个置换”实施方案。2002年，市内贸办派出“两个置换”工作组至该司。2003年7月23日，市中级人民法院以〔2003〕常民破字第4-2号文件裁定该司破产。破产置换期间处置资产1309.4万元。改制前企业在职职工150人，改制期间办理提前退休27人，置换职工身份123人，原企业74名离退休人员移交给市社保、医保及相关部门。原企业职工移交相关社区居委会实行社区管理。

2003年11月4日，原企业文书、财务、技术档案移交市档案局（文书档案88卷，其中永久卷和长期卷129卷、基建设备档案6本、财务档案588本、死亡职工档案57本）；2004年8月14日，88份/98人退休职工档案移交社保；9月24日，13册破产清算资料移交市中级人民法院；9月30日，9册财务资料、6册置换资料、印章2枚移交主管部门；11月4日，115份置换职工档案移交职业介绍中心。

（二）历任领导班子成员

经理：廖德寿（1989—1991.1）、李森年（1991.1—2001.1）、王继虎（2001.3—2003.7）；党支部（总支、党委）书记：廖德寿（1989.1—1989.4，党委书记）、李森年（1989.4—1989.5，党支部书记，1989.5—1993.10党总支书记，1993.10—2001.1，党委书记）、倪志坚（2001.3—2003.7，党委书记）。

（三）公司主要数据

1989—2000年市纺织品总公司主要指标一览表

表1-3-4-5

年份	总人数（人）				党员数（人）	团员数（人）	专业技术职务（人）				固定资产（万元）	购进（万元）	销售（万元）	利润（万元）	缴税（万元）
	合计	干部	职工	离退休			高级	中级	助级	员级					
1989	215	103	76	36	55	35		32	46	36	253.1	4177	4971.7	16.8	64.4
1990	224	96	79	49	61	39		27	47	35	253.5	2858	2905.03	−143	37.7
1991	241	96	96	49	59	35		23	45	36	320.8	2131	2621	−28	32.8
1992	247	91	102	54	61	31		23	49	37	316.8	1099	1751	0.1	28.7
1993	245	89	102	54	61	30		22	50	36	313.2	1010	1581.3	−61	33.9
1994	247	84	109	54	58	28		22	45	36	305.3		1009	−131	37
1995	257	87	110	60	58	20		21	48	34	305.3		1446	−91	28
1996	252	94	95	63				17	46	34	488.1		886	−132	6
1997	245	94	80	70				12	43	32	478.5		748	−103	5
1998	238	95	66	77				10	40	30	474.7		391	−49	2
1999	224	94	63	77				10	39	29	2068.7		85.5	−38.5	
2000	226	84	64	78				9	33	26	1050.6		143.2		

五、市五交化总公司

（一）公司沿革

该司的前身系创建于1954年8月的“常德五金交电化工商店”，1957年4月改名为湖南省五交化公司常德分公司。1964年称常德五交化综合站，1971年则称地区五交化公司。1988年，公司更名市五交化总公司。

该司位于武陵区人民东路609号。

1989年，该司拥有干部职工630人，其中中共党员95人，共青团员163人。具有专业技术职称者135人，其中中级职称36人，初级职称99人（助师级职称64人，员级职称35人）；有固定资产1100万元，营业、办公、仓库总建筑面积62 342平方米。所属交电大厦8层楼，建筑面积9656平方米，1—3层零售，设有超级自选市场和侨汇、社控物资专柜等27个经营柜组，经营五金、交电、家电、化工、百货、纺织、副食等2万多种商品；4—5层样品间及批发部为省内外700多个厂家设立销售窗口。同年3月，组成有省内外13家工商企业参加的常德五交化购销集团。供应范围除常德市各区、县（市）外，还远销湘、鄂、川、黔边沿地区的县、市。

市五交化总公司1991年~1992年内部经营承包合同签订会合影

1990年，该司建立一个由230多家生产名优产品的厂家组成工商联营网络，先后成为这些厂家所生产的近80个产品的总经销、总代理。同时与上海家电、交电商品联销集团等100多家集团公司联营联销。1991年，常德五交化站组织各地集团公司及名优厂家的货源9800万元，占总进货比重达83%；商品销售中，洗衣机、长虹电视机年销量最高分别达1.3万台、1.1万台。自行车1994年销售突破4万辆。1991—1994年，该司销售额不断刷新，分别为9103万元、12 448万元、13 373.8万元、13 531.8万元；1992年，该司推行商业企业“四放开”，开拓了矿产、机电、建材、化工等150多种系统外产品经营，新辟了金银珠宝精品屋，当年销售突破亿元大关。此间，该司因销售额和利润两大指标连续4年在全省五交化行业中名居首位，被省商业厅、省财办分别授予“省优秀企业”、省商业系统“效益杯”竞赛优胜单位、“经营管理先进单位”、“省百强企业”等光荣称号。1992年，省政府财经贸易办公室对全省财贸系统300家规模最大、60家效益最佳企业的评价中，该司规模排第九位，效益排第五位。

1993年，被省政府授予“经营管理先进企业”称号。

同年，经市政府批准划类为中一型商业企业。

1994年下半年以后，该司亏损不断加剧， 1995年制订《关于深化企业内部改革转换经营机制的方案》，实行总公司授权，各分公司包干经营的模式，即内部独立核算、自主依法经营、照章纳税、定额上交、自负盈亏。1996年，该司选择条件较好的所属单位率先开展股份合作制试点。1997—1998年，所属各分公司如家电分公司、友华公司、五金分公司等把经营场地搬到市场内，分别在桥南家电城、北站、上南门购买和租用了20多个门面，形成批、零、仓库一体，以图抢占市场，扩大销售。企业的多种改革措施未能奏效，至1999年时已资不抵债。

2000年7月5日，市中级人民法院以〔2000〕常经破字第14-1号文件宣布该司破产还债，市内贸办派出改革工作组对企业实施“破产改制，两个置换”。破产期间，企业处置资产2015.8万元。该司破产前在职职工总数479人，破产期间办理正常退休2人，提前退休66人，置换身份411人，原企业离退休166人移交市社保、医保及相关部门，原企业职工分别移交武陵区城东庆丰居委会、城南方家巷居委会实行社区管理。

2002年5月20日，原企业文书、财务、技术等档案239卷，会计报表97卷、账簿1839卷，凭证7897卷移交市档案局；11月22日，档案231份、234名退休职工档案移交社保；2003年1月6日，403份置换职工档案移交职业介绍中心；8月18日，破产清算资料（破产清算组公章一枚，工商局吊销原单位证明一份、清算组财务账本、凭证7盒）移交市中级人民法院；2004年3月1日，置换资料7册移交主管部门。

（二）历届领导班子成员

经理：祝光友（1989—1998.5）、傅志勇（1998.5—2000.7）；党支部（总支、党委）书记：祝光友（1989年，党支部书记）、辜业林（1989年，党支部书记）、祝光友（1992年8月—1993年，党总支书记；1993年—1998年5月，党委书记）、傅志勇（1998年5月—2000年7月，党委书记）。

（三）公司主要数据

1989—2000年常德市五交化总公司主要指标一览表

表1-3-4-6

年份	总人数（人）				党员数（人）	团员数（人）	专业技术职务（人）			固定资产（万元）	购进（万元）	销售（万元）	利润（万元）	缴税（万元）
	合计	干部	职工	离退休			中级	助级	员级					
1989	517	132	347	38	95	165	23	58	35	1080	6552	8525	232	218
1990	557	132	376	49	96	163	36	64	35	1111.6	7766	8389	105	144.3
1991	588	134	397	57	106	153	32	58	33	1400	9391	9103	185	124
1992	618	129	426	63	110	150	29	68	37		11208	12448	149	154
1993	627	138	420	69	119	143	30	70	35	1421.7	13682	13373.8	101.1	263
1994	651	139	447	65	114	143	30	79	35	2195.4	10578	15167	−83	294
1995	640	136	432	72	127		28	77	40	3630	9933	14270	−23	266
1996	665	136	434	95	127		26	84	38		5872	7649	−680	100
1997	701	129	440	132	122	80	23	71	35	6299.4		1918	−415	8
1998	651	138	370	143			19	62	34			1246	−182	
1999	638	131	344	159	122		14	61	33					
2000	645	128	351	166			12	59	33					

六、市中心百货大楼（市中心百货有限责任公司）

（一）企业沿革

该大楼位于武陵区人民中路99号，其前身系1958年创建的市副食品中心商店和市前进百货纺织品商店。1985年，决定在原地投资385万元新建大楼。大楼共4层，建筑面积7435平方米，1—3层为营业厅。1987年1月20日大楼建成开业。该大楼属于全民所有制企业，以零售为主，批零兼营，主要经营百货、纺织、五金、交电、文化用品、副食品等2万多个商品。1988年10月13日该大楼上收归市商业局管理。

1989年，该大楼拥有固定资产354万元，共有干部职工324人，其中干部14人，离退休47人，党员27人。员工中具有专业技术职务者35人，其中高级经济师1人，中级职称2人，初级职称32人（助师级职称13人、员级职称19人）。

同年7月，该大楼被省政府授予省级先进企业、优秀商业企业称号。9月，被中商部和全国财贸总工会授予“全国商业先进企业”称号。

1989年和1990年，被省政府分别授予“模范执行物价政策优胜单位”“模范执行物价政策最佳单位”。

1990年，被省经委授予“企业管理优秀奖”。

1989年，张燕洁（前左二）接待省商业厅业务处室负责人对中心大楼的考察

1991年3月，省政府号召全省商业企业向常德市中心百货大楼等三家商业企业学习，办好商业企业。

该企业经理张燕杰1989年被授予湖南省“三八红旗手”、全国“三八红旗手”光荣称号，1990年4月被评为全国“五一劳动奖章”获得者。

同年10月，该大楼与常德宾馆合并成立常德市中心商业大厦，成为一家集工业品零售、批发、饮食服务、加工、娱乐于一体的综合性商业企业。

1992年，大厦有职工929人，固定资产1326万元。1991—1992年，大厦实现商品总销售分别为3384万元、4585万元；创利税分别为284万元、307万元，创历史最高水平。

1992年经市人民政府批准划类为中一型商业企业。

1993年11月19日更名为常德市中心商贸总公司，下设常德市中心百货大楼、常德宾馆、家电公司、长沙分公司和经贸开发公司。当年销售额 5140 万元，亏损 77.9 万元。

1994—1995 年，该司销售增长，分别为4395 万元和 5185 万元，亏损有所下降，缴纳税收分别达 160.1 万元和 180.3 万元，

1996 年 7 月 1 日，常德市中心百货大楼与常德宾馆分家。百货大楼在四楼开辟家具市场，同年由温州人承包经营钟表市场。当年大楼实现商品销售 4810 万元，创利润 6.5 万元，属扭亏为盈，成为当时全市国有商业企业的一面红旗。

1997 年，百货大楼实行股份制改造，组建常德市中心百货有限责任公司（以下简称中心有限公司）。公司股本 300 万元，其中国家股 100 万元，以土地入股，个人股 200 万元，职工以现金入股。当年 7 月，市政府提名张燕杰担任中心有限公司董事长，市国资委聘任其为国有股权代表。

1997—1998 年，中心有限公司对经营柜组实施内部经济承包，核定上交指标，至 1999 年，对各个柜组实施全面包干，大楼只收承包款。

中心有限公司于 2000 年 5 月召开职工大会，宣布歇业。2001 年 8 月 6 日，市国有企业产权制度改革领导小组办公室以常改办字〔2001〕17 号文件宣布企业实施“非破产改制、两个置换”。企业改制置换期间，处置资产 2045.5 万元。企业改制前在职职工 395 人，改制期间，办理正常退休 39 人，提前退休 37 人，置换身份 348 人，原企业 111 名离退休人员移交市社保及相关部门，原企业职工移交武陵区城东牯牛岗、城南府坪巷、城西穿紫河、城北紫桥居委会实行社区管理。

2004 年 10 月 15 日，334 份置换职工档案移交职业介绍中心，149 份退休职工档案移交社保；6 本置换资料移交主管部门。2005 年 5 月 18 日，原企业文书、财务、技术等档案移交市档案局（文书档案 181 卷、会计档案 2789 卷，其中核销账簿 169 卷、凭证 653 卷）。

（二）历届领导班子成员

1.经理、董事长：张燕杰（1989 年—1991 年 11 月，中心百货大楼总经理）、万克明（1991 年 11 月—1993 年 10 月，中心商业大厦总经理）、张燕杰（1993 年 10 月—1997 年 7 月，中心商贸总公司总经理；1997 年 7 月—2000 年 3 月，中心百货有限责任公司董事长）、严利民（2000 年 3 月—2003 年，中心百货有限责任公司董事长）。

2.党支部（总支、党委）书记：张燕杰（1989—1991 年，党支部书记）、尹家荣（1991 年 12 月—1993 年 10 月，党总支书记）、张燕杰（1993 年 10 月—2000 年 3 月，党委书记）、严利民（2000 年 3 月—2003 年，党委书记）。

1989—2000年市中心百货大楼主要指标一览表

表1-3-4-7

年份	总人数（人）				党员数（人）	团员数（人）	专业技术职务（人）				固定资产（万元）	购进（万元）	销售（万元）	利润（万元）	缴税（万元）
	合计	干部	职工	离退休			高级	中级	助级	员级					
1989	378	14	317	47	27		1	2	13	19	354	2562	2961.9	172	120
1990	332	21	255	56	31	170	1	2	13	19	460	2757	3070	174.6	93.4
1991	393	23	314	56	34	183		3	14	17	460		3384	181.7	104.1
1992	866	55	643	168	78	180		7	36	35	1362.5	3454	4585	160	146.5
1993	936	62	701	173	74	174	1	14	32	38	1337	4110	4443.4	−77.9	211
1994	925	73	684	168	90	168	1	12	37	38	2052	3780	4754	−48	182
1995	979	79	732	168	77	86	1	11	32	34	2931	3982	4939	−45	191
1996	527	76	377	74	52	70	1	8	14	19	1121.7	3678	4790	6	267
1997	527	70	375	82	54	68	1	8	12	14	1160	1890	2611	−41	125
1998	530	61	374	95			1	7	8	16			954	−30	
1999	545	61	371	113	55		1	7	8	17					
2000	535	62	362	111			1	10	7	13					

七、市武陵百货大楼

（一）企业沿革

该大楼位于武陵区人民中路183号，1973年6月由原常德市革委会投资63万元动工兴建，1978年2月7日（正月初一）开业。主体建筑占地2586平方米。1985年投资95万元进行内部改造，大楼1—3层为营业厅，面积2270平方米，库房面积164平方米。该大楼固定资产207.7万元。大楼分设17个零售经营部，主营百货、纺织、服装、文化体育用品、五金交电、化工原料、瓷器、家具、副食品等1.9万余种商品，是当时常德市第一家综合性国营大型批零兼营商业企业，系全省十大重点商店之一。

1993年时的市武陵百货大楼外景

该大楼从1978年年初建成营业至1989年年底，累计完成商品销售额1.9亿元，实现利润1200万元，向国家上缴税利 1415 万元。

先后被共青团中央、商业部命名为“全国城市商业服务业文明经营示范单位”，被省商业厅命名为“商业新风杯竞赛优胜单位”； 1989 年被省商业厅命名为“湖南省综合实力百强企业”；1989 年、1990 年分别被市政府命名为“双文明单位”；多次被评为“物价计量信得过单位”，连年被银行系统评为“三 A”级特级信用度企业。

1992 年 10 月经市政府批准划类为中二型企业。

该大楼经理张恩美 1991 年 6 月被中共湖南省委授予湖南省“优秀共产党员”荣誉称号，1994 年 12 月 24 日被湖南省妇女联合会授予湖南省“三八红旗手”称号；职工朱晚秀 1995 年被省人民政府授予“劳动模范”称号。

1993 年 9 月，中共市武陵百货大楼委员会召开第一次党员大会合影

1989 年，该大楼拥有干部、职工 343 人，其中干部 10 人，党员 21 人，共青团员 59 人，离退休 39 人。具有专业技术职称者 23 人，其中中级职称 3 人，初级职称 20 人（助理级职称 12 人、员级职称 8 人）。

1989 年，该大楼实现商品总购进 2434 万元，总销售 2585 万元，实现利润 112.23 万元。

1992 年，该大楼投资 1500 万元，将营业大楼扩建为 7 层，营业面积达 8000 平方米。四层营业大厅上下自动扶梯、冷热风空调、防火自动喷淋等先进设施均为当时常德首家。1993 年 2 月 4 日大楼扩建装修竣工开业，当日销售额达 80 万元，当年销售达 3584 万元，1994 年大楼购销额突破 6000 万元大关。

1995 年，市商业局在该大楼进行股份合作制试点，未能扭转企业销售下滑、亏损加大的颓势，当年亏损 106 万元。

1996 年，该大楼引进竞争机制，采取以柜组为单位实行“四定”（定员、定销售、定上缴利润、定费用）式经济承包。1998 年 6 月，企业歇业，下岗职工达 470 人。

1999 年，该大楼引进湘潭步步高超市，是年 12 月底常德市首家百货业连锁超市开业，当年收取租赁费 80 万元。至 2000 年，该大楼已资不抵债。

2001 年 7 月 30 日，市中级人民法院以〔2001〕常经破字第 19-1 号文件宣告企业破产，市内贸办派出改革工作组，对企业实施“破产改制、两个置换”。破产期间处置资产 2765.3 万元。企业破产前在职职工 464 人，破产期间办理正常退休 9 人，办理提前退休 89 人，置换职工身份 363 人。原企业离退休 97 人移交给市社保、医保等部门，原企业职工移交给武陵区城西办事处所居住的居委会实行社区管理。

2005年9月28日破产清算资料移交市中级人民法院（清算期账簿6本、记账凭证18本、银行对账单1本共7盒）。10月18日，346份退休职工档案移交市社保；10月18日和26日，两次分别将346份和4份置换职工档案移交市职业介绍中心；2006年1月10日，原企业文书、财务、技术等档案移交市档案局（文书档案180卷、会计档案2789卷）；3月26日，置换资料11份移交主管部门。

（二）历届领导班子成员

经理：张恩美（1989—1999.11）、赵晓波（1999.11—2001.7）；党支部（总支、党委）书记：张恩美（1989—1993年，党支部书记，1993年1月—1993年9月，党总支书记，1993年9月—1999年11月，党委书记）、赵晓波（1999年11月—2003年，党委书记）。

（三）企业主要数据

1989—2000年市武陵百货大楼主要指标一览表

表1-3-4-8

年份	总人数（人）				党员数（人）	团员数（人）	专业技术职务（人）				固定资产（万元）	购进（万元）	销售（万元）	利润（万元）	缴税（万元）
	合计	干部	职工	离退休			高级	中级	助级	员级					
1989	322	10	273	39	21	59		3	12	8	207.7	2434	2585.1	112	80.8
1990	354	15	286	53	35	49		3	12	8	251.8	2023	2430.18	115.3	105.1
1991	389	36	294	59	43	54		3	12	8	253.01	2159	2716.19	134	79.8
1992	414	40	310	64	45	44		3	13	8	256.44		2376.77	50.07	91.16
1993	453	40	348	65	57	92		3	16	8	668.88		3584.2	20.3	159.5
1994	470	41	356	73	57	94		4	20	8	1654.5		4753	−97	157
1995	523	42	406	75	69	110		4	24	9	2032		5019	−106	163
1996	543	66	398	79	74			4	21	8	2039.22		3848	−97.	153
1997	619	65	367	91	74			4	19	6	4089.01		1973	−188.	62
1998	588	64	424	98	73			4	17	5	4077.35		208	−147.	2.16
1999	584	64	422	98	53			3	18	6	4012.76			−145.1	3.50
2000	572	62	414	96				5	12	6	3804.56		72.44	1.19	42.12

八、常德宾馆有限责任公司

（一）公司沿革

常德宾馆原名常德饭店，位于武陵区人民中路99号，始建于1955年，为公私合营企业。该宾馆原有一座二层楼房，职工25人。饮食部设一楼，旅栈部设二楼，有床位30个。1960春常德饭店扩建，改为全民所有制企业。主楼4层，服务项目增加，旅栈床位增至600个；饮食设有点菜厅、便餐厅和面点厅，日营业收入在千元以上。1976年中商部在该店召开南方14省现场交流会，1980年、1982年曾分别获中商部“嘉奖令”、湖南省人民政府授予“先进集体”称号。该宾馆职工柴二妹1979年9月被全国妇联授予“三八”红旗手；同年参加省“双学大会”，被省政府授予“劳动模范”称号。

1985年该店投资720万元，扩建主楼达11层，建筑面积13 250平方米。1987年10月，营业大楼扩建竣工营业，改名为常德宾馆。主要服务项目：会议接待、旅客餐宿、承办酒席、风味小吃、舞厅茶座、综合经营，是当时常德市唯一的商业综合服务性宾馆，共有高、中档客房287间，床位668个，高、中、低档餐厅4个，可供800多人同时就餐。宾馆二楼设有2间雅座和一个宴席厅组成的高级餐厅，“芷兰厅’内设5个中式餐厅和2个西式餐厅，可同时接待250名宾客宴会。该宾馆以烹制各种湘菜和川菜为主，以滨湖流派菜肴著名。特级厨师鲍培华主案，可烹制出100多种全国及世界各地名菜。所制菜点有叉烧甲鱼、清蒸甲鱼、五丸清蒸全鸡、药膳扒鸡等传统名菜。1988年完成营业总额611万元。

1988年，常德宾馆上收归市商业局管理。

1989年，该宾馆有固定资产863万元，有职工346人，其中干部18人，党员33人，团员52人。获得专业技术职称者56人，其中中级职称4人，初级职称33人（助师级职称24人、员级职称9人）。特级厨师、点心师4人，中级厨师、点心师20人，服务师14人。

20世纪90年代初的常德宾馆外景

1991年与常德市中心百货大楼合并，成为集餐饮、购物、娱乐为一体的综合商业企业。

根据市体改委〔1996〕11号文件批复，1996年7月该宾馆与市中心商贸总公司分立。

1997年，该宾馆改制为国有控股企业，内部实行经济责任制承包，门面及餐厅实行对外承包。

2000年12月18日，市国有企业产权制度改革领导小组办公室以常改办字〔2000〕23文件批复，同意常德宾馆实施“两个置换”改革。2001年8月12日，市国有企业产权制度改革领导小组办公室发出常改办函〔2001〕1号文件，同意该宾馆由原董事长曾健发起组合63名职工共同出资260.8万元进行承债式重组，承担债务1411.9万元。

置换期间，该宾馆办理正常退休4人，提前退休44人，置换职工身份222人，企业104名离退休人员移交市社保、医保及相关部门。原企业职工移交武陵区城北紫桥居委会实行社区管理。

2002 年 6 月，重组人员注册成立新的常德宾馆有限责任公司。

2004 年常德宾馆建筑面积 12 988.53 平方米，拥有 24 个商业门面、2 个百货商贸城、2 家娱乐中心和 5 层楼的住宿宾馆。该馆所有门面及场地全部租赁给个体私营经商者，经营娱乐、餐饮、住宿、摄影、百货、休闲等多种服务项目。

当年 3 月 11 日，置换职工档案 220 份移交职业介绍中心；3 月 20 日，文书、财务、技术等档案移交市档案局（文书档案 148 卷、科技档案 3 卷、会计档案 1014 卷、死亡职工档案 78 份）；4 月 5 日，退休职工档案 145 份移交社保。

（二）宾馆历届领导班子成员

1.经理、董事长：王满堂（1989—1990）、魏祖权（1990—1991）、尹家荣（1991.1—1991.11）、曾健（1996—2002 年，经理；2002—，董事长）。

2.党支部书记：潘文彦（1989—1990）、魏祖权（1990—1991.12）、曾健（1996—2002）、丁时儒（2002—）。

1991—1996 年常德宾馆与中心百货大楼合并，组建常德市中心商业大厦领导班子

（三）宾馆主要数据

1989—2000 年常德宾馆主要指标一览表

表 1-3-4-9

年份	总人数（人）				党员数（人）	团员数（人）	专业技术职务（人）				固定资产（万元）	营业收入（万元）	利润（万元）	缴税（万元）
	合计	干部	职工	离退休			高级	中级	助级	员级				
1989	349	18	226	105	33	50		3	24	9	873.5	382	−54.2	12
1990	368	23	228	116	33	52		3	20	9	865.43	478	−16.97	9.69
1991	355	27	218	110	40			3	20	9	873.47	454.6	−29.2	26.93
1992											1081.12	374.6	3.66	24.37
1993											1390.66	348.12	−35.8	16.7
1994											1574.67	346.1	−5	20.56
1995								5	19	11	1575.03	245.5	−37.6	18.65
1996	397	37	265	95				6	21	8	1782.98	207.8	−59.9	18.8
1997	412	34	265	108				4	19	10	2423.3	152	−56.3	19
1998	406	36	263	107				4	17	8	2438.2	136.9	0	23.9
1999	387	38	241	108				4	16	11	2409.8	116.1	−9.8	11.5
2000	374	39	231	104				4	15	9	2409.3	136.78	−15.99	8.78

说明：1992—1995 年人数统计在市中心百货大楼

九、常德肉类联合加工厂（常德新宇食品总厂）

（一）企业沿革

该厂位于常德经济开发区德山仙桥路32号，始建于1958年。是年常德专员公署以〔1958〕署服字第002号《关于成立常德冷库修建委员会》一文决定在德山修建一座4500吨冷库。该库于1960年5月1日投产，注册资金1000万元。

20世纪90年代初的常德肉类联合加工厂正门

1989年，该厂拥有干部职工852名，其中干部218名，中共党员311名，共青团员207名。具有技术职称者180人，其中高级职称4人、中级职称55人、初级职称121人。

1990年，该厂固定资产2465万元，冷库容量7000吨，年屠宰能力30万头，成为拥有屠宰、冷冻冷藏、分割肉生产、生化制药、出口猪鬃加工、乳猪生产、机械制造、车船运输、饲料生产、冰淇淋及其他小型产品生产的综合性肉类联合加工企业，是湖南省三大肉联厂之一。该厂设有13个相对独立的分厂，厂部设21个部门及职能科室。

1989年年度先进工作者合影

1988—1992年，该厂共开发新产品、新项目24个，其中动物蛋白饲料为国家“七五”公关项目，获得商业部科技成果二等奖；动物脂肪制人造奶油为国内独家生产，通过了省级鉴定。生化制药人工牛黄和自主研发的胰弹性酶分别获部优产品、国家新药批文。1993年11月，该厂谢友田等人开发的“用猪油脂制人造奶油”获国家科技成果奖。1994年3月，该厂谢友田、杨湘庆、朱彦群、忱悦玉、张作田、吴志林、邓达明、王用述等开发的“用猪油脂制人造奶油”科技项目，获湖南省商业科技进步二等奖；同月，该厂谢友田、董学友、郑宗道、刘斌、何世专、余乾贵、李和平、陈支政等开发的“猕猴桃果茶”科技项目获湖南省商业科技进步四等奖。

1990 年以后，流动资金短缺，每年屠宰生猪数少于 5 万头，年年亏损，至 1993 年停止生猪屠宰。1990—1995 年，该厂分别亏损 198 万元、155 万元、254 万元、197 万元、573 万元、514 万元。

至 1996 年，该厂实际债务已达 4992 万元，超过其资产 3851.1 万元，资产负债率达 438%，企业难以为继。

同年 5 月，市政府召开专题会议，同意该厂实行分立改革：将原常德肉联厂下属的玉兔食品公司、生化制药厂、制冷屠宰安装公司成建制进行分立，组建常德新宇食品总厂（以下简称新宇）。会议决定由市商业局牵头，由市工商银行、市劳动局、市财政局、市国资局、市工商局、市国土局等单位组成分立工作小组，集中办理分立的具体工作。当月 18 日，新宇正式挂牌成立，与原常德肉联厂成为两个独立法人。同年 6 月，市中级人民法院根据企业申请，以〔1996〕常经破字第 6-1 号民事裁定书宣告常德肉类联合加工厂破产还债。当年年底，破产后的常德肉联厂所有的人员和资产一齐并入新宇，债务 4000 万元另行挂账。

1997 年，新宇实行内部改革，将流动资金占用较多、投入大、市场竞争较强的原冰淇淋厂、冷冻分厂、制药分厂和能源供应公司撤销，由总厂直接管理决策；组建国泰药业有限责任公司和玉兔食品有限责任公司，123 名干部职工入股。另将资金投入不大和人员不多的原安装公司、饲料公司、奶油厂、包装厂、开发公司、乳猪分厂、五九公司和车船队彻底放开，实行个人或合伙租赁经营。

1998 年，该厂招商引资。当年 3 月 2 日，山东金锣集团租赁该厂的生猪屠宰线正式开工生产。3 月 20 日，副市长龚建明召集有关部门召开专题会议，为金锣集团生产经营创造良好的外部环境作出一系列决定。新宇实行租赁经营后，年租金 220 万元，日宰杀生猪 500 头左右，年产值 8000 多万元。后山东金锣集团调整经营，于 1999 年 4 月撤离。

至 2000 年，该厂负债 2902 万元。同年 11 月，该厂召开职工代表大会，通过“两个置换”方案。2001 年 9 月 26 日，市市直工交企业产权改革办公室以常工企改发〔2001〕16 号文件批复常德新宇食品总厂实施“非破产改制、两个置换”改革方案。改制期间，该厂处置资产 1935.8 万元。企业改制前在职职工 813 人，办理正常退休 22 人，提前退休 107 人，置换身份 684 人，原企业离退休 507 人移交市社保、医保等部门，原企业职工移交德山开发区实行社区管理。

2003 年 3 月 13 日，609 份退休职工档案移交社保；4 月 22 日，637 份置换职工档案移交职业介绍中心；5 月 15 日，财务、技术档案 1131 卷（其中永久卷 510 卷、长期卷 475 卷、短期卷 146 卷）、死亡档案 87 本（其中工人 74 本、干部 13 本）移交市档案局；6 月 20 日，置换文书资料 12 册移交主管部门；6 月 27 日，文书资料 59 册（其中账本 7 册、财务凭证 43 册、收据存根 9 册）移交产权办。2007 年 3 月 20 日，破产清算资料案卷 9 本移交市中级人民法院。

（二）历届领导班子成员

厂长：刘正明（1989—1990.10）、徐正中（1990.10—1992.9）、张作臣（1992.9—1994.12）、黎体纯（1994—1997）、吴正清（1997—2002）。

党委书记：郭文健（1989—1990.10）、徐正中（1990.10—1992.9）、张作臣（1992.9—1994.12）、陈凤国（1994.12—2002）。

（三）企业主要数据

1989—2000 年常德肉类联合加工厂（常德新宇食品总厂）主要指标一览表

表 1-3-4-10

年份	总人数（人）				党员数（人）	团员数（人）	专业技术职务（人）				固定资产（万元）	购进（万元）	销售（万元）	利润（万元）	缴税（万元）
	合计	干部	职工	离退休			高级	中级	助级	员级					
1989	852	218	490	144	311						2211		5332.8	−150.1	
1990	912	219	537	156	315	207	8	61	70	48	2465	2399.7	2894.8	−197.83	26.7
1991	1035	223	652	160	315	150	8	61	75	50	2465	2394.6	4265.6	−155	46.4
1992	1087	262	645	180	293	168	11	62	79	52			3733	−254	49
1993	1104	256	619	229	328		6	60	95	36	2471		2006.4	−197	27.6
1994	1108	245	604	259	323		7	59	89	38		1038.5	1840	−573	15
1995	1107	236	575	296	323		7	69	92	26			2615	−514	15
1996	1111	227	550	334	326		4	61	81	34			767	−286	9
1997	1278	172	644	462			3	44	65	19			617	−91	3.6
1998	1279	152	644	483	319		2	45	53	23			1623	−135	
1999	1285	160	625	500	317		2	37	66	25	3772		468.4	191.6	
2000	1292	152	627	513	377		2	39	66	20	3317				

十、市蔬菜总公司

（一）公司沿革

该司位于武陵区人民中路 215 号。

原武陵区蔬菜公司始建于 1956 年，下辖 2 个集体单位：常德市饮料工贸开发公司和常德市恒嘉贸易有限责任公司。市饮料工贸开发公司的前身是市豆腐联社，始建于 1954 年 10 月。

1989 年，该司商品销售总额 1007.4 万元，盈利 1.73 万元。

1990 年 5 月，区蔬菜公司上收归口市商业局管理，在其基础上组建市蔬菜公司。其时该司共有基层单位 29 个，其中国营 9 个，集体工业 6 个，集体商业 14 个。当年有职工

592 人，其中国营干部职工 244 人，干部 30 人，中共党员 50 人。获得中级技术职称的 5 人，初级职称 95 人（助理级职称 58 人，员级职称 37 人）。集体商业人员 131 人，集体工厂 185 人，离退休人员 205 人。固定资产原值 469.4 万元。

该司在经营上集批发、零售于一体，主要经营干鲜蔬菜、酱食、调味品。

1992 年 4 月，市蔬菜公司成立总公司，下设 3 个分公司，即种子分公司、批发分公司、工贸开发公司。当年 10 月，市政府办以常政办函〔1992〕113 号文件明确市蔬菜总公司划型为中一型企业。

1993 年，该司在所属 6 个国营企业和集体企业实施“国有民营”，即自筹资金、自主经营、自主用工、自主分配、自负盈亏、定额上交。承租期限一定 3 年不变。当年所属国营企业上缴总公司 11.61 万元，集体企业增盈 10 万元，公司实现扭亏增盈。

1995 年，城镇居民鲜菜供应全部被农贸市场所取代。其时，该司主要靠收取下属承包单位的管理费和门面租金维持企业的基本运转。1996 年，公司累计负债达 534.9 万元，已资不抵债，难以为继。

1996 年，市政府发布文件，将该司由原来市商业局管理成建制地划归市蔬菜办管理

1997 年，市豆腐联社改制，成立常德市饮料工贸开发公司，公司管辖市豆奶食品厂、市豆类调味食品厂、德山豆制品厂。

2000 年 8 月 2 日，市国有企业产权制度改革领导小组办公室以常改办字〔2000〕7 号文件批准该企业实施非破产改制两个置换。湖南里程会计师事务所以湘里会〔2003〕89 号文件对企业资产进行评估确认，市财政局以常财函 240 文件予以审核批复。

2004 年 6 月 1 日，根据市产权交易中心 2004 年合字 007 号，实行承债式整体资产协议转让，由市利兴蔬菜食品有限公司（法定代表人刘子明）承担债务 630.1 万元。共安置职工 376 人（其中在职 175 人，退休 201 人移交市社保），安置费用总支出1544.7 万元。职工安置收入总额 388.7 万元。

2004 年 7 月 9 日，市审计局对该司改制情况进行审计，8 月 8 日出示当年第 13 号（改制）审计报告予以确认。剩余资产 630.2 万元交重组公司。原企业职工 354 人移交武陵区各办事处相关 50 个居委会，实行社区管理，有移交职工花名册，无移交社区协议书。

改制重组后的企业为市利兴蔬菜食品有限公司，在职员工 22 人，均为原企业转让合同约定的重组职工。

2001 年 4 月 3 日，23 份置换职工档案另移交市人事局人才交流中心； 9 月 12 日，95 份置换职工档案移交职业介绍中心；2002 年 6 月 18 日，283 份退休职工档案（其中死亡职工档案 37 份）移交社保；2004 年 11 月 30 日，6 册置换文书资料分别移交市产权办和主管部门各一份。

（二）历届领导班子成员

1.经理、总经理：曾瑞荣（1990.5—1992.8）、吴以元（1992.8—1993.12）、朱兆华

(1993.12—1994.4)、尹家荣(1994.4—1996.4)、谢友田(1996.4—2000.8)。

2.党总支书记:曾瑞荣(1990.5—1992.8)、吴以元(1992.8—1993.12);党委书记:朱兆华(1993.12—1994.4)、尹家荣(1994.4—1996.4)、谢友田(1996.4—2000.8)。

(三)公司主要数据

1989—1994 年市蔬菜总公司主要指标一览表

表 1-3-4-11

年份	总人数(人)			离退休(人)	党员数(人)	团员数(人)	专业技术职务(人)				固定资产(万元)	购进(万元)	销售(万元)	利润(补贴后)(万元)
	合计	干部	职工				高级	中级	助级	员级				
1989	588	30	558	315				3	15	1		776.18	1007.4	1.73
1990	592	30	562	309	50			5	58	37	469.4	822.2	914.52	−62.3
1991	589	37	552	312	54			5	56	30		757.69	824.66	−31.47
1992	593	33	560	318	56			5	55	35	302.6	505.05	611	−73.9
1993	569	34	535	323	55			4	45	33	487		532.3	−69.7
1994	545	29	516		39			5	52	43			244	−61.1

说明:市蔬菜总公司总人数中含集体职工

十一、市商业运输车队

(一)机构沿革

车队位于武陵区建设西路 21 号,始建于 1973 年,主要经营项目:汽车客货运输、汽车修理、经销汽车零部件。

1989 年,车队拥有固定资产 92 万元,共有职工 83 人,其中干部 16 人,职工 49 人,离退休 18 人。该企业有中共党员 29 人,共青团员 5 人,获得专业技术职称 17 人,其中中级职称 5 人,初级职称 12 人(助师级职称 8 人、员级职称 4 人)。当年营运总数 1.1 万吨,营业收入 107 万元,实现利润 0.3 万元。

1992 年年初,市商业局对车队实行“两保四定”的目标责任制,即保离退休人员开支、保资金包袱利息支出、定营业收入、定补贴前亏损、定费用率、定流动资金周转次数。当年 8 月,车队并入市百货总公司,1997 年 10 月又从市百货总公司分立出来。

2001 年 8 月 17 日,市国有企业产权制度改革领导小组办公室以常改办字〔2001〕23 号文件宣布企业实施“非破产改制、两个置换”,改制期间处置资产 155.5 万元,办理正常退休 1 人,提前退休 3 人,置换身份 39 人。原企业职工移交武陵区丝瓜井居委会实行社区管理。

2002 年 8 月 8 日,39 份置换职工档案移交职业介绍中心,4 本退休职工档案移交社保;2003 年 4 月 22 日,原企业文书、财务、技术等档案 70 份移交市档案局(其中会计档案416份、永久卷34卷、长期卷32卷、短期卷4卷）；6月26日，置换资料4本、财务档案15本移交主管部门。

（二）历任负责人

经理：廖晓非（1989—1992.10）、陈宝堂（1997.10—1998.9）、苏宏福（1998.9—2001.8）；党支部书记：廖晓非（1989—1992.10）、苏宏福（1998.9—2001.8）

（三）车队主要数据

1989—2000年市商业车队主要指标一览表

表1-3-4-12

年份	总人数（人）				党员数（人）	团员数（人）	专业技术职务（人）				固定资产（万元）	营业收入（万元）	利润（万元）	缴税（万元）
	合计	干部	职工	离退休			高级	中级	助级	员级				
1989	67	6	43	18	29	5		4	6	4	92	107	0.3	4.6
1990	69	6	42	21	30			4	7	4	101	74.8	0.02	2.7
1991	73	7	41	25	30			5	8	4	77.6	60.7	−9.5	2.7
1992	75	7	41	27	30			5	8	4	77.6	48.3	−17.6	1.6
1993											32.6	39.4	−4.37	4
1994											44.7	134.4	20.2	4.3
1995											16.2	128.4	−5.3	2
1996											16.2	128.5	−5.3	
1997	45	9	36					1	2	4	14.95	136.5	0.75	
1998	40	9	31					1	2	4	376.9	8.9	−7.1	
1999	40	9	31					1	2	4	377	28.5	−8.6	0.9
2000	41	9	32					1	2	4	391	27.2	−18.2	0.87

说明：1993—1996年车队的职工人数、职称情况统计在市百货总公司，1997年分立出来后离退休人员留在市百货总公司，故此表未作统计

十二、常德新大陆商贸有限公司

该司始建于1997年5月，初属市百货总公司的子公司，于1999年1月1日从总公司中分立，拥有固定资产800多万元，占地2000平方米。有职工74人，其中干部23人，党员26人，获得专业技术职称者25人，其中中级职称4人，初级职称21人（助师级职称10人、员级职称11人）。主要经营百货批发业务及精品市场。

该司分立之后，于1999年引进德丰家具城在其二楼经营，又将一楼2000平方米改造

为百货、鞋帽服装精品市场，通过招商，100多名私营业主落户该市场，年获租金50万元。

2001年8月17日，市国有企业产权制度改革领导小组以常改办字〔2001〕24号文件批准该公司实施“非破产改制，两个置换”，改制期间处置资产858万元，提前退休16人，置换身份56人，原企业退休2人移交市社保、医保及相关部门，原企业职工移交武陵区城东半边街社区、城西朝阳路社区、城北丝瓜井社区、城南百街口社区实行社区管理。

2005年3月16日，54份置换职工档案移交职业介绍中心，18份退休职工档案存市商务局改革办；3月23日，原企业文书、财务、技术等档案移交市档案局（文书档案永久卷6卷、会计档案1卷、报表3本、账本12本、凭证24本）；4月19日，置换资料9本移交主管部门。

该司位于武陵区沅安路189号，其董事长及党支部书记为覃富华。

十三、市会计用品印刷厂

1988年，市商业局财务基建科为在全市商业系统使用规范统一的会计凭证和会计账表，成立市商业会计学会和市商业会计实业公司。在此基础上，1992年成立该厂，成为市商业局的直属企业。

该厂的开办资金来源于市商业会计实业公司的盈利，成立时以18万元购进固定资产，以10万元作为流动资金。

该厂有固定职工2人，临时工17人。原市商业局机关财务基建科的干部、职工参与管理该厂。该厂管理人员和工人最多时达30多人。

该厂1992年产值近百万元，1997年产值达340万元，盈利110万元，为历史最好水平。

随着全市国有企业产权制度的改革，市内贸办于2003年对该厂实施公开拍卖，以46万元成交，至此，印刷厂改制完成。该厂建厂12年，累计创造产值近1200万元，共盈利达270万元。

历任厂长：张树华（1992—1995年）、裴新珍（1996—1997年）、黎进军（1997—1998年）、廖炳文（1998—1999年）、黎进军（2000—2003年）

第五节 市物资系统

一、市金属材料总公司

（一）公司沿革

地区金属材料公司成立于1962年，1964年9月，专署编委以专编〔1964〕39号文件撤销地区金属材料公司，成立中国金属材料公司湖南省常德支公司。1968年8月，地区物资局停止其职能，其原所辖经营机构全部撤销，重新组建为地区物资供应公司，内设金属材料组，行使专业经营职能。1972年12月，恢复地区金属材料公司，主要经营黑色和有色金属材料、炉料等。

20世纪90年代初的市金属材料总公司的露天仓库之一角

1988年，地区金属材料公司将原常德市金属材料公司上收合并，组建成新的市金属材料公司。1990年7月，根据市物资局的安排，将原“常德市钢材市场”和“常德市物资局德山物资供应公司”并入市金属材料公司。1992年1月22日，根据市物资局常物〔1992〕2号文件精神，公司更名为“常德市金属材料总公司”。1995年3月31日，根据市物资工贸集团总公司常物〔1995〕13号文件精神，公司更名为“常德市物资集团金属材料总公司”，常德市金属材料总公司作为第二名称。

公司注册地址位于武陵区人民西路358号。1989年初，该司固定资产210.12万元，占地面积3.73公顷，建筑面积10310平方米，有职工131人（其中干部58人、职工50人、离退休人员23人），专业技术人员72人，其中高级职称1人、中级职称9人、初级职称62人（助师级35人、员级27人）。

该司为全民所有制中二型企业。注册资金：1989年280万元；1992年—1996年6月为614万元。

主要经营金属材料及炉料等商品，兼营政策性允许的机电产品，化工原材料及轻工建材等生产资料。采用批发和零售、代购代销、代办托运等各种便民利民经营方式。

1989年年初，该司内设机构为9个，分别是经理办公室、钢材科、有色科、经营部、储运科、财务科、政保科、行政科、劳动服务公司（由公司另聘法人代表，独立核算，自主经营）。

1992年更名为“常德市金属材料总公司”后，下设3个营业分支机构：“常德市金属材料总公司供应分公司”“常德市金属材料总公司经营发展分公司”“常德市金属材料总公司基建储运分公司”。下半年又增设了“汽车供应分公司”“建材分公司”“货运车队”“金属酒家”。

同年，该司销售收入达到1.126亿元，比上年增加38.38%；创利润214万元，比上年增加61.5%，均创历史最高水平。

（二）获得的各种荣誉

1989年，国庆40周年文艺会演，该司4个节目获市物资局优秀节目奖，3个节目获市计委战线优秀节目组织奖，舞蹈《我们的共同生日》被常德电视台录制后在全市播放。

1990年，公司被省物资厅授予“全省物资系统储运工作先进单位”；被省统计局授予“全省物资、供销系统统计工作先进单位”；被市社会主义劳动竞赛领导小组授予“社会主义劳动竞赛先进单位”；被市政府授予“支持参加省七运会先进单位”；被武陵区政府授予“社会治安综合治理红旗单位”，被市政府和有关部门评为“特级信用企业”、“重合同，守信誉企业”；公司党总支被市计工委和市物资局党组分别评为“先进党组织”；被市物资局授予市直物资系统“先进单位”。

1991 年，获市政府授予的“重合同、守信用企业”称号；当年被市物资局党组授予“先进党组织”和物资经营创效“先进单位”。

1992 年，获市政府授予的“重合同、守信用企业”称号。

1992 年，被市物资局党组评为“先进党组织”。

1994 年，被市物资工贸集团总公司授予“社会治安综合治理先进单位”。

（三）历届负责人

公司设中共常德市金属材料（总）公司总支委员会，1989 年党员 55 人,下设 3 个党支部；1990 年设 4 个党支部；1991 年设 5 个党支部；1992 年设 6 个党支部。

1. 经理：汤治波（1989.1.1—1989.12）、雷立涛（1989.12.5—1992.7）、何英望（1992.7.5—1993.7）、胡国政（1993.7—1995.11.16）、孟正华（1995.11.16—1996.3.8）、杨芝林（1996.3.8—1996.6.3）、胡国政（1996.6.3—1996.12.29）。

2. 党总支书记：雷立涛（1989.1—1992.7.5）、何英望（1992.7.5—1993.7.5）、胡国政（1993.7.5—1996.12.29）。

（四）经营简介及破产

至 1996 年 5 月止，该公司账面累计亏损 447 万元，潜亏 524 万元，虽有资产 2229 万元，但负债 3284 万元，已资不抵债。6 月 18 日，该公司以常金〔1996〕8 号文件向市中级人民法院要求实施破产。当天，市中级人民法院以〔1996〕常经破字第 8 号民事裁定书宣告该司破产。

公司破产时有职工 204 人，其中在职 162 人、离退休 42 人。破产安置期间，18 人提前退休，离退休人员增至 60 人，由此预留养老保险费及医疗费 420 万元；在职职工 144 人，一次性发置换身份安置费 259.2 万元。同年 11 月，市中级人民法院以〔1996〕常经破字第 8-14 号民事裁定书裁定该司破产终结。

1989—1995 年市金属公司主要指标一览表

表 1-3-5-1

年份	总人数（人）				党员数（人）	团员数（人）	专业技术职务（人）				固定资产（万元）	购进（万元）	销售（万元）	利润（万元）	缴税（万元）
	合计	干部	职工	离退休			高级	中级	助级	员级					
1989	131	58	50	23	55	20	1	9	31	27	210.123	5653	6265	139.51	102.8
1990	143	52	76	15	60	23	1	9	35	27	270.59	6154	6627.63	147.36	80.07
1991	184	67	92	25	69	21	1	9	32	27	447.52	7001	8121	146.58	124.32

续表 1-3-5-1

年份	总人数（人）				党员数（人）	团员数（人）	专业技术职务（人）				固定资产（万元）	购进（万元）	销售（万元）	利润（万元）	缴税（万元）
	合计	干部	职工	离退休			高级	中级	助级	员级					
1992	191	65	100	26	68	21	1	9	39	24	492.80	9521	11235	214.21	150.68
1993	200	78	114	8	66	28	1	7	40	22	232.26	15360	16879	96.58	167.47
1994	208	65	111	32	69	34	1	7	38	24	2800.27	3794	5489.09	−91.52	24.94
1995							1	3	40	20			2679.37		

1989—1994 年市金属公司商品购销统计表

表 1-3-5-2　　单位：吨

年份	生铁		钢材		铜		铝		铅		锌		焦炭	
	购进	销售	购进	销售	购进	销售	购进	销售	购进	销售	购进	销售	购进	销售
1989	1672	1363	27403	28978	281	232	109	131	21	15	32	50	439	252
1990	3925	3734	30134	30436	302	309	247	211	42	33	75	60	1535	1707
1991	6649	7211	31059	33030	481	491	128	173	49	43	145	135		
1992	5029	5115	35510	35389	293	309	68	86	23	32	74	91		
1993	3604	3285	33116	32837	67	93	114	115		9	30	29		
1994	774	692	13748	14726	60	52	79	75	11	6	13	16	198	

1989—1994 年市金属公司分商品购销统计表

表 1-3-5-3

年份	金属制品（万元）		轮胎（套）		水泥（吨）		机电设备（万元）		汽车（辆）	
	购进	销售	购进	销售	购进	销售	购进	销售	购进	销售
1989	262	295								
1990	432	421								
1991			168	190	21		27	32	3	3
1992			40		8		114	73	7	3
1993					20	20	1109	1066	118	113
1994				2						

二、市万众金属材料有限责任公司

1997 年 2 月，在常德市钢材市场和常德市金属材料总公司的基础上，根据市体改委常体改字〔1997〕04 号文件《关于组建常德市万众金属材料有限责任公司》的批复，按《中华人民共和国公司法》的规定组建了该司。公司股本总额 318.1551 万元，其中：国有股以实物出资55.1551万元，占总股本的17.33%；职工个人股本263万元，占总股本的82.67%。公司于2月3日注册登记，3月18日正式挂牌营业。

1997年6月，市万众金属材料有限公司董事长杨芝林（左）接待客户

该司位于武陵区人民西路358号。

公司城区本部和位于落路口的仓库区，占地50多亩，其主要经营设施有：仓库、货棚10栋，库内建筑面积5800平方米；货场货坪1.5万平方米；办公楼一栋1800平方米；宿舍楼和平房宿舍四栋2600平方米；食堂、浴室各一栋共260平方米；经营门面7个110平方米。另有配套经营设备30吨地中衡1台、3吨地中衡2台、其他衡器十多台，5吨门式叉车1台等。

该司的经营范围：主营黑色金属材料、有色金属材料、炉料；兼营机电产品、化工轻工原料。

公司内设机构：板管、型材、有色、优钢、黑色（1—3）分公司、综合经营分公司、德连、德宜、钢材批发中心、储运共12个分公司，将以前设立的办公室、政工科、行政科合并为综合办。

1997年实际完成销售1100万元，报表体现726万元，上缴税利8万元，实际利润基本持平，报表体现亏损7.9万元。

1999年2月，通过市政府同意恢复重建“钢材市场”，成为公司的一个经营部门。

公司获得的荣誉：1997年度被市计工委评为“先进党支部”；1998年被市计委评为“抗洪救灾先进单位”。

2002年8月28日，经市国有企业产权制度改革领导小组办公室常国企改发〔2002〕31号文件批准，公司实行“非破产改制，进行两个置换”。改制时，经常德正大会计师事务所常正会评报字〔2002〕第19号和市财政局常财权函〔2002〕56号对其资产评估后认定：资产总额898.1万元，负债总额102.3万元，净资产795.8万元。改制前有职工190人，其中在职137人（在岗18人、下岗119人），离休4人，退休49人。改制期间正常退休34人，提前退休33人（工龄数达到退休24人、病退2人、提前5年退休7人）。置换身份102人（全民工94人、农协工8人）。原企业文书、财务、技术等档案2004年7月27交市档案局；置换职工档交市职业介绍中心；退休职工档案交市社保处；原企业职工交武陵区三岔路办事处富强居委会实行社区管理。

公司董事会历任董事长：杨芝林（1997.1.23）、陈波（1999.6.29）；公司监事会主席：宋永红；党支部书记：杨芝林（1997.6.17）。

1996—1998 年万众金属材料公司主要指标一览表

表 1-3-5-4

年份	总人数（人）				党员数（人）	团员数（人）	专业技术职务（人）				固定资产（万元）	购进（万元）	销售（万元）	利润（万元）	缴税（万元）
	合计	干部	职工	离退休			高级	中级	助级	员级					
1996	140	32	65	43	20	18	1	5	22	13	466				
1997	142	32	65	44	26	18	1	3	18	1	466		1100		8
1998	142	32	65	45	26	18	1	3	18	1	466				

三、市钢材市场

1988 年 12 月 6 日，根据市计委常计政〔1998〕240 号文件精神，武陵区金属材料公司上收后，并入市金属材料公司，并在其基础上组建钢材市场，对内为科。

1989 年 7 月 12 日，根据市物资局常物字〔1989〕第 54 号文件的报告，市计委和市劳动局以常计社字〔1989〕140 号文件批复同意建立市钢材市场。该市场为全民所有制企业，行政上隶属于市物资局，政企分开，自主经营，经济上独立核算，自负盈亏。该市场同年 5 月 31 日在市工商局办了法人登记，注册资金 30 万元，7 月 27 日正式开业。

该市场位于武陵区人民中路 40 号市物资大楼 4 楼，有职工 10 人，其主要是宣传、贯彻国家钢材市场的政策和规定，维护钢材流通秩序，组织经营单位和使用单位按国家规定进行钢材交易，查处非法交易，举办各种形式的钢材交易活动。

1990 年 7 月，根据市物资局的安排，将原“常德市钢材市场”和“常德市物资局德山物资供应公司”并入市金属材料公司,并更名为常德市金属材料总公司。

1992 年 7 月 15 日，市物资工贸集团总公司以市劳动局常劳计〔1992〕74 号文件和常物人〔1992〕11 号文件，将市金属材料总公司所属的市钢材市场划为隶属市物资工贸集团总公司直管的正科级单位，具有独立法人资格，定编 15 人，为全民所有制。该市场在珠海经济特区设立物华工贸公司并开展经营业务。

该市场在洞庭大道西段省机械常德联营大厦内租用营业间 100 平方米，办公室 3 间；在市妇幼保健院内租用露天货坪 400 平方米。

1997 年 2 月，根据市体改委常体改字〔1997〕04 号文件批复，在该市场和市金属材料总公司的基础上，按《中华人民共和国公司法》的规定组建常德市万众金属材料有限责任公司。

经 1991 年 12 月 16 日珠海市人民政府经济技术协作办公室珠府协构〔1991〕368 号文批复，同意市金属公司、市机电设备公司、市金属回收公司、市化工轻工公司、市建筑材料公司、物资贸易中心等 6 家联合设立“珠海经济特区物华工贸公司”。该司注册资本 180 万元（6 家各出资 30 万元），法人代表雷立涛。

公司历任总经理：熊锡林（1989.5.3 金属公司副总经理兼钢材市场总经理）、雷立涛

(1992.7.25—1993.10.8)、林惠平（1993.10—1994.6.8)、胡国政（1994.6.8—1996.3.)、杨芝林（1996.3.8—1996.6.3)、童灿芬（1996.6.3—2004.1.17）

公司历任党支部书记：雷立涛（1992.8.11—1993.10.8)、林惠平（1993.10.8—)、张国政（1995.12.18—)、童灿芬（1996.9.4—2004.1.17)。

四、市机电设备总公司

市机电设备总公司的前身为地区机电设备公司，建立于1963年初，是湖南省机电设备分公司的一个支公司，后与省公司脱钩，1967—1971年为地区物资公司下属的一个公司。

1988年，地区机电设备公司更名为市机电设备公司，武陵区的原常德市机电设备公司更名常德市第二机电设备公司。1991年4月1日，根据市计委〔1991〕50号文件精神，市第二机电设备公司正式并入市机电设备公司。1992年1月22日，根据市物资局常物〔1992〕2号文件精神，公司更名为“常德市机电设备总公司”，第二名称为“常德市汽车经销总公司”。1995年3月31日,市物资工贸集团总公司以常物〔1995〕13号文件将公司更名为“常德市物资集团机电设备总公司”，“常德市机电设备总公司”作为第二名称。

该司位于武陵区人民中路40号，1991年迁至洞庭大道1358号机电大厦。

注册资本：1992年时为612万元。经济性质为全民所有制中二型企业。

1990年秋，公司总经理段国安（左二)、党支部书记郑宣美陪同市体改委主任俞斌龙(左三)、市物资局局长陆训寿（右二）在机电大厦工地

1989年，该司固定资产38.61万元；2001年10月30日固定资产原值为4222.78万元，净值3751万元。公司占地面积34742.8平方米(其中国有划拨土地28738.2平方米、自购土地6004.6平方米)，建筑面积28693.39平方米。

该司的经营范围，主营普通机械、电器机械及器材、交通运输设备（含小轿车)、铸锻件及通用零部件；兼营五金交电（不含彩电)、橡胶制品、塑料制品、化工产品、金属材料、建筑材料、农机及配件、计量器具、仪器仪表。

经营方式为调拨、供应、批发零售、代购代销。

该司内设机构：

1991年：办公室、政工科、财务科、审计科、储运科、电工科、机械科、汽车一科、汽车二科、汽车三科、轴承工具科、经营部、综合部。

1992年：经理室、经理办、政治处、财务处、综合管理处、运输组、物资经营开发分公司、宏达公司、重型通用机床分公司、汽车分公司（一、二、三科）、电工轴承分公司（电器电机科、电线电缆科、轴承科、电工门市部）、机械工具摩托车分公司（机械科、综合部、工具科）、申湘汽车有限公司、德山分公司（仓储科、经营科）。

1993年，公司商品购销突破亿元，购进总值1.3718亿元，销售收入1.4267亿元，实现利润达到224.5万元，为历史最高水平。

1989年，该司争取市政府领导批准，每年只上缴利润1万元，企业自筹资金在武陵大道与洞庭大道交叉处西北角修建一座高11层、占地10 667平方米、建筑面积8000平方米的机电大厦。

1992年9月5日,省体改委以湘体改字〔1992〕99号文件批准,由该司与湖南申湘汽车股份公司各出资100万元，两家公司内部职工个人各入股25万元，组建常德申湘汽车股份公司，开展汽车经营。

1993年3月16日,经人民银行常德分行批准，发行500万元企业债券，用于机电大厦的续建和改建工程。

1994年5月，利用机电大厦为主体与美国远东国际有限公司合资兴办了住宿、餐饮、商务、汽车出租等多功能一体化服务的宏达宾馆有限公司，其宏达宾馆为三星级。该司又与东风汽车销售公司联营，在工商局注册资金300万元（机电设备公司出资250万元、东风汽车销售公司出资50万元）兴办东风汽车专营公司，开展东风汽车专营业务。

1998年9月，汽车经营公司与总公司人、财、物三脱钩，在其基础上新建常德湘拓实业有限公司，主营汽车销售、维修服务、配件供应、物业管理。总公司划出45人，将柏子园整个院子及院内23.8亩土地给湘拓公司，让其偿还武陵区城东信用社的贷款本息850万元。

该司历年获得的荣誉：

1991—1993年获市政府授予的“重合同、守信用企业”称号。

1992年，被市委评为社教工作先进单位，被有关银行评为“AAA级信用企业”。该司业务员唐国军获省物资厅授予的全省“十佳购销员”称号。

1993年，被有关银行评为“AAA级信用企业”。

公司历任总经理：段国安（1989.1.16—1990.4.24）、郑宣美（1990.4.24—1993.12.28）、黄道军（1993.12.28—1994.3.31）、唐国军（1994.3.31—2000.4.20）、赵艮丕（2000.4.20—2001.2.16）、郑宣美（2001.2.16—2003.7.30）。

公司历任党总支书记：郑宣美（1989.1.16—1990.4）、孙日爱（1990.4—1992.7）、郑宣美（1992.7—1993.12）、黄道军（1993.12.30—1994.3.31）、唐国军（1995.12.18—2000.5.29.）、赵艮丕（2000.5.19—2001.3.13）、郑宣美（2001.3.13—2003.7.30）。

该司从1993年开始，亏损日益加剧，所属各经营公司相继歇业。1996年宏达宾馆改造时，原借用的1994年的职工建房集资款尚未偿还。当年起，未给绝大部分职工发放工资或生活费。至2001年10月底，公司负债总额为1.2亿元，资产总额为6445万元，资产负债率达186.19%。根据常政发〔2000〕9号《常德市转换市直工交企业国有产权及置换职工身份试行办法》有关精神，该司于2001年10月30日向市上级主管部门递交了依法破产的请示，11月5日，市财贸办公室以常政财〔2001〕26号文件批复同意。11月15市中级人民法院〔2001〕常德破字第35-1号民事裁决书宣告该司破产。

经湖南里程会计师事务所湘里会〔2002〕评字第07号和市国有资产管理局常国资〔2002〕认字第07号评估认定，该司破产时资产总值4069万元，负债总值9753.9万元；评估资产总值2944.8万元，评估负债总值9753.9万元。资产分别公开拍卖。破产改制时有职工225人，其中：在职186人（在岗24人、下岗162人），离退休39人（离休4人、退休35人）。破产期间正常退休5人（达到法定退休年龄退休4人、工伤残职业病退休1人），提前退休48人（提前5年退休23人、工龄数达标退休21人、病退4人）。置换身份133人（全民工133人）。原企业文书、财务、技术档案交市档案局，置换职工档案交市职业介绍中心，退休职工档案交市社保处，原企业职工移交武陵区城南办事处高山街居委会、城西办事处光明巷居委会、德山开发区窑场河居委会实行社区管理。

1989—1996年市机电公司主要指标一览表

表1-3-5-5

年份	总人数（人）				党员（人）	团员（人）	专业技术人员（人）			固定资产（万元）	购进（万元）	销售（万元）	利润（万元）	缴税（万元）
	合计	干部	职工	离退休			中级	助级	员级					
1989	101	64	37	18	40	14	9	28	8	104.34	4220.24	5120.81	124.75	43.16
1990	108	46	41	21	48	16	9	27	8	106.06	5646.08	6135.81	66.56	73.15
1991	159	74	85	27	61		9	37	14	154.48	7330.80	8306.41	81.64	84.90
1992	176	78	98	28	67	31	12	40	10	263.01	14454.30	14751.36	92.16	77.31
1993	177	78	98	32	67	31	12	33	16	607.44	13720.30	14627.52	66.48	123.77
1994	209	90	87	32	68	11	13	32	12	642.72	8060.79	8252.54	−292.66	56.45
1995	209	89	120	33	69	18	11	35	17	365.87	5975.00	6036.20	274.01	8.80
1996	215	62	116	37	67	11	11	35	17	370.87	3066.16	3115.26	−362.09	6.35

1989—1995 年机电公司主要商品购销统计表

表 1-3-5-6

年份	机电设备(万元)		汽车(辆)		机床(台)		电力电缆(千米)		控制电缆(千米)		电磁线(吨)		布电线(千米)	
	购进	销售	购进	销售	购进	销售	购进	销售	购进	销售	购进	销售	购进	销售
1989	4204	4724	420	473	22	23	14	26	8	9	52	51	4020	4238
1990	4598	4736	679	686	25	26	29	22	34	28	16	17	1024	1578
1991	7678	7881	803	800	39	39	44	57	40	43	24	23	2047	2495
1992	14255	13875	1537	1536	49	48	66	63	50	48	38	36	2605	2559
1993	13649	13722	1219	1216	21	16	29	29	30	27	40	38	2230	1770
1994														
1995	6990	7062	466	456		3	4	3	2	2			355	553

1989—1995 年机电公司主要商品购销统计表

表 1-3-5-7

年份	交流电动机(千瓦/台)		工业轴承(套)		电动葫芦(台)		工业泵(台)		风机(台)		电焊条(吨)	
	购进	销售	购进	销售	购进	销售	购进	销售	购进	销售	购进	销售
1989	8035/1227	238/1137	246210	216482	30	14	140	157	29	19	469	420
1990	4409/412	4592/533	96875	122752	7	20			7	21		
1991	4351/929	4916/887	90447	101171	51	44	213	278	88	78	526	348
1992	5969/1091	5087/1031	100349	65238	58	29	107	55	89	65	295	309
1993	5234/1008	4175/816	33319	58784	6	13	68	30	70	84	309	326
1994												
1995	1114/102	1614/256	9556	32686							51	119

1989—1995 年机电公司主要商品购销统计表

表 1-3-5-8

年份	变压器(千伏安/台)		钢芯铝胶线(吨)		裸铝线(吨)		水泥(吨)		平板玻璃(重量箱)		平板玻璃(平方米)	
	购进	购进	销售	销售	购进	销售	购进	销售	购进	销售		
1989	2489/29	7	8	119	7	8						
1990												
1991	5080/2	2	1	65	2	1						
1992		5	3	9	5	3						
1993			7			7	301	301	3	3	20	20
1994												
1995												

说明：1990 年购进和销售钢材各 363 吨

五、常德申湘汽车有限公司

1992年8月24日，湖南申湘汽车股份有限公司和湖南常德机电设备总公司经协商决定，共同筹资建立股份制的“常德申湘汽车有限公司”。8月27日，市体改委以常体报〔1992〕2号文件向省体改委申报。9月5日，省体改委以湘改字〔1992〕99号文件批复同意成立“常德申湘汽车有限公司”，公司自主经营、自负盈亏，具有法人资格，承担有限责任。

1993年10月，公司党支部书记丁少明（右二）陪同国家经贸委、物资部有关领导考察公司维修站

公司的宗旨是：积极发挥地方优势，充分利用外地经济和技术水平，认真借鉴“上海大众”的管理经验，以社会效益促进企业效益，为促进常德经济技术的开发探索出一条工贸结合的成功之路。

公司经营范围：上海产汽车、摩托车、拖拉机等产品及其附配件，并开展维修服务，技术咨询等业务。

公司总投资及注册资本为人民币250万元，其中湖南申湘汽车股份有限公司以现金出资投入100万元，作为法人股，占公司注册总资本的40%。市机电设备总公司出资100万元（其中以土地使用权、房屋和设备作价折资94.63万元，现金5.37万元），作为国有法人股，占公司注册总资本的40%。国有法人股后由市物资工贸集团总公司出资。自然人股东有何杰成以现金出资25万元，占公司注册总资本的10%；张道政以现金出资12.5万元，占公司注册总资本的5%；刘咸银以现金出资12.5万元，占公司注册总资本的5%。

公司法定地址在湖南省常德市滨湖中路机电大厦。

公司实行董事会领导下的经理负责制。董事长、副董事长由董事会选举推荐，公司经理由董事长聘任，公司法人代表由公司经理出任。公司成立后的首任经理为刘咸银。

常德申湘汽车有限公司的上海大众汽车特约维修站

公司处于机电大厦右侧，占地四千多平方米，1994年注册资金达316万元，全部职工总数37人，其中在册正式职工16人、协议合同工17人、临时工4人。

1994年维修汽车3189台，比1993年增长359%；实现利税128.5

万元，比1993年增长21.5%，其中实现利润77.2万元，比上年增长16.9%。为其历史最高水平。1992—1994年，固定资产增加28.5万元。

2000年10月10日，市国有企业产权制度改革领导小组办公室以常改办字〔2000〕18号文件批复，同意常德申湘汽车有限公司置换国有职工身份的方案：

1.常德申湘汽车有限公司国有法人股本（原由市机电设备总公司出资的）130万元，经市国资局审核同意，列支市物资集团公司投资损失40万元后，以90万元将其股本转让给上海汽车工业湖南销售有限公司。同意用股权转让收入中的584 124元置换职工身份的方案，置换职工身份后余下315 876元由市物资工贸集团总公司收回，作为国有资产。

2.核定企业职工上年人均工资为6236元，现有28名职工，其中3人办理提前退休手续，余下25人每工龄年置换身份费为1322元，以2000年12月31日为截止日期置换职工身份。

3.市物资行业办要督促原企业按规定清缴所欠养老保险、医疗保险以及其他税、费等，按有关政策办理好提前退休人员相关手续。职工买断身份后原则上由湖南常德申湘公司继续聘用。

公司获得的荣誉：

1995年度获市物资工贸集团总公司授予的“先进单位”，1999年度获市物资行业办公室授予的“先进单位”。

公司领导班子成员：

总经理：刘咸银（1994.4.15—1994.12）；常务副总经理：莫长松（1992.4—1996.9.11）；党支部书记：何英望（1994.4.15—1996.9.11）、丁少明（1996.9.11—2000.12.31）。

六、市东风汽车专营公司

1994年8月24日，市机电设备公司与东风汽车贸易公司签署“联销协议书”，双方投资联合设立“常德市东风汽车专营公司”。9月28日，该司在市工商管理局注册登记成立。

公司注册资本300万元：东风汽车贸易公司出资50万元，占总股本的16.67%；市机电设备公司出资250万元，占总股本的83.33%。

公司经营范围：东风系列汽车的整车销售、配件供应、技术咨询等综合性经营与服务，并创造条件开展售后维修服务，逐步发展成为东风汽车系列产品在湘西北及其毗邻地区销售及服务的主要渠道或该系列汽车销售的中转集散地。

市物资集团总公司审计部，于1995年10月5—8日对公司1—8月的情况进行审计：公司职工14人，1—8月实现销售收入246.87万元，账面亏损1458元，实际亏损48 409元。

公司于1995年度被市物资集团公司评为“先进单位”。

由于两大股东的股本金一直未到位，公司会计账面无实收资本。

1996年年初，公司挪用东风汽车贸易公司等厂家的货款资金，在鼎城区武陵镇玉霞路修建“东风汽车销售维修服务中心”大厦，但所欠巨额债务无力偿还，迫使公司从

1998年起注销营业执照，关门停业。1999年，公司在武陵镇的资产被法院以300万元的价格拍卖给鼎城区交警大队用于还债。后经市政府协调，法院留给企业安置职工资金60万元。

公司历任负责人：

法人代表兼总经理：刘建斌（1994.9.28—2003.5.28）；党支部书记：戴长久（1995.1.11—1996.3.8）、刘建斌（1996.3.8—2003.5.28）。

2002年3月29日，市内贸办以常内贸〔2002〕23号文件，批复同意该司依法实施破产。2003年5月28日，市中级人民法院以〔2003〕常民破字第3-1号民事裁决书宣告该司破产还债。

公司资产经湖南里程会计师事务所湘里会〔2003〕评字第52号、常鼎土价案〔2003〕第019号评估，市国有资产管理局、市财政局资产标准确认书认定，破产改制前资产总额32.4万元，其中：固定资产18.0万元，流动资产14.4万元；破产改制前负债总额2114.1万元（全属流动负债）；净资产-2081.7万元。评估资产总额29.5万元，其中：固定资产10.6万元，流动资产14.4万元，无形资产4.5万元；评估负债总额2114.1万元（全属流动负债）；评估净资产-2084.6万元。

该司破产改制前有职工32人，其中在岗1人，下岗31人。破产期间正常退休2人，其中：达到法定退休年龄退休1人，工伤残职业病退休1人。置换身份30人。

公司原文书、财务、技术等档案于2004年11月5日移交至市档案局；置换职工的档案于当年9月27日移交至市职业介绍中心；退休职工的档案移交至市社保处。置换职工移交社区管理。

七、市化工轻工总公司

该司的前身为成立于1971年3月的地区轻化建材公司。1988年7月，根据市物资局常物字〔1988〕88号文件精神，武陵区轻化建材公司上收与地区轻化建材合并，然后按轻工化工与建材两大块业务分别组建了市化工轻工公司和市建筑材料公司。

1991年12月30日，根据市物资局常物〔1991〕44号文件批复，该司更名为“常德市化工轻工总公司”，下设5个子公司：化工分公司、橡胶分公司、化轻贸易分公司、资源开发公司、海南海陵工贸公司。公司还设有长沙、北京、山东齐鲁3个办事处。

1990年11月,九地市化轻公司联席会在常德市召开。后排右二为市化轻公司经理陈月平

该司主要经营包括进口商品在内的化工轻工产品共8大类580个品种，其中无机化工原料有硫酸、纯碱等291

种；有机化工原料有甲苯、草酸、聚乙烯醇、工业尿素等120种；塑料原料、合成树脂及化学助剂有聚氯乙烯、聚丙烯等96种；橡胶及橡塑制品有天然橡胶、丁苯橡胶等43种；轻工产品有纸袋纸、酒精、工业毡等27种；民爆器材有炸药、雷管、导火索等3种。公司本着“远攻近守，内外并重，一业为主，多种经营”的经营方针，利用其省内外的经营设施及销售市场，为大企业、大市场服务，相继与北京燕山石化、上海轮胎橡胶(集团)公司、山东齐鲁石化、南京扬子石化、云南农垦、兰州石化、吉林石化、首钢、湘钢、涟钢及宜昌八一钢铁集团以及二汽建立业务关系（有的是联营关系），使公司逐步形成面向市场、面向（资源）基地、面向用户的购销体系。

1993年，该司销售收入达到2.14亿元，实现利税166.45万元，是为历史最好水平。

同年8月23日，公司出资700万元与美国远东国际有限公司（出资300万元）合资兴办“湖南德银实业有限公司”，开展宾馆（附属商店、厅、酒吧、舞厅、健身房、娱乐厅）及写字楼出租业务。

公司地址：1989年位于建设西路泮池街17号，1995年迁至洞庭大道中段129号。

公司属全民所有制中二型企业，注册资本：1989年时为119万元，1991年时为167万元。

公司固定资产：1989年190.35万元，1995年471.8万元，2001年7月30日为934.74万元（净值427.04万元）。公司占地59 766.05平方米（即76.49亩），其中营业占地1050平方米，仓储占地58 716.05平方米。房屋建筑面积1.7万平方米。

经营范围：主营化工轻工原料及产品；兼营金属材料、建筑材料、普通机械、电器机械及器材、汽车（不含小汽车）、五金交电。

经营方式：合同供应、联营联销、代购代销、加工订货、补偿贸易、协作串换、调拨、批发、零售。

1989年，公司内设机构有：办公室、政工科、财务物价科、化工科、轻工科、橡胶科、火工科、市场科、储运科及驻长沙办事处。

由于多方面的原因，至1996年，该司经营难以为继，便向市政府发出要求停业整顿的请示，市政府办以常政办〔1997〕38号文件批复同意。1997年1月23日，该司在市工商局登记注册资金251万元，其中由公司以实物出资198万元，职工个人入股53万元，组建了市轻化建材有限责任公司，该司历任董事长为黄百忍、戴长久。

该司后来因严重亏损，资不抵债，向市国有企业产权制度改革领导小组办公室报告请求依法破产。2000年10月20日，市产权办以常改办字〔2000〕16号文件批复同意该司破产并实施买断职工身份的改革方案。市中级人民法院于2001年8月22日以〔2001〕常经破第27-1号民事裁定书宣告该司破产还债（该司的有限责任公司部分系同日由市中级人民法院以常经破第26-1号民事裁定书裁定）。同时，市中级人民法院以〔2001〕常经破第27-5号民事决定书确定由市直相关部门的人员参加的该司（含有限责任公司）破产还债清算组，实施破产改制、两个置换。

该司的资产由湖南里程会计师事务所湘里会〔2001〕评字第91号（轻化建材为：评字第88号）和市国有资产管理局常国资〔2001〕认字第90号（轻化建材为：认字第87号）认定：破产改制前其资产总额1578.2万元，负债总额2659.5万元；评估资产总额1068.1万元，负债总额2648.4万元，净负债1580.3万元。破产改制前有职工135人，其中离退休30人（离休5人、退休25人），在职105人（在岗13人、下岗92人）。破产期间退休32人（正常退休5人，其中达到法定退休年龄至4人，工伤残职业病退休者1人），调出2人，置换身份71人（属全民职工）。

原企业文书、财务、技术等档案于2005年11月18日交市档案局；退休职工档案交市社保所；置换职工档案交职业介绍中心。原企业职工移交武陵区城西新光居委会、城北丝瓜井居委会实行社区管理。

公司获得的荣誉：

1990—1993年连续获市政府授予的“重合同、守信誉”企业称号。

1989—1993年5年间，在省物资厅开展的“销售、效益”目标考核的竞赛活动中，分别获得14个地、州、市化轻公司组的第一名、第三名、第二名、第二名和第一名。

1991年度被省物资厅评为“先进单位”；被市政府评为“消防安全先进单位”；被市物资局评为“双文明先进单位” 和“社会治安综合治理先进单位”；被武陵区评为“双文明先进单位”。

1992年、1994年被市物资局评为先进单位。

1993年7月6日，总公司领导班子被市物资局通报表彰。

1989—1993年，连续5年被市政府授予“重合同、守信用”单位；被市工商银行授予“AAA”特级信用企业。

1992年，被市政府授予常德市纳税大户光荣称号（见1993年4月17日《常德日报》）。

该司的先进经验曾刊登于《北京日报》《湖南日报》等报纸，并被中央电视台播出。

公司历任负责人：

总经理：陈月平（1989.1.16—1993.12.28）、孙日爱（1993.12.28—1994.4.11）、黄百忍（1994.4.11—1995.11.25）、寻本艳（1995.11.21—2004.11.4）。

党支部（或党总支部）书记：曾祥惠（1988.4.29—1990.2.12）、詹显章（1990.2.12—1992.8.11）、陈月平（1992.8.11—1993.12.28）、孙日爱（1993.12.28—1994.5.13）、黄百忍（1994.5.13—1999.11.10，其中1995年12月18日任轻化建材公司书记）、戴长久（1999.11.10—2004.11.4）。

1989—1997 年化工轻工总公司公司主要指标一览表

表 1-3-5-9

年份	总人数（人）				党员数（人）	团员数（人）	专业技术职务（人）			固定资产（万元）	购进（万元）	销售（万元）	利润（万元）	缴税（万元）
	合计	干部	职工	离退休			中级	助级	员级					
1989	90	43	33	14	41	16	10	26	16	190.35	4021.34	4508.80	85.19	87.99
1990	98	41	40	18	40	22	2	21	17	192.04	3553.87	3803.32	42.07	96.89
1991	105	42	44	19	43	19	10	23	13	189.00	5331.81	5836.00	50.20	50.00
1992	109	42	45	22	44	20	8	27	10	189.02	10064.99	10545.83	80.31	71.65
1993	111	42	48	21	45	24	9	27	11	126.40	20726.04	21399.96	84.56	86.14
1994	116	40	53	23	48	25	9	27	11	185.86	5404.03	5776.80	-189.60	58.05
1995	126	41	60	25	51	21	6	22	12	471.80	4601.05	4978.00	-78.20	108.57
1996	135	44	64	27	50	14	7	22	9			989.00	-45.00	
1997	138	46	65	27	56	13	6	23	11					

1989—1995 年市化工轻工公司主要商品购销统计表

表 1-3-5-10

年份	尿素（吨）		硝酸（吨）		硫酸（吨）		84#炸药(吨)		烧碱（吨）		纯碱（吨）		橡胶（吨）	
	购进	销售	购进	销售	购进	销售	购进	销售	购进	销售	购进	销售	购进	销售
1989	846	884	16	14	656	570	934	943	1325	1215	594	3107	1773	1602
1990	356	482	11	1758	501	616	1791	1758	1340	1315	1430	2898	1631	1527
1991			79	76	760	741	2191	2212	579	776	228	815	2055	2343
1992			35	36	702	697	2227	2239	613	603	1846	1778	3213	3322
1993			28	31	269	274	1226	1201	79	85	2062	2121	7205	6861
1994			235	174	43	41			110	99	1630	1556	2759	2591
1995			31	33	128	174			420	340	1582	1017	1017	1031

1989—1995 年市化工轻工公司主要商品购销统计表

表 1-3-5-11

年份	轮胎（套）		水泥（吨）		钢材（吨）		机电设备（万元）		汽车（台）	
	购进	销售	购进	销售	购进	销售	购进	销售	购进	销售
1989	3699	2839	1655	1655						
1990	4890	4340								
1991	5585	5952			361	307				
1992	9565	9732	220	16	563	494				
1993	14638	11384		105	5076	4650	2059	2129	224	223
1994	8135	10559	79	79					127	112
1995	10141	11278			1885	2847			25	37

八、市金属回收公司

该司的前身为地区金属回收公司，成立于1977年9月。1988年10月，武陵区金属回收公司与原地区金属回收公司合并，重新登记为市金属回收公司。1995年3月31日，根据市物资工贸集团总公司常物〔1995〕13号文件批复，公司更名为“常德物资集团金属回收总公司”。

公司注册资本：1989年时为149.5万元，2001年8月28日市中级人民法院宣告其破产时为292万元。

该司地址：1989年时位于武陵区人民中路40号，1999年迁至洞庭大道东段466号。

公司固定资产：1989年时为271.15万元，1995年达877万元。公司占地面积2.89公顷，房屋建筑面积1990年初为7950.95平方米，2001年8月破产改制时账面记录房屋建筑面积为3171.90平方米。

1989年公司班子。经理严若全（前排左一）、党支部书记童志祥（后排左二）

该司属全民所有制的中二型企业。

经营范围：主营废金属及报废汽车、军队退役报废装备、淘汰机电产品回收及其加工利用，金属材料、汽车（不含小汽车）、建筑材料；兼营普通机械、电器机械、五金交电、农副土产品、本地矿产品资源收购。

经营方式：批发零售、代购代销、加工。

公司1991年时的内设机构有：经理办、政工科、行政科、财务科、储运科、业务科、落路口加工厂和负责城北片（从沅水为界）厂矿等单位的废金属收购的一分公司（下设回收、综合两个股室）、负责城南片厂矿等单位的废金属收购的二分公司（下设回收、加工、综合3个股室）、负责市场调节的三分公司（下设市场、3个门市、综合5个股室）。另外还设有劳动服务公司。

该司1993年共收购废钢铁10 317吨，加工3800吨，销售7538吨，实现销售收入5228万元，创利润103.2万元，为历史最好水平。

2001年7月27日，该司向市计委发出要求破产改制的请示，市计委于7月30日以常计〔2001〕224号文件批复同意。

8月28日，市中级人民法院以常经破字第28-1号文件宣布公司“破产改制，两个置换”。公司资产经市正大会计师事务所常正会评报字〔2001〕116号和市国有资产管理常国资〔2001〕认字第84号认定，该司破产改制前的资产总额为925.7万元，其中流动资产84.4万元，固定资产33.8万元，长期投资45.0万元，无形资产762.5万元；负债总额

1989 年 8 月湖南省金属回收工作会议在常德召开时全体与会代表合影

965.9 万元，全部为流动负债（其中银行债务 701.6 万元）；净资产-40.2 万元。评估资产总额 742.2 万元，其中流动资产 77.7 万元，固定资产 15.3 万元，长期投资 45.0 万元，无形资产 604.2 万元；负债总额 965.9 万元，全部为流动负债（其中银行债务 701.6 万元）；净资产-223.7 万元。破产改制前有职工 155 人，其中离退休 52 人（离休 7 人，退休 45 人），在职 103 人（在岗 9 人、下岗 94 人）。破产安置职工 102 人，其中破产期间退休 28 人（达到法定退休年龄退休 20 人，工伤残职业病退休 8 人），置换身份 74 人（全是全民工身份）。破产安置期间调出 1 人。

公司文书、财务、技术等档案于 2002 年 12 月 30 日交市档案局；置换职工档案于 2002 年 10 月 13 日交市职业介绍中心；退休职工档案于 2002 年 9 月 23 日交市社保处。原企业职工移交武陵区城南高山街居委会、方家巷居委会、城北芷南居委会实行社区管理。

公司获得的荣誉：

1990 年参加全省金属回收系统文艺会演，该司两个节目分别获二、三等奖。1991 年“七一”文艺会演，该司有 3 个节目赴京演出，获好评。

1991 年，被省工改办评为全省 48 家首批工改试点先进单位；该司刘仕林的先进事迹被编入市直工委编印的《先锋集》一书。

1990—1993 年连续 4 年获市政府授予的“重合同、守信用企业”称号。

公司历任负责人：

总经理：严若全（1987.1.16—1992.9.19）、朱惠庆（1992.9.19—1994.5.9）、罗金桂（1994.5.9—1994.12.22）、揭学文（1994.12.22—1998.9.4）、孟正华（1995.11.16—1996.3.8；1998.9.4—2001.8.18）。

党总支部（党支部）书记：童志强（1989.1.16—1992.8.11）、严若全（1992.8.11—1992.9.19）、朱惠庆（1992.9.19—1994.5.9）、罗金桂（1994.5.10—1994.12.22）、揭学文（1994.12.22—1997.10.28）、孟正华（1997.10.28—1998.9.4）、揭学文（1998.9.4—2004.8.23）。

1989—2000 年金属回收总公司主要指标一览表

表 1-3-5-12

年份	总人数（人）				党员数（人）	团员数（人）	专业技术职务（人）				固定资产（万元）	购进（万元）	销售（万元）	利润（万元）	缴税（万元）
	合计	干部	职工	离退休			高级	中级	助级	员级					
1989	128	51	65	12	53	18		12	29	19	271.15	1139.58	1354.75	51.52	81.49
1990	136	42	74	20	55	17		12	30	19	270.21	1117.77	1361.14	55.59	63.24
1991	147	44	82	21	57	13		12	29	17	331.64	1309.28	1500.89	79.19	69.27
1992	154	47	85	22	58	28		11	31	13	336.91	2251.88	2534.89	92.60	60.93
1993	161	47	82	32	57	26		7	32	16	285.70		5228.00	103.20	59.90
1994	161	49	78	34	61	21		7	31	16	322.20	2262.20	2498.20	-149.10	
1995	161	43	82	36	61	22		9	27	16	877.00		2056.00	-84.00	
1996	160	34	76	50	61	5		5	22	13			139.00		
1997	158	35	70	53	61	3		8	5	3					
1998															
1999													331.00		
2000													656.00		

1989—1992 年金属回收总公司主要商品购销统计表

表 1-3-5-13

年份	生铁（吨）		钢材（吨）		废钢铁（吨）		废有色金属（吨）		铜（吨）		锌（吨）		铝（吨）		铅（吨）	
	购进	销售	购进	销售	购进	销售	购进	销售	购进	销售	购进	销售	购进	销售	购进	销售
1989	125	125	3266	3081	20599	22124	81	86	32	26	18	16			2	2
1990			3609	3661	15451	16781	62	74	51	58	28	29	23	21		
1991	676	671	3968	3883	15377	15377	59	54	37	37	55	55	61	52		
1992	53	51	5941	5793	12853	13234	53	88	65	66						

九、市物资贸易中心

（一）机构沿革

该中心的前身为成立于 1961 年的地区生产资料服务公司。后更名为常德市工矿服务公司，1964 年再更名为常德地区生产资料服务公司，1968 年年初改为地区生产服务组，1973 年复名为地区生产资料服务公司。1985 年 1 月，经地区行署办公室常署函办〔1985〕2 号文件批准，成立地区物资贸易中心，同时保留地区生产资料服务公司，两块牌子，一套人员。1988 年 12 月 13 日，市物资局以常物字〔1988〕38 号文件批复原地区物资贸易中心、原地区生产资料服务公司、原地区汽车贸易中心及其所属地区旧汽车交易所更名为市物资贸易中心、市生产资料服务公司、市汽车贸易中心及市旧汽车交易所。1992 年 3

月16日，经市物资局常物（1992）15号文件批准，注销公司第二名称“常德市汽车贸易中心”，重新变更为“常德市汽车贸易总公司”。1995年3月31日，经市物资工贸集团常物〔1995〕13号文件批准，市物资贸易中心更名为“常德物资集团物资贸易中心”。

1996年8月，市物资贸易总公司总经理张力权（前左一）在公司搬迁新址时致辞

2002年5月24日，该中心（市汽车贸易总公司）向市内贸办呈报实施依法破产的请示。7月4日，市内贸办以常内贸〔2002〕34号文件批复同意。7月22日，市中级人民法院以〔2002〕常民破字11-1号判决书宣告该中心实行“破产改制，两个置换”。

该中心的资产经湖南里程会计师事务所湘里会〔2002〕评字第82号评估和市财政局常财函（2002〕123号给予批复，其破产改制前账面资产总额为889.4万元（其中流动资产66.7万元，固定资产644.3万元，长期投资63万元，无形资产115.4万元）；负债总额为2853.3万元（其中流动负债2370.4万元，长期负债482.9万元）；净资产-1963.9万元。评估资产总额为679.6万元（其中：流动资产63.6万元，固定资产296.4万元，长期投资63万元，无形资产256.6万元）；评估负债总额为2854.3万元（其中：流动资产2370.4万元，长期负债483.9万元）；净资产-2174.7万元。

破产改制前职工100人（其中离休2人、退休23人、在职75人），破产改制中在职职工安置为：正常退休13人（其中达到法定退休年龄11人、工伤残职业病退休2人），提前退休11人（提前5年退休者），置换身份50人（系全民工）。

该中心原企业文书、财务、技术等档案于2004年4月13日交市档案局；退休职工档案于4月18日交市社保处；置换职工档案于4月23日交市职业介绍中心。原企业职工于同年2月21日分别移交武陵区城西滨湖居委会、长胜桥居委会、城南东湖巷居委会实行社区管理。

（二）中心概貌

1.地址

1989年时在人民中路40号；1996年8月，迁至武陵大道中段西园路01号新建的大楼。

2.性质及规模

该中心属全民所有制中二型企业。注册资本73万元。占地面积5837.03平方米，房屋建筑面积5582.51平方米，固定资产：1989年为60万元，1994年为675.31万元。

3.内设机构

1989年时内设经理办、人秘科、财务科、汽车科、金属科、机电科、化建科、旧汽车交易所和3个门市部。1993年内设珠海、机电、汽车、金属和综合5个分公司及办公室、政工科、财务科。

4.主要职能及经营

对生产资料进行市场调节、代购、代销、代托运生产资料，解决用户的需要。

经营范围：主营金属材料、化工原料及产品、建筑材料、普通机械、电器机械及器材、汽车（不含小汽车）及零部件；兼营五金交化产品。

经营方式：批发、零售、代购代销。

1993年，该中心销售收入达21 051.2万元，创利润195.9万元，均为其历史最高水平。

（三）获得的荣誉

1989年1月23日，市直工委常直工〔1989〕1号文件，授予常德市生产资料服务公司为1988年度“先进党支部”称号。

1990年度、1991年度，获市政府授予的“重合同、守信誉”企业称号。

1990年度，被评为全国物资系统“四好先进企业”（执行政策好、为生产建设服务好、职业道德好、开拓创新好）。

1991年8月，被省政府授予“省级先进企业”；1991年度，被省物资厅评为“先进单位”；1991年度，被市局评为“社会治安综合治理先进单位”。

1992年度，被市局评为“先进单位”；1992年12月16日，被市委工委授予“社教工作先进单位”。

1993年度，被市局评为“双文明先进单位”。

1994年，被市政府评为“财务会计工作先进单位”；被市清产核资办评为“清产核资先进单位”；被市工商银行认定为“AAA”特级信用企业；被市统计局、市物资局评为“统计工作先进单位”。1994年全市商业企业排座次（见《常德日报》1990.9.9）：属商业批发企业前九强（共排位前20名）。

1995年度，被市物资集团总公司评为先进单位，中心党支部被市物资集团总公司党评为“先进党组织”。

1995年度，被东风汽车公司评为“东风汽车经销优胜单位”，《经济日报》上进行了刊登。

1996年度，获市计工委和市物资工贸党委授予的“先进党组织”的称号。

1998年度、1999年度，被市消委评为“消费者信得过单位”。

1999年度，被市物资行业管理办公室评为先进单位。

（四）历任负责人

总经理：缪电益（1989.1.16—1992.1.21）、汤治波（1992年1月21日任市汽车贸易总公司总经理，1992年7月5日—1994年4月12日任物贸中心总经理）、张力权（1994.4.12.—2004.2.21）。

党支部书记：罗金桂（1989.3.12—1992.7.5）、汤治波（1992.7.5—1992.8.11）、张力权（1995.6.22—2004.2.21）。

（五）主要数据

1989—2000 年物贸中心主要指标一览表

表 1-3-5-14

年份	总人数（人）				党员数（人）	团员数（人）	专业技术职务（人）			固定资产（万元）	购进（万元）	销售（万元）	利润（万元）	缴税（万元）
	合计	干部	职工	离退休			中级	助级	员级					
1989	76	36	28	12	38	15	5	19	20	59.87	3876.88	4086.00	46.90	43.95
1990	79	36	31	12	39	15	6	21	13					
1991	82	39	31	12	39	16	6	20	13	147.00	6434.10	5606.50	59.00	64.90
1992	87	38	35	14	42	15	4	23	11	148.00	11205.60	10025.90	90.20	66.10
1993	92	35	38	19	42	14	4	19	12	75.20	19755.95	21051.20	195.90	
1994	93	35	40	18	41	14	4	19	12	103.10	8195.66	8635.80	0.60	48.80
1995	93	28	42	23	41	23	1	17	12	176.20		6853.00	-37.00	
1996	100	35	42	23	41	26	2	15	11					
1997	101	35	42	23	41	25	3	16	12					
1998	101			23								1000.70	-200.10	
1999												1323.00	-184.50	12.20
2000	66											926.50		

十、市德山物资供应公司

1988 年 7 月，地、市物资局合并，同年 12 月武陵区德山物资公司由市物资局上收后，定名为市德山物资供应公司，由市物资局直管。经 1991 年 3 月 13 日市计委常计政字〔1991〕第 50 号文件批准，该司并入市金属材料公司，作为其下属供应点，公司名称及经营范围保留不变。1994 年 12 月 18 日，市物资工贸集团公司发出常物人〔1994〕41 号文件，将该司重新划归市物资工贸集团公司管理，全称为“常德市物资集团德山物资供应公司”。

该司位于德山开发区洞庭北路 92 号，其固定资产净值 1996 年时为 94.32 万元，土地使用面积 5694 平方米。1989 年时经营面积 6138 平方米，其中营业间面积 445 平方米，仓库面积 5693 平方米。2003 年破产改制时房屋建筑 2238.39 平方米，综合用地面积 896.06 平方米。

该司属国有小型商贸企业，注册资本 1989 年时为 53 万元，1991 年增资至 102.4 万元。

公司经营范围：主营金属材料、机电产品及汽车（不含小汽车）、轻化建材；兼营废金属回收、加工、农机、五金及家用电器。

公司内设机构： 1989 年内设办公室、计划科、金属材料科、机电汽车科、轻化建材科、财务物价科。

2002年7月16日，市内贸管理办公室以常内贸〔2002〕35号文件批复同意该司实施依法破产。7月22日，市中级人民法院以常民破字第12-1号民事裁决书宣告该司破产还债，实行“破产改制、两个置换”。

该司资产经湖南里程会计师事务所湘里会〔2002〕评字89号评估，市财政局常财函〔2002〕135号文件确认，其破产改制前账面资产总额127.0万元，其中固定资产69.7万元，流动资产0.8万元，无形资产56.5万元；负债总额295.9万元（全系流动负债）；净资产-168.9 万元。评估资产总额100.4万元，其中固定资产56.3万元，流动资产0.8万元，无形资产43.3万元；负债总额295.9万元（全系流动负债）；净资产-195.5 万元。破产改制前职工总数为28人（其中离退休4人、在职职工24人）。破产安置期间正常退休4人，提前退休4人（提前5年退休1人，工龄数达标退休3人），置换身份20人（均属全民工）。

原企业文书、财务、技术等档案于2004年1月10日交市档案局；退休职工档案于2003年12月24日交市社保处；置换职工档案于12月29日交市职业介绍中心。原企业职工移交德山开发区洞庭北路居委会实行社区管理。

公司获得的荣誉：1989年，公司财务科参加市物资局的财务知识竞赛获第三名；1995年被市物资工贸集团总公司评为“先进单位”。

公司历届负责人：

总经理：张德海（1989.1.16—1989.12.31）、史万林（1990.1.1—1991.6.28）、杨新哉(1992.9.19—1995.9.15)、胡国政（1995.12.18—1996.3.8）、贾志刚（1996. 3.22—2003.12.10）。

党支部书记：杜文立（1989—1990.9.27）、胡国政（1995.12.18—1996.3.22）、贾志刚(1996.3.8—2003.12.10)。

1989—2000年德山物资供应公司主要指标一览表

表1-3-5-15

年份	总人数（人）				党员数（人）	团员数（人）	专业技术职务（人）				固定资产（万元）	购进（万元）	销售（万元）	利润（万元）
	合计	干部	职工	离退休			高级	中级	助级	员级				
1989	30	10	18	2	7	1		1	5	9			688.50	1.00
1990	30	10	18	2	8	5		1	3	9		671.00	712.00	0.12
1991														
1992														
1993														
1994														
1995	22	6	14	2	5				5	7				
1996	22	6	13	3	6				5	6				
1997	22	6	16	3	6				4	7				

续表 1-3-5-15

年份	总人数（人）				党员数（人）	团员数（人）	专业技术职务（人）				固定资产（万元）	购进（万元）	销售（万元）	利润（万元）
	合计	干部	职工	离退休			高级	中级	助级	员级				
1998	25	6	16	3	6				4	7				
1999	25	6	16	3	6				4	7				
2000	25	6	17	3	5				5	6				

十一、市物资供应总公司（市建筑材料公司）

市物资成套供应总公司（常德建筑材料公司）的前身是地区轻化建材公司，该司成立于 1971 年 3 月。1988 年，根据市物资局常物字〔1988〕88 号文件精神，武陵区轻化建材公司上收与原地区轻化建材合并，然后按轻工化工与建材两大块业务组建市化工轻工公司和市建筑材料公司。1992 年 1 月 18 日，根据市物资局常物〔1992〕2 号文件批复，市建筑材料公司变更为市建筑材料总公司。1992 年 4 月 7 日，由市建筑材料总公司再变更为市物资成套供应总公司。1992 年 8 月 31 日，市物资成套供应总公司要求注销其下设的配套供应分公司，重新成立市建筑材料公司，隶属总公司。1995 年 3 月 31 日，根据市物资工贸集团总公司常物〔1995〕13 号文件批复，市物资成套供应总公司变更为常德物资集团物资供应总公司。

该司位于武陵区洞庭大道东段 78 号。

公司属全民所有制中二型企业，其注册资本 1989 年时为 100 万元，1994 年增资至 280 万元。

该司固定资产 159.79 万元，占地面积 10 083.53 平方米，房屋建筑面积 11 182.23 平方米。

其经营范围为主营建筑材料、金属材料、普通机械、化工原料及产品、汽车、摩托车及零部件；兼营水泥纸袋回收加工、文化办公机械及零部件、金刚石、橡胶制品。经营方式为批发和零售。

公司内设机构：1989 年时设办公室、政工科、财务科、计划科、建材科、市场科、储运科和门市部及驻长沙办事处。1992 年下设“化工贸易公司”“汽车摩托车销售服务公司”“建材物资配套供应分公司”3 个二级法人单位。

该司 1993 年实现销售收入 5028.9 万元，创利润 23.3 万元（填补上年暗亏 10 万元后，账面利润 12.3 万元），上缴税收 26.93 万元，为其历史最高水平。

该司自 1993 年以来年年亏损，至 2001 年 11 月底止，累计亏损达 1601 万元，负债 1680.4 万元，资产负债率高达 444%。1994 年起，公司各项经营活动陷入停顿状态，仅靠仓库和办公大楼及其门面出租，作为离退休职工和内退职工养老金及在岗留守职工的基本工资来源，大部分下岗职工则生活无着落，医疗无保障。经公司领导班子研究，并经公司职代会表决一致通过，申请实施依法破产。2001 年 12 月 11 日，市内贸办以常内贸〔2001〕7 号文件批复同意。

2002 年 1 月 29 日，市中级人民法院以〔2002〕常经破字第 2–1 号民事裁决书宣布该司破产还债。市企业改制领导小组 同意该司实行“破产改制、两个置换”。

公司资产经湖南里程会计师事务所湘里会〔2002〕评字 17 号文件评估，市财政局常财权函〔2002〕19 号文件批复确认，其破产改制前账面资产总额 287.7 万元，其中固定资产 211.1 万元，流动资产 76.6 万元；负债总额 1464.8 万元（全系流动负债，其中银行债务 1014.9 万元）；净资产–1177.1 万元。评估资产总额 287.4 万元，其中流动资产 14.5 万元，固定资产 14.5 万元，长期投资 62 万元，无形资产 183.1 万元；负债总额 1464.8 万元，（全系流动负债）；净资产–1177.1 万元。

公司破产改制前有职工 103 人，其中离退休 18 人（其中离休 1 人），在职 85 人（均属在岗）。破产安置期间达到法定退休年龄 1 人；提前退休 19 人（其中提前 5 年退休者 6 人，达到法定退休年龄退休者 13 人）；置换身份 65 人（全民工）。

公司文书、财务、技术等档案交市档案局；置换职工档案交市职业介绍中心；退休职工档案交市社保处。原公司职工移交武陵区城东庆丰、楠沙居委会实行社区管理。

公司获得的荣誉：

1990 年，在全省物资系统的保供促销优质服务竞赛活动中获得地、州、市建材组第一名。

1991 年，在市局组织的庆祝中国共产党建党 70 周年的文艺会演中，公司演出 3 个节目，其中 1 个节目获一等奖。

历任负责人：

总经理：陶世雄（1989.1.16—1989.12.5）、汤治波（1989.12.5—1992.1.21）、马培政（1992.1.21—1993.3.8）、向才定（1993.3.8—1995.12.15，2002.1.29—2003.12.30）、宋湘林（1995.12、15—1996.3.8）、徐万来（1996.3.8—2002.1.29）。

党支部书记：马培政（1989.3.12—1993.3.8）、向才定（1993.3.8—1996.3.8）、徐万来（1996.3.8—2002.1.29）。

1989—1997 年物资供应总公司（建筑材料公司）主要指标一览表

表 1-3-5-16

年份	总人数（人）				党员数（人）	团员数（人）	专业技术职务（人）				固定资产（万元）	购进（万元）	销售（万元）	利润（万元）	缴税（万元）
	合计	干部	职工	离退休			高级	中级	助级	员级					
1989	63	24	24	24	5	5		6	19	7	186.18	709.97	1105.31	15.98	19.75
1990	64	23	37	22	14	4		2	18	5	182.42	2039.37	2164.13	12.02	11.41

续表 1-3-5-16

年份	总人数（人）				党员数（人）	团员数（人）	专业技术职务（人）				固定资产（万元）	购进（万元）	销售（万元）	利润（万元）	缴税（万元）
	合计	干部	职工	离退休			高级	中级	助级	员级					
1991	70	23	48	23	10	5		5	19	10	182.00		2164.00	12.00	13.00
1992	71	24	40	24	15	7		6	25	6	182.40	3363.44	3593.50	17.15	24.23
1993	83	31	44	29	17	8		4	22	9	129.80		5028.90	12.30	
1994	82	31	44	25	17	8		4	32	9	172.00		2899.80	−93.00	
1995	87	31	44	25	17	12		5	20	10	361.50		1773.00	−94.00	
1996	100	54	37	31	27	12		7	21	10			156.00	1.00	
1997	102	37	33	25	24	13		4	24	12					

1989—1992 年物资供应总公司（建筑材料公司）主要商品购销统计表

表 1-3-5-17

年份	烧碱（吨）		纯碱（吨）		橡胶（吨）		胶管（米）		轮胎（套）		石棉瓦（吨）		钢材（吨）	
	购进	销售	购进	销售	购进	销售	购进	销售	购进	销售	购进	销售	购进	销售
1989	201	168	205	480	24	69	748	8218	881	982				
1990														
1991	312	305	55	35	104	106	706	1281	1610	1563	66023	63726	515	517
1992	62	66	379	398	161	164	4886	868	620	764			1692	1676

1989—1992 年物资供应总公司（建筑材料公司）主要商品购销统计表

表 1-3-5-18

年份	机电设备		水泥（吨）		平板玻璃（重量箱）		平板玻璃（平方米）		油毡（卷）		汽车（辆）		载重汽车（辆）	
	购进	销售	购进	销售	购进	购进	销售	购进	销售	销售	购进	销售	购进	销售
1989			22359	24949	21109	24934	112595	132868	28982	29432				
1990														
1991			9332	9104	30907	32207	180724	189973	35080	28972				
1992	658	612	8346	8314	8487	8978	45543	48467	10645	15531	91	79	67	67

另外，该司还于1992年购进和销售生铁各20吨。

十二、市物资（钻石）工贸总公司

市物资（钻石）工贸总公司的前身为1986年年初地区物资局成立的地区钻石公司。市物资局1989年8月7日以常物字〔1988〕38号批复地区钻石公司更名为市钻石公司。1992年4月16日，根据市物资局常物字〔1992〕28号文件批复，该司更名为“常德市物资钻石工贸总公司”。1995年3月31日，根据市物资工贸集团总公司常物〔1995〕13号文件更名为“常德市物资集团（钻石）工贸总公司”。

该司属中二型全民所有制经济企业，注册资金139万元，占地面积8000平方米，其中在武陵区护城乡永红村第6组的6933平方米地面修建金刚石工具加工厂；在鼎城区桥南园盘路物资商贸中心的美食娱乐城占地593.29平方米。房屋建筑面积2165.46平方米。

公司位于武陵区人民中路40号。

经营范围：主营金刚石及系列产品、金属材料、轻化建材、普通机械、电气机械及器材汽车（不含小汽车）、金银首饰；兼营汽车运输、五金交化、其他食品、政策允许的农副产品。经营方式：批发、零售、代购代销、代储代运。

内设机构：1989年时该司设人秘科、财务科、行政科、业务技术科、储运科和金刚石加工厂；1992年时总公司下设3个分公司（钻石分公司、生产资料服务分公司、边境贸易开发分公司），2个加工厂（金刚石加工厂、钻石厂）。

1993年，该司改一业经营为整体多能，多种经营，发展到有钻石购销加工，经营金属材料、工程机械（含汽车）、金饰珠宝，废钢购销加工，饮食服务六大主业。该司部分业务骨干走出常德，开展两头在外的经营，在武汉、北京、徐州设立分公司，在广州兴办酒店等，这些驻外机构共实现销售3939.6万元，占公司销售总额的67.7%，创利润64.58万元，占公司营业利润的48.96%。该司当年实现销售收入5820.7万元，比上年增加69.69%；实现利润63.67万元，比上年增加42.2%，是公司经营史上最好的一年。

该司鉴于自身资不抵债，经营难以为继的事实，于2002年5月8日以常钻字〔2002〕02号文件申请破产。市内贸办以常内贸〔2002〕21号文件批复同意该司实施依法破产。6月5日，市中级人民法院以常民破字〔2002〕第5-1号民事裁决书宣告该司破产还债。

公司资产由湖南经程会计师事务所湘里会〔2002〕评字第63号评估，市财政局常财权函〔2002〕92号批复确认，其破产改制前账面资产总额233.3万元，其中流动资产102.8万元，固定资产2.5万元，长期投资3万元，无形资产125万元；负债总额1595.3万元（全系流动负债）；净资产-1362万元。评估资产总额247.2万元，其中流动资产102.9万元，固定资产2.5万元，长期投资3万元，无形资产138.8万元；评估负债总额1552.8万元（全系流动负债）；净负债-1305.6万元。

该司破产改制前有职工88人，其中退休24人，在岗64人（实际全部下岗）。破产期间正常退休14人（其中伤残职业病退休1人，提前5年退休5人，工龄达到者退休7人，病退 1 人），调出 2 人，置换全民工身份 48 人。

公司原文书、财务、技术等档案于 2003 年 12 月 13 日交市档案局；置换职工档案于 2004 年 1 月 14 日交市职业介绍中心；退休职工档案于 1 月 8 日交市社保处。原公司职工于 2004 年 10 月 22 日移交至武陵区三岔路办事处长庚居委会实行社区管理。

公司获得的荣誉：

1989 年获市物资局授予的“先进单位”和“先进党支部”；获银行资金信用评估“AA”级企业。

1991 年获市物资局授予的社会综合治理“先进单位”。

1992—1993 年被市物资局评为“先进单位”。

1999 年，该司党支部被市物资行业管理办公室和市物资工贸集团总公司党委评为“先进党组织”。

公司历任负责人：

总经理：熊伟（1989.1.16—2000.12.18）、袁静如（2000.12.18—2004.10.22）。

党支部书记：刘家凯（1989.1.16—1992.8.11）、熊伟（1992.8.11—2000.12.18）、袁静如（2000.12.18—2004.10.22）。

1989—2000 年钻石公司主要指标一览表

表 1-3-5-19

年份	总人数（人）				党员数（人）	团员数（人）	专业技术职务（人）				固定资产（万元）	购进（万元）	销售（万元）	利润（万元）	缴税（万元）
	合计	干部	职工	离退休			高级	中级	助级	员级					
1989	57	24	24	9	27	7	2	1	14	6		761.09	1103.86	37.19	15.46
1990	57	24	24	9	27	7	2	1	11	6	56.44	1324.18	1623.91	45.34	30.03
1991	70	30	32	8	29	7	2	1	15	9	71.34	1388.39	5820.69	63.67	
1992	80	32	38	10	30	7	2		15	9	118.60	3229.43	3456.50	34.20	25.18
1993	86	32	42	12	34	11	2		16	6	71.30	5380.04	5820.70	63.90	64.42
1994	86	32	42	12	34	11	2		15	6	96.00		851.90	-149.80	
1995	99	36	50	13	32	19	2	3	18	5	191.80	1082.14	1211.00	-131.00	18.28
1996	98	34	51	13	31	18	2	4	18	4	215.00	66.00	73.00	-413.00	
1997	95	27	48	20	23	7		2	17	7	215.04	8.00	7.00	-53.00	
1998															
1999															
2000											215.00			-14.60	

十三、市物资经营开发总公司（德海实业集团总公司）

1988 年 12 月，武陵区物资贸易公司被市物资局上收，更名为“常德市物资经营开发公司”，由市物资局直管。

该司经营范围：主要为开发短线资源、发展同沿海地区和经济特区的联系并进行物资协作为主，发展外向型经济。

1991 年 12 月 14 日，市物资局以常物〔1991〕43 号文件批复同意该司更名为“常德市物资经营开发总公司”

1992 年 5 月 9 日，市政府以常政办函〔1992〕47 号文件批复，同意市物资经营开发总公司更名为“常德市德海实业集团总公司”，归口市经济技术协作办领导，行业上接受物资系统的业务指导。

内设机构：1989 年时设办公室、财务科、机电汽车科、金属材料科、化工建材科、大西门供应站。1991 年 10 月 23 日，市物资局同意其设立经营开发总公司：当年另设有汽车销售公司，为其二级法人单位。

公司总经理罗祖亮（左三）、党委书记曾庆云（左二）与公司领导班子成员

1989 年该司职工 51 人，其中干部 16 人，职工 31 人，退休 4 人。党员 11 人，团员 19 人。专业技术职务方面有经济师 1 人，助理经济师、助理会计师 15 人，经济员、会计员 6 人。

1984 年，该司有流动资金 2 万元，员工 10 多人。

至 1991 年，该司实现销售收入 5900 万元，实现利润 95 万元，上缴税金 52 万元，分别比上年增长 32%、18.6%、63%。当年，该司开办 5 个分公司和北京、上海、长沙 3 个办事处。

公司总经理罗祖亮，党支部书记曾庆云。

十四、市钻石珠宝金饰有限公司

1993 年 3 月 31 日，市物资工贸集团总公司以常物人〔1993〕11 号文件通知，由市钻石公司和市物资实业开发公司合股组建“常德市钻石珠宝金行”。1994 年 12 月 8 日，市物资工贸集团总公司以常物人〔1994〕36 号文件批复，将该行更名为“常德市物资集团钻石珠宝金行”。

1997 年，根据市委、市政府关于企业股份改造的有关精神，企业通过市公信资产评估事务所对拟进行股份制改造的资产进行评估，核实后的负债为 762 204.19 元，评估后净资产为-7934.14 元。该行以总股金 52 万元（其中个人出资 12 万元，岳阳市银苑贸易公司以现金出资 20 万元，原借市物资集团总公司 20 万元作为国家资本金）组建“常德钻石珠宝金饰有限责任公司”。当年 8 月 25 日，市体改委以常体改〔1997〕21 号文件批复，同意市钻石珠宝金行改制成“常德钻石珠宝金饰有限责任公司”。

该司位于武陵区人民中路 238 号，注册资本：金行 20 万元，有限责任公司 52 万元。

经营范围：从事珠宝、钻石、玉器、金银首饰经销。

集团总公司监审部根据物资集团总公司常物监〔1995〕03 号文件精神，于 1995 年 9 月 6 日至 9 月 10 日对金行进行审计，结论如下：

1.截至 1995 年 8 月，金行有职工 10 人、临时工 4 人；上交公共管理费 5.6 万元。

2.销售收入：从开业至 1995 年 8 月 31 日止，账面记录为 9 197 091.02 元，其中 1993 年 3 082 962.61 元，1994 年 1 611 306.55 元，1995 年 1—8 月 4 502 821.86 元，经审计核定与账面相符。

3.盈亏：1993 年至 1995 年 8 月，账面记录累计亏损额为 19 862.50 元，其中 1993 年盈利 177.60 元，1994 年亏损 883.25 元，1995 年 1—8 月亏损 19 156.85 元。经审计认定，3 年的累计利润为 78 378.88 元,其中 1993 年和 1994 年实际与账面记录相同，1995 年 1—8 月的利润则为 79 084.53 元。

2004 年 4 月 15 日，市物资行业 7 小公司（即市钻石珠宝金饰有限公司、常德民用爆破器材专营公司、市物资集团黑色金属材料公司、市物资进出口公司、市物资综合经营公司、常德物资大厦、市远大物资实业发展公司）职工安置组向市内贸办呈报了“关于常德钻石珠宝金饰有限责任公司置换职工身份的申请”。8 月 10 日，市国有企业产权制度改革领导小组办公室以常国企改发〔2004〕15 号文件、市内贸办以常内企改发〔2004〕18 号文件，宣布该司实行“非破产改制、置换职工身份”。

改制时，由市公信资产评估事务所对常德钻石珠宝金行的资产进行评估，并由市国资局进行了界定，其国有资产净值为-7934.14 元。根据市政府 91 次会议精神，决定将常德钻石珠宝金饰有限责任公司视同破产企业，对其所属职工身份进行置换。

改制前，公司有职工 12 人，其中退休 1 人，在职 11 人（全部下岗）。改制安置期间提前退休 2 人（因工龄数达到退休 1 人，提前 5 年退休者 1 人），置换身份 9 人（均为全民职工）。

公司与黑色金属材料公司、综合经营公司共有会计档案 438 卷交市档案局；置换职工档案交市职业介绍中心；退休职工档案交市社保处。所置换的职工移交属地居委会实行社区管理。

公司获得的荣誉：

1995 年和 1999 年，两次获市物资工贸集团总公司授予的“先进单位”称号。

公司总经理：胡祖益（1993.3.31—1994.8.9）、许宁（1994.8.9—2004.12）

1994—2004 年钻石珠宝金饰有限公司主要指标一览表

表 1-3-5-20

年份	总人数（人）				党员数（人）	团员数（人）	专业技术职务（人）			
	合计	干部	职工	离退休			高级	中级	助级	员级
1994	11	4	7		3	2				
1995	10	2	8		2	2		1	1	1
1996	11	3	8		3	1		1	1	2
1997	11	3	8		3	1		1	1	2
1998	11	3	8		3	2		1	1	1
1999										
2000	11									

十五、常德民用爆破器材专营公司

1993 年 9 月 1 日，市物资工贸集团总公司根据国内贸易部〔1993〕19 号文件和省物资厅湘物字〔1993〕210 号文件要求，贯彻市政府办常政办发〔1993〕17 号文件关于加强全市民爆器材供应、销售行业管理的精神，特以常物〔1993〕36 号文件向市政府报告，申请成立“常德市民用爆器材专营公司”。9 月 17 日，市政府办公室以常政办函〔1993〕71 号文件批复同意成立该司，隶属于市化工轻工总公司，实行独立核算，自主经营。

公司位于常德武陵区洞庭大道中段 129 号。

1998 年，根据市计委《关于同意常德市民爆器材专营公司从轻化建材有限公司中分离出来的批复》（常计物〔1998〕16 号），该司于当年 1 月 20 日正式从市轻化建材有限公司分离出来，直接隶属市物资行业管理办公室，成为具有独立法人资格的全民所有制企业，独立核算，自负盈亏。

2004 年 12 月，市内贸办报市政府批准，重新组建“常德市民用爆破器材公司”，直属市内贸办领导。2005 年 1 月，市商务局成立，该司归口市商务局管理。2007 年 12 月 30 日，根据市委、市政府的指示，该司划归市国资委管理。

公司注册资本：1998 年时为 20 万元，其经营范围主要为负责全市范围内民爆器材需要计划的申报和组织订货，承担全市范围内民爆器材的计划分配、调拨供应、经营销售及流通管理等任务。

公司内设机构：1998 年 1 月起内设 4 个科：经营一科、经营二科、财务科、综合管理科。

公司历任领导班子成员：

总经理：黄百忍（1998.3.27—1999.11.22）、戴长久（1999.11.22—2004.12.30）、袁静如(2004.12.30—2007.3.19)；副总经理：陈春芳、郑秋华。

党支部书记：袁静如（2005.8.1—2007.3.19）。

十六、市物资集团黑色金属材料公司

1992 年 12 月 10 日，市物资工贸集团总公司发出常物〔1992〕73 号文件，成立“常德市物资实业开发公司”。1994 年 11 月 8 日，市物资工贸集团总公司以常物〔1994〕39 号文件批复该司更名为市物资集团黑色金属材料公司。

该司位于武陵区人民中路 238 号，为市物资集团总公司直属的全民所有制小型商贸企业，系独立法人，自负盈亏。

该司的经管范围：主营属金属材料、机电设备、化工建材、汽车、电子产品，兼营农业生产资、日用工业消费品、百货、纺织品等业务；推销地方工业产品，开拓外地市场。

根据集团公司审计部于 1995 年 10 月 4 日至 15 日对该司成立之日起至 1995 年 8 月期间的经济效益、债权、债务进行审计，情况如下：

该司 1993 年 4 月组建后，主营钢材、生铁、汽车等产品。当年 4 月至 1994 年 9 月由杨新哉负责，1994 年 10 月至 1995 年 12 月由韩文锋负责。公司有正式职工 3 人。共提公共管理费 166666.67 元，其中 1994 年上交管理费 10 万元，1995 上交管理费 49077.4 元，审计时补提 17589.27 元。

审计时段内，公司账面记录销售收入共计 12303229.03 元,其中 1993 年 2452606.98 元，1994 年 2903724.98 元，1995 年 6946897.07 元。经审计核实，1993 年和 1995 年 1—8 月的销售收入与账面相符，1994 年的销售收入应增加 29519.88 元，为 2933244.86 元，3 个年份的累计销售收入应为 12332748.91 元。

盈亏情况：1993 年至 1995 年 8 月 31 日，公司账面共记录亏损 370 645.87 元，其中 1993 年亏损 53 328.79 元，1994 年亏损 6587.36 元，1995 年盈利 119 270.28 元。经审计核实，1993 年亏损与账面记录相符；1994 年实际亏损 434 901.66 元，比账面减少 1686.10 元；1995 年 1—8 月实际盈利 96 129.57 元；实际累计亏损 392 100.88 元。

该司于 2003 年 12 月 5 日被市中级人民法院以〔2003〕常民破字第 9-2 号民事裁决书宣告破产还债。

该司破产改制前账面记录资产总额 7.6 万元（全属流动资产），负债 197.6 万元（全属流动负债），净资产-190 万元。经湖南天华会计师事务所以湘天华会常评报字〔2004〕第 20 号作出评估，其资产总额 7.6 万元（全属流动资产），负债 197.6 万元（全属流动负债），净资产-190 万元。破产改制前公司有在职职工 8 人，全部下岗。破产期间提前退休 6 人，其中工龄数达到退休者 5 人，提前 5 年退休者 1 人，置换身份 2 人（均属全民工）。

公司会计档案交市档案局；置换职工档案于 2005 年 12 月 12 日交市职业介绍中心；退休职工档案于 2005 年 12 月 22 日交市社保处；置换职工交社区管理。

公司总经理：杨新哉（1993.2.5—1994.11.8）、韩文锋（1994.11.8—2003.12.5）。

1993—1998年黑色金属材料公司主要指标一览表

表1-3-5-21

年份	总人数（人）				党员数（人）	团员数（人）	专业技术职务（人）			
	合计	干部	职工	离退休			高级	中级	助级	员级
1993	9	7	2		4	1			2	1
1994	10	4	6		7	1		1	4	
1995	7	2	5		1	1			3	
1996	7	2	5		2				3	
1997	7	2	5		2				3	
1998	7	2	5		3	1				

十七、市物资进出口公司

1994年5月4日，市物资工贸集团总公司发出常物人〔1994〕21号文件，组建“常德市物资进出口公司”。

公司位于武陵区人民中路40号物资局大楼。

11月3日，市计委、市劳动局联合以常计社〔1994〕257号文件予以批准。

1995年1月3日，省物资产业集团总公司以湘物集外字〔1995〕第02号批复同意在市物资进出口公司的基础上组建“湖南物资产业集团常德进出口公司”，其原体制归属不变。

该司注册资本358万元，人员定编60人。

经营范围：主营金属材料、普通机械、电器机械及器材、建筑材料、装饰材料、汽车及零部件、摩托车及配件、矿产品、化工原料；兼营五金交电、化工产品、百货、针纺品、农副产品。

1994年，该司完成销售收入2276万元，利润持平。

1995年10月13—15日，市物资集团总公司监审部对该司的经济效益等情况进行审计，结论如下：

1.公司于1994年1月组建后，有员工20人，主要经营汽车、化工橡胶等进出口业务。

2.两年共完成销售收入38 860 222.11元，其中1994年22 761 044.87元，1995年1—8月16 099 177.24元，经审计认定与账面相符。1995年上交1994年公共管理费6万元，1995年8月应补提1—8月管理费66 666元。

3.盈亏：截至1995年8月31日止，账面记录利润834.47元，其中1994年盈利302.97元，1995年1—8月盈利531.50元。经审计认定，实际亏损630 358.42元。

至1996年11月止，该司账面亏损150多万元，未摊银行利息潜亏100多万元；欠外单位货款300多万元。为搞活企业，公司决定改制，于1997年3月6日以公司出资45万元，公司彭宗耀等25人以现金出资10万元，杭州东宝电器有限公司出资45万元，共同组建“常德市东耀实业有限公司”。当日获得市体改委常体改字〔1997〕9号文件批复同意。

1997年，该司经营艰难，于6月22日以常进出口〔1997〕9号文件特向市政府报告，要求停业整顿。

2003年7月30日，市中级人民法院以〔2003〕常民破字第7-3号民事裁定书宣告该司破产，实施“破产改制、两个置换”。

破产改制前，该司账面资产25.3万元（其中固定资产19.2万元、无形资产6.1万元）；负债649.6万元（全系流动负债）；净资产-624.3万元。经湖南天华会计师事务所湘天华会常评报字〔2003〕第47号评估，资产25.3万元（固定资产19.2万元，无形资产6.1万元），负债649.6万元（全系流动负债），净资产-624.3万元。

该司破产改制前有职工27人（均属在职，但全部下岗）。破产期间退休8人，其中达到法定退休年龄退休者1人，因工伤残职业病退休1人，提前5年退休者2人，工龄数达到退休者2人，病退2人。破产期间置换身份19人（均属全民工）。

公司会计档案（报表1本、账簿29本、凭证120本）于2005年1月6日交市档案局；置换职工档案于3月11日交市职业介绍中心；退休职工档案于3月22日交市社保处。置换职工移交社区管理。

公司历任领导班子成员：

董事会成员（1995.1.10）：窦长清、朱协庭、余子安、段国安、何英望、祁运希、万祖辉、蒋志贻、彭宗耀。

总经理：彭宗耀（1995.1.10—1997.4.12）、曹顺钦（1997.4.12—2003.7.30）。

党支部书记：陈月平（1994.12.2—1996.5.2）、彭宗耀（1996.5.2–1997.4.12）。

1995—2000年物资进出口公司主要指标一览表

表1-3-5-22

年份	总人数（人）				党员数（人）	团员数（人）	专业技术职务（人）		
	合计	干部	职工	离退休			中级	助级	员级
1995	21	5	16		7	4	1	6	
1996	27	6	21		8	3	2	5	
1997	27	6	21		8	3	2	5	
1998									
1999									
2000	25								

十八、市物资综合经营公司

1993年2月25日，市物资工贸集团总公司以常物人〔1993〕06号文件批准成立“常德市物资建筑装饰材料工程公司”。1994年4月19日，市物资工贸集团总公司以常物人

〔1994〕18号文件批复，同意该司更名为“常德市物资集团综合经营公司”。

该司位于武陵区人民中路40号物资局大楼，其经济性质为具有独立法人资格的全民所有制小型商贸企业，注册资本200万元。

经营范围：主营建筑装饰、房地产开发、金属材料、机电设备、机械产品、汽车、特种车、电器仪表、电线电缆、化工轻工建材、家电产品，兼营农业生产资料、日用百货生活消费资料、原料燃料。

市物资集团总公司监审部根据常物监〔1995〕03号文件安排，于1995年9月对该司1994年6月至1995年8月的经营情况进行了审计，结论如下：

公司于1994年6月组建后，有正式员工4人，临时工4人。

1.实现销售收入7 320 323.47元，其中1994年6—12月5 529 184.43元，1995年1—8月1 791 139.04元。

2.上交公共管理费166 666元，其中1994年10万元，1995年66 666元。

3.盈亏：账面记录，1994年6—12月实现利润11.43元，1995年1—8月亏损146 223.28元。经审计认定，累计亏损为171 493.49元，其中1994年实际与其账面记录相符，1995年实际亏损171 504.92元，增亏25281.64元。

该司于2004年3月19日，由市中级人民法院以〔2004〕常民破字第5-2号民事裁定书宣告该司破产，实行“破产改制、两个置换”。

公司破产改制前账面记录资产总额0.3万元（全系流动资产），负债总额122.7万元（全系流动负债），净资产-122.4万元。湖南天华会计师事务所以湘天华会常评报字〔2004〕第029号文件出示的评估结果表明，其资产为0.3万元（全系流动资产），负债总额197.6万元（全系流动负债），净资产-197.3万元。

该司破产改制前有职工3人，全部下岗。破产安置期间提前退休2人（其中工龄数达到退休1人，提前5年退休1人），置换身份1人（为全民工职工）。

该司与黑色金属材料公司、钻石珠宝公司的会计档案共438卷，均移交至市档案局；置换职工的档案于2005年12月12日交市职业介绍中心；退休职工档案于12月22日交市社保处。置换职工移交属地居委会实行社区管理。

公司总经理：姚良贵（1993.2.25—1994.4.19）、鲁格平（1994.4.19—2004.3.19）。

1994—2000年物资综合经营公司主要指标一览表

表1-3-5-23

年份	总人数（人）				党员数（人）	团员数（人）	专业技术职务（人）			
	合计	干部	职工	离退休			高级	中级	助级	员级
1994	11	4	7		3	2				
1995	10	2	8		2	2		1	1	1

续表 1-3-5-23

年份	总人数（人）				党员数（人）	团员数（人）	专业技术职务（人）			
	合计	干部	职工	离退休			高级	中级	助级	员级
1996	11	3	8		3	1		1	1	2
1997	11	3	8		3	1		1	1	2
1998	11	3	8		3	2		1	1	1
1999										
2000	11									

十九、市远大物资实业发展公司

1993 年 2 月 14 日，市物资工贸集团总公司发出常物〔1997〕07 号文件，成立“常德市远大物资实业发展公司”，与市物资局劳动服务公司（1992 年 2 月 20 日由市劳动局以常劳服〔1992〕13 号文件批复成立）实行“两块牌子、一套人员”的组合。1993 年 5 月 5 日，市计委与市劳动局以常计社〔1993〕108 号文件批复同意成立市远大物资实业开发公司，为全民所有制小型商贸企业，行政上隶属市物资工贸集团总公司领导，经济上独立核算，自负盈亏。

公司位于武陵区人民中路 40 号物资大楼三楼，注册资本 150 万元。

该司的经营范围为：主营金属材料、化工建材、机电设备、各类汽车（不含小轿车）、电子产品，兼营日用工业品、农副产品。

公司定员 30 人，人员从市直物资系统内部调剂解决，实行全员劳动合同制。

市物资集团总公司监审部于 1995 年 10 月 13—23 日对该司 1992 年 5 月至 1995 年 8 月的经营状况进行审计，结论如下：

1.上交管理费：远大公司是集团本部企业，主要经营五金工具、电线电缆、电脑及配件等。有正式职工 7 人，临时工 5 人。截至 1995 年 8 月底共上交行政管理费 126 333.33 元（其中 1993 年 5000 元，1994 年 3.4 万元，1995 年已上交 2.8 万元，当年 8 月补提 9333.33 元）。

2.商品销售收入：该司账面共记录销售收入 10 705 387.65 元，其中 1992 年 1083030.49 元，1993 年 6 775 073.03 元，1994 年 2 713 319.50 元，1995 年 1—8 月 133 964.17 元。审计认定合计为 10 599 161.50 元，其中 1992 年、1993 年、1995 年 1—8 月与其账面记录数相同，1994 年实际应为 2 607 093.81 元，调减 106 226.15 元（因其销给五强溪的一批钢材对方已退货）。

3.盈亏：自 1992 年开业以来，公司账面共记录亏损 454 568.29 元，其中：1992 年盈利 11 613.93 元，1993 年盈利 14 556.40 元，1994 年亏损 282 668.22 元，1995 年 1—8 月亏损 198 070.40 元。经审计认定实际亏损 674 761.90 元，比账面增亏 220 196.61 元。

公司于 2003 年 7 月 30 日由市中级人民法院以〔2003〕常民破字第 8-3 号民事裁定书宣告破产，实施“破产改制，两个置换”。

该司资产经湖南天华会计师事务所评估并以湘天华会常评报字〔2003〕第 49 号文件显示：破产改制前该司无资产，只有负债 944.9 万元，均属流动负债。

破产改制前公司有职工 24 人，均为在职人员，其中下岗 13 人。破产安置期间退休 13 人（其中达到法定退休年龄退休者 11 人，提前 5 年退休者 2 人），置换身份 11 人（均为全民职工）。

公司会计报表 1992—1999 年 1 本、会计账簿 1992—1999 年 52 卷、会计凭证 1992—1999 年 117 卷，于 2005 年 1 月 6 日交市档案局；置换职工档案于同年 3 月 13 日交市职业介绍中心；退休职工档案于同年 3 月 22 日交市社保处。置换职工移交属地居委会实行社区管理。

公司获得的荣誉：

1992 年获市物资工贸集团总公司授予“先进单位”称号。

1993 年获市物资工贸集团总公司授予“双文明先进单位”称号。

公司总经理：罗深川（1993.2.15—2003.7.30）。

1993—1998 年远大物资实业发展公司主要指标一览表

表 1-3-5-24

年份	总人数（人）				党员数（人）	团员数（人）	专业技术职务（人）				固定资产（万元）	购进（万元）	销售（万元）	利润（万元）	缴税（万元）
	合计	干部	职工	离退休			高级	中级	助级	员级					
1993	6	2	4		2				1				677.75	1.456	
1994	12	5	7		3			1	2				260.71	-48.29	
1995	11	6	5		3			1	2				133.96	-19.81	
1996	10	5	5		3			1	1						
1997	12	6	6		3			1	1						
1998	12	6	6		4			1	1						

说明：1995 年销售与利润数字为 1—8 月累计数

二十、常德物资大厦

该司于 1993 年 9 月 8 日经市物资工贸集团总公司以常物〔1993〕25 号文件批准设立，当月 27 日正式组建，当月 30 日在市工商行政管理局审核注册，当年 10 月 15 日正式开业。

该司位于武陵区人民中路 40 号物资大楼三楼，属市物资集团直管，定编 30 人，人员从市物资集团内部调剂解决。

经营范围：符合国家规定的生产、生活资料以及政策允许的服务项目。

公司成立后，头两个半月实现销售收入 64 万元，毛利 7 万元，税利 3.8 万元，纯利润 3 万元。

市物资工贸集团总公司监审部于 1995 年 9 月 12—15 日对该司开业以来的经济效益情况进行审计，结论如下：

1.销售收入及公共行政管理费情况：自开业至 1995 年 8 月，该司账面记录销售收入 8877 605.14 元，已提公共行政管理费 86 666.66 元。

2.商品销售收入审计认定数与账面数相符。

3.盈亏：1993 年 12 月至 1995 年 8 月底账面累计亏损 134 717.38 元，审计认定实际亏损 145 016.02 元，调增 10 298.64 元。

公司于 2005 年 12 月 12 日被市中级人民法院以〔2005〕常民破字第 3-2 号民事裁定书宣告破产，实施“破产改制，两个置换”。

破产改制前公司账面资产 2.5 万元（全属流动资产），负债 57.4 万元（全属流动负债），净资产-54.9 万元。改制中评估其资产 2.5 万元（全属流动资产），评估负债 57.4 万元（全属流动负债），净资产-54.9 万元。

破产改制前有职工 3 人，均下岗。破产期间正常退休 1 人；符合规定提前退休 1 人，置换身份 1 人（为全民职工）。

公司会计账簿 1993—2001 年 18 本、会计凭证 1993—2001 年 36 册，于 2006 年 6 月 13 日交市档案局；置换职工档案于当年 11 月 22 日交市职业介绍中心；退休职工档案于当年 11 月 22 日交市社保处。

公司总经理：杨国忠（1993.9.8—2005.12.12）。

1994—2000 年物资大厦主要指标一览表

表 1-3-5-25

年份	总人数（人）				党员数（人）	团员数（人）	专业技术职务（人）			
	合计	干部	职工	离退休			高级	中级	助级	员级
1994	11	4	7		3	2				
1995	10	2	8		2	2		1	1	1
1996	11	3	8		3	1		1	1	2
1997	11	3	8		3	1		1	1	2
1998	11	3	8		3	2		1	1	1
1999										
2000	11									

二十一、湖南金麟制衣有限公司

市物资工贸集团总公司于1994年初派黄华忠至美国德克萨斯州，利用集团总公司的资金在当地注册登记“美国远东国际有限公司”。该司于当年12月29日到市招商合作局和市计委及市工商行政管理局申请独资兴办“湖南金麟制衣有限公司”。该司成立后，由于连续两年没有参加联合年检，于1998年5月4日被市工商行政管理局吊销了营业执照。此后，公司派人留守，直至市中级人民法院宣布其破产还债为止。

该司位于武陵区人民中路40号物资大楼六楼，注册资金100万元人民币（折合美元23.5万元）。

该司属国有小型服装生产企业，经营范围为生产和销售针棉内衣产品及服装，规模为年生产针棉内衣24万打。

2003年4月8—14日，市审计局对该司开业至2003年3月31日的资产负债及损益情况进行了审计，结论如下：

1.资产负债：截至2003年3月31日该司账面记录资产总额26.51万元（其中固定资产净值18.59万元），负债总额45.53万元，资产负债率为171.85%。审计认定其资产总额26.51万元（其中固定资产净值18.59万元），负债总额38.26万元，调减7.27万元，资产负债率为144.3%。

2.经营损益及原因：由于会计资料不全，仅根据资产负债表记录，反映累计亏损19.02万元，经审计调增利润7.27万元后为累计亏损11.75万元。亏损的主要原因是举债经营，管理不善，会计核算混乱（如1995年和1996年分别有3套和2套总账，账账不符，且不平衡）；另外开办费和搬迁费负担较重。

2003年7月30日，市中级人民法院以〔2003〕常民破字第6-1号民事裁定书宣布该司破产还债。

破产改制前，其资产为0.02万元（全属流动资产），负债38.7万元（全属流动资产），净资产-38.68万元。经湖南天华会计师事务所评估后以湘天华会常评报字〔2003〕第46号报告显示并经市财政局以常财函〔2004〕97号文件批复认定，其资产为0.02万元（全属流动资产），负债38.8万元（全属流动资产），净资产为-38.78万元。

破产改制前有职工5人，均已下岗。破产安置期间按规定提前退休2人，置换身份3人（均为全民职工）。

公司会计报表1995—1997年1本、会计账本1995—1997年1本、会计凭证1995—1997年1本，均于2005年1月6日交市档案局；置换职工档案于同年3月11日交市职业介绍中心；退休职工档案于同年3月22日交市社保处。置换职工移交属地居委会进行社区管辖。

公司董事长：黄华忠

总经理：张强（1994.12.29—1998.5.4）、杨俊伟（1998.5.4—2003.7.30）。

1995—1998 年金麟制衣厂主要指标一览表

表 1-3-5-26

年份	总人数				党员数（人）	团员数（人）	专业技术职务（人）			
	合计	干部	职工	离退休			高级	中级	助级	员级
1995	4	1	3		2					
1996	4	1	3		2	1				
1997	3	1	2		2					
1998	3	1	2		2					

二十二、常德桥南金麟市场

1992 年 6 月，市物资工贸集团总公司为开拓市场，开辟外向型经营渠道，经请示上级同意，于 1994 年派黄华忠赴美国德克萨斯州，在当地投资 56 万元人民币注册成立“美国远东国际有限公司”。当年 8 月，该司在长沙成立美商独资企业——湖南金麟物业有限公司，主要从事旧城改造和筹建常德桥南金麟市场。

金麟市场系 1994 年下半年由市物资工贸集团总公司牵头，以湖南金麟物业有限公司的名义，联合下属企业市金属材料总公司、市化工轻工总公司、市建筑材料总公司、市物资钻石工贸总公司、市物资贸易中心、市金属回收总公司等 6 家企业共同投资兴建的。首期投入 1071 万元，其中物资集团 400 万元、金属公司 225 万元、化轻公司 136 万元、建材公司 62 万元、钻石公司 140 万元、物贸中心 63 万元、回收公司 45 万元。首期工程是改造收购原武陵镇尚未完全竣工的水上娱乐园。该娱乐园总建筑面积 1.1 万平方米，收购金额 1000 万元，成交时付给对方 820 万元后，市物资工贸集团总公司又投入 193 万元，将尚未完全竣工的水上娱乐园建造成以经营服装为主的市场，并定名为桥南精品批发大市场。

该市场建设之初，投入 200 多万元建成 400 多个以经营服装为主的精品屋，但很不景气，市场一直亏损。1998 年，集团总公司处理与数百经营户的诉讼，逐步办理退租手续，并重新对市场进行定位，拆掉精品屋，重新划分经营区域，将市场改建成经营摩托车、配件及家具 3 大类商品的市场。金麟公司经请示有关部门同意，由公司董事会决定成立金麟市场管理委员会，实行管委会领导下的总经理负责制。

当年，市审计事务所发出常审所查字〔1998〕15 号审计报告，结论如下：金麟市场总股本 1198 万元，其中金麟公司 527 万元、金属 225 万元、化轻 136 万元、钻石 140 万元、物贸 63 万元、建材 62 万元、金属回收 45 万元，总资产除原购入水上游乐园原址上改造成的 1.1 万平方米建筑外，新增办公楼 1000 平方米，6 层基础的摊位区 1200 平方米及停车场 6000 平方米。

该市场从 1999 年起年年盈利，连续 3 年超额完成管委会下达的利润指标，资产增值，当年，市审计事务所发出常审所查字〔1998〕15 号审计报告，结论如下：金麟市场总股本 1198 万元，其中金麟公司 527 万元、金属 225 万元、化轻 136 万元、钻石 140 万元、物贸 63 万元、建材 62 万元、金属回收 45 万元，总资产除原购入水上游乐园原址上改造成的 1.1 万平方米建筑外，新增办公楼 1000 平方米，6 层基础的摊位区 1200 平方米及停车场 6000 平方米。

该市场从 1999 年起年年盈利，连续 3 年超额完成管委会下达的利润指标，资产增值，到 2007 年其净资产已达近 4000 万元。后因物资系统的企业陆续破产，致使原股权结构发生变化，其中金属公司 225 万元转让给有关金融机构和企业（其中市工行 158 万元、市中心信用社 519 万元，其余为几家钢铁企业），钻石公司 140 万元已被市武陵信用社质押。除物资集团总公司以湖南金麟公司名义控股的 527 万元外，尚有物贸中心 63 万元，轻化公司 136 万元，建材公司 62 万元，金属回收公司 45 万元。物资集团总公司仍继续处于金麟市场的绝对控股地位。

2007 年 8 月 27 日，市委常委、常务副市长陈文浩，副市长朱晓平召集市直有关部门和武陵区政府等单位负责人就商务工作有关问题进行研究，形成市政府第 48 次专题会议纪要。会议议定：将原物资集团总公司所属金麟市场 27 名职工成建制划入市市场服务中心管理，划转后身份不变，工资待遇不变，其工资从 2007 年 10 月 1 日开始，由市市场服务中心发放。

第六节　市对外经济贸易系统

一、湖南省湘北工贸进出口公司

（一）公司沿革

根据 1984 年 5 月 7 日省政府湘政发〔1984〕16 号通知精神，要求在湘南、湘中、湘北设 3 个搞活流通的试点单位，其中湘北的公司就设在常德。

20 世纪 80 年代后期湖南省湘北工贸进出口公司大楼外景

当年 6 月 6 日，行政公署按照上述文件精神发出常署发〔1984〕43 号文件，即《关于成立湖南省湘北工业品贸易中心的决定》。根据该文，湖南省湘北工业品贸易中心由地区商业局负责组建，该局副局长黄兆辉牵头，从地区商业系统的五交化站、纺织站、百货站、副食品公司等单位抽调各类业务骨干作为中心成员。当年 8 月 20 日，湖南省湘北工业品贸易中心正式挂牌成立。该中心当时属联合体性质，未明确级别，办公地址设在武陵区人民中路 102 号地区纺织品批发站内。

1987 年 5 月，中心根据业务发展需要，向行署报告申请更名。行署以常署办函

〔1987〕24 号批复同意将湖南省湘北工业品贸易中心更名为湖南省湘北工贸总公司。

1988 年 2 月 12 日，行署以常署报〔1988〕8 号文向省对外经济贸易委员发出《关于要求赋予湖南省湘北工贸总公司直接进出口经营权的请示》。同年 9 月 6 日，省对外经济贸易委员会以〔1988〕湘经贸管字第 097 号批复同意赋予该司直接进出口经营权。同年 10 月 7 日，省对外经济贸易委员会以〔1988〕湘经贸管字第 110 号批复同意将该司更名为湖南省湘北工贸进出口公司，隶属地区商业局管理。

当年 1 月行署即明确该司为中型商业企业，按相似县处级对待。1989 年 2 月 13 日，市政府常务会议决定：湖南省湘北工贸进出口公司划归市外经贸委管理。

该司内部机构设置有：总经理室、办公室、政保科、财计物科、开拓经营部、进出口部；公司下属有德晖宾馆、湖南建筑装饰广告设计公司、深圳市湘北工贸有限公司、珠海德隆制衣有限公司 4 家独立法人资格的全资子公司；公司先后设立有长沙分公司、湖南省进口设备零配件服务中心、深圳发展公司、珠海发展公司、海口发展公司、广州经营部、厦门分公司、贵阳分公司、北京湘海实业发展公司、常德湘北房地产开发公司、常德金多利工贸有限公司、常德金牛实业有限公司、常德金发药材开发有限公司、友谊商场、长沙湘德房地产开发公司；总公司在牙买加、泰国、乌兹别克斯坦、美国及中国香港地区设有分公司或工厂。

（二）公司经营

该司的经营方式为进出口贸易和委托代理，其经营范围为：主营纺织服装、轻工五矿化工、机械设备、医药食品、仪器仪表等商品的进出口业务；兼营承办中外合资经营、合作生产业务，承办“三来一补”业务，经营转口贸易。

该司成立时，人员系从商业局机关及下属各二级批发站借调，经费自筹，办公经营场地由商业局内部调配，暂栖于地区纺织站。

1987 年，该司业务发展迅猛，经济效益大增，为适应发展，当年在武陵区鼎城中路（现武陵大道 51 号）投资 1715 万元，征地 1.18 公顷，新建公司总部湘北大厦、中外合资德晖宾馆等设施，总建筑面积 10 750 平方米。

该司创立时无场地、无资金、无固定人员，靠“开拓、求实、进取、奉献”的湘北精神，坚持“发展贸易、扩大实业、开拓海外、服务常德”的经营方针，在常德和广东沿海办有中外合资或独资宾馆、商场与工厂，到 1987 年时其固定资产投资达 2094.62 万元。1987 年销售收入 21 205.17 万元，实现利润 1002.34 万元，上缴税金 309.27 万元。1989 年湘北公司鼎盛时的销售收入达到 35 968.71 万元，公司有正式干部职工 113 人。1990 年创最高利润 1117.59 万元。1991 年，公司固定资产达 4599.26 万元。1992 年出口创汇达到 1200 万美元，成为湖南出口创汇大户之一。公司业务辐射全国以及欧美、独联体、日本、东南亚、港澳等国际市场。公司先后获得市双文明建设先进单位、省出口创汇先进单位、改革开放振兴常德做出显著成绩的党组织等几十项荣誉称号。

该司自成立至2002年破产，累计上缴税收3.1亿元，出口创汇9000万美元，无偿上交国家外汇额度800万美元，无偿支援全市的公益事业与救灾扶贫600多万元。

根据市政府常政发〔2000〕9号《常德市转换市直工交企业国有产权及置换职工身份试行办法》和常政办发〔2000〕31号《常德市市直工交企业置换职工身份实施细则》的有关规定，2002年12月3日，该司召开全体干部、职工大会，就申请破产，实行买断安置工作进行表决，获得通过。当月9日，该司以进出口发〔2002〕011号文正式向市对外贸易经济合作局申请破产还债；同日市对外贸易经济合作局以常外〔2002〕89号文批复同意该司破产还债。

2003年6月23日，该司向市中级人民法院提出破产申请，同年11月12日市中级人民法院以民事裁定书〔2003〕常民破字第2–8号宣告该司（又名湖南湘北工贸总公司）破产还债。当月14日市中级人民法院以民事决定书〔2003〕常民破字第2–9号宣布成立湖南湘北工贸进出口公司（又名湖南湘北工贸总公司）破产还债清算组。

截至2002年12月31日，公司资产为4826.80万元，负债为7961.62万元；有干部、职工189人，其中原离退休35人，改制期间提前退休31人，买断身份123人。

66名离退休人员档案移交至市劳动局社保处，123名买断身份者的人事档案移交至市劳动局职业介绍服务中心，文书、财会档案移交至市档案局。

2004年年底，公司改制工作结束。

（三）领导班子及成员

该司1987年6月成立党支部，1988年3月成立党总支委员会，1990年12月成立党委。

历届领导班子成员及任职时间：

1.临时班子：1984.8—1987.6

总经理：黄兆辉；副总经理：李书义、熊丕芝、张唯一、熊也俊、李乃一。

2.第一届班子：1987.6—1990.5

总经理：黄兆辉；常务副总经理：李乃一；副书记兼副总经理：雷孝新；副总经理：钟冬才、李实秋、杜雅陵。

3.第二届班子：1990.5—1995.9

总经理兼党委书记：文稼如；副书记兼副总经理：方子成；副总经理：颜明安、钟冬才、张燕洁、高可荣、马先奇、刘孟明、牛利伟、赵先桃；纪检书记：杨时来；工会主席兼副总经理：雷孝新；总会计师：邱伏兰。

4.第三届班子：1995.9—1997.11

总经理兼党委书记：朱晓平；副书记兼副总经理：方子成；工会主席兼副总经理：雷孝新；副总经理兼总会计师：赵先桃；副总经理：颜明安、伍作栋、徐晓明、刘孟明、马先奇、高可荣；纪检书记：杨时来。

5.第四届班子：1997.11—2002.4

总经理兼党委书记：赵先桃；副书记兼副总经理：伍作栋；副总经理：颜明安、徐晓明、刘孟明、马先奇；工会主席兼副总经理：雷孝新；纪检书记兼副总经理：谈远灯。

6.第五届班子：2002.4—2004

总经理：徐晓明；党委书记兼副总经理：谈远灯；副总经理：颜明安、刘孟明、马先奇、雷孝新、伍作栋。

1989—2000 年湘北公司主要指标一览表

表 1-3-6-1

年份	总人数（人）				党员数（人）	团员数（人）	专业技术职务（人）				固定资产（万元）	销售（万元）	利润（万元）	缴税（万元）	创汇（万美元）
	合计	干部	职工	离退休			高级	中级	助级	员级					
1989	118	44	69	5	33		1	19	17	9	2880.00	35968.71	868.68	6101.79	400.83
1990	157	98	54	5	40	34	1	20	19	10	4545.32	15763.88	1117.59	224.21	530.09
1991	175	115	59	5	51	40	2	23	45		4683.37	13450.60	321.48	117.70	623.97
1992	222	127	90	5	60	47	1	19	44		4599.00	11739.80	271.00	169.37	1118.02
1993	246	137	104	5	76	41	2	21	52		4305.51	13190.94	552.00	164.12	1010.24
1994	248	133	109	9	77	38	1	21	61		4735.54	11036.06	−88.10	43.75	1200.00
1995	214	127	78	9	77	38	1	23	59		5195.00	6763.00	−2473.00	57.00	266.00
1996	213	130	74	9	74	21	1	25	62		5090.00	2952.00	−1886.00	61.00	92.00
1997	217	128	77	12	75	20	3	27	58		4689.25	8553.16	−908.33	172.27	768.99
1998	187	118	54	15	71	20	3	25	52		4659.00	6203.00	−548.00	45.48	601.00
1999	190	117	58	15	69	26	3	25	50		4511.40	3799.70	−417.40	62.50	268.00
2000	185	114	50	21	69	26	2	24	48		3710.64	3034.59	−436.48	11.43	334.20

二、常德对外经济贸易集团公司

1992 年 8 月 20 日，市政府办公室以常政办函〔1992〕100 号文批复同意成立常德对外经济贸易集团公司，隶属市对外经济贸易委员会管理。该司由原对外经贸华陵实业总公司、原市对外经济贸易机电轻工五矿医保公司、原市对外经济贸易公司合并组建而成。原市对外经济贸易公司仍然保留其牌子。

20 世纪 90 年代初期常德对外经济贸易集团公司办公地正门

该司办公地址设原机电轻工五矿医保公司的办公处，即武陵区原洞庭大道中段芙蓉东路（后改称滨湖中路）9 号。

1995 年，市政府认定该司为国有中一型企业。

该司下设 7 个有独立法人资格的子公司：常德对外经贸华陵实业总公司、常德对外经济贸易正兴实业公司、深圳古元贸易公司、常德对外经济贸易德华工贸公司、常德对外经济贸易常兴物资公司、常德对外经济贸易机电五金矿产品公司、常德对外经济贸易轻工业品公司。公司保有原 3 家组建公司的经营范围，仍然享有进出口经营权。

1997 年时注册资金 1000 万元，作为全民所有制企业，采取批发、零售及组织供货的经营方式，主营粮油食品、纺织品、轻工产品、电子产品、工艺品、土畜产品、五金矿产、化工、机械、仪器仪表、医药保健的进出口业务，兼营百货、针织品、五金交电、化工产品、普通机械、电器机械及器械、汽车（不含小轿车）及零配件、农副产品、房地产开发。

该司自成立至 1997 年歇业，销售额最高年份为 1994 年，达到 2289 万元，当年创利润 5.58 万元，出口创汇 97.79 万美元，荣获市政府授予的出口创汇先进单位称号。

2000 年 3 月 8 日，按照全市统一部署，公司制定实施“两个买断”、破产安置的具体方案，于 2001 年 6 月 20 日以常外集字〔2001〕05 号文向市对外经济贸易委员会提出破产申请。同年，市对外经济贸易委员会以常外〔2001〕53 号批复同意该司破产还债。

当月 22 日，该司以常外集〔2001〕06 号文向市国有企业产权制度改革领导小组办公室提出破产申请并报送职工安置方案。同年 7 月 18 日，市国有企业产权制度改革领导小组办公室以常改办字〔2001〕13 号批复同意该司破产还债，实行其职工安置方案。

同年 8 月 17 日，市中级人民法院以民事裁定书〔2001〕常经破字第 22–1 号宣告该司破产还债；同日，该法院又以民事决定书〔2001〕常经破字第 22–5 号文宣布正式成立清算安置组。公司破产时共有干部、职工 92 人，其中已退休 17 人，破产期间符合条件提前退休 23 人，调离 1 人，总经理钟云鹏未置换身份（被安排至市商务局任调研员），置换身份者 50 人。

公司破产时资产总值 92.33 万元，负债总额 1810.42 万元。职工破产安置费用总额 339.14 万元，其中买断职工身份支出 85 万余元。

已退休和提前退休人员的档案移交至市社保处，置换身份人员的档案移交至市再就业管理处。至 2002 年 12 月，该司破产安置工作结束。

公司领导班子及成员：

总经理：王强（1992.8.19—1997.9.8）、钟云鹏（1997.9.8—2002.12）；党总支书记：王强（1992.10.5—1996.7.1）。

1994 年 5 月 26 日，市委以常复字〔1994〕3 号文批复同意成立常德对外经济贸易集团公司党委委员会，党委书记为王强（1996.7.1—）

1989—2010 年轻工五矿公司、经贸集团公司主要指标一览表

表 1-3-6-2

年份	总人数（人）				党员数（人）	团员数（人）	专业技术职务（人）				固定资产（万元）	购进（万元）	销售（万元）	利润（万元）	缴税（万元）	创汇（万美元）
	合计	干部	职工	离退休			高级	中级	助级	员级						
1989	52	39	10	3	27			2	25		112.98		2248.22	0.95	0.38	
1990	42	30	9	3	22			2	14		112.98		1354.12	0.24		
1991	48	31	14	3	23	7		2	12		112.98		1504.66	0.53	0.36	
1992	88	49	33	6	42	17		1	23		112.98		1421.17	−19.31	0.91	组建集团
1993	103	49	43	11	44			3	24				1589.10	−55.41	4.64	
1994	102	41	47	14	47	14		4	25		93.55		2289.00	5.58	3.49	304.96
1995	83	43	28	12	36			3	22		192.95		924.01	−76.22	0.40	60.34
1996	81	40	29	12	34			2	22		190.35		174.27	−114.14	0.20	15.86
1997	82	41	25	16	35			2	20		189.50		30.94	−51.50	1.28	
1998	91	38	36	17	37			4	17							1.618
1999	92	37	38	17	35			4	19							2.82
2000	92	37	38	17	35			4	19							

三、市对外经济贸易粮油食品公司

1974 年 5 月该司由地区革委会批准成立，时名常德地区粮油食品出口公司。1988 年 7 月 26 日，该司更名为市粮油食品进出口公司；1991 年 1 月 31 日更名为湖南省常德市对外经济贸易粮油食品公司；1993 年 2 月 3 日更名为常德市粮油食品进出口公司。

该司自成立至 1988 年年底，办公地址位于武陵区人民西路 683 号，有独立的办公楼和宿舍。1989 年 8 月下旬，公司迁至武陵区临江路 67 号新址（原临江路 44 号）。

1989 年，公司有固定资产 48.19 万元，至 1992 年，公司固定资产峰值达到 192.13 万元，其主要部分为新建办公楼一栋，建筑面积 1500 平方米，新建职工宿舍二栋（58 户），建筑面积 4266 平方米。

根据审核，1992 年 10 月，市政府办以常政办函〔1992〕113 号划定该司为中一型企业。

公司下设 10 个科室：办公室、行政科、财计科、肉食科、蛋品科、包装仓储科、生产开发科、粮油水产杂品科、人事保卫科、外贸商店。公司经营范围为粮油、食品、水产品、蛋品、酒五大类，经营品种近 60 个。所经营的商品中具有地方特色的大宗商品有冻猪肉、冻牛肉、冻羊肉、冻乳猪、冻分割鸡、冻生鱼、水鱼脂肪、冻田鸡、活大猪、黑山羊、活田螺、泥蛙、水煮笋、甜酸藠头、柑橘、盐藠头、湘莲、味精、鲜蛋、再制蛋、食品罐头、

大米、饲料、改制酒等约30种，年销售额从几十万元、几百万元到几千万元不等。

1991年，公司销售额创历史新高，达6158.79万元；公司净利润从几万元到几十万元不等，1989年公司净利润创历史最高水平，达50.10万元。

公司1991年、1992年连续两年被市政府授予重合同、守信用企业荣誉称号。

1991年5月，市粮油食品进出公司副总经理曾广来(前右二)、太平集团董事长吴志泉(前左一)陪新加坡商检局总畜牧师(前右三)考察临澧县太平冷冻厂

2000年9月30日，市国有企业产权制度改革领导小组办公室以常改办字〔2000〕15号文批复同意该司依法破产清算。

是年10月12日，公司向市中级人民法院提出破产申请，该院于当月19日以〔2000〕常经破字24-1号民事裁定书裁定该公司破产还债。

2001年3月21日，市中级人民法院以〔2001〕常经破字24-9号民事裁定书对《湖南省常德市对外经济贸易粮油食品公司破产财产分配方案》予以确认，成立清算组，准其实施该破产方案。清算组于2001年7月12日起对该司实施破产安置。

公司破产清算时有资产146.61万元，负债1061.97万元；总人数为97人，其中在职干部、职工65人，原有离退休32人，破产时提前退休、病退、正常退休共25人。

按照市政府常政发〔2000〕9号文件规定，在职干部、职工中39人买断身份，其人事档案于2001年11月移交给市劳动局再就业处；原有离退休32人和破产时退休的25人一共57人的人事档案于同月移交至市劳动局社保处；公司总经理蔡国华被市委组织部重新安排至市对外贸易经济合作局任副调研员。

2001年底该司破产清算安置工作结束。

该司领导班子主要成员及任职时间如下：

经理：邱桂艳（1988.12.1—1990.8.20）、黎明廉（1990.8.20—1993.10.21）

总经理：黎明廉（1993.10.21—1996.2.12）、曾广来（1996.2.12—1999.11）、蔡国华（1999.11.1—2001）

党支部书记：裴德望（1989.1.26—1996.2.9）

党委书记：黎明廉（1993.9.21—1996.2.9）、裴德望（1996.2.9—1999.10.9）、蔡国华（1999.11.1—2001.11）

1989—2000 年粮油食品公司主要指标一览表

表 1-3-6-3

年份	总人数（人）				党员数（人）	团员数（人）	专业技术职务（人）				固定资产（万元）	购进（万元）	销售（万元）	利润（万元）	缴税（万元）	创汇（万美元）
	合计	干部	职工	离退休			高级	中级	助级	员级						
1989	61	37	24	17	37			3	10	2	48.19		5193.51	50.10	4.03	
1990	66	40	26	17	38	2		3	10	2	120.20		4905.55	30.12	2.50	
1991	94	42	30	22	38	5		4	12	6	172.53		6896.38	31.90	5.33	
1992	99	38	32	29	40	5		4	12	6	192.13		4224.76	19.56		
1993	98	39	32	27	41	5		4	12	6	164.60		2940.27	7.35		
1994	100	41	31	28	35	6		4	12	7	164.60		435.54	−112.22		
1995	100	40	33	27	39			4	20		93.96		343.07	−192.28		
1996	101	36	37	28	40			4	20		87.61		26.81	−35.40		26.80
1997	119	44	48	27	51			4	8	4						1996 年创汇数以人民币计算
1998	96	30	34	32	40			3	8	4						
1999	95	30	33	32	38			5	9	4						
2000	97	31	34	32	38			5	9	4	88.10					

四、市对外经济贸易土产茶叶总公司

该司系根据 1986 年 1 月 25 日省对外经济贸易委员会常德地区办事处〔1986〕常外人字 8 号文件批准，将原地区土产畜产出口公司分设为地区土产茶叶出口公司和地区畜产品出口公司而成立。

公司成立时位于市城西新建巷（后称育才路 741 号），时有在职干部、职工 26 人，退休 2 人，固定资产约 30 万元（即公司成立时购买的原常德县外贸局院子，有土地 7 亩、宿舍 1 栋、简易仓库 1 栋，建筑面积约 1500 平方米，另征有周边 2 亩多土地）。

1987 年，该司又在洞庭大道与朝阳路（后为洞庭大道 1628 号）交汇处投资 78 万元征地 14.47 亩。1990 年 4 月 1 日开始修建公司办公楼和住宅，当年 12 月 30 日建成 36 户宿舍 1 栋，建筑面积 2720 平方米；1991 年 7 月动工新建 1 栋 6 层的办公楼，1992 年 5 月建成，建筑面积 2100 平方米，总投资 260 多万元。另在市城区落路口投资 597 982 元新建土产茶叶仓库 1 栋，占地面积 2581.475 平方米，建筑面积 1418.92 平方米，配有人货两用电梯 1 部。至 1995 年，公司固定资产从成立时的 30 万元增至 364.34 万元。

1988 年，该司更名为市土产茶叶出口公司，1989 年更名为市土产茶叶进出口公司，1991 年更名为市对外经济贸易土产茶叶公司，1993 年更名为市对外经济贸易土产茶叶总

公司。

根据审核，1992 年 10 月，市政府办以常政办函〔1992〕113 号划定该司为中二型企业。

该司内设办公室、茶叶课、京果课、土产课、财计课、保卫课；经营范围为主营茶叶、土产两大类，主要品种有红茶、绿茶、红碎茶、湘莲、脱水菜、饲料、蚊香、蜂蜜、桐油、黄红麻的出口收购业务，兼营国家允许的其他商品的内贸业务。

该司每年的商品销售额在 100 万元~1000 万元之间，利润一般每年数万元，最高年份为 1989 年，达 14.50 万元。

1989 年 9 月 1 日，市土产茶叶公司经理田洪金（右一）与省土畜进出口谷经理（左一）赴日本参加土产京果类商品贸易洽谈

该司自成立以来，其业务、财务主要接受省土畜产进出口公司的领导，人事受市外经贸委主管部门的领导。1988 年起，外贸体制实行改革后，业务、财务与上级公司脱钩，经营业绩开始下降，1993 年开始出现亏损，至 1994 年时已达到难以为继的地步，大部分职工下岗。

2000 年 6 月 12 日，按照市委、市政府有关国有企业的改革精神，该司以常外土茶人字〔2000〕2 号文向市国有企业产权制度改革领导小组办公室呈报改制方案。当年 11 月 8 日，市国有企业产权制度改革领导小组办公室以常改办字〔2000〕20 号批复同意该司方案。公司随即成立以总经理为组长的清算安置小组。

至 2000 年 12 月 31 日改制前，公司账面资产 393.1 万元，负债 105.9 万元，所有者权益为 287.2 万元；公司有职工 55 人，其中在职 38 人，原已离退休 14 人，改制时提前退休 2 人，改制期间调离 1 人。买断身份 37 人，买断安置费用总额为 356.83 万元。至 2001 年 5 月 20 日，买断身份的在职职工全部被解除劳动关系；总经理李敏捷调离。

该司买断身份的职工的人事档案移交给市劳动局再就业管理处，退休职工的人事档案移交至市劳动局社保处，党员的组织关系移交给属地社区党组织，文书档案、财务档案移交给市档案局。至此，改制工作全部完成。

公司历届主要负责人及任职时间如下：

经理：田洪金（1986.1—1988.12）；总经理：田洪金（1988.12—1995.4）、李敏捷（1995.4—2001.5）。

党支部书记：刘述明（1986.4—1993.9）；党总支书记：刘述明（1993.9—1997.9）、李敏捷（1997.9—2001.5.）。

1989—2000年土茶公司主要指标一览表

表1-3-6-4

年份	总人数（人）				党员数（人）	团员数（人）	专业技术职务（人）				固定资产（万元）	购进（万元）	销售（万元）	利润（万元）	缴税（万元）	创汇（万美元）
	合计	干部	职工	离退休			高级	中级	助级	员级						
1989	46	27	15	4	24	4		2	19		86.92		859.52	14.50	0.10	
1990	51	26	19	6	26	6		2	19		87.46		472.17	8.46	0.03	
1991	52	28	18	6	26	6		4	19		148.57		848.23	9.17		
1992	53	28	19	6	27	5		4	19		162.54		640.72	7.60		
1993	55	28	19	8	25	7		6	20		216.05		417.39	−21.73		
1994	56	30	19	7	25	7		6	20		196.86		164.01	−1.86		
1995	57	31	19	7	27	7		8	21		364.34		123.51	−0.37		
1996	60	35	18	7	27	7		8	22		364.34		46.19	1.09		2.22
1997	65	37	18	10	26	9		8	22		360.82		17.91	−26.23		0.76
1998	62	35	17	10	26	9		7	20							
1999	60	33	17	10	26	9		6	19							
2000	55	30	9	16	23			6	19							

五、市对外经济贸易畜产总公司

该司成立于1957年，原名专区农产品皮毛加工厂，后更名为地区土产畜产出口公司。

1986年1月经省对外经济贸易委员会常德地区办事处以〔1986〕常外人字8号文件批准，将原地区土产畜产出口公司分设为地区土产茶叶出口公司和地区畜产品出口公司。

1988年，公司更名为市畜产品进出口公司。1991年1月31日，市工商局、市对外经济贸易委员会以常外计业字〔1991〕第001号文批准公司更名为市对外经济贸易畜产品公司。1992年12月17日，市对外经济贸易委员会以常外计字〔1992〕第202号批复同意公司更名为市对外经济贸易畜产总公司。

该司位于武陵区城北丹阳街，占地面积19 092平方米，其中丹阳楼生活区占地3300平方米，丹阳楼生产区占地4960平方米，德山肠衣厂占地2080平方米，其他经营面积8752平方米。1989年公司固定资产为351.95万元，1995年公司固定资产的最高值达926.37万元。

根据审核，1992年10月，市政府办以常政办函〔1992〕113号划定该司为中二型企业。

该司下设办公室、人事科、财计科、革皮科、企管基地科、肠衣科、鬃毛科、裘皮科、保卫科、土畜经营部、畜产品加工厂、肠衣加工厂、裘皮加工厂等9个职能科室，1个经营部，3个加工厂。公司主要经营加工猪肠衣、盐渍牛皮、猪鬃、鬃刷、裘皮五大类20多个品种的畜产品。年销售额最高年份的1992年达2411.92万元，1989年公司利润56.70万元，为外贸体制改革后利润最高的一年。

按照市委、市政府常政发〔2000〕9号文和常政办发〔2000〕31号、32号文关于国有企业改制“两个买断”的统一部署和要求，该司于2000年5月8日向市中级人民法院提出破产还债申请。该院于当年6月16日以〔2000〕常经破字第10-1号民事裁定书宣告该司破产还债。市中级人民法院以民事决定书〔2000〕常经破字10-3号文宣布成立破产清算组。2001年8月10日，市国有企业产权制度改革领导小组办公室以常改办字〔2001〕19号批复同意公司破产方案。

截至2000年12月31日，该司资产594.94万元，负债799.01万元，所有者权益-204.07万元。公司破产安置费用总额为671.65万元，安置干部职工206人，其中原离退休人员80人，破产时提前退休33人，买断身份人员92人。

离退休人员的档案全部移交市劳动局社保处，买断身份人员的档案移交市劳动局再就业管理处。公司总经理金三葵被市委组织部门另行安排工作。

2002年2月，该司破产改制工作结束。

公司历任主要负责人如下：

经理：姚保林（1988.2—1992.12）；总经理：辛业清（1993.10—1996.4）、李曙明（1996.4—1997.10）、金三葵（1997.10—2002.2）。

党支部书记：李芳焕（1989.1—1992.2）、姚保林（1992.2—1993.9）、张兴顺（1993.9—2002.2）。

1989—2000年畜产品公司主要指标一览表

表1-3-6-5

年份	总人数（人）				党员数（人）	团员数（人）	专业技术职务（人）				固定资产（万元）	购进（万元）	销售（万元）	利润（万元）	缴税（万元）	创汇（万美元）
	合计	干部	职工	离退休			高级	中级	助级	员级						
1989	206	44	110	52	30			7	40	8	351.95		1639.47	56.70	9.22	
1990	216	53	111	52	43			7	40	8	354.70		1554.20	1.35	5.02	
1991	215	53	110	52	42						354.70		2029.86	1.94		
1992	215	53	110	52	42						354.97		2411.92	-105.80		
1993	215	53	110	52	42						344.03		1717.97	-75.83		
1994	202	34	102	66	26	6		5	28		389.79		434.42	-92.52		
1995	201	33	102	66	26	12		2	16	9	926.37		622.59	-152.15		4.13
1996	201	33	102	66	26						904.42		104.31	-103.42		
1997	201	32	100	69	26						902.84		5.93	-102.94		
1998	206	32	94	80	25	10		2	16	9						
1999	206	32	94	80	26			2	16	9						
2000	206	32	94	80	26			2	23							

六、市工矿产品进出口总公司

该司于1974年5月由地区革委会批准成立。1988年公司更名为市工矿产品进出口公司；1990年时更名为市纺织化工工艺进出口公司；1991年时更名为市纺织化工工艺对外经济贸易公司；1992年时更名为市工矿产品进出口总公司。

该司从成立至1997年，办公地址为武陵区人民西路683号，有独立的办公楼和职工宿舍。1989年，该司在三岔路皂果村征地15亩，新建了两幢职工宿舍。1995年市外经贸委大院整体转让给市自来水公司，其中包含该司的办公楼，因此，该司办公地址于1997年随市外经贸委机关一起搬迁至洞庭大道西段2号（后改为洞庭大道1628号）直到2002年2月28日公司破产终结为止。

根据审核，1992年10月，市政府办以常政办函〔1992〕113号划定该司为中二型企业。

该司注册资金118万元，1989年时拥有固定资产56.72万元，1993年固定资产峰值达188.22万元。

公司下设纺织品部、抽纱制品部、化工机械部、工艺医保部、苎麻制品部、服装面料部、进出口部、开发部、财务部、人事部、办公室等10部1室；另设有华湘公司、利达公司、深圳办事处、商场等二级机构。公司主要经营纺织、抽纱、化工、机械、工艺、医保、苎麻、丝绸等8大类40多种商品。

该司1989—1995年销售收入都在1000万元~4000多万元，最高年份的1991年销售收入达4584.27万元，1989年利润额最高达12.54万元。

2001年8月3日，该司按照市委、市政府国有企业破产的要求，以常工出字〔2001〕02号文正式向市对外经济贸易委员会提出破产还债申请。

当年8月6日，市对外经济贸易委员会以常外〔2001〕64号批复同意该司依法破产还债。

当月15日，市国有企业产权制度改革领导小组办公室以常改办字〔2001〕21号批复同意该司破产还债的申请及破产还债职工安置方案。

当月31日，市中级人民法院以民事裁定书〔2001〕常经破字第24-1号依法宣告该司破产还债。9月4日，市中级人民法院以民事决定书〔2001〕常经破字第24-3号决定成立公司破产还债清算小组。

截至2002年2月28日，该司账面资产73.46万元，负债588.59万元，所有者权益为-515.13万元。公司破产时在册干部、职工61人，需要安置的干部、职工60人，其中破产前已退休13人，破产时按政策提前退休13人，其余34人买断身份，安置费用总额为237.77万元。

26名退休和提前退休人员的档案移交市劳动局社保处，34名买断身份人员的档案移交市劳动局再就业管理处。公司总经理滕明友被上级重新安排工作。

2002年2月，该司破产改制工作结束。

公司历任主要负责人任职时间如下：

总经理：刘运艾（1988.12—1992.12）、刘开清（1992.12—1996.10）、滕明友（1996.10—2002.2）。

党支部书记：刘运艾（1986.1—1989.1）、梁文德（1989.1—1993.9）、刘开清（1993.9—1996.10）、滕明友（1996.10—2002.2）。

1989—2000年工矿（纺织）公司主要指标一览表

表1-3-6-6

年份	总人数（人）				党员数（人）	团员数（人）	专业技术职务（人）				固定资产（万元）	购进（万元）	销售（万元）	利润（万元）	缴税（万元）	创汇（万美元）
	合计	干部	职工	离退休			高级	中级	助级	员级						
1989	46	28	14	4	27	4		3	15		56.72		3069.26	12.54	4.60	
1990	49	29	16	4	28	11		2	21		132.86		2999.39	9.32	0.84	
1991	55	30	21	4	29	11		2	17		132.86		4584.27	10.72		
1992	57	31	22	4	30	11		2	18		185.87		4145.03	12.10		
1993	59	28	23	8	30	12		2	17		188.22		2684.45	10.51		10.38
1994	61	31	22	8	30	12		2	15		119.58		2796.21	0.75		52.16
1995	63	32	21	10	30	18		2	15		149.58		1454.06	-128.87		65.96
1996	62	29	23	10	30	20		2	16		134.11		393.70	-152.28		20.37
1997	64	33	21	10	29	21		2	17		134.11		236.83	-102.32		10.78
1998	64	32	21	11	29	17		2	14		134.11			-29.04		
1999	65	32	22	11	27	19		2	14		134.10			-28.00		
2000	63	29	21	13	26	17		1	12		124.40			-27.20		

七、市对外经济贸易机电轻工五矿医保公司

市对外经济贸易公司建立于1976年，隶属原常德市（现武陵区）管辖。1988年，该司被上收，归口市对外经济贸易委员会管理，名称变更为市进出口贸易公司。为了与省级外贸专业公司对口经营，1989年1月23日，市对外经济贸易委员会以常外业字〔1989〕第02号批复同意该司加挂市轻工五矿产品进出口公司的牌子，两块牌子、一套人马。1990年全市清理整顿公司，市对外经济贸易委员会以常外业字〔1990〕第77号批复撤销常德市进出口贸易公司，该司名称变更为市机电轻工五矿医保进出口公司。1991年市对外经济贸易委员会以常外计业字〔1991〕第001号批复同意公司更名为市对外经济贸易机电轻工五矿医保公司。

该司位于武陵区洞庭大道中段芙蓉东路9号，占地面积4685.7平方米，有两层办公楼1栋，建筑面积1500平方米，宿舍2栋38户，建筑面积2268平方米。1989年公司固

定资产原值为112.98万元。

公司下设8科1室：人事保卫科、财计科、粮油食品科、土产畜产科、五矿化机科、轻工工艺科、纺织科、综合科、办公室。

1989年该司销售总额为2248.22万元，创利润0.95万元。公司每年销售总额在1000万元~2000万元，利润近万元。1992年8月20日组建常德对外经济贸易集团公司，公司因并入而注销。

公司历任主要负责人及其任职时间如下：

经理：廖守志（1988.12—1990.12）、严文斌（1990.12—1992.8）

党支部书记：廖守志（1989.2—1992.2）

（该司的主要指标表汇总并列示于经贸集团公司的同名表中，可参见表1-3-6-2）

八、湖南省进出口总公司常德分公司

该司于1985年9月20日经湖南省进出口总公司以〔1985〕湘外总司字79号文批准设立，属全民所有制企业，办公地点设在地区对外经济贸易委员会办公大楼内。

该司成立时定编10人，实有10人，其中党员6人，干部6人。注册资金10万元。业务范围系外贸所经营的一切进出口商品和代理进出口业务以及兼营内贸业务。该司的任务是为省总公司进出口业务提供货源信息，组织收购、扶植生产、扩大出口货源；组织出口商品加工、挑选、整理、搞好商品储存和运输。

该司自成立至1991年，基本业务主要是根据省总公司的需求和指令为省总公司出口业务提供货源，省总公司再拨给该司一定经管费以维持其正常开支后略有盈余。

1989年系该司经营最好的年份，创利2.91万元；1991年最高销售收入为279.35万元。1992年外贸体制彻底改革，该司与省总公司完全脱钩，在无资金、无业务渠道、无固定资产的情况下，业务难以正常开展，渐至难以为继，至1996年公司歇业，全员下岗。

2001年7月17日市工商局吊销了该司的营业执照。

2004年4月23日，根据市国有企业产权改革领导小组办公室〔2004〕09号《关于同意常德市对外经济贸易发展公司等六家小型外贸企业合并实施“两个置换”》的批复，该司进行改制。改制时有干部职工13人，全部按国有企业破产买断办法实行工龄买断；退休人员档案移交市社保处，买断身份人员档案移交市职业介绍服务中心，公司会计账本、凭证交市档案局。

2005年5月，该司改制安置工作结束。

公司历任主要负责人及其任职时间如下：

经理：欧经书（1985.11—1988.11）、李敏捷（1990.2—1995.3）、李新文（1995.3—1996.11）、张光华（1996.11—2005.5）；副经理（法人资格）：李敏捷（1988.11—1990.2）。

党支部书记：欧经书（1987.4—1989.2）、李敏捷（1989.2—1992.2）、李芳焕（1992.2—1995.3）、李新文（1995.3—2005.5）。

1989—2000 年湖南省进出口总公司常德分公司主要指标一览表

表 1-3-6-7

年份	总人数（人）				党员数（人）	团员数（人）	专业技术职务（人）				固定资产（万元）	购进（万元）	销售（万元）	利润（万元）	缴税（万元）
	合计	干部	职工	离退休			高级	中级	助级	员级					
1989	11	8	3		6			2	2	2			176.43	2.91	1.09
1990	13	8	5		6			2	2	2			276.41	1.36	0.45
1991	13	8	5		6			2	2	2			279.35	1.37	
1992	14	8	6		6			2	2	2			90.63	−12.57	
1993	11	6	5		6			2	3	2			77.97	−18.43	
1994	9	4	5		4	1		1	2	2				−10.32	
1995	10	4	6		4	2		1	3	1				−6.70	
1996	12	4	8		4			1	3	1				−3.99	
1997	12	4	8		4			1	3	1					
1998	7	4	3		4			1	3	1					
1999	7	4	3		4			1	3	1					
2000	13	4	9		4			1	3	1					

九、市对外经济贸易公司

该司于 1988 年 7 月 13 日经省对外经济贸易委员会以〔1988〕湘经贸管字第 071 号文批准设立，是市外经贸委直属企业中唯一一家拥有直接进出口经营权的对外经贸公司。

该司办公地址位于武陵区人民路 683 号市外经贸委办公大楼内，公司成立时有干部 11 人，职工 4 人，党员 6 人，有固定资产 2.86 万元。公司统一经营国家指定的有关商品和下达的政府间协定贸易，具体经营粮油食品、土畜产品、轻工产品、纺织品、苎麻制品、丝绸产品、工艺产品、化工产品、医药保健品、机械设备产品、五金矿产、机电等产品的进出口业务。公司承办本市的进料加工、来料加工、转口贸易、补偿贸易等各种灵活贸易业务及其咨询。

1991 年时公司有固定资产 3.94 万元。1989 年公司销售 211.21 万元，创利润 2.58 万元，上缴税金 2.39 万元，创汇 5.68 万美元。1991 年公司实现销售收入 634.93 万元，创利润 2.95 万元，为其经营业绩最好的年份。

1992 年 8 月 20 日，根据市政府常政办函〔1992〕100 号文的批复，组建常德对外经济贸易集团公司时，该司被并入其中，但仍保留原公司的牌子。

公司经理：黎明廉（1988.8—1992.8）；党支部书记：李本生（1989.2—1992.8）。

1989—2000 年经贸公司主要指标一览表

表 1-3-6-8

年份	总人数（人）				党员数（人）	团员数（人）	专业技术职务（人）				固定资产（万元）	购进（万元）	销售（万元）	利润（万元）	缴税（万元）	创汇（万美元）
	合计	干部	职工	离退休			高级	中级	助级	员级						
1989	15										2.86		211.21	2.58	2.39	5.68
1990	14										2.86		138.00	2.40	1.40	
1991	14										3.94		634.93	2.95		
1992	93	49	38	6	42	17					2.86		556.93	-4.01		在集团中
1993	103	49	43	11	44											15.88
1994	102	41	47	14	47											206.07
1995	83	43	28	12	36											
1996	81	40	29	12	34											
1997	82	41	25	16	35	7										
1998	91	38	36	17	37	11										
1999	92	37	38	17	35	10										
2000	92	37	38	17	35	10										

十、市出口商品基地建设公司

该司系 1987 年 7 月 28 日由省对外经济贸易委员会以〔1987〕湘经贸劳字第 034 号文批准设立，为全民所有制企业，财务与省基地公司挂钩，实行独立核算、自负盈亏。

该司办公地址位于武陵区人民路 683 号市外经贸委办公大楼内。公司成立时有干部职工 8 人，其中干部 4 人、党员 5 人；有固定资产 8 万元。

公司自成立至 2004 年破产改制，销售收入从十几万元上升到一千多万元，1996 年销售收入创最高纪录，达 1235.69 万元；利润从几千元上升到几万元，1989 年为峰值，达 4.81 万元。1996 年公司开创出口业务，当年实现出口创汇 148.68 万美元，创利润 1.8 万元。

1998 年公司歇业，2001 年 7 月 17 日市工商行政管理局吊销该司营业执照。2004 年 2 月 23 日，根据市国有企业产权改革领导小组办公室〔2004〕09 号文《关于同意常德市对外经济贸易发展公司等六家小型外贸企业合并实施“两个置换”的批复》精神，该司进行破产改制。破产时公司有干部职工 22 人（其中 2 人于 2002 年病故），全部按国有企业破产买断办法实施工龄买断。退休人员档案移交市社保处，买断身份人员档案移交市职业介绍服务中心，公司会计账本、凭证交市档案局。

2005 年 5 月，该司破产安置工作结束。

公司历届主要负责人及其任职时间如下：

副经理：李忠初（法人代表）（1987.8—1988.12）；经理：李忠初（1988.12—2001.7）；党支部书记：李忠初（1989.1—2001.7）。

1989—2000 年基地公司主要指标一览表

表 1-3-6-9

年份	总人数（人）				党员数（人）	团员数（人）	专业技术职务（人）				固定资产（万元）	购进（万元）	销售（万元）	利润（万元）	缴税（万元）	创汇（万美元）
	合计	干部	职工	离退休			高级	中级	助级	员级						
1989	8	5	3		5				3		8.00		616.70	4.81		
1990	8	5	3		5				3							
1991	8	5	3		5				3				19.86			
1992	8	5	3		5				3				86.74			
1993	12	5	7		5				4				129.62			
1994	12	4	8		7	1		1	4					−11.06		
1995	12	4	8		7	1		1	4				261.52	0.81		31.64
1996	18	8	10		9			1	4		1.43		1235.69	1.80		148.68
1997	21	10	11		9			1	4		2.27		421.76	−12.34		50.88
1998	20	10	10		9			1	4							
1999	20	10	10		9			1	4	1						
2000	22	10	12		9			1	4	1						

十一、市对外经济贸易发展（集团）公司

公司系 1987 年 10 月经湖南省对外经济贸易厅〔1987〕湘经贸劳字第 054 号文批复同意设立。1988 年 7 月，公司更名为常德市对外经济贸易发展（集团）公司。公司成立时有干部职工 11 人，其中干部 7 人，党员 7 人，固定资产 10.95 万元。

该司办公地址位于武陵区人民路 683 号市外经贸委办公大楼内，注册资金 15 万元，经营范围上以出口为主，进出口结合；以外贸为主，内外贸兼营；具体承办利用外资，引进技术、合资经营、合作生产、“三来一补”和出口生产基地建设，以及为地区内进口国家允许进口的物资，承办劳务、技术出口业务；审批地区内对外加工装配和中小型补偿贸易项目；作为商务代表办理来料、来样、来件加工装配的进出口货物的报关手续；与省内外进出口单位联合经营和委托代营工、农、土、特产品的购销出口业务和内贸业务，为生产企业提供信息，组织出口商品生产、举办对外展销和开展各种服务等。

1989 年公司销售收入 476.48 万元，实现利润 4.49 万元，上缴税金 2.12 万元，为公司成立后经营效益最好的年份。1991 年外贸体制改革，该司与省专业公司分灶吃饭，在无资金无业务渠道的情况下，出现严重亏损，1992 年亏损额达 9.98 万元，渐至难以为继，至 1995 年时基本歇业，员工下岗。2001 年 7 月 17 日市工商行政管理局吊销该司营业执照。

2004 年 2 月 23 日，根据市国有企业产权改革领导小组办公室〔2004〕09 号《关于同意常德市对外经济贸易发展公司等六家小型外贸企业合并实施“两个置换”的批复》，公司进行改制。改制时公司有干部、职工 13 人，全部按国有企业破产买断办法实施工龄买断。

退休人员档案移交市社保处，买断身份人员档案移交市职业介绍服务中心，公司会计账本、凭证交市档案局。

2005 年 5 月，该司改制安置工作结束。

该司历届主要负责人及其任职时间如下：

经理：田梅生（1987.12—1993.2）、邹东诚（1993.2—2005.5）；党支部书记：刘锡龙（1989.2—1990.2）、田梅生（1990.2—1992.2）、汪祖明（1992.2—1993.2；1995.2—1996.1）、邹东诚（1993.2—1995.2）、贺振奋（1996.1—2005.5）。

1989—2000 年发展公司主要指标一览表

表 1-3-6-10

年份	总人数（人）				党员数（人）	团员数（人）	专业技术职务（人）				固定资产（万元）	购进（万元）	销售（万元）	利润（万元）	缴税（万元）
	合计	干部	职工	离退休			高级	中级	助级	员级					
1989	11	7	4		7			1	4	1	10.95		476.48	4.49	2.12
1990	12	7	5		7			1	4	1			143.57	2.81	0.36
1991	12	5	7		7			1	4	1			108.73	-6.66	
1992	10	6	4		7			1	4	1			1.75	-9.98	
1993	10	6	3	1	7			1	3	1			11.86	7.32	
1994	10	6	3	1	5			1	3	1	2.04		2.45	3.65	
1995	10	6	3	1	5	1			4		2.04				
1996	10	6	3	1	5	1			3	1					
1997	10	6	3	1	5	1			3	1					
1998	11	7	3	1	5	1			3	1					
1999	11	7	3	1	5	1			3	1					
2000	13	7	5	1	5	1			3	1					

十二、市对外经济服务公司

该司系 1987 年 10 月经省对外经济贸易委员会批准设立，当时有干部、职工 4 人，其中干部 2 人，党员 1 名；有固定资产 15.45 万元。

该司办公地址位于武陵区人民路 683 号市外经贸委办公大楼内。其销售收入最高年份 1991 年为 238.94 万元，在 1993 年以前公司每年销售收入都在 100 多万元，每年利润逾万元，1990 年最高利润达 1.85 万元。1996 年公司歇业。2001 年 7 月 17 日市工商行政管理局吊销该司营业执照。

2004 年 2 月 23 日，根据市国有企业产权改革领导小组办公室〔2004〕09 号《关于同意常德市对外经济贸易发展公司等六家小型外贸企业合并实施“两个置换”的批复》，该司进行破产改制。改制时公司有干部、职工 9 人，全部按国有企业破产买断办法实行工龄买断。

买断身份人员档案移交市职业介绍服务中心，公司会计账本、凭证交市档案局。

2005 年 5 月，该司破产安置工作结束。

该司历届负责人及其任职时间如下：

副经理（法人代表，主持公司工作）：郑惠玲（1987.12—1990.12）；经理：龚道富（1990.12—1995.2）、郑惠玲（1995.2—1996.5）、张建跃（1996.5—2005.5）。

1993 年 7 月 13 日，公司经理龚道富（右二）到福建安溪县考察投资项目与外商合影

1989—2000 年服务公司主要指标一览表

表 1-3-6-11

年份	总人数（人）				党员数（人）	团员数（人）	专业技术职务（人）				固定资产（万元）	购进（万元）	销售（万元）	利润（万元）
	合计	干部	职工	离退休			高级	中级	助级	员级				
1989	4	2	2		1	1		1		2	15.45		229.25	1.38
1990	4	2	2		1	1		1		2	15.45		140.92	1.85
1991	6	3	3		2	1		1		2	15.45		238.94	1.27
1992	6	3	3		2	1		1		2	15.45		139.20	1.61
1993	7	3	4		3	1		1	1	2	15.45		159.81	−7.61
1994	7	3	4		3	1		1	1	3			1.83	−4.63
1995	7	3	4		3	1		1	1	3			7.27	−2.37
1996	7	3	4		3			1	1	3				
1997	7	3	4		3			1	1	3				
1998	7	3	4		3			2		3				
1999	7	3	4		3			2		3				
2000	9	3	6		3			2		3				

十三、湖南省包装进出口集团公司常德支公司

该司系 1988 年 4 月 22 日经省对外经济贸易委员会〔1988〕湘经贸劳字第 037 号文批准同意设立，定编 10 人，成立时有干部职工 5 人，其中干部 3 人，党员 2 人。公司无固定资产。

该司办公地址位于武陵区人民路 683 号市外经贸委办公大楼内，注册资金 10 万元。其经营范围为组织与供应出口商品包装的原辅材料，生产和供应出口商品包装，改进和设计出口商品的包装、装潢；开发新型包装，负责本区出口商品包装生产的技术指导及其他有关出口商品包装业务。

1992 年 8 月，公司经理刘冬初（后左一）随市外经委一行赴北海考察边贸市场

该司销售收入 1989 年为 102.26 万元，至 1993 年创最高水平，达 421.20 万元；利润每年几千元至几万元，1992 年时的 6 万元为其经营史上的最高水平。

由于该司已经歇业数年，1999 年 8 月 2 日，市工商行政管理局吊销该司的营业执照。

2004 年 2 月 23 日，根据市国有企业产权改革领导小组办公室〔2004〕09 号《关于同意常德市对外经济贸易发展公司等 6 家小型外贸企业合并实施“两个置换”的批复》，该司进行破产改制。改制时有干部职工 12 人，全部按国有企业破产买断办法实施工龄买断。

退休人员档案移交市社保处，买断身份人员档案移交市职业介绍服务中心，公司会计账本、凭证交市档案局。

2005 年 5 月，该司破产改制安置工作结束。

该司负责人及其任职时间如下：

副经理（法人代表）：刘冬初（1988.10—1990.12）；经理：刘冬初（1990.12—2005.5）。

1989—2000 年包装公司主要指标一览表

表 1-3-6-12

年份	总人数（人）				党员数（人）	团员数（人）	专业技术职务（人）				固定资产（万元）	购进（万元）	销售（万元）	利润（万元）	缴税（万元）
	合计	干部	职工	离退休			高级	中级	助级	员级					
1989	5	3	2		2				2	1			102.26	1.99	0.68
1990	7	3	4		2				2	1			124.49	0.56	0.64
1991	8	4	4		4				2	1			230.08	0.80	
1992	13	5	8		5			1	1	1			306.11	6.00	
1993	10	5	5		5			1	1	1			421.20	−0.28	
1994	10	5	5		5			1	1	1			115.74	−4.30	
1995	14	5	9		5	1		1	2				243.53	0.31	
1996	12	6	6		6			1	1	1			36.63	1.20	
1997	12	6	6		6			1	1	1					
1998	12	6	6		6			1	1	1					
1999	12	6	6		6			1	1	1					
2000	12	6	6		6			1	1	1					

十四、湖南外运常德市公司

该司1974年5月由地区革委会批准成立。1988年5月25日，省对外经济贸易委员会以〔1988〕湘经贸劳字第047号批复同意该司更名为中国对外贸易运输总公司湖南省(集团）公司常德支公司。1991年7月4日，中国对外贸易运输总公司湖南省分公司以〔1991〕湘外运办字第14号批复同意该司更名为湖南外运常德市公司，属中央企业。

公司坐落在市鼎城区武陵镇隆阳路10号，注册资金150万元，占地面积3156.97平方米，建筑面积6285.53平方米。拥有车辆、油库、汽修厂、停车坪、办公楼、职工宿舍等一整套优良完备的生产生活设施，固定资产原值达455.97万元。公司内设办公室、财务科、人事科、工会、房管科、代运科、空运科、供应科、广告科、车队、修理厂11个行政和行业管理职能科室。

总经理李锡奖（左）与副总经理郭宏其研究工作

根据审核，市政府办以常政办函〔1992〕128号划定该司为国有商业中二型企业。

1989—1993年，公司每年的营运收入都在100多万元至200多万元之间，其中最高的1992年达262.59万元；公司每年的总运输量都在600万吨公里左右，每年为国家和地方缴税10多万元。1996—2000年，公司由于超额完成省公司下达的各项经营承包指标，经济效益显著，连续5年被省公司和市外经贸委评为先进单位和红旗单位，总经理李锡奖也曾5次受到省、市行业主管部门的通报表彰和嘉奖。

1994—2000年，因公司所在地被鼎城区政府新建桥南大市场征用，该司的主业汽车运输业务基本停止，公司职工大部分实行承包经营，自主择业，这种状况一直持续到2000年。

2000年8月15日，该司以常外运〔2000〕第6号文向中国外运（集团）总公司、湖南省外运公司报送置换职工身份安置实施方案的请示，省外运公司以湘外运办字〔2000〕第035号批复同意该司置换职工身份及安置的实施方案。

当年10月30日公司以常外运〔2000〕第7号文向市对外经济贸易委员会报送置换职工身份实施方案。次日，公司以常外运字〔2000〕第8号文向市国有企业产权改革办报送置换职工身份实施方案的请示，当年11月8日，市国有企业产权制度改革领导小组办公室以常改办字〔2000〕19号批复同意该司置换职工身份的实施方案。总经理李锡奖任改制组组长。

截至2000年12月31日，公司资产总值为239.36万元，负债1万元；改制时有干部、职工101人，其中离退休职工33人（其中原离退休21人，改制时符合政策规定准予提前退休者12人），移交至市劳动局社保处；买断身份职工68人，其人事档案移交市劳动局再就业管理处。

至2001年6月30日，该司改制工作完成，公司总经理李锡奖调至市外经局工作。

公司历届主要负责人及其任职时间如下：

经理：李锡奖（1988.9—2001.6）；党支部书记：黄化喜（1989.1—1992）、李锡奖（1992—2001.6）。

1989—2000年外运公司主要指标一览表

表1-3-6-13

年份	总人数（人）				党员数（人）	团员数（人）	专业技术职务（人）				固定资产（万元）	购进（万元）	销售（万元）	利润（万元）	缴税（万元）
	合计	干部	职工	离退休			高级	中级	助级	员级					
1989	87	17	52	18	31	5		1	4		94.30		150.52	5.11	4.77
1990	89	15	56	18	31	8		1	4		109.05		135.31	5.75	4.72
1991	92	17	57	18	32	8		1	4		103.17		200.68	5.36	7.10
1992	96	16	62	18	33	11		1	4		117.01		262.59	5.81	8.42
1993	79	15	47	17	33	6		1	4		249.05		114.04	7.00	4.71
1994	77	15	45	17	33			1	4		279.63		88.37	5.06	4.17
1995	101	18	65	18	33			1	5		275.30		42.61	5.26	6.43
1996	100	19	63	18	33	3		1	5		475.34		51.23	5.98	8.38
1997	100	17	65	18	32	1		1	5		455.97		83.10	5.86	10.19
1998	100	16	67	17	42	3		1	5		455.97		83.20	5.48	14.80
1999	99	18	62	19	43	4		1	5		455.97		83.10	11.40	7.72
2000	101	16	63	22	43	4		1	6		455.97		51.70	3.54	

十五、海口丰华实业公司

该司系1988年12月8日由市政府以常政办函〔1988〕20号批复设立，由市政府驻海口办事处、市信托投资公司管理。1990年3月1日，市政府办以常政办函〔1990〕6号批复同意和当月13日市政府专题会议纪要（14）明确记载，该司由市政府驻海口办事处、市信托投资公司移交给市外经贸委管理。1992年6月，公司更名为华陵实业总公司。1992年8月组建常德对外经济贸易集团公司时该司因并入其中而注销。

该司位于海南省海口市文明东路（山内花园258号），注册资金为人民币50万元整，属全民所有制企业。

经营方式：批发、零售、代购代销、代储代运。经营范围为主营机电设备（不含汽车）、五金交电、家用电器（不含进口录像机）、化工产品（不含专营品）、农机设备、煤炭、汽车配件、建筑材料、矿产品（不含专营品）；兼营摩托车、装修材料、粮油及制品、酒、水产品、室内外装饰业务。

经理：王先新（1989.12—1992.6）、王强（1992.6—1992.8）。

1989—1995 年丰华公司主要指标一览表

表 1-3-6-14

年份	总人数（人）				党员数（人）	团员数（人）	专业技术职务（人）				固定资产（万元）	购进（万元）	销售（万元）	利润（万元）	缴税（万元）
	合计	干部	职工	离退休			高级	中级	助级	员级					
1989															
1990	11	5	6		4				2		60.99		128.78	18.23	0.64
1991	11										60.99			−20.59	
1992	15										60.99		225.69	23.76	
1993															
1994															
1995	12	1	10	1	3	2		1							

十六、市对外经济贸易恒利公司

该司系 1993 年 2 月 11 日由市对外经济贸易委员会以常外办字〔1993〕第 018 号文批准设立。

该司在机关创收的背景下产生，无资金、无资产、无人员（从市对外经济贸易委员会机关科室临时抽调兼职），其所需运行经费根据业务开展情况从市外经贸委财务科借支。该司从成立到破产改制，做成业务少，但有亏损。

鉴于该司未能正常运行的实际，2000 年 11 月 4 日，市工商行政管理局吊销该司的营业执照。

2004 年 2 月 23 日，根据市国有企业产权改革领导小组办公室〔2004〕09 号《关于同意常德市对外经济贸易发展公司等 6 家小型外贸企业合并实施“两个置换”》的批复，该司进行破产改制。改制时有干部职工 3 人，全部按国有企业破产买断办法实施工龄买断，其档案移交市职业介绍服务中心。

公司历届负责人及其任职时间如下：

经理：李庚英（1993.2—1996.2）、王志杰（1997.3—2000.11）；副经理（法人代表）：程万来（1996.2—1997.3）。

第四章 社 团

第一节 贸促会、国际商会

一、机构

（一）机构沿革

1988年12月，市对外经济贸易委员会根据省委、省政府领导“各地市都要建立中国国际贸易促进委员会湖南分会下属的分支机构”的指示和省对外经济贸易委员会〔1988〕湘经贸促字第009号文件精神，经请示市政府同意，向省申请设立“中国国际商会常德商会、中国国际贸易促进委员会常德市支会”（以下简称常德商会、市贸促会），中国国际商会湖南商会、中国国际贸易促进委员会湖南省分会以湘贸促办字〔1988〕第026号文件批复同意建立该会，成为对外经济贸易委员会的内设机构，办公地点设武陵区人民路683号市对外经济贸易委员会。

1990年4月7日，常德商会、市贸促会召开第一届会员大会，选举产生名誉会长、会长、副会长等领导班子成员。

1992年，按照中国贸促总会章程规定，贸促会领导成员采取聘任制，常德商会、市贸促会对其领导班子成员进行适当调整。

2000年4月17日，《中共常德市委常委会议纪要》将常德商会、市贸促会定为正处级社会团体。6月21日，市委机构编制委员会核定市贸促会全额拨款事业编5名。

2002年3月19日，市委办、市政府办发出常办通字〔2002〕24号《关于印发中国国际贸易促进委员会常德市支会（中国国际商会常德商会）机构改革方案的通知》，对该会工作任务、内设机构、人员编制和领导职数作出明确规定，该会为正处级群团组织，全额拨款事业编制8名（含后勤服务人员1名）。

2008年，市委编委办增加该会编制到12名（含后勤服务人员1名），管理人员参照公务员管理，内设2部1室（办公室、国际业务部、会务展览部）。

当年，该会办公地址迁至武陵区朗州路855号。

常德商会、市贸促会是一个机构、两块牌子，合署办公（1994年10月先后有津市市、武陵区、汉寿县成立国际商会，1996年5月澧县成立国际商会，2008年11月临澧县成立国际商会）。2007年12月会长黎运龙赴北京参加中国国际商会年会，常德商会成为中国国际商会会员单位。

2012年5月，湖南国际商会召开代表大会，常德商会当选为常务理事单位，会长黎运龙当选为常务理事。常德商会推荐的常德纺织机械有限公司党委书记、副总经理向阳当选为湖南国际商会副会长。

（二）工作职能

根据《中共中央办公厅 国务院办公厅关于印发〈21个群众团体机关机构改革意见〉的通知》（中办发〔2001〕31号）和市委、市政府《关于印发〈常德市直党政群机构改革方案实施意见〉的通知》（常发〔2001〕2号）精神，常德商会、市贸促会属联合性社会团体，是由市经贸界有代表性的人士、企业、协会和团体组成的全市民间对外经济贸易组织，其主要工作职能为：

1.开展全市对外贸易、经济合作和文化、技术、金融等交流的促进工作；为全市企业，尤其是中小型企业、“三资”企业、民营企业提供国际联络、国际展览、国际培训及国际经贸法律、信息、经贸业务代理服务。

2.开展全市国际招商引资的促进工作。参与全市大型招商引资活动，协助市政府有关部门承办招商会、洽谈会。建立国际招商引资资料库，负责国际招商信息对外发布，指导、协调市内企业与境外企业进行技术、资金、人才和劳务合作，为外商投资企业提供服务。

3.开展同世界各国、各地区经济贸易界、商协会和其他经贸团体以及有关国际组织的联络工作，邀请和接待外国经济贸易界人士和代表团组来常访问，组织常德市经济贸易、科技技术代表团和市政府授权组织的代表团出国（境）访问和考察；有选择地在国（境）外设立代表处及常驻代表；组织、参加或与外国相应机构联合召开有关经济、贸易、技术、文化、金融合作和法律方面的国际会议。

4.负责全市出国举办经济贸易展览会的归口受理、报送审批工作。代表常德市参加国际展览局的活动，组织常德企业参加世界博览会及国际贸易展览会；参与以市政府名义在国（境）外主办常德经贸展览会的组织工作；组织和安排国（境）外来常举办的各类专业性或综合性展览会；负责指导、协调和管理常德市展览业协会。

5.开展国内外民间经济贸易有关调查研究和经济贸易信息的搜集整理、传递和发布工作，向国内外有关企业和机构提供经济技术合作和贸易方面的信息、咨询及资信调查等方面服务。联系、组织中外经济贸易和有关技术交流活动。组织全市国际商会系统的对外经济贸易洽谈。

6.为会员单位以及市内其他企业提供有关境内外培训服务。

7.为国内外经贸企业和组织提供有关国际经贸、金融、投资、技术转让等方面的法律咨询，承办中外经济技术合作项目的可行性分析、评估及法律顾问工作。在中国国际商会有关组织的指导下，调解涉外经贸纠纷，接受委托代理国际经济贸易仲裁，受理海事仲裁事务。代理出具湖南省出口商品原产地证明书，签发和认证对外贸易和海上货运业务的文件及单证，接受委托，代理中国企业在国外或外国公司、个人在常德办理出口商品商标注册和专利申请业务，有关知识产权及技术贸易的咨询，承办相关争议的调解或仲裁与诉讼的代理业务。

8.承办市委、市人民政府交办的其他事项。

二、历届领导班子组成人员

（一）国际商会及贸促支会班子成员

1.兼任时期

名誉会长：李杰（市政府顾问，1990年4月—1998年）、庞道沐（市委书记，1992年—1998年）

会长：李江（副市长，1990年4月—1992年11月）、陈德铨（副市长，1992年11月—1993年11月）、李延生（副市长，1993年11月—1998年）

副会长：刘士六（市外经贸委主任，1990年4月—）、匡兰桂（常务副会长，1990年4月—1992年）、王育贵（常务副会长，1992—1994）。

2.专职时期

第一届：

会长：刘志卫（2001年9月—2003年7月）；副会长：邓明彪（2001年10月—2003年7月）。

第二届：

会长：刘志卫（2003年7月—2007年2月）；黎运龙（2007年3月—2008年9月）；副会长：邓明彪（2003年7月—2008年9月）、陈贵恒（2003年7月—2008年9月）、金桂兰（2008年3月—2008年9月）；兼职副会长：车世炎（市政府副秘书长）、孙圣斌（湖南金健米业股份有限公司总裁）、朱方钦（常德卷烟厂总会计师）、李祖军（湖南洞庭水殖股份有限公司董事、副总经理）、陈长新（湖南杰新纺织集团有限公司董事长）、陈杏元（武陵区政协主席）。

第三届（2008年9月—）：

会长：黎运龙

副会长：陈贵恒、金桂兰、罗跃群（2009年9月—）

兼职副会长：朱宏（湖南三江电力有限公司董事长）、向阳（常德纺织机械有限公司副总经理）、刘湘平（常德达门船舶有限公司总经理）、许文耽（湖南恒安纸业有限公司总经理）、李四清（常德金鹏印务有限公司总经理）、杨品红（湖南洞庭水殖股份有限公司总经理）、肖汉族（湖南金健米业股份有限公司总经理）、张跃华（市政府副秘书长）、陈亮（湖南云锦集团有限公司董事长）、夏崇仁（常德华油燃气有限公司总经理）

（二）国际商会及贸促支会党组及其成员

第二届：

书记：刘志卫（2003年7月—2007年2月）、黎运龙（2007年3月—2008年9月）；党组成员：邓明彪（2003年7月—2008年9月）、陈贵恒（2003年7月—2008年9月）、金桂兰（2008年3月—2008年9月）。

第三届（2008年9月—）：

书记：黎运龙；党组成员：陈贵恒、金桂兰、罗跃群（纪检组长，2009 年 9 月—）。

三、获得的荣誉

市贸促会自 2000 年定为正处级社会团体以来单位获得的荣誉有：

2005 年、2007 年和 2010 年，市贸促会被省贸促会三次评为“湖南省贸促工作先进单位”。

2010—2012 年获“全国贸促工作先进单位”称号。

第二节　工　会

一、市商务局系统

2005 年，市商务局联合工会第一届委员会成立之后，完善相关登记并开设单独账户。

1989 年以后，市对外经贸（商务）系统的直属单位亦建立有工会组织，在市总工会和主管部门的联合工会的指导下开展活动。

商务局联合工会在市总工会和局党组的领导下，按照工会工作的总体要求，结合该局的工作实际，履行工会各项工作职能，维护职工合法权益，扶贫帮困。

市商务局联合工会的经费来源为所有个人会员按工资的 0.5%按月扣缴和市商务局的适当补助。每年的经费支出由会员大会选举出的经费审查委员会进行审查。

2007 年、2009 年分别被市总工会评为工会工作目标管理先进单位。

（一）围绕中心，服务大局

商务局的中心工作是招商引资。局联合工会把参与招商引资工作作为工会工作的一项重要内容，加强与区县（市）招商部门的联系，利用工会特点与外资企业沟通招商引资信息。2005—2012 年，工会每年参与大的招商活动 4 次以上，参与接待来常考察的国内外商人 70 多人次。与石门县招商局联系结成对子，为基层招商部门提供政策咨询，为县里的招商引资工作提供力所能及的帮助。为企业工会提供各类政策和引资信息 30 多条，其中有 7 条被有关部门采纳。到外资企业调查研究，了解外资企业在发展中存在的问题和要求，再向有关部门提出招商、亲商、安商、改善常德市软环境等方面的合理化建议。

2005 年，与直管的 9 家基层工会联系，征求对市商务局工作的意见和建议。先后收到企业的批评意见和建议 10 多条，工会及时将这些意见和建议反馈到有关科室。

（二）组织募捐及帮困扶贫

关心干部、职工，力所能及地解决其实际困难。对患大病、慢性病的以及经济上有困难的干部、职工进行家访并送温暖。住院或家中有红白喜事者，工会主要领导上门探望。

组织捐款捐物。每年助残日都按规定足额上缴助残金。组织为 1998 年常德特大洪灾、桥南市场火灾、汶川地震等重大灾害的受灾者捐款捐物。

常德市商务局联合工会捐献及慰问统计表

表 1-5-2-1

年份	捐款（元）	爱心超市	扶贫慰问	慰问贫困户	备注
2005	13200		米 200 千克，2.04 万元	32	捐款明细：为残疾人 3200 元，为特困学生 3000 元，为桥南火灾户 7000 元。另探望职工 46 人次，1.3 万元
2006		捐献衣物百余件	米 2 吨、食油 80 桶	16	扶贫慰问折款 5000 元，另现金 2000 元
2007	7550	捐献衣物近两百件	米 3 吨、现金 9000 元	12	捐款明细：为残疾人 3650 元，为爱心超市 1500 元，生育关爱行动 2400 元
2008				12	
2009				10	
2010			折款 1.08 万元	16	
2011			折款 1.18 万元	11	
2012			3000 元	10	

（三）组织文体活动

1.节假日的文体活动。2005—2012 年，每年的元旦、“五一”、国庆、春节假日之前，工会都会组织局机关全体人员进行扑克牌、乒乓球、象棋、飞镖等项目比赛。

2008 年 5 月 11 日，市商务局全体人员登太阳山

2.组团参加市组织的运动会或登山。

2005 年组成市商务局体育代表团参加市第四届体育运动会，获得大会组织委员会的优秀组织奖。

2009 年组成市商务局体育代表团参加市第五届运动会，获得大会组织委员会的优秀组织奖。

2010 年，组成 18 名运动员的市商务代表团，参加全市首届企业职工运动会，乒乓球获团体第二名、女子双打第三名。

2011 年，组团参加市第四届市直机关运动会，市商务系统运动员近 60 人，参加广播体操、游泳、乒乓球、中国象棋、登山、羽毛球和拔河 7 大项比赛，游泳比赛获男子 50 米前三、男子 200 米前八。市商务局被运动会组委会授予组织奖。

（四）其他

1.2005 年，为机关女职工购买团体女性安康保险 2 份；2011 年为机关女职工购买 2 份“两癌”保险。

2.2005 年，在全系统举办一次女职工普法维权知识竞赛活动，获得市总工会、市妇联授予的优秀组织奖。

3.每年主抓的计划生育例行工作，1989—2010 年，所主管单位未出现违反计划生育政策的事件，2005 年被属地武陵区政府评为红旗单位。

4.2007 年在市商务局机关院内设置室外体育健身器材 5 大件。

二、市粮食系统

市粮食局联合工会成立于 1986 年，首届联合工会主席孙孝思，任职于 1986 年 4 月至 1993 年 2 月。第二届联合工会主席连季斋，任职于 2000 年 1 月至 2003 年 8 月。第三届联合工会主席孙锦辉，2008 年 3 月起任职。

联合工会主要工作情况简介：

（一）着力于工会组织建设

至 2010 年年底，市粮食局联合工会有在职工会会员 327 人，其中市粮食局机关工会 54 人、武陵分局 50 人、广积米业 23 人、武陵粮油总公司 36 人、科雄公司 23 人、交易中心 18 人、德山粮油公司 27 人。联合工会对所属工会组织实行目标管理。

（二）以活动为载体，增强单位活力和凝聚力

多年来，联合工会组织开展多种工会活动，如：元宵节团圆交流活动、劳动竞赛活动、学习月活动、特色体育活动等等。活动主题明确，有以“凝聚团队，放松心情，增强体质，爱我中华”为主题的文化交流活动；有以“树正气、讲团结、讲奉献、求发展”为主题的学习实践活动；有以“健身、健康、快乐、和谐”为主题的体育比赛活动。这些活动的开展，增强了干部、职工之间的感情交流，亲密了同志间的关系，对于提高单位的凝聚力，增强企业活力发挥了积极作用。

（三）落实“机关联困难企业，干部联困难职工”的“双联”工作，并很好地完成了各项工作任务。

（四）认真做好维稳维权工作

多年来局联合工会和基层工会一道，细心做好特困职工的安抚工作，及时化解矛盾。同时，依法维权，为保障职工合法权益做了大量工作。

（五）获得的荣誉

2009 年联合工会获全市工会系统工会工作目标管理先进单位（常工字〔2010〕8 号）。

三、市商业系统

1989 年，市直商业系统有基层工会委员会 11 个，女工工作委员会 8 个，工会会员人数 3193 人，其中女会员 1688 人。工会小组 238 个，其中先进工会小组 66 个。工会专职

工作人员39人。建立职代会的单位11个，职工代表430人，召开职代会55次，全年提出提案242件，全年实现提案111件。

1.学习宣传《工会法》

1992年，市商业局联合工会组织学习、宣传、贯彻新《中华人民共和国工会法》(以下简称《工会法》)。共订购《工会法》读本1850册，辅导讲话56本，释文15本，彩色挂图10套，自编学习资料228份，举办学习班41期，授课83堂，职工受教育面达90%。同时采取多种形式进行社会宣传，共制作横幅标语18幅，宣传牌12块，班专刊18期，办宣传窗、黑板报21个，张贴《工会法》宣传品48张，发表专题文章96篇。

2.维护职工利益

市直商业企业基层工会成立保护监督检查委员会5个，工会小组劳动保护检查员55人，建立劳动争议调解委员会7个，调解委员46人。1992年，受理劳动争议2件，经调解均达成协议。是年，慰问看望孤、老、病、残和离退休人员896人次，开支9128元。给125名困难职工补助8940元，办理丧事126人，开支8526元。调整职工住房54户，解决住房紧张户38户，调解家庭纠纷89起。

3.开办职工生活之家

市直商业10个基层工会建立职工之家9个，有托儿所4个，办食堂10个，藕煤加工厂2个，理发室3个，浴室12个，医务室4个，办图书馆7个（藏书7276册）。

4.开展各项文体活动

1992年，市商业局联合工会组织各企业参加全市“秧歌赛”，在全市28个团体大赛中，市商业职工中专、常德百货站、武陵百货大楼3单位分别获得前三名，市食品总公司获参赛奖。各企业还因地制宜地组织开展乒乓球赛、象棋赛、冬季长跑、书法赛等多项活动。组织国防知识抢答赛、党的基本知识竞赛等活动27次，500多名干部职工参加。

5.引导职工参与改革

1993年，市商业局联合工会引导职工参与改革，参政议政，通过创新来开展创“四优企业”、夺“效益杯”的劳动竞赛活动，市直商业系统有3112名职工参赛，占职工总数的80.8%。各基层工会制订《职工民主管理工作细则》，对企业的各项改革方案，都依法提请职代会审议。当年共召开职代会17次，提交职代会审议的方案66件，审议同意方案59件，征求职工群众对改革方案的意见784条，被征求采纳的意见697条。

四、中石化常德石油分公司系统

（一）历届工会主席

湖南省常德石油站工会主席钟协堂（1984.01.27—1986.09.13）

湖南省石油公司常德分公司工会主席杨昌全（1987.10.5—1990.1.3）

湖南省石油公司常德分公司联合工会委员会主席余沅江（1990.1.3—1992.10.4）

湖南省石油总公司常德市公司联合工会委员会主席杨昌全（1992.10.4—1995.11.13）

湖南省石油总公司常德市公司联合工会委员会主席杨民权（1995.11.13—1999.1.12）

湖南省石油总公司常德市公司联合工会委员会主席姚力华（1999.1.12—2000.3.29）

中国石化湖南常德石油分公司联合工会委员会主席冯春初（2000.3.29—2003.4.22）

中国石化湖南常德石油分公司联合工会委员会主席姚力华（2003.4.22—2009.10.23）

中国石化湖南常德石油分公司工会主席王明胜（2009.10.23 起任）

（二）工会主要活动

常德石油分公司无论管理体制如何调整，始终坚持工会组织与行政机构同步设置，工会干部与行政干部同步配备，工会工作与行政工作同步展开的“三同步”原则，坚持“推动企业发展，服务职工群众”。

常德石油公司工会按照促进企业发展、维护职工权益的原则，支持行政依法行使管理权力，组织职工参加民主管理和民主监督，与行政方面建立协商制度，保障职工的合法权益。职工（学徒未转正除外）入会要申请报批发给会员证，会员要按月缴纳会费。

常德石油公司个人工会会费缴纳标准特例一览表

表 1-5-2-2

年月	工资	会费（元）	占比‰	备　　注
1983.12	41.0	0.15	4	标准工资(不含粮差、回族职工补贴、保留工资)
1985.12	47.0	0.20	4	同上
1986.8	70.0	0.35	5	标准工资（不含粮差、物价、车补、洗理费）
1990.3	97.0	0.40	4	标准工资（不含粮、物、煤贴，车补，书报，洗理费）
1991.7	117.0	0.55	5	同上
1993.4	181.0	0.70	4	标准工资（不含粮、物、肉煤贴，车补，书报，洗理费）
1994.6	311.3	1.00	3	同上
1995.8	490.3	1.00	2	标准工资
1997.3	681.3	3.40	5	标准工资
1998.1	741.3	3.60	5	标准工资（由岗位、技能、年工、特殊工资组成）
1999.12	888.0	4.00	5	同上
2004.8	1891.0	4.50	2	标准工资
2005.2	1891.0	3.00	2	标准工资
2007.3	1891.0	5.00	3	标准工资

对于职工伤病住院、红白喜事、春节等重大节日慰问老干部、老职工，工会派员探视；职工家庭矛盾，工会进行调解；职工实际困难，工会现场探访，酌情补助。

工会成立女工委员会和关心下一代委员会，保护妇女儿童，落实计划生育工作。每年

“三八”妇女节，女职工放假半天以上，不安排女职工从事不符合女性生理条件的工作，生育和哺乳按政策给予照顾休息；开展“优秀孩子”评比。

对于关系职工切身利益的诸如分房、调资、评先、评奖（金）、困难补助都要倾听工会意见，组织职工讨论评选。

工会组织开展有意义的文体活动，诸如春节联欢晚会，书法比赛，演讲比赛，职工运动会，工间操、拔河、跳绳、象棋比赛等。不定期组织职工旅游休假。常德诗弦《夸石化》，荣获中国石化湖南石油分公司成立50周年文艺会演一等奖和组织奖。常德丝弦《与时代同行》荣获湖南石油公司成立60周年文艺会演银奖。

1995年10月6—7日，市石油公司第三届职代会审议通过《关于成立“两项制度“改革领导小组的通知》（“两项制度”指开展职工社会养老保险和全面推行劳动合同制）和《湖南省石油总公司常德市公司实行全员劳动合同制暂行规定》）。11月20日，公司第三届职代会第九次会议审议并一致通过《湖南省石油总公司常德市公司实行全员劳动合同制暂行规定》和《常德市石油公司职工风险工资补贴分配暂行办法》。

2000年，常德石油分公司联合工会在全系统开展“合理化建议”活动，为领导决策提供参考，组织历时半年的加油站劳动竞赛活动。

从2001年起，常德石油分公司按照中国石化和湖南石油分公司的指示，开始大规模的下岗分流、减员增效改革。通过协议解除劳动合同、改革用工方式（又称置换身份）、改制分流等形式，2001年、2003年、2004年分别减员272人、145人、283人。

在整个分流安置人员的过程中，工会和职代会参与审议通过相关的议案，宣讲党和国家的方针政策、上级公司的要求、企业面临的形势，作职工的思想工作，保证了企业的稳定和经营的正常进行。

对职工进行开除、除名、解除劳动合同等重大问题处理，都要经过职代会讨论通过。例如：熊某在1997年1月22日至12月11日在常德销售部桥南站任记账员期间，截留挪用加油款15.52万元，于12月11日擅自离岗。1998年2月11日回单位，10月19日全部挪用货款追回，12月7日，经职代会讨论，给予其开除留用两年，罚款0.8万元的处分。

2001年8月24日至9月24日，安乡公司遵保加油站站长俞某，擅自赊销油品，坐支货款3.15万元，并于2001年9月26日下午失踪。2002年10月8日，安乡县公司职代会通过给予其开除公职的处分决定，所欠公款限时追缴。

第三节 协会与学会

一、市商务局管理的协会

（一）市酒业协会

1.机构

2002年7月20日，市民政局以常民社字〔2002〕11号批复批准成立市酒业协会。其主管部门为市酒类产销管理办公室。

(1) 第一届（2002年7月—2006年12月）

办公地址设在郎州路143号（市环卫处5楼）。

此届有会员148名，其中团体会员120个，个人会员28名。

2002年12月13日，协会第一届会员大会召开，选举产生协会领导成员如下：

会长：唐必清（市政府助理巡视员）；

副会长：市酒管办正副主任、湖南武陵酒公司董事长、湖南德山酒业公司董事长、湖南重庆啤酒国人公司总经理、市繁荣实业公司总经理；

秘书长：市酒管办副主任兼。

2004年8月21日，协会召开常务理事会，免去唐必清的会长职务，选举重庆啤酒国人公司总经理、第十届全国人大代表李开喜为会长。

常务理事单位：华业商贸公司、华人啤酒公司、市隆盛实业公司、市庆华园大酒店、紫禁城大酒店。

(2) 第二届（2006年12月—2011年11月）

本届协会会员78名，其中团体会员59个，个人会员19名。

2006年12月8日召开会员代表大会，部分修改协会章程；提议组建协会专家技术委员会和酒类流通分会议案并获得通过；选举产生第二届协会领导成员如下：

会长：李开喜（重庆啤酒国人公司总经理）；

副会长：湖南德山酒业公司总经理、湖南武陵酒业公司总经理、市繁荣实业公司总经理、市金桥糖酒公司董事长、武陵区华业商贸公司总经理、湖南神州庄园葡萄酒公司总经理、常德八百里酒业公司董事长、市金奥商贸公司总经理、重庆啤酒国人公司事务副总经理；

常务理事单位：市宏远商贸公司、市金祥龙实业公司、武陵区伍记副食品店、武陵区华政贸易商行、武陵区湘德商贸公司；

秘书长：辜业银（常德市酒管办）。

2010年1月21日常务理事会讨论通过，新增协会副会长。

(3) 第三届（2011年11月—2016年10月）

经重新登记确认，本届会员88个，其中团体会员69个，个人会员19名。

会员代表大会于2011年11月10日召开。会议部分修改协会章程；对协会对两个分支机构设置问题进行表决，同意继续设立市酒业协会专家技术委员会和市酒业协会酒类流通分会。会议选出的协会领导班子成员如下：

会长：李开喜（湖南重庆啤酒国人公司总经理）；

常务副会长：湖南德山酒业公司董事长、湖南武陵酒业公司总经理、湖南省繁荣实业公司总经理、市金桥糖酒公司董事长、玖和酒业有限公司总经理；

副会长单位：市人大财经委、湖南神州庄园葡萄酒公司、湖南重庆啤酒国人公司、常德八百里酒业公司、武陵区华业商贸公司、市金奥商贸公司、常德金三向酒业公司、市宏远商贸公司、伍记副食品总经理、金祥龙贸易公司；

2007年5月，市酒业专家技术委员会成立暨第一次全会与会成员合影

常务理事单位：市金乐贸易有限公司、德华宾馆、武陵区散酒王营销中心、市辉煌酒业公司、市湘德商行、武陵区龙贞酒类销售公司；

秘书长：辜业银（原市酒管办干部）。

(4) 协会的两个分支机构

①市酒业协会专家技术委员会

2007年5月11日成立。第二届协会会员大会选出的委员会组成人员如下：

顾问：鲍沛生（湖南酿酒师、国家级评酒委员、高级工程师）、张国锦（湖南酿酒师、高级工程师）、李开喜（湖南重庆啤酒国人公司总经理、高级工程师）；主任委员：刘世云（湖南德山酒业公司质量技术总监、高级品酒师）；副主任委员单位：湖南重庆啤酒国人公司、湖南武陵区酒业公司；秘书长：市酒业协会秘书长兼。

第三届协会会员大会选出的委员会组成人员如下：

顾问：鲍沛生（湖南省著名酿酒师、国家级评委、高级工程师）、张国锦（湖南酿酒师、高级工程师）；主任委员：湖南重庆啤酒国人公司工程师；副主任委员单位：湖南德山酒业公司、湖南武陵酒业公司、常德八百里酒业公司；主任助理单位：湖南重庆啤酒公司。

②市酒类流通分会

2007年7月12日成立。第二届协会会员大会选出的分会组成人员如下：

会长：周泽猛（市繁荣实业公司总经理）；副会长单位：市金桥糖酒公司、武陵区华业商贸公司；秘书长：市酒业协会秘书长兼。

第三届协会会员大会选出的分会组成人员如下：

会长：周泽猛（市繁荣实业公司总经理）；副会长单位：市金桥糖酒公司、市华业商贸公司；秘书长：市酒业协会秘书长兼。

2.主要工作

(1) 建立制度，有章可循。协会在筹备时即制定《常德市酒业协会章程》（以下简称《章程》），对协会的名称、性质、宗旨、业务范围，会员、组织机构和负责人的产生及罢免、资产的使用及管理等都有明确规定。每届换届前后，均对《章程》进行修改，使之切合实际。2007年，协会制订《常德市酒业协会专家技术委员会管理办法》，对专家技术委员会的性质、工作任务、加入条件、组织机构等进行了规定。同年6月，建立《常德市酒业协会流通分会工作规则》，旨在贯彻国家有关酒类法律规章，落实《常德市酒业协会章程》，带动酒类流通企业维护酒类市场秩序，保护会员权益。

⑵规范酒类市场行为，建立行业自律。2004年3月，协会制定《常德市酒业协会行业自律约定书》，后又经过2006年10月和2009年2月两次大的修改和完善。根据约定书，酒类经销企业进入酒类批发行业要与协会签订《售酒承诺书》。

⑶评选放心酒工程示范店。为贯彻省经贸委、省酒管办、省酒业协会关于开展“湖南省放心酒工程示范店”评选活动通知的精神，引导、推动酒类批发或零售企业依法规范经营，让消费者喝上放心酒，2004年，在企业自愿申请的基础上，协会与市酒管办联合对申请企业进行考察，征求市工商、质监、卫生等部门的意见，报省酒管办批准，授予市繁荣实业公司等28家企业《湖南省放心酒工程示范店》荣誉称号。

市酒业协会行业自律大会

⑷编撰《酒类知识手册》。2005年，协会与市酒管办联合编撰《酒类知识手册》，全书共8章约19万字，介绍酒类产品及其生产、检评和鉴赏等知识，供全市酒类经营者学习并送市图书馆收藏。

⑸扶植地方酒业发展。

①召开新闻发布会。2007年5月19日，由市商务局、市经济委员会、市工商局、市技术监督局、市酒管办主办，协会承办的常德市名优特新酒类产品新闻发布会召开，市委秘书长刘明、市人大常委会副主任张启祥、副市长朱晓平、市政协副主席张新民和市直有关部门负责人，省、市、县（区）新闻单位的记者等150人与会。湖南德山酒业公司、湖南武陵酒业公司、湖南重庆啤酒国人公司等6家生产企业对15种名优特新产品进行新闻发布和推介，与会的新闻媒体对此作了专题报道。

②组织全市酒类产品质量检测评比。协会专家技术委员会对全市持有国家生产许可证的酒类企业的白酒、啤酒、葡萄酒、露酒每4年进行一次检测评比。2009年6月4日召开常德市第一届酒类产品质量检评会，成立市名优酒检评委员会，其中有国家级评委4名，省级评委15名。首届检评会对15家生产企业的25个产品进行检评，共有52°德山大曲、53°武陵少酱酒等9个品牌的白酒，8°P重庆清爽等4个品牌的啤酒，12%VOl典藏2个品牌葡萄酒及2个配制酒共17个产品获“常德市第一届酒类产品质量检评优质产品”称号。市州一级举办酒类质量检测评比活动，系国内首创。

③为企业申报著名、驰名商标或省名牌。详见表 1-5-3-1、表 1-5-3-2、表 1-5-3-3、表 1-5-3-4

常德市荣获国家名优酒的产品一览表

表 1-5-3-1

年份	单 位	商标名称	获得奖项
1989	湖南武陵酒有限责任公司	武陵酒（武陵牌 53°）	国家名酒（金质奖）
1989	湖南德山酒业有限责任公司	德山大曲酒（德山牌 58°、55°、38°）	国家优质酒（银质奖）

常德市荣获湖南省著名商标的酒类企业一览表

表 1-5-3-2

单 位	商标名称	时 间
湖南武陵酒有限公司	武陵	1997 年
湖南德山酒业有限公司	德山	2003 年、2010 年
湖南重庆啤酒国人公司	国人一品	2010 年
湖南重庆啤酒国人公司	重庆	2009 年
常德八百里酒业公司	八百里	2003 年、2010 年
湖南武陵酒公司	武陵	2009 年
常德金三湘酒公司	三湘九泰	2010 年
湖南德山酒业公司	御品德山	2012 年 12 月

常德市荣获中国驰名商标的企业一览表

表 1-5-3-3

单 位	商标名称	时 间
湖南德山酒业有限责任公司	德山	2011 年 6 月
湖南武陵酒有限责任公司	武陵	2011 年 6 月
湖南重庆啤酒国人有限责任公司	生态	2011 年 6 月

常德市荣获湖南省名牌产品的企业一览表

表 1-5-3-4

单 位	产品名称	时 间
湖南武陵酒有限责任公司	53°武陵王酒	1998 年
湖南德山酒业有限责任公司	52°德山大曲	2005 年 12 月
常德八百里酒业公司	八百里 38°—52°酒	2005 年
湖南武陵酒公司	53°武陵酒	2005 年
湖南重庆啤酒国人公司	生态啤酒 300—625 毫升 一品啤酒 300—625 毫升	2011 年

6.建立常德酒业网。2010年8月，协会与市政府网联合建立《常德酒业网》，2011年3月正式开通。

7.邀请市人大领导视察酒业企业。2007年5月，市人大常委会副主任万善志与人大财经委、商务局、酒管办，酒协负责人到湖南德山酒业营销公司、湖南武陵区酒业有限公司、湖南重庆啤酒国人公司、常德市繁荣实业公司、常德市金桥糖酒公司、武陵区华业商贸公司进行调研。2008年8月5—6日，市人大常委会副主任张启祥与市人大财经委和部分省、市人大代表视察湖南重庆啤酒国人公司、澧县神州庄园葡萄酒业有限公司、湖南德山酒业、湖南武陵酒业、常德八百里酒业有限公司等5家酒业生产企业和市繁荣实业有限公司、市金桥糖酒有限公司及市金祥龙名酒专卖店等3家酒类流通企业。考察后，市人大财经委将调查报告报送市委、市人大、市政府、市政协，市政府于2010年7月1日以常政发〔2010〕11号文发出《关于进一步加强酒类产销管理工作的意见》。2012年7月，市人大负责人第三次视察市酒类骨干企业。

8.开展酒类从业人员培训。以协会和市酒管办编辑出版的《酒类流通基础知识》作为培训教材，由市酒管办和协会负责人、聘请的省内专家采用多媒体授课。每期培训结束后对参训人员进行考试，考试合格后方能获得全省酒类从业人员培训合格证，才能上岗从业。2006—2012年，共举办培训班5期，培训从业人员860人。

9.协编《中国糖酒年鉴》。该年鉴是一部反映中国糖酒行业发展历程的大型工具书。2005—2012年，协会每年都将自身的重要资料报送给编辑部编入年鉴。

10.捐资助学献爱心。2002年年底，协会发出《关于开展为品学兼优特困生捐资助学献爱心活动的倡议书》，号召各酒类企业、会员单位和酒业界人士开展捐资助学献爱心活动，并从每年会员缴纳的会费中挤出3000元作为助学金，在市七中选出3名勤奋好学、品学兼优但家庭困难的高一学生，给予其每人每年1000元的助学资助，帮助他们完成高中阶段的学业。

2003—2011年，协会连续9年被市民政局评为“先进社会组织”。

（二）市人像摄影行业协会

该协会于2003年11月成立，办公地址：武陵区商务局。

协会共有会员单位30个，全市从事人像摄影的企业近1000家，从业人员近5000人。全市全行业年营业额4500万元，年上缴税收400万元。

机构负责人：

会长：何世英（市海欧摄影公司总经理）；副会长单位：罗曼婚纱摄影公司；秘书长：武陵区商务局工作人员兼。

（三）市足疗按摩养生协会

1.机构

2003年11月6日批准成立，有团体会员30家。协会地址位于富源保健服务有限公司二楼。

2004 年 12 月 22 日，协会召开成立大会，选出领导班子成员如下：

会长：胡友铎（常德富源保健服务有限公司董事长）；常务副会长：陈理明（湘三和保健按医院院长）；副会长单位：蓝风足疗中心、水晶宫足疗会所、泽云梵莲花足疗推拿服务中心；秘书长：武陵区商务局工作人员兼。

2.主要工作

协会成立后，践行行业宗旨，主要在引导咨询、培训服务、维权诉求、监督管理等方面做工作，主要有：

⑴根据市商务局发出的通知，联合开展“三佳一优评选活动”，即在全行业评选“十佳品牌企业、十佳服务明星、十佳优秀管理者”。

⑵引领行业签订行业诚信与行业健康发展承诺书。

⑶引导行业转型升级中 3 次调整服务收费。

2005 年，市服务业转型升级暨足疗按摩养生行业培训活动启动仪式

⑷制定行业整合资源、抱团发展的 8 条行动准则（如在技师提成与收费打折比例、取消袜子和洗涤集中等方面做出明确规定）。

⑸开展行业转型升级培训学习活动。

⑹2010 年，在劳动部门的指导帮助下成立足浴行业劳动争议调解中心，帮助员工解决社保难题，调解企业与员工双方的劳动争议等。

协会自成立以后的 2005—2007 年连续 3 年被评为市、区两级政府、商务局的先进单位。2012 年荣获全国行业协会“中华反射学事业突出贡献奖”，并成为全国中医药管理局推行治未病与中医养生资格的双证试点的 22 个试点单位之一，这在全省市、州中也是唯一的。

至 2012 年，全市从事足疗按摩养生的企业 2000 多家，从业人员 5 万多人。全行业年营业额 13 亿元，年上缴税收约 1 亿元。

（四）市汽车流通行业协会

1.机构

该协会于 2004 年 6 月 7 日经市民政局批准成立，其时有会员 7 家，2011 年，会员单位增至 30 家。

协会初成立时，其主管单位为市内贸办，其办公地址亦位于该办（武陵区朗州路 120 号）内；2005 年，协会的主管单位是市商务局，协会亦迁至该局（武陵区洞庭大道 1628 号）。

⑴第一届（2004—2010年）

会长：龚椰林（市内贸办副主任，2004—2006）、张力权（常德恒瑞汽车贸易有限公司董事长，2006—2010）；常务副会长：张力权（常德恒瑞汽车贸易有限公司董事长，2004—2006）。

副会长单位：湖南常德申湘汽车有限公司、市全顺机动车交易有限公司、常德双星经贸发展有限公司、常德裕安贸易有限公司、常德东方金属回收有限责任公司（2004—2005年）。

2005年6月19日，第二届常德汽车摩托车博览会开幕式

秘书长单位：市内贸办工作人员兼（2004—2006）、常德东方金属回收有限责任公司（2006—2010年）。

2006年，根据公务员不得担任社团组织领导职务的相关规定，会长龚椰林辞职，由常务副会长张力权接任会长职务。

⑵第二届（2010—）

会长：张力权（常德恒瑞汽车贸易有限公司董事长）；常务副会长：丁少明（湖南常德申湘汽车有限公司总经理）。

副会长单位：常德双星经贸发展有限公司、常德裕安贸易有限公司、市全顺机动车交易有限公司、常德天力汽车销售服务有限公司、常德时代汽车销售服务有限公司、市骏宝汽车销售有限公司、常德日丰汽车销售服务有限公司。

秘书长：涂传酚（市商务局退休干部）。

2.主要工作

⑴创建会展品牌。2004年6月，由市政府主办、市内贸办、市广播电视局联合承办的“金色晓岛”杯首届湘西北汽车博览会，3天时间共销售汽车213台，成交金额2300万元。自2011年开始，协会在市政府及商务主管部门的指导和支持下，牵头承办车博会，并开始尝试一年举办两次车博会，车展时间由3天增加到4天。通过几年的实践来看，车博会的知名度、影响力和成交额不断提高。截至2012年，协会为主承办的历届湘西北汽车博览会共销售汽车8955台，成交额11亿多元。

⑵维护企业合法权益。2005年起，协会根据会员单位反映的困难和问题陆续向市政府及相关职能部门反映，并呈报专题报告。这些问题主要有：武陵区水利局对城区汽车经销商征缴高额堤防费；对会内汽车经销商的商品运输车过度处罚；国Ⅱ排放标准车型在2008年7月1日停止上牌等。2009年4月16日，市纪委、市优化办就商品运输车过度处罚问题召开专题协调会议，并对执法部门提出具体要求。市公安局交警支队于2009年4月20

日以常公交函〔2009〕23号文件发出《关于为商品车运输车辆开辟绿色通道的通知》，市公路路政支队发出《关于做好商品车运输专用车辆管理工作的意见》。2009年5月15日市政府以常政办发〔2009〕17号文件下发《关于贯彻落实省委常委扩大会议精神保企业促增长的若干意见》，文件的第六项第十九条专门针对汽车流通行业提出了刺激汽车消费、落实降低汽车税费、汽车经销企业直接上牌的政策，减半收取汽车经销企业防洪费，禁止对已办理超载超限证的汽车运输重复处罚，适时举办汽车摩托车博览会等优惠政策。

⑶开展行业调研。2009—2010年，协会配合市商务局对全市汽车市场进行调研，先后走访新世纪汽车城内的30多户汽车行业经营户，分别召开有经营户代表、投资商和市场业主参加的座谈会。经调研，了解到常德市当时的汽车交易市场已远远不能适应形势发展的需求。2010年1月和8月，市商务局和协会分别向市政府呈报《关于申请建设常德汽车交易大市场规划用地的请示》和《关于建设常德汽车交易大市场的调查报告》。此项目得到市、区政府和相关部门的支持。当年，市、区商务局将常德湘西北汽贸城建设项目纳入“十二五”规划，2012年该项目建设全面启动。

⑷帮助企业把握商机。2009年，国家陆续出台“汽车摩托车下乡”“汽车以旧换新”等一系列扶持政策以拉动内需。协会将国家出台的优惠政策汇集成册后印发给会员单位，帮助企业了解政策，抓住新的商机。协会根据省商务厅的要求，督促会员单位及时报送汽车品牌经销商信息备案申报材料。是年，全市有申湘、双星、恒瑞、东风本田、东风日产等18家经销企业及时备案，获得承担汽车以旧换新的新车经销资格。此后，协会又通知会内相关企业参加市政府在新世纪汽车城举行的全市汽摩下乡启动仪式，让企业利用会议进行企业自身和下乡汽车品牌的宣传。

⑸组织企业回报社会。2010年4月23日，在市湘西北第五届汽车、摩托车博览会开幕式上，协会向全体会员单位和广大汽车经销商发出《心系玉树，大爱无疆，抗震救灾捐款倡议书》，所属会员单位予以响应，市恒瑞汽车贸易有限公司，常德申湘汽车有限公司、市双星经贸发展有限公司、市裕安贸易有限公司、市天力汽车销售服务有限公司、市天晟汽车销售服务有限公司、常德时代汽车销售服务有限公司、常德日丰汽车销售服务有限公司、市华运通汽车销售服务有限公司等企业共捐款3.1万元。

⑹行业自律。2009年，根据上级关于清理规范行业协会和市场中介组织的要求，协会与会内企业共同进行自查自纠。经自查，协会设有独立账户，有专、兼职财务人员，无违反财经纪律的问题；协会领导班子和工作人员中无专、兼职的现职公务员；协会按章程确立的标准收取会费，无搭车收费、指定服务，无越权定价或违规收费问题。

协会于2009年和2012年分别被市民政局评为全市先进社团组织。

3.会内企业

截至2011年年底，协会30家会员单位所兴办的品牌汽车4S店达35家。2012年，市内全行业年缴纳各类税费5000多万元。

（五）市石油成品油流通行业协会

1.机构

根据国家经贸委国经贸产业〔1999〕1016号《关于加快培育和发展工商领域协会的若干意见》（试行）的规定和要求，常德辖区内的石油成品油流通企业自愿联合成立的非营利性民间组织，经市经济贸易委员会批准，2004年11月4日在市民政局登记注册。成立时，协会办公地址位于武陵区朗州路457号，2005年迁至武陵区洞庭大道1628号。2004年有会员单位125家。

⑴第一届（2004—2009）

2004年12月21日召开第一次会员代表大会，表决通过《常德市石油成品油流通行业协会章程》，选举44位代表为首届理事，在此基础上选出协会领导班子如下：

名誉会长：李爱国（副市长，2006—2009）；名誉副会长：孙大忠（市政府副秘书长，2006—2009）、滕明友（市商务局局长，2006—2009）、谢友田（市商务局调研员，2006—2009）。

会长：刘治平（2004—2009）；常务副会长：姚朝辉（2004—2009）；秘书长：郭梅林（2004—2009）。

2006年3月29日，协会召开首届二次理事会议，会议通过修改章程的议案：因成品油管理职能由市经贸委转移到市商务局，原章程中牵涉到市经贸委指导、审查、审批等内容的条款，一律修改为由市商务局指导、审查、审批；讨论通过《常德市石油成品油通行业协会关于行业自律的若干规定》；增选协会领导班子成员。

⑵第二届（2009—）

2009年3月2日，召开第二届会员代表大会，选出19位理事会理事，选出协会领导班子如下：

会长：梅昌杰（2009—2012）；秘书长：郭梅林（2009—）。

2.主要工作

⑴照章办事，规范运作。协会自每年召开理事会或常务理事会会议，由会长向理事或常务理事会报告工作情况和财务状况。协会在财务管理上，按规定建有专账，及时向有关部门报表。各种账、表、票据及各项经费收支，每年均由市非税局、地税局等部门年检审核合格。

⑵调查研究，建言献策，协调维权。

以减负为目的的社会调查 2006年，协会参与市商务局组织的加油站社会负担专项调查，走访部分加油站业主，电话调查各区县（市）加油站业主代表，发现加油站的各种收费负担确实很重，其中有的缴费数额实在太高，有的部门取消了收费权而改头换面以赞助费的名义收费，一个小小的加油站少则几千元，多则上万元，业主敢怒不敢言。协会根据调查情况，配合市商务局，与市质监局等有关部门进行协调，适当减少收费额和减少涉及收入的监测频率。针对民营加油站经营普遍比较困难的实际，协会经调查写出《常德市民营加油站情况汇报》，就民营加油站存在的经营困难提出相应对策或建议，呈送省、市相关部门。

商标维权 中石化、中石油系统为广大用户所信赖，其商标影响力极广，极少数社会加油站业主便在文字、图案上仿照中石油、中石化的商标（仿照后者的尤多），几乎每个区县（市）都有。协会配合中石化进行现场调查，责令仿制商标的业主立即改正；不改的，向工商部门反映，由其处理。

价格协调 油品零售价格虽系国家严格控制，但允许一定范围的浮动。有的企业为了扩大市场占有率，有的单位则为获得更多的利润，因此其销价差别较大，有时邻近加油站的价格即相差两角多。协会收到反映后，多次与相关单位协商，拉小零售差价，减少相关单位间的矛盾，维护行业利益。

供需协调 2006—2008 年，出现过成品油特别是柴油供不应求的现象，甚至一度出现哄抢。协会立即向市长热线电话反映、向主管部门和市整顿办汇报，并献计献策。如 2006 年，石门特水因柴油紧张面临停产，该厂负责人找到协会，协会即与中石化常德石油分公司联系，该司很快调运两车柴油送达该厂解困。常德师范因无柴油烧锅炉，中、晚餐面临停炊，该校负责人找到协会，经协会联系中石化常德石油分公司后解决。

⑶行业自律监督。2006 年初协会制定并通过《常德石油成品油流通行业关于行业自律的若干规定》后，在对执行情况进行抽查中发现少数经营业主违反有关规定，协会予以告诫并督促其及时整改。对合法经营，客户反映好的一批加油站给予表彰：中石化市第九加油站、中石油安乡县福龙加油站、石门县城东加油站等 25 个加油站被评为石油管理行业的选进单位。

⑷制定行业发展规划。商务部办公厅 2004 年发布《关于进一步完善加油站行业发展规划的通知》，要求按全国统一格式制定规划文本。市经贸委将完善规划的任务交给协会。协会和市勘测设计院在中石化常德石油分公司的支持下完成任务，在时间上居全省第三，质量上获得省建设厅规划设计三等奖。2005 年，市经委又委托协会编制市成品油仓储行业发展规划。协会在市内石油、石化企业的支持下完成任务并获省主管部门通过，居全省第二。2007 年 5 月至 2008 年 5 月，协会在调查的基础上为主编制《常德市农村柴油加油点行业发展规划（2007—2015）》《常德市加油站行业发展规划（修订本）》。

多次对已取得成品油零售经营批准书的经营单位进行年审年检，并开展行业统计，发布行业信息。

⑸年审年检中协助行业监管。协会成立后，受主管部门委托，按照国家有关文件和《成品油市场管理办法》，2004—2012 年，基本上每年都进行年审年检。2004 年，全市有加油站 627 个，后来陆续新建 40 多个。至 2012 年，在册加油站 498 个，减少的原因是因为通过多次年检年审，淘汰了不合格的加油站 100 余个。

⑹日常监管及服务。协会协助主管部门或配合质监部门进行计量器具的抽查，配合安监和消防部门进行安全检查和事故处理。如 2006 年 12 月底，由于下雪路滑，石板滩境内发生一起 18 吨大型油罐车翻车事故，鼎城区商务局向协会求助，协会和中石化常德石油分公司的安全专家紧急赶赴现场，较为顺利地处理好此次事故。2007 年上半年，协会发现一家已被收购的加油站原来的业主仍在用油桶和简易计量工具做柴油生意，当即予以批评制止，该业主即停止了非法经营。

协会自成立以来，规范运作，在 2008 年全市清理规范行业协会和中介组织的活动中，该协会是全市没有乱收费，没有在职公务人员任职，没有与主管机关合并建账或统收统支，没有主管机关借助协会名义搞福利等不良现象的少数行业协会之一。

3.会内主要企业

全市石油成品油流通行业经营规模及效益居前列者主要有中石化常德石油分公司、中石油常德分公司两家大型中央在常德企业（详见第一篇第三章相关专节）外，社会加油站中，桃源沅江油料有限公司、常德多能工贸有限公司、临澧长丰石化有限公司是社会效益和经济效益较好的行业代表。桃源明航油料有限公司是改革开放后最早从事加油站经营的民营企业。

（六）市黄金珠宝首饰行业协会

该协会经市民政局批准于 2005 年 3 月 21 日登记，2006 年 6 月 6 日召开协会成立大会，正式挂牌并向各会员单位授牌。协会系市商务局归口管理，位于武陵区武陵大道南端常德珠宝城，法人代表周敏，共有会员单位 8 家。其时市城区从事黄金珠宝销售的专营店 10 余家。

1.协会组织机构

会长：吴晓露（市武陵区万福楼珠宝金行董事长）；秘书长：周敏（常德珠宝城总经理）。

2.协会主要工作

⑴定期召开会议，搭建交流平台。协会制定每月一次的例会制度，会议主要是组织大家学习国家关于经营黄金珠宝的相关政策，分析国内外市场形势，互相交流经营信息。

⑵倡导诚信经营，维护消费者利益。协会经常组织行业内商品质量检查，维护消费者利益。每天定时发布黄金市场行情，维护市场稳

2006 年 6 月，市黄金珠宝首饰行业协会挂牌成立会场

定。各会员单位虽然是竞争对手、但能做到有序竞争、规范竞争，共同创造良好的经营环境。

⑶落实保安措施，确保商品安全。协会组织各个企业参加市公安局举办的保安人员培训班，并由市公安局发给培训合格证后持证上岗。各企业根据自身实际制定了商品防盗、防抢劫等安全措施。

此外，协会还不定期地组织会员单位员工开展诸如爬山、观景等娱乐活动，会员单位负责人家里如发生婚丧喜庆等事件，协会领导都会登门祝贺或慰问。

（七）市市场服务中心行业协会

2005年6月22日，市商务局发出常商〔2005〕46号批复，同意成立由各区县（市）市场服务中心联合发起筹备的“常德市市场服务中心行业协会”（后易名为市市场服务中心联合会，以下简称市场联合会）。该会成立后设武陵区朝阳南路2号市市场服务中心内。

市场联合会作为集服务、协调、管理为一体的民间组织，按照章程，主要是组织会员开展宣传、培训等活动，提高依法管理市场的水平；充当政府和经营户之间的桥梁和纽带，在维权中推动问题的解决；通过信息平台为会员提供法律及市场管理方面的服务。

1.2008年8月7日召开成立大会，选举首届联合会领导班子如下：

2008年8月7日，市市场服务中心联合会成立大会召开

名誉会长：朱晓平（市政府副市长）；名誉副会长：张跃华（市政府副秘书长）、马惠（市商务局局长）。

会长：严利民（市市场服务中心主任）；副会长单位：澧县市场服务中心、临澧县市场服务中心、汉寿县市场服务中心。

2009年在临澧举行“高峰”论坛。

2010年在安乡召开理事会暨举办“高峰”论坛，学习长沙同行经验；部分调整机构领导：接受1名副会长辞职和补选1名副会长。

2.2010年12月召开全体会员大会，选举第二届联合会领导如下：

名誉会长：朱晓平（市政府副市长）；名誉副会长：张跃华（市政府副秘书长）、吴德新（市商务局局长）。

会长：罗华仪（市市场服务中心主任）；副会长单位：临澧县、澧县、鼎城区市场服务中心；秘书长单位：临澧县市场服务中心。

3.2011年11月20—21日在石门召开第三届理事会并举办“金秋论坛”，选举第三届联合会领导如下：

名誉会长及名誉副会长未变。

会长：罗华仪（市市场服务中心主任）；副会长单位：鼎城区、澧县、安乡县市场服务中心；秘书长单位：桃源县市场服务中心。

2012年吸收桥南市场管委会为会员单位。当年召开全体理事会，机构更名为常德市市场服务行业联合会，并对机构领导班子进行了部分调整：

名誉会长：沈习淼（市政府副市长）

会长：罗华仪（市市场服务中心主任）；副会长单位：桥南市场总公司、澧县市场服务中心、安乡县市场服务中心；秘书长单位：桃源县市场服务中心。

同年3月8日，在市城区召开总结及规划会议，9家单位会员参加，会长罗华仪等出席。此次会议就市场联合会的基层文体交流活动、会刊编办、会费收支等问题进行讨论，分解会费和稿件任务到各单位会员。

（八）市美容美发行业协会

该协会成立于2005年10月17日，共有会员单位72家。

第一届协会会长：王铁君。

第二届协会领导班子成员：

会长：杨柳（常德博美杨氏美容服务有限公司董事长）；常务副会长单位：光辉美容美体公司；副会长单位：卡登堡美容美发连锁机构、燕子坞美容美发连锁机构、郎少爷美容美发连锁机构、虹霖香港美容美发学校、佳人美容机构、圣景兰美容美发机构、靓丽君美容美发连锁机构；秘书长：武陵区商务局工作人员兼。

协会会址位于武陵区武陵大道26号博美杨氏美容服务有限公司内，后迁至武陵区朗州路45-5号。

至2012年，全市共有美容美发企业3000多家，从业人员3万多人，全行业年销售额5700万元，年上缴税收1100万元。

协会开展的主要工作和活动：

1.开展技术培训，交流创新技艺，组织行业博览会。2006年6月9—11日，协会组织在市城区金钻真优美家具城举办常德市首届湘西北美容美发媒体博览会，常德市、武陵区的主要领导出席并为开幕式剪彩，来自全市各区县（市）和长沙的众多美容美发企业参加博览会。开幕式上举行人体彩绘展示、婚纱珠宝走秀、造型彩妆技能比拼、完美人生摄影大赛、内衣走秀等活动。博览会展示个人护理品、彩妆、香水、水疗美容品、养生保健品、美发及配套产品、仪器设备、塑型工具、保健营养品、美体内衣等。展示的展品系国内采用最新的美容美发技术制造的产品。

2.组织行业交流，学习先进技艺。协会成立后，多次组织协会会员到外地参观学习。如组织城区美容美发企业负责人共17人到武汉学习，参观湖北蒙妮坦美容美发学校及其

2006年6月9日，首届湘西北美容美发美体博览会在常德开幕

教学区，召开座谈会交流行业经验。

协会组织企业骨干到石门、澧县、汉寿等县进行走访交流，现场传授先进技艺，并到企业了解县区（市）美容美发企业的业务状况和存在的困难，征求企业对协会工作的意见和建议。

协会组织16名会员参加被誉为美容奥运会的美容业世界级顶级盛会——武汉楚韵之风国际美容博览会暨第16届国际“圣迪斯哥”美容大会。常德美业代表团与来自36个国家或地区的600多名美容专家、学者一起欣赏世界美业发展成果，学习最先进的美容知识。

2012年，为庆祝中华人民共和国成立63周年，协会举办“祖国的生日，美容的节日”常德美业精英交流活动，全市各区县（市）共20多名企业代表汇聚一堂，相互交流，参观学习。

3.组织爱心慈善助残活动。协会举办光辉美容慈善爱心嘉年华晚会，时任省文化厅厅长周用金莅会致辞。当晚共捐赠羽绒服40套，现场募捐人民币4920元。协会会长杨柳及员工代表看望脑瘫患者阎某，并赠送慰问金。

（九）市拍卖行业协会

1.机构

该协会2005年10月由市金翼等5家拍卖企业共同发起，12月21日经市民间组织管理局批准，2006年2月28日正式成立。协会地址：武陵区朗州北路153号。

2006年2月28日，市拍卖行业在市华天大酒店召开第一届会员代表大会。市委、市人大、市政府、市政协有关领导，市直有关部门和各区县（市）商务局负责人、新闻媒体记者，拍卖企业法定代表人、拍卖师和会员代表200多人参会。经选举，黑启发（市金翼拍卖有限公司）为会长，常务副会长单位有弘盛拍卖有限公司、市安信拍卖有限公司、市文博拍卖有限公司，秘书长为市商务系统工作人员兼。

1997年，全市拍卖业恢复经营，其时有拍卖企业5家，2006年发展到16家。

2.主要工作

协会成立之后，履职中加强与政府及相关部门的沟通衔接，对拍卖企业经营中存在的违规现象进行规范和整改。

⑴提出建议。2006年，常德市编制《常德2006—2020年城市商业网点规划》征询行业意见，协会提出的“适度放缓拍卖企业增设幅度或一个时期实施总量控制”的建议写入

规划文本。同年5月，针对个别企业为争取拍卖标时恶意中伤、诋毁同行，自损行业利益的问题，协会派人到6个区、县，走访法院、国土、国资、金融等多个部门和行业，写成《常德市拍卖行业现状分析与对策》的专题调研报告，为市商务局发出《关于进一步加强全市拍卖市场管理的通知》提供依据。

2006年2月市拍卖行业协会成立大会召开

⑵创建网站和编辑简报。2006年8月3日协会创办《常德拍卖简报》，同年11月又创建协会网站。

⑶举办专场公益拍卖和赈灾募捐活动。2006年12月20日，为纪念《中华人民共和国拍卖法》颁布10周年和我国拍卖行业恢复20周年，协会在市华天大酒店举办以文化艺术拍品为主的“金槌献爱心”专场公益拍卖会，所获善款84 200元全部捐献给城区下岗职工、孤寡老人和残疾人。2008年5月，协会组织赈灾募捐活动，为汶川特大地震灾区募集爱心捐款19 400元，衣物186件。

⑷为拍卖企业维权。2006年8月，有 1家会员单位被工商部门给予207万元的行政处罚，企业寻求法律援助。协会会同企业所在地政府法制办和律师事务所进行长达一年多的维权活动，2007年10月，市中级人民法院裁决撤销原行政处罚。同年12月，协会利用商务部门首次开展拍卖企业年度核查的契机，针对业内企业拍卖资料建档不规范的问题开展专项整治，精选1家企业按拍卖流程建档的资料作蓝本，并加以补充和完善，形成全市统一按拍卖流程归档的模式。在此基础上，有的拍卖企业还据实归档有电子档案和影像资料。

2006年12月20日，市拍卖行业协会组织的“金槌献爱心”专场公益拍卖会举行启动仪式

2009年年初，协会召开全行业应对金融风波、开拓拍卖市场的年度分析会。鼓励企业从城市走进乡村，经营范围从公物、国有资产、涉案物品等向林权、承包经营权、股权和民品全方位拓展；寻求国有土地市场拍卖有突破。要求企业自律，规范运作，合理维权。

⑸开展创先争优活动。2008年2月，协会在全行业中首次开展诚信经营、规范运作为主题的创先争优活动。活动中发现内部管理上急起直追

的龙阳公司、档案资料规范完善的安信、安福和万通公司，规范化管理的诚信公司。协会将上述企业的经验在全行业中推广。4月8日，协会召开一届三次理事会，审查通过《常德市拍卖行业协会拍卖师暂行管理办法》。此办法与2006年3月1日颁布的《常德市拍卖行业协会关于加强行业自律的若干规定》互为补充。2008年底，协会被市民间组织管理局授予全市先进社团组织荣誉称号。2009年8月，市民间组织管理局开展行业协会、中介组织资质评定工作，协会以95分荣获5A级行业协会荣誉称号。11月，市级社会组织成立联合会，协会当选为理事单位。是年，全市拍卖行业举办各类拍卖会156场次，成交总额4.79亿元，上缴税金70.74万元，收取佣金897.87万元，为历史最好年份。2010年，全省商贸领域开展创建“诚信经营示范企业”的活动，全市6家拍卖企业参评，通过资格审查和专家评审，诚信、安信、金祥、万通4家拍卖企业荣获省首批“诚信经营示范企业”荣誉称号。

⑹开展拍卖企业资质评级工作。2010年10月，中国拍卖行业协会在全国范围内开展首次拍卖企业资质评级工作，全市有8家拍卖企业申报，经过审查考核，省拍协组织验收，常德诚信、安信和万通3家拍卖企业获得A级资质，结束全市拍卖企业无专业资质的历史。

（十）市外商投资企业协会

1.机构

该协会于2006年1月18日由市民间组织管理局批准成立，共有会员单位77个，其中协会理事单位25个，常务理事单位8个。2006年12月12日，首届会员代表大会在芙蓉大酒店召开，选举出的协会领导班子成员如下：

会长：高丕兴（常德金鹏凹版印刷有限公司总经理）；常务副会长：滕明友（市商务局局长）；副会长单位：常德恒安、康哲湖南制药有限公司、三江电力、达门船舶、创元铝业、德港纸品。

2.主要工作

⑴完善协会各项制度。协会成立后，制定和完善《财务管理制度》、《票据管理制度》等，做到有章可循，严格按制度办事。

⑵不定期召开企业恳谈会。2007年7月10日在市商务局召开会议，20多家外商投资企业参加。根据企业反映的投资环境、优惠政策等方面的问题，市政府分管副市长和市商务局领导督促或协调有关部门逐一帮助解决，为企业办实事，解决具体问题。

⑶开展体育活动。2007年10月，协会组织会员单位开展篮球、乒乓球、拔河等3个项目的比赛，每个区县（市）和市直规模较大的企业共组成16个代表队参加比赛，增强了会员单位之间的联系，丰富了企业职工的文化生活。

⑷组织学习考察。协会组织部分会员单位高管到深圳等经济发达地区考察学习，并举办企业中层骨干培训班，重点研讨企业管理、员工素质和企业效益。

（十一）市家用电器行业协会

该协会2006年10月17日经市民间组织管理局批准成立，其时有会员单位37个，全市从事家用电器销售的专营店210家，家用电器年销售额达到56亿元，年缴纳税收1.7亿元。11月，协会正式成立，选举出的协会领导班子成员如下：

2006年11月，市家用电器行业协会召开成立大会

会长：石朝勋（华星电器公司董事长）；常务副会长单位：安乡新视野电器贸易有限公司；副会长单位：澧县六和家电超市、澧县三联家电超市、汉寿宏达家电超市；秘书长：武陵区商务局工作人员兼。

（十二）市钢材行业协会

1.机构

该协会由常德星达置业有限公司（原名为常德星达贸易公司）董事长刘荣牵头，常德新华菱物资贸易有限公司、湖南道诚工贸有限公司等15家企业共同发起组织，2007年6月18日经市民间组织管理局批准，于9月6日正式成立的社团组织。协会地址：武陵区常德大道1508号。

该协会首届会员单位60个，会员大会选出的协会领导班子成员如下：

会长：刘荣（常德星达置业有限公司董事长）；常务副会长单位：湖南道诚工贸有限公司；副会长单位：常德新华菱物资贸易有限公司、新光欣金属材料有限公司、常德湘恒工贸有限公司、常德前锦物资贸易有限公司、常德响箭物资贸易有限公司、常德环宇物资贸易有限公司、常德华安物资贸易有限公司、常德江英物资贸易有限公司、常德祥飞建材有限公司、常德隆泰物资贸易有限公司、常德湘华物资贸易有限公司、常德宇翔物贸有限公司、常德德成钢材经营部、常德方便金属材料有限公司；秘书长：武陵区商务局工作人员兼。另选出理事23名。

2009年7月3日，武陵区商务局党委以常武商字〔2009〕12号文批准协会成立中国共产党支部委员会。该支部有党员13名，选举杨芝林任党支部书记，另有两名支部委员。

协会是由市区从事钢材经营的单位和个人依法自愿组织起来的服务性非盈利的民间社会团体组织，具有协调行业内部关系，维护行业会员权益，督促企业遵守法规等职能。协会以“遵纪守法、遵守社会公德和职业道德，培养行业精英和经营人才，团结业内同行依法经营，公平竞争，维护会员正当权益，贯彻国家政策方针”为宗旨，按照“自主设立、自我管理、自律运行、自我发展”的要求，充当会员的守护者和服务员，也是政府和企业

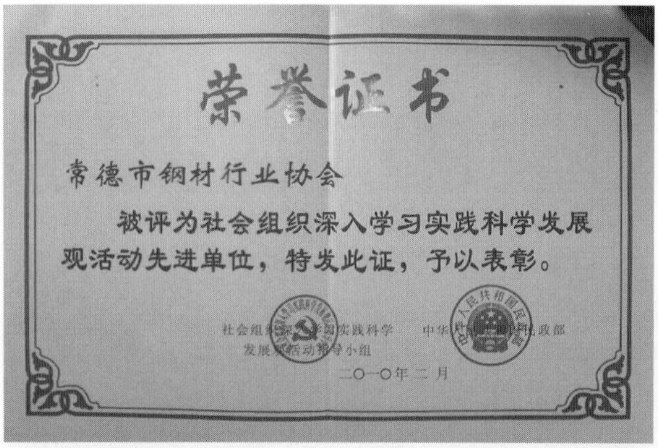

2010 年 2 月，民政部颁发给市钢材行业协会的“社会组织深入学习实践科学发展观活动”先进单位荣誉证书

联系的纽带和桥梁。

2.主要工作

⑴2007 年 3—9 月筹备并成立协会。

⑵2008 年，先后两次组织会员单位和个人为汶川特大地震灾区募捐 171 107 元。

⑶2009 年，协同市商务局、市公安局、市规划局、市城管局、市工商局对市城区江北钢材经营秩序进行整顿和规范。经调查，向市人大提交“制止重复建设，撤销火车站钢材市场的建议”，受到市政府重视，市规划局、市城管局、市商务局、市公安局 4 家联合发出通告，于当年 9 月关闭火车站钢材市场。

⑷2009 年 7 月，协会成立党支部，为市民间团体之首。在学习实践科学发展观的活动中，支部组织协会的党员和骨干参与学习与实践，效果突出，被民政部评为先进单位，在省、市介绍典型经验。

⑸2010 年，组织协会会员参加武陵区“华星杯”迎春晚会，荣获三等奖；组队参加武陵区东郊运动会，获得团体总分第一名。

2007 年 9 月，市钢材行业协会成立大会与会代表合影

⑹2010 年组织会员单位开展乒乓球友谊赛。

⑺2011 年，组织会员单位前往西湖国际湿地公园旅游，增强了协会的凝聚力。

⑻2012 年，市政府决定常德钢材大市场整体搬迁，会员单位及市场业主思想不稳定，为保证平稳过渡，协会协助政府工作组做工作，并以协会副会长以上单位为基础，筹备组建湖南金鼎恒置业有限公司，开发建设新市场，保持了钢材市场的繁荣稳定。

3.会内主要企业

有常德星达置业有限公司、市方便金属材料有限公司、湖南道诚工贸有限公司等。

（十三）市再生资源回收利用行业协会

1.机构

该协会是由市富民废旧物资经营有限公司牵头，市华深废旧金属再生利用有限公司、市电通机电调剂部、汉文废旧金属经营部、鼎城双箭废旧金属收购部、固明利用材经营部等11家团体共同发起组建的民间社团组织。2007年10月24日获市民间社团管理局批准，12月底召开成立大会。首届会员127个，在大会上选举产生协会领导班子，其中会长1名、副会长9名、理事20名。

2006年11月16日，常德市废旧物资交易大市场开业典礼

协会办公地点位于市废旧物资交易大市场（武陵区东江乡新坡村4组）。

至2012年，协会会员已发展至282名。

该协会为从事再生资源回收利用经营的单位和个人自愿组织的非营利的服务性民间社会团体组织，具有融洽、协调行业内部关系，维护行业权益，贯彻市政府对行业的管理规定等职能。

协会本着“遵纪守法、遵守社会公德和职业道德，以规范、诚信、开拓、创新为指针，提高行业管理水平，培养行业经营管理人才，团结全体同行依法经营，公平竞争，反映会员要求，传达国家方针和政策”的宗旨，严格按照“自主设立、自我管理、自律运行、自我发展”的要求，当好会员的守护者、组织者、代表人、服务员。

协会主管单位是市商务局。

协会领导班子成员如下：

会长：钟志勇（市富民废旧物资经营有限公司董事长）；副会长单位：市华深废旧金属再生利用公司、市电通机电调剂部、武陵区汉文废旧金属经营部、市固民利用材经营部、鼎城区双箭废旧金属收购销售部、市老邹设备调剂中心、市老周废旧金属经营部、市国利利用材经营部；秘书长单位：市富民废旧物资经营有限公司。

2.主要工作

(1)2007年6—12月，筹备并成立再生资源回收利用行业协会。

(2)2007年制定再生资源回收利用行业公约、回收网店管理规范、回收网店服务标准以及网店经营“五不收”“五不准”。

(3)2008年，协同市政府办、市法制办、市商务局制定并颁布《常德市再生资源回收管理办法》；协同市商务局、市公安局、市规划局、市城管执法局、市工商局、市环保局完成对市城区再生资源行业市场整顿和规范；协助公安部门对市城区所有从事生产性废旧物资回收经营业主的备案登记。

(4)2008年，开展行业调研，撰写《废旧回收行业税政现行运行弊端及建议》报市财

2007年12月，市再生资源回收利用行业协会成立大会

政、税务部门；《金融危机对常德再生资源行业企业的影响》报市三产办。

(5)2008年，组织协会会员为汶川特大地震灾区募捐慈善款25 811元。

(6)2009年开展再生资源社区回收网络体系建设；配合市商务部门开始对行业从业者进行商务备案登记。

(7)2010年，组织会员参加武陵区“华星杯”迎春晚会，荣获三等奖；2011年参加市商务系统组织的全市端午龙舟大赛，获得第一名。

(8)2011年，组织会员参与家电以旧换新，回收业绩居全省第二名。

(9)2011年，参与制定《常德市废旧物资交易大市场升级扩改项目实施方案》，并经市商务局、市财政局联合申报成功，将该项目列为“国家再生资源回收利用基地建设项目”。2012年继续就前述项目与相关政府职能部门沟通协调，反映行业诉求，争取政策扶持。

3.会内主要企业

全市有再生资源经营公司（店铺）1400多家，其品类包括废旧金属、机电设备、家电、家具、办公用品、废旧橡胶、塑料、纸张、玻璃、木材门窗等；从业人员3000多人。市城区范围内，按行业管理“七统一，一规范”的要求，建有84家标准化回收站点。

全市再生资源年回收量逾100万吨，年成交额20多亿元，其中废旧金属约35万吨、废塑料约20万吨、废纸张约30万吨。

全市利用废旧物资作原料的企业有90多家，主要有市富民废旧物资经营有限公司及其市废旧物资交易大市场。

（十四）市餐饮行业协会

1.机构

该协会于2008年7月10日经市民政局批准设立，8月1日召开会员大会正式成立。其时有会员单位63家。办公地点：武陵区洞庭大道1628号市商务局七楼。

协会领导班子成员如下：

会长：林友清（市柳叶大酒店董事长）；常务副会长单位：富晶大酒店、春华轩大酒店、龙弟大酒店董事长、德鸿餐饮连锁机构、壹德壹食品有限公司、澧县桃花滩宾馆、广源餐饮管理公司、远东土味酒楼、滕记九三鸭霸王、东永实业有限公司、湘裕缘大酒店、小海豚海鲜酒楼、蓉九辣椒炒肉、金叶大酒店、九重天大酒店、新天地大酒店；副会长单位：临澧伍大姐休闲农庄、澧县星香源国际大酒店、龙马美食文化村、鼎城久光国际大酒店、德派清一色火锅城；秘书长：王一军。

2.主要工作

⑴加强技术培训，培养餐饮人才。协会每年都采取请进来、走出去的办法开展技术培训。2009 年 5 月，协会在武陵区职业学校举办“常德市餐饮行业首届服务技能培训班”，由湖南服务大师周英华（协会顾问）和服务技师彭敏俐、唐利敏授课，采取课堂授课与现场示范表演相结合方式。城区餐饮企业 60 多人参加此次培训。

⑵组织参观学习，吸取先进经验。2011 年，协会先后组织会员单位的老板和厨师长 45 人次赴衡阳、郴州、株洲等地餐饮企业学习考察 4 次。10 月，组织会员单位负责人及厨师长 40 人参加在云南昆明举办的第 21 届中国厨师节活动，参观当地的餐饮企业；组织会员骨干 10 余人参加由郴州商务局和餐协联合举办的郴州美食节。

2008 年 8 月 1 日，市餐饮行业协会成立大会召开

⑶组织参加比赛。2011 年 7 月，组织会员参加省第三届湘菜创新菜大赛，全市 30 名厨师赴赛，其中柳叶、龙弟、富晶、西湖、九重天、远东、金叶、海天、顶贯天逸等 10 家餐饮企业派出 12 名厨师参赛，另外 18 名厨师现场观摩。此次比赛，常德代表团获得金奖 4 个、银奖 6 个、铜奖 1 个，所获奖牌在全省名列前茅。

8 月，组成 14 人团参加中烹协在武汉举行的“第四届全国中餐技能创新大赛（中南赛区）”的比赛。此次大赛，派出两名厨师参赛，12 名厨师观摩，获得 1 个银奖、6 个优胜奖。

10 月，向省餐饮行业协会推荐两个常德市的前台经理参加省餐协的服务大师考评，经省、市两级餐协评定获得湖南餐饮服务大师的荣誉称号。常德市资历最老的中国烹饪大师、湘菜大师朱克纯获得湖南餐饮业从业 50 年终身成就奖，协会会长林友清被评为 2011 湖南餐饮业年度最具影响力人物。

⑷帮助企业维权，维护合法权益。根据广大会员要求，协会就地税局给餐饮企业只发放 60%—70%的税票问题，与武陵区地税局进行多次交涉，最终地税局对公款消费较多的企业按 100%发放、一般会员企业按 80%发放。

⑸参会。2011 年，协会组织会员单位去花岩溪、桃源、聂家桥等地考察餐饮食材 3 次。5 月 10 日，协会与湖南烟村生态农牧科技股份有限公司和市联发科技养殖专业农民合作社在八百里大酒店联合举办食材产品推介会，28 家会员企业参会。

3.会内企业

全市从事餐饮的企业 10 700 个，从业人员约 8 万人。全行业年销售额 16 亿元左右，年缴纳税收约 1.5 亿元。

（十五）市老科协商务分会

2009 年 7 月 6 日，市老科技工作者协会以常老科字〔2009〕13 号文件批复同意市商务局成立市老科协商务分会。7 月 17 日，该分会召开成立大会。吴德新、马慧、易发力任顾问，易湘域任会长，滕国华、黄彧汪任副会长，郑湘平任秘书长。办公地址位于市商务局离退休人员服务管理处，即市武陵区人民中路 40 号原市物资局大楼。该分会的主管部门为市老科协和市商务局。

2009 年 7 月，市老科协商务分会成立大会召开

分会自成立至 2011 年年底，为市水产市场的改造、常德—西洞庭管道燃气工程、穿紫河污水及污泥处理、常德经济开发区“生活湾小区”开发工程、建设冷链物流市场、德山公园等项目的招商引资进行联络，为高速公路继续推广高频无极灯，为本市的水泥和发电企业推广新型排污过滤袋，为建设新农村等项目进行调研和前期论证。

二、市粮食局管理的协会学会

市粮食经济科技学会（以下简称学会）和市粮食行业协会（以下简称协会）是市粮食局、市民政局和市科学技术协会指导下成立的非营利性的学术性群众团体和行业自律性管理组织，分述如下。

（一）市粮食经济科技学会

1.机构

市粮食经济科技学会，原名常德地区粮食学会，成立于 1986 年 12 月。市粮食局为其主管部门。

⑴第一届

成立大会通过粮食学会章程，选举的理事会领导班子成员和各学组组长如下：

理事长：刘学林（1986.12—1999.5）；会长：车世炎（1999.5—2002.12）；副理事长（副会长）：夏远佩、李淑芬、刘湘豪、张耀良（1999 年 5 月增补为副会长，主持工作）；秘书长：艾汉青（1986.12—1999.5）、殳祖荣（1999.5—2002.12）；理事：殳祖荣、蔡必友、胡祖光、李辉、薛季芳、罗邵恒、杨启钧、涂学峰、徐家杰、张文艺、谢新华、张耀良（1999 年 5 月增补）。

学会下设 4 个学组：粮食储藏检验学组，组长殳祖荣；粮油食品加工学组，组长钟广新；饲料学组，组长李辉；仓厂土木建筑学组，组长薛季芳。

1991 年，经理事会讨论，学会作出较大调整和变更：学会性质由“粮油科技工作者的学术性群众团体”变更为“全市粮食经济、科技、和思想政治工作者的学术性群众团体”；增补理事，由原 16 名增加到 40 名；变更分支机构，原下设的 4 个学组变更为 3 个研究会，即：经济研究会、科技研究会和政治工作研究会；发展会员：个人会员由原来的 93 人扩大到 518 人。

1999 年 5 月，学会对名称等内容进行调整：①经业务主管部门批准，将原“常德市粮食学会”更名为“常德市粮食经济科技学会；②经市民政局批准，学会由非法人社团组织变更为独立法人社团组织；③按照民主程序和上级规定的审批要求，经市委组织部等有关部门同意，变更了法人代表，并将学会理事长更名为会长；④增补理事、副会长，改选秘书长；⑤修改章程。

⑵第二届

2002 年 12 月 5 日举行会员大会，修改章程，选举的理事会领导成员及理事：

会长：王见（市粮食局党委书记、副局长，2002.12—2009.2）；常务副会长：罗忠义（市粮食局常务副局长，2002.12—2009.2）等市粮食局工作人员；秘书长：市粮食局工作人员兼。

⑶第三届

2009 年 2 月 25 日举行会员大会，修改章程，选举的理事会领导成员及理事：

顾问：李爱国（副市长）；名誉会长：张阳（市粮食局局长、党组书记，2009.2—）、柴同勤（市粮食局党组成员、纪检组长，2009.2—）。

会长：王见；常务副会长：陈正华；副会长：市粮食局工作人员；秘书长：市粮食局工作人员兼。

2010 年 10 月，市广积储备库原法人代表离任，由接任法人代表继任学会副会长。

2.主要工作

⑴第一届

①开展学术讨论。第一届学会工作期间组织召开本系统的全市性研讨会 25 次，711 人次参加讨论，交流论文 322 篇。包括：

对储粮新技术进行研讨。6 次研讨会，交流论文 98 篇。1991 年，科研人员开展露天堆储粮试验，在鼎城、桃源研制成功仓式露天堆，解决了露天堆储粮防鼠、通风、杀虫三大难题，此项技术后来在全省得到推广，并分别获得省、市科技成果奖。1990—2001 年，学会就如何提高磷化氢熏蒸杀虫效果，如何提高通风降温效果，如何加强粮食保质保鲜、延缓储粮陈化等开展调研，及时总结石门、桃源的排风扇地上槽通风降温，双循环通风杀虫降温；鼎城、汉寿的过塑编织布和塑料薄膜仓库吊顶；津市的双层槽循环通风杀虫等新技术，使这三项技术在全市得到普遍推广。1994年，省储备处在常德市召开高粮堆通风杀虫技术现场会，使该技术成果在全省得到推广应用。《高粮堆熏蒸杀虫技术》《过塑编织布仓库吊顶技术》获得省局科技成果二等奖，《双层槽通风降温杀虫技术》或得市科技成果一等奖、省科技成果二等奖；《提高磷化氢熏蒸杀虫效果的对策建议》一文获市科协一等奖、省科协三等奖。

②对粮食购销问题进行探讨。1990年4月召开粮食议购议销研讨会，20人参会，交流论文14篇。1998年7月，为落实国务院下达的粮改三项政策，学会组织粮食顺价销售专题研讨会，参会代表26人，交流论文13篇。

③对加强职工教育进行研讨。1990年和1996年分别召开职工教育研讨会，交流论文32篇。

④对粮食流通体制和企业改革、改制问题进行研讨。1994年、1996年、1997年、2000年分别召开“建立现代企业制度”“关于完善两线运行问题”“深化粮食流通体制改革”“粮食企业改革”研讨会。4次研讨会共有106人参会，交流论文38篇。

⑤对思想政治工作和党建理论进行研讨。1990—2002年间共组织5次思想政治工作研讨会，交流论文59篇。

此外，学会还举办“加强粮食市场管理”“饲料加工”“多种经营”和“财务制度改革”等专题研讨活动。

1989—2002年组织会员参加中国科协、中国粮油学会等机构组织的各种研讨会29次，参会会员124人次，参加交流的论文137篇，其中：国家级35篇，省级87篇，市级15篇。在2000年1月举办的“省粮政管理与入世对策论坛”上，学会荐送论文7篇，均被录用，其中会长车世炎和尹凌云的文章被评为优秀论文。2001年，学会精选7篇论文参加中南6省区粮食经济协作研讨会，均被录用，其中鼎城区粮食学会秘书长鞠子茂和薛秋福合作的《论国有粮食企业战略性改组》和桃源县粮食局钟峰的《浅谈粮办工业推行“两个买断”》，在岳阳会上进行交流。

⑵第二届

①服务企业发展，促进企业做大做强。

②推进三大工程（放心粮油、名牌战略、信用体系建设）促行业自律。

③参与学术活动，当参谋助手。2003年，彭达平、刘慧的《常德市粮食产业化经济发展现状、问题及对策》被《粮食科技与经济》（2003年第5期）采用。李志林的《无公害粮食产品质量监督检查规范化初探》荣获2003年湖南科技论坛会优秀论文二等奖。在常德市第七届（2002年）、第八届（2004年）、第九届（2006年）、第十届（2008年）自然科学论文奖评选活动中，学会推荐18篇论文，其中王建龙的《湘晚籼10号保优高产

综合配套技术探讨》、孙庆杰的《米粉原料标准的研究》和《酶法提取大米浓缩蛋白工艺条件的研究》、贾先勇等的《高异交率优质籼型不育系健645A的选育》荣获一等奖。

④举荐人才。2003年，经学会和协会推荐，阳光乳业汪家琦获第四届“常德科技之星”称号并当选为市科协第三届委员会委员；2005年，学会和协会组建市粮食行业科普志愿者队伍；2008年，金健种业研究员贾先勇荣膺第五届“常德科技之星”称号。

⑶第三届

2009—2010年开展的主要工作：

①以粮食安全与发展为主题，开展学术研讨。

其间的优秀论文有：市粮食局鲁华章《以资源整合为着力点，提升粮食产业的集聚功能和竞争力》、津市粮食局周德兵、阳仁宝《优化粮食品种结构，加强农企互惠共赢合作》、中储粮常德直属库王平、周焰《低氧防治储粮害虫实验》、市德山粮油公司史堃《农户储粮之意见》等。

2009年，编印《粮食科技与经济》常德专刊，刊登会员论文、调研报告16篇，与全国290个地级市粮食学会、协会进行交流。其中《发挥直补效应，确保粮食安全》被中国区域经济发展研究院和中国区域经济杂志社评为优秀学术成果特等奖，并编入大型理论与实践文献《改革中国·和谐小康》。

②推进产业化经营。2010年，在全市开展以“粮食产业化经营模式的适应性及其完善发展趋势”的调研，形成专题报告《促进粮食增产、粮农增收、粮企增效的有效途径》，该报告先后被市委的《常德通讯》2010年第4期、市人大常委会的《常德人大》2010年第5期、省内国家级刊物《粮食科技与经济》2010年增刊、国家粮食局主管的《中国粮食经济》2010年第10期全文刊载。

③协助企业创名优产品和商标。2009年，协助万福生科申报了中国驰名商标、精为天米业申报湖南省著名商标并被认定；协助精为天米业、天泽农业申报湖南名牌产品；协助东林泰香米业的“世外桃花香”、兴隆精制大米厂“钱缘”、天泽农业的“天泽乐”、盈成油脂的“盈成”、广益粮油棉公司的“湘雅”等5件商标被认定为市知名商标。2010年协助广益粮油棉公司“祝丰”（大米）、临澧县中储粮油工贸有限公司“百味美”（食用油）、临澧县米杨米业公司“米杨米”、桃源县陬市穗丰精米厂“龙凤”（大米）等4件商标被认定为市知名商标。

④推进放心粮油示范企业建设。2009年9月5日，协会组织常德市50家会员企业发出《响应全国百家粮油企业质量诚信倡议的承诺书》，在《常德晚报》上刊登。2010年8月，经协会推荐，金健米业、万福生科、精为天、广积米业、盈成油脂等5家企业获评全国放心粮油示范企业；天泽农业、金牛米业、洞庭春米业、泰香粮油、锦绣农牧、兴隆米业、福星米业、跃进米业等8家企业获评湖南省放心粮油示范企业。

⑤启动粮食经纪人培育工作。协会对739名从事粮食经纪活动人员进行登记造册，建

立信息档案。协会把粮食经纪人培训纳入政府阳光工程，培训合格人员取得省工商局颁发的农业经纪资格证书。

协会人员在市粮食系统撰写的报告的基础上，撰写调研报告《引导粮食经纪人队伍健康发展势在必行》，先后被市委的《常德通讯》2011年第2—3期、市人大常委会的《常德人大》2011年第2期、省粮食局《粮食经济与科技》2011年第4期、《中国粮食经济》2011年第4期采用。

⑥推介会员企业领办合作社的典型经验。2009年推介金牛米业、金鹤公司办合作社的经验；2010年推介金穗米业领办合作社的做法。金穗米业领办的粮食专业合作社由6家大米加工厂和2800多农户组成，实行"统一供种、统一收购、统一品牌、统一销售"，社员按股分红，实现农企双赢。

⑦编印《粮食简讯》。2009年编发15期，2010年编发16期。

（二）市粮食行业协会

经市科学技术协会和市民间组织管理局批准设立，2002年12月5日，该协会成立。市粮食局为其主管部门。

协会的工作职能：服务、协调、监督、仲裁、充当纽带。

1.第一届

名誉会长：洪明祥（市委副书记）、龚建明（副市长）；会长：车世炎（市粮食局局长）、王见（市粮食局局长，2003—2009）；常务副会长：罗忠义（市粮食局常务副局长）；副会长单位：市粮食局、金健米业股份有限公司、广积米业公司、湘鲁万福公司；秘书长：市粮食局干部。市计委、市工商局、市财政局、市物价局、市技监局的相关领导任顾问。

2.第二届

2009年2月25日举行会员大会，修改章程，选举的理事会领导成员及理事：

顾问：李爱国（副市长）；名誉会长：张阳（市粮食局局长、党组书记，2009.2—）、柴同勤（市粮食局党组成员、纪检组长，2009.2—）；会长：张耀良；副会长：市粮食系统16名工作人员；秘书长：市粮食工作人员。

其开展的主要工作见学会相应部分。

2010年12月，中国粮食行业协会授予常德市粮食行业协会2007年-2010年先进单位称号奖牌

（三）获得的荣誉

市粮食行业协会所获荣誉一览表

表 1-5-3-5

年份	获得单位	荣誉称号	授予单位
1996—2000	学会	先进单位	省粮食经济科技学会
1998—2007	学会	学会工作先进单位或先进集体	市科学技术协会
2003	协会	先进社会团体	市民间组织管理局
2005	协会	先进民间组织	市民间组织管理局
2009—2010	协会	学会工作先进集体	市科学技术协会
2010	学会协会	2009 年度省粮食行业协会、省粮食经济科技学会先进单位	省粮食行业协会、省粮食经济科技学会
	学会	2010 年度学会工作先进集体	市科学技术协会
	协会	2007—2010 全国粮食行业协会先进单位	中国粮食行业协会
2011	学会	2009—2010 年度常德市社会组织先进单位	市民政局
	协会	省粮食行业协会 2010 年度先进单位	省粮食行业协会

第五章　商务队伍

第一节　队伍概览

一、市商务局及其系统

1989 年，市对外经济贸易委员会及其直属系统共有干部、职工 703 人，其中委机关 45 人，13 家所属市直公司 658 人。

1993 年 5 月成立常德市招商局，之后市编委批准加行政编制 5 人。

1995 年年末，市直系统共有在编干部职工 568 人，其中委机关 54 人，下辖 13 家市直公司 514 人。市直系统另有离退休人员 157 人。

2000 年开始按照市委、市政府统一部署对市直公司进行破产改制，买断职工工龄。2001 年，市对外贸易经济合作局（加挂市招商合作局牌子）及其下辖 16 家市直公司共有 872 人，当年有 8 家基本完成改制，8 家进入改制程序。

2005 年 5 月改制工作全部结束。

当年 1 月 14 日，根据市委、市政府《关于印发〈常德市人民政府机构改革方案实施意见〉的通知》（常通字〔2005〕2 号）组建市商务局，加挂市招商合作局牌子，核定局机关人员 44 名（其中行政编制 40 名，机关后勤服务编制 4 名）。实有人员 43 人（其中行政编制 39 名、机关后勤服务编制 4 名）。市商务局组建时的人员由 3 部分组成：市对外贸易经济合作局34人（其中行政编制31名、机关后勤服务编制3名），市内贸管理办公室10人（其中行政编制9名、机关后勤服务编制1名），市经济贸易委员会6人（均为行政编制）；成立市商务局离退休人员服务管理中心时划转7名行政编制者至该单位。

原市内贸管理办公室管理的市场服务中心、市场建设开发中心、再就业广场管理办公室划归市商务局管理。原市经济贸易委员会管理的酒类产销管理办公室划归市商务局管理。为妥善处理好行业管理机构撤销后离退休人员管理的问题，设立市商务局离退休人员服务管理中心，为副处级事业单位，归口市商务局管理。为推动内外贸易企业和物流企业信息化，设立市商务局信息中心，为正科级事业单位，归口市商务局管理。

当时商务局系统共有干部职工167人，离退休人员161人。

2010年12月8日，市政府办以常政办发〔2010〕43号文印发《常德市商务局主要职责内设机构和人员编制规定》的通知，市商务局机关编制为42名（行政编制39名、招商引资专项全额拨款事业编制3名），机关后勤服务全额拨款事业编制4名。划入原市食品安全委员会办公室承担的生猪定点屠宰监督管理职责。当年市商务局及其系统共有在编人员206人，其中局机关53人、直属单位153人，离退休人员150人。

1989—2010年常德市商务队伍人员统计表

表1-4-1-1

年份	总人数（人）						党组织状况（个）							团员	专业技术职务（人）			
	合计	干部			职工	离退休	党员	党委	工委	党组	总支	支部	小组		合计	高级	中级	初级
		小计	处级	科级														
1989	703	306	20	83	397		287	1			1	13	39	20	249		40	209
1990	690	344	18	107	346		302	1	1			13	39	55	291	2	42	247
1991	735	367	22	113	368		323	1	1			19	40	69	274	1	40	233
1992	782	382	23	123	400	136	350	1	1		1	23	29	63	236	2	48	186
1993	581	266	24	78	315	149	363	1	1		6	24	51	10	132		25	107
1994	568	285	18	52	283		279	1	1		7	17	44	35	180		23	157
1995	568	290	41	99	278	157	285	1	1		6	14	38	35	158		25	133
1996	798	385	18	69	413		370	4	1		2	26	49	39	215	3	45	167
1997	759	384	37	97	375		373	4	1		2	21	37	35	247	3	54	190
1998	744	358	30	90	386		372	4	1		2	18	37	38	238	3	50	185
1999	749	351	28	84	398		369	4	1		3	20	42	77	236	3	49	184
2000	738	336	27	82	402		366	4	1		3	21	42	71	208	2	46	160
2001	685	298				142	325	3		1	2	18	27		188	2	45	141

续表 1-4-1-1

年份	总人数（人）						党组织状况（个）							团员	专业技术职务（人）			
	合计	干部			职工	离退休	党员	党委	工委	党组	总支	支部	小组		合计	高级	中级	初级
		小计	处级	科级														
2002	273					18	163	2		1		11			92	1	30	61
2003	269		20			20	160	2		1		11			62	2	28	32
2004	67	42	15	27	3	22	58	1		1		2						
2005	176	120	33	77	56	161	266	1		1	1	12			5	1	4	
2006	180	128	39	79	52	148	267	1		1	1	12			5	1	4	
2007	208	139	37	82	69	149	265	1		1	1	12			6	1	4	1
2008	209	139	38	80	70	149	266	1		1	1	12			6	1	4	1
2009	208	139	40	75	69	147	270	1		1	1	12			7	1	4	2
2010	203	136	36	72	67	150	278	1		1	2	11			7	1	5	1

二、市粮食系统

1989—2010 年，是粮食流通体制完成从计划经济向市场经济过渡的时期，粮食商务队伍也因此发生了很大变化。

1989 年，全市粮食行业有基层粮站 117 个，粮油食品店 434 个，工业企业 48 个（其中米厂 27 个、面粉厂 3 个、食品厂 3 个、油厂 5 个、粮机厂 1 个、饲料厂 9 个）。当年期末职工人数为 13 442 人，全部为全民所有制单位职工，其中行政人员 752 人、商业企业 8584 人，工业企业 3578 人，其他企业 528 人。

1990 年，武陵区粮食局上收为市粮食局直属单位，更名常德市粮油供应公司，原下属大米厂、面粉厂亦上收为市粮食局直属企业，分别更名为常德市大米厂、常德市面粉厂，由此引起职工队伍量上较大的变动。

1992 年，市、县两级平价粮油购销公司相继成立，并大都开始运行。大多数县的城关粮站改为供应公司，大部分县的工业公司办成实体，有 5 个县以大库为龙头组建了仓储公司。全系统生产经营门路从生产资料到消费资料，从种养业到加工业，从食品经营到文化娱乐。同时，全市按照“小行政，大实业”的方向，相应精减人员，并明确市、县两级粮食主管部门主要履行管理专储粮、研究监督执行政策，协调各方关系等职能。同时，按照政企分开的原则，大办实业，从市到乡层层组建实体。市粮食局成立粮油经营总公司，县粮食局成立粮油购销总公司，乡粮站成立粮油公司，并根据生产经营需要，设立专业公司。

1993 年，粮食流通结束计划经济体制。全系统按照“粮食机构不撤，职工队伍不散，经营阵地不丢，主渠道作用不削减”的要求，本着“精简、务实、效能”的原则，对全系统的行政机构和人员进行了合理的调整和缩减，并分流出近 800 名行政人员兴办各种实体，由此，全市新增经济核算体 700 多个。当时全系统从事多种经营的人员达到 5000 多人，占职工总数的 40%以上。

1995 年，全省开始实施“三包一放”粮食流通体制。

1996 年，在全面实施“两线运行”，不断完善“三包一放”政策的同时，全市开始以股份制改造为重点的企业经营机制的转换，采取股份合作制、合资经营等改革措施，吸纳其他部门、个人和内部职工资金投向企业经营。

1997 年，粮食购销体制推行“四分开一并轨”的改革，当年全省粮食系统劳动人事管理权限下放到地方管理，结束了长达 11 年的劳动人事事物省级管理制度。

1997 年，武陵区和鼎城区部分区划调整，原鼎城区武陵粮油管理站所辖业务区域由鼎城划入武陵区管理，武陵粮油管理站随之上收为市局直属单位。

至 1999 年年末，全市全行业有购销企业（粮站）162 个，非独立核算的粮点 429 个，工业企业 36 个，饲料企业 10 个，职工人数达 16 242 人。

2000 年，市粮食局成立企业改革领导小组，抽出 4 名科室骨干专抓企业改革。改革的主要做法是实施附营企业职工身份、企业产权两个置换和购销企业职工身份的置换。当年，全市 828 名职工实行身份置换（其中市直企业 153 人），41 家企业进行产权置换。

当年，常德粮食机械厂经省政府批准从 1 月 1 日起由省粮油工业公司管理改为市粮食局管理；市粮食学校与常德市第六中学合并，划归市教委管辖。

2001 年，全系统加快企业“两个置换”的改革，当年有 30 多家独立核算企业完成产权置换，有 3146 名职工正式解除劳动关系。

是年 5 月，樟木桥粮库划归中国储备粮总公司，移交给该司长沙分公司管理。

截至 2002 年 12 月底，全市 237 家国有粮食企业（购销企业 160 家、附营企业 77 家）中有 84 家企业的 4502 名职工实行“两个置换”。

2004 年年底，8 个区、县（市）粮食企业基本完成改制。市直 11 家企业有 10 家完成改革。全市改制前有职工 17 393 人，改制期间离退休 2645 人，置换身份 14 263 人，共支付补偿金 3.2 亿元。

2006 年，改制后保留的 89 家国有粮食企业继续实施创新机制改革，有 81 家分别采取国有独资、国有控股、民营控股等形式，完成股份制改造。

至 2010 年年末，全市有粮食经营企业 491 个，其中国有经营企业 66 个、非国有经营企业 425 个。全市粮食行业从业人员 3596 人，其中国有及国有控股企业人员 1467 人。

三、市商业系统

1989 年常德市商业系统职工分布表

表 1-4-1-2

项目		职工总数（人）	县局以上机关人数	分系统人数（人）									其他（人）
				百货	纺织	五交化	肉食水产	副食品	蔬菜	饮食服务	工矿贸易	仓储运输	
全部职工		28289	293	5216	1751	2435	7359	3554	1422	4019	1500	67	573
1.全民单位职工		21157	293	4083	1550	2073	6084	2457	1154	1808	1209	67	383
其中固定职工		11646	281	2360	950	1267	3027	1262	495	1143	558	57	244
混岗的集体工		521		67	32	124	125	26	51	47	49		
2.全民改制单位职工		3167		438	158	118	1003	578	65	668	120		21
3.集体单位职工		3963		595	45	244	272	619	484	1264	171		168
全部职工分单位	武陵	5514	36	961	170	358	632	963	784	1137	345		130
	鼎城	1558	28	212	145	104	670	122	11	96	171		
	津市	2669	26	531	116	263	285	295	219	472	452		
	安乡	2737	34	404	266	199	767	305	123	398	234		7
	汉寿	2487	20	322	284	187	738	408	90	432			6
	澧县	3341	20	616	257	216	1186	461	92	202	288		3
	临澧	1383	31	161		106	388	180		144			373
	桃源	3101	34	429	226	245	1041	551		559			6
	石门	1709	28	291	108	159	546	244	103	215			15
	市直	3789	36	1289	179	600	1108	125		354		67	33

1989—2000 年常德市直商业系统职工统计表

表 1-4-1-3

年份	职工总数（人）					离退休（人）	党组织状况（个）					共青团员（人）	技术职称（人）			
	合计	干部			职工		党员人数	党委	总支	支部	党小组		合计	高级	中级	初级
		小计	处级	科级												
1989	3789	801	27	202	2988	807	775	2	3	33	117		653	8	216	429
1990	4649	878	28	210	3771	1189	968	1	5	43	114	849	1036	10	225	783
1991	5205	1266	23	212	3933	1219	1001	1	5	44	118		1041	6	206	722
1992	5441	1286	21	163	4155	1291	1008	1	6	58	129	768	1015	7	205	782
1993	5509	1272	23	168	4237	1367	1059	8	1	69	132		1024	10	216	798
1994	5505	1268	24	212	4237	1151	1035	8	1	66	130		1033	12	208	813
1995	5109	1260	22	208	3849	1104	1052	8	1	63	128		999	11	219	769
1996	5003	1221	19	203	3782	1106	1045	8	1	58	97		872	9	186	677
1997	5133	1157	20	191	3976	1517	1048	8	1	54	90		829	8	161	661
1998	4827	943	45	201	3884	1590	1043	9	1	50	85		768	9	151	608
1999	4827	943	40	202	3884	1448	1096	9	1	50	85		727	5	132	590
2000	4808	924	40	202	3884	1642	1096	9	1	50	85		676	6	129	541

四、市物资系统

1988 年 7 月，地区物资公司及下设金属材料、机电设备、轻化建材、金属回收、钻石、物贸中心等 6 个公司，共有干部、职工 450 人，其中地区物资公司机关 44 人；地直物资系统有离退休人员 72 人。原常德市物资公司及下设金属材料、机电设备、轻化建材、金属回收、德山物资综公司、物贸中心等 6 个公司有正式干部职工 257 人（含市物资公司机关 26 人）、另有协议工 15 人、离退休人员 25 人。

地、市物资公司合并后（当时的市机电设备公司在职 37 人、退休 1 人没上收合并），新的市物资公司更名为市物资局。1989 年年初，共有干部、职工 670 人（其中市物资局机关 44 人），另有协议工 15 人，离退休人员 96 人。1990 年 5 月，当时留下的原市机电设备公司在职 37 人、退休 1 人上收到新的市机电设备公司。

从 1989 年起，由于每年接收军队转业军官及家属与城市退伍士兵的安置、接收大中专毕业生的分配、专业技术骨干引进、退休职工的子女顶替、征地撤迁的协议工增加等因素，职工队伍逐渐增加，至 1995 年时达 1201 人。

后来物资企业经营困难，工资难以按时发出，职工陆续自谋生路。1996—1998 年，职工人数稳定在 1170 人左右。1990—2000 年职工下岗分流，在岗职工 450 人左右，其他职工待岗或自谋职业。

1989年至2000年期间，物资企业内部实行过竞争上岗、自由组合，以工代干等形式来调动员工的工作积极性。

2000年4月，市委、市政府对国有企业实行“两个置换”，至2004年，8大专业公司全部置换；至2007年1月，物资企业全部置换完结，置换改制前已离退休246人，置换改制期间正常退休和提前退休的263人交社区管理。

1989—2000年常德市物资系统职工统计表

表1-4-1-4

年份	在职人数（人）			离退休（人）	党员数（人）	团员数（人）	专业技术职务（人）			
	合计	干部	职工				合计	高级	中级	初级
1989	712	367	345	109	363	82	434	2	62	310
1990	796	356	440	135	377	132	415	2	60	343
1991	974	361	613	148	408	156	366	1	54	311
1992	972	363	609	153	402	136	360	2	74	284
1993	1081	381	700	186	420	155	366	2	53	311
1994	1148	389	759	191	338	176	385	2	64	319
1995	1201	386	815	220	334	185	369	2	55	312
1996	1170	373	797	239	447	159	342	3	61	278
1997	1179	352	827	250	329	117	296	1	69	226
1998	1179	352	827	250	450	50	296	1	69	226
1999	464									
2000	452									

说明：1.1999年以后为在岗人员数；2.2001起破产改制，此后无统计数据

五、中石化常德石油分公司系统

中石化常德石油分公司主要年份人员统计表

表1-4-1-5　　单位：人

年度	总数	在职					临时工		劳务工	离退休	买断工龄置换	分流
		小计	全民		集体	合同	计划	使用				
			干部	工人								
1950	20	20										
1953	58											
1955	131											
1983	187	167	62	115						20		

续表 1-4-1-5

年度	总数	在职					临时工		劳务工	离退休	买断工龄置换	分流
		小计	全民		集体	合同	计划	使用				
			干部	工人								
1984	265	265										
1985	1046	912	254	450	201	7	51	44		90		
1986	1031	936	269	452	183	32				95		
1987	1088	936	264	453	183	36		54		98		
1988	1156			919	183			54				
1989	1085			785	181	79		40				
1990	1275	1056		787		269		33		186		
1991		1109						32				
1992	1276	1059		766	3	290				217		
1993	1293	1048		751	3	294				245		
1994	1316	1054		743	0	311				262		
1995	1332	1051								281		
1996	1259	1037								222		100
1998	1245	919								326		
1999	1167	846								321		
2000	1730	975							395	360		
2001	1397	695							395	307	272	
2002	1555	644							596	315		
2003	1546	575							644	327	145	
2004	1708	256							1041	411	283	
2005	1340	218							691	431		
2006	1355	213							705	437		
2007	1356	212							711	433		
2008	1131	432							699			
2009	1368	219							723	426		
2010												

说明：1.员工总数指标，1983 年只含常德站，1984 年含常德站和津市分站，1985 年起含各县公司。2.1996 年岩码头公司分流 100 人至其他地市公司。3.2001 年协议解除劳动合同 272 人；2003 年改制 27 人，置换身份 116 人，协议解除劳动合同 2 人，合计 145 人；2004 年改制 50 人，协议解除劳动合同 81 人，置换身份 152 人，合计 283 人

改革开放之前，作为国营企业的石油公司，既要承担相应的政府职能，又要担负一定的经营责任，授予相应的行政级别。企业员工分为国家干部和工人两类，机构设置和干部任命由上级机关决定，用工由国家编制下达计划录用，工资福利待遇根据国家政策执行，实行行政级别和工人（职员）工资制。除1963年招收城镇知识青年20多人，1976年招收上山下乡知识青年20人外，其人员大部分是国家分配的转业军人、极少数大学生及其他人员。1979年后，开始了劳动人事制度三项改革。

（一）改革用工制度

1983年3月15日，根据国务院、省政府有关指示，干部工人正常退休和职工非因工自然死亡，有子女补充的，可招收一名经过考核符合条件的顶职。至1998年7月7日常德市石油公司招收10名符合条件的工残退休职工的子女参加工作顶职为止，延续15年的“顶职”工作结束。

为解决用工困难，20世纪80年代县石油公司普遍招收集体编制人员，1985年201人，1986年、1987年183人。1990年5月，根据省劳动人事厅湘劳人计〔1988〕128号文件精神，常德石油公司系统大集体职工相继转为全民合同制职工。1992—1993年集体工3人，1994年后再无集体工。

临时工，1985年计划批准数51人，实际招用44人，1987年54人，1990年33人，1991年32人，其后停招。

1985年常德公司开始招收合同工7人，1986年合同工32人，1987年36人，1990年268人，1992年290人，1993年294人，1994年411人。1995年10月，根据《中华人民共和国劳动法》，常德石油公司系统全面推行劳动合同制，1996年实行了全员劳动合同制。2003年4月3日后，规定新进人员实行招聘制，与企业签订劳动合同。

从2000年，来采取买断、分流、待岗、提前退休、内部退养、鼓励调出等方式减员增效。

2000年，买断工龄、解除劳动合同7人。

2001年，常德石油分公司开始大规模的下岗分流、减员增效改革。当年共减员272人，按工龄支付减员补偿金2217.7350万元，按人头支付267人补助金388.7万元。如表1-4-1-6所示：

常德石油分公司系统协议解除劳动合同统计表（时间：2001-07-10）

表1-4-1-6

单位	人数（人）	年工龄补偿金（万元）	金额（万元）	人数（人）	补助金（万元/人）	金额（万元）	备注
合计	272		2217.74	267		388.7	
分公司		0.32		25	2	50	
销售部		0.32		45	1.5	67.5	
桃源		0.31		22	1.5	33	

续表 1-4-1-6

单位	人数（人）	年工龄补偿金（万元）	金额（万元）	人数（人）	补助金（万元/人）	金额（万元）	备注
临澧		0.31		19	1.5	28.5	
澧县		0.31		29	1.5	43.5	
石门		0.31		19	1.5	28.5	
津市		0.31		31	1.5	46.5	
汉寿		0.3		36	1.2	43.2	非上市
安乡		0.3		41	1.2	48	非上市

说明：七站3人因盗油，汉寿、安乡未上市，其中2人条件不够，故共有5人不享受补助金

2003年协议解除劳动合同工龄补偿金按2001年标准的80%执行（即2560元/年）；改革用工方式（又称置换身份，正式职工变成劳务工，可返聘上班）的工龄补偿金标准按本人解除合同前12个月与单位上年度月平均工资之间择高执行，每年发一个月。全年减员145人，支付补偿金424.58万元。

2004年实行协议解除劳动合同、改革用工方式，改制分流减员。县公司除领导班子成员外，其余员工均通过减员分流后置换为劳务工。当年减员283人，其中改制50人，协议解除劳动合同81人，置换身份（即改革用工方式）152人。减员补偿标准：协议解除劳动合同工龄补偿金按2001年标准的75%执行（即2400元/年）；改革用工方式的补偿金发放与2003年相同。补偿金总额996.76万元，其中改制分流资产补偿212.54万元，现金补偿4.40万元。

1999年12月16日，常德石油公司系统按上级要求，开始对距法定退休年龄3年以内的处级干部、5年以内的其他干部职工、8年以内因竞争下岗的职工实行内部退养制度。2000年办理内退手续125人。

（二）改革人事制度

打破干部和工人的身份界限，管理人员实行公开竞聘、择优聘用，形成管理人员能上能下的机制。1985年常德石油公司系统在职国家干部有254人，1986年269人，1987年264人。1985—2003年，石油公司共接受国家计划分配的军转干部95人（团职10人，营职35人，连排级50人）。

1986年10月，常德石油分公司对各县公司经理班子、机关科室负责人改过去由上级党政领导机关任命为企业自主任命。

1988年，常德石油分公司改干部任命制为聘任制。1989年开始优化劳动组合。1991年，全行业推行全员优化劳动组合，竞争上岗。1996年，实行全员劳动合同制，打破干部、职工身份界限，对中层骨干实行民主评议，竞争上岗，起用一批年轻干部。1997年，采取自荐、推荐、民主评议、演讲、党委确定的程序选拔中层干部，竞争上岗，岗变薪变。

2001年对加油站长实行竞争上岗聘任。2003年打破正式工与劳务工的界限，对站长实行竞争上岗。

(三）改革分配制度

1979年改革开放之前，石油公司的分配由国家统揽，实行干部行政级别和职工（工人）八级工资制。1983年开始调整和改革工资制度，企业职工工资升级后，要连续考核产量、税金、利润等指标两年合格，否则下调。1984年进行企业工资浮动。

1985年12月，进行工资套改，改行新工资标准（企干15级、工人8级制）

1986年，全省进行“两挂一脱钩”企业工资改革，部分职工工资升级。即企业工资总额同本企业经济效益挂钩，职工的劳动报酬同其劳动贡献挂钩，企业同国家机关、事业单位的工资改革和工资调整脱钩。

1987年10月，常德石油系统进行择优工资升级，升级837人，占总人数的84.5%。干部8—15级，分别为136—52元不等；职工3—8级，分别为51—108元不等；分公司经理按9级，支公司经理按11级执行。

1988年，石油公司系统的工资总额同利税和年销量双挂钩。

1989年，实行工资总额同利税指标单挂钩办法。

1990年，按照省政府通知，企业职工增加一级标准工资。

1992年，在承包的前提下，市公司内部实行岗位（职务）津贴，加油站实行吨油工资含量包干。

1993年，石油公司系统由等级工资制转变为岗位技能工资制。

1996年11月，进行工资套改和效益工资升级。

1997年，实行医疗、失业社会保险。离退休人员养老金实行社会化发放。

1998年12月，湖南石油总公司决定从1999年开始，对地州市经理实行年薪制。

2000年，实现岗位技能工资向岗位等级工资转换。

2001年，加油站推行联量计酬办法，2002年2月，对加油站实行“三联一挂”（即联量、联费、联利与工薪挂钩）分配方式，按照（销油）升量计酬。

2003年，提高活性工资和效益工资比例，向一线员工倾斜

六、中石油常德分公司系统

(公司人数统计表见本志经营机构相关部分)

第二节　队伍建设

一、职教

（一）市商务局系统

1.在职学历教育。主要是组织以业余学习为主的学历教育。1989—2000年，全系统推荐批准参加“五大”业余学习的25人，参加业余中专学习的16人，参加高中文化补习的

1992 年 9 月，市外经贸委举办利用外资培训班

14 人。

2.岗位培训。⑴举办培训学习班。市外经贸委根据工作业务开展需要，有针对性的采取缺什么补什么，需要什么学什么，真正做到学用结合，学以致用。如不定期适时地举办各种外贸基础知识培训班、专业技能培训班。每年对新招工人、新分配大中专毕业生、新分配军转干部和退役士兵、工作调动的人员都要进行相应的培训。⑵送出去受训。选送各专业、业务技术人员参加报关、制单、商检、结汇、统计、财会、微机等专业学习。另外还选送优秀中青年干部参加党校、经贸大学举办的干训班学习。⑶以会代训。这主要是集中汇编统计年报，进行年度财务会计决算等，都会采用以会代训的形式。⑷鼓励在实践中学习。发挥能人里手的作用，搞传帮带。⑸开展评比竞赛活动，进行岗位练兵。

3.招商培训。为了增强招商专干的业务工作能力，成立招商局之后，一般每年分两批轮训招商专干，除各区、县（市）外经办干部参训外，市直各部、委、办、局也派相应人员参加学习。培训时请相关部门的专家讲招商引资及其注意事项；招商引资的项目简介、合作意向书、合作协议书与合作合同书如何编写；招商引资项目的审批程序等。十多年共办班 18 期，轮训干部近 2000 人。

市招商局还组织编写《利用外资知识讲义》《利用外资法规汇编》等相关学习资料 5000 多份，分发相关人员学习。

（二）市粮食系统

成立于 1980 年的市粮食学校是全市粮食行业开展职业教育的重要基地。该校先后开训了保管员、营业员、会统员、粮管员以及碾米工人、制油工人、制粉工人等十多个专业的职工中技培训班 89 个。

至 1989 年，该校培训中技工人 3594 名，培训合格率达 91%，经考试考核领到合格证的中级工人共 3495 名，占应训对象的 85%。同时，该校还开展岗位培训试点和职工中级业务技术培训，先后培训粮站主任和粮店经理 321 人，占应训对象的 33.3%；培训中级业务技术学员 342 人，占应训人数的 85%。

全市粮食系统职教工作得到行业和社会认可，先后在中商部天津职工中技培训座谈会上介绍情况，在市职工教育现场经验交流会上介绍经验，在省粮食单位职教干部研讨班上介绍经验，在省粮食教育工作大会上介绍经验。市粮食局曾多次被省、市评为职工教育先进单位。

1990 年，市粮食局主持收集、整理、撰写、拍摄了十年教育总结汇编、十年教育经验汇编和市县粮校风貌汇编，3 本汇编共 18 万字，详细记录了全市粮食行业职业教育的主要做法和各种经验。

至 1990 年年底，全市（市、县、站）三级共建起职工学校 194 所，配备各类教师共 780 人，其中市粮食职工中专学校配专职教师 32 名，县粮食职工学校 8 所，配专职教师 78 名，独立核算厂、站、库的业余学校 185 所，配兼职教师 670 人。由于职工教育工作成绩突出，市粮食局于 1990 年 9 月被中商部评为全国教育工作先进单位。

1991 年，市粮食局下发《关于印发〈常德粮食教育“八五”规划〉的通知》（常粮教〔1991〕70 号），明确常德粮食职工教育 1991—1995 年期间的目标和任务。干部以岗位培训为重点，稳定发展学历教育；工人以业务技术等级培训为主，抓紧组织高级工培训；教学以提高职工技能为目的，深化教学改革；管理以目标量化为手段。当年 6 月，受省粮食局委托，市粮食局组织编撰完成《粮食商业职业道德》一书。

1995 年市粮食局下发《关于印发〈常德市粮食行业教育 1995—2000 年发展规划〉的通知》（常粮教〔1995〕049 号），制定出行业内职业教育新目标。

2000 年，市政府调整城区中等教育布局，将市粮校划归市教委管理，之后的职工技能培训主要通过会议或短训进行。

1989—2010 年，根据改革的需要，全市粮食系统组织系统内干部、职工的思想教育、学历教育、业务技术培训、法律、法规、政策学习，提高粮食干部、职工综合素质。全市（市、县、站）三级共建起职工学校 194 所，配备各类教师 780 人。市粮食职工中等专业学校，20 年培养大专毕业生 61 人、中专毕业生 1895 人、技校毕业生 577 人、短期结业生 9500 人。

（三）市商业系统

1984 年以后，全区（市）商业系统以对职工进行形势教育、文化教育、政治理论教育和岗位技术及业务知识的培训等形式开展职工教育。1989 年，全市商业系统有职工大学 1 所，职工中专 6 所，职工学校 3 所，共有专职教师 63 人，专职教育干部 22 人。当年自筹教育经费 35.9 万元，使 450 名干部参加了正规化的政治理论教育，425 人取得了合格证书。当年全系统干部、职工中具有大学本科学历的 52 人，大学专科学历的 506 人，中专学历的 1096 人，职工高等教育毕业生 409 人，职工中等教育毕业生 1080 人；其中有 127 人和 498 人分别参加了职称考试培训和职称考试。到 1992 年年底，全市 29 885 名干部、职工，具备大、中专以上学历的 10 322 人，占职工总数的 31%。

岗位培训 1985—1989 年，市直商业系统有 568 人参加商店柜组长以上骨干培训。1989 年全市零售商业柜组长岗位职务培训合格率达 90%以上，培训工作在全省系统中获一等奖，受到省商业厅的表彰和奖励。是年举办 3 期中级技术业务训练班，培训的 114 人中，有 67 人经考评后被授予技术职称。1990 年对零售大楼的营业员进行全员培训，经过考试评定营业员（服务员）等级，共评出高级营业员 8 人，中二级营业员 160 人，中级营业员 272 人，初级营业员 323 人，由市政府发文授牌，并实行挂牌营业。1992—1993 年，市商业局根据商业部（88）商劳字第一号文件精神，饮食服务业一级以下技术职称每隔 2—3 年考评一次，在全市商业系统组织开展了 5—2 级烹调师、面点师、摄影师、暗室师、整修师、着色师、营业员，4—3 级理发师、3—2 级餐厅服务师、旅店服务师的岗位培训和职称考评工作，其中中级业务培训 170 人，初级业务培训 826 人，业务技术短训 5750 人次。

普法教育 1989 年起，市商业局所属企业每年均进行干部、职工普法教育。1990 年，常德百货站组织普法教育授课 3 场，出法制宣传盾牌 2 次，简报 2 期；组织全站干部、职工参加“湘普法杯”法律知识竞赛的学习和考试，参加考试者 445 人，参考率达到 95.7%，及格率 100%。该站加强对违法、落后青年和暂住人口的管理，对落后青年建立了帮教小组，定人定责进行帮助教育，全年实现“五无”（无政治案件、无刑事案件、无治安案件、无民转刑案件、无火灾事故），保持住企业平安的局面。1992—1993 年，市食品总公司开展普法教育，进行综合治理。设立法律顾问室，配备普法专干 1 人，成立治安组织、帮教组织。共上法制课 6 次，召开形势分析会 8 次，开展帮教活动 5 次，企业班子成员找职工谈心 150 余人次。企业干部、职工遵纪守法，多年无违法乱纪现象发生。

（四）市物资系统

1.岗位培训

1989 年，对全市物资系统列入培训范围的 1407 名职工，按岗位要求，有针对性地选学《物资经济管理》等 4 门课程，到年底累计培训职工 1331 人，占应训人数的 94.6%，参训考试合格率达 97%。

1990 年，一手抓以老带新，岗位练兵，从实践中培养职工的业务技能；另一手抓短期培训，全年组织各类培训班 39 期，参训职工 1737 人。为提高储运队伍素质，针对储运人员调整变化大、新手多的特点，组织储运人员岗位培训两期，每期 6 天，参加培训人员达 150 多人。此外，当年还对技校分配的 40 名学生进行上岗前的短期培训，从而使储运人员素质得到提高。

1991 年，全系统全年完成《机电产品学》《建筑材料学》《公共关系学》《企业劳动管理》等四门课程的培训学习，共培训 2963 人次。

1992 年，全系统培训 1407 人，经考试合格率达 97%。

2.学历教育

1989 年动员 37 人参加高等教育自考，其中 2 人取得大专文凭。1990 年举办中专专修班 3 个，有 66 人毕业；还开办 3 个函授班，参加学习的人员 100 人；此外，还鼓励职工参加电大、函大的学习，当年全市系统参加各类学历教育学习的达 550 人。1991 年组织 40 名职工参加物资经济大专自考学习，按教学大纲完成九〇级中专专修班的学历教育，

98名学员全部毕业。1992年有94名职工参加全省高教自考，其中有17人获得大专毕业文凭。

3.普法教育

1989年全系统完成“九法一条例”普法教育和考核验收工作。1991年组织全系统职工学习《中华人民共和国企业法》《中华人民共和国行政诉讼法》《中华人民共和国经济合同法》以及刑事民事方面的法规，组织对科以上干部听《中华人民共和国行政诉讼法》的专题讲座，并组织35名副科以上干部参加普法办的普法考试。1992年进行“二五”普法教育。

(五）中石化常德石油分公司系统

1983年，全区石油系统开展“五讲四美三热爱”活动，同时开展全员文化补习和业务培训。1985年共输送7名干部到省办中专班，两名职工到吉林石化学院学习，培训37名计量员。1987年1月，全区石油系统开展创建文明企业竞赛活动。

1988年4月12日，按照国家有关规定，经过培训、考试（核）、评定、聘用等程序，全市石油系统100余人授予专业技术职称，其中市公司本部49人（经济工程40人，统计、会计9人)。当年，为提高职工队伍的业务技术素质，举办16期各工种培训班，培训289人，占在职人数的25.7%。

1989年，全系统按照《中共中央关于加强和改进企业思想政治工作的通知》精神，深入开展形势教育，遵纪守法教育，爱国家、集体、企业的教育，职业道德教育。6月上旬常德发生沅江大桥堵桥事件，公司党委副书记、经理庄宗富代表党委提出“三不准”(不准参加游行、不准声援、不准围观）要求，全系统职工坚守岗位，确保了企业稳定和石油供应。

1990年，进行东欧形势、实事政治、安全、职业责任和职业道德等5个专题的教育。

1996年，开展学习自己身边先进模范人物（如全省石油系统优秀共产党员、市劳动模范、德山油库主任莫一朋）的活动。

2000年，工会组织“合理化建议”活动，开展加油站劳动竞赛。

2001年，全市石油系统举办18期加油员培训班，培训628人；9名职工参加省司举办的计量员、化验员培训；86名职工通过自学或培训提高计算机操作水平。当年工会组织“争当岗位能手、恪守职业道德、创做世纪新人”演讲比赛；组织业务技能竞赛活动。

2007年，开展全员培训，全市石油系统116人参加省司组织的13类提高培训班，组织副科级以上干部学习《中华人民共和国劳动合同法》等法律；围绕竞赛比武，举办各类培训班，参培人员175人。

2010年开展全方位多层次的培训，组织1032人次参加市公司举办的11期培训班，选送71人次参加省司的29项培训，选送182人次参加地方政府、专业学会、总部外派的14项培训，培训面达到80%以上。

2000 年 7 月，市石化系统选送的常德丝弦《夸石化》获省石油公司建司 50 周年文艺会演一等奖。2010 年 7 月，市石化系统选送的常德丝弦《与时代同行》获省石油公司建司 60 周年文艺会演银奖。

二、党风廉政建设

（一）市商务局系统

2006 年 6 月 29 日召开治理商业贿赂大会

1.机构设置

1989 年至 2001 年 8 月，市对外经济贸易委员会设纪工委，由书记(外经委领导班子成员)、副书记和若干委员组成。另设有监察室。

2001 年 8 月至 2005 年 1 月，市对外贸易经济合作局设纪检组和监察室，纪检组设组长（市外经局领导班子成员)、副组长（兼监察室主任)。

2006 年下半年—2009 年，市商务局纪检组、监察室，是市纪委、市监察局派驻的纪检、监察机构，受市纪委、市监察局和市商务局双重领导，以市纪委、市监察局领导为主。市商务局纪检组、监察室合署办公，全称为“中共常德市纪律检查委员会驻常德市商务局纪律检查组”“常德市监察局驻常德市商务局监察室”。派驻市商务局纪检组和监察室人员的 2 名编制归市纪委掌握，其中纪检组长（副处级）1 名，纪检组副组长、监察室主任（正科级）1 名。

2009 年 7 月，全省纪检监察派驻机构统一管理改革开始在常德市直单位试点。2010 年 2 月，市纪委新设立的 6 个纪工委、监察分局正式挂牌成立。市商务局为市第四纪工委、监察分局直接监督（监察）的单位。

根据改革，市商务局于 2009 年年底撤销纪检组和监察室，保留的部分纪检监察职能由党风廉政建设联络员具体承担，与人事科合署办公，并明确 1 名班子成员分管党风廉政建设工作。党风廉政建设联络员按照市纪委《联系单位党风廉政建设联络员工作制度（试行)》的要求，在本单位的直接领导和第四纪工委监察分局的指导下开展工作。

2.主要活动

⑴纪检监察宣教。主要是学习相关法律法规、党纪党规；观看正反面典型的视频；组织机关党员干部到监狱接受警示教育，请服刑人员现身说法；协助局党组开展党的中心活动；组织党的知识或纪检监察知识的竞赛等。这些活动主要有：2001 年“三讲”活动；2004 年在局机关党员干部中开展的“三观”（树立正确的群众观、政绩观、权力观）主题教育活动；2005 年保持共产党员先进性教育活动和组织局机关的党员干部至武陵监狱进行

警示教育；2006 年组织市直系统党员干部参加全国“红船杯”学习贯彻党章知识竞答活动；2008 年，在全系统组织《建立健全惩治和预防腐败体系 2008—2012 年工作规划》知识答题活动；2009 年开展干部作风建设主题月活动；2010 年组织廉政准则知识测试。

⑵建立健全适合系统实际的各项纪检监察规章制度。如：1989 年以常外党委字〔1989〕第 010 号文发出《关于加强对外经贸系统廉政工作的措施》；2006 年制定《首问责任制度》等 5 项优化经济环境的制度；2007 年制订市商务局《行政过错责任追究暂行办法》、《关于重申招商引资六不准的通知》；2008 年制定由《行政处罚实施办法》等 26 项制度合编的《规范权力运行制度汇编》；2009 年制定《强化行政责任制推行机关效能建设工作方案》和《行政责任制工作效果评估办法》；

⑶对干部的选拔任用进行监督管理，对管理权限之内干部提拔的报批材料签署意见。对局机关及所属单位人员的竞争上岗进行监督。如 2005 年即对局机关和局离退休人员服务管理中心以及信息中心等单位的全员竞争上岗实行监督。

⑷清理红包礼金，治理“红色名片”（请柬）泛滥造成的人情歪风，监督检查市商务局党员干部节假日期间收送现金和有价证券等。

⑸协助市纪委进行案件查处，一是查处本系统的案件，如：1997 年查处市外贸粮油食品公司总经理、党总支书记黎某（留党察看 1 年，行政撤职）；2000 年查处本委副主任黄某（开除党籍）。二是派员协助市纪委的有关室查账等，时间一般每次数天，有时月余。主要有：2002 年 2 次，2004 年 1 次，2005 年 2 次，2006 年 3 次，2009 年 1 次。

⑹组织行风热线。此活动由主要局领导带领部分业务科室的负责人通过市电台进行商务知识的宣传，在线为听众解惑答疑，记录听众的投诉并当场或下次解释（解决）。该热线自 2006 年首播，当年 2 次，以后每年 1 次。

⑺2005 年（含）之前，对局机关人员的电话费（家用座机和手机）补贴进行监督。

⑻监督检查市商务局领导干部私驾公车和公车私用情况。

⑼2005 年起对局机关的党风廉政责任制分解到每一个局领导班子成员，年底对照检查。

⑽查处本系统违纪违规的人和事。主要有：2008 年，查处市市场服务中心长胜桥站站长的经济问题，此人次年被免职。

⑾参加市纪委巡视组对县、区（市）进行巡视。如 2009 年对西洞庭管理区和汉寿县党、政领导班子进行的巡视。

（二）市粮食系统

1989 年 10 月，市粮食局印发《常德市粮食局机关廉政建设的规定》（常粮党字〔1989〕第 021 号）。全系统在提高干部、职工的认识的基础上，针对私欠公款，请客送礼，以及在饲料购销、人事安排等方面存在的不正之风等问题，发动群众举报，认真清查，限期整改。随后，市局下发《关于近期在廉政建设中抓好几件实事的决定》，要求限期收回公款，制止粮油副产品购销中的不正之风，按照省、市政府规定，坚持上下来往的正常接待，严格人事管理制度，严禁滥用职权牟取私利。

1990 年，市粮食局下发《关于加强全市粮食系统纪检、监察组织机构建设的通知》(常粮发〔1990〕051 号)，对系统内纪检、监察组织提出了明确要求：一是建立健全机构。所有县（区、市）粮食局在党委要设立纪检组织，在行政上要设立监察室。县（区、市）以下所有独立核算单位，都要分别设立纪检员和监察点（人员专、兼职均可，由同级副职担任）。二是配备充实人员，区、县（市）粮食局要有 5—7 人从事纪检监察工作，县以下基层核算单位，一般要配备 1—2 人，其中至少要有一名是专职。

当年 12 月，中共市财贸工作委员会批复同意成立中共市粮食局纪律检查委员会（常财工字〔1990〕46 号)。

1991 年全系统各级纪检监察组织共立案查处经济案件 117 起，其中党员违纪案件 27 起。结案 113 起，结案率为 96.58%，分别比 1990 年同期下降 20%和 35.7%。给予党纪政纪处分 135 人，触犯刑律移送司法机关处理 27 人，受到党内撤销职务以上处分的 9 人，行政开除留用以上处分 68 人。为国家挽回经济损失 88.4 万元，追缴粮油 68 万公斤。

当年全系统先后派出 30 多个工作组、200 多人，进驻到 40 多个站、厂、点、库进行面对面指导。全系统成立纠风领导小组和纠风办公室 158 个，当年全市系统内共清理公款吃喝 79822 元，收回 1987 年以来公款送子女上学的金额 5561 元；收回私欠公款 61 万元。各区、县（市）还狠刹了粮油收购上的“人情风”，粮油供应上的“官商作风”，政策兑现上的“克扣截留风”。一年来，全系统查处假入库 25 起，100 多万公斤，纠正人情粮 267 起，224 万公斤。

1992 年，印发《关于加强全省粮食系统廉政建设的若干规定》，组织编写《粮食商业职业道德教程》，拍摄《粮食商业职业道德行为规范》电教录像片，进行职业道德教育。

1993 年，市粮食局制定《市粮食局机关反腐倡廉若干规定》。全系统开展以“树立良好的行业形象”为主旨的勤政、廉洁、文明优质服务的竞赛活动实行“三个结合”：一是坚持教育与整顿结合。二是坚持自清自查与群众监督相结合。市局机关副处级以上领导干部廉洁自律，主动退出在公务活动中收受的礼品、礼金折合人民币1750 元。三是坚持企业利益与社会效益相结合。

1994 年，市粮食局由纪检、监察部门组织对各种粮食指标的使用落实情况进行检查清理，清理出个人欠款 894.8 万元，单位欠货款 4095 万元，悬账及其他欠款 25 万元，追回个人欠款 673 万元，占应收回的 75.2%，收回单位欠货款和悬账悬案 660 万元，占应收回的 16%。当年，共查处违纪违法案件 59 起，其中万元以上大案 9 起，万斤粮大案 4 起，已结案 43 起，挽回经济损失 92.7 万元。

1997 年着重抓四个方面的建设：一是建设廉洁高效的行政管理系统。从领导机关和领导干部抓起，强调领导干部、国家公务员带头廉洁自律。市、县粮食局从教育入手，发给每个干部一本《纪检监察法规选编》和“三五“普法系列教材干部读本，举办党纪政纪学习班36期，培训2390人，组织3077名党员、干部观看廉政教育录像片65场次，组织党纪政纪条规知识考试43次，1788人参加考试。二是建设坚强有力的领导班子。全系统共召开领导班子民主生活会48次，认真总结经验教训，提高认识，从政治上、思想上、组织上建设一个能带领干部职工开拓进取的强有力的领导核心。三是建设勇于进取的职工队伍。四是建设安全文明的良好环境。

1998年着重抓三大建设：一是领导班子建设。二是廉政建设。各地从教育入手，发给干部《典型案例警示录》《新编法律法规》等法制学习资料，举办全系统纪检监察干部培训班。三是加强干部职工的思想作风建设。市局制定印发了《关于加强干部职工思想作风建设的规定》。

2000年8月，市粮食局党委向各区县市粮食局、市直各单位下发《关于印发〈中共常德市粮食局委员会关于加强局机关作风建设的意见〉的通知》（常粮党发（2000）8号）。当年全系统共举办各种形式的党纪、政纪和法纪教育培训班30期，参训人员1515人次。全系统共查处违法违纪案件45起，涉及金额272.7万元，挽回经济损失211万元，处分57人，全年受理各类信访件59件次，接待来访332次，初查案件线索59件。市局成立党风廉政建设责任制领导小组和办公室，对局机关副科级以上干部和市直单位领导班子成员建立廉政档案。

2001年，市粮食局制定《常德市粮食局领导班子成员党风廉政建设责任制分解细则》，同时建立健全党风廉政建设各项规章制度，如：办事公开制度，政治学习制度，费用开支制度，基建工程招投标制度等等。

2005年，市粮食局机关被确定为全市第一批保持共产党员先进性教育活动的单位，该活动从2月4日至6月30日历时四个多月，经历动员、分析评议、整改提高三个阶段。

2006年，市局各科室负责人、市直单位班子成员分别与市局党组签订《2006年党风廉政建设责任状》。

2009年8—10月，市粮食局作为第三批接受市纪委巡视和专题述廉单位，接受市纪委巡视组巡视。

2010年，市粮食局下达《关于印发〈常德市粮食局深化行政责任制推进机关效能建设与优化经济环境工作实施意见及相关制度汇编〉的通知》（常粮发〔2010〕14号），用以深化行政责任制，规范行政行为，提高行政效能，强化责任考核与过错问责。

（三）市人民政府财经贸易办公室（市内贸管理办公室）

根据市委的各单位纪检监察机构的设置要求，市内贸办（财贸办）设置了纪检组（1990年2月—1990年8月）、纪工委（1990年8月—2005年1月），下设监察室，主管本系统的党风廉政建设，对本系统的纪检监察对象进行宣传教育和监督检查，对违反党纪和监察法规的纪检监察对象进行查处。自1989年至2005年年初市内贸办被撤销，该办查处的主要案件数如下：1991年3件，8名党员受到处分；1994年给予16名党员和干部以党纪政纪处分，其中1人被撤销职务；1999年自办1件；2000年1件，1人被免职降级；

（四）中石化常德石油分公司系统

1.机构及其主要活动

1986年10月，根据地纪委的批复，常德石油分公司成立纪律检查委员会；1989年设立监察科；1999年设监察审计科；2008年设政工监察科。公司纪委和监察科两套班子、合署办公，负责全市石化系统的纪检监察和反腐倡廉工作。

1989年，公司深入开展普法教育，增强遵纪守法的自觉性，出台“从业清廉，从严治内”的规定。针对成品油议价、平价差较大，易成经济犯罪的温床，为堵塞漏洞，对油料供应实行“一支笔”审批制度，500千克以上的须由3名经理签字，监察科（纪委）登记备案后执行。对企业的各项费用开支，实行先计划审批，后具体执行，报账时实行经办人、科室领导、分管经理、经理、财务费用管理员、财务科长签字制度。当年市普法领导小组向分公司颁发“普及‘十法一条例’合格单位”的红匾。

1999年3月，为防止以基建谋私的违纪违法行为发生，市公司规定各级纪检、监察部门要参与工程建设的全过程，加强监督。通过招标或议标制度（50万元以上的必须实行招投标，50万元以下的实行招标或集体议标）选择施工队伍；把好工程决算关（10万元以上的决算方案交市审计事务所审计，5万元~10万元的由市公司仓基科会同监审科审计），抓好工程项目竣工专项审计。

2000年5月，公司制定《关于加强对社会库、站收购工作管理的有关规定》，针对当时的大规模的收购行动，强调要成立收购领导小组，增强工作透明度，严禁暗箱操作；抓好资产评估（统一由常德正大事务所进行资产评估），完备收购手续，办好转让税票；严格资金管理，坚持转账结算。对收受回扣和礼金，一经发现严肃处理。12月，根据湖南石油分公司审计处的通知，对当年收购、新建、改造、租赁的加油站资金，组织财务、审计、基建部门进行审计调查。

2001年公司制定的《常德市石油公司企务公开民主监督条例》，被市企务公开办公室作为经验范例在《企务公开专刊》发表。提高了执行政策的透明度。

2003年，公司加强党风廉政教育，加大监察审计和清欠工作力度，查处石门加油站负责人挪用公款，市公司工会出纳携款外逃案件。

2005年，公司开展效能监察，加大工程建设、物资采购、加油站资金管理、业务招待等监察力度。公司纪检监察部门查处桃源的携款潜逃、临澧的大额挪用公款案。

2006年，公司按照国务院国资委的指示，进一步规范工程项目招投标和营销采购，开展治理商业贿赂专项工作。

2007年，公司按照“从正面抓，从上面抓，从源头抓”的思路，整体推进惩治和预防腐败体系建设，开展廉洁文化进企业活动，组织观看《石化反腐警示录》和廉政教育讲座。

2008年，公司在全系统开展“抓源头，促清廉”主题活动。

2009 年，公司推进业务公开工作，实现“以公开促民主，促清廉，促效益”的目标，推进廉洁文化建设，提出“教育倡廉，制度保廉，文化促廉”的口号。

2010 年，公司提出抓源头，抓重点，抓关键，抓惩处。

2.查处的主要案件

中石化常德石油分公司部分年份案件查处统计表

表 1-4-2-1

年份	1977	1985	1986	1987	1988	1989	1990	1991	1992
件数	1	2	3	1	2	1	1	1	3
年份	1994	1995	1997	1998	2000	2001	2005	2006	
件数	3	1	3	4	3	1	2	2	

主要案例：

(1)1977 年，省委“一批两打”工作组进驻德山油库，在群众的检举支持下，查处盗卖油料的赵某某、文某某、余某某，涉案金额 200~3000 元不等，分别受到记过、行政记大过、开除留用一年处分。

(2)1985 年 5 月 8 日查处临澧石油支公司蒋某盗卖有价汽油票 4.27 吨，折合现金 3416 元，被开除公职，判刑两年。

(3)1990 年 3 月 10 日，汉寿县人民法院对原县石油公司副经理吴某利用职权 4 次为他人提供平价汽油 3 吨、柴油 20 吨供其倒卖，共非法获利 13 536 元，吴分得 11 156 元；将 20 吨平价柴油高价倒卖，获差价款 9000 元，以填补公司不合理开支为由，全部独自侵占；5 次收受他人钱物 1332 元。吴被判刑 3 年缓刑 3 年，罚款 5000 元。4 月 19 日被开除党籍。

(4)1991 年 4 月，津市石油公司果园油库商品账保管员彭某，于 1990 年 4—10 月间，套开发票和出售已提过油但未盖“付讫”章的提油票联，盗卖油料 7 起，计 0 号柴油 32.78 吨，煤油 1 吨，价值 4.68 万元，彭从中非法获利 3 万多元，获刑 7 年。

(5)1992 年 10 月，公司查处汉寿周文庙油库盗卖油料团伙，5 人获处分。

(6)1992 年 10 月 30 日，安乡县石油公司从湖北省江陵县石油公司购买柴油 500 吨，担任押运员的云某盗卖 7.877 吨，获赃款 9846.25 元，被判刑 3 年。

(7)1994 年 8 月至翌年 1 月，临澧县石油公司迎宾站加油员杨某挪用公款 7.7 万元，后潜逃，被抓获，公司没收其价值 4.4 万元的两室一厅住房（50 平方米）1 套作为赔偿，将其辞退并移交司法机关处理。

(8)1995 年，临澧县石油公司业务员张某，收入不入账，侵占公款 7.85 万元。1997 年 5 月 22 日被判刑 3 年。

(9)1997 年 9 月 23 日和 27 日，常德石油销售部周某在给腰堤村村民田某的油船发油时，采取拆开流量表倒拨累计数和发油收款后少开票的手段，两次共贪污2.7吨0号柴油款5994元，公司给予其留党察看一年、开除留用1年，罚款1万元处分。

⑽1998年8月9日至9月1日，常德销售部金霞站加油员周某，贪污货款4.04万元后外逃，1999年4月，公司开除其公职和党籍，移交司法机关查办。

⑾2000年10月至2001年3月，市公司第七加油站加油员赵某等3人与来站司机勾结，采用连续快速开关程控加油机出油不走数，虚报加油回灌等手段，多次作案，分别非法所得1550元或2000多元。市公司查获后追回所有油款，解除3人劳动合同。

⑿1986年6—7月，岩码头石油站先后发生自采油款20万元和300万元于北京被骗的案件，追回152.02万元，直接损失167.98万元，间接损失65万元。1989年5—9月，原经理陈某、业务科长陈某因失职受到撤职、各降两级工资的处分。

三、专业技术职务评聘

（一）市商务局系统

1992年5月，市外经贸委系统专业培训班合影

市对外经济贸易委员会1989年5月25日发出常外人字〔1989〕第17号文，决定成立市对外经济贸易委员会初级职称评审委员会；同年6月14日发出常外人字〔1989〕第18号文，决定成立市对外经济贸易委员会职称改革领导小组。

1989年年末，市对外经济贸易委员系统有各类专业技术人员249人，其中女性57人、少数民族4人；按职称分：中级职称42人，初级职称126人；按专业分：会计人员37人、经济人员198人、工程技术人员3人、统计人员4人、档案管理2人、翻译2人、卫生人员3人。其他年份具有专业职务的人数，详见本章第一节相关目的统计表。

（二）市商业系统

全市商业系统评定高级职称的11人，中级职称的422人，初级职称的2572人。各年份具有专业职务的人数，详见本章第一节相关目的统计表。

（三）市物资系统

1989—1990年，市物资局组织市直系统干部、职工参加专业技术职务的考试和申报与评审，先后给362名干部、职工评定了技术职称，其中高级2名、中级61名、初级299名。其他年份具有专业职务的人数，详见本章第一节相关目的统计表。

（四）中石化常德石油分公司系统

1983年3—9月，地区商业局先后4次下文，授予常德石油站助理统计师、会计师职称各1名，会计、统计员职称共3名。

1986年1月24日，根据中共中央、国务院转发《关于改革职称评定，实行专业技术职务聘任制度的报告》的通知（中发〔1986〕3号），省石油公司在全系统进行各种专业技术职称的培训、考核、考试、评定、聘用工作。

1987年7月25日，《湖南省全民所有制企业实行专业技术职务聘任制度的实施意见(试行)》（湘职改字〔1987〕第81号）颁布。

1988年4月12日，省石油公司职称改革领导小组发出《关于印发经济、工程、统计、会计系列不具备规定学历的专业技术人员考试的复习范围及有关要求的通知》（湘石职改办字〔1988〕03号）。经过培训、考核、考试、评定、聘用等程序，全市系统有100多人(其中市公司本部49人：经济工程40人，统计或会计9人）被授予专业技术职称。

1989年9月23日，常德石油分公司确认具有初、中级专业技术职务任职资格者达271人（其中经济类164人、会计类60人、统计类11人、工程类24人、其他12人）。

1990年2月14日，按照省石油公司《关于对专业技术职务评审聘任工作进行复查的通知》（湘石职改字第〔1990〕01号），常德公司系统首次评聘工作复查合格。此后，按国家有关规定和企业的需求，专业技术职务评聘按正常程序进行。

四、老干服务与管理

（一）市商务局系统

该系统对离退休老干部的服务与管理是由市商务局专门的机构，即市商务局离退休人员服务管理处来执行的。该处自2005年成立以来，开展的主要活动有：

1.组织离退休党员参加政治活动，吸纳新党员

(1)2005年2—6月，全体离退休党员参加保持共产党员先进性教育活动。

(2)2011年8月30日，95岁离休女干部王祺胤被吸收为中共预备党员，次年转正。2012年又吸收两位男性抗美援朝老战士（分别为79岁和83岁）为中共预备党员，次年转正。

2.组织离退休人员参加文体活动

(1)2005年6月30日，退管中心组织的老年合唱队在市商务局系统组织的迎“七一”文艺会演中获团体第一名。

(2)2007年3月，退管中心老年门球队组建成立。

(3)2011年5月23日，退管处主持城东片区老年门球赛，共有市商务局退管处、市委机关、市政府机关、市粮食局、市一医院6支球队参赛，退管处门球队在此次比赛中获得冠军。

3.组织离退休人员参观考察

(1)2009年6月23日，全体离退休干部到德山开发区、灌溪工业园参观考察市重点工

2009年6月，市商务局退管处组织部分离退休干部参观德山经济开发区

程和高科技项目，到鼎城区毛栗岗村参观新农村建设示范点。9月，处级退休干部到井冈山、韶山、花明楼、炎帝陵参观考察。

⑵2010年9月10日，全体离退休干部参观林伯渠故居和城头山古文化遗址，到澧县葡萄庄园采摘葡萄。11月12日，处级退休干部游览长江三峡。

⑶2011年5月13日，退管处党总支组织新当选的全体老干党支部委员参观游览湘西凤凰古城。6月26日，为迎接中国共产党建党90周年，全体离退休干部参观汉寿县帅孟奇纪念馆、中联重科汉寿产业园、金天钛业、三一重工常德工业园、善卷垸防洪大堤、鼎城南方水泥及城区在建的沅江大桥等重点建设项目。10月29日，部分老干部旅游云南，部分处级退休干部到遵义、广安、重庆等地参观考察。

⑷2012年3月7日，19名女离退休干部到岳阳参观考察。

⑸2012年5月10日，20名离退休老干部前往常德日报传媒集团参观考察。6月20日，离退休老干部前往澧县、津市两地参观考察重点工程项目建设情况。

2010年9月10日，市商务局退管处组织部分离退休干部参观林伯渠旧居

4.为离退休人员的健康保健服务

2011年9月15日，常德市老年保健协会商务分会（以下简称保健分会）成立，退管处领导和有关工作人员分别当选为会长、副会长和秘书长。

2011—2012年，保健分会邀请市第一人民医院的有关专家讲授保健知识4次，内容涉及认识和预防老年人消化系统疾病、老年人心血管疾病的预防和自我保健、糖尿病对老年人健康的影响、呼吸系统疾病对老年保健的影响等。

2011年11月11日，常德市商务局退管处为老干部眼疾患者进行白内障筛查。

2012年9月16日，商务局全体离退休干部分别在市第一人民医院和常德卫校进行身体检查。

是年10月16—18日，上门慰问特困老干部，为行动不便的20名离退休老干部配送轮椅和坐便器、拐杖。

5.慰问离退休老干部

(1)2005 年 11 月 25 日，退管中心领导及相关工作人员邀请市医保处领导前往龙山县医院看望长期住院的正厅级离休老红军颜柏清，为其解决所欠的 15 万元医疗费，并向其颁发抗日战争胜利 60 周年纪念章和赠送慰问金。

市商务局退管处领导至衡阳慰问离休干部潘碧秋（中）

(2)2008 年 1 月下旬，常德遭受冰雪灾害，退管中心开展为老干部送温暖活动，对家住常德的部分受灾的离退休干部进行上门慰问，送去慰问金和慰问品价值共计 5 万元。提出和开展“生日上门祝寿、生病上门探望、节日上门慰问、有难上门帮扶、去世上门善后”服务。

(3)2010 年 8 月 18—22 日，退管处领导带队赴衡阳慰问老干部潘碧秋。

(4)2011 年 3 月 22 日，退管处开展“一联一、一帮六”活动，即退管处一个内设科室联系一个老干支部，一个退管处领导班子成员帮助六个家庭困难的老干部。

6.组织离退休老干部为社会公益事业献爱心

2008 年 5 月，四川汶川发生特大地震后，退管中心全体机关干部和离退休干部，为灾区捐款 25 750 元（其中 92 岁离休女干部王祺胤捐款 2000 元），缴纳“特殊党费”1100 元。《常德日报》、常德电视台对此捐款活动进行报道。

（二）市粮食系统

1989 年 6 月，为完善老干服务与管理，市粮食局成立第一届“中共常德市粮食局机关老干部支部委员会”。并在当时的人事科设立老干工作专干，专事老干服务与管理工作。

2004 年 4 月，市粮食局根据市老干局要求，接管市直已完成企业改制的原市粮机厂、市植物油厂、市武陵粮油公司离休干部共 14 人。

2005 年，市粮食局成立离退休人员管理科。至 2006 年年底，粮食局机关管理与服务的离退休人员共 69 人，占机关总人数的 64%，其中离休干部 33 人（机关 11 人、企业 22 人），退休人员 36 人。

市粮食局老干服务与管理工作的主要内容有：

一是组织政治理论学习，确保老同志思想常新。每月 15 日为离退休老同志学习日。学习内容主要包括当时当期重要政策和时事。同时，为老干活动室长期征订《夕阳红》《老年报》《老年人》《常德日报》《湖南日报》《老同志之友》等报纸杂志。

二是开展谈心、慰问活动。老干工作人员一直坚持落实好领导联系老干部制度和工作人员定期看望老同志两项制度。每个党组成员都联系一名老干部，做定期走访和慰问。每逢春节、重阳节、生日或生病住院时，都有工作人员专事慰问和祝福。

三是全面落实老干部生活待遇。组织老干部开展形式多样的文娱活动、门球比赛和垂钓等活动，组织参观工农业生产现场，适时组织老干部就近出游。

四是加强老干支部建设，充分发挥老干部的余热和优势。机关老龄支部既是机关离退休党员学习、教育和活动的组织者，又是全体离退休人员开展各项活动的召集人。多年来，老龄支部不定期地组织老干部开展各项有益老干身心健康的活动，使其老有所乐、老有所为。

五是组织老干工作专干参加老干服务与管理业务培训，不断提高老干工作水平。

市粮食局党组对老干部管理工作的重视，使市粮食局机关老干部管理工作得到了上级机关和职能部门的充分肯定，多次被市委、市老干局评为“老干部工作先进集体”和“老干工作先进单位”。

五、获得的荣誉

（一）市商务局系统

常德市商务局所获荣誉统计表

表 1-4-2-2

年份	授予者	获得者	荣誉称号
2001	市委、市政府	市对外贸易经济合作局	外经贸工作先进单位
2004	省政府	市对外贸易经济合作局	利用外资工作先进单位
2006	商务部	市商务局	万村千乡市场工程先进集体
	省政府	市商务局	利用外资工作先进单位
2007	省政府	市商务局	利用外资工作先进单位
	人事部、商务部	市商务局	商务系统先进集体
2008	省商务厅	市商务局	抗冰救灾保市场供应先进集体
2009	市委、市政府	市商务局	市直目标管理红旗单位
2010	省政府	市商务局	全省内联引资工作先进单位
2011	省委、省政府	市商务局	全省发展开放型经济目标管理奖
2012	省政府	市商务局	全省发展开放型经济先进单位、全省发展开放型经济对外贸易工作先进单位、全省发展开放型经济引进重大项目突出贡献奖、全省发展开放型经济招商引资工作先进单位

（二）粮食系统

1989 年，省粮食局《关于表彰 1989 年度全省粮食系统先进单位和先进工作者的决定》表彰常德市下属 5 个单位为全省粮食工作先进单位，即：桃源县粮食局、常德市粮油工业锅炉厂、临澧县合口面粉厂、常德武陵区粮食局第二仓库、常德市鼎城区蒿子港区粮站。

1990 年，商业部《关于表彰粮食收购先进单位和先进工作者的决定》（〔1990〕商粮字第 138 号）表彰常德市鼎城区粮食局为全国粮食收购先进单位、桃源县盘塘乡粮站倪清明为粮食收购先进工作者。

1993 年，商业部以〔1993〕商基（储）字第 57 号文授予汉寿县粮食局周延龄为“全国粮食系统基建管理先进工作者”称号。

1993 年，市委以常通字〔1993〕2 号文授予陈长久为处级干部记功人员。

1994 年，省粮食局《关于表彰全省粮食系统“十佳企业”“十佳个人”和先进单位先进个人的决定》授予市粮食系统常德植物油总公司经理宋冬春、临澧县合口油脂厂长吴远海为“十佳个人”；石门县宝峰粮油贸易公司、市粮油供应公司为“先进单位”；鼎城区河洑中心粮站丹州乡站副主任刘世荣、市米业公司经理刘焕清为“先进个人”。

1997 年，国家粮食储备局以国粮购〔1997〕148 号文授予鼎城区粮食局为“全国粮食收购先进单位”，桃源县粮食局熊超振为“全国粮食收购先进个人”。

1998 年，国家民委、省人民政府以民委（政）字〔1998〕196 号文件授予市粮食局为“民族团结进步模范单位”称号。

2000 年，省粮食局以湘粮人〔2000〕001 号文授予津市粮食局为“全省粮食工作先进单位”；石门县粮食局、澧县粮食局、安乡县粮食局为“全省粮食系统扭亏增盈工作先进单位。

2000—2001 年，市委两次分别以常通字〔2000〕7 号和常通字〔2001〕4 号文授予市粮食局为“量化目标管理红旗单位”。

2005 年，省粮食局《关于 2004 年度全省粮食工作目标考核表彰的决定》（湘粮办〔2005〕6 号）授予常德市粮食局一等奖。

2006 年，省粮食局《关于 2005 年度全省粮食工作目标考核表彰的决定》（湘粮办〔2006〕3 号）授予常德市粮食局三等奖。

2007 年，省粮食局《关于 2006 年度全省粮食工作目标考核表彰的决定》（湘粮办〔2007〕14 号）授予常德市粮食局二等奖。

2009 年，省人民政府办公厅以湘政办函〔2009〕230 号函件授予市粮食局所属临澧县、汉寿县、桃源县、鼎城区 4 个县粮食局为“全省粮食清仓查库工作先进单位”；授予张家海“全省粮食清仓查库工作先进个人”称号。

2010 年，市粮食局获评“2010 年度全省粮食工作绩效考核一等奖”。

（三）市商业系统

市商业系统所获荣誉统计表

表 1-4-2-3

年份	授奖单位	获奖单位	获奖称号
1989.7	省政府	市中心百货大楼	省级先进企业
1989.7	省政府	市中心百货大楼	优秀商业企业
1989.9	中商部、中华全国总工会	市中心百货大楼	全国商业先进企业
1989	省政府	市中心百货大楼	模范执行物价政策优胜单位
1989	省商业厅	市武陵百货大楼	湖南省综合实力百强企业
1989	市政府	市武陵百货大楼	双文明单位
1990	省政府	市中心百货大楼	模范执行物价政策最佳单位
1990	省经委	市中心百货大楼	企业管理优秀奖
1990	市政府	市武陵百货大楼	双文明单位
1991	市政府	市糖酒副食品总公司	重合同、守信用单位
1992	省财经贸易办公室	市五交化总公司	在省财贸系统 300 家规模最大、60 家效益最佳企业评价中，规模排第九位，效益排第五位
1993	省政府	市五交化总公司	经营管理先进企业
1998	市政府	市商业行业管理办公室	全市目标管理先进单位

（四）中石化常德石油分公司系统

1. 行业授予

中石化常德石油分公司系统所获荣誉统计表

表 1-4-2-4

年度	内　　容	批准文号	备　注
1982	省商业厅《关于表彰 1982 年度全省商业系统先进单位和先进个人的决定》，常德石油站油库计量员杨冬生、澧县石油公司油库保管员伍炎生获表彰	〔1983〕湘商字第 200 号	1983.6.15
1984	全省石油计量、化验工作检查评比情况通报：石油计量工作第一名为常德石油站；先进个人为常德站闵美云、岩码头站吴持平、高锡章		1984.12.12
1985	省公司《关于表彰全省 1985 年度四好油库的通报》，获奖者：1.分公司油库（10 个），含常德分公司德山油库；2.支公司油库（55 个），常德有汉寿周文庙、坡头、城关油库；澧县黄沙湾；常德高泗；临澧金牛岗、新安；慈利城关；石门荷花油库（德山、周文庙油库全省总分第一）	〔1985〕湘石仓字第 069 号	1985.12.30
1987	省公司《关于 1987 年仓储安全各项评比检查结果的通知》：1.全省连续 5 年先进油库：澧县黄沙湾、临澧金牛岗、岩码头油库；2.全省连续 3 年先进油库：德山、汉寿城关、周文庙、常德高泗、慈利白云、	湘石函〔1988〕002 号	1988.2.6

续表 1-4-2-4

年度	内容	批准文号	备注
	临澧新安；3.先进油库：德山、金牛岗、新安、白洋河、高泗、长岭洲、荷花、黄沙湾、果园、白云、周文庙、城关；4.先进加油站：临澧城关、合口、澧县城关、张公庙、销售部武陵、南坪、分公司岩坪、德山、津市北区、新洲、桃源城关、陬市、石门城关、慈利城关、安乡城关		
1988	省公司《关于表彰全省加油站优质安全服务月活动先进单位、优胜单位和先进个人的通报》：1.先进加油站：常德分公司岩坪加油站；2.优胜加油站：常德分公司销售部武陵加油站、临澧支公司城关加油站、汉寿支公司军山铺加油站；3.先进个人：常德德山加油站站长刘桂舫		1988.7.25
	中石化湖南省石油公司《关于下达目标管理奖金的通知》记载1988年获奖单位：1.常德分公司二等奖；2.安全奖：德山油库、岩码头油库、德山加油站、岩坪加油站	湘石函〔1989〕008号	1989.1.28
1989	省公司光荣榜：全省第二次加油站优质安全服务月活动中，评选出先进加油站10个、优胜加油站25个、先进个人15名。优胜加油站有常德武陵、津市、澧县张公庙站；先进个人有常德南坪站刘万全		1989.9.28
	中国石油化工总公司《关于表彰油库安全管理先进单位的通知》对全系统1984—1988年连续5年未发生较大事故，在当地历年评比先进中名列前茅的油库进行表彰、奖励。全国共108座，湖南4座，常德2座：德山和岩码头油库，获颁“油库管理先进单位铜牌”一块和30元/人奖金	中石化〔1989〕销库字第213号	1989.8.19
	省公司《关于对1989年度“先进油库”“先进加油站”“先进车队”发给奖金的通知》记载先进油库全省11座，常德有2：德山及岩码头油库；先进加油站全省21座，常德有德山加油站	湘石函〔1990〕012号	1990.2.10
1990	常德石油分公司《关于对杨晓维等四同志记功、奖励的通知》记载：在全省石油系统首届消防比武大会上，常德分公司系统代表队夺得团体总分第一、1个集体第一，1个集体第三和3个单项第一、1个单项第三的成绩，决定给参赛队员杨晓维、文敏、刘晓玲、龙丕幸4人各记功一次	常石司〔1990〕025号	1990.6.2
	常德石油分公司《关于表彰苏瑾艳同志在中南片区石油销售系统中级营业员技术竞赛中取得优异成绩的通报》：1990年9月下旬，中南片区举行中级营业员技术竞赛，销售科开票员苏瑾艳作为湖南省代表	常石司〔1990〕040号	1990.10.8

续表 1-4-2-4

年度	内　　容	批准文号	备 注
1990	队的成员，与队友密切配合，在与 12 个省、市队的竞赛中，为湖南代表队取得第三名的成绩		
	常德石油分公司《关于表彰徐卫国同志在中南片区石油销售系统中级计量员技术竞赛中取得优异成绩的通报》：1990 年 9 月下旬，中南片区举行中级计量员技术竞赛。市公司德山油库计量员徐卫国作为湖南省代表队的成员，在与 12 个省、市队的竞赛中，为湖南代表队夺得团体总分第一名，并获个人全能第一	常石司〔1990〕041 号	1990.10.8
	常德石油分公司《关于对徐卫国等同志给予奖励的通知》：在全省石油系统中级营业员、计量员技术竞赛中，由徐卫国、苏瑾艳、谭月平、刘汉、彭成凤、傅军等 6 人组成的常德市代表队，分别取得中级营业员和中级计量员团体总分第一的成绩	常石司〔1990〕043 号	1990.10.8
1991	《湖南省石油公司关于表彰职工教育先进集体和个人的决定》记载的先进个人有：重视职工教育的领导杨昌全、先进教育工作者李春杰、先进兼职教师赵治敬	湘石人〔1991〕183 号	1991.10.31
	省档案局《关于表彰 1991 年度企业档案管理升级单位的通报》：1.国家二级：湖南省石油公司常德市公司；2.省级先进：湖南省石油公司常德销售部　湖南省石油公司津市公司	湘档〔1992〕4 号	1992.3.8
	省公司《关于下发 1991 年度先进油库、先进车队奖金的通知》：常德岩码头油库	湘石函字〔1992〕第 004 号	1992.1.15
1992	省公司《关于 1992 年油库安全工作评比结果的通报》记载，全省 42 座油库被评为年度全省先进油库，常德：德山油库、岩码头油库、石门荷花油库、鼎城高泗油库	湘石企〔1993〕001 号	1993.1.14
1994	省公司《关于“先进油库”“先进加油站”检查情况的通报》：1.先进油库：常德市公司德山油库；2.先进加油站：桃源桃花源站、临澧县迎宾站	湘石企〔1995〕004 号	1995.1.24
1995	省财政厅、人事厅《关于表彰全省先进财会工作集体、会计工作先进个人的决定》：1.湖南省先进财会工作先进集体 18 户，其中有常德市石油公司财务科	湘财〔1995〕会字第 142 号	1995.5.18
	省公司关于表彰 1995 年度《湖南石油通联工作先进单位和先进个人的决定》：1.先进单位：常德公司；2.先进个人：李培轩（常德公司）		1996.5.23

续表 1-4-2-4

年度	内容	批准文号	备注
1996	《湖南省人民政府关于表彰全省“八五”期间安全生产先进单位的通报》记载全省94个先进单位，其中有常德市石油公司德山油库	湘政函〔1996〕132号	1996.8.14
	省公司《关于表彰1996年度优胜单位的通报》：1.先进油库：常德德山、石门荷花；2.先进加油站：常德市一站；3.优胜加油站：安乡城关	湘石办〔1997〕020号	1997.2.13
	市公司通报：德山油库获得省政府授予的《八五期间安全生产先进单位》称号；省经贸委授予的《安全生产优秀单位》称号	常石办〔1997〕015号	1997.2.25
1997	省公司《关于表彰劳动模范、先进集体、先进工作者的决定》记载市公司系统：1.劳模：莫益朋（德山油库主任）；2.先进集体：德山油库；3.先进工作者：苏太和（石门公司经理）、杨卫国（桃源公司船队队长）、何国斌（安乡公司水上加油站长）、朱宏林（汉寿公司油库主任）、鲁萍惠（澧县公司张公庙加油站加油员）、彭元达（津市公司北区加油站长）、杨高（临澧县公司业务科副科长）、李体福（常德石油销售部高泗油库主任）	湘石人〔1997〕056号	1997.4.25
	省公司《关于开展安全仓储知识竞赛活动情况的通报》：常德笔试成绩第一	湘石企〔1997〕124号	1997.10.15
1998	市公司二站、石门城关站、澧县城关站获中国石化销售系统1996—1997年度“信得过加油站”荣誉称号	《常德石油》第九期、常德日报登载	1998.6.8
	省公司党组《关于表彰1998年度抗洪救灾先进集体和先进个人的决定》：1.先进单位：安乡县石油公司；2.先进个人和优秀共产党员：何登翔、俞洪琪、韩克泉、李永华	（湘石党〔1998〕14号）	1998.9.10
1999	省公司《关于表彰劳动模范、先进个人的决定》中记载常德先进个人：刘世良（市公司经理）、莫益朋（德山油库主任）、李体富（常德销售部高泗油库主任）、李子先（石门公司仓基股股长）、万盛民（安乡公司综合办公室主任）、刘元清（津市公司宝堤站加油站）、任家庆（澧县公司经理）、徐建平（临澧县公司业务股副股长）	湘石人〔1999〕189号	1999.9.21
2000	德山油库、澧县公司两单位和任家庆等18人参加省司先代会。市公司选送的常德诗弦《夸石化》，获省石油分公司建司50周年文艺会演一等奖和组织奖		2000.7
2002	省公司《关于表彰2002年度“优秀站长、配送状元、配送能手、加油标兵、加油能手”的决定》表彰的市公司系统人员：优秀站长陈秀梅、配送能手	石化股份湘零〔2003〕5号	2003.1.8

续表 1-4-2-4

年度	内容	批准文号	备注
	陈家亮、加油标兵刘洪、加油能手吕志祥、谢继峰、陈艳娥、曾爱民、聂文希、宾川、胡祥文		
2003	省公司《关于表彰2003年度安全生产先进单位、个人的决定》：1.先进油库：德山；2.安全生产先进个人：王明胜、莫正春、姜孝德	石化股份湘办〔2004〕39号	2004.2.28
2006	省公司《关于表彰2006年中石化湖南石油分公司先进工作者的决定》记载常德分公司：姚力华、武斌、简克刚、陈艳、杨耀传、何国兵、吴章杰	石化股份湘政〔2006〕430号	2006.12.6
	省公司《关于表彰2006年职业技能竞赛和技术比武获奖单位和个人的决定》记载的市公司系统：储运线质检一等奖获得者吴章杰	石化股份湘人〔2006〕431号	2006.12.5
	省公司表彰2006年上半年优胜单位：综合奖A类公司第一名：市公司	石化股份湘办〔2006〕253号	2006.7.11
	省公司《关于批准潘勇等同志晋级星级加油员的通知》：常德有丁赛、王震宇、黄玲、刘红英晋级五星级加油员，有26名员工评为四星级加油员	石化股份湘零〔2006〕451号	2006.11.24
2007	省公司《关于“爱我们的企业”征文比赛评奖情况通报》：市公司李培轩的《沁园春·中国石化》获一等奖	石化股份湘政〔2007〕469号	2007.10.25
	省公司《关于表彰2007年职业技能竞赛和技术比武获奖单位和个人的决定》：质检岗位技术比武复赛团体一等奖	石化股份湘人〔2008〕76号	2008.2.16
	省公司授予常德公司1.“省级服务样板站”4座：一站、汉寿高速公路站、津市津石站、鼎城花园站；2.“省级服务标兵”4人：丁赛、曾艳萍、马斌、马惠芳	石化股份常零〔2008〕41号	2008.4.16
	省公司授予质检岗位知识竞赛比武复赛团体一等奖		2007.12
2008	省公司“履行岗位职责,践行员工守则”征文比赛:1.组织奖:常德公司;2.一等奖:游鑫《做一品员工》	石化股份湘政〔2009〕57号	2009.2.16
2010	省公司建司60周年表彰：1.先进集体：德山油库、澧县片区；2.先进个人：田启全（政工监察科长）、李体福（鼎城片区花园加油站长）、李林遐（女，桃源片区财务代表）、刘海云（女，石门片区楚城加油站加油员）、张孔贵（津市片区经理）、薛开佳（临澧片区客户经理）、莫一朋（退休干部）、庄宗富(退休干部)	石化股份湘政〔2010〕466号	2010.7.21
	省公司建司60周年文艺会演：银奖（常德丝弦《与时代同行》）	石化股份湘办〔2010〕496号	2010.8.6

2.地方及其他行业授奖

中石化常德石油分公司系统所获荣誉统计表

表 1-4-2-5

奖项名称	颁奖机关	颁奖时间
1986 年度防火工作表彰大会获奖者：1.防火工作先进单位：常德石油分公司；2.落实“十项标准”先进单位：德山油库；3.落实“十项标准”检查验收合格单位：常德石油分公司德山油库、德山加油站、杜家溶站、废油加工厂	市防火安全委员会	1987.2
《关于表彰 1991 年度防火安全工作先进单位和先进个人的通报》：1.红旗单位：市石油液化气站；2.先进单位：市石油公司 3.先进集体：市石油公司德山加油站；4.先进个人：李玉保	市防火安全委员会常市安〔1992〕02 号	1992.2.28
2000 年度安全生产工作优秀单位	市经济委员会	2001.2
2001 年度对口支援工作先进单位	市政府	2002.3
2002 年度发展第三产业目标管理先进单位	市委办、市政府办	2003.2
2003 年度全市对口支援工作红旗单位	市人民政府	2004.2
2004 年度消防工作先进单位	市防火安全委员会	2005.3
2006 年度创建湖南信用单位先进集体	省精神文明建设指导委员会办公室、社会信用体系建设领导小组办公室、信用建设促进会	2006.12
2001—2009 年度消费者信得过单位	市消费者委员会	2010.3
2009 年度中国品牌	国家质量监督检验检疫总局主管的《中国品牌》杂志社	
2009 年度消防工作先进单位	市消防安全委员会	2011.4
2010 年度安全生产先进单位	市政府	2011.2
2010 年度维护消费者合法权益先进单位	市消费者委员会	2011.3

另外，在 1998 年抗御洪灾中，市公司系统广大共产党员和职工确保救灾用油，涌现一些先进集体或个人，如安乡石油公司荣获省委、省政府“抗洪救灾先进集体”称号，何登翔、俞洪琪、韩克泉、李永华等人被省石油集团有限公司党组授予抗洪救灾先进个人和优秀共产党员称号。

（五）中石油常德分公司系统

1.公司所获荣誉

2003 年被华中公司评为“安全生产先进集体”“先进营销中心”。

2004 年，被湖南公司评为“安全生产先进单位”，被华中公司授予评为“先进营销中心”。

2005 年，被华中公司评为“先进营销中心”。

2006 年，被华中公司评为“价格信息工作先进集体”。

2007 年，被湖南公司评为“安全生产先进单位”。同年，市质量技术监督局质检所授予该司“质量诚信单位”称号。

2007—2009 年，市消费者委员会授予该司“消费者信得过单位”称号。

2009 年，被湖南公司评为“先进集体”、“安全生产先进单位”。

2010 年，该司被湖南公司评为“安全生产先进单位”。同年，市政府授予该司“安全生产先进单位”称号。同年，市消费者委员会授予该司“维护消费者合法权益先进单位”称号。

2011 年，该司被湖南公司评为“安全生产金牌单位”；市政府授予该司“消防工作先进单位”称号；市消费者委员会授予该司“维护消费者合法权益先进单位”称号。

2012 年，湖南公司授予该司 “先进单位” “安全生产金牌单位”称号。同年，市政府授予该司“安全生产先进单位”称号。同年，市消费者委员会授予该司“维护消费者合法权益先进单位”称号。

2.个人获奖统计

中石油常德分公司个人获奖统计表

表 1-4-2-6

获奖年份	奖项名称	授奖者	获奖者
2005	营销系统岗位技术能手	华中公司	张廷恩
2006	优秀片区经理	华中公司	刘　波
2011	先进个人	湖南公司	陈景阳
	劳动竞赛先进个人	集团公司	陈景阳

六、先模人物

杨桂元

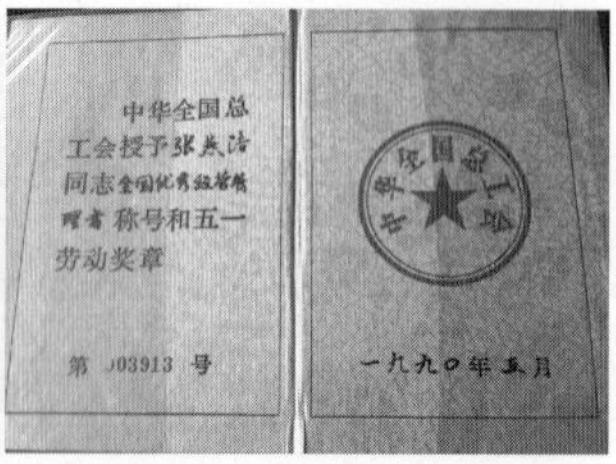

女，1940 年 6 月 11 日出生，汉族，中共党员，高小文化，湖南常德人。1959 年 3 月 31 日入伍，1969 年 12 月转业。先后任常德县（1988 年改称鼎城区）百纺公司（商业大楼）营业员、副经理、工会主席，1993 年退休。

她多次被评为“三八红旗手”、湖南省劳动模范。在获得省劳动模范荣誉称号后，她将所获奖金全部作为党费缴纳。1989 年被国务院授予“全国劳动模范”称号。

张燕洁

女，1941 年 6 月 5 日出生，湖北黄陂人，汉族，中共党员，高级经济师。常德市中心商贸总公司总经理、董事长、党委书记。

先后被授予湖南省“三八红旗手”、“湖南省劳动模范”，“全国优秀经营管理者”称号，1990 年被授予“全国五一劳动奖章”。

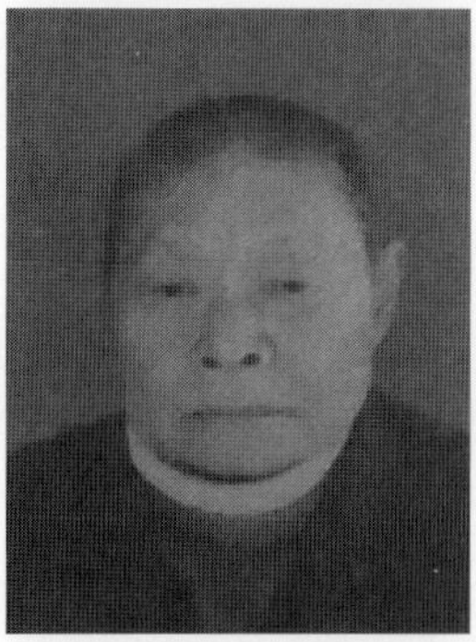

覃世德

男，1927 年 8 月出生，石门人，汉族，中共党员，初小文化，桃源县粮食局原直属粮站修理工。

1954 年 4 月出席省工会先进代表大会，获得省人委会、省工会颁给的奖章、奖状、奖品。

陈本连

男，1924 年出生，澧县人，汉族，中共党员。

1950 年在津市市人民大米厂当工人，后任班长、总厂厂长、市粮食局工业股股长等职。1956 年被省人民政府授予“先进生产者”称号。

李克操

男，1922 年 2 月出生，常德市人，汉族，中共党员，高中文化，原常德市（1988 年改称武陵区）食品罐头厂厂长。1956 年被湖南省人民政府授予“劳动模范”称号。

陈桂云

女，1936年5月出生，原常德县人，汉族，中专文化。常德县河洑区肉食站总务会计。1958年7月被湖南省人民政府授予“劳动模范”称号。

蔡学华

男，1929年4月出生，长沙县人，汉族，中共党员，初中文化。常德市肉类联合加工厂干部。1959年出席湖南省第四次先进生产者代表大会，被湖南省人民政府授予“劳动模范”称号。

蒋万太

男，1943年9月出生，常德市人，汉族，中共党员，初中文化。原常德市（1988年改称武陵区）饮食服务公司民兵营长。1978年被评为第三次全国人防建设先进个人，同年被湖南省人民政府授予“劳动模范”称号。

柴二妹

女，1930年10月出生，常德市人，汉族，中共党员，初小文化。1958年7月参加工作，原常德市（1988年改称武陵区）中心商贸总公司常德宾馆经理助理。1979年参加省“双学”大会，被湖南省人民政府授予“劳动模范”称号。

苏玉媛

女，1949 年 2 月出生，临澧县人，汉族，中共党员，初中文化。原临澧供销社贸易公司门市部负责人，后任津市市粮油食品中心店经理。

1980 年 6 月，湖南省供销社授予其劳动模范光荣称号；1982 年 7 月，被湖南省人民政府授予“劳动模范”称号；1983 年 9 月，被授予全国供销系统“三八红旗手”称号。

王永寿

(1920—1982)

男，津市人，汉族。1951 年进津市市合作社当工人。1956 年调入津市百货纺织品公司当营业员。1982 年被湖南省政府授予“劳动模范”称号。

雷仕珍

男，1929 年 1 月出生，原常德县黄土店人，汉族，中共党员。原常德市（1988 年改称武陵区）饮食公司书记，1983 年被湖南省人民政府授予“劳动模范”称号。

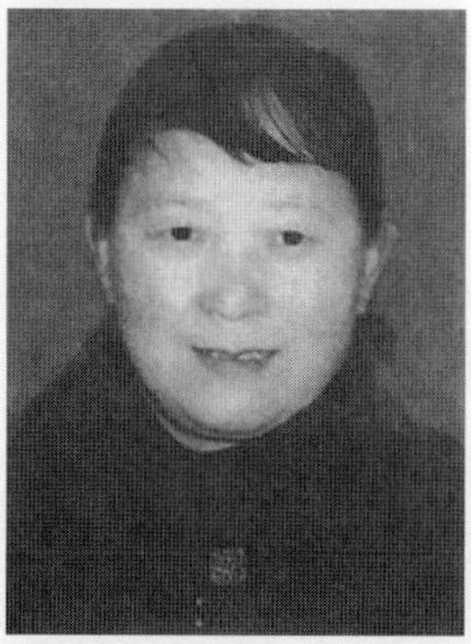

刘世荣

女，1950 年 3 月出生，鼎城区人，汉族，无党派，初中文化。市武陵粮油公司退休职工，1986 年被商业部授予“劳动模范”称号。

龚秋娥

女，1946年1月出生，临澧县人，汉族，中共党员，中专文化。1961年1月参加工作，先后就职于临澧县新安、太浮、四新岗等地供销社，1978年2月调县百纺公司百货大楼工作。曾被湖南省商业厅评为“全省商业系统优秀营业员”。1989年被湖南省人民政府授予“劳动模范”称号。

刘宝林

男，1945年2月出生，汉寿县人，汉族，中共党员，初中文化。1964年12月参军，1971年退伍后被安排到汉寿粮食系统担任基层粮站统计员，1989年晋升为统计师，1992年12月退休。1989年被湖南省人民政府授予“劳动模范”称号。

莫春满

女，1950年10月出生，安乡人，汉族，中共党员，初中文化。1964年参加工作，先后任安乡饭店服务员、副主任、副经理并兼任安乡潺陵旅社主任。1989年被湖南省人民政府授予“劳动模范”称号。

赵云忠

女，1945年11月出生，湖南湘乡人，汉族，中共党员，初中文化。1962年进津市市饮食服务公司当理发员，后为津市东风理发店理发师并任该店经理。1989年被湖南省人民政府授予“劳动模范”称号。

彭世海

男，1934年4月出生，澧县人，汉族，中共党员。1952年1月参加工作，1954年转入粮食部门工作。1990年被国家人事部、财政部授予“全国先进会计工作者”称号，同年被商业部授予“商业系统先进会计工作者”称号，随后被湖南省人民政府认定为“劳动模范”。

胡佑达

男，1935年10月出生，临澧县人，汉族，初中文化。曾在乡镇和临澧县粮食部门工作，1988年6月退休。1958年出席湖南省政府召开的第三次先进代表会。1960年5月作为先进个人代表参加在北京举行的全国财贸技术革新表演大会，并在中南海怀仁堂受到中央领导的接见。1992年被湖南省政府认定为“劳动模范”。

杨家训

男，1937年出生，长沙人，汉族，中共党员。市粮油供应公司股长。1958年参加湖南省第三次先代会，被授予“先进工作者”称号。1992年被湖南省人民政府认定为“劳动模范”。

吴远海

男，1954年6月出生，临澧县人，汉族，中共党员，中专文化，市粮食局退休干部。曾任金健米业公司副总裁、金健米业植物油公司董事长，1994年12月被中华人民共和国国内贸易部授予全国内贸系统“劳动模范”称号。

朱晚秀

女，汉族，1949年12月出生，湖南邵东县人，中共党员，初中文化。常德市武陵百货大楼副食经营部主任。1995年被湖南省人民政府授予“劳动模范”称号。

刘　军

澧县粮食局粮油食品公司电工。1998年的抗洪抢险中，刘军驾冲锋舟两天两夜抢救和转移受灾群众600多名。是年10月6日获全国总工会颁发的“全国五一劳动奖章”。

邓津雄

男，1957年8月出生，临澧县人，汉族，中共党员，大专文化。先后任临澧县财贸办秘书、县商业局副局长、局长，县委办副主任、县安监局局长、县政协提案联谊委主任等职。2000年被国家人事部、国内贸易局评为“全国内贸系统先进工作者”，同年，被省政府认定为省级劳动模范。

万祖辉

男，1939年9月出生，慈利县人，汉族，中共党员，大专文化。曾任中国人民解放军55军490团团长，1984年从部队转业到常德市物资局任副局长。1979年参加对越自卫反击战荣立一等功，2004年被湖南省人民政府认定为“劳动模范”。

韩克泉

男，1963年3月出生，澧县澧阳镇人，中共党员，高中文化。1983年应征入伍，在广西边防第五师14团侦察队任班长。在对越自卫反击作战中，荣获一等战功1次、三等战功2次，1985年被广州军区授予“先进青年”称号。1986年12月退伍，就职于澧县石油公司，先后任加油站站长和润滑油公司经理。2005年被湖南省政府认定为“劳动模范”。

杨万电

男，1956年7月出生，鼎城区人，汉族，中共党员，初中文化。1976年年底入伍，1979年参加中越边境自卫反击战，当年被部队记一等功。退伍后曾任鼎城区草坪粮站副主任。2005年被湖南省人民政府认定为“劳动模范”。

刘国新

男，1922年2月出生，辽宁省营口市人，中共党员。1948年2月参军入伍，1954年9月由部队转业到武岗县合作总社人事科任副科长，1960年7月调邵阳县地质局409队人事科副科长，1963年1月调任常德地区税务局人事科副科长，1965年3月调常德地区粮食局德山粮油加工厂任党支部副书记，1974年11月调常德粮油工业锅炉厂任党支部书记，1981年4月离休。2008年被湖南省人民政府认定为“劳动模范”。

刘运和
(1897—1981)

男，湖南湘潭人，汉族。1956年在津市干菜厂当工人，曾任车间主任。1958年被湖南省人民政府授予“先进生产者”称号。

杨惠怡

男，1926年出生，湖南津市人，汉族，中共党员。常德地区纺织品公司统计员。1958年7月出席湖南省第三次先进生产（工作）者代表大会，被评为湖南省“先进工作者”。

谢顺兰

女，1929年出生，津市人，中共党员。历任街道治安员、妇代会主任，1955年转入服务行业，1960年任津市和平饭店经理。1959年9月获湖南省“先进生产者”称号。

刘霞飞

男，生于1935年12月21日，湖南省桃江县人，中共党员，1954年7月参加工作，曾任市商业局局长、局党委书记多年。1991年7月1日被商业部评为全国商业系统“防汛抗灾先进个人”。

张恩美

女，生于1948年1月18日，中共党员，武陵区人。1962年参加工作，1993年任市武陵百货大楼总经理、党委书记。1991年6月，被中共湖南省委授予全省“优秀共产党员”荣誉称号；1994年12月24日，被省妇联授予全省“三八”红旗手荣誉称号。

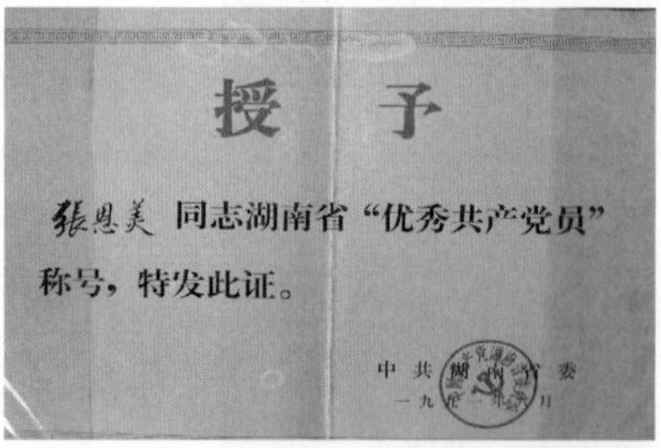

张正荣

男，1955年1月出生，澧县人，大专文化，中共党员。历任副乡长、副书记、乡长、镇党委书记、澧县供销社理事会主任、澧县粮食局局长、澧县粮食局党委书记等职。2003年4月被人事部、中华全国供销合作总社评为全国供销系统劳动模范。

第二篇　生活资料经营

生活资料的经营包括与人们的生活密切相关的肉食、水产、副食、蔬菜、日用工业品几大类消费品的购进和销售。本篇另将酒类的生产和流通及其主要经营企业以专章进行记述。

第一章　肉食水产

第一节　生猪购销

一、国营肉食系统的生猪经营

1985 年 1 月，国家取消生猪派购，自由上市交易，随行就市，按质论价。生猪放开经营后，国营肉食独家经营的局面不复存在。全市集体、个体屠商迅速发展，城市居民购肉票证被取消，实行固定的差价补贴。国营肉食系统购销业务逐渐萎缩。

1989 年，全市生猪总购进 40.73 万头，生猪总销售 49.45 万头。1990—1992 年，全市国有肉食系统收购生猪分别为 36.8 万头、86.42 万头、56.62 万头。

1990 年，全市肉食系统完成农副产品收购总值 2.18 亿元，其中生猪收购均价由 1989 年的 3.18 元/千克上升为 3.48 元/千克，均重由 1989 年的 89.5 千克/头增重为 93 千克/头，仅收购生猪一项即增加收购总值 5228 万元。当年全市肉食系统立足主业，开展"放定管分"，整治肉食市场，地销生猪成倍增长，全年地销生猪达 42 万头，销售收入 1 亿元。是年，全市有较多县市实行改肉款为发放有价肉票，起到了扩大经营量，增加销售的作用。

1991 年，全市肉食系统购销生猪量有较大幅度的增长，销售生猪 66.6 万头，达到历史最高水平。

二、集体、个体屠商的发展

1991 年，肉食经营转体，实行多渠道、多层次、少环节经营，经过承包、租赁、买断，肉食经营逐步个体化。1988—1997 年，鼎城区、桃源、澧县、石门、临澧、汉寿诸县（区）先后被农业部、省确定为瘦肉型商品猪基地县。

2003 年 11 月 20 日，常德市谢家铺生猪交易大市场建成开业，逐步发展为中南五省大而活跃的生猪集散地。该市场占地约 40 亩，修建交易所 44 个，建筑面积 2 万多平方米，投资 500 余万元，年交易量 60 万头。随着市场经济的发展，全市生猪销售市场呈现多元化趋势，2003—2007 年，该市场累计交易生猪 180 万头，交易额达 23 亿元，其业务辐射湖南、湖北、贵州、四川、重庆、江西、江苏、河南、河北、广东、广西、陕西、黑龙江、吉林等14个省市区。常德市的生猪已由过去主要销往广东市场逐步转向为面向全国市场，特别是外销贵州、重庆等地的生猪量逐年增大。

产品销售品种呈现多元化，由原主要外销活大猪逐步转向为生猪、肉品、加工制品等多元化品种发展，特别是冷鲜肉销售量逐年增大。在销售模式上，由过去主要依靠中介组织贩运逐步转向为龙头企业销售、协会组织销售、专业贩运户销售、产销联建销售等多元化销售模式。外省、市生猪也有不少进入常德市场，如2007年春节后，谢家铺生猪交易大市场每天即有300多头生猪从外省调入。

2006年4月,湖南惠生肉业股份有限公司成立,注册资本3030万元，是一家从事生猪屠宰、肉类食品加工销售、物流运输、生猪养殖、商品生产加工销售的现代化规模企业。2010年，该司获“全省肉类行业首批诚信经营示范企业”称号，其冷鲜肉产品干净卫生，在市城区内各大超市和自己的专营店都非常走俏。惠生公司除省内行业协会定点消费其产品外，还在山东威海、江苏苏州、福建厦门和广州、深圳等地建立销售渠道，并通过转口贸易将产品销往日本、俄罗斯等国家和中国香港地区。

三、猪肉储备

2009年，根据国务院、省政府的要求，按照《湖南省重点商品储备管理办法》，为了预防和消除因突发事件等引发的生活必需品市场异常波动，满足居民日常基本生活需要，维护社会稳定，市屠管办选择一批效益好、守信用的养殖和冷冻企业上报国家和省商务部门，作为全国和全省猪肉储备基地。储备肉分三种：国家储备肉和省、市储备肉。2009年，全市加大生猪储备数量，从2008年的5000头增至1万头，以保障在猪肉市场发生波动时起到平抑市场价格、确保市场供应的作用。储备生猪，一般要在猪栏里“存”6个月，厂家不得销售，以便有特殊情况时，猪肉能“随时要，随时有”。为了弥补“时间成本”上的损失，政府下拨相应补贴给厂家。

四、城区居民猪肉供应

1986年，常德市城区国营肉食系统有196副肉架子分布于各店，1991年，销售肉架增至425副，其中个体户肉架333副，占市城区肉架的78.35%；市城区从事猪肉零售业务的共计255户，其中个体屠手235户，占92.1%；市城区日销售猪肉12.5吨左右，而国营肉食部门日均销售仅3吨，仅占25%左右。1988—1993年，城区国营肉食系统销售生猪分别为70660头、56552头、38203头、27138头、17294头、2306头，可见城区国营肉食销量逐年下滑。

1992年，城市居民猪肉凭证定量供应完全取消。1984—1993年，政府对居民猪肉消费差价由暗补改为明补，每人每年补贴17.30元。

1993年起，肉架子被纳入农贸市场。1995年以后，常德城区有新一村、新五村、新六村、火车站、常蒿路、县百纺（即朝阳路农贸市场）、龙港路、三岔路、皂果、小西门、青阳阁、丹阳路、紫桥、茉莉村、北站、贺八巷、甘露寺等20多家农贸市场，还有分布在全市各居民小区不规范的小型临时菜市场，总共上百处，均设有肉商零售肉品的肉架子。

2002 年，市食品总公司破产买断，个体屠商兴起。到 2005 年，遍布市城区的个体肉架子有 700 多副（含牛肉），从业者近千人。

第二节　生猪定点屠宰

1989 年秋，经市政府批准，由市商业局牵头，组建市政府“四统一分”（统一宰杀、统一检疫、统一纳税、统一管理和分散销售）试点工作组，在桃源县城关开展生猪“四统一分”试点工作。以后又相继在鼎城、汉寿、安乡、澧县、津市、石门等 6 个区县（市）全面铺开。尔后，市政府改“四统一分”为“放定管分”，即放开收购、定点宰杀、加强管理、分散销售。据 1990 年 1—7 月统计，全市 6 个区县（市）通过放定管分共收购生猪 12.59 万头，销售 11.37 万头，代征营业税、产品税 235.5 万元，此 3 项指标同比均大增。新的生猪购销政策虽使市场供应不但未受影响，而且购销量增加，消费者又能吃到放心肉，但由于各方阻力较大，到 1992 年时基本处于停止执行状态。

1995 年，按照国务院部署，复在全市范围内推行定点屠宰。市食品总公司自当年 7 月开始在城区设立 4 个定点屠宰场，1996 年又增设新三岔路定点屠宰场。该司组建肉食稽查队伍，与工商、税务、畜牧等部门协作，严格实行集中检疫，统一收取税费，制止和处理私屠乱宰现象。此后，市政府对生猪定点屠宰在人力、物力、财力等方面给予支持。1997 年 12 月，国务院发布《生猪屠宰管理条例》。1998 年年底，全市市、县两级食品公司和 96%的乡镇均实行生猪定点屠宰，设有定点屠宰场点 356 处。当年定点屠宰生猪 42.5 万头，实现销售额 2.94 亿元。

2001 年 12 月，经市政府批准成立市生猪定点屠宰管理办公室。2002 年 5 月，市政府发布牲畜定点屠宰的 13 号令《常德牲畜屠宰管理办法》，至此，全市生猪定点屠宰步入正规化、法制化轨道。2005 年上半年，根据市政府 4 月 11 日第 5 次市长办公会议精神，市江北城区（武陵区、柳叶湖旅游度假区）范围内的生猪定点屠宰稽查、肉类产品市场管理工作由原来的市、区两级管理改为由武陵区统一归口管理。

2005 年年底，全市 203 个乡镇全部实行了生猪定点屠宰。根据国务院新的《生猪屠宰管理条例》规定，结合屠宰行业《生猪屠宰企业资质等级要求》标准，市屠管办制定《常德市生猪定点屠宰场设置规范》和《常德市乡镇定点屠宰场设置规范》，对全市生猪定点屠宰场的规范和建设提出了明确的要求。2009 年全市共投入屠宰场建设改造资金 5840 万元（至此已累计投资 1.8 亿元），使全市的机械化定点屠宰场和乡镇宰场的建设标准得到进一步提升。同年，全市 8 家县级机械化屠宰场斥资 60 万元，统一购置安装生猪无害化处理设施，保障了屠宰场病死猪、病害猪及时有效地进行无害化处理。2010 年全市共有市级宰场 3 个，县级宰场 11 个，乡镇宰场 185 个；其中县级以上机械化屠宰厂 12 个。县城以上进点屠宰率 100%，乡镇进点屠宰率达 95%以上。全市定点屠宰量由 2001 年的

20 万头上升到 2009 年的 80 万头，居全省第一。城区由 2001 年的不到 3 万头上升到 2009 年的 27 万头，最高年份（2005 年）达 30 万头。

常德市生猪定点屠宰统计表（一）

表 2-1-2-1　　　　单位：头

县市区	2005 年			2006 年			2007 年			2008 年		
	合计	城区	乡镇	合计	城区	乡镇	合计	城区	乡镇	合计	城区	乡镇
武陵	160579	160579		120884	120884		122198	122198		144189	144189	
鼎城	86580	30010	56570	89345	30900	58445	89786	30450	59336	90012	31030	58982
德山	30733	30733		31836	31836		30950	30950		27305	27305	
西湖	8405	5320	3085	8353	5230	3123	10429	6325	4104	10448	6198	4250
西洞庭	4433	4433		4676	4676		4665	4665		4497	4497	
安乡	58320	18532	39788	68236	21973	46263	62873	17216	45657	63705	20253	43452
汉寿	89365	27182	62183	93174	29325	63849	98546	31043	67503	97648	33817	63831
桃源	84327	32967	51360	85413	33018	52395	86396	32893	53503	80836	28452	52384
临澧	45621	38126	7495	47825	39214	8611	46325	38625	7700	50145	38127	12018
石门	68400	36200	32200	71200	36700	34500	95100	54300	40800	114300	59700	54600
澧县	69465	37165	32300	67008	34848	32160	63943	31566	32377	65668	35071	30597
津市	34246	20779	13467	40266	22567	17699	30065	18605	11460	36056	18463	17593
华泰	131604	131604		127445	127445		187743	187743		201635	201635	
合计	872078	573630	298448	855661	538616	317045	929019	606579	322440	986444	648737	337707

常德市生猪定点屠宰统计表（二）

表 2-1-2-2　　　　单位：头

县市区	2009 年			2010 年			2011 年			2012 年		
	合计	城区	乡镇	合计	城区	乡镇	合计	城区	乡镇	合计	城区	乡镇
武陵	162176	162176		167823	167823		179200	179200		209212	209212	
鼎城	90160	32449	57711	110068	33928	76140	110524	30952	79572	111686	31492	80194
德山	48510	48510		76612	76612		77184	77184		73145	73145	
西湖	13287	7273	6014	14000	8000	6000	14347	8269	6078	15513	8356	7157
西洞庭	4589	4589		9457	9457		45588	45588		170833	170833	
安乡	64158	22639	41519	72000	22705	49295	116538	35058	81480	139571	37861	101710
汉寿	93862	35633	58229	92800	38155	54645	105060	43268	61792	391717	297537	94180
桃源	91696	29485	62211	141678	42823	98855	122966	26387	96579	136511	32158	104353

续表 2-1-2-2

县市区	2009 年			2010 年			2011 年			2012 年		
	合计	城区	乡镇	合计	城区	乡镇	合计	城区	乡镇	合计	城区	乡镇
临澧	49568	37126	12442	46325	38614	7711	48954	38647	10307	48764	37625	11139
石门	132100	72100	60000	144966	68804	76162	125510	64899	60611	152315	79863	72452
澧县	72910	43211	29699	131464	61751	69713	152133	74705	77428	155050	88481	66569
津市	52106	21058	31048	55344	25595	29749	69978	52219	17759	89838	89838	
华泰	283154	283154		423998	423998		326318	326318		193913	193913	
合计	1158276	799403	358873	1486535	1018265	468270	1494300	1002694	491606	1888068	1350314	537754

常德市生猪定点屠宰场企业名单表

表 2-1-2-3

编号代码	单位名称	编号代码	单位名称
A080301	湖南惠生肉业股份有限公司	A080302	常德市鼎城区惠民生猪定点屠宰场
A080303	津市市生猪机械化定点屠宰场	A080304	安乡县城关机械化定点屠宰场
A080305	汉寿县城区生猪定点屠宰加工厂	A080306	澧县牲畜定点屠宰服务中心
A080307	临澧县望城生猪定点屠宰场	A080308	桃源县漳江生猪定点屠宰厂
A080309	石门县楚江生猪定点屠宰场	A080310	常德市德山天健肉类食品有限公司
A080311	西湖管理区中心屠宰场	A080312	常德市西洞庭祝丰屠宰场
A080313	湖南省澧县华泰肉类食品有限公司	A080314	湖南省常德市汇美食品有限公司
	鼎城区：31		汉寿县：29
A08030201	鼎城区大龙站镇定点屠宰场	A08030501	汉寿县岩汪湖镇定点屠宰场
A08030202	鼎城区丁家港乡定点屠宰场	A08030502	汉寿县新兴乡定点屠宰场
A08030203	鼎城区韩公渡镇定点屠宰场	A08030503	汉寿县鸭子港乡定点屠宰场
A08030204	鼎城区蒿子港镇定点屠宰场	A08030504	汉寿县洲口镇定点屠宰场
A08030205	鼎城区牛鼻滩镇定点屠宰场	A08030505	汉寿县罐头咀镇定点屠宰场
A08030206	鼎城区雷公庙镇定点屠宰场	A08030506	汉寿县毛家滩回维乡定点屠宰场
A08030207	鼎城区草坪镇定点屠宰场	A08030507	汉寿县丰家铺乡定点屠宰场
A08030208	鼎城区逆江坪乡定点屠宰场	A08030508	汉寿县岩嘴乡定点屠宰场
A08030209	鼎城区黄土店镇定点屠宰场	A08030509	汉寿县太子庙镇定点屠宰场
A08030210	鼎城区中河口镇定点屠宰场	A08030510	汉寿县崔家桥镇定点屠宰场
A08030211	鼎城区十美堂镇定点屠宰场	A08030511	汉寿县大南湖乡定点屠宰场
A08030212	鼎城区黄珠洲乡定点屠宰场	A08030512	汉寿县月明潭乡定点屠宰场
A08030213	鼎城区黑山咀乡定点屠宰场	A08030513	汉寿县百禄桥镇定点屠宰场

续表 2-1-2-3

编号代码	单位名称	编号代码	单位名称
A08030214	鼎城区镇德桥镇定点屠宰场	A08030514	汉寿县洋淘湖镇定点屠宰场
A08030215	鼎城区周家店镇定点屠宰场	A08030515	汉寿县周文庙乡定点屠宰场
A08030216	鼎城区灌溪镇定点屠宰场	A08030516	汉寿县沧港镇定点屠宰场
A08030217	鼎城区石板滩镇定点屠宰场	A08030517	汉寿县坡头镇定点屠宰场
A08030218	鼎城区蔡家岗镇定点屠宰场	A08030518	汉寿县酉港镇定点屠宰场
A08030219	鼎城区双桥坪镇定点屠宰场	A08030519	汉寿县文蔚乡定点屠宰场
A08030220	鼎城区长岭岗乡墟定点屠宰场	A08030520	汉寿县聂家桥乡定点屠宰场
A08030221	鼎城区斗姆湖镇定点屠宰场	A08030521	汉寿县朱家铺镇定点屠宰场
A08030222	鼎城区许家桥回族维吾尔乡定点屠宰场	A08030522	汉寿县东岳庙乡定点屠宰场
A08030223	鼎城区港二口镇定点屠宰场	A08030523	汉寿县株木山乡定点屠宰场
A08030224	鼎城区长茅岭乡定点屠宰场	A08030524	汉寿县毓德铺镇定点屠宰场
A08030225	鼎城区尧天坪镇定点屠宰场	A08030525	汉寿县三和乡定点屠宰场
A08030226	鼎城区石门桥镇定点屠宰场	A08030526	汉寿县军山铺镇定点屠宰场
A08030227	鼎城区谢家铺镇定点屠宰场	A08030527	汉寿县龙潭桥乡定点屠宰场
A08030228	鼎城区沧山乡定点屠宰场	A08030528	汉寿县蒋家咀镇定点屠宰场
A08030229	鼎城区唐家铺乡定点屠宰场	A08030529	汉寿县围堤湖定点屠宰场
A08030230	鼎城区钱家坪乡定点屠宰场		桃源县：39
A08030231	鼎城区石公桥镇定点屠宰场	A08030801	桃源县青林乡生猪定点屠宰场
	津市市：7	A08030802	桃源县车湖垸乡生猪定点屠宰场
A08030301	津市市新洲镇定点屠宰场	A08030803	桃源县深水港乡生猪定点屠宰场
A08030302	津市市李家铺乡定点屠宰场	A08030804	桃源县陬市镇生猪定点屠宰场
A08030403	津市市白衣乡定点屠宰场	A08030805	桃源县枫树乡生猪定点屠宰场
A08030504	津市市棠华乡定点屠宰场	A08030806	桃源县架桥镇生猪定点屠宰场
A08030605	津市市保河堤镇定点屠宰场	A08030807	桃源县盘塘镇生猪定点屠宰场
A08030706	津市市灵泉镇定点屠宰场	A08030808	桃源县马鬃岭镇生猪定点屠宰场
A08030807	津市市渡口镇定点屠宰场	A08030809	桃源县木塘垸乡生猪定点屠宰场
	石门县：18	A08030810	桃源县漆河镇生猪定点屠宰场
A08030901	石门县新关镇定点屠宰场	A08030811	桃源县黄石镇生猪定点屠宰场
A08030902	石门县皂市镇定点屠宰场	A08030812	桃源县双溪口乡生猪定点屠宰场
A08030903	石门县白云乡定点屠宰场	A08030813	桃源县九溪乡生猪定点屠宰场
A08030904	石门县壶瓶山镇定点屠宰场	A08030814	桃源县郝坪乡生猪定点屠宰场

续表 2-1-2-3

编号代码	单位名称	编号代码	单位名称
A08030905	石门县蒙泉镇定点屠宰场	A08030815	桃源县热市镇生猪定点屠宰场
A08030906	石门县夹山镇定点屠宰场	A08030816	桃源县理公港镇生猪定点屠宰场
A08030907	石门县易家渡镇定点屠宰场	A08030817	桃源县黄甲铺乡生猪定点屠宰场
A08030908	石门县新铺乡定点屠宰场	A08030818	桃源县牛车河乡生猪定点屠宰场
A08030909	石门县三圣乡定点屠宰场	A08030819	桃源县钟家铺乡生猪定点屠宰场
A08030910	石门县太平镇定点屠宰场	A08030820	桃源县龙潭镇生猪定点屠宰场
A08030911	石门县子良乡定点屠宰场	A08030821	桃源县观音寺镇生猪定点屠宰场
A08030912	石门县雁池乡定点屠宰场	A08030822	桃源县三阳港镇生猪定点屠宰场
A08030913	石门县维新镇定点屠宰场	A08030823	桃源县太平桥乡生猪定点屠宰场
A08030914	石门县磨市镇定点屠宰场	A08030824	桃源县浯溪河乡生猪定点屠宰场
A08030915	石门县罗坪乡定点屠宰场	A08030825	桃源县佘家坪乡生猪定点屠宰场
A08030916	石门县所街乡定点屠宰场	A08030826	桃源县剪市镇生猪定点屠宰场
A08030917	石门县南北镇定点屠宰场	A08030827	桃源县泥窝潭乡生猪定点屠宰场
A08030918	石门县东山峰管理区定点屠宰场	A08030828	桃源县凌津滩镇生猪定点屠宰场
	澧县：36	A08030829	桃源县兴隆街乡生猪定点屠宰场
A08030601	澧县大堰垱镇干河定点屠宰场	A08030830	桃源县茶庵铺镇生猪定点屠宰场
A08030602	澧县小渡口镇定点屠宰场	A08030831	桃源县杨溪桥乡生猪定点屠宰场
A08030603	澧县小渡口镇毛家岔定点屠宰场	A08030832	桃源县牯牛山乡生猪定点屠宰场
A08030604	澧县小渡口镇太平定点屠宰场	A08030833	桃源县太平铺乡生猪定点屠宰场
A08030605	澧县澧南乡定点屠宰场	A08030834	桃源县西安镇生猪定点屠宰场
A08030606	澧县码头铺镇定点屠宰场	A08030835	桃源县芦花潭乡生猪定点屠宰场
A08030607	澧县大堰垱镇定点屠宰场	A08030836	桃源县桃花源镇生猪定点屠宰场
A08030608	澧县金罗乡定点屠宰场	A08030837	桃源县沙坪镇生猪定点屠宰场
A08030609	澧县金罗乡界岭定点屠宰场	A08030838	桃源县寺坪乡生猪定点屠宰场
A08030610	澧县永丰乡定点屠宰场	A08030839	桃源县郑家驿乡生猪定点屠宰场
A08030611	澧县方石坪镇定点屠宰场		临澧县：5
A08030612	澧县澧澹乡大巷口定点屠宰场	A08030701	临澧县合口镇生猪定点屠宰场
A08030613	澧县澧澹乡改口定点屠宰场	A08030702	临澧县新安镇生猪定点屠宰场
A08030614	澧县火连坡镇定点屠宰场	A08030703	临澧县修梅镇生猪定点屠宰场
A08030615	澧县太青乡定点屠宰场	A08030704	临澧县四新岗镇生猪定点屠宰场
A08030616	澧县甘溪滩镇定点屠宰场	A08030705	临澧县佘市镇生猪定点屠宰场

续表 2-1-2-3

编号代码	单位名称	编号代码	单位名称
A08030617	澧县官垸乡定点屠宰场		安乡县：20
A08030618	澧县如东乡定点屠宰场	A08030401	安乡县深柳农村定点屠宰场
A08030619	澧县道河乡定点屠宰场	A08030402	安乡县安障乡定点屠宰场
A08030620	澧县大坪乡定点屠宰场	A08030403	安乡县三岔河镇定点屠宰场
A08030621	澧县雷公塔镇定点屠宰场	A08030404	安乡县安宏乡定点屠宰场
A08030622	澧县梦溪镇定点屠宰场	A08030405	安乡县官垱镇定点屠宰场
A08030623	澧县复兴厂镇定点屠宰场	A08030406	安乡县安昌乡定点屠宰场
A08030624	澧县双龙乡定点屠宰场	A08030407	安乡县安生乡定点屠宰场
A08030625	澧县宜万乡定点屠宰场	A08030408	安乡县安全乡定点屠宰场
A08030626	澧县王家厂镇定点屠宰场	A08030409	安乡县黄山头镇定点屠宰场
A08030627	澧县涔南乡定点屠宰场	A08030410	安乡县安福乡定点屠宰场
A08030628	澧县澧东乡定点屠宰场	A08030411	安乡县安凝乡定点屠宰场
A08030629	澧县张公庙镇定点屠宰场	A08030412	安乡县焦圻镇定点屠宰场
A08030630	澧县杨家坊乡定点屠宰场	A08030413	安乡县安丰乡定点屠宰场
A08030631	澧县盐井镇定点屠宰场	A08030414	安乡县安裕乡定点屠宰场
A08030632	澧县闸口乡定点屠宰场	A08030415	安乡县安康乡定点屠宰场
A08030633	澧县洞市乡定点屠宰场	A08030416	安乡县陈家咀镇定点屠宰场
A08030634	澧县九垸乡定点屠宰场	A0803,0417	安乡县下渔口镇定点屠宰场
A08030635	澧县车溪乡定点屠宰场	A08030418	安乡县安德乡定点屠宰场
A08030636	澧县中武乡定点屠宰场	A08030419	安乡县大鲸港镇定点屠宰场
		A08030420	安乡县黄山头镇定点屠宰场理兴垱分场

第三节　蛋品、水产品

一、蛋品

常德市是全国、全省鲜蛋主产区之一，历年鲜蛋收购量占全省 1/3，上调量占 2/3，出口量占 50%以上。1985 年取消派购，随行就市，自由购销，取消奖售，城乡集市鲜蛋上市量增加，消费者购买更加方便。是年，全区收购鲜蛋 2.33 万吨，其中鸡蛋占 50.8%，占全省收购总量的 48%。

1989 年，全市肉食系统蛋品总购进 1.78 万吨，鲜蛋总销售 1.78 万吨；1990 年，全市收购鲜蛋 2.12 万吨，销售鲜蛋 1.15 万吨；1991 年全市收购鲜蛋 2.02 吨，销售鲜蛋 2.07 万吨；1992 年全市收购鲜蛋 1.51 万吨，销售鲜蛋 1.98 万吨。1998 年，全市收购鲜蛋 3.14

万吨，销售鲜蛋2.91万吨，其中2061吨运销全国其他省份或由外贸企业及“三资”企业出口。2010年全市禽蛋产量33.64万吨。

二、水产品

享有“鱼米之乡”美誉的常德地区，水产丰富，是全国、全省淡水鱼主产区之一。在计划经济时期，鱼品上市的途径，基本上是国营肉食水产公司与渔场挂钩，随进随销。1988年以后，国营公司基本退出鲜鱼购销市场。个体养殖业兴起，市内养鱼业发展迅猛，出现不少养鱼专业户和专业渔场，甲鱼、鳜鱼等紧俏鱼种养殖发展更快。汉寿成为以甲鱼养殖带动区域经济发展的著名地区。市场销售海带、墨鱼、冻海鱼、虾等水产品的个体经营户不断增加，较为珍贵的德邦鱿鱼、海参、干贝、鱼肚、鱼翅等海产品也大量进入市场，且消费量年年增加。山东、浙江、福建、广东等沿海地区的客户纷纷来常经销，国营、集体、个体商业竞相经营。鲜鱼销售分布于市城区各农贸市场。

常德市城区部分年份的水产品销售数量如下：1988年1036.7吨，1992年1218吨，1994年1322吨。1998年，全市水产品销售总量6.2万吨，零售总额3.19亿元。

1998年10月18日，桥南水产城在桥南商贸城正式开业经营，经营业主72户，1999年该水产城的销售量达2.5万吨，2002年销售量更是达5万吨，居湖南省6大水产市场之首。

2003年，桥南水产城的经营门面增至100多个，经营范围主要为常规水产品、小水产品、名优特水产品、水产加工再制品。鲜鱼90%来源于常德市各区县（市）农场和个体养殖户；同时，亦有外省的某些特有水产如广东的胡子鲶、江西的青鱼、海南的鳜鱼等进入市场，该类产品主要销往湘西北各县（市）以及东南沿海、黑龙江、宁夏、上海等全国10多个省市，并于2002年打入韩国市场，2003年销售量达10万吨，销售额突破4亿元。

2010年，常德水产大市场迁址新建于鼎城区武陵镇三滴水村，市场占地197.3亩，建筑面积10.9万平方米，总投资2.8亿元。成为经营淡水鱼类、海产品、贝类产品、水生植物产品及干货产品等的大型批发和零售市场，共有经营业主120多户，就业人员6000人，年交易量达到100万吨，实现交易额60亿元。

常德市国营肉食系统主要商品销售统计表

表2-1-3-1　　金额单位：万元

年份 / 商品	1989		1990		1991		1992		1993
	数量	金额	数量	金额	数量	金额	数量	金额	数量
猪/猪肉（万头/吨）	48.3	16968	40.3	15081	66.6	25055	42.8	18097	43.1
牛/牛肉（万头/吨）	0.4	229	1	491	0.8	443	0.8	744	15.49（吨）

续表 2-1-3-1

商品＼年份	1989		1990		1991		1992		1993
	数量	金额	数量	金额	数量	金额	数量	金额	数量
羊/羊肉（万头/吨）	0.57	19	1.2	44	1.0	41	1.05	63	1025（吨）
家禽（万羽/吨）	9.89	79	16	119	17.7	119	19.8	210	19671（吨）
鲜蛋（吨）	6744	1100	3759	1832	3803	1837	3658	1646	351.5
水产品（吨）	2067	745	1539	666	4294	1621	7144	3211	107.8

第二章　副食蔬菜

第一节　食　糖

一、食糖经营

由于常德市食糖生产自给能力有限（仅西洞庭糖厂年产5000吨左右），常德地区副食品公司在扶持本地食糖生产的同时，发挥国营商业主渠道作用，自省外组织食糖调入销售。1988年4月，国家调整食糖价格，并实行糖价“双轨制”，计划内食糖价格上浮40%，计划外糖价则随产、供、求关系大幅度上涨或下跌，计外糖价涨至3100—3300元/吨。1989年12月和1990年11月，国家连续两次大幅度调高计划内食糖价格（白糖批发价每吨2979元，零售价每500克1.82元），食糖价格调整后，销售受到影响，销量锐减。此后食糖市场出现销价低于进价，议价糖低于平价糖，多渠道冲击主渠道的购销局面。是年全市国有副食系统食糖总购进3万吨，总销售3.28万吨。

1990—1991年榨季，由于食糖由指令性计划改为指导性计划，市糖酒副食品总公司调入的9350吨指令性高价计划食糖，各区县（市）公司不予承担，全部积压在总公司仓库，每吨购销倒挂300~400元，经审计部门认定，共发生政策性亏损309.9万元，致使市糖酒副食品总公司1991—1993年累计销售额仅7672.6万元，比1989年当年的销售额仅多789.6万元。食糖由“卖方市场”变成“买方市场”，经营食糖的国有批发企业发生严重亏损，1990年全市副食系统累计亏损390万元。

随着市场经济的不断深入，食糖市场逐渐成为厂家自销、个体户批零兼营的市场，国有副食系统的食糖调入和销售逐年减少，1988—1991年全市调入食糖分别为2.75万吨、1.83万吨、1.6万吨、1.42万吨；1989—1994年全市批发销售食糖分别为3.18万吨、2.86万吨、1.04万吨、1.03万吨、7819吨、8121吨。

二、市场整顿

1996年，针对常德市食糖市场流通秩序混乱的状况，市政府办公室根据国务院国发〔1991〕61号和国家工商局工商市字〔1995〕第50号文件精神，以常政电〔1996〕53号明传电报形式下发《关于加强食糖市场管理的通知》，重申国务院、国家计委和国家工商局关于严禁民营企业和个体工商户从事食糖批发业务的政策精神，对名为国营、集体单位，实为个人承包经营者（或挂靠户）从事食糖批发业务的，一概予以取缔。其后成立全市整顿食糖市场领导小组和整顿办公室，召开工商、税务等有关职能部门协调会议和各区县（市）财办主任、糖酒公司经理会议以及城区个体食糖经销大户会议，传达国家政策。为配合食糖市场整顿，市糖酒副食品总公司在《常德日报》和常德电视台宣传食糖整顿的通知和整顿公告。是年，市糖酒副食品公司在江北城区和桥南增设4个食糖经销网点，完成食糖销售5685吨，占全市食糖销售的1/4。桃源、临澧、澧县、鼎城4个县（区）亦先后开展食糖市场整顿，使食糖市场流通秩序基本恢复正常。

三、食糖储备

为保证市场供应，稳定市场价格，国家建立中央和地方两级食糖储备制度。1992—1994年，市糖酒副食品总公司承担1500吨中央储备糖的储备任务。1995—1998年又连续4年分别承担600吨、6000吨、400吨和300吨省级储备糖任务，在保质保量地完成国家和省级储备糖任务的同时，调节了常德的食糖市场供求。

2000年以后的食糖销售全部由个体商店、超市兼营，销售价格在2004年以前每500克2元左右，至2005年以后涨至3—6元。随着人民生活水平的提高和健康意识的增强，人们的食糖消费需求呈下降趋势，加之生产企业生产的无糖食品比例呈增量趋势，因此食糖销售量一直走低。

全市食糖销售量统计表

表2-2-1-1　　单位：吨

1989年	1990年	1991年	1992年	1993年	1994年	1995年	1996年	1997年
24239	24994	20964	15616	14709	1620	6885	6026	2118

国有糖酒副食品经营系统食糖零售统计表

表2-2-1-2

1989年		1990年		1991年		1992年		1993年	
数量（吨）	金额（万元）	数量（吨）	金额（万元）	数量（吨）	金额（万元）	数量（吨）	金额（万元）	数量（吨）	金额（万元）
18191	4961	22817	6345	14407	3967	15426	3686	2460	587.81

桥南糖酒副食城酒类和食糖销售统计表

表 2-2-1-3

年份	销售量（吨）	销售额（万元）	年份	销售量（吨）	销售额（万元）
2003	1210	484	2008	1960	1458
2004	1450	752	2009	1750	1400
2005	1670	932	2010	1780	1540
2006	1890	1134	2011	1590	1479
2007	2150	1488	2012	1630	1630

第二节　蔬　菜

一、蔬菜购销

1988 年以前，国营蔬菜公司实行派购、定购、统购包销形式，国家给予补贴，属政策性亏损企业。1988 年，蔬菜市场全面放开，国营蔬菜店纷纷开展综合经营。从 1990 年开始，蔬菜经营财政补贴逐渐减少，由此，国营蔬菜公司转变工作职能，发挥国营企业主渠道作用，是年市城区销售蔬菜 7.4 万吨，其中从外地调运 410 吨应市。

1989 年，武陵区大力推行大棚栽培技术，既使蔬菜超季早熟，又能使其产量大增，缓解淡季蔬菜短缺的矛盾。蔬菜市场全面放开后，调动了农民种菜的积极性。蔬菜基地东江乡大白菜种植面积 4797 亩，总产量达 1.16 万吨。以日均 150 吨的产量投入本地市场并销往长沙、湘潭、株洲、益阳、汉寿、桃源、安化、张家界等地。

1991 年之前，蔬菜财政补贴还未完全取消，市蔬菜公司主动安排市场，在货源组织上采取“本地为主，外埠调节”的原则，与近 100 户菜农建立了稳定的业务联系，同时与全国 20 多个蔬菜集中产地或基地建立业务联系，组织优良菜种，引进系列新品种，使经营品种由原来的 110 个增加到 200 多个。1990 年从长沙引进韭菜技术，使菜农的每亩收入接近万元，1991 年扩大种植面积，由 50 亩发展到 250 亩，并在东江乡关天坪形成了韭黄基地。尔后又引进生菜、菜薹、云南莴笋、台湾胡萝卜、美国实心芹、韩国白玉春萝卜、夏阳早大白菜等品种。1990 年，为抓好“三淡五节”的蔬菜供应，市蔬菜公司派出近 100 人次分赴两广、河南、河北、湖北等省和省内各县市组织调入本地短缺品种 19 个，共 625 吨。其中 9 月淡季先后派出 40 人次、50 车次调入计外菜 250 吨，即冬瓜 120 吨,马铃薯 50 吨，青红椒 80 吨，及时投放市场，有效地调节了市场余缺。当年市蔬菜公司经营鲜菜总量 5250 吨。

1991 年 8 月，常德甘露寺蔬菜批发市场建成营业，主营蔬菜批发业务，吸引南北菜商，先后与全国各地 100 多个批发市场、农贸市场建立业务往来，流通范围远至甘肃、陕西、两广，日进出场交易达 4000 人次。1992 年，该市场先后派出 200 多人次在省内外组织青红椒、蒜苗、红皮葱、马铃薯、黄瓜等 30 多个品种；是年年底，该市场共成交各类蔬菜3万吨，自营量达1500吨。该市场由此成为全市蔬菜供应的主要经营地。

是年，市蔬菜总公司的职能逐渐由主导市场变为服务市场，工作重点放在保证淡季、节日、自然灾害期间的蔬菜供应。在当年洪涝灾害期间，该司组织应急优良菜种，调进浙江萝卜籽、早秋黄瓜籽、豆角籽等20多个品种共5000多公斤销往石门、安乡、汉寿、桃源等灾区。是年8月28日，市甘露寺蔬菜果品批发交易市场建成正式开业，其经营方式主要是为产销双方提供交易场所，开展自销和自营业务，批零兼营，采取现货对手成交、收购、联购联销、代购代销、代购代运、签订期货合同等多种方式。每日各种车辆、摊担近2000部，客流量3000多人次，日成交鲜菜20万千克。

1994年，市蔬菜总公司抓蔬菜种子、鲜菜的购销和节日供应。种子经营部引进系列新品种，建立制种基地，开辟科技园地，年销售额达50多万元。青阳阁菜场、东门菜场、新东街菜场主抓鲜菜供应。

该司还先后研究开发豆奶、汽水、餐桌转盘等一系列新产品。豆奶厂投资3.1万元，改造更新生产设备，1993—1994年共销售豆奶315万瓶。1994年豆奶厂完成工业总产值122.94万元，比上年同期增长84.87%；产品销售收入122.95万元，比上年同期增长134.53%；实现利润21万元，比上年同期增盈24.36万元。

1993年，市城区国营菜店仅存一家，城镇居民的鲜菜供应全部被农贸市场所取代。是年，全市蔬菜上市量16.04万吨，日人均供应蔬菜0.56千克。

1994年中秋、国庆期间，市蔬菜公司为加强鲜菜供应，成立节日供应领导小组，组织专门的采购队伍组织货源，从海南、三亚、南宁、昆明等地购进辣椒、蒜苗等20多个品种，在零售环节上确定了北站、茉莉村、青阳阁、红旗路4个农贸市场为两节供应点，在价格上采取高进低出，平进平销的措施。

1995年8月，政府投入调控资金40余万元，先后在市城区组建7个农贸市场，经营面积达700平方米，年经营鲜菜量1200吨。

1996年初，甘露寺批发市场再度扩建，投资5000万元，新增1万平方米的交易大棚，5000平方米的蔬菜贮备仓库，5000平方米的停车场，蔬菜年均上市品种达120个以上，蔬菜库存量保持在3.2万吨左右，年蔬菜交易量达25万吨，成交额达2.8亿元。与此同时，津市、澧县、石门、鼎城等地的蔬菜批发市场也相继建成。全市形成了以甘露寺大批发市场为龙头，各地批发市场为网络的流通体系，蔬菜年上市量达20万吨，日人均供应0.5千克，供应品种旺季保持30个以上，淡季品种也不少于20个。澧县、石门、津市等地每年还有近亿千克鲜菜销往长沙、益阳、宜昌及三峡库区。为保证蔬菜运输畅通无阻，1996年由市蔬菜办、市物价、交通、公安、工商等部门联合下发《关于建立全市绿色通道》的文件。

1998年，武陵区蔬菜基地面积已达3166.67公顷，年产鲜菜超过21万吨，可供160万人口吃菜，能满足全市9个区县（市）所有城镇人口的蔬菜需求。

2000年以后，随着经济与社会的发展，人民生活水平得到提高，消费者对蔬菜的需求趋势呈现出多样化、优质化、健康化、自然化，追求绿色无公害。武陵区政府投资600万元，在郊区进行“无公害”蔬菜生产，先后建成白马湖村、芦山村、关天坪村、赵家雁村等20个集中连片的“放心菜”生产基地。新建塑料大棚4000多座，推行芙蓉白藕、榨菜、香葱、太空莲等一批“放心菜”品牌。东郊乡500亩无公害蔬菜，使用“农大哥”品牌，在长沙首创连锁专卖店。武陵区的蔬菜产品在全国市场的销量逐年上升。

2001—2004年，常德市、武陵区政府联合建立无公害蔬菜检测中心，在甘露寺、青阳阁等18个蔬菜批零市场建立放心菜检测站，在各大商场、超市设立安全蔬菜营销网点。

2004年，武陵区蔬菜种植面积达8万亩，高标准的放心菜基地达3.5万亩，产量突破16万吨，产值11亿元，检测合格率达90%以上。放心菜的产量占全区蔬菜产量的1/3以上。

二、蔬菜加工

为了解决市场上蔬菜供应的季节性，使之“淡季不淡，旺季不烂”，在抓反季节蔬菜种植的同时，市蔬菜系统也进行蔬菜的制作与加工。

常德市的蔬菜制作与加工大致可分为6大类，即腌制菜、脱水菜、速冻菜、罐藏菜、蔬菜汁和新型蔬菜食品。1988年，常德城区仅有蔬菜加工企业1个，每年成品加工量320吨。1996年，全市有蔬菜加工企业150个，成品加工量4.89万吨。津市藠头年生产加工能力达8000吨，产品运往上海、浙江、福建等地。澧县的脱水菜，汉寿的凤尾菜、芦笋罐头年出口能力分别达1000吨和2000吨，产品销往日本和东南亚。常德市正大农副产品加工有限公司生产的“红菱”牌豆瓣酱、剁辣椒、香辣王、风味豆瓣、红薯粉条、莲藕粉条等系列产品曾荣获湖南省“农博会”、首届中西部地区糖酒副食展销会、首届常德市食品工业博览会金奖、银奖、优质产品奖11项。2007年，全市蔬菜加工企业发展到268家，其中有出口能力的企业18家，蔬菜加工户发展到1460个，形成各类品牌78个，已注册62个，其中具有一批知名品牌。全市蔬菜加工企业的年加工产值达11.4亿元。

三、蔬菜产销协会

为搞活蔬菜流通，2001年召开全市蔬菜产销见面会酝酿并建立蔬菜协会。协会在110多家营销公司中扶持年销售百万千克的营销大户90多个。许多区县（市）建立信息中心，通过网上发布产销信息，促进蔬菜外销。

2010年，全市有各类蔬菜产销协会37个，每年经协会销售的蔬菜达152万吨；有蔬菜批发市场12个，年交易量110万吨；零售市场74个，年交易量140万吨。

第三节　副食糕点

常德市糕点类有油货、糖货、酥货、蛋货、饼干、米制品等7大类商品。20世纪80年代，食品工业发展加快。1988年，九三牌芝麻香糕、武陵生仁桃酥获得首届中国食品博览会铜奖。

1989年，市糖酒副食品总公司组织各区县（市）开展创优夺牌活动以打开产品销路。在中商部组织的评比中，汉寿的葡萄干蛋糕、石门县的梅花蛋糕荣获商业部优质产品称号。同时还有11个产品分别获得了省优。是年，全市副食系统糖果总购进834吨，总销售821吨；全市副食系统糕点总购进1949吨，总销售1670吨。

1990年，全市国营企业的糖果糕点销售大幅度下降。一方面，受省外产品的冲击，广东的饼干、上海的糖果几乎占领了整个市场。另一方面，省内产品由于固守传统模式，更新换代慢，未能与时俱进，在市场上缺乏竞争力，糖果、糕点销售分别比1989年下降32.12%、21.74%。

1990年以后，前店后坊的个体经营户和高档糕点店、蛋糕和面包专营店日益兴起，兼营牛奶、豆浆及其他饮品，成为学生和上班族的早餐食品或旅游食品。消费者的消费观念变化后，竞相购买名优和上乘产品，糕点在当时价格浮动不大，桃酥、水波酥、蛋糕和面包的价格一直稳定，一般糕点每500克的价格在5元左右。

1997年，鼎城区政府和常德欣运集团联合投资创办的桥南副食城，经营户最多时达到600多户，经营品种有食糖、酒类、副食、糖果、糕点、炒货、乳奶制品、小食品等10大类共1000多个品种，商品销售辐射湘西北以及云南、广西、贵州、重庆、湖北等省，年销售额达5亿多元，年上缴税收500多万元。

国有糖酒副食品经营系统主要商品零售统计表

表2-2-3-1　　金额单位：万元

年份 / 商品	1989		1990		1991	
	数量	金额	数量	金额	数量	金额
糖果（吨）	1788	807	1420	758	827	466
糕点（吨）	6620	2901	3949	1815	4966	2402

第三章　日用工业品

第一节　百　货

一、国营百货企业的经营

20世纪80年代以前，常德地区经营百货的最大企业是国营常德地区百货采购供应站(以下简称常德百货站)。在该时期的最后几年，百货行业的经营逐步由计划经济向市场经济转变，经营上实行“双轨制”。

1989年，全市商业系统百货经营单位45个，从业人员2532人，全市百货采购批发单位销售总额1.45亿元，其中主要商品的销售量为：火柴1.08万件、肥皂19.4万箱、洗衣粉 2898 吨、保温瓶 34.1 万个、缝纫机 1.48 万架、钟 4.51 万只、国产手表 20.96 万只、机制薄纸 3797 吨、机制版纸 1462 吨、钢笔 139.57 万支、铅笔 1185.9 万支、照相机 1.38 万架，实现利润 849 万元。

20 世纪 90 年代，个体民营百货业发展迅猛。全市国有百货系统面对激烈的市场竞争，通过调整进货方式、扩大零售、“三带下乡”（带供货目录、带现货商品、带开单发票）、召开各类选货会等一系列措施来扩大销售。

（一）调整进货方式。即改变过去的向一、二级批发站进货为主和以百货文化商品为主的情况，实行“四扩大”（扩大直接向工厂进货，扩大向上海、广州的进货，扩大名优特新产品的进货，扩大兼营商品的进货）。改大批量进货为多品种、小批量，勤进快销。在进货方面严把三关：质量关、价格关、包装完整关。广东、深圳等地的名优产品陆续进入常德市场。1989 年，常德百货站与省内外 455 家工厂建立稳定的业务往来关系，全年向工厂进货 4439 万元，占进货总额的 55.13%。1991 年全市百货系统以名优特新商品启动市场，共发展新厂家业务联系 500 多家，从工厂进货占总进货比重上升到 63%。经营品种由 1990 年的 26 491 个增加到 27 932 个，其中名优特新商品由 2350 个增加到 4891 个。1992 年，新增业务联系厂家 500 多家，经营品种由 1990 年的 17 932 个增加到 26 491 个，其中名优商品由 2358 个增加到 4891 个。1989—1991 年，常德百货站的商品总购进分别为 7951.7 万元、7326.25 万元、7417.43 万元。1991 年，该站在全国百货商业同行业效益杯竞赛中获得优胜奖。

（二）扩建零售大楼。1991 年，常德百货站投资 600 多万元进一步扩建改造零售大楼，营业面积达 7000 多平方米，柜组增加至 45 个，成为全市规模最大百货大楼，当年销售额达 2235 万元，实现利润 131.67 万元。是年，全市已拥有较大的百货商店 19 家，市城区有常德百货大楼、常德中心百货大楼、武陵百货大楼、常德商场、北站商场、东门百货大楼等。

全市 19 家主要的百货商店，1988 年商品销售总额为 1.21 亿元，实现利润 518.38 万元。1990—1992 年，常德百货大楼零售总额达到 7585 万元。1992 年，该大楼被省财办评为全省十家工业品零售效益最佳企业第六名。

除市城区，区县（市）较大的百货大楼（商场）有：安乡的百货商场；汉寿的汉寿百货大楼、百货商场；澧县的新百货大楼、五交化交电大楼、翊武大楼、商业购物中心；临澧的中心商场、百货大楼；桃源的燎原、星火百货大楼、漳江百货商场；石门的东风商场、明珠商场；津市的中心百货商场、仙桥百货商场、人民路百货商店等。

（三）开拓农村市场。在主要农村集镇设立工业品批发网点，开展工业品下乡活动。1989 年，这些下伸的批发网点销售额达 5220 万元，实现利润 135 万元。批发部门还开展大篷车“三带”下乡送货活动。是年，全市先后出动卡车、客货两用车共 65 台次，拖拉机 58 台次，送货销售 8456 万元。1991—1993 年常德百货站组织干部、职工“三带下乡”

1500 余人次，组织大篷车赶场赶集 23 次，请基层单位上门参加选货会 100 余次，由此增加销售收入近 5000 万元。此外，还定期在农村集镇召开展销会、交流会、选货会，扩大百货商品的销售。

1993 年，全市百货类商品销售 2.37 亿元，销售增加的主要商品有肥皂、洗衣粉、文化用品。当年黄金首饰销售特别旺盛，销售额达到 3094 万元，占百货类零售额的 23%。1994 年，常德市百货总公司销售收入达到 9037.5 万元，为历史最高水平。

1989—1993 年常德市百货主要商品销售统计表

表 2-3-1-1　　　　金额单位：万元

年份	皮鞋（万双）		胶鞋（万双）		肥皂（百箱）		洗衣粉（吨）		保温瓶（万个）		缝纫机（百架）		手表（万只）	
	数量	金额	数量	金额	数量	金额	数量	金额	数量	金额	数量	金额	数量	金额
1989	85	2598	388	2904	2720	823	4706	1314	55.8	669	136	311	14.1	663
1990	90	2751	363	2698	1824	869	4806	1418	48	470	132	304	15	692
1991	109.3	3933	308.4	2566	3126	1686	5187	1853	35.7	409	95	237	16	712
1992	139.6	5548	261.3	2250	3865	2024	8086	2805	30.8	381	72.9	187	15.3	690
1993	145.95						1842							

二、民营取代国营

1995 年，随着民营队伍的不断壮大，国有百货行业销售大幅度下降。常德武陵百货大楼、常德中心百货大楼、常德商场、常德东门百货大楼、北站商场等市城区的大型百货商场在 1998 年前相继关门歇业，98%的职工下岗自谋生路，国有、集体门面出租或个人承包，全部转为个体经营。1996 年，全市百货零售业法人单位 203 个，网点 22 327 个，从业人员 58 602 人。销售收入 4.63 亿元。

流通产业结构不断变化，国有商业企业逐步退出流通领域的同时，股份制、个体、民营流通企业则快速发展。1999 年 12 月 30 日，市城区第一家百货自选超市步步高武陵量贩广场在步行街落户，开创了常德市开放式经营的先河,改变了长期的柜台式经营，成为颠覆传统百货业的新的经营模式。2001 年，湖南友谊阿波罗集团在市城区投资开发家润多超市。此后，常德的超市快速发展起来。2002 年年底，全市百货超市、连锁店、专卖店分别发展到 80 家、100 家和 400 家。2007 年以后，台湾大润发和新的步步高百货、新一佳等著名百货商贸连锁企业相继落户常德。2009 年，全市注册连锁（含特许）百货经营企业达 286 家，连锁门店 324 个。2010 年全市消费品零售总额达 469.4 亿元。

第二节　纺织品

一、国营纺织品企业经营

纺织品行业经营的商品主要有棉布、毛巾、袜子、床上用品、针织内衣、毛线、丝绸等10大类共1500个品种。

20世纪80年代以前，常德地区经营纺织品的最大企业是国营的常德地区纺织品采购供应站（以下简称常德纺织站）。

纺织品行业的进货渠道，按商品的地域性流向划分，澧水流域的安乡、津市、澧县、石门从长沙纺织品供应站进货；桃源、慈利、临澧、常德县、市公司则向常德纺织站进货。常德纺织站除供应常德本地区5个县、市公司外，还负责供应湘西自治州、黔阳地区北部各县、四川省的酉阳、秀山县纺织品公司。

1983年12月1日，国家取消棉布票证，敞开供应。1985年，商业部对纺织品行业经营的棉布、涤棉布、中长纤维布、呢绒、毛线等5种商品定为指导性计划商品。此后，国营商业纺织品销售日渐下降。1988年，省商业厅下达的指导性计划商品仅有棉布、涤棉布两种。随着纺织品逐步敞开供应，国营纺织批发企业的销售比重下降。是年，人们担心货币贬值，储物保值的现象较为普遍，市场上曾一度出现“抢购风”，市场十分活跃，常德纺织站销售布匹706万米，销售床单338万条，针织内衣、毛线均有不同程度的增长。当年，常德纺织站的购调总值为5847.52万元，其中购进2918.1万元，调入2929.42万元，销售额为6354.43万元。

1989年，全市商业系统纺织品经营单位30家，从业人员784人。是年，全市国营纺织品类商品销售总额1.13亿元，其中主要商品销售量如下：棉布1588.7万米，棉化布998.14万米，化纤布201.13万米，呢绒162.03万米，绸缎139.47万米，毛巾344.71万条，棉毛衫裤141.47万件，卫生衫裤17.9万件，汗衫背心194.57万件，床褥单62.47万件，毛线294吨，各种服装92.26万件，毛毯2793条，棉毯2793条，锦纶袜346.26万双。

1990年，市城区桥南布匹市场、彩滨市场相继建成，个体纺织品经营户快速增加，给国营纺织品行业经营带来很大冲击。当年全市国营纺织品行业销售总额1.05亿元，个体纺织品销售总额9502.5万元，为国营销售总额的90.53%；其中国营纺织行业国内纯销售2453.21万元，个体纺织零售额9121万元，为国营纺织行业的372%。

1993年以后，国营纺织行业亏损不断加剧，国营纺织品公司采取缩小批发业务、扩大零售经营规模、增加经营网点、参与桥南市场经营、开展服装自选等措施来扩大销售。1994年，市纺织品总公司资金非常困难，便将企业的桃源仓库、新河桥仓库出售变现，筹集资金430万元，改造原有商场，修建南门商厦；1995—1996年，该商厦共完成营业额537万元，创利104万元，收取租金96万元，缓解了批发业务急剧下降的状况。

1996年，国营纺织行业市场销售急剧下降，特别是市纺织品总公司的销售日渐萎缩，

1989—1997 年，该站（公司）的销售分别为 4971.7 万元、2905.03 万元、2621 万元、1751 万元、1581.3 万元、1009 万元、1446 万元、886 万元、748 万元，1998 年跌至 391 万元。

1997 年，市纺织品总公司的业务处于最低谷，企业实施改制重组，将原有的 4 个分公司和南门商厦改建成具有独立法人资格的“常德市鑫合针棉纺织品有限责任公司”和“常德市南门商贸公司”。两个新公司成立后，虽然进行了一系列的改革，但资金严重不足，销售仍然继续下降，企业步履艰难。1998 年公司处理老库存商品 100 多万元。

全市国有纺织品系统主要商品零售统计表

表 2-3-2-1　　金额单位：万元

年份 / 商品	1989		1990		1991		1992		1993
	数量	金额	数量	金额	数量	金额	数量	金额	数量
棉布（万米）	1328	3841	1204	3747	883.6	3360	693.9	2222	193
棉花化纤混纺布（万米）	805	3304	705	3445	582.6	3008	537.6	2606	
化纤布（万米）	381	2986	412	3790	346.2	3780	448.1	3474	
呢绒（万米）	90	3068	91	2797	101.5	2712	107.2	3670	25.88
绸缎（万米）	1137	1403	141	1431	100.6	1399	104.1	985	30.45
针织内衣裤（万件）	564	2979	454	2505	425.1	2493	397.2	2408	162.7
各种服装（万件）	596	5385	312	6666	438.4	10819	585.4	15853	240.15
毛线（万千克）	50	2072	43.7	1380	41.5	1838	40.7	1932	
锦纶袜（万双）	441	997	369	795	312	740	23.9	589	

二、民营纺织品企业经营

随着人民生活水平的提高，消费者开始追求服装款式和面料，常德市的一些经销商开始进口韩国面料及名牌西装。经营各种品牌的西装店兴起，所售西装价格较高，但生意仍然兴隆。该批西装店所经销的商品主要来自广州、上海、武汉、内蒙古 、江浙等地。

1996 年 1 月，市城区桥南轻纺市场建成，占地面积 14 663 平方米，门面 300 余间，主营各种布匹和丝绸织品、各式窗帘等纺织品，经营业主 80 多户，从业人员 600 多人。

是年全市纺织品、服装、鞋帽零售业法人单位 246 个，网点 17 055 个，从业人员 34382 人。批发销售额 9675.7 万元。

1998 年，市政府兴建商业步行街，街内 1000 多个门面，95%的经销商经营纺织品业务，名精专店 120 家，经营品种达 2000 多种，形成了纺织、针棉服装销售一条街。此街经营品种以精品男装、休闲运动系列、鞋类为主，其精品服装经营店有英国阿玛尼有限公司、老爷车、格蕾丝、圣得西、真维斯、法国梦特娇、卡丹路、花花公子、欧利尔、华伦天奴、青木三色等；男装专营店有与狼共舞、潘安洋服、自由鸟、七匹狼、忘不了、航力、里波、皮尔卡丹、柒牌男装、雅加达、贵族城等；经营运动休闲服的有班尼路、国光休闲、运动大本营、生活秀、摩高、美特斯邦威、捷路等。步行街门店经营品种属中高档系列，款式新潮时尚，价位居高，所有门店都会在服装换季时采取打折的方式来推销商品。此街日平均人流量6万人左右，节假日可达10万人，日平均营业额在100万元左右，年缴税收600万元。

尔后，市城区又相继建成金桥市场、龙港巷市场和再就业广场，纺织品经营门店和从业人员迅猛增加。1998年全市经营纺织品的从业人员近1万人，销售额达8322万元。

2000年以后，纺织品市场进一步繁荣，销售向好。2003年，市城区纺织品经销门店达4600个，从业人员1.7万人，经营品种1万多个。截至2004年，市城区从事纺织品经营的企业为31家，注册资本9.97亿元。至2010年，市城区从事纺织品经营的企业增至88家，注册资本达13.94亿元。

常德市大中型纺织品批零企业主要商品销售统计表

表2-3-2-2　　单位：万元

商　品	1994年		1995年		1996年		1997年	
	批发	零售	批发	零售	批发	零售	批发	零售
棉布（百米）	6939	4803	3806	3824	3630	6678	197	4097
呢绒（百米）	365	1947	117	1906	519	1580	437	1472
绸缎（百米）	346	1803	155	2043	343	1060		1254
服装（百件）	1510	12703	196	4852	4191	4656	5486	4989
针织内衣裤（百件）	3413	6732	1942	5085	880	5780		

第三节　五金交电化工用品

一、逐步取消计划分配，货源自组

五交化行业主要经营五金、机械、交通器材、化工原料、染料6类批发和零售业务。

20世纪90年代初以前，常德市辖区以及周边一些辖区外的地区的五金交电化工商品主要由常德地区五交化公司（1988年更名为市五交化总公司）经营。

1980年以前，域内五交化商品主要从外地调入，并实行计划分配。1980年以后，上级商业部门取消限制进货渠道的禁令，各级商业企业均可参加各类商交会，直接向外地工厂进货。随着家用电器在五交化商品中所占比重的增大，五交化系统进货不断向家用电器方面倾斜。到1984年，全区各县市五交化公司从工厂进货品种为200余种，金额达1664万元。除元钉、元丝、自行车、部分彩色电视机、冰箱、纯碱为计划分配外，其余商品均取消计划分配，实行自组货源，大部分商品从生产厂家或产地批发价格调入。1988年以后，商业系统内部调拨愈趋减少，经营单位从工厂直购比重不断扩大。

1989年，全市商业局系统五交化经营单位32个，从业人员916人，是年，全市五交化系统批发单位销售合计1.52亿元，其中主要商品销售量为：元钉1588吨、镀锌铁丝2007吨、自行车9.81万辆、普通灯泡529万个、电视机6.47万台（其中彩电1.06万台）、收音机1.09万台、电风扇6.83万台、洗衣机7688台、录音机1.66万台、纯碱886吨。

1990年，市五交化总公司突出名优商品经营，建立一个由230多家名优厂组成的庞大而稳定的工商联营网络，先后担任了生产厂家近80个产品的总经销、总代理，保证货源的稳定，取得经营竞争中商品质量和价格的优势。当年该司从工厂进货5070万元，占年度进货总额的65.3%，比上年上升44%；五交化系统经营的15个主要品种从工厂进货比重达到80%。

1991年，常德五交化总公司组织各地集团公司及名优厂家的货源9800万元，占总进货比重达83%；1991年1—8月，该司组织康佳、牡丹、福日、北京、长虹等牌子的彩电4621台，中意、白云、上菱、双鹿、万宝、香雪海等牌子的冰箱冰柜3288台，水仙、威力牌洗衣机4448台，凤凰、永久牌自行车1.66万辆，均比上年同期有大幅度的增长，占购进总额的24%。对于小商品的进货，也一改过去普遍从二级站进货的老习惯，转向上海等地的名优厂家。是年与上海亚明灯泡厂、南京电光灯管厂、天津黑胶布厂等20多家名优产品生产厂家建立了稳固的购销关系，全系统的建筑、工具、油漆类商品到工厂进货的比重达到70%。当年，该司组织各地集团公司及名优厂家的货源9800万元，占总进货的比重达83%。商品销售中，洗衣机、长虹电视机年销量达到峰值，分别为1.3万台和1.1万台。

1992年，该司组织购进名优厂家商品金额累计达9753万元，占购进总额的82.5%。是年该企业推行商业企业“四放开”，开拓矿产、机电、建材、化工等150多种系统外产品经营，新辟金银珠宝精品屋。当年销售首次突破亿元。

1993年，市五交化总公司被20多个名优集团吸收为成员，与430个新老名优货源厂家建立长期业务关系，担任78家生产厂家的总经销、总代理。购进彩电1.1万台，冰箱6000台，空调器980台，摩托车230辆，自行车3.5万辆，钉丝970吨，石蜡820吨，纯碱700吨，油漆800吨。同时引进新特商品，如直角画面彩电、冷暖分体空调、大容量热水器、高档音响、山地车、变速车等81个品种。是年该司商品总购进1.17亿元，直接从名优厂家的购进为9800万元，占总购进的83%。1994年和1995年，商品总购进分别为1.13亿元、9200万元，名优商品均占总购进的85%以上。与此同时，市五交化总公司也扶持地方工业，推销地方产品，如1993年即在市辖区内的30多家工厂收购地方产品3000多万元。

二、实行工商、商商联合

1990年以前，彩电和冰箱一直凭票供应。20世纪90年代初期，常德五交化系统将经营重点转向社会购买热点，加大高档电器的市场投放量。录放机、VCD、彩电、冰箱、洗衣机等均成为市场抢手货。高档精品主要品种有：进口松下和索尼彩电、国产多画面彩电，小天鹅、水仙全自动洗衣机，华宝、三菱、科龙空调，爱华、健伍高档音响等。为适应市场经济的发展，市五交化总公司采取一系列促销措施：

1.在销售上与县公司、大型商场、供销社实行联营联销。该司与市辖区的10个区县（市）公司和比邻地区的沅陵县、桑植县、永顺县以及湖北的荆门、荆州等地的30多家企业实行联营联销。1991年，全市五交化系统在销售上采取二、三级批发联合、工商联合。

2.铺底代销、货到付款、分期付款、销完付款。

3.划细经营，将原五金类分为建筑五金、五金工具类；将交电类分为交通器材、电工电料类；家电类分为音响、冰箱彩电、小家电类。重要商品专人抓，重要客户重点抓，分片包干负责。

在此基础上，该司着眼于名优商品生产厂家，以建立和发展名优商品购销集团为目标，以采取集资入股、预付定购、专人驻厂采购、定销返利、联合展销、挂牌联营等措施，与上海交电、家电商品联销集团、凤凰、永久集团、中意、杨子集团等100多家集团公司在利益均沾、风险共担的前提下进行联营联销。1991年1—8月，该司完成销售1.31亿元，实现利润173万元，在全省16个二级站中名列第四位，成为全市商业系统盈利最多的企业。当年，该司被评为全省财贸系统300家规模最大的企业。

1992年，市五交化总公司的商品销售中，洗衣机、长虹电视机年销量分别达1.3万台、1.1万台。

1993年，全市五交化系统彩电、电扇、冰箱、洗衣机销售分别为3.65万台、1.57万台、4.86万台、1.54万台。空调、摩托车、抽油烟机的销售也有一定的增长。1993年全市五金、交电、化工类商品分别比1988年增长50.5%、87.5、66.7%%；当年全市五交化系统销售达到2亿多元，其中市五交化总公司销售1.56亿元，达到其经营史上的最高点。

1994年，市五交化总公司抓拳头商品销售，实行规模化经营。当年销售长虹彩电1.1万台，福日彩电6000台，纯碱750吨，自行车4万辆。经营的拳头商品有彩电、冰箱、洗衣机、空调、热水器、抽油烟机、自行车、油漆、纯碱等，此类商品的销售占其全部销售额的70%。同时，全市五交化系统不断扩大新商品经营。是年开发了进口电动工具、高档锁具、上海高档树脂漆、长沙产油漆、美菱系列电器、万和热水器、老板牌抽油烟机近100多个新品种，销售额达800多万元。

1995年，市五交化总公司对长虹彩电、菲利普自行车等9个品种实行重点经营，销售长虹彩电1万台、中意冰箱3500台、容声冰箱1400台、水仙洗衣机6500台、荣事达洗衣机4200台、菲利浦自行车8000辆，9个品种全年销售5500万元，占其全年销售额的50%。该司也在系统内发展行业联合，如在家电销售上先后与30家县（市）公司及专业零售商场发展经济联合，1995年下半年签订购销合同1200万元；化工销售把网点延伸到江苏南通等地，先后建立外市外省销售网点8家，全年发展行业联合32家，销售金额2000万元。

全市五交化系统加强售前、售中、售后服务，开展销售、维修、安装、调试一条龙服务。1991—1995 年，市五交化总公司送货上门 3092 人次，运送货物 2526 吨，义务维修 3620 人次，上门安装调试各种电器 3970 台（件）。该时段，市五交化总公司的销售额分别为 0.91 亿元、1.24 亿元、1.57 亿元、1.35 亿元，1.28 亿元。

常德市国有五交化系统主要商品销售统计表

表 2-3-3-1　　金额单位：万元

商品	1989 年		1990 年		1991 年		1992 年		1993 年
	数量	金额	数量	金额	数量	金额	数量	金额	数量
自行车（百辆）	1148	2579	1153	2577	998	2408	1034.7	2694	835
电风扇（万台）	10.2	1687	12.8	2010	12	1612	11.8	1531	7.05
洗衣机（万台）	1.65	736	1.6	740	1.4	658	1.5	737	2.22
电冰箱（万台）	5.9	1001	0.9	1483	0.9	1240	0.9	1640	1.18
电视机（百台）	637	5466	810	6514	627	5671	622	5864	487
其中彩电（百台）	104	2582	150.8	3152	140	2868	184.8	3717	194.8
录音机（百台）	237	780	231.6	800	216	749	202.5	671	158.13
空调（百台）									7.91
照相机（台）									3164
摩托车（辆）									1946

三、个体经营取代国有商业

1995 年后市场竞争日趋激烈，一大批个体经营者参与五交化商品经营。国营商业的经营业务出现大幅度下降。市五交化总公司在桥南市场和市区内新开辟网点 20 余个，引进个体商业自负盈亏的新机制，采取灵活多样的经营手段，拓展销售渠道，但销售没有大的起色。

1996 年，全市五交化零售业法人单位 57 个，销售网点 3292 个，从业人员 9475 人。批、零销售收入分别为 1.75 亿元、6835 万元。

同年，桥南最大的五交化经营点——桥南家电城开始经营，成为常德市辖区内最大的交电经营中心，共有经营门面 249 间，其他摊位 151 个。有全国 21 家工厂的代理商及三百余户经销商在此经营，从业人员一千多人。市场主要经营大宗家电产品、电子元件、灯具、电脑、影碟音像等六百余种，销售网络覆盖湘、鄂、黔三省九十余县（市）。2001 年销售额达 10.5 亿元。自开业至 2003 年年底，累计上缴各种税费达 960 多万元,迅速发展成为湘西北的家电产品集散中心。国内一批知名品牌先后在该家电城建立了湘西北总代理站点。其中空调总代理有美的、格力、TCL、澳柯玛、新飞、LG、松下、志高、海尔、海信；彩电总代理有海尔、TCL、康佳、创维、飞利浦、松下、海信；冰箱总代理有 LG、容声、阪神、新飞、美的、海尔、伊莱克斯、西门子；洗衣机总代理有西门子、三星、海尔、LG、松下、新飞、伊莱克斯；音响总代理有步步高、爱多、金正、奇声、音乐王子等。

2003—2005年，常德火车站六合家电城、北站华星家电超市、华友家电超市、国美家电超市相继开业。经营品种近三千多种，从业人员达两千多人。2010年，桥南家电城销售额突破30亿元，2012年，常德城区华星、国美、苏宁三大家电超市销售额达4.4亿元。

截至2004年年底，市城区从事五交化经营的企业56家，注册资本5.51亿元；2010年年底，市城区从事五交化经营的企业增加至153家，注册资本达10.64亿元。

常德市大中型五交化批零企业主要商品销售量统计表

表2-3-3-2

商品	1994年		1995年		1996年		1997年	
	批发	零售	批发	零售	批发	零售	批发	零售
自行车（辆）	13212	35349	33005	29105	30115	32851	575	11958
摩托车（辆）	541	240	39	294	362	214	260	441
电视机（台）	18120	18759	16328	12535	8289	16278	3597	6776
其中彩电（台）	9088	10674	13081	7750	7357	11050	555	4387
录音机（台）	1585	9605	1501	5752	118	5999		3162
电风扇（台）	24839	32472	16743	21847	6966	26097	716	11366
洗衣机（台）	11451	8688	13553	5898	10835	7562	425	3222
电冰箱（台）	5718	5095	8519	4181	2645	3720	207	1940
房间空调（台）	143	770	1271	856	412	1443	44	276
抽油烟机（台）	568	1664	553	2327	772	1566	72	431
录像机（台）	86	333	196	460	42	741	32	673
摄像机（台）								7
家用电脑（台）								14
微波炉（台）								7

第四节 大型零售企业

1992年年底，全市商业系统先后建起21家大中型商业网点，新增营业面积11.27万平方米。这些大中型网点主要有：常德市中心百货大楼、常德市武陵百货大楼、常德百货大楼、常德交电大厦、华厦商业大楼、清真第一春、德山商业大厦、常德鼎城商业大楼、东门百货大楼、津市中心大楼、津市友华商场、澧县兰江第一（及第二）百货大楼、澧县翊武大楼、澧县中心大楼、安乡纺织品大楼、安乡中心大楼、临澧百货大楼、桃源漳江大楼、鼎园大楼、石门明珠商场等。同时对20世纪50年代所建的十多个中小型网点进行扩建或改建，如常德南门商厦、北站商场、临澧交电大楼。

1999年12月，湘潭步步高集团公司在常德市城区开设第一家超市，推动了常德商业超市的发展。2000年以来，市城区开设的超市主要有裕兴、万家好、风采、百胜等。其中裕兴、百胜、风采等超市发展较快，在市城区和桃源等地都开有连锁店。截至2010年，全市城区有常德大润发商业有限公司、家润多超市常德店、步步高集团公司、春天百货常德店、新一佳、梅尼广场、风采、裕兴、万家好等开办的大小超市100多家，其中年销售额在5000万元以上有大润发、家润多、步步高、春天百货、新一佳常德金钻店、华星电器、国美电器常德店、苏宁电器、梅尼广场等，此9家大型零售企业2010年的销售额达11.93亿元，上缴税金3000多万元。

常德市城区大型商店、超市统计表

表2-3-4-1

企业名称	营业地址	开业时间	建筑面积（平方米）	从业人员（人）	年销售规模（万元）
武陵百货大楼	市人民中路上南门	1978.1	2586	260	6500
东门百货大楼	市人民东路	1986.10	4471	270	1300
常德中心百货大楼	市人民中路下南门	1987.1	7435	328	4700
常德北站商场	市人民西路	1984.7	8500	250	2800
家润多超市	市人民中路1655号	2002.2.10	10000	500	12000
春天百货	市人民中路	2003.12.7	20298	800	7000
新一佳超市	市步行街双子座负一楼	2005.5.22	8900	98	2556
常德步步高	市人民中路1617号	2006.9.16	30000	600	22000
梅尼广场	市人民路580号	2007.1.26	33000	323	9700
大润发超市	市朗州路580号	2007.7.31	12200	380	21000
沃尔玛超市	市人民中路水星楼	2009.1.17	12000	148	5400
人人乐超市	市金城2008号	2011.10.21	14000	98	2700
华星家电超市	市朝阳路8号	2003.12.20	10000	500	17000
国美家电超市	市人民中路下南门	2005.10.1	10600	120	700
苏宁家电超市	市人民中路水星楼	2008.12.26	6030	82	20000

常德市大型零售企业经营情况表

表2-3-4-2 单位：万元

单位	2004年		2005年		2006年		2007年		2008年		2009年		2010年	
	销售	税金	销售	税金	销售	税金	销售	税金	销售	税金	销售	税金	销售	税金
大润发							7209	39	19179	173	20959	452	24111	513
家润多									13274	155.2	11992	205.	11996	396.1
步步高							10158	208	12519	451	13040	427	17278	563
春天百货	6569	163	7948	256	8924	241	10129	173	12294	553	15036	647	18907	905

续表 2-3-4-2

单位	2004 年		2005 年		2006 年		2007 年		2008 年		2009 年		2010 年	
	销售	税金	销售	税金	销售	税金	销售	税金	销售	税金	销售	税金	销售	税金
新一佳			5392	161	6665	105	5117	85.1	4043	35.2	3079	15.2	2960	66.7
梅尼广场													6584	28
华星电器	6024	31	8053	42	9038	64	16498	127.5	12508	117.4	15530	168.5	21746	264.5
苏宁电器							4011	21	4123	53	5530	116	12977	117
国美电器			4200	40	8000	70	5000	45	3500	42	2800	24	2730	27

常德市社会消费品零售总额统计表

表 2-3-4-3　　　　单位：亿元

年份	合计	市直	武陵	鼎城	安乡	汉寿	澧县	临澧	桃源	石门	津市	德山
1989	27.9		5.6	3.95	3.13	3.16	4.70	2.93	4.34	3.31	2.33	
1990	29.6		6.05	3.54	2.05	2.35	3.99	2.41	3.97	2.96	2.28	
1991	34.3	6.34	1.39	3.77	2.42	2.63	4.13	2.80	5.06	3.24	2.52	
1992	38.9	7.94	1.44	3.99	3.09	3.37	4.25	3.60	6.11	3.73	2.77	
1993	44.7	8.42	1.48	4.75	2.51	3.96	4.86	3.74	7.85	3.87	3.18	
1994	60.5	11.3	1.14	6.75	4.37	5.27	6.20	5.54	9.56	6.36	3.92	
1995	76.0	13.3	1.14	8.97	5.28	7.19	9.03	6.55	11.6	8..13	4.83	
1996	81.7		12.6	11.8	6	7.9	10	7.2	12.1	8.5	5.4	
1997	90.5		14.3	14.2	6.3	8.1	10.2	6.9	15	9.5	6.1	
1998	98.6		15.6	16.2	6.7	8.3	11.4	7.1	16.5	10.3	6.5	
1999	105.9		15.4	18.2	7.2	8.7	12.3	7.5	18.1	11.5	7	
2000	116.9	18.8	0.62	19.9	7.9	9.3	13.3	7.9	19.7	12.3	7.4	
2001	128.8	21.1	0.7	22	8.8	10.2	14.6	8.7	21.2	13.4	8.2	
2002	142.9	15.9	0.89	24	9.6	11.1	16.1	9.5	23.1	14.8	9.1	
2003	156.2	18.2	0.94	26.5	10.5	12.1	17.8	10.4	25.3	16.1	9.8	
2004	176.1	20.9	10.5	29.9	11.7	13.4	19.8	11.7	28.5	18.2	11.06	5.05
2005	205.2	22.6	12.5	33.5	13.4	15.4	22.1	13.2	32.8	20.9	12.48	6.09
2006	236	24.1	15.1	38.8	15.3	17.9	25.4	14.9	37.2	24.01	14.19	8.86
2007	279.2	29.2	18.5	45.6	17.9	21.1	30	17.5	43.7	28.3	16.6	10.8
2008	341.8		64.3	56.1	21.6	25.9	37.5	20.9	53.1	34.8	20	7.5
2009	405.3		83.6	65.8	25.4	28.9	43.5	24.2	59.5	40.3	23	11.1
2010	469.4		103.4	77.1	29.4	32.9	50.6	27.6	67.8	45.6	26.9	7.9

说明：1996—1999 年武陵区的数值中包含市直部分

常德市分区县（市）批发零售贸易商品销售总额统计表

表 2-3-4-4　　　　单位：亿元

年份	合计	市直	武陵	鼎城	安乡	汉寿	澧县	临澧	桃源	石门	津市	德山
2000	76.9	10.6	0.12	17.4	4.56	6.78	8.70	4.83	12.5	7.46	3.85	
2001	227.3	71	0.7	53.3	8.5	9.8	31.1	11.7	21.7	12.4	7.2	
2002	235.9	54.2	29.6	37.9	12.9	10.6	32.9	13.7	21.8	13.7	8.4	
2003	293.7	68.4	23.5	59.1	13.4	13.0	41.8	19.3	24.6	18.0	12.4	
2004	308.9	76.4	26.1	56.3	16.1	13.7	42.8	19.4	25.8	18.5	13.4	16.4
2005	349.2	80.2	29.8	56.6	16.4	15.9	47.1	18.3	29.1	21.3	15.2	18.8
2006	374.1	68.5	35.0	61.4	19.7	19.0	49.8	21.3	36.9	24.4	16.7	21.1
2007	469.4	117	39.9	65.9	19.6	22.3	58.8	24.4	43.3	28.1	20.2	29.3
2008	557.5		197	73.8	23.5	27.7	71.9	29.7	52.6	34.4	24.7	21.8
2009	649.6		238.5	82.3	27.7	30.5	84.4	34.2	62.8	37.9	29.3	22
2010	760.5		198.4	151.2	30.3	33.8	88.8	40.1	106.9	50.2	40.8	20

第四章　酒　类

第一节　生　产

一、白酒

20 世纪 90 年代以后，原有的国营酒厂先后破产倒闭或改制，取而代之的是以八百里酒业、金三湘酒厂等一大批民营、个体酒类生产企业。截至 2012 年，拥有酒类生产许可证的白酒生产企业共计 22 家，其中常德经济技术开发区 3 家，武陵区 1 家，鼎城区 11 家，桃源县 1 家，石门县 3 家，澧县 1 家，安乡县 1 家，西洞庭 1 家。规模以上企业是德山酒业、武陵酒业，其产能、年销售额和品牌知名度在市辖区内均居前列，年销售额过亿，各拥有 1 个中国驰名商标。排在第二梯次的是八百里酒业、金三湘酒厂，其年销售额在 2400 万元~4000 万元之间，各拥有 1 个湖南省著名商标。其余的 18 家企业可视为第三梯次。

（一）浓香型

全市共有 22 家生产企业生产 20 多个系列品牌的浓香型白酒，最具代表性和知名度的品牌是德山酒业生产的系列浓香型白酒。各生产厂家及其产品品牌分别如下：

湖南德山酒业营销有限公司：德山大曲、滴水洞、御品德山、秘藏德山系列。主要品牌为德山大曲，滴水洞，御品德山 50 年代、60 年代、70 年代、80 年代，1963，德重于山，德行天下，秘藏德山，德山大曲新 1—7 代，锁德大等。

湖南武陵酒业有限公司：武陵大曲、浓香武陵、武陵2000、武陵春色、洞庭春色系列。
常德八百里酒业有限公司：八百里系列。
湖南金三湘酒业有限公司：三湘九泰、金三湘系列。
常德德山好味园食品有限公司：银家传高粱酒。
湖南德行天下酒业有限公司：德公老、德仙山泉系列。
湖南常德红日升酒业有限公司：诗墙、力诗郎系列。
市洞庭古井酒业有限公司：德大系列。
市太阳山酒业有限公司：湘宅、常德大曲、乡梁坊。
常德香水坊酒业有限公司：酿制原酒，无品牌。
鼎城规矩家酒业食品有限公司：规矩人家系列。
常德鼎城老实人家食品酒业有限公司：朗州系列。
桃源县芙蓉泉酒厂：桃花源记、桃花源曲酒系列。
糊涂王子酒业有限公司：鼎湖春系列。
澧酒酒业有限公司：城头山、澧州大曲系列。
石门壶瓶山酒业有限公司：壶瓶山大曲。
湖南原谷酒业有限公司：原谷、夹山、飞砣系列。
常德柳叶湖酒业有限公司：醉月潇湘系列。
湖南西洞庭酒业有限公司：西洞庭系列。

2011年8月18日，省长徐守盛（右一）在2011贵州酒博会上莅临武陵酒展台指导

（二）酱香型

白酒的主要产品之一，20世纪90年代有3家企业生产，产品有武陵酒业生产的武陵酒、武陵王，市酿酒厂生产的武泉酒，市曲酒厂生产的湘春酒。2001年以后，仅剩武陵酒有限公司1家生产，其产品品牌有武陵王、元帅、上酱、中酱、少酱、武陵飘香、1988等。

（三）清香型

有2家企业生产，产量不大，知名度不高，生产厂家及产品品牌分别是：

常德德山好味园食品有限公司的金家传糯米酒。

市太阳山酒业有限公司的广种福田、乡梁坊、常德湾、沅澧。

（四）兼香型

20世纪90年代有2家企业生产，分别为武陵酒业的“白龙井”，市曲酒厂的“巷深”。2001 年以后只有湖南武陵酒有限公司 1 家企业生产，产品为芙蓉国色、武陵新时代 2 款系列，产量不大，知名度一般。

二、啤酒

常德地区的啤酒生产始于 1985 年 5 月 15 日。澧县澧阳乡投资 150 万元，建起常德第一家啤酒厂——澧州啤酒厂，年生产能力 2500 吨。

1987 年 6 月 15 日，西洞庭糖厂啤酒生产线建成投产，年产 1 万吨。同期建成的还有临澧县啤酒厂、常德南河啤酒厂。12 月 20 日，市啤酒厂建成投产，生产能力为年产 3 万吨。其时，常德的啤酒生产处于起步阶段，产量产值还不是很大。1988 年，全市共产啤酒 9860 吨，完成工业产值 6878 万元。进入 20 世纪 90 年代后，常德的啤酒因为规模效应不大，产品结构不佳，缺乏竞争力，在外地啤酒的冲击下，除澧州啤酒厂能维持生产外，其余的啤酒生产厂、生产线先后停产或倒闭。

21 世纪开始，澧州啤酒厂崛起并迅速发展壮大。2002 年 4 月，该厂与重庆啤酒集团合资，成立湖南重庆啤酒国人有限责任公司。2004 年 1 月，该司全资收购原湖南华人啤酒厂，成立常德分公司。公司的生产能力跃升到 25 万千升。2004—2010 年，先后完成常德 10 万千升啤酒生产线、澧县本部 20 万千升项目的搬迁新建，啤酒生产基地全部实现微机自动控制，并配套生态啤酒生产线、易拉罐啤酒生产线。年生产能力达 30 万吨。2010 年，该司生产啤酒成品 10.66 万吨，实现销售收入 3.16 亿元，上缴税金 4194.85 万元。

三、葡萄酒

2005 年，澧县小渡口镇曾家村村民王先荣引进栽种食用葡萄获得成功，萌发生产葡萄酒的想法并付诸实施。当年，开始筹建湖南神州庄园葡萄酒业有限公司，派遣员工前往西北农业大学葡萄酒酿造专业学习酿酒工艺。同时，聘请国内长城、王朝两大知名葡萄酒生产企业的总工程师担任技术顾问，利用本县丘岗地建起了酿酒用的刺葡萄种植基地，与湖南农大合作，选育种植了适合酿酒的刺葡萄新品系。2007 年，王先荣正式创立湖南神州庄园葡萄酒业有限公司，在澧县张公庙镇建成拥有国内先进的压榨、过滤、灌装、检测等全套葡萄酒自动化生产线的生产厂，年产能 1000 吨，开始“神州庄园”系列葡萄酒的生产。2008 年 7 月 27 日，公司产品顺利通过省科技厅组织的国内权威专家鉴定，认为“神州庄园”系列葡萄酒澄清透明、口感醇厚、酒体完整、典型性强，酿造技术达到国内领先水平。该司产品填补了常德市葡萄酒生产的空白。“神州庄园”葡萄酒于当年获湖南省农博会金奖。2009 年，公司先后与 180 多名农户合作，在澧县王家场镇、中武乡的山冈丘陵地带，建起 166.67 公顷的刺葡萄种植基地，以保证酿酒原料的供应。2011 年，公司在澧县工业园征地 4 公顷，建设万吨葡萄酒生产新厂。该司作为常德市唯一的葡萄酒生产厂，其主要产品为“神州庄园”“原韵”2 个品牌系列 8 个品种的刺葡萄酒。2010 年，该司生产葡萄酒 70 吨，实现销售收入 191.93 万元，税收 15.37 万元。

国人啤酒灌装生产线

四、配制酒

在20世纪90年代前，大多数酒厂都生产过配制酒，其产品亦颇多具有知名度者，如市酒厂先后生产的“洞庭青”（1964年改名为“洞庭酒”）、“三蛇酒”、“德山青酒”，汉寿县酒厂的“何首乌酒”，安乡县酒厂的“寿星酒”、“长寿酒”，津市市酒厂的“五加皮酒”，西洞庭酿酒总厂的“方竹青酒”，德山大曲酒厂的“菊花酒”，桃源县酒厂的“秦人洞酒”，常德乡巴佬实业有限公司的“乡巴佬刺梨滋补酒”等。但随着一些生产企业的先后倒闭，这些产品也相继停产。21世纪初，国家对酒类生产实行许可证制度，常德出现了一批新的配制酒生产企业和新的产品，共有8家企业拥有配制酒生产许可证，其中八百里酒业有限公司、市太阳山酒业有限公司、鼎城规矩家酒业食品有限公司、常德鼎城老实人家食品酒业有限公司、石门壶瓶山酒业有限公司为既有白酒又有配制酒生产许可证的企业，其余3家为专门的配制酒生产企业。按区域分布来看，鼎城区5家，石门县3家。总体来看，产量都不大，仅湖南东山峰鹿业有限公司的“悍酒”知名度较高，其余的产品知名度和市场占有率均属较低水平。配制酒的生产厂家及其产品品牌如下：

常德八百里酒业有限公司的天龙井系列；鼎城区同德酿酒厂的御品同德；湖南东山峰鹿业有限公司的逐鹿王、悍酒。

五、黄酒

常德酿造黄酒历史悠久，但一直没有形成规模和品牌。20世纪后期，先后有市酒厂、西洞庭农场五分场、澧县酒厂、津市酒厂生产过黄酒，最高日产量达500千克，因成本高、市场销路不畅等原因而停产。1993年，西湖农场创办常德南方黑米王酒业有限公司，用黑糯米生产黄酒，1998年达200吨的产量，但市场销售效果仍然不理想。2001年12月，公司因所隶属的西湖农场食品总厂实行“两个买断”，置换职工身份而破产。2007年，西湖美嘉参生物制品厂投资人和西湖骑士乐摩托车销售公司法人代表2人通过对西湖地区的饮食习惯以及当地黄酒市场的了解和调查，合伙进行黄酒生产的开发与研制，通过走访各地黄酒厂家，搜集新化、安化一带水酒的酿造技术，研制出一款融江浙黄酒风味与湖南新化、安化水酒特色，适合当地饮用的黄酒（糯米原汁酒），生产储存达100吨，因资金有限没有组织大规模生产，也没有获取生产许可证，仅对西湖管理区的生产区及其周边消费者零售。

六、柑橘白兰地

石门原谷酒业有限公司（原石门夹山酒业有限开发公司）和湖南省农产品加工研究

所，从石门拥有丰富的柑橘资源出发，从1996年开始共同研发柑橘白兰地酒的加工方法， 1999年研发成功， 2000年1月12日申请专利， 2004年11月24日获国家专利局授予的发明专利。

该柑橘白兰地样品经检测，其理化及卫生指标符合产品质量标准，酒体清亮透明，无沉淀、无悬浮物、有和谐的柑橘果香、醇和适口。该产品的质量达到国内领先水平，于2010年开始生产，每年按年代分别储藏。该产品外观清亮，呈琥珀色，醇和适口，回味中稍有苦感。经过多位专家品赏后的评价是完全可以同人头马、X.O、轩尼诗V.S.O干邑等白兰地媲美。该产品填补了常德市酒类生产的一项空白，丰富了酒类产品的门类。

七、其他酒类——醪糟酒

以糯米为原料，采用民间传统酿制方法酿制的低酒精度饮料，俗称“米酒”“糯米酒”。全市共有武陵区田祥庆食品厂、桃源县小桃花米酒饮料厂、津市市津奇食品饮料厂、津市市邹姐食品厂4家企业拥有该类酒的生产许可证并进行生产。该类酒的知名度、生产规模、销售量都很小，多为季节性生产，销售限于产地附近。

八、酒精

20世纪90年代，主要有市酒精厂和西洞庭糖厂糖蜜酒精车间生产酒精。市酒精厂于2001年11月实行“两个置换”而破产。2004年，西洞庭糖厂亦破产改制，由原厂领导班子承包经营，2006年更名为湖南新湘糖业有限公司，保留原有的糖蜜酒精生产，拥有食用酒精生产许可证，年产销量仅有200—300吨。

第二节 流 通

一、酒类经营由计划经济逐步向市场经济过渡

在计划经济时期，酒类供应是由国有企业独家垄断经营的，城市区域的酒类批发由国家、省、市、区县商业局所属的糖酒副食品公司独家经营，其下属的糖酒副食品商店负责零售。

1989年，全市国有商业系统酒类总购进7736吨，总销售7892吨。

20世纪90年代，酒类市场日益兴旺，各类名优酒相继进入市场，常德生产的德山大曲、武陵酒、滴水洞酒畅销省内外，省外名优酒亦在本市大量销售。国有商业部门为适应市场经济的发展，扩大向工厂进货的比重，采取厂商联营、总经销、特约经销等经营方式开展业务。

1991年，市糖酒副食品总公司先后到茅台酒厂、山东董公酒厂、湘乡啤酒厂,购进茅台酒250件、董公酒6000件、湘乡啤酒1万件。同时与吉首湘泉酒厂开展湘泉酒、武陵源啤酒的联营联销，购进湘泉酒1650件，武陵源啤酒1.2万件。当年，市糖酒副食品总公司销售湘泉酒1347件，获利11万元。该司又开拓经营，将销售网络辐射到市外、省外，开拓了上海、河南、江西等市场，共向省内外销售湘泉等名优酒1986件。

1992年，市糖酒副食品总公司取得了多种名优酒在常德的总经销权，如龙八啤酒、贵州醇等在本市销售供不应求。当年该司酒类销售308.7万元，实现利润3.3万元，上缴税收3.7万元。

1994年，国有商业部门的酒类销售大都采取特约经销等新型的经营方式。市糖酒副食品总公司分别与洋河、双沟、白沙液酒厂建立了特约经销关系，代销洋河系列酒2万件，双沟系列酒8000件，同时分别取得了古井贡酒、宋河粮液和“男王”“国龙”饮料等在常德的特约经销权，可节约资金近200万元。

1995年，市糖酒副食品总公司狠抓名优酒销售，利用厂商联营，加强广告宣传。当年4月21—23日，与安徽古井贡酒厂在常德滨湖影剧院举行大型歌舞晚会；10月27日，与江苏洋河酒厂在常德芷园宾馆举行工商联谊会。与多家名优酒厂建立稳固的购销关系，其中购进五粮液300件、剑南春195件、全兴大曲1334件、郎酒220件、沱牌大曲480件。这些名优酒特别是贵州醇、洋河大曲、、双沟酒、五粮液、泸州老窖等品种齐全，货真价实，畅销不衰，在常德酒类市场保持了较高的知名度。

1996年，市糖酒副食品总公司开拓酒类购销渠道，充分利用长沙分公司中转站的作用，将销售网点辐射到市外、省外，开拓上海、河南、江西等市场，同时进一步加强广告宣传，制作宋河酒厂广告路牌和洋河酒厂广告牌，还与稻花香酒厂在常德市举办大型答谢歌舞晚会。当年全年完成酒类商品销售731万元，实现利润24万元。

二、民营、个体酒类经营的发展

随着计划经济向市场经济的深入发展，区县（市）商业局撤销，其下属的糖酒副食品公司及其糖酒副食品商店破产改制，国有商业逐渐退出酒类的经营，民营企业和个体经营户渐至主导酒类市场，形成新的酒类流通渠道。

（一）酒类集散市场

1.汽车北站批发一条街。1990年以后，酒类流通形成了一些集中的集散市场，如市城区的汽车北站批发一条街，南起于北站商场，北止于朝阳广场，东到新村与建设西路交会处，T字形分布了上百家批发经营户，是当时城区最大的酒类集散地，批发的酒类商品辐射到各区县（市）和邻近的怀化市的沅陵、张家界的慈利、湖北的公安、石首等地，繁荣期长达10年左右。在桥南副食城和火车站糖酒副食城相继建成投入使用后，大量批发代理商迁出，到2000年仅有一部分无品牌代理的批零兼营经营户继续留在此处经营。

2.桥南副食城。1997年下半年，鼎城区武陵镇桥南副食城建成使用，一部分酒类批发商入住经营，武陵2000，北京二锅头、德山大曲、威龙葡萄酒、浏阳河，枝江大曲、古井贡、酒中酒霸、清酒、白沙液、青岛啤酒、国人啤酒、喜力啤酒等一批品牌代理批发商聚集于此，是继汽车北站批发一条街后的又一大酒类集散地。当时金桥糖酒公司、金龙批发部、鼎城食杂批发部、德宇商贸、八百里酒业等经销商影响比较大。迨至21世纪初，随着营销手段的升级，商业模式更新，该市场的酒类集散地功能与影响力也逐渐减弱。

3.火车站大市场糖酒副食城。2000年后，市火车站糖酒副食城建成投入使用，大部分主流批发商搬迁至该处经营。泸州老窖系列的老窖特曲、泸州老窖窖酒、泸州特酿、泸州陈酿、泸州老酒坊、泸州春、泸州酒、水井坊、郎酒、德山大曲、金六福、小糊涂仙、西凤酒、泸江老窖、小豹子、金种子，西藏王、千年西藏、金粮液、酒典酒、伊力特、河套王、三方酒（金方、银方、蓝方）、六百岁古酒、金银剑南酒、金尖庄、土家人、九里春、珠江啤酒、黄河啤酒、国人啤酒、长城干红等酒类代理批发商均集中于此。经营较为著名的是金山商贸有限公司，其代理的泸州老窖黄盒（2000型）特曲，半月到一次货，一次到1500件，货到即一抢而空，持续达2年多时间。其代理的珠江啤酒占据市城区销售半壁江山。火车站糖酒副食城的经营鼎盛期大约在2001—2004年，后繁荣实业、隆盛实业、金山商贸、华业商贸、宏远商贸等主流批发商相继迁出，另择地经营。小豹子、西藏王、千年西藏、酒典酒、泸州窖酒泸州春、金粮液、金尖庄、土家人、九里春、河套王等酒类代理商相继停止经营，其酒类批发集散功能也日趋减弱。

（二）酒类批发经营

按照2000年7月30日颁发的《湖南省酒类管理办法》及2006年3月1日颁发的《湖南省酒类管理条例》，酒类批发经营必须获得酒类行政主管部门（2005年前是经贸委、酒管办，2005年后是商务局、酒管办）批准并获颁酒类批发许可证。在常德市，除各酒类生产厂家自设的销售公司、销售部门从事本厂酒类产品批发销售外，其他的批发经营者均为民营企业或个体经营户。截至2012年年底，全市共有酒类行政主管部门批准并颁发酒类批发证的批发商809家，其中从事国产酒类批发的795家，从事进口酒批发的14家（由省商务厅、酒管办批准颁发许可证），各区县（市）的分布为：鼎城区145家、桃源县55家、临澧县60家、石门县59家、澧县80家、津市市90家、安乡县31家、汉寿县30家、西湖管理区8家、西洞庭管理区6家、常德经开区17家、市江北城区（含武陵区、柳叶湖旅游度假管理区）228家（其中14家具有进口酒批发许可证）。市城区有代表性的批发商是繁荣实业有限公司、武陵区华业商贸公司、金桥糖酒公司、金祥龙贸易有限公司、金山商贸公司、宏远酒类贸易有限公司、伍记副食等。原市酿酒集团公司一管理人员创立的繁荣实业有限公司为全市最大的批发企业。华业商贸由原武陵区糖酒副食品公司业务人员于1993年创立，代理经营德山酒业的“金德山”系列白酒、“三妹葡萄酒”、“宁夏枸杞红”等酒类品牌。

1995年创办的金桥糖酒有限公司，与繁荣实业、华业商贸并称为常德市酒类批发三巨头，代理经营“武陵2000”白酒、“青岛”啤酒、北京二锅头、山西杏花村汾酒、五粮液、一品7啤酒等。

三、酒类零售经营

按照《湖南省酒类管理办法》、商务部《酒类流通管理办法》、《湖南省酒类管理条例》规定，从事酒类零售商需要到酒类行政管理部门（2005年前是经贸委酒管办，2005

年后是商务局、酒管办）办理备案登记。从事酒类零售经营的经营者主要是连锁超市和宾馆、酒店的餐饮部门等几类：

1.大型的商场、超市：大润发、家润多、新一佳、步步高、春天百货等；中小型超市有天成、风采等。

2.大型宾馆、酒店：共和、国际、金龙玉凤、八百里、新亚国际、顶贯天逸等。

3.只从事餐饮的酒店：东海鱼庄、德鸿餐厅、远东、四大碗等。

4.专事烟酒销售的门店：达吉、恒昌等。

5.小型便利店或水果店、小型餐馆等。

区县（市）大体与市城区类似，只是规模相对较小，且农村市场小型商店餐饮店销售酒类者居多。

至 2012 年 12 月 30 日，共办理酒类零售备案登记 7296 户，其中市直江北城区（武陵区、柳叶湖旅游度假管理区）992 户、安乡县 260 户、汉寿县 672 户、澧县 1386 户、鼎城区 548 户、临澧县 1205 户、桃源县 1380 户、石门县 129 户（因该县酒管办资料有丢失，实际登记备案数远远大于此数据）、津市市 358 户、西湖管理区 74 户、西洞庭管理区 79 户、常德经开区 153 户。

四、批零兼营及其他经营（团购）

1.批零兼营。在批发商和零售经营者的分类中，还有一批中小型批发商，因为无品牌代理或代理的品牌影响力不大，资金不雄厚，既从事批发经营，也对消费者进行零售经营，可称之为二级批发或三级批发商，此类经营者在市城区有代表性的有火车站大市场的金祥瑞商行、洞庭大道的洪润商行、武陵大道的华丰商贸有限责任公司、建设路的光明批发部、市武陵区酒类批发部、青年路的利胜商行、朗州路的帝凯酒类销售有限公司、朝阳路的广吉酒类经营部等。

另一类从事某品牌的批零兼营的经营者有金祥龙贸易有限公司的茅台专卖店、剑南春专卖店，华业饮品公司的国窖 1573 专卖店，繁荣公司的酒鬼酒等名优酒专卖店。

2010 年 7 月召开的常德市城区 100 家酒类零售企业负责人会议

2.团购。因为单位消费的需要，许多机关团体、企事业单位为减少流通环节及其费用，直接从酒类经营者手中批量集团采购酒类商品。团购的销售方大多是酒类生产厂家、批发商和名烟名酒专卖店。常德市的德山酒业、武陵酒业、八百里酒业、金三湘酒厂等酒类生产厂、繁荣实业等大批发商都设有专门的团购部门和销售人员，专事集团销售。

常德市酒类销售量统计表

表 2-4-2-1　　　　单位：吨

1989 年	1990 年	1991 年	1992 年	1993 年	1994 年	1995 年	1996 年
22585	21443	23765	27539	9908	1375	1517	2898

常德市国有糖酒副食品经营系统酒类零售统计表

表 2-4-2-2

1989 年		1990 年		1991 年		1992 年		1993 年	
数量（吨）	金额（万元）	数量（吨）	金额（万元）	数量（吨）	金额（万元）	数量（吨）	金额（万元）	数量（吨）	金额（万元）
22585	7596	21443	7463	22564	9211	23151	10778	3619	1684.8

常德市桥南糖酒副食城酒类销售统计表

表 2-4-2-3

年份	销售量（吨）	销售额（万元）	年份	销售量（吨）	销售额（万元）
2003	7000	21000	2008	9400	39552
2004	8300	26643	2009	7700	34667
2005	9100	31256	2010	6670	32132
2006	8560	31459	2011	5360	27628
2007	8870	34880	2012	4150	22889

第三节　企业选介

一、德山酒业营销有限公司

该司系上市公司大湖股份的控股子公司，位于常德经济技术开发区善卷路 590 号。公司法定代表人王启真。经营范围为白酒生产和预包装食品批发，生产销售“御品德山”“秘藏德山”“德山大曲”“滴水洞”四大系列浓香型白酒产品。该司占地面积 11 万多平方米，建筑面积 6.4 万平方米，设计年产优质浓香型大曲酒 4000 吨，建有 4 个年产逾千吨的大曲酒固体车间，2 个年灌装量为 1 万吨的灌装车间，2 个库容为 7000 吨的基酒库和 2 个贮量为 10 万件成品酒的成品酒库。截至 2012 年年底，资产总额 2.58 亿元，其中固定资产 7500 万元，年产优质浓香型大曲酒 4600 吨，完成销售收入 2.67 亿元，实现利税 4400 万元。在册员工 489 人（有酿酒技术人员 72 人，其中 11 名高级职称技术专家、40 名中级职称的技术人员）。

公司由始建于 1952 年的常德市酒厂逐步演变发展而来。1981 年 8 月，原常德市酒厂位于市城区建设桥的二、三车间被划为单一酒厂，因其主要产品“德山大曲”在闻名全国，故命名为常德市德山大曲酒厂。

1985 年 8 月，迁址至德山莲花池，1987 年 11 月，迁址扩建工程竣工。

1989 年 3 月 20 日，市政府批准成立市酿酒工业公司，对常德市所属各区县（市）的 9 家酒厂实行行业管理。常德市德山大曲酒厂（德山酒业）系该集团公司的核心企业之一。

常德德山酒业有限公司正门

1997 年 7 月，市德山大曲酒厂进行股份制改造，11 月组建成立湖南德山大曲酒业有限责任公司。

1998 年 4 月，经市政府批准，湖南湘泉集团有限公司出资购买该司 51%的股份，成立湖南湘泉集团德山酒业有限公司。公司增设具有国际国内先进水平的易拉罐罐装线、喷码机、酯化液生产线等设备，采用微机勾兑、微机气相色谱分析等先进技术，年生产能力达 5000 吨以上，生产浓香型、兼香型酒及配制酒等产品数十种。

2000 年，湘泉集团撤资。2001 年年初，德山酒业实施资产重组，由湖南德海实业集团（大湖股份控股企业）控股经营德山酒业，成立湖南德山酒业有限公司。3 月，湖南德山酒业有限公司与常德德山酒业销售有限公司（后更名为湖南德山酒业营销有限公司）签订买断经营协议。

2003 年 3 月，湖南湘泉集团德山酒业有限公司破产，由“洞庭水殖”控股德山酒业。2007 年，德山酒业以净资产 3087.93 万元与湖南湘泉集团德山酒业有限公司生产经营性房屋、设备和“德山大曲”、“滴水洞”注册商标总价值 3124.33 万元的资产进行置换，更名为湖南德山酒业营销有限公司。

此后，该司先后开发“御品德山”（50 年代、60 年代、70 年代、80 年代、1963、德行天下、德重于山）、秘藏德山等品牌，为消费者喜爱。

公司秉承建厂以来的质量优先理念，“德山”牌德山大曲曾于 1963 年、1984 年、1989 年三届全国白酒质量评比会上获得国家银质奖。2008 年 7 月，其所产“御品德山”“德山大曲”被

常德德山酒业有限公司生产的酒类产品

省酿酒行业协会评为“优质产品”；9 月，公司被省质量信用等级评定委员会评定为“质量信用 A 级单位”。

2009 年，公司开发的“52 度年代御品德山”，上市即获首届湘、鄂、赣白酒行业优秀产品称号。当年，公司销售过亿元。

2011 年 5 月 27 日，“德山”商标及图案被国家工商总局认定为“中国驰名商标”，并通过 ISO 9000 质量管理体系认证。

2012 年，公司“德山大曲七代”“德山秘藏”“御品德山 1963”“六十周年纪念酒”等新产品先后研发上市。

公司在将企业文化与旅游衔接上取得突破，获批为省级工业游示范企业，形成一条以“酿造美好生活”为主题、以“德酒”文化底蕴为基础的旅游线路；“德山酒古法酿造技艺”被列入常德市第三批非物质文化遗产名录。

二、湖南武陵酒有限公司

该司系世界 500 强企业联想集团控股的常德市大型酒类企业，位于常德经济技术开发区德山大道 598 号。公司法定代表人汤捷。该司产品涵盖酱香、浓香、兼香三大香型，主要产品有酱香系列：元帅、上酱、中酱、少酱、武陵飘香 1988 等；浓香型的洞庭春色；兼香型的芙蓉国色、武陵新时代等。厂区总建筑面积 4.6 万平方米，拥有 1500 吨酿酒生产车间 2 个，具备 3.17 万立方米白酒储存能力。在册员工469 人（有酿酒技术人员 84 人，其中 39 名高级职称技术专家，45 名中级职称的技术人员）。

湖南武陵酒有限公司正门

该司由始建于 1952 年的常德市酒厂的一个酱酒生产车间逐步发展而来。1972 年，在时任武陵酒厂厂长的鲍沛生的带领下，师法茅台又独具幽雅酱香风格的武陵酒酿造成功。

1981 年 7 月，市酿酒厂一分为六，原武陵酒车间改为常德市武陵酒厂。1989 年，其产品获得国家金奖；扩大生产规模，12 月投产。

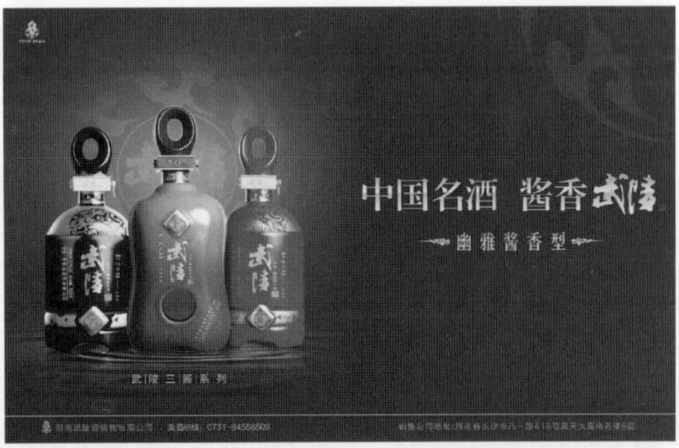

湖南武陵酒有限公司生产的武陵三酱系列酒产品

1991 年，常德市几大酒厂合并成立常德酿酒工业集团有限公司，该厂成为该司的武陵酒厂。

1996 年，湘泉集团进入并成立湖南湘泉集团武陵酒业有限公司。1997 年，集团公司解体，成立常德武陵酒业有限责任公司。1998 年与湘泉集团进行股份制合作，成立湘泉集团武陵酒业有限公司。

2000 年，常德粮油总公司收购湘泉集团的股份。2002 年湖南金健米业联合持股成立常德武陵销售有限公司。

2004 年，泸州老窖通过资产置换的方式取得武陵酒公司的控股权，成立湖南武陵酒有限公司，首开全国性经营布局。

2007 年，公司恢复酱香型系列酒的生产，推出“武陵牌”上酱、中酱及少酱三大新品，为广大消费者看好。

2008 年 9 月，公司启动总投资 1200 万元的武陵酒罐区工程，工程竣工后，具备 3.17 万立方米的白酒储存能力。11 月，开启“武陵酒”分销商特许授权经营并加大专卖店的建设力度。

2009 年 4 月，武陵酒专卖店进驻郴州、衡阳等地。2010 年，公司销售额达 1.3 亿元。2011 年，武陵商标获中国驰名商标称号。

三、湖南重庆啤酒国人有限责任公司

湖南重庆啤酒国人有限责任公司澧县本部厂区大门

常德市大型啤酒生产企业，上海证券交易所上市公司重庆啤酒股份有限公司的控股企业。位于湖南澧县经济开发区工业大道 18 号。经营范围：啤酒生产和销售。生产“重庆”“乐堡”“生态”“一品”“国人”五大系列啤酒产品。总资产 4.3 亿元（其中固定资产原值 3.4 亿元），年生产能力 40 万吨。在册员工 860 人（酿酒技术人员 188 人，其中具有高级职称者 19 名，中级职称者 58 名，初级职称者 111 名），季节性用工 30 人。

1985 年 6 月，澧州啤酒厂建成投产，年生产能力 2500 千升，占地面积 1.3 万平方米，厂长李开喜。

1997 年 3 月，投资 4500 万元新扩 5 万千升生产线，企业生产能力达 10 万千升；12 月，完成股份制改造，成立湖南国人啤酒股份有限公司，董事长兼总经理为李开喜。

1999 年 3 月，投资 1900 万元，新建高档啤酒生产线，推出高档啤酒“国人 2000”。

2002 年 4 月，与重庆啤酒集团合资，成立湖南重庆啤酒国人有限责任公司，公司董事长陈世杰，总经理李开喜。

2004 年 1 月，全资收购原湖南华人啤酒厂，成立常德分公司；10 月全资收购原湖南潇湘啤酒厂，成立永州分公司。全部生产能力达到 25 万千升。

2004—2010 年间对三家生产基地进行改造，先后完成常德 10 万千升啤酒生产线、澧县本部 20 万千升项目、永州分公司 10 万千升项目的搬迁新建，全部实现微机自动控制，并配套易拉罐啤酒生产线。

2007 年 8 月，公司研发出“深度冷却、低浓纯酿、科技保鲜”的 7 度一品啤酒并上市。该酒经专家鉴定为达到国内先进水平的新产品，填补了省内无低浓啤酒的空白。

2008 年 12 月，澧县 20 万千升扩建项目建成投产，公司本部从澧县澧阳镇桃花滩迁往澧县经济开发区工业大道 18 号。

湖南重庆啤酒国人有限责任公司生产的产品

2009 年，公司推出生态啤酒。该酒系根据人体微生态原理，采用现代生物工程技术，以天然绿色食物为原材料，不添加任何化学物资，利用人体重要生理菌发酵，全生态低温生物过滤的一种啤酒，达到国内先进水平。

2010 年 5 月，公司首条易拉罐啤酒生产线开始灌装生产。

2009 年，“生态”商标被省工商局确定为湖南省著名商标；2010 年，“国人”“重庆”两商标被省工商局确定为湖南省著名商标；2011 年，“一品” 商标被省工商局确定为湖南省著名商标；5 月，公司“生态”商标被国家工商总局授予中国驰名商标称号。

四、市金桥糖酒有限公司

创立于 1995 年，法定代表人李建春。企业位于鼎城区武陵镇鼎城路西段（紫薇佳园 3 栋 18 号），是一家以经营白酒、啤酒、红酒、黄酒和烈性洋酒为主的酒类批发企业。注册资金598 万元。

2012 年，市金桥糖酒有限公司董事长李建春参加市政府网和市酒业协会举办的常德龙头酒业、常德酒界精英系列访谈

该司先后代理（特约经销）过茅台酒、五粮液、剑南春、郎酒、北京二锅头、汾酒、竹叶青、武陵 2000、新武陵酒、绍兴女儿红花雕酒、湘窖、开口笑、秘藏德山等白酒；青岛、7 度一品、嘉士伯等啤酒；王朝、张裕、卡斯特等葡萄酒；马爹利 XO、马爹利蓝带、芝华士等洋酒。

公司在武陵区武陵大道中段开设有常德市首家酒类商品体验式消费直

2012 年 7 月 9 日，省人大代表李建春在省人大代表述职会上发言

营店——金桥名酒荟，为消费者提供一个购买放心酒类产品的平台及酒水品鉴和酒文化鉴赏的场所。直营店明码标价。2012 年，公司直营店被市酒类产销管理办公室和保乐力加（中国）贸易有限公司共同授予“洋酒保真监管工程示范单位”。

该司从进货渠道到销售管理，仓储配送到售后服务都建有较为完整的管理体系。2009 年被省商务厅评为“湖南省酒类行业先进单位”，2012 年被中国酒类流通协会评为“全国酒类优秀营销商”。公司为市酒业协会的副会长单位。

该司每年安排下岗职工一百多人，上缴税费近百万元。

李建春为省人大代表、市工商联副主席和市酒业协会常务副会长。他热心公益事业，2006 年出资成立“一品学子助学基金”，6 年共资助 150 余名贫困学子 90 多万元学费。参加社会主义新农村建设的“万企联村”活动，给鼎城区东堤村投入近 30 万元改造村道、维修水利设施。

五、常德八百里酒业有限公司

常德八百里酒业有限公司外貌

位于鼎城经济开发区桥南工业园，法定代表人贺胜忠，总经理贺胜浩；经营范围为白酒、其他酒（配制酒）的生产和销售，主产“八百里”系列浓香型白酒、“天龙井”系列配制酒等产品。公司占地面积 1.5 万多平方米,建筑面积 1 万平方米，固定资产 900 万元。建有酿酒发酵窖池和全自动灌装生产线，配备有多种检测检验仪器。设计能力为年产白酒、配制酒5000 吨。公司有员工 80 多人，专业技术人员 15 人。

常德八百里酒业有限公司生产的产品

公司始建于 1996 年。当年 4 月，贺氏兄弟受江浙一带民营企业“前店后厂”发展模式的启发，在鼎城区武陵镇 “靖

渡宫”（相传为明太祖朱元璋的行宫）原址组建“常德靖渡宫酒厂”，所产白酒适合农村市场的需求，年销售额逾百万元。2000年3月，酒厂改制升级为“常德加贝食品酒业有限公司”，将其生产的白酒定名为“八百里”牌系列。企业除生产、销售白酒产品外，还引进食品饮料生产技术和设备，生产销售白酒、饮料、八宝粥等系列产品。其所产白酒产品初时在湖南省销售，饮料、八宝粥等产品在湖北、贵州等地市场占到一定的份额，总销额逾千万元。

常德八百里酒业有限公司2004年–2011年获得的荣誉证书和奖杯

2002年3月，公司改制为“常德八百里酒业有限公司”，成立公司董事会，贺胜忠任董事长（法人代表），贺胜浩任总经理。该司首期投入500万元，入驻鼎城经济开发区桥南工业园，成为首批入园企业。后追加投资至1000多万元，征地50亩，添置新设备，构筑酿酒发酵池，引进自动生产线，使公司发展成为酒类、饮料食品类深加工企业，年产值约1亿元。

2005年、2009年、2011年，八百里系列白酒获湖南省名牌产品称号；2007年、2010年“八百里”注册商标获称湖南省著名商标。

六、常德传义散酒王酒业营销中心

1999年，湖北公安人邓传义在常德市城区从事散装酒销售，冠名“传义散酒王”。2012年7月，注册为“常德传义散酒王酒业营销中心”。中心位于武陵区沙港路223号。企业主营散装白酒、配制酒，零售为主，是常德市唯一按照酒类管理法规规章要求实行贴标定点销售的散装酒销售企业。在常德市城区（含鼎城区武陵镇）有固定销售门面5个，设专柜定点供货销售的酒店餐馆10余家，有送货车3辆。所销售的传义散酒王系列酒系自产自销，有酒店专供酒、苦荞酒、高粱酒、绿豆酒、配制养生酒等10多个品种。该中心拥有国家工商总局批准颁发的“传义散酒王”“传义苦荞”“醉隽功”等10多个注册商标。

常德传义散酒王酒业营销中心获得的荣誉证书和奖杯

七、湖南神州庄园葡萄酒业有限公司

湖南神州庄园葡萄酒业有限公司董事长王先荣（右一）与法国专家品鉴神州庄园葡萄酒

该司成立于2007年，是一家集葡萄科研、生产种植、葡萄酒酿造、葡萄酒研发、葡萄酒营销于一体的大型葡萄酒生产企业，位于澧县张公庙镇新年村。公司在澧县张公庙镇、小渡口镇建有占地33.33公顷的现代葡萄科研基地，该基地先后被授予国家葡萄产业技术体系示范基地、湖南农业大学葡萄科研基地、湖南省产学研合作示范基地等称号。该司的“葡萄新品种选育及产业化技术研究与推广”科研项目，先后获得教育部、湖南省、湖南农业大学科技进步一等奖，是湖南省葡萄生产标准制定的成员单位。

公司拥有澧县王家厂镇、中武乡两大优质酿酒刺葡萄基地，主栽品种为公司与湖南农业大学共同选育的酿酒刺葡萄新品种“湘酿一号”。

公司年葡萄酒生产能力3000多吨，拥有国内先进的全套自动化葡萄酒生产线。公司坚持“酒色源于果色，酒香源于果香”的酿酒理念，绝不添加任何色素，完全用基地自产刺葡萄酿造。

酿酒葡萄果实

公司与中国农业大学、湖南农业大学长期开展技术合作，先后完成“刺葡萄酒系列”和“原韵原天然系列”产品研发等多项科研成果，经省科技厅组织国内专家鉴定，其成果达到国内领先水平。2012年，公司与湖南农业大学由省科技厅批准，共同组建了湖南省葡萄工程技术研究中心。

公司注册商标有“原韵”和“嘉韵”，产品销售网络达湖南、广东、江西、湖北、上海等省市。

八、常德市金祥龙贸易有限公司

创立于2008年，其前身为1998年2月成立的市金祥龙名酒专店。法定代表人：郭孟雄。公司位于武陵区武陵大道318号，其性质为民营个人独资有限责任公司，为酒类批发零售兼营。注册资金50万元，总资产2000万元。

公司下辖茅台酒专卖店、剑南春专卖店等7个分店，分布在市城区及周边县市，拥有全市唯一一家由贵州茅台酒股份有限公司授权的国酒茅台专卖店，独家代理剑南春系列，是五粮液酒常德地区唯一品牌运营商和烟台张裕葡萄酒的特约经销商，也是中国名酒郎酒老郎酒系列、泸州老窖特曲常德市唯一战略合格伙伴及52°新酒鬼酒、内参酒合作客户。

九、市繁荣实业有限公司

系创立于1996年的民营企业，原名“繁荣综合批发部”，2000年4月更名为市繁荣实业有限公司，位于武陵区三星中路99号（火车站大市场），以酒类、饮料批发销售为主，注册资金500万元，固定资产1820万元，各类车辆40余台，从业人员350余人。公司下辖荣凯、荣冠、荣盛、洋酒、红酒、酒鬼酒6个分公司、10个部门、3个配送中心、2个办事处、1个五粮液旗舰店。公司代理经营郎酒、酒鬼酒、御品德山系列白酒、中粮长城系列红酒、中国劲酒、嘉士伯、乐堡及重庆系列啤酒等，下属五粮液旗舰店专营五粮液酒。

该司曾获“湖南省酒类行业先进企业”“湖南省放心酒工程示范店”等称号。

十、湖南原谷酒业有限公司

位于石门县经济开发区陈氏祠居委会四组，是一家从事白酒生产和销售的有限公司。法定代表人张宏全。生产销售“原谷”系列浓香型白酒产品。该司占地面积2万多平方米,建筑面积1万平方米，拥有固定资产2800万元，建有窖池30个，年产基酒1000吨，成品酒2000吨。

该司始建于1995年，原名石门县粮食白酒厂，2001年更名为石门夹山酒业开发有限公司。

2004年，该司的柑橘白兰地酒的加工方法获国家知识产权局授权。

2012年，企业更名为湖南原谷酒业有限公司。

湖南原谷酒业有限公司生产的产品

十一、湖南重啤一品营销有限公司

该司创立于2005年，位于鼎城区武陵镇鼎城路西段（紫薇佳园3栋19号），法定代表人李建春，注册资金200万元，拥有近120人的专业营销团队，是市城区高端酒水品牌专业营销企业。

公司运营啤酒、葡萄酒、白酒、洋酒四大板块。啤酒：“7度一品”全国唯一运营机构、“嘉士伯”湘西北指定运营机构；葡萄酒：“张裕”湘西北代理运营机构，“卡斯特”湘西北代理运营机构；白酒：五粮液1618的湖南省代理商，五粮液低度品牌的湘西北区域代理商，“秘藏德山”的唯一总代理商；洋酒：保乐力加系列（马爹利、芝华士、皇家礼炮、百龄坛、伏特加、蒙特伯爵、格兰威特）、葡萄酒系列（澳洲杰卡斯、贺兰山、巴黎之花、帝国田园、路易乐图、玛姆）的湘西北地区唯一官方指定代理机构，保乐力加中国（常德）官方授权专卖店的官方运营合作伙伴。

十二、湖南金三湘酒业有限公司

该司位于武陵区常德大道武陵工业新区188号，是一家从事白酒生产、科研、加工与销售的有限责任公司，生产销售“三湘九泰”“金三湘”系列浓香型白酒产品。占地面积2万多平方米，建筑面积0.9万平方米。建有纯天然黄泥窖池群389个，自动灌装生产车间3栋，有近万吨的库存容器。年产优质浓香型、五粮型基酒2000吨，

公司始建于2004年，原名市武陵区三湘酒厂，2007年更名为常德金三湘酒业有限公司。2010年，其“三湘九泰”商标被评为湖南省著名商标。2011年，更名为湖南金三湘酒业有限公司。

第三篇　工业生产资料经营

工业生产资料经营企业，在计划经济时期由国营物资经营企业经营；在计划经济时期向市场经济过渡时期，由国营物资经营企业与民营物资经营企业共同经营；在市场经济时期由民营物资经营企业经营。工业生产资料经营种类包括金属材料、机电设备与汽车、化工轻工建材、废旧金属材料回收、金刚石等。在工业生产资料的经营中，钢材在计划经济时期的最大年销售量为1993年的13.8万吨，在市场经济时期的最大年销售量为2010年的45万吨；汽车在计划经济时期的最大年销售量为1993年的4819辆，市场经济时期统计的农用汽车最大年销售量为2010年，达6154辆。

第一章　金属材料经营

第一节　经营企业

一、计划经济时期的经营企业

1989年至1993年主要是由区县（市）国营金属材料总公司、金属回收总公司、物资贸易中心、建筑材料公司、乡镇企业物资供应公司与西洞庭、西湖两农场的国营物资供应公司等国营物资经营单位进行金属材料经营。在改革开放过程中，出现了钢材经营中的混乱现象，1988年12月29日，国家工商行政管理局和物资部联合以工商市字〔1988〕第321号文件发出《关于清理整顿钢材经营单位的通知》，市工商局和市物资局按上级要求联合进行清理整顿，到1989年年底，有资格经营钢材和有色金属的国营物资企业由原来的240个减少到107个。市物资局先后帮助市金属材料公司、市金属回收公司、市物资贸易中心、市乡镇企业局的供销公司申请获得4种短缺钢材（冷轧薄钢板、冷轧硅钢片、镀锌薄钢板、镀锡薄钢板）的专营代理权。从1994年开始，国营物资企业金属材料的经营量越来越小，金属材料经营的龙头企业——市金属材料总公司于1996年6月18日被市中级人民法院宣告破产，重新组建的“常德市万众金属材料有限责任公司”参与金属材料经营。2000年4月，市委、市政府对国有企业实行“两个置换”的改革。至2006年，市、县（区）国营物资企业彻底退出工业生产资料（含金属材料）流通领域的经营市场。

二、市场经济时期的经营企业

从1993年3月市城区第一家个体经营商——新华物资贸易部（后更名市方便金属材料有限公司）经销钢材开始，经销金属材料（主要是经销钢材）的民营物资企业逐步发展壮大，到2010年年底止，仅市城区就有103家经营钢材的民营企业；至2012年年底，市城区此类企业已达130家。

2007年8月，市城区经营钢材的民营企业成立市钢材行业协会。该协会会长、常务副会长所在企业如下：

1.会长单位：常德星达置业有限公司。

2.常务副会长单位：市华安物资有限公司、市前锦物资有限公司、市道诚工贸有限公司、市新华菱物资有限公司、市湘华金属材料有限公司、市新光欣金属材料有限公司、市恒帮贸易有限公司、市环宇物资有限公司、市方便金属材料有限公司、市德诚金属材料经营部、市响箭物资有限公司、市湘恒工贸有限公司、市隆泰物资有限公司。

三、主要民营企业简介

（一）常德星达置业有限公司

2008年11月，原副省长庞道沐（左三）、原外经贸部副部长佟志广（左四）考 察钢材大市场，刘荣（右1）陪同

该司成立于2004年，位于武陵区常德大道1430号，注册资金1080万元，有员工47人。公司法人代表刘荣。2012年度完成营业收入1.01亿元，上缴税收300万元，实现利润513万元。

2004年，公司在市、区政府的支持和扶持下，独资开发建设常德钢材大市场。该市场占地130亩，建筑面积3.3万平方米，入驻省内外商家103户，从业人员1500人，经营商品有黑色金属、有色金属、不锈钢及炉料等1900个品种，年销售额25亿元，成交量逾50万吨，年上缴税收近3000万元，已发展成为湘西北地区钢材物流中心。

常德星达置业有限公司董事长刘荣在办公室

2007年，公司当选为市钢材行业协会会长单位，当年被评为常德市首届私营企业100强，多次被武陵区政府评为纳税大户和重合同守信誉单位。

公司独资成立湖南常德华益实业有限公司，注册资金498万元（位于武陵区青年路243号），年销售达3850万元，纳税219万元，并取得烟机零配件装置类 17 项实用新型专利证书，2012 年被评为湖南高新科技企业。

2011 年 7 月，公司投资 500 万元入股湖南耕客资源管理有限公司（位于长沙市雨花区古曲南路），在临澧县太浮乡建立油茶树种植基地，种植油茶 5000 亩。

2012 年 7 月，市第二次规委会决定常德钢材大市场整体搬迁至常德大道与丹溪路交汇处西南区域。为开发建设新的常德钢材大市场，由市钢材协会牵头，组织协会副会长以上单位（个人）20 人共同出资 5000 万元组建湖南金鼎恒置业有限公司，定向开发建设新钢材大市场。刘荣当选为新公司董事长，占股份 30%。

（二）市方便金属材料有限公司

该公司创建于 1992 年 3 月，原名新华物资经营部，是市城区第一家个体钢材经销商。2006 年 8 月 10 日更名为市方便金属材料有限公司，企业法定代表人周立新。公司位于武陵区常德大道 1508 号，注册资本 300 万元，有员工 30 余人；经营范围为金属材料销售和机电产品销售，是江西萍钢实业股份有限公司代理商及其他各大畅销品牌钢材厂家的战略经销商；为市钢材行业协会副会长单位。

常德市方便金属材料有限公司办公楼与经营场地

公司拥有独立的仓储和吊装设施，主要经营螺纹钢、线材，兼营各种圆钢、板材、槽钢、角钢等产品。先后与水榭花城·南城、柳荷鑫苑、锦天·东城明珠、柳都水语、岳常高速 19 标段、岳常高速 23 标段、岳常高速 23 标段、湖南公路投财盛物资有限公司·龙里公路等项目签订购销合同，其销售网络覆盖常德、张家界、湘西自治州及湖北临近地区。

2006 年合伙注册登记湖南省博越汽车贸易有限公司，周立新任董事长；2007 年，注册成立湖南省博升金属材料有限公司，周立新任董事长。公司法定代表人周立新参与社会管理，承担社会义务，是常德市第六届人大代表、武陵区第十六届人大代表、湖南省优化经济环境监督员、市优化经济环境监督员、市青年企业家

常德市方便金属材料有限公司金属材料仓库

协会副会长、市工商联常委、市残疾人福利基金会副理事长。长期以来，周立新通过多种途径参与社会慈善事业，先后资助20多名贫困大学生就学，多次为灾区捐赠，给市残疾人福利基金会捐款，支持家乡新农村建设，特别是在道路改造建设上投入了大量物力。

该公司强化企业内部管理，诚信经营，2012年被评为“湖南省信贷诚信单位”，先后安置一大批下岗职工、大中专院校毕业生、退转军人，为社会就业做出了贡献。

第二节 经营品种与数量

一、经营品种

常德市经营的金属材料分为两大类：黑色金属材料和有色金属材料。

黑色金属材料（钢材）分为16个品种：重轨、轻轨、大型型钢、中型型钢、小型型钢、线材、中板、薄板、带钢、矽钢片、优质钢、无缝管、有缝管、金属制品、不锈钢与其他。

有色金属材料分为5个类别：有色原料（铜、铝、铅、锌、锡、镍）、有色三材（铜材、铝材、铅材）、稀有金属（锑、镁、硅）、炉料（生铁、焦炭）、硬质合金。

二、经营数量

1.全市国营物资系统的企业所经营的金属材料的数量如下：

常德市国营物资系统经营金属材料统计表

表3-1-2-1　　单位：吨

年份	生铁		钢材		铜		铝		铅		锌	
	购进	销售	购进	销售	购进	销售	购进	销售	购进	销售	购进	销售
1989	3556	3225	99769	98839	430	373	345	367	268	258	430	
1990	7338	6690	98434	99039	550	574	485	463	144	128	550	
1991	12128	12120	119907	120902	611	623	504	544	60	55		580
1992												
1993	6513	6337	137757	137838	106	133	374	376	30	14		29
1994												
1995	1202	1339	39948	41230	23	19	43	59	11	15	35	31
1996	578	260	10027	25338	12	25	1	39	14	14	14	18
1997	356	409	6620	11970	8	3	9	6	6	6	13	
1998	525	303	4667	7255	2	3	7		1	2	18	
1999	162	54	3226	6088		4	14	16		5	7	1

2.民营物资经营企业的经营数量如下：

2010 年仅市城区 103 家经营钢材的民营企业就销售 45 万吨，销售金额达 22.5 亿元(逐年购进销售见表 3-1-2-1)。钢材经销量最多的是市道诚工贸有限公司，2010 年销售钢材 6.85 万吨，销售额 3.01 亿元，上缴税金 186 万元。

常德市钢材大市场民营企业经营情况表

表 3-1-2-2

年份	钢材销售		就业人员（人）	上缴税金（万元）
	数量（万吨）	金额（亿元）		
2004	15	6.75	500	1012
2005	18	9	600	1350
2006	20	10	700	1500
2007	25	12.25	800	1830
2008	30	15	1000	2250
2009	45	22.5	1500	3375
2010	45	22.5	1500	3375
2011	42	20.16	1500	3300

说明：根据市钢材市场对市城区 103 家经营企业的报表统计

第三节　商品采购

常德市不生产钢材等金属材料，计划经济年代，靠上级计划分配，调拨供应。计划经济与市场调节并存年代，一靠上级逐年减少的计划分配，调拨供应，二靠市场调节，自行组织采购来保障供应。1989 年计划分配 13 681 吨，供应 86 088 吨；1990 年计划分配 13063 吨，供应 85 280 吨。从 1993 年起，计划分配取消，经营企业完全靠自行组织采购来保障供应。

一、国营物资企业商品采购

国营物资系统的金属材料经营企业，主要通过以下方式自行采购紧缺的商品：

1.开辟货源渠道，建立稳固的货源基地。全市国营物资系统的金属材料经营企业，通过工物联合、物物联合，与中国黑色金属材料总公司及其所属分公司、首钢、武钢、太钢、包钢、湘钢、涟钢、大冶钢厂、安阳钢厂、达钢、八一钢厂、攀钢、昆钢等 10 多家钢厂及北京、辽宁、浙江、湖北、广东、四川等省市 20 多家物资部门建立了比较稳固的供销关系，每年从这些生产厂家和物资部门，购进各种适销对路的金属材料。市金属材料总公司 1990 年从较稳固的物资基地购进适销对路的金属材料 11 194 吨，比 1989 年从省外购进资源 8310 吨增长 34.7%。1993 年，如石门县物资局不仅与全国 60 多家厂矿建立了业务往来，还新开辟首钢、昆钢、重钢、遵义等资源基地。仅石门县物资贸易中心，1993 年从首钢一次就运回 10 多个火车车皮的钢材。

2.物工联合，联营联销。区县（市）金属材料公司，发挥专业化流通优势，推进在经济上对双方有利的新型工贸联合方式，开展联营联销代理制，吸引金属材料商品资源来常德。1994 年，市金属材料总公司分别与宜昌八一钢铁集团公司、涟源钢铁公司、冷水江钢铁总厂签订联销协议。又与湘潭钢铁公司联合成立销售处，成为湘钢产品在湘西北的总代理。市金属材料总公司指定分公司派专人与联营厂家联系；总公司还对联营联销物资实行统一管理，进行内部调拨，开拓联营联销物资的销售市场。1994 年共购进联营联销物资 7757 吨，占全年销售物资的 49.14%，减少资金占用 2470 万元，节省利息支出 204 万元。

3.调剂串换，组织适销对路商品。对五强溪水电站、江垭水电站、国家电网改造等国家重点建设项目，国营市物资系统的金属材料经营企业，上门服务，同时进行物资调剂串换。五强溪工程是国家重点建设项目，1992 年市金属材料总公司与他们开展调剂串换，既解决五强溪工程所需材料，也为本市工农业生产调剂到适销对路的商品。当年 6 月，五强溪工程急需一批螺纹钢和无缝钢管，如不及时供应，汛期一到，不仅造成停工，还会毁坏前期工程，对方希望市金属材料总公司给他们调剂材料。总公司得知这一情况后，安排下属的德山公司会同供应分公司立即将所需的 150 多吨材料送到工地，深得对方的信赖，他们就将工程所余材料调剂给总公司。当年，总公司从五强溪重点工程调剂到各种钢材 1245 吨。市钢材市场在 1989 年组织了两次物资调剂交易会，请华南光电厂、常德纺织机械厂、浦沅机械厂、红光机械厂、粮食部粮食机械厂等中央企业和省柴油机厂、湖南汽车车桥厂、六〇一矿、湘澧盐矿等省属企业，及市属工业企业进场调剂串换交易，直接成交各种钢材 270 多吨，满足各厂所需。

二、民营企业商品采购

随着市场经济的发展，民营物资企业在数量和规模上都有较大发展。这些民营物资企业的商品采购主要采用以下方式：

1.实行总代理制。由常德经营钢材的民营企业向国内金属材料（主要是钢材）的生产厂家（或公司）申报，然后厂家派人考察确定厂方在常德的总代理企业，统一销售价格。有总代理权的民营企业，在向厂家进货时实行现款现货。每年完成预定目标任务后，按预定比例拨付回扣；超目标任务后，提高回扣比例；完不成目标任务，则降低回扣比例。

2.现款进货。没有总代理权的民营企业，进货时只能现款现货，没有回扣。

三、直销

在无代理企业经营的地区，生产厂家便自设直销处，进行直销。

第四节 供应与销售

一、订货

计划经济年代，钢材计划分配下达后，要通过订货会落实供应规格、型号、品种、供应方式和时间，由供需双方签订供货合同。1989—1992年，由市金属材料总公司代替需方与供方签订供货合同。

订货的主要方式是参加全国订货会议和湖南省订货会议进行集中订货。订货会一般每年分两次召开。第一次是年度计划尚未确定以前的预拨订货会议，安排在前一年的第四季度召开；第二次是全年订货会议，在当年第二季度召开。常德市所需金属材料，历年的省内订货满足水平为50%~60%，余下的缺口则通过参加全国订货会议来解决。合同签订后，市金属材料总公司指定专人管理合同，确保按时到货。发现未按时到货，及时通过函电催货，必要时派专人到钢厂催货。二十世纪七八十年代，金属材料订货率一直较高。1979年后，冶金企业对超产钢材有了自销权，为推销本企业的产品，厂方一般会自行召开订货会议。以后计划内钢材逐年减少，为弥补计划不足，市金属材料总公司既抓计划内物资订货，又注重计划外订货。

二、供应原则

国营物资系统的金属材料经营企业，其物资供应的基本原则是根据常德区县（市）不同时期的经济工作重点，保证物资供应，坚持“三先三后”（即先生产后基建、先维修后制造、先重点后一般）。

三、供应与销售方式

计划经济年代，供应方式是大额直达，小额中转（见1988年版的《常德地区经济综合志》第三篇第三章第一节计划供应）。计划经济与市场经济并存的年代，则实行计划供应与市场调节相结合。

（一）市金属材料总公司的物资销售

1.组织计内商品供应。市金属材料总公司作为常德市经营金属材料的主营单位，根据分配的指标和要求，首先是抓计划内的物资。1989—1992年，每年省分配给常德的计内钢材，总公司按指标全部订足；有色金属三材按供货水平，也全部订货，按比例购进全部货源。在品种规格上，缺口较大的，总公司总经理带领业务骨干及时向省厅和省公司汇报，争取适用货源。一年两次订货会，分管经理具体抓，并派出经办人员，找有关钢厂联系，串换合同规格。钢材订货中有将近10%的品种，用户不适用。如市里各煤矿需要的是8公斤和11公斤的轻轨，而省分配的是15公斤的轻轨；6.3#角钢年初库存180多吨，1989年上半年已订货50吨，下半年未申报，而省公司分配时，又硬性搭配200吨。市总公司将不适用的材料调出，再组织适用材料供应计划内需要。如常德电机厂1989年需要0.5毫米的电机矽钢片，市总公司争取订到700吨。电机轴料按计划分配的不适用，在全国订货会上又争取订到80吨，满足了生产需要。鼎城区农机厂生产榨油机需要的12×12方钢，资源紧缺，省内不产，通过做工作，满足了供应。直径6.5毫米的线材，除按省供货水平购进外，还超计划购进646吨，增加全市建设需要的商品供应。

2.采购适销对路材料供应。1990年，市金属材料总公司向南闸、三江口、小河口等市重点工程项目供应钢材1000多吨；向市锦纶厂、石门玻璃厂、桃源砖瓦厂等重点生产厂家供应钢材1200多吨。1993年年底开工的常德沅水公铁大桥是全省的重点工程，数百家经营部门相互竞争，都想挤进重点工程，成其物资供应者。在相互竞争中，市金属材总公司所属德山公司以信息反馈快、送货及时、质量符合施工要求、价格合理，赢得大桥工程局（水电八局下属的施工单位）的信赖，1994年，德山公司共向大桥工程局供应材料600多吨，销售达40多万元；1995年，德山公司被大桥工程局指定为全省唯一的重点供料单位。1993年，五强溪施工工地急需某些紧缺难以找到的异型材料，德山公司先后4次从江西、岳阳等地给该工地调入所需异型钢材300吨，支援建设五强溪工程的工程局（水电八局下属的施工单位）。1994年，德山公司供应五强溪工程钢材2000余吨。水电八局1995年进入桃源凌津滩与慈利江垭两个水电站施工，又与德山公司商定1995年的原材料供应计划。

3.下厂下乡上门服务供应。市金属材料总公司为满足企业需求：一是各业务科室均设立“缺货登记簿”，根据企业需求，尽力帮助解决，解决率一般在80%以上。二是“请进来”，即总公司定期（一般每年2次）办平衡订货调剂会和主要用户座谈会（一般每年4次），请用户代表对公司的业务经营提出意见、建议和要求，双向沟通，稳定供需关系。三是组织服务队下厂下乡调查，了解企业的资金、生产建设项目、产品年消耗材料数量及品种规格情况。然后服务队以分片包干、责任到人的方式，定期下厂（下乡）服务。1990年，市金属材料总公司组织12个服队务前往城乡近200家生产建设单位开展从开票、结算到送货上门的一条龙服务，下厂（下乡）约970多人次，为企业送货上门的物资近5000吨，送单上门的票据金额达900多万元。

4.支援农业及抗灾救灾，降价销售。1990年6月和10月，湖南省冶金总公司，省物价局联合发文，两次较大幅度地提高计划内金属材料、炉料的出厂价格。市金属材料总公司为减轻用户负担，降低生产成本，公司两次主动推迟提价期限。总公司加班将计内指标平衡分配通知单送到所有直供单位。总公司还召开主要直供用户会，告知用户在规定的期限内，计划指标物资一律按原价供应。当年，市金属材料总公司按原价供应计内金属材料2288吨，共为市生产企业降低生产成本（费用）35万多元。

总公司1990年向农田水利建设直接专供钢材1400多吨；1991年直接专供农田水利建设用钢材1078吨。

1991年夏秋之季，全市遭受洪涝灾害，总公司为抗灾救灾，共组织安排钢材1100吨，其中计划内钢材760吨，对澧县、津市等重灾区，保本让利供应计划外钢材340吨，部分品种甚至亏损供应，让利金额达3.5万元。

5.开展外向型经营销售。市金属材料总公司利用外地的资源基地实行“远购远销”，1990年销往外地的金属材料达3918吨、销售金额847万元；1991年销往外省、市计外金属材料723.4万元；1992年外销2301吨。当年11月，广东番禺急需矽钢片500吨，市金属材料总公司发展分公司派专人到天津联系采购，很快就把矽钢片发到广东番禺，此单业务，利用人家的资金，完成销售收入440万元。总公司为了在外地站稳脚跟，逐步扩大市场辐射面，便在外自设窗口，1992年先后在北京、上海、武汉、湘中、长沙等地设立办事处，还在珠海设立分公司，进一步把经营网络布向外地，提高市场竞争能力。当年北京办事处成立后，与首钢的特钢公司建立较好的业务关系，下半年在资源紧张的情况下，每月都能从首钢的特钢公司发运回各种优钢100多吨。

（二）民营金属材料经营企业的销售

一种方式是对需要大量金属材料的生产企业，实行定额赊销铺底货，超过定额铺货的部分，实行现款现货。

对房产开发商，民营金属材料经营企业根据开发楼盘的设计钢材需求量，按30%左右赊销铺底货；超过铺底货量还需要的钢材，实行现款现货。新开发楼房封顶后，金属材料经营商再按协商条款收取赊销铺底货的货款。

对需求量少的零星客商，全部实行现款现货。

生铁、炉料、有色金属材料的经营和钢材经营一样，不再详述。

第二章　机电设备与汽车经营

第一节　经营企业

一、计划经济时期的经营企业

计划经济年代，机电设备与汽车由区县（市）物资系统的国营机电设备公司经营。

计划经济与市场经济并存年代，则以区县（市）物资系统的国营机电设备公司为主，物资贸易中心、建筑材料公司和市物资经营开发公司等国营物资系统的公司、西洞庭与西湖两农场的物资供应公司及市县（区）的工业部门与乡镇企业局的物资供应公司为辅进行经营。

二、市场经济时期的经营企业

市场经济时期，由于国营物资经营企业逐步退出历史舞台，民营物资经营企业经过发展壮大，逐步取代了原国营物资经营企业来进行机电设备与汽车的供应。

经营机电产品的民营企业（不含经营轴承、螺丝者）:1986年福建连姓商人带着福建产的小电机在市城区小河街经营。1991—1992年，经营机电产品的个体户增多，这一时期为国有门店与个体门店并存。1993 年，机电产品销售全面放开，机电行业内部实行多元化经营。2000 年以后，机电市场完全由市场调节。到 2010 年，仅市城区就有 133 家经营机电产品的民营企业。

经营轴承、螺丝的民营企业:1998 年 7 月 7 日，市佳信机电有限公司以 61 万元进行注册登记，经营轴承、标准紧固、电线电缆等物资。到 2010 年年底，市城区有 33 家经营轴承、螺丝的民营企业，共有注册资本 1132.6 万元。

经营摩托车的民营企业:从 1994 年 7 月 27 日，常德华东联实业有限公司注册登记经营汽车及摩托车开始，至 2012 年，市城区注册登记经营摩托车的经销商共有 104 家，注册资金 1.91 亿元。市城区注册登记经营摩托车的经销商情况如表 3–2–1–1：

常德市城区摩托车经销商情况表

表 3–2–1–1

年份	经销商（家）	注册资本（万元）	年份	经销商（家）	注册资本（万元）
1994	1	2580	1995	1	150
1996	2	1068	1997	2	1050
1998	2	3500	1999	1	3000
2000	2	624.5	2001	2	15
2002	10	2221.2	2003	1	0.7
2004	1	8	2005	8	1460
2006	5	110.5	2007	4	122
2008	12	429	2009	8	94.5
2010	13	1819	2011	17	89
2012	12	782	合计	104	19 123.4

三、经营汽车的民营企业

（一）首家经营汽车的经销商及汽车流通行业协会的成立

2002 年—2010 年常德市恒瑞汽车贸易公司办公楼与经营门面

1999 年 11 月 1 日，市城区注册成立第一家汽车民营企业经销商——市万力通汽车销售服务有限公司。当年共注册成立 2 家。2000 年注册成立 1 家，2001 年注册成立 3 家，2002 年注册成立 5 家，2003 年注册成立 4 家，2004 年注册成立 3 家，2005 年注册成立 6 家，2006

年注册成立7家，2007年注册成立5家，2008年注册成立6家，2009年注册成立14家，2010年注册成立12家。到2010年底止，市城区共有67家经营汽车的民营企业，注册资本达2.47亿元。

2004年6月，经营汽车的民营企业，自愿组织成立市汽车流通行业协会。该协会会长、副会长、常务理事单位名录如下：

会长单位：市恒瑞汽车贸易有限公司。

常务副会长单位：湖南常德申湘汽车有限公司。

副会长单位：市双星经贸发展有限公司、常德裕安贸易有限公司、常德时代汽车销售服务有限公司、常德天力汽车销售服务有限公司、市骏宝汽车销售有限公司、市全顺机动车交易有限公司、常德日丰汽车销售服务有限公司。

常务理事单位：常德骏达汽车销售服务有限公司、常德长盛长城汽车销售有限公司、常德锦江汽车销售有限公司、常德仁达车务有限公司、常德八方汽车销售有限公司。

（二）主要企业简介

1.市恒瑞汽车贸易有限公司

该司由市工商行政管理局批准，成立于2002年5月。成立之初，公司位于武陵区洞庭大道1374号。

该司是神龙汽车有限公司授权的常德地区唯一的整车销售与湘西北售后服务的总代理，拥有神龙汽车有限公司商标特许使用权。该司成立之初，神龙汽车有限公司即批准该司成立东风雪铁龙4S店，提供整车及备件销售、售后服务、信息反馈一条龙服务。

2012年4月20日，常德市汽车流通行业协会会长张力权（左一）主持车博会

2002年，该司注册资金为200万元，2012年增至1000万元。该司法人代表张力权（市汽车流通协会会长）拥有公司100%的股权。

公司成立后，开拓出租、公务及家用车市场，销售稳步增长。家用车年销售量1000辆，在常德市的市场占有率为2.6%。出租车在常德市城区及各区县（市）均占主导市场，市场占有率为85%；张家界市和益阳市出租车市场也是该司经营覆盖的区域，年均销售出租车近300辆。公司年均税收达180万元。

2012年，公司拥有员工近50人，有高级管理及技术人员8人。维修服务站拥有一流的设备和多名技术全面的维修专家，对所有进站维修车辆从维修技术和配件上都能提供满意的服务。服务站自成立以来，严格遵守神龙汽车有限公司的售后服务规定，完全能够满足所售车辆的售后服务。

在2002—2012年的经营过程中，公司奉行“进取、求实、严谨、团结”的企业文化，在开拓创新中不断发展壮大，管理渐趋完善。在本土市场把公司持有的品牌经营得更出色，进一步增大本品牌的家用车与出租车的市场占有率的基础上，公司已于2012年在张家界市新设东风雪铁龙和东风标致两大品牌分公司。

2.湖南常德申湘汽车有限公司

湖南常德申湘汽车公司办公楼与经营场地

1992年，经市政府、市计划委员会、市物资局共同引进，市工商行政管理局登记批准，10月28日成立由湖南申湘汽车股份有限公司和市机电设备总公司共同控股的常德申湘汽车有限公司。位于武陵区洞庭大道。

公司首期注册资本250万元，湖南申湘汽车股份有限公司和市机电设备总公司各出资125万元，分别占有50%的股权。

该司专业销售上海大众汽车，有职工37人，其中正式职工16人，协议合同工17人，临时工4人。

1993年6月10日，经上海大众汽车厂批准，公司成立上海大众汽车特约维修站，成为上海大众汽车4S店和地方代理，经营区域覆盖常德、张家界、吉首等整个湘西北地区。每年销售汽车50—60辆，每年维修汽车1500台次。

2000年10月10日，根据市国有企业产权制度改革领导小组办公室常改办〔2000〕18号文件精神，公司进行体制改革，改制为民营股份制企业，成为湖南申湘汽车星沙商务广场的合资公司，公司更名为湖南常德申湘汽车有限公司，实行董事会领导下的总经理负责制，法人代表为湖南申湘汽车星沙商务广场董事长李益民，丁少明被董事会聘任为总经理。

2002年年初，公司在武陵区武陵大道与沙港路交汇处购地10余亩，修建总面积为1.1万平方米的3层厂房，2003年11月，公司迁至新址武陵大道738号。

2004年，公司在原有上海大众汽车销售和维修服务业务的基础上，获得上海通用别克和雪佛兰汽车两个品牌在湘西北的特许经销和特约售后维修服务站资质。2005年，公司员工增加至200人，年销售汽车3500台，年维修汽车逾3.5万台次，年营业收入4亿元。2006年公司将原有3层厂房加高一层，增加建筑面积3700多平方米。根据公司业务发展的需求，公司总经理丁少明向董事会建议公司迁址扩建。2010年初，公司在武陵区工业园征地近30亩，投资1.5亿元，修建3层2万多平方米的新厂房，楼顶可停车。2012年3月底，除上海大众品牌继续留在原址经营外，其余均迁入新址营业。9月，新增凯迪拉克4S店。当年，常德申湘集团下属5个分公司，有员工300多人，固定资产近4亿元，年销售整车8000多辆，维修车辆9万多台次，营业额近10亿元，年上缴税金近千万元，成为湘西北上海通用凯迪拉克、别克、雪佛兰、上海大众4大汽车品牌最大规模的经销商，也是国家一类汽车维修企业。

公司连续8年获全国十佳汽车经销商称号；市消费者委员会连续13年授予其“重合同，守信用”和“维护消费者合法权益先进单位”称号。总经理丁少明是市政协委员、市工商联常务委员、市汽车流通协会常务副会长、省汽车维修与检测行业协会常务理事。

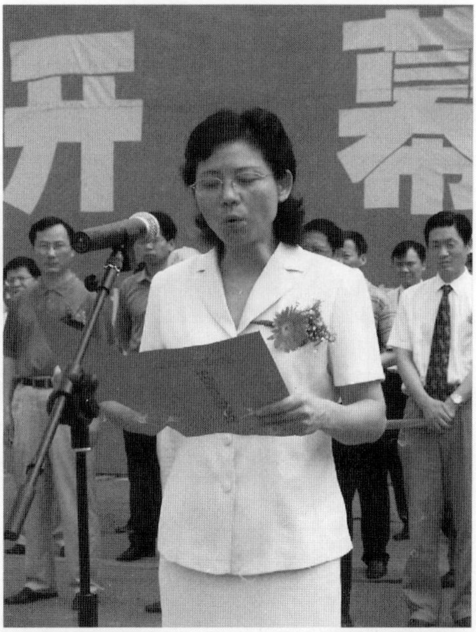
2005年6月，丁少明总经理在第二届车博会上致辞

第二节　经营品种与数量

一、经营品种

市物资系统机电设备经营企业经营的机电设备产品为工具轴承、电器仪表、重型通用设备、机械配件、汽车及摩托车、工程配套设备等6大类。

工具轴承包括工具刃具、量具、磨具、砂轮、游标卡尺、千分尺、各种轴承。

电器仪表包括电线、自动仪表、电器元件、线圈、光学仪器、低压电器、变压器、互感器、各种交直流电动机、继电器。

重型通用设备包括各类机床、电动手动葫芦、电动单双梁起重机、升降机、电力电缆、控制电缆、发电机组、锻压机械、叉车、电瓶车。

机械配件包括空压机、标准件、三轮摩托车、电焊条、电焊粉、1万大卡以下冷冻机、砂轮机、液压机、小木工刨床、电钻、试压泵、水泵。

工程配套设备包括锅炉和阀门。

汽车包括载货汽车（重型、中型、轻型、微型）、载客汽车（大型、中型、小型、微型）、三轮汽车、低速货车、挂车、轿车。

民营机电设备经营企业，经营的机电设备品种十分齐全，一般以品种设专卖店，在市城区形成各种机电设备品种专卖一条街，方便用户选购。

二、经营数量

常德市国营物资系统机电设备企业购销情况表

表 3-2-2-1

年份	购销总额		汽车（台）		电动机（千瓦）		变压器（千伏安）		电力电缆（千米）		控制电缆（千米）		布电线（千米）		工业轴承（套）		电焊条（吨）		工业锅炉（台）	
	购进	销售	购进	销售	购进	销售	购进	销售	购进	销售	购进	销售	购进	销售	购进	销售	购进	销售	购进	销售
1989	17240	10211	1995	1167	35346	37286	13380	13280	92	75	68	62	335	4002	459300	441600	1140	1145	1	1
1990	17797	18156	2361	2397	2385	2957	14310	14880	68	62	69	67	3354	4332	275594	298606	1159	1185	4	4
1991	22565	22702	2830	2811																
1992																				
1993	50311	50133	4930	4819	10000	14987	125	445	38	39	30	27	3000	3501	109037	148325	701	771		
1994																				
1995	18578	19875	1755	1832	7435	9258			44	80	3	3	672	1088	54431	92247	174	216		
1996	32944	31650	3565	3397					60	100			367	666	27899	48424	86	147		
1997	874	1054	1158	1401	1459	2622			32	30	1	1	211	250	44467	37352	40	92		
1998	179	322	348	348	342	3410				19		12	71	873	7717	29041	7	204		
1999	344	451	346	352																

常德市农用汽车下乡销售情况表

表 3-2-2-2

单位	2009 年		2010 年	
	数量	金额	数量	金额
武陵区	166	66.90	266	104.60
汉寿县	127	425.10	234	814.50
桃源县	1986	7492.20		
鼎城区				
安乡县	678	3050.00	1806	8120.00
澧县	965	4276.00	2078	9724.00
临澧县				
石门县	721	3286.55	1099	5031.96

续表 3-2-2-2

单位	2009 年		2010 年	
	数量	金额	数量	金额
津市市	171	68.97	263	106.47
德山开发区	26	102.65	50	198.74
西洞庭管理区	131		65	526.40
西湖管理区	22	120.75	39	179.13
柳叶湖管理区			254	103.60
合计	4993	18889.07	6154	24909.40

说明：表中空白处系相关数据缺失

常德市历届车博会汽车销售情况表

表 3-2-2-3

届次及冠名名称	举办时间	参展商（个）	销车（台）	成交额（万元）
第一届金色晓岛杯	2004.6	25	213	2300
第二届东方红杯	2005.6	28	399	3901
第三届东汉房产·西城水恋杯	2006.9	28	461	5722
第四届御品德山杯	2007.9	29	902	7080
第五届国窖 1573 杯	2010.4	30	1049	11623
第六届	2010.10	26	790	11740
第七届	2011.4	32	1250	15331
第八届长城桑干杯	2011.11	33	1268	17100
第九届	2012.4	34	1338	18696
第十届	2012.9	35	1285	17500

常德市摩托车下乡销售情况表

表 3-2-2-4　　数量单位：台，金额单位：万元

单位	2009 年		2010 年		2011 年		2012 年	
	数量	金额	数量	金额	数量	金额	数量	金额
武陵区	651	39.70	1077	67.20	1119	666.73	16138	5118.74
汉寿县	8432	4048.60	15591	8052.60	8068	48225.44	68283	19056.24
桃源县	7600	7237.50	13661	13410.70	12066	67325.40	67940	17891.34

续表 3-2-2-4

单位	2009 年		2010 年		2011 年		2012 年	
	数量	金额	数量	金额	数量	金额	数量	金额
鼎城区	9089	7819.00	13178	10945.00	9724	5659.24	47934	13063.89
安乡县	3462	1800.00	12461	6067.00	6857	41421.62	49808	14387.63
澧　县	11800	5967.00	17127	8652.00	14706	83520.56	59750	16418.17
临澧县	4784	4629.09	7012	6784.95	5665	33197.67	28673	8149.14
石门县	6041	3073.56	9537	4876.88	8387	46460.12	43512	11741.22
津市市	1738	111.41	1992	202.45	2805	15285.98	19413	5384.58
德山区	139	83	323	202	270	1502	1716	447
西洞庭管理区	428		940	501.17	212	1288.71	2938	900.39
西湖管理区	401	201.10	419	223.64	451	2729.29	4734	1223.86
柳叶湖区			1813	113.00	536	3657.58	877	251.26
合计	54565	35009.65	95131	60098.23	70866	407874.36	411716	114033.08

说明：计量单位数量为台，金额为万元

第三节　商品购进

市机电设备总公司是全市机电设备经营为主的专业公司，和其它国营机电设备经营企业的商品购进渠道及其方式是：

一、国营物资企业商品购进

（一）计内调拨与计外采购。1988 年，市物资局系统的机电设备经营企业所经营的机电设备产品中，仅汽车的计划调拨占购进比例的 2%，其他产品全部经由市场调节，自行组织购进。1989 年计划分配汽车 29 辆，全年市物资局系统的机电设备经营企业自行组织购进 1995 辆；其中市机电设备总公司全年购进汽车 473 辆。市物资贸易中心于 1989 年从二汽购回东风车 306 辆，全年销售 696 辆。1990 年计划分配汽车仅 1 辆，全年市物资系统的机电设备经营企业自行组织购进 2361 辆。从 1991 年起汽车不纳入计划分配，全靠市物资系统的机电设备经营企业自行组织购进。

（二）购进本地生产的工业产品供应本地市场。市机电设备总公司从对口扶持的本地的工业企业购进其生产的电动机、变压器、电线、电焊机、台钻、轴承、蓄电池等 20 多个产品，用以供应本地市场。1990 年经销地产电动机 313 台 3751 千瓦、轴承 4 万套、各类变压器 595 台、布电线 160 千米、漆包线 8.5 吨。

（三）同大中型专业生产企业联合。市物资系统的机电设备经营企业为长期稳定地购进货源，不仅在旺季市场和资源紧缺时加强同生产厂家的联合，而且在市场疲软的情况下，更加支持厂家的生产。1992年年底，在生产厂家资金紧缺时，市机电设备总公司向二汽及其他一、二类机电产品生产厂家投入资金近500万元支持厂家生产。1993年，在电焊条市场畅销、价格走高的情况下，及时得到了株洲电焊条厂的支持，保证了各种型号电焊条近300吨的货源供应。

（四）获取总经销权。在20世纪90年代中后期，市物资系统的机电设备经营企业，在加强与生产厂家联系的同时，争取生产厂家在常德的总经销和总代理权。市机电设备总公司在1993年先后争取到呼和浩特机床厂附件厂、上海砂轮机厂、株洲电焊条厂、青岛汽车制造厂、中外合资广州康德乐文体器材有限公司在常德的总经销和总代理权，保证了货源的落实与市场的需求。

二、民营机电设备经营企业商品购进

汽车以品牌代理和4S店形式来进行商品购进。常德经营大型机电产品的民营企业与经营摩托车及轴承、螺丝的民营企业，还有经营其他机电设备的民营企业，在物资购进时，一般是现款现货、有的是生产厂家直接在常德设点经营。

第四节　供应与销售

一、国营机电物资经营企业的供应与销售

（一）转变销售方式。

1.下厂调查，送货送单上门。市物资局系统的机电设备经营企业，对供货厂家进行调查，了解需求，征求意见，预约订货。对购货方，坚持送货送单上门，凡属重点骨干企业需要的物资，都按照用户提出的规格、品种、数量要求，按时送货到厂家。市机电设备总公司1989年先后派出业务人员120人次到省内外重点生产厂家、市内各相关厂矿走访、调查、了解情况，摸清用户对产品的需求，全年共组织经销机电产品4320万元。当年7月，市机电设备总公司了解到安乡电缆厂因技术改造急需部分轴承、青峰煤矿生产需要一批漆包线、五强溪水电站工程建设急需一批导线等情况后，迅速派人组织货源，并安排专车按品种型号要求，将20多万元物资及时送到相应的企业。1991年上半年，市机电设备总公司150多人次下厂调查、征求各种意见50多条，预约订货1400多万元；为用户送货送单上门70多次，总金额达500多万元。

2.入库看样，自行选货，代客提货。市机电设备总公司的仓库设在市郊德山，隔河渡水，用户提货很不方便。为帮助企业减少进货环节，提高购货质量，凡属中央、省、市重点骨干企业，总公司都发给入库选货证，凭证可直接到仓库看货选货。总公司还坚持常年代客提货。1989年代客提货销售326万元。

3.坚持售前、售中、售后服务，稳定销售客户。在经营活动中，市机电设备总公司要求业务员、开票员、保管员接待用户礼貌热情，耐心介绍产品性能，帮助选购商品；对用户急需而又一时无货的产品做好登记，立即采购；对发出库的产品，质量有问题时，便主动与生产厂家联系维修或替换。几次用户提货的汽车出发后在路上出了故障，仓库人员利用休息时间，带上工具帮用户进行修理，直至故障排除。

（二）开展联营联销。市物资局系统的机电设备经营企业，主动与原材料生产厂家开展经营联合，密切供货关系。通过采取联营联销、代购代销、连环购销等方式，建立起紧密型、半紧密型、或者松散型的联营网络。经营企业还发展机电行业的联购联销网络。市机电设备总公司和全国25个省、市的70多个厂家建立了联营协作关系，如上海电线厂、北京工具厂、上海第二机床厂、衡阳电缆厂等一批大、中型企业成了常德机电设备供应的主要来源，每年给常德提供几千万元的货源。1992年与上海汽车工业总公司联合组建规范化股份制企业——常德申湘汽车有限公司。该司为市机电设备总公司拓展湘西北及毗邻地区的小汽车销售和维修市场。总公司还参加全省各地州市机电设备公司联营体，倡导发起成立市、县（区）机电设备公司联营体。1991年，联营体调剂串换各类物资1000多万元。总公司还牵头成立有烟草机械厂、华南光学仪器厂、浦沅机械厂、常德纺织机械厂、通用机械厂等20多家骨干企业参加的常德市工具轴承调剂协会。1991年，总公司先后召开4次例会，相互通报资源情况，互相调剂串换，共同解决生产难题。当年6月的例会上，通用机械厂提出生产急需大砂轮四片，由于产品小、金额少、利润低，找了很多经销单位都买不到。例会上，总公司从常纺机调剂，解了通用机械厂之难。1993年，通过工具轴承调剂协会扩大工具销售140多万元。

（三）主动推销地方产品。市、县（区）国营机电设备经营企业为地方产品打开销路，对本地产品实行“三优先”，即进货优先、销货优先、价格优先。市机电设备总公司为确保达到三优先，采取三项具体措施：一是发布信息，宣传介绍本地产品的质量和性能，扩大产品的知名度。二是直接面向用户，把本地产品推向外省外地，如电动机、变压器、吊车、电线、柴油机等多种产品，已经销到全国各地的生产建设单位。三是凡购买本地产品的单位，尽量简化购买程序，距离较近的单位一律送货上门。如浦沅工程机械厂生产的各类吊车，1991年上半年就帮助销售达200万多元。在扩大地方产品销售的工作中，总公司采取各种形式征求用户的意见，并将这些意见反馈给生产企业，以便加以改进和更新产品。如安乡电缆厂生产的电缆，用户反馈有个别参数达不到规定指标，总公司及时将这一意见通报该厂，引起该厂的注意，促进了产品质量的提高。

二、民营机电物资经营企业的供应与销售

1.汽车销售：从1999年11月开始，常德市的民营汽车经销商开始销售汽车。

⑴现款现货。

⑵4S店经营模式。常德市第一家设品牌汽车4S店经营汽车销售的是2001年10月开业的湖南常德申湘汽车贸易有限公司的上海通用别克4S店。到2012年年底，常德市品牌汽车4S经营店共有31家，名单如下：

常德市品牌汽车4S经营店情况表

表3-2-4-1

序号	经营单位	经营品牌	成立时间
1	湖南常德申湘汽车有限公司	上海通用别克	2001.10
2	常德恒瑞汽车贸易有限公司	东风雪铁龙	2003.12
3	常德双星经贸发展有限公司	雷诺	2010.4
4	市日丰汽车销售服务有限公司	东风日产	2006.5
5	市瑞丰汽车销售服务有限公司	东风日产启辰	2012.3
6	市三色汽车销售服务有限公司	长安、长安铃木	2009.8
7	市柳城汽车销售服务有限公司	东风日产	2011.10
8	市日福汽车销售服务有限公司	长安福特	2008.8
9	市裕安贸易有限公司	一汽大众	2005.12
10	常德天力汽车销售服务有限公司	广汽本田	2004.
11	常德天晟汽车销售服务有限公司	广汽丰田	2009.
12	常德时代汽车销售服务有限公司	东风本田	2008.8
13	常德时代阳光汽车销售服务有限公司	马自达系列	2009.8
14	常德时代奔腾汽车销售服务有限公司	一汽轿车	2009.8
15	市新华润汽车销售有限公司	斯柯达	2011.1
16	市华运通汽车销售服务有限公司	一汽丰田、进口丰田	2009.7
17	常德骏达汽车销售服务有限公司	奇瑞、旗云系列	2010.6
18	市东亚汽车销售有限公司	东风悦达起亚	2006.3
19	湖南申湘汽车常德天润有限公司	雪佛兰	2005.7
20	湖南申湘汽车常德众兴销售服务有限公司	上海大众	2005.11
21	常德双星星致汽车销售服务有限公司	东风标致	2010.3
22	市星都汽车销售服务有限公司	北京现代	2005.7
23	湖南申湘汽车常德天衡有限公司	凯迪拉克	2012.8
24	常德锦江汽车销售有限公司	吉利	2011.
25	市仁达车务有限公司	中华	2011.
26	市国晨贸易有限公司常德分公司	中兴、华泰	2010.8
27	常德万通汽车销售服务有限公司	长安马自达	2012.4
28	常德长盛长城汽车销售服务有限公司	长城	2012.3
29	长沙市金旋风汽车贸易有限公司常德分公司	比亚迪	2010.4
30	市传波汽车贸易有限公司	英伦	2010.5
31	市星润汽车销售服务有限公司	北京现代	2012.4

2009 年 5 月，市汽车摩托车下乡启动仪式会场

⑶银行按揭销车。常德市使用此方式进行汽车销售始于 2003 年。

⑷借助国家补贴，加大汽车销售力度。2009—2010 年，国家开展汽摩下乡活动，对农民购买规定类型的汽车和摩托车给予一定幅度的补贴。全市借助国家用财政资金对农民新购微型客车、微型载货车、轻型载货车、摩托车实行资金补贴和报废三轮汽车、低速货车换购微型载货车、轻型载货车实行资金补贴的机遇，大力推销农用汽车，两年销售 1.1 万台。农用汽车下乡销售统计见表 3–2–2–2。

（五）车展借势推销。2004 年成立市汽车流通行业协会后，当年 6 月举办湘西北品牌汽车会展（以下简称车博会），以后每年举办 2 次，至 2012 年已累计举办 10 届，销售汽车 8955 台，成交金额 11.1 亿元。历届车博会汽车销售统计见表 3–2–2–3。

2.摩托车的销售

民营企业的摩托车经销商在国家实施家电与汽摩下乡给予财政补贴政策的鼓励下，2009—2012 全市共销售摩托车 632 278 台,销售额 61.7 亿元。摩托车下乡统计见表 3–2–2–4。

除汽车外，机电设备产品的销售，一般以产品设立区域总经销、或生产厂家设直销店等模式来进行营销。

第五节　二手汽车交易

一、交易场所

（一）计划经济时期

常德市二手车进入市场交易，始于 1986 年 12 月 30 日。常德地区工商行政管理局与常德交通监理总所联合以常工商字〔1986〕第 88 号、常总监〔1986〕58 号文件，下发《关于进一步加强旧机动车辆交易市场管理的通知》，规定“全区范围内买卖（包括互换）各种类型的旧汽车、拖拉机、摩托车等机动车辆都必须进入规定的旧机动车辆交易市场进行交易，严禁场

2008 年初，新建成的常德市二手车交易大厅

外成交，违者处以 50—1000 元的罚款”。1987 年 7 月，武陵区工商行政管理分局成立“常德市旧汽车交易所”，常德市的二手车都进入该交易所进行交易。

1998 年 3 月 9 日，国内贸易部以内贸机字〔1998〕第 33 号文件发布《旧机动车交易管理办法》。6 月 30 日，省计委以湘计物〔1998〕351 号批复同意常德市汽车贸易总公司在常德市武陵大道中段西苑路 1 号建设常德市旧机动车交易市场。该市场占地面积 6480 平方米，总建筑面积 7000 平方米，其中办公用房及汽车修理厂 6000 平方米，停车棚 1000 平方米，均利用市汽车贸易总公司在武陵区武陵大道中段西苑路的土地及建筑设施；市场项目法人为市汽车贸易总公司。6 月 17 日，省工商行政管理局颁发湘工商市字 4300002039 号市场登记证，常德市二手车都进入该市场进行交易。

（二）市场经济时期

2002 年 7 月，因市汽贸总公司（即市物贸易中心）破产改制，国有的市全顺机动车交易有限公司的资产被个人购买，国有企业置换为民营企业，继续行使旧机动车交易市场的职能。

2005 年 10 月 1 日，国家商务部、公安部、工商行政管理总局、税务总局联合发布第 2 号令，即《二手车流通管理办法》。《二手车流通管理办法》打破垄断格局，实现经营主体多元化，允许符合条件的企业开展二手车经营活动，经营企业、拍卖企业成为合法的二手车经营主体。从 2005 年 10 月起到 2012 年年底，全市共注册登记了 32 个二手车交易场所，其中 2005 年注册登记 1 个，2007 年注册登记 7 个，2008 年注册登记 1 个，2009 年注册登记 6 个，2010 年注册登记 7 个，2011 年注册登记 6 个，2012 年注册登记 3 个。

常德市二手车交易场所暨投资主体一览表

表 3-2-5-1

交易场所名称暨投资者	所在地	成立（备案）时间	注册资本（万元）	专业人员（人）	经营范围
常德市二手车交易市场	常德市南坪路家具产业园	1998-06-28	310	40	政策允许的二手车交易
常德市全顺机动车交易有限公司二手车交易市场	常德市南坪路家具产业园	2005-06-22	100	40	政策允许的旧机动车交易、旧车交易经纪服务、机动车登记业务代理
常德市财海二手车交易市场有限公司	常德市火车站林荫路	2007-01-08	50	8	为二手车提供交易服务场所及相关业务，机动车登记代理（国家有专项规定的除外）
常德市金斯格二手车鉴定评估有限公司	武陵大道中段西园路 1 号	2007-02-28	50	5	从事二手车鉴定评估及咨询服务

续表 3-2-5-1

交易场所名称暨投资者	所在地	成立（备案）时间	注册资本（万元）	专业人员	经营范围
常德市武陵区汇金二手车交易服务有限公司	常德市武陵区火车站新世纪汽车城	2007-04-11	10	2	收购销售二手车.机动车登记代理.汽车装饰、二手车交易服务
常德市武陵区汇金二手车交易服务有限公司	常德市武陵区火车站新世纪汽车城	2007-04-11	10	2	收购销售二手车.机动车登记代理.汽车装饰、二手车交易服务
常德市明鉴二手车鉴定评估有限公司	常德市武陵区三闾路48号	2007-04-27	30	6	机动车技术状况鉴定;机动车价值评估;按国家规定从事涉案、事故车辆鉴定;旧机动车信息咨询服务；一般经纪中介服务；二手车经销(凭二手车鉴定评估机构核准书核准项目经营)
澧县双汇二手车交易市场服务有限公司	澧县澧阳镇澧阳居委会澧浦大道（湖南鹏程汽车有限公司院内)	2007-05-17	5	6	二手车交易市场服务、二手车收购、销售、二手车经纪服务、汽车美容
石门佳顺二手车经营有限公司	石门县楚江镇奉天西路	2007-08-22	5	3	二手车收购、销售，二手车经纪业务、中介信息、咨询服务
桃源县翔瑞二手汽车交易市场	桃源县漳江镇北路	2007-09-14	20	5	
常德市索坤二手车交易市场有限责任公司	常德市武陵区朗州北路南苑小区	2008-05-09	50	9	
汉寿县美景汽车贸易有限公司	汉寿县西竺山八角楼	2009-07-23	50	8	汽车销售（不含小轿车)，为二手车提供交易服务（以上经营项目国家有专项规定的按规定执行)
桃源县天平二手汽车交易服务有限公司	湖南省桃源县工商局	2009-07-28	10	3	为二手汽车交易提供场所服务，二手车、汽车零配件销售，二手车经纪服务

续表 3-2-5-1

交易场所名称暨投资者	所在地	成立（备案）时间	注册资本（万元）	专业人员	经营范围
常德市警通机动车注册登记代理有限公司	常德市 207 国道与青年路交会处	2009-09-16	20	5	代办机动车注册、转籍、过户、变更、补证、抵押、停驶、临时入境和注册登记业务（不含机动车登记证书），代办车辆年检手续，代办驾照年审及异动手续，车管业务咨询；机动车拓印服务及专业拓纸销售；机动车二手车交易
澧县远大汽车贸易有限公司	澧县澧阳镇关心居委会澧州路 198 号	2009-09-16	60	6	汽车销售；二手车收购、销售；汽车租赁；汽车美容
澧县全顺二手车交易服务有限公司	澧县澧阳镇澧阳居委会三组锦绣玫瑰园 27 栋 107	2009-11-16	10	5	经营二手车交易市场；二手车收购；销售；二手车经纪服务
常德金和二手车交易市场有限公司	常德市洞庭大道与青年路交汇处豪荟花园 1 栋门面	2009-11-16	250	10	为二手车集中交易提供场所及相关服务
常德市武陵区远大二手车交易有限责任公司	武陵区河伏岩桥桃特物流公司院内	2010-02-08	10	5	二手车交易
常德市鼎城区德惠二手车交易市场有限公司	常德市鼎城区武陵镇福广村金霞光大道	2010-04-01	30	5	为二手车提供交易服务场所及机动车登记代理服务
常德市鼎城吉鼎二手汽车交易市场有限公司	湖南省常德市鼎城区武陵镇王家铺村	2010-04-13	30	5	为二手车提供集中交易和相关服务的场所及机动车登记代理服务
安乡县鑫驰二手车交易市场有限公司	安乡县城关镇南安国税局办公大楼门面	2010-04-13	10	2	为二手车集中交易提供场所及相关服务
常德市正华二手车市场服务有限公司	湖南省常德市武陵区柳叶湖双桥村 9 组	2010-04-28	10	5	二手车交易服务
常德市华进二手车交易服务有限公司	德山开发区常德大道	2010-04-30	50	5	为二手车交易提供服务；机动车登记代理；汽车、摩托车的配件批发
常德市武陵区天祥二手车交易有限公司		2010-06-27	10		

续表 3-2-5-1

交易场所名称暨投资者	所在地	成立（备案）时间	注册资本（万元）	专业人员	经营范围
澧县大地二手汽车经营有限公司	湖南澧县澧阳镇朱家岗村6组	2011-04-14	5	5	二手车收购，销售；二手车经纪服务；汽车美容
津市市大可二手车经营有限公司	津市市孟姜女大道	2011-07-15	10	5	二手车经销
临澧恒威二手车交易市场有限公司	临澧县经济开发区安福工业园	2011-07-20	50		二手车交易市场管理；二手车经销
石门县华成二手车交易服务有限公司	石门县楚江镇永固居委会一组（东方购物城171号）	2011-11-22	5	5	二手车经销
常德玖霖汽车销售有限公司	常德大道与柳叶大道交汇处	2011-12-06	500	32	东风风神品牌汽车销售；二手车经销；汽车配件、汽车装饰品、五金交电、日用百货、办公用品、酒店用品的销售
石门县兄弟二手车交易有限公司	石门县楚江镇新厂居委会六组	2011-12-08	20		二手车销售（国家法律法规、国务院规定禁止和限制的不得经营）；二手车经纪业务、中介信息、咨询服务
常德市正欣二手车交易有限公司	湖南省常德市武陵区南坪岗社区常德大道（五茬加油站斜对面）	2012-04-19	200	3	二手车交易市场管理服务、二手车经销、二手车经纪服务、汽车租赁服务
澧县永信汽车服务有限责任公司	常德市澧县澧阳镇黄桥居委会光荣巷86号	2012-11-01	20	3	为车辆上户，过户，年审提供咨询服务；二手车收购，销售；汽车租赁
澧县三汇二手车交易所	澧县澧阳镇关心居委会澧州路1120号	2012-12-24	50		二手车收购、销售；二手车经纪服务

二、参与交易的企业

（一）从计划经济到市场经济的过渡时期：参与交易的是国营企业和集体所有制企业自有的二手车，1986—1998年6月，到市旧汽车交易所进行交易；1998—2005年9月，到市旧机动车交易市场进行交易。

（二）市场经济时期：2005—2012年，全市共注册登记32个二手车交易场所，32个投资主体注册资本2720万元、安排交易专业人员294人。2010年年底，正常交易的场所有8个。到2012年年底，正常交易的场所有10个，这10个正常经营的交易场所，投资主体的投入资产总额2437万元，有经营面积33 720平方米，交易大厅面积3147平方米，有驻场经销的企业91家。

三、交易数量

市物资贸易中心的有关统计资料记载，1997—1999年，二手车的交易数量1997年725辆，1998年934辆，1999年1300辆。

2011年，全市10个交易场所全年二手车的交易量为9440辆，交易额4.8亿元，上缴税金57.26万元，实现利润487.53万元。

市全顺机动车交易有限公司经营有市城区最大的二手车交易市场，其2000—2010年的交易情况：2000年收购2110辆，销售2590辆；2010年收购4980辆，销售5390辆。

四、二手车交易市场的建设

以市城区最大的二手车交易市场即市全顺新旧机动车交易有限公司设立的二手车市场为例，介绍其二手车交易市场的建设。

1.改造经营场所。2007年，根据常德市城市商业网点规划，市全顺新旧机动车交易有限公司再投资800万元，在武陵区林荫路征地一宗，占地1.5万余平方米，将二手车市场从西园路搬迁至位于常德大道道与林荫路交会处的新的二手车市场。该处东邻火车站，北邻新世纪汽车城，西邻湘西北汽车城，南邻丁玲公园，与新车市场互为补充，地理位置优越。二手车市场搬迁后，还多次对其中的市场进行改造。该市场改造后，市场交易量以每年15%~20%的幅度增长，进场经纪人约200人。

2.提升服务品质。为方便客户，市场在市公安交警支队车管所（白鹤山）设立二手车市交易开票点。

为方便消费者办理相关手续，交易大厅内设有二手车信息查询处、电子显示屏、交易流程图等，以便客户了解二手车的交易程序和查询车辆相关信息。

为扩大常德全顺公司二手车市场的影响和辐射面，公司还开设专门网站。通过网站的推广，逐步实现“旧车买卖不出门，网上一键能搞定”。

该市场以市全顺机动车交易有限公司为依托，运用现代化企业管理制度，引进大量的经纪人进入市场交易，实现二手车经营主体多元化。市场具备以下条件：⑴有从事20多年二手车交易的丰富经验，拥有专业技术鉴定人才，其中有二手车专业评估师5人，高级评估师1人。⑵具有为客户代办符合规定的各类二手车辆的上牌、过户、保险、代收税费、信息查询的服务功能，能为客户提供快捷的一条龙服务。⑶能进行二手车交易过户、二手车收购、二手车销售（含寄售）、二手车以旧换新、代购代销、二手车鉴定评估、机动车登记业务代理、美容维护、代办保险等、代办理车辆购置税、代缴违章罚款、查询电子档案或信息咨询等多项业务。⑷设置有闭路监控系统，保障市场安全。

3.规范市场经营。公司制定《常德全顺公司二手车管理规定》等一系列规章制度，在经纪人中倡导诚信经营，鼓励经纪人争创“诚信经纪人”和“模范党员经营户”，市场的交易透明度增加，东北三省、广东、山东、新疆、内蒙古、青海的经纪人也到该市场进行交易经营。

第三章　化工轻工建材经营

第一节　经营企业

一、计划经济时期的经营企业

这一时期经营企业为县（市）物资局系统的化工轻工公司和建筑材料公司及物资贸易中心；县（市）化工局、轻工局、建材局的供销公司；县（市）乡镇企业局的物资供应公司。

计划经济与市场经济并存年代，除上述经营单位外，各生产厂家超计划生产的商品，可自行销售。

市场经济年代，从1994年开始，区县（市）物资局系统的化工轻工建材企业面临困境，2000—2006年，市委、市政府对国有企业实行“两个置换”的改革，市、县（区）两级物资系统的化工轻工建材企业中除民用爆破器材专营公司独立出来外，均完全退出生产资料流通领域的经营市场。市、县（区）两级化工局、轻工局、建材局的供销公司、乡镇企业局的物资供应公司，也实行“两个置换”的改革，彻底退出生产资料流通领域的市场。经营化工轻工和建筑材料的民营企业逐渐占领整个市场。

二、市场经济时期的经营企业

（一）经营民用爆破器材的企业：计划经济时期，由常德地区（市）化工轻工总公司专营；由计划经济向市场经济过渡时期，民用爆破器材专营公司从即将破产的市化工轻工总公司中独立出来，实行专营；2007年12月30日，根据市委、市政府的部署，市民用爆破器材专营公司由市商务局管理划归市国资委管理，仍实行专营。

（二）经营化工原料的民营企业：到2012年，市城区有66家。

（三）经营轮胎的民营企业：从1997年9月30日常德方园汽车贸易公司注册资金50万元，开始经营汽车、轮胎，到2010年年底，市城区经营轮胎的民营企业共68家。

（四）经营橡胶制品的民营企业：从1998年1月21日常德市永丰节能材料实业有限公司注册资金50万元，开始经营橡胶制品，到2010年年底，市城区经橡胶制品的民营企业共11家，总注册资金1.66亿元。

（五）经营玻璃及制品的民营企业：到2010年年底，市城区经营玻璃的民营企业共21家。

（六）经营纸业的民营企业：到2010年年底，全市纸业生产厂与经营的民营企业共23家，其中市城区8家。

第二节 经营品种与数量

常德区县（市）物资系统的化工轻工企业经营的化工轻工产品共8大类580个品种，其中无机化工原料有硫酸、纯碱等291种；有机化工原料有甲苯、草酸、聚乙烯醇、工业尿素等120种；塑料原料、合成树脂及化学助剂有聚氯乙烯、聚丙烯等96种；橡胶及橡塑制品有天然橡胶、丁苯橡胶等43种；轻工产品有纸袋纸、酒精、工业毡等27种；民爆器材有炸药、雷管、导火索等3种。

常德区县（市）物资系统的建筑材料企业经营的建筑材料品种为水泥、玻璃、油毡、石棉瓦4个大类。

市物资系统的化工轻工企业经营的化工轻工建材商品，有7种系原省、市物资厅局列入主要物资的商品：烧碱、纯碱、橡胶、轮胎、水泥、玻璃、油毡。

一、国营物资企业的经营

常德市物资系统主要化工轻工建材购销统计表

表3-3-2-1

年份	烧碱（吨）		纯碱（吨）		橡胶（吨）		轮胎（套）		玻璃（重箱）		浓硝酸（吨）	
	购进	销售	购进	销售	购进	销售	购进	销售	购进	销售	购进	销售
1989	4110	3967	8289	6441	1936	1782	25604	24602	47261	50769		
1990	4280	4225	4144	5512	1882	1780	23131	21598	10628	11545		
1991	2524	2703	1110	1974	2750	3113	22908	24018				
1992												
1993	636	545	2716	3277	7739	6888	29215	25673				
1994												
1995	582	495	1819	1355	1023	1037	17847	19437				
1996	363	437	901	1436	770	847	10126	12201			25	25
1997	17	58	810	579	183	203	4641	5369			3	3
1998	8	66	4	445	401	401	2196	4103	95	409		
1999	47	46		14			2581	2352		29		

常德市物资系统主要化工轻工建材购销统计表

表 3-3-2-2

年份	水泥（吨）		油毡（卷）		炸药（吨）		硫酸（吨）		聚乙烯（吨）		聚丙烯（卷）		聚氯乙烯（吨）	
	购进	销售	购进	销售	购进	销售	购进	销售	购进	销售	购进	销售	购进	销售
1989	91877	93469	93100	93215										
1990					3507	3515								
1991	33493	33925												
1992														
1993	27430	28800			2945	2880								
1994														
1995									474	503	401	389		
1996							1515	1543	382	398	553	514	50	
1997							1807	1824		277		80		100
1998	50	101					1251	969		30		2		
1999	238	14					431	729						

二、市场经济时期民营物资企业的经营

常德市水泥销售统计表

表 3-3-2-3

项目＼年份	2004	2005	2006	2007	2008	2009	2010
数量（万吨）	415	450	483	526	598	630	821
金额（亿元）	9.55	10.8	12.08	13.15	16.74	17.64	16.83
就业者（万人）	1.5	1.5	1.5	1.5	1.5	1.4	0.92

说明：根据水泥行业协会对全市 53 家水泥企业填报的数字汇总

常德市化工原料销售统计表

表 3-3-2-4

年份	硫酸（吨）折 100%	烧碱（吨）	塑料树脂及共聚物（吨）	聚氯乙烯树脂（吨）	人造板（立方米）	建筑涂料（吨）	卫生陶瓷（件）	塑料管及附件（吨）
2003	80527	40569			8639	649		1156
2004	107700	45696	2453	4231	8086	890	950000	1187
2005	89980	45278	2513		18157	990	1256500	1240
2006	75155	50112	2190	2190	19980		1938730	1282
2007	54925	34889	4404	4404	30895	3413	4307000	2430
2008	89547	35545	4770	4770	63944	5240	4401848	1944
2009	55126	32897	1712		142725	10027	5890289	2469
2010	72504	33227	9400	6300	224068	15557	8764624	2385

说明：根据自产自销民营企业提供的数据统计

常德市建筑材料销售情况表

表 3-3-2-5

年份	人造板（立方米）	建筑涂料（吨）	卫生陶瓷（件）	塑料管及附件（吨）
2003	8639	649		1156
2004	8086	890	950000	1187
2005	18157	990	1256500	1240
2006	19980		1938730	1282
2007	30895	3413	4307000	2430
2008	63944	5240	4401848	1944
2009	142725	10027	5890289	2469
2010	224068	15557	8764624	2385

常德市轻工产品销售情况表

表 3-3-2-6

年份	纸浆（吨）	机制纸及纸板（吨）	书写印刷纸（吨）	平板玻璃（重量箱）	合成纤维聚合物（吨）
2003	98166	8551	183715	150733	4289
2004	79480	11247	177235	180210	4231
2005	103333	232657	15385	143783	4381
2006	104771	250372		627615	4508
2007	71255	197598	11450	1320000	2222
2008	123329	296078	2951	1458753	
2009	119516	369359	109499	691654	
2010	128249	400938	99403	907091	

说明：根据自产自销民营企业提供的数据统计

第三节　商品购进

一、购进渠道

烧碱、纯碱、尿素、橡胶、轮胎、塑料原料等化工原料和平板玻璃、油毡等建材，常德市不生产，需要从外地组织购进。计划经济年代靠计划分配；计划经济与市场经济并存年代，一部分由计划分配，另一部分由企业从市场自行采购；市场经济年代则全由企业从市场自行组织购进。民爆器材属管控物资，一直由国营物资企业专营，实行计划营销。

二、购进方式

计划经济时期，及向市场经济过渡时期，区县（市）化工轻工总公司与区县（市）建筑材料公司是主要的经营化工轻工建筑材料的企业，其商品购进的主要方式为：

（一）计划分配物资的购进。为确保国家计划物资分到、订到、拿到，区县（市）物

1994年10月，兰州市化工公司在常德市召开全国乳胶产品座谈订货会

资系统的化工轻工建材经营企业采取定厂、定人，密切业务联系，及时筹组保证计划物资调入的资金，按时调入计划物资。计划物资的到货率：烧碱98%左右、纯碱100%、尿素100%、橡胶100%、轮胎100%、玻璃100%、油毡100%。1991年，市化工轻工总公司经营的12种主要物资除纯碱、烧碱受到计划内外价格倒挂和市场疲软影响有所减少外，其他商品的计划内购进如下：硫酸674吨，比1990年增长48.2%；橡胶2466吨，比1990年增长61.4%；轮胎5990套，比1990年增长38%；聚乙烯795吨，比1990年增长3倍；聚丙烯679吨，比1990年增长3倍；高压聚乙烯796吨，比1990年增长3倍；硝酸钠408吨，比1990年增长11倍；84#（炸药）2458吨，比1990年增长39.8%；85#510吨，比1990年增长5.5%；工业尿素678吨，比1990年增长90%。

（二）建立并巩固货源基地。市化工轻工总公司先后与省化工公司、株洲化工厂、湘江氮肥厂、冷水江制碱厂、华北供销公司、中国轻化总公司、吉林省化轻公司、广州橡胶厂、广州星球轮胎厂、天津碱厂、北京燕山化工厂、吉林化工厂、山东潍坊碱厂、新疆天山化工厂、广西贺县光明化工厂、湖南橡胶厂、上海橡胶轮胎厂等生产厂建立起稳固的业务关系，公司的物资供应便有了货源基地。市总公司1989年从中国化轻总公司争取到150吨计外天然胶，从中南供销公司争取到100吨计外碱，从吉林化工厂争取到300吨计外合成胶，从水口山矿务局争取到40吨氧化锌，从山东潍坊碱厂争取到300吨计外纯碱，从西北供销公司获得360吨冰醋酸购进计划等。1990年氯酸钾货源较紧，公司先后从新疆、广西、湖北等地组织到30多吨；从北京、吉林、广州等地组织合成胶245吨、轮胎2000多套。1992年，从外地组织计划外液碱1800吨，比上年的1460吨，增长23.3%；从北京购进计划外化工原料2000吨。市建筑材料公司与北京燕山石化总公司建立稳固的业务关系，1993年从该司购进苯酚800吨、丙酮225吨、各种塑料原料500多吨。

（三）物工、物物联合经营。市化工轻工总公司1989年与津市橡胶厂建立联营体；1991年先后与上海橡胶轮胎集团公司，湘西北上海回力、双钱轮胎建立联营体，成为上海橡胶轮胎集团公司的全国40家特约经销处之一（全省仅2家）；与湖南橡胶厂、粮食部粮食机械厂建立联营项目和物资串换；先后帮助以上厂家销售物资250吨。

三、市场经济时期民营企业的商品购进

民营企业有的按经营品种设立专营店，实行现款进货；有的先交保证金，进行品牌代理购进；有的生产厂家寻求民营企业设立连锁专卖店进行营销。

第四节　商品销售

计划经济时期，及向市场经济过渡时期，区县（市）化工轻工总公司与区县（市）建筑材料公司是为主经营化工轻工建筑材料的企业，其销售方式主要有：

一、国有企业的销售

（一）计内物资的销售

1990 年，几种主要计划内商品出现严重的购销价格倒挂现象，致使计划内物资销售不畅。市化工轻工总公司协同市计委、市物资局两次召集所属区、县计委、轻化公司及有关生产厂家进行座谈，形成会议纪要，规定计划物资的供应办法，签订供应协议。总公司给供应单位做工作，少提滞销的计划内物资，多提畅销的计划外物资。在提回部分的计划内商品的供应价格上，则对购买单位让利（仅此项即让利 64.5 万元），减轻用户的负担，促进计划物资的销售。如 1990 年共销售计划内纯碱 1762 吨，比上年增加 392 吨。

（二）改善服务，扩大销售

1.把用户请进来听取意见。1989 年 3 月，市化工轻工总公司召开全市各区县化轻公司经理座谈会，征求对其经营工作的意见。另召开各种专业性的座谈会 6 次，其中火工产品用户座谈会 2 次，橡胶、轮胎、硫酸用户座谈会各 1 次，全市三角带联营会一次。通过座谈会以了解用户的意见和要求。1991 年初，市轴承厂缺甲醇影响其生产，得知情况后，总公司派人先后到湖北、益阳、株洲等 10 多个单位求援，最后从株洲化工厂组织货源 50 吨送货上门，解决了该厂生产上的燃眉之急。

2.组织服务队走出去上门服务。1989 年，市化工轻工总公司成立 2 个上门服务队，由总经理带队经常到各区、县（市）化轻公司和各厂矿调查了解情况。全年共到桃源纺织印染厂、石门化工二厂、湖南雄黄矿、西洞庭造纸厂、德山玻璃厂、市树脂厂、市各塑料厂等 100 多个厂矿上门服务达 800 多人次，为用户送货上门 800 多吨。1990 年，总公司 2 个上门服务队到全市 120 多家生产企业上门服务，掌握需求动态 650 余条信息；广泛开展“三代”（代购、代垫资金、代销）、“三送”（送货、送单、送信息）活动，为市树脂厂代销电石 10 吨，为广州星球轮胎厂代销轮胎 100 套，为桃源纺织印染厂代购草酸 5 吨、代购冰醋酸 12 吨，为安乡橡胶厂、津市橡胶厂、德山玻璃厂代垫资金 300 多万元，送货上门 2100 多吨，送单上门 21 万元，发布供销信息到厂 50 余次。

3.扩大门市便民销售。总公司仓库离城区较远，用户提货不方便。1989 年年初，总公司根据用户的意见，组织购进一批用量少、市场少、库存无的商品，如小规格的轮胎、异型三角带、石棉橡胶板等物资，不仅满足了用户需要，还拓宽了公司的经营领域。公司将零星供应较多的物资（如纯碱、环氧树脂、PAC、轮胎、三角带、有机玻璃等）转库一部分到公司院内仓库，通过门市销售。全年通过此种方式销售的物资达 50 多万元。门市部无休息日，每天全天营业，特殊情况下班后亦可收发货。1990 年门市部共销售 30 多万

市化工轻工总公司经营门面

元，业余时间收发货102笔共543吨。市建筑材料公司东门经营部为用户所想，及时为用户解难，销售0.3毫米绝缘纸远近闻名。1993年11月中旬，0.3毫米绝缘纸资源供不应求，市建筑材料公司派业务员到厂家坐催，8天后，厂家安排生产9吨以解难，全年销售绝缘纸110吨，盈利7万多元。

（三）根据市场变化灵活销售

1.配套销售。根据化学工业的生产特点，在对生产厂家所需原材料的调查了解的基础上，市化工轻工总公司对化工物资实行配套供应。如将橡胶和橡胶辅料的碳酸钙、石蜡等配套；将树脂和增塑剂配套，有效地扩大了销售，满足了生产的需要。1992年年初，总公司的化工、橡胶、资源开发3个分公司分别与五强溪水电工程指挥部等5个生产企业及用户签订物资配送协议书，并指定专人负责抓，全年共组织27个规格品种的配送物资790吨，金额达650万元。其中配送五强溪指挥部的就有16个品种，金额达580万元。市建筑材料公司1993年配送各种物资金额达3650万元，占全年物资销售量的72.6%。

2.薄利多销。1989年，银根紧缩，社会购买力下降，市场疲软。市化工轻工总公司为了促进销售，减少资金占用，在销售价格上采取灵活的方式，对按规定应收的管理费比例点数和定额运杂费，公司都争取通过在企业内部加强管理来消化一部分，使其所经营物资的销价低于市场价格。1991年，总公司组织上门服务，送货3140吨，让利销售261万元；总公司化轻科两次为市化机厂提供非营利性的物资服务。

3.远购远销。市化工轻工总公司在保证本区工农业生产需要的基础上，把市场推向区外、省外。1989年6月，从吉林购进300吨丁苯胶，常德只需100吨，便将200吨销给省化工总公司。7月，从山东潍坊购进300吨纯碱，货到长沙后，根据公司该种商品的库存实际，便将此批300吨纯碱全部销售给长沙市轻化公司和湘潭玻璃厂。1991年四季度，从北京燕山石化和南京扬子江石化等地购进聚苯乙烯、聚丙烯、高（低）压聚乙烯、顺丁胶等物资1200多吨，销往北京、上海、天津、宁波等地，销售额达800多万元。总公司从1993年起，为更好地开拓外地市场，相继在北京、上海、云南、兰州、长沙、海口、齐鲁、长春、十堰、吉林、南京等地设立办事处，并投资入股涟源钢厂和八一钢厂，全年在外地市场销售物资金额达13 667万元，比1992年在外地市场销售的6870万元增长98.9%。

（四）推销地方产品

国营化工轻工企业和建筑材料企业在搞好自己的购销存工作的同时，帮助本地生产企业推销地方产品。1991 年，市化工轻工总公司帮助湖南橡胶厂、粮食部常德机械厂（简称部粮机）、津市橡胶厂等单位销售产品 250 吨，销售金额 162.5 万元。全年共推销地方产品 27 种，销售额 510 万元。1992 年推销津市橡胶厂三角带、石门化工厂 84# 炸药等地方产品 15 种，销售金额 919 万元。

二、市场经济时期民营企业的销售

有的以经营品种设立专营店，实行现款销售；有的先交保证金、进行品牌代理销售；有的生产厂家设连锁专卖店进行营销。

第四章　废旧金属材料回收

第一节　经营企业

一、计划经济时期的经营企业

为挖掘废旧金属资源潜力，变废为宝，在计划经济时期，常德地区物资局于 1977 年 9 月决定成立地区金属回收公司专门经营此项业务。各县市物资局相继建立类似机构，配备专职人员按职权范围开展金属回收和加工改制业务。在计划经济和市场经济并存时期，仍然以国营金属回收公司为主经营，民营金属回收（物资）企业亦开始参加经营。1987 年，国家改革废钢铁计划管理体制，取消废钢铁回收上交指令性计划，开放废钢铁市场。由于缺乏统一的归口管理，废金属经营户由当时的 800 多家猛增到 1988 年的 3200 多家，致使废金属市场一度陷入混乱，给全市的生产建设和社会治安带来不利影响。市公安局、市工商局、市物价局、市物资局根据国家和省有关文件精神，联合签发常德市常物〔1989〕31 号及常工商字〔1989〕38 号两个文件，全市共取缔和吊销废金属收购点、站 2146 户，废金属市场秩序得以明显好转。1989 年设立“常德市废金属交易市场”；1990 年 6 月 15 日，市政府办公室以常政办函〔1990〕34 号文件批复成立“常德市物资再生利用管理办公室”，对维护合法经营，控制资源外流，保障市城区的废旧金属材料正常经营起到一定的积极作用。

二、市场经济时期的经营企业

进入市场经济时期，国有金属回收（物资）企业逐渐退出历史舞台，民营金属回收（物资）企业逐步占领该市场，到 2010 年年底，仅市城区废旧物资交易大市场即有民营废旧物资经营企业 171 家，见表 3–4–1–1：

常德市废旧物资交易大市场经营企业情况

表 3-4-1-1

年份	入场企业（个）			
	合计	经营废钢材的企业	经营旧机电设备的企业	经营旧家电的企业
2006	试营业			
2007	113	101	4	8
2008	132	115	6	11
2009	155	127	9	19
2010	171	138	11	22
2011	176	138	12	26
2012	195	155	12	28

第二节　经营品种与数量

经营品种：废钢材、废有色金属材料。

经营数量：

常德市物资系统废钢铁回收情况表

表 3-4-2-1

	1989	1990	1993	1995	1996	1997	1998	1999
购进	28146 吨	27878 吨	31020 吨	13476 吨	169 万元	2048 吨	1717 吨	84 万元
销售	29941 吨	29465 吨	32481 吨	13320 吨	1933 万元	3235 吨	2239 吨	88 万元

常德市废旧物资交易大市场民营企业销售及就业情况表

表 3-4-2-2

年份	总额（万元）	废钢材		废有色金属材料		旧机电设备		就业人数（个）
		数量（吨）	金额（万元）	数量（吨）	金额（万元）	数量（台/套）	金额（万元）	
2008	24000	148000	22000	500	1600	1300	400	350
2009	28000	165000	24500	800	3050	1500	450	370
2010	30000	17000	25500	1000	3800	2200	700	490
2011	31000	18000	26700	1000	3700	2100	600	530
2012	31000	18500	26900	900	3300	2700	800	620

第三节 商品购进

一、国营金属材料回收企业的商品购进

计划经济时期，国营市、县（区）金属材料回收总公司是回收经营废旧金属材料的专营公司。1987 年，国家改革废钢铁计划管理体制，取消废钢铁回收上交指令性计划，开放废钢铁市场。国营市、县（区）金属材料回收总公司仍然是回收经营废旧金属材料的专业公司，其废旧金属材料购进的方式为：

（一）疏通市内收购渠道。为密切与厂矿企业的关系，把握废钢铁资源，市金属回收总公司建立信息登记卡，内容包括厂矿串换钢材品种、数量需求，厂矿废钢铁产量，厂矿历年废钢铁上交情况等；适时召开厂矿座谈会，征求改善经营的意见；上门为厂矿企业排忧解难，加强联系；在废旧金属材料的收购过程中，做到及时搜集信息、及时回收、及时结算。总公司与市内 120 多家厂矿企业建立良好的供求关系。1991 年收购废钢铁 1.2 万吨，占全市总收购量的 80%，其中从市直及中央、省属厂矿企业收购 1.18 万吨，占市内总收购量的 95.2%。

（二）扩大收购资源范围。市金属回收总公司在掌握本市区厂矿企业的废钢铁资源的同时，向省外扩大收购范围。总公司组织人员定点收购边远地区的货源，与外单位联合收购省外资源，并采用就地收购，就近销售的办法，1991 年收购区外废钢铁 3180 吨，占总收购量的 20%。

（三）巩固收购市场区域。1991 年年初，市金属回收总公司对收购工作重点进行布置，在人员、资金、运输上给予保障，调精干人员充实收购一线，凡收购所需资金不拖欠，按收购任务的大小将运输车辆配给收购部门直接调度使用，总公司安排两名领导抓收购业务。总公司注重争取各级政府领导重视，配合工商、公安、物资、物价等部门加强废金属市场管理，共同做好改革宣传和市场整顿工作。利用舆论工具的引导作用，以文艺形式进行宣传，全体收购员经常到厂矿企业广泛宣传上级有关政策和法规，发现问题及时上报。1991 年，总公司下厂宣传达 500 多人次，送文件资料到厂近 300 份，编印“废金属管理文件汇编”400 册，在国家、省、市级报刊杂志发表宣传文章 8 篇，以宣传废金属管理政策为主题的地方小戏获省再生行业文艺会演二等奖，并赴京参加全国物资再生行业经理会议的演出。总公司配合工商、公安收缴非法经营的废钢铁 51.6 吨、废有色金属 0.3 吨，取缔无照经

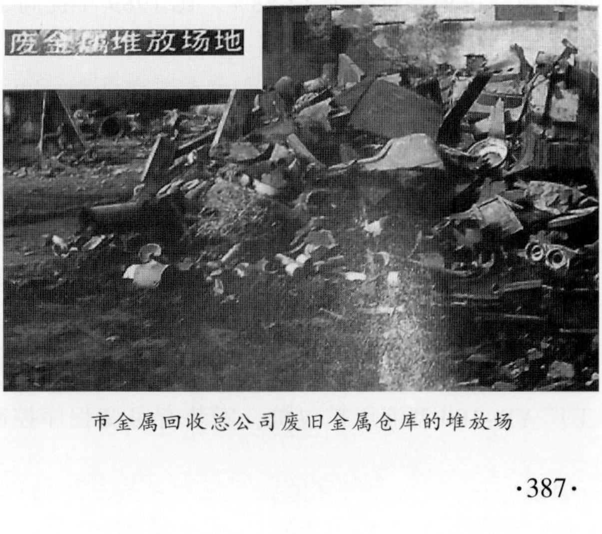

市金属回收总公司废旧金属仓库的堆放场

营站点 23 户。废金属交易走向正规化，收购市场范围得到巩固。

二、民营废旧金属材料回收企业的商品购进

市场经济时期，国营废金属材料回收企业逐步退出金属材料回收的市场，民营废金属材料回收企业逐步取而代之。

第四节　废旧金属材料加工

计划经济年代，国营市、县（区）金属材料回收企业，为了提高废金属材料的利用率和利润率，一般都是在提高加工生产效率的基础上通过粗进细出的方式来实现。市金属回收总公司配备骨干，组织人员对购进的废金属材料进行分类挑选或冷热加工，实行分级、挑选，分类对口销售的办法，尽力挖掘所购进的商品的价值。

一、加工能力

1991 年冬市金属回收公司落路口加工班成员

1990 年年初，市金属材料回收总公司投资 20 多万元购置新液压打包机 1 台、改装维修加工设备 3 台、新增汽车吊 2 台。全年共加工冷热压块 5442 吨，挑选加工 2700 多吨可利用的材料和铸造炉料供给本市工矿企业和轻工市场，还从废钢铁中挑选出有色金属 8.93 吨。

二、销售差价

1990 年，市金属材料回收总公司全年交钢厂的 6014 吨冷热压块，一级品率达 98%，比 1989 年提高 3 个百分点，不仅增加了销售差价，同时也提高了总公司在钢厂的信誉。当年物资进销差价率为 17.88%，比 1989 年提高了 2%，相应增加物资销售毛利 27.2 万元。

三、加工成本

市金属材料回收总公司先后 3 次派员到杭州、沙市等地的回收行业考察学习，掌握科学加工生产管理经验，不断加强对加工生产的管理，加工生产成本明显下降。1989 年，总公司落路口加工厂，建立根据不同的加工原料采取不同的加工手段的加工体系。当年压块加工量为 3321 吨，比 1988 年增长 12.6%，扣除二次打包因素，实际加工量为 2878 吨，比 1988 年增长 7.6%，产值达到 86.34 万元。金属收购所得率达到历史最高点：是年钢屑和混合屑收购量为 2103 吨，比 1988 年减少 163 吨，而当年生产加工成压块 2878 吨，比 1988 年增长 204 吨，等于内部挖掘生产潜力 367 吨，提高产值 11 万元。总公司落路口加工厂 YB-100 型液压扩包机，安装有可变程序控制器，保证了电气设备的稳定性，正常运

1992年11月,市金属回收公司总经理严若全 (前排左5) 赴荆州钢厂参加下年度订货会

转率高，1989年打包压块的加工量达1540吨，创总公司历史最高纪录，创全省同类机械年产量的最高纪录。落路口加工厂还利用反射炉加工钢刨花压块，节省了花板钢和轻薄料，每吨节约原料费用约60元，全年共生产257吨，由此节省原料费用1.54万元。

四、市场经济时期民营企业的收购

该时期，民营废金属材料的回收企业，将收购的废金属材料，同样也进行分类加工整理，通过这种方式来尽量提高利用率和利润率。与国营企业相比，其加工整理的规模和能力稍逊。

第五节　商品销售

一、国营金属材料回收企业的销售

国营金属材料回收企业为扩大物资销售，采取的措施主要有：

（一）改进销售方式。1990年，市金属回收总公司结合开展“标准化服务”和“满意在常德”活动，改善经营作风，为作为买方（或潜在的买方）的厂矿企业多办实事，帮助他们解决实际问题；改进服务方式，多开展联营、代加工、代调剂、代运输、和直达业务；明确经营目的，重合同、守信用、在注重社会效益的前提下争创企业经济效益。1990年，总公司组织服务队下厂矿企业500多人次，帮助企业解决少、小、急、难问题达250多次；供应轻工和农业生产所需的合格炉料和利用材料2700多吨；组织串换钢材2301吨；调剂余缺物资400多吨；代加工有色金属近30吨；送货上门和直达物资共2600余吨。

1991年，总公司结合省物资厅、市物资局组织开展的“满意杯”优质服务活动，坚持有求必应，服务上门。开展物工联合经营，代加工、代调剂、代运输和让利直达直供销售业务；还采取串换、预供相结合的办法，保证重点建设项目的物资供应；重合同、守信用、讲效果，在物资供应上实行时间、数量、质量“三保证”。1991年，总公司为厂矿企业解决急需原材料893吨，送单送货到厂物资1057吨，调剂余缺物资54吨，让利销售物资325吨。如为市船舶厂销售积压近3年的4.5角钢12吨；5月，浦沅机械厂急需一批无缝钢管，公司寻找资源，用车送货到厂。

（二）挤占区外销售市场。1990年，市金属回收总公司加强与省内市外及省外经营单位和生产企业的联系，将经营触角伸向工业发达城市和沿海城市，仅与广东、广西、沈阳、沙市等有关单位的联营额即达50多万元，全年联营额达100多万元。当年，涟源钢

资格认证书

湖南省常德市金属回收总公司：

根据国家有关规定，经审核，批准你公司从事报废汽车回收（拆解）业务。

1998 年 3 月，市金属回收总公司获得的从事报废旧汽车回收（拆解）的资格认证书

铁厂与株洲钢厂给市金属回收总公司送来锦旗和物品表示感谢。

1991 年，总公司领导多次带人到福建、广东、广西、江西、东北三省及沿海地区进行实地考察，以“心意诚、价格低、讲信誉”的服务态度和“三包”（包运输、包数量、包质量）的服务手段取信于用户，开辟新的销售基地，增加深圳、珠海、柳州、沈阳等 6 个购销售网点，全年销售到区外的钢材量达 1500 多吨、有色金属 35 吨，增加销售收入近 300 万元。1992 年销售到区外的钢材量达 2400 吨，销售有色金属 62 吨，销售各种汽车 6 台。

（三）扩大经营物资品种。1991 年，市金属回收总公司在搞好废旧钢材与普通钢材经营的基础上，尝试经营特种钢材和其他原材料。为提高职工经营特种钢材的能力，公司组织职工走访取经，鼓励职工刻苦自学和在实际工作中探索并总结经验，从而保证了在经营工作中未出现一起差错事故。经营品种由 1989 年的 17 个扩充到 24 个。1993 年，总公司成立“通用汽车经销公司”，该司进北京、跑湖北，想方设法钻进汽车生产厂家找货源，当年经销汽车 105 辆，创利 9.5 万元。

2001 年 8 月，市金属材料回收总公司和县（区）金属材料回收总公司实行“两个置换”，退出工业生产资料流通领域。

二、民营废金属材料回收企业的销售

民营废金属材料回收企业，除在市废旧物资交易大市场等客上门交易外，还为扩大销售，采取了如下办法：

（一）建立信息热线。市富民废旧物资经营有限公司在常德市废旧物资交易大市场设有热线电话，方便入驻的经营户购销经营。

（二）上报刊招投标。根据报刊上的招投标信息，决定自己的购销经营方向；将自己经营的废旧物资上报刊招投标，扩大购销经营。

（三）搞活信息。公司及其经营户在行业内部注册备案，在废旧物资的需求方面互通信息，指导购销。

（四）设立联营网点。公司与个体经营户实行联营，对外统称为公司的经营网点。

第六节　报废汽车回收拆解经营

一、经营企业

1977 年 9 月，国营常德地区金属回收公司成立后，开始按职责经营报废汽车回收拆解业务。1980 年，国家建立老旧汽车更新报废回收管理体制，国务院及国家综合管理职

能部门明确规定：报废汽车回收拆解工作由各级物资部门统一管理，报废汽车的回收单位是各级物资部门的金属回收公司，其他部门、单位和个人不得经营报废汽车回收拆解业务。常德地区的该项业务由国营常德地区金属回收公司专营。1988年7月，地区金属回收公司更名为国营常德市金属回收总公司继续专营。总公司于1995年10月在其原下设的市金属回收综合经营公司的基础上组建国营的市东方金属回收有限责任公司（以下简称东方公司）。1997年，东方公司改制为国资控股的股份制企业，仍为国营常德市金属回收总公司的下属企业，继续经营报废汽车回收拆解业务。

1997年12月12日，国内贸易部与国家经委联合发出《关于印发〈报废汽车回收（拆解）企业资格认证实施管理暂行办法〉的通知》，1998年3月31日，市金属回收总公司获得国内贸易部再生资源管理办公室和全国老旧汽车更新领导小组办公室联合颁发的资格认证书，继续进行报废汽车回收拆解专营。1997年10月，市供销社再生资源总公司重组为市宏飞再生资源总公司（以下简称宏飞公司）参与经营。1999年3月1日，市政府第9次专题会议纪要明确："对报废汽车的回收（拆解）企业实行定点和资格认证制度。常德市金属回收总公司是我市唯一被国家有关部门批准定点，认证合格并已颁发资格认证书的报废汽车回收（拆解）企业，其他无资格认证书的单位和个人禁止回收（拆解）报废汽车。……从1999年1月1日起，公安部门不得给无资格认证书的单位和个人发放含有报废汽车回收（拆解）业务项目的特种行业许可证；工商行政管理部门不得给无资格认证书的单位和个人办理经营报废汽车回收（拆解）业务的营业执照。"宏飞公司因无资格认证书，逐步退出报废汽车回收（拆解）行业。2001年8月，市金属回收总公司进入破产买断（即"两个置换"）阶段时，8月8日，省政府办公厅下发《供销系统报废汽车回收拆解企业经营资格认定问题的通知》，明确"根据国家原来的规定，在我省允许从事报废汽车回收拆解业务的仅限于物资、供销两大系统"。2002年1月26日，省经贸委、公安局、工商局、财政厅、国税局、地税局联合下发《关于印发〈湖南省报废汽车回收拆解企业经营资格认定办法〉的通知》，规定全省各市报废汽车回收拆解企业设立数控制指标为：长沙市1—2家，其他各市州各为1家。市政府为落实《办法》及相关规定，结合市物资局金属回收公司和市供销社物资再生回收公司都依法破产，实施"两个置换"，又分别保留东方公司和宏飞公司两个股份制企业的实际，明确由东方公司申报资格认定，领取"资格认定书"后，以东方公司为主吸收宏飞公司参与，两家公司依法合并，规范地组建成一家废金属、报废汽车回收企业。2003年3月10日，东方公司被省经贸委批准为《报废汽车回收资格认定的企业》（湘经贸资源〔2003〕132号）并颁发"资格认定书"。10月28日，由原市内贸办主导召开股东大会，对公司"两会"进行改选后，利用东方公司的牌子和"资格认定书"，将东方公司的法人财产（土地、房屋）改为国有资产，经评估为123.25万元，以此作为51%的股份发起组建新的报废汽车回收企业。所余49%的股权划定为自然人股，计人民币118万元，按55:45的比例分配给东方公司64.9万元，宏飞公司53.1万元。根据《中华人民共和国公司法》第十四条规定："有限责任公司由50个以下股东出资设立"，以原东方公司1997年10月工商注册登记实有股东53个中的52个自然人股东为基准，按55:45的比例分配给宏飞公司43个自然人股东名额。股东数确定之后，变更原东方公司的工商注册登记，新的市东方金属回收有限责任公司由此成立。

2010年7月，国有资产退出市东方金属回收有责任公司的股份，该司蜕变为民营企业，报废汽车的回收拆解业务仍由该公司经营。3月，省商务厅以湘商建设〔2010〕25号文件批复同意设立常德市鼎城南江报废汽车回收拆解有限公司。从此，全市的报废汽车回收拆解业务就由市东方金属回收有限责任公司和市鼎城南江报废汽车回收拆解有限公司共同经营。

二、经营数量

（一）1996—2001年东方公司与宏飞公司的经营数量：

经营情况统计表

表3-4-6-1

年份	回收拆解量（辆）	废钢铁（吨）	废有色金属（吨）	回收拆解销售收入（万元）	可用配件回收销售收入（万元）	利润（万元）	税收（万元）	从业人数（人）
1996	500	1150	7.5	70.2	4.56	13.00	9.62	173
1997	360	889	6.75	56.36	4.92	15.46	13.48	158
1998	295	679	5.15	43.74	3.86	14.60	11.39	135
1999	257	597	4.95	37.72	3.60	9.98	14.95	137
2000	249	587	4.75	35.92	3.68	10.31	16.25	137

说明："可用配件回收销售收入"数据系东方公司一家的发生数

（二）2002—2009年东方公司经营数量：

经营情况统计表

表3-4-6-2

年份	回收数量（辆）	回收总额（万元）	上缴税金（万元）	就业人数（人）
2002				
2003				
2004	1194	223	9.0	97
2005	499	120	6.0	97
2006	420	101	4.0	97
2007	706	169	7.0	97
2008	635	152	7.0	97
2009	812	207	8.0	97

（三）2010—2012 年东方金属回收公司与市南江公司经营数量

经营情况统计表

表 3-4-6-3

年份	回收数量（辆）	回收总额（万元）	上缴税收（万元）	就业人数（人）
2010	1047	646	20.23	124
2011	1716	674	20.77	126
2012	1200	737	21.80	126

三、经营方式

（一）职能部门的配合。报废汽车的回收，2002 年前，经营企业是配合区县（市）交警与运政部门执行到龄汽车报废更新的办法，据实回收。2002 年起，经营企业则是配合区县（市）商务局、财政局、交警与运政部门，宣传国家对老旧汽车报废更新，实行财政补贴资金的办法，回收时在网上为报废更新老旧汽车的单位或个人填制各种票证单据。

（二）坚持回收程序。报废车首先入场过磅，监解员登记检查验收，通过网上操作出具报废汽车回收凭证，交警车辆管理所办理报废车辆销户手续，清理车辆残油，分类存放或进行拆解。

（三）出售零配件。公司按规定拆卸报废汽车的五大总成，再按质监部门的标准，出售有使用价值但不会产生新的安全隐患的零配件。

（四）出售废钢铁。报废汽车拆解出的废钢铁，除采取拍卖方式出售一部分外，其他均销售至钢厂回炉。

公司在经营中，亦了解场外是否有非法经营活动，这些违法活动无论是否影响到公司的经营及其效益，公司均会及时予以举报。

四、政策支持

2002 年 12 月 20 日，财政部与国家经贸委颁发《老旧汽车报废更新补贴资金管理办法》，鼓励老旧汽车报废更新。全市按规定报废的汽车，经市商务局和市财政局审核之后，由财政拨付国家规定的资金补贴。常德市老旧汽车报废更新补贴政策从 2003 年开始执行，每年发放给符合规定的报废车主的财政补贴资金（表见第八篇第一章第五节）。

第五章　金刚石经营

在明朝期间，沅水流域就有零星的金刚石发现。20 世纪 90 年代，国家探矿部门探明沅水流域的鼎城区丁家港砂矿、桃源砂矿、沅陵县窑头砂矿、安江砂矿等 4 个金刚石砂矿，共计储量 74.3 万克拉。

第一节　经营单位

一、计划经济时期的经营单位

金刚石是珍贵的宝石资源，也是重要的新兴产业战略资源，计划经济时期，实行计划管理。沅水流域的金刚石由国营601矿开采。但实际上，沅水流域零星的金刚石大多被当地农民捡拾到，需要一家国营企业来收购经营。

1970年9月22日，省物资局根据物资部、对外贸易部、商业部1965年5月联合发布的《关于统一管理和收购归国华侨携带进口的金刚石的规定》和1965年9月建材中南一级站〔1965〕建中南统字第5号《关于收购金刚石的通知》精神，以〔1970〕湘革物轻建字第004号《关于委托你地区公司（局）代收农民副业生产金刚石的通知》，正式明确“凡你地区各县社、队副业生产（淘沙金过程中生产）的金刚石，一律凭公社党委或革委会介绍信，统由常德地区物资公司轻化建材组收购，任何生产单位不得直接收购”。从此，地区物资公司配备技术力量，添置检验和计量设备，设立收购网点从事金刚石的经营。

1984年5月12日，省物资局以〔1984〕湘物计字第155号文件《对金刚石收购管理问题的答复》，重申前述规定，再次明确金刚石的收购和经营仍应由常德地区物资局轻化建材公司收购和经营。为了开拓金刚石经营业务，1986年1月2日，经中共常德地委工交财贸政治部常工财编字〔1986〕01号文件批复，同意将地区物资局原建材公司中的钻石业务科从公司中成建制地分立出来，以其为基础成立“常德地区钻石公司”，实行专营和独立核算。5月，常德地区物资局正式成立常德地区钻石公司，实行钻石专营。1988年7月，常德地改市，常德地区钻石公司更名为常德市钻石公司。

二、市场经济时期的经营单位

2002年6月，市钻石公司被市中级人民法院宣告破产，零星的金刚石专营到此宣告结束，零星的金刚石经营由民营企业进行，当地居民捡拾到的金刚石由捡拾者自主销售。

第二节　经营品种规格与数量

一、品种规格

沅水流域的金刚石品种有白色金刚石、黄色金刚石、棕色金刚石、黑色金刚石（数量极少）。规格有以下几种：

1.一级品（大于或等于0.4克拉/粒）。

2.二级品（0.31—0.4克拉/粒）。

3.三级品（0.21—0.3克拉/粒）。

4.大四级品（0.1—0.2克拉/粒）。

5.小四级品（小于0.1克拉/粒）。

6.碎钻。

除了上述等级的品种之外，市钻石公司还加工、销售钻石首饰和钻石工具（玻璃刀、砂轮刀、刻花刀、四角刀、镗刀、金属笔、小精尖、修正器、压头、烟刀）。

二、经营数量

常德市金刚石经营情况表

表 3-5-2-1

年份	收购		销售	
	数量（粒/克拉）	金额（万元）	数量（粒/克拉）	金额（万元）
1989	0/5000			558.60
1990	54521/6698.4625	579.15	40825/6088.875	493.55
1991	40521/4485.104	515.48	68655/6543.411	530.00
1992	56036/7219.882	487.09	48006/6054.624	482.24
1993	28170/2872.406	343.19	22427/2530.477	261.24
1994	23320/2395.309	212.66	23546/1731.118	250.04
1995	0/737.823	57.10		21.11
1996	0/121.63	16.73		35.63

第三节 经营方式

一、驻点收购

市钻石公司在鼎城区丁家港，桃源县漳江镇、土桥，辰溪县的黄溪口等地设立收购点，安排 8 人长驻收购。1986 年下半年，地区钻石公司成立不久就在鼎城区丁家港、辰溪县的黄溪口设点收购钻石 700 多克拉。1990—1991 年，收购金刚石 2700 多克拉。为了能多收一颗金刚石，公司收购员会走几十里路，深入乡下去收购。

二、调剂串换

市钻石公司立足国内市场，与外地开展调剂串换业务。1990 年，金刚石某个产品的个别规格在国内市场供应紧俏，国家花大量外汇从国外进口都难以满足国内的需求。公司了解到这一市场信息后，及时派人走出去，与外地开展部分品种规格的调剂串换业务，用自己的短线规格调剂串换需求单位的长线规格（为己方适销对路的产品），先后与上海、南昌等地的企业以调剂串换方式购进金刚石 800 多克拉，销售后获利近 10 万元。

三、出口销售

20 世纪 90 年代初期，金刚石的绝大部分品种和规格在国内销售不景气，因此公司资金周转缓慢。公司了解到国际市场的需求动态后，及时与外贸部门联系，利用外贸部门的出口权来开展出口创汇业务，把常德的金刚石产品打入国际市场，远销欧美、东南亚的十多个国家和地区。1990 年出口金刚石 50 多万美元，约占钻石公司全年销售收入的 50%。

四、筹措收购资金

金刚石收购需要资金多，特别是现金支付多。1990 年，市钻石公司通过银行贷款，安排 100 多万元，保证收购货款兑现以吸引客户，促进收购。全年收购金刚石 7000 多克拉，比 1989 年多收近 2000 克拉。

五、整顿金刚石经营市场

1989 年，市钻石公司配合市工商局和物资经营主管部门对全市的金刚石购销市场进行调查、清理、整顿，并对个别非法经营单位进行处理。到 1989 年年底，经营金刚石的单位由原来的 13 个减少到 2 个（即 601 矿与市钻石公司）。通过清理整顿，全市金刚石购销市场中经营对象乱、品种价格乱、物资流向乱的“三乱”问题基本解决。

六、培训队伍

金刚石的经营是市钻石公司的主要业务，公司集中主要力量来抓购销。公司总经理在负责公司全面工作的同时，侧重抓金刚石的购销，特别安排懂金刚石鉴定技术的高级工程师、公司副总经理主要负责金刚石的业务经营，兼顾技术指导，每年两次不定期培训经营金刚石的业务员。公司把工作责任心强、业务素质好、懂经营、能吃苦的人员配备在金刚石购销业务第一线。公司有位老业务员每年在外出差从事金刚石的经营业务达 110 多天，带领一些业务人员驻点收购和深入产地乡村流动收购，贡献突出。

七、金刚石深加工

市钻石公司为创综合效益，1991 年 12 月兴办钻石工具厂。该厂生产的品种有玻璃刀、砂轮刀、刻花刀、四角刀、镗刀、金属笔、小精尖、修正器、压头、烟刀等。同时兴办首饰加工厂，进行首饰加工销售。

第四篇　粮油经营

粮油经营包括粮油的收购、销售、储藏管理、运输、加工以及饲料的生产。常德市虽为产粮大市，但其粮油的收购也与全国各地一样，经历了从合同定购到合同收购，再到市场化收购的变化。销售，则具有由统销到提高粮食销价直至放开粮油销价的嬗变。20世纪90年代初以前粮油销售中典型的媒介是粮（油）票等，由于国家粮油购销政策的改变，它们于1992年11月1日起退出历史舞台。

全市原粮的购销总量为：1989年，收购115.5万吨，销售45.14万吨；2010年，收购91.94万吨，销售144.63万吨。

第一章　粮油购销

从1978年全国实行改革开放到2002年全国粮食流通放开，随着改革的深入，在粮食收购上放开统购，先后实行过合同收购、国家定购、经济合同收购、恢复国家定购、指导性计划收购、保护价收购等不同的方式。

与此同时的粮食统销政策，是一人一份粮，干什么工种吃什么粮，但在粮食销价上，却一直购销倒挂，即使粮食收购价格曾多次提高，但国家的财政补贴负担还是越来越重。经过实施压缩销量和1991—1992年两次提高粮食销价、最后放开粮油销价等措施，从而达到粮油顺价销售，让粮食流通领域步入市场化经济行列并与WTO要求接轨，该领域从计划经济转变到市场经济的改革才算基本完成。

第一节　粮食收购

一、合同定购

合同定购是根据1985年中共中央、国务院《关于进一步活跃农村经济十项政策的决定》实行的。该决定取消粮食和食用植物油脂（料）统购，规定合同定购中，粮食价格30%按统购价计，70%按超购价计（即“倒三七”比例计价）。如市场价格低于原统购价，国家仍按原统购价敞开收购。根据国务院〔1985〕71号文件规定，农业税由征收实物改为按粮食倒三七比例价每50千克15.59元折征代金，由粮食部门在早中稻收获后完成全年代征收任务，并按倒三七比例价每10天与财政部门结算一次。合同定购的粮食，每50千克稻谷奖售化肥1.5千克。定购计划一年一定，签订定购合同。合同定购以外的粮食，农民可上市交易。对定购粮食多的农户，可按定购数量提供一定的贴息贷款。稻谷仍执行三等五级定等办法，每 50 千克级差 0.25 元；小麦、玉米、大豆仍执行上、中、下三级定等办法，每 50 千克级差小麦、玉米等差价为 0.5 元；大豆级差价为 1 元。不再收购红 410、桂潮二号等劣质稻谷，不再收购农民的周转粮、代储粮、代管粮。农民运粮距离在 15 公里以上的仍给运费补贴。农民在合同定购外，可用小麦、稻谷、大豆、玉米与粮店兑换大米、面粉、面条，兑出、兑入的品种均按倒三七比例计价，各作各价。每 50 千克小麦、玉米、大豆分别兑换稻谷 66 千克、60 千克、100 千克，其他品种不兑换。

1989 年省政府核定全市粮食合同定购任务 629 155 吨（因慈利县划归张家界市管辖，粮食合同任务核减），市对县如数下达，县到农户的合同定购任务为 65 587 吨。全市粮食部门在落实合同定购的同时，及时兑现“三挂钩”，分别下拨化肥 13.12 万吨、柴油 1.31 万吨、发放预购定金 5103 万元。7—8 月，常德市遭受 11 年未有的水灾，全市粮食部门在安排农村生活用粮的同时，从海南运来杂交稻种 6000 吨，支援农业生产。当年全市收购粮食 115.5 万吨，其中合同定购 64.18 万吨，超额完成省分配的任务，比上年同期增长 10.2%。为促进粮食生产，鼓励农民向国家售粮的积极性，商业部对粮食生产、交售先进县和售粮模范，分别奖售优质平价化肥和优惠价彩色电视机。全省受奖售的有 5 个县，常德市有鼎城和临澧两个区县。全省售粮模范 5 名，常德市占 4 名，分别是鼎城区冲天湖乡的鲁由海、钟如华、吴永安和澧县梦溪镇的田家东。粮食生产、交售先进县奖售优质平价化肥 500 吨、售粮模范奖售优质平价化肥 7 吨，其中省政府奖售 5 吨。1988—1990 年，分给常德市奖售优惠彩色电视机 3784 台。

1990 年，国务院决定从秋粮收购开始，将粮食合同定购改为国家定购，作为农民应尽的义务，必须保证完成。国家定购的稻谷每 50 千克供应标准化肥由 7.5 千克增至 10 千克，柴油 1 千克，预购定金由原统购价的 20%具体化为 4.4 元。各地可视情扩大挂钩比例，增加挂钩物资。当年省定常德市粮食定购任务 646 790 万吨，县到乡的定购任务 655 370 吨。全市发放预购定金 5615 万元，按照每 50 千克稻谷 4.42 元标准发放。挂钩化肥 12.94 万标吨。全年收购粮食 142.43 万吨，比上年多收 26.93 万吨，为历史上收购粮食最多的一年。

1991 年，全市遭受洪灾，受灾面积 1368.73 平方千米。全市各级粮食部门先后安排减购返销粮食 12 万吨，灾区生活得以安定。当年粮食定购任务、定购品种和三挂钩物资标准同上年。粮食收购入库 91.34 万吨，保证了粮食定购任务的基本完成，同时还完成省下达的国家专项储备 34 万吨。

1992 年，根据国务院、商业部通知，从 4 月起提高部分粮食定购价格（见所附 1988—1992 年部分粮食品种合同定购价格表）。省分配常德市粮食定购任务 63.2 万吨，全年收购粮食 86.33 万吨，其中定购 45.5 万吨，只完成 72%。当年省下达常德市国家专项储备粮 11 万吨，一律收购晚籼稻，水分控制在 14%以下，收购价格按每 50 千克 30.5 元，全市按质按量按时完成任务。

二、合同收购

1993年1月1日起，取消国家粮食定购，建立粮食收购保护价制度，实行合同收购。收购价格原则上随行就市。对预约收购的粮食实行最低保护价。继续实行“三挂钩”政策，但取消化肥、柴油实物供应，也不发放预购定金，而是将预购定金贴息和化肥、柴油平、议差价作为价外补贴兑付。当市场粮价低于保护价时，每50千克稻谷按保护价加价外补贴3.64元（其中中央财政补贴2.22元、省财政补贴1.42元）收购；当市场粮价高于保护价加价外补贴时，每50千克稻谷按市场价加中央财政补贴的差价2.22元收购，省补贴部分作省粮食风险调节基金。随后省政府又进一步规定，按省下达的当年粮食收购经济合同任务，每50千克稻谷供应平价化肥4千克，比原规定减少6千克。柴油、化肥折成价差2.56元（其中中央财政补贴1.14元、省财政补贴1.42元）；市场粮价高于保护价加价外补贴时，每50千克稻谷价外补贴1.14元。供应给农民的挂钩化肥（尿素）零售价格，全省统一为每吨660元。为了防止谷贱伤农，国有粮食部门按经济合同向粮食生产者收购的粮食和国家专项储备粮实行保护价，并按该价20%的比率给农民发放预购定金，收购粮食时收回。全年经济合同收购计划58.5万吨，与农户签订经济合同收购65.5万吨，按早晚稻分别占计划的40%和60%的比例入库。由于经济合同收购粮食与专项储备粮收购有价差，要求农户尽量先完成经济合同指标，有多余的粮食再交专项储备粮。经济合同的购粮价按照“购得进，销得出，有利润”的原则，由各县或基层企业自定。国家实行的粮食收购保护价如下：每50千克早籼稻21元、中籼稻26元、晚籼稻28元、粳稻31.5元、玉米21元、小麦31元、大豆45元。同时，省制定早中稻收购合同指导价格为：每50千克早籼稻25—26元、中稻26—27.5元，执行价格由区县（市）确定，可以适当浮动，但每50千克稻谷的价格不得低于24.5元。优质早稻在合同收购价和保护价基础上加价6%，中档优质晚稻在晚稻合同价和保护价基础上加价8%，高档优质晚稻在晚稻合同价和保护价基础上加价20%。省政府批准的20家龙头企业收购优质稻，在播种前与基地农户签订收购合同，并严格按合同价格执行。在粮食入库期间，市政府先后两次下发明传电报（常政电〔1993〕100号、常政电〔1993〕117号），要求各级政府完成当年粮食收购任务。但由于粮食市场放开，多渠道经营，当年经济合同收购粮食46万吨，只为计划的80%。

1992—1993年，全国粮食部门收购粮食数量大幅减少，常德市也是一样。1989—1991年收购粮食349.3万吨，平均年收购量116.4万吨，1992年收购86.3万吨，比前3年平均年收购量少30.1万吨；1993年入库粮食73.3万吨，是1981年以来入库最少的一年。

三、恢复定购

1994年1月26—27日，国务院召开了菜篮子和粮棉油工作会议，随后省政府召开到县（市）的电话会议。1994年恢复粮食定购，省下达常德市粮食定购任务仍然是58.5万吨，定购品种为稻谷（包括籼、粳、优质稻）小麦、玉米、大豆。农业税继续征实，不得交代金；纳入粮食定购任务之内，一并落实到户。严格执行省定粮食收购价格，一价到底。定购粮食必须收购实物，不得收取差价款。在小麦、玉米、大豆的集中产区，不能以稻谷完成国家定购任务的，允许以上述品种抵交，其与稻谷的折合率为：50千克小麦抵66千克、50千克玉米抵50千克、50千克大豆抵71.5千克；其收购价格按照省政府规定的相应品种定购价格执行；小麦、玉米、大豆除抵定购任务外，均不搞品种兑换和串换。粮食定购价格全省分为3个价区，常德市为一价区，早籼稻谷每50千克44元、晚籼稻谷每50千克52元，另加价外补贴2元。其他抵定购任务的品种，全省一个价。每50千克中籼稻谷48元、粳稻54元、早稻优质稻55元、晚稻优质稻70元、小麦51元、玉米46元、大豆88元。定购任务以外的粮食和其他品种收购，价格随行就市。在3月8日的全市粮食工作会议上，市政府将省下达的粮食定购任务如数下达，通过各级政府层层落实到户。另外有省粮食局下达28.05万吨定购外收购计划，如数下达到县，并逐级落实到基层。在早稻入库期间，全市粮食系统共投入8000多人收粮，设置网点600多个，投资30多万元搭置凉棚、购买脸盆、毛巾、防暑药，对入库好的乡镇进行奖励。全市累计入库929 680吨，比上年多入库195 810吨。

1995年，省政府决定对地市实行粮食购销调拨包干，一定三年不变。同时下放粮食财务管理。省下达常德市粮食定购任务40.95万吨（贸易粮），市下达到各区县（市）41.36万吨，交省后市机动4100吨。全年收购粮食92.13万吨（原粮），其中国家定购入库551 430吨，比上年度增加136 650吨，占省定任务的94.3%，剔除棉花抵购和灾害减购部分，全市完成国家定购任务。

1996年，国家大幅度提高定购粮食价格，每50千克早籼稻65元、中籼稻68元、晚籼稻72元、早稻优质稻75元、晚稻优质稻78元、小麦73元、玉米67元、大豆113元。提价后，价外补贴取消，并取消价区划分，实行全省一价。粮食收购等级差价由0.5元调整为1元。定购外粮食收购价格继续放开，随行就市。全省当年的农业税征收价格按早籼稻定购价每50千克65元计算，农民以中、晚稻上交农业税的，粮食部门扣除农业税征收价格65元后，按定购价与征收价的差价部分补给农民。当年省下达国家定购任务与上年相同，但核减了常德市因灾减少定购任务1.68万吨。国家定购的粮食实行粮肥挂钩，其标准维持1995年水平不变，农民每交售100千克定购粮，供应挂钩标准化肥10千克。全年全市粮食部门共收购粮食857 190吨，完成国家定购任务外，还完成国家专储粮任务5.31万吨，收购议价粮食16.9万吨。

1997年，由于连续两年全国性的丰收，粮食调销不畅，产粮区粮食库存量大。全省定购粮库存达530万吨，比上年增加120万吨，常德市定购粮库存达90万吨，比上年增加30万吨。库存中早籼稻65万吨，占库存量72%。根据省政府有关政策精神，结合全市具体情况，市政府研究决定：1997年全市粮食定购任务调整为33万吨，比原省定定购任务减少24.5万吨，减少41.8%。当年粮食收购1 399 720吨，入库总量达到峰值，基本上把农民的余粮都收上来了。

1998年，按照国务院《关于进一步深化粮食流通体制改革的决定》和国务院办公厅《关于进一步做好粮食购销和价格管理工作的补充通知》文件精神以及省政府有关政策规定，粮食定购任务减半安排。省对各地（州）市粮食定购实行指导性计划。全市粮食定购任务由上年33万吨调减为15万吨。降低粮食收购价格为每50千克早籼稻定购价57元、保护价50元，中籼稻定购价63元、保护价58元，晚籼稻收购价格原则上参照中籼稻价格确定。将小麦、玉米、大豆作定购品种的地方，由地（州）市政府确定定购价格。省指定的6个高档优质晚稻品种价格，按高于普通品质晚稻市场价的20%—25%或更高的比例由各地自定；其他中档优质稻收购价格，根据品种的产量和市场需求适当上浮。当年，常德市遭受洪涝灾害，大小堤垸50处溃淹，受灾面积363.3万亩，受灾人口340.1万。全年入库粮食488 610吨，其中定购14.7万吨，保护价收购34.16万吨，为30年以来粮食收购最少的一年。

1999年，粮食收购价格实行定购价和保护价两价合一，每50千克中等早籼稻、中籼稻、晚籼稻分别为51元、53元、58元，省定的浙幅802、红410、竹系26、原丰早4个劣质早稻，每50千克的综合收购价为45元；优质稻收购价格实行优质优价，省定中、高档优质晚稻收购价格在普通晚稻收购价基础上加价13%或25%左右。拉大粮食质量差价，等级差价由每50千克1元调整到2元。继续执行按保护价敞开收购农民余粮的政策，农民一时难以整晒合格的粮食，不得拒收，在不影响安全储存的前提下，可以按规定扣水、扣杂，实行按质论价。全市收购粮食657 950吨，其中定购任务15万吨，完成15.15万吨。

四、早籼稻退出保护价收购范围

2000年，根据国务院、省政府指示，从新粮上市起，南方早籼稻退出保护价收购范围，但早稻的定购制度继续保留。定购数量由省粮食局、省财政厅按各地当时的农业税征实数量下达。农业税继续按规定征收实物，委托国有粮食购销企业代收。有的农户因市场粮价太低而不愿意卖粮的，允许其按农业税计税价格每50千克46元缴纳代金，部分地方农民主要种植中晚稻并以中晚稻缴纳农业税的，可继续征收中晚稻。中籼稻收购价格为50千克54元、晚籼稻收购价格为50千克56元。早籼稻收购价格随行就市。对早籼稻收购资金，仍按照“库贷挂钩、以销定贷、以效定贷”的原则由农业发展银行提供贷款，对农业税征实的早籼稻据实给予超储补贴。全市粮食部门共收购粮食82.55万吨，其中定购15.09万吨，早籼稻入库28.5万吨。

2001年，早籼稻继续执行收购价不予保护的政策。农业税的计税价格，早稻部分按当地市场收购价格结算，中晚稻仍按上年公布的保护价结算。当年，全市粮食部门收购粮食866 190吨，其中定购15万吨，保护价粮711 050吨。

五、收购市场化

1.从2002年起，省只负责宏观调控粮食定购，不下达指令任务。农业税征收办法由各市、州人民政府根据国家农业税征收政策和本地实际情况确定。

2.全省粮食收购价格随行就市，由粮食企业自主收购、自主经营、自负盈亏。

3.对常德、岳阳、益阳、衡阳4市的晚籼稻实行保护性生产补贴，补贴资金来源为省对各市、州包干使用的粮食风险基金加省适当补助，具体补贴办法和标准由4市政府制定，报经省政府批准后执行。据省政府政策要求，常德市下达2002年晚稻保护性生产补贴资金计划，按以前3年（1999—2001年）平均晚稻种植面积为补助基数，将补助资金分配到区县（市），由其包干负责。补助资金有结余的留区县（市），保证专款专用；补助资金不足的由各区县（市）从包干的粮食风险基金中解决，补助办法暂定1年。补助方式和标准：按2002年农户晚稻实际种植面积将补贴直接发放到农户；未完成农业税上缴任务的由农户抵交农业税。补贴标准：每亩6元（省、市分别承担5元、1元）。2002年4—5月，常德市遭受强降雨、冰雹、龙卷风等灾害，农业生产损失严重，早稻产量较上年减产390万吨。加之粮食购销价格和市场放开，经营主体多元化，当年全市国有粮食购销企业收购粮食422 980吨。

六、重点粮食品种实行最低收购价制度

2004年，国务院决定全面放开粮食收购价格和市场，对重点粮食品种实行最低收购价制度，对种粮农民实行直接补贴。2004年，全市粮食收购总量为82.5万吨，其中国有粮食购销企业收购粮食63万吨。早稻收购均价每50千克74元、中晚稻收购均价每50千克76元左右，高于国务院制定的最低收购价每50千克早稻70元、中稻71元、晚稻72元。

2005年，常德市执行早籼稻和中晚稻最低收购价，全年共收购粮食59.58万吨，其中国有粮食经营企业收购粮食473 240吨，非国有粮食经营企业收购粮食122 560吨。

2006年，常德市分别于7月24日和10月20日执行早籼稻、中晚稻最低收购价。全市托市收购网点达到81家，加上省属企业设点12家，粮食收购网点比上年增加58家，方便农民售粮。全市共收购粮食578 460吨，其中最低收购价粮食24.74万吨，国有粮食经营企业收购粮食303 770吨，重点非国有粮食经营企业收购粮食21.78万吨，重点转化用粮企业收购粮食56 890吨。

2007年，国家发改委、财政部、农业部、国家粮食局、中国农业发展银行、中国储备粮管理总公司于7月15日发布当年早籼稻最低收购价，明确安徽、江西、湖北、湖南4省，早籼稻最低价每50千克70元。由于有的粮商引进外省市粮商在常德市设点收购，活跃了粮食收购市场，加上社会上传言粮食会涨价，早稻一上市就达到每50千克73—75元。当年常德市没有设定最低收购价。全年收购粮食731 720吨，其中国有粮食经营企业收购粮食144 930吨，重点非国有粮食经营企业收购粮食518 370吨，重点转化用粮企业收购粮食75 070吨。粮食收购均价每50千克早籼稻、中晚籼稻、优质稻分别为76元、82元、95元。

2008年，国家继续加大对农业和粮食生产的投入，省政府也以湘政发〔2008〕7号发布《关于进一步加强农业和粮食生产的决定》，一是提高农资综合直补标准，将其由2007

年的每亩31.8元提高到每亩71元左右。二是修改水稻良种补贴政策，将其范围由农业税计税面积扩大到水稻实际种植面积，早、中稻补贴标准分别为每亩10元、15元不变，晚稻补贴标准由过去每亩7元提高到15元。三是继续对种粮农民实行直接补贴，每亩补贴标准13.5元维持不变。四是提高粮食最低收购价，每50千克早籼稻提高到77元、中晚籼稻提高到79元。五是加大农机具购置补贴力度。为了监督支农惠农政策的落实，9月23—25日，市政府督查室组织市长热线办、市财政局、市经管局、市粮食局，组成5个小分队，对全市9个区县（市）的粮食生产补贴资金发放情况进行暗访，共访问27个乡镇62个村285个农户。当年粮食收购价格大幅上涨，如早籼稻收购挂牌价格85—90元，至8月20日，全市累计收购早籼稻16 609吨，同比增加2814吨，收购均价达50千克96元。粮价上涨的主要原因有：粮食生产成本上涨，粮农惜售，多渠道抢购。全市持有“粮食收购许可证”者622家，其中国有或国有控股企业80家、民营企业84家、其他经济组织34家、个体工商户424家。当年收购粮食843 350吨，其中国有或国有控股企业收购229 090吨，重点非国有粮食经营企业479 650吨，重点转化用粮企业134 610吨。

2010年，根据省政府办公厅和省粮食局有关文件精神，市政府专题研究秋粮收购和粮食市场调控与监控检查工作，根据会议精神，市粮食局发出常粮办〔2010〕26号文件，要求各区县（市）粮食局把工作重点放在规范企业入市行为、维护市场秩序、稳定粮食购销价格等方面，做到产区不抬价、销区不抢购、企业不囤积、秩序不混乱，维护粮食市场稳定，确保秋粮收购平稳有序。当年国家继续在稻谷主产区实行最低收购价政策，并适当提高最低收购价水平。当年早籼稻（三等、下同）、中晚籼稻、粳稻最低收购价分别提高到每50千克93元、97元、105元，比上年分别提高3元、5元、10元，提高幅度分别为3.3%、5.4%、10.5%。7月，全市早籼稻收购每50千克平均价格为97元，中晚稻收购时，开秤价达到每50千克100—102元，11月25日，中晚籼稻每50千克已升至110—115元，金健米业收购的“湘晚籼13号”每50千克145元。当年全市通过审批的各类粮食（包括食油）经营企业488个，其中国有或国有控股企业57个，其他内资企业116个，个体工商户294个，港澳台商投资企业1个，外商投资企业2个，其他18个。当年全市收购粮食919 430吨，比上年多入库29 890吨。其中国有或国有控股粮食经营企业收购172 990吨，重点非国有粮食经营企业收购548 530吨，重点转化用粮企业收购197 910吨。

七、市场粮收购

市场粮收购指计划经济时期，农民完成国家粮食收购任务后，将自留后的余粮出售，粮食部门按市场价格收购的粮食为市场粮，亦称议价粮。

1989年，是实行粮油购、销、调拨包干的第二年，省政府核定常德市粮食销售包干计划247 805吨（贸易粮、下同），粮食销售包干中计划内销售20.51万吨，计划外销售42 705吨。为了保证销售计划的实施，省政府统一压缩三项销售后，常德市还需就地“议转平”20 490吨，同时安排“议转平”上调任务12.5万吨。国家之所以采取“议转平”收购一部分粮食，主要是保证平价销售的需要，这一部分计划完不成，就要影响平价供应，购销不能平衡。当时以县为单位，在未完成国家粮食定购任务以前，除粮食部门外，任何单位和个人都不准插手收购粮食。农户完成全年粮食定购任务后，可以在当地集市上出售粮食，允许生产者与消费者之间进行自食自用的余缺调剂，但不准转手倒卖。以县为单位完成全年粮食定购任务后，粮食市场放开。除稻谷、大米继续由粮食部门统一收购外，其他粮食品种放开经营。县（市）收购的议价粮在完成上交和就地“议转平”任务后的余粮由各地自行安排使用，调剂出省的大米、稻谷要经市政府审查批准，并报省备案。省按照随行就市略低于市价的原则，分季、分品种确定议购指导价，防止人为哄抬粮价、搞乱市场。其他渠道已经收购的议价粮，不许外运，按进价加合理费用由粮食部门收购。常德市按每50千克稻谷加0.8元费用付给，最高价不得高于35元。市内企业的生产用粮，向当地粮食部门申报计划，由粮食部门组织议价粮供应，不得转手倒卖。各区县（市）要组织公安、交通、工商管理、粮食部门在交通要道设立粮食出境检查站，不许外运。粮食系统内部除饲料和食品企业按规定采购生产加工所需的原料、基层粮站（店）代粮油贸易公司收购议价粮外，系统内部其他单位和个人都不经营议价粮，归口粮油贸易公司统一经营。市粮食局新组建市粮油贸易公司和市饲料公司，各区县（市）粮食局根据情况组建。粮食企业实现的议价利润，30%交省抵平价亏损，30%留粮食企业，40%交县市财政抵“议转平”差价款。当年全市收购议价粮295 575吨，“平转议”5690吨，“议转平”228 875吨，两抵后实际“议转平”17 185吨，纯调出146 555吨，超额完成包干上调任务。

1990年9月21—23日，国务院召开国家专项粮食储备工作会议，发布7条政策。当年全市收购议价粮467 460吨，比上年增加171 890吨。根据省粮食局安排，议价粮划转国家专项储备40万吨。

1991年，国务院下发《关于进一步搞活农产品流通的通知》，指出“粮食在保证完成国家任务的前提下，长年放开经营”。省政府规定：凡完成定购和专储仍有余粮出售的，一律卖议价，并放开市场，放开价格，随行就市，不搞保护价。对议价粮经营利润分成进行了修订，改为交省30%、交县（市）20%、企业留成50%。继续执行每收购50千克议价稻谷提取0.2元作为农业技术开发基金的规定（省财政厅、粮食局、农业厅湘农业〔1990〕计字38号文件）。省粮食局下发湘粮财〔1991〕051号《关于修订议价粮利润分配办法的通知》，从1991年1月1日起，议价粮利润分配调整为：以县市为单位，实现的利润先弥补上年议价亏损挂账，再有利润，20%交当地财政用于抵补议转平差价款；30%抵补平价亏损；50%留给企业。省级及地（州）市本级粮食部门的议价利润50%抵补平价亏损；50%留给企业。是年粮食部门仓容紧张，收购资金困难，多渠道参与收购，完成省粮食局下达的33万吨专项储备粮任务，另收购议价粮14.9万吨，纯调出议价粮5.43万吨。

1992年，国家调整专项粮食储备制度，在保证总量平衡的前提下参与市场活动，对市场实施调控。当年原则上不搞专项储备。

1993 年，粮食价格和经营已全部放开，取消定购，建立收购保护价，实行经济合同收购，其价格是在市场价的基础上加 1.14 元。当年经济合同收购粮食完成指标的 80%，议价收购 47.7 万吨，同比增加 21.33 万吨，增幅为 81%。

1994—1996 年，国家为确保掌握足够的粮源，加强了市场管理，在定购任务未完成以前，经过重新登记的粮食批发企业和个体户以及用粮单位到产粮区采购粮食，必须到县以上粮食批发市场按国家规定价格采购，不得向农户直接收购。经批准的优质稻加工企业，在优质稻基地所在地乡村完成定购任务后，可以在基地范围内向农户直接收购优质稻。外省粮食经营企业和个体粮商在湖南省购买粮食的，不许到农村直接收购，应委托国有粮食部门代购或从县以上粮食批发市场购买。

为了弥补专项储备粮库存，1996 年省下达常德市 1995 年粮食年度专项储备收购计划 22 059 吨，专储稻谷入库结算价格为每 50 千克早籼稻 75 元（省粮食局、财政厅、农发行湘粮计联〔1996〕045 号）。1996 年，省计委、粮食局、财政厅、农发行以湘计财〔1996〕315 号文件下达常德市 1996 年度国家专项储备粮计划 29 412 吨。此次收购品种定为中籼稻，收购价每 50 千克 77.5 元，折合大米收购价 113.97 元/50 千克（含收购费用、包装费、损耗和入库结算前利息）。入库结算价每 50 千克 79.9 元，折合大米价 117.5 元(含集并运杂费)。

1997 年，根据国务院国发〔1997〕27 号《关于按保护价敞开收购议价粮的通知》和省粮食局湘粮计〔1997〕073 号文件精神，在粮食定购完成以后，各地粮食经营企业按保护价敞开收购议价粮。保护价全省统一为每 50 千克中等质量标准早籼稻 56 元、中籼稻 62 元、晚籼稻 66 元，全年价格不变。对农民自愿出售的商品粮，各收粮点、库要随到随收，不限收、不拒收、不停收，不压级压价，不抬级抬价。自此，议价粮收购改为保护价粮收购（详见 1989—1996 年常德市议价粮油购销表）。

1988—1992 年常德市部分粮食品种合同定购价格统计表

表 4-1-1-1　　单位：元/50 千克

项目	1988 年		1989 年		1991 年		1992 年	
	比例购价	统购价	比例购价	统购价	比例购价	统购价	定购价	统购价
早籼稻	17.09	12.66	22.1	16.37	22.1	16.37	24.5	18.15
晚籼稻	17.09	12.66	22.1	16.37	23.5	17.77	27.5	20.37
粳稻	19.75	14.63	25.8	19.11	25.8	19.11	30.8	22.81
糯稻	21	15.56	27.2	20.15	27.2	20.15	32	23.7

续表 4-1-1-1

项目	1988 年		1989 年		1991 年		1992 年	
	比例购价	统购价	比例购价	统购价	比例购价	统购价	定购价	统购价
小麦	23	17	24.5	18.15	24.5	18.15	30.4	22.52
玉米	17.17	12.72	18.2	13.48	18.2	13.48	21.2	15.7
大豆		36.00	46.5	46.5	46.5	46.5	46.5	46.5

说明：1.稻谷按出糙率分为 5 等，3 等为中等标准，每 50 千克等级差价为 0.5 元，统购价为 0.37 元；2.小麦按容重（克/千克）定等，南方冬小麦分为 5 等，3 等为中等标准，每 50 千克等级差价为 0.35 元，统购价为 0.26 元；3.玉米按纯粮率（%）定等，分为 3 等，2 等为中等标准，每 50 千克等级差价为 0.5 元；4.大豆（包括黄大豆、青大豆、黑大豆等皮色单一大豆）按纯粮率定为 5 等，3 等为中等标准，每 50 千克等级差价为 0.5 元，1988 年大豆收购在 36 元基础上加价 6 元；5.1992 年，早籼稻定购价适用于中籼稻，优质早稻、优质晚稻分别为 33 元、35 元

1989—1996 年常德市议价粮油购销量统计表

表 4-1-1-2

年份	粮食（吨）		食油（百千克）		年份	粮食（吨）		食油（百千克）	
	收购	销售	收购	销售		收购	销售	收购	销售
1989	295 573	64 540	77 210	42 678	1993	477 015	408 602		
1990	467 462	43 265	101 357	51 497	1994	313 949	211 122		
1991	148 979	42 736	113 670	67 950	1995	212 841	149 964		
1992	263 666	174 204	247 514	281 354	1996	137 581	173 257		

2010 年常德市国有或国有股份粮食经营企业一览表

表 4-1-1-3

粮食经营企业名称	法人代表	企业地址
安乡县粮食购销公司	安　辉	湖南省常德市安乡县城关镇操坪巷 33 号
安乡县誉欣粮油购销有限责任公司	曾　元	湖南省常德市安乡县大鲸港镇安流路 33 号
湖南省汉寿县粮食储备库	张文昌	汉寿县周文庙集镇
湖南省金牛米业有限公司	张文昌	汉寿县周文庙集镇
澧县华鑫粮食购销有限公司	胡圣德	湖南省常德市澧县
鼎城区蒿子港粮食购销站	黄云清	湖南省常德市鼎城区蒿子港镇

续表 4-1-1-3

粮食经营企业名称	法人代表	企业地址
鼎城区黄珠洲粮食购销站	尹明德	湖南省常德市鼎城区黄珠洲乡
鼎城区中河口粮食购销站	黄弟超	湖南省常德市鼎城区中河口镇
鼎城区十美堂粮食购销站	王建辉	湖南省常德市鼎城区十美堂镇
鼎城区黑山咀粮食购销站	聂文波	湖南省常德市鼎城区黑山咀乡
鼎城区韩公渡粮食购销站	潘　伟	湖南省常德市鼎城区韩公渡镇
鼎城区镇德桥粮食购销站	丁时新	湖南省常德市鼎城区镇德桥镇
鼎城区石公桥粮食购销站	雷志华	湖南省常德市鼎城区石公桥镇
鼎城区周家店粮食购销站	郭孟华	湖南省常德市鼎城区周家店镇
鼎城区大龙站粮食购销站	祝建华	湖南省常德市鼎城区大龙站乡
鼎城区白鹤山粮食购销站	刘贤远	湖南省常德市鼎城区白鹤山乡
鼎城区蔡家岗粮食购销站	周　汉	湖南省常德市鼎城区蔡家岗镇
鼎城区灌溪粮食购销站	黄新国	湖南省常德市鼎城区灌溪镇
鼎城区武陵镇粮食购销站	雷金平	湖南省常德市鼎城区武陵镇
鼎城区草坪粮食购销站	袁　湘	湖南省常德市鼎城区草坪镇
鼎城区石门桥粮食购销站	邹胜强	湖南省常德市鼎城区石门桥镇
鼎城区斗姆湖粮食购销站	向　翔	湖南省常德市鼎城区斗姆湖镇
鼎城区谢家铺粮食购销站	胡祥瑞	湖南省常德市鼎城区谢家铺镇
鼎城区黄土店粮食购销站	姚胜华	湖南省常德市鼎城区
鼎城区港二口粮食购销站	邓跃平	湖南省常德市鼎城区港二口镇
鼎城区蒿子港粮食储备库	康国辉	湖南省常德市鼎城区蒿子港镇
鼎城区牛鼻滩粮食储备库	潘　伟	湖南省常德市鼎城区牛鼻滩镇
鼎城区丹洲粮食储备库	姚祥兴	湖南省常德市武陵区丹洲乡
鼎城区马鞍山粮食储备库	卢建波	湖南省常德市鼎城区石公桥镇
湖南常德国家粮食储备库	廖再云	湖南省常德市鼎城区斗姆湖镇
临澧县粮食局国资办	李金涛	湖南省常德市临澧县
临澧县粮食储备库	黎中涛	湖南省常德市临澧县火车站
湖南省金健植物油有限责任公司合口油厂	邱　军	湖南省常德市临澧县合口镇迎宾路 017 号
湖南金健粮油实业发展有限公司临澧精米厂	黄　亚	湖南省常德市临澧县安福工业园
湖南金健面制品有限责任公司	李子清	湖南省常德市临澧县安福工业园
桃源县茶安铺粮站	罗跃中	湖南省常德市桃源县茶安铺镇
桃源县剪市粮站	匡　跃	湖南省常德市桃源县剪市镇

续表 4-1-1-3

粮食经营企业名称	法人代表	企业地址
桃源县龙潭粮站	黄幼林	湖南省常德市桃源县龙潭镇
桃源县漳江粮站	黎益民	湖南省常德市桃源县漳江镇
桃源县延溪粮站	郭志明	湖南省常德市桃源县漳江粮站
桃源县理公港粮站	杨荣辉	湖南省常德市桃源县理公港镇
桃源县三阳粮站	胡新民	湖南省常德市桃源县三阳镇
桃源县桃花源粮站	黄定辉	湖南省常德市桃源县桃花源镇
桃源县漆河粮站	程志英	湖南省常德市桃源县漆河镇
湖南桃源国家粮食储备库	周碧胜	湖南省常德市桃源县陬市镇上街
桃源县陬市植物油厂	文　跃	湖南省常德市桃源县陬市镇上街
湖南石门国家粮食储备库	杨良丰	石门县宝峰经济开发区
湖南省石门县粮油购销公司	陈文刚	石门县零阳路 52 号
津市市军粮供应有限责任公司	向才荣	湖南省常德市津市市凤凰路 57 号
津市市粮油购销公司	周绍力	湖南省常德市津市市凤凰路 57 号
湖南省涔澹农场加工厂	李荣辉	湖南省常德市津市市涔澹农场五公嘴
湖南金健米业股份有限公司	肖立成	湖南省常德市市辖区
常德广积米业有限公司	蔡　佐	湖南省常德市市辖区
常德市德山粮油公司	李成秀	湖南省常德市市辖区
常德市武陵粮油总公司	吴先斌	湖南省常德市市辖区
中央储备粮常德直属库	王　平	湖南省常德市市辖区
常德市科雄饲料有限责任公司	梁正南	湖南省常德市市辖区

第二节　粮食销售

一、统销

（一）市镇粮食销售

1.压缩平价粮食销售。从 1988 年 11 月起，国家对城镇粮食供应采取了 6 项措施：⑴除行政单位人员因公下乡工作补助、二等以上残废军人补助、国营厂矿、野外勘探等企事业单位计划内雇请的合同工或从事井下和野外露天工作的补助，回、维吾尔族的圣纪节、开斋节、古尔邦节对非农业人口补助等暂不取消外，其他各种定量外补助用粮均取消。⑵实行工种粮、补助粮包干的厂矿企业，在 10 月底以前节余的包干指标一律冻结，暂停供应。⑶月定量口粮标准达 14.5 千克的干部职工，从 11 月起，每人每月从当月定量口粮中扣减 1 千克。⑷城乡实行主杂搭配，减少精米、精面的加工和供应，提高原粮出品率，保障大米供应。⑸供应民航餐厅、火车餐车、车站、站台、轮船餐厅、码头、各级外事部门和旅游局所属的宾馆、饭店的粮油，价格实行随行就市；省核定饮食、糕点行业用粮平价销售指标给各地包干使用，其余用粮均按议价供应。⑹城镇居民实行凭粮证限购当月口粮，当月未买完的部分可在粮证上登记储存（粮证存粮和节存的粮票不作废）。少数居民特殊需要，可经批准凭证用票适当购买。

1989年、1990年新增压缩平价粮销售项目：⑴1989年度各地区豆制品平价用粮指标保留50%，其余改为议价供应；⑵从1989年度起，自然增长、机械增长农转非人数超过省分配数的，不增加平价粮销售指标；⑶对城镇非农业人口普遍开展双核（定量人口、工种定量的清查核实）工作，把不合理的销量压下来。

1991—1992年进一步压缩、控制平价粮食销售。

1991年从10月起：⑴凡月定量高于14千克的城镇职工，除已调减1千克外，每人每月再减1千克；13—13.5千克的，每人每月再减0.5千克；由国家常年供应定量口粮的农村统销人口和菜农定销人口，均按以上标准进行调减，换发新证。部队官兵和离休的军队干部，大中专、技校、初高中在校学生和低于12.5千克的居民定量不作调整；⑵新增的“农转非”人口（招生除外）只保留基本定量口粮：体力劳动者13.5千克，脑力劳动者13千克，居民12.5千克，学生儿童按现行标准；⑶供应城乡奶牛、科研、种牛（禽）的饲料粮，保量改议价供应；⑷从新茶油上市起，每收购50千克定购茶油补助150千克稻谷指标改为价外补助30元；⑸“农转非”人口按“转户服从政策，政策服从指标”的原则，实行指标与政策规定双向控制。

1992年新增规定：⑴非农业销售只保城镇居民定量口粮和事业用粮；⑵实行定量口粮“当月购买，季内有效，过季作废”的办法；⑶转户超过省下达指标的，不办平价粮食供应手续。

2.提高粮食销价

⑴第一次调整粮食销价

1991年5月1日，国家提高粮食统销价格，大米、面粉中等质量标准品平均统销价每500克提高0.113元。提价后，仍存在的购销价格倒挂部分和粮油经营费用仍由财政补贴；城镇居民口粮、口油继续实行凭证、凭票定量供应；居民结存的票证粮油，执行调整后的统销价格。按照国家、企业、个人共同负担的原则，给城镇居民提价补偿，纳入职工基本工资。国家机关、事业单位每个职工每月基本工资提高6元，企业单位职工各等级标准工资均提高6元。离休、退休人员每人每月补偿6元，提高离休、退休费。定期发放生活费的优抚救济对象每人每月补偿6元，提高抚恤金、救济金标准。国家供应统销价粮油的中、小学民办教师每人每月补偿4元，提高补助费标准。普通高等学校、中等专业学校和纳入国家计划的技工学校在校学生每人每月补偿4元。根据财政部等5部委文件精神，月定量高于15千克的体力劳动职工，由职工所在单位再适当增加补贴：按每500克提价

0.113 元计标，每 0.5 元为一个档次，不足 0.5 元的补偿 0.5 元，超过 0.5 元不到 1 元的补偿 1 元，以此类推。城镇集体所有制单位比照国营企业的补偿标准和形式安排。调整后的粮食统销价格为全省统一价。

1991 年常德市粮食统销价格调整情况表

表 4–1–2–1　　　　单位：元/50 千克

品名	调价前	调价后	品名	调价前	调价后	说明
标二早籼米	13.8	25	特二粉面条	31	46	调价后的统销价等级差价原粮除大豆为 3 元外，其余均为 1 元。 从当年 7 月份起，平价供应大豆全部改按议价供应（军供除外）。 中籼稻按早籼稻价格执行
标一早籼米	14.7	27	特一粉面条	36	53	
特制早籼米	15.6	30	强力粉面条	47	67	
标二晚籼米	13.8	27	早籼稻	9.5	18	
标一晚籼米	14.7	29	晚籼稻	9.5	19	
特制晚籼米	15.6	32	粳稻	10.1	20	
标二粳米	14.7	29	糯稻	11.9	22	
标一粳米	15.6	31	小麦	13.00	22	
特制粳米	16.5	34	玉米	9.50	16	
标二糯米	17.2	32	大豆	16.70	39	
标一糯米	18.1	34	蚕豆	14.00	25	
特制糯米	19	37	红薯干	11.00	20	
标准面粉	17	28	茶籽油	88	265	
特二面粉	20	33	二级菜籽油(毛菜油)	77	208	
特一面粉	23	38	一级菜籽油(精菜油)	90	254	
强力面粉	30	50	毛棉油	71	163	
标准粉面条	27	39	精棉油	82	190	

(2)第二次调整粮食销价

1992 年，根据国家物价局、商业部通知，从 4 月 1 日起再次提高粮食统销价格。全省计划内粮食实行购销同价。详见表 4–1–2–2：

1992 年常德市粮食购销价格情况表

表 4–1–2–2　　　　单位：元/50 千克

品名	等级	定购价	统销价	定购价加费用	品名	等级	定购价	统销价	定购价加费用
早（中）籼稻	一	25.50	25.50	28.00	大豆	一	47.50	47.50	52.20
	二	25.00	25.00	27.50		二	47.00	47.00	51.70
	三	24.50	24.50	27.00		三	46.50	46.50	51.20
	四	24.00	24.00	26.50		四	46.00	46.00	50.70
	五	23.50	23.50	26.00		五	45.50	45.50	50.20

续表 4-1-2-2

品名	等级	定购价	统销价	定购价加费用	品名	等级	定购价	统销价	定购价加费用
晚粘稻	一	28.50	28.50	31.30	玉米	一	21.70	21.70	23.80
	二	28.00	28.00	30.80		二	21.20	21.20	23.30
	三	27.50	27.50	30.30		三	20.70	20.70	22.80
	四	27.00	27.00	29.80	早（中）粘米	特制米	43.00	43.00	46.60
	五	26.50	26.50	29.30		标一	39.00	39.00	42.60
粳稻	一	31.80	31.80	34.90		标二	36.00	36.00	39.60
	二	31.30	31.30	34.40	晚粘米	特制米	47.00	47.00	51.00
	三	30.80	30.80	33.90		标一	43.00	43.00	47.00
	四	30.30	30.30	33.40		标二	40.00	40.00	44.00
	五	29.80	29.80	32.90	粳米	特制米	53.00	53.00	57.50
糯稻	一	33.00	33.00	36.20		标一	48.00	48.00	52.50
	二	32.50	32.50	35.70		标二	45.00	45.00	49.50
	三	32.00	32.00	35.20	糯米	特制米	54.00	54.00	58.70
	四	31.50	31.50	34.70		标一	50.00	50.00	54.70
	五	31.00	31.00	34.20		标二	47.00	47.00	51.70
早稻优质稻	一	34.00	34.00	37.30	早稻优质米		69.00	69.00	75.90
	二	33.50	33.50	36.80	晚稻优质米		73.00	73.00	80.30
	三	33.00	33.00	36.30	标准面粉		40.00	40.00	44.00
	四	32.50	32.50	35.80	特二面粉		47.00	47.00	51.70
	五	32.00	32.00	35.30	特二面粉		54.00	54.00	59.40
晚稻优质稻	一	36.00	36.00	39.50	强力面粉		71.00	71.00	78.10
	二	35.50	35.50	39.00	标准粉面条		52.00	52.00	57.20
	三	35.00	35.00	38.50	特二粉面条		61.00	61.00	67.10
	四	34.50	34.50	38.00	特一粉面条		70.00	70.00	77.00
	五	34.00	34.00	37.50	强力粉面条		88.00	88.00	96.80
小麦	一	31.10	31.10	34.10					
	二	30.75	30.75	33.75					
	三	30.40	30.40	33.40					
	四	30.05	30.05	33.05					
	五	29.70	29.70	32.70					

3.放开粮油销价

根据省经济体制改革委员会、财政厅、物价局、粮食局湘体改字〔1992〕115号通知精神，从1992年11月1日起，全省城乡全面放开粮油销价，取消城镇居民定量粮油平价供应和农村粮食统定销平价供应，价格随行就市。各种粮（油）票、粮券、指标划拨证、居民粮证的粮油指标不再流通。同时相应地给职工发放粮食价格补贴，每个职工每月3元，军供粮油仍然按现行办法不变。

4.加强人口管理，压缩不合理销售

1989年，全市开展粮油整销、压缩不合理粮油销售工作，先后对8825个城镇用粮单位进行了清理和整顿。重新核定工种用粮，共清理不合理粮食销售2140吨、食油63.579吨，收回粮食指标2100吨、食油指标25.62吨。同时执行国家统一压销政策，共压缩城镇人口定量口粮和工商行业用粮1.31万吨。

为堵塞粮食销售中的漏洞，市粮食局加强市镇定量人口的管理：⑴从1990年1月1日起，市镇定量人口粮食供应关系迁移、婴儿出生登记、“农转非”上户等均收归各区县（市）粮食局统一办理。定量人口办理粮食供应关系迁移时，由户口所在地粮站（店）出具证明，区县（市）粮食局签发“市镇居民粮食供应转移证明”。婴儿出生登记，原则为随母入册，凭父母结婚证、婴儿出生证、准生证、城镇居民户口簿和市镇居民粮食供应证进行登记上证。“农转非”人口，一律凭市粮食局批准转户通知单入户并通知所属粮站供粮。⑵各区县（市）粮食局对所管理的市镇粮食定量供应人口进行全面清理，全部设立内卡，与菜农、“议转平”等其他粮食内卡分开。⑶各区县（市）粮食局加强管户工作，主动与有关部门配合，对市镇定量人口中因死亡、参军、逮捕等原因引起的人口异动，及时予以注销，次月起停止供应粮食。

5.改革平价粮食销售体制

⑴1992年11月1日起全省放开粮油销价和经营，全市个体粮食供应店630家很快占领城乡市场，另有许多沿街叫卖、送货上门的粮食经营个体户。粮食价格也逐渐上涨。

国务院决定，从1994年6月起，主要粮食品种销售实行国家定价，其他粮食品种销售价格放开。常德市按照省物价局、省粮食局规定，对城镇居民口粮供应实施新的管理办法。①范围与标准：城镇居民每人每月供应大米10千克、大、中专院校学生15千克、机关团体食堂购粮，凭盖有本单位行政公章的证明，按正常需要量供应。②供应价格：每500克标二早籼米0.65元、标一早籼米0.70元，大、中专院校学生继续优惠3分钱。③供应办法：由国有粮店挂牌定价敞开供应，但为避免抢购现象发生，城镇居民个人购粮一次不得超过25千克。粮食指标当月购买，过月作废。④强化内部管理：要求销售的大米必须符合国家食用标准，禁止将平抑粮价的粮食卖给个体经营户或挪作他用，不准涨价和脱销。

⑵1994年，根据省政府决定，1994年对各地州市恢复国家定购粮食，购、销、调包

干办法和财政体制下放（以下简称“三包一放”），省粮食局已于7月15日以湘粮计〔1994〕038号文件正式下达了具体包干计划，核定常德市销售计划92 430吨，这主要销售城镇，农村销售主要是灾区销售，地市需要动用粮食时，必须申报省同意后才可安排。粮食销售包干计划，非农业人口口粮按1993年年末各地非农业人口数，每人每月保供10千克大米，超过10千克的，按市场价格供应。省里安排当年新增农转非人口和计划内的非农业人口自然增长数，亦按上述标准供应。各地自行决定的农转非人口省里不安排销售指标。当年增加了“劳改”“劳教”人员和“两所”人员的粮食供应，他们的口粮标准是：“劳改”“劳教”每人每月22.5千克、“两所”人员每人每月15千克。粮食销售价格也进行了调整，长沙、益阳、岳阳、常德、株洲、湘潭、衡阳7市为1价区，每50千克标一早籼米87元、标二早籼米82元、标一中籼米91元、标二中籼米86元、标一晚籼米97元、标二晚籼米92元。各地收购的小品种可以顶抵销售指标供应给居民，其价格和办法按照不亏赔的原则由各地自行确定。

⑶1996年，按照国务院规定，政策性粮食销售实行中央指导下的省级政府定价。湖南调整定购粮食销售价格的规定：①地（州）市政府所在地以上城市的销售价格，由省统一制定；县及县以下城镇的粮食销价由各地（州）市政府按省制定的定价原则制定。②城镇居民基本口粮最高销售价格为：每50千克标一早籼米市城区125元、标二早籼米120元、标一晚籼米135元、标二晚籼米130元。市定鼎城区、汉寿县、桃源县、安乡县、澧县、临澧县、津市市每50千克标一早籼米最高零售价为122元、石门县为125元。标一中、晚籼米最高零售价每50千克分别比标一早籼米高5元和10元。质量等级按国家标准划分为标二、标一、特制米3个，级差为每50千克5元。同种粮食以区县（市）为单位统一销价。③省政府决定对大、中专院校在校学生、民政救济对象、“两劳两所”人员由各级财政实行定向补贴；对靠银行贷款、财政贴息发放基本生活费的困难企业职工，适当提高生活费发放标准；水淹区移民口粮改按居民口粮定销后，提价部分适当给予补贴。

6.实施平价粮食顺价销售

1998年，按照国家按保护价敞开收购农民余粮、国有粮食收储企业顺价销售粮食、粮食收购资金封闭运行等政策，根据省粮食局有关规定，常德市规定：由粮食、物价部门以原粮购进价格为基础，加上当期合理费用和最低利润，测算出本地粮食顺价销售价格报市物价局批准。6月12日，全市所有国有粮食收储企业的挂牌批发价为：标一早籼米、标一晚籼米每50千克的价格分别为安乡县107元、116元，汉寿县107元、116元，澧县107元、116元，鼎城区107元、123元，临澧县108元、118元，桃源县107元、123元，石门县110元、120元。根据市场粮价变化，之后进行价格调整，市粮食、物价局制定出销售中准价，允许企业在此基础上浮动，上浮不限、下浮以不亏损为原则。⑴促销。管住粮食市场，使粮食加工企业和饲料、饲养、医药等用粮单位到国有粮食收储企业或县以上粮食批发交易市场购买原料用粮，扩大销售。⑵放开零售价。粮食零售市场的价格随行就市。除国有粮食收储企业外，对独立核算的粮食加工、批发、零售企业，也不规定统一最低销价。⑶增加供应花色品种。

当年全省统一执行“湖南省国有粮食收储企业原粮销售凭证”制度。“凭证”是国有粮食收储企业在出售原粮时必须向购买者据实开具的购粮证明，是购粮者在粮食运销过程中接受粮食市场管理执法稽查的基本凭据。1999年1月，全省统一使用“湖南省粮食销售统一发票”，“湖南省国有粮食收储企业原粮销售凭证”停止使用。

7.提高服务质量，做好粮食供应工作

⑴开展“满意在粮店”活动。1990年，根据市委宣传部《关于开展“满意在常德”标准化服务活动的通知》，要求全市粮食系统广泛深入地进行宣传发动，制定服务规范，全面开展”满意在常德”活动，并制定了《服务质量管理暂行规定》。1991年，根据省粮食局要求，城镇粮店均开展“文明粮店”活动。市粮食局对全市23个“文明粮店”活动开展较好的城镇粮店进行检查评比，选出14个“文明粮店”予以通报、授牌表彰。

⑵两次调价前的粮食供应工作。1991年粮食调价，4月24日，全市各地城镇居民涌向粮店抢购粮油，当天全市主要城镇粮店共销售大米2450吨、食油190吨，分别是正常日销售量的10倍、19倍。其中市城区销售大米900吨、食油100吨，分别是正常日销售量的9倍、25倍。全市21家大米加工厂均三班生产，日产大米3000—4000吨，可保证各地市场粮食供应。市城区除保持有一定常规储存外，还从汉寿蒋家嘴、桃源陬市、附近马家吉、斗姆湖、石板滩等大米厂每天调往市区大米520吨，以保证市城区粮食供应之需。1992年3月18日公布调价决定，19日实际销售粮食300吨，因为消费者心理和经济承受能力增强，加之当时阴雨不断，影响到购买活动等，比预计销量少得多。1991年4月1日至1992年3月31日为1991年粮食年度。两次调价出现购粮高潮，均在此粮食年度。当年定量口粮按计划匡算为10 930吨，实际销售40 700吨，超销粮食29 770吨。1991年度全市全年非农业口粮（含食品粮）计划为131 520吨，实际销售174 630吨，超销粮食43 110吨。

⑶增加粮油销售花色品种。为增加粮油供应的花色品种，满足不同层次消费者需求，1991年，全市粮食部门先后派出660多人次赴河南、广东、上海、深圳等10多个省、市和本省其他地、市购进一部分平、议粮油商品投放市场。这些商品70多种，3万多吨，其中面粉8700吨、糯米1471吨、大豆695吨、香麻油19吨、茶油88吨、花生549吨、芝麻21吨、其他食品1万多吨。市粮油供应公司还从外地组织了一批名优特新粮油产品，其中有泰国香丝米、河南漯河芝麻油、石门龙须面、衡阳方便面、临澧合口精面粉、怀化强力粉等粮油品种33个，数量9100多吨。另外，全市粮食系统在资金十分紧张的情况下，先后投资3856万元，新建和改造一批经营设施，初步改变了粮油经营网点地处偏僻、设施陈旧落后的局面，各地城镇粮店都能实行连锁经营。

8.压库促销，处理“老粮”

⑴1999年，由于前几年全国粮食丰收，加之调、销不畅，常德市粮食库存达到超历史的157.72万吨。7月6日，市政府召开全市粮食流通体制改革工作会议，对省分配常德市65万吨销售任务进行落实，并制定奖励办法。全市各地把销售任务层层分解到每个购销企业和职工，实行目标管理，将任务完成情况与企业负责人的政绩考评、职工的经济利益挂钩。津市市粮油购销公司全年销售粮食3.1万吨，销售额3520万元，创利润30万元。在全市粮食系统率先实现扭亏增盈目标，在全省粮食购销企业中名列前茅。区县（市）粮食局组织参加省粮食局组织的“大连全国粮油精品展示交易会”和“广州湖南名优特新农产品展销会暨湘粤两省粮油精品交易会”以及市政府组织的“广交会”“厦交会”，在会上共签订大米、稻谷合同18.25万吨。全年全市粮食系统销售粮食519 660吨，占省分任务的80%，比上年多销266 760吨，为上年的205%。

⑵2000—2001年，全市加大粮食促销，一是改变过去重购轻销的认识，树立购销并重、以销促活的观念；二是拓宽销售渠道。市粮食局组织部分购销企业和龙头加工企业多次到沿海、江浙等销区衔接。广积米业在抢占省内消费市场的同时，销售网点延伸至广东、广西、江西、福建、贵州等地。临澧县粮食局利用在外地设立的8个销售窗口，每月平均销售粮食1万吨。三是利用竞卖、会展等形式促销。2001年3月，由市粮食局主办、湘西北粮食批发市场承办的常德市首届专储粮划转地方商品粮竞价交易会举行。参加竞价的客户有130多人，27个批次28 855吨粮食竞卖成交，成交金额2260万元。当年市粮食局4次组织全系统有关单位参加由国家经贸委、国家粮食局和省、市政府主办的粮油产品交易会。四是完成省粮食局下达的出口大米计划。两年共加工出口大米28 710吨，折合稻谷41014吨。

⑶2002—2004年，进一步促销压库。根据省粮食局、财政厅等单位发布的文件精神，清理库存，通过执行销售奖励政策促销压库，处理销售陈化粮（90 122.5吨），处理销售定购粮和保护价粮。本阶段共销售粮食2 822 050吨，将“老粮”处理完毕。2004年12月末商品粮库存为“新粮”238 660吨。

9.建立粮食供应应急预案

为加强粮食宏观调控，确保粮食安全，防止突发情况下的粮食市场波动，2003年，市粮食局制定《常德市粮食供应保障应对预案与措施》，并以常粮〔2003〕4号文件上报市政府。应急预案要求能够保证提供全市消费5个月的20万吨粮源。该预案在平抑2003年下半年和2004年初全市市场粮价的过快上涨方面发挥了作用。2007年12月29日，市政府办公室印发前述预案基础上修订的《常德市粮食应急预案》，分发区县（市）政府实施。

2008年12月12日，市粮食局根据应急预案的要求进行模拟演练。市直相关粮食储备企业、有关局领导及局机关有关科室负责人参加演练，对市级调节储备粮在紧急需要时是否购得进、管得好、调得动、用得上进行检验。

《常德市粮食应急预案》下发后，各区县（市）政府亦相应制定粮食应急预案。市政府将地方储备粮建设纳入对各区县（市）政府年度目标管理绩效考核，2010年各区县（市）按照要求全部完成。当年全市有储备粮库存（不包括中央储备粮）17.44万吨，其中省级储备粮4万吨、省级调节储备粮8.44万吨、市级调节储备粮1.98万吨、区县（市）级储备粮3.02万吨。

2010年，市局组织对市、县储备粮进行5次专项检查，督促企业对储备粮按照《湖南省地方储备粮管理办法》的要求进行管理。

2010年4月，市粮食局以常粮调函〔2010〕23号通知，对全市粮油应急保障指定企业进行公布：

粮食应急粮源保障指定的13家企业：湖南省汉寿县粮食储备库、澧县华鑫粮食购销有限公司、湖南国家粮食储备库（斗姆湖粮库）、湖南天泽农业发展有限公司、湖南精为天粮油有限公司、临澧县粮食储备库、临澧县中储粮油工贸有限责任公司、湖南桃源国家粮食储备库、万福生科（湖南）农业开发股份有限公司、湖南石门国家粮食储备库、津市市渡口粮库、常德市德山粮油公司、常德广积粮食储备库。

粮食应急加工指定的14家企业：安乡县东升米业有限公司、汉寿县金牛米业有限公司、湖南洞庭春米业有限公司、常德市金潮粮油有限公司、湖南天泽农业发展有限公司、湖南精为天粮油有限公司、临澧县米扬米业有限责任公司、万福生科（湖南）农业开发股份有限公司、桃源县东林泰香米业中心、湖南石门国家粮食储备库加工厂、津市市永久大米厂、湖南金健米业股份有限公司、常德广积米业有限公司、常德市跃进米业有限公司。

食用油脂应急加工指定的5家企业：湖南盈成油脂有限公司、桃源县明月油厂、临澧县金元粮油有限责任公司、湖南金健米业股份有限公司、常德市跃进米业有限公司。

粮油应急供应指定的12家企业：安乡县军粮供应店、汉寿县军粮供应店、汉寿县金牛米业有限公司配送中心、澧县军粮供应店、临澧县军粮供应店、桃源县军粮供应店、石门县军粮供应店、津市市军粮供应站、常德市城区军粮供应站、常德市民主街特产店（原民主街粮店）、常德市东方红粮店、吉安王粮油超市（市武陵粮油公司原超市）。

（二）对农村人口销售

1.历史缺粮村组和因灾缺粮村组

历史缺粮村组：受地理条件限制，粮食生产不能完全自给，需要国家供应并已获多年供应部分粮食的村组。1989年统计，全市此类村组共有2.55万人，当年供应粮食1600吨（贸易粮，下同）。1990年，人数减少到0.81万人，当年供应粮食782吨。1991年，全市取消对历史缺粮村组的销售，有个别地方缺粮的，按因灾缺粮村组一样供应粮食。

因灾缺粮村组：因为灾害发生，造成农民生活困难，口粮不能接到新粮而缺粮的村组。1989年，常德市遭遇严重秋汛，对农村缺粮农户先后安排灾销粮食5.54万吨，供灾区和贫困地区13 692人度过灾荒。同时，配合农业部门组织粮种，从海南省运回杂交稻种6000吨，按计划组织供应，帮助农民抗灾补损。

1991年7月，常德市遭受洪涝灾害，通过调查统计，需要安排粮食9万吨，才能接到晚稻。当年实际销售6.64万吨贸易粮，折稻谷9.48万吨。

1992年7—9月，持续高温少雨，全市受灾农田252.6万亩，成灾194.43万亩，失收75万亩，当年销售灾销粮4.23万吨。

1995年7月，常德市遭受洪涝灾害，通过多种渠道安排救灾粮3.86万吨，其中动用平抑粮价的国家储备粮3.76万吨。销售价格按照城镇居民凭证挂牌供应价格，即每50千克标一早籼米87元、标一中籼米91元、标一晚籼米97元。

1996年7月，常德市遭受8次暴雨洪水袭击，沅水发生特大洪水。省政府安排灾销粮3万吨，销价为每50千克标一早籼米87元，当年实际销售2.91万吨。

1998年7—8月，沅水和澧水同时发生大水，全市数处大垸溃决，灾害损失大。当年，省政府安排常德市灾销粮37万吨。由于粮食部门的大米价格高于市场价格，灾销粮基本销不出去。于是，对受灾严重，经济困难的灾民采取借销粮食的办法：⑴全市控制人数20万人，其中安乡9万人、汉寿1万人、澧县7万人、鼎城区0.5万人、桃源0.5万人、石门1万人、津市1万人。⑵补贴标准：为解决溃堤、溃垸灾民吃饭问题，按每人15千克大米、每千克大米2.1元标准计算价款，救助人口控制在市定控制人数之内。全市共安排救灾粮3000吨、补贴金额630万元。⑶结账程序：借销救灾大米补贴款通过各级财政部门在农发行开设的粮食补贴专户逐级拨补到粮食企业，各县粮食部门凭当时财政、民政单位的借粮凭据，到财政部门办理拨款手续。

1998年以后，粮食供应市场化，出现灾情，主要由财政、民政等部门救助。

2.菜农、棉农粮食供应

常德市对经济作物区的粮食供应，主要是针对棉农和菜农。

菜农：1989年，全市菜农4.81万人，供应粮食7975吨（贸易粮，下同）。菜农定销粮是按1988年末指标包干的，此后增加菜地和菜农定销人口均不再增加定销粮指标。1991年从10月起，在压缩、控制平价粮食销售政策中，对菜农的平价粮食也采取了压缩和控制：⑴凡月定量高于14千克的城镇职工，除已调减1千克外，每人月再减1千克；13—13.5千克的，每人月再减0.5千克；由国家常年供应定量口粮的农村统销人口和菜农定销人口，均按以上标准进行调减。⑵对菜农定销粮实行“清理、整顿、挂钩、包干”办法，不种菜、不交菜的，改供议价粮。1992年11月1日起，全省城乡全面放开平价粮油销价，取消城乡居民定量粮油和农村统、定销粮平价供应。

棉农：1989年，全市棉农59.75万人，占全省棉农人数的49.4%；供应粮食35 885吨，占全省棉农供应量的53.7%。1990年有棉农63.12万人，供应粮食47 679吨。1992年4月1日，粮食统销价格进行调整，粮食指标需要重新核定分配到户、按月安排，分月供应。11月起，全省城乡全面放开平价粮油销价，取消城乡居民定量粮油和农村统、定销粮平价供应，棉农需要的口粮由市场粮进行调剂。

3.水库移民口粮供应

1989—1990年，需供应口粮的水库移民为2万人，供应粮食2635吨。1994年修建凌津滩电站等，供应粮食的人数增至3.7万人。1995年末实际供应粮食3370吨。1996年省政府《关于改革水库移民口粮供应办法的通知》（湘政发〔1996〕26号）下达后，从当年8月1日起，改革全市水库移民口粮供应办法：⑴稳定销量。市对各区县（市）按1995年实际安排移民口粮供应量纳入定购粮专项支出，总量不变。⑵统一销价。取消原8种粮食供应价格，以区县（市）为单位统一按调整后的当地城镇居民口粮销售价格供应。⑶定额补贴。定销粮销价与原供应价的价差，由省政府按全省综合平均每50千克稻谷50元标准对移民进行补贴，原享受的供粮价格不同，相应的补贴不同：每50千克早籼稻谷9.5元、11.55元、12.66元、15.59元、16.37元、18元、22.1元、24.5元价格供粮的补贴标准分别为57.67元、55.62元、54.51元、51.58元、50.8元、49.17元45.07元、42.67元，补贴后与销售价的差额部分，由移民自行负担。⑷钱粮分开。供粮、补钱双线运行，分部门落实、各负其责。粮食部门按照当地政府核定的户数、人数、粮数，分户发给移民购粮票证，按月或按季供粮，做到品种齐、不断档、不脱销。⑸各县包干负责。市按核定的移民供粮计划和供应补贴包干到各区县（市），由其政府包干，超销粮食及超支补贴均自行负担。

1996年，全市水淹区移民用粮计划4814吨（稻谷），补贴金额507.72万元。当年调整定购粮销售价格已高于市场粮价格，水淹区移民领到补贴款后，也不一定到国有粮食经营企业购粮，从此，该项粮食供应走向市场经济。

4.退耕还林粮食供应

2002年，根据《国务院关于进一步完善退耕还林政策措施的若干意见》和省发展计划委员会、省西部开发办公室、省财政厅、省林业厅、省粮食局湘计赈〔2002〕64号文件精神，结合常德市具体情况，市发展计划委员会、市财政局、市林业局、市粮食局下发常计赈〔2002〕372号和常财建〔2002〕152号文件，具体对各区县（市）退耕还林任务计划、粮食供应和粮食补助资金管理进行规定。

退耕还林粮食供应：每亩退耕还林地每年补助粮食（原粮）150千克；补助年限，经济林5年，生态林暂按8年，到期后按国家政策办理。退耕后的土地以县为单位，营造生态林比例不得低于80%。对超过规定比例多种的经济林，只给种苗费和造林补助费，不补助粮食和现金。退耕户实际退耕还林面积大于计划面积的，按计划面积给予粮食补助；实际退耕还林面积小于计划的，按实际面积给予补助。对退耕农户只能供应粮食实物，不得以任何形式将补助粮食折算成现金发放，也不得将补助粮食折算成代金券发放。退耕还林第一年，对退耕农户的补助粮食分两次兑付。第一次待退耕还林后经县级自查、市级抽查合格后预付50%；第二次待省级复查、国家核查造林成活率验收合格后再据实兑付剩余部分。以后每年要及时对退耕农户的幼林抚育、管护进行验收，验收合格的要及时发放验收卡和供应粮票，农户凭验收卡和供粮票到指定粮点领取补助粮食。

2003—2005 年，根据省发改委、西部开发办、财政厅、粮食局通知精神，常德市发改委、财政局、林业局、粮食局先后下发常计赈〔2003〕520 号、常计账〔2004〕249 号、常发改赈〔2005〕454 号文件，将省下达的退耕还林任务计划下达到各区县（市）。（附：常德市退耕还林计划安排情况表）。

常德市退耕还林计划安排情况表

表 4-1-2-3　　面积：万亩

区县(市)	合计				2002			2003 年			2004 年			2005 年			
	合计	退耕造林	荒山荒地造林	封山育林	小计	退耕造林	荒山荒地造林	小计	退耕造林	荒山荒地造林	小计	退耕造林	荒山荒地造林	小计	退耕造林	荒山荒地造林	封山育林
全市	90.4	31.1	52.3	7	17	8	9	38	17	21	16.7	1.4	15.3	18.7	4.7	7	7
鼎城	16.38	4.93	9.45	2	3.15	1.5	1.65	6	2.5	3.5	3		3	4.23	0.93	1.3	2
临澧	10.27	3.1	6.17	1	1.27	0.6	0.67	5	2.5	2.5	2.5		2.5	1.5		0.5	1
安乡	4.2		4.2					2		2	2		2	0.2		0.2	
桃源	19.24	6.72	11.02	1.5	3.12	1.4	1.72	6	3	3	5.55	0.75	4.8	4.57	1.57	1.5	1.5
澧县	13.81	5.25	8.56		2.96	1.4	1.56	8	3	5	1.75	0.25	1.5	1.1	0.6	0.5	
汉寿	10.2	2.9	6.9	0.4	0.8	0.4	0.4	4.5	2	2.5	1		1	3.9	0.5	3	0.4
石门	15.1	7.5	5.5	2.1	5.7	2.7	3	5.5	3.5	2	0.9	0.4	0.5	3	0.9		2.1
津市	1.2	0.7	0.5					1	0.5	0.5				0.2	0.2		

5.农村其他人员口粮供应

⑴国家规定供应农村常年统销粮的人员和国营农、林、牧场中非农业人口的口粮供应。根据 1991 年调价和压销政策规定：农村常年统销粮人员包括广播员、信用社干部、卫生院人员等以及在农村安家落户的吃定量供应粮的各类人员（包括国营农、林、牧中非农业人口、离退休回农村落户的干部职工、残废军人等），凡月定量在 14 千克以上的，除原已节约 1 千克外，现统一每人每月调减 1 千克，13—13.5 千克的，调减 0.5 千克。供应价格由原统销价改按新统销价（标二早籼米每 50 千克 25 元、早籼稻每 50 千克 18 元）。

⑵农技员、农电员、乡镇企业办人员的口粮供应。其时常德市这三类人员的粮食来源属“议转平”，其平议差价分别由财政或主管部门拨补，每人每月定量 15 千克。此类人员因工作变动或其他原因离岗的，其“议转平”口粮指标不得随人调走。由国家供应“议转平”粮食后，不迁户口，也不改变其农业户口的性质。可发给“临时粮食供应证”，与城

镇人口定量供应证相区别。粮食供应价格与非农业人口供应价格相同。

⑶“农转非”人员粮食供应。从1991年10月1日起，除大中专院校招生和农村户口志愿兵从部队转业直接到地方企事业工作仍按现行定量标准供应口粮外，其他各类“农转非”人口一律只供应基本口粮，即凡凭“农转非”计划指标卡办理的，体力劳动者每人每月供应口粮13.5千克、脑力劳动者每月供应口粮13千克、城镇居民供应12.5千克、学生和儿童按同类标准供应，落实政策就地改作退休供应农村统销粮的人员均按上述标准供应口粮。办理“农转非”粮食供应手续，要在当地粮食部门办理“农村粮食转移证明”并交250千克稻谷指标。在办理粮食供应关系时，必须在粮证和底卡（内卡）上注明“新增农转非人口”字样备查。

⑷农村中专不包分配班学生口粮供应。农村中专（包括农机、林业）不包分配班农村学生，凡属国家统一招生计划内，登记暂住户口的，按规定向粮食部门交售250千克稻谷，办理“临时农村粮食供应转移证”，学校与当地粮食部门按同等学生标准供应统销价粮油。如学生毕业或休、退学，在原“临时农村粮食供应转移证”上注明截止供应日期后退还学生本人，毕业后招用或聘用为工人或干部的，可凭公安部门落户证明，以及录取通知书，办理城镇粮油供应关系。农业中专招收的委培生和计划外自费生，以及农业中专以外学校招收的自费生，不得参照农业中专不包分配班农村学生口粮办法办理口粮供应手续。

二、军粮供应

军粮供应范围包括：现役军人、部队在编职工和经国务院或中央军委批准列入军队供应的单位和人员，以及在编牲畜。

1989—1992年11月，全省城乡平价粮油销售价格放开前供应部队的粮食、食油、副食大豆，凭“军用粮油供应证”（以下简称供应证）定点供应。

（一）质量标准

部队凭供给粮票可领购的大米为国家标准一等或二等（即标一或标二）早籼米、晚籼米；面粉为国家标准粉。食油为一级或二级；大豆系三级以上（含三级）。干部、在编职工的面粉比例按购粮总数的25%供应，面粉较多的地区，按当地规定的比例供应。副食大豆按领购口粮总数的下列比例供应：

副食大豆分灶别供应比例

表4-1-2-4

灶别	一类灶	二类灶	三类灶	四类灶	五类灶	六类灶	七类灶	干部、职工
比例	6.3%	7.5%	8.2%	9.6%	12.5%	18.2%	18.2%	6.7%

油、豆供应隔月结清，粮食部门有油、豆而部队不购的过期作废；因粮食部门货源不足部队没有买到的，可继续供应。部队领购粮食时，可按规定质量标准进行直观检查，并当面过秤验斤，多退少补；过秤验斤产生的费用，由粮食部门负担。部队领购粮、油所需

麻袋、油桶一律自备。面袋，凭师以上后勤部门的证明，由粮食部门按成本一次价拨，部队购买面粉时以袋换袋，粮食部门可在每次每条袋2分钱内收取折旧费。部队领购粮、料时，距部队驻地单程15公里以内的，由部队自运；超过15公里的，由粮食部门负责运输。个别地区粮食部门运力困难时，军政双方协商解决，运费由粮食部门负担。

军粮结算，部队凭供给粮票领粮时，粮食部门按票面品种、数量和规定的质量标准付给部队，并分品种、数量、质量及当地统销价开出“销货发票”，其中一联交领粮部队作记账凭证。县（市）粮食局根据“销货发票”按月汇总，编制“军粮出库报单”并解缴军用粮票到地、市粮食局，由地、市粮食局按季汇总上报省粮食局，核对无误后办理结算付款。凭军用价购粮票售给部队的成品粮和标准内的油、豆均按国家规定的当地统销价收取现款。军粮供应中如发现以次充好，擅自提级加价或降级降价的，要追究责任。

（二）入伍、复员、转业、退伍军人的粮食供应

1.新兵入伍，在部队接收以前，按部队标准，由县武装部提出计划，送当地同级粮食部门审核后供应（不列入军粮指标）；部队接收之日起，由接兵单位供应。

2.复员、转业、退休人员，凭原部队后勤部门填发的“退役军人、在编职工粮食供应介绍证”由当地粮食部门接供。

3.战士复员时的粮食供应。复员战士离队当月剩余天数的口粮，第二个月的口粮按本人原定量，第三个月口粮按15千克，均由所在部队发给全国通用粮票，部队列决算报销。第四个月起，在城镇落户的按当地同工种粮食定量由粮食部门接供。回农村口粮确有困难的，经乡政府证明，由当地粮食部门按比例价格每月供应15千克贸易粮到接新粮止。

4.干部、志愿兵复员或转业，按本人原粮食定量发足当月粮票，另按本人原粮食定量供应3个月（1个月发给粮票，2个月凭部队“退役军人、在编职工粮食供应介绍证”由地方供应）。干部、战士退休留队休养的，按本人原粮食定量供应；在地方安置的，由原单位按部队标准发给6个月全国通用粮票，从第7个月起，由地方接供。

5.部队干部转业和零星战士退伍所需的全国通用粮票，凭师以上后勤部门证明和军用价购粮票向所在县粮食部门兑换，不扣食油。

6.战士集中复员和新兵入伍所需全国通用粮票，凭价购粮票向粮食部门兑换，不扣食油。

（三）部队移防时的供应

1.部队移防离开原驻地时，应向原供粮站注销粮食供应关系，再持团以上后勤部门介绍信和供应证到新驻地的县粮食局商定军供粮站，注销原供应证换发新供应证，将原供应证未供应完的粮、油、豆数转入新供应证继续供应。

2.部队临时外出（含出省）执勤时，持团以上后勤部门证明信、供应凭证，在沿途军供粮站领购粮、油、豆，价购粮按当地供应比例供应，并在供应证上登记实购数量。部队回原驻地后，由原供粮站冲销供应卡上计划数。

3.团以上部队在正常情况下移防或临时外出执勤，后勤部门要提前1个月向新驻地县

以上粮食部门办理接供手续。

4.部队移防剩余粮、料，交接防部队接收。如无接防部队者，交给当地粮食部门，按原供应价格作销货退回处理（霉烂、变质的粮食不予受理）。退给部队同粮种、数量的供给粮票或价购粮票，如退价购粮票，同时退给粮款。并给部队开出退回证明，作为部队记账和地方冲减“军粮出库报单”的凭证。

5.部队干部、在编职工个人节约储存的地方粮票，在复员、转业和在军内跨省调动时，由团以上后勤部门出具证明，凭“退役军人、在编职工粮食供应介绍证”（军内调动凭行政介绍信）把粮票交给调出地区的县粮食局，由县粮食局在“退役军人、在编职工粮食供应介绍证”备注栏中用墨水大写节约储存粮票数量，加盖公章；复员、转业干部和调动人员到调入地区县粮食局办理存粮手续。按调入地品种比例购买粮食，不带食油。如有特殊情况需用粮票，也可适当提取部分地方粮票。

（四）军队医院伤病员的粮、油、豆供应

医院（含团的卫生队）、疗养院病员灶，油按粮食供应量7%、豆按10%供应。海、空勤和参加运动会、文艺会演、集训队的人员在招待所需单独组织伙食的，由师（含旅）以上后勤部门按给养标准规定应享受的灶别定量出具证明核供油、豆。招待所、医院伤病员吃部队自己生产的粮食和粮食有节余时，所需的食油和副食大豆在存粮票的同时一起购买。

（五）几项具体规定

1.预备役部队训练期间的粮食供应，按部队粮食定量，每人每天800克，本人交足原粮食定量（参训的农业人员每人每天交口粮500克），不足部分由预备师后勤部根据年度训练计划编制需粮计划，送地（市）粮食部门审核后下达需粮地区粮食部门，平价预售给预备役部队，年度训练结束后，由预备役师后勤部编报决算（附各团决算），地（市）粮食部门审核后予以核销（不列入军粮指标），多退少补，当年结清。预备役部队训练期间的食油供应，每人每月平价供应0.5千克（每天16.6克）。

2.测绘部队外业人员，凭商业部印发的“解放军野外作业人员粮、油、豆供应证”和价购粮票以及外业证件到地方粮食部门购买粮、油、豆。粮食计划数，由外业队根据标准按月或季核填，由所在地粮食部门供应。食油按每次实购粮总数的5.5%，大豆按8.7%售给。

3.部队接收城镇入伍新兵和军队院校、文艺、体育等单位在城镇招收学员时，必须到当地粮食部门注销粮食供应关系。

4.军队离退休干部移交地方后的粮食按离休干部本人在部队期间的原定量，食油按每人每月0.6千克的标准供给。军队退休干部参照地方退休干部的定量标准供应粮油。

5.军队官兵、文职人员、在编职工探亲休假期间的粮油、副食品、日用品，一律凭团以上后勤部门开出的“军官、文职干部、士兵、在编职工休假（探亲）供应证”供应。粮食凭全国通用粮票或本省粮票（限本省驻军）由粮食部门按供应城镇居民的价格、品种、比例和本人的粮食定量供应。食油由粮食部门按每人每天25克供应。

1989 年 10 月 16 日，商业部发布《军用粮票管理试行办法》，对军用粮票的管理做出了严格的具体规定。

（六）粮油销售价格放开后的军粮供应

1993 年，省粮食局、军区后勤部下发了《关于确保军粮供应的通知》（湘粮购联〔1993〕081 号），主要内容有：

1.供应原则是“先前方、后后方，先军队、后地方”。

2.供应的品种和比例：大米：供应标准为标一米，不得供应 3 年以上的陈粮。适当供应部分晚籼米。供应比例：空勤灶、老干所、部队医院（含团卫生队）伤病员和师以上领导机关、院校为 50%；基层连队 30%左右。供应时间主要集中在“五一”、“八一”、“十一”、元旦、春节期间。面粉：连队供应上白粉为主，适当供应部分富强粉；空勤灶、老干所、部队医院（含团卫生队）伤病员及师以上领导机关、院校供应富强粉。副食大豆：省和各地（市）组织大豆货源供应部队，也可在秋粮收购时，争取多收些黄豆或用稻谷兑换黄豆，省局按照有关规定给予差价补贴（1992 年度商业部按湖南省黄豆平均市场价格每 500 克补贴差价款 0.456 元，外加运费 0.03 元，货源紧缺难以购进黄豆的地方，可按每 500 克 0.486 元，将现金补贴给部队伙食单位，并进入平价销售统计报表）。

3.供应部队的粮油价格：供应部队的粮油仍严格执行放开前的统销价。

4.建立军粮工作责任制，建立军粮供应工作定期检查报告制度。军队粮油供应不但要在数量上给予保证，还要切实保证质量和按照规定的价格执行。

（七）粮食流通体制改革后的军粮供应

2001 年，根据省粮食局《关于提高军粮供应等级标准调整军粮供应价格的通知》文件精神，市粮食局以常粮计函〔2001〕34 号并就有关事项通知各区县（市）粮食局：

1.坚持军供粮源政策，保证军粮供应质量。军供大米粮源为国家定购粮和保护粮。军供小麦粉的粮源系从国有大、中型面粉企业采购。军供大米必须用收获 2 年内的稻谷加工，小麦粉必须用收获 2—3 年内的小麦加工。

2.提高军粮供应等级标准，改善部队生活。军队和武警部队的军粮供应等级标准统一调整为：特等大米、特制一等小麦粉、一级食油、二等以上黄豆。军粮供应等级提高后，军供粮油差价补贴仍由中央财政负担。继续在国家法定节日增供优质、优价军粮和暑期增供绿豆，并对海、空勤人员给予照顾。

3.调整军粮供应价格，方便购粮结算。各基层军供粮站（店）从 2001 年 5 月 1 日起按新的军粮供应等级和调整的价格组织供应。

2002 年国务院、中央军委下发《关于深化军粮供应体制改革的通知》、省粮食局、省财政厅下发湘粮军供联〔2001〕71 号和省粮食局《关于进一步加强军粮供应管理工作的通知》的要求加强领导，稳定军供机构，明确管理人员；合理布局网点，完善军供体系；严格执行政策，确保驻湘部队粮油供应。

2004年，省粮食局下发《关于做好军粮统筹工作的通知》，军粮统筹实行“五统一”：统一定点。由省、市军供管理部门组织军供粮食企业与加工企业签订军粮购销合同。统一包装。包装袋式样由省军粮管理中心统一设计发至各市州印制。统一质量。统一按照国家粮食局规定的生产加工中、晚籼特等米、特一级小麦粉供应部队。统一定价。省军粮供应管理中心按照中央核定的军供差价和成本，适当计入军供企业费用和利润，分片定价。统一配送。由市州粮食军供部门指定单位按时按量配送到各军供站（店）。

2005年和2008年，省粮食局、省财政厅先后下达2004年、2007年军供大米、小麦粉补贴结算价格通知，根据市场粮油价格的提高，军供大米、小麦粉补贴结算价格相应提高。常德市每50千克补贴结算价调整前后分别为：2004年特一粉138元、优质米158元、特等晚籼米143元、特等中籼米140元；2007年特一粉150元、优质米176元、特等晚籼米158元、特等中籼米151元。

2007年，军粮供应部门安装了军用购粮卡系统设备，部队购粮不再使用军用粮票，而用“军粮供应卡”，快捷、简单、安全。

2008年，广州军区物质油料部、省军区后勤部、省粮食局下发《地方军粮供应网点为驻湘部队统一供应食用植物油实施办法（试行）的通知》。市粮食局发出通知，要求全市军供部门按省粮食局的联合通知从1月1日起执行。

2010年，国家粮食局、财政部、总后勤部下发《关于军供大米执行国家新颁大米标准的通知》（国粮军〔2010〕9号）：决定自2010年1月1日起，军供大米质量等级按新的大米国家标准（GB1354–2009）中的一级大米质量标准执行，该标准与原军供特等大米的质量标准相比，在加工精度、碎米率、杂质最大限量等方面的要求都有较大提高。军粮供应站（店）及时更换大米实物标样，实行“一批一检一报告”制度。

（八）军粮供应管理

1.设立军供机构，明确管理人员。2005年，市粮食局内部机构调整时成立了军粮供应管理中心，各区县（市）粮食局也相应地设立该类管理机构。市、县粮食局均实行一把手负责制，分管局长具体抓落实。

2002年发行的常德市退耕还林专用粮票

2.合理布局网点，完善军供体系。粮食流通体制改革以后，全市城镇粮店已不存在，但各区县（市）均保留有一个军供粮店。至2010年，全市军供站（店）8个，拥有固定资产 504 万元，办公、营业、仓库面积 1871 平方米，其中自有面积 1611 平方米、租用面积 260 平方米；实际在岗人员 37 人，其中质检人员 9 人、财务人员 11 人。

3.组织学习，提高服务质量。市粮食局组织各军供站（店）学习《全国粮食系统军粮供应规范化管理暂行办法》，各军供站（店）按照“四好”（商品质量好、服务态度好、售粮环境好、军民关系好）和《军粮服务公约》做好军粮供应工作。

4.督促检查，确保供应。根据省粮食局要求，市粮食局从 2005 年起，由分管局领导带队，每半年对辖区的军供站（店）进行一次检查，发现问题，及时解决。2005 年、2007 年、2008 年市粮食局军粮供应工作分别被省局评为先进单位、常德市军粮供应站和石门县军粮供应店被省粮食局评为军粮供应站（店）先进单位。

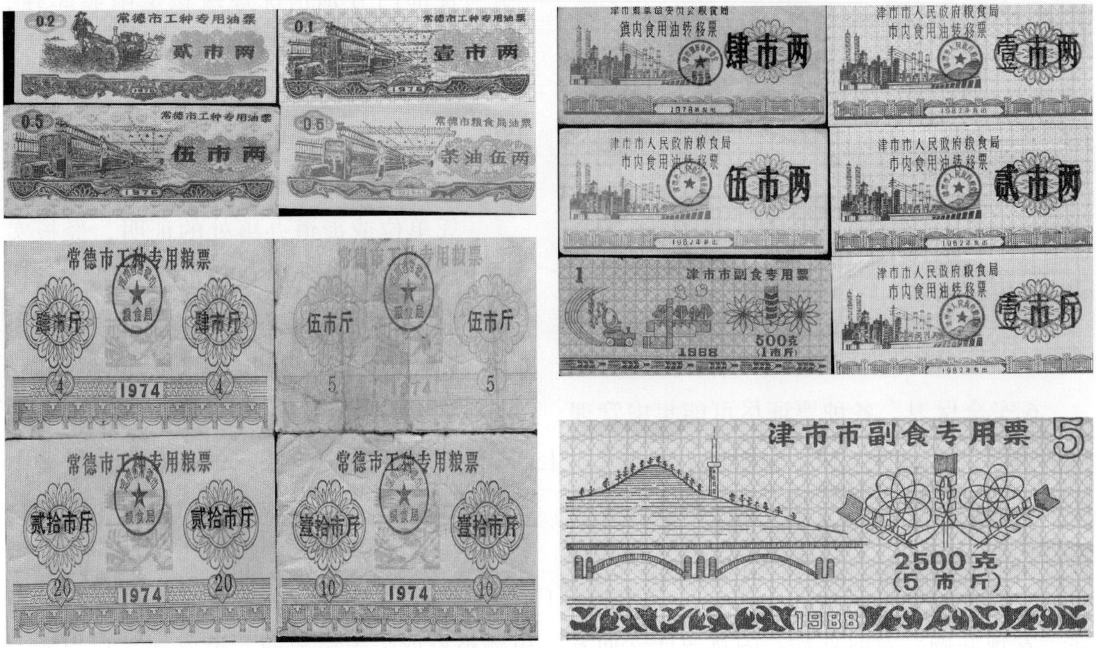

常德市工种专用粮油票与津市市副食专用粮油票

三、票证使用与管理

（一）粮（油）票的发行

2002 年，市粮食局在退耕还林粮食供应中印制发行《常德市退耕还林专用粮票》，面额为 0.5 千克、5 千克、10 千克、15 千克、50 千克、150 千克，都印有“江泽民语录”和当地名胜风景，总数为 1 万吨。

1992 年 4 月 1 日前，为了搞好城乡粮食供应，各区县（市）先后印制了各种不同类型的粮（油）票证。

1988 年以前，原常德市的粮食供应属原市粮食局（后名武陵区粮食分局）管理，过去印制票证没有统一规定，各区县（市）印制票证市局也未作统计。

（二）粮票管理制度

1.各级粮食部门有专人管理粮票。人员配备选定政治可靠，头脑清醒，责任心强者担任。人员调动时交接清楚，并有单位或上级领导部门派人监交。

2.严格手续制度，实行收发粮票两人管理，做到收有凭、付有据，日清月结，账票相符，严禁粮票互混。

3.实行盘底制度，除日常随时查对库存外，每月终进行全面核对。核对时，基层单位要求有一名领导参加，做到账票相符、账表相符。每月、季、年终了后，将粮票报表逐级汇总上报。

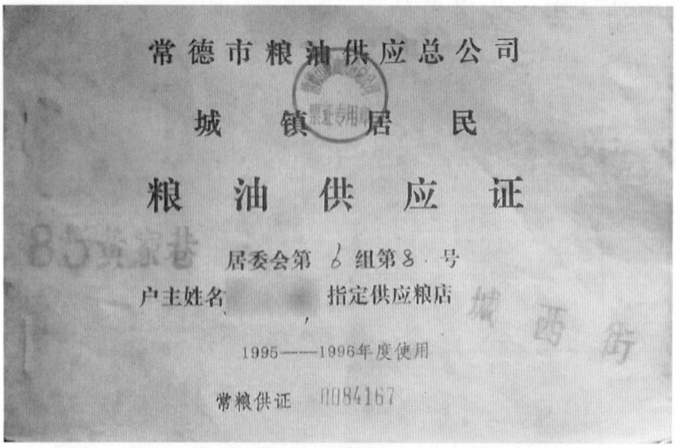

常德市城镇居民粮油供应证

4.为保证粮票合理使用，各级粮食部门分别情况逐级核定限额库存，超过部分，及时回笼上解。

5.严格控制粮票发放，特别是全国通用粮票，更是从严掌握。对职工和居民正常外出需要领取通用粮票时，凭单位或街道办事处的证明，经核实后发给，最多不得超过三个月定量标准。对于机关、团体、学校、部队大批换取粮票，要审查用途，严格控制。

6.安全保卫。各种票证尽可能集中管理。实行值班责任制，对保管地点、设施、制度落实情况进行检查。解缴军用粮票需 2 人以上同行，采用符合安全要求的装具。解缴途中严禁游览、购物、探亲或办理其他无关事务。发生被盗、丢失等事故，及时报案，配合有关部门侦破，同时要对事故责任人进行处理。

7.领导参与粮票管理工作。各级粮食部门安排有一名领导对粮票管理定期检查、督促，发现问题，及时处理。因玩忽职守而发生粮票被盗或丢失事故的，追究领导和当事人责任。

（三）粮票的销毁与珍藏

从 1992 年 11 月 1 日起，全省城乡全面放开粮油销价，取消城镇居民定量粮油平价供应和农村粮食统、定销平价供应，价格随行就市。各种粮（油）票、粮券、指标划拨证、居民粮证的粮油指标不再流通，同时相应地给职工发放粮食价格补贴，只有军供粮油仍按原供应办法不变（湘体改字〔1992〕115 号文件）。由此，粮票已完成其历史使命。市局通知各区县（市）对存有的粮票进行清理后上缴市局。1997 年 5 月，省粮食局发出《关于清理、销毁国、省粮票有关问题的通知》。1998 年，市粮食局向省局发出《关于要求销毁粮票的请示》，经省局批准后，在省局人员的监督下，在鼎城区蒿子港造纸厂对全市库存的粮票 18 368.6 吨（其中全国粮票 4701.9 吨、省粮票 5763.95 吨、省购粮券 7630.25

吨、省划拨票 272.5 吨）予以销毁。

2002 年，市粮食局印制少量的《常德市退耕还林专用粮票样票珍藏册》。

2003 年 9 月 19—22 日，市粮食局承办“金健杯”全国第十二届粮票、第九届布票收藏文化展示交流大会暨湘鄂边第二届收藏品交流活动。来自北京、天津、湖南、湖北、广东、广西、安徽、江西、福建等地 260 多名收藏爱好者携带粮票、布票、烟标、瓷器、旧书刊、邮币卡等藏品现场参加交流。交流期间，市粮食行业协会与省收藏协会票证委员会组织常德市粮票收藏爱好者编辑出版《常德风光粮票珍藏册》，由深圳美光彩色印刷厂印制 3000 册，发给参加会议代表和有关单位及相关人员。该珍藏册主要推介常德，增加常德知名度，印有常德诗墙、桃花源、柳叶湖、花岩溪；介绍夹山寺、孤峰塔、铁经幢、笔架城；介绍中央储备粮常德直属库、中央储备粮临澧直属库、常德市科雄饲料公司、常德市广积米业有限公司。

（四）粮（油）供应证和粮食供应转移关系证明

这两项票证（证书），是购买粮食、食油、饲料的凭证，也是粮油计划和计划随使用者的迁居而转移的依据。

1.粮（油）供应证由县、市粮食局印制发放。该证主要有以下几种：一是“市镇居民粮油供应证”，供城镇居民购买粮油时使用，按户发给，按月核实，定量供应，到指定粮店购买。二是“机关团体用粮供应证”，供机关、厂矿、学校、企事业等单位集体户口购买粮油时使用，按单位发给，经核实后到指定粮店购买。三是“工商行业用粮供应证”，发给工商行业用粮单位使用，到指定粮店按用粮计划和回笼粮票按规定配油比例购买粮油。四是“农村人口粮食供应证”，供农村人口购买粮食时使用。有的是全年指标分月安排购买，有的指标是按时间段进行供应。

2.粮食供应转移关系证明。该证包括“市镇居民粮食供应转移证明”和“农村粮食供应转移证明”两种。前者限于非农业人口迁出时使用，如城镇居民的迁移、干部职工的异地调动、大中专学生的入校和毕业分配等户口转移，粮食供应关系也随户口转移。后者供农业人口和吃定销粮人口迁出时使用，如农村学生入校、中途退学、农转非等需办理该证。

粮食供应转移证由省粮食局统一式样，由县、市粮食局印制，基层粮站（店）签发，并按规定套印县、市粮食局公章和加盖签发单位公章以及经办人印章，不符合上述规定的无效。从 1990 年 1 月 1 日起，原由基层粮站（店）办理的“市镇居民粮食供应转移证明”改由各区县（市）粮食局办理。

3.根据商业部通知，1992 年 6 月 1 日起启用新的“市镇居民粮食转移证明”。1999 年办理市镇居民粮食关系的新规定：进行新生婴儿随父或随母登记；解决夫妻分居落城镇户口、老人投靠子女落城镇户口、在城市投资兴办实业或购买商品房的公民及随其共同居住的直系亲属落户城市等，粮食部门按照当时的户口管理政策凭有关审批件（或复印件）办理落户地粮食关系。根据省粮食局关于粮食销售价格放开后仍需保留居民粮食关系的管理要求，全市各区县（市）粮食局有专人负责市镇居民粮食关系的管理，做到资料不丢失。由于省粮食局不再对“农转非”人口是否继续收取250千克稻谷指标作统一规定，改由市（州）粮食局自行决定，因此市局决定不对“农转非”人口收取250千克稻谷指标。

4.2001年4月，省粮食局以〔2001〕28号文转发国家粮食局决定取消“市镇居民粮食供应转移证明”的通知，从5月1日起，各类异动人口和“农转非”人口在办理户口迁移时，不再办理“市镇居民粮食供应转移证明”和“农村粮食转移证明”，“居民购粮本”等粮食关系手续相应取消。各地现存的粮食关系档案资料，除必须归档者外，其他是否保留或销毁由市（州）粮食局自行确定。“市镇居民粮食供应转移证明”取消后，全市粮籍管理工作停止。

第三节　食用植物油脂（料）收购与销售

一、收购

（一）食用植物油收购（销售、调拨）实行任务包干，一定3年（1988—1990年）不变。包干品种为茶油、菜籽油、棉籽油。1989年，省政府核定常德市食油定购任务7055吨。每收购50千克菜籽油奖售平价标准化肥50千克；茶油除奖售化肥外，增加奖售比例价稻谷指标150千克。合同定购的茶油、菜籽油按平价、议价七三开计价，即：70%按统购价、30%按议价，综合收购价为每50千克茶油188.7元、菜籽油158.4元、油茶籽40元、油菜籽53元。当年收购食油11 886.7吨，其中平价食油4165.7吨、议价食油7721吨。综合价食油5951吨，纯议价5935.7吨，完成定购任务84.4%。1990年10月起，菜籽、菜油均按定购价收购，不再平、议综合计价。

1989—1990年常德市食用植物油脂油料收购价格统计表

表4-1-3-1　　单位：元/50千克

品名	1989年		1990年		说明
	比例购价	统购价	比例购价	统购价	
茶油	188.7	145.15	235	130.77	(1)油脂、油料比例购价除棉籽（油）为“正四六”外，其他均为“倒四六”。(2)油脂副产品，省管价的菜，每50千克由16—17元调为22元。(3)精菜油价格作内部调拨
毛菜油	158.4	121.85	207.4	159.54	
精菜油	193.5	148.85	253.3	194.84	
毛棉油	125	104.17	163	135.83	
精棉油	145.5	121.15	190	158.33	
油菜籽	40	30.77	49.8	38.31	
油菜籽	53	40.77	70.4	54.15	
棉籽	17.4	14.5	22.7	18.92	

（二）1991年，国务院决定较大幅度提高食用植物油脂（料）定购价格。根据省物价

局、省粮食局规定，当年茶、菜油收购办法是：

1.食油定购任务不变。

2.对定购任务的食油仍实行“七三开”综合计价，茶油（籽）、菜油（籽）定购任务70%执行定购价：每50千克茶油235元、茶籽49.8元、菜油207.4元、菜籽70.4元；30%执行议购价：每50千克茶油300元、茶籽75元、菜油230元、菜籽71元。也可以全部按定购价收购，完成定购任务后的余油实行议价收购。

3.实行上述办法后，按原定购任务收购的菜、茶油（籽折油）均按每50千克奖售标肥50千克，同时油菜籽按定购部分计算返饼（每50千克计价22元）、茶油每50千克奖售比例价稻谷150千克，并取消省原定的价外补贴。根据省粮食局、省物价局《关于定购茶油（籽）实行价外补助的通知》规定，从茶油新油上市（1991年11月1日）起，取消定购茶油的粮食指标，改按每收购50千克定购茶油价外补助30元的办法，使茶油购销价格持平，每收购50千克中等茶籽相应在定购价格外补助6.2元，其等级差价不变。

4.为鼓励食油调出，以地（州）市为单位，每调省一担油，由省财政补贴调出地财政30元，后省政府在关于1991年度食油购销调拨包干方案中取消了此奖励。

5.完成定购任务后的余油，价格随行就市，市价低于定购价时，国家按定购价（保护价）收购，但不给奖售物资。

（三）1992年，国务院国发〔1991〕60号文件规定，食用植物油实行指导性计划、规定指导性价格。省政府〔1992〕13号文件明确，食油由国家定购改为指导性计划收购，实行以销定购，下达常德市计划为7056吨，收购价格仍执行原价格不变，收购资金省只安排50%，其余由地方和企业自筹解决。市粮食局经请示市政府同意，决定全市食油放开经营，实行指导性计划、指导性价格。用于城镇居民的食油，仍归粮油商业经营，盈亏纳入商业财务计划。

常德市率先放开食油经营，当年全市收购食油19 412吨，其中平价食油7036吨、议价食油12 376吨。

（四）1993年，全市粮食部门收购食油10360吨，同比少9052吨。主要原因有：一是食油行情变化，渠道不畅。全市粮食部门1992年末食油库存达13 611吨，调销不畅。二是粮食部门收购资金不够。全市计划收购菜油2万吨，需资1.8亿元，省粮食局安排农发行贷款5000万元、企业自筹（包括货款回笼）1.3亿元。至5月末，仅到位4030万元。三是农民对菜油价格预期过高，待价惜售。1992年菜油收购价格逐渐上涨，农民大多持菜油涨价预期心理。

（五）1995—1997年，根据省粮食局湘粮计〔1995〕050号《关于下达1995年度粮油购销调拨包干计划的通知》，全市食油收购计划1.1万吨，上交省5000吨，其中菜籽油收购计划9250吨。市粮食局将在上交省任务的基础上增加500吨的任务下达到各区县（市）粮食局。

1.1995年省粮食局、财政厅、农业发展银行发出湘粮计联〔1995〕068号文件，分配常德市国家专项储备菜籽油计划3600吨，质量标准为国标二级，必须是当年新收购的油品。

2.储备油结算价格为7800元/吨。所需资金由农业发展银行安排专项贷款，中央财政贴息并拨给按实际库存数每年每千克0.4元的储存费用。

3.库存管理。该油所有权属国家，由国家粮食储备局管理，未经国务院批准，任何部门不得擅自动用。常德市将计划分配给澧县1600吨、临澧（新安粮食储备库）400吨、油脂加工企业市植物油公司1600吨。

1995年度，全省油菜籽中准收购价格由上年每50千克110元提高到120元；毛菜油中准收购价格由330元提高到360元，上下浮动10%。该价格由市、县物价部门会同粮食等有关部门制定。

在市场管理上，外省来湖南省采购菜籽、菜油，要委托省内收购部门按规定的价格收购，不得直接向农民收购。

（六）1998—2010年，常德市食油产量大幅提高，2010年食油总产量达到205677吨，收购量也随着增加，当年全市收购食油138814吨，比1989年增加126927吨，增长10倍。

二、销售

（一）供应标准

1989年，省政府决定从7月1日起，除城镇居民口油、军供油、菜农口油按原标准继续供应平价食油外，其他各项用油均按议价供应。当年分配常德市平价食油销售计划2315吨，实际销售2431吨，超销116吨。

口油定量标准：从1979年11月起，凡非农业人口口油每月定量为200克的，提高至250克。市镇郊区的菜农，食油供应标准由100克提高到150克。

回族、维吾尔族非农业人口食油定量：⑴地（州）市所在地城镇的回、维吾尔族居民每人每月供应食油500克。⑵县、市的回、维吾尔族每人每月供应食油400克。⑶城市郊区菜农中的回、维吾尔族，口粮由国家定销的，每人每月供应食油300克。⑷凡回族（包括禁食猪肉的其他少数民族）和汉族结婚后，汉族一方及其汉族成分的子女，愿意跟随回族生活习惯的，根据本人要求，到所属粮食管理部门办理手续，按当地回族标准供应；如愿随汉族生活习惯的，根据本人要求，也可以按当地汉族标准供应。⑸回族、维吾尔族的圣纪节、开斋节、古尔邦节，属城镇非农业人口的每人每节补助食油150克，农业人口不予补助。

城镇佛、道教徒植物油供应标准：⑴行署（州）所在市（镇）的佛、道教徒每人每月供应植物油500克。⑵县、市镇和散居农村非农业人口中的佛、道教徒每人每月供应400克。⑶城市郊区菜农中的佛、道教徒，口粮由国家定销的每人每月供应300克。

（二）提高供应价格

1991年，与提高粮食统销价同步，提高食用植物油脂统销价格。全省平均每500克提高1.51元，分品种为：茶籽油1.77元、二级菜籽油1.31元、一级菜籽油1.64元，精棉油1.08元、毛棉油0.92元。茶籽油、菜籽油、棉籽油实行购销同价（详见《1992年油脂、油料购销价格表》）。

1992年，城镇居民定量口油供应实行“当月购买，季内有效，过季作废”的办法。从11月1日起，全省城乡全面放开粮油销价，取消城镇，居民定量粮油平价供应和农村统定销平价供应，价格随行就市。

1993年，放开粮油销价后，多渠道参与粮油经营，上半年粮油价格涨得快，为平抑市场食油价格，全市粮食部门以低于市场价的价格销售（国标二级菜籽油每千克6元），当年销售食油20 455吨，是历史上销售最多的一年。

1994年，根据省粮食局当地产销菜籽油作价办法，市粮食局与市物价局联合发出《关于菜籽油价格的通知》：⑴市城区市场（含武陵镇、德山开发区）菜籽油每500克出厂（批发）价格为二级4元、一级4.3元，零售价格为二级4.3元、一级4.6元。⑵各区县（市）菜籽油的出厂（批发）和零售价格，由各区县（市）物价局和粮食局提出方案，报当地政府批准下达，并报市物价局、粮食局备案。⑶所有菜油生产经营单位和个体户要严格执行规定的价格，不准提价，违者由物价检查部门查处。

1995年，省物价局、省粮食局联合下发《关于1995年度菜籽、菜籽油购销价格的通知》，菜油销售价格继续按省政府湘政发〔1994〕10号《关于加强居民基本生活必需品和服务价格监审工作的通知》的规定进行价格监审，全省统一规定：当地产销的二级精菜油中准出厂（批发）价每500克4.2元、一级精菜油4.5元；销地调入菜籽油批发中准价，在产地出厂价基础上每500克加0.25元地区差价。具体价格由当地物价局会同粮食局根据菜籽收购价格水平和市场食油供求情况，在上下浮动不超过10%的幅度核定。菜籽油零售价格继续实行差率控制，批零差率为顺加8%。

1995年比1994年菜籽油批发中准价二级精菜油与一级精菜油每500克分别提高0.2元。因当时食油销售价格与市场行情同步，未作调整，自此，食油销售价格随行就市。

常德市食油购销统计表

表4-1-3-2 单位：百千克

年度	总产量	收购	销售	年度	总产量	收购	销售
1989	760325	118867	66985	1996	1317910	142177	90980
1990	840968	221068	86658	1997	1369990	108330	86562
1991	981533	222793	92138	1998	1458970	100361	142366
1992	982821	194119	155113	1999	1247230	151194	298464
1993	953359	103599	204551	2000	1465678	364773	395678
1994	1272053	207615	102761	2001	1453168	257008	21256
1995	1293421	147932	67635	2002	1164973	163450	189645

续表 4-1-3-2

年度	总产量	收购	销售	年度	总产量	收购	销售
2003	1274057	152771	170082	2007	1659909	123456	233250
2004	1502474	49638	68468	2008	1732981	508530	406076
2005	1437087	258228	208718	2009	2085757	753214	755178
2006	1545351	307003	268984	2010	2056770	1388139	1092586

1992 年常德市油脂油料购销价格统计表

表 4-1-3-3　　单位：元/50 千克

品名	等级	定购价	统销价	定购价加费用
油菜籽	一	71.40		
	二	70.40		
	三	69.40		
油菜籽	一	50.80		
	二	49.80		
	三	48.80		
棉籽	一	23.70		
	二	22.70		
	三	21.70		
茶油		265.00	265.00	286.00
一级菜籽油		253.30	253.30	274.00
二级菜籽油		207.40	207.40	224.00
精棉油		190.00	190.00	205.00
毛棉油		163.00	163.00	176.00

常德市粮食（原粮）购销统计表

表 4-1-3-4

年份	面积（万亩）	产量（万千克）	收购（万千克）	销售（万千克）	年份	面积（万亩）	产量（万千克）	收购（万千克）	销售（万千克）
1988	1128.17	298168	100493	60661	2000	818.63	282685	82550	85633
1989	1064.52	325700	115504	45144	2001	754.41	249039	86619	13101
1990	1049.38	335627	142432	39606	2002	700.29	236482	42298	54274
1991	994.5	298553	91343	49784	2003	713.44	245133	42336	108215
1992	936.03	301545	86330	48019	2004	824.27	303938	67641	119716

续表 4-1-3-4

年份	面积（万亩）	产量（万千克）	收购（万千克）	销售（万千克）	年份	面积（万亩）	产量（万千克）	收购（万千克）	销售（万千克）
1993	886.89	287589	73387	60300	2005	859.33	300090	59580	62901
1994	864.84	312068	92968	49401	2006	887.22	343918	57846	49967
1995	891.75	292648	92130	44269	2007	897.39	356453	73172	97738
1996	908.6	298486	85719	37401	2008	897.9	350490	84335	97952
1997	898.84	323168	139972	43134	2009	972.74	3673585	88954	111413
1998	848.36	280348	48861	25290	2010	1011.75	379516	91943	144630
1999	875.9	281742	65795	51966					

第四节　粮食系统多种经营与扭亏增盈

一、多种经营

根据1980年胡耀邦同志关于“粮食部门要逐步改变职能单一化，从收购原料到出卖原料的状况，走收购—加工—销售食品的道路”的指示，常德市首先从粮油食品生产开始开展多种经营。

1989年，全市434个城乡粮店，有385个粮店开展多种经营，占89%。在坚持以粮油为主，重点服务“一日三餐”的基础上，经营范围逐步扩大，涉及日杂百货、小型餐饮、饲料养殖等项目。当年全市有食品厂34家、综合加工厂17家、综合经营部112个、招待所14个、饮食店41个、小型饲料厂、养殖场71个、林木面积654亩，拥有固定资产978万元。全年食品经营量达到2.51万吨，实现利润615万元。

1991年12月，省政府召开全省粮食工作会议，发布粮食经营管理体制改革政策，强调粮食部门要坚持本业为主，发展多种经营。

1.经营范围。粮食企业完成国家计划内的购、销、调、存、加工任务以外所开展的经营项目，都属于多种经营。

2.利润分配。多种经营实现的利润，33%上交公司抵平价亏损，67%留给企业。留利部分的60%作为企业生产发展基金，40%作为职工福利和劳务费。

3.税收减免。除继续享受中央、省政府规定的各项优惠政策外，多种经营还享受以下优惠政策：⑴企业留作生产发展基金的部分，不交能源交通基金和预算外调节基金；⑵贷、借款进行的多种经营项目，允许按项目实现的利润先归还银行贷、借款再进行利润分配；⑶对转化居民口粮的早点食品免征生产和销售环节的产品税和零售税；⑷免征人均2个月工资的调节税；⑸单独核算，不再按销售额4%分摊平价间接费用。

当年，全市多种经营实现营业额8585万元，创利766万元，超过粮油工业、饲料、粮贸等盈利企业的总额，成为粮食经济两大支柱产业之一。

1992年2月，全市召开粮食系统600多人参加的粮食工作会议，市委、市政府决定：一是组建市、县（区、市）粮油购销公司，与粮食局一套人马、两块牌子，作为独立核算的经济法人统一经营管理平价粮油，独家承担平价粮油的政策性亏损。二是以各区县（市）直属骨干仓库为主体组建仓储公司，办成经济实体，主要承担国家专项储备粮和国家平价粮油的储藏任务，同时开展多种经营；把各区县（市）粮油工业、饲料公司办成实体性集团公司，以公司为单位统一承担购销公司或仓储公司价拨和委托的平价粮加工任务，同时开展多种经营；把各区县（市）城关粮店改组为县粮油供应公司，受县购销公司的委托，代理城市居民的口粮（油）供应任务，同时扩大经营领域；把粮油贸易公司办成外向性、开拓性、综合性的企业，面向全国、走向世界。三是以区、乡粮站（核算单位）为基础，建立平价粮油代理处，除代县粮油购销公司承担辖区的国家定购粮油和城乡居民的口粮（油）的购、销、调、存任务外，还开展多种经营。四是对受计划制约的小粮油贸易、饲料企业以及代理制企业的多种经营部分推行经营、价格、分配、用工“四放开”的政策。

1993年，省粮食局下达常德市利润指标650万元，其中多种经营400万元、工业利润250万元。当年全系统多种经营创利中粮油工商企业实现利润1305万元，超过省局下达任务1倍多。当年，市粮食局先后成立金海实业公司和粮油科技开发公司，抽调科室人员、发动全局干部、职工集资开展多种经营；在深圳市宝安县平湖镇成立深圳潇湘米业公司。

1994—1995年，全市粮食系统多种经营的发展主要是：

1.上精品。开展粮油产品的精、深加工，上精米、精粉生产线，提高米、面、油质量。市米业公司引进成套抛光、色选设备，用电脑全程控制大米生产，灰尘污染及劳动强度均大为降低。其洁净免淘米10千克装为消费者认可，改变了消费者带米袋子买米的历史。公司引进一套膨化食品生产设备，用加工精米中筛选下来的米粒加工出10多种不同形状、不同风味的“俏俏”牌系列小食品，为企业降耗增值。深圳潇湘米业以加工精米为主，安装的设备全部为当时先进水准，科技含量高，所生产的优质米在沿海地区深受欢迎。

2.上项目。1994年全系统投资4000万元，新发展特种水产养殖、肉类制品加工、建筑及装饰材料生产、大型餐饮业及项目扩建等30多个项目。如汉寿县粮食局投资400多万元，建成全省粮食部门规模最大的“中华鳖”养殖基地，年可养成甲鱼2万只，繁殖5万只，实行繁殖、养殖、销售一条龙，年利润过百万元。

3.增效益。市粮食局投资1500万元兴建的“金海大厦”集餐饮、住宿、娱乐、购物、美容、健身为一体，1995年完成营业额1286万元，实现利税315万元。各区县（市）粮食局大都兴建了宾馆。澧县粮食部门在1994年办起了硫酸铜生产厂的基础上，1995年又新办机砖和编织袋厂。其投资210万元，设计规模为18门轮窑的机砖厂，仅7个月就生产红砖700万块，实现产值106万元、利税25.3万元。1995年，全系统多种经营额过10

万元的单位有 102 个，过百万元的有 18 个，上千万元的 1 个，全市包括粮油工业、饲料和多种经营等共实现利润 3022 万元。

1996—1997 年，多种经营继续作为全市粮食系统工作重点，全系统 60%以上的干部、职工参与多种经营，解决了部分职工子女和社会人员就业；固定资产原值达 1.65 亿元。

二、扭亏增盈

1993 年，粮油销售价格放开以后，粮食部门平价粮油经营量大幅度减少。粮油的政策性经营与商业性经营分开核算，政策性粮油经营，按购、销、调拨包干所经营的粮油数量及规定的标准费用拨补到经营企业，经营不善所发生的亏损由企业承担。为减少经营亏损，全市粮食系统开展扭亏增盈。12 月末，全市粮食商业平价补贴后亏损 13 377 万元，剔除利息上升、工资增长以及有些应补未补因素，实际亏损比上年减少。

1994 年，一是利用先进科学技术推动企业发展。全系统有计划、有重点地更新设备，改善储藏、加工、商业网点等生产经营设施，累计投资 1500 万元，收到提高产品质量、降低成本的效果。二是利用行业经营优势，扩大粮油购销。一手抓本地短缺品种购进，当年从新疆、河南、河北等地购进小麦、玉米 4 万吨，解决加工原料之不足；另一手采取联购联销、分购联销、自购自销等多种形式，增购扩销，全市当年粮油购销总量达 170.57 万吨，实现销售收入 7.5 亿元。三是利用粮油加工潜力，进行产品深度开发。如津市市面粉厂经过改造后投产 8 个月，生产面粉 8000 多吨，获利 40 万元。各加工企业代农加工大米 6 万吨。是年，全系统累计亏损挂账 6 亿多元，一年支付利息（含加息罚息）9300 余万元。

1995 年 4 月 26—27 日，市粮食局召开全市粮食系统扭亏增盈工作会议，按照目标管理办法考核，汉寿县粮食局等 10 个单位获得“1995 年度目标管理先进单位”称号，澧县梦溪区粮站等 15 个单位获得“1995 年度‘个、十、百’竞赛优胜单位”。全市全年粮食平价经营按上级补贴标准计算应补 19 733 万元，实际补贴 11 805 万元，补贴后政策性合理亏损 7920 万元，比上年减少亏损 13 595 万元。

1996 年，全系统内审着重抓效益审计和基建审计，全年共审计 149 个单位，覆盖率达 80.3%，超过省局下达指标 20%，其中基建审计 30 个，共审减基建工程造价 391 万元。通过财务、监察、纪检等部门检查，收缴小金库账外资金 6.68 万元，停用移动电话 66 部、停开小汽车 29 台。全系统采取各种办法收回长期拖欠的各种公款 2663 万元。

1997 年 4 月 3 日，市政府召开全市粮食工作会议，要求各地真正把粮食“三包一放”政策落到实处。对于 1992 年 3 月末以前全市 38 531 万元财务亏损挂账，省政府分 5 年消化；1992 年 4 月至 1994 年 12 月底的全市 4.77 亿元财务亏损挂账，省政府同意消化；1995 年和 1996 年的财务亏损挂账由各地（州）市自行消化。全市 1995 年和 1996 年财务亏损挂账 28 898 万元，市政府决定：⑴各区县（市）政府要确保从 1997 年开始不再发生新增粮食亏损挂账，如果发生政策性亏损，财政必须及时如数拨补；如属粮食企业经营性亏损，一律自己消化。⑵从1997年开始，各区县（市）政府要在5年内将1995年、1996年粮食财务挂账消化完毕。⑶采取切实的措施，鼓励和督促消化1995年、1996年的财务挂账。规定：凡是因粮食亏损的县、市和直属企业，一律暂停购买小汽车和大哥大，严格控制基本建设。会后，全市粮食系统抓创收、抓管理。有7000多名职工分流到商业性经营领域。干部带头还款或利用法律手段，收回外单位拖欠货款1444万元、干部职工借款3157.7万元。全面清理公费电话，对来客接待、办公用品、设施维修等费用开支从严管理。

当年，全市入库粮食18.06亿千克，其中仓外储粮5亿千克，库存总量和仓外储粮为历史上最多的一年。市、县粮办工业有相当一批产品被国家和部、省评为优质名牌产品。如市面粉公司TQC小组活动成果获省粮食系统TQC小组活动二等奖，其生产的“麦王”牌面粉荣获“1997年度湖南省产品质量奖”；潇湘米业公司生产的“金健”牌珍珠强身米，1996年通过国家级鉴定获得“96亚太地区国际博览会金奖”；市植物油总公司生产的“万家炊”系列高级烹调油被省政府授予“1997年度湖南省名牌产品”称号。

1998年，市粮食局在全系统落实：⑴粮食企业收储业务与附营业务分离。⑵下岗分流、减员增效。省粮食局要求常德市粮食系统3—5年内将职工总数由1997年年末的15 661人减少到8250人，其中收储企业减少到6290人，加工企业减少到580人；城镇销售企业减少到1380人。当年年末，全市粮食职工内退内养750人、到外单位求职22人、劳务输出60人、提前退休25人、停薪留职1762人、多种经营接纳2298人、下岗1180人，共减员分流6097人，占应分流总数7411人的82%。⑶多方式搞活企业。农村收储企业在保证、完成国家粮食收储任务的基础上，增加优质稻的收购、储备；城镇粮食零售企业加大推行连锁经营力度，扩大粮油销售；偏僻的小粮店出租或改变经营项目；国有粮食加工企业、饲料加工企业等生产经营性企业，增加科技投入，增强新产品开发和精加工能力，扩大市场份额；实施重组。当年顺价销售粮食30万吨。是年，市粮食局获市委、市政府颁发的“量化目标管理先进单位”称号，获全市工业生产目标管理扭亏增盈先进单位三等奖。

2000年1月10日，全省粮食餐饮行业经验交流暨表彰会在常德金海大酒店召开，省粮食行业协会会长李先聪、省粮食局左恩南副局长为常德的金海大酒店、安乡县粮食部门的兰天宾馆等19个管理好、服务优、效益高的餐饮企业授予先进单位奖牌。

当年，全系统828名职工实行身份置换（其中市直企业153人），41家企业进行产权置换。当年全系统共引资2850万元，其中市饲料公司与广东客商合资新建“佳德乐”纸品有限公司，引资150万元生产纸品。澧县金罗粮库、石门县二都粮库扩建粮库引资2475万元。石门县碧岩山庄、澧县金丰酒店的租赁，金健米业下属分公司进行风险抵押承包等，都给企业增加了活力。当年全市粮食企业亏损4820万元，比上年减亏872万元。

2001—2004年，为国有粮食企业改制阶段。至2004年年末，8个区县（市）粮食企业基本完成改制，市直11家企业有10家完成改革，1家接近完成。全市原有276家粮食企业，通过股份制、兼并、拍卖、破产等多种形式减少到90家，其中购销企业48家，附营企业 42 家。改制前，共有职工 17 393 人，改制期间办理离退休 2645 人，应置换国有身份职工 14 748 人，此间置换身份 14 263 人（占 96.7%），支付补偿金 3.2 亿元。

2004 年，市粮食局被市委作为全市流通领域企业改革的唯一典型，推介到全省农村改革和经济工作会议上作典型发言。

2004 年下半年，全市国有控股粮食购销企业没有发生新的亏损。

2005—2006 年:⑴企业改革阶段性任务完成。全市国有粮食企业应置换身份的职工 14 748 名全部置换完毕，支付安置费用 5.72 亿元。2006 年 10 月底，全市 276 家国有粮食企业中的 187 家通过拍卖转让、破产、兼并、收购重组等方式退出国有序列，存在的 89 家有 81 家分别采取国有独资、国有控股、民营控股等形式，完成股份制改造，改制面达 91%。⑵解决粮食财务挂账。常德市 1998 年以后新增亏损 22.62 亿元，其中政策性亏损 14.08 亿元，经营性亏损 8.54 亿元。政策性亏损于 2005 年年底挂账并从企业划转剥离。⑶扭亏增盈。2006 年 1—10 月，全市国有粮食购销企业实现利润 310 万元，超过省局下达的全年目标任务。⑷企业国有资产全面接管。市局和区县（市）局按照省政府〔2005〕15 号、市政府〔2006〕8 号文件精神，全面接管所属企业的国有资产，制定《资产管理办法》，规范资产的购置、转让、租赁、报废等。市粮食局于 2006 年 11 月 23 日正式接管市直粮食企业的国有资产，制定《市直粮食企业国有资产监管办法》。

2007 年 7 月，省对常德市粮食财务挂账数据进行复核，认定的财务挂账总额为 23.08 亿元（比 2005 年认定数增加 0.88 亿元），其中政策性挂账 21.02 亿元（比 2005 年认定数增加 6.94 万元），经营性挂账 2.06 亿元（比 2005 年认定数减少 6.48 亿元）。鼎城区粮食企业经营性挂账最多，达 1.9 亿元，占全市经营性挂账的 92%。

中央储备油油罐群

农民获得小圆仓

第二章　粮食储藏与运输

第一节　粮食仓储

一、仓储设施

（一）仓库类型

2010年，全市的粮食仓库类型可分为6种类型：

平房仓——钢木结构，沿用至今。其中有一部分砖木结构，是苏式仓提檐改造而成。

拱仓——仓顶砌成双曲砖拱形，接缝处涂抹沥青。立筒仓——圆筒形，用砖与钢筋混凝土修建，多用于米面加工厂的原料仓库。

1998年新建的平房仓库群

简易棚仓——20世纪90年代初为解决仓容不足的问题而修建的一种临时的粮仓棚，有墙体，仓顶盖瓦，地面铺垫防潮。钢板仓——农村农户储粮专用。采用镀锌板、彩钢板和镀铝钢板卷制而成。该仓一般设计成多层套叠式，既可方便进粮和仓的移动，又可根据储粮数改变仓容量。

基建棚仓——1997年修建，其墙体、地面及屋架按照基建标准建设，仓顶盖瓦。

据2010年全市仓库建设设施情况调查资料统计，全市有效仓容211.39万吨（不含简易仓容16.61万吨）；1998年及以前建仓容97.402万吨，1998年以后建仓容108.59万吨，其中立筒仓4.7万吨，楼房仓0.7万吨。

（二）仓库建设

20世纪80年代以来，为解决粮食丰收后农民卖粮（油）难的问题，粮食系统加快了粮食仓库的建设。

常德市粮食仓库修建统计表

表4-2-1-1　　单位：万吨

年份	投资（万元）	建仓			全市粮食仓容合计			备注
		地址	仓库类型	仓容（万吨）	仓库处数	仓库栋数	仓容（万吨）	
1990—1992	省拨	全市	棚仓	27			160	临澧新安、澧县金罗、汉寿蒋家嘴3个储备能力上5万吨的粮库
			建仓	84.85				

续表 4-2-1-1

年份	投资（万元）	建仓			全市粮食仓容合计			备注
		地址	仓库类型	仓容（万吨）	仓库处数	仓库栋数	仓容（万吨）	
1997	各县自筹	各县	棚仓	50				
1998	省拨 1400	各县	棚仓	6.6	487	1963	209.886	
	国拨 6846	樟木桥粮库	建仓	10				
		临澧新安	建仓	5				
1999	国拨 2475	澧县金罗	建仓	2				
		石门二都	建仓	2.5				
2000	省拨	石门二都	建房式仓	2.5	493	1965	219.368	
		澧县金罗	建房式仓	2				
2000—2001	2000 年省农发行贷款 1200	全市 20 个库	棚仓	11.34				同时改建 4 个库点、维修 8 个库点其、新建维修面积 55387 平方米
	2001 年省农发行贷款 900	全市 4 个库	棚仓					
2006	省拨 480	全市 43 个库						先拨 400 万元维修 33 库点、后拨 88 万元维修 8 库点
2010							289.1095	

常德市食油油脂容器修建统计表

表 4-2-1-2　　单位：万吨

年份	>10 吨容器					
	合计个数	容量	国有个数	容量	非国有个数	容量
至 1998 止	187	2.14	187	2.14		
至 2000 止		3.58		3.58		
至 2010 止	250	20.84	51	4.14	199	16.70

常德市仓储设施统计表

表 4-2-1-3　　　　单位：万吨

类别	总仓容量	其中国有		其中非国有		占总仓容%
		仓容量	%	仓容量	%	
总仓容量	289.11	178.62	61.8	110.49	38.2	
有效仓容	211.39	108.14	51.2	103.25	48.8	73.12
简易仓库	16.61	12.32	74.2	4.29	25.8	5.74
需大修仓	51.02	48.08	94.2	2.94	5.8	17.65
待报废仓	10.09	10.09	100.0			3.49

常德市仓储企业及库点统计表

表 4-2-1-4

类别	个数	其中：国有		其中：非国有	
		个数	%	个数	%
仓储企业	117	64	54.7	53	45.3
库点	214	156	72.9	58	27.1

常德市粮库及从业人员统计表

表 4-2-1-5

类别	<2.5 万吨		2.5—5 万吨		5—10 万吨		>10 万吨		仓储人员（个）		
	个数	%	个数	%	个数	%	个数	%	合计	保管员	质检员
合　计	95	81.2	11	9.4	8	6.8	3	2.6	5686	1156	253
国　有	53	45.3	6	5.13	4	3.4	1	0.87	2558		
非国有	42	35.9	5	4.27	4	3.4	2	1.73	3128		

二、仓储管理

（一）开展“四无”粮仓活动

为保证粮油安全，全系统开展“四无”（无害虫、无变质、无鼠雀、无事故）粮仓、“四无”（无变质、无混杂、无渗漏、无事故）油库活动。

1989 年 4 月 15—26 日，全系统组织保防人员 50 人，历时 12 天，对全市 123 个粮站，379 个点库进行一次粮油安全储藏大普查，共查粮站 123 个，达到“四无”的粮站 121 个，占检查数的 98.4%；实现“四无”的点库 377 个，占检查数的 99.5%；实现“四无”仓库 1550 栋，占检查数的 99.8%；实现“四无”仓库容量 924 819 吨，占检查数的 99.7%；达到“四无”的粮数 375 390 吨，占检查数的 99.7%；查油脂 116 140 吨，全部实现“四无”。

1989年10月18—27日，市局对9个区县市、两个直属单位进行冬季安全储粮检查，共抽查粮站108个，点库213个，仓库869栋，仓容597 658吨，粮油430 310吨，粮油数量占全市库存数的71.2%。通过鉴定，全市11个单位均符合“四无”粮仓单位。实现“四无”的粮站104个，占检查数的96.3%；点库209个，占98.12%；仓库861栋，占99.08%；仓容594 311吨，占99.44%；粮油427 033吨，占99.24%。

1990年，全市投资1700多万元，用于仓库扩容及维修。全系统许多职工自己动手剐刮仓库达778栋，容量59 156吨；油洗仓库730栋，容量505 288吨；整晒高水分粮食19 730吨，总投工日38 061个，节约支出17.4万元，增加收入10.35万元。当年全市粮食储藏一是库存量大，到9月底库存103万吨，比1989年同期增加53%。二是露天堆储粮多，各地共打露天堆173个，储粮12.65万吨。三是超量装粮的仓库多，全市有296栋仓库超储，超储量达12.8%。四是陈粮数量大，达54万吨，其中晚稻3万吨，且水分高达16.6%。于是，当年对所储粮食进行两次检查：⑴5月15—28日，市粮食局组织各区县（市）粮食局储运股股长，部分粮站主任及保防人员50多人，对全市粮油仓储工作进行全面普查，共查125个粮站（库），401个粮点，1498栋仓房，仓容892 331吨；检查库存粮油586 998吨。检查结果：实现“四无”粮站124个，点库400个，占99.8%；仓房1496栋，占99.9%；容量888 762吨，占99.6%；粮食584 956吨，占99.7%。⑵10月15—19日，市粮食局组织保防人员对全市341个点库，1488栋仓库，82.25万吨储粮（其中露天堆173个，储粮12.65万吨），按照“四无”标准进行秋季储粮安全检查。

当年由省、市、县三级共投资2.43亿元，改建新建仓库180处，净增仓容23.95万吨，全市还对526栋严重老化和上漏下潮仓库进行维修，投资中小修理费396.26万元，占全市中小修理费的73.2%，改善了储粮条件。另外，全系统从早稻入库起，认真执行国标，入库的64万吨早稻，水分达标的98.3%；杂质超标的占30.5%，比1989年下降42%；出糙率三符以上的达90.5%。

1991年，全市各级政府贯彻执行国务院《关于加强粮油安全保管工作的紧急通知》和省政府有关文件精神，建立政府领导为第一负责人，粮食部门主要负责人为第二责任人的安全储粮领导小组，经常参与粮油安全保管检查活动。当年全系统组织干部、职工自己动手白化仓库1255栋，剐刮油洗仓库743栋，投工7.2万多个，节约资金36万多元。当年存粮问题是存有高水分粮69 883吨，3年以上陈粮92 643吨，有露天堆148个，存粮113 218吨。当年进行两次大检查：⑴4月15—27日，由市政府组织领导，以粮食部门为主，农业、财政等有关部门参加，开展春季粮油安全检查。这次检查8个区县（市）和市直的127个粮站，445个粮店、1935栋仓库（廒）的100.28万吨储粮，仓外露天堆和高水分粮、水患粮等的安全情况，并按中商部《关于“四无粮仓”、“四无库”规定》进行鉴定，127个粮站、444个粮店、1934栋仓库（廒）、115万吨仓容及100.18万吨粮油达到“四无”；247个油罐、12 081吨油容及11 735吨油脂全部实现“四无”；20℃以下存粮 93.06 万吨，占检查数的 92.8%；25℃以上存粮 5007 吨，占 0.5%；高水分粮 6.99 万吨，占检查的 6.97%；3 年以上陈粮 9.26 万吨，占 9.2%；发现变质粮 7 处，存粮 3377 吨。⑵10 月 20—31 日，市粮食局组织 12 人，进行为期 12 天的秋季“四无”粮仓检查。共抽查 8 个区县（市）及三个直属单位的 91 个仓库，598 栋仓（廒）的 59.93 万吨粮油（其中油脂 1.27 万吨）。重点检查大库及储粮多、隐患多、易被忽视的点库。按中商部〔1991〕商储（粮）字第 284 号《“四无”粮食和“四无”油仓评定办法》进行鉴定，并按市粮食局制定的秋季粮油安全检查方案进行评分。检查结果是：914 个点库、598 栋仓库（廒）和 59.93 万吨粮油均实现“四无”。粮油在 16℃~28℃之间的储粮有 55.99 万吨，占检查的 93.4%，28℃以上存粮有 3.94 万吨，占 6.6%。

1993 年 5 月 17—27 日，市粮食局组织人员对全市粮油“四无”情况进行全面普查，共查点库 358 个，1314 栋仓，121.75 万吨仓容，97.41 万吨粮油（其中储备粮 83.54 万吨），点、栋、容、粮“四无”比例均为 100%。粮温在 15℃以下的 8.12 万吨，16℃~20℃的 83.46 万吨，21℃~30℃的 5.82 万吨。按照商业部〔1991〕商储（粮）字 284 号文件规定的标准和市粮食局制定的计分办法，全市平均得分 99.5 分。是年冬，为了贯彻落实省粮食局 23 号和 26 号明传电报精神，加强储备粮管理，交流仓储经验，11 月 29 日至 12 月 7 日，市粮食局组织 41 名仓储专业人员进行为期 9 天的检查，共检查 101 个粮站，209 个点库，905 栋仓库，83.08 万吨仓容，82.19 万吨粮食，其中露天储粮 11.02 万吨，租借仓储粮 3760 吨，国专粮 61.57 万吨，省专粮 9.65 万吨，市场调节粮 5.24 万吨，其他粮食 5.73 万吨。经查， 15℃以下存粮 4.56 万吨，占 5.5%，16℃~25℃存粮 74.46 万吨，占 90.6%，26℃以上存粮 3.17 万吨，占 3.9%。

1994 年 10 月 17—29 日在市粮食系统组织秋季粮油“一符四无”大普查，涉及 8 个区县（市）及 4 个市直单位的储粮点库 367 个，仓库 1194 栋，仓容 119.28 万吨，粮食 97.69 万吨（其中露天堆粮 2.58 万吨，3 年以上存粮 27.32 万吨）；食用油脂 1773 吨。对照标准，“一符”基本达到要求，“四无”平均比例为 99.3%，其中实现“四无”的点库 365 个，仓库 1181 栋，仓容 118.63 万吨，粮食 86.13 万吨，分别占检查数的 99.5%、98.9%、99.4%和 99.5%，1773 吨食用油全部实现“四无”。

1995 年 12 月 14—21 日，市粮食局组织全市冬季安全储粮检查，共查 8 个区县市和 6 个市直单位的所属点库 252 个，仓库 944 栋，仓容 92.92 万吨，储粮 68.7 万吨，占 11 月末库存的 79.8%，检查食用油 9268 吨。对照标准，“一符”基本达标；点、栋、容、粮“四无”平均比例为 98.9%，其中实现“四无”的点库 246 个，占 97.6%；“四无”仓库 936 栋，占 99.2%；“四无”仓容 92.35 万吨，占 99.4%；“四无”粮食 68.34 万吨，占 99.5%；所查食用油 100%符合“四无”标准。当年全市在开展“四无”粮食活动的同时，一是改造仓储条件，全市斥资 638 万元，维修仓库 549 栋，仓容 44.81 万吨。二是健全各项管理制度，在落实商业部《仓库管理制度》《储粮技术规范》、省粮食局《关于使用化学药剂八不准的规定》《储粮检测制度》等的同时，还根据自身情况制订“五定”“四包”责任制。三是严格粮油库存管理，认真执行“一符、三专、四落实”的管理办法，对储备粮采取挂牌、卡、立账，集中管理，“双证”出库。

1996年5月15—24日，省、市粮食局联合组织春季“一符四无”粮仓大普查，共检查8个区县市、6个市直单位的储粮点库360个、仓库1115栋、仓容107.08万吨，储粮56.38万吨，占4月未库存数的94%（其中国家专储及省专储全部进行检查），还检查在库食用油脂11 373吨。按照“一符四无”标准评定，“一符”全部符合，“四无”所查“点、栋、容、粮”均达到要求，实现了100%“四无”的好成绩。当年全市共投入资金1565.73万元用于仓库维修及地坪等基础设施建设，共大修仓库61栋，仓容6.42万吨；中、小维修仓库312栋，仓容288.55万吨；改造旧仓15栋，增加容量1.82万吨；新修泥地坪（道路）2.8万平方米。经维修，全市仓库完好率为82.4%，达到省粮食局的要求。全市系统还开展保防人员的培训工作，提高科学储粮水平。

1997年，全市粮食系统投入仓库维修资金563万元，维修仓库289栋，仓容19.86万吨，新增仓库地坪及道路1750平方米。众多干部、职工自己动手小修小补仓库，搬运粮油商品，整理脚粮脚油，为国家增收节支200多万元。全市粮食系统5月13—20日“四无”检查，共查储粮点库262个，占实有数429个的61.1%；仓库849栋，占实有数1390栋的61.1%；仓房101.01万吨，占实有仓容144.95万吨的69.7%；储粮油75.95万吨，占实存粮油数92.63万吨的82.0%。通过鉴定，全市实现点、栋、容、粮四项100%的“四无”。

1998年，粮食库存爆满、库存玉米多、晚稻多、租借社会仓库多和露天堆多，又遇洪灾。全市粮食部门各级领导亲自管粮保粮，办储粮“样板仓”“示范仓”“标准仓”，以点带面，逐步推广。5月11—20日，市粮食局组织春季“四无”粮仓检查，共查储粮点库328个，仓房1725栋，仓容146.62万吨，储粮127.48万吨，食用油脂5935吨。检查鉴定，全市点、栋、容、粮四项均实现100%的“四无”。

1999年，全市粮食系统共有挂牌样板仓、示范仓246栋。当年挤出资金630万元，维修仓库144栋，容量15万吨，整修地坪1.6万平方米，改造苏式仓7栋，增容近5000吨。职工自己动手黑白化仓库430栋，剔刮油洗仓库123栋，累计投工1.8万个，为国家节省开支30多万元。全市粮食系统春季“四无”粮仓检查，共查点库170个，检查仓库720栋、容量93.87万吨，储粮59.78万吨。通过鉴定，实现“四无”的点库169个，仓库719栋，仓容93.84万吨，粮食59.76万吨，实现“四无”的点、栋、容、粮平均比例为99.5%。

2000年5月9—19日，按照“抽签分片、抽签定点、片内评比”的方法，组织全市春季“四无”粮仓检查。通过抽签定点库87个，仓库387栋，仓容41.29万吨，粮食30.94万吨。通过鉴定，点、栋、容、粮四项全部实现100%。按照《检查记分办法》，对被查单位进行评比，津市市、汉寿县、鼎城区3个粮食局，樟木桥粮库和武陵粮油总公司被评为优胜单位。

2001 年的全市春季粮油安全检查，采取自查与抽查相结合的办法。5 月上、中旬，各区县（市）粮食局及市直单位对库存粮食安全进行自查，市粮食局于 5 月下旬至 6 月上旬组织人员进行抽查。全市共自查点库 411 个，仓库 1578 栋，仓容 152.98 万吨，粮食 107.34 万吨，通过鉴定，点、栋、容、粮“四无”比例分别为 99.76%、99.87%、99.97%、99.94%，粮温 15℃以下储粮 27.02 万吨，15℃~20℃的储粮 65.02 万吨，21℃~25℃的储粮 15.3 万吨，分别占检查数的 25.2%、60.6%、14.2%。

2002 年，市粮食局储备储藏科组织人员直接抽查。全市共抽查点库 55 个，仓房 264 栋，仓容 41.11 万吨，粮食 39.48 万吨。通过鉴定，点、栋、容、粮“四无”比例均为 100%。粮温在 15℃以下储粮 6.2 万吨，15℃~20℃的储粮 32.67 万吨，21℃~25℃的储粮 6036 吨，分别占检查数的 15.7%、82.8%、1.5%。

2003 年，各区县（市）粮食局及市直有关单位挤出资金 454 万元，对 193 栋仓房，22.71 万吨仓容进行了维修改造。为改善仓库环境，全市粮食系统共植树造林 11 356 株，黑白化仓库 780 栋。各单位共举办保防人员培训班 298 次，培训 6410 人。5 月 10 日至 7 月 3 日，市粮食局组织对全市 8 个区县市 3 个直属单位、20 个点库、81 栋仓库、13.09 万吨仓容、11.45 万吨粮食进行抽查，经查，点、栋、粮“四无”比例均为 100%。75%的储粮温度控制在 20℃以内。

2004 年，全市粮食系统共成立防治队 51 个，有防治人员 210 名，巡回检查 112 次，发现储粮安全隐患多处，均得到及时处理。当年全市粮食系统共筹措资金 496 万元，维修仓库 254 栋，仓容 24.21 万吨，白化仓库 564 栋；共办防检学习班 109 次，培训保防人员 1843 人。

2005 年，按照省粮食局湘粮办调函〔2005〕41 号文件精神，市粮食局于 9 月下旬至 10 月上旬对已入库的粮食质量、安全储存等情况进行检查。重点检查 8 个区县（市）和 3 个市直单位的 35 个早稻托市收购点库，仓库 136 栋，仓容 25.51 万吨，粮食 23.08 万吨，其中托市收购 15.84 万吨，国家储备粮 2.72 万吨，省级储备粮 3.45 万吨，其他粮食 1.07 万吨。经查，符合“四无”粮仓标准的粮食 21.76 万吨，占 94.3%；粮温在 30℃以上的储粮 2.18 万吨，占 9.5%，26℃~30℃的储粮 8.31 万吨，占 36%，25℃以下的储粮 12.59 万吨，占 54.5%。按最低价收购入库的早稻 15.84 万吨，据检测，质量等级全部达到中等以上，水分、杂质、黄粒

粮库采用新技术对储存稻谷进行增湿调质实验

米含量和整精米率等质量指标也全部符合国家标准。

2006年起“四无”检查活动停止。

（二）科学储粮

1989年，科学储粮活动在全市粮食系统展开，除机械通风低温储粮和压盖密闭储粮在全市大面积推广应用外，石门、桃源、汉寿等县研制的仓外投药器，津市研制的电子逻辑测温仪，临澧、桃源研制的面粉、大米保鲜度夏储粮技术，汉寿研究的磷化铝缓释熏蒸技术，桃源研制的溴氰菊酯保护剂储粮技术，鼎城区研究的沼气储粮技术等，在一定范围内得到推广应用。

当年早稻入库后，各地针对粮食库存大，仓外储粮多，粮质较往年差等特点，采取以下措施：一是推广地上槽通风降温。全市使用通风机械572台（组），总功率达1887千瓦，为60%以上的点库进行通风。二是机械通风。使用此法的储粮达总库存的53.7%。使用效果最好的有汉寿文蔚粮站，最高粮温只有20℃；常德市二库、蒋家咀、陬市等大库的储粮粮温都在25℃以下。

1990年，全市储粮使用机械通风的仓库有541栋，20℃以下的粮食41.74万吨，占粮食库存的71.1%。在普查期间日平均气温在30℃左右时，没有一栋仓库粮温超过30℃。储粮新技术的试验与推广也有很大发展，如安乡试验的多层循环通风技术，成品粮去湿保鲜技术，均取得初步成效。汉寿蒋家咀粮库的仓外投药循环熏蒸方法，省力、省时、省药，效果亦佳。津市研制的逻辑布线电子温度巡测仪，被认为是当时全省测温较为先进的技术，在部分点库推广应用。桃源的薯干保鲜、石门的大米防霉、临澧的双层通风等，都取得了一定成效。当年秋季“四无”粮仓检查，全市已有847栋仓库，62.9万吨粮食采用机械通风降温储粮，占秋季检查储粮总量的76.4%，粮温在30℃以下的粮食有68.25万吨，占检查数的83.04%。

1991年继续推广延缓粮食陈化、抑制虫霉生长的低温储藏技术，当年全市拥有通风机械969台（组），有915栋9.68万吨仓容及84.13万吨储粮实行地槽机械通风双层循环，集降温、降水、杀虫等多功能，使全市粮油保管基本实现低温保鲜。当年储粮安全检查，粮温在15℃以下的储粮23.92万吨，占23.9%，15℃~20℃的储粮69.18万吨，占62.7%。市粮食系统创建“六面架空、六防一通”的“六六一”新式露天堆，既能防止虫霉鼠雀危害，又能通风降温，延缓储粮品质劣变，改变了露天堆难以保管的状况，该成果经省粮食局确认后在全省推广。

桃源县农户科学储粮仓标签

2011 年，桃源县获得全国农户科学储粮综合技术核心示范基地称号

1993 年，实行机械通风仓容 112.97 万吨，机械通风储粮数 94.33 万吨，占库存粮数的 96.8%，20℃以下的储粮 91.59 万吨，占 94%。当年，市粮食局与鼎城区粮食局在丹洲粮库进行的高粮堆强制熏蒸杀虫试验获得成功。

1994 年，科学储粮主要是采取地槽机械通风和仓顶排风降温、降水，共处理 23.26 万吨高水分粮。高粮堆强制熏蒸杀虫技术，在桃源、汉寿、鼎城等地推广应用，解决了害虫难以杀死的问题。

1995 年，高粮堆强制熏蒸杀虫技术推广面达 53.2%。同时，还利用竹笼、铁笼、木框架铁网笼等形式的通风槽替代麻袋通风槽，提高了通风效果，减少了包装资金占用。当年省粮食局在临澧新安、鼎城蒿子港、津市窑破渡、黄牯山等库开展的微机管理试点工作进展顺利，是全市粮食系统储粮现代化管理上迈开第一大步。是年，高粮堆强制熏蒸导出技术获得市政府颁发的科研成果一等奖，这是市粮食部门有史以来获得的科研成果最高奖项。获奖人员有市粮食局的苏青林、张家海，鼎城区粮食局的丁为忠等。

1997 年科学储粮方面：一是继续推广机械通风。二是改进储粮技术。当年全市接受 1.75 万吨专储玉米保管任务以后，各储粮单位熏蒸杀虫、通风降温、密闭隔热、隔湿、仓内安装排风扇排热，经省粮食局检查，该批玉米的温度都在 20℃以下，水分在 14%以内。三是注重效益。全市粮食企业推广大风道小风机通风法，可节省费用 1.0—1.2 元/吨，按全市 37.5 万吨储粮计算，可节省电费开支 37 万多元。

1998 年，全市粮食系统推广“大风道、小风机”通风法。当年全市 20℃以下粮温的粮食达 122.75 万吨，占检查数的 97.1%，通风降温费用较往年下降 300 多万元。当年起，国家投资在中央储备粮库中修建大量的高大平房仓和浅圆仓，采用“电子检测”“机械通风”“磷化氢环流熏蒸”“谷物冷却低温储粮”等 4 项储粮新技术，实现储粮冷却低温、电子测控、环流熏蒸、循环通风于一体。国家相继发布《高大平房仓储粮技术规程（试行）》《浅圆仓储技术规程（试行）》《磷化氢环流熏蒸技术规程（试行）》和《谷物冷却机低温储粮技术规程（试行）》，使粮食仓储技术规范更趋健全。

1999 年，全市科学储粮一是杀虫施药经济、简单。减轻保防人员劳动强度，节省 50%以上的熏蒸剂。二是全面实行储粮通风降温小功率化，全市粮食系统年均节电 100 多万千瓦时，节约开支 80 多万元。三是仓库与粮堆密闭化。澧县、石门等县普遍实行窗户双面密闭，汉寿还在双面密闭的基础上增加一层泡沫隔热；津市、安乡实行薄膜和河沙压盖的储粮达 70%以上；针对仓库气密性差的问题，汉寿、临澧等县使用薄膜和化纤为粮仓吊顶，增强仓库的气密性能，提高低温储粮效果。当年全市 20℃以下的储粮占 89.5%，其中15℃的储粮占 26.35%。

2002 年市粮食系统科学储粮一是通风面广。全市有 120.55 万吨储粮进行机械通风，占 98.84%。二是循环熏蒸技术普遍应用。市局组织检查的使用该技术的 81 栋仓库内未发现一只活虫。

2004 年全市粮食系统机械通风储藏的粮食 47.29 万吨，仓容 149.91 万吨，机械通风率达 100%。检查统计，粮温在 15℃以下的粮食 17.89 万吨，占 37.8%，粮温在 21℃~25℃的 26.35 万吨，占 55.7%。

2005 年对全市粮食系统的 37 个托市点库统计，其科学储粮设施配备情况是：⑴具有机械通风系统的储粮 23.08 万吨，占储粮的 100%；⑵具有环流熏蒸系统的储粮 16.11 万吨，占储粮的 69.8%；⑶具有粮温自动检测系统的储粮 6.89 万吨，占储粮的 29.8%；⑷具有其他科学储粮设施的储粮 3.06 万吨，占储粮的 13.3%。

2006 年全市科学储粮情况：一是通风面达 100%。虽然当年气温持续偏高，但所有储粮温度都在 25℃以内，未发生一处高温发热点。二是循环熏蒸技术应用普及。抽查的 4 个库点 13 栋仓都基本无虫。三是各库点开展制度和技术创新活动，各库主任都管理一栋科学储粮“样板仓”，起示范作用。

从 2007 年开始，科学储粮活动的重点在国家粮食储备及农户储粮。全国储粮技术经创新发展，形成获得 2010 年度国家科技进步一等奖的“四合一”（即集成智能粮食检测、低剂量环流熏蒸、智能控制通风和高效谷物冷却为一体）新技术体系。市辖区内全部中央储备粮和 60%地方储备粮的储存使用该技术，使中央储备粮中的陈化粮从 15%降到零；损失损耗从 4%降到 1%以内；宜存率从 70%提高到 99%；储粮化学药剂使用量减少 80%。

2008 年，农户科学储粮技术开始推广。常德市首先在桃源县推广 1 万户 1 万套圆形钢板仓。该仓采用镀锌板、彩钢板和镀铝钢板卷制而成，一般设计成多层套叠式，既可方便进粮和将仓移动，又可根据储粮数量改变仓容量。2009 年在汉寿、桃源、津市推广 2.3 万套，2010 年在汉寿、鼎城、桃源、津市推广 3.2 万套。3 年全市推广圆形钢板仓 6.5 万套，共投资 2393.03 万元，其中中央和省级拨款 1222.2 万元、地方财政配套资金 259.43 万元、农户自筹 911.4 万元。

至 2010 年，全市装备环流熏蒸系统的粮仓容量 77.22 万吨，占有效仓容 211.39 万吨的 36.5%。其中国有 52.08 万吨，占 48.2%；非国有 2.54 万吨，占 51.8%。装备粮情测控系统的仓容量 50.21 万吨，占有效仓容的 23.8%。其中国有 33.71 万吨，占 31.2%；非国有 16.5 万吨，占 68.8%。

第二节　粮食调运

一、粮食调拨

1989 年，全市开始执行国家粮食储备局发布的《国家粮食运输管理规则》。根据省政府规定，5月1日起，省内、外调运大米（含籼、粳谷）、糯米（含糯谷）、小麦（含面粉、面条）、玉米、大豆、菜油（含菜籽）、棉油（含棉籽）、糠油等粮油的运输，由省粮食局批准。

发货单位在月度铁路、航路要车要船托运计划表上加盖公章后送省粮食局，省粮食局加盖有年、月、日戳记的“湖南省粮食局运输专用章”（其中出省大米、稻谷运输不再送商业部审批盖章），国家调拨部分加盖“国家调拨计划”章，每月10日前将下月的该计划表送有关铁路分局、航运局办理计划内运输。

出省粮油托运，粮食、铁路等交通部门必须根据核准的计划，凭“湖南省粮食准运证”方可办理托运手续。

12月1日起，全市粮食系统出省运输执行省粮食局湘粮储〔1989〕147号《关于加强粮食出省运输管理的通知》，一是粮食出省运输计划由省粮食局统一归口管理。除粮食部门外，供销部门、国营农场的粮食出省运输计划，报市政府，在省下达的粮食出省计划限期内，凭粮食经营营业执照、经营单位公章到市粮食局办理，填写盖有“湖南粮食局粮食运输专用章”的要车（船）计划表，直接送交铁路、航运部门。种子部门的种子粮食出省运输计划，报省种子公司批准后，到省粮食局归口盖“湖南省粮食局粮食运输专用章”，直接送交铁路、航运部门。二是粮食出省托运手续，凭证办理。三是口粮、专业养殖场饲料粮等零星粮食出省运输，由市粮食局批准并办理“湖南省粮食出省准运证”，凭证向铁路、交通部门办理粮食出省运输托运手续。全市当年粮油调拨量为35.235万吨。

1990—1992年，全省实行粮食调拨包干，一定三年不变。从1991年5月1日起，粮食调拨价由统购价改按比例价结算，同时取消省局调拨价外补贴。全市3年共完成计划调拨75.72万吨。

1993年，随着粮食价格和经营的放开而取消了计划调拨。

1994—1996年，国家重新恢复调拨包干，全市3年完成计划调拨30.38万吨。调出的粮食，省外主要调往云南、贵州、广州等省、市，省内主要调往自治州、张家界、怀化等缺粮地区。

20世纪90年代后，地、市间大批量的粮食调剂趋少，因此，省粮食局安排市粮食局的调拨计划逐步减少，且由于调入方的问题，不能全部完成。

1997年，省下达常德市的粮食外调计划3万吨（贸易粮），全部未调出。

1998年，省未安排常德市粮食调拨计划，实行市区与销区双方自行衔接余缺的调剂。

1989—1996年，全市按计划累计纯调出粮食141.33万吨。1999年以后，取消粮食计划调运。

二、粮食运输

20世纪80年代末到90年代初，汽车运力发展迅速，全市有10个粮运车队，粮运货车124辆，挂车98辆，总运力达951.5吨。水力运输方面，安乡六角尾、汉寿蒋家咀、鼎城还组建船队，有机驳7艘，740匹马力，载运量147吨。为了把粮食转运至全国各地，常德市还在岳阳设立粮油中转站，将常德市部分粮油通过水路运到该站，再由该站转运。全市实行平价粮食调拨计划管理，凭运输计划和发货单证结算运费。

20世纪90年代后，全市粮食行政主管部门对运输企业的调控减弱，各粮运企业活动空间逐渐缩小，运力闲置的现象很突出。1995年，鼎城、汉寿、安乡粮运船队相继变卖船只，结束了全市粮食系统粮运船队的历史。1996—1998年，大部分粮运车队将车辆低价卖给内部职工。至1998年年底，全市实行国有粮食车辆集体管理的仅存汉寿和市粮油供应公司两个车队，粮油调运大部分由社会运力解决。当年10月，石长铁路试运行，沿途各县粮油均可在本地直接通过火车外运，结束了常德的粮食相当部分通过岳阳粮食转运站外运的历史。从1999年起，全市粮食系统的粮食运输完全由社会运输能力承载，系统内的企业进行的粮食运输结束。

第三节　粮食储备

储备粮主要用于防灾备荒、调剂余缺，以增强国家对粮食市场的宏观调控能力，保证粮食市场供应和粮价的基本稳定。1990年9月16日，国家成立粮食储备局，建立专项粮食储备制度。当年全市粮食系统为国家收购专项储备粮31.03万吨。省粮食局以〔1990〕湘粮计508号文件下达1990年度国家专储粮计划给常德4万吨。1991年，省政府决定建立省储备粮制度，全市代收省储备粮2.5万吨，库存国家专项储备粮38.57万吨。省粮食局以〔1991〕湘粮计654号、651号和〔1992〕湘粮计便字32号函件增拨专项储备粮1992年收购计划16 455吨。

1992年12月12日，市粮食局根据全省地（州）市粮食局长会议精神，确定由市粮食局代省定点储存储备粮稻谷计划，并以常粮计〔1992〕165号文件下达10万吨任务，其中市粮食二仓库2.75万吨，德山仓库0.5万吨，鼎城区丹洲粮库1.25万吨，鼎城区马鞍山粮库1.5万吨，鼎城区蒿子港粮站1.5万吨，鼎城区牛鼻滩粮站1万吨，澧县三合粮库1万吨、石门白洋湖粮库0.5万吨。

1993年3月，常德市国家粮食储备库储备处成立，负责全市储备粮油的管理工作。是年，全市各区县（市）粮食局相继组建国家粮食储备站（副科级）。经过逐级申报，最终由国家粮食储备局批准命名安乡、汉寿、澧县、常德、临澧、桃源、石门、津市8个国家粮食储备库。省粮食局以湘粮储〔1993〕028号文件“关于命名湖南省粮食储备库的批复”，常德市14个单位被批准为湖南省粮食储备库，并决定4月1日正式挂牌，启用新印章。这14个库是：常德市东门湖南省粮食储备库（即常德市二粮库）、汉寿周文庙湖南省粮食储备库、津市黄牯山粮食储备库、津市窑破渡粮食储备库、津市石龟山粮食储备库、安乡南桥粮食储备库、鼎城丹洲粮食储备库、鼎城马鞍山粮食储备库、鼎城蒿子港粮食储备库、鼎城牛鼻滩粮食储备库、桃源城西粮食储备库、澧县三合粮食储备库、石门白洋湖粮食储备库、常德德山粮食储备库。

1994 年，为平抑粮价，稳定粮食市场，全市粮食部门分批售专储粮 5.15 万吨，同时轮换储备粮 7.95 万吨。

1995 年，全市国家储备粮油逐步集中到国家储备库，并实行台账和计算机网络管理。

1996 年 1 月，市粮食局下发《关于加强储备粮出库管理的通知》，按照国家储备局、省粮食局坚持储备粮“双证”出库的要求，市粮食局规定国家专储和省储备粮必须坚持集中在国家、省储备库进行统一管理；对于市内销售的国家、省储备粮，必须凭市局下达的销售计划和“出库通知单”到指定地点、仓廒出库；对于调拨的国家、省储备粮凭市粮食局下达的调拨计划和调运计划中所明确的点库、仓廒发货出库，再由市开具“出库通知单和储备粮支出指标通知单”，由区县（市）和市直有关单位作为上报统计调出数量指标凭证和年终库存结算的依据。当年低价处理劣质储备粮 1.882 万吨。当年 3 月 26 日至 4 月 1 日，市粮食局组织对全市各地储备粮库存进行了检查，共查点库 64 个，仓房 126 栋，储备粮 15.17 万吨，检查结果基本符合“三专、四落实”要求。

1998 年 7 月，省政府办公厅以湘政办发〔1998〕24 号文件转发省粮食局等单位关于建立省、地、县三级粮食储备体系意见的通知，要求在省内建立粮食储备体系，确定全省储备粮 10 亿千克（原粮），其中省级 5 亿千克，地（州）市 5 亿千克（本级 2 亿千克、县级 3 亿千克）。常德市储备粮计划为 3.6 万吨，其中市本级 1.45 万吨、县级 2.15 万吨。

1999 年 12 月，市粮食局、市财政局、市农发行以常粮联发〔1999〕29 号文件调整省储备粮布局和下达 1999 年度省储备粮收购计划，确定 2.75 万吨省级储备粮规模，重新布点安排澧县金罗储备库 0.75 万吨，桃源国储库 0.6 万吨，东门省储库 0.6 万吨，樟木桥省储库 0.8 万吨。

2001 年 5 月 31 日，樟木桥粮库交接仪式在市粮食局举行，交接双方（市粮食局、中国储备粮管理总公司长沙分公司）就该库的资产划转、土地界定及人财物交接等问题达成一致意见。

2005 年，省级储备粮承储库点按照制定的竞争方案重新确定为常德国家粮食储备库、临澧县粮食储备库、德山公司、太子庙储备库 4 家，承储数量分别是 0.8 万吨、0.8 万吨、0.9 万吨、1 万吨。当年全市承储省级储备粮 3.5 万吨。

10 月，省粮食局、省财政厅、省农发行以湘粮调联〔2005〕61 号文件下达 2005 年省级调节储备粮代储计划，安排全省省级调节储备粮规模 10 万吨，市广积米业有限公司 1.5 万吨，湖南金健米业股份有限公司 3 万吨。

2006 年，太子庙粮库划转中储公司，太子庙承储的省级储备粮 1 万吨划出，增加储粮任务给德山公司和周文庙各 0.5 万吨。当年下半年省局又增加周文庙 0.5 万吨。全市承储省级储备粮达 4 万吨。

10 月 24—27 日，市粮食局按照省粮食局、省财政厅湘粮调联〔2006〕26 号文件要求，组织开展对省级储备粮库存安全的现场检查，共检查 4 个库点的 13 栋仓库，3.5 万吨粮食，通过鉴定，点、栋、容、粮“四无”比例均为 100%。平均粮温全部在 25℃常温以下，其中有 0.658 万吨在 20℃低温以下。所有库存粮食基本无虫。检查后，按照规范化管理内容，对库存管理、建章建制、现场储粮、基础工作与仓容库貌进行打分，其结果如下：第一名常德国家粮食储备库，得分 102 分；第二名德山粮油公司，得分 101.9 分；第三名临澧县粮食储备库，得分 100.5 分；第四名汉寿县粮食储备库，得分 99.75 分。

2007 年 1 月，市粮食局、市财政局、市农业发展银行以常粮联〔2007〕2 号文件下达当年市级调节储备粮代储计划，全市 1.5 万吨，代储企业与数量如下：市广积米业 0.97 万吨，市德山公司 0.18 万吨，精为天米业有限公司（与湘北粮食批发市场联营）0.35 万吨。

2008 年，市政府下达市级调节储备粮代储计划 1.5 万吨，后增加计划 0.48 万吨，共计 1.98 万吨。安排代储企业及其数量如下：市广积米业 1.12 万吨（其中与市武陵分局联营 0.3 万吨）；市德山公司 0.18 万吨；精为天米业有限公司 0.68 万吨（其中与市交易服务中心联营 0.39 万吨，与市武陵公司联营 0.29 万吨）。

6 月 24—25 日，市粮食局开展市级调节储备粮库存安全检查，共查承储单位 3 个，储粮点库 5 个，仓库 25 栋，仓容 5.81 万吨，市级调节储备粮 1.18 万吨。被查点库遵循“安全、经济、有效、卫生”的原则，领导重视，责任明确，制度健全，管理规范，设施完善，绿色环保。11 月 11 日、24 日、25 日对市级调节储备粮、季储粮安全进行检查，共查承储单位 3 个，储粮点库 8 个，仓库 18 栋，仓容 3.43 万吨，粮食 2.19 万吨。结果基本符合规定，储存粮食安全。

当年，县级储备粮在上年 0.4 万吨的基础上，新增静态储备粮 0.7 万吨，其中桃源县 0.3 万吨、鼎城区 0.3 万吨、汉寿县 0.1 万吨。年底，各区县（市）地方储备粮获批建立计划规模 2.7 万吨，其中静态 1.8 万吨，落实 1.1 万吨；动态 0.9 万吨次年落实。

2009 年 3 月，省粮食局、省财政厅、省农发行以湘粮调联〔2009〕13 号文件重新确认省级调节储备粮代储规模，其中市广积米业有限公司新增加 0.15 万吨，达 1.65 万吨；湖南湘鲁万福农业开发有限公司新增 1.35 万吨；湖南金健粮油实业发展有限责任公司 3 万吨。常德市三个代储企业代储的省级调节储备粮规模由 2005 年的 4.5 万吨增加到 6 万吨。

2010 年 2 月 11 日，省政府第 248 号令发布《湖南省地方储备粮管理办法》，4 月 1 日起施行。

3 月，省粮食局、省财政厅、省农发行以湘粮调联〔2010〕8 号文件确认省级调节储备粮代储企业及代储规模，常德市由 2009 年的 6 万吨调减到 4.5 万吨，其中广积米业有限公司由 1.65 万吨调减到 1.2 万吨；湖南金健米业股份有限公司由 3 万吨调减到 2 万吨；万福生科农业开发股份有限公司由 1.35 万吨调减到 0.8 万吨；新增加精为天粮油有限公司 0.5 万吨。

常德市国家地方储备粮统计表

表 4-2-3-1　　单位：原粮吨

年份	合计	其中							
		中央直管储备	国家专项储备	省级储备		市级储备		县级储备	
				静态	动态	静态	动态	静态	动态
1990	418723		418723	25000					
1991	564723		542423	145502					
1992	613872		468730	94614					
1993	522972		428358	86303					
1994	200400		114097	13694					
1995	59746		46052	9213					
1996	105768	6340	90215	29318					
1997	177048	38667	109163	20933					
1998	132594	33802	77859	27500					
1999	168006	44507	95999	27500					
2000	52000		24500	27500					
2001	52000		24500	27500					
2002	62500		35000	27500					
2003	62500		35000	27500					
2004	67500		35000	27500					
2005	100000		20000	35000	45000				
2006	105000		20000	40000	45000				
2007	124000		20000	40000	45000		15000	4000	
2008	135800		20000	40000	45000		19800	11000	
2009	139300			40000	45000		19800	19500	
2010	127300			40000	45000		19800	22500	

第四节　粮食检测与计量

一、质量标准

（一）粮油、饲料质量标准

1.原粮：稻谷、小麦、大豆、玉米、优质稻谷、油菜籽、饲料用玉米。

⑴GB1350-2009《稻谷》，历次版本：GB1350-1978、GB1350-1986、GB1350-1999。

⑵GB1351-2009《小麦》，历次版本：GB1351-1986、GB1351-1999。

⑶GB1352-2009《大豆》，历次版本：GB1352-1986。

⑷GB1353-2009《玉米》，历次版本：GB1353-1999。

⑸GB/T17891-1999《优质稻谷》，首次发布。

⑹GB/T17890-2008《饲料用玉米》，历次版本：GB/T17890-1999。

⑺GB/T11762-2006《油菜籽》，历次版本：GB/T11762-1989。

2.成品：大米、小麦粉、花生油、大豆油、菜籽油、棉籽油、油茶籽油、米糠油、食用调和油、挂面。

⑴GB1354-2009《大米》，历次版本：GB1354-1978、GB1354-1986。

⑵GB1355-1986《小麦粉》，历次版本：GB1355-1978。

⑶GB1534-2003《花生油》，历次版本：GB1534-1986、GB8615-1988。

⑷GB1535-2003《大豆油》，历次版本：GB1535-1986。

⑸GB1536-2004《菜籽油》，历次版本：GB1536-1986。

⑹GB1537-2003《棉籽油》，历次版本：GB1537-1986。

⑺GB11765-2003《油茶籽油》，历次版本：GB/T11765-1989。

⑻GB19112-2003《米糠油》，首次发布。

⑼SB/T10292-1998《食用调和油》，首次发布。

⑽LS/T3212-2014《挂面》，历次版本：SB/T10068-1992、LS/T3212-1992。

（二）粮油卫生标准

《粮食卫生标准》《食用植物油卫生标准》《食品安全国家标准食品中真菌毒素限量》《食品安全国家标准食品中污染物限量》《食品安全国家标准食品中农药最大残留限量》《植物油料卫生标准》《饲料卫生标准》。

1.GB2715-2005《粮食卫生标准》，历次版本：GBn1-1977、GB2715-1981。

2.GB2716-2005《食用植物油卫生标准》，历次版本：GB2716-1981、GB2716-1985、GB2716-1988。

3.GB2761-2011《食品安全国家标准食品中真菌毒素限量》，历次版本：GB2761-1981、GB2761-2005。

4.GB2762-2012《食品安全国家标准食品中污染物限量》，历次版本：GB2764-1994、GB2761-2005。

5.GB2763-2014《食品安全国家标准食品中农药最大残留限量》，历次版本：GB2763-2005、GB2763-2012。

6.GB19641-2005《植物油料卫生标准》，首次发布。

7.GB13078-2001《饲料卫生标准》，历次版本：GB13078-1991

二、检测

（一）粮油质量监督、检验体系建设

为加强粮油质量检验和监督，市粮食局经市编制办批准，于1981年成立市粮油检测站。2005年，市编办同意该站更名为市粮油食品质量检测中心，2006年12月通过国家粮食局专家组验收，2007年2月成为第一批授权挂牌的国家粮食质量监测站。

1989年，全市有9个县（除慈利县）级粮油检测站，182家基层化验室，有检验员662人，占全市粮食职工的4.6%。拥有价值100万元的化验仪器设备。

2006—2007年，各区县（市）粮食局相应成立粮油质管办，粮食质量监测体系全面建立和完善，形成以市粮油食品质量检测中心为中心，各区县（市）粮油监测站为骨干，全市粮食产业化龙头企业为基础的粮食质量质检体系。

至2010年，市粮油食品质量检测中心有检测实验室11间，主要仪器设备92台（套），现有固定资产267.8万元。中心工作人员7人，其中具有中级职称的4人。

1989—2010年历任市粮油检测站站长一览表

表4-2-4-1

姓名	职务	任职时间	备注
殳祖荣	站长	1989.5—1993.3	1993年3月市局成立储备处时撤销检测站
张家海	站长	1995.12—2001.12	1995年6月市编委批复恢复检测站
涂晓兵	站长	2001.12—2004.12	
涂晓兵	主任	2004.12—2010.12	2005年1月市编委批复更名为常德市粮油食品质量检测中心

（二）粮油质量检测工作的开展

从1983年开始创优至1989年年底，全市粮油质量检测共创优产品58个（其中部优15个、创优19个、省行优24个）。

2006年11月，国家粮油检测中心司长杜×来常考核评审市粮油食品质量检测中心工作

1989年，由于市粮食系统检测体系完整，技术力量领先，工作成绩突出，市粮油检测站被商业部评为全国先进检测站，该站负责人张家海到吉林省吉林市参加全国粮油检测工作先进表彰大会，并在大会上作典型发言。

1990年5月底，根据国务院《关于在我国统一实行法定计量单位的命令》，全市粮食系统推行法定计量单位工作经当地政府验收合格。在推行法定计量单位工作中共举办各种培训班

11 期，500 人次参训；举办基础知识讲座 43 期，3000 多人次听讲；举行 7 场考试，600 余人次参考。当年全市粮食系统共有计量器具 8082 台件，改制 1369 台件；维修计量器具 240 批次，726 台件；更新计量器具617 台件。共支出费用 16 万元。共更换非法定计量单位铭牌 16 种 899 件；更换新标签 5621 张；新票证 48 317 张，清理更改公文3169 份，报表 2863 份，技术资料 4187 份。

1991 年 1 月 20—30 日，市粮油检测站组织人员对 69 个单位的米、面、油的质量进行现场抽样检查，共抽样 116 个，检测质量指标 630 项，合格的 594 项，项次合格率为 94.3%。其中大米样品 37 个，检测 222 项，合格的 219 项，项次合格率为 98.6%；面粉样品 23 个，检测 92 项，合格 92 项，项次合格率为 100%；面条样品 23 个，检测 184 项，合格的 157 项，项次合格率为 85.3%；食油样品 33 个，检测 132 项，合格的 126 项，项次合格率为 95.5%。

是年，根据商业部《粮油质量管理办法》和省粮食局文件要求，对常德市省部优产品进行复查。共抽检产品 19 个，全项目合格的 16 个，合格率达 85.3%；检测质量指标 146 项，合格 141 项，项次合格率为 96.6%。

9 月 6—21 日，商业部粮油质量检查组对湖南省部分市、县进行粮油质量检查，常德市城区和桃源县的部分粮店（含议价门市部）和加工厂的受检，共抽取样品 17 份，全项目合格者 15 份，合格率为 88.2%。

1992 年，开展“中国质量万里行”活动，市粮食局于 5 月 14—19 日对全市粮食系统食品标签、计量器具、假冒伪劣商品、推行法定计量单位等情况进行检查，共检查 33 个粮店、门市部，检查食品标签 71 个，合格 12 个，合格率为 16.9%；检查计量器具 175 台件，合格 166 台件，合格率为 94.9%；检查货架上的粮油食品 127 个，合格 127 个，合格率为 100%。

1993 年 7 月 13—24 日，市粮食局配合省粮食局调查组，对安乡县储备粮的黄粒米情况进行逐仓核实扦样检验，主要针对安乡县粮油总公司自查黄粒米不合格的 7.12 万吨储备粮（其中早籼稻谷 6.08 万吨、晚籼稻谷 1.04 万吨）进行复核，对其中 63 栋仓（堆、棚）6.79 万吨粮食（其中早稻 5.75 万吨、晚稻 1.04 万吨）进行扦样检验，结果如下：黄粒米在 2%以内的稻谷 1.73 万吨（全为早稻），占 25.5%；2%—5%的稻谷 2.58 万吨（其中早稻 2.25 万吨、晚稻 0.33 万吨），占 38.0%；5%—10%的稻谷 1.15 万吨（其中早稻 9021 吨、晚稻 2465 吨），占 16.9%；10%—34.24%的稻谷1.33 万吨（其中早稻 8641 吨、晚稻 4638 吨），占 19.6%。根据检查情况，省粮食局要求：⑴安乡县 1989 年（含）以前入库的粮食不能划作国家专项储备粮。已划作的2.61 万吨稻谷，于 1993 年年底前由安乡县粮油总公司轮换为 1990 年以后入库的中等以上粮食，所发生的一切费用和差价由安乡县承担。⑵对该县 1990 年以后入库的国家储备粮，黄粒米超过 5%的 1.28 万吨粮食亦由该县粮油总公司负责轮换。⑶对责任人要给予必要的纪律处分。⑷国家储备粮要严格按照《国家储备粮粮油管理暂行办法》进行管理，做好“三专”“四落实”工作。

当年3月，因市粮食局成立常德市国家粮食储备处，市粮油检测站被撤销，1995年6月，市编委同意恢复市粮油检测站，12月任命该站站长，故此段时间无检测工作开展。

1996年，根据省粮食局〔1996〕湘粮行077号文件精神，市粮食局于5月6—15日，对所属66个单位的米、面、油的产（商）品质量进行现场检查，共抽样92个，全项目合格的71个，合格率为77.2%，检测质量指标932项次，合格的904项次，合格率为97.0%。

1997年7月8日，国家粮食储备局、国家技术监督局修订发布《关于执行粮油质量标准有关问题的规定》，8月1日起执行，商业部1990年12月12日〔1990〕商储（粮）字第284号文件发布的《关于贯彻执行粮油质量标准有关问题的规定》同时废止。新规定明确了粮油质量控制的原则、依质论价办法和不合格粮油的处理办法，适用于收购、调运、储存、销售、加工和出口的商品粮油。国家标准、行业标准在全国范围内统一执行；尚无国家标准、行业标准的粮油，执行地方标准；尚无国家标准、行业标准、地方标准的粮油执行企业标准。企业标准必须经技术监督部门和粮食行政主管部门审核备案。

1998年，全市在乡镇及乡镇以上粮食收购站设立质量、计量检验员，原则上每站1名，其工作职责是：⑴对收购站计量器具的量值是否准确可靠进行日常监督；⑵处理粮食收购中的一般质量、计量纠纷；⑶对重大粮食质量争议及重要计量问题，及时报告有关部门，并协助进行处理。至年底，全市新增设质量、计量检验人员198名。

2001年9月17—21日，市政府组织市粮食局、市质量技术监督局、市工商局、市卫生局等单位，对全市172家国有、集体、个体粮油企业进行加工经销资格、加工经营环境、商品质量控制与管理的联合大检查。

2008年11月4—6日，市粮食局开展全市市、县级储备粮质量检查，抽样质量检测重点是原粮水分、杂质、出糙率、黄粒米、整精米率等质量指标，共抽检样品13个，代表数量2.4万吨，除原粮水分指标略高于国家标准外，其他质量指标均达到国家标准。

2009年11月23—26日，市粮食局开展全市市、县两级储备粮质量检查。全市共抽样品16个，代表数量2.5万吨。重点检测水分、杂质、出糙率、黄粒米、色泽、气味等质量指标。检测结果显示，出糙率、水分、色泽、气味质量指标均达到国家标准。

2010年11月22—26日，市粮食局开展了全市市、县两级储备质量检查。全市共抽样14个，其中市级储备粮样品7个、县级储备粮样品7个，代表总数为2.62万吨，结果显示，出糙率、色泽、气味等均合格。杂质超标，水分少数单位超标，黄粒米个别单位超标。

市粮食质量调查和品质测报工作开始于2005年。2005—2009年，全市每年安排国家会检样品早籼稻谷25个、晚籼24个，质量调查早、晚籼稻谷各75个，全年199个稻谷样品。2010年全市安排国家会检样品早、晚籼稻谷66个，质量调查早、晚籼稻谷各75个，共计288个稻谷样品。

为贯彻实施国家粮食新标准、检测新办法，让检验人员持证上岗，在市粮校培训粮油检验员培训班。

常德市粮校粮油检验员培训统计表

表 4-2-4-1　　　　单位：人/期

年份	第一期	第二期	第三期	第四期	合计	年份	第一期	第二期	第三期	第四期	合计
1992	22				22	2006	114				114
1996	48				48	2007	89				89
1998	83	92	64	48	287	2008	115				115
1999	79	61			140	2009	91				91
2000	97				97	2010	86				86
2005	61				61	合计	885	153	64	48	1150

到 2010 年年底，有 312 人获得粮油检验员证。

（三）执行粮食质量监督管理制度

1.粮食入库质量检验制度

粮食收购和储存企业应当按照国家粮食质量标准对入库的粮食进行质量检验。中央和地方储备粮承储企业还应对粮食储存品质进行检验。

市、县级储备粮的入库质量应当符合规定的质量等级要求，省内收购的新粮，企业可以自行检验或委托检验，从省外调入作为地方储备粮的粮食，对方必须出具质量检验报告，入库单位必须逐车检验，符合储备粮质量和储存品质要求的，方可入库。

市、县级储备粮每年定期由有资质的粮油质检机构进行一次储存品质检验，特殊情况可以不定期进行检验。

粮食收购、储存企业和其他粮食经营者，应当建立粮食质量档案。内容包括：仓库（货位）号、粮食品种、收获年度、入库时间、质量等级、水分、杂质等项目和指标，属于储备粮的还应标明粮食储存品质指标。

中央和地方储备粮的入库质量应当符合规定的质量等级要求。储备粮承储企业应当建立和完善质量管理制度，加强储备粮的入库检验，严格执行日常监测制度，合理安排轮换，确保粮食储存安全、质量良好。

2.粮食销售出库质量检验制度

粮食收购和储存企业在粮食销售出库时，应当出具质量检验报告，销售粮食的质量应当与检验结果相一致；检验报告中应标明粮食品种、等级、代表数量、产地和收获年度等；粮食出库检验报告应随货同行，报告有效期一般为 3 个月；检验报告样式由国家粮食行政管理部门统一制定；检验报告复印件经销售方代表签字、加盖公章有效；开展代储业务的储存企业，应当承担粮食入库索证和出库检验义务。

粮食出库检验项目：正常储存年限内的粮食，检验项目主要为国家粮食质量标准规定的各项质量指标；在储存期间使用过化学药剂并在残效期限内的粮食，应增加药剂残留量检验；色泽、气味明显异常的粮食，应增加相关卫生检验指标。

正常储存年限内的粮食销售出库，可由粮食收购、储存企业自行检验并出具检验报告。

超过正常储存年限的粮食销售出库，应当经过有资质的粮食质量检验机构进行质量鉴定；检验机构在接受委托检验申请后，一般应在15个工作日内完成扦样、检验和出具检验报告。

超过以下储存年限的粮食，视为超过正常储存年限（按照收获年度计算），粮食销售出库时应当委托有资质的粮食质量检验机构进行质量鉴定：常德地区稻谷2年，小麦3年，玉米2年，大豆2年；食用植物油（四级）2年。

3.粮食质量和原粮卫生的抽查、监测制度

各级粮食行政管理部门，应按照各自的职责对中央储备粮、地方储备粮和政策性供应粮食质量进行定期监督抽查。

储备粮质量抽查的扦样、检验方法，按照国家有关规定执行。

各级粮食行政管理部门应当定期对收购、储存活动中的粮食质量和原粮卫生进行抽查和监测。

市粮食局按照市食安委的年度粮油质量监督监测计划，负责制定辖区内粮食质量和原粮卫生抽查、监测工作的年度计划并组织实施。

4.粮食收获质量调查和品质测报制度

建立以各级粮食检验机构为依托的粮食质量调查和品质测报体系，由省级粮食行政管理部门负责组织，对当年收获的主要粮食品种进行采样和检测；建立国家、省、地（市）、县各级粮食质量信息数据库，定期发布粮食质量信息。

三、计量

（一）计量认证

市粮油食品质量检测中心于1989年12月首次通过省质量技术监督局的计量认证。全市1989年、1995年、2000年、2006年先后通过省技术监督局计量认证首次评审、复查评审的粮食质量监测机构共有9家，其中市级粮食质量检测站1家、县级粮食质量检测站8家（安乡县、汉寿县、澧县、鼎城区、临澧县、桃源县、石门县、津市市）；全市2009年通过湖南省技术监督局计量认证复查评审的粮食质量监测机构共有9家，少了安乡县、临澧县，增加中央储备粮常德直属库、中央储备库临澧直属库。

（二）市粮食收购经营者质量检验能力要求及其认定程序（试行）

1.粮食收购经营者质量检验能力要求

从事粮食收购活动的经营者，应具备与其经营规模和粮食品种相适应的粮食质量检验能力。法人和其他经济组织应具备下列条件:

具有或者聘用与经营规模相适应的、经过职业培训取得粮油质量检验员职业资格证书的人员。年收购量在500吨以下的，应有1名兼职检验人员；年收购量在500吨~1万吨的，应有1名专职检验人员；年收购量在1万吨以上的，应有2名以上的专职检验员。

具有与经营规模和所经营粮食品种的国家标准规定的质量检验项目相适应并经计量检定合格的基本仪器设备。年收购量在500吨以下的，应配有粮食水分测定仪、谷物筛选器、检验砻谷机、检验碾米机、扦样工具、感量0.01克天平；年收购量在500吨以上的，除配有上述仪器外，还应配有分析天平、电热干燥箱、分样器。从事油料收购的应有相应的油料检验仪器。

具有满足独立开展粮食质量检验工作的场所。

具有相应的质量管理制度。包括仪器设备使用和管理、检验员业务培训、粮食出入库质量检验、质量档案、质量事故处理等制度。检验原始记录和质量检验报告应存档备查。

个体工商户从事粮食收购活动，应当具有基本的粮食质量检验器具及其使用常识，也可委托有检验能力的检验机构和企业进行粮食质量检验。

2.粮食收购经营者质量检验能力认定程序

粮食收购经营者的粮食质量检验能力由县级（含）以上粮食行政管理部门认定。该认定按以下程序办理：

从事粮食收购活动的经营者，应当向办理工商登记的部门同级的粮食行政管理部门提出书面申请，并提供规定的粮食质量检验能力要求的证明材料。

粮食行政管理部门可根据企业实际条件和申请材料进行粮食质量检验能力认定审核，必要时到现场核查。

粮食行政管理部门接到申请材料后，应在15个工作日内完成审核认定工作。

粮食质量检验能力认定有效期为4年，期满应当重新认定。

第三章　粮油工业

常德粮油工业包括：大米（稻谷）的加工生产，面粉（小麦）的加工生产，食用植物油料（主要是油菜籽、油茶籽、棉籽、米糠）的加工生产，食品加工（主要是面条、方便面），饲料加工，粮油机械制造（主要是工业锅炉、垄谷胶辊）。传统习惯称为粮油工业，也称粮办工业。

第一节　计划管理

1989年，全市粮食系统有各类工厂50个。其中粮食加工厂31个，油脂加工厂5个，食品加工厂4个，机械加工厂1个，饲料加工厂9个（由常德地区工业饲料公司进行行业管理）。

9月，市粮食局申请撤销“常德地区工业饲料公司”，成立市粮油工业管理站。11月市编委办以常编办直〔1989〕73号批复成立“常德市粮油工业管理站”，主管全市粮油工业、饲料工业的加工生产及经营管理和技术改造等。当年，全市先后对10个米厂的除尘工艺进行改造，使粉尘浓度低于国家规定标准。引进重力谷糙分离筛，使大米出品率由上年的66.1%提高到66.7%。推广节能电机，节省电费4.5万元。对生产实行计划管理。开展代农、代议价、代其他部门大米加工，全市代加工大米占整个大米产量的28.93%。大米、面粉、面条、食用植物油生产均完成年度计划，实现利润1210万元。

1990—1992年，常德市对粮油工业企业实行计划管理，指标包括总产值、利润、大米产量、毛糠油产量、精糠油产量和配（混）合饲料产量。其中1991年增加代农加工产量指标，1992年将饲料工业计划从粮油工业计划中分离出来单独下达给区县（市）。

常德市粮油工业企业计划统计表

表4-3-1-1

年份	总产值（亿元）	利润万元	大米产量万吨	面粉面条产量万吨	食用油产量万吨	代农加工万吨	饲料业	
							产量万吨	利润万元
1990	1.5	1000	25.5		0.36		4.4	
1991	2.66	900	20	3.45	1.71	5.5	5.2	65
1992	2.63	840	25	3.8	1.94	7.55	5.2	65

1993年，常德市全面放开粮食价格和经营，粮食部门取消计划。

1994年，粮油工业在经历一段时间的徘徊后走出低谷，产品、产量、产值、利润同步增长。全年粮办工业总产值2.35亿元（比上年增加2084.9万元），加工大米18.99万吨（比上年增产2.78万吨），面粉2.52万吨（比上年增产378吨），食用植物油4776吨（比上年增产386吨），生产配（混）合饲料5.27万吨（比上年增产2.04万吨）。

1997年，全市实现粮办工业产值4.81亿元，生产大米18.04万吨，面粉3.35万吨，食用植物油1.01万吨，配（混）合饲料6.31万吨。

1998年2月，市粮食局成立优质稻米开发领导小组，计划实施名优湘米工程。

1999年，粮办工业全年完成工业总产值6.84亿元（现行价），年产大米14.83万吨，食用植物油2.79万吨，饲料4.51吨。

2000年粮办工业完成工业总产值（现行价）7.21亿元，同比增长3520万元。加工大米15.91万吨，面粉3.15万吨，食用植物油4.8万吨。

2001年，市粮油工业管理站更名为“常德市企业生产经营指导办公室”（市粮食局常粮人〔2001〕52号），其主要职能为指导、协调、监督市直粮食企业生产经营活动。全市粮食食品及相关产品加工产业的规划、协调、监管由市粮食局行业发展科负责。当年国有企业两个置换的改革在全市大面积推进，全市粮油工业在培育扶持龙头加工企业和推行“订单农业”、实施产业化经营为目标方面采取了一系列措施，改变粮油加工企业散、小、弱、差的状况，提高企业的集中度、加工转化能力、技术创新能力、市场开拓能力。粮办工业开始实行总产值目标管理，2001—2004 年目标指标如下：

常德市粮办工业目标管理计划统计表

表 4-3-1-2

年份	工业总产值(万元)	工业增加值增长率(%)	产销率(%)	数据来源
2001	53 620	15	98	常粮函〔2001〕18 号
2002	60 010	13	98	常粮函〔2002〕23 号
2003	38 190	14	98	常粮行函〔2003〕17 号
2004	41 790	16	98	常粮行函〔2004〕11 号

2004 年，全市实行“市场牵龙头、龙头连基地、基地带农户”的粮食产业化经营措施。市粮食局以常粮办函〔2004〕7 号下达当年全市实施粮食产业化经营目标任务：新增农业产业化国家级龙头企业 1 家，省级龙头企业 2 家，新增和复评省名牌产品 4 个，省级龙头企业 2 家，新增和复评省名牌产品 4 个，粮食基地和订单面积突破 1133.33 平方千米，订单粮食收购 36 万吨。

2005—2006 年，市粮食局以常粮行函〔2005〕5 号、常粮行函〔2006〕15 号对全市加工企业下达的粮食产业化经营目标如下：

常德市加工企业的粮食产业化经营目标统计表

表 4-3-1-3

年份	创办稻谷基地	订单稻谷面积	订单收购稻谷	数据来源
2005	230 万亩	160 万亩	4.4 亿斤	常粮行函〔2005〕5 号
2006	270 万亩		6 亿斤	常粮行函〔2006〕15 号

2006 年，粮食产业化经营一是资源向骨干龙头企业集中。纳入国家重点支持的 12 家产业化骨干龙头企业年收购量占全市商品粮的 24%。二是民营企业发展迅猛，桃源湘鲁万福、鼎城湘陵公司、天泽公司、澧县洞庭春米业成为全市粮食产业化经营新亮点。

至 2010 年，全市粮食产业化龙头企业达到 45 家，其中国家级 3 家、省级 16 家、市级 26 家。

第二节 粮食加工企业

一、企业概貌

1989—1994 年，全市粮食加工企业保持在 30 个左右，分布在全市 9 个区县（市）。

1994 年，全市有大米加工企业 28 个，面粉加工企业 4 个。大米加工企业的分布：安乡 3 个，汉寿 3 个，澧县 5 个，鼎城 7 个，临澧 1 个，桃源 4 个，石门 1 个，津市 3 个，市直 1 个（市米业公司）。面粉加工企业的分布：澧县 1 个，临澧 1 个，津市 1 个，市直 1 个（市面粉厂）。

常德市粮食加工产量统计表

表 4-3-2-1

年份	大米产量（吨）	面粉产量（吨）
1993	162 044	24 781
1994	189 887	25 159
1995	89 500	27 680

1995 年，全省粮食财务管理体制由省级预算下放到地市管理，常德市按照省级模式，将其下放到区县（市）。粮油工业归于商业性经营范围，成为商业性经营的附营业务。

全市粮食加工企业进行重组，加之民营大米加工厂大量涌现，因此，全市粮食系统的大米加工企业锐减。1996 年，市粮食系统大米加工企业 13 家，其中鼎城 6 家，临澧 1 家，桃源 4 家，石门 1 家，市直 1 家。安乡、汉寿、澧县大米加工企业全部拆并。面粉加工企业仍然是 4 家，分别是：澧县 1 家，临澧 1 家，津市 1 家，市直 1 家。

1997 年，以湖南潇湘米业公司、市面粉公司、市植物油总公司、市金海实业公司和合口油厂等 5 家企业为核心组建的金健米业股份公司获国家证监委批准上市。

2003 年，国有粮食企业改制改革完成，至 2010 年，全市 45 家粮食产业化龙头企业中，从事大米加工的企业有 25 家，面粉加工企业 1 家（金健米业）。

常德市大米加工企业统计表

表 4-3-2-2

企业名称	企业性质	加工能力（万吨）	品牌	企业级别
金健米业股份有限公司	国有控股	25	金健牌	国家级
广积米业公司	国有控股	15	广积牌	国家级
湘鲁万福农业开发公司	民营	14	陬福牌	国家级
跃进米业公司	民营	3.5	跃进牌	省级
广益粮棉油公司	民营	1.5	湘雅牌	省级
汉寿金牛米业公司	国有控股	5.85	龙阳春、古索香	省级
汉寿金穗优质米业公司	国有控股	5	金穗	省级
澧县洞庭春米业公司	民营	5	金洞庭春	省级
天泽农业发展公司	民营	7.5	天泽乐	省级

续表 4-3-2-2

企业名称	企业性质	加工能力（万吨）	品牌	企业级别
精为天粮油公司	民营	5	精为天	省级
安乡东升米业公司	民营	2	登宇牌	市级
汉寿金玉米业公司	民营	3.25	农家春	市级
汉寿金德米业	民营	3.9	乖媳妇、德中德	市级
汉寿华鑫米业	民营	3.25	华鑫、稻元香	市级
澧县福星公司	民营	3	澧州春	市级
鼎城敬佩米业公司	民营	1.5		市级
鼎城湘陵米业公司	民营	3	湘陵牌	市级
鼎城金潮粮油公司	民营	0.4	霸牌	市级
鼎城金鹤农业发展公司	民营	1	白鹤香	市级
临澧米杨米业公司	民营	5	米米杨	市级
临澧汇丰米业公司	国有控股	5	湘上珠	市级
桃源漆河兴隆米厂	民营	3.8	钱缘牌	市级
桃源金山粮油公司	民营	5	晶山牌	市级
桃源东林泰香米业中心	民营	4	泰香、世外桃源	市级
石门惠丰米业公司	民营	0.8	芙蓉牌	市级

说明：金健米业面粉年加工能力为 6 万吨

二、常德香米

常德地处洞庭湖平原，素有鱼米之乡的美誉，水稻是常德市的第一大农作物，其种植规模和商品率均居全省前列，因之水稻生产成为常德的优势产业。1998 年 4 月，湖南金健米业股份有限公司在上海证券交易所上市，成为全国粮食系统首家上市公司。之后，该司联系省水稻研究所实施优质稻米开发。1999 年选育成功迟熟香型优质常规晚籼品种“湘晚籼 13 号”（原名农香 98），该品种米质优，在省第四届优质稻品种评选中被评为二等优质稻。2001 年，该品种因符合国家相关标准而获省农作物品种审定委员会审定通过。

为了打造独具特色的常德香米，金健米业选择原始生态环境保护良好、山清水秀、空气清新洁净具有香稻生产独特地理条件的地区如汉寿县的大南湖乡、岩汪湖乡、株木山乡和龙阳镇，桃源县的枫树乡、陬市镇、双溪口乡，澧县的涔南乡、澧西乡、澧阳乡、城头山乡、垱市乡，鼎城区的韩公渡乡等地，斥资建立绿色食品生产基地，大面积种植推广“湘晚籼 13 号”，并引进国际先进大米精加工设备，采用低温储藏、低温加工技术实施精细加工。由此，金健米业生产出具有独特品质的香米。该产品米粒细长，色泽洁白晶莹，煮成米饭后气味清香，口感爽滑，软硬适中，其味略甜。

以湘晚籼13号稻谷为原料生产的常德香米是常德市在特定区域、特定自然环境下种植的具有独特香型的一季稻或双季稻，因产区独特的地理、环境条件和相适应的加工工艺，形成了其独有的质量特色，其外观、口感可与泰国茉莉香米媲美。主要理化指标和感官特性包括：理化指标中水分≤14.5%；粒长≥6.8毫米；长宽比≥2.8；直链淀粉含量（干基）17.0%~22.0%；蛋白质含量6.0%~6.8%；胶稠度≥70.0毫米；碱消值7。感官特性是米粒为长粒型；米粒透明或半透明，色泽清白有光泽；具有本区域常德香米固有的自然清香味。

2009年，常德市湘晚籼13号稻谷年收购量达30 990吨，以该谷为原料生产的香米年产量达20 763吨。2010年，香米年产量达10.36万吨，年销售量达10.55万吨。

常德香米在本地市场和沿海城市均受到消费者青睐，企业也因此取得了相应的效益，因此促进了常德市香稻米的生产和经营。在金健米业的影响下，湘晚籼13号的种植和加工在全市范围内得以推广。全市先后有广积米业公司、精为天米业公司、鼎城勇福农业公司、鼎城牛牛米业公司、汉寿金穗优质米业公司、汉寿富祥公司、汉寿天之香米业公司、汉寿明利公司、汉寿中祥米业公司、汉寿宏德公司、汉寿先发米业公司、汉寿金玉米业公司、汉寿金德米业公司、汉寿金牛米业公司、澧县洞庭春米业公司、桃源泰香米业公司、桃源兴隆米业公司、西洞庭广益粮油公司等大米加工企业建立生产基地，实施香米生产和经营。

全市在米业上的成就，使相关企业获得荣誉：2000年，金健米业公司成为首批农业产业化国家重点龙头企业，并获得全国优秀食品工业企业，成为国家水稻工程优质米示范基地。2005年11月，第四届中国优质稻米博览交易会授予常德市金健米业“天然香米”“金健香米”、广积米业“中国香米”等品牌产品为“十大金奖”大米称号。2005年9月，洞庭春米业公司生产的桃花香米、银针香米被中国粮食行业协会评为全国第五批放心粮油产品。2006年，金健米业包含香米在内的大米系列品牌获得“中国驰名商标”。2007年8月，中国绿色食品发展中心授予广积米业公司广积牌系列大米为“绿色食品A级产品”称号。9月，国家质量监督检疫总局授予金健米业公司金健系列大米“中国名牌”称号。10月，金牛米业公司“古索香”系列大米获中国中部（湖南）国际农博会金奖。2010年，兴隆米业公司富硒香米获评全国富硒营养协会指定产品；金玉米业公司桃花香大米获中国中部（湖南）国际农博会金奖；桃源泰香粮油科技公司生产的“世外桃花香牌大米”被评为湖南省著名商标。

第三节　食用植物油加工企业

1989—1995年，全市粮食系统有专业植物油加工企业5家，是当时全省油脂加工企业最多的市。这5家企业分别是澧县小渡口油厂、桃源陬市油厂、临澧合口油厂、石门易市油厂、德山油厂。

1989年桃源县陬市油厂生产的二级菜油被评为省优产品（省粮食局〔1990〕湘粮工

039 号)。临澧县合口油厂被评为省粮食局全面质量管理奖单位。

1990 年，临澧县合口油厂精糠油被评为“1990 年省粮油工业行业优质产品”（省粮食局〔1990〕湘粮工 443 号)。

1993—1995 年，全市食用植物油产量分别是 4390 吨、4776 吨、4500 吨。

1996 年，市植物油总公司生产的“万家炊”系列高级烹调油在南岳由国家旅游局组织的’96 中国旅游购物节暨南岳旅游商品展销会上参展，获得该展销会畅销商品证书。

1997 年，“万家炊”高级烹饪油被省政府授予“1997 年度湖南省名牌产品”。

1997—2000 年，全市食用植物油产量分别为 1.01 万吨、2.6 万吨、2.79 万吨、4.8 万吨。

2000 年 1 月 6 日，省粮食局《关于“广州第二届湖南名优特新农产品展销会”名优产品评选结果的通报》（湘粮行〔2000〕003 号文件）中，万家炊高级烹调油、金健牌高级菜籽烹调油，津市市粮油食品公司康宝牌小磨香麻油等评为金奖。

2001 年年先后有临澧新安油厂、津市石龟山油厂和澧县湘北油厂投资改造了生产线。

2002 年，金健米业投资 4000 万元，建成日处理 200 吨米糠油、日产 100 吨精炼油生产线。

至 2010 年，全市产业化龙头企业中专业从事油脂加工的企业共 9 家：

常德市油脂加工企业统计表

表 4-2-3-1

企业名称	企业性质	加工能力（万吨）	品牌	企业级别
金健米业股份有限公司	国有控股	10	金健牌	国家级
广益粮棉油公司	民营	1.5	湘雅牌	省级
湖南盈成油脂公司	民营	30	盈成	省级
澧县千湉拉油脂公司	民营	5.5	千湉拉	省级
精为天粮油公司	民营	0.5	精为天	省级
桃源明月油脂厂	民营	0.5	明月牌	省级
桃源科宏油脂公司	民营	0.4		市级
澧县小渡口油厂	民营	3.5		市级
临澧金元粮油公司	民营	3	湘金元	市级

第四节 饲料加工企业

市粮食系统饲料加工生产起步于 20 世纪 80 年代初，最初是在稻谷加工企业生产配合饲料，80 年代末开始大力发展专业饲料加工企业。1989 年，各个区县（市）均办有专业的饲料加工企业，全市粮食系统共有该类企业 9 个。1999 年以后，随着社会饲料企业的不断增加和生产规模不断扩大，市场竞争日趋激烈，市粮食系统饲料企业长期处于亏损状态。至2002年，各区县（市）饲料企业相继关闭，只有市饲料公司一家在勉强维持。由于体制、机制等原因，该企业亦难以为继。2008年该企业实施改制重组，已成为国有参股企业。

至2010年，获得产业化龙头企业称号的饲料生产企业全部为民营企业：

常德市产业化饲料生产企业一览表

表4-2-4-1

企业名称	企业性质	加工能力（万吨）	品牌	企业级别
三尖农牧有限公司	民营	10	三尖	省级
双佳农牧科技有限公司	民营	20	双佳	省级
湖南九峰实业有限公司	民营	3	九鑫	省级
年丰粮油饲料有限公司	民营	3	年丰牌	市级
锦绣农牧发展有限公司	民营	1	湘黔情	市级
津市旺森养殖有限公司	民营	1		市级

第五篇　石油经营

1950年10月至2003年7月，全市的石油市场只有中国石油化工股份有限公司湖南常德石油分公司（以下简称中石化常德石油分公司）独家经营；之后，中国石油天然气股份有限公司湖南销售常德分公司（以下简称中石油常德分公司）的前身长江公司常德配送中心成立，开启了两家共同经营的时代。

常德的石油经营伴随着中国混合制经济、计划经济、有计划的商品经济、市场经济的发展进程，经历了国营企业、政府机构、国有企业、股份制企业经营的转变；沿着地方国营、省属国营、中央企业的身份的轨迹变化，发生了由中华人民共和国成立初期的市场调配向统购统配、计划管理、计划管理与市场调节相结合、市场配置方式的经营机制转变。

第一章　成品油购销

第一节　购　进

一、中石化常德石油分公司

（一）货源

常德不产原油，也没有大型炼油厂，除1970—1997年常德石油盐关炼油厂通过废油再生少量成品油之外，历年来所需绝大部分石油商品通过区外组织进货。

（二）进货及其计划

进货计划的制定建立在对全社会用油需求的掌握之上。1975年10月，省商业局生产资料公司《关于开展用油机具和石油储存容器调查的通知》中要求，逐级上报车辆、船舶、内燃机、容器（钢质油罐、活动油罐、土油池、200公升油桶）数据。1978年10月7日，省石油公司《关于全面开展1978年度用油机具普查的通知》要求供油单位按户建立机具档案，普查内容为单位名称、机具来源和时间、机械名称、型号、马力、载重量、用途、牌照号等。

1983年8月20日，常德石油站《关于报送1983年四季度分详细品种要货计划的函》，要求各县石油公司和中央及省属、地直属单位根据年度计划和需求报送用油计划。同年10月19日，省石油公司《关于编报1984年成品油年度计划的通知》要求，1984年成品油需要量按机具数量（各种大小汽车、拖拉机、内燃机、摩托车、特种车等）、农业用油、渔业、轻工业、重工业、交通运输、基本建设、其他用油等填报。以1982年计划数为基础，如需增加，说明原因和依据。1984年11月12日，常德地区石油公司《关于认真搞好石油市场预测工作的通知》要求建立用户机具档案、用油大户（年用量30吨）卡；县、市直单位要求掌握到机，县以下分机具类型掌握到乡；各县、市要有上级历年分配计划，实际供应数，对下属单位的年分配数；农机作业（机耕、打米、轧花、榨油、排灌等）情况等。1985年1月25日，常德地区石油公司《关于核实一九八五年度用油机具的通知》要求地直各有关单位携带记录油耗的资料等进行核实，凡不核实者，当年度一律不予定量供应。

1991年1月22日，市石油公司《关于核实1991年度用油机具设备情况的通知》决定，3月1—30日期间对全市各用油单位的用油机具、设备进行全面审核、登记。1994年7月18日，市石油公司《关于加强成品油配置计划的通知》，要求各单位加强对市场需求预测的把握，申报的进货计划力求准确。

2010年11月，中国石化湖南石油分公司《关于开展成品油消费市场调研的通知》，要求各市州分公司收集当年辖区内成品油市场现状、变化和发展态势，零售、直销、批发市场消费等情况上报。

经过统计、逐级上报全社会的机具设备拥有量和市场成品油的需求之后，国家根据炼油厂的资源可供量，制订分配计划；省石油公司制定全年的石油商品流转计划以及分季、按月下达的进货和调运计划。常德石油分、支公司组织调运。

统计数据举例：

1985年常德市汽油机具拥有量统计表

表5-1-1-1

县市	车辆（台）							内燃机（台）		其他机具（台）	
	合计	大货车	小货车	大客车	小客车	特种车	摩托车	数量	马力（匹）	数量	马力（匹）
合计	7752	3777	919	306	1238	234	1278	6124	35732	3	255
安乡	267	103	23	21	88	8	24	262	948		
汉寿	550	383	60	26	40	18	23	792	10078		
澧县	527	15	396	9	72	15	20	1210	5620		
常德	635	377	41	17	126	12	62	1560	5806		
临澧	584	350	57	6	101	10	60	266	1031		
桃源	1180	526	23	38	160	20	413	839	4813		
石门	858	706	64	6	8	46	28	342	2396		
慈利	476	271	26	18	100	7	54	561	2391		
常市	964	381	67	84	67	32	333	94	553		
津市	393	146	29	41	83	15	79	66	620	1	
地直	1318	519	133	40	393	51	182	132	1426	2	120

1985 年常德市柴油机具拥有量综合情况表

表 5-1-1-2

县市	大中拖拉机		手扶拖拉机		船舶		铁路用内燃机		柴油内燃机		其他机具		汽车	
	台	马力（匹）	台	马力（匹）	艘	马力（匹）	台	马力（匹）	台	马力（匹）	台	马力（匹）	台	马力（匹）
合计	2887	96458	15094	160658	3182	67061	1	20	73347	750558	321	9634	34	2609
安乡	239	8400	1725	17550	309	5731			7467	60548				81
汉寿	324	11832	1840	22080	932	17099			11704	116174			12	265
澧县	515	17900	1950	19800	431	12635			14386	138795				208
常德	519	16089	2964	29850	221	4370			12664	113759				477
临澧	348	11613	1210	13192	205	3832			4789	48150			3	171
桃源	353	11120	1856	19280	424	6769			8851	84534			8	444
石门	256	7515	1256	13907	99	1472			6810	86649				421
慈利	144	4809	1233	13816	207	3279			3298	48191			1	114
津市	35	1128	430	4345	130	5167			306	12434	174	3678	4	148
常市	117	4247	578	6285	2000	4417			2988	38180	48	430		89
地直	37	1805	52	553	24	2290	1	20	84	3174	99	5726	6	191

说明：此系各支公司报表综合数，未包括分公司供应的中央及省属单位机具拥有量

（三）调运

20 世纪 50 年代起，常德公司就派员驻汉口调运。1960 年，常德专署商业局石油煤建经理部长期派专人驻汉口调运，加强油驳和空交桶回空等措施，全年共调入各种油料 3.01 万吨。

1971 年 12 月枝柳铁路未通车之前，常德的石油商品主要是从长江沿岸各炼油厂、油库经水路调运。1957 年之前，油品以桶装（回售桶）为主，当年下半年，石油公司油驳投入生产，开始散装油品的运输。

以后相继建成慈利白云、石门荷花（1985 年）、临澧新安（1991 年 4 月）铁路专线油库后，便有从荆门、长岭、洛阳等炼油厂通过铁路的调运。1983 年 4 月，常德出现高价油。计内平价油不断减少，计外高价油和自组油比例逐步加大，常德石油公司系统的货源地扩大到全国。这种情况延续至 1994 年 4 月国务院颁布《关于改革原油、成品油流通体制的意见》后，成品油资源实行国家导向配置为止。

1984 年，常德石油站先后派 9 人赴长岭、武汉、枝城、青山等地，驻厂驻站采购调运油料，全年购入 10.13 万吨。1985 年从第三季度开始，抓枯水储油，派员到武汉、长岭催调，铁路进货的则派员到荆门、枝城等地落实油源和车皮计划。全年购进 11.87 万吨。

1986年，争取计划外资源，全年调运13.15万吨，其中自组计划外高价油1.11万吨。1987年，全年进货13.94万吨，其中购调计划内资源10.31万吨，自采2.72万吨。是年3月30日，省石油公司《关于四月份湘航、湘石分运任务安排的函》通知，从3月起，调运省内水运地区的油料，由省航运公司（以下简称湘航）和省石油航运公司（以下简称湘石）实行任务分运，按先计内后计外的原则安排运输。

1988年，由于国家对石油供应仍然实行“双轨制”政策，计内油维持1982年基数略有减少，计外油则采取国家调节市场，市场引导企业的办法。9月26日，省石油公司《关于十月份水运油料分运任务的函》安排湘石和岳航船队承包中南公司安排全省水运地区10月份油料进货计划1.62万吨，其中常德地区7450吨。11月25日，市政府《关于认真抓好石油进销平衡的通知》（常政电〔1988〕64号）要求千方百计组织计外资源，因调进不力影响计内油兑现的，要追究有关部门、单位领导的责任。当年调进油料18.25万吨。

1989年，坚持先计内后计外和往前赶的原则，及时申报水运和铁路运货计划，共调回计内油料10.38万吨，自采各类计外油3.37万吨（其中石化服务公司8300吨）。翌年购进14.58万吨。1991年年初，为加强计外油的调运，市石油公司的采购员由原来的3人增加到11人，设立了驻武汉、荆门、巴陵（长炼）3个办事处。当年进货16.88万吨。1992年，油品市场由年初的疲软，至11月货源短缺，库存急剧下降。12月23日，省石油公司《关于省公司计外油运杂费计算的通知》明确，铁路运费每吨21.5—67.4元，水运价格常德柴、煤油每吨47元，汽油每吨52元。当年购入15.07万吨。1993年12月10日，石油商品水运运价由每吨50.6元提高到100.4元，铁路运费每吨102.6元，另计铁路建设费等十余种价外收费每吨达20元。是年调运进货17.6万吨。1994年，石油购进总量15.04万吨，管理费和价格调节基金每吨按30元收取。1996年，全市调进油料15.82万吨。

为加强资源的采购调运，市石油公司于1995年2月设立调运科。1997年，各县公司不再派员驻炼油厂调运，2000年中国石化湖南石油分公司成立统调统结中心，负责全省的资源调入，常德公司结束了从炼油厂采购油品50年的历史。

1997年2月23日，省石油总公司《关于做好驻长炼办事处工作有关问题的通知》，决定设立“湖南省石油总公司驻长炼办事处”，各县级公司不得再派人到长炼调运油料。3月14日，省公司《关于印发〈成品油业务工作管理办法〉的通知》要求逐级上报成品油需要量、下达成品油资源配置量、成品油资源进货计划。是年中石化常德分公司购进成品油17.18万吨。

1998年6月，湖南省、市、县石油公司成建制整体上划中国石油化工集团公司。10月5日，集团公司印发《石化集团成品油运杂费加权运作暂行办法》，规定各销售企业经销石化集团内生产企业（包括区内地方炼油厂）和东北下海进关供应的汽、柴油，需从量定额上交每吨15元的加权费用。12月28日，《湖南省石油集团有限公司成品油经营管理暂行办法》决定，全省成品油经营实行“五统一”（统一配置、调运、结算、价格、市场管理），省公司负责全省货源配置，市州公司负责货源的调入，实行全省一价。省内成品油由此逐步实行配送制。

1999年，市公司派员常驻长炼、九江、岳化、安庆、武石化等厂家，全年调入油料22.07万吨。是年，全市石油系统利润首次上千万元。

2000年1月，中国石化在各省公司成立统调统结中心，取消地市公司对炼油厂的直接进货权和结算权，由省公司实行五统一（统一配置、调运、结算、价格、资金调度）。是年调进各类油品24万吨，2001年调入22.55万吨，2002年调入22.43万吨，2004年调入27.93万吨。

2005年9月，常德分公司设仓储配送部，负责省公司调运油料的配送；2006年5月11日，该部更名为物流管理部。5月24日，湖南石油分公司《关于印发物流中心职责与对市州分公司、相关职能部门事权界定的通知》明确省司物流中心负责全省石油商品调运、仓储及其配送工作，对市州物流管理部及油库实行垂直管理。

2007年，全市系统销售成品油28万吨。2009年销售27万吨。当年7月，根据中国石化的优化调度，澧县、津市片区靠近湖北的加油站由中国石化湖北沙市柳林洲油库进行油品配送。

2010年4月12日，中国石化销售部明确，省物流中心负责油品调运配送的统一调度指挥，地市公司物流部按其调度指令，负责二次配送的执行落实及与承运商的日常工作衔接，油库由地市公司直接管理。

（四）运输船队

为解决运力紧张的矛盾，常德石油除依靠社会专业运输力量外，还数次组建石油运输船队开展自运。1957年，中国石油公司武汉批发站下拨常德石油分公司拖轮1艘，油驳3艘，开展自运，这是湖南石油系统最早的船队。1966年，该船队上划至省石油公司船队。1976年6月，常德地区石油煤建公司组建运力为300吨的石油运输船队，1981底按省石油公司的指示将该船队移交益阳石油站。1993年，桃源县石油公司筹措资金177万元，组建1艘拖轮和3艘油驳的船队，运力750吨，2003年在主辅业分离的改革中被撤销。

1957年，湖南石油系统最早的船队——常德石油站的自运船队

二、中石油常德分公司

（一）进货渠道

常德分公司的油品进货全部由股份公司通过二次物流系统统一配送。股份公司规定：

1.加油站油品进货应遵循资源统一配置、油品统一配送原则，不得私自外采。

2.地区公司调配中心通过二次物流系统对加油站实行主动配送，特殊情况下加油站可追加进货。

3.运输车辆必须经股份公司认可的计量技术机构检定，必须持有“化学危险品运输许可证”。

4.实行罐车计量交接方式的加油站须查验油罐车罐容表。如检定证书超期、罐容表失效或与车辆不符，加油站应拒绝接卸。

（二）进货的具体流程

1.二次物流系统每日自动采集加油站油品库存量、销售量，油库库存量，运力情况、道路交通情况等基础信息，并自动生成配送计划，下达到加油站、油库和运输公司。

2.运输公司根据配送计划，派车辆到油库提油并运输至加油站。

3.加油站根据成品油配送单、配送一卡通在加油站管理系统内进行收油操作。收油信息与运输公司共同确认后反馈至二次物流系统。

第二节　销　售

一、中石化常德分公司

（一）供应（销售）区域

1949年以后，常德石油的供应销售区域由国家建设、行政区划和经济流向三个因素决定。

1950年10月，中国石油公司常德支公司成立。其业务隶属中国石油公司武汉中南公司管理。1952年9月，成立中国石油公司常德支公司津市推销组。1953年2月6日，常德支公司改组为省石油公司所辖的常德供应站，供应区域除常德专员公署所辖常德、桃

全国通用汽油票

源、汉寿、安乡、澧县、临澧、石门、慈利、益阳、桃江、沅江、南县、华容、安化14县，常德、益阳、津市3市外，还下设津市、沅陵、慈利、新晃供应组（于1953年撤销改大庸供应组），负责湘西北地区和临近省份的石油供应。

1955年1月3日，改常德供应站为省石油公司常德分公司，下设津市、益阳、草尾、辰溪经营处。同年7月15日，下设津市、益阳、草尾批发处。

1962年7月12日，根据省商业厅关于恢复和建立专业公司的精神，成立常德石油批发站（兼分公司），下设津市、益阳、沅江（设草尾）支公司。12月10日，常德专员公署拆分为常德和益阳两个专署，22日，益阳、沅江支公司一并划出，成立益阳石油分公司。

1963年6月22日，根据省商业厅《调整机构设置报告》，常德二级批发站不变，但不再兼分公司职能，津市支公司由省公司直接管理。常德站负责常德市、常德县、桃源、沅陵、桑植、黔阳、芷江、古丈、花垣、保靖、吉首、泸溪、辰溪以及四川秀山的石油供应调拨任务。津市支公司负责津市、临澧、澧县、石门、慈利、大庸及湖北鹤峰的石油供应。安乡和汉寿县均为草尾运销站供应石油。

1971年10月，六九〇九库（即后来的岩码头石油公司）竣工投产，库容3.1万立方米。12月30日，省生产资料公司下发《关于常德六九〇九库、常德地区石油煤建公司业务供应区划问题的通知》，决定从1972年元旦起，将原由地区石油煤建公司供应的部分区域划归六九〇九库。常德六九〇九油库负责供应湘西自治州的泸溪、吉首、花垣、古丈、保靖、凤凰6县，黔阳地区（包括辰溪、沅陵），桃源县的三阳、陬溪、剪市、桃花源、龙潭、茶安铺等6个区，四川省秀山县，同时担负贵州省铜仁地区的油料中转任务。常德公司负责湘西自治州的大庸、桑植、龙山、永顺4县和桃源县的陬市、漆河、理公港3个区以及铁路四局的三线用油及常德市、常德县、慈利、石门、临澧、澧县、津市、安乡、汉寿县的油料供应。1972年12月26日，枝柳铁路建成通车，上述地区的石油成品油逐步改走枝柳铁路运输，经常德水运中转的量越来越少。

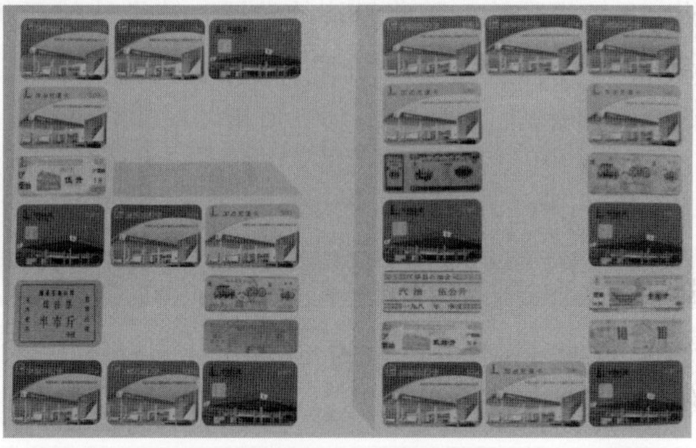

各地油票与充值卡

从20世纪70年代末期起，岩码头石油站供应区划逐渐缩小，至20世纪80年代初，供应区划缩小到只有大庸、沅陵、桃源3个县，最后只沅陵、桃源两县。

1985年6月6日，省石油公司《关于改变大庸石油支公司进货地点的通知》，决定从1985年7月1日起，大庸县公司的汽油、煤油、柴油由常德公司委托慈利支公司在慈利中转提货，润滑油在常德德山油库提货（原由岩码头站供应）。同年12月20日，省公司

《关于将安化石油支公司县城经营的石油成品油改向常德分公司进货的通知》决定，从1986年元旦起，将由益阳分公司调拨供应的安化石油支公司县城经营的汽、煤、柴、润滑油改向常德分公司进货，但不含安化马迹塘，暂定至1990年底。

1989年3月，省石油公司组建大庸分公司,慈利支公司划入大庸。

1950年以后，常德石油公司供应（销售）的区域最大时曾包括了常德、益阳、怀化(原黔阳地区)、湘西自治州、张家界、贵州铜仁地区、四川秀山（后属重庆市)、湖北鹤峰等53个市州县的广大区域。之后随着交通的发展和行政区划的改变，供应区域不断缩小，1988年之后，业务供应区域基本稳定于常德市行政区划内。

2009年2月，根据中国石化湖南石油分公司物流中心的统一安排，常德石油分公司跨区域配送怀化沅陵片区油品。同时为优化物流，中国石化于2009年7月调度澧县、津市片区靠近湖北的加油站由湖北沙市柳林洲油库配送。

（二）经营品种

常德石油公司经营的石油商品品种主要为汽、煤、柴、润滑油、脂5大类。从20世纪50年代开始，随着经济的发展，销量品种不断增加。从最初的灯用煤油、车用汽油、柴油、汽油机油、柴油机油、钙基脂，到1983年2月时，可供品种有54种，其中燃油类15种，润滑油类39种。如下所示：

常德市石油销售品种情况表

表-5-1-2-1

品种	品名
汽油（9）	66（标准品）、56、70、75、80、85号、120号橡胶溶剂、200号油漆溶剂、直馏汽油
煤油（2）	灯用（标准品）、特种煤油
柴油（4）	0（标准品）、10、20、正20号农用柴油
汽油机油（2）	10、15号
柴油机油（4）	11、14号柴油机油；1号、2号内增压柴油机油
机械油（10）	5、7、10、15、20、30、40、50号机械油、13号特殊机械油、20号抗磨液压油
汽轮机油（2）	20、30号
变压器油（3）	10、25、45号
汽缸油（3）	24、38、52号
车轴油（3）	23、44号车轴油，通用车轴油
齿轮油（5）	20、30号齿轮油，26号通用，18、26号双曲线齿轮油
压缩机油（2）	13、19号
其他（5）	13、18、25号冷冻机油，28号轧钢机油，1号真空泵油等

1987年，80号汽油停止生产，5月1日起用90号汽油。

到1991年3月时，可供品种达262种，其中燃油类24种，润滑油类238种。与1983年相比，其中汽油增加93号和190号工业汽油（70号为标准品）等共11种；柴油增加正5号、正10号、正30号、正35号柴油，10号、20号、30号重柴油等共11种；煤油2种不变。润滑油238个品种，其中：汽油机油19种，柴油机油27种，机械油16种，涡轮蜗杆油4种，液压油20种，导轨油7种，主轴油4种，汽轮机油19种，变压器油3种，气缸油9种，压缩机油8种，冷冻机油8种，车轴油5种，齿轮油43种，水轮机油2种，传动油2种，电缆油2种，电容器油2种，仪表油1种，真空泵油5种，合成稠化机油4种，防锈乳化油7种，织布机油、缝纫机油、船用机油等。

1994年7月，增加90号、93号无铅汽油和97号汽油。1999年，中国石化集团停止生产70号汽油。为保护环境，国家规定，2000年7月1日起，全国禁止销售含铅汽油，90号汽油列为标准品。随着电力工业的发展，2006年常德石油分公司停止煤油的销售。从2000—2010年，常德成品油市场销售的动力用油主要为90号、93号、97号汽油和0号柴油。

（三）营销

中国石油常德支公司1950年10月9号开始经营业务，开张营业所销的石油（含煤油、中柴油、机油三种）系接受常德百货公司石油产品代销物资。除此还有公营公司（各县国营贸易公司）和私营商号（常德城区复新成、瑞隆、南货全业等）从事石油业务经营。当年抗美援朝战争爆发，西方国家对中国实行经济封锁，所需石油大部分靠从苏联等社会主义国家进口，常德市场成品油销量655吨，石油公司占75.4%，私商占24.6%。

1951年，政务院发布征用外商财产命令，5月美孚代表周厚邦将美孚公司常德油栈所剩财产造具成册，移交常德石油公司。周厚邦、中国石油公司常德支公司经理崔大义和常德专署工商局副局长王云俊分别作为点交人、接收人和监交人在交接书上签字，由此结束了英、美油商垄断常德石油市场的历史。

1949年，对于照明用油，石油公司由于网点少，除自身门市部外，主要是煤油批发，零售业务由各级贸易公司和基层供销合作社等经销，市场供应基本上是敞开的。其分配供应坚持“先农村，后城镇”和“先照明，后其他”的原则。1954年对煤油开始实行计划分配，1955年实行凭票、证定量供应。按人（户、房）发票证，货源时紧时松，供应也时严时宽，定量标准时多时少。城市民用电供应不足时，曾沿用历史习惯由副食品店零售。农村所需煤、柴油则由基层供销社经营。

对于动力用汽、柴油，主要用于重点工矿企业恢复生产，保水电、邮政、治安、消防和交通运输，控制纯消费性用油。1954年实行计划分配。1955年实行凭证供应，当年建立津市果园（桶装）油库。1956年元旦对农用柴油实开始价格补贴。1957年，中国石油公司武汉批发站下拨常德石油分公司拖轮1艘、油驳3艘，开展自运。10月德山油库开始重建。当年年底，成品油销量 6415 吨，其中汽油占总量的比重由 1951 年的 5%增至 1957 年的 13%，煤油由 89%降为 52%，柴油由 3%增至 30%。

1950—1957 年，共销售成品油 22 370 吨，其中汽油 2923 吨，占 13%；煤油 14 312 吨，占 64%；柴油 4172 吨，占 19%；润滑油 963 吨，占 4%。

常德市成品油销售情况表

表 5-1-2-2　　单位：吨

年度	小计	汽油	煤油	柴油	润滑油	年度	小计	汽油	煤油	柴油	润滑油
1950	655		652	3		1954	2691	314	2089	181	107
1951	683	33	608	21	21	1955	3466	619	2101	589	157
1952	1268	48	1098	79	43	1956	5151	826	2885	1195	245
1953	2041	233	1533	202	73	1957	6415	850	3346	1902	317

1958 年 10 月，常德德山（散装）油库建成，设立式油罐 6 座，库容 6100 立方米。当年销售成品油 1.17 万吨。1962 年开始，商业部统一制作 30—50 立方米的金属卧式油罐分配各省市。1964 年，津市果园油库建成容量为 1060 立方米的散装库（30 个卧式油罐，30 立方米的 22 个，50 立方米的 8 个），1966 年增加 50 立方米的卧式罐 37 个，1972 年底油罐 68 个，1978 年有卧式油罐 77 个。

1959 年对用油户采取定额分配，凭证供应的办法。1961 年贯彻“保证重点、照顾必需、压缩一般、控制消费”的供应原则，所谓重点指专业营运、公共交通、公安、消防、邮电、救护、环卫用油。车用汽油定量，一般是按客、货运量计划，以百吨公里的平均耗油定额核定定量；对工业用油一般按产值或产量核定定量；对农用柴油开始以机（车）核定定量，继之实行以田、机、人 3 个因素综合核定定量。1965 年常德柴油销量过万吨。1969 年汽油销量过万吨。1974 年试行车辆用油定量供应，1978 年采取统配定量供应办法，实行凭证（票）供应。对非生产用油、助燃烧用油从严控制；发电用油适当安排。

1960 年煤油销量首次低于汽油或柴油。1961 年，商业部规定煤油要首先安排好农村居民照明和农副产品加工用油，适当安排集体用油，农户生活照明用油不得低于总供应量的 70%。在逐级分配计划时，农户生活用油每人每季不得低于 0.2 千克。1963—1965 年，煤油货源充足，先由凭证限量改为凭证不限量，随之取消凭证，敞开供应。此后对煤油的供应原则是：保证城乡照明用油需要，适当控制其他方面用油，对煤油炉用油一概不予供应。

1963 年，中国石油基本自给，1965 年完全自给。到 1978 年，中国原油产量超过亿吨。1970 年开始，荆门、长岭、九江、安庆等长江沿线炼油厂建成。1970—1973 年，常德各县石油煤建公司先后成立。1970—1975 年常德各县油库相继建成。

20 世纪 60 年代，常德专署各县兼营石油的单位是：副食品公司负责城镇煤油销售、供销社负责农村煤油供应，物资局负责机具用油。1971 年 11 月时，常德地区石油煤建公

各种照明油灯

司供应区划的兼（经）营石油单位类型有：沅陵副食公司、秀山百货公司、吉首、凤凰、古丈、花垣、保靖、永顺、桑植、龙山生资公司、黔阳、辰溪石油站等，各不相同。

1958—1978 年，常德地区需要的成品油均为国家计划分配，由石油公司进行指标分配和供应，油价稳定。国务院批准从 1978 年元旦起石油产品试行统购、统配、定量供应办法。是年 7 月，省经委、省商业厅决定撤销石油煤建公司建制，成立湖南常德石油站，由省石油公司和地区商业局双重管理。当年常德石油公司的销量首次突破 10 万吨（11.22 万吨，不含 1971 年 10 月投产隶属省生资公司的岩码头油库的销量），煤油占总销量的比重，由 1951 年的 89%、1957 年的 52%降到 1978 年的 8%，而动力用油特别是柴油则由 1951 年的 3%、1957 年的 30%上升到 1978 年的 64%。

常德市石油成品油销售统计表

表 5-1-2-3　　单位：吨

年度	合计	汽油	煤油	柴油	润滑油	年度	合计	汽油	煤油	柴油	润滑油
1958	11730	2163	4872	4130	565	1969	39224	10809	8976	18054	1385
1959	12342	3728	4146	3775	693	1970	47493	15659	8179	21446	2209
1960	14375	4890	3699	4942	844	1971	74513	24195	9737	37229	3352
1961	14359	4815	4814	4125	605	1972	67290	18234	8536	36764	3756
1962	16544	5126	5295	5119	1004	1973	70733	19044	9287	38657	3745
1963	19419	5800	5253	7186	1180	1974	72066	16410	9596	42272	3788
1964	22962	6687	5492	9877	906	1975	77547	18843	9867	44386	4451
1965	24852	7248	5705	10799	1100	1976	88331	23088	8882	52062	4299
1966	32913	9307	7156	15079	1371	1977	98055	24138	8151	61288	4478
1967	28422	7933	7191	12038	1260	1978	112195	27164	9238	71074	4719
1968	28728	8979	5624	12945	1180						

1980年至1981年5月，常德各县石油公司相继建立，业务上由常德地区石油公司(常德石油站）管理，行政归地方政府领导，属地方国营企业。1981年，国家对石油工业作出重大决策：对石油工业实行一亿吨原油产量包干，油田和炼油厂产量包干之外的部分可按国际价格出售。

1983年2月，国家组建中国石油化工总公司。当年商业部等4个部委发布《关于重申石油成品油统购、统配、定量供应工作的通知》，强调计划管理的重要性。同年，国务院批转国家计委、经委等6个部委《关于高价原油加工和分配试行办法》（〔1983〕28号文件)，规定除救灾、军需（包括警察、消防）和居民点灯用煤油继续实行定量供应平价油外，其他部门以1982年为基数，基数以外全部供应高价油。4月1日，常德市场开始供应高价油。

1984年10月，石油市场出现指令性计划（平价油)、指导性计划（高价油）并存的双轨制局面。

1985年，常德地、县石油公司人财物成建制整体上划中国石化湖南石油销售公司(以下简称省石油公司)，成为省属国营企业相应的分、支公司，负责常德成品油的计划管理和相应的经营任务。1986年7月28日，省石油公司要求全省主要城市的加油站悬挂统一标志，1987年，全省110个站（含常德岩坪、德山站）完成悬挂。

1.计划油管理。由省石油公司制定石油商品流转计划（指导企业经营，不作销售计划执行)，各级计委与石油公司下达国家指令性计划的分配指标，石油公司负责供应。

平价油计划是国家的指令性计划。从1982年起对成品油实行“两个包干”（定量包干，计划包干）供应办法。1982年按生产任务的作业项目（耕整、排灌、脱粒、加工、农业运输、多种经营、农田水利、工副企业）分项定量的办法，煤油供应分对象分项目实行全年计划包干，重点安排无电区照明，具体标准：农村无电户6.5千克，有电户2.5千克（春节期间，在年度定量内，每户安排500克左右)，教师9千克，寄宿学生2千克，农村医院每个病床1千克，县辖镇、农村社、区1吨，大队12千克，生产队2千克，城镇户1.5千克。生产用煤油，大县每年25吨，小县每年20吨。实行凭证（票）供应。

1982年12月24日，省石油公司《关于分配1983年度和一季度石油销售计划的通知》分配常德地区1983年成品油计划指标71980吨，其中汽油14290吨，煤油8640吨，柴油45700吨（含高价2300吨,)，润滑油3350吨。常德地区石油公司制定地直属单位定量包干标准：车队4—6吨及以上，每台车每年定量4—7.8吨不等；船舶每年每马力100千克；手扶拖拉机每年每台0.5吨；内燃机按工业、农业、备用机每年每马力为0.3千克、0.4千克、0.2千克等。柴油的安排重点是抗旱排涝,农田水利基本建设，农副产品加工和运输用油。

1985年3月12日，省计委、石油公司《关于划转部分中央省属单位石油计划基数的通知》，决定从1985年起，将大部分中央、省属单位的石油分配计划，下放到地（市）管理。常德含：省农业厅贺家山原种场、省蚕桑科研所、省麻类科研所、省棉花科研所、省水产科研所、储备局670处、省轴承公司常德轴承厂、省民航局常德航站、省供销社6903单位、6904、6905、6906、棉机厂、常德军分区、中科院桃源实验站、常德公路总段、交通厅常德汽配公司、邮电三厂、常德林汽公司、常德木材公司、石门磷矿筹建处、水电厅澧水勘测队、津市水文站、桃源水文站、水利三处、常德电力局、西湖农场、西洞庭农场、常德电光机械厂、轻工部盐勘队、常德纺织机械厂、常德七一机械厂、浦沅工程机械总厂、津市技校、湖南汽车车桥厂、省建材局601矿等。同日，常德地区计委、石油公司下达1985年石油商品分配计划为：汽油1.45万吨、煤油0.95万吨、柴油4.21万吨(其中农用2.61万吨)、润滑油0.34万吨，均分配到地直单位和县（市)。3月22日，常德石油分公司发布《关于下达1985年（地直单位）石油商品分配计划的通知》，对地委、行署、军分区及地直各单位等83家单位分配4大类油品平价指标：汽油3839吨、煤油176吨、柴油3585吨、润滑油699吨。4月5日，常德石油分公司发布《关于下达1985年中央省属单位石油商品分配计划的通知》（平价)，分配33家单位全年平价指标：汽油8340吨、煤油36吨、柴油2900吨、润滑油573吨。由于平价油计划连年减少，市场需求不断增加，只能靠自组油品来弥补不足。

石油年度计划的分配：农用柴油、煤油分别由农机局、供销社提出具体方案，由计委综合平衡后一次下达。分季度供油和各专项供油计划由石油公司提出安排意见，经计委审查后由石油公司下达指标分配至各区、县（市）和用油单位。

发电用油的分配：一般分给有发电能力、产品畅销、经济效益好的单位。市经委、市石油公司负责全市的发电用油指标分配。1985年5月24日，因湘中湘南连续干旱，柘溪水电站水位降低不能发电，省能源局、石油公司安排常德地区发电平价柴油210吨、高价柴油70吨。5月27日，常德地区经济委员会、地区石油分公司将该批油料分配如下：

常德市发电用油分配计划统计表

表5-1-2-4　　单位：吨

单位	分配总数	其中		单位	分配总数	其中	
		平价	高价			平价	高价
合计	280	210	70	轴承厂	16	12	4
浦沅机械厂	40	30	10	石玻	20	15	5
纺织机械厂	40	30	10	地区有线电厂	4	3	1
湖南车桥厂	40	30	10	电光	20	15	5
七一机械厂	40	30	10	红光	20	15	5
通用机械厂	20	15	5	二纺机	20	15	5

1988年3月3日，分配3月发电用平价柴油230吨，其中县（市）189吨、地直单位

41 吨。11 月再分配四季度发电用油 730 吨，其中平价 330 吨，计外高价 400 吨。

生产用油分配：主要是常德境内工厂生产所需汽油，由计委和石油公司分配。如省石油公司 1985 年 3 月 22 日《关于下达 1985 年生产用油计划的通知》分配汽油：常德电池厂 16 吨、橡胶制品厂 7.5 吨、橡胶厂 19.5 吨、洞庭橡胶厂 1 吨；津市电池厂 10 吨、造漆厂 570、480 吨（高价）、橡胶厂 30 吨；安乡工业缝纫机厂 1 吨、橡胶厂 14 吨；桃源橡胶厂 33 吨；慈利县化工二厂 249 吨。

1994 年，常德石油公司送油下乡，服务“三农”

1988 年 9 月 5 日，市计委、市石油分公司《关于下达一九八八年生产原料用汽油计划的通知》安排 16 个厂生产用平价汽油 1048 吨。除以上厂家外，还包括常德皮鞋厂、二鞋厂、皮件二厂、制刷厂等。

烧油计划分配：主要是常德境内工厂生产所需烧用油料，历年由计委和石油公司分配。1988 年 9 月 5 日，市计委、石油分公司《关于下达一九八八年烧油计划的通知》，安排 11 个厂平价汽油 304 吨、柴油 601 吨；高价汽油 78 吨、煤油 10 吨。获得分配指标的企业：常德汽车修配厂、玻璃总厂、电子玻璃材料厂、灯泡厂、县灯泡厂、洞庭制药厂、经编厂、内衣厂；津市电子管厂、津市玻璃厂；桃源纺织厂。

农用（抗旱、扶贫）油分配：农业用油，一直是国家和石油公司分配供应的重点，若遇严重干旱、洪涝、救灾等情况，还另拨专项用油支援农业。历年来，常德石油公司配合农机（业）、供销、粮食、棉麻、防汛抗旱指挥部和贫困地区开发办公室等部门一起进行农业用油、抗灾用油、粮棉挂钩油、灯用煤油的分配供应。

1961 年贯彻农、轻、重的方针，把农业用油放在首位予以安排。1972 年，对农用柴油实行“优先安排、优先调运、优先供应”的办法。从 1956 年元旦起，国家对农用柴油供应，价格上长期给予优待，曾多次进行调整，由每吨 30 元逐步扩大为 130 元，直至 1982 年 11 月 1 日取消。在价格双轨制期间，对农用油实行平价供应，1987—1988 年相继对农民实行粮、棉收购奖售平价柴油政策（若农民不要柴油，可按平、高价间的差额获得现金），这些政策到 1995 年取消指令性计划，国家实行市场经济后停止。

国家规定，农用柴油由农业部门分配、石油公司供应。抗旱救灾油，历年来有省计委、农业厅、商业厅、防汛抗旱指挥部参与分配安排。常德由地（市）、县农机管理站（局）、石油公司负责抗旱救灾油、农用油的安排与供应。

1985 年 5 月 2 日，省计划委员会、农业厅将国家安排的高转平价柴油 1.5 万吨分配常德 2400 吨，常德由地区农机管理站、石油分公司 5 月 22 日作出分季安排下达至各县执行。当年，常德地区农机管理站、石油分公司 5 次安排下达抗旱用平价柴油指标 2890 吨。

1986 年，常德地区农机管理站、石油分公司先后 7 次安排分配抗旱救灾柴油 4671 吨下达各县。

1988 年 8 月 17 日，省贫困地区经济开发领导小组、石油公司将国家计委安排我省贫困地区平价柴油 1000 吨，分配给慈利 45 吨、石门县 20 吨。

1994 年，由市计委、农机局、石油公司负责农用油的分配。

防汛用油分配：常德市属于湖区，历年来防汛用油根据灾情由各级防汛抗旱指挥部、石油公司负责组织调度安排，保证供应。如 1988 年 5 月 15 日，常德地区防汛抗旱指挥部、石油分公司《关于下达一九八八年防汛补助平价石油指标的通知》，共分配拨付防汛油 278 吨，其中汽油 31 吨、柴油 150 吨、煤油 90 吨、润滑油 7 吨。每年，石油公司都要安排一定量的油料作为防汛专项用油储备，2001 年 4 月 25 日，安排：汽油 700 吨，柴油 1400 吨；翌年 4 月 9 日，安排汽油 550 吨，柴油机 1400 吨。

定购粮挂钩奖售柴油计划分配：由省、市、县粮食局、石油公司负责。1987 年 3 月 30 日，国家实行收购粮食奖售柴油的办法，省粮食局等 4 厅局下发《关于做好 1987 年粮肥、粮油挂钩工作的通知》。省政府规定，从当年起，每收购农民 50 千克稻谷供应平价柴油 1 千克。当年常德粮食定购任务 65.59 万吨，占全省的 18.5%，居 14 个地州市之首。全省粮食定购挂钩奖励柴油指标拨付给常德 1.29 万吨，由地区粮食局、地区石油分公司拨付各县。

定购棉挂钩奖售柴油计划：由省、市、县棉麻公司、石油公司负责。1988 年，国家计委等 5 部委发布《关于国家对收购、调拨棉花分别实行奖售柴油、粮食办法的通知》，规定从当年新棉上市起，国家实行收购棉花奖售柴油和省间调拨棉花奖售粮食的办法。具体标准为：国家每收购 50 千克皮棉奖售棉农平价柴油 2.5 千克。8 月 24 日，省棉麻公司、石油公司《关于下拨 1988 年棉花奖售柴油指标的通知》，湖南全省棉花奖售柴油指标 3333 吨，常德 2000 吨（占全省的 60%），要求分两批调供完毕。9 月 5 日，常德地区棉麻蚕茧公司、石油分公司，下拨第一批棉花奖售平价柴油指标 1500 吨至各县。

煤油计划分配：省政府规定，煤油年度计划由省计委安排，省供销社提出分期分配计划，与石油公司联合下达。地、县供销社、石油公司逐级分配供应。对农村无电户（包括医院、学校、居民）的照明用油进行按户定量，一年一定，分季安排，并安排有电区停电期用油和生产用油。各石油公司要配合供销社搞好凭票或凭册供油的工作。不论农村还是城镇的煤油供应，都要按定量标准分户发票或造册，凭票或凭册供油。

1986 年常德出现高价煤油，石油公司销售 250 吨，占煤油总销量的 2.74%，以后逐年增加，到 1992 年达 3586 吨，占总销量的 56.9%。1994 年高价煤油取消，实行统一价格。

润滑油：1956 年对车用机油、柴油机油、变压器油、机械油等实行专品专用，计划使用，保证重点，控制一般消耗。汽、柴油车机油按燃油数2.5%至4%定额，凭证供应，定额数以后陆续有调整。

1972年3月16日，省生产资料公司决定对润滑油实行废油回收、以旧换新的制度。1977年实行交旧供新办法，并规定有各种润滑废油回收率。1978年则实行保证重点，统筹兼顾，合理分配，按机具凭证定量供应办法。1980年，润滑油生产形势好。1984年市场紧张。1985年3月，中国石化销售公司决定在全国试销高价润滑油，市场供应缓和。

1992年4月22日，省计划委员会《关于下达1992年成品油分配计划的通知》决定，不再下达润滑油年度分配计划，由省石油公司视油品调拨情况商计委安排。

1995年，鉴于全社会经营润滑油的局面，省石油总公司决定全省石油系统润滑油工作实行集团化经营，1996年1月30日下发《关于加强润滑油经营管理工作的通知》，强调继续实行“五统一”（统一质量标准、向炼油厂签订合同、运输调度、货款结算、全省销价水平）原则。

1998年7月25日，市石油公司下发《关于润滑油实行统进、统销的暂行规定》，要求各县公司，严格执行省司“统一进货，归口管理、专业经营”的规定，润滑油的进货、销售及经营归口市润滑油公司。8月30日，市石油公司《关于重申加强润滑油集团化经营管理的通知》规定，从1999年1月起，润滑油经营与主业脱钩。各县、市公司的进货由市润滑油公司统一安排。小包装油品的经营，必须在市润滑油公司进货。

2002年11月25日，省石油总公司《关于做好润滑油经营重组工作的通知》，决定上市公司从2003年元旦起停止经营润滑油，全省润滑油经营权划转到非上市企业，实行省市县一条鞭重组，一个市州只设一家润滑油经营机构。12月28日，省公司又通知，上市公司（含县支公司）终止润滑油批发；市润滑油公司对县直接配送。2004年根据中国石化集团公司非上市业务和资产有序退出国有企业经营领域的指示，市润滑油公司业务划转重回上市公司。

特种油品：指科研、军工、厂矿、大专院校拥有的高、精、尖设备和机具所需润滑油、脂，在耐高压、耐高（低）温、抗磨、抗腐蚀、抗辐射等方面有特殊要求的油品。一般由中国石化销售公司炼油厂直供。从1986年下半年起，货源由统一分配转为市场调节。二十世纪七八十年代，省石油公司设有特油部，后改为润滑油公司经营；市石油公司则由业务部门和润滑油公司经营。

2.高价油销售。1983年4月1日起，遵照国务院〔1983〕28号文件精神，湖南省开始供应部分高价油。当时国务院规定高价油同平价油一样，都属统购统配物资，实行凭证定量供应。除农业救灾、军需（包括警察、消防）和居民点灯用煤油，继续实行定量供应平价油的办法外，其他部门以1982年为基数，基数以外全部供应高价油。

1984年5月14日，中国石油公司贯彻国务院关于高价油敞开供应的精神，明确高价油作为市场调节商品，在城乡敞开销售。当年9月，中石化总公司发出《开创高价油销售新局面的通知》，明确高价油经营取消一切限制，价格可以浮动。

1985 年 1 月 13 日，中石化总公司发出《关于协调好产销关系，搞好高价油供应的通知》规定，超产高价油 70%由炼油厂自销，增加高价油销售渠道。7 月 24 日，因高价油供不应求，中国石化取消高价油销售每吨奖励 1 元的政策。

1985 年 9 月 6 日，中国石化总公司发出《高价油的生产、分配暂行管理办法》，重申高价油销售以石化销售公司为主，并负责统一平衡。炼油厂自销量不超过其各品种高价油计划的 9%，其自行组织的原油加工产品自行处理，自销部分应在合理流向范围内进行，与其他非销售单位联营时，只能零售，不得批发。自开拓高价汽、柴油市场之后，高价油销量逐年增加，但与之配套的润滑油货源却没有增加，供应难以安排。中石化总公司 1985 年 3 月 14 日发出《试行高价润滑油购销的通知》，对炼油厂超国家计划生产部分实行议价收购和销售，鼓励炼油厂增加润滑油生产。各级政府对于自采计外高价油予以支持，政策优惠。1987 年 2 月 5 日，由于石油缺口很大，为满足工业生产的需要，常德行政公署颁布《关于计外自组石油的若干规定》，鼓励区内各企事业单位根据实际情况自组计外石油。从事石油经营者日增。3 月 20 日，省财政厅、石油公司发文，对石油公司系统自组计外石油，按每吨加价 10 元作价，列为销售收入，从企业留利的奖励基金中每吨发放奖金 2 元，免征奖金税。4 月 29 日，常德地区物价局、石油分公司制定自采高价油作价办法。

1989 年 6 月 7 日，市政府批复常德石油分公司“同意自采计外油，价外每吨收取服务费提高至进价的 6‰，用作业务联系费和奖金”。同年 9 月 6 日，市政府、计委、物价局同意解决石油公司购油资金缺口 750 万元，对实行石油成品油最高限价前采购回来的油继续实行高进高出原则。

1990—1992 年，市政府对石油公司实行自采油目标管理，规定当年自采目标量，完成任务，每吨奖励 2 元，超过部分，按累进制，有 3 元、4 元不等，免征奖金税。1990 年计外自采油 4.68 万吨，奖金 13.7 万元。1991 年自采油 6.83 万吨，奖金 21.3 万元。1992 年自采油 12.21 万吨，奖金 41.8 万元。

1983 年到 1998 年，全市石油销售行业一方面接受计划商品，另一方面自己争取更多的计划外货源。在自采油的过程中，从 1986 年 6 月至 1998 年 7 月，常德石油系统先后出现岩码头公司 1986 年 6 月被骗 320 万元、汉寿公司 1988 年被骗 482.5 万元、石门公司 1998 年 7 月被骗 150 万元等 6 起购油款被骗案件。

常德石油分公司的高价油销售占销售总量的比例，从 1983 年的 13.9%发展到 1992 年的 81.6%，1993 年略有下降，为 79.7%。1994 年 4 月 5 日，国务院批转国家计委、国家经贸委《关于改革原油、成品油流通体制意见的通知》后，国家实行统一价格，常德市场停止高价油销售，双规制取消。

1992 年常德市成品油销售统计表

表 5-1-2-4　　单位：吨

	总量	汽油	煤油	柴油	润滑油
平价	28997	586	2717	25450	244
计内高价	4398	174	2766	177	1281
计内议价	13339	11921		1418	
计外高价	110699	61417	820	45032	3430
高价小计	128436	73512	3586	46627	4711
合计	157433	74098	6303	72077	4955

说明：高价油占销售总量比：0.816；高价油与平价油销量比：4.43

1983—1994 年常德市高价油销售统计表

表 5-1-2-5　　单位：吨

年度	总量	其中：高价油	汽油	煤油	柴油	润滑油	高价油占总量比	高平价销量比
1983	109146	15213	34794	10851	59415	4089	0.139	0.162
1984	112982	12457	35511	10314	62425	4732	0.11	0.124
1985	119037	18365	37713	11264	58650	4603	0.154	0.182
1986	121134	24996	39699	9129	67406	4900	0.21	0.261
1987	141691	36913	44400	10135	81753	5403	0.26	0.352
1988	127473	44966	56323	2132	63742	5276	0.353	0.545
1989	136470	39903	48509	8441	74662	4864	0.29	0.41
1990	145270	53321	52587	8034	79951	4698	0.367	0.58
1991	154805	76215	62363	8306	79407	4729	0.492	0.97
1992	157433	128436	74098	6303	72077	4955	0.816	4.43
1993	166072	132392	75421	6036	79609	5006	0.797	3.93
1994	177073	0	84400	3549	85829	3295	0	0

1979—1994 年，煤油销量占总销量的比重继续呈下降趋势，由 1978 年的 8%降至 1994 年的 2%，而动力用油却升至总销量的 96%，详见下表：

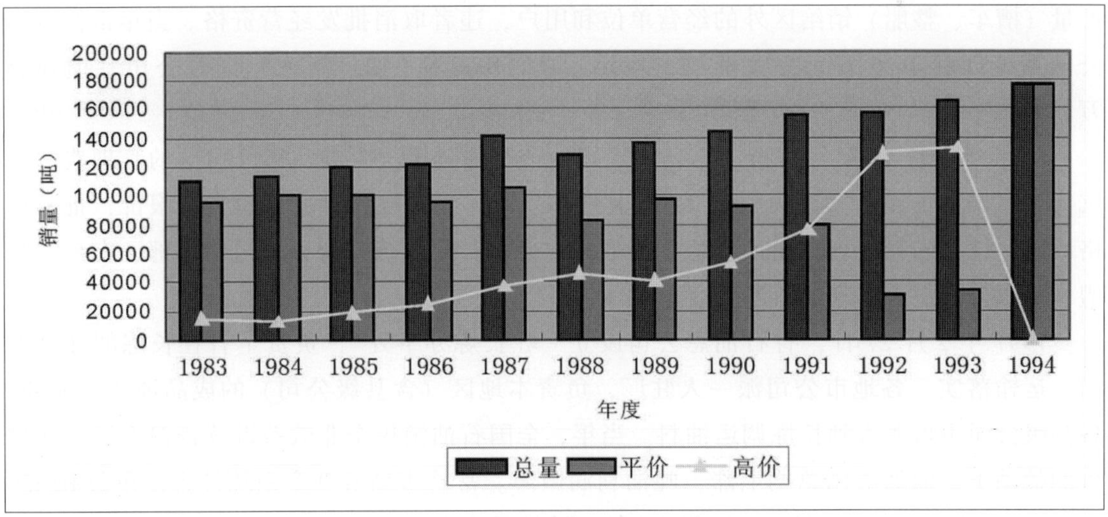

常德市高价油（价格双轨制时期）销售示意图

1979—1994 年常德石油分公司成品油销售统计表

表 5-2-2-6 单位：吨

年度	合计	汽油	煤油	柴油	润滑油	年度	合计	汽油	煤油	柴油	润滑油
1979	112490	31354	9269	66457	5410	1987	141691	44400	10135	81753	5403
1980	109428	33230	10485	60042	5671	1988	127473	56323	2132	63742	5276
1981	103293	27326	11476	59849	4642	1989	136470	48503	8441	74662	4864
1982	93152	27224	8333	53527	4068	1990	145270	52587	8034	79951	4698
1983	109146	34794	10851	59415	4086	1991	154805	62363	8306	79407	4729
1984	112982	35511	10314	62425	4732	1992	157433	74098	6303	72077	4955
1985	119037	37713	11264	65457	4603	1993	166072	75421	6036	79609	5006
1986	121134	39699	9129	67406	4900	1994	177073	84400	3549	85829	3295

1995 年，按照国务院《关于改革原油、成品油流通体制意见的通知》，对石油的开采、炼制、销售实施宏观调控，对原油开采、成品油炼制实行政策倾斜。为减少流通环节，省石油总公司明确全省开展直达运输，实行一级批发的县（市）公司 30 个，常德 8 个县（市）和岩码头公司位列其中，货款及运杂费用改过去由炼油厂向各地市公司结算为直达的县（市）公司直接与炼油厂结算。省石油总公司于 3 月 23 日下发《关于成品油进货、调拨、供应工作的几项规定》，要求从 3 月 1 日起，长岭炼油总厂（以下简称长炼）在国家配置计划外销往湖南的成品油资源，一律由省总公司根据市场需求统一购进，统一安排。实行一级批发经营的地、县公司要扩大零售比例，立足本地市场供应，不得在省内

批量（槽车、整船）销给区外的经营单位和用户，违者取消批发经营资格。当年常德石油公司系统创利76.6万元，缴税725万元，岩码头亏损112.3万元，汉寿公司亏损66.5万元。

1996年3月15日，省石油总公司规定地市石油公司（含县、市公司）的管理费，按汽、煤、柴油的销售实绩，每吨12元上缴省公司。当年国家对成品油实行限价，批零价格难以到位，国家计划成品油分配兑现难，常德中石化系统只有分公司销售部、安乡、临澧、桃源公司没有出现油料断档。

1997年2月27日，省石油总公司设立“驻长炼办事处”，负责全省在长炼的油品调运、运输落实。各地市公司派一人驻厂，负责本地区（含县级公司）的成品油调运业务。各县级公司不再派人到长炼调运油料。当年，全国石油销售企业效益继续普遍下滑，在物价的带动下，流通费用急剧上涨，吨油利润微薄。常德市场有9个系统外批发单位和450个社会加油站点，其中石油系统仅41个，国营石油公司遭遇到空前的竞争力，因而商品配置计划兑现率越来越低。当年安乡、汉寿县公司亏损严重。其时，国营石油系统为三级法人体制，为完成任务，相互压价倾销，加上非国营石油系统和外市、外省的冲击，以致常德石油零售市场油价混乱。

1998年4月30日，市公司经理召集石门、临澧、澧县、津市公司经理在澧县召开会议，就稳定油市，消除系统内部价格乱象达成共识：0号柴油批发价1800元/吨，90号汽油2100元/吨，上下浮动20元/吨。5月13日，市石油公司召开市区18家社会加油站负责人会议，就稳定油价问题达成共识，同意按国家规定同时比照湖北、益阳等周边地区价格制定各加油站的油价。6月，省、市、县石油公司整体上划中国石化集团公司。10月28日，市石油公司与市农业银行达成协议，从当日起在市公司加油站联合开办万事顺加油卡业务，这是常德市加油站第一次使用加油卡。12月28日，省公司印发《湖南省石油集团有限公司成品油经营管理暂行办法》，全省成品油经营实行统一配置、统一调运、统一结算、统一价格、统一市场的管理方式。省司负责全省成品油资源的配置，地市公司负责商品的调入，县公司占领本地市场。实行全省一价、城乡一价。省公司对各级油库库容实行统一调度，大力发展终端销售，对社会加油站采取联合、收购、租赁、代销等形式。当年常德成品油销量23.338万吨,突破20万吨大关。

1999年5月19日，中国石化集团公司要求旗下所有加油站外观装饰必须按照集团公司统一形象标识进行改造，9月底前完成。10月13日，中国石化销发电60号《关于加大收购社会加油站工作力度的通知》强调，加强终端销售网络建设，收购社会加油站要以大中城市、主要干道和经济发达地区的社会加油站为主要目标。当年，销售成品油22.19万吨，利润首次过千万元（1260万元），纳税1616万元。

2000年，常德市、县石油公司主业划入中国石油化工股份有限公司（以下简称中石化），成为其分（支）公司。1月24日，湖南石油总公司印发《成品油经营“五统一”实施细则》，要求从2月开始以省为单位实行统调统结，省公司成立统调统结中心，统一配置全省油品资源并负责调运，市州公司不再派员驻厂。4月18日，常德石油分公司下发《关于终止各县市公司销售部成品油批发业务的通知》，至6月，设立8个县公司批发部，在各县工商银行开设存款专户，直属分公司。当年终端网建完成基本建设投资5676万元，收购社会加油站39座、油库3座（鼎城、汉寿和安乡农机油库），租赁湘运河洑油库，统一全市成品油批发业务。新建加油站4座，市石油公司系统的加油站达到101座。当年销售油料22.5万吨，零售首次逾10万吨（10.79万吨），纳税951万元，创利1128万元。

2001年，收购社会加油站36座、油库4座，新建加油站1座。石油系统在营加油站达115座，零售市场份额达70%左右，实行收集信息、灵活定价、开展配送的经营方针。

2002年1月9日，根据国家税务总局、质量监督局、检验检疫总局、经贸委的要求，对加油机安装税控装置，3月底结束。常德石油分公司当年建立配送直销网络，客户达157家。发展租赁、特许（各有8座加油站）经营。对年销量不足720吨的小站（25座），实行所有权与经营权分立模式。

2003年，中石化石油系统“两权分离”站（所有权与经营权分立）已有50多座，占在营小站的72%。采用利润、吨油工资、费用承包等方式经营。是年，发行中国石化加油卡，达到“一卡在手，全国加油”。

2004年8—9月，国际油价不断攀升，资源紧张，库存告罄，常德分公司对已售未提进行清理并从紧控制，同时停止批发，以保本系统加油站零售。当年分公司系统有49个加油站在12月23日实行IC卡加油。

2005年年初起，中国石化全面实施内部控制制度，按《内控手册》进行精细化管理。是年，国际油价继续大幅攀升，国内油价严重倒挂，成品油资源紧缺。是年零售销量突破20万吨（达20.2万吨），发行加油卡1.58万张。

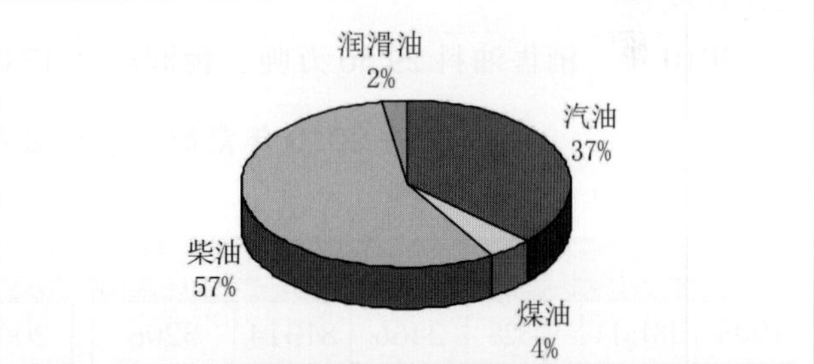

1950—2010年常德石油分公司石油商品分品种销售图

2006年1月，柴油紧张。湖南石油分公司要求各下属单位按日下达销售指标，确保城区、高速站、重点单位工程直销用户供应，停止批发，杜绝加油站灌桶和大单销售，控制对特许加油站的批发，控制已售未提数量。常德分公司当年终止进行了55年的照明用煤油的销售。

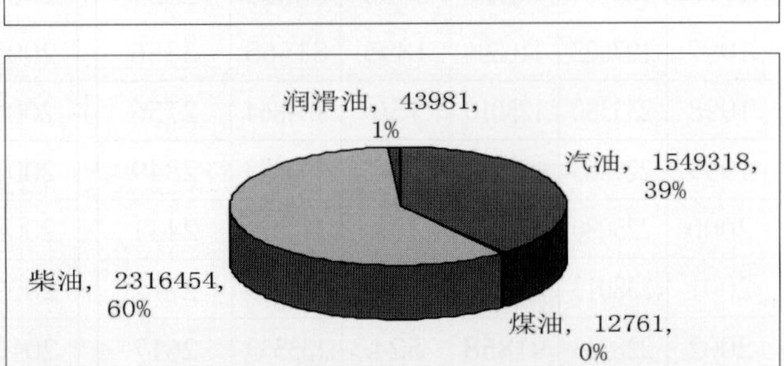

1950—2010年中国石化常德石油分公司成品油销售图

2007 年 10 月底，全省成品油特别是柴油供应紧张，出现围堵加油站、强行灌桶灌车、威胁工作人员等行为；时值德山油库歇业改造，更加剧常德成品油市场供应的紧张局面。常德分公司为缓解供应压力，组织湖北和本市部分社会运力从中石化湖北荆州柳林洲油库运油到常德。

2008 年 7 月 1 日，该油库扩改工程竣工，库容增至 2.8 万立方米。当年年初，湖南遭受冰雪灾害，常德的油品供应工作受到很大影响。公司在抗灾中保障供给。1 月 28 日，市委书记武吉海等到公司考察，对公司确保市场供应给予高度评价。当年 5 月 12 日，四川汶川发生大地震，常德石油分公司开辟赈灾加油专用通道，发动全体员工为灾区捐款捐物。

当年 5 月，国内外油价严重倒挂，7 月 11 日，国际原油价格已达到每桶 147.27 美元的高点，而国内成品油销售价格仅相当于每桶 70 美元，每吨销售亏损 3400 元以上。社会炼油厂因亏损而基本停产限出，中石油大幅减少南方市场的油品资源投放，限价销售。湖南的石油市场由中石化省公司独撑局面。常德市，中石油及其他渠道本应承担 35%的成品油投放量，但实际不足 5%。中石化常德分公司增加日投放量 20%以上。但由于成品油紧缺，不少人抢购后高价倒卖。公司在营的 125 座加油站中，不少加油站多次被堵，有 22 人被打，8 台加油机被砸。公司将柴油投放到城市周边与国道旁的市场，使城市中心区的油品销售市场秩序正常。为防购买后倒卖，严禁灌桶。当年抗灾救灾、克服油荒等困难，全年销售油料 28.98 万吨；发行 IC 加油卡 19973 张，充值 4.07 亿元，自助加油站运营情况良好。

2009 年，销售油料 27 万吨，发卡 25.77 万张，充值 65 亿元。对全市 39 个小站进行委托管理。

2010 年，销售油料 29.56 万吨，销润滑油 1747 吨。

1995—2010 年常德石油分公司成品油销售统计表

表 5-1-2-7　　　　单位：吨

年度	合计	汽油	煤油	柴油	润滑油	年度	合计	汽油	煤油	柴油	润滑油
1995	181514	94528	2466	81314	3206	2003	245270	87921	358	153891	3100
1996	163080	88595	3535	68619	2331	2004	282384	83997	385	194992	3010
1997	197622	110806	1895	81565	3356	2005	271144	79200	19	188863	3062
1998	233380	125010	750	104864	2756	2006	295374	82781		209233	3360
1999	221863	110889	1742	106383	2849	2007	280753	88663		188982	3108
2000	225080	104231	739	117679	2431	2008	289893	87173		201488	1232
2001	238013	101894	348	132999	2772	2009	273239	100036		170159	3044
2002	228338	91858	524	133339	2617	2010	295567	111736		182084	1747

1950—2010 年，常德石油分公司共销售成品油 700.59 万吨。

(四) 节约用油

1.社会节约用油

20世纪50年代，为了克服一些西方国家对我国实行石油禁运造成的困难，节约用油成了一项国策。1956年，全国石油公司经理会议决定建立节油机构，开展废油回收再生利用工作。

1966年，国务院批转商业部、物资部《关于开展石油节约的报告》，要求石油经营单位管供、管用、管节约。规定石油二级站和地市公司配备专职节油人员，县公司配兼职。实行以降低油料单耗为中心的定额考核，协助用户实行“五定”（定人、定机、定油耗、定责任、定任务）管理和单机核算。

1977年12月26日，省革命委员会印发《国务院批转商业部关于石油产品实行统购、统配、定量供应试行办法的通知》，强调厉行节约、反对浪费，建立健全用油制度，加强定额管理，实行单机考核，降低单耗水平；对节油先进单位和个人给予表扬和鼓励。

从1979年开始，国家经委、计委每年都在全国组织“节能月”活动。

1983年7月2日，中国燃油公司《关于进一步做好成品油节约工作的通知》强调节约，减少和杜绝浪费；提出经营部门要把石油的供应建立在节约的基点上，协助用油单位建立健全用油管理制度，建立用油机具耗油定额档案，推进车辆和用油机具的技术革新，推广金属清洗剂，减少洗涤用油，抓好废油再生利用。

1986年8月29日，国家经委、计委《关于进一步加强石油消费管理和节约使用的通知》，要求严格控制用油机具，淘汰高耗机具；合理运输；严格控制烧油，实行以煤代油。

1988年11月18日，省计委、经委转发国家计委《关于严格控制成品油消费的通知》强调，国内市场成品油供应十分紧张，要严格控制石油消费，节约用油，压缩非生产用油。

历年采取的主要节油措施：

⑴国家政策控制消费，节约石油。1980年，国家经委、交通部、商业部通知开展封存多余汽车以节约石油。1981年国家计委、交通部等5部委关于载重汽车更新办法及国务院对老旧汽车更新改造规定，对修理后耗油高于生产厂规定定额20%或行驶50万公里的老旧汽车予以淘汰。

⑵统配定量，控制社会用油。20世纪60年代开始，对汽车用油按照车辆吨位大小及用油对象，实行定量供应，逐步扩展到内燃机械。1978年全面实行定量供应。开展机具普查，建立用户台账，到厂矿社队调查用油情况，供油单位分用户提出定量标准，经有关主管部门批准公布。实行一年一定，分季安排，包干使用，节约归己，超用不补。

⑶技术革新，促进节约。一是推广节油装置。1960—1963年，以燃油掺水为重点，推行汽车喷水节油装置。1971年推广多极火花塞节油。1975年推广柴油预温、柴油净化技术。1977年推广解放牌汽车化油器优化节油经验。1980年，在汽车上推广晶体管点火器和电子控制针阀节油器。二是推广节能产品。1984年，推广使用金属清洗剂。1987年

推广使用爱滴燃油添加剂。1991年推广使用整修剂和浮子室稳定器等。

⑷宣传、组织节油竞赛评比。发行简报或利用报刊、广播电台、电视台宣传《汽车节油知识》《拖拉机节油知识》等节油技术。1971年11月28日，全省石油工作会议在湘潭召开，推广土油池建设、节约用油和扩大油料储存的经验。采取以行政区划下达节约指标，回收废油等措施。1983年，省石油公司全省节油工作评比，郴州、益阳、常德分获前一、二、三名。1989年2月14日，市经委、计委、石油公司下发《关于开展我市用油大户节油工作评比竞赛活动的通知》决定，对年用量在60吨以上的大户单位（72家），年终评为先进、优胜单位的分别奖平价轻油指标8吨和6吨。竞赛办法有润滑油交旧领新，船舶千吨公里耗油为17千克以下等具体条款。

⑸制订节油计划。多年来，常德政府主管部门和石油公司都要制定每年的石油节约计划和废油回收计划指标下达到各县（市）和地（市）直属单位执行。1991年1月14日，市计委、经委、石油公司《关于下达1991年度节约用油、废油回收和节能产品推广计划的通知》，制定市直69家单位节约用油计划为1000.6吨，废油回收计划127吨。当年包括各区县（市）实际节约用油4560吨。

⑹加强管理以节约用油。加强企业内部制度管理和职工责任制建设，减少跑、冒、滴、漏现象。如经营单位尽量满罐储存，减少挥发；用油单位实行经济核算，防止“大马拉小车”现象发生；采用先进的运输、储存、用油机具和设施。2007年12月，为贯彻落实科学发展观和节约能源的基本国策，常德石油分公司制定节能降耗实施方案及节油、节电、节水、节费等制度。2008年湖南石油分公司节能达标损耗率考核标准：运输环节，汽油2.5‰（水运），柴油1.2‰（铁路）、2.2‰（水运）。保管环节，全省平均水平。零售环节（体积）汽油0.29%，柴油0.12%。常德，吨油水电费6.76元，吨油耗电7.33度，吨油耗水0.72吨。

1970年，常德盐关炼油厂车间

2.废油回收再生

1970年，在长沙石油厂的基础上，省商业局增设常德、衡阳、邵阳、株洲4个废油加工厂。8月13日，省商业局下发《关于废油划分地区回收和调整收购价格的通知》，明确常德废油加工厂负责常德地区、湘西自治州、黔阳地区（辰溪、沅陵两县）的废油收购，废油价格：煤油170元/吨、柴油90元/吨、变压器油400元/吨、机械油300元/吨等。

1973年，国家计委批转燃化部、商业部《润滑油回收、加工利用试行办法》，规定了收购点同加工厂间的结算价格以及对再生产品的质量要求。废油收购坚持按质论价，一般以同类代表品种当地批发价35%~40%计算。1977年起，润滑油供应实行交旧（废油）供新办法。

1970年，常德地区石油煤建公司建立盐关炼油厂，专司废油再生。1993年，该厂停止生产，1997年关闭，并入润滑油公司。1981—1992年，常德历年节油、废油回收、盐关炼油厂成品油生产情况如下所示。

1981—1992年常德市节油情况表

表5-1-2-8　　单位：吨

年度	社会节油	废油回收	成品油生产	清洗剂销售	备注
1981		60	69		四季度数据，成品油生产系指废油再生产品
1982		308	190		
1983	2811	383	267	48	48吨清洗剂可节油388吨
1984		401	345	10.6	
1985		636	427		成品油生产含调配油40吨
1986	3500	612	568	25	
1987	4687	557		25	另销售爱滴燃油添加剂250千克
1988	4920	499		40	另销售爱滴燃油添加剂1784斤
1989	7285	515	697.5	58.3	含对外加工-10号柴油94.9吨，调配油55.5吨
1990	5984	456		61.9	
1991	4560	420		55	整修剂11听，稳定器560个
1992			1500		成品油生产含基础油、调配油1100吨

（五）包装油桶

油桶包括200公升大桶和30公升扁桶、20公升方听等。20世纪50至60年代，常德石油经营基本依赖油桶盛装运输。70年代以后，由于金属油罐及土油罐不断增加，铁路水路通槽通航点对成品油改散装直达运输，石油公司系统和社会油罐汽车增加，轻质油料对石油公司系统内和基层供应单位的调拨销售也逐渐以散装发运为主等因素的影响，石油经营单位的储存、周转用桶量逐渐减少。

1953年以前，石油公司实行油桶回笼制，对供应区系统内调拨不受限制，空桶回空抓得不紧，在途时间长，周转慢。1954年，中国石油公司对油桶实行“集中管理，统一使用”办法。1957年以后，油桶下放各省自行管理，由中央石油采购供应站统一调剂。1963年，中国石油公司下达《石油包装管理办法》：凡200公升油桶和20公升方听都实行定期逐级申请、逐级分配；只能用于本系统石油运输（主要是短途运输）和储存的需要，不能移作他用，原则上不准向系统外出售或借出。对基层供销、排灌单位等在防汛抗旱和节日期间出借一定数量的油桶要限期收回。20 世纪 70 年代，又规定借用油桶收费标准：每天每只 0.03—0.15 元不等。

油桶在使用过程容易出现损坏、渗漏、锈蚀、污染等情况，石油二级站和分公司在20世纪 60 至 70 年代都建有验桶、吸水、刷漆、标号等一套管理措施和油桶蒸、洗、整形、修焊，负责对供应区石油公司系统内、外的油桶检修。对变压器油、汽油机油等高品质油品实行专桶专用。油桶使用一定时间，按分级标准降为 4 级桶后，不再用来装油。中国石油公司每年都要分配一些新桶以弥补损耗。1981 年，商业部燃料局撤销了 1964 年包装管理办法中规定的“本公司自有石油包装原则上不借不卖”的规定，各基层石油库可以向供销社和社会其他部门出售新旧油桶。

1983 年 11 月 9 日，省石油公司《关分配 1984 年度石油包装油桶计划的通知》决定从 1984 年起，油桶恢复计划申请，计划分配。分配 200 升（轻磅）油桶数：常德 4000 只，津市 2000 只，岩码头 3000 只。价格如下：

常德市油桶品种统计表

表 5-1-2-9　　(1983-08-03)

品名	规格	外形指标（毫米）	出厂价（元）	生产单位	备注
油桶	200 升	轻磅：高 900,外径 562.5； 重磅：高 900,外径 563	3035	株洲储存站	
扁桶	30 升	高 439,长度 418	8	武汉石油站	
吉普桶	20 升	高 465，长度 354，宽度 165	10	武汉石油站	
小圆桶	20 升	高 386,外径 303		武汉石油站	大口
小圆桶	10 升	高 315，外径 245	4	武汉石油站	大口

1985 年 11 月 7 日和 1986 年 12 月 28 日，中国石油化工总公司两次下发《关于调整包装用钢桶调拨价格的通知》，在 1983 年的基础上，200 升轻磅桶出厂价每只提高到 39 元，重磅桶每只调到 44 元，30 升扁桶调到 12 元，销售公司和省、分公司之间的调拨价也相应增加 9 元。

1989 年 5 月 14 日，省石油公司通知，200 升大口议价桶每只的价格：一级 154 元，二级 144 元，三级 131 元（长沙石油厂购至长沙市食品机械厂）。200 升小口议价桶每只的价格：一级 145 元，二级 135 元，三级 122 元（宁乡石油化工厂购至中石化株洲制桶厂）。

1992 年 1 月 22 日，市石油公司《关于调整 200 升大口桶销价的通知》，每只桶的价格为：一级116 元，二级 105 元，三级 90 元。此后，由于加油站的普及，石油公司系统不再购进油桶。

（六）非油业务（多种经营）

1957年起，常德石油公司开始经营非油业务，武汉石油批发站下拨常德石油分公司拖轮1艘、油驳3艘，开展自运，至1966年上划湖南省石油公司船队。1976年6月成立常德石油运输船队，1981年年底拨交益阳石油公司。20世纪60年代开始，常德公司本部用油罐车给湘西等地运输油料，最多时有油罐车12台。从1970年开始，各县开始有油罐车、机帆船参与运输。

常德市运油车船基本情况表

表5-1-2-10

单位	油罐车（辆）	时间（年）	运油船（艘）	时间（年）
安乡	2	1979—1997	1	1986—1987
鼎城	1~4	1975—2001	1	1975—2002
汉寿	2~3	1979—2004	1~3	1975—1999
津市	2	1975—2003		
澧县	3	1975—1997		
桃源	1~3	1972—2003	2~4	1972—2003
石门	3	1978—2005	2	1973—1979
临澧	3	1978—1998	1	1978—1980

说明：1998年4月上报省石油公司数：油罐车（辆/吨）21/89；桃源运油船（艘/吨）4/750

1978年以后，在改革、开放、搞活经济政策的指引下，常德石油公司系统的非油业务（多种经营）全面铺开。

1983年，为解决公司待业青年的就业问题和部分地、市干部职工的生活困难，成立"常德石油分公司石青贸易货栈"，开始石油液化气经营，当时主要是从长岭炼油厂组织瓶装气供应用户。到1985年11月15日，用户已达3600户，瓶装气远远不能满足市场需求，常德地区计委批准新建石油液化气站。1986年4月完成征用土地等第一期工程，5月用户达万户，年底完成全部工程，储气罐容量150立方米，购置了液化气运输罐车，液化气站投产。1992年液化气站派员到黑龙江肇东市采购计外自组高价油被骗45.6万元。1993年该站易名为常德石油

1983年，常德石油液化气站

液化气公司。1997 年 4 月 18 日，市石油公司监审科对该司审计，截至当年 3 月底已累计亏损 102.6 万元。1998 年 10 月 10 日，该司与香港盛港投资有限公司合资联营成立常德百江能源实业有限公司。1999 年 7 月 20 日，该司在进行资产、股权转让和土地出租（赁）后退出液化气经营领域。

1987 年 5 月，成立常德石化服务公司，主要承担常德石油分公司待业青年安置，经营石化产品，兼营部分计外成品油。1988 年开始承包经营，至 1991 年 1 月撤销时止，共创利润 242.83 万元。1991 年，各县石油公司开始举办以改善后勤服务为目的养殖业，临澧公司办了养猪场，存栏生猪 65 头，产猪肉 1.3 万斤，人均达 200 斤；津市公司通过养殖，实现 3 人一头猪，人均 2 支鸡、1 斤油。

1991 年 2 月，成立常德石化综合经营部，安置待业青年，经营石化产品和部分计外议价润滑油业务。

1992 年，常德石油公司系统开展五种类型的经营：

1.石化产品。即油、气、石蜡、沥青、树脂等商品的经营。

2.储存运输。利用油库、车、船队资源，开展为用户代储、代销、代运业务。

3.加工生产。以炼油厂为依托，进行加工生产。

4.润滑油专营。设润滑油经营部，实行一条龙的服务经营。

5.开展服务业务。主要有餐饮业、招待所、汽车配件销售和安装、汽车修理等。

除汉寿、津市公司外，都办起了劳动服务公司。一业为主、多种经营的格局形成。

1993 年 1 月，撤销石化综合经营部，成立服务公司（主营招待所、住宿、餐饮业务）和石化物资公司（油库、加油站零配件及安装维修工程）。同月，设立海口德昌实业公司，主营石油（原油、成品油）及石化产品，兼营建材、机械设备、五金交电。3 月 2 日，改德山油库为储运公司，主营轻质油品的储存、收发、运输，兼营石油储存设备、加油机零配件，五金建材、金属材料，油库、加油站设备安装、维修，实行承包经营。1994 年 5 月 19 日，取消储运公司名称，德山油库恢复以安全为前提的费用承包。1993 年岩码头公司引进仿陶瓷餐具厂投产；桃源县公司集资建造的运力 750 吨的船队开展运输。

1995 年 3 月撤销海口德昌实业公司，成立正一贸易公司，12 月撤销。

1996 年 9 月，常德石油公司印发《加强多种经营工作的意见》，强调贯彻省总公司成品油经营与多种经营并重的策略。多种经营的商品或业务主要有：石化产品、副食百货、汽车零部件、餐饮服务、设备维修、运输、文印、装饰、门面出租、养殖种植等。

1997 年 8 月，省石油总公司发出《关于加强多种经营的通知》。

1998 年，省石油总公司提出一切以效益为中心，成品油与多种经营并重。

2000 年，中国石化重组改制、主辅分离。主业上市成立中国石油化工股份有限公司湖南常德石油分公司。辅业沿用原常德市石油公司（存续公司）名称。存续公司依托成品油零售经营，组建运输车队，发展宾馆、汽车修理等多种经营。

2001年，上市公司整体效益下滑，安乡、汉寿两家非上市公司亏损较大，多种经营几无优势，存续公司发展缓慢。运输公司，运油13万吨，创利65万元。桃源公司船队运油1.68万吨，收入110万元；石化招待所营业收入20多万元；物质公司加油机维修创收15万元，销售零配件67.7万元。

2002年，全市存续公司实现利润340万元，运输成品油24.5万吨，其中公路运输11.5万吨，水运13万吨。当年撤销县公司建制，实行市、县一体化经营，6个县公司上移资产1656万元，土地34宗，房屋30栋，车辆10台，油罐车20台。盘活资产，清偿债务，实现经营重组，其中安乡、汉寿公司以经营资产分别偿还上市分公司1272.8万元，1355.45万元债务。市公司也以第六站抵债，偿还了分公司521万元债务。

2003年年初，润滑油公司划入，2004年划回上市公司。2003年，存续公司实现利润36万元，消化减员费用174万元，运输油品16.8万吨，其中公路运输15.6万吨，销润滑油3100吨。

2004年5月17日，根据省司非上市企业改革重组的指导思想，要求“五减四无”(减人、机构、资产、债、业务；无经营机构、经营活动、经营人员、整体亏损)，实现非上市资产、业务、人员有序退出国有企业经营领域。当年安乡和汉寿以资抵债整体划到上市公司，其他6个县公司全部注销，非上市加油站全部转让或租赁给上市公司，直属的润滑油业务划到上市公司，运输、物业、劳务代理、检测维修等业务一并移交给改制企业，招待所和餐馆也交给改制企业经营3年；市公司直属小公司全部注销。

2005年6月20日，中国石化销售部下发《关于大力推进非油品经营业务开发工作的通知》，确定湖南为拟开发地区，要求成立非油品业务工作小组开展工作。

2007年11月26日，省司下发《关于抓紧办理“非油品”经营增项有关问题的通知》，按照中石化总部要求，中国石化所属加油站的便利店业务要由销售企业自己经营，其范围按照省分公司确立的“日用百货、副食品、汽车配件、五金、交电、餐饮、住宿、汽车修理及洗车服务”项目办理，要求各单位尽可能争取把“烟草、彩票、保险代理、场地租赁”的经营内容增加进去。

2008年，湖南石油分公司《关于下达非油品业务人员编制的通知》决定，暂在市州分公司零售管理部增设非油品业务专职岗位，常德定编3人。以加油站为依托的非油业务正式开展。当年新开易捷便利店14家，营业额144万元。主要经营预包装食品、乳制品零售；书报刊零售；石油制品、润滑油、化工产品、日用百货、五金交电、文化用品的销售；以及提供汽车清洗服务；企业自有充值卡零售服务；委托代理收取水电费；票务代理等业务。资产部以盘活存量、无效、闲置资产为重点，搞活资产经营，拓展出租业务。2009年，非油业务新开易捷便利店13家，总计达27家，销售收入387万元。设立非油业务办公室。

2010年，增开便利店22家，总计达49家，非油业务营业额997万元。提升烟草等级，加大茅台酒、法国葡萄酒、燃油宝等主打商品经营力度。基本店商品达 300 余种，标准店达 600 余种。资产管理方面，出租朗州路办公楼（共 8 层 4500 平方米）。

二、中石油常德分公司

（一）销售品种

根据市场的需要，公司历年经营的油品为：

90# 汽油、93# 汽油、97# 汽油、0# 柴油、昆仑牌润滑油。

（二）销售范围和对象

常德市各区、县（市）政府机关及事业单位车辆客户、城市公交客户、厂矿企业车队客户、出租车客户，本地客车（货运）车队、私家车、农用机械客户、其他非车辆用油客户以及过境流动车辆等。此外，还包括向常德石化系统供油。

（三）销售方法

分公司的常德配送中心成立之初，油品销售的批发业务，由销售岗客户经理和上级公司配备的销售代表在深入开展市场调研的基础上进行上门推销；零售方面，利用相继投运的 9 座加油站进行销售。更名为湘西北配送中心之后，批发的销售方式依旧，零售的销售方式，一方面采取 IC 卡和累积卡的方式促销；一方面将销售任务一分为二，正常销量分解到班组，班长为责任人；机构用户由加油站经理、实习经理负责开发。不断改善服务态度，提高服务质量。2004 年上半年共计销售油品 4664.982 吨。

2004 年 12 月—2008 年 7 月，公司以市场为导向，以客户为中心，以效益为目标，转变销售经营方式。

1.成立联合办公室，指导客户经理参与零售工作，实现客户经理与零售的片区管理相结合的方式，共享客户资源，促进加油站销售。

2.挖掘潜在市场。按照“不交叉、不留空白”的原则，结合市场区域特点，强化片区管理，加强对各区县市场的销售服务功能，以贴近市场，全面开发客户，提高销售质量，增强竞争能力。

2004 年，中石油常德分公司送油下乡，服务三农

3.改自提销售为配送销售。发动客户经理进入市场调研，将配送销售宣传手册发放到客户，向客户介绍、讲解配送销售的模式好处。采取配送销售和自提销售不同价格的销售策略，促使客户接受配送销售；拉开配送销售和自提销售的绩效工资、经营费用标准，促使客户经理加大对配送销售的宣传。

4.实行加油站分类管理。根据加

油站不同情况，按照抓两头带中间、逐步达到加油站均衡发展的策略，全力培育星级站，加强星级站、样板站建设。

5.以“素质零售”为中心，提高终端销售市场份额。提高销售队伍素质，完善客户经理制度，进行多种培训，加强客户关系管理，定期进行客户回访，提供多样化的附加服务。同时加大机构用户和重点客户的开发，完善客户档案。

2007 年，为进一步提高零售比例，扩大市场，重点针对出租汽车、客运车队、大型企业签订供油协议。同时，利用小额配送车开展送油上门等服务，大力开发工地、挖沙船、宾馆等客户，提供送油上门服务。小额配送车月均送油 130 吨以上。对于熊家坪、芷兰等潜力较大的加油站，举行促销迎奥运、送清凉系列有奖促销活动，吸引客户。此外，还通过组织义务献血活动，邀请相关媒体进行报道，扩大影响力，提高加油站的销量。

2008 年冰灾期间，柴油资源持续紧张，在确保稳定市场的前提下开展组合营销，采取柴油和汽油搭配，柴油与其他油品搭配、汽油与其他油品搭配等销售策略，达到任务不减，效益不减的经营目标。

2009 年，深化全员营销理念，实行全员参与，同一标准兑现绩效薪酬，形成人人关心销售、人人参与销售的氛围。加强内部纵向信息传递和油库横向信息沟通，做到“提价与石化同步，降价在石化之前”；灵活营销策略，抢抓市场份额，成功获取高速公路建设 19 个标段的供油权，累计销油超过 500 吨。实行机构用户动态管理，采取前十大客户由分公司领导亲自联系、其余机构客户由各部门主任挂点协助客户经理保持联系的方式，2009 年机构用户累计达到 31 家，占本地区机构用户量的 76%，机构用户月销量稳定在 1000 吨左右。

2010 年，以提升零售经营能力为目的，精心打造精品站、标杆站，全力推广全国加油 IC 卡，巩固和扩大终端客户。在客户管理上，分级分块建立完善的客户档案，加强客户量的维持和扩大；通过开展送油下乡、爱心送考等多样化促销活动，提升中石油的品牌形象。

2011 年，借助柴油资源的持续紧张，加强与中石化沟通，通过批发限购、柴油和汽油搭配等措施，使柴油资源向自营加油站倾斜。严格控制批发柴油再流通。零售方面则组织加油站开展市场大调查和客户大普查，深入挖掘客户的潜在需求，制定汽油促销方案，建立机关挂点汽油销售站以开展汽油促销。大力推广 IC 卡销售，通过发布电台广告、印制 IC 卡宣传海报及宣传手册等方式，宣传“一卡在手，全国加油”的服务特色，同时为所有车辆发放累积卡，实行优惠返利，1000 升以上返 0.01 元/升，2000 升以上返 0.02 元/升，3000 升以上返 0.03 元/升，3 吨以上优惠 0.05/升。当年实现税前利润 1000 余万元，创分公司成立以来最好成绩。

2012 年，在关注市场变化、掌握需求走势的基础上，实施深度客户开发；将客户经理和加油站经理的主要职能定位于批零兼营，实现经营职能由片面性向全面性的转变。组建客户服务中心，实现客户管理由分站式向一站式、断续性向连续性、单一性向多元化的转变，为客户提供了一揽子需求解决方案。同时，挖潜增效、深化治理。一是实施排查摸底，对市场逐站排查，掌握需求，建立零售业务“日跟踪、周分析、月通报”信息反馈机制，提高应对市场变化的反应能力。二是组建专家团队，逐站进行现场帮扶，提升经营管理技巧。三是实施一站一策，分门别类制定方案，实行差异营销，开展“春季双倍积分”“夏季清凉风”“石门柑橘节”“寒冬有中油”等促销活动。在“夏季清凉风”汽油促销活动期间，汽油销售量同比提高20%，环比提高18%。四是开展设备保全，对设备强化整改，精心保养。五是深化低销站治理，对低销站一类一策，针对实施。六是促进高效站增量，深挖潜能，最大限度发挥高销站增销创效能力。

（四）销售业绩

自2004年5月至2012年12月，公司共销售油品92.82万吨，连同非油收入在内，实现利润11726万元。商品分类销售见下表：

2004—2012年中石油湖南销售常德分公司销售统计表

表5-1-2-11

年份	销售量（万吨）					销售及利润（万元）			
	按油品分类			按销售方式分类		非油	润滑油	小商品	利润
	汽油	柴油	小计	批发	零售				
2004	0.42	1.60	2.02	0.405	1.615				
2005	1.19	5.13	6.32	2.411	3.909				
2006	2.642	4.98	7.622	1.6244	5.9976				
2007	1.00	8.205	9.205	2.099	7.106				
2008	3.09	8.862	11.952	2.336	9.616				
2009	3.14	9.127	12.267	5.194	7.073	773.44	499.60	273.84	2930.00
2010	3.13	10.91	14.04	7.37	6.67	488.51	152.25	336.26	3005.00
2011	3.55	10.52	14.07	4.51	9.56	1066.28	637.35	428.93	1078.13
2012	3.72	10.50	14.22	4.47	9.75	553.21	53.13	500.08	−903

第二章　网点建设

1949年以后，中国石油工业逐渐恢复和发展，20世纪60年代迅速崛起。在此基础上，我国作为人口大国，对石油的消费需求也逐渐步入世界前列。为保障供应，我国石油系统与储藏、运输、销售相适应的设施和网点建设在快速发展中，经历了地理位置上由城市到农村、类型上由油库到加油站、储油方式从桶装到散装、储油容器由土油池到钢质罐、装卸油品由人力到机械、购销数量的控制由人脑到电脑的发展历程。

常德辖区内的油品运输，早期主要经水路，后来除了水运之外，公路和铁路运输发挥了越来越大的作用。因此，常德石油系统的网点建设及其发展，就具有与运输方式相适应的现象。

第一节　油库建设

一、中石化常德分公司

（一）不同时期的油库

1950年10月后，常德石油支公司在原美孚油栈旧址基础上，相继设立常德德山、津市阳由（1949年前称洋油）垅桶装油库。1954年洪水后，阳由库迁址，于1955年建立津市果园油库。桶装库以砖、瓦、竹、木材料建库房、围墙，储油容器为200升油桶和19升镀锌铁皮方听（方听盛装煤油随油出售），油库内备有倒油台、半圆形倒油机、手动抽油机，逐桶灌装、过磅计重，卸、发油均为手工操作。

1957年4月，商业部设计安装公司完成德山油库的设计，10月动工兴建。1958年10月，德山油库建成，有立式油罐6座，库容6100立方米，属散装库。1984年，建立式油罐2座，扩容2000立方米，卧罐增至29个，库容达9390立方米。

1962年开始，商业部统一制作30—50立方米的金属卧式油罐分配各省市。1964年，津市果园油库购卧式油罐30个，建成库容1060（50×8+30×22）立方米的散装库。1966年增加卧罐37个，扩容1850立方米。至1972年12月15日，共有卧式油罐68个，1985年达到77个。1980年建立式油罐2座，4000立方米。

从1970年开始，各县先后建成下列油库：桃源八字路、白洋河；临澧城关、张公庙（1973年5月建,1980年拆）、新安；石门城关（后改名荷花库）；慈利城关（1973年）；安乡大鲸港（1973年2月建,1985年拆）、长岭州；常德高泗；澧县黄沙湾库；汉寿周文庙、坡头、城关。到1985年，常德地、县石油公司整体上划省石油公司时，共有油库15座，其中铁路库2座（石门、慈利）、水运库13座。

1971年10月，三线建设工程常德六九〇九（后改名岩码头油库）在常德县许家桥公社（乡）建成，为隐蔽覆土战备石油库，库容3.1万立方米。该库为县团级单位，直属省生产资料公司。1987年划入常德石油分公司。

1985年，油库15座、库容4.5万立方米，详见表5-2-1-1：

1985年全区油库容量和人员统计表

表5-2-1-1

油库名称	建库时间	人数	其中（人）		容器情况（立方米）			备注
			警卫	消防	合计	立式	卧式	
合计		336	96	19	45733	24100	21633	
德山油库	1950.10	69	18	2	9390	8100	1290	
津市果园	1955	30	10	1	7598	4000	3598	
石门城关	1972.6	21	8	1	3780	1000	2780	后改荷花油库
慈利城关	1973	22	7	1	4150	2000	2150	又叫白云油库
汉寿周文庙	1975.10	17	4	2	1850	1000	850	
汉寿坡头	1976.9	6	2	1	1350		1350	
汉寿城关	1979.10	25	5	2	500		500	
澧县黄沙湾	1975.2	26	5	1	4635	2000	2635	
澧县新洲		9	3	1	600		600	
常德高泗	1975	30	9	1	3850	2000	1850	
临澧城关	1970.7	14	4	1	990		990	又叫金牛岗油库
临澧新安	1978.6	11	4	1	1500	1000	500	
桃源白洋河	1980.12	18	4	1	2950	2000	950	
桃源八字路	1972.10	12	4	1	390		390	
安乡长岭洲	1985	26	9	2	2200	1000	1200	

1985年12月，省政府将澧县白衣区所属6个乡划归入津市市，原澧县新洲油库于1986年划入津市石油公司，1987年改为加油站。汉寿坡头油库1986年因防汛扫障关闭，至1997年拆除；城关油库1988年8月改加油站,1999年拆。桃源八字路库1988年8月改供应点，2006年12月拆除。慈利油库于1989年3月24日划归大庸分公司。1990年4月，临澧新安油库铁路专线建成，9月撤城关库。1991年10月13日德山油库扩改工程竣工投产，库容2.02万立方米。是年全市油库10座，库容8万立方米。

1994年市石油公司油库设置情况表

表5-2-1-2　　单位：立方米

库名	合计	汽油	煤油	柴油	备注
德山	19000	8250	2000	8750	
岩码头	30500	13200	5050	12250	
津市果园	6490	1940	450	4100	1997年6月拆迁移建为竹岭库

续表 5-2-1-2

库名	合计	汽油	煤油	柴油	备注
鼎城高泗	3750	1400	300	2050	
桃源白洋河	3100	950	550	1600	1996 年 12 月拆迁,1997 年移建为陬市库
汉寿周文庙	1850	750		1100	
安乡长岭洲	2200	800	300	1100	
澧县黄沙湾	3650	1550	550	1550	
石门荷花	2400	1100	250	1050	
临澧新安	2250	850	300	1100	
总计	75190	30790	9750	34650	

1997 年，岩码头油库因企业破产拆除。同年，临澧新安、汉寿周文庙油库各扩建 1000 立方米的汽油立罐一座。津市果园库搬迁建成竹岭油库，6 月 12 日投产。桃源白洋河库搬迁建成陬市油库，11 月投产。

1998 年 4 月，市石油公司整体上划中国石油化工集团公司之前，油库状况如下：

常德市石油公司油库分布状况表

表 5-2-1-3

油库属地	油库名称	油库容积（万立方米）				滑油罐（万立方米）	通槽点及车位（个/个）	通航点及码头（个/万吨）	加油站（座）		油罐车（辆/吨）	油船油驳（艘/吨）
		合计	拱顶罐	浮顶罐	小油罐				自营	联营		
常德市	德山	2.02	1.12	0.8	0.1	0.1		1/1	5	1	2/13	
安乡	长岭州	0.22	0.1		0.12			1/1	3		1/4	
汉寿	周文庙	0.29	0.1	0.1	0.09			1/1	4		3/12	
澧县	黄沙塆	0.365	0.2		0.165			1/1	7		3/12	
销售部	高泗	0.385	0.2		0.185			1/1	5		3/12	
临澧	新安	0.375	0.1	0.1	0.175	0.03	1/5		4		3/12	
桃源	陬市	0.375	0.15	0.2	0.025			1/1	3		3/12	4/750
石门	荷花	0.44	0.1	0.2	0.14		1/5		2	1	1/4	
津市	竹岭	0.43	0.1	0.1	0.23			1/1	3	1	2/8	
合计	9 座	4.9	2.17	1.5	1.23	0.13	2/10	7/7	32	3	21/89	4/750

说明：此表数字统计到 1997 年年底

2000 年，按照国家和中国石油化工股份有限公司的指示，收购农机部门的鼎城高泗油库（6 月）、安乡库（7 月）、汉寿岩汪湖库（11 月）。2001 年 2 月收购湘运河洑油库，2002 年 2 月购桃源农机尧河库、汉寿航运公司仓儿总库。2003 年因网点密度及改造费用过大，省司批准上述油库报废。

常德市油库报废情况表

表 5-2-1-4

油库名	高泗	安乡	岩汪湖	河洑	尧河	仓儿总
库容(立方米)	2075	788~800	1600~2400	2200	1100~1250	1000
拆除时间	2003.8	2003.12	2003.12	2003.12	2003.12	2003.12

2002 年以 210 万元收购湘运石门油库，建成石门城关加油站。7 月，分别投资 73.4 万元和 150 万元，扩建临澧新安 1000 立方米和澧县黄沙湾油库 2000 立方米汽油立罐。

1955 建成的津市果园油库土油罐（水包油池）

经过对社会油库的收购，常德石油分公司统一成品油市场的批发业务。

2003 年 12 月，中国石化湖南石油分公司批准鼎城高泗油库报废；2005 年 5 月，为节能减费，批准临澧新安，汉寿周文庙库关闭。

2008 年 7 月 1 日，中国石化湖南常德石油分公司德山油库

1975 建成的常德县高泗油库土油池

扩改工程竣工，库容 2.8 万立方米；9 月，因津市经济开发区征用土地，竹岭油库拆除；11 月陬市、长岭洲、黄沙湾油库关闭。

2009 年，常德石油分公司在营油库 2 座，容量 3.25 万立方米（其中德山库 2.8 万立方米、石门荷花库 0.45 万立方米）。全年吞吐量 52.69 万吨（德山 39.68 万吨，荷花13.01 万吨）。

（二）土油罐（池）

非金属油罐通称土油罐（池），主要用砖、水泥、黄沙构建，内壁用防渗涂料处理，用以代替金属油罐。1958 年上半年，商业部提出建造土油罐以缓解因钢材短缺导致储存能力不足的问题，号召各地因地制宜建造土油罐（池）。1960 年 3 月，省商业厅设计出双壁中间充水的“水隔层防渗石油罐”（即通称水包油池）30—300 立方米的技术图纸，其内壁防渗涂料使用生漆、工业汽油、磁粉、桑皮纸或较好的糊篓纸。由于建造速度快，质量差，一些土油罐刚储油就发生渗漏，不久即行废弃。当年汉寿县兴建土油池，检查不严，质量不合规格，油池破裂，漏掉煤油 4 吨多，受到批评。

1956 年拍摄的美孚油池

1970 年，商业部在总结经验教训的基础上，委托专家研究土油罐的建造和防渗问题，又重新提出土洋并举、两条腿走路的办法，推动土油罐建设，以扩大社会储油能力。

1971 年 11 月 28 日，全省石油工作会议主要推广土油池建设、节约用油和扩大油料储存的经验。到 1972 年 4 月，常德全区石油系统 2 站和 8 县，修复和修建瓷片式土油池 608 立方米、隔水式油池 90 立方米、粉刷式土油池 200 立方米。

1973 年 2 月，安乡大鲸港油库建土油池 260 立方米；5 月，临澧张公庙油库建 100 立方米土油池 3 座，

1975 年 2 月 14 日，地区革命委员会《关于抓紧兴建土油池的通知》要求全区各公社供销社、农机站和用油单位兴建 5—50 吨的土油池，资金自筹，水泥、钢材由各县、市(镇) 计委统筹安排。当年石门荷花油库建 300 立方米土油池 3 座。1978 年，澧县黄沙湾油库建 300 立方米土油池 4 座。

1958 年建的立式油罐

1984 年，各县土油池逐渐老化，汉寿、桃源、常德、慈利、石门油库相继建成金

属立罐，逐步取而代之。1985年年底，因非金属罐使用期短，维修困难，容易渗漏，易遭雷击，中国石化总公司通知停止使用。1987年8月7日，常德分公司《关于重申禁止使用应搬迁、拆除的油库和土油池存油的通知》要求，各支公司的土油池不准存油。此后，常德各地石油公司建设的土油池先后报废。

（三）德山油库

1.沿革

早在民国6年（1917年）美孚买办陈子钧出面在德山老码头购买了蔡氏的屋基和山地，于1927年建成驳岸、房屋、油池（油罐容量6500多立方米，为当时湘西北最大的油库。1943年11月常德会战时被日本飞机和地面炮火炸毁），名为“美孚公司常德油栈”，是为德山油库的前身。相继有抬油、压听工人11名，巡捕（看门的）3名，炊事员1名在此工作。宁波人陈子钧担任正买办，周宜昌任副买办，在常德市大河街设有“正大洋行”。

1950年8月8日，奉长沙军管会发布征用、接管外商资产命令，省石油公司派遣经理、财会、人事、业务等十余人来常接收该油栈，成立中国石油公司常德支公司。

1951年3月3日，美孚代办周厚邦将油栈所剩财产清点并造具清册，正式移交常德石油支公司。周厚邦、中国石油公司常德支公司经理崔大义和常德专署工商局副局长王云俊分别作为移交人、接收人和监交人在交接书上签字。

1956年8月，经省人民委员会批准，将常德盐关原英商亚细亚废弃的两座油柜拆除移作德山油库修建新油池的材料。1957年4月，由商业部设计安装公司设计的德山油库动工兴建。

常德石油支公司接受外商油库油罐情况表

表5-2-1-5

时间	外方	地点	油罐	外形数据（直径×高，米）	容量（加仑）	备注
1950-04-22	美孚	德山	A	6.1×6.1	49 500	美孚财产交接清册3（1951-03-03）
1950-04-22	美孚	德山	B	21.34×8.53	808 300	都曾被日机轰炸破坏，甚至达不可修理程度
1950-04-22	美孚	德山	C	21.34×9.14	868 000	
小　计					1 725 800	按美制加仑换算
1956-06	亚细亚	盐关	A		47 500	亚细亚财产清查报告（1973-04-25）
1956-06	亚细亚	盐关	B		47 500	亚细亚财产清估表2（1973-04-16）
小　计					95 000	1956年8月省人民委员会批准拆除，材料用于德山油库新建油罐之用。

1958 年 10 月，德山油库竣工投产，库容 6100 立方米，以后，其库容不断增加，详见下：

常德市德山油库库容统计表

表 5-2-1-6

年份	容量（立方米）	立式罐（立方米/个）		卧式罐（立方米/个）	
		容量	明细	容量	明细
1958	6100	6100	2000×2，1000×1 500×1，300×2		
1965	6340	6100	同上	240	30×8
1976	6990	6100	同上	890	30×8，50×13
1982	7390	6100	同上	1290	30×8，50×21
1985	9390	8100	增 1000×2 汽油浮顶罐	1290	30×8，50×21
1989	10590	9300	增 300×4 机油立罐	1290	30×8，50×21

1990 年，省石油公司投资 320 万元用于该油库的扩建和改造，拆除 1958 年建成的 6 个共计 6100 立方米的立式油罐，新建立式油罐 6 个，1.6 万立方米，并进行微机付油等工程建设，10 月 20 日工程动工， 1991 年 10 月 13 日竣工投产。扩建后，该库容量达 2.02 万立方米，其中立式罐 1.92 万立方米（3000 立方米×4，2000 立方米×2，1000 立方米×2，300 立方米×4），卧式罐 0.1 万立方米（50 立方米×20）。

1991 年以前使用的德山油库发油台

1993 年 3 月 2 日，改德山油库为储运公司。为内部核算单位，性质系全民所有。主营轻质油品的储存、收发、运输，兼营石油储存设备、加油机零配件，汽油、煤油、柴油、润滑油、五金建材、金属材料的销售；油库、加油站设备的安装、维修。实行承包经营。

1994 年 5 月 19 日，取消储运公司的名称，恢复“常德市石油公司德山油库”之名。

1991 年 10 月投产的卧罐群

1991 年 10 月 13 日投产后的德山油库大门

1991年10月扩改后的德山油库发油区

进行以安全为前提的费用承包。

2007年10月2日，德山油库再次投资3200万元进行扩改建设，翌年7月1日投产。完工后的油库有3000立方米的立式罐8座，2000立方米的立式罐2座，总库容2.8万立方米，成为集安全、环保、信息化管理于一体的现代化的花园式油库。

2.油库管理中的科技应用

从1950年8月政府接收油库起，油库将提高职工的业务技术素质和科学技术的运用作为重要的基础工作来抓。对警卫、消防、维修、化验、计量、司泵、电工、电焊、锅炉、起重、司机等技术工种，实行培训考核，凭证上岗。

2008年7月1日扩改后的德山油库

1976年，在省石油公司的支持下，针对油库作业在某些环节上仍需手工操作，劳动强度大等状况，油库成立以计量员杨冬生等人组成的技术革新小组进行攻关，当年完成遥测计量。1977年完成鹤管自动对位、高架罐自动控制、汽车散装电子付油等项目。1978年完成油船散装电子付油、自动传讯、自动节油装置等革新。电子付油装置的运行，减轻了劳动强度，提高了工作效率。杨冬生被省商业厅评为1982年全省商业系统先进个人。

1983年3月，省石油公司拨款3.04万元在德山油库设立湖南省仓储技术培训基地。1986年6月又拨付1.4万元用于培训基地的维护,为全省的油库和加油站培训技术人员。

1991年10月，扩建后的德山油库实现微机自动控制发油，自测液位，定点自

2008年7月1日投产后的德山油库发油区

动灭火，管理数据自动生成等，有试压泵、测厚仪、测爆仪、U 型计、接地电阻测试仪等检测工具。

2008 年 7 月 1 日，又一次扩改后投产的德山油库，实行计算机网络化运营。油库实现自动计量及自动付油，油罐液位自动实时监控，主要机泵自动控制，阀门自动切换并实施监控；车（船）安装全球 GPS 定位仪系统，实时监控运营；进出库作业自动化，通过视频监控系统，实时了解作业现场情况；办公自动化，收发、计量、质量、消防、设备等报表档案管理使用微机和网络处理。油库与省、市公司计算机信息管理系统联网，实现了中国石化湖南油库的统一集中管理、监控与资源调度。

计算机网络信息化管理的应用，使油库管理智能化。2005 年 4 月 14 日，安乡一客户拿了一张数量为 18 吨的 0 号柴油提货单到德山库提油，发油员查看单据后，进入 ERP 操作系统，在线与公司进行过账操作，系统警告“当前用户没有操作权限”。经查，这是一张假提单，报警后，公安部门将涉嫌的 3 个人带走调查。

2010 年 1 月 22 日 10 点，视频监控发现油库现场管理员李某、卫某某既不交接计量也不打铅封，而是站在发油台看油罐车司机自己打铅封，违反了《安全数质量处罚规定》，公司据此给予通报批评，每人罚款 200 元。

3.油库供应区域及获得的荣誉

从 1950 年起，德山油库的主要销售供应区域包含常德市、县、桃源、汉寿、怀化地区、湘西自治州、贵州铜仁地区、四川秀山县。1972 年 1 月 1 日起，因六九〇九油库建成，省生产资料公司将其供应区划调整为，湘西自治州的大庸、桑植、龙山、永顺四县和桃源县的陬市、漆河、理公港三个区以及铁路四局的三线用油及常德市、县、的油料供应；1985 年 7 月 1 日，大庸县公司的轻油改慈利中转，润滑油在该库提货；1986 年 1 月1 日起，将益阳分公司调拨供应的安化县城经营的油料改向该库进货；2009 年 2 月 7 日，按省司物流中心的统一安排，跨区域配送怀化沅陵县油品。

供应区域的变化并未影响到该库进销量的逐年上升：1988 年 7 万吨,1991 年 7.5 万吨,1995 年 8.1 万吨，2000 年 17.5 万吨，2005 年 29.8 万吨，2009 年达 39.68 万吨。

1966 年“文化大革命”开始以后，社会上的群众组织试图冲击油库；2006 年 1 月 17 日，常德石油分公司 2001 年协议解除劳动合同人员 60 余人集结封堵该油库，地方政府出动警力保护；多次受到自然灾害的袭扰等重大事件发生时，该库职工坚守岗位，保证了油库的安全和正常经营。1949—2010 年的 60 余年中，没有出现报省的安全事故。

从 1988 年起，该库组织力量先后对德山、石门荷花、澧县黄沙湾、临澧新安、汉寿周文庙、汉寿城关、津市果园、安乡长岭州、桃源陬市等 9 座油库和常德石油分公司德山、岩坪、第一至第九、第十一、河洑、高速公路太子庙等 14 座加油站进行过安装和改造建设。还为市委和市邮电局的自用加油站进行过设备安装和建设。2000 年后，中国石化主辅业分离，油库安装业务逐步停止。

德山油库获得的荣誉一览表

表 5-2-1-7

年份	授予者	获得者	荣誉称号
1982	商业部	德山油库	全国仓储安全管理先进
1985	省石油公司	德山油库	四好油库（评分全省第一）
1989	中国石化	德山油库	8月评为全国油库管理先进单位
1990	中国石化	德山油库	全国"十佳油库"
1996	省政府	德山油库	八五期间安全生产先进单位
1982	省商业厅	杨冬生	全省商业系统年度先进个人
1984	省石油公司	闵美云	全省石油化验先进个人
1995	市政府	莫益朋	市劳动模范
1997	省石油公司	莫益朋	省石油系统劳动模范

二、中石油常德分公司

2008 年 1 月 7 日,在常德德山开发区投资 5200 万元,新建具有立式罐 7 座，库容达 2 万立方米的水陆两用油库建成投产。

第二节　加油站建设

一、中石化常德石油分公司加油站

1949 年以后，石油商品零售由百货、副食、供销、杂货等各业商店兼售和肩挑小贩经营。之后常德各县陆续开设零售供应点，利用公司街道门面或油库库房开展成品油零售业务。油桶置于屋内，前面卖油，后面存油，早期多用杆秤、磅秤、或铁皮制作的量筒计量，20 世纪 60 年代开始用流量表计量。常德石油公司在机关院内设置小油库零售，供应城区居民日常生活用油，用量大者和单位用户一般到德山油库灌桶过磅提油，隔河渡水，既不安全又不方便。

中石化常德市第一加油站

1979 年 11 月 1 日，由省、地财政拨款 10.4 万元兴建的岩坪加油站建成。1982 年 9 月15 日，德山加油站建成。

从 1985 年起，国家将基本建设投资拨款改为银行贷款，即“拨改贷”改革，库站基建资金由自有资金和银行贷款组成。

1991 年 3 月，德山水上加油

站营业。1996年4月15日，建成一站。1997年7月18日，建成二站。1998年1月20日，建成三站；3月6日，6站开业（租赁常德德海燃化公司德海加油站，承包后易名金星站）。1999年1月3日，建成四站。2001年1—10月，收购改建成5、7、8、9、10站。2003年3月，建成南坪路站，10月设常龙特许站。2005年12月底建成常德大道站。

1991年3月中国石化常德石油分公司水上加油站

2004年，市城区加油站实行IC卡加油和电脑管理，加油站与公司机关实行远程联网与控制。

通过加油枪直接将油加到车辆油箱内，安全、快捷、方便，初期由于技术和设备的局限，所用上海海狮牌加油机是齿轮带动字码机械式显示记数，达到预定的售量，加油员要立即关机，但由于惯性作用，多加或少加时有发生，造成司机不满。这种情况到1997年常德石油分公司将市城区所有加油站改为电脑加油机才告结束。

常德石油分公司城区加油站统计表

表5-2-2-1 （截至2006年11月13日）

站名	所处位置	经营方式	投产日期	占地面积（平方米）	总容量立方米/个	加油机（台）	加油枪（支）	人员（个）	年加油量（吨）	备注
一站	德山	自营	1996.4.15	3339	120/5	12	24	20	9635	樟木桥
二站	护城	自营	1997.7.18	2757	100/4	8	13	13	8284	高车村
三站	武陵大道	自营	1998.1.20	4008	100/4	8	14	21	8257	体育中心对面
四站	南坪五叉	自营	1999.1.3	5987	220/6	8	16	13	2430	
五站	青年东路	自营	2001.3	4446	235/6	12	16	13	5325	
六站	洞庭大道	联营	1998.3.6							361号。2004年拆毁
七站	桥南	自营	2001.10	3166	100/4	6	6	5	700	玉霞路
八站	德山	自营	2001.1.12						1463	樟木桥。2005年年底常张高速公路建设拆除
九站	洞庭大道	自营	2001.3	3125	126/6	10	24	23	9586	361号2004年5月改造
十站	桥南	自营	2001.7	3546	55/4	6	8	7	900	玉霞路

续表 5-2-2-1

站名	所处位置	经营方式	投产日期	占地面积(平方米)	总容量立方米/个	加油机(台)	加油枪(支)	人员(个)	年加油量(吨)	备注
岩坪	护城	自营	1979.11.1	3774	69/5	4	8	8	1570	岩坪村
德山	德山	自营	1982.9.15	2168	60/4	4	5	7	1169	五一村
水上	德山	自营	1991.3	船舶	98.7/1	2	2	5	521	老码头
南坪	灌溪	自营	2003.3	6000	180/6	9	12	13	3998	兴发村
常德大道	河洑	自营	2005.12.26	5400	150/6	6	12	9		岩桥村。2006年开业
常龙	德山	特许	2003.10	9000	450/10	21	21	42	10000	樟木桥
小计					2010/71	116	181	202	63838	
武陵	武陵镇	自营	1986.6	5441	105/4	6	12	12		武陵镇小圆盘
金霞	郭家铺	自营	1998.1	5368	120/4	8	8	9		郭家铺乡福广
桥南	武陵镇	自营	1997.1.23	5216	120/4	6	6	9		武陵镇王家铺村
灌溪	灌溪镇	自营	2004.9	2664	120/4	9	9	11		灌溪镇汤家坪村
白鹤	白鹤山	自营	2001，7	2331	120/4	4	13	10		鼎城区白鹤山乡
小计					585/20	33	48	51		
合计					2595/91	149	229	253		

说明：本表年加油量系 2005 年数据

常德各区县（市）的加油站也随之发展。1985 年常德石油成建制上划湖南省石油公司。全司有加油站 13 座，罐容 1419 立方米，分别为常德城区的岩坪、德山； 安乡城关；澧县城关、张公庙；鼎城武陵、南坪；临澧城关、合口；桃源城关；石门城关（后更名楚城）；津市城关（后更名北区）；慈利城关站。

1985 年全区加油站容量和人员统计表

表 5-2-2-2

单位/项目	人数（人）			卧式容器（立方米）	备　注
	合计	警卫	消防		
合计	97	12	13	1419	
武陵站	6		1	100	常德县
南坪站	7		1	105	常德县
澧县张公庙站	8	1	1	45	
澧县城关站	12	1	1	200	

续表 5-2-2-2

单位/项目	人数（人）			卧式容器（立方米）	备 注
	合计	警卫	消防		
临澧合口站	5	1	1	224	
石门城关站	4		1	60	
临澧城关站	4		1	100	
安乡城关站	10	2	1	100	
慈利城关站	6	1	1	60	
津市城关站	4	1	1	60	后更名北区站
桃源城关站	12	3	1	100	
岩坪站	12	2	1	205	分公司本部
德山站	7		1	60	

1987 年建桃源陬市站，津市新洲油库改加油站，加油站增至 15 座。1988 年建汉寿军山铺站、城关油库改加油站，加油站增至 17 座。1989 年 3 月慈利城关站划归大庸石油。1990 年 1 月增岩码头公司谢家铺站（与农机联营），6 月增石门白洋站，加油站达 18 座。

1992 年，随着石油价格的双轨制运行和多渠道经营竞争，常德石油分公司加强网点建设，新增网点 28 个，同时与基层乡政府、供销社、农机站或其他部门实行联营、代销。当年除桃源、石门、临澧外都设立水上加油点。

市石油分公司系统加油站（点）基本情况表

表 5-2-2-3 （截至 1992 年 6 月 5 日）

项目单位	站点数		人数	加油机		流量表（台）	油罐容量（立方米/个）			1991 年销售量（吨）
	总数（台）	微机（台）		站（个）	点（个）		合计	汽油罐	柴油罐	
市公司	2	1	26	9	6	1	300/10	225/6	75/4	6150
岩码头	1	4	22	2		8	170/9	70/4	100/5	700
销售部	2	6	34	12	1	4	330/16	130/8	200/8	4654
汉寿	2	4	40	7		8	835/19	330/8	505/11	4121
安乡	1	3	16	4		3	250/7	140/4	110/3	2725
桃源	2	7	39	8		10	313/19	187/10	126/9	7600
临澧	2	4	28	6		7	670/20	385/11	285/9	2577
澧县	2	9	64	13		11	525/27	280/13	245/14	3727
石门	2	8	21	4		17	363/20	185/10	178/10	5396
津市	2	2	14	3		7	220/6	110/3	110/3	3161
合计	18	48	305	68	7	76	3976/153	2042/77	1934/76	40811

1997 年 4 月 18 日，全市有加油站 451 座，市石油分公司 34 座，占 7.5%，零售比 15%。

1998 年 6 月，市石油分公司整体上划中国石化集团公司时拥有加油站 39 座（罐容 4333 立方米，加油机 153 台），其中市城区 6 座、安乡 3 座、汉寿 4 座、澧县 7 座、鼎城 5 座、临澧 4 座、桃源 3 座、石门 3 座、津市 4 座。

市石油分公司加油站汇总情况表

表 5-2-2-4　（截至 1998 年 3 月 31 日）

单位	加油站（座）	经营方式		总容量（立方米）	加油机（台）	加油枪（支）	人员（人）	年加油量（吨）
		自营（座）	联营（座）					
市公司	6	5	1	790	39	39	78	14179
安乡	3	3		315	10	10	25	2918
汉寿	4	4		775	13	13	31	3219
澧县	7	7		342	20	20	37	5126
销售部	5	5		510	23	23	56	9750
临澧	4	4		660	13	14	20	2856
桃源	3	3		315	10	10	18	4760
石门	3	2	1	206	11	15	22	2494
津市	4	3	1	420	14	14	25	5170
合计	39	36	3	4333	153	158	312	50472

1999 年 5 月 19 日，中国石化集团公司下发《关于加快加油站统一形象标识工作的紧急通知》，要求所属加油站（含联营和控股），按“加油站形象识别手册”进行统一改造，并于 9 月底完成。10 月 13 日，发布《关于加大收购社会加油站工作力度的通知》。收购加油站以大中城市、主要干道和经济发达地区的社会加油站为主要目标，不局限于原定投资计划。当年，常德石油分公司形象改造加油站 30 座；新建大中型加油站 8 座（市第四站、桃源青林、临澧三站、四站、澧县小渡口、垱市、安乡城北、汉寿龙阳站）；新建农村网点 10 个（德山、高泗、陬市、津市、安乡长岭州 5 个水上点及石门花山、三圣、宝丰，汉寿花木兰、坡头点）；改造老式站 4 座（德山、武陵、陬市、石门楚城站）；收购社会站点 2 座（临澧新安、澧县王家厂站）；共投资 2057.6 万元。

2000 年，收购社会加油站 39 座，租 7 座，建 4 座，改造 18 座。投资总额 6813.25 万元，分公司在营加油站点达到 101 座，零售市场占有率达 70%，当年零售突破 10 万吨。

2000年公司在营加油站基本情况表

表5-2-2-5　　　　（截至2000年10月30日）

单位	加油站（座）				面积(立方米)		油罐(平方米)		加油机				人员（个）		年销量（吨）
	总数	星级	达标	租赁	占地	建筑	容量	个数	台数	枪数	其中电脑机 台	其中电脑机 枪	总数	正式	
市司	7	5	1		21423	6205	844	31	50	65	47	62	128	58	33375
安乡	8		1		10747	4006	775	27	33	33	32	32	66	43	5800
津市	10		3	1	10422	1942	840	30	31	34	30	33	57	43	6740
澧县	14		5		17337	7395	844	42	51	52	51	52	98	30	11905
石门	11	1		4	10212	2306	521	33	37	38	37	38	52	14	8460
汉寿	12	1		1	26814	4717	1215	41	48	48	48	48	77	42	12060
临澧	13		5	1	30282	5620	1430	37	52	52	52	52	70	24	12100
鼎城	10	2	4	1	22549	5552	995	35	57	63	57	63	122	53	16890
桃源	12		7		22544	7829	1336	47	64	64	64	64	77	36	9700
合计	97	9	26	8	172330	45572	8799	323	423	449	418	444	747	343	117030

2000年全系统加油站实行一站一档（案），其中市公司本部缺承续公司所辖汉寿太子庙高速南北站、岩坪、六站、河洑高湾站资料。

2000年时的自助加油站——常德市第三加油站

2000年加油站名单：

本部：1、2、3、4、6、7站、德山、岩坪、水上、高湾、高速公路南北站。

安乡：城关、大鲸港、五合楼、湘北、城北、遵保、三岔河、水上。

汉寿：城关、军山铺、油铺岭、汉阳、龙阳、花木兰（租）、汉太、金龙、株木山、牛路滩、水上（周文庙）、水上（坡头）。

澧县：城关、1、2（张公庙）、3、4、5、6、7、8、9、10、11站、羊湖口、金罗、樊家。

鼎城：桥南、武陵、周家店、南坪、金霞、河洑、斗姆湖、黄土店、水上（高泗）、金盾（租）。

临澧：城关、迎宾、合口、新安、农丰、丰强、寒溪、关山、高兴、同欢、九里、佘市、杨板（租）。

桃源：城关、桃花源、陬市、青林、桃子岗、漆河、都利、黄土坡、茶安铺、盘塘、城西、理公岗。

石门：楚城、东城、楚新、宝峰、顺风、永固、皂市、三圣、花山、美胜、新关（后4站租）。

津市：津石、北区、南区、金津、宝堤、新洲、保河堤、白衣、东区（租）、水上。

2001年，购加油站36座，建1座，投资6600万元。零售近13万吨。全系统在营加油站115座。

2002年，购油站3座，建7座，租8座，改造15座，完成投资1762.7万元。

2003年，新增加油站6座，改造7座。

2004年，新增加油站25座，其中建9座，4座投产，5座在建；购10座，租6座，改16座。全市系统146座加油站。当年，对2000—2004年企业抢占经营网点布局收购后拆除的33座加油站和5座有隐患但无整改价值的老站予以报废。

2005年，新建常德大道、石门三江路加油站，改造临澧致远、桃源龙潭站，购桃源三阳站，租赁常张高速公路热市加油站2座。为优化网点，将一些销量小、位置偏的小站关闭，对一批社会加油站中止租赁。年底，常德石油分公司在营加油站达152座，加油机625台，加油枪780支（注:有的加油机一机多枪），年加油量20.2万吨。其中市城区在营加油站15座， 加油机121台，加油枪181支，年加油量6.38万吨。

2006年，全市共有加油站458座，其中中石油35座、其他系统277座；市城区加油站30座，常德石油分公司15座，中石油2座，非石油系统13座。是年12月，对2000—2004年收购的因公路改道，优化网点布局，控制市场战略关闭而拆除的21座加油站予以报废：

常德市拆除加油站统计表

表5-2-2-6　　单位：万元

站名	时间	形成	价值		备　注
			形式	金额	
市公司11站	2001.3.1	收购	原值	89.5	
市公司8站	2001.1.12	收购		265.97	公路改道关闭
东郊站	2001.4.1	收购	原值	18.0	公路改道关闭
周家店站	1992.9.1	自建	原值	67.9	公路改道关闭
鼎城南坪站	1986.05.15	自建		4.29	公路改道
郭家铺站	2001.5.12	收购	原值	212.6	
斗姆湖供销站	2001.3.13	收购	原值	71.6	

续表 5-2-2-6

站名	时间	形成	价值		备　注
			形式	金额	
和丰站	2001.3.1	收购	原值	197.5	河洑镇岩桥
王家港站	2001.5.13	收购	原值	66.0	鼎城区王家港镇
黄土坡站	2001.4.6	收购	原值	80.5	鼎城区谢家铺高湖庙
保河堤站	2000.7.1	收购	原值	23.9	津市保河堤
东城站	1999.9.1	收购	原值	31.2	石门东城永固村
新华站	2004.3.2	收购	原值	9.0	鼎城草坪镇
桃源高湾站	2001.01.12	收购		77.67	关闭
桃源漆河站	2001.03.15	收购		173.01	关闭
桃源陬市站	2001.03.15	收购		251.25	关闭
汉寿渡口站	2002.12.06	收购		30.71	关闭
石门白洋湖	2001.12.14	收购		38.83	关闭
临澧丰强站	2000.05.12	收购		69.71	关闭
临澧九里站	2000.05.12	收购		19.64	关闭
临澧同欢站	2000.6.12	收购		22.24	关闭
合计 21 站		原值 1821.23		净值 1639.44	

除采取新建、收购、联营、特许等方式进行销售网点布局外，从 2000 年起，公司还采用租赁加油站的方式扩大零售业务，各年租赁加油站数如下：2000 年 8 座，2005 年 27 座，2006 年 25 座，2007 年 21 座，2008 年 11 座。2010 年 10 座（汉寿太子庙高速公路南、北站，桃源热市高速公路一、二站，市柳叶大道鸿运站，石门南镇、二都乡花山、所市站，澧县大堰垱再就业、梦溪）。

2007 年，公司加油站 156 座，其中在营站 126 座（全资 114 座、租赁 12 座），歇业站 18 座（均为全资），退租站 9 座，关闭站 3 座（均为全资）。

2008 年，公司加油站 160 座，其中在营 124 座（全资 113 座，租赁站 11 座），歇业 29 座，关闭 7 座。

2009 年，新建本部皂果、恢复津市北区、迁建郭家铺、东山站；改造陬市等 4 个老站。7 月 10 日，位于柳叶大道的鸿运站（租赁）开业，11 月皂果路站建成（系 2005 年 4 月收购常德电力加油站改造而来）。是年加油站总数达 124 座（加油机 533 台）。

2010 年，公司在营加油站 125 座，其中自建 63 座、收购 52 座、租赁 10 座。油罐 448 个、罐容 12 773 立方米、加油机 467 台、加油枪 721 支。

常德市在营加油站变化情况表

表 5-2-2-7

区域	2005 年		2006 年		2007 年		2008 年		2009 年		2010 年	
	数量	明细	数量	明细	数量	明细	数量	明细	数量	明细	数量	明细
本部	13	1、2、3、4、5、7、8、9、10、岩坪、德山、水上、南坪路	13	减 8 站、加常德大道（1 月）	12	减 10 站（永久关）	13	12 月加岩潭	14	减 7 站，加鸿运、皂果	14	
鼎城	16	武陵、金霞、斗姆湖、桥南、黄土店、草坪、谢家铺、石门桥、周家店恒丰、白鹤山、蔡家岗、湘陵、高泗水上、新坡、灌溪、南坪	16	减南坪，加花园（3 月投产）	15	减新坡（6 月退租）	15		16	加 7 站	16	
津市	14	津石、北区、东区、金津、南区、新洲、宝堤、南门、灵泉、白衣、棠华、水上一、二、三站	14		12	减南门（2006.11 退租）、白衣（12 月永久关）	10	减北、南区	10	加北区，减水上 2 站	11	加南区
汉寿	14	龙阳、高速公路南、北站、太子庙、花木兰、汉阳、军山铺、金龙、油铺岭、牛路滩、株木山、渡口、蒋家嘴水上、交通	12	减油铺岭、渡口	10	减交通（退租）、株木山歇业	10		10	加汉太，减太子庙	10	
桃源	22	茶庵铺、黄土坡、桃花源、桥东、城西、城南、城关、新河桥、青林、陬市一站、漆河一站、都利、长鑫、理公港、一字山、明月、盘塘、陬市水上、龙潭、陬市二站、漆河二站、桃子岗	22	减陬市二站、漆河二站，城关；加热市高速公路一、二站（1 月），朝阳（4 月）。	21	减都利（永久关）	21		21		18	减城南、（租）一字山、长鑫

续表 5-2-2-7

区域	2005年		2006年		2007年		2008年		2009年		2010年	
	数量	明细	数量	明细	数量	明细	数量	明细	数量	明细	数量	明细
安乡	10	三岔河、遵保、湘北、城关、城北、水上、黄山头、五合楼、大鲸港、安庆	10		10		10		8	减遵保、大鲸港	10	加遵保、大鲸港
石门	16	城关、楚城、楚新、顺风、永固、皂市、蒙泉、南镇、磺厂、白洋、磨市、三圣、花山、罗坪、宝峰、所市（街）	14	减磺厂、白洋、宝峰，加三江路	12	减（退租）三圣、罗坪	12	减顺风，加磺厂	12		12	
临澧	16	城关、迎宾、关山、寒溪、农丰、梅溪、高兴、湘北、合口、佘市、斋阳桥、南阳、新安、杨板、三元口、致远	14	减杨板（退租）、湘北	14		14		14		14	
澧县	31	1、2、4、5、6、7、8、9、10、11、12、13、14、15、水上、湘情、兴旺、档市港归、湘北、诰封碑、再就业、闸口、中环、向阳桥、梦溪、欣运、16、甘溪、17、宜万、金罗	28	减宜万、金罗、湘北	20	湘情、档市港归、诰封碑、向阳桥、甘溪、兴旺、闸口、中环退租。	19	减欣运（退租）	19		20	加金罗
合计	152		143		126		124		124		125	

二、中石油常德分公司加油站

公司自 2003 年成立以来，根据“项目选点→前期准备→项目谈判→可研编制→公司评审→项目签约→项目实施→项目竣工验收→交站投运”的网建工作流程，相继采取收购、租赁、自建等方式，在常德市城区及其所属区县（市）陆续建立起销售网络。该司各年年末拥有的加油站如下表：

中石油常德分公司各年年末加油站数

表 5-2-2-8

年份	加油站（座）	年份	加油站（座）	年份	加油站（座）	年份	加油站（座）
2003	9	2004	21	2005	35	2006	39
2007	42	2008	43	2009	45	2010	47
2011	49	2012	51（其中收购 42 座、租赁 4 座、自建 5 座）				

2005 年发展速度加快，当年新增营运加油站 14 座，达到前几年新增加油站数的峰值。是年 12 月 13 日，康乐加油站当年销售成品油突破 1 万吨，为该司首座万吨加油站。

2006 年新增加油站 6 座，累积达 39 座。随后，公司又到常德市所辖各区县（市）的县城及城镇进行调研，向各区县（市）分别递交在各主干道新增加油站的请求。

2007 年新增并营运的加油站不多，但建成 2 万立方米的德山油库。对过了保质期的加油站进行维修和整改，完成俱进等 17 座加油站的形象包装改造和红岩等 8 座加油站的屋面防水整改。

2009 年 5 月，朝阳加油站顺利投运。年内新增立项有市环卫加油加气站、澧县中兴加油站 2 座。

2010 年，在调研的基础上编制当年加油站投运、立项、拟立项计划表。汉寿县芙蓉大道加油站、工业园加油站、消防加油站，石门县夹山牌楼加油站、宝峰加油站与相关业主达成合作意向。公司自主开发的水上加油站规划点经省商务厅审批，于年内投运。

2011 年，与市经建投集团达成合作协议，对市城区“十二五”规划 17 座站点中的 10 座进行整体开发；针对县城“十二五”规划站点，依托社会力量争取优质站点，取得 5 座行业批复并完成立项 2 座，申报行业批复的有 6 座。同时，借助常德市燃气管线建设西湖、西洞庭支线的契机，依托当时的站点及规划站点，与市青峰集团合作，共同开发油气合建站，并对灌溪和柳叶湖两座加油站进行现场勘查。津鑫石油以该公司名义提出在熊家坪加油站南侧开展油气合建站业务，获得相关部门的批准。

2012 年，建设三闾路、海德路加油站。

中石油常德分公司加油站统计表

表 5-2-2-9

名称	地　址	面积(平方米)	投运时间
徐湘	临澧县合口镇迎宾路	1887	2003-06-25
城北	临澧县城迎宾路与金牛路交会处	3130	2003-07-06
红岩	桃源县城漳江北路	1527	2003-07-06
保尔	石门县城南双红路	1955	2003-07-06
湘鲸	安乡县大鲸港镇	1750	2003-10-22
开泰	临澧县安福路	1921	2003-10-22
安尤	安乡县安南路	1750	2003-10-22
城东	石门县城东东站对面	2000	2003-10-22
陬市	桃源县陬市镇	1643	2003-11-24
南闸	临澧县新安镇	1381	2004-06-07
富民	临澧县新安镇沿省道 304	2252	2004-04-29
桃花源	桃源县桃花源风景区内	1835	2004-06-02
福龙	安乡县城子龙东路	1650	2004-06-02
石门桥	鼎城区石门桥镇	3318	2004-04-28
聚宝	常德武陵区	2493	2004-05-21
龙阳	汉寿县太子庙高速出口	1717	2004-06-02
康乐	德山经开区 207 与 319 国道交会处	13261	2004-11-20
爱民	安乡县黄山头镇	1700	2004-09-29
蔡家岗	鼎城区蔡家岗镇	2092	2004-12-02
蒿子港	鼎城区蒿子港镇	2000	2004-12-01
常石	鼎城区黄土店镇	1800	2004-10-26
围堤湖	汉寿县龙阳大道	2132	2005-05-22
窑坡	津市市收费站附近	2283	2005-06-29
环城	环城南路西侧	3465	2005-06-29
泽均	桃源县城漳江北路	2200	2005-06-30
红梅	津市市保河堤镇	1800	2005-08-29
深澧	澧县张公庙镇	1724	2005-08-29

续表 5-2-2-9

名称	地 址	面积(平方米)	投运时间
金桥	常张高速桃源县架桥入口	1677	2005-08-30
俱进	桃源县陬市镇	2489	2005-08-31
东区	津市市车胤大道	1614	2005-07-20
顺达	汉寿县崔家桥镇	996	2005-11-07
蒋家嘴	汉寿县蒋家嘴镇	1630	2005-11-30
三江口	石门县新关镇三江路	1980	2005-07-23
安福	临澧县安福路	2160	2005-10-20
金源	桃源县桃花大道中心车站附近	2275	2005-11-02
高湾	德山经开区常张高速入口	2173	2006-02-28
桃林	德山经开区桃林路	4256	2006-01-01
茶庵铺	桃源县茶庵铺镇常吉高速出入口	2058	2006-06-30
芷兰	澧县澧阳大道	3447	2006-12-22
熊家坪	武陵区人民东路	3017	2007-03-01
柳叶湖	柳叶湖开发区	2202	2007-12-26
灌溪二	武陵区常德大道与临岗路交会处	3282	2007-12-26
常吉高速桃花源服务区 1 号	桃源县郑家驿乡荫树冲村	4000	2008-12-18
朝阳	临澧县迎宾南路	1956	2009-05-27
常吉高速桃花源服务区 2 号	桃源县郑家驿乡荫树冲村	1956	2009-05-27
永兴	鼎城区	1956	2010-11-24
中油水上	常德市		2010-12-24
临澧县瑞源	临澧县烽火路	1956	2011-03-30
桃源县常吉	桃源县桥东梅溪常吉高速入口	4000	2011-12-01
津市工业新区	津市市收费站附近	4000	2012-12-20
桃花大道	桃花大道西侧	4000	2012-12-20

说明：本表各站名称的前面略去了“湖南常德”4 字，后面略去了“加油站”3 字

第三章　油　价

成品油是关系国计民生的特殊商品和战略性物资。国家和地方政府对成品油的价格管理从未间断。1949 年以来,石油成品油的价格大体可分为 4 个时期：单一价格、多种价格并行、油价并轨、与国际市场接轨。

第一节　计划经济时期的单一价格

一、一般成品油的价格

1980 年以前，国家对石油商品的价格，实行统一领导，分级管理的原则。石油商品，按用途分为 5 大类（汽油、煤油、柴油、润滑油、润滑脂)，其出厂价和全国各主要市场(国家物价局 1984 年管理的 76 个市场，包括湖南的长沙、常德、岳阳、衡阳、株洲、冷水滩 7 个市场）标准品的批发牌价及非标准品的品质差率，均由国家物价主管部门和有关部门作出具体规定，称为“中央掌握市场”。非标准品价格和非中央掌握市场的标准品价格以及批发对象、批发起点和批零差率等，均由地方政府物价主管部门根据国家规定，分级管理。

各大类的规格标准品为车用汽油（1967 年 1 月 15 日之前为 56 号，之后为 66 号，1991 年 3 月 15 日为 70 号，2000 年 7 月 14 日为 90 号)、灯用煤油、0 号柴油（1961 年前为 0 号页岩轻柴油)、15 号汽油机油、2 号钙基润滑脂。其他非标准品对应品种，按其占标准品品质差率多少来核定价格。如下所示：

部分标准品名和品质比率情况表

表 5-3-1-1

品名	品质比率	品名	品质比率	品名	品质比率	品名	品质比率
70 号汽油	100	93 号汽油	110	灯用煤油	100	+10 号柴油	90
66 号汽油	98	97 号汽油	115	0 号柴油	100	−10 号柴油	103
90 号汽油	105	120 号橡胶溶剂油	185	+5 号柴油	98	−20 号柴油	111

1950 年 10 月，常德石油支公司开张营业，适逢抗美援朝战争爆发，美、英等西方国家对中国实行经济封锁，由于国产石油产量较少，依赖从苏联和东欧社会主义国家进口，价高不稳，见表 5-3-1-2：

1950 年 4 季度常德油品销售价格情况表

表 5-3-1-2　　　　单位：元

品种	单位	10月			11月			12月		
		数量	单价	金额	数量	单价	金额	数量	单价	金额
煤油	升	39313	6627	260510780	38148	10477	399690290	22687	11727	266041804
柴油	吨	2	4900000	9800000				1.8333	7848143	14388000
换算成新币										
煤油	升	39313	0.66	2605.1	38148	1.05	39969	22687	1.17	26604
柴油	吨	2	490	980				1.8333	784.8	1438.8

从 10 月至 12 月的三个月，煤油吨价由 924 元（每升 0.66 元）涨至 1638 元（每升 1.17 元），每吨涨 714 元，涨幅 77.3%；柴油由 490 元涨至 784.8 元，涨幅 60.2%；汽油 1986 元/吨。国家采取高价紧缩政策稳定市场，到 1951 年时，油价趋稳。

1951 年 1 月常德成品油价格情况表

表 5-3-1-3　　　　单位：元

品名	单位	实际销售			换算成新币		
		数量	单价	金额	数量	单价	金额
煤油	公升	52998	10009.52	530484600	52998	1.00	53048.46
汽油	公升	800	14475	11580000	800	1.45	1158
中柴油	桶	3	1308000	3924000	3	130.8	392.4
机油	桶	1	5880000	5880000	1	588	588

说明：煤油 1 吨=7 桶（200 公升）；柴油 1 吨=6 桶（200 公升）

1957 年以前，境内石油调拨价按照中国石油公司利润率为 3%的规定，基本上采取加价法，即按“进货价+费用+3%利润”作价。1957 年以后，对石油的调拨价采用倒扣作价法，即按供货地批发价扣取一定的费用和利润制定调拨价格。

1963 年之前，国家除对不合理价格进行调整外，部管和省管市场牌价均未变动，油价基本稳定。

1964—1983 年，由于国内新油田开发，石油工业发展，国产石油基本自给，国家先后多次降低石油价格，调价幅度较大的有：

1966 年 3 月 15 日，为支持农村经济建设减轻农民负担，商业部和全国物价委员会通知，对汽油、煤油、柴油批发价实行最高限价，56 号汽油 750 元/吨，0 号柴油 600 元/吨，煤油零售价 1 元/千克。同日，省供销合作社、省商业厅下达国营石油公司（包括石油站、批发部，兼营石油业务的副食品公司、物资局、生资公司）对基层供销社煤油补贴和经营石油商品作价办法，即凡实行最高限价的经营店（包括区供销社和分店），其不足部分或全部运杂费用均由供货地国营公司承担，不实行限价的经营店一律不予补贴。

1966 年 6 月 8 日，省石油公司规定石油站对县公司（包括县石油批发部，兼营石油业务的副食品公司、物资局、生资公司）经营石油商品，其调拨价按供货地当日批发牌价按类别折扣：汽油类 7%、煤油类 8%、柴油类 7%、润滑油（脂）类 5%。而煤油、柴油实行最高限价的县，另扩大调拨折扣率 2%，即煤油 10%，柴油 9%，运杂费由供货地石油站负担。县公司对基层供销社经营的汽油、煤油补贴，也由供货地石油站负担。

1967 年 1 月 15 日起，国家停止生产 56 号汽油，改以 66 号汽油为标准品，每吨批发价全省统一为 700 元，这实际上是又一次降价。

1971 年 8 月 28 日，省革命委员会生产指挥组计划组、省商业局下文，对石油商品每吨最高限价作出调整：汽油（66 号）700 元不变。煤油批发由 870 元下调为 695 元（批零差率仍按 15%执行），零售由 1000 元下调为 800 元（即每市斤由 5 角调整为 4 角）。柴油（0 号）由 600 元下调整为 540 元（农用轻柴油优待价 90 元不变）。2 号钙基脂调整后的批发牌价按 15 号汽油机油调整后的批发牌价加 35%计算。新价格从 9 月 1 日起执行。

1971 年 11 月 20 日，省生产资料公司指示常德地区石油煤建公司对供应辖区的部分石油商品再次降价，汽油不变，煤油降为 620 元/吨，0 号柴油降为 420 元/吨，如表 5-3-1-4 所示：

常德地区石油煤建公司供应区调拨价格表

表 5-3-1-4　　单位：元

品名	品率	常德		对各县兼营单位调拨结算价格												内部调拨价	
		牌价	农价	汉寿	桃源	沅陵	泸溪	吉首	凤凰	古丈	花垣	保靖	永顺	桑植	龙山	黔阳	辰溪
汽油类																	
66 号	100	700	700	632	634	603	595	569	553	552	546	537	547	553	511	623	644
70 号	104	728	728													648	670
溶剂类																	
工业溶剂	100	700	700		634	603	595	569	553	552	546	537	547	553	511	623	644
直溜	100	700	700		634	603	595	569	553	552	546	537	547	553	511	623	644
200 溶剂	104	728														648	670
12 溶剂	170	1190														1059	1095
煤油类																	
灯用	100	620			562	558	554	530	513	512	508	499	501	506	465	539	552
柴油类																	
0 号	100	420	330	327	339	346	356	351	335	333	314	306	307	322	272	349	349
10 号	105	441	352	346	358	365	375	370	353	352	333	325	326	341	291	366	366
+20 号农用	70	294	204	204	216	223	233	228	212	210	191	183	184	199	149	221	221
10 号重柴	55	231															

1971 年内部调拨扣率和运杂费补贴情况表

表 5-3-1-5

地区	汽油		煤油		0 号柴油			10 号柴油			正 20 号农用柴油		
	调拨扣率%	运杂费补贴	调拨扣率%	运杂费补贴	调拨扣率%	运杂费补贴	预付农用优待	调拨扣率%	运杂费补贴	预付农用优待	调拨扣率%	运杂费补贴	预付农用优待
汉寿	7	19	8		7	14	50	7	14	50	9	14	50
桃源	7	17	8	8	7	2	50	7	2	50	9	2	50
沅陵	7	48	10	0	7	0	45	7	0	45	9	0	45
泸溪	7	56	10	4	7	0	35	7	0	35	9	0	35
吉首	7	82	10	28	7	5	35	7	5	35	9	5	35
凤凰	7	98	10	45	7	21	35	7	21	35	9	21	35
古丈	7	99	10	46	7	23	35	7	23	35	9	23	35
花垣	7	105	10	50	7	27	50	7	27	50	9	27	50
保靖	7	114	10	59	7	35	50	7	35	50	9	35	50
永顺	7	104	10	57	7	34	50	7	34	50	9	34	50
桑植	7	98	10	52	7	29	40	7	29	40	9	29	40
龙山	7	149	10	93	7	69	50	7	69	50	9	69	50
秀山	7												

说明：1.对各县兼营单位经营润滑油、润滑脂类的调拨扣率均为 5%，无运杂费用补贴。2.表列对各县的调拨扣率和运杂费用补贴，均从 1971 年 11 月 20 日起执行。3.国营公司对基层社经营石油产品调拨扣率即：汽油类 4%，柴油类、润滑油、润滑脂类 5%，煤油转手批发部分按进货地当日批发牌价倒扣 7%

1980 年 4 月 15 日，按照省石油公司通知，煤油降价为 510 元/吨，柴油调价为 410 元/吨。当年 3 大类油品的对省调拨价见以下附表：

汽油类商品品差及对省调拨价情况表

表 5-3-1-6　　单位：元/吨

品名	品差	武汉批发牌价	湖北		湖南		广西		云南		贵州		四川	
			扣率%	调拨价	扣率%	调拨价	扣率%	调拨价	扣率%	调拨价	扣率%	调拨价	扣率%	调拨价
66 号（标）	100	700	10	630	10	630	12	626	26	518	16	588	14	602
70 号	104	723		655		655		641		539		612		626
76 号	104	723		655		655		641		539		612		626

续表 5-3-1-6

品名	品差	武汉批发牌价	湖北		湖南		广西		云南		贵州		四川	
			扣率%	调拨价	扣率%	调拨价	扣率%	调拨价	扣率%	调拨价	扣率%	调拨价	扣率%	调拨价
80 号	109	763		687		687		671		565		641		656
85 号	114	798		718		718		702		591		670		686
工业	100	700		630		630		616		518		588		602
直馏	100	700		630		630		616		518		588		602
120 号橡胶溶剂	170	1190		1071		1071		1047		881		1000		1023
200 号橡胶溶剂	104	728		655		655		641		539		512		626
50 号	95	665		599		599		585		492		559		572
56 号	95	665		599		599		585		492		559		572

煤油类商品品差及对省调拨价情况表

表 5-3-1-7　　单位：元/吨

品名	品差	武汉批发牌价	湖北扣率16%	湖南扣率16%	广西扣率16%	云南扣率36%	贵州扣率18%	四川扣率16%
灯用	100	510	512	512	512	390	500	512
特种	150	915	769	769	769	536	750	769

柴油类商品品差及对省调拨价情况表

表 5-3-1-8　　单位：元/吨

品名	品差	武汉批发牌价	湖北		湖南		广西		云南		贵州		四川	
			扣率%	调拨价	扣率%	调拨价	扣率%	调拨价	扣率%	调拨价	扣率%	调拨价	扣率%	调拨价
0 号	100	410	31	283	24	312	25	308	38	254	30	287	24	312
10 号	105	431	31	297	24	328	25	323	38	267	30	320	24	323
20 号	115	472	31	326	24	359	25	354	38	293	30	330	24	359
30 号	125	513	31	354	24	390	25	385	38	313	30	359	24	390
35 号	130	533	31	368	24	405	25	400	38	330	30	373	24	405
+10 号	90	369	31	255	24	280	25	277	38	220	30	253	24	280
+20 号农柴	70	387	42	166	38	178	40	172	40	172	40	172	38	178
10 号重	55	226	20	181	20	181	20	181	20	181	20	181	20	181
20 号重	50	205	20	164	20	164	20	164	20	164	20	164	20	164
30 号重	45	185	20	143	20	148	20	148	20	148	20	148	20	148

二、农用柴油的优惠价格

从1956年1月1日起，国家对农业用油实行价格优惠，其优惠办法曾多次进行调整。最初规定按供应地批发牌价，轻柴油降低24%，重柴油降低35%。以后又逐步扩大优惠范围。1963年对农业排灌用柴油，一律按当地批发牌价每吨降价30元。1964年对拖拉机田间作业用油，按其总购油量的95%扣减24%计算购油总额。

1966年2月1日，全国物价委员会通知，将农业排灌机械（包括兼营农副产品加工）和渔业生产用轻柴油的优惠额，由原来的每吨30元增加至90元。省石油公司规定，县公司供应的农渔业用柴油每吨90元的价款优惠，由供货地石油站负担。

1967年7月，商业部规定人民公社、生产大队以及所有农场、林场、排灌站、农业学校、渔业生产不分机械、用途，其所需轻柴油一律按当地批发价每吨优惠90元。1971年8月28日，省革命委员会生产指挥组计划组、省商业局通知，农用轻柴油每吨优惠90元不变。

1972年8月1日，按照省革命委员会计划组、商业局通知，常德地区石油煤建公司对农渔业用轻柴油，每吨优惠价由90元提至130元。由石油站对各县兼营单位由原每吨预付50元（包括原对桑植预付40元）提至70元，结算时一并付清。见表5-3-1-9：

1972年内部调拨价格一览表

表5-3-1-9　　单位：元/吨

品名	品差	常德		对各县兼营单位调拨结算价格				
		牌价	农用价	汉寿	桃源	永顺	桑植	龙山
66号汽油	100	700	700	632	634	547	553	511
工业溶剂汽油	100	700	700	632	634	547	553	511
直馏汽油	100	700	700	632	634	547	553	511
灯用煤油	100	620			562	501	506	465
0号柴油	100	420	290	307	319	287	292	252
10号柴油	105	441	311	326	338	306	311	271
+20号农用柴油	70	294	164	184	196	164	169	129

1972年内部调拨扣率和运杂费补贴情况表

表5-3-1-10　　单位：元/吨

地区	汽油		煤油		0号柴油			10号柴油			20号农用柴油		
	调拨扣率%	运杂费补贴	调拨扣率%	运杂费补贴	调拨扣率%	运杂费补贴	预付农用优待	调拨扣率%	运杂费补贴	预付农用优待	调拨扣率%	运杂费补贴	预付农用优待
汉寿	7	19	8		7	14	70	7	14	70	9	14	70

续表 5-3-1-10

地区	汽油		煤油		0号柴油			10号柴油			20号农用柴油		
	调拨扣率%	运杂费补贴	调拨扣率%	运杂费补贴	调拨扣率%	运杂费补贴	预付农用优待	调拨扣率%	运杂费补贴	预付农用优待	调拨扣率%	运杂费补贴	预付农用优待
桃源	7	17	8	8	7	2	70	7	2	70	9	2	70
永顺	7	104	10	57	7	34	70	7	34	70	9	34	70
桑植	7	98	10	52	7	29	70	7	29	70	9	29	70
龙山	7	140	10	93	7	69	70	7	69	70	9	69	70

此后由于优惠面过宽，销价过低，引发浪费，而部分经营单位形成亏损。为落实节约成品油指示，1980 年 7 月 20 日，根据国家计委、经委指示，省商业厅决定全省农渔业生产用柴油一律按牌价供应，国家给予定额补贴。补贴标准：轻柴油省内每吨 130 元，跨省供应四川 145 元。

1982 年 11 月 1 日，国务院《批转商业部、国家物价局、财政部关于取消农业用柴油价格补贴问题的报告的通知》（国发〔1982〕125 号），全国取消农业用油价格补贴，按市场牌价供应，结束了历时 26 年的农业用油价格补贴。

第二节 多种价格形式并行时期

1981—1994 年，是多种价格形式并行的时期。1981 年，国务院批准石油部实行 1 亿吨原油产量包干政策，油田和炼油厂产量包干之外的部分按国际价格出售,国内市场出现了计划油和高价油两种价格。

1950 年到 1983 年，中国经济长期处于计划管理模式，常德成品油价格在国家指令性计划控制之下，价稳且低。如下图表所示：

常德成品油标准品批发价一览表

表 5-3-2-1 单位：元/吨

品名	1950-10	1951-01	1966-03-15	1967-01-15	1971-08-28	1972-08-01	1980-04-15	1983-02-23
汽油		1986	750	700	700	700	700	728
煤油	924	1400	870	870	695	620	510	625
柴油	490	785	600	600	540	420	410	420

1983 年 3 月 1 日，国家对出口转内销的高价成品油，在全国统一分配。商业部本着不赔不赚或微利的原则制定高价油经营政策。市场销售价格在一级站调拨价格的基础上，加实际费用和 1%手续费制定。4 月 1 日，根据省石油公司下达的《1983 年二季度石油商品进销计划》，常德开始供应高价油。高价油的供应范围：除农业救灾，军需（包括消防）

和居民点灯用煤油继续实行定量供应平价油的办法外，对中外合资企业，补偿贸易，省属远洋运输等用油单位，一律改为供应高价油。其他部门用油，以1983年初计划为基数，基数以外全部供应高价油。对高价油实行计划管理，对用油单位的购油证、台账都要分别记载平价油和高价油分配计划和实供数量。

常德市各县公司高价油销售价格一览表

表5-3-2-2　　单位：元／吨

单位	汽油（70#）	煤油	0#柴油	单位	汽油（70#）	煤油	0#柴油
常德县		1031	1020	临澧县	1065	1044	1032
汉寿县	1065	1038	1025	石门县	1069	1053	1040
慈利县	1076	1054	1042	安乡县	1064	1036	1023
澧　县	1058	1031	1020				

1984年10月20日，中央确定我国实行有计划的商品经济，成品油市场指令性计划和指导性计划并存，由计划经济为主，市场调节为辅，以后市场调节的幅度逐步加大，高价油所占份额不断上升。油价出现计划内平价（又分工业价、农业价）、议价（议价、加价）、高价（限价和高价）和计划外高价及自采议价油等价格形式。

当年9月对各县调拨价为：70号汽油677元/吨，煤油564元/吨，柴油（0号486元/吨，10号438元/吨，20号农用335元/吨）。12月，对柴油调拨价调整为0号478元/吨、10号431元/吨、20号农柴328元/吨。

1985年常德市主要石油商品进销价格一览表

表5-3-2-3　　单位：元／吨

单位	70号汽油				煤油				0号柴油			
	调拨价	批发价	零售价	运费补贴	调拨价	批发价	零售价	运费补贴	调拨价	批发价	零售价	运费补贴
分公司	641	728	800	25.74	506	620	720	18.92	423	520	570	18.92
津市	641			26.27	506	625	720	19.31	423	520	570	19.31
批发部	675			2	562	620	720	2	476	520	570	2
汉寿	660			17	559	625	720	5	469	520	570	9
慈利	677			0	572	660	760	8	482	530	580	4
澧县	668			9	567	625	720	2	476	520	570	2
临澧	661			16	560	625	720	9	475	530	580	0
石门	672			5	569	640	740	0	478	530	580	0
桃源	667			10	564	625	720	0	478	530	580	0
安乡	669			8	560	625	720	4	469	520	570	9
安化	641			36	552	640	740	12	466	540	590	12
大庸	634			36	546	660	760	0	468	580	640	0

1985 年，高价油供不应求，国家允许自采议价油，按市场供求关系制定价格，高进高出。

1986 年 8 月，常德石油分公司从长岭炼油厂组织计划外高价汽油供应市场，批发价 1197 元/吨，零售价 1317 元/吨。

1987 年 2 月 5 日，由于石油缺口很大，为满足工业生产的需要，常德行政公署颁布《关于计外自组石油的若干规定》（常署发〔1987〕4 号），鼓励区内各企事业单位根据实际情况自组计外石油。各企事业单位可自行采购自用的各种石油产品；凡领有营业执照的单位均可组织各种油料；一切企事业单位及个人均可向石油经营单位提供油源信息，协助组织储运，并从经营单位领到适当的报酬（国家机关工作人员除外）。凡向石油经营单位提供信息、签订有效合同，并协助组织发运的单位，可得不低于石油进价总额 3%的手续费，若能垫付资金的单位，可得不低于进价加实际运费总额 5%的手续费。同年 3 月 26 日，常德石油分公司委托湘北工贸中心从深圳采购两批计外高价 0 号柴油，第一批购进 200.241 吨，每吨进价 1115 元，常德石油分公司按进价总额的 5%付其手续费 11 162 元；销售批发作价每吨 1290 元。4 月 29 日，常德地区物价局、常德石油分公司发布《关于统一自采高价油作价办法的通知》规定销售价格的计算公式：

批发价=（进价+运杂费）×（1+经营费率）+进价×代购手续费+附加费（不收附加费的不加）。零售价=批发价（1+批零差率）。

自采油本着保本微利的原则制定销售价格，除汽油外的其他油品原则上都按批发价供给用户。对一次购油量在批发起点（购汽油一大桶及以上）的均应享受批发价格。批零差率为：汽油、柴油、润滑油和润滑脂为 10%、煤油为 15%。

1987 年 3 月 30 日，为提高农民种粮积极性，国家实行收购粮食奖售柴油的办法，即每 50 千克稻谷供应平价柴油 1 千克。

对于自采高价油，常德石油分公司要求业务部门必须将自采高价油的来源、名称、数量、进价、运杂费、信息费、卸货地点等情况，分批次文字通知物价部门，由物价部门按凭证制价，报政府物价部门批准后执行。同时设立自采高价油和高、平价油串换专账，按批次，分品种、价格逐日检查，填列报表。

1987 年常德市场部分油价情况表

表 5-3-2-4　　　　单位：元／吨

时间	品名	价格			数据来源
		调拨	批发	零售	
4.20	计外高价柴油		1067	1174	湖南省石油公司〔1987〕湘石计字第 036 号
6.4	平价 90 号汽油	690	784		〔1987〕湘石计字第 048 号

续表 5-3-2-4

时间	品名	价格			数据来源
		调拨	批发	零售	
6.4	平价+5 号柴油	411	495		同上
8.6	平价 90 号汽油	729	784		常德石油分公司〔1987〕常石司字第 102 号
8.6	平价+5 号柴油	464	504		同上
8.31	计外高价汽油	1218			常德石油分公司〔1987〕常石司字第 115 号
9.8	计内高价柴油	996	1027		常德石油分公司〔1987〕常石司字第 125 号
10.26	第九批计外高价 90 号汽油	1256			湖南省石油公司〔1987〕湘石计字第 081 号
10.26	第九批计外高价 0 号柴油	1049			〔1987〕湘石计字第 081 号
12.12	第九批计外高价 70 号汽油	1194			〔1987〕湘石计字第 099 号

1988 年 3 月 17 日，为鼓励农民发展棉花生产，国务院批准，从 1988 年新棉上市起，国家实行收购棉花奖售柴油的办法，即每收购 50 千克皮棉奖售棉农平价柴油 2.5 千克。

4 月 20 日，常德地区物价局、石油分公司发布《关于计划外石油最高限价的补充通知》（常地价字〔1988〕46 号），规定自采油作价仍按进价加合理实际运杂费（杂费包括采购费用），加 6%的综合费率（润滑油 7%）执行，每吨加附加费 10 元，制定批发价。批零划分和批零起点：即凡在油库提货，其数量在批发起点以上的按批发价供应，批发起点以下的按零售价供应；在加油站提货的，不分对象，不论数量多少，一律按零售价供应。批发起点是：分公司煤、柴油 155 千克，汽油 135 千克，润滑油 100 千克，润滑脂 30 千克；支公司汽油 135 千克，柴油 50 千克，煤油 30 千克，润滑油 15 千克，润滑脂 5 千克。

8 月 30 日，市物价局、工商行政管理局、石油分公司联合发布《关于加强农用柴油市场与价格管理的通知》，要求县石油支公司对基层供销社调拨的柴油，按批发牌价倒扣 4%作价，基层社按支公司的批发牌价，加实际（定额）运杂费，再加 3%的综合差率作价销售，对未按规定设立的农机站经营点调拨柴油，一律不给倒扣。对农用柴油不农用的要严肃查处。

1988 年常德市场部分油价情况表

表 5-3-2-5　　单位：元 / 吨

时间	品名	批发价格	数据来源
9.24	盐关废油加工厂高价 0 号柴油	1060	常德石油分公司常石财〔1988〕149 号

续表 5-3-2-5

时间	品名	批发价格	数据来源
11.9	第 17 批洛阳炼油厂计外高价 70 号汽油	1250	湖南省石油公司湘石函〔1988〕105 号
11.9	第 17 批洛阳炼油厂计外高价 0 号柴油	1100	湘石函〔1988〕105 号
11.9	第 17 批长岭炼油厂计外高价柴油	1180	湘石函〔1988〕105 号
11.17	第 18 批长炼岭厂计外 70 号高价汽油	1470	湘石函〔1988〕112 号

1990 年 9 月 19 日常德平价成品油价格情况表

表 5-3-2-6 单位：元／吨

品名	进价	调拨	批发	零售
70 号汽油	641	677	728	800
0 号柴油	423	478	520	570
煤油	506	564	620	710

说明：90 号汽油批发价 784 元/吨

1990 年 9 月 19 日，由于政策性运价调高，省内油料水运运价汽油上涨 40%，煤、柴油上涨 70%；省外水运运价汽油上涨 70%，柴油上涨 120%；铁路运价上涨 56%，公路运价上涨 40%。提货地点由长炼、武汉延至九江、安庆。运费涨价后，利息、税金、经营费、加运费每吨需支出 107.05 元，调拨销售一吨油亏损 71 元左右，批发销售一吨油亏损 28 元左右，直接影响致使企业减利 414 万元。因无力自行消化运价上涨因素，市石油公司请求市政府批准在每吨平价油价外收取运费补贴 40 元，请求对计外自采油作价的经营费率由 7%提高到 9%。

1991 年 3 月 15 日，省石油公司转发中国石化销售公司中南公司《平、高价石油商品品质比率及内部调拨价格表》，决定自 3 月 10 日起执行如下对省调拨价格：

中石化中南公司对湖南省石油公司成品油调拨价格表

表 5-3-2-7 单位：元／吨

商品名称	品质比率	对湖南调拨价	商品名称	品质比率	对湖南调拨价	商品名称	品质比率	对湖南调拨价	
								非农柴	农柴
70 号汽油	100	711	190 号工业汽油	106	785	0 号柴油	100	560	423
56 号汽油	91	674	直馏汽油	100	741	正 5 号柴油	97	543	410
66 号汽油	96	711	120 号橡胶溶剂油	185	1371	正 10 号柴油	90	504	381
75 号汽油	100	741	200 号油漆溶剂油	113	837	10 号柴油	105	588	444

续表 5-3-2-7

商品名称	品质比率	对湖南调拨价	商品名称	品质比率	对湖南调拨价	商品名称	品质比率	对湖南调拨价	
								非农柴	农柴
90 号汽油	110	815	灯用煤油	100	594	20 号柴油	115	644	486
93 号汽油	111	823	特种煤油	150	891	30 号柴油	125	700	529
87 号汽油	111	823				35 号柴油	130	728	550
						10 号重柴油	75	442	317
						20 号重柴油	70	403	296
						30 号重柴油	65	364	275

说明：标准品为 70 号汽油、灯用煤油、0 号柴油

中国石化销售公司中南公司平价石油商品品质比率及对省调拨价格一览表

表 5-3-2-8　　单位：元/吨

商品名称	比率	对湘调拨价	商品名称	比率	对湘调拨价
70 号汽油（标准）	100	960	0 号柴油（标准）	100	845
56 号汽油	91	874	正 5 号柴油	97	820
66 号汽油	96	922	正 10 号柴油	90	761
75 号汽油	100	960	10 号柴油	105	887
90 号汽油	110	1056	20 号柴油	115	972
93 号汽油	111	1066	30 号柴油	125	1056
87 号汽油	111	1066	35 号柴油	130	1099
190 号工业汽油	106	1018	10 号重柴油	79	668
直馏汽油	100	960	20 号重柴油	72	608
120 号橡胶溶剂油	185	1776	30 号重柴油	65	549
200 号油漆溶剂油	113	1085			
灯用煤油（标准）	100	870			
特种煤油	150	1305			

说明：高价油对鄂、湘、粤、黔、滇、川东调拨价格一样

中南公司对湖南计划外高价油调拨价一览表

表 5-3-2-9　　单位：元/吨

品名	出厂价	调拨价	武汉批发价	品名	出厂价	调拨价	武汉批发价
70 号汽油	1020	1080	1140	+5 号柴油	885	946	995
85 号汽油	1120	1180	1240	-10 号柴油	940	1000	1050
87 号汽油	1100	1100	1220	-20 号柴油	975	1030	1080
90 号汽油	1080	1140	1200	-30 号柴油	1005	1066	1115
灯用煤油	950	1010	1070	-35 号柴油	1040	1100	1150
0 号柴油	895	955	1005	-50 号柴油	1070	1130	1180

1991 年 5 月 2 日，市物价局批准市石油公司《关于计划外自采油制价补充意见的报告》，同意计划外自采油作价办法：按进价加合理运杂费（以实际票据为准）加综合差率加税金制定批发价。在批发价格的基础上汽油、柴油、润滑油、润滑脂加 10%，煤油加 15%制定零售价格。

1991 年 12 月 1 日常德市计内议价油价格一览表

表 5-3-2-10

品名	品质比率	计内议价			计内议价加价		
		调拨元/吨	批发元/吨	零售元/千克	调拨元/吨	批发元/吨	零售元/千克
70 号汽油	100	1208	1245	1.37	1343	1385	1.52
90 号汽油	110	1329	1370	1.51	1478	1524	1.68
灯用煤油	100	1130	1165	1.34	1266	1305	1.5
0 号柴油	100	1072	1105	1.22	1208	1245	1.37

1992 年 1 月 28 日，省物价局颁布《关于调整农用柴油价格的通知》（〔1992〕湘价重字第 18 号），决定自 2 月 1 日起，农用柴油市场批发价，一律在各地（州）市、县（市）石油公司现行价格的基础上，每吨加价 150 元。基层供销社的销售价格，按县城调后批发价格，加上由县物价局核定的县城至基层供销社供应地的运杂费，再加上 7.5%的综合差率制定。农机站的农用柴油执行当地供销社的销售价格。取消县石油公司对基层供销社(包括农机站）调拨倒扣和每吨补贴 3 元的规定。

7 月 4 日，市政府批转市计委、物价局《关于计划分配的成品油放开销售的意见》(常政发〔1992〕10 号)。决定自 7 月 1 日起，将省计划分配（含省计委和省直部门联合下文分配的）的汽油、柴油（包括农用柴油)、润滑油，通过市区县石油公司、农机部门、供销社经营的除粮棉挂钩奖售油、灯用煤油、中央省属代供油、救灾油以外的成品油一律放开销售。价差集中到县和市，由市、县政府批准使用。7 月 13 日，市物价局《关于常德市石油公司计外自组成品油销售作价办法的批复》（常价字〔1992〕49 号）确定，计划外成品油制价公式：批发价=〔进价（含返利金）+6%业务联系费+10 元仓储设施费+运杂费〕×107%+税金。

9 月 1 日，国家物价局通知各地即日起，停止执行原油、成品油计划外最高限价。明确该部分商品定价权属于企业。国务院决定，自 1992 年起对原油、成品油实行“平转高”的价格政策。市物价局批准从 8 月 1 日起，计内成品油平转议每吨的批发价如下：70 号汽油 1560 元，90 号汽油 1625 元，0 号柴油 1500 元；上交差价核定为每吨汽油 300 元，柴油800 元。接近省石油公司 1—8 月组织的 9 批计外自采油调拨价（70 号汽油 1260—1455 元/吨、90 号汽油 1495 元/吨、0 号柴油 1300—1455 元/吨）。油价双规制逐步走向单轨制。

1993 年 6 月 14 日，市物价局《关于调整计内成品油价格的通知》（常价字〔1993 号〕42 号）规定：平价柴油每吨调拨价 669 元、批发价 690 元，批零差率为 13%。

常德市高价成品油调销价格统计表

表 5-3-2-11　　单位：元/吨

县市	70# 汽油		90# 汽油		灯用煤油		0# 柴油	
	调拨价	批发价	调拨价	批发价	调拨价	批发价	调拨价	批发价
常德市	1670	1720	1765	1820	1540	1580	1520	1565
岩码头	1670	1885	1765	1995	1540	1745	1520	1725
津市	1670	1870	1765	1975	1540	1725	1520	1705
安乡		1955		2060		1810		1790
石门		1955		2060		1810		1790
汉寿		1885		1995		1745		1725
桃源		1885		1995		1745		1725
澧县		1870		1975		1725		1705
鼎城		1870		1975		1725		1705
临澧		1910		2015		1170		1745

当年，中国成为石油纯进口国（进出两抵，纯进口 981 万吨），参照国际市场对成品油定价已成为符合时宜和市场经济的趋势。

第三节　油价并轨

1994 年 5 月—1998 年 6 月，为油价并轨时期。1994 年 4 月 5 日，国务院颁布《关于改革原油、成品油流通体制意见的通知》（国发〔1994〕21 号），决定从当年 5 月 1 日起，对原油成品油流通体制进行改革，实现资源统一配置，原油、成品油实行国家统一定价，双轨制取消。

部分成品油出厂价格情况表

表 5-3-3-1　　单位：元/吨

品名	价格	品质比率%	品名	价格	品质比率%
70 号汽油	2290	100	97 号汽油	2640	115
90 号汽油	2415 （无铅 2515）	105	灯用煤油	1955	100
93 号汽油	2515 （无铅 2710）	110	0 号柴油	1900	100

1995 年 3 月 23 日，省石油总公司《关于成品油进货、调拨、供应工作的几项规定》，4 月 1 日起，汽油 70 号每吨 2450 元，90 号 2480 元，0 号柴油 2150 元，各地（州）市、县公司一律不得以低于最低销售批发价销售。3 月 30 日，常德分公司又通知：汽油 70 号每吨 2450 元，90 号 2500 元，0 号柴油 2150 元，煤油 2200 元。当年国家取消指令性计划。

1996 年 5 月 28 日常德油品牌价一览表

表 5-3-3-2　　单位：元/吨

商品	批发	零售	商品	批发	零售
70# 汽油	2400	2670	0# 柴油	2150	2321
90# 汽油	2440	2920			

1996 年 11 月 11 日，市物价局发布《关于对成品油实行临时销售限价的通知》（常价字〔1996〕130 号），因市场成品油资源紧缺，配置计划不能兑现，决定从 11 月至来年 2 月底，对全市县城以上市场标准成品油实行临时销售限价管理：

1996 年常德市成品油销售价格表

表 5-3-3-3

品名	批发	零售		品名	批发	零售
		元/吨	元/升			
70# 汽油	2998	3138	2.31	灯用煤油（元/吨）	2303	2483
0# 柴油	2760	2880	2.45			

21 日，又将 0 号柴油吨价提高至批发 3580 元，零售 3700 元和 3.2 元/升。

1997 年 1 月 22 日，资源紧张情况缓解，市物价局《关于调整和整顿成品油价格的通知》（常价字〔1997〕06 号）下调油价，公布全市县以上市场成品油销售价格如下：

1997 年常德市成品油销售价格表

表 5-3-3-4

70 号汽油			0 号柴油			灯用煤油		
批发（元/吨）	零售		批发（元/吨）	零售价		批发（元/吨）	零售价	
	元/吨	元/升		元/吨	元/升		元/吨	元/升
2695	2835	2.08	2585	2720	2.32	2370	2550	2.55

批零差价统一规定为：汽油每吨140元，柴油每吨135元，煤油每吨180元。批发起点为：市所在地市场汽油和柴油4吨，煤油1吨；县级市场汽柴油3吨，煤油0.5吨。供应给加油站、零售网点的成品油以及救灾油，不论数量多少，一律执行批发价。通过加油站供货的，不论数量多少，一律执行零售价格。

第四节　油价与国际市场接轨

1998年6月起，油价进入与国际市场接轨时期。1998年6月3日，国家计委出台《原油成品油价格改革方案》，对原油、成品油价格形成机制进行重大改革。汽油、柴油零售价实行政府指导价，由国家计委按进口到岸完税成本为基础加国内合理流通费用制定各地零售中准价，经营企业在此基础上，在上下浮动5%的幅度内确定具体零售价格。

1999年11月和2000年2月，国家先后两次调整国内成品油价格，但还是远远滞后于国际市场价格的上涨幅度。2000年5月，国务院决定国内成品油价格随国际市场变化每月调整一次。6月，国内成品油价开始参考国际市场价格变化相应调整，当时参考的只有新加坡市场的油价。7月，国内成品油价格水平实现了与国际市场的完全接轨。7月1日起全国禁止销售含铅汽油。

2000年常德市成品油销售价格一览表

表5-3-4-1

品名	品质比率	7月		9月	
		批发价（元/吨）	零售价（元/升）	批发价（元/吨）	零售价（元/升）
汽油90#	100	3702	2.99	3900	3.10
汽油93#	106	3924	3.18	4150	3.30
汽油97#	112	4146	3.38	4400	3.50
柴油0#	100	3218	2.84	3550	3.15

说明：1.此表价格分别从2000年7月14日零时和9月18日8时起执行。2.对4吨以上配送用油户汽油按批发价，柴油按零售。3.汽油零售价中含添加剂7分/升

2001年，受美国“911”事件等的影响，国际国内油价急剧震荡，国家连续5次下调油价（5月14日、7月4日、8月13日、9月9日、10月17日），11月，国家又一次进行成品油定价机制改革。改革的核心是国内成品油价格由原参照新加坡一地改为参照新加坡、鹿特丹、纽约3地市场价格调整国内成品油价格，当国际油价上下波动幅度在5%—8%的范围内时保持油价不变，超过这一范围时由国家发改委调整零售中准价，同时改每月调整为按照国际市场油价波幅不定期调整。

2001 年常德成品油销售价格表

表 5-3-4-2

品名	品质比率	5 月			11 月			
		零售价（元/吨）	零售价（元/升）	加清净剂后价（元/升）	批发价（元/吨）	零售价（元/吨）	零售价（元/升）	加清净剂后价（元/升）
90# 汽油	100	3817	2.84	2.91	3047	3224	2.40	2.47
93# 汽油	106				3229	3417	2.56	2.63
97# 汽油	112				3412	3611	2.73	2.80
0# 柴油	100	3266	2.79		2745	2905	2.48	2.55

说明：5 月的从 2001 年 5 月 14 日起执行。批发价全省统一扣减；11 月的从 11 月 24 日零时起执行，零差率 5.5%。

2002 年 4 月 3 日，湖南石油分公司发出《关于 2002 年 4 月份调整汽柴油销售价格的通知》（石化股份湘业〔2002〕76 号），根据国家计委调整成品油价格通知（湘价传电〔2002〕10 号）制定油价如下：

2002 年全省成品油销售价格表

表 5-3-4-3

品名	品质比率	批发价（元/吨）	零售价（元/吨）	零售价（元/升）	加清净剂后价（元/升）
汽油 90#	100	3210	3397	2.53	2.6
汽油 93#	106	3402	3600	2.7	2.77
汽油 97#	112	3595	3804	2.87	2.94
柴油 0#	100	2909	3078	2.63	2.70

说明：1.此表价格从 2002 年 4 月 04 日零时起执行。常德属湖南三价区。2.对 4 吨以上配送用油户按零售价每吨下浮 100 元，4 吨以下按零售价执行

2004 年 3 月 31 日，中国石化湖南石油分公司根据《国家发展和改革委员会关于调整成品油价格的通知》制定全省成品油销售价格表 5-3-4-4：

2004 年湖南省成品油销售价格表

表 5-3-4-4

品名	品质比率	批发价（元/吨）	零售价（元/吨）	零售价（元/升）	加清净剂后价（元/升）
汽油 90#	100	4159	4401	3.28	3.35
汽油 93#	106	4408	4665	3.5	3.57
汽油 97#	112	4658	4929	3.72	3.79
柴油 0#	100	3439	3640	3.11	3.18

说明：1.此表价格从 2004 年 3 月 31 日零时起执行。常德属湖南三价区。2.对 4 吨以上配送用油户按零售价每吨下浮 100 元，4 吨以下按零售价执行

2006年3月26日，国务院办公厅《关于转发发展改革委等部门完善石油价格形成机制综合配套改革和有关意见的通知》（国办发〔2006〕16号），决定成品油价由原来的与国际成品油价直接接轨，改为以国际市场原油价格为基础，加上国内合理加工成本和适当利润确定。为缓解国内成品油与原油价格严重倒挂的矛盾，做好市场供应工作，国务院决定适当提高国内成品油价格。省石油总公司通知，从3月26日零时起，按湘政发〔2006〕10号精神，改现行价区制为全省一价，零售中准价在国家核定的长沙市零售汽、柴油中准价格基础上，加价区差确定。非标准品以中准价格为基础上下浮动8%。

2006年3月全省成品油销售价格一览表

表5-3-4-5

品名	品质比率	批发价（元/吨）	零售价（元/吨）	零售价（元/升）	加清净剂后价（元/升）
汽油90#	100	5411	5664	4.22	4.29
汽油93#	106	5731	6000	4.5	4.57
汽油97#	112	6051	6335	4.78	4.85
柴油0#	100	4721	4943	4.22	4.29

说明：1.此表价格从2006年3月26日零时起执行。2.此表价格含价格调节基金每升0.02元

2006年5月湖南省成品油销售价格一览表

表5-3-4-6

品名	品质比率	基准价	零售价（元/吨）			批发价（元/吨）			含添加剂零售价（元/升）		
			中准	最低	最高	中准	最低	最高	中准价	最低	最高
90#汽油	100	5675	5747	5289	6204	5489	5052	5926	4.35	4.01	4.69
93#汽油	106	6016	6087	5602	6572	5814	5350	6277	4.64	4.27	5.00
97#汽油	112	6356	6428	5915	6940	6139	5650	6628	4.92	4.53	5.31
0#柴油	100	5010	5078	4674	5483	4851	4465	5237	4.41	4.06	4.76
-10#柴油	106	5311	5379	4951	5807	5138	4729	5547	4.67	4.3	5.03

说明：1.此表价格从2006年5月24日零时起执行。2.价格中含价格调节基金每升0.02元

9月30日，中国石化湖南石油分公司（石化股份湘业〔2006〕364号）通知各地，90号、93号汽油价格分别调整为6100元/吨、6400元/吨。

2007年6月全省成品油销售价格一览表

表5-3-4-7

类别	90号汽油	93号汽油	97号汽油	0号柴油
直销	5700	5800	6374	5300
批发	5700	5800	6374	5237

2008 年 12 月 18 日，国务院颁布《关于实施成品油价格和税费改革的通知》（国发〔2008〕37 号），决定取消公路养路费等收费，在不提高现行成品油价格的前提下，提高成品油消费税单位税额。将汽油、石脑油、溶剂油、润滑油的消费税单位税额定为每升 1 元，柴油、燃料油、航空煤油为每升 0.8 元。通知要求国内成品油价格继续与国际市场有控制地间接接轨。当国际市场原油一段时间内平均价格变化超过一定水平时，相应调整国内成品油价格。新方案以布伦特、迪拜和米纳斯 3 地原油价格为基准。再加国内平均加工成本、税金和合理利润确定价格。汽、柴油价格继续实行政府定价和政府指导价，同时改上下浮动为对零售和批发的最高价格制。成品油价税费改革方案自 2009 年 1 月 1 日起实施。

2009 年 5 月 7 日，国家发改委出台《石油价格管理办法（试行)》，规定实行政府指导价或政府定价。当国际市场原油连续 22 个工作日平均价格变化超过 4%时，相应调整国内成品油价格。当国际市场原油价格低于每桶 80 美元时，按正常加工利润率计算成品油价格。高于每桶 80 美元时，开始扣减加工利润率，直至按加工零利润计算成品油价格。高于每桶 130 美元时，按照兼顾生产者、消费者利益，保持国民经济平稳运行的原则，采取适当财税政策保证成品油生产和供应，汽、柴油价格原则上不涨或少涨。

经过自 1998 年以来的 3 次成品油价格改革后，常德市场的油价与国际市场完全接轨，油价频繁变化成为常态。

常德石油分公司部分时点油价一览表

表 5-3-4-8　　　　单位：元/吨

日期 / 品名	2009 年						2010 年					
	1.15	3.26	5.7	9.29	10.20	11.16	1.1	4.14	6.1	8.15	10.26	12.22
90# 汽油						7200	6700	7640	7680	7700	7960	8270
93# 汽油	6200	6200	6550	7350	7250	7550	7050	7850	7800	7870	8150	8510
97# 汽油	6895	7063	8270	8270	8050	8590	8500	8950	8640	8690	8950	9300
0# 柴油	5050	4800	5450	6150	6250	6450	6150	7000	6700	6920	7540	7840

1983—2010 年常德市成品油价格一览表

表 5-3-4-9　　　　单位：元/吨

时间	汽油	煤油	柴油	时间	汽油	柴油
1983-02-23	728	625	420	2001-05-14	3607	3086
1985-12-31	728	620	520	2001-11-24	3047	2745
1990-09-19	728	620	520	2002-04-04	3210	2909
1993-06-14	728	620	690	2004-03-31	4159	3439
1994-07-07	2290	1955	1900	2006-03-26	5411	4721

续表 5-3-4-9

时间	汽油	煤油	柴油	时间	汽油	柴油
1995-04-01	2450	2200	2150	2006-05-24	5489	4851
1996-05-28	2400	1955	2150	2006-09-30	6100	4851
1996-11-11	2998	2303	2760	2007-06-01	5700	5237
1997-01-15	2695	2370	2585	2009-11-16	7200	6450
2000-07-14	3702		3218	2010-06-11	7680	6700
2000-09-18	3900		3550	2010-12-22	8270	7840

说明：1.以上价格为各品种当年标准品的批发价格。2.标准品：汽油（1983 年 2 月 23 日为 66 号，1991 年 3 月 15 日为 70 号，2000 年 7 月 14 日后为 90 号）、煤油为灯用、柴油为 0 号。3.不含双规制时期计划内外的高价油

2005—2010 年成品油价格调整情况表

表 5-3-4-10　　单位：元/吨

序号	时间			内容
	年	月	日	
1	2005	3	23	上调汽油出厂价格 300 元/吨
2		5	10	上调柴油出厂价格 150 元/吨
3		5	23	下调汽油出厂价格每 150 元/吨
4		6	25	上调出厂价格：汽油 200 元，柴油 150 元，航空煤油 300 元
5		7	23	上调出厂价格：汽油 300 元，柴油 250 元，航空煤油 300 元
6	2006	3	26	上调出厂价格：汽油 300 元，柴油 200 元，航空煤油 300 元
7		5	24	上调汽、柴、航空煤油 500 元
8	2007	1	14	下调出厂价格：汽油 220 元，航空煤油 90 元
9		11	1	上调汽油、柴油和航空煤油价格各 500 元
10	2008	6	20	上调汽油、柴油价格 1000 元，航空煤油 1500 元
11		12	19	下调出厂价格：汽油 900 元，柴油 1100 元，航空煤油 2400 元
12	2009	1	15	汽、柴油价格分别降 140 元和 160 元
13		3	25	分别涨 290 元和 180 元
14		6	1	涨 400 元
15		6	30	涨 600 元
16		7	28	降 220 元

续表 5-3-4-10

序号	时间			内容
	年	月	日	
17		9	2	涨 300 元
18		9	30	降 190 元
19		11	10	涨 480 元
20		12	18	分别降 900 元、1100 元
21	2010	4	14	涨 320 元
22		6	1	分别降 230 元和 220 元
23		10	26	分别涨 230 元和 220 元
24		12	22	分别涨 310 元和 300 元

说明：1.0# 柴油密度取 0.86，即 1 吨 0# 柴油≈1162 升。2.从第 12 项开始，调价决定均为发改委作出

1998—2010 年汽油价格变动情况表

表 5-3-4-11　　单位：元

序号	调价次数	调价日期	油价元／升	调整额度	调价幅度%	序号	调价次数	调价日期	油价元／升	调整额度	调价幅度%
1	1998 年1 次	6.1	2.32			26	2003 年 4 次	2.1	3.29	0.17	5.45
2	1999 年1 次	11.5	2.38	0.06	2.59	27		5.10	3.03	(0.26)	−7.90
3	2000 年 9 次	2.20	2.47	0.09	3.78	28		7.1	3.02	(0.01)	−0.33
4		5.5	2.67	0.20	8.10	29		12.6	3.20	0.18	5.96
5		6.5	2.92	0.25	9.36	30	2004 年 2 次	3.31	3.46	0.26	8.12
6		7.14	3.06	0.14	4.79	31		8.25	3.66	0.20	5.78
7		8.17	3.19	0.13	4.25	32	2005 年 4 次	3.23	3.92	0.26	7.10
8		9.18	3.28	0.09	2.82	33		5.23	3.79	(0.13)	−3.32
9		10.20	3.13	(0.15)	−4.57	34		6.25	3.96	0.17	4.49
10		11.17	3.08	(0.05)	−1.60	35		7.23	4.26	0.30	7.58
11		12.20	3.06	(0.02)	−0.65	36	2006 年 2 次	3.26	4.65	0.39	9.15

续表 5-3-4-11

序号	调价次数	调价日期	油价元／升	调整额度	调价幅度%
12	2001 年 10 次	1.13	2.96	(0.10)	−3.27
13		2.5	2.82	(0.14)	−4.73
14		3.6	3.00	0.18	6.38
15		4.8	3.02	0.02	0.67
16		5.14	3.10	0.08	2.65
17		6.5	3.24	0.14	4.52
18		7.4	2.80	(0.44)	−13.58
19		8.12	2.61	(0.19)	−6.79
20		10.17	2.91	0.30	11.49
21		11.24	2.40	(0.51)	−17.53
22	2002 年 4 次	3.4	2.50	0.10	4.17
23		4.4	2.73	0.23	9.20
24		5.4	2.94	0.21	7.69
25		10.1	3.12	0.18	6.12

序号	调价次数	调价日期	油价元／升	调整额度	调价幅度%
37		5.24	5.09	0.44	9.46
38	2007 年 2 次	1.24	4.90	(0.19)	−3.73
39		11.1	5.34	0.44	8.98
40	2008 年 3 次	6.20	6.20	0.86	16.10
41		10.7	6.37	0.17	2.74
42		12.18	5.44	(0.93)	−14.6
43	2009 年 8 次	1.15	5.33	(0.11)	−2.02
44		3.25	5.56	0.23	4.32
45		6.1	5.89	0.33	5.94
46		6.30	6.37	0.48	8.15
47		7.29	6.19	(0.18)	−2.83
48		9.2	6.43	0.24	3.88
49		9.30	6.28	(0.15)	−2.33
50		11.10	6.66	0.38	6.05
51	2010 年 4 次	4.14	6.92	0.26	3.90
52		6.1	6.74	(0.18)	−2.60
53		10.26	6.91	0.17	2.52
54		12.22	7.17	0.26	3.76

说明：1.93# 汽油密度取 0.737，即 1 吨 93# 汽油≈1357 升。2.该表以北京地区 93 号汽油市场价格为例

常德与北京 93 号汽油同日价格比较表

表 5-3-4-12　　单位：元/升

日期	北京	常德	与北京油价差距		日期	北京	常德	与北京油价差距	
			绝对值	幅度%				绝对值	幅度%
2000−07−14	3.06	3.18	0.12	3.92	2004−03−31	3.46	3.50	0.04	1.16
2000−09−18	3.28	3.30	0.02	0.61	2006−03−26	4.65	4.50	−0.15	−3.232

续表 5-3-4-12

日期	北京	常德	与北京油价差距		日期	北京	常德	与北京油价差距	
			绝对值	幅度%				绝对值	幅度%
2001-11-24	2.4	2.56	0.16	6.67	2006-05-24	5.09	4.64	-0.45	-8.84
2002-04-04	2.73	2.70	-0.03	-1.10	差距形成原因：国家核定的地区零售汽油中准价格和价区差不同等因素。				

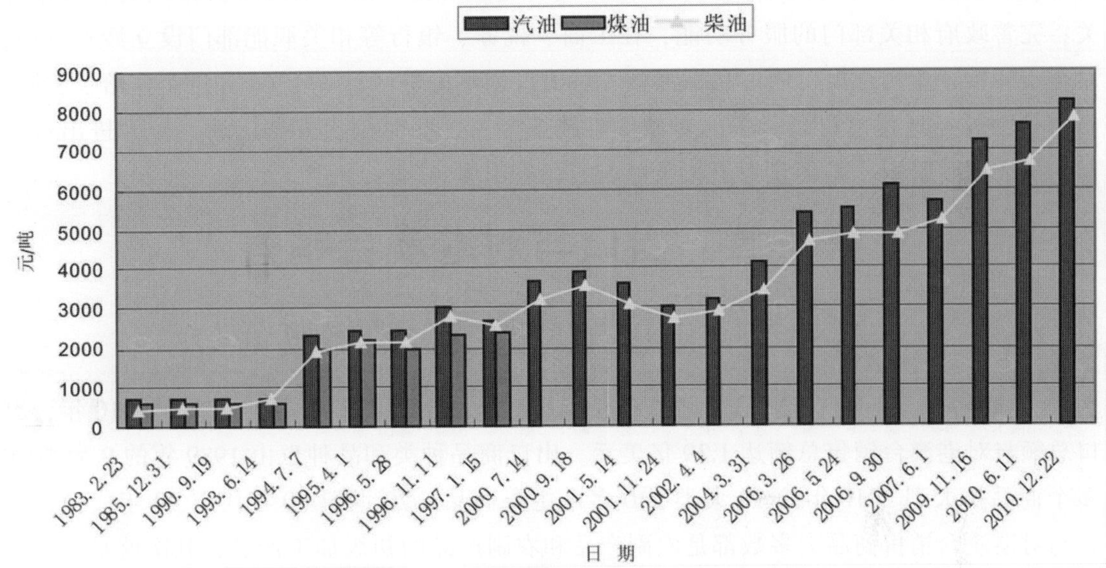

1983—2010 年常德成品油价格变化图

第六篇　对外与对港澳台经贸及招商引资

市委、市政府在围绕鼓励外贸进出口业务和外资企业落户常德、加快发展当地经济方面，注重进行硬件和软件的基础性投资：如投巨资建设基础设施，形成航空、铁路、水运较为完善便捷的立体交通运输体系，相继建成及扩建常德机场、常德火车站、常德盐关码头等；向国家主管部门或上级政府汇报，先后成立常德进出口商品检验检疫局、常德海关；完善政府相关部门的服务功能，在工商、税务、银行等相关职能部门设立涉外机构；对全市外贸企业实行出口创汇目标考核，对出口创汇先进区县（市）、先进企业给予奖励；出台鼓励外经外贸与招商引资的多项优惠政策等。这些对搞活外贸流通，扩大进出口贸易，加大招商引资，无疑起到了相当可观的促进作用。

第一章　出口与对港澳台销售

第一节　出口与对港澳台销售概览

1989年，全市出口贸易总额与对港澳台销售总额为452.45万美元，到2010年，出口总额与对港澳台销售总额达1.39亿美元。出口商品种类和品种也由1989年的9大类60多个商品扩大到2010年的18大类240多个主要商品。20世纪80年代末90年代初，出口与对港澳台销售商品大多数都是农副产品和农副产品的初级加工产品，其次就是一般的轻工业品、手工艺品，另外就是少量的工矿产品。出口与对港澳台销售商品由于是一般的原辅材料和初级加工产品，深加工者少、科技含量不高、附加值低、换汇成本高，市场竞争力不强，所占市场份额不大。到2000年以后，出口与对港澳台销售商品从原来的一般粗放型产品为主转换为深加工的精细产品比例大增；种类多、涵盖面广的大批科技含量高、附加值高的出口商品行销于国际市场，市场竞争力和市场份额都得到大幅度提高。2010年的出口与对港澳台销售额约为1989年的4倍。

全市出口及对港澳台贸易总值统计表

表6-1-1-1　　单位：万美元

年份	1989	1990	1991	1992	1993	1994	1995	1996	1997	1998	1999	2000
金额	452.45	571.10	786.62	1476.21	1682.23	2582.63	3360.44	3722.46	4506.45	4011.25	1572.54	1848.31
年份	2001	2002	2003	2004	2005	2006	2007	2008	2009	2010		
金额	2459.56	4185	6561.66	9677.75	10496.85	10212.08	10408.13	13685.24	12063.70	13948.38		

第二节　出口与对港澳台销售方式及主要商品

20世纪80年代末期至90年代初期，常德市的出口与对港澳台销售的商品主要是按省级外贸专业公司或省级地方工贸公司的调拨计划、供货要求，收购相应数量的农副产品原辅材料和农副产品的初级加工产品。1988年，国家开始实行外贸体制改革，地市级以下的基层外贸企业从过去的单一收购供货到逐步开展自营进出口，从经营主体到购销方式均发生了根本的转变。与此同时，国际市场的需求也发生了很大的变化，到2010年，出口与对港澳台销售的商品无论从数量、种类、包装、成本还是经营规模、经济效益都有很大的变化或提高。一批民营出口大户和“三资”企业兴起，成为对外贸易的主力军；这些外贸企业不断开拓国际市场、开发科技新产品，增加了出口与对港澳台销售商品的种类，提高了其出口与对港澳台销售商品的质量和数量，市场分布广度和市场占有份额都有很大提高。

一、出口与对港澳台销售的方式

从1988年国家开始外贸体制改革到2000年以前，国营的市、县外贸各专业公司很大部分业务是根据省级外贸专业公司的调拨计划单组织出口与对港澳台贸易货源的收购，再向省级外贸专业公司供货。极少数有自营进出口经营权的对外经贸企业以及“三资”企业是自己进行出口贸易与对港澳台销售。2000年以后，地方市、县级外贸体制改革，购销方式因此也发生根本的变化，由过去的计划经济逐步过渡到市场经济，外贸企业主要是根据国际市场需求信息、市场行情，由有进出口经营权的经贸企业和进出口生产企业在成本核算上进行风险评估，再据以组织出口与对港澳台销售的货源并进行交易。

二、出口与对港澳台销售的经营主体

1989—2000年，出口与对港澳台销售的经营主体主要由三部分组成：第一部分是国营市、县外贸专业公司，主要是组织收购出口与对港澳台销售的货源；第二部分是有自营进出口权的对外经贸企业，自行组织出口与对港澳台销售；第三部分是“三资”企业，根据企业自身需求组织出口与对港澳台销售。2000年以后，国有外贸企业体制改革，市、县两级外贸专业公司在体制改革中实行两个买断，改制破产，悉数被注销而退出外贸市场，取而代之的是民营企业，出口与对港澳台贸易的购销主体也因此而变换。此后，出口与对港澳台销售的经营企业为以下3类：外贸生产企业（国有或民营生产加工企业）、外贸流通企业（有进出口经营权的贸易企业）、“三资”企业。

三、出口与对港澳台销售商品名录

（一）粮油食品类：桐油、大米、干湿米粉、速冻食品、鲜蛋（鸡蛋、鸭蛋）、再制蛋（咸蛋、皮蛋）、淀粉、改制酒、味素、蔬菜、盐藠头、蒜球、咸黄瓜、脱水菜（蒜片、藕片、辣椒干、辣椒粉、姜片、白菜、其他干果）、柑橘、蜂蜜、湘莲、罐头（橘子罐头、水煮笋罐头、蔬菜罐头）、冻猪肉、冻牛肉、冻羊肉、冻乳猪、冻兔肉、冻猪副产品、冻家禽、冻乳鸽、冻田鸡、冻鱼、冻水鱼脂肪、冻蛇肉、活大猪、活杂鱼（鳝鱼、泥鳅、生鱼）、活田螺、鸡肾、烤鱼。

（二）土产类：茶叶（红茶、绿茶、边销茶、压轧茶）；植物性饲料：菜籽饼、菜籽粕、棉籽饼、棉籽粕、其他植物性饲料；脱胶骨粒粉、柠檬酸、樟脑油、芳樟油、甜菜叶、蚊香、竹制品、红黄麻、苎麻、精干麻、亚麻、苎麻条、麻球。

（三）畜产类：猪鬃、鬃刷、猪皮革、猪肠衣、盐渍牛皮、山羊板皮、狗皮、黄狼皮、家兔皮、獾皮、麂皮、杂皮、羽毛。

（四）医药类：

1. 中药材：甘草、五倍子、枳实、大黄、枝子、茯苓、杜仲、陈皮、天麻首乌片、其他植物性生药。

2. 西药：心血管药及利尿药、止血芳酸、止血环酸、氨甲环酸、卡马西平、盐酸氯丙嗪、甲硝唑原粉、醋柳酸、维生素C、磷酸氢喹、增光片、胃肠道药。

（五）纺织类：棉花、棉纱、棉布（花布、色织布）、棉麻混纺纱、棉麻混纺布、苎麻纱、苎麻布、棉涤纶纱、棉涤纶布、人棉布、化纤纱、化纤混纺布、蚕丝、丝织品、精纺全毛呢、其他粗纺呢绒；

（六）针织品类：汗衫、背心、床单、睡衣、文化衫、毛巾、浴巾、手帕。

（七）服装类：按面料分有：棉布服装、棉麻服装、梭织服装、棉涤纶服装、麻涤纶服装、化纤服装、中长纤维服装、木棉服装、涤纶服装、真丝绸服装、人棉服装、皮革服装、羽绒服装、呢绒服装、其他布服装。按形式分有：衬衫、衬裙、西服上衣、长西裤、短西裤、夹克、其他外衣。

（八）工艺品类：陶瓷、餐具、窗帘、钻石、淡水珍珠，竹家具、木家具、草柳制品。

（九）轻工业品类：鞋、帽、劳保手套、、帆布包、帆布箱、人造革箱、化妆箱。

（十）塑料橡胶制品类：塑料雨衣、太阳伞、气垫床、坐垫、茶垫、旅游睡袋、编织袋、橡胶辊筒。

（十一）小五金工具类：剪断机、砂轮机、切肉机、石工锤、奶子锤、扁尾锤、敲锈锤、八角锤、木工锤、钳工锤、钢锉、手摇钻、弓摇钻、胸摇钻。

（十二）小五金类：铁钉、木螺钉、砂布、镀锌铁丝、电线管配件、铅水梳结、铅水过路箱、离墙码、拉链。

（十三）日用电器类：扬声器、麦克风、无绳电话机、电容器、吸尘器、自行车、缝纫机及其零配件、电池、灯具、灯泡。

（十四）光学类：放大镜片、玻璃制眼镜片。

（十五）化工产品类：氟化铅、氟化铝、硫酸钡、碳酸钡、硫酸锰、硫酸锌、硫酸二钠、氧化钠、氧化锌、氯化锌、电解二氧化锰、重铬酸钠、铬酸酐、活性染料、氯化铵、硝酸钾、硝酸铅、钾酸、草酸、苯甲酸、癸二酸、草酸二乙酯、焦亚硫酸钠、焦亚硫酸、低压聚乙烯、低亚硫酸钠、聚丙烯、聚氯乙烯、聚乙烯醇、季戊四醇、冰晶粉、钛白、立德粉、元明粉、工业明胶、沥青、肌醇、雄磺、酶。

（十六）机械设备类：纺织机械、经编机、工业缝纫机、粮食机械、手扶拖拉机、船舶动力机械、船舶电力设备、船舶通讯设备、船舶航海设备、船舶甲板机械、运输机械、微电机、水泵、柴油机、挖泥船、拖船、浮动船坞、游艇。

（十七）有色金属及稀土类：锑、铜、锌、锡、镁、铋、铟、镉、锰、铝锭、硅、硒。

全市出口及对港澳台销售商品分类统计表

表 6-1-2-1　　单位：百元/百美元

类别＼年份	1989	1990	1991	1992	1993	1994	1995	1996	1997	1998
总值	3190921	3252320	3436735	147621	168223	258263	336044	372246	450645	401125
粮油类	762	19442	43493	698			780		60080	84424
食品类	934419	855876	892712	2560	10679	24976	30666	67024		
饲料类	305389	127901	47458							
茶叶类	248653	207618	262605		80		1500	4000	3500	2100
香调料及香料油	7399	40439	12254	206	1194	149	3091	16400	4670	
工业用土产原料	30						110	222	84	
山货	24624	39538	35195	3884	950					
畜产品	394531	282364	300922		1170	629	8465	9680	9296	4600
木材										4000
中药材	35690	29936	25420		673	237	6904	17406		
纺织纤维及废棉	137995	84672	42744			4160				
纸及纸板纸浆										
纺织原料							1870	18081	37083	7240
纺织品	466411	269693	628147	20046	23540	39235	99873	55848	70792	67227
丝织品	8002	87452	14797		1699		1600			673

续表 6-1-2-1

年份 类别	1989	1990	1991	1992	1993	1994	1995	1996	1997	1998
服装	55329	139668	267626	89694	87702	133490	118084	116358	122741	119096
抽纱	28345	26143	51166		141	149				
轻工业品	190069	162086	139735	4859	6350	13041	15248	7111	5081	16946
陶瓷类			28783	3219	1530	3508	4097		1000	
工艺品类	59670	115275	103332	4619	2475	8168	9745	4185	1278	616
黑色金属	60530	166694	170236	6521	7205	2607				
有色金属	21470	36412	37386	11900	14335	7842	6101	2206		1054
非金属矿产品		264	24774	143	364	355				
石油类					250					
化工大类	122185	453980	148725	3013	1536	1050	156	4785	26937	6152
橡胶及制品		9022								8746
塑料及制品										
医药	11475	36287	44131			832	6904	17406	41649	36481
运输工具大类							9295	7165	30328	7412
机械及设备	59572	40009	98739	143	6350	17385	7995	27492	9046	8294
光电产品大类							4555	583	8720	15180
工农具	18296	12157	15613				12053	13700	12107	5769
仪器仪表	71	9392	742			450				
家电设备									6253	5115

说明：1989年—1991年单位为百元，1992年—1998年单位为百美元

全市出口分类统计表

表 6-1-2-2　　单位：万美元

类别＼年份	1999	2000	2001	2002	2003	2004	2005	2006	2007	2008	2009	2010
冻乳猪肉		34.61	104.87	110.17	66.16	3.39			15.61	10.33		106.62
新增商品 03042921				3.78	10.76	3.72						15.63
食用动物产品			0.15									
猪鬃					86.10	338.63	292.89	526.27	603.41	704.03	538.77	719.22
盐水蔬菜	4.41	2.96	1.28		1.89	0.63	0.68		6.88			
柑橘			1.94	13.14	7.96	14.39		2.32	191.05	209.72	246.59	165.06
辣椒干等香料	56.77	13.27	65.79	172.26	280.46	469.30	368.88	251.25	385.03	341.91	191.30	295.94
大米									0.00			
面粉		0.01	2285.54					1.11	1.90			
大豆等含油子仁	3.67				38.83	0.67	13.98	62.94	59.41	48.91		18.22
新增商品 14049010										13.75	35.00	90.72
桐油		1.07										
小龙虾等淡水水产	1.72			0.80		1.27		5.41	18.75	162.95	33.66	31.58
砂糖、巧克力等糖食									1.32		4.17	6.34
米粉及面食						3.79	5.43	7.62	8.72	25.52	24.61	37.10
柑橘罐头	180.81	297.10	443.06	550.68	731.55	1029.61	877.99	874.67	839.24	1025.78	809.96	820.43
未列名食品	0.16		0.22	0.62	0.53							
未知商品			0.50					4.03	0.18	0.18		
植物油渣饼		39.42	4.70	2.84	1.38	2.54	0.85	13.03	32.62	27.39	30.11	84.84

续表 6-1-2-2

类别＼年份	1999	2000	2001	2002	2003	2004	2005	2006	2007	2008	2009	2010
石膏及天然磨料砂									5.80	1.56	20.98	56.80
氧化硫化等化合物	35.28	79.28	47.28	45.43	142.71	145.24	55.65	31.30	18.24	13.99	18.00	6.26
氨基酸等化工产品	34.40	73.51	88.30	237.23	271.36	287.41	450.55	523.61	499.42	697.31	806.72	1245.96
药品、药包				0.73		0.14			17.02	12.84	10.62	88.76
其他肥料				2.00	6.05	4.04			8.15			
油墨	1.24	9.38	4.33	3.33					10.01	5.48	0.33	0.36
玻璃或金属用光洁剂		0.79										
粘合剂及酶制品		0.27				191.67	382.95	644.09	658.74	1437.39	1244.63	1295.13
石墨及橡胶促进剂、防冻剂等								1.35	8.46	12.56	46.70	100.41
塑料制品等聚合物	15.75	2.19	6.00	5.07	3.01		0.08	1.47	9.33	23.77	21.24	16.65
合成橡胶	10.74	8.66		0.13						35.88	4.61	0.08
未知商品	8.25					0.70	0.57	1.21	6.86			
皮革制品		0.05	3.00	1.16				40.39	32.74	35.43	43.28	131.05
毛皮及人造毛皮制品										0.00		
木制门及家具等	0.31	0.03	0.64	1.35	1.56		2.92	48.20	388.93	138.94	152.43	177.15
新增商品 46021100		10.40	21.04	5.89	6.58	14.57	16.80	24.08	30.36	36.38	33.68	37.99
其他纸及其制品	0.36				0.65	0.13	4.89	12.96	40.93	84.90	23.01	0.92
印刷品		0.25										0.40
羊毛及其羊毛混纺纱线									1.75	2.07	1.84	
棉花及棉布	31.82	35.64	15.68	138.88	137.13	20.94	60.71	3.61	1.14	23.39	23.10	34.69

续表 6-1-2-2

类别 \ 年份	1999	2000	2001	2002	2003	2004	2005	2006	2007	2008	2009	2010
黄麻、苎麻纺织品	0.01								81.56	116.25	286.90	590.53
长丝布		0.01					7.85			21.70	109.59	132.15
聚酯纱、聚酯布	8.82	12.24	13.52	124.99	456.91	649.21	407.36	252.69	307.84	239.11	148.02	198.86
无纺布、合纤绳索等												35.10
灯芯绒等	0.86	0.01			0.01				62.40	102.95		
塑料浸涂纺织物及机用毡呢	0.00								7.07	58.32	345.73	248.63
人造纤维制品	9.02											
棉、毛、化纤针织品	2.73	31.24	29.28							141.09	2.67	85.10
化纤服装、手套	73.85	27.50	131.78	120.43	89.21	47.03	11.68	25.49		2.07	5.92	0.05
床上用品、窗帘、化纤包装袋等		6.33					0.03				0.01	0.24
新增商品 64029920		0.49								5.41	9.97	
安全帽等		32.91								0.05		0.51
其他伞		0.28										
塑料花及其他制品	0.33		0.40	0.11								
矿物材料制品	0.23	0.62		0.14								
陶瓷制品		1.46	3.18					1.84		2.25		2.18
玻璃、玻璃纤维及其制品			0.19	0.17								0.05
贵金属制品	0.30	0.77		0.92							0.34	
钢及不锈钢型材					3.75	1.14						

续表 6-1-2-2

类别＼年份	1999	2000	2001	2002	2003	2004	2005	2006	2007	2008	2009	2010
铜管及其附件、铜螺钉螺母等						2.84						
铝制门窗、螺钉螺母等					599.95	1510.85	1577.28	234.29				
非合金锡		42.41										
成套手工工具等	3.49	1.02	2.21					0.04			0.08	1.72
锁具、焊条、家具金属配件等		5.39	0.00		0.11	0.06			0.60		0.03	
船用内燃机零件	117.05	121.32	100.66	166.18	279.09	501.75	442.13	577.09	749.52	1056.50	1058.57	1100.62
发电机、电动机等电器	15.08	28.14	47.33	261.15	514.30	638.98	591.41	652.96	751.41	813.23	554.66	596.29
机动车零件			4.26			6.21	4.80	6.26	6.00		6.97	11.60
机动船舶	389.35	200.59	66.08	247.34		200.00	1025.00	1281.50	820.10	2220.70	2685.10	2238.75
眼镜片、望远镜、导航装置、测量仪器等		4.17	25.26	35.61	29.09	38.18	32.07	40.47	42.27	56.65	47.05	32.07
坐具及其零件、家具、灯具、	42.88	16.57	0.06			2.94		1.33	3.11	5.20		
未列名玩具	3.81	0.40										
油漆刷、拖把、黑板等	0.97	0.01		1.57					7.37	14.43	4.40	
合计	1054.47	1142.77	3528.25	2254.71	3770.35	6171.77	6698.78	6211.07	6806.25	10062.71	9698.85	10883.67

全市对港澳台销售分类统计表

表 6-1-2-3　　单位：万美元

类别 \ 年份	1999	2000	2001	2002	2003	2004	2005	2006	2007	2008	2009	2010
冻乳猪肉					17.65	22.64						3.58
食用动物产品							51.43	23.34				
猪鬃						11.87	12.70	23.33	46.00	40.71	16.86	51.94
盐水蔬菜	1.08			1.56	3.15		1.42	1.40	7.40	10.21	2.64	11.03
柑橘								0.57				
辣椒干等香料	0.76			50.50	23.83	9.22	11.62		6.78	13.23	1.24	
大米		0.03										
面粉		0.01	10.61	0.44								
大豆等含油子仁	0.44			23.46	47.02	48.60	47.62	82.85	100.65	176.37	150.02	193.14
小龙虾等淡水水产										4.62		11.80
米粉及面食						0.69						
柑橘罐头	1.87	2.06	4.53	1.68	2.89	2.51	4.37	2.26	2.27	5.27	8.38	0.80
植物油渣饼									1.76	0.15		0.60
润滑油				6.24								
氧化硫化等化合物	0.48	19.14	9.76	0.72		13.80	5.92		4.37	8.14	14.99	21.93
氨基酸等化工产品	42.40	37.41	56.35	50.91	47.34	76.11	92.47	80.78	85.38	112.25	64.59	24.76
药品、药包												18.68
玻璃或金属用光洁剂				0.54								
塑料制品等聚合物	4.46											

续表 6-1-2-3

年份 类别	1999	2000	2001	2002	2003	2004	2005	2006	2007	2008	2009	2010
合成橡胶	4.73											
未知商品								24.26	21.77			
毛皮及人造毛皮制品												1.67
木制门及家具等	1.60						1.44	3.81	2.28	1.83		
其他纸及其制品									4.45	3.16	1.25	
棉花及棉布	248.45	441.35	703.12	1048.92	1698.15	1577.80	1473.81	1723.10	1675.74	1807.68	1320.40	1576.76
黄麻、苎麻纺织品		2.25	21.60	11.96	2.83	5.10	7.27	13.07	9.36	9.92	11.26	4.68
长丝布	27.18	9.73	116.45	349.82	358.72	525.41	482.92	512.93	409.83	319.08	250.79	145.27
聚酯纱、聚酯布	59.87	65.55	56.90	159.60	242.02	334.94	405.29	581.89	689.04	754.28	249.54	338.09
无纺布、合纤绳索等												27.53
灯芯绒等	1.42	2.72	9.82	8.83	39.03	29.20	23.36	29.09	9.06	5.64	7.76	0.16
塑料浸涂纺织物及机用毡呢				0.26							0.84	
人造纤维制品	1.20	2.05										
棉、毛、化纤针织品		6.02	19.58				198.82	364.99	38.12	49.09	16.00	3.37
化纤服装、手套	11.62	60.90	74.53	1.64	1.51			2.16				
床上用品、窗帘、化纤包装袋等	0.05	5.10										
安全帽等			5.22									
贵金属制品										14.48		
合金钢管及其附件、钢铁容器、螺钉螺母等			1.43	4.17	13.51	125.00	95.24	167.89	143.42	69.27	64.84	102.66

续表 6-1-2-3

类别 \ 年份	1999	2000	2001	2002	2003	2004	2005	2006	2007	2008	2009	2010
铜管及其附件、铜螺钉螺母等											0.93	9.87
铝制门窗、螺钉螺母等						361.98	587.47	26.01				
贱金属废料				0.29								
锁具、焊条、家具金属配件等					4.89			2.90		1.65		14.58
船用内燃机零件	0.43	1.11	3.93	3.99	2.37	1.48	2.53	2.99	6.39	6.66	4.58	12.90
发电机、电动机等电器	24.56	33.70	121.83	204.76	286.04	359.51	283.95	323.76	337.12	203.20	177.94	488.91
机动车零件								0.91				
机动船舶	65.66											
眼镜片、望远镜、导航装置、测量仪器等	7.52	14.79	1.22		0.36	0.12	0.58	1.50	0.69	0.59		
坐具及其零件、家具、灯具、	0.72											
未列名玩具	1.47											
油漆刷、拖把、黑板等	10.10	1.62					7.84	5.21		5.04		
合计	518.07	705.54	1216.88	1930.29	2791.31	3505.98	3798.07	4001.00	3601.88	3622.52	2364.85	3064.71

全市主要出口商品统计表

表 6-1-2-4　　金额单位：万美元

类别＼年份	1999		2000		2001		2002		2003		2004	
	数量	金额	数量	金额	数量	金额	数量	金额	数量	金额	数量	金额
冻乳猪肉（吨）			173.34	34.61	446.86	104.87	311.59	110.17	194.99	66.16	9.29	3.39
冻鱼（吨）							5.25	1.89				
其他冻小虾（吨）							19.41	1.89	38.10	9.17	8.57	3.72
咸蔃头（吨）	1694.1	26.56	3237.34	297.11	3863.8	330.8	1209.29	89.50	1010.74	73.85		
蔬菜罐头（吨）					47.63	45.01	2535.41	292.55	2950.14	376.92	3513.63	440.57
糖渍蔬菜及果类（吨）					8.68	7.6						
盐水蔬菜及什锦蔬菜（吨）					37.04	1.28	1007.47	100.52				
姜（吨）					65.42	21.18	730.68	27.42	1001.93	40.33	2373.3	191.10
辣椒干（吨）					456.72	44.61	1555.29	143.45	2352.85	240.13	2058.1	278.21
柑橘（吨）					32.73	1.94	191.66	13.14			255	14.39
柑橘罐头（吨）							858.29	68.11	2593.71	229.94	5969.54	466.90
猪鬃（吨）									183.75	86.08	617.71	338.64
杀虫杀菌植物（吨）									207.25	35.43		
油渣饼（吨）					720	4.71	300.00	2.84				
未分级未镶嵌钻石（克拉）	4	0.3										
纯棉单纱（吨）							496.15	67.11	770.96	98.53		
棉混纺聚酯短纤纱（吨）									355.99	54.8	807.73	135.50
聚酯短纤多股纱（吨）									248.49	36.29	1264.93	200.02

续表 6-1-2-4

类别 \ 年份	1999		2000		2001		2002		2003		2004	
	数量	金额	数量	金额	数量	金额	数量	金额	数量	金额	数量	金额
染色全棉布（万米）	28.89	19.34	32.15	19.51	13.08	7.93	39.37	47.20	22.31	26.91		
化纤混纺印花棉布（万米）			11.44	6.22	19.67	6.79			7.64	10.85		
棉混纺聚酯布（万米）			18.29	6.32	39.15	13.54						
棉混纺人造纤维布（万米）							303.95	112.15	1090.70	365.83	1031.44	313.69
劳动布（万米）							14.55	18.87				
化纤男运动服及其他服装（万条）					4.50	4.13						
化纤男防寒短上衣、防风衣（万件）					2.21	9.3						
化纤女睡衣裤（件）	2292	0.16										
棉男便服套装（万套）					2.12	3.72						
棉女便服套装（万套）					2.33	2.34						
棉男长裤、工装裤等（万条）					42.89	102.82	52.79	115.68	43.15	86.45		
女棉长裤、工装裤等（万条）	1.53	37.72										
棉T恤衫、汗衫等（件/套）	6588	0.33										
棉男内裤及三角裤（万件）					24.71	5.81						
棉女三角裤及短衬裤（万件）			18.01	9.91	94.54	10.94						
合纤女便服（万套）			2.25	9.92								
合纤女泳装（件）	2484	0.05										
合纤连衣裙（件）	3036	0.25										
化纤男运动服及其他服装（万件）			4.24	4.67								

续表 6-1-2-4

类别＼年份	1999		2000		2001		2002		2003		2004	
	数量	金额	数量	金额	数量	金额	数量	金额	数量	金额	数量	金额
胸罩（万件）			88.72	4.15								
帽类（万个）			76.29	30.14								
电动机（台）							8946	85.44	8138	171.18	13531	260.25
白炽灯泡（万只）	24	0.24										
灯具及灯饰（吨）	113.15	35.16										
电容器（千克）					3222	5.8						
其他氨基酸（吨）	1.69	11.84	6.86	44.47	10.95	71.89	23.81	158.87	10.53	68.91		
酶制品（吨）											1419.75	191.67
非肥料用氯化铵（吨）			422	4.76	1008.5	9.24						
硫酸盐（吨）			1137.5	27.29	295.50	9.02						
硫酸二钠（吨）							4805.00	29.06	21660.00	126.36	20350	116.50
三磷酸钠（吨）			517	18.85								
其他多磷酸盐（吨）			369	14.68	70.00	2.9						
其他乙酸盐（吨）							230.50	19.93				
其他无机酸酯（千克）					450.00	7.88						
无环酰胺及其衍生物（吨）							46.95	5.96	30.50	3.91		
碳酸钡（吨）			43.5	0.64								
其他有机硫化合物（吨）			10.2	7.52			20.30	5.62				
苯并噻唑环系化合物（吨）							86.50	18.35	75.00	14.89		
氨基化合物（吨）									21.30	142.82	30.53	200.76

续表 6-1-2-4

类别 \ 年份	1999		2000		2001		2002		2003		2004	
	数量	金额	数量	金额	数量	金额	数量	金额	数量	金额	数量	金额
锌钡白（吨）			335.5	9.39	81.00	2.26						
有机表面活性剂（吨）			18	0.79								
樟脑（吨）					14.5	2.39						
石油树脂等（吨）									66.00	2.79		
尿素（吨）									293.00	4.61		
塑料浴缸及盥洗盆等（吨）			6.4	2.16								
其他橡胶制品（吨）			78	8.66								
其他草席及帘子（万块）			8.07	5.78								
植物料篮筐等（万件）			1.49	3.1	20.48	18.56	5.16	5.27	2.56	6.58		
拖轮及顶推船（艘）	3	11.4	3	200.59	4	66.09	1	161.9				
其他船舶（艘）	1	113.56										
挖泥船（艘）	1	160					1	85.44				
未锻轧纯铝（吨）									3999.67	599.95	8590.03	1510.84
未锻轧非合金锡（吨）			79.64	42.41								
其他锁（吨）			16.2	4.04								
机器零件（吨）			116.65	27.5	124.16	13.11						
电气装置零件（吨）							80.89	9.57	54.77	7.37		
绝缘配件（吨）									31.69	6.58		
各种轴承（万套）					114	10.43						
飞轮及滑轮（万个）			98	9.99	114	10.48						

续表 6-1-2-4

年份/类别	1999		2000		2001		2002		2003		2004	
	数量	金额	数量	金额	数量	金额	数量	金额	数量	金额	数量	金额
经编机（台）							17	56.96			26	195.07
织物剪切机（台）					1320	14.66						
谷物加工机械（台）							79	11.36	1328	35.37		
谷物加工机械零件（吨）							656.46	69.25	1245.78	137.09	1608.36	185.86
烟草加工机零件（千克）									1176	8.58		
非自动缝纫机（台）							223	6.93			1209	8.11
其他收音机（万台）			13.44	18.69								
玻璃眼镜片（万片）			9.93	4.17	55	24.56	77.85	35.61	54.42	29.1		
其他材料制的家具（万件）			1.75	1.81								
圣诞节用品（千克）			4006	0.4								
电话（万台）					3.86	40.13	9.09	161.34	21.57	326.34	25.5	362.62
非工业用钢铁制品（千克）					3251	3.68						
纵焊粗钢铁管（吨）					24	5.2			37.23	3.20		
其他合金钢丝（吨）									18.04	3.75		
瓷餐具（吨）					89.94	3.18						
皮革或再生皮革劳保手套（万双）					12	3.00						
塑料小雕塑及装饰品（吨）					12.71	5.84						

续表 6-1-2-4

类别 \ 年份	2005		2006		2007		2008		2009		2010	
	数量	金额	数量	金额	数量	金额	数量	金额	数量	金额	数量	金额
冻乳猪肉（吨）					35.36	15.61	23.40	10.33			144	106.62
带壳淡水小龙虾（吨）											152.54	31.58
新增商品 16041931（吨）							382.61	143.46				
新增商品 20059991（吨）							2303.98	386.04	3510.38	508.56	3771.56	674.31
米粉干（吨）							73.86	12.62	30.54	5.53		
其他面食（吨）											197.21	34.02
咸藠头（吨）	1031.03	95.78	660.28	44.34								
蔬菜罐头（吨）	4106.93	543.41										
姜（吨）	2585.25	235.74	1157.58	78.60	1542.26	111.25	863.79	73.75	469.80	26.66	680.18	69.84
辣椒干（吨）	1377.33	133.14	1237.72	172.65	1112.23	273.79	1433.03	268.16	1088.09	164.64	853.77	226.1
柑橘（吨）			45.60	2.32	3223.24	191.05	2812.32	207.27	4548.84	246.59	2463.48	165.06
柑橘罐头（吨）	4138.64	238.80			5673.50	372.96	7493.08	556.50	3813.68	285.05	1634.69	126.16
新增商品（罐头，吨）					3427.29	438.64						
猪鬃（吨）	389.33	292.89	615.58	520.92	689.83	595.33	559.68	697.66	496.90	532.28	596.41	713.02
杀虫杀菌植物（吨）							122.00	48.91				
新增商品 14049010（吨）											218.50	90.72
油渣饼（吨）											3786.15	84.84
未分级未镶嵌钻石（克拉）												
纯棉纱（吨）	331.38	51.23									91.51	16.08
棉混纺聚酯短纤纱（吨）	329.26	59.42			783.11	152.97	528.67	113.07	395.64	62.84	217.31	39.17

续表 6-1-2-4

类别＼年份	2005		2006		2007		2008		2009		2010	
	数量	金额	数量	金额	数量	金额	数量	金额	数量	金额	数量	金额
聚酯短纤多股纱（吨）	1460.21	251.06			669.21	132.40	615.79	124.66	450.85	70.29	847.26	159.25
染色全棉布（万米）	14.16	9.48									20.93	12.70
棉混纺聚酯布（万米）	169.26	47.91										
棉混纺人造纤维布（万米）	175.56	48.97										
无纺布（吨）											2.04	35.10
聚氯乙烯浸涂织物（吨）									46.02	194.77	59.37	246.76
塑料浸涂织物（吨）									34.31	150.97		
棉男长裤、工装裤等（万条）	3.24	10.03										
女棉长裤、工装裤等（万条）	0.60	1.65										
套头衫等（万件）							10.27	85.76			40.12	85.10
刺绣品（吨）							77.80	102.95				
苎麻织物（吨）							74.27	103.69	194.87	234.25	453.02	543.26
混纺苎麻织物（吨）									50.26	43.71	32.14	41.66
新增纺织商品 54024900									27050	109.61	33600	132.15
电动机（台）	26942	369.09	29130	501.82	53861	684.62	27321	705.23	29142	506.40	31348	551.30
其他氨基酸（吨）	30.83	200.62			21.89	156.30	45.26	351.53	70.84	403.11	88.59	513.13
酶制品（吨）	2969.28	382.95			4861.42	658.73	10012.09	1437.39	8374.70	1244.63	8572.77	1295.13
硫酸二钠（吨）	8000	50.19										
其他有机硫化合物（吨）											385.60	86.47
苯并噻唑环系化合物（吨）	19.25	3.95							610.88	152.82	909.35	271.00

续表 6-1-2-4

年份 类别	2005		2006		2007		2008		2009		2010	
	数量	金额	数量	金额	数量	金额	数量	金额	数量	金额	数量	金额
氨基化合物（吨）	29.32	197.56			36.05	247.47	24.34	182.80				
甲苯等（吨）									180.82	64.00	489.50	173.23
含喹琳化合物（吨）									110.55	19.04		
石油树脂等（吨）											105.20	14.09
熟石膏（吨）											2025.00	56.45
其他橡胶制品（吨）							156.00	35.88				
橡胶促进剂（吨）											274.20	88.68
植物料篮筐等（万件）	5.93	16.80										
拖轮及顶推船（艘）	4	1025.00	6	1281.50	7	820.10	9	2220.70	13	2685.10	11	2238.75
未锻轧纯铝（吨）	8141.46	1577.28										
新增金属			900.08	234.29								
新增金属型材 73063090（吨）									464.75	63.03	179.41	23.35
机器零件（吨）	66.39	24.20			416.57	184.36	583.01	280.69	638.83	314.27	895.24	362.15
电气装置零件（吨）	51.15	6.22										
机动车零件（吨）											97.78	11.60
经编机（台）	11	69.26	15	104.07	16	109.90						
谷物加工机械（台）	432	55.47							160	48.00		
谷物加工机械零件（吨）	2064.79	261.22	2277.67	302.24	1988.02	224.37	2556.09	517.12	3122.87	587.53	2900.86	561.26
烟草加工机零件（千克）											963	13.04
非自动缝纫机（台）	365	13.70	540	19.81			971	56.25	751	34.08	1459	76.14

续表 6-1-2-4

年份 类别	2005		2006		2007		2008		2009		2010	
	数量	金额	数量	金额	数量	金额	数量	金额	数量	金额	数量	金额
其他收音机（万台）												
玻璃眼镜片（万片）	94.51	28.85			2030.20	38.58	205.21	50.81	191.41	36.03		
电话（万台）	14.88	182.57	1.05	38.04								
电视摄像机（万台）	4.93	30.85	9.88	67.55								
阅读器及数据处理设备（台）											139	12.97
非工业用钢铁制品（千克）	45.60	8.37										
纵焊粗钢铁管（吨）	591.28	54.55					422.40	68.05				
箱包（吨）									8436	20.34	528.43	131.05
木门及框架（吨）					3321.62	355.26	914.78	101.70	941.66	105.70	1412.20	156.33
纸及纸制品（吨）					236.64	31.87	440.65	74.64	183.57	22.53		
新增商品 44092110（吨）									248.01	33.59		
新增商品 46021100（吨）									617.50	33.68		
人体或动物制品（千克）											3405	88.76
注射器（万个）											627.60	16.74

全市对港澳台销售主要商品统计表

表 6-1-2-5

年份	品名	单位	销售数量	销售金额
1999	其他硫酸盐	千克	21000	2000
	猪鬃制漆刷及类似品	把	216852	19874
	制漆刷及类似刷	把	960112	64998
	全棉平纹布	米	3069004	1161564
	棉混聚酯布	米	371978	175701
	辣椒干	千克	4000	2000
	其他硫酸盐	千克	21000	4830
	拖轮及顶推船	艘	1	656567
	硫化橡胶制品	千克	20250	24000
	镍镉蓄电池	个	134620	20407
	玻璃眼镜片	片	191021	68936
	其他硫酸盐	千克	21000	4830
	玩具	个	47316	10305
2000	咸藠头		32400	1.38
	其他氨基酸	千克	5400	33.47
	漂白的全棉平纹布		567868	24.57
	染色的全棉平纹布	米	2647436	136.2
	染色的全棉纹布	米	1816191	155.21
	与棉混纺聚酯平纹布	米	281143	15.79
	化纤制男式防寒短上衣、防风衣	件	43596	23.15
	棉制其他盥洗及厨房织物制品	条	132000	1.87
	其他电话机		5000	2.78
	其他收音机		310278	14.99
	玻璃制眼镜片	片	439647	14.79
	猪鬃制漆刷及类似品	把	30672	0.21
	其他材料制漆刷及类似刷	把	248464	1.41
2001	水果及坚果的细粉、粗粉及粉末	千克	271800	10.61
	咸藠头		92200	4.53
	磷酸三钠		113000	1.73

续表 6-1-2-5

年份	品名	单位	销售数量	销售金额
2001	三磷酸钠（三聚磷酸钠）		190000	7.61
	其他氨基酸		8680	55.11
	未漂白全棉平纹布	米	51046	3.21
	漂白的全棉平纹布	米	527139	24.02
	漂白的全棉线斜纹布	米	179265	14.17
	染色的全棉平纹布	米	27522	3.24
	染色的较轻质全棉平纹布	米	2039591	94.89
	染色的全棉斜纹布	米	4250329	323.14
	未漂白重质全棉平纹布	米	264778	29.08
	未漂白的全棉线斜纹布	米	91687	10.06
	染色的重质全棉平纹布	米	1098230	131.15
	染色的全棉线斜纹布	米	238826	31
	色织的劳动布	米	52279	7.68
	与化纤混纺染色的棉布		95223	5.92
	未漂白混纺苎麻机织物	米	155100	12.16
	染色的其他纯合纤长丝布	米	2259873	113.63
	与棉混纺染色的聚酯平纹布	米	348467	19.56
	未漂或漂白的纯人纤短纤布	米	67666	3.05
	染色的纯人纤短纤布		108011	6.4
	与棉混纺的染色人造纤维布		57820	11.01
	化纤制男式防寒短上衣、防风衣	件	38820	16.84
	其他纺织材料制男式防寒短上衣、防风衣	件	23058	9.73
	合纤制男式长裤、工装裤等	条	93383	15.33
	用塑料处理的男式服装	件	15040	4.85
	化纤制男式运动服及其他服装	件	42494	5.83
	其他材料制的未列名帽类	个	68000	5.22
	其他无可锻性铸铁制品	千克	8672	1.43
	非家用缝纫机用其他零件	千克	18272	3.77
	可变或可调（微调）电容器	千克	56728	111.87
	编号 8535,8536,8537 装置的零件	千克	55190	9.96

续表 6-1-2-5

年份	品名	单位	销售数量	销售金额
2001	玻璃制眼镜片	片	35786	1.22
2002	盐水的其它蔬菜及什锦蔬菜	千克	28500	0.9
	辣椒干		466854	41.18
	辣椒粉		67580	5.83
	八角茴香		19790	3.49
	其他含油子仁及果实	千克	574730	23.46
	咸藠头		32400	1.68
	沥青	千克	460000	6.24
	其他氨基酸	千克	7775	50.13
	漂白的较轻质全棉平纹布	米	848629	45.79
	漂白的全棉线斜纹布	米	185509	13.35
	染色的较轻质全棉平纹布	米	2047003	111.52
	染色的全棉线斜纹布	米	4027558	332.78
	印花的轻全棉平纹布	米	84443	10.65
	未漂白重质全棉平纹布	米	420031	42.93
	漂白的重质全棉平纹布	米	389134	45.39
	染色的重质全棉平纹布	米	2514634	295.64
	染色的纯聚酯变形长丝布	米	4494616	305.9
	染色的其他纯合纤长丝布	米	488967	27.61
	与棉混纺染色的聚酯平纹布	米	814425	52.52
	与棉混纺印花的聚酯平纹布	米	848277	61.05
	染色的纯人纤短纤布	米	254709	18.5
	割绒的棉制灯芯绒	米	65691	8.5
	无可锻性铸铁制品	千克	23581	4.17
	可变或可调（微调）电容器	千克	99974	146.93
	编号 8535,8536,8537 装置的零件	千克	458787	55.74
2003	其他冻整头及半头猪肉	千克	127455	17.65
	辣椒干		119901	10.81
	辣椒粉		109234	11.09
	八角茴香		12950	1.65

续表 6-1-2-5

年份	品名	单位	销售数量	销售金额
2003	其他含油子仁及果实	千克	634230	30.68
	黑瓜子		148500	16.34
	咸藠头		40500	2.04
	其他氨基酸		3300	20.52
	其他含氮基化合物	千克	4025	25.59
	漂白的较轻质全棉平纹布	米	1251815	51.53
	漂白的全棉线斜纹布	米	400520	29.76
	染色的较轻质全棉平纹布	米	3355470	189.6
	染色的全棉线斜纹布	米	6487012	523.59
	染色的重质全棉平纹布	米	4621173	561.3
	染色的全棉线斜纹布	米	1080128	112.66
	染色的纯聚酯变形长丝布	米	5036446	336.62
	其他可变或可调（微调）电容器	千克	93844	149.4
	编号 8535,8536,8537 装置的零件	千克	926892	113.46
2004	猪鬃	千克	14700	11.87
	其他冻整头及半头猪肉	千克	126000	22.64
	辣椒干		31170	3.01
	咸藠头		48600	2.51
	染色的全棉四线斜纹布	米	6889644	609.62
	染色的较轻质全棉平纹布	米	2847194	184.13
	染色的重质全棉平纹布	米	3936620	529.51
	染色的纯聚酯变形长丝布	米	6334432	510.21
	与棉混纺印花的轻质聚酯布	米	1575729	101.91
	其他铁或非合金刚圆形截面焊缝管		1203910	103.68
	未锻轧纯铝		2028916	361.98
	其他可变或可调（微调）电容器	千克	132200	192.88
	编号 8535,8536,8537 装置的零件	千克	946616	151.57
2005	带壳鲜鸡蛋		9384400	50.44
	猪鬃	千克	8050	12.7
	辣椒干		36400	3.89

续表 6-1-2-5

年份	品名	单位	销售数量	销售金额
2005	咸藠头		64800	4.37
	染色的较轻质全棉平纹布	米	2748067	162.21
	染色的全棉线斜纹布	米	7349949	589.93
	染色的重质全棉平纹布	米	4019523	517.25
	染色的纯聚酯变形长丝布	米	5162278	458.25
	与棉混纺染色的轻质聚酯布		2891212	204.05
	与棉混纺印花的轻质聚酯布		1521095	122.69
	化纤制针织或钩编套头衫等	件	1803187	198.82
	未锻轧纯铝		2997331	587.47
	无绳电话机	台	50310	64.85
	可变或可调（微调）电容器	千克	66188	107.19
2006	带壳鲜鸡蛋		4896000	23.34
	猪鬃	千克	14550	23.33
	咸藠头		32400	1.94
	染色的较轻质全棉平纹布	米	2736517	176.46
	染色的全棉线斜纹布	米	5140064	435.65
	染色的重质全棉平纹布	米	4411976	676.68
	染色的重质其他全棉机织物	米	1649212	203.51
	染色的纯聚酯变形长丝布	米	4737649	464.72
	与棉混纺染色的轻质聚酯布		3649897	316.86
	与棉混纺印花的轻质聚酯布		1160572	119.35
	化纤制针织或钩编套头衫等	件	3388624	364.99
	铁或非合金刚圆形截面焊缝管		1277350	120.58
	编号 8535,8536,8537 装置的零件	千克	756430	151.62
	可变或可调（微调）电容器	千克	48742	81.95
2007	猪鬃	千克	31100	46
	辣椒干		8440	1.69
	其他含油子仁及果实	千克	891250	100.65
	其他氨基酸	千克	6000	40.02
	其他含氮基化合物	千克	5550	39.75

续表 6-1-2-5

年份	品名	单位	销售数量	销售金额
2007	染色的较轻质全棉平纹布	米	2463607	176.78
	染色的全棉线斜纹布	米	3514649	299.84
	染色的重质全棉平纹布	米	4871825	742.46
	染色的重质其他全棉机织物	米	1683033	219.36
	印花的重质全棉平纹布	米	581721	96.76
	染色的纯聚酯变形长丝布	米	3227404	306.66
	自动新增商品分类 55132390	米	4277985	397.16
	自动新增商品分类 55134920	米	1011732	125.49
	铁或非合金刚圆形截面焊缝管		956810	116.64
	编号 8535,8536,8537 装置的零件	千克	822201	177.89
	其他可变或可调（微调）电容器	千克	32075	54.13
	与棉混纺漂白的聚酯布	米	1053201	71.15
	漂白的重质全棉平纹布	米	255368	32.93
2008	染色的重质其他全棉机织物	米	3114581	487.34
	染色的纯聚酯变形长丝布	米	2501129	240.95
	印花的纯聚酯变形长丝布	米	488853	54.97
	自动新增商品分类 55132390	米	3103559	305.68
	自动新增商品分类 55134920	米	1435454	246.34
	其他可变或可调（微调）电容器	千克	41838	70.53
	编号 8535,8536,8537 装置的零件	千克	472157	111.92
	其他非合金刚圆形截面焊缝管		482290	69.27
2009	猪鬃	千克	12700	16.86
	其他含油子仁及果实	千克	1077400	143.02
	其他氨基酸	千克	6550	39.37
	其他含氮基化合物	千克	4075	24.87
	漂白的轻质全棉平纹布	米	119693	7.16
	漂白的较轻质全棉平纹布	米	635553	50.09
	漂白的全棉斜纹布	米	236696	23.62
	染色的轻质全棉平纹布	米	127806	8.51
	染色的较轻质全棉平纹布	米	1828910	150.82
	染色的全棉斜纹布	米	2795483	289.56

续表 6-1-2-5

年份	品名	单位	销售数量	销售金额
2009	印花的较轻全棉平纹布	米	156143	23.79
	染色的重质全棉平纹布	米	2299318	399.77
	染色的重质其他全棉机织物	米	1894211	279.01
	印花的重质全棉平纹布	米	120493	25.28
	未漂白或漂白纯聚酯变形长丝布	米	150960	15.03
	染色的纯聚酯变形长丝布	米	1814791	183.17
	印花的纯聚酯变形长丝布	米	446624	52.59
	自动新增商品分类 55132390	米	1549300	179.4
	编号 8535,8536,8537 装置的零件	千克	507462	96.61
2010	冻整头及半头乳猪肉	千克	7044	3.58
	猪鬃	千克	36050	51.94
	其它干豆	千克	40000	10.75
	其他含油子仁及果实	千克	1239084	193.14
	自动新增商品分类 28181010	千克	278000	21.59
	其他氨基酸	千克	4225	24.76
	其他未列名的人体或动物制品	千克	425	18.68
	未漂白较轻质全棉平纹布	米	29946	4.04
	漂白的较轻质全棉平纹布	米	456500	45.6
	染色的较轻质全棉平纹布	米	2382325	271.55
	染色的全棉斜纹布	米	2775627	366.82
	印花的较轻全棉平纹布	米	283509	53.06
	染色的重质全棉平纹布	米	1258765	250.53
	染色的重质其他全棉机织物	米	2192715	467.84
	染色的纯聚酯变形长丝布	米	1021542	108.97
	自动新增商品分类 55132390	米	1457535	195.45
	与棉混纺染色的其他重质聚酯布	米	542630	81.77
	自动新增商品分类 73063090	千克	769290	102.66
	其他电感器	台	45268670	270.86
	其他可变或可调（微调）电容器	千克	42972	91.98
	编号 8535,8536,8537 装置的零件	千克	526342	97.74
	已装配的压电晶体	个	8116000	28.33

商品展示

出口棉纱

出口麻纱

出口糕点

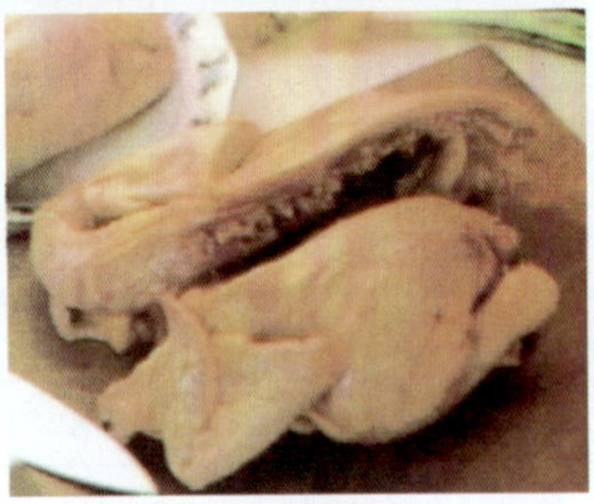
出口分割冻鸡

出口午餐肉

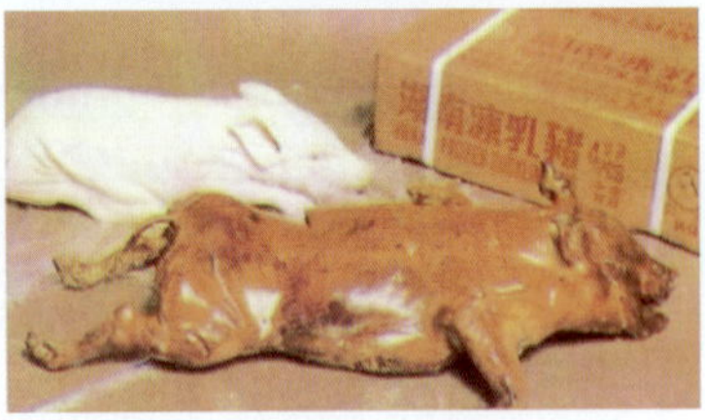
出口冻乳猪

出口味蛋

甜酸藠头

甜酸藠头罐头

甜酸藠头罐头

出口调味品

捍酒鹿茸酒

武陵酒系列酒

澧州国人啤酒

出口湘莲系列

出口柑橘

出口的柑橘、橙子

出口烟酒

小背篓–湿米粉

小背篓–湿米粉

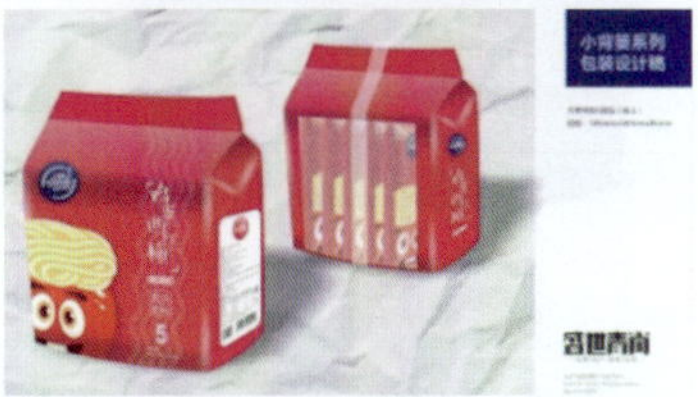
小背篓–鸡蛋西红柿面

小背篓–鸡蛋西红柿面

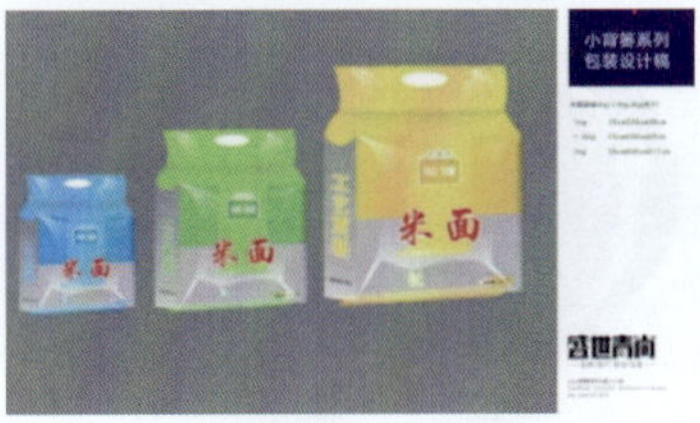

小背篓–米面

直条米粉

牛皮糖

花生牛轧糖

润喉糖

苹果味夹心糖

特浓夹心糖（水蜜桃味）

巧心酥巧克力味酥糖

悦浓臻香巧克力（代可可脂）

真食尚西红柿味软糖

悦浓葡萄味麦脆巧克力

(枕式) 香蕉味奶糖

水煮猪鬃仿獾毛

水煮猪鬃染黄鬃

水煮猪鬃切鬃

水煮猪鬃漂白鬃

水煮猪鬃黑鬃

水煮猪鬃扎子

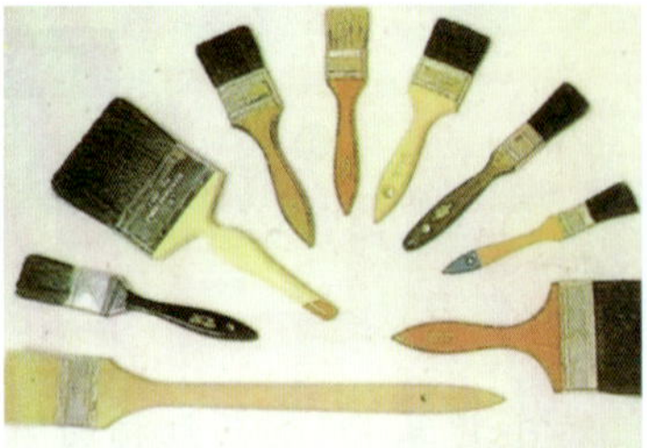

出口鬃刷

出口铁锅

出口箱包

出口老花镜

出口眼镜

出口眼镜

出口眼镜

出口珍珠

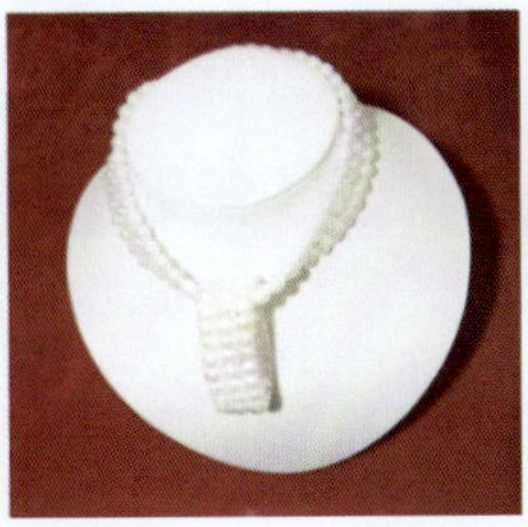
出口珍珠首饰

出口珍珠首饰

出口珍珠首饰

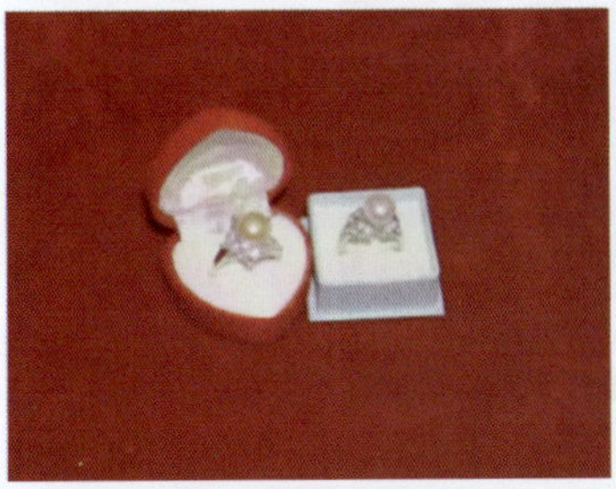
出口珍珠首饰

出口珍珠首饰

出口珍珠首饰

白钻

浅大红水钻

湖水兰

浅黄水钻

深红水钻

深绿水钻

深蓝水钻

水钻胶网

出口打火机

出口打火机

无纺布购物袋

无纺布文件袋

无纺布

无纺布

无纺布游行袋

无纺布

无纺布桌布

无纺布被套包

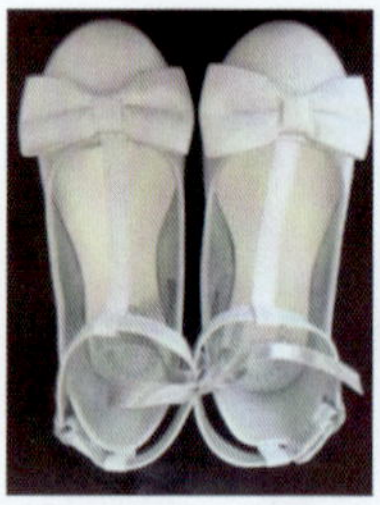

硬底童鞋

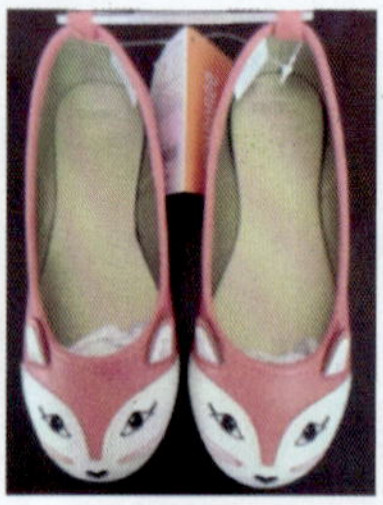

硬底童鞋

婴儿软底凉鞋

婴儿软底短靴

婴儿软底鞋

出口竹制品

斑马牌系列驱蚊产品

ASD 2310 全回转拖轮

ASD 2411 全回转拖轮

编号 DDG26 OEM 气缸盖

型号：351 气缸体

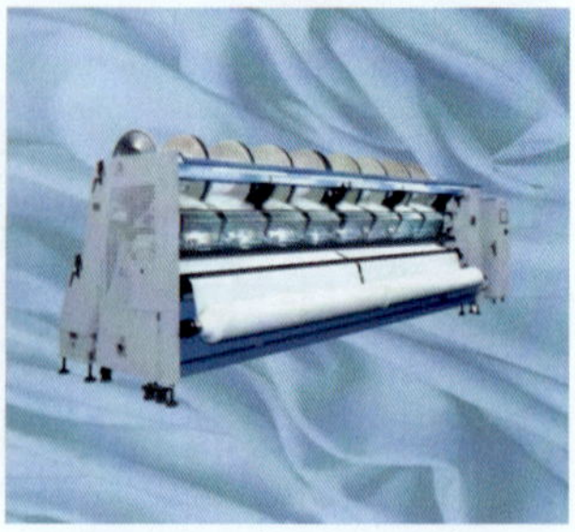

E2528 系列经编机

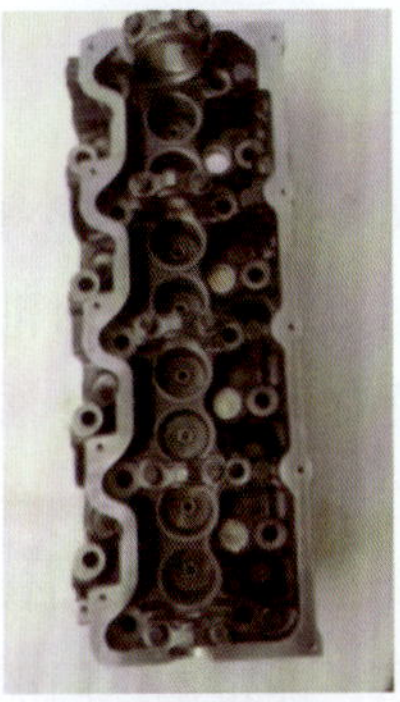
丰田 2L 缸盖

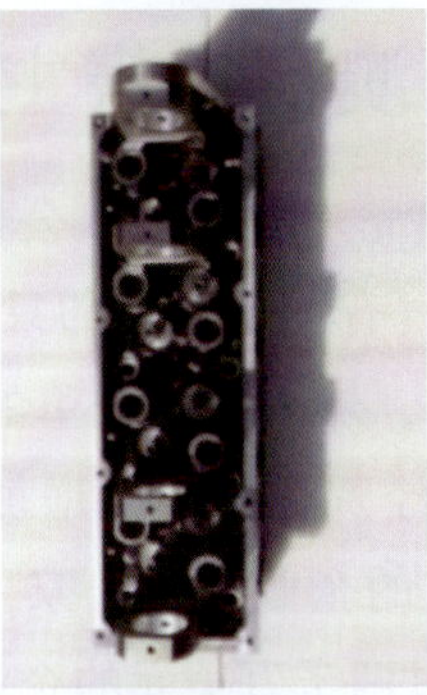
福特 2.3 缸盖

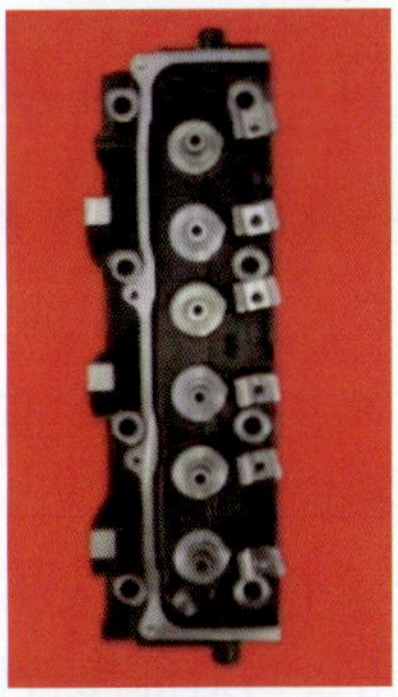
福特 3.0 缸盖

福特 6.0 缸盖

双头螺杆

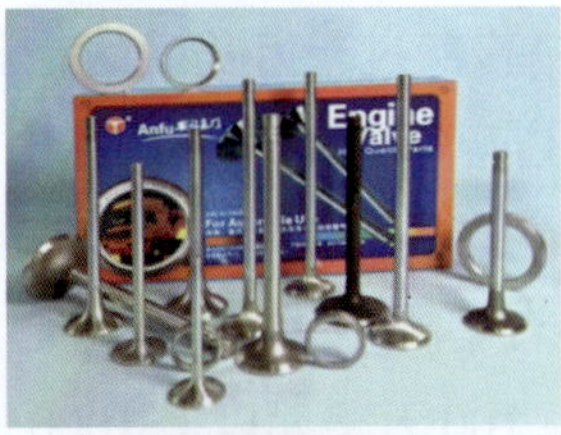
安福气门

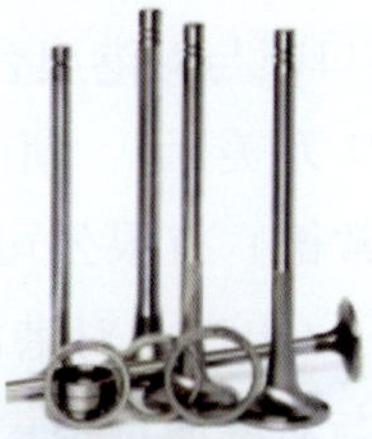
气门

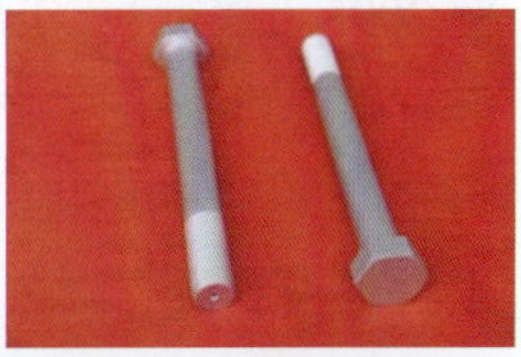
T 型螺母

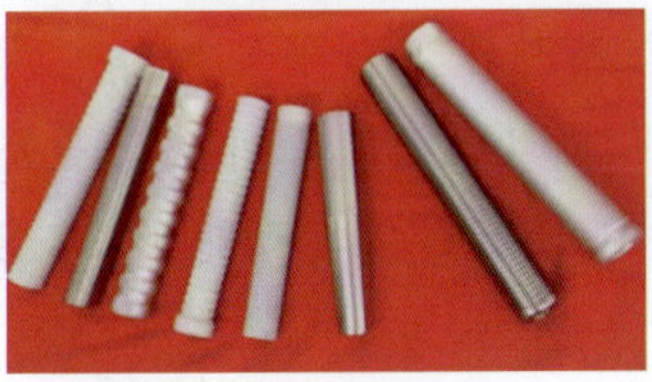
预埋螺套

旋翼式水表

纤维素酶

糖化酶

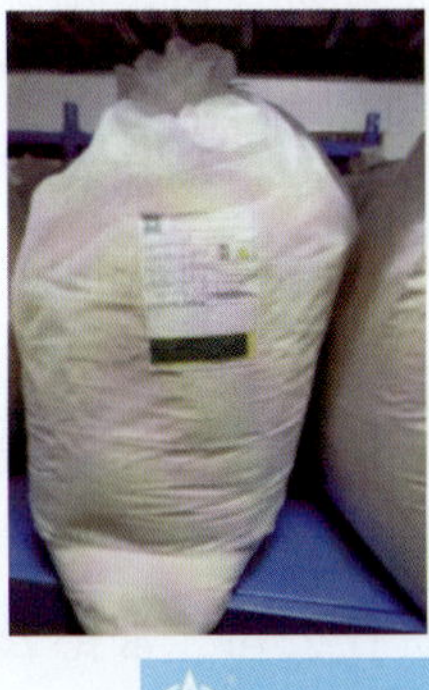
医药中间体 NCHC4

医药中间体 TB–J

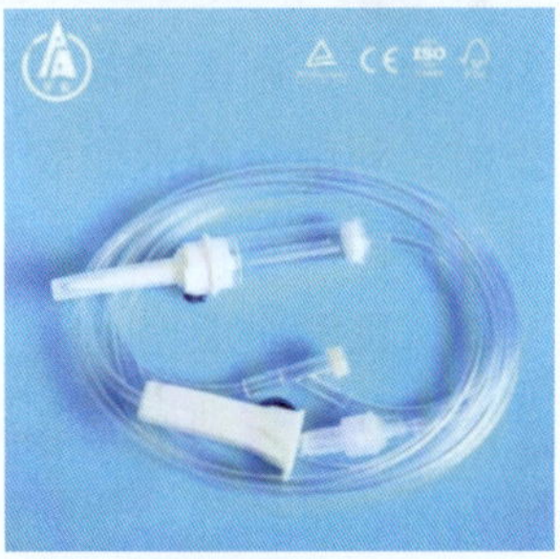
输液器

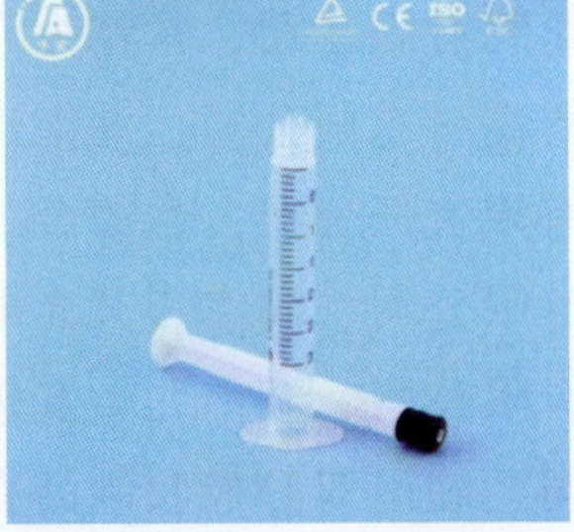
注射器

出口雄黄晶体

第三节 出口及对港澳台销售主要企业

1989年，全市有进出口经营权的企业有湘北工贸进出口公司、市对外经济贸易公司、临澧太平进出口公司3家，“三资”企业7家（有出口业绩的只有5家），年出口与对港澳台销售总值452.45万美元。随着国家对外开放，外贸体制改革的进行及对外贸易法律法规的修改或政策的调整，有自营进出口权的民营经贸企业不断增加，加之“三资企业”在常德的发展，到2010年，全市拥有进出口经营权的企业达225家，年出口与对港澳台销售总值达1.39亿美元。当年出口与对港澳台销售额过两千万美元的企业有2家，即常德达门船舶有限公司（出口2436万美元）和湖南省桃源杰新纺织印染有限公司（出口与对港澳台销售额2095万美元）；年出口额与对港澳台销售额过千万美元的企业有5家，即湖南洞庭药业股份有限公司（出口1527万美元）、湖南广源麻业有限公司（出口与对港澳台销售额1422万美元）、胜美达电机（常德）有限公司（出口与对港澳台销售额1420万美元）、湖南鸿鹰祥生物工程股份有限公司（出口与对港澳台销售额1312万美元）、汉寿县冷冻加工厂（出口1207万美元）；年出口与对港澳台销售额100万美元以上1000万美元以内的企业有22家。

有突出传统地方特色的出口与对港澳台销售的企业5家：津市市金湘猪鬃实业有限公司，常德亿达食品有限公司（主营辣椒干、脱水菜等），常德市鼎源化工有限公司（主营钡盐系列等），岩下荣祺食品（湖南）有限公司（主营盐藠头），常德双猫粮食机械有限公司（主营砻谷胶辊），2010年出口与对港澳台销售额分别为812万美元、744万美元、718万美元、540万美元和337万美元。

一、国有企业

共13家：湘北工贸进出口公司、临澧太平进出口公司、市对外经济贸易公司、桃源纺织印染厂、湖南洞庭制药厂、湖南金健米业进出口有限责任公司、湖南金健药业有限责任公司、湖南金健米业股份有限公司、湖南金天钛业科技有限公司、湖南金健植物油有限公司、常德烟草机械有限公司、常德纺织机械厂、湖南华南光电（集团）有限责任公司。

二、民营企业

共170家：湖南洞庭药业股份有限公司、湖南金龙电机有限公司、常德双猫粮食机械有限公司、常德锦马贸易进出口有限公司、湖南金晟安智能设备制造有限公司、湖南飞桥汽车板簧有限公司、常德恒力调压器有限公司、常德耀弘纳米科技有限责任公司、常德云锦集团股份有限公司、湖南嘉莉诗服装有限公司、湖南金帛化纤有限公司、常德力元新材料有限公司、三金集团湖南三金制药有限责任公司、湖南华富高科有限公司、湖南恒至凿岩科技有限公司、常德美能能源科技有限公司、富玺登集团有限责任公司、常德金冶冶金材料有限公司、常德大汉起重科技有限公司、大汉汽车集团有限公司、湖南三升光电有限公司、湖南瑞冠生物化工科技有限公司、湖南常德开关制造有限公司、湖南北大互感器有限公司、常德市宸跃鞋业有限公司、常德市鼎源化工有限公司、湖南双狮橡胶制品有限责任公司、常德复兴电子有限公司、常德威名家具有限公司、常德诺森贸易进出口有限公司、常德阳光棉业有限公司、常德昊译进出口有限公司、常德博深贸易有限公司、常德市朗坤科贸有限公司、常德东鼎动力机械有限公司、常德国力变压器有限公司、湖南常德嘉达摩擦材料有限公司、常德烟机配件经销有限责任公司、湖南大湖股份有限公司、湖南常德牌水表制造有限公司、常德宏力德成纺织有限公司、常德易钳机械工具有限公司、市浩峰贸易有限公司、常德沅安发展有限公司、常德创源数字科技有限公司、常德天成太阳能热水器有限公司、常德假日大厦开发有限责任公司、湖南恒通世达进出口有限公司、常德富民桥食品菜业有限公司、常德宏兴物流有限公司、市泓兴基酒类贸易有限公司、常德国辉电子科技有限公司、市光明五金交电化工有限公司、市晶沛贸易有限公司、湖南瑞深科技实业有限公司、市汇鑫食品贸易有限公司、湖南省双豹粮食机械有限公司、市云港生物科技有限公司、常德兴隆机电贸易有限公司、市东风纺织服装有限责任公司、湖南省欣海贸易有限公司、常德视佳眼镜有限公司、市欣海鬃刷有限公司、市鼎城东方恒康竹业有限公司、常德特力液压有限公司、湖南省常德通用压缩机有限公司、市南大贸易有限公司、湖南广源麻业有限公司、湖南国珍木业有限公司、湖南省汉寿县冷冻加工厂、汉寿伟旺贸易有限公司、汉寿金城研磨材料有限公司、汉寿县泰顺食品冷冻有限公司、湖南逐鹿苎麻纺织有限公司、常德博特五金制品有限公司、湖南银阳麻棉纺织集团股份有限公司、湖南宝龙专用汽车有限公司、湖南省紫阳纺织有限公司、湖南幸运星珍珠珠宝有限公司、湖南广源麻业进出口有限公司、汉寿鑫源纺织印染有限责任公司、汉寿县洞庭木业有限责任公司、常德裕丰紧固件有限公司、湖南汉寿煤矿机械有限公司、汉寿泰阳生物技术有限责任公司、常德市雄鹰科技有限公司、汉寿县方圆铸造有限公司、汉寿县华乐农业发展有限公司、湖南棣木电子有限公司、湖南和利兴农产品有限公司、湖南省桃源杰新纺织印染有限公司、湖南津山口福食品有限公司、桃源辣妹子食品有限公司、桃源县桃花源跃宇竹业有限责任公司、万福生科（湖南）农业开发股份有限公司、湖南滕琼野茶王茶业有限公司、湖南省桃源豪兴时装有限公司、桃源鸿顺制衣有限公司、湖南古洞春茶业有限公司、湖南省桃源县湘北茶叶有限公司、桃源县丰信鬃刷有限公司、澧县深泰虹科技有限公司、常德加州水产食品有限公司、湖南平安医疗机械有限公司、湖南盈成油脂工业有限公司、湖南运达绿色包装股份有限公司、湖南天源纺织有限公司、湖南澧县华泰肉类食品有限公司、常德益翔实业有限公司、澧县晶源新材料有限公司、湖南博远化工有限公司、临澧县大江特种石膏有限公司、湖南安福气门股份有限公司、湖南帝隆重科有限公司、临澧翼东水泥有限公司、湖南世旭食品有限公司、湖南顶春新型建材科技有限公司、湖南欧亚碳纤维复合材料有限公司、湖南湘福新型建材有限公司、临澧县湘鹏果业合作社、湖南广天置业发展有限公司、常德市杰新纺织印染厂、湖南省临澧新厦建材股份有限公司、湖南华跃能源科技开发有限公司、临澧长信棉麻有限公司、市燕新生物技术有限公司、临澧县宏安五金制品有限公司、石门金湘源食品有限公司、湖南盛节节高食品股份有限公司、石门敦成农产品有限公司、石门宝丰机械制造有限公司、湖南东山峰鹿业有限公司、石门飞生化工有限公司、石门福慧达农产品物流有限公司、石门夹山塑料包装制品有限公司、湖南石门特种水泥有限公司、湖南高强石膏制品有限公司、石门绿之源农业科技有限公司、石门九品三湘大蒜专业合作社、石门金山寨旺生态苦荞麦专业合作社、湖南九峰实业有限公司、石门县太青山茶叶专业合作社、湖南壶瓶山茶业有限公司、湖南杨氏鲜果有限公司、湖南鸿鹰祥生物工程股份有限公司、津市市金湘猪鬃实业有限公司、湖南鑫源缸套有限责任公司、湖南阿斯达生化科技有限公司、津市市中意糖果有限公司、津市市益林麻棉纺织印染厂、津市市新型发酵有限责任公司、津市市朝宏油泵有限公司、津市市三鑫化工有限公司、市宏力纺织有限公司、湖南娄星纺织有限公司、安乡安凯缝制机械有限公司、安乡凯斯机械有限公司、湖南省长安蔬菜有限公司、湖南省丰康生物科技股份有限公司、湖南鲸港草食猪肉食品有限公司、湖南逸丰能源发展有限公司、安乡茂林纸业有限公司、安乡锦豪纺织有限责任公司、湖南天翔脱水蔬菜有限公司、安乡宝升制衣有限公司、湖南梦浩特服饰有限公司、湖南中冶美隆纸业有限公司、湖南安妮特种涂布纸业有限公司、鼎城区熊氏田螺购销部、湖南崎丰生物科技有限公司。

三、外商投资企业与港澳台商投资企业

共45家：常德达门船舶有限公司、胜美达电机（常德）有限公司、特季（常德）轻纺有限公司、湖南铭裕无纺布有限公司、常德纺机机械有限公司、湖南恒安纸业有限公司、恒安（湖南）心相印纸业有限公司、湖南恒安生活用纸有限公司、湖南爱而发合金材料有限公司、常德湘大骆驼饲料有限公司、常德新希望饲料有限公司、湖南鹰鲲油墨化学品有限公司、常德集水复合材料有限公司、常德柏劲服装有限公司、常德中联环保电力有限公司、常德西澳金刚石矿业有限公司、常德金太阳科技林业有限公司、岩下荣祺食品（湖南）有限公司、伟明湘旺（常德）五金制品有限公司、荣祺食品罐头（汉寿）有限公司、湖南英仕达机械设备有限公司、常德市天耀纸业有限公司、常德贵诺珍珠贝钮有限公司、常德百隆棉花油脂有限公司、湖南晋丽环保包装有限公司、金州（汉寿）可再生能源有限公司、湖南创元铝业有限公司、湖南惠源实业有限公司、常德汇景针织有限公司、湖南嘉业达电子有限公司、常德湘盈皮草服装有限公司、康哲（湖南）制药有限公司、常德亿达食品有限公司、湖南中泰特种装备有限责任公司、常德美化尼龙有限公司、常德湘美石膏建材有限公司、常德石门世运针织有限公司、常德新达鞋业有限公司、兆恒威勒（石门）钨业有限公司、湖南常德九品福绿色食品有限公司、常德石门恒胜茶业有限责任公司、安乡宝升制衣有限公司、常德柏力科技园有限公司、常德毅力能源有限公司、常德市汇美食品有限公司。

四、主要出口与对港澳台销售企业简介

（一）湖南洞庭药业股份有限公司

该司位于国家级常德经济技术开发区，是“双股”（A、H股）上市公司——上海复星医药（集团）股份有限公司的成员企业。该司创建于1958年，1997年改制为股份公司，是国内生产中枢神经系统药物和化学止血药物领域的领先企业，止血药氨甲环酸通过了美国FDA认证。

公司注册资本1.1亿元，总资产4亿元，员工770人，年产能为原料药500吨、片剂20亿片、小容量注射剂1.5亿支。老厂区面积7万平方米，新厂区面积4万平方米。

湖南洞庭药业股份有限公司大门及厂区图

湖南洞庭药业股份有限公司出口与对港澳台销售统计表

表6-1-3-1　　单位：美元

年份	2004	2005	2006	2007	2008	2009	2010	2011	2012
贸易额	3503106	4909886	4439721	4861958	6453657	5235729	6379688	11958134	15273103

（二）湖南广源麻业有限公司

该司创建于1996年，位于汉寿县蒋家嘴工业园区。该司由小作坊起步，历经16年发展，成为一家集苎麻、苎麻棉、亚麻棉、亚麻粘、亚麻粘面料研发、生产、市场营销为一体的生产企业，成为全国纺织500强，全国苎麻纺织3强，全国苎麻纺织行业唯一一家农业产业化国家重点龙头企业。

公司拥有固定资产3.5亿元，厂区占地面积16.79万平方米，下设6个分厂、5个部门和2个贸易部。该司拥有4条苎麻、亚麻脱胶生产线，年生产纤维1.2万吨；全自动开松麻生产线14条，年生产短纤维7200吨；长麻纺纱2万锭，年生产纱线2600吨；环锭纺3万锭，年生产混纺纱线1万吨；气流纺4000头，年生产精纺纱线1.1万吨；年生产坯布1800万米。公司年产值5亿元，是从原料脱胶生产到产成品配备高端进口并环保的设备的现代化自营出口企业。

湖南广源麻业有限公司办公大楼

公司有员工2135人，拥有一流的工程技术人员和管理队伍，其中科技人才116名。公司将新原料、新工艺、新技术用于苎麻纤维产品的生产，通过ISO9000质量管理体系认证，其中高支纯苎麻纱及提花织物面料被认定为2009年度湖南省新产品，36公支苎麻本色纱2009年获湖南名牌产品，“广源”牌注册商标被评定为湖南省著名商标，2007年被授予“中国流行面料入围企业”，被授予“2011年度全国麻纺织行业技术创新先进企业”等荣誉。企业与韩国、印度、日本、非洲、欧美等30多个国家的客户建立有长期贸易往来。

湖南广源麻业有限公司进出口与对港澳台销售统计表

表6-1-3-2　　单位：美元

年份	贸易总额	销售额	购进额	年份	贸易总额	销售额	购进额
2007	16785	16785		2010	5802137	5802137	
2008	835481	835481		2011	13334139	12698526	635613
2009	2540031	2540031		2012	14710323	14217691	492632

（三）湖南鸿鹰生物科技有限公司

湖南鸿鹰生物科技有限公司（以下简称湖南鸿鹰）的前身是1997年12月成立的湖南鸿鹰祥生物工程股份有限公司，位于津市市，成立于2011年11月，注册资本5000万元，占地227亩，投资2.5亿元。厂房占地面积2.11万平方米（其中车间面积1.52万平方米，仓库面积5980平方米），各类生产设备67套（其中发酵罐27个1500立方米，压滤机15台，超滤机16台，空压机9台），具有年产15万标吨糖化酶的生产能力。公司有员工160人，其中管理人员30人。该司年产值5亿元，出口创汇4000万美元，利税8000万元。公司相继通过ISO9001:2008质量管理体系认证、ISO14001:2004环境管理体系认证、Kosher认证（犹太食品），现场实行GMP管理，并通过清洁生产审核。公司与美国丹尼斯克、CTE、ADM等先进企业进行合作，共同进行酶制剂系列产品的开发。

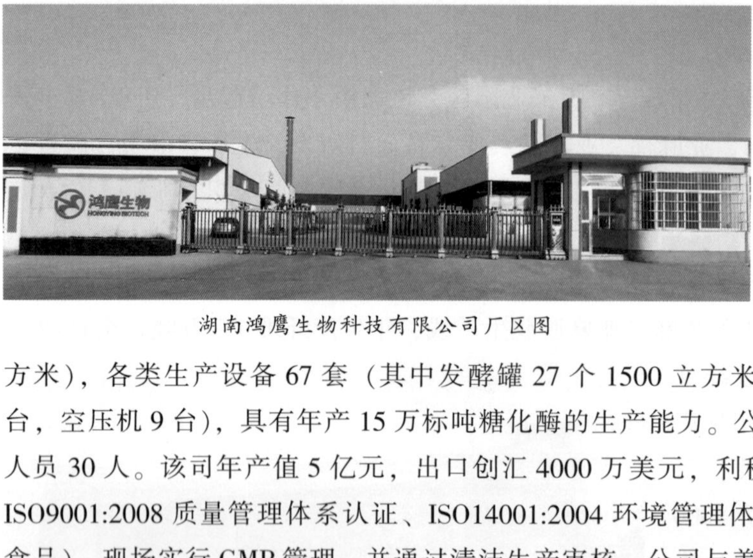

湖南鸿鹰生物科技有限公司厂区图

该司主导产品包括高纯度、高转化率糖化酶浓缩液、耐高温α-淀粉酶、β-淀粉酶、木聚糖酶、纤维素酶、β-葡聚糖酶、饲料用单酶和复合酶等10多个酶制剂品种，其中9种取得国家食品添加剂生产许可证。公司先后完成“高转化率、高纯度糖化酶浓缩液”和“纤维素酶”的开发，实现“半纤维素酶”产业化等省级重点攻关项目及国家火炬计划项目，并申请发明专利4项，其中已授权2项。

公司产品销往全国各地及欧美、日本、印度、东盟等国家，广泛应用于酿造、食品、饲料、棉麻纺织、洗涤、制药、制糖、造纸及可再生能源的生产等领域。

该司有全资子公司湖南新鸿鹰生物工程有限公司。总公司主要生产糖化酶，销售对象主要是美国杜邦公司；子公司主要生产其他酶类，销售给另外的客户。

湖南鸿鹰祥生物工程股份有限公司进出口与对港澳台贸易统计表

表 6-1-3-3　　单位：美元

年份	贸易总额	销售额	购进额	年份	贸易总额	销售额	购进额
2004	1916663	1916663		2005	3829499	3829499	
2006	6440880	6440880		2007	6620912	6565651	55261
2008	14068893	14014831	54062	2009	12520379	12446264	74115
2010	13017182	12951302	65880	2011	12532321	12487696	44625
2012	13159521	13120416	39105				

（四）汉寿县华乐农业发展有限公司

该司成立于 2010 年 1 月 8 日，是以原汉寿县冷冻加工厂（出口企业）为基础组建而成的一家民营企业，也是全国仅有的 3 家拥有对新加坡直接出口权资质的肉品加工企业之一，主要从事生猪繁育、养殖、加工等项目。公司有职工 98 人，其中专业技术人员 14 人，高级专业技术人员 9 人；注册资本 3000 万元，净资产总额 7560 万元。该司拥有符合新加坡 AVA 标准先进的屠宰生产流水线两条，每小时屠宰能力 260 头，年屠宰生猪约 50 万头，结冻能力 50 吨/日，冷藏库容 1500 吨。公司可年加工出口乳猪 20 万头，出口中猪 3 万头，出口分割肉 3500 吨，可实现总产值 1.56 亿元。

汉寿县华乐农业发展有限公司厂区大门

公司生产车间的工人操作图

公司现拥有实验室和检测室，可进行动物疫病检测诊断、饲料营养分析、动物产品微生物和药物残留检测分析，能对产品进行质量检测。该司生产的产品已先后通过中华人民共和国出入境检验检疫局出口卫生注册，HACCP 体系认证、ISO9000 质量体系认证、ISO22000 食品安全管理体系认证。其生产的肉类产品系列主要包括白条及分割肉、乳猪、中猪，冻肉类制品，均已在湖南省出入检验检疫局进行备案登记，产品销往新加坡和中国香港、澳门等地区。公司一直采取“公司+基地+农户”的经营模式，带动散养户发展生猪养殖，并负责生猪供种、饲料、养殖、营销等各个环节的工作，公司与农户之间形成利益共同体，把千家万户的小生产与统一开放的大市场联系起来，进行统一生产、统一管理、统一营销。成立以来解决当地农民直接就业300人，带动养殖农民及贩运农民间接就业达1200人，2011年出口收汇全县第一，当年被评为“市自营出口企业十强”企业。2012年出口153万美元，被市政府评为“市级农业产业化重点龙头企业”。

（五）湖南省桃源杰新纺织印染有限公司

湖南桃源杰新纺织印染有限公司大门

该司是集棉花收购、加工、纺纱、织布、印染、服装为一体的大型工贸出口企业，成立于2001年12月20日，地处桃源县漳江镇文昌西路，注册资本1.6亿元，实有资产7亿元。公司拥有自营进出口权。企业产品已通过国际质量认证体系ISO9000:2000标准的认证工作。该司作为省纺织行业产业化龙头企业，是省重合同、守信用的诚信企业，省银行业协会最佳守信用企业。公司占地面积25万平方米，拥有纱锭6万枚，转杯纺织机3752头，梭布机1680台，无梭剑杆织机350台，印染生产线12条（印染主要设备系国际20世纪90年代先进水平），服装设备300台（套），热电站1座，20吨以上锅炉4台，有员工2000余人，其中初、中、高级技术人员350余人。

公司生产经营的主导产品为棉纱、坯布、各种印染布、服装。年生产设计能力棉纱1.15万吨，坯布4000万米，印染布5000万米。公司可年实现产品销售收入5亿元，实现税利4000万元，出口创汇2000万美元。

湖南省桃源杰新纺织印染有限公司进出口与对港澳台贸易统计表

表6-1-3-4　　单位：美元

年份	贸易总额	销售额	购进额	年份	贸易总额	销售额	购进额	年份	贸易总额	销售额	购进额
2004	14731494	14731494		2005	14793051	14793051		2006	25233035	23992405	1240630
2007	24897836	24877036	20800	2008	28611751	28611751		2009	18155121	18155121	
2010	20561823	20561823		2011	23912285	23912285		2012	20950407	20950407	

（六）津市市金湘猪鬃实业有限公司

该司系民营股份制企业，原名津市市猪鬃厂，成立于2002年3月14日，位于津市市工业园区津市大道，占地面积4.64万平方米，有从业人员210人，注册资本3000万元。该司经营范围为猪鬃及土畜产品加工，年产水煮猪鬃1500吨。

津市市金湘猪鬃实业有限公司厂区图

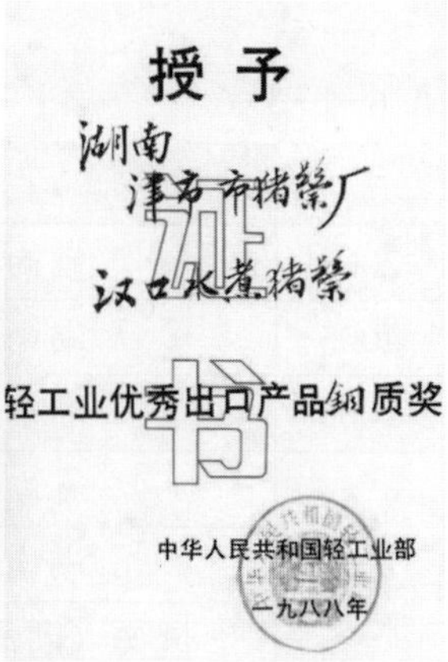

津市市金湘猪鬃实业有限公司进出口与对港澳台贸易统计表

表 6-1-3-5　　单位：美元

年份	2004	2005	2006	2007	2008	2009	2010	2011	2012
贸易总额	3505002	3055795	5489017	6508833	7343421	5663334	7673333	8260008	8125675
销售额	3505002	3055795	5489017	6508833	7343421	5581652	7673333	8260008	8118675
购进额						81682			7000

（七）湖南恒安纸业有限公司

该司坐落在德山开发区高新企业技术园，创建于1997年6月，占地面积700亩。公司拥有6台造纸设备，分别从奥地利安德里兹公司和芬兰美卓公司引进，是当时世界最先进的高速卫生纸机，年生产能力30万吨。纸机的传动系统及质量控制系统均从瑞典ABB公司引进，也是当时世界上最先进的自动控制系统。拥有原纸加工生产线50条，加工设备及配套自动包装设备大部分从国外引进，具有世界领先水平，年加工能力2000万箱。

公司主要生产经营以进口纯天然木浆为原料的“心相印”品牌的高档系列生活用纸，如卷筒纸、面巾纸、手帕纸、印花餐巾纸、成品原纸、宾馆酒店用各类卫生用纸等。产品经450℃高温消毒，手感柔软细腻，洁白不掉纸屑，

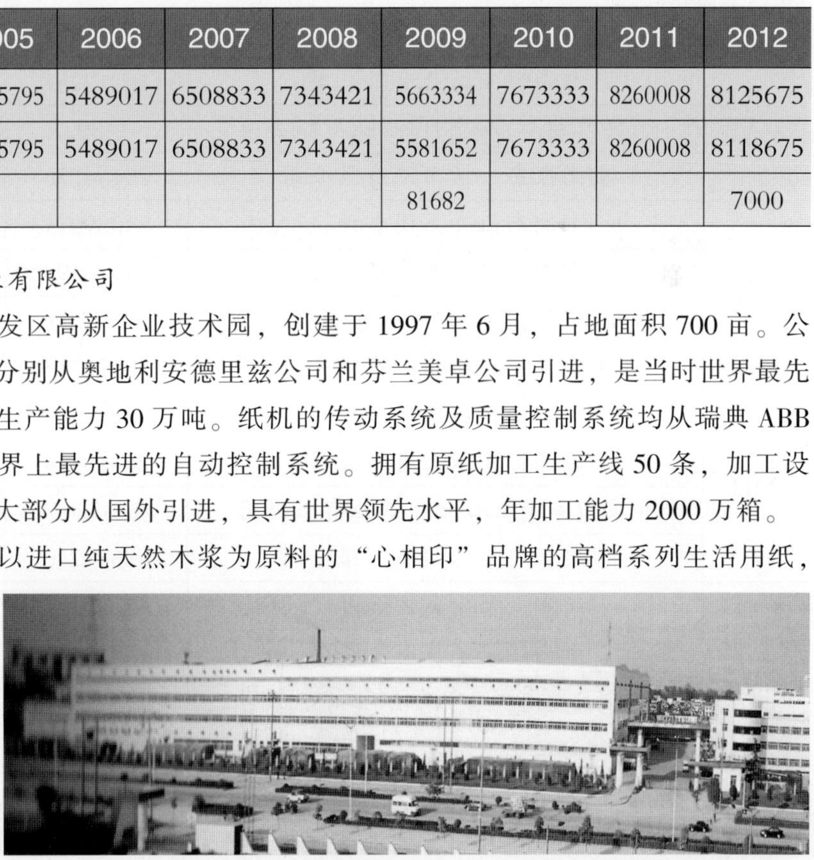
湖南恒安纸业有限公司厂区图

无化学有害物质。

湖南恒安集团进出口与对港澳台销售统计

表 6-1-3-6　　　　单位：美元

年份	企业	进出口总额	出口额	进口额
2004	湖南恒安纸业有限公司	29619459	1594	29617865
2005	湖南恒安纸业有限公司	25858577	12377	25846200
2006	湖南恒安纸业有限公司	28298710	22134	28276576
2007	湖南恒安集团合计	34462665	24035	34438630
	湖南恒安纸业有限公司	32239130	24035	32215095
	恒安（湖南）心相印纸业有限公司	2223535	0	2223535
2008	湖南恒安集团合计	63697183	0	63697183
	湖南恒安纸业有限公司	32609664	0	32609664
	恒安（湖南）心相印纸业有限公司	4997961	0	4997961
	湖南恒安生活用纸有限公司	26089558	0	26089558
2009	湖南恒安集团合计	45681879	467	45681412
	湖南恒安纸业有限公司	16212251	0	16212251
	恒安（湖南）心相印纸业有限公司	14892	467	14425
	湖南恒安生活用纸有限公司	29454736	0	29454736
2010	湖南恒安集团合计	54039071	0	54039071
	湖南恒安纸业有限公司	14186498	0	14186498
	恒安（湖南）心相印纸业有限公司	1727860	0	1727860
	湖南恒安生活用纸有限公司	38124713	0	38124713
2011	湖南恒安集团合计	75831557	0	75831557
	湖南恒安纸业有限公司	26310114	0	26310114
	恒安（湖南）心相印纸业有限公司	1163203	0	1163203
	湖南恒安生活用纸有限公司	48358240	0	48358240
2012	湖南恒安集团合计	61283474	0	61283474
	湖南恒安纸业有限公司	23572546	0	23572546
	恒安（湖南）心相印纸业有限公司	2746468	0	2746468
	湖南恒安生活用纸有限公司	34964460	0	34964460

说明：湖南恒安纸业有限公司创建于 1997 年 6 月，该公司 2006 年与英属维尔京群岛恒安（中国）投资有限公司共同出资成立湖南恒安生活用纸有限公司和恒安（湖南）心相印纸业有限公司。因此，将该 3 家企业合称为“湖南恒安集团”。

（八）常德达门船舶有限公司详见本篇第三章第三节。

（九）常德美华尼龙有限公司

该司创建于2004年2月3日，是由广东新会美达锦纶股份有限公司的子公司新会德华尼龙切片有限公司与（香港）导通投资有限公司共同合资建成的纺织企业（港资）。公司位于临澧县经济开发区太平大道2号，注册资本2.24亿元人民币，总占地面积200多亩，总资产逾8亿元，年生产能力达6万吨，年工业总产值达18亿元。公司有职工约700人，其中高级、中级、初级工程师50余名，化纤、化工专业人员100多名。公司设备先进，拥有国内一流的POY纺丝生产线14条，DTY加弹机40台；拥有日韩进口的国际一流FDY纺丝生产线22条。

常德美华尼龙有限公司厂区大门图

公司与高校、科研机构合作，建成国内一流的功能性锦纶研发基地。该司生产含包纱、织袜、无缝内衣、纬编、手套等为主的产品，规格多、颜色全，质量优，因此先后获得“湖南省质量信用AA级企业”“湖南省纳税A级信用单位”“2012年年度优秀企业”等荣誉。

常德美华尼龙有限公司的生产车间

常德美华尼龙有限公司进出口与对港澳台销售统计表

表6-1-3-7　　单位：美元

年份	2007	2008	2009	2010	2011	2012
销售总额	76200	600320			10320860	12967214

（十）鼎城区熊氏田螺购销部

企业位于鼎城区蒿子港镇邱家湖村，其创始人熊承伟，男，当地人，1947年出生。改革开放初期开始鳝鱼、甲鱼及其他名贵小水产的贩卖和养殖，为省外贸进出口专业公司提供出口货源，仅1985年即调供出口鳝鱼120吨，当年省司给予其凤凰牌自行车5辆、尿素指标20吨的奖励。熊承伟将尿素指标全部捐给蒿子港区政府。当年成为常德县(后更名为鼎城区)首批“万元户”并当选为县政协委员。当年《湖南日报》曾登载《请到乡

熊承伟在冻库验码

下看笑脸》一文，对其事迹进行专题报道。

1989年起，熊承伟在掌握了田螺的保鲜、储运技术后主营田螺，其收购网点涵盖湖南、贵州、四川、重庆、江西、湖北、安徽等省市；初时年销售田螺750吨，通过深圳口岸销往中国香港或华南沿海。为适应其销售业务快速增长的形势，于鼎城区武陵镇汽车总站旁购置并启用3层的销售门面一套。1991年，《湖北日报刊登《田螺下羊城》的专题报道，表彰熊氏螺业湖北代理人吴永福。1998年，由熊承伟牵头成立中南田螺股份有限公司，主导广州田螺销售市场的联合经营，随后又联合广西南宁、桂林、柳州的田螺经销商，规范市场，统一销价，其田螺年销售量达到5000吨，成为“田螺大王”。

田螺吐沙冲洗池

2007年，熊承伟回家乡发展，捐建公路600米并植树，修小桥一座；企业自建的水池、花园、体育器材及场地，为乡亲们提供休闲和健身的场所。该企业用自己的产业带动当地经济发展，提高村民收入，贡献突出。2009年，市委、市政府授予全市26人“新农村建设功臣”称号，其中鼎城区2人，熊承伟列其中。

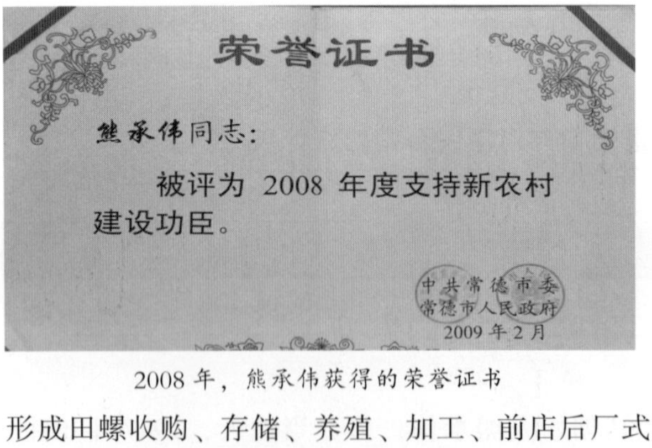

2008年，熊承伟获得的荣誉证书

同年，熊承伟扩大田螺深加工产业，引进剪尾螺项目，先后投资近300万元建设速冻库和冷藏库各一座，为提供出口货源创造更合适的仓储条件，形成田螺收购、存储、养殖、加工、前店后厂式销售的产业链。

（十一）常德亿达食品有限公司

该司成立于2001年，位于临澧县安福镇，占地面积1.25万平方米，资产总额740多万元，是一家港商独资企业。主要经营范围：生产加工干鲜菜、干鲜果、茶籽油等食品及产品自销。主要产品辣椒干远销美国、墨西哥、西班牙、马来西亚等国家；油茶籽销往台湾。平均年销售辣椒干 1800 吨以上、油茶籽 2000 吨以上，99%均为出口。

常德亿达食品有限公司厂区图

公司有员工 80 多人，检验及设备管理技术人员 11 名，拥有较为完善的加工检测设备。公司出口的产品，除本厂检验，官方检验外，均进行第三方检验机构化验并出具检验报告，让国外客商拿到最放心的农产品。公司已获得 QS、CIQ、BRC（英国 BRC 食品技术标准认证）、SGS 第二方评审等多项认证。公司 2003 年成为湖南省出口生产质量管理二类企业，连年被市委、市政府授予“自营出口十强先进单位”称号。

常德亿达食品有限公司进出口与对港澳台贸易统计表

表 6-1-3-8　　单位：美元

年份	2004	2005	2006	2007	2008	2009	2010	2011	2012
贸易总额	3366906	2077775	3144870	4386342	5205714	3439041	5287880	7272792	7443540
销售额	3366906	2077775	31448704	4356038	5205714	3439041	5287880	7272792	7443540
购进额				30304					

（十二）胜美达电机（常德）有限公司

该司位于德山经济技术开发区，是由胜美达电机（香港）有限公司和东莞胜美达（太平）电机有限公司于 2010 年 3 月 9 日投资创建的合资企业。主要生产和销售电感线圈、变压线圈、传感线圈、滤波线圈、天线线圈等电子线圈及线圈组合产品，产品主要用于手机、电话、数码相机、摄像机、电脑、液晶显示器等电子器件上。客户分布于国内外，包括苹果、索尼、佳能、三洋、松下等世界知名企业。

公司有雇员 1300 人，生产面积达 1 万平方米，拥有年产 3.5 万个线圈的生产能力，已取得 ISO9001/TS16949 国际质量体系和 ISO14001 环境体系认证，被市注册安全工程师协会认定为安全生产标准化三级企业，荣获过市政府颁发

胜美达电机（常德）有限公司厂区图

的“自营出口十强企业”称号。2012年公司出口1419.84万美元。

胜美达电机（常德）有限公司进出口与对港澳台贸易统计表

表6-1-3-9　　单位：美元

年份	进出口总额	出口额	进口额
2010	3914069	2779954	1134115
2011	12384758	9536868	2847890
2012	17326105	14198385	3127720

第四节　出口与对港澳台销售市场

1989年，出口与对港澳台销售的市场只分布于10个国家或地区，即日本、新加坡、巴基斯坦、丹麦、墨西哥、加拿大、美国、中国香港、澳门与台湾。2010年，出口与对港澳台销售市场达75个，分布于世界6大洲66个国家或地区。

主要出口市场的分布如下：

一、亚洲

越南、老挝、日本、韩国、缅甸、印度、伊朗、泰国、印尼、叙利亚、以色列、新加坡、菲律宾、土耳其、阿联酋、斯里兰卡、孟加拉国、马尔代夫、沙特阿拉伯、印度尼西亚、马来西亚、巴基斯坦、塞浦路斯；中国香港、澳门与台湾。

二、非洲

埃及、加纳、南非、多哥、摩洛哥、莱索托、坦桑尼亚、纳米比亚、尼日利亚、阿尔及利亚。

三、欧洲

瑞士、瑞典、德国、捷克、荷兰、丹麦、英国、法国、芬兰、波兰、希腊、奥地利、意大利、葡萄牙、西班牙、比利时、俄罗斯联邦。

四、拉丁美洲

乌拉圭、巴拿马、牙买加、阿根廷、格林纳达、巴巴多斯、特立尼达和多巴哥。

五、北美洲

美国、加拿大。

六、南美洲

巴西、智利、墨西哥

七、大洋洲

澳大利亚

八、集中市场

东盟、欧盟、中东、俄东、APEC、北美自由贸易区。

第二章　进口贸易与从港澳台购进

第一节　进口与从港澳台购进概览

常德市的进口与从港澳台购进在20世纪80年代末期主要由湘北工贸进出口公司和市对外经济贸易公司进口常德卷烟厂生产所需的铝箔纸、盘纸、纤维束、烟草、卷烟辅料以及其他零配件，另外进口一些市场所需的棕榈油、植物油籽。到20世纪90年代，”三资”企业发展很快，进口与从港澳台购进商品逐步涉及汽车、摩托车、轻工机械、化工原料、西药等。90年代后期开始，由于生产企业设备更新、转型换代和市场需求不断加大，进口与从港澳台购进商品的品种和数量也不断增加。一批科技含量高的先进设备引进到印刷、针织、纺织、电子、塑料、包装、服装、制革、化工、制鞋、造纸、造船、机械等各个行业的生产企业。2010年有进口与从港澳台购进业绩的企业25家，进口与从港澳台购进的商品有15个类别，进口与从港澳台购进总额超过1亿美元大关；当年进口与从港澳台购进的金额超过千万美元的有4家：湖南恒安集团（进口原木纸浆7467万美元）、湖南创元铝业有限公司（进口氧化铝4174万美元）、常德达门船舶有限公司（进口船舶成套设备、器材、零配件1231万美元）、常德美化尼龙有限公司（进口化纤1032万美元）。

全市进口及自港澳台购进总值统计表

表6-2-1-1　　单位：万美元

年份	1989	1990	1991	1992	1993	1994	1995	1996	1997	1998	1999
金额	1678.80	573.68	404.87	136.89	424.10	72.32	8.29	1750.03	1594.20	2762.26	1439.41
年份	2000	2001	2002	2003	2004	2005	2006	2007	2008	2009	2010
金额	876.34	2357.19	3374.14	2326.10	5175.14	4739.97	4558.42	8280.70	13591.50	7274.35	11840.29

全市进口总值统计表

表6-2-1-2　　单位：万美元

年份	1999	2000	2001	2002	2003	2004	2005	2006	2007	2008	2009	2010
金额	1345.79	841.84	2326.77	3337.78	2256.48	5120.44	4517.74	4339.51	8242.99	13360.36	7195.92	11667.23

全市自港澳台购进总值统计表

表6-2-1-3　　单位：万美元

年份	1999	2000	2001	2002	2003	2004	2005	2006	2007	2008	2009	2010
金额	93.62	34.50	30.42	36.36	69.62	54.70	222.23	218.91	37.71	231.14	78.43	173.06

第二节　进口与从港澳台购进主要商品

常德市进口与从港澳台购进的主要商品如下：

大米、木浆、纸张、废纸、瓦楞纸、玻璃纸、铝箔纸、金拉线、纤维束、过滤嘴、盘纸、绵白糖、植物纤维、烟草及卷烟辅料、烟机配件、其他辅料、植物油籽、棕榈油、润滑油脂、家用电器、泵、轴承、压缩机零件、推土机零件、内燃机零件、石油设备及工具、钻井机设备及配件、平地机零件、土建机械零件、汽车零件、装载机零件、电话机、钢材、氧化铝、马口铁空罐、工业用除尘器、矿物质处理器、机械压力机、纸制品机器及零件、变压、整流、电感器及零件、轻工机械及零配件、成套设备及零配件、矿山机械及零配件、针织机器及零配件、纺织机器及零配件、集成电路及微电子组件、印刷、装订机械用辅助机器、平面磨床、车床、缝纫机零件、化肥（氯化钾），化工原料：凡士林、石蜡、聚丙烯、季戊四醇、苯甲酸、其他醇、醛化工品、其他脂化工品、其他化工原料、陶瓷绘料、烟酸、染料及中间体；橡胶及制品、医药原料：乙胺丁醇、氟哌啶醇、其他镇静安定药、氨基酸类；汽车、船舶（系船用材料）、船用机器零件、船舶用柴油机、发电机组及旋转式变流机、通断及保护电路装置及零件、机械提升搬运装卸设备及零件、纺织原料、毛混纺、染色绸、化纤、废棉、纺织品、棉布、色布、服装辅料、聚酯切片、非泡沫塑料的板、片、膜、箔。

全市进口分类统计表

表 6-2-2-1　　　　单位：万美元

类别＼年份	1999	2000	2001	2002	2003	2004	2005	2006	2007	2008	2009	2010
种用鳞茎、块茎、块根等		0.24		0.33								
大米					75.09	159.63	121.43	74.03	173.74	120.82	191.91	299.84
砂糖、巧克力等糖食				52.18	47.17	50.86	22.03	41.16	41.31	29.21	30.66	46.02
未列名食品				0.18	0.04	0.04						
石膏及天然磨料砂								0.01	0.56	24.30	0.28	0.49
润滑油		0.02	0.06		0.01			0.02	0.10	4.24	2.13	1.28
氧化硫化等化合物				0.20	303.00				2710.83	2844.22	2.01	3221.51
氨基酸等化工产品	0.03								5.53	5.41		
药品、药包		0.03	0.15		0.01	0.07	0.48	0.77	0.57	0.10	0.14	1.45
其他肥料	23.06											
油墨	1.12	3.18		0.01	1.84	3.39	3.34	5.22	9.11	7.50	9.70	9.70
玻璃或金属用光洁剂		0.13	0.03	2.68		0.03	0.04	0.04				0.03
粘合剂及酶制品	0.66	1.11	0.86	0.05	0.08	0.23	0.52	0.28	0.91	1.15	9.03	9.33
信号弹及增雨弹			0.01		0.04	0.10	0.13	0.11	0.50	0.24	0.25	0.59
石墨及橡胶促进剂、防冻剂等		0.19			0.24	0.75	0.68	1.62	3.87	8.47	5.25	6.50
塑料制品等聚合物	39.16	66.92	83.61	82.89	46.53	27.05	14.90	14.89	9.66	41.85	25.13	16.75
合成橡胶	0.23	1.53	0.73	5.22	2.48	14.19	9.94	4.76	20.89	18.14	31.01	21.24
皮革制品	0.13	0.66										
毛皮及人造毛皮制品					0.04	0.32	0.24	1.08	1.56	1.77	0.46	4.61

续表 6-2-2-1

类别 \ 年份	1999	2000	2001	2002	2003	2004	2005	2006	2007	2008	2009	2010
木制门及家具等	5.24	3.30	5.60		2.48	2.32	2.21	8.50	18.24	8.73	22.56	5.37
木浆及木浆纸制品	458.41	327.48	1748.96	618.68	749.01	2892.27	2523.95	2772.08	3159.34	3249.49	2908.80	5226.67
其他纸及其制品	0.01			0.12	0.19	0.21	0.34	34.61	50.50	80.23	104.47	99.22
印刷品	3.48	0.16	0.40	0.36	0.01	0.37	0.27	0.19	1.65	5.48	2.07	2.49
羊毛及其羊毛混纺纱线									1.90	4.04		5.21
棉花及棉布						13.76		124.06	46.25	181.25		122.93
黄麻、苎麻纺织品	21.62		6.76	72.54	35.72	48.43	115.23	224.53	182.01	91.85		19.09
长丝布		0.01								0.01		
聚酯纱、聚酯布										1.22	3.95	1.10
无纺布、合纤绳索等		0.03	0.13		0.69	5.83	5.22	6.51	4.34	4.71	7.93	3.40
地毯										0.10		
塑料浸涂纺织物及机用毡呢	9.46	13.51	14.64	24.84	20.45	23.83	27.07	26.31	18.12	18.09	45.18	42.28
棉、毛、化纤针织品												0.04
化纤服装、手套								0.02				
床上用品、窗帘、化纤包装袋等			0.29	0.03	0.21	1.38	1.61	1.31	5.83	6.97	6.36	7.95
新增商品 64029920	0.08											
安全帽等												0.02
矿物材料制品	1.62	1.30	1.69	1.25	6.92	6.05	5.58	7.64	8.59	10.90	13.35	15.09
陶瓷制品	0.04	0.07	0.17	0.22	0.13	0.50	0.81	0.78	1.87	2.45	5.58	4.07
玻璃、玻璃纤维及其制品	0.02	0.02					0.06	0.05	0.06	0.03	0.18	1.27

续表 6-2-2-1

类别 \ 年份	1999	2000	2001	2002	2003	2004	2005	2006	2007	2008	2009	2010
贵金属制品											0.01	0.22
钢及不锈钢型材	2.96	0.34	0.16	0.49	5.11	4.24	19.08	9.95	5.69	8.22	12.22	11.00
合金钢管及其附件、钢铁容器、螺钉螺母等	6.35	6.85	13.06	19.95	71.16	58.16	34.49	59.14	66.91	101.16	134.48	110.86
铜管及其附件、铜螺钉螺母等	1.62	0.64	0.78	0.03	0.61	10.37	1.90	4.49	13.20	6.55	10.80	8.71
铝制门窗、螺钉螺母等	0.52	0.76	1.66	1.21	2.81	2.01	2.83	6.12	9.41	100.57	21.36	17.40
非工业用锌制品	0.02	0.06	0.10		0.53	0.18	2.21	0.10			0.82	0.64
非合金锡							0.29					
成套手工工具等	8.79	5.31	2.64	2.25	5.66	4.46	5.31	4.34	3.25	6.90	5.58	9.97
锁具、焊条、家具金属配件等	3.22	1.22	0.58	0.13	20.92	4.68	3.05	10.11	7.01	9.39	13.74	10.46
船用内燃机零件	557.82	376.29	346.24	2283.13	671.49	1564.51	1414.10	669.58	1453.01	6029.31	3037.50	2058.76
发电机、电动机等电器	34.76	16.95	76.01	129.68	123.58	159.14	140.94	193.25	157.82	257.48	276.57	204.86
道轨固定装置及配件	0.05											
机动车零件			1.78	27.05	28.45	2.63	14.88		9.40			
机动船舶	161.50	0.46	0.73		0.39	0.27	0.88		1.68	5.10	1.12	5.03
眼镜片、望远镜、导航装置、测量仪器等	3.48	12.23	18.17	12.08	32.55	55.47	17.19	27.72	29.78	47.28	32.03	21.05
仪表板钟、定时开关	0.01	0.03	0.03		0.05	0.05	0.08	0.11	0.25	0.60	0.61	0.60
坐具及其零件、家具、灯具、	0.23	0.81	0.74		0.76	2.63	4.36	3.78	7.29	14.33	220.12	11.44
油漆刷、拖把、黑板等	0.09				0.03	0.04	0.07	0.23	0.45	0.50	0.58	0.69
合计	1345.79	841.84	2326.77	3337.78	2256.48	5120.44	4517.74	4339.51	8242.99	13360.36	7195.92	11667.23

全市进口主要商品

表 6-2-2-2

年份	品名	单位	数量	金额
1999	精炼铜管子附件	千克	820	3602
	锌及锌合金条、杆、型材、丝	千克	160	110
	船舶用舵机及陀螺稳定器零件	千克	300	598
	船舶用传动轴	个	2	4137
	其他传动装置及变速装置	个	5	24725
	编号 8483 所列货品用其他零件	千克	300	795
	机械密封件	千克	182	1504
	船用推进器及桨叶	千克	1050	4827
	≤75KVA 柴油发电机组	台	3	74476
	其他电动机、发电机（组）零件	千克	1300	4050
	其他电动卷扬机及绞盘	台	2	34638
	通用桥式起重机	台	1	24410
	纸浆、纸或纸板制品模制成型机器	台	1	510466
	凹版印刷机	台	1	4339334
	漂白非针叶木碱木浆或硫酸盐木浆	千克	4999968	1949988
	漂白针叶木碱木浆或硫酸盐木浆	千克	5986538	2634077
	其他机器或机械器具用刀及	千克	72	25619
2000	种用休眠的鳞茎、块茎、块根等	个	20000	0.24
	其他矿物蜡,不论是否着色	千克	80	0.02
	急救药箱、药包	千克	23	0.03
	溶于非水介质的聚酯油漆及清漆等	千克	1357	0.33
	溶于非水介质其他油漆、清漆溶液	千克	6582	2.73
	安装玻璃用油灰等;漆工用填料		609	0.12
	其他润滑剂	千克	270	0.13
	以环氧树脂为基本成分的粘合剂	千克	3001	1.11
	含有石油的润滑油添加剂	千克	823	0.13
	其他装有附件的塑料管子	千克	1574	1.27
	塑料制盒,箱及类似品	千克	150790	50.51
	乙烯聚合物制袋及包	千克	17362	10.63

续表 6-2-2-2

年份	品名	单位	数量	金额
2000	硫化橡胶制船舶或码头的碰垫	千克	5476	0.23
	皮革或再生皮革的其他制品		4146	0.66
	其他未列名的木制品	千克	8675	3.15
	漂白针叶木碱木浆或硫酸盐木浆	千克	3260562	226.44
	漂白非针叶木碱木浆或硫酸盐木浆	千克	1523350	101.05
	重的环状或有联接装置的布或毡呢	千克	1767	12.92
	钢铁制门窗及其框架、门槛	千克	1835	1.46
	金工机械用刀及刀片		738	3.66
	未装配的工具用金属陶瓷刀头		1435	1.03
	船舶用柴油发动机		6	42.83
	其他未列名发动机的专用零件		37	0.07
	其他发动机及动力装置的零件	千克	2905	4.74
	其他热交换装置	台	15	1.29
	其他非家用型过滤或净化水的装置		76	0.65
	灭火器〔不论是否装药〕	个	41	0.33
	糕点、通心粉、面条的生产加工机器	台	1	87.96
	纸浆、纸或纸板制品模制成型机器	台	1	49.69
	印刷用辅助机器		1	125.26
	空气增湿器及减湿器	台	1	0.05
	自动贴片机	台	2	16.04
	船舶用舵机及陀螺稳定器零件	千克	1168	2.02
	其他传动装置及变速装置	个	11	11.07
	船用推进器及桨叶		7979	3.12
	雷达及无线电导航设备天线及零件	千克	500	1.39
	耐压>1 千至 35 千伏的电缆	千克	2643	3.12
	液体或气体的测量或检验仪器零件	千克	180	1.22
	转数计、车费计及类似仪表零件	千克	146	3.21
	12.4 千兆赫兹以下数字式频率计	台	6	4.56
	恒温器	台	1	2.52

续表 6-2-2-2

年份	品名	单位	数量	金额
2001	其他调味香料	千克	103	0.08
	急救药箱、药包	千克	54	0.15
	其他润滑剂（含油<70%）	千克	930.00	0.03
	以环氧树脂为基本成分的粘合剂	千克	5074.00	0.86
	塑料制盒,箱及类似品	千克	230455.00	59.87
	乙烯聚合物制袋及包	千克	32252.00	22.75
	硫化橡胶制船舶或码头的碰垫	千克	4887.00	0.21
	其他未列名的木制品	千克	9148.00	5.57
	漂白针叶木碱木浆或硫酸盐木浆	千克	19451063.00	808.44
	漂白非针叶木碱木浆或硫酸盐木浆	千克	25401668.00	940.51
	生或沤制黄麻,其他纺织韧皮纤维	千克	278136.00	6.76
	重的环状或有联接装置的布或毡呢	千克	1782.00	14.64
	冷轧的不锈钢制的其他无缝管	千克	2659.00	2.87
	容积>300升钢铁制盛物容器	千克	22800.00	5.02
	其他非工业用钢铁制品	千克	872.00	0.77
	铝制门窗及其框架、门槛	千克	1099.00	0.74
	船舶用柴油发动机	台	5	12.94
	液压式往复式排液泵	台	41	5.58
	其他电动卷扬机及绞盘	台	4	7.59
	其他高架移动式起重吊运设备	台	1	7.34
	制造或整理纸及纸板的机器零件	千克	468.00	24.11
	其他制造纸浆、纸制品的机器零件	千克	144.00	3.18
	平张纸进料式胶印机	台	1	150.48
	平网印刷机	台	1	12.63
	印刷用辅助机器	台	4	60.72
	自动贴片机	台	4	20.5
	其他传动装置及变速装置	个	30	10.61
	船用推进器及桨叶		3460	3.26
	单相交流电动机	台	159	6.85

续表 6-2-2-2

年份	品名	单位	数量	金额
2001	其他无线电话、电报发送设备	台	4	1.87
	其他无线电导航设备	台	5	1.84
	其他无线电设备天线及其零件	千克	549.00	42.13
	转数计、车费计及类似仪表零件		606.00	1.91
2002	生长或开花的鳞茎等及菊苣植物	个	20000	0.33
	绵白糖	千克	1516800	52.18
	发酵粉	千克	300	0.18
	其他放射性元素同位素及其化合物	克	2.00	0.2
	非零售包装有机表面活性剂制品	千克	8453.00	2.66
	初级形状的其他聚酰胺	千克	1295.00	0.51
	初级形状的聚硅氧烷	千克	3732.00	0.51
	塑料制盒,箱及类似品	千克	126600.00	22.9
	乙烯聚合物制袋及包	千克	86783	58.68
	与碳黑等混合的未硫化复合橡胶	千克	31.00	0.4
	硫化橡胶制船舶或码头的碰垫	千克	23579.00	4.53
	漂白针叶木碱木浆或硫酸盐木浆	千克	3948955.00	160.51
	漂白非针叶木碱木浆或硫酸盐木浆	千克	11420644.00	458.16
	成条或成卷的自粘胶粘纸		133.00	0.12
	其他印刷品		112.00	0.24
	生或沤制黄麻,其他纺织韧皮纤维	千克	3000267	72.54
	轻的环状或有联接装置的布或毡呢	千克	1678.00	9.61
	重的环状或有联接装置的布或毡呢	千克	851.00	12.9
	其他矿物材料的混合物及制品	千克	4428.00	1.25
	其他合金钢丝		2994.00	0.45
	钢铁制门窗及其框架、门槛	千克	4316.00	1.38
	容积>300 升钢铁制盛物容器	千克	85200.00	17.04
	其他工业用铝制品	千克	1708.00	0.83
	其他机器或机械器具用刀及刀片	千克	1074.00	2.1
	其他发动机及动力装置的零件	千克	45.00	0.75

续表 6-2-2-2

年份	品名	单位	数量	金额
2002	其他利用温度变化处理材料的机器	台	6	10.78
	其他饮料及液体食品灌装设备	套	1	19
	纸或纸板的抄造机器	台	24	1470.09
	制造或整理纸及纸板的机器零件	千克	100.00	6.14
	其他制造纸浆制品、纸制品的机器	台	3	104.58
	切纸机零件	千克	1721.00	5.4
	其他制造纸浆、纸制品的机器零件	千克	27.00	0.75
	凹版印刷机	台	1	41.06
	印刷用辅助机器	台	1	67.1
	并线机或加捻机	台	22	55.3
	自动络筒机	台	1	10.69
	并线机或加捻机	台	22	55.3
	沉降片、其他织针及成圈机件	千克	7.00	1.53
	加工金属的其他平面磨床	台	2	5.5
	金属型材挤压机	台	11	2.28
	金属及金属陶瓷的拔丝机	台	17	6.15
	金属或金属陶瓷丝的加工机	台	13	2.31
	其他电感器	台	104000	0.25
	片式多层瓷介电容器	千克	2019.00	19.7
	二极管	个	464000	0.77
	耗散功率<1W 的晶体管	个	2314000	12.69
	2.5L<排气量≤3L 的小轿车	辆	2	7.29
	排气量>3000ml 的小轿车	辆	3	19.76
	其他理化分析仪器及装置	台	1	3
2003	籼米	千克	1999500	75.09
	绵白糖	千克	1497600	47.17
	氧化锌	千克	10000000.00	303
	溶于非水介质其他油漆、清漆溶液	千克	2017.00	0.52
	安装玻璃用油灰等;漆工用填料		1209.00	0.47

续表 6-2-2-2

年份	品名	单位	数量	金额
2003	非耐火涂面制剂	千克	4112.00	0.83
	塑料制盒,箱及类似品	千克	85273.00	15.54
	漂白针叶木碱木浆或硫酸盐木浆	千克	7952325.00	354.74
	漂白非针叶木碱木浆或硫酸盐木浆	千克	9057532.00	394.27
	生或沤制黄麻,其他纺织韧皮纤维	千克	1412077.00	35.72
	轻的环状或有联接装置的布或毡呢	千克	663.00	6.62
	重的环状或有联接装置的布或毡呢	千克	2378.00	13.84
	容积<50 升焊边或卷边接合钢铁罐	千克	106944.00	29
	其他机器或机械器具用刀及刀片	千克	5640.00	5.31
	盖子瓶帽螺口塞封志等包装用配件	千克	63708.00	17.24
	船舶用柴油发动机〔指压燃式活塞内燃发动机〕	台	6	40.35
	凹版印刷机	台	1	264.47
	沉降片、其他织针及成圈机件	千克	652.00	109.92
	船用推进器及桨叶		50650	18.97
	其他线宽>0.35μm 集成电路		2880210	72.22
2004	籼米	千克	4773000	159.63
	绵白糖	千克	1440000	43.37
	漂白针叶木碱木浆或硫酸盐木浆	千克	20568706	1126.60
	漂白非针叶木碱木浆或硫酸盐木浆	千克	38788031	1765.66
	船舶用柴油发动机	台	7	223.83
	工业用带式除尘器	个	2	288.13
	纸浆、纸或纸板制品模制成型机器	台	2	79.6
	印刷用辅助机器	台	4	269.76
	机械压力机	台	1	192.25
	分类、筛选、分离或洗涤机器	台	1	115.33
	船用推进器及桨叶		200312	162.97
	其他线宽>0.35μm 集成电路		2720040	60.17
2005	籼米	千克	2924000	121.43
	砂糖	千克	714300	22.03

续表 6-2-2-2

年份	品名	单位	数量	金额
2005	急救药箱、药包	千克	85	0.48
	溶于非水介质其他油漆、清漆溶液	千克	1133	0.58
	安装玻璃用油灰等;漆工用填料		11772	2.74
	以环氧树脂为基本成分的粘合剂	千克	711	0.52
	防冻剂及解冻剂	千克	2793	0.58
	氯乙烯聚合物制的硬管	千克	103	0.63
	塑料制的其他管子	千克	114	0.68
	聚氯乙烯板、片、膜、箔及扁条	千克	1521	0.59
	塑料制盒,箱及类似品	千克	26608	4.92
	乙烯聚合物制袋及包	千克	17902	5.65
	硫化橡胶制船舶或码头的碰垫	千克	38747.00	7.39
	漂白针叶木碱木浆或硫酸盐木浆	千克	1511712	76.09
	漂白针叶木碱木浆或硫酸盐木浆	千克	20235169.00	1025.00
	漂白非针叶木碱木浆或硫酸盐木浆	千克	17945603.00	1255.91
	生或沤制黄麻,其他纺织韧皮纤维	千克	3034267	115.23
	非零售其他人纤长丝多股纱或缆线	千克	742298	148.46
	船舶用柴油发动机〔指压燃式活塞内燃发动机〕	台	10	192.78
	使用液体燃料的炉用燃烧器	千克	14518	107.14
	凹版印刷机	台	1	328.46
	印刷用辅助机器	台	7	714.30
	船用推进器及桨叶		128254.00	134.59
2006	籼米	千克	1722500.00	74.03
	砂糖	千克	1340100.00	41.16
	急救药箱、药包	千克	155.00	77.00
	塑料制盒,箱及类似品	千克	53230.00	9.88
	漂白针叶木碱木浆或硫酸盐木浆	千克	15864478.00	969.67
	漂白非针叶木碱木浆或硫酸盐木浆	千克	29812823.00	2131.49
	漂白非针叶木碱木浆或硫酸盐木浆	千克	2000400.00	119.15
	漂白非针叶木碱木浆或硫酸盐木浆	千克	6999207.00	395.22

续表 6-2-2-2

年份	品名	单位	数量	金额
2006	漂白的针叶木亚硫酸盐木浆	千克	2020487.00	99.00
	机械木浆制的纸或纸板	千克	1653580.00	27.23
	涂无机物的其他牛皮纸及纸板	千克	525806.00	34.29
	未梳的棉花	千克	986489.00	124.07
	生或沤制黄麻,其他纺织韧皮纤维	千克	5429609.00	224.53
	聚乙烯或聚丙烯制线、绳、索、缆	千克	4506.00	2.97
	重的环状或有联接装置的布或毡呢	千克	392.00	15.57
	钢铁制门窗及其框架、门槛	千克	16680.00	16.50
	其他钢铁结构体及部件	千克	10427.00	8.85
	未精炼铜、电解精炼用铜阳极	千克	858.00	2.36
	船舶用柴油发动机	台	12	137.81
	电动式往复式排液泵	台	56	10.98
	使用液体燃料的炉用燃烧器	千克	12360.00	77.81
	其他热交换装置	台	61	27.40
	印刷用辅助机器	台	2	8.29
	其他印刷电路板上装配元器件机器	台	1	15.38
	船用推进器及桨叶		141400	206.60
	其他电视摄像机	台	215679	107.02
	其他线宽>0.35μm 集成电路		153416	25.36
2007	籼米	千克	3386620.00	173.74
	砂糖	千克	1332700.00	41.31
	氧化铝	千克	88850000.00	2710.73
	其他不饱和无环一元羧酸等	千克	10800.00	5.53
	急救药箱、药包	千克	19.00	0.57
	溶于非水介质其他油漆、清漆溶液	千克	2792.00	2.16
	安装玻璃用油灰等;漆工用填料		22359.00	5.42
	信号弹,降雨火箭及其他烟火制品	千克	150.00	0.50
	灭火器的装配药	千克	566.00	1.22
	防冻剂及解冻剂	千克	7878.00	2.18

续表 6-2-2-2

年份	品名	单位	数量	金额
2007	自动新增商品分类 39081019	千克	30000.00	7.62
	硫化橡胶制船舶或码头的碰垫	千克	4225.00	14.39
	其他未列名硫化橡胶制品	千克	198.00	2.14
	其他针叶木厚板材	千克	236.00	3.57
	其他木厚板材	千克	517.00	9.40
	漂白针叶木碱木浆或硫酸盐木浆	千克	21753106.00	1558.27
	漂白非针叶木碱木浆或硫酸盐木浆	千克	24913420.00	1519.42
	机械木浆制的纸或纸板	千克	3566240.00	81.65
	涂无机物的其他牛皮纸及纸板	千克	460942.00	32.84
	其他壁纸及类似品,窗用透明纸	千克	21076.00	17.41
	非供零售用精梳纯羊毛纱线	千克	16860.00	9.27
	未梳的棉花	千克	353746.00	45.64
	生或沤制黄麻,其他纺织韧皮纤维	千克	4892975.00	182.01
	轻的环状或有联接装置的布或毡呢	千克	850.00	8.49
	重的环状或有联接装置的布或毡呢	千克	1491.00	8.95
	其他矿物材料的混合物及制品	千克	8582.00	8.33
	非冷轧的铁制其他无缝管	千克	6776.00	3.93
	未列名钢铁制其他管子附件	千克	3814.00	7.98
	其他工业用钢铁制品	千克	9619.00	15.69
	未精炼铜、电解精炼用铜阳极	千克	2814.00	7.02
	船舶用柴油发动机	台	14	223.28
	转速<10000 转/分离心泵	台	65	12.66
	制冷量>4 千大卡/时空调器	台	14	39.39
	饮料充气机及其他包封机	台	2	26.43
	其他包装或打包机器	台	7	327.99
	自动新增商品分类 84439190	千克	8940.00	62.44
	自动络筒机	台	3	45.90
	玻璃研磨或抛光机床	台	1	31.42
	其他传动装置及变速装置	个	22	92.43

续表 6-2-2-2

年份	品名	单位	数量	金额
2007	其他传动装置及变速装置	个	2	18.37
	≤75KVA 柴油发电机组	台	6	13.09
	>75KVA≤375KVA 柴油发电机组	台	6	30.07
2008	籼米	千克	1759555.00	120.82
	砂糖	千克	623400.00	29.21
	各种硫磺	千克	436350.00	23.91
	润滑油	千克	7857.00	4.25
	氧化铝	千克	70050000.00	2844.22
	其他不饱和无环一元羧酸等	千克	10000.00	5.41
	急救药箱、药包	千克	56.00	0.10
	安装玻璃用油灰等;漆工用填料		27196.00	7.34
	防冻剂及解冻剂	千克	9356.00	7.85
	聚氯乙烯板、片、膜、箔及扁条	千克	2558.00	3.49
	聚酰胺板,片,膜,箔,扁条	千克	5165.00	5.30
	乙烯聚合物制袋及包	千克	11043.00	6.83
	塑料制坛,瓶及类似品	千克	27768.00	21.05
	加强或只与金属合制的硫化橡胶管	千克	430.00	5.00
	其他未列名硫化橡胶制品	千克	155.00	1.58
	其他针叶木厚板材	千克	218.00	3.27
	漂白非针叶木碱木浆或硫酸盐木浆	千克	23734918.00	1650.61
	漂白针叶木碱木浆或硫酸盐木浆	千克	23079633.00	1551.04
	机械木浆制的纸或纸板	千克	1519440.00	47.85
	涂无机物的厚漂白牛皮纸及纸板	千克	344394.00	31.91
	涂无机物的其他牛皮纸及纸板	千克	234242.00	19.80
	其他壁纸及类似品,窗用透明纸	千克	32325.00	28.34
	未梳的棉花	千克	995376.00	179.29
	生或沤制黄麻,其他纺织韧皮纤维	千克	2146819.00	91.85
	重的环状或有联接装置的布或毡呢	千克	1656.00	14.11
	其他矿物材料的混合物及制品	千克	11541.00	9.92

续表 6-2-2-2

年份	品名	单位	数量	金额
2008	未列名钢铁制其他管子附件	千克	6014.00	16.63
	钢铁制门窗及其框架、门槛	千克	8995.00	9.52
	其他工业用钢铁制品	千克	11830.00	17.45
	未精炼铜、电解精炼用铜阳极	千克	767.00	2.61
	轧制后未进一步加工的无衬背铝箔	千克	176495.00	88.68
	船舶用柴油发动机	台	25	445.09
	其他液压动力装置	台	14	10.87
	使用天然气的炉用燃烧器	千克	962.00	24.22
	其他热交换装置	台	47	23.94
	其他包装或打包机器	台	1	81.46
	纸或纸板的抄造机器	台	1	1862.03
	纸或纸板的整理机器	台	2	573.73
	纸浆、纸或纸板制品模制成型机器	台	1	266.59
	其他制造纸浆制品、纸制品的机器	台	553	377.48
	自动新增商品分类 84431700	台	1	493.28
	自动新增商品分类 84439110		71760.00	763.44
	自动络筒机	台		184.35
	本章其他税号未列名机器及机械器具		268.00	139.81
	自动新增商品分类 84871000	千克	235885.00	422.94
2009	籼米	千克	2407300.00	191.91
	砂糖	千克	613200.00	30.66
	其他编号未列名的酶制品	千克	10125.00	7.41
	防冻剂及解冻剂	千克	12956.00	5.02
	乙烯聚合物制袋及包	千克	26174.00	15.14
	加强或只与金属合制的硫化橡胶管	千克	748.00	5.35
	硫化橡胶制其他用垫片,垫圈	千克	1582.00	6.88
	硫化橡胶制船舶或码头的碰垫	千克	12475.00	9.93
	自动新增商品分类 44123100	千克	83.00	20.12
	漂白针叶木碱木浆或硫酸盐木浆	千克	18550604.00	925.97

续表 6-2-2-2

年份	品名	单位	数量	金额
2009	漂白非针叶木碱木浆或硫酸盐木浆	千克	46703284.00	1910.70
	漂白化学木浆制的纸和纸板	千克	1230400.00	22.56
	机械木浆制的纸或纸板	千克	2421080.00	46.61
	涂无机物的厚漂白牛皮纸及纸板	千克	1005091.00	92.38
	其他壁纸及类似品,窗用透明纸	千克	12117.00	11.47
	不锈钢角材、型材及异型材	千克	4490.00	4.76
	冷轧的不锈钢制的其他无缝管	千克	13325.00	16.22
	未列名钢铁制其他管子附件	千克	12243.00	28.77
	钢铁制门窗及其框架、门槛	千克	11735.00	16.00
	其他装压缩或液化气的容器	千克	7445.00	13.18
	钢铁锚、多爪锚及其零件	千克	13752.00	8.42
	其他工业用钢铁制品	千克	9092.00	19.59
	未精炼铜、电解精炼用铜阳极	千克	2572.00	6.72
	船舶用柴油发动机	台	6	27.71
	船舶用柴油发动机	台	29	459.53
	其他船舶发动机专用零件	千克	200.00	2.47
	其他液压动力装置	台	12	20.85
	木材、纸浆、纸或纸板用干燥器	台		173.71
	木材、纸浆、纸或纸板用干燥器	台	1	235.13
	纸或纸板的抄造机器	台	1	675.89
	制造纤维素纸浆的机器	台	1	142.29
	自动新增商品分类 84431319	台	1	218.64
	棉精梳机	台	6	87.91
	税号 84.51 所列其他未列名的机器	台	1	134.83
	其他分散型工业过程控制设备	台	1	32.60
	其他阀门		1973.00	30.89
	其他传动装置及变速装置	个	25	64.74
	自动新增商品分类 84871000	千克	169306.00	347.69
	编号 8537 货品用的其他盘,板等	千克	3026.00	44.65

续表 6-2-2-2

年份	品名	单位	数量	金额
	活动房屋	千克	86514.00	195.23
2010	籼米	千克	3024890	299.84
	砂糖	千克	920400.00	46.02
	硅砂及石英砂	千克	231.00	0.12
	刚玉岩、天然刚玉砂等天然磨料	千克	500.00	0.37
	润滑油	千克	2077.00	1.25
	氧化铝	千克	105000000	3221.11
	急救药箱、药包	千克	197.00	1.45
	自动新增商品分类 32141090	千克	36068.00	9.41
	黑色印刷油墨	千克	13.00	0.29
	适于作胶或粘合剂的零售包装产品	千克	134.00	1.47
	以环氧树脂为基本成分的粘合剂	千克	1141.00	1.27
	其他编号未列名的酶制品	千克	9000.00	6.59
	焊接用的焊剂及其他辅助剂等	千克	1313.00	1.74
	防冻剂及解冻剂	千克	11213.00	4.26
	其他装有附件的塑料管子	千克	637.00	1.23
	聚氯乙烯板、片、膜、箔及扁条	千克	1452.00	2.25
	塑料制盒,箱及类似品	千克	20122.00	4.81
	乙烯聚合物制袋及包	千克	6757.00	4.09
	供运输或包装货物用其他塑料制品	千克	1622.00	0.67
	其他塑料制品	千克	395.00	0.81
	非海绵硫化橡胶型材、异型材及杆	千克	1030.00	1.23
	未加强或其他材料合制硫化橡胶管	千克	214.00	0.75
	加强或只与金属合制的硫化橡胶管	千克	309.00	1.46
	硫化橡胶制其他用垫片,垫圈	千克	1503.00	6.26
	硫化橡胶制船舶或码头的碰垫	千克	6905.00	7.47
	其他未列名硫化橡胶制品	千克	211.00	3.42
	已鞣未缝制的整张水貂皮	千克	1579.00	2.05
	人造毛皮制品	千克	748.00	2.56

续表 6-2-2-2

年份	品名	单位	数量	金额
2010	自动新增商品分类 44123100	千克	14.00	3.31
	漂白针叶木碱木浆或硫酸盐木浆		34298768.00	2716.55
	漂白非针叶木碱木浆或硫酸盐木浆	千克	31071948.00	2442.21
	未漂白牛皮、瓦楞纸或纸板	千克	200490.00	7.78
	机械木浆制的纸或纸板	千克	2467760.00	60.13
	涂无机物的厚漂白牛皮纸及纸板	千克	1015964.00	90.43
	其他壁纸及类似品,窗用透明纸	千克	7132.00	8.75
	其他书籍,小册子及类似的印刷品		792.00	2.49
	非供零售用精梳纯羊毛纱线	千克	7978.00	5.15
	未梳的棉花	千克	599730.00	122.75
	生或沤制黄麻,其他纺织韧皮纤维	千克	209287.00	19.09
	非零售与其他混纺合纤短纤纱线	千克	1988.00	1.09
	聚乙烯或聚丙烯制线、绳、索、缆		2278.00	1.39
	化纤材料制成的其他网		189.00	1.56
	轻的环状或有联接装置的布或毡呢	千克	102.00	5.15
	重的环状或有联接装置的布或毡呢	千克	5485.00	37.14
	合纤制非针织非钩编窗帘	千克	235.00	4.63
	救生衣及安全带		165.00	4.4
	其他矿物材料的混合物及制品		14887.00	13.6
	瓷制脸盆,浴缸及类似卫生器具	千克	846.00	2.65
	厚度>10mm 热轧不锈钢平板	千克	3506.00	3.07
	不锈钢角材、型材及异型材	千克	5313.00	4.65
	冷轧的不锈钢制的其他无缝管	千克	16606.00	16.93
	未列名钢铁制法兰	千克	867.00	2.66
	未列名钢铁制其他管子附件	千克	7123.00	17.85
	钢铁制门窗及其框架、门槛	千克	8232.00	8.29
	其他钢铁结构体及部件	千克	2508.00	4.1
	其他装压缩或液化气的容器	千克	3564.00	4.53
	非绝缘的钢铁绞股线、绳、缆	千克	5318.00	1.96

续表 6-2-2-2

年份	品名	单位	数量	金额
2010	自动新增商品分类 73144900	千克	738.00	2.37
	网眼钢铁板	千克	4484.00	1.74
	其他滚子链	千克	7.00	3.68
	钢铁锚、多爪锚及其零件	千克	6312.00	4.73
	其他螺钉及螺栓	千克	1561.00	2.53
	其他工业用钢铁制品	千克	19504.00	31.48
	未精炼铜、电解精炼用铜阳极		1624.00	4.07
	其他铜合金管		2070.00	2.47
	铝制门窗及其框架、门槛		3187.00	7.41
	其他工业用铝制品	千克	1012.00	4.27
	成套手工工具	千克	1626.00	4.36
	其他机器或机械器具用刀及刀片	千克	3818.00	3.25
	铰链	千克	740.00	2.68
	船舶用柴油发动机	台	30	509.85
	其他船舶发动机专用零件	千克	200.00	2.25
	直线作用的液压动力装置	台	6	1.6
	其他液压动力装置	台	15	17.93
	自动新增商品分类 84135039	台	8	7.2
	自动新增商品分类 84137099	台	74	29.96
	其他扇，风机	台	16	2.9
	其他空气泵、气体压缩机及通风罩	台	11	3.15
	制冷量>4 千大卡/时空调器	台	13	26.71
	其他热交换装置	台	63	29.7
	其他非家用型过滤或净化水的装置		65	1.61
	其他液体的过滤、净化机器及装置	个	31	3.28
	内燃发动机的进气过滤器		20	2.14
	其他用途的喷射、喷雾机械器具	台	8	13.12
	自动新增商品分类 84253190	台	22	17.51
	自动新增商品分类 84253990	台	26	162.66
	制造或整理纸及纸板的机器零件	千克	346.00	16.77

续表 6-2-2-2

年份	品名	单位	数量	金额
2010	其他制造纸浆制品、纸制品的机器	台	1	169.01
	切纸机零件	千克	3067.00	22.64
	自动络筒机	台	2	30.8
	船用舵机及陀螺稳定器	台	11	11.72
	自动插件机	台	1	15.6
	自动新增商品分类 84798999	台	274	20.41
	自动新增商品分类 84818040	台	1796	23.79
	自动新增商品分类 84831019	个	36	18.74
	其他传动装置及变速装置	个	25	72.53
	离合器及联轴器〔包括万向节〕	个	44	16.89
	自动新增商品分类 84871000	千克	355197.00	789.35
	自动新增商品分类 84879000	千克	95.00	1.62
	≤75KVA 柴油发电机组	台	10	27.62
	>75KVA≤375KVA 柴油发电机组	台	10	50.43
	自动新增商品分类 85044099	台	255	8.28
	编号 8537 货品用的其他盘,板等	千克	1443.00	27.82
	其他电力控制或分配的装置	个	62	14.2
	火车,航空器,船舶用其他放电灯	只	329	2.57
	铜制绕组电线	千克	2013.00	2.61
	自动新增商品分类 85444211	千克	13934.00	21.64
	塑料制绝缘零件	千克	672.00	4.16
	85 章其他编号未列名的电气零件	千克	553.00	6.18
	分光仪、分光光度计及摄谱仪	个	1.00	5.1
	可调高度的转动坐具	个	12.00	2.49
	皮革或再生皮革面的装软垫的金属框架的坐具	个	59.00	2.21
	电气台灯、床头灯、落地灯	千克	22.00	0.29
	探照灯	台	16	2.11
	其他电灯及照明装置	千克	130.00	0.41
	其他帚、刷、拖把及其他毛掸	个	214	0.43
	具有书写或绘画面的石板、黑板	千克	50.00	0.24

全市自港澳台购进分类统计表

表 6-2-2-3　　单位：万美元

类别＼年份	1999	2000	2001	2002	2003	2004	2005	2006	2007	2008	2009	2010
种用鳞茎、块茎、块根等				0.17								
氨基酸等化工产品									0.06			
粘合剂及酶制品	0.03											0.77
信号弹及增雨弹									0.02			
塑料制品等聚合物	1.32	0.13		0.10					7.62	60.03		7.35
合成橡胶	0.05	0.11										
皮革制品	0.02	0.01										
其他纸及其制品	0.02	0.05			0.18				0.01	0.09	0.08	0.55
印刷品	0.05											
羊毛及其羊毛混纺纱线	1.17								11.95	5.15		13.12
棉花及棉布		0.75			33.57			2.17	2.52	15.06	7.75	18.97
黄麻、苎麻纺织品												
长丝布		8.25					150.36	163.56	0.17	0.14		0.67
聚酯纱、聚酯布					9.92	10.23		0.23	3.54	5.40	13.79	33.78
无纺布、合纤绳索等		0.39										
灯芯线等	0.09	0.15							0.01	0.07	0.06	0.30
塑料浸涂纺织物及机用毡呢	2.89	0.03										
人造纤维制品		0.23										

续表 6-2-2-3

类别\年份	1999	2000	2001	2002	2003	2004	2005	2006	2007	2008	2009	2010
合金钢管及其附件、钢铁容器、螺钉螺母等	0.10	0.01					0.09					
铜管及其附件、铜螺钉螺母等												20.37
铝制门窗、螺钉螺母等							0.40					
成套手工工具等			0.04	0.14		0.07						
锁具、焊条、家具金属配件等	1.67	0.07										
船用内燃机零件	85.60	24.30	25.71	30.54	22.60	34.94	6.59	39.60	2.34	138.61	21.49	0.02
发电机、电动机等电器	0.61		4.67	4.21	3.17	9.46	64.79	13.35	9.29	6.51	35.10	76.56
眼镜片、望远镜、导航装置、测量仪器等		0.02		1.20	0.18							0.21
坐具及其零件、家具、灯具、									0.17		0.06	0.16
油漆刷、拖把、黑板等									0.01	0.08	0.10	0.23
合计	93.62	34.50	30.42	36.36	69.62	54.70	222.23	218.91	37.71	231.14	78.43	173.06

全市自港澳台购进主要商品

表 6-2-2-4

年份	品名	单位	购进数量	购进金额
1999	贱金属电焊丝	千克	1620	1.65
	纸印标签	千克	4	0.02
	短化纤混纺毛布	米	1463	1.17
	棉制灯芯绒	米	303	0.05
	调制胶及粘合剂	千克	150	0.03
	浸、涂的纺织物	千克	3510	2.39
	贱金属制钩、环及眼	千克	40	0.01
	揿扣及其零件	千克	90	0.09
	贱金属珠及亮晶片	千克	13	44.00
2000	自粘塑料板片	千克	214	0.02
	与化纤混纺染色的重质其他棉布	米	7497	0.75
	染色的纯尼龙机织物	米	43956	8.25
	其他长丝无纺	千克	1188	0.39
	纸或纸板的整理机器	台	3	17.53
	其他制造纸浆、纸制品的机器零件	千克	53	0.03
	其他焊接机器及装置	台	1	2.25
	其他螺钉及螺栓		20	0.01
	贱金属制珠子及亮晶片	千克	48	0.06
	贱金属制钩、环及眼	千克	15	0.01
	其他螺钉及螺栓		20	0.01
	其他材料狭幅起绒织物及绳绒织物	千克	168	0.08
	机织非绣制纺织材料标签、徽章等	千克	13	0.03
	用其他材料浸、涂的其他纺织物	千克	46	0.03
2001	制造或整理纸及纸板的机器零件	千克	59	9.32
	其他制造纸浆、纸制品的机器零件	千克	197	0.39
	纺织纤维的其他预处理机器	台	21	9.48
	编号 8445 所机器的其他零、附件	千克	900	4.33
	编号 8456-61 机器用其他零件,附件		600	1.58
	非光通讯以太网络交换机		300	4.19

续表 6-2-2-2

年份	品名	单位	购进数量	购进金额
	二极管		8	0.42
2002	食用水果及坚果树的种用苗木	株	2100	0.17
	塑料制其他家庭用具及盥洗用具	千克	420	0.10
	台钳、夹钳及类似品	千克	120	0.14
	其他灌装机及包装机	台	11	2.19
	其他液体泵	台	4	0.02
	加工热饮料,烹调,加热食品的机器	台	3	0.75
	其他灌装机及包装机	台	11	2.19
	纸或纸板的整理机器	台	2	10.40
	并线机或加捻机	台	3	9.79
	自动络筒机		2	2.92
2003	非零售粗梳粗支纯棉单纱	千克	300244	33.57
	未梳的聚酯短纤	千克	95366	9.92
	沉降片、其他织针及成圈机件	千克	28	3.76
	其他线宽>0.35μm 集成电路		159500	3.17
2004	未梳的聚酯短纤	千克	103320	10.23
	成套手工工具	千克	300	0.07
	非家用缝纫机用其他零件	千克	42	0.04
	切削金属的数控卧式车床	台	2	13.29
	加工金属的其他平面磨床	台	1	13.29
	注塑机	台	3	6.63
	>75KVA≤375KVA 交流发电机	台	1	2.38
	其他线宽>0.35μm 集成电路		128019	6.77
	塑料或橡胶用注模或压模		1	0.65
	本章其他税号未列名机器及机械器具		1	0.17
2005	非零售其他人纤长丝多股纱或缆线	千克	9506	1.90
	其他非工业用钢铁制品	千克	900	0.09
	其他铝制结构体及其部件	千克	1634	0.40
	其他叉车及可升降的工作车	台	157	0.09

续表 6-2-2-2

年份	品名	单位	购进数量	购进金额
2005	并线机或加捻机	台	1	0.55
	金属型材挤压机	台	1	0.34
	编号 8462 的其他机床	台	28	1.74
	加工木材等材料的钻孔或凿榫机器		427426	61.68
2006	非零售精梳中支纯棉多股纱	千克	12050	2.17
	非零售其他人纤长丝多股纱或缆线	千克	817822	163.56
	非零售其他纯人纤短纤多股纱线〔包括缆线,纯指按重量计其他人造纤维短纤含量≥85%〕	千克	1283	0.23
	纸或纸板的整理机器	台	4	39.60
	激光视盘机的机芯	千克	495	0.78
	其他线宽>0.35μm 集成电路		108360	12.57
2007	使用液体燃料的炉用燃烧器	千克	60.00	0.12
	功率≤125 瓦的台扇	台	2	0.01
	其他利用温度变化处理材料的机器	台	2	0.40
	压滤机	个	2	0.10
	其他未列名连续运货升降、输送机	台	3	0.12
	提取加工动物或植物油脂的机器	台	4	1.41
	编号 8479 所列机器的其他零件	千克	860.00	0.18
	其他电力控制或分配的装置	个	2	0.70
	自动新增商品分类 85423100	个	51040	8.58
2008	机织非绣制纺织材料标签、徽章等	千克	1059.00	0.07
	其他包装或打包机器〔包括热缩包装机器〕	台	3	12.70
	税号 84.51 所列其他未列名的机器	台	1	10.51
	其他分散型工业过程控制设备	台		80.00
	自动新增商品分类 84864022	台	14	25.69
	自动新增商品分类 84864031	台	2	9.60
	编号 8535,8536,8537 装置的零件〔专用于或主要用于〕	千克	6830.00	6.51
	塑料制钮扣〔未用纺织材料包裹的〕	千克	686.00	0.08

续表 6-2-2-2

年份	品名	单位	购进数量	购进金额
2009	纸或纸板印制的各种标签	千克	400.00	0.08
	非零售精梳中支纯棉多股纱	千克	25834.00	7.75
	非零售与其他混纺合纤短纤纱线	千克	27585.00	13.79
	机织非绣制纺织材料标签、徽章等	千克	310.00	0.06
	其他非自动缝纫机	台	1	0.11
	其他分散型工业过程控制设备	台	1	21.38
	>750W≤75KW 多相交流电动机	台	3	0.62
	输出功率>75KW 多相交流电动机	台	13	32.78
	编号 8535,8536,8537 装置的零件	千克	3256.00	1.69
	塑料制钮扣	千克	276.00	0.08
	装有贱金属齿的拉链	米	1050.00	0.02
2010	适于作胶或粘合剂的零售包装产品	千克	180	0.77
	非泡沫聚苯乙烯板,片,膜,箔,扁条	千克	3044	5.80
	非供零售用精梳纯羊毛纱线	千克	21735	13.12
	非零售精梳中支纯棉多股纱	千克	36962	11.09
	非零售精梳中支混纺棉多股纱	千克	26258	7.88
	非零售与其他混纺合纤短纤纱线	千克	62439	33.78
	自动新增商品分类 54024590	千克	2712	0.67
	机织非绣制纺织材料标签、徽章等	千克	1495.00	0.3
	静止式变流器及电感器零件	千克	11956	73.80
	铜制绕组电线	千克	2930	2.75
	自动新增商品分类 90303900	台	1	0.21
	枝形吊灯	千克	12	0.07
	其他电灯及照明装置	千克	35	0.09
	塑料制钮扣	千克	730	0.22
	装有贱金属齿的拉链	米	300	0.01

第三节　进口与从港澳台购进的主要企业

一、国有企业

共10家：湖南省湘北工贸进出口总公司、市对外经济贸易公司、临澧县经贸进出口公司、湖南省桃源纺织印染厂、常德纺织机械厂、湖南洞庭制药厂、常德纺织机械有限公司、湖南金天钛业科技有限公司、湖南金健米业进出口有限责任公司、华南光学器材有限责任公司。

二、民营企业

共15家：桃源金果果蔬食品有限公司、湖南恒至凿岩科技有限公司、湖南安福气门股份有限公司、临澧冀东水泥股份有限公司、湖南云锦集团有限公司、常德伟晴工贸科技有限公司、常德市朗坤科贸有限公司、湖南常德开关制造有限公司、常德福嘉园林绿化有限公司、湖南鸿鹰祥生物工程股份有限公司、津市市金湘猪鬃实业有限公司、湖南中太化纤制品有限公司、汉寿天湖茶叶有限公司、常德昊译进出口有限公司、市泓兴基酒类贸易有限公司。

三、外商投资企业或港澳台商投资企业

共32家：湖南恒安生活用纸有限公司、湖南创元铝业有限公司、常德达门船舶有限公司、常德恒安纸业有限公司、常德美化尼龙有限公司、岩下荣祺食品（湖南）有限公司、荣祺食品（湖南）有限公司、胜美达电机（常德）有限公司、常德金鹏凹版印刷有限公司、恒安（湖南）心相印纸业有限公司、荣祺食品罐头（汉寿）有限公司、常德湘盈皮草服装有限公司、常德博深贸易有限公司、市天耀纸业有限公司、特季（常德）轻纺有限公司、湖南三升光电有限公司、石门金湘源食品有限公司、常德石门世运针织有限公司、常德东鼎动力机械有限公司、湖南金丝鸟麻业有限公司、常德双狮胶辊有限公司、常德金芙蓉铝箔包装有限公司、湖南华鼎微型光电产品有限公司、常德力元新材料有限责任公司、湖南铭裕无纺布有限公司、丰康生物科技有限公司、常德汉光通讯终端有限公司、湖南华联轻纺实业有限公司、市利华针织服装有限公司、伟明湘旺（常德）五金制品有限公司、湖南环球电子科技有限公司、湖南运达绿色包装股份有限公司。

第四节　进口与从港澳台购进市场

一、亚洲

日本、印度、韩国、泰国、印度尼西亚；中国香港、澳门、台湾。

二、欧洲

法国、英国、德国、荷兰、瑞士、瑞典、芬兰、意大利、比利时、奥地利。

三、北美洲

美国、加拿大

四、南美洲

智利、巴西、乌拉圭

五、大洋洲澳大利亚

附：集中市场

东盟、欧盟、中东、俄东、APEC、北美自由贸易区。

第三章　加工贸易

第一节　具备条件

常德处于长株潭城市群、武汉都市圈、成渝都市群三大国家级综合改革试验区的交汇点，历来就是湘西北区域中心城市。常德交通网络比较完备，有国家二类水运口岸常德港，有桃花源机场。20世纪80年代以后，常德加工贸易逐步发展起来，1989年起有以来料加工方式开展的加工贸易业务，但由于资料散佚，无法记载具体的经营企业及其金额。查明于1994年开始加工贸易的常德达门船舶有限公司，是已知全市最老资格的加工贸易企业。

常德产业基础良好，GDP总量及工业增加值多年居全省前三位，已形成装备制造、电子信息、纺织服装、有色金属及新材料等十二大支柱产业。常德有市商务局、常德海关、常德出入境检验检疫局、国家外汇局常德市中心支局等全套完备的加工贸易政府监管及服务机构体系，有国家级常德经济技术开发区及9个省级工业园区，配套基础设施比较完备。2008年10月常德发出首部专门针对发展加工贸易的政策文件《常德市人民政府关于积极承接沿海产业转移发展加工贸易的意见》（常政发〔2008〕16号）。2010年11月，常德被评定为国家第三批加工贸易梯度转移重点承接地。总体而言，常德市的加工贸易规模及业绩在20世纪末至2010年期间处于省内中等水平。

第二节　加工贸易实绩

2010年，常德市完成加工贸易进出口总额6613.61万美元（其中，出口及对港澳台销售4087.47万美元，进口及自港澳台购进2526.14万美元），是全省完成年度任务的6个地市之一。当年常德市加工贸易进出口总额占全市对外贸易进出口总额与从港澳台购进总额（2.58亿美元）的比重为25.65%。

常德市加工贸易进出口及对港澳台贸易额占对外贸易进出口及与港澳台贸易总额的比重常年在20%左右（2012年除外），这个比重低于全省约30%的水平。

常德市的加工贸易进出口与港澳台贸易总额（详见6-3-2-1表）虽从总体上来看保持着螺旋式上升势头，但有的年份起伏较大，2003年突破1000万美元，2009年突破5000

万美元；2012年，根据省政府的“一企一策”特殊政策引进常德伟茂珠宝首饰有限公司，获得2.62亿美元的加工贸易进出口额而大幅增长，达3.51亿美元，是为全市加工贸易进出口总额峰值年份。

1999—2012年常德市加工贸易统计表

表6-3-2-1　　单位：万美元

年份	加工贸易占总进出口比重			加工贸易出口占总出口比重			加工贸易进口占总进口比重		
	加工贸易进出口	进出口	占比(%)	加工贸易出口	总出口	占比(%)	加工贸易进口	总进口	占比(%)
1999	709.96	3011.97	23.57	625.53	1572.52	39.78	84.43	1439.45	5.87
2000	723.60	2724.61	26.56	392.64	1848.28	21.24	330.96	876.33	37.77
2001	478.13	4816.79	9.93	389.96	2459.56	15.85	88.17	2357.23	3.74
2002	785.55	7559.09	10.39	633.70	4184.95	15.14	151.86	3374.14	4.50
2003	1753.72	8887.77	19.73	1245.31	6561.65	18.98	508.41	2326.12	21.86
2004	3150.14	14852.92	21.21	2973.87	9677.76	30.73	176.28	5175.16	3.41
2005	4429.59	15236.78	29.07	4111.07	10496.78	39.17	318.52	4739.99	6.72
2006	2631.61	14770.46	17.82	2267.98	10212.05	22.21	363.63	4558.40	7.98
2007	1410.74	18688.81	7.55	1292.07	10408.11	12.41	118.66	8280.70	1.43
2008	2938.16	27276.61	10.77	2827.50	13685.11	20.66	110.66	13591.50	0.81
2009	5026.31	19338.06	25.99	3463.23	12063.72	28.71	1563.09	7274.34	21.49
2010	6613.61	25788.48	25.65	4087.47	13948.24	29.30	2526.14	11840.24	21.34
2011	7605.81	35739.45	21.28	5924.39	19548.58	30.31	1681.42	16190.87	10.39
2012	35085.11	60174.13	58.31	19145.02	32085.99	59.67	15940.09	28088.15	56.75

说明：上表所载进出口额均含与港澳台的贸易额。

全市加工贸易分贸易方式统计表

表 6-3-2-2　　　　单位：万美元

年份	贸易方式	进出口额	分类占比%	出口额	分类占比%	进口额	分类占比%
1999	加工贸易	710		626		84	
	来料加工装配贸易	6	0.85	6	0.96	0	0
	进料加工贸易	704	99.15	620	99.04	84	100
2000	加工贸易	724		393		331	
	来料加工装配贸易	30	4.14	19	4.83	11	3.32
	进料加工贸易	694	95.86	374	95.17	320	96.68
2001	加工贸易	478		390		88	
	来料加工装配贸易	1	0.21	1	0.26	0	0
	进料加工贸易	477	99.79	389	99.74	88	100
2002	加工贸易	786		634		152	
	进料加工贸易	786	100	634	100	152	100
2003	加工贸易	1754		1245		508	
	进料加工贸易	1754	100	1245	100	508	100
2004	加工贸易	3150		2974		176	
	进料加工贸易	3150	100	2974	100	176	100
2005	加工贸易	4430		4111		319	
	来料加工装配贸易	349	7.89	199	4.84	150	47.3
	进料加工贸易	4080	92.11	3912	95.16	168	52.7
2006	加工贸易	2632		2268		364	
	来料加工装配贸易	531	20.17	365	16.09	166	45.6
	进料加工贸易	2101	79.83	1903	83.91	198	54.4
2007	加工贸易	1411		1292		119	
	来料加工装配贸易	74	5.24	40	3.1	34	28.57
	进料加工贸易	1337	94.76	1252	96.9	85	71.43
2008	加工贸易	2938		2827		111	
	来料加工装配贸易	254	8.65	211	7.46	43	38.74
	进料加工贸易	2684	91.35	2616	92.54	68	61.26

续表 6-3-2-2

年份	贸易方式	进出口额	分类占比%	出口额	分类占比%	进口额	分类占比%
2009	加工贸易	5026		3463		1563	
	来料加工装配贸易	44	0.88	19	0.55	26	1.66
	进料加工贸易	4982	99.12	3445	99.45	1537	98.34
2010	加工贸易	6614		4087		2526	
	来料加工装配贸易	166	2.52	90	2.2	76	3.01
	进料加工贸易	6447	97.48	3997	97.8	2450	96.99
2011	加工贸易	7606		5924		1681	
	来料加工装配贸易	226	2.97	143	2.4	83	4.94
	进料加工贸易	7380	97.03	5782	97.6	1598	95.06
2012	加工贸易	35085		19145		15940	
	来料加工装配贸易	133	0.38	68	0.36	66	0.41
	进料加工贸易	34952	99.62	19077	99.64	15874	99.59

说明：全市加工贸易有两种具体方式，即来料加工装配贸易和进料加工贸易，且除了2006年以外，进料加工贸易进出口额均占当年加工贸易进出口总额的90%以上。上表所载进出口额均含与港澳台的贸易额。

常德市分经营单位类型加工贸易统计

表 6-3-2-3　　单位：万美元

年份	经营单位	进出口额	分类占%	出口额	分类占%	进口额	分类占%
1999	合计	709.96		625.53		84.43	
	国有	15.41	2.17	11.62	1.86	3.80	4.5
	国有市县外贸	11.02	1.55	7.22	1.16	3.80	4.5
	国有生产企业	4.40	0.62	4.40	0.7		
	“三资”企业	694.55	97.83	613.91	98.14	80.64	95.5
	中外合资	508.74	71.66	467.05	74.66	41.70	49.38
	外商独资	185.80	26.17	146.86	23.48	38.94	46.12
2000	合计	723.60		392.64		330.96	
	国有	29.08	4.02	18.39	4.68	10.69	3.23
	国有生产企业	29.08	4.02	18.39	4.68	10.69	3.23
	“三资”企业	694.52	95.98	374.25	95.32	320.27	96.77

续表 6-3-2-3

年份	经营单位	进出口额	分类占%	出口额	分类占%	进口额	分类占%
	中外合资	468.87	64.8	209.68	53.41	259.18	78.31
	外商独资	225.66	31.18	164.57	41.91	61.09	18.46
2001	合计	478.13		389.96		88.17	
	国有	1.43	0.3	1.43	0.37		
	国有生产企业	1.43	0.3	1.43	0.37		
	“三资”企业	476.69	99.7	388.52	99.63	88.17	100
	中外合资	69.39	14.51	69.39	17.79		
	外商独资	407.31	85.19	319.14	81.84	88.17	100
2002	合计	785.55		633.70		151.86	
	国有	48.58	6.18	48.58	7.67		
	国有生产企业	48.58	6.18	48.58	7.67		
	“三资”企业	736.97	93.82	585.11	92.33	151.86	100
	中外合资	161.90	20.61	161.90	25.55		
	外商独资	575.07	73.21	423.21	66.78	151.86	100
2003	合计	1753.72		1245.31		508.41	
	国有	199.10	11.35	153.28	12.31	45.82	9.01
	国有生产企业	199.10	11.35	153.28	12.31	45.82	9.01
	“三资”企业	1554.62	88.65	1092.03	87.69	462.59	90.99
	中外合资	902.95	51.49	599.95	48.18	303.00	59.6
	外商独资	651.67	37.16	492.08	39.51	159.59	31.39
2004	合计	3150.14		2973.87		176.28	
	国有	311.44	9.89	278.61	9.37	32.83	18.62
	国有生产企业	311.44	9.89	278.61	9.37	32.83	18.62
	“三资”企业	2838.71	90.11	2695.25	90.63	143.45	81.38
	中外合资	2005.31	63.66	1962.19	65.98	43.12	24.46
	外商独资	833.39	26.45	733.06	24.65	100.33	56.92
2005	合计	4429.59		4111.07		318.52	
	国有	0.96	0.02	9590.00	0.02		

续表 6-3-2-3

年份	经营单位	进出口额	分类占%	出口额	分类占%	进口额	分类占%
2005	国有生产企业	0.96	0.02	9590.00	0.02		
	民营	2.33	0.05	1.75	0.04	0.59	0.18
	私营	2.33	0.05	1.75	0.04	0.59	0.18
	“三资”企业	4426.30	99.93	4108.36	99.94	317.94	99.82
	中外合资	2568.32	57.98	2431.83	59.16	136.49	42.85
	外商独资	1857.98	41.95	1676.53	40.78	181.45	56.97
2006	合计	2631.61		2267.98		363.63	
	国有	49.97	1.9	49.97	2.2		
	国有生产企业	49.97	1.9	49.97	2.2		
	“三资”企业	2581.65	98.1	2218.02	97.8	363.63	100
	中外合资	315.45	11.99	172.19	7.59	143.27	39.4
	外商独资	2266.19	86.11	2045.83	90.21	220.36	60.6
2007	合计	1410.74		1292.07		118.66	
	民营	15.17	1.08	2.20	0.17	12.97	10.93
	私营	15.17	1.08	2.20	0.17	12.97	10.93
	“三资”企业	1395.56	98.92	1289.87	99.83	105.69	89.07
	中外合资	110.77	7.85	70.51	5.46	40.26	33.93
	外商独资	1284.80	91.07	1219.36	94.37	65.43	55.14
2008	合计	2938.16		2827.50		110.66	
	国有	67.22	2.29	40.87	1.45	26.35	23.81
	国有生产企业	67.22	2.29	40.87	1.45	26.35	23.81
	民营	24.25	0.82	20.97	0.74	3.27	2.96
	私营	24.25	0.82	20.97	0.74	3.27	2.96
	“三资”企业	2846.69	96.89	2765.65	97.81	81.03	73.23
	中外合资	6.51	0.22			6.51	5.88
	外商独资	2840.18	96.67	2765.65	97.81	74.52	67.35
2009	合计	5026.31		3463.23		1563.09	
	国有	21.51	0.42	21.05	0.61	0.46	0.03
	国有生产企业	21.51	0.42	21.05	0.61	0.46	0.03

续表 6-3-2-3

年份	经营单位	进出口额	分类占%	出口额	分类占%	进口额	分类占%
	民营	361.65	7.2	354.24	10.23	7.41	0.47
	私营	361.65	7.2	354.24	10.23	7.41	0.47
	三资企业	4643.15	92.38	3087.93	89.16	1555.22	99.5
	外商独资	4643.15	92.38	3087.93	89.16	1555.22	99.5
2010	合计	6613.61		4087.47		2526.14	
	国有	20.59	0.31	20.59	0.5		
	国有生产企业	20.59	0.31	20.59	0.5		
	民营	963.29	14.57	956.70	23.41	6.59	0.26
	私营	963.29	14.57	956.70	23.41	6.59	0.26
	三资企业	5629.73	85.12	3110.18	76.09	2519.55	99.74
	中外合资	4.97	0.07	4.97	0.12		
	外商独资	5624.76	85.05	3105.21	75.97	2519.55	99.74
2011	合计	7605.81		5924.39		1681.42	
	民营	1022.07	13.44	979.11	16.53	42.95	2.55
	私营	1022.07	13.44	979.11	16.53	42.95	2.55
	三资企业	6583.75	86.56	4945.28	83.47	1638.47	97.45
	中外合资	38.91	0.51	30.75	0.52	8.17	0.49
	外商独资	6544.83	86.05	4914.53	82.95	1630.30	96.96
2012	合计	35085.11		19145.02		15940.09	
	民营	14653.39	41.77	14648.78	76.51	4.61	0.03
	私营	14653.39	41.77	14648.78	76.51	4.61	0.03
	三资企业	7346.72	20.94	4496.24	23.49	2850.48	17.88
	中外合资	72.13	0.21	50.38	0.27	21.76	0.13
	外商独资	7274.59	20.73	4445.86	23.22	2828.72	17.75
	其他	13085.00	37.29			13085.00	82.09

说明：外商与港澳台商投资企业（即“三资”企业）是常德市加工贸易的主力军，除2012年外，常年占全市加工贸易进出口总额的80%以上；民营企业从事加工贸易的企业及规模日益增长；国有企业则在逐步降低其在加工贸易领域中所占的份额。上表所载进出口额均含与港澳台的贸易额。

常德市各企业加工贸易统计表

表 6-3-2-4　　单位：万美元

年份	企业个数	企业名称	进出口额	出口额	进口额
1999	6	湖南省桃源纺织印染厂	4.40	4.40	
		湖南省湘北工贸进出口公司	11.02	7.22	3.80
		其他经营单位	1.61	1.61	
		常德达门船舶有限公司	494.66	452.97	41.70
		常德双狮胶辊有限公司	12.47	12.47	
		荣祺食品罐头（汉寿）有限公司	185.80	146.86	38.94
2000	7	湖南省桃源纺织印染厂	29.08	18.39	10.69
		其他经营单位	0.43	0.43	
		常德达门船舶有限公司	200.59	200.59	
		常德双狮胶辊有限公司	8.66	8.66	
		湖南恒安纸业有限公司	259.18	0.00	259.18
		荣祺食品罐头（汉寿）有限公司	211.43	164.57	46.86
		岩下荣祺食品（湖南）有限公司	14.23	0.00	14.23
2001	4	湖南省桃源纺织印染厂	1.43	1.43	
		常德达门船舶有限公司	69.39	69.39	
		荣祺食品罐头（汉寿）有限公司	122.66	108.59	14.08
		岩下荣祺食品（湖南）有限公司	284.65	210.55	74.09
2002	4	桃源辣妹子食品有限公司	48.58	48.58	
		常德达门船舶有限公司	161.90	161.90	
		荣祺食品罐头（汉寿）有限公司	32.08	24.31	7.77
		岩下荣祺食品（湖南）有限公司	542.99	398.90	144.09
2003	5	桃源辣妹子食品有限公司	199.10	153.28	45.82
		湖南创元铝业有限公司	902.95	599.95	303.00
		荣祺食品罐头（汉寿）有限公司	1.19	1.19	
		岩下荣祺食品（湖南）有限公司	564.50	448.40	116.10
		特季（常德）轻纺有限公司	85.98	42.50	43.49
2004	7	桃源辣妹子食品有限公司	311.44	278.61	32.83
		伟明湘旺（常德）五金制品有限公司	7.77	0.00	7.77
		常德汉光通讯终端有限公司	124.71	89.36	35.35

续表 6-3-2-4

年份	企业个数	企业名称	进出口额	出口额	进口额
		湖南创元铝业有限公司	1872.83	1872.83	
		岩下荣祺食品（湖南）有限公司	559.00	482.66	76.34
		特季（常德）轻纺有限公司	74.39	503.99	23.99
		常德达门船舶有限公司	200.00	200.00	
2005	9	桃源辣妹子食品有限公司	0.96	0.96	
		伟明湘旺（常德）五金制品有限公司	7.65	7.65	
		常德汉光通讯终端有限公司	284.67	204.83	79.84
		湖南创元铝业有限公司	2164.76	2164.76	
		湖南寰球电子科技有限公司	111.24	54.59	56.65
		岩下荣祺食品（湖南）有限公司	483.80	452.71	31.09
		常德达门船舶有限公司	1025.00	1025.00	
		常德市协同贸易有限公司	2.33	1.75	0.59
		津市骏豪针织有限公司	349.19	198.82	150.36
2006	8	桃源辣妹子食品有限公司	49.97	49.97	
		伟明湘旺（常德）五金制品有限公司	3.52	3.52	
		常德汉光通讯终端有限公司	24.95	24.17	0.78
		湖南寰球电子科技有限公司	286.97	144.49	142.49
		岩下荣祺食品（湖南）有限公司	453.73	399.34	54.40
		常德达门船舶有限公司	1281.50	1281.50	
		常德石门世运针织有限公司	2.80	0.40	2.40
		津市骏豪针织有限公司	528.15	364.59	163.56
2007	5	湖南寰球电子科技有限公司	110.77	70.51	40.26
		岩下荣祺食品（湖南）有限公司	405.85	361.14	44.71
		常德达门船舶有限公司	820.10	820.10	
		常德石门世运针织有限公司	58.85	38.12	20.73
		湖南洞庭白杨木业有限公司	15.17	2.20	12.97
2008	6	桃源辣妹子食品有限公司	67.22	40.87	26.35

续表 6-3-2-4

年份	企业个数	企业名称	进出口额	出口额	进口额
		伟明湘旺（常德）五金制品有限公司	6.51	0.00	6.51
		岩下荣祺食品（湖南）有限公司	396.07	354.77	41.30
		常德达门船舶有限公司	2220.70	2220.70	
		常德石门世运针织有限公司	223.41	190.18	33.23
		湖南洞庭白杨木业有限公司	24.25	20.97	3.27
2009	5	桃源辣妹子食品有限公司	21.51	21.05	0.46
		岩下荣祺食品（湖南）有限公司	430.32	384.17	46.15
		常德达门船舶有限公司	4168.43	2685.10	1483.33
		常德石门世运针织有限公司	44.40	18.67	25.74
		湖南鸿鹰祥生物工程股份有限公司	361.65	354.24	7.41
2010	8	桃源辣妹子食品有限公司	20.59	20.59	
		湖南铭裕无纺布有限公司	4.97	4.97	
		岩下荣祺食品（湖南）有限公司	552.58	498.33	54.24
		常德达门船舶有限公司	4517.84	2238.75	2279.09
		常德石门世运针织有限公司	162.56	88.46	74.10
		胜美达电机（常德）有限公司	388.07	278.00	110.07
		常德湘盈皮草服装有限公司	3.72	1.67	2.05
		湖南鸿鹰祥生物工程股份有限公司	963.29	956.70	6.59
2011	8	湖南铭裕无纺布有限公司	38.91	30.75	8.17
		岩下荣祺食品（湖南）有限公司	576.42	535.54	40.87
		常德达门船舶有限公司	4510.20	3282.66	1227.54
		常德石门世运针织有限公司	179.31	117.32	61.99
		胜美达电机（常德）有限公司	1232.65	953.69	278.96
		常德湘盈皮草服装有限公司	46.25	25.32	20.93
		常德力元新材料有限责任公司	82.78	39.83	42.95
		湖南鸿鹰祥生物工程股份有限公司	939.29	939.29	
2012	11	湖南铭裕无纺布有限公司	72.13	50.38	21.76

续表 6-3-2-4

年份	企业个数	企业名称	进出口额	出口额	进口额
		荣祺食品罐头（汉寿）有限公司	13.35	0.00	13.35
		岩下荣祺食品（湖南）有限公司	570.52	522.78	47.74
		常德达门船舶有限公司	4847.84	2435.72	2412.12
		胜美达电机（常德）有限公司	1723.10	1419.84	303.26
		常德湘盈皮草服装有限公司	119.78	67.52	52.26
		石门金湘源食品有限公司	78.45	78.45	
		常德力元新材料有限责任公司	110.98	110.98	
		常德伟茂珠宝首饰有限公司	26186.65	13101.65	13085.00
		津市市金湘猪鬃实业有限公司	201.41	200.71	0.70
		湖南鸿鹰祥生物工程股份有限公司	1160.88	1156.97	3.91

说明：上表所载进出口额均含与港澳台的贸易额。

第三节　加工贸易主要企业

常德达门船舶有限公司是1994年由荷兰达门造船集团与常德船舶厂合资成立的中外合资企业。荷兰达门造船集团是一家拥有百年造船历史的大型跨国公司，在世界多地设有分支机构，其生产的船舶产品涉及各类内河船舶、海船、海上设施及海军常规舰艇等。

常德达门船舶有限公司主要车间

2002年，荷兰达门集团对常德船舶厂进行整体收购，随之常德达门船舶有限公司也成为荷兰达门集团的外商独资企业。

常德达门船舶有限公司是以生产和销售民用船舶、船舶零件、船舶修理、船舶设计及售后服务为经营范围的产品出口型外商独资企业，总投资550万美元，注册资本433万美元。该司拥有省内最大的400吨级的船台滑道，600吨级的浮船坞等机器设备500多台套，厂房设施4万多平方米，总资产1.54亿元。该司有员工570人，其中焊工已全部通过中国、法国、英国、德国、美国、意大利等多国船级的考核认证，其他技术工人也具备满足多国船舶建造规范要求的技术与技能。

该司1994年成立之初即开始了加工贸易，主要采用进料加工复出口方式，从国外(主

常德达门船舶有限公司俯瞰图

要是荷兰达门集团总部）采购进船舶相关零部（备）件（船用核心设备，包括舵桨推进器、发动机、发电机、船用电子设备和其他配件等），在船体建造完成后进行设备组装与调试，最后整船出口。公司自成立起，共出口交付船舶百余艘，客户遍布大洋洲、非洲、美洲、欧洲等地的多个国家和地区。

该司自2007年起加工贸易稳步增长，占常德市加工贸易总额的将近一半（2012年除外），系常德市最大的加工贸易企业。

2010年，该司实施第三期技改，项目总投资7000多万元，新建小船及铝合金船生产车间1座1.44万平方米，购置设备200多台套；新建码头及设计中心办公楼800平方米。

1999–2012年常德达门船舶有限公司加工贸易统计

表6-3-3-1　　单位：万美元

年份	加工贸易进出口额	进出口总额	比重%（2列/3列）	加工贸易出口额	出口总额	比重%（5列/6列）	加工贸易进口额	进口总额	比重%（8列/9列）	该司进出口占全市比重%
1999	494.66	572.19	86.45	452.97	456.51	99.22	41.70	115.68	36.04	69.67
2000	200.59	335.70	59.75	200.59	200.59	100.00		135.11		27.72
2001	69.39	206.22	33.65	69.39	71.28	97.34		134.94		14.51
2002	161.90	261.49	61.91	161.90	247.88	65.31		13.61		20.61
2003		185.59						185.59		0
2004	200.00	851.06	23.50	200.00	200.16	99.92		650.91		6.35
2005	1025.00	1653.00	62.01	1025.00	1029.00	99.61		624.00		23.14
2006	1281.50	2012.46	63.68	1281.50	1282.79	99.90		729.67		48.70
2007	820.10	2016.62	40.67	820.10	820.10	100.00		1196.52		58.13
2008	2220.70	3872.71	57.34	2220.70	2220.79	100.00		1651.92		75.58
2009	4168.43	4567.40	91.26	2685.10	2685.10	100.00	1483.33	1882.30	78.80	82.93
2010	4517.84	4518.73	99.98	2238.75	2238.76	100.00	2279.09	2279.97	99.96	68.31
2011	4510.20	4513.80	99.92	3282.66	3282.66	100.00	1227.54	1231.14	99.71	59.30
2012	4847.84	4849.33	99.97	2435.72	2435.72	100.00	2412.12	2413.61	99.94	13.82

第四节　优化贸易环境

为贯彻落实《湖南省人民政府关于积极承接产业转移促进加工贸易发展的意见》（湘政发〔2008〕16号）文件精神，促进加工贸易发展，提高常德市外向型经济发展水平，市政府于2008年10月30日以常政发〔2008〕16号文件发出《关于积极承接沿海产业转移发展加工贸易的意见》。

一、改进服务

（一）成立承接产业转移发展加工贸易领导小组，领导小组由市长任组长，常务副市长、分管副市长为副组长，市发改委、市经委、市商务局、市财政局、市环保局、市交通局、市建设局、市规划局、市统计局、德山开发区、常德海关、常德出入境检验检疫局、市外汇管理局等部门负责人为成员，定期召开联席会议，研究解决承接产业转移中发现的困难和问题。领导小组办公室设在市商务局，负责处理日常工作。各区县（市）也成立相应机构，明确分管领导，建立工作机制。

（二）建立重点企业联系制度。对年出口额达到一定规模的加工贸易企业，定为市、县两级政府工作联系点，指定相关政府职能部门实行联系，明确专人，及时为企业提供产前、产中、产后服务。市商务局、常德海关、常德出入境检验检疫局、常德外汇管理局建立市级加工贸易重点企业、重点园区联系制度，加强跟踪服务。

（三）加强考核督导。市政府将加工贸易纳入外向型经济工作考核目标。各区县（市）政府、商务部门把加工贸易纳入招商引资的考核范围，建立督导考核机制。市委督查室、市政府督查室、市承接产业转移发展加工贸易领导小组办公室加强对承接沿海加工贸易产业转移工作的督促和检查，促使各项工作落到实处。

（四）加强平台建设。落实常德市申报国家中西部地区加工贸易重点承接地以及将汉寿县作为湖南省承接产业转移重点县的工作。德山开发区、各区县（市）加强基础设施建设，完善配套功能，确定一个以上示范承接专业园区，做到“一县一品牌、一园（区）一特色”。推进标准厂房建设，。

（五）加快发展现代物流业。建立和完善物流产业发展配套政策，重点建设好市城区物流中心和德山开发区物流中心，引进和培育大型现代化物流企业，改善交通基础设施条件，加强与沿海地区物流枢纽的协作，进一步提高口岸大通关效率，降低通关费用和时效成本。

（六）培养加工贸易人才。各级领导人员带头学习加工贸易知识，加强加工贸易政策研究，提高管理加工贸易的业务水平。市、县两级商务部门抓学习承接产业转移发展加工贸易的政策，各类进出口企业抓培养加工贸易人才。

二、优化政策环境

（一）加大财政扶持力度。从2009年起，市财政连续3年设立承接产业转移发展加工贸易引导资金，从工业发展等专项资金中统筹安排。市财政局、市商务局制订具体的资金使用管理办法，提高资金使用效率。各区县（市）也根据需要，设立专项资金，加强引导。对引进重大产业转移项目获得省政府奖励的区县（市），市政府配套给予工作奖励。对加工贸易出口增量适当给予贴息，从2008年开始，以上年为基数，对加工贸易企业出口增量部分给予1‰~2‰的贴息，所需资金按税收级次由同级财政负担。对德山开发区、各区县（市）标准化厂房建设给予一定的资金补贴。

（二）税收优惠。对新落户的加工贸易企业，投产后3年内增值税地方所得部分财政返还30%给企业；所得税地方留成部分实行前两年全返，后3年减半返还。

（三）改进海关服务工作。实行“属地申报、口岸验放”、担保验收、联网报关等便捷通关措施，提高通关效率。常德海关优先办理转移企业注册、合同备案、变更、结转、外发加工等手续，在手续齐备的情况下做到当日办结；对沿海内迁A类加工贸易企业落户常德后，海关凭该企业以往资信状况，尽快将其纳入A类企业管理。对管理类别为A类和B类的企业，开展限制类商品加工贸易业务时，均实行银行保证金台账空转。允许转移企业将原进口设备结转到新企业继续使用，监管期限连续计算，常德海关提供办理结转手续优质服务。

（四）及时检验。检验检疫部门及时完成对加工贸易企业进出口货物的检验，做到随到随检，快捷高效。对入境原料价值占50%以上的进料、来料加工贸易降低收费标准，避免重复收费。对进料加工的出境货物品质检验费，按收费标准的70%计收；来料加工的入境货物不做品质检验的，不收品质检验费；来料加工的出境货物品质检验费，按收费标准的70%计收。适度放宽首件检测，型式试验的审查条件。对不涉及安全、卫生、环保要求的试生产出口企业，适度放宽注册许可的前置条件。全面实施检验检疫直通放行新规定，对符合条件的企业，出口货物经产地机构检验检疫合格后，凭通关单在口岸直接通关；进口货物口岸相关机构不实施检验检疫，货物直运至目的地后再检验检疫。

（五）开辟贸易信贷绿色通道。金融部门开辟承接产业转移发展加工贸易信贷绿色通道，对符合条件的转移企业适当增加贷款额度，放宽企业贷款抵押担保条件，对产品有市场、有效益的转移企业，利率可按基准利率适当下浮；建立市、县两级中小企业信用担保体系，支持担保机构为落户加工贸易企业提供贷款担保。

（六）外汇部门对有真实贸易背景的用汇，优先满足出口加工贸易企业的需求，鼓励进料加工贸易企业实行抵扣核销，合理精简前台审核。

（七）环保部门按照“依法审批、快捷高效”的原则，提供优质服务。引进项目严格执行环境影响评价制度，防止污染产业向常德市转移，支持低污染、低能耗产业的发展。对于符合国家环保政策的项目缩短审批时间，及时办结。

（八）国土部门优先保证加工贸易项目用地，依法高效为落户企业办理用地手续。把加工贸易落户项目用地作为全市建设供地的保障重点，加强用地指标统筹，保证承接加工贸易产业转移重点项目建设用地。

（九）商务部门在加工贸易联网审批的基础上，简化管理程序，缩短审批时间。对符合规定、材料齐全、手续完备的加工贸易合同，及时办结。

第四章　对外经济技术合作

对外经济技术合作主要包括国际投资合作、国际信贷合作、国际科技合作、国际劳务合作、国际土地合作、国际信息与管理合作和国际发展援助等方面。常德市开展的对外经济技术合作内容只涉及对外经济技术援助、接受外援、对外承包工程和劳务合作、海外投资办企业以及选派出国人员等项目。

第一节　援外与受援

一、对外经济技术援助

全市有关单位的对外援助，一般是由上级主管部门安排或指派，无统一的归口管理部门，因之所获相关资料极少，仅有以下零星记录：1989 年，由浦沅工程机械厂、津市市洞庭机械厂两家工厂承担对外援助任务，提供机电产品 61 台（套），援外金额为 100 万元。上述两厂当年被评为全省援外先进单位。1990 年对外援助 10 台（套）机电产品。

二、接受外援

1998 年夏，常德遭受洪水灾害之后，当年接受联合国儿童基金会无偿援助 2.5 万美元。1999 年接受德国政府援助的供水设备、医疗设备及机械设备，受援设备总金额为 131 万马克（合人民币 659 万元），受援单位有石门县中医院、澧县卫生局、安乡自来水厂、常德市自来水公司。

第二节　境外工程承包与开办企业

一、境外工程承包

2009 年，常德天鹰建设有限公司承建利比亚住宅项目，工程总额为 2.18 亿美元。

二、在国外和中国香港投资办企业

常德市在境外投资创办企业起步较晚，1992 年仅有湘北进出口总公司分别在菲律宾和牙买加创办的水泥电杆厂和服装加工厂。

2002—2012 年在国外和中国香港投资创办的企业有 12 家，详见表 6-4-2-1、6-4-2-2：

常德市国外投资建企业统计表

表 6-4-2-1

获批时间	投资主体	投资额	所建企业	投资地
2002	湖南安乡金大地化工有限公司	560 万美元	中老化肥有限公司	老挝
2007	湖南金龙玉凤餐饮管理有限公司	93 万美元	英国 cingding 有限公司	英国
2007	湖南金健米业股份有限公司	7.35 万美元	金健米业（泰国）有限公司	泰国
2008	湖南逐鹿苎麻纺织有限公司	180 万美元	多哥五鑫纺织有限公司	多哥
2009	湖南常德牌水表制造有限公司	200 万美元	常美国际有限公司	美国
2009	湖南广天置业有限公司	460 万美元	广天（越南）矿产资源有限公司	越南
2011	湖南世旭食品有限公司	100 万美元	（西非）亚美西非有限公司	西非
2012	湖南湘三域科技有限公司	10 万美元	湘三域（美国）科技有限公司	美国
2012	湖南益林纺织印染厂有限公司	960 万美元	泰林纺织集团公司	柬埔寨

常德市投资香港建企业统计表

表 6-4-2-2

获批时间	投资主体	投资额	所建企业
2010	湖南益丰大药房连锁有限公司	1 万港币	澳大利亚奥丽康生物工程(香港)有限公司
2010	湖南益丰大药房连锁有限公司	1 万港币	世纪青青（香港）生物科技有限公司
2011	常德鑫玉花纺织有限公司	1 万港币	（香港）金悦实业有限公司

第三节　国际及港澳台劳务合作

1993 年 3 月以前，常德市的出国人员选派和境外劳务合作（原称劳务输出）工作由市人事局和市劳动局分别管理。1993 年 3 月 17 日，市政府常务会议决定：出国人员选派和劳务输出工作归口市对外经济贸易委员会管理。1989—2012 年，常德市通过境外劳务合作共派出劳务人员 27799 人，分别派往 22 个国家和地区，主要从事建筑、纺织、电子、路桥、机械、食品、海乘、翻译、服务业、工程设计等行业，共获得劳务收入 1.97 亿美元。各年境外劳务合作情况见表 6-4-3-1：

常德市国外及港澳台劳务合作统计表

表 6-4-3-1

年份	派出人数（人）	人均年收入（万美元）	劳务收入总额（万美元）	主要工种	派往国家或地区
1989	13	0.5	6	建筑、纺织	日本、韩国
1990	25	0.5	12.5	服务、食品、建筑	新加坡、日本
1991	78	0.5	39	建筑、纺织	日本.澳大利亚
1992	255	0.6	153	建筑、电子	巴基斯坦.沙特
1993	308	0.6	185	建筑.、服务	新加坡.韩国
1994	410	0.8	328	建筑.、纺织	韩国.科威特
1995	523	0.8	418.5	建筑.电子	沙特.新加坡
1996	707	0.8	498.2	服务.建筑	马来西亚.日本
1997	813	1	503.9	路桥.建筑.机械	缅甸.法国
1998	905	1	575.7	服务.食品.电子	马来西亚.韩国.日本
1999	1021	1	608.8	建筑.建筑.纺织	新加坡.马来西亚
2000	1234	1.2	698.8	电子.建筑	韩国.安哥拉.几内亚
2001	1375	1.2	711.6	建筑.食品	新加坡.印尼.越南
2002	1430	1.5	897.3	建筑.机械.电子.食品	委内瑞拉.安哥.拉沙特
2003	1540	1.5	970.47	建筑.食品	赤道几内亚.阿尔及利亚.日本
2004	1689	2	1190.1	建筑.电子.机械	非洲.新加坡.马来西亚
2005	1705	2	1278.8	建筑.食品	非洲.日本.中国香港地区
2006	1725	2	1290.5	路桥纺织	非洲.韩国.日本
2007	1885	2.5	1328.9	电子机械食品	马来西亚.非洲.澳大利亚
2008	1917	2.5	1497.8	建筑.电子.机械	非洲.日本.韩国.中国澳门
2009	1998	2.5	1503.1	建筑.电子.机械	非洲.越南.韩国
2010	2035	3	1610.5	海乘.服务.建筑	马来西亚.中国澳门.新加坡
2011	2086	3	1665.4	翻译.服务.建筑	非洲.马来西亚.中国澳门地区
2012	2122	3	1775.86	建筑.纺织.机械.食品	澳大利亚.柬埔寨.泰国

第四节　国外或港澳台会展及考察

1989 年，湖南湘北进出口总公司组织人员到丹麦哥本哈根参加中国出口商品展销会。

1990 年，组织 3 批 19 人出国考察。湖南湘北进出口总公司参加在美国洛杉矶举办的中国出口商品展销会；常德县灯泡厂参加在马来西亚举办的经贸洽谈会；华南光学仪器厂、桃源硫酸锌厂组团赴中国香港、澳门地区、泰国进行经贸考察。

1991 年，组织 2 批 28 人出国考察。单位有常德纺织机械厂、常德灯泡厂、华南光学仪器厂、桃源硫酸锌厂，分别参加省里组织的赴日本、马来西亚、、泰国、美国及中国香港地区的经贸考察。

1992 年，市外经贸委共批准出国考察团组 21 个 89 人（次），出访的国家或地区有日本、意大利、泰国、美国及中国香港地区。

1994 年，组织出国考察团组 17 个 104 人（次），出访的国家和地区有德国、日本、泰国、牙买加、美国及中国香港、澳门。

1995 年 10 月 23 日~11 月 7 日，市招商局第一副局长黄彧汪任团长，率 13 人团随国家外经贸部赴美国参加 1995 年中美贸易投资洽谈会。

1996 年 9 月 9~14 日，常德市在香港举办招商会，副市长陈君文带队，全市共 60 人参会。

1997 年-2001 年，全市共派出对外经贸考察、商务团组 32 个 298 人次，主要考察对象为美国、荷兰、日本、澳大利亚、新西兰、加拿大、新加坡、马来西亚等国家的企业。2003 年，派出出国经贸考察团组 3 个 18 人次。

2004 年 6 月 30 日，市长陈君文一行 10 人赴德国慕尼黑参加湖南省政府举行的 2004 年湖南（欧洲）投资洽谈会。

2004 年 9 月 26 日举办中国常德-美国华盛顿招商洽谈会，以市长陈君文为团长、副书记周用金为副团长的 17 人团参加。这是常德市有史以来第一次在国外自行举办招商洽谈会。

2005 年 5 月 30 日-6 月 3 日，省政府在香港举行投资洽谈活动周，市委书记程海波为顾问，市长陈君文为团长，常务副市长陈文浩、市委秘书长刘明、市委常委李平为副团长，各区县（市）和市直有关单位 100 多人共组成 16 个分团参会。

2006 年，组织 20 多家企业 7 次出国推介产品。

2008 年，组织 9 家年出口百万美元的企业赴德国参加纽伦堡亚洲消费展览会；组织 4 家年出口 500 万美元的企业参加第四届沙迦中国商品展。

第五章 招商引资

第一节　发展概览

常德市委、市政府出台各种优惠政策、奖励办法，鼓励吸引外商投资和奖励招商引资；举办和参与国际国内的各种招商活动，招商引资效果显著。常德的招商引资起步于 1985 年，由桃源纺织印染厂与香港重信投资有限公司合资，总投资 89.89 万元，引进港资 6.38 万美元的第一家港资企业湖南龙马时装有限公司落户常德，到 2012 年底，全市先后批准建立”三资”企业（包括港澳台资企业）747 家，项目总投资 368.72 亿元，合同利用外资和港澳台资 34.27 亿美元，到位外资及港澳台资总额 27.05 亿美元。

1985—2012 年常德市外向型经济统计表

表 6-5-1-1

年份	家数	总投资（万元）	合同外资（万美元）	外资到位（万美元）	销售收入（万元）	利润（万元）	税收（万元）	就业（人）	人均报酬（元）	引进内资（万元）	自营出口（万美元）
1985	2	108.99	90.9	2.4				320			
1986	0	0	0	0				0			
1987	1	192.5	16.1	16.1				60			
1988	1	2376	100	100				2768			
1989	3	2648.7	78.2	314.92				644			
1990	0	0	0	0				0			
1991	9	3888.2	209.5	177.9				1033			
1992	60	64275.2	4096.7	4869.6				9336			
1993	86	98543.9	7338.97	7600.65				10466			
1994	41	39625.8	2411	2197.05				4641			
1995	47	67589	4369	3343	51482	−2435	1856	20007	4109		3360
1996	51	81465	6163	6382	61285	−1715	1906	21441	4296		3722
1997	32	101058	8131	10117	94485	2886	2843	16548	4349		4506
1998	25	41158	3628	5469	112264	6983	4815	15608	4359		4011
1999	16	37013	2009.3	3310.2	114455	10135	6321	10423	4705	61182	1572.5

续表 6-5-1-1

年份	家数	总投资（万元）	合同外资（万美元）	外资到位（万美元）	销售收入（万元）	利润（万元）	税收（万元）	就业（人）	人均报酬（元）	引进内资（万元）	自营出口（万美元）
2000	25	40296.5	3961.4	4080	125617	13770	7413	13869	5017.5	91258	1848.3
2001	27	67403	5299.2	4807	152693	18442	9330	12961	6591	100899	2264.4
2002	26	96922	9504.6	6051	167814	20737	13233	12132	7380	218117	3689.3
2003	34	184683	14113	10642	239567	30148	14960	11761	12765	349000	6562
2004	42	257007	18349	12988	336026	39314	17767	12358	15824	618423	9680
2005	25	196850	11262	12119	382142	42063	26364	13119	13058	958975	10497
2006	33	262442	21466	15143	514720	63971	26929	15185	20469	1199199	11032
2007	29	317505	22728	19020	669228	70694	46317	15576	22988	1882760	10408
2008	28	229194	22323	21204	802741	46466	38400	15306	28459	2002557	13685
2009	29	286153	27554	23637	581821	60685	37286	14610	27299	2046895	10955
2010	25	282272	29589	25068	968867	80443	42122	14905	41285	2181908	
2011	24	379745	44232	30800	1169778	92024	53024	18178	46446	251032	
2012	26	545839.2	73706	41038	1317653	133928	70903	17809	54171	3364195	

说明：上表数据均包含港澳台商投资企业的营运资料。

第二节　招商引资政策和措施

一、地方政策

常德属于一不沿海、二不沿江、三不沿边的内陆中等城市，要尽可能地扩大招商引资成果，除了加快基础设施的建设之外，在国家法律和政策允许的范围内，制定本地的吸引外商投资的政策，是非常重要的手段之一。市外经贸委（市招商局）、市商务局（市招商合作局）为此多次向市委、市政府汇报，牵头起草或参与起草并经市委、市政府批准发出一系列鼓励外商投资和奖励招商引资的文件。

此类文件中，最早的是 1990 年 11 月 23 日市政府办印发的《关于贯彻国务院、湖南省人民政府鼓励外商、台商投资的有关规定的意见》。

1995 年，市政府办以常政办〔1995〕3 号文件印发《常德市招商引资奖励暂行办法》、市委以常发〔1995〕10 号文件印发《关于进一步加强发展外向型经济的决定》、市政府以常政发〔1995〕13 号文件印发《关于鼓励外商投资的若干意见》。

1996 年，市政府以常政发〔1996〕2 号文件印发《常德市改善外商投资环境八条措施》，8 月市委办、市政府办以明传电报下发《关于清理、规范外商投资企业税外费的紧急通知》。

1998年，市政府办以常政办〔1998〕31号文件印发《常德市招商引资奖励办法》，6月30日以常政函〔1998〕41号文件印发常德市人民政府《关于对市属”三资”企业实行挂牌保护和成立市人民政府外商投诉协调中心的通知》。

1999年，市政府以常政通〔1999〕5号文件印发《关于进一步治理乱收费、乱罚款、乱摊派，确实减轻企业和群众负担的通知》。

2000年，市政府以常政发〔2000〕26号文件印发《常德市对引进工商项目有功人员实施奖励的暂行办法》，市政府办公室以常政办发〔2000〕14号文件印发《常德市鼓励发展家具产业的若干政策的通知》。

2001年，市政府以常政发〔2001〕2号文件印发《常德市高新技术工业园招商引资“三全一奖”优惠政策的规定》、以常政发〔2001〕9号文件印发《常德市人民政府关于加快发展工业的决定》。

2002年9月9日，市委、市政府以常发〔2002〕6号文件印发《关于引进工业项目的若干意见（试行）》。

2006年，市委以常发〔2006〕4号文件印发《关于加速推进新型工业化的若干意见》，市委办以常办通字〔2006〕36号文件印发《市本级工业发展奖励办法》。

2007年，市委、市政府以常发〔2007〕19号文件印发《常德市工业投资奖励暂行办法》。

2008年10月30日，市政府以常政发〔2008〕16号文件印发《常德市人民政府关于积极承接沿海产业转移发展加工贸易的意见》。

二、措施

有了好的地方招商引资政策和政府搭建好的招商引资平台，如何引商、安商、富商，市外经贸委（市招商局）、市商务局（市招商合作局）为市委、市政府当参谋、提建议，并根据市委、市政府的指示，摸索出一套具体的管理办法，实质上就是在全市范围内给予招商引资工作全方位的优质、优惠、便捷的服务。

（一）完善机构，充实队伍。1992年下半年县级机构改革时，市外经贸委（市招商局）负责人找市委书记庞道沐汇报，请求保留县（市）外经办，获得同意，配编6~8人。如安乡县当时已经撤销了县外经办，后来按市委要求恢复该办并充实其专干队伍。1993年5月，市政府决定给市对外经济贸易委员会加挂市招商局牌子，即实行两块牌子、一套人员的模式，由时任市长吴定宪亲自授牌。1994年9月，市委书记庞道沐、市长吴定宪批准给市招商局新增5个编制员额以充实其队伍。1995年5月，经市长张昌平同意，拨付专项经费，建立市对外经济贸易委员会计算机中心；完善工作机构，市招商局内设3个科（联络、审批、管理）。与此同时，市属各区县（市）相应成立外经办并加挂县招商局牌子或单独成立区县（市）招商局。

（二）培训人员，提高素质。为增强招商专干的执行力，每年分两批对其进行培训。

1993 年 5 月举办的常德市利用外资学习班师生生合影

培训班除各区县（市）外经办干部参训外，市直各部、委、办、局也派相应人员参加学习。办班 18 期，培训招商引资干部近 2000 人。办班时，市招商局除编写《利用外资知识讲义》《利用外资法规汇编》等相关学习资料 5000 多份外，还请相关部门的专家讲招商引资专业知识，讲招商引资项目简介、合作意向书、合作协议书与合作合同书的写作。市招商局每季度开一次县外经办主任参加的总结交流会，相互交流招商引资工作中的心得体会；每半年到区县（市）开一次现场观摩会。

（三）通过对外宣传提高知名度。市外经贸委（市招商局）、市商务局（市招商合作局）根据市领导的安排，充分利用在国际国内举办的各种招商会、推介会、说明会，为投资商发送《今日常德》《投资指南》《项目介绍》及各区县（市）的宣传资料共 20 多万册。在报刊、电台、电视台刊载播发有关宣传文章 2000 多篇。如 1991 年的《中国常德》，1996 年的《奔向新世纪》，1996 年和 1998 年分别制作的《春满桃花源》《开放的常德》等音像制品，全方位，大视角地向全世界推介常德，宣传常德。

1998 年 9 月举行的常德市经贸信息发布会

（四）备好项目供投资商点选。市外经贸委（市招商局）、市商务局（市招商合作局）为激发外商的投资兴趣，每年都在筛选的基础上收集整理招商引资项目，编印成中英文对照的《招商项目册》《外商投资指南》。搜集的项目涉及一、二、三产业的各主要行业，有能源交通、机械电子、化工医药、纺织服装、矿产建材、城市建设、产权交易、旅游服务、农业、食品、轻工等 11 大类，各具特色，能适应和满足各方面的投资者的需要。

（五）为投资商提供全程优质服务并保驾护航。

1.主动帮助投资商办理各种证照，采取全程代理一站式服务。

2.创造良好的治安环境。维护投资商在征地、拆迁、厂房修建、招工、生产和运输等各个环节中的合法权益不受侵犯。

3.创造好的监管环境。市政府通过对“三资”企业实行挂牌保护的方式以制止“三乱”，保证外商投资企业的正常经营。

4.成立协调中心。建议并经市领导批准，成立市政府外商投诉协调中心，帮助”三资”企业协调处理生产经营当中出现的各种纠纷与矛盾，以维护企业正常的生产经营秩序。

1993 年 1 月 1 日，副市长李延生（前排右三）主持召开外资企业代表座谈会

5.提供保姆式服务。建议并经市领导批准，设立市长外商接待日以倾听外商的诉求；现场办公为“三资”企业研究解决困难的办法。

6.落实政策。在众多管理部门的纷争中及时向上反映，争取支持与帮助，使落户项目能享受的优惠或减免政策得到落实。

7.联合年检。每年由市外经贸委（市招商局）［后为市外经局（市招商合作局）、商务局（市招商合作局）］牵头，组织国税、地税、财政、外汇、工商、海关 7 家单位集体办公，对“三资企业”实行联合年检，提高工作效率，使“三资企业”得到方便实惠。

（六）表彰奖励。市外经局（市招商局）、市商务局（市招商合作局）提供情况，建议市委、市政府适时对招商引资进行表彰奖励。20 世纪 90 年代起，全市招商引资快速发展，出现一批投资规模大，经济效益好的优秀“三资”企业。如金鹏凹版印刷、常德恒安纸业、达门船舶、湖南创元铝业有限公司、鸿升置业、金芙蓉铝箔包装、家具产业园、岩下荣祺（湖南）食品制造、汉寿永昌盛木业、益侨（湖南）制药等。对此，市招商局及时提供情况，建议市委、市政府对招商引资做出突出贡献的个人或单位进行表彰奖励。2001 年 9 月 15 日，市委、市政府专门成立招商引资奖金评审委员会，该委员会办公室设市招商局，根据市招商局提供的资料，市委、市政府对招商引资先进单位和先进个人首次进行了表彰和奖励；此类活动以后又不定期地进行过多次。2000–2010 年引进重大新型工业项目 67 个，市委、市政府奖励市直单位和个人招商引资奖金达 2250.91 万元。

第三节　招商引资主要活动

为广纳外商及港澳台商来常德投资兴业，常德市多次举办或参与国家、省组织的各类大型招商引资活动。

1989 年 3 月 29–31 日，市外经贸委具体组织，在深圳市芙蓉宾馆召开常德市首届对外经济贸易洽谈会，共发布外经项目 80 个，正式签约和草签协议、意向书 18 个，贸易成交额926万美元，人民币1020万元，港币54万元。

1991年1月18-24日，陈德铨副市长任团长、市外经贸委主任易湘域任秘书长率团参加湖南省在深圳召开的对外经贸洽谈会，在会上签订正式合同2个，总金额630万美元。是年3月4-8日在深圳市举办常德市首届名、优、特、新产品展销会暨对外经贸洽谈会，全市580家企业、1500多种产品、120多个项目参展，总成交额8.38亿元；会上签约合同利用外资项目7个，合同金额652万美元。是年9月8-14日，陈德铨副市长任团长、市外经贸委主任任秘书长率团赴长沙参加湖南省第三届经济技术贸易洽谈会暨首届国际烟花节，共签订利用外资合同11个，总投资4825.71万美元，其中利用外资2981.9万美元。

1992年举办常德经技贸洽谈会暨桃花源游园会，市外经贸委与市协作办具体操办经技贸洽谈会，共签约外经项目56个，总投资额3.67亿元，利用外资额3345.2万美元。其中签约合同项目29个，合同总投资额1.7亿元，合同利用外资额1016.9万美元。是年，李江副市长带领市外经贸委参加湖南省举办的香港（深圳）项目洽谈会，签约项目83个，总投资额43亿元，利用外资3.2亿美元。其中签订合同项目37个，总投资额3.19亿元，合同利用外资额3018.66万美元。

1993年11月29日-12月3日，中国湖南常德（深圳）招商洽谈会在深圳芙蓉宾馆举行。此会由市委书记庞道沐任顾问，市长吴定宪、副市长钦时中、李延生全程参与，市外经贸委具体操办。会前，市委副书记彭孟芝、常务副市长陈德铨、市委宣传部部长蒯定勋参加11月18日举行的常德籍同乡座谈会和11月19日举行的新闻发布会。此会共组成16个代表团、430多名代表参会，各区县（市）和市直有关部委办局的主要负责同志参加并主持相应的招商活动。此会期间共接待600多位客商，签约项目116个，总投资10.2亿元，协议引进资金5.79亿元人民币。其中外资项目71个，总投资7.61亿元，协议利用外资4827万美元；其中合同项目31个，总投资2.89亿元，合同利用外资1960万美元；内联协作项目45个，总投资2.61亿元，协议引进资金1.93亿元，其中合同项目26个，总投资为7620万元，合同引进资金4641万元，1994年9月8-15日，市外经贸委具体操办，常德市在深圳举办招商会，并组团参加省政府在香港举办的“港交会”。

1994年9月，参加省港交会的常德代表团成员合影

1995年9月8-12日，第五届湘交会在湖南国际展览中心举行，全市18个代表分团约1000人参会，会上签订合同利用外资项目78个，项目总投资额20526.8万美元，合同

利用外资金额16095.1万美元。是年10月23日~11月7日，市外经贸委组织常德市团随国家外经贸部赴美国参加1995年中美贸易投资洽谈会，常德市代表团成交5个项目，总投资5453.81万美元，其中美方出资2570万美元。

1996年4月9-14日，常德市在香港深圳举办港、深招商会。是年8月30日-9月8日,湖南省第八届体育运动会在常德举行，随会发布招商项目并洽谈。9月参与湖南省在香港举办的港交会。当年3大招商活动均由市外经贸委组织，全市共签订利用外资合同、协议和意向项目167个，其中合同项目85个，总投资13.96亿元，合同利用外资金额10054万美元。其中省八运会期间签订合同利用外资项目77个，合同金额1.56亿美元。

1997年，市外经贸委组织或参与全国各地举办的6次大的招商活动：北京投资产业说明会、北京因特网招商会、中国中西部洽谈会、湖南香港经贸洽谈会、厦门中国国际投资贸易洽谈会、湖南省第六届湘交会。其中9月2-5日，湖南省举办的第六届湘交会，全市派出16个分团约400余人参会，会上签订合同利用外资项目73个，合同金额40.87亿美元；签订对外工程承包和劳务输出项目2个，合同金额1280万美元。

1998年3月28-30日举办中国湖南桃花源游园会、经贸洽谈会，签订利用外资合同项目21个，合同利用外资4613.3万美元；签订内联项目23个，利用资金1.37亿元。9月8-12日，由副市长龚建明带队，一行52人参加国家对外经济贸易部主办的“厦交会”，签订合同利用外资项目7个，总投资2.91亿元，合同利用外资金额3490万美元。利用外资协议项目1个，总投资1.3亿元。10月17-20日，市政府组织有关部门和单位参加在长沙举办的中西部地区对外经济技术合作洽谈会，签订合同利用外资项目33个，合同金额2.12亿美元。

1999年4月7-9日，市政府在厦门举行经贸洽谈会，全市共签订利用内外资、内外贸易及劳务输出合同（协议）项目112个，签订利用外资项目44个，利用外资额1.05亿美元，其中签订合同项目22个，合同利用外资额4528.5万美元；签订协议项目22个，协议利用外资额5952万美元。签订利用内资项目35个，利用内资额7.81亿元，其中签订利用内资合同项目20个，合同利用内资额6.73亿元；签订利用内资协议项目15个，协议利用内资额1.07亿元。贸易方面，签订内外贸易合同32份，贸易额3.86亿元，其中签订自营出口贸易合同7份，出口额877.93万美元；签订加工贸易合同5份，加工贸易额294.63万美元；签订出口供货合同8份，供货额3540万元；签订国内贸易合同12份，合同成交额2.53亿元；签订劳务合作协议1个，输出劳务150名。9月15-21日，第八届亚洲皮划艇锦标赛在常德举行，常德借此机会举办经贸洽谈会和商品展销，全市共签订引资项目81个，其中签订利用外资项目38个，合同和协议利用外资额8249.5万美元；其中签订利用外资合同项目21个，合同利用外资额3742.4万美元；签订利用内资项目43个，合同和协议利用内资7.08亿元。签订利用内资合同项目28个，合同利用内资额3.76亿元。在商品展销方面，共吸纳市内外250家企业、单位参与展销，共展销商品1000多种，参观展销与购物人员约 11 万人次，展销会成交额 5200 多万元，其中现款零售额 1300 多万元；在农机展销方面，共组织全国 43 个农机生产厂家参加展销会，签订订货合同 8000 万元，其中本市农机产品订货额近 300 万元，现场成交额 60 余万元。同时还签订外贸出口合同 541 万美元。

2001 年先后组织参与 9 次招商活动：上海第二届中国国际食品和饮料展览会、广州港澳台商座谈会、第 89 届广州春季出口商品交易会、惠州国际数码节、北京高新技术产业周、湖南（香港）投资贸易洽谈会、德山高新技术园开园的招商活动、“厦交会”与“高交会”。中太化纤公司参加北京高新技术产业周，与荷兰、法国等国的进口商签订防弹材料供货合同 1.1 亿元。“港交会”上，全市利用外资签约项目 15 个，合同（协议）利用外资额 8018.1 万美元。签订出口合同 11 个，合同出口额 2012 万美元。

2002 年 5 月 25-30 日，以陈君文市长为团长的常德市代表团一行 288 人赴上海参加省政府举行的 2002 湖南-上海经贸合作活动周。活动周期间市团举行两次客商专题座谈会、一次项目签约仪式。整个活动周全市邀请客商 138 人，共签招商项目 43 个，总投资 35.45 亿元，利用外资 1.77 亿美元，利用内资 14.98 亿元。共签外资项目 16 个，总投资 2.16 亿美元；外资合同项目 10 个，总投资 6451 万美元，合同利用外资 5251 万美元；外资协议项目 6 个，总投资 1.52 亿美元，协议利用外资 1.25 亿美元。共签内资项目 27 个，总投资 17.48 亿元，合同利用内资 14.98 亿元（其中内资合同项目 22 个，总投资 14.65 亿元，合同利用内资 12.81 亿元；内资协议项目 5 个，总投资 2.83 亿元，协议利用内资 2.17 亿元）。7 月 9 日-12 日，以副市长龚建明为团长、市委副秘书长吴让见为副团长的市经贸代表团一行 54 人赴广州参加省政府举办的 2002 年湖南-广州经贸洽谈活动。此次活动全市共邀请客商 30 人，组织参展企业 7 家，共签订招商项目 5 个，总投资 3.2 亿元，利用市外资金 1.95 亿元。其中协议项目 2 个，总投资 1.3 亿元，利用市外资金 9080 万元。意向项目 3 个，总投资 1.93 亿元，利用市外资金 1.05 亿元。贸易合同成交额 1.3 亿元。9 月 7-10 日，以龚建明副市长为团长的市招商团参加厦门第六届中国投资贸易洽谈会，会上常德市共发布招商项目和产权交易项目 60 个，收集投资信息 100 多条，联系客商 50 多名，洽谈项目 10 多个，并就家居原辅材料大市场建设和饲料加工 2 个项目草签了协议，协议利用外资 2800 万元。10 月 12-18 日，市外经局（市招商局）组织 10 人小分队参加第四届中国国际高新技术成果交易会，发布招商项目 62 个，发送招商项目资料 2550 份（册），签约利用外资协议项目 2 个，总投资 8000 万元，协议利用外资 5580 万元。12 月 9-12 日举办常德（香港）投资贸易洽谈会，签约 37 个，其中利用外资项目 28 个，出口贸易合同 9 个。28 个利用外资项目总投资 16.95 亿元，其中利用外资 15.64 亿元。28 个利用外资项目中，合同项目 21 个，总投资 10.41 亿元，利用外资 9.65 亿元；其中工业项目 14 个，总投资 8.41 亿元。9 个出口贸易合同，出口签约额 3484.9 万美元。

2003 年 4 月 10—12 日，以陈君文市长为团长的常德代表团一行 48 人，参加在深圳举行的“常德（深圳）城建交通投资洽谈会”，邀请客商100多人，签约项目25个，其中外资项目8个（其中合同项目3个，总投资1559万美元，合同利用外资963万美元；意向项目5个，总投资5083万美元，意向利用外资4893万美元），签约内资项目17个（其中合同项目5个，总投资3.77亿元，合同利用内资3.28亿元；意向项目12个，总投资9.79亿元，意向利用内资8.03亿元）。9月6日以龚建明副市长为团长的常德代表团一行22人，赴厦门参加由商务部主办的第七届中国投资贸易洽谈会。洽谈会上发布项目170个，签订协议项目3个，总投资2.4亿元人民币，协议利用内外资1.85亿元人民币。10月13-17日，以市委书记程海波为顾问、市长陈君文为团长、分管市级领导为副团长的常德代表团一行300多人参加2003年湖南（深圳）投资洽谈会暨2003年常德（深圳）投资贸易洽谈会，共签约利用内外资项目65个，总投资122.9亿元，合同（协议）利用内外资112.4亿元人民币。利用外资项目36个，总投资9.39亿美元，合同（协议）利用外资金额8.39亿美元；利用内资项目29个，总投资45.38亿元，利用内资43.08亿元。

2004年10月湖南投资贸易洽谈会常德展厅

2004年10月21-25日，市代表团及所属13个分团370人参加湖南投资贸易洽谈会，共签订利用内外资项目68个，其中签订外资合同项目19个，总投资2.95亿美元，利用外资1.79亿美元；签订外资协议项目1个，总投资783万美元，利用外资450万美元；签订内资合同项目28个，总投资16.36亿元，利用内资15.72亿元；签订内资协议项目9个，总投资8.70亿元。

2005年6月2日，市委、市政府在香港世纪酒店举行常德（香港）投资说明会暨项目签约仪式。会上全市签订外资项目32个，总投资4.63亿美元，利用外资3.93亿美元。

2006年6月26-28日首届中国中部投资贸易博览会（简称中博会）在长沙举行，常德代表团举办“海外华商潇湘行——常德之旅”活动。以市委书记武吉海为顾问、市长陈君文为团长，市委常委李平、副市长李爱国为副团长的常德代表团及所属18个分团共350余人，带着名品名牌产品参展。国务院副总理吴仪一行参观常德展区。常德市同期在长沙举办“常德代表团投资环境说明会暨项目签约仪式”，邀请境内外450多名客商参会。

中博会全市共签约项目 70 个，其中投资项目 61 个，总投资 105.8 亿元。投资项目中外资项目 19 个，总投资 3.38 亿美元，利用外资 2.91 亿美元；内资项目 42 个，总投资 78.78 亿元。签订外贸合同 9 份，成交额 5485 万美元。会议期间，通过组织企业参展布展，促进内外贸易交易 16 单 1.5 亿元，其中外贸订单 900 万美元。9 月 8–11 日市商务局调研员杨时来、副调研员管楚运等招商小分队代表参加福建厦门举行的第十届中国国际投资贸易洽谈会。10 月 12–17 日第八届中国国际高新技术成果交易会在深圳市举行，市商务局副调研员管楚运等小分队代表参会。

2007 年 4 月 26–28 日，第二届中国中部投资贸易博览会在郑州召开，以常务副市长陈文浩为团长、副市长朱晓平为副团长的常德代表团及其所属 12 个小分队及 4 家贸易企业的代表共 60 余人参会。

2007 年 5 月 30 日–6 月 1 日，市委、市政府在深圳举办常德市（深圳）招商会，市委书记武吉海、代市长卿渐伟、市人大常委会主任莫道宏、市政协主席刘春林、常务副市长陈文浩、副市长朱晓平、曹佳中、市人民政府市长助理、政府秘书长沈习淼等及各区县（市）和市直有关单位负责人参会。

9 月 8–11 日参加厦门第十一届中国国际投资贸易洽谈会。10 月 12~17 日参加在深圳举行的第九届中国国际高新技术成果交易会。当年的上述招商活动，全市签约千万元以上项目 237 个，实际引进内外资 202.54 亿元。

2010 年 9 月第四届湘商大会开幕式

2008 年 4 月 5–23 日，常德市成立以市委书记武吉海、市长卿渐伟为顾问，常务副市长陈文浩为主任，副市长朱晓平、曹佳中为副主任，相关责任单位负责人为成员的长三角招商活动组委会。招商活动组在上海、萧山、昆山、武汉分别举办招商活动，市领导会见重要客商，并与部分企业家代表就企业投资方向、常德优惠政策等问题进行交流。4 月 26–28 日，第三届中国中部投资贸易博览会在武汉召开。以市长卿渐伟为团长，副市长朱晓平、市政府秘书长沈习淼为副团长的常德代表团（包括 12 个小分团及 4 家贸易参展企业）70 多人带着市名品名牌组展参会。常德市参展企业共签订内外贸易合同 7 个，合同额达 1260 万元，其中出口供货合同 2 个，合同额 120 万美元。6 月 16–21 日参加省政府在上海举办的湖南（上海）投资洽谈活动周（以下简称沪洽周）。市委书记武吉海、市长卿渐伟率团于 15–17 日访问了无锡、江阴、上海闸北等地。此次招商会，常德代表团共签约项目43个，总投资143亿元，引进内资128.7亿元，合同引进外资1.20亿美元。10月12-17日，第十届中国国际高新技术成果交易会在深圳市举行，常德组团参会。

2009年4月26-28日，第四届中国中部投资贸易博览会在合肥举行；9月8日，第十三届中国国际投资贸易洽谈会在厦门举行；11月16-21日，第十一届中国国际高新技术成果交易会于在深圳市举行；上述会展常德均组团参加。5月15-20日举办常德（深圳）承接产业转移招商推介会，参加湖南省举办的湖南（香港）投资洽谈会及重大项目签约仪式。11月28-29日举办常德（上海）招商推介会。12月4日，常德市举办电子信息产业招商推介会，全市新签约亿元以上项目85个，实际引进内外资总额220.9亿元。

2010年9月26-28日，第五届中国中部投资贸易博览会在南昌召开，常德组团参会。另组团参加国家、省的重大经贸活动有上海世博会、东盟博览会、厦交会、高交会等。9月29-30日常德市举办2010年湖南经济合作洽谈会及第四届湘商大会，共签约项目52个，总投资286.71亿元，全市实际引进内外资总额235.3亿元。

市外经贸委（市外经局）、市商务局除按市委、市政府的安排自己组织举办招商会、项目推介会，名、优、特、新产品展销会等大型招商活动，组团参加上述省内外的各类招商引资或对外经贸会展等活动之外，还组团参与国内每年在广州举办的进出口商品交易会、在南宁举办的中国国际东盟博览会；举办2004年中国常德（美国）招商洽谈会；参加湖南省2006年4月23-28日在德国法兰克福市举办的中国湖南（欧洲）投资贸易洽谈会。常德市参加的境外会展及考察，详见本篇第四章。

第四节　外商或港澳台商投资企业

一、企业全名录

自1985年常德地区诞生首家“三资”企业（龙马时装有限公司）之后，至2012年年底，常德市设立的”三资”企业共745家（其中124家因种种原因未能建成），详见表6-5-4-1：

常德市1985年-2012年批准外商投资企业统计表

表6-5-4-1

序号	项目名称	方式	批准日期	总投资（万元）	注册资本（万元）	外资额（万美元）	年限	行政区域
1	常德百达机械制造有限公司	合资	1992-3-26	440	440	20	10	德山区
2	湖南福嘉食品有限公司	合资	1992-4-22	275	225	20	15	临澧县
3	湖南云龙制药有限公司	合作	1992-6-5	516	366	33.8	20	德山区

续表 6-5-4-1

序号	项目名称	方式	批准日期	总投资（万元）	注册资本（万元）	外资额（万美元）	年限	行政区域
4	湖南福润机电实业有限公司	合资	1992-6-13	1595	1436	104	12	临澧县
5	常德金鹰优质农产品有限公司	合资	1992-6-13	2750	2000	181.8	15	市直
6	湖南宏源化纤制品有限公司	合资	1992-8-27	990	770	77	20	桃源县
7	湖南中意鬃刷有限公司	合资	1992-9-30	112	112	5	0	澧县
8	湖南升达珍珠首饰厂	合资	1993-3-10	720	640	45.1	10	汉寿县
9	湖南德银实业有限公司	合资	1993-8-23	1000	1000	51.7	15	市直
10	常德加利天然饮品有限公司	合资	1993-10-29	950	668	29	12	鼎城区
11	湖南绿源天然饮品有限公司	合资	1993-12-6	120	120	7	11	澧县
12	常德大西洋电子有限公司	合资	1993-12-20	300	300	13	12	武陵区
13	常德达门船舶有限公司	独资	1993-12-31	2406	2406	290.54	15	市直
14	汉寿中华鳖养殖有限公司	合作	1993-12-31	1150	822.5	140	20	汉寿县
15	常德华盛饲料有限公司	合资	1994-2-6	1861.8	1305	60	12	市直
16	常德五九保健品有限公司	合资	1994-5-17	175	175	5	20	德山区
17	常德宏达实业有限公司	合资	1994-6-2	2000	1600	46	15	市直
18	常德欣欣汽车客运有限公司	合资	1994-8-16	300	270	18.6	10	鼎城区
19	湖南中加食品有限公司	合资	1994-10-14	260	260	18.4	12	临澧县
20	常德格林顿实业有限公司	合资	1994-10-20	150	150	10	15	市直
21	湖南金麟制衣有限公司	独资	1994-12-29	200	200	23	20	市直
22	常德湛华实业有限公司	独资	1995-3-1	258	258	30	20	市直
23	常德湘泰实业有限公司	合资	1995-4-28	200	200	11.5	20	武陵区
24	湖南湘汉食品有限公司	合资	1995-5-30	800	800	57.8	25	武陵区
25	常德熊田服装有限公司	合资	1995-6-2	300	300	9	10	鼎城区
26	常德威名家具有限公司	独资	1995-7-10	41	41	5	10	武陵区
27	常德长兴电子有限公司	合资	1995-8-17	200	150	5.3	12	石门县
28	湘北威尔曼制药有限公司	合资	1995-9-15	1180	1020	36.6	20	澧县
29	常德东安娱乐实业有限公司	合资	1995-9-20	500	350	10.5	12	市直

续表 6-5-4-1

序号	项目名称	方式	批准日期	总投资（万元）	注册资本（万元）	外资额（万美元）	年限	行政区域
30	常德信利豪实业有限公司	合资	1995-12-27	8000	8000	491	20	市直
31	常德龙泰实业有限公司	合资	1996-2-14	1300	1300	72.2	50	鼎城区
32	常德泰中橡塑制品有限公司	合资	1996-3-29	664	664	48	12	武陵区
33	常德狮王茶叶基地开发有限公司	独资	1996-7-10	166.4	166.4	20	30	桃源县
34	常德银河大酒店有限公司	合资	1996-7-25	1200	900	45	12	武陵区
35	常德富利达精细化工有限公司	合资	1996-9-17	105	105	5	10	桃源县
36	湖南恒安纸业有限公司	合资	1997-3-20	41333	33063	3998	30	德山区
37	常德龙迪实业有限公司	合作	1997-12-17	2620	2050	239	15	汉寿县
38	常德张氏石材开发有限公司	独资	1997-12-20	663.2	497.4	80	15	桃源县
39	常德福兴竹木制品有限公司	合资	1997-12-24	248.7	248.7	17.1	15	桃源县
40	常德澧州金狮啤酒有限公司	合资	1997-12-25	16000	16000	984	30	澧县
41	常德百乐宫娱乐有限公司	独资	1997-12-26	500	350	60.3	10	鼎城区
42	常德维京牧工贸有限公司	独资	1998-6-26	16600	8300	2000	50	石门县
43	湖南德森外商娱乐有限公司	独资	1998-7-8	250	200	24	10	德山区
44	恒安集团(安乡)卫生用品有限公司	独资	1998-7-23	1500	1500	180.77	15	安乡县
45	常德振湘动力机械制造有限公司	独资	1998-8-25	110	80	9.64	30	石门县
46	湖南多利多化工有限公司	独资	1998-9-29	1076.4	786.6	95	15	桃源县
47	湖南省常德港安油脂化工有限公司	合资	1998-10-29	3800	1900	117.02	10	安乡县
48	湖南中加水电有限公司	合资	1999-2-6	13200	5300	192.03	25	临澧县
49	常德东升置业有限公司	独资	1999-3-16	828	579.6	70	35	桃源县
50	湖南安乡中泰宾馆有限公司	独资	1999-5-18	400	400	48.31	15	安乡县
51	常德汉光科技有限公司	独资	1999-6-24	828	662.4	80	10	武陵区
52	湖南常德雄健发展有限公司	独资	1999-9-21	498	415	50	10	石门县
53	湖南石门千峰印刷包装有限公司	独资	1999-9-29	500	480	57.8	10	石门县
54	常德光正保健品有限公司	独资	1999-9-29	116.2	83	10	15	桃源县
55	常德常粤农产品加工有限公司	独资	1999-12-31	1600	1120	134.9	50	鼎城区

续表 6-5-4-1

序号	项目名称	方式	批准日期	总投资（万元）	注册资本（万元）	外资额（万美元）	年限	行政区域
56	津市韩湘野生食品开发有限公司	合资	2000-2-22	100	100	12	10	津市市
57	湖南华南盛业数码网络解码器有限公司	合作	2000-3-28	12325.5	4930	1485	10	市直
58	常德常粤宾馆有限责任公司	独资	2000-8-9	600	420	50.6	50	鼎城区
59	岩下荣祺食品（湖南）有限公司	独资	2000-9-19	2390	1660	200	50	汉寿县
60	常德利兴蚊香实业有限公司	合资	2000-10-26	120	120	9.6	15	汉寿县
61	湖南常德雄久保健品有限公司	独资	2000-11-8	498	415	50	10	石门县
62	常德世恒卫生用品有限公司	独资	2001-1-12	207	150	18	12	武陵区
63	湖南大伟食品有限公司	独资	2001-3-30	540	540	65	50	石门县
64	常德汉光通讯终端有限公司	合资	2001-4-2	1500	1400	133	10	武陵区
65	裕力权（常德）移动电源实业有限公司	独资	2001-4-24	4150	2905	350	50	德山区
66	湖南常德九品福绿色食品有限公司	独资	2001-5-25	290	200	24	20	石门县
67	湖南常德雄久绿色工程有限公司	独资	2001-5-28	110	100	12	16	石门县
68	常德佰利运动营养食品有限公司	合资	2001-8-1	208	166	6.1	20	武陵区
69	博美仕纸业（鼎城）有限公司	独资	2001-9-29	2366	1600	200	50	鼎城区
70	津市湘津食品有限公司	合资	2002-7-4	100	100	12.1	10	津市市
71	常德丰报水泥有限公司	独资	2002-9-7	8243	4130	998	30	澧县
72	常德高尔福园艺有限公司	独资	2002-10-25	500	350	20.71	20	武陵区
73	常德蓉苑茶艺有限公司	独资	2002-10-28	82.8	82.8	10	20	武陵区
74	常德弗利汇能源有限责任公司	合资	2002-11-5	24763	24763	2098	20	德山区
75	亚马逊（湖南）人造板有限公司	独资	2003-3-27	3200	2133	258.298	20	汉寿县
76	常德华京旅业有限公司	独资	2003-4-10	1817.2	1817.2	100	18	鼎城区
77	常德德嘉益民食品饮料有限责任公司	合资	2003-4-24	140	100	5.0736	10	武陵区
78	常德诺雅蚕丝制品有限公司	独资	2003-5-13	1652	1156.4	140	12	澧县
79	常德金太阳科技林业有限公司	独资	2003-6-5	8243	4130	500	50	市直
80	常德碧云避暑山庄有限责任公司	独资	2003-6-30	3304	3304	400	15	临澧县
81	常德柏图乃奇旅游开发有限公司	独资	2003-6-30	1982.4	1652	200	50	鼎城区

续表 6-5-4-1

序号	项目名称	方式	批准日期	总投资（万元）	注册资本（万元）	外资额（万美元）	年限	行政区域
82	豪威常德永磁材料有限公司	独资	2003-10-8	9912	4956	600	40	德山区
83	美虹能源（汉寿）有限公司	独资	2003-11-27	1156.4	826	100	30	汉寿县
84	常德鼎申生命科技有限公司	独资	2003-12-3	2065	1486.8	1486.8	20	鼎城区
85	常德鼎申钢构建材有限公司	独资	2003-12-3	4135	3142.6	380	20	鼎城区
86	湖南汉光矿产资源开发有限公司	合作	2004-8-9	24763	9912	1200	15	石门县
87	常德桃花源休闲度假有限公司	独资	2004-9-29	3500	1750	211.4	25	桃源县
88	湖南凯帝大酒店有限公司	合资	2004-10-13	1500	1050	38.06	20	汉寿县
89	湖南寰球电子科技有限公司	合资	2004-10-25	4140	4140	200.07	30	澧县
90	常德市音乐王娱乐有限公司	独资	2005-1-4	200	200	24.164	10	武陵区
91	常德江南建材有限公司	合资	2005-5-18	15000	6220	750	15	临澧县
92	常德市远智棕毛制品有限公司	合资	2005-10-25	1000	1000	98.64	10	澧县
93	常德清蓝水务有限公司	合资	2005-12-23	13058	5300	313.6	30	市直
94	常德石门康富乐汽修有限责任公司	独资	2005-12-26	1000	1000	123.3	50	石门县
95	常德中顺圣水泉旅游度假村有限公司	合资	2006-1-16	24314	24314	1798.8	40	德山
96	常德历史名人园旅游发展有限公司	独资	2006-1-19	1622	1622	200	50	鼎城
97	常德丽源针织有限公司	独资	2006-2-7	1043	1043	128.63	10	桃源
98	常德金帝文化广场开发有限公司	独资	2006-3-29	9732	6488	800	10	临澧
99	湖南阳光国际实业有限公司	合资	2006-3-31	23235	23235	1174.65	30	武陵
100	安乡京嘉房地产置业有限公司	独资	2006-5-19	6488	6488	800	20	安乡
10	常德滨湖印刷股份有限公司	合资	2006-5-31	3000	3000	93.1	不确定	市直
102	常德双焱珍珠产业有限公司	独资	2006-6-8	300	300	37.24	50	鼎城
103	常德市永弘置业发展有限公司	合资	2006-7-5	800	800	69.51	10	武陵
104	常德百盛植物科技有限公司	合资	2006-8-8	3000	2000	99.3	18	桃源
105	常德港骏针织有限责任公司	独资	2006-8-11	16800	16000	2000	10	桃源
106	湖南正园饲料有限公司	独资	2006-8-15	3200	3200	400	20	安乡
107	澧县永冠键纸塑制品有限责任公司	独资	2006-8-15	5440	5440	680	10	澧县

续表 6-5-4-1

序号	项目名称	方式	批准日期	总投资（万元）	注册资本（万元）	外资额（万美元）	年限	行政区域
108	湖南汉寿煤矿机械有限公司	独资	2006-8-22	4400	4400	550	15	汉寿
109	湖南国珍木业有限公司	独资	2006-9-1	3000	2600	322.74	20	汉寿
110	常德新希望饲料有限公司	合资	2006-9-19	2000	1400	43.45	30	德山
111	湖南水府食品有限公司	合资	2006-9-19	1000	1000	37.24	50	桃源
112	湖南宏力纺织有限公司	独资	2006-10-19	6450	6450	800.64	10	津市
113	常德市鼎城常炼橡胶重油加工有限公司	合资	2006-11-6	240	240	19.86	20	鼎城
114	湖南恒安生活用纸有限公司	合资	2006-12-13	39342	19750	2333.3	15	德山
115	恒安（湖南）心相印纸业有限公司	合资	2006-12-18	15800	7900	940.38	15	德山
116	湖南源宏实业发展有限公司	合资	2007-2-8	23000	10000	350.84	10	德山
117	常德百威生物科技有限公司	合作	2007-2-9	600	420	17.37	20	桃源
118	湖南日星工业园开发有限公司	独资	2007-5-9	20000	10000	1286.6	50	鼎城
119	常德伟厦水泥有限公司	合资	2007-5-30	7770	3885	400	15	临澧
120	常德新达鞋业有限公司	独资	2007-6-21	385	270	35	15	石门
121	汉寿县湘荣食品有限公司	独资	2007-6-26	2100	2100	300	20	汉寿
122	石门华翔大酒店有限公司	独资	2007-6-28	22098	21336	2800	50	石门
123	常德天福水产食品有限公司	合资	2007-7-26	11400	11400	1184.05	10	澧县
124	安乡县三峡管道燃气有限公司	独资	2007-8-3	1000	700	90.88	25	安乡
125	常德金固力油墨有限责任公司	独资	2007-9-12	12320	11550	1500	10	桃源
126	湖南艳州水力发电有限公司	合资	2007-9-14	20000	8000	623.18	10	澧县
127	湖南逐鹿苎麻纺织有限公司	独资	2007-9-20	12320	10780	1400	20	汉寿
128	常德广美物流配送有限公司	独资	2007-9-24	2310	2310	300	18	鼎城
129	常德东方吉利旅游开发有限公司	独资	2007-9-25	3850	3850	500	20	武陵
130	常德狮龙胜实业有限公司	独资	2007-10-11	19250	15400	2000	20	武陵
131	常德欧尼士鞋业有限公司	独资	2007-10-18	116	116	15	20	津市
132	金州（汉寿）可再生能源有限公司	合资	2007-12-10	200	200	13.52	30	汉寿
133	凯发新泉自来水（桃源）有限公司	独资	2008-3-17	7625	4236	600	32	桃源

续表 6-5-4-1

序号	项目名称	方式	批准日期	总投资（万元）	注册资本（万元）	外资额（万美元）	年限	行政区域
134	常德新农村农牧有限公司	独资	2008-5-16	19600	19600	2800	50	临澧
135	常德湘美石膏建材有限公司	合资	2008-5-16	500	350	26.72	15	临澧
136	湖南神舟通信技术有限公司	独资	2008-5-22	7060	3530	500	20	德山
137	常德市智新生物科技有限公司	合资	2008-7-8	17500	7000	800	30	鼎城
138	湖南金鹏新型建材有限公司	合资	2008-9-18	5000	2500	182.59	12	澧县
139	常德中材牛力水泥有限公司	合资	2008-9-28	20000	9000	788.78	18	桃源
140	湖南里昂再生能源电力有限公司	合资	2008-10-29	18975	10275	1350	15	澧县
141	临澧县天裕纺织有限公司	独资	2008-10-29	9500	9500	1387.67	30	临澧
142	湖南湘福新型建材有限公司	独资	2008-10-29	6320	6320	923.16	30	临澧
143	湖南赛康德生物科技有限公司	合资	2008-11-7	6300	6300	818	20	津市
144	常德市盛汇生物科技有限公司	合资	2008-11-12	20386	10250	1500	15	汉寿
145	湖南金能科技实业有限公司	独资	2008-11-13	5000	2000	293	30	汉寿
146	湖南中汉高分子材料科技有限公司	合资	2008-11-13	2000	2000	73.25	50	汉寿
147	常德环力机械有限公司	独资	2008-11-28	8000	5000	732.5	20	武陵
148	湖南省天和建材有限公司	独资	2008-11-28	8000	8000	1172	10	鼎城
149	常德市德佳置业有限公司	独资	2008-11-28	12000	8000	1172	30	武陵
150	桃源县津山食品有限公司	独资	2008-11-28	5100	5000	732.5	10	桃源
151	桃源县大洑溪流域水电开发有限公司	独资	2008-12-19	3100	3000	439.4	30	桃源
152	常德百隆棉花油脂有限公司	合资	2008-12-19	1200	1000	117.2	50	汉寿
153	湖南武陵机械制造有限公司	独资	2008-12-19	8000	8000	1171.6	10	鼎城
154	湖南阿斯达生化科技有限公司	独资	2008-12-19	4800	4800	703	20	津市
155	湖南盛节节高食品有限公司	独资	2008-12-22	15000	12500	1830.63	50	石门
156	湖南华耀浆纸有限公司	独资	2008-12-23	1450	1018	149.09	5	德山
157	常德美能能源科技有限公司	合资	2008-12-23	2800	2000	278.26	10	德山
158	湖南丰康生物科技有限公司	独资	2009-4-1	8000	8000	1169.92	32	安乡
159	澧县市场建设开发有限公司	独资	2009-5-8	11000	9000	1316.16	15	澧县

续表 6-5-4-1

序号	项目名称	方式	批准日期	总投资（万元）	注册资本（万元）	外资额（万美元）	年限	行政区域
160	常德博陵置业有限公司	独资	2009-5-14	1763	1763	257.82	10	武陵
161	石门县天德水电开发有限责任公司	独资	2009-6-23	15000	14400	2105.86	50	石门
162	常德振星润滑油脂有限公司	合资	2009-6-23	3000	1600	88.91	20	德山
163	临澧广森铸业有限公司	独资	2009-7-1	15000	8500	1243.04	30	临澧
164	常德贵诺珍珠贝钮有限公司	独资	2009-7-14	512	375	55	30	汉寿
165	津市慧生能源技术有限公司	独资	2009-8-26	6000	6000	878.16	20	津市
166	湖南徕木电子有限公司	合资	2009-8-26	12000	12000	1682.55	30	汉寿
167	湖南天正科贸有限公司	独资	2009-9-11	8000	8000	1170.88	30	鼎城
168	桃源县宏运市场开发有限公司	独资	2009-9-11	10000	10000	1463.6	15	桃源
169	汉寿县永恒机械设备有限公司	合资	2009-9-16	8000	5000	585.44	30	汉寿
170	湖南天泽建材有限公司	独资	2009-9-24	6800	6800	995.25	30	鼎城
171	常德中兴葡萄酒业有限公司	独资	2009-9-25	7786	3415	500	30	桃源
172	常德安福拖拉机有限公司	独资	2009-9-25	5000	5000	731.8	25	临澧
173	湖南嘉莉诗服装有限公司	独资	2009-9-30	18000	10000	1463.6	20	德山
174	湖南友联纺织有限责任公司	独资	2009-10-14	6500	6500	951.34	20	津市
175	湖南嘉利包装有限公司	独资	2009-10-21	5000	5000	731.8	20	武陵
176	湖南宏力德成纺织有限公司	独资	2009-10-21	6000	6000	878.16	20	武陵
177	常德富民桥食品菜业有限公司	独资	2009-10-21	3000	3000	439.08	20	武陵
178	湖南良田高科发展有限公司	独资	2009-10-29	10000	7000	1024.52	50	德山
179	湖南省大北互互感器有限公司	独资	2009-10-29	12282	8000	1170.88	50	德山
180	常德湘盛能源科技有限公司	独资	2009-12-16	6816	6816	998	20	武陵
181	常德湘化矿业科技有限公司	独资	2010-2-2	30735	13660	2000	30	澧县
182	湖南樱花西溪生态旅游开发有限公司	合作	2010-3-25	3000	1500	219.69	15	石门
183	湖南冠一颜料有限公司	独资	2010-4-15	17000	17000	2490.33	30	石门
184	湖南中沃汽车零部件制造有限公司	独资	2010-4-24	6400	6400	937.54	20	津市
185	湖南凯元纺织有限公司	独资	2010-5-25	15000	15000	2197.35	15	临澧

续表 6-5-4-1

序号	项目名称	方式	批准日期	总投资（万元）	注册资本（万元）	外资额（万美元）	年限	行政区域
186	湖南中澳水产品综合批发大市场开发有限公司	独资	2010-6-7	8500	8500	1245.17	30	鼎城
187	桃源县磊鑫科技有限公司	独资	2010-6-17	16000	16000	2343.84	20	桃源
188	津市市鑫嘉城铸造有限公司	独资	2010-9-16	7900	7900	1157.03	20	津市
189	常德益翔实业有限公司	独资	2010-9-25	6000	6000	878.76	12	澧县
190	常德海众混凝土有限公司	独资	2010-9-27	9000	9000	1318.14	20	鼎城
191	常德市三宝电器有限公司	独资	2010-11-11	7000	7000	1025.22	10	武陵
192	常德市武陵金德镭射科技有限公司	独资	2010-11-11	7000	7000	1025.22	10	武陵
193	湖南中建钢结构工程有限公司	独资	2010-11-17	15000	15000	2196.9	20	汉寿
194	湖南荣湘陶粒建材开发有限公司	合作	2010-11-24	34013	11338	1660	15	津市
195	常德市伴导电子有限公司	独资	2010-11-26	12000	8000	1198.2	50	德山
196	常德华德酒店有限公司	合作	2011-1-11	2600	2600	300.3	10	桃源
197	常德市辉睿水务有限公司	独资	2011-3-18	30000	30000	4554.42	30	鼎城
198	湖南正大铸造有限公司	独资	2011-3-28	9000	9000	1366.33	40	安乡
199	湖南壶瓶山茶叶有限公司	独资	2011-4-12	9200	9200	1396.69	30	石门
200	湖南卡普吉诺建材有限公司	独资	2011-5-10	9000	9000	1369.51	20	津市
201	湖南省康多利油脂有限公司	独资	2011-5-11	20000	20000	3043.36	20	桃源
202	澧县博尔玻璃制品有限公司	独资	2011-5-25	12500	12500	1902.1	12	澧县
203	湖南美仑食品有限公司	独资	2011-5-30	8000	8000	1217.34	20	武陵
204	常德新锦天纺织有限责任公司	合资	2011-8-1	12500	5000	190.21	20	桃源
205	常德象样生活汽车用品有限公司	独资	2011-9-28	8000	8000	1237.09	20	武陵
206	临澧县聚擘光电信息材料有限公司	独资	2011-9-30	10000	7500	1159.77	15	临澧
207	湖南赛奥硅业股份有限公司	独资	2011-10-12	50000	19280	2981.38	30	石门
208	湖南省龙阳有机农业科技开发有限公司	独资	2011-10-18	19013	19013	2940.09	20	汉寿
209	湖南致远汽车配件制造发展有限公司	独资	2011-10-19	8000	8000	1251.76	30	津市
210	常德市鑫林有色金属有限公司	独资	2011-12-28	3185	3185	500	15	武陵
211	湖南梦浩特服饰有限公司	独资	2012-4-19	9000	9000	1419.44	40	安乡

续表 6-5-4-1

序号	项目名称	方式	批准日期	总投资（万元）	注册资本（万元）	外资额（万美元）	年限	行政区域
212	常德市武陵区广源电子设备厂	独资	2012-5-28	8000	8000	1261.73	20	武陵
213	常德市燕新生物技术有限公司	独资	2012-5-29	8000	7000	1104.01	10	临澧
214	常德桥南隆腾物流园有限公司	独资	2012-5-30	30000	30000	4731.48	30	鼎城
215	澧县恒通源鬃业有限公司	独资	2012-5-30	15000	9000	1419.44	10	澧县
216	湖南龙津智能机械有限公司	独资	2012-6-6	9000	9000	1429.84	30	津市
217	湖南世和博爱医学技术开发有限公司	独资	2012-6-18	31472	31472	5000	20	临澧
218	湖南桃凌木业有限公司	独资	2012-7-2	25000	25000	3971.78	50	桃源
219	湖南九五石材有限公司	独资	2012-7-24	15000	12000	1899	10	临澧
220	湖南万家工贸实业有限公司	独资	2012-8-8	16800	15000	2373.75	10	澧县
221	湖南省康宇纺织有限公司	独资	2012-8-8	16000	12000	1899	20	临澧
222	湖南武陵文化创意产业发展有限公司	独资	2012-10-10	30000	10000	1577.5	20	武陵
223	津市鑫洲汽车配件制造有限公司	独资	2012-10-11	13000	13000	2050.75	30	津市
224	常德华景天地现代农业有限公司	合作	2012-10-22	63377	63377	9898	15	市本级
225	湖南省铭诚钢结构彩板有限公司	独资	2012-10-25	15000	8000	1262.19	20	临澧
226	湖南奥泰克科技有限公司	独资	2012-11-7	40000	26000	4102.12	30	德山
227	常德世鸿滕琼农业科技开发有限公司	合作	2012-12-24	58865.2	58865.2	9300	30	桃源

常德市 1985—2012 年批准港澳台投资企业统计表

表 6-5-4-2

序号	项目名称	方式	批准日期	总投资（万元）	注册资本（万元）	港澳台商投资额（万美元）	年限	行政区域
1	龙马时装有限公司	合资	1985-6-22	89.9	89.9	6.4	12	市直
2	德晖宾馆有限公司	合资	1985-9-10	1000	700	84.5	10	市直
3	湖南常伟机动车测试服务公司	合资	1987-3-1	192.5	120	16.1	10	市直
4	湖南三安纺织有限公司	合作	1988-10-1	2376	2376	100	15	安乡县
5	湖南常兴竹制品有限公司	合资	1989-1-10	200	146.5	13.5	10	市直

续表 6-5-4-2

序号	项目名称	方式	批准日期	总投资(万元)	注册资本(万元)	港澳台商投资额(万美元)	年限	行政区域
6	湖南永隆实业有限公司	合作	1989-9-1	120	120	8.7	10	桃源县
7	湖南九澧纺织有限公司	合资	1989-11-1	2328.7	1184.3	56	15	津市市
8	湖南金盛纺织实业有限公司	合资	1991-4-1	140	140	12.9	10	武陵区
9	湖南永富包装材料有限公司	合资	1991-4-4	134.6	105	5	10	市直
10	常德富山纺织机械有限公司	合资	1991-6-1	547	547	48	20	德山区
11	湖南金德轻工制品有限公司	合资	1991-8-2	1145	855	20	20	鼎城区
12	湖南俊范植物油料有限公司	独资	1991-8-2	43.4	43.4	8	10	武陵区
13	湖南常龙保健食品有限公司	合资	1991-9-1	184.7	184.7	10.6	12	市直
14	湖南宏达服装有限公司	合资	1991-10-10	600	600	40	20	津市市
15	湖南华鼎微型光电产品有限公司	合资	1991-11-13	907.5	907.5	55	12	市直
16	湖南长利化工有限公司	合资	1991-11-30	186	136	10	10	市直
17	湖南中太化纤品有限公司	合资	1992-1-1	10844	5422	250	10	临澧县
18	湖南兴盛珠宝有限公司	合资	1992-1-2	317.2	253.2	12	10	临澧县
19	湖南银弓刷业有限公司	合资	1992-1-3	100	100	6	12	武陵区
20	湖南源祥制衣有限公司	合资	1992-1-3	325	228	11	10	桃源县
21	湖南富泉纺织企业有限公司	合资	1992-1-5	133	133	6	15	武陵区
22	湖南湘陵电子实业有限公司	合资	1992-1-14	100	100	9	12	安乡县
23	湖南三源印染有限公司	合作	1992-2-28	5265.9	2635.2	122	10	市直
24	湖南三达新包装材料有限公司	合作	1992-2-28	2233	1139	51	12	市直
25	湖南金路建筑材料有限公司	合资	1992-3-7	592	532	38.7	15	市直
26	湖南德洋锈品有限公司	独资	1992-3-25	5454	498	498	12	武陵区
27	湖南富豪汽车服务有限公司	合资	1992-3-28	561	561	45.8	15	市直
28	湖南永嘉纸管包装有限公司	合资	1992-4-10	208.2	17	11.3	10	市直
29	湖南德升轻工实业有限公司	合作	1992-4-13	110	110	12.2	10	武陵区
30	湖南宏达包装印刷有限公司	合资	1992-4-21	360	252	20	12	武陵区
31	常德东方皮革精制品有限公司	合资	1992-4-21	280	280	12.7	10	武陵区

续表 6-5-4-2

序号	项目名称	方式	批准日期	总投资（万元）	注册资本（万元）	港澳台商投资额（万美元）	年限	行政区域
32	湖南露花浓精细化工有限公司	合资	1992-5-3	150	150	16.4	10	武陵区
33	湖南龙泽异型紧固件有限公司	合资	1992-5-7	1184	833.3	46.3	15	汉寿县
34	湖南昌兴铸造实业有限公司	合资	1992-5-9	302.5	211.8	9.5	15	鼎城区
35	湖南德洋房地产开发有限公司	合资	1992-6-17	2670	2670	234	12	市直
36	湖南安晨汽车维修有限公司	合资	1992-6-22	300	300	27.3	15	临澧县
37	湖南全生服装有限公司	合资	1992-7-29	200	200	14.5	15	澧县
38	湖南嘉达汽车刹车片制造有限公司	合资	1992-8-4	2567.4	2136.5	155.4	15	市直
39	湖南永东铝型材料有限公司	合资	1992-8-4	600	600	41.6	12	临澧县
40	湖南巨源竹制品有限公司	合资	1992-8-6	180	180	19.6	12	桃源县
41	湖南德海房地产开发有限公司	合资	1992-8-8	1000	1000	29	12	市直
42	湖南德诚宾馆	合作	1992-8-13	5000	5000	727.3	60	武陵区
43	湖南三宝装饰材料有限公司	合资	1992-8-21	380	380	16.7	12	澧县
44	湖南远拓食品工业有限公司	合资	1992-8-21	370.5	370.5	32.5	20	澧县
45	湖南瑞源制伞有限公司	合资	1992-8-27	500	500	63.6	15	桃源县
46	常德斯创制药有限公司	合资	1992-9-25	550	550	25	12	德山区
47	湖南桃源惠民饲料有限公司	合作	1992-9-26	100	100	15.4	10	桃源县
48	真兴湖南特纺实业有限公司	合资	1992-10-5	200	150	18	12	汉寿县
49	湖南丽丹芬喷雾制品有限公司	合作	1992-10-5	700	490	25	10	津市市
50	湖南常香食品有限公司	合资	1992-10-8	545	545	26	12	澧县
51	湖南龙港进口汽车修配有限公司	合资	1992-10-9	350	350	31.2	12	临澧县
52	湖南敏达时装实业有限公司	合资	1992-10-10	302.5	302.5	30	12	石门县
53	湖南金源进口汽车维修中心	合资	1992-10-16	913	913	80	15	桃源县
54	湖南芙蓉土特产实业有限公司	合资	1992-10-17	110	110	10	12	市直
55	桃源万延娱乐中心	合资	1992-10-26	500	500	60	12	桃源县
56	湖南万裕包装制品有限公司	合资	1992-10-29	200	200	15	12	澧县
57	湖南银滨实业有限公司	合资	1992-10-30	2000	1200	52.7	20	市直

续表 6-5-4-2

序号	项目名称	方式	批准日期	总投资（万元）	注册资本（万元）	港澳台商投资额（万美元）	年限	行政区域
58	湖南瑞源染整有限公司	合资	1992-11-1	320	320	35	15	桃源县
59	常德东雅服装有限公司	合资	1992-11-18	275	275	14.4	15	武陵区
60	湖南俊鸣船务有限公司	合作	1992-11-25	400	400	59	30	市直
61	湖南飞达特种带实业有限公司	合资	1992-11-30	480	480	48.4	12	德山区
62	湖南耀华水泥有限公司	合资	1992-12-4	400	400	36	0	澧县
63	湖南龙港塑料制品有限公司	合资	1992-12-9	369	369	35	12	汉寿县
64	湖南旺临纸制品有限公司	合资	1992-12-15	500	420	35	10	临澧县
65	湖南华都大酒店有限公司	合作	1992-12-22	2500	1250	52	12	市直
66	湖南德诚房地产开发有限公司	独资	1992-12-23	1100	800	133.3	60	武陵区
67	湖南利源房地产开发有限公司	合资	1992-12-23	285	285	25.9	12	桃源县
68	湖南大地房地产开发公司	合资	1992-12-24	1000	1000	103	12	市直
69	湖南陵兴房地产开发有限公司	合资	1992-12-25	1800	1800	172.4	20	武陵区
70	湖南欣荣汽车运输公司	合资	1992-12-27	400	400	55	0	市直
71	湖南云峰茶叶开发有限公司	合资	1993-1-3	210	210	12	0	石门县
72	湖南金远食品饮料有限公司	合资	1993-1-12	400	400	32	0	石门县
73	北方光学实业（常德）有限公司	合资	1993-1-12	460	460	20	12	德山区
74	常德华星宇房产有限公司	合资	1993-1-15	2000	1200	100	25	武陵区
75	湖南伯德皮革制品有限公司	合资	1993-1-15	300	300	26	12	德山区
76	湖南厚源织袜有限公司	合资	1993-2-1	300	300	15	12	桃源县
77	湖南双升食品有限公司	合资	1993-2-6	105	105	9	12	临澧县
78	常德金利纸品实业有限公司	合资	1993-2-10	50	50	8.6	12	鼎城区
79	湖南恒基制衣有限公司	合资	1993-2-16	500	350	33	12	临澧县
80	湖南龙城房产物业开发有限公司	合资	1993-2-16	3000	2000	167	12	鼎城区
81	湖南华联轻纺企业有限公司	合资	1993-2-16	720	720	46	10	鼎城区
82	常德银城实业有限公司	合资	1993-2-22	400	400	34	10	鼎城区
83	湖南东汉房地产开发有限公司	合资	1993-2-25	900	700	86	40	汉寿县

续表 6-5-4-2

序号	项目名称	方式	批准日期	总投资（万元）	注册资本（万元）	港澳台商投资额（万美元）	年限	行政区域
84	湖南鼎宜达化工有限公司	合资	1993-2-25	1000	1000	79	12	石门县
85	湖南永德蛋品有限公司	合资	1993-2-25	1400	1000	100	12	鼎城区
86	湖南德佳娱乐有限公司	合资	1993-3-1	616	616	53	12	市直
87	湖南正宇纺织实业有限公司	独资	1993-3-3	148	148	26	15	武陵区
88	湖南德亿塑胶实业有限公司	合资	1993-3-8	696	696	30	15	德山区
89	湖南百德玻璃制品有限公司	合资	1993-3-9	450	450	27.5	12	德山区
90	常德华友机械化施工有限公司	合资	1993-3-12	445	333	26.3	0	石门县
91	湖南爱而发合资金材料有限公司	独资	1993-3-15	880	617	74.53	12	德山区
92	湖南大昌铝材有限公司	合资	1993-3-12	1215	1215	104.8	12	石门县
93	湖南常盛针织有限公司	合资	1993-4-14	2830	2030	92	20	临澧县
94	湖南华丰生化实业有限公司	合资	1993-4-16	480	480	58	12	安乡县
95	湖南华安特种水产开发有限公司	合资	1993-4-20	84	56	6	12	汉寿县
96	湖南天马竹木制品有限公司	合资	1993-4-24	200	200	24	12	临澧县
97	湖南大全伞业有限公司	合资	1993-4-27	1400	1000	121.7	15	武陵区
98	湖南常宝针织有限公司	合资	1993-4-28	312	312	29.5	12	市直
99	常德福霖实业有限公司	合资	1993-4-29	200	150	7.9	20	市直
100	湖南富澧电线电缆有限公司	合资	1993-5-5	80	80	8.4	12	澧县
101	湖南拓奇机电制造有限公司	合资	1993-5-6	357	357	19.2	12	津市市
102	湖南燕兴电子实业有限公司	合资	1993-5-14	142.5	142.5	11.5	12	石门县
103	常德双狮胶辊有限公司	合资	1993-5-15	4281.7	3519.8	189	12	市直
104	桃源鹿鸣春酒店	合资	1993-5-19	130	130	10.4	12	桃源县
105	湖南福元房地产开发有限公司	独资	1993-5-20	1100	1100	200	0	桃源县
106	湖南常泰锑品有限公司	合资	1993-5-21	1000	1000	105.3	12	市直
107	湖南惠源实业有限公司	合资	1993-5-24	580	580	55	40	桃源县
108	湖南金山化工有限公司	合资	1993-5-28	328	328	20	0	临澧县
109	湖南汉旺进口汽车维修有限公司	合资	1993-5-28	640	640	56.1	15	汉寿县

续表 6-5-4-2

序号	项目名称	方式	批准日期	总投资（万元）	注册资本（万元）	港澳台商投资额（万美元）	年限	行政区域
110	湖南鸿升置业有限公司	独资	1993-6-1	17033	7000	1228	50	市直
111	湖南武陵纺织有限公司	合资	1993-6-1	507.2	507	37.5	12	桃源县
112	湖南中兴水泥有限公司	合资	1993-6-15	6500	6000	517.3	0	石门县
113	湖南桂峰铝材有限公司	合资	1993-6-17	570	570	87.5	12	石门县
114	湖南常德天池宾馆	合作	1993-6-19	1120	1060	80.7	6	汉寿县
115	湖南德泰农产实业有限公司	合资	1993-7-1	2000	1300	136.8	50	鼎城区
116	常德港德汽车机械有限公司	合资	1993-7-2	212.5	212.5	26	12	武陵区
117	湖南万德旅游用品有限公司	合资	1993-7-3	600	600	35	0	武陵区
118	湖南德龙实业有限公司	合资	1993-7-5	1740	1740	105	12	鼎城区
119	湖南力德五金机械制品有限公司	合资	1993-7-9	690	495	43	15	鼎城区
120	湖南恩雷轻纺企业有限公司	独资	1993-7-12	862	603	105	50	鼎城区
121	常德市金威龙娱乐有限公司	合资	1993-7-15	500	500	39	0	市直
122	湖南新天地实业有限公司	合资	1993-7-16	500	500	52	20	市直
123	常德银海置业有限公司	合资	1993-7-17	1000	800	34.7	15	市直
124	湖南德海矿泉水有限公司	合资	1993-7-17	1200	1200	144.8	15	市直
125	湖南万丰装饰品有限公司	独资	1993-7-23	50	35	6.2	12	武陵区
126	常德泰通汽车维修有限公司	合资	1993-7-24	115	115	10	10	汉寿县
127	湖南拾比佰航运有限公司	合资	1993-7-24	576	576	50	15	安乡县
128	常德中仁绣品有限公司	合资	1993-7-27	288	288	24.5	15	武陵区
129	湖南福顺食品有限公司	合资	1993-8-8	2535	2535	190	10	临澧县
130	湖南桃花源旅游实业有限公司	合资	1993-8-10	6000	6000	265	20	鼎城区
131	常德市德港金芙蓉纸品有限公司	合资	1993-8-25	609	435	26.3	15	市直
132	湖南南国实业发展有限公司	合资	1993-8-26	2170	1565	131.4	12	临澧县
133	湖南德利实业有限公司	合资	1993-9-1	1400	1400	145	12	市直
134	湖南桃林实业有限公司	独资	1993-9-1	1000	700	121	15	市直
135	常德松品台联水产有限公司	合资	1993-9-23	250	250	26	12	汉寿县

续表 6-5-4-2

序号	项目名称	方式	批准日期	总投资（万元）	注册资本（万元）	港澳台商投资额（万美元）	年限	行政区域
136	湖南盛华针织印染有限公司	合作	1993-10-5	1392	981	64.4	12	武陵区
137	湖南腾达家用卫生制品有限公司	合资	1993-10-8	600	432	18	11	津市市
138	湖南东龙毛巾制品有限公司	合资	1993-10-25	400	280	12	15	汉寿县
139	湖南永盛印染有限公司	合资	1993-10-27	500	380	33	15	石门县
140	祥发（湖南）桃花源宾馆	独资	1993-11-20	2185	1771	308	50	桃源县
141	常德凌志羽绒制品有限公司	合资	1993-12-17	150	150	17	15	武陵区
142	常德新世界实业有限公司	合资	1993-12-24	1200	1200	117	20	武陵区
143	旺成（湖南）置业有限公司	独资	1993-12-25	600	600	100	10	澧县
144	湖南东中真皮精品有限公司	合资	1993-12-25	280	280	12	11	桃源县
145	常德利龙时装有限公司	合资	1993-12-30	160	160	13	12	武陵区
146	常德新潮娱乐有限公司	合资	1993-12-30	300	300	27	12	市直
147	常德常港实业有限公司	合资	1993-12-31	300	300	13	15	鼎城区
148	湖南龙惠纸品有限公司	合作	1993-12-31	2788	2231	198	15	汉寿县
149	常德恒澧食品有限公司	合资	1993-12-31	675	675	38.8	20	临澧县
150	湖南恒杰纸制品有限公司	合资	1994-1-8	985	985	45	20	临澧县
151	常德芷兰实业有限公司	合资	1994-2-1	600	600	36	15	鼎城区
152	中南大酒店	独资	1994-2-1	2500	1300	152	10	鼎城区
153	湖南蓝筹银光食品有限公司	合资	1994-2-24	440	340	10	12	津市市
154	湖南八利鞋业有限公司	独资	1994-3-3	50	50	50	12	澧县
155	常德隆达机电有限公司	合资	1994-3-14	140	100	8.5	12	武陵区
156	常德东方木业有限公司	合资	1994-4-11	196	196	6.8	5	临澧县
157	常德华香食品有限公司	独资	1994-4-19	87	87	10	12	临澧县
158	常德五星娱乐有限公司	合资	1994-4-19	522	522	30	12	市直
159	常德华丰土石方工程有限公司	合资	1994-4-25	435	435	45	20	德山区
160	湖南得裕摩托车制造有限公司	独资	1994-4-29	1840	1840	200	30	临澧县
161	湖南津隆针织有限公司	合资	1994-5-17	650	500	28.8	11	津市市

续表 6-5-4-2

序号	项目名称	方式	批准日期	总投资（万元）	注册资本（万元）	港澳台商投资额（万美元）	年限	行政区域
162	常德昌达纺织有限公司	合资	1994-5-20	200	200	5.7	12	石门县
163	东纬（常德）珠宝有限公司	独资	1994-5-31	748	528	60.7	6	临澧县
164	常德艺富石膏有限公司	独资	1994-6-1	316	316	36.5	50	临澧县
165	湖南嘉丰建材有限公司	合资	1994-6-8	4800	2800	173	20	临澧县
166	常德利来装饰材料有限公司	独资	1994-6-10	400	300	34.5	20	石门县
167	湖南德利皮革有限公司	合资	1994-6-23	1000	1000	29	12	德山区
168	常德厦辉玻璃制品有限公司	合资	1994-6-27	225	160	11.5	8	临澧县
169	常德联众塑钢门窗有限公司	合资	1994-7-5	700	500	15	11	市直
170	湖南德福实业有限公司	合资	1994-7-21	1740	1740	100	12	临澧县
171	常德瑞安置业有限公司	合资	1994-7-28	500	500	20.7	12	临澧县
172	常德华达木业有限公司	合资	1994-8-27	300	210	10.9	12	石门县
173	英和(常德)柳叶湖旅游有限公司	独资	1994-9-2	880	580	67	30	市直
174	常德银座大酒店有限公司	独资	1994-9-13	4900	2500	147.3	15	市直
175	常德美中（武陵）实业有限公司	合资	1994-9-26	664	516	56	15	武陵区
176	湖南东方灵芝开发有限公司	合资	1994-9-28	500	500	32	12	澧县
177	常德杰辉化纤有限公司	合资	1994-10-31	509	471	30	15	武陵区
178	湖南金泰林纸业有限公司	合资	1994-12-23	380	300	17.2	12	津市市
179	常德恒太实业有限公司	合作	1994-12-23	2031	1700	198	15	汉寿县
180	桃花源中泰国际旅游有限公司	独资	1994-12-26	4188	4188	493	40	桃源县
181	常德陵兰包装有限公司	合资	1994-12-26	833	637.5	41.2	12	武陵区
182	常德台兴娱乐有限公司	合资	1994-12-31	300	300	23.5	10	武陵区
183	常德新时代卫生用品有限公司	合资	1994-12-31	120	120	5.2	12	武陵区
184	湖南飞达磨具有限公司	合资	1995-1-19	348	348	20	12	澧县
185	湖南德海特种压铸有限公司	合资	1995-3-1	200	200	10	20	市直
186	常德德讯电器制造有限公司	合资	1995-3-3	150	150	8.8	12	武陵区
187	常德新光塑料胶制品有限公司	合资	1995-4-7	200	200	13	20	临澧县

续表 6-5-4-2

序号	项目名称	方式	批准日期	总投资（万元）	注册资本（万元）	港澳台商投资额（万美元）	年限	行政区域
188	湖南三金石膏有限公司	独资	1995-4-14	100	100	11.8	11	临澧县
189	常德雅德实业有限公司	合资	1995-4-18	880	680	44	20	市直
190	常德金鹏凹版印刷有限公司	合资	1995-4-28	14100	14100	834	15	市直
191	石门银都宾馆有限公司	合资	1995-5-17	800	560	16.5	30	石门县
192	湖南银峰调味食品有限公司	合资	1995-6-13	150	150	10.8	10	澧县
193	安乡台安公共汽车有限公司	合资	1995-6-13	150	150	10.8	12	安乡县
194	常德康强实业有限公司	合资	1995-6-14	913	788.5	49.5	11	津市市
195	常德万福建材有限公司	合资	1995-6-29	100	100	7.3	10	桃源县
196	常德三和公共汽车有限公司	合资	1995-7-1	610	550	33.88	10	石门县
197	常德德信造纸有限公司	合资	1995-8-8	500	500	14.9	10	鼎城区
198	湖南常发皮革化工实业有限公司	合资	1995-8-28	150	150	10.8	20	武陵区
199	常德福宝玉石工艺品有限公司	合资	1995-8-31	150	150	12	12	临澧县
200	湖南银德利实业有限公司	合资	1995-8-31	500	500	24	15	市直
201	湖南津达香料化工有限公司	合资	1995-9-19	220	220	8.5	10	津市市
202	常德三阳钟表有限公司	合作	1995-9-19	250	200	23.5	10	桃源县
203	常德香陵制漆有限公司	独资	1995-9-26	415	415	50	20	武陵区
204	常德锦源化纤制品有限公司	合作	1995-10-4	212	212	8.4	10	德山区
205	荣祺食品罐头(汉寿)有限公司	独资	1995-10-20	711	498	90	30	汉寿县
206	常德承泰电子有限公司	独资	1995-10-31	50	50	6	12	武陵区
207	常德华顺木业有限公司	合资	1995-11-21	200	200	12	12	石门县
208	常德华联空调设备有限公司	合资	1995-12-6	200	200	11.8	11	市直
209	常德桃林宾馆有限公司	独资	1995-12-11	4100	3800	493	50	市直
210	常德罗曼婚纱摄影有限公司	独资	1995-12-12	200	200	24	12	市直
211	常德金中兴业有限公司	独资	1995-12-13	332	332	40	30	桃源县
212	常德龙宏罗曼养殖有限公司	合作	1995-12-15	20000	8000	558	15	汉寿县
213	常德东威热缩制品有限公司	合资	1995-12-19	80	80	5.8	15	市直

续表 6-5-4-2

序号	项目名称	方式	批准日期	总投资（万元）	注册资本（万元）	港澳台商投资额（万美元）	年限	行政区域
214	湖南乔斯化妆品有限公司	合资	1995-12-20	1200	900	55	20	鼎城区
215	常德晓岛接待培训有限公司	合资	1995-12-22	5000	2500	241	30	市直
216	湖南通达塑料制品有限公司	合资	1995-12-25	318	318	15.5	12	津市市
217	常德永利木业有限公司	合作	1995-12-27	300	300	24	10	石门县
218	常德良兴汽车维修有限公司	独资	1995-12-27	200	200	24	20	鼎城区
219	常德湘香利达食品有限公司	合作	1995-12-29	1662	1662	200	11	市直
220	常德天马置业有限公司	独资	1995-12-29	4000	2080	481	20	市直
221	常德中和实业有限公司	独资	1995-12-29	4240	2968	517	30	石门县
222	常德旺华纺织有限公司	合作	1996-2-12	4500	3900	229	15	汉寿县
223	常德华澧日用化工有限公司	合资	1996-3-13	250	250	12	20	澧县
224	临澧美食达食品有限公司	合资	1996-3-15	450	320	11.5	12	临澧县
225	常德佳鑫木业有限公司	合资	1996-3-25	120	120	7.2	11	澧县
226	华商（常德）食品有限公司	独资	1996-3-29	200	200	24	12	澧县
227	常德华美木业有限公司	合资	1996-3-29	200	200	11.5	12	澧县
228	常德锦荣家私有限公司	独资	1996-4-4	249	30	30	12	桃源县
229	常德先强轻工实业有限公司	独资	1996-4-9	597.6	597.6	72	10	武陵区
230	常德福泰和食品有限公司	合资	1996-4-19	88	88	5.4	11	武陵区
231	常德国耀汽车电气配件有限公司	合资	1996-4-25	85	85	5.1	30	临澧县
232	常德福威纸塑复合资制品有限公司	合资	1996-5-10	800	800	38.4	20	临澧县
233	益侨（湖南）制药有限公司	合资	1996-5-18	828	828	100	50	澧县
234	常德冠丰石膏有限公司	合资	1996-5-18	200	200	18	12	澧县
235	湖南益达实业有限公司	独资	1996-6-12	400	300	36	10	汉寿县
236	湖南益源塑胶有限公司	合资	1996-6-12	200	200	18	10	汉寿县
237	常德富乐都大酒店有限公司	独资	1996-6-21	800	600	72.3	15	石门县
238	常德金芙蓉铝箔包装有限公司	合作	1996-6-25	788.5	788.5	70	12	市直
239	常德宝亿机械制造有限公司	合资	1996-6-26	150	105	5.3	12	石门县

续表 6-5-4-2

序号	项目名称	方式	批准日期	总投资（万元）	注册资本（万元）	港澳台商投资额（万美元）	年限	行政区域
240	石门天威电子科技有限公司	独资	1996-7-18	1246.5	831	100	20	石门县
241	常德福兴涤纶有限公司	合资	1996-7-24	1800	1800	72.2	12	德山区
242	津市夜沙龙实业有限公司	独资	1996-7-31	200	160	19.3	10	津市市
243	津市永光蓄电池有限公司	独资	1996-7-31	80	80	9.6	10	津市市
244	常德洪发调味食品有限公司	独资	1996-8-8	200	200	24	12	澧县
245	常德源胜纸塑制品实业有限公司	合资	1996-8-8	166.2	166.2	11	10	桃源县
246	常德添美卫生纸业制品有限公司	合资	1996-8-12	118	118	5.7	11	澧县
247	常德源成油脂化工有限公司	合资	1996-8-14	150	150	6	10	桃源县
248	常德浩宇实业有限公司	独资	1996-9-24	250	200	24	15	市直
249	常德昌祥路桥实业有限公司	合作	1996-10-8	24800	10000	2410	20	市直
250	常德锦绣实业发展有限公司	合资	1996-10-10	8000	4300	285.5	50	市直
251	津市联合资食品有限公司	合资	1996-11-1	166	166	5	11	津市市
252	常德鸿丰包装材料有限公司	合资	1996-11-13	500	500	24	16	澧县
253	津市华辉特种水泥有限公司	合资	1996-11-20	2800	1680	107.4	20	津市市
254	常德德川娱乐有限公司	合资	1996-11-22	498	498	50	30	桃源县
255	常德云帆实业有限公司	合资	1996-11-26	250	200	20	30	桃源县
256	常德金岭化纤有限公司	合资	1996-12-2	3500	3000	90	15	武陵区
257	常德德旺出租汽车有限公司	合资	1996-12-2	300	300	30	15	桃源县
258	常德黎成化工有限公司	合资	1996-12-11	200	200	6	15	桃源县
259	常德新安都纺织有限公司	独资	1996-12-17	4800	4800	337	10	安乡县
260	安乡恒安卫生用品有限公司	合资	1996-12-27	1200	1200	137.78	10	安乡县
261	常德市迎宾出租汽车有限公司	独资	1996-12-31	896.4	896.4	108	10	武陵区
262	常德台福纺织有限公司	合资	1996-12-31	2258	1577	114	30	临澧县
263	常德临港塑料制品有限公司	合资	1996-12-31	150	150	5.4	12	临澧县
264	常德华湘木业有限公司	合资	1996-12-31	6000	6000	520	20	鼎城区
265	常德台澧木业有限公司	独资	1997-1-15	200	200	24	10	澧县

续表 6-5-4-2

序号	项目名称	方式	批准日期	总投资（万元）	注册资本（万元）	港澳台商投资额（万美元）	年限	行政区域
266	常德外商活动中心	独资	1997-1-20	830	581	70.08	10	市直
267	常德浦沅工艺毯制造有限公司	合资	1997-1-22	580.3	414.5	20	12	市直
268	常德嘉宏电器有限公司	独资	1997-4-9	53.5	53.5	6.4	10	武陵区
269	常德芬远实业有限公司	合资	1997-4-14	418	418	15	10	澧县
270	常德福鼎磨料磨具有限公司	合资	1997-4-16	300	300	12	10	临澧县
271	常德龙凤实业有限公司	合资	1997-5-9	500	500	26.5	20	武陵区
272	常德利通燃料有限公司	合资	1997-5-14	800	560	33	20	鼎城区
273	祥龙(常德)彩印包装有限公司	合资	1997-5-28	318	318	26.5	12	澧县
274	常德华东联房地产开发有限公司	合资	1997-6-16	1800	1500	86.85	10	武陵区
275	常德金源大厦有限公司	合资	1997-6-27	950	950	48.25	15	桃源县
276	常德霖园养殖有限公司	独资	1997-6-28	150	105	18	10	鼎城区
277	常德天助兄弟食品有限公司	独资	1997-7-9	200	200	24	10	澧县
278	常德湘澧普康公路建设有限公司	合资	1997-7-10	22000	8800	850.2	20	澧县
279	汉寿天湖茶叶有限公司	独资	1997-8-5	83	83	10	10	汉寿县
280	常德冠银娱乐有限公司	独资	1997-10-10	220	220	26.5	10	鼎城区
281	常德石门骞凤园艺有限公司	独资	1997-10-17	100	83	10	30	石门县
282	常德南星实业有限公司	合资	1997-10-22	980	980	88	30	桃源县
283	湖南常祥航空服务有限公司	合作	1997-10-24	688	688	21	15	市直
284	常德永灏化工有限公司	独资	1997-11-18	100	100	12	10	鼎城区
285	常德康龙织带有限公司	独资	1997-11-27	214	214	25.8	10	德山区
286	石门金泰实业有限公司	合作	1997-12-29	3200	3200	380	12	石门县
287	常德台德实业有限公司	独资	1997-12-30	2000	1400	241.2	30	鼎城区
288	常德常佳路桥有限公司	合作	1997-12-31	13000	8300	800	12	市直
289	安乡县黄山头实业有限公司	独资	1997-12-31	2100	1500	253	30	安乡县
290	湖南德丰合资成纤维有限公司	合资	1998-3-4	1400	1000	48	12	德山区
291	常德今日实业有限公司	合资	1998-3-10	300	300	14.5	15	武陵区

续表 6-5-4-2

序号	项目名称	方式	批准日期	总投资（万元）	注册资本（万元）	港澳台商投资额（万美元）	年限	行政区域
292	常德昌冠新源印务有限公司	独资	1998-4-8	200	180	21.6	10	鼎城区
293	常德信通实业有限公司	合资	1998-4-20	800	800	39.2	20	澧县
294	常德德兆食品有限公司	独资	1998-5-8	300	300	36.4	20	桃源县
295	常德源昌塑料制品有限公司	独资	1998-6-24	50	50	6.02	15	桃源县
296	常德荣隆制衣有限公司	独资	1998-7-18	200	200	24	30	澧县
297	常德常志农产实业有限公司	合资	1998-7-20	140	100	7.23	15	市直
298	常德阿里山实业有限公司	独资	1998-7-28	450	315	37.96	20	鼎城区
299	常德詹姆士电器有限公司	独资	1998-7-29	50	50	6.03	12	武陵区
300	湖南富达新建筑材料有限公司	合资	1998-8-17	498	498	50	10	桃源县
301	常德昌盛木业有限公司	独资	1998-9-3	100	100	12.05	20	鼎城区
302	常德志刚实业有限公司	独资	1998-9-4	828	828	100	12	澧县
303	津市协恒圆珠笔塑料制品有限公司	独资	1998-10-8	140	100	12.07	10	津市市
304	汉寿永昌盛木业有限公司	独资	1998-10-8	1159.2	828	100	15	汉寿县
305	常德百江能源实业有限公司	合资	1998-10-23	800	600	50.72	30	市直
306	安乡县永安凹印印务有限公司	合作	1998-10-29	2000	1500	120.77	10	安乡县
307	常德建德实业有限公司	独资	1998-11-30	2484	2484	300	15	桃源县
308	常德花山果林庄园发展有限公司	合资	1998-12-15	1030	980	71	50	武陵区
309	常德金芙蓉铝塑有限公司	合资	1999-3-31	1000	1000	48.3	12	市直
310	常德银嘉宾馆有限公司	合资	1999-4-9	1030	1010	111	12	安乡县
311	湖南常德华安制药有限公司	合资	1999-6-22	470	470	33.8	12	安乡县
312	石门县科峰电子有限公司	独资	1999-9-21	200	150	18.07	10	石门县
313	石门县楚江出口包装有限公司	独资	1999-9-29	200	180	21.7	12	石门县
314	石门三环木业有限公司	合资	1999-11-8	160	120	14.5	12	石门县
315	常德桃花源大观旅游开发有限公司	合资	1999-11-8	800	800	82.1	30	桃源县
316	振升新世纪(常德)生活服务有限公司	独资	1999-11-9	8216	4200	506.02	50	市直
317	鸿达(香港)常德纺织有限公司	独资	2000-1-10	225	195	23	5	汉寿县

续表 6-5-4-2

序号	项目名称	方式	批准日期	总投资（万元）	注册资本（万元）	港澳台商投资额（万美元）	年限	行政区域
318	湖南常德家居市场开发有限公司	合资	2000-2-2	8200	8200	854.5	10	市直
319	常德银盛纺织有限公司	合资	2000-3-1	820	820	57.3	15	澧县
320	常德罗莎食品有限公司	独资	2000-3-2	50	50	6.5	20	武陵区
321	常德振新矿产开发有限公司	合资	2000-3-14	1000	800	47.3	15	汉寿县
322	常德凌通大厦有限公司	独资	2000-4-4	2490	2490	300	15	桃源县
323	常德兴弘电子有限公司	独资	2000-6-21	500	350	112.2	50	德山区
324	常德家具产业发展有限公司	独资	2000-8-3	3865	3000	362.3	30	市直
325	湖南常新纤维有限公司	合资	2000-8-4	1030	1030	37.2	10	德山区
326	常德利源大酒店有限公司	合资	2000-8-11	850	580	27.7	35	武陵区
327	汉寿县江南缓冲器有限公司	合资	2000-8-17	120	100	5.06	10	汉寿县
328	津市市荣福木制品有限公司	合资	2000-9-26	900	800	43	10	津市市
329	常德三宝园林绿化有限公司	独资	2000-9-27	100	100	12	11	澧县
330	常德三昌化工涂料有限公司	独资	2000-9-27	300	300	36.5	12	澧县
331	安乡神禹酒店有限公司	独资	2000-10-9	940	800	113	20	安乡县
332	伟明湘旺（常德）五金制品有限公司	合资	2000-10-26	268	200	16.8	15	汉寿县
333	常德东汉旅游开发有限公司	合资	2000-11-2	800	500	28.4	20	石门县
334	鸿德(香港)常德纺织有限公司	独资	2000-11-29	498	415	60	50	汉寿县
335	常德珍善美食品有限公司	独资	2000-11-30	41	41	5	20	武陵区
336	常德向都实业有限公司	合资	2001-1-3	988	988	29.9	30	市直
337	常德大兴塑料制品有限公司	独资	2001-2-5	50	50	6	15	德山区
338	湖南威尔曼天然食品基地有限公司	独资	2001-3-12	500	500	60.38	12	澧县
339	常德东伟制衣有限公司	合资	2001-4-12	268	218	18.4	15	汉寿县
340	常德美吉远东房地产开发有限公司	合资	2001-4-20	1272	986	29.7	15	市直
341	津市宏威源制衣有限公司	合资	2001-4-23	100	100	10.27	12	津市市
342	常德耀农农业科技开发有限公司	合资	2001-5-18	150	150	14.5	15	鼎城区
343	常德蓝宝石娱乐有限公司	合资	2001-5-21	189	189	22.8	15	武陵区

续表 6-5-4-2

序号	项目名称	方式	批准日期	总投资（万元）	注册资本（万元）	港澳台商投资额（万美元）	年限	行政区域
344	常德长河纺织有限公司	独资	2001-5-24	415	415	50	30	鼎城区
345	特季（常德）轻纺有限公司	独资	2001-8-14	1700	1200	145	50	德山区
346	常德億达食品有限公司	独资	2001-9-1	321	321	36.6	15	临澧县
347	常德青山娱乐实业有限公司	独资	2001-9-6	300	300	36	12	澧县
348	常德鑫美源高新建材有限公司	独资	2001-9-18	189	189	20	15	鼎城区
349	桃源热市宏慈畜牧有限责任公司	独资	2001-10-22	50	50	6	10	桃源县
350	湖南创元铝业有限公司	合资	2001-10-23	24000	15000	452	50	桃源县
351	常德市宇音电子有限公司	合资	2001-11-21	120	100	6.2	10	汉寿县
352	常德福港石膏制品有限公司	独资	2001-12-5	3984	3984	480	15	临澧县
353	常德金德源酒店有限公司	独资	2001-12-7	1826	1245	150	45	市直
354	常德华兴工艺制品实业有限公司	独资	2001-12-20	1610	1204	194	20	鼎城区
355	泛华常德农产品加工有限责任公司	独资	2002-1-25	8300	4150	1000	50	市直
356	常德正大竹木制品有限公司	独资	2002-3-20	50	50	6	10	桃源县
357	湖南侨仕通航实业有限公司	合作	2002-3-25	19820	9860	2280	50	市直
358	常德益新食品开发制造有限公司	独资	2002-4-26	500	500	60	12	澧县
359	常德瑞达文化娱乐有限公司	独资	2002-6-7	212	212	25.6	50	临澧县
360	常德市茂林果业有限公司	独资	2002-6-27	248	248	30	10	市直
361	常德海伦休闲有限公司	独资	2002-6-28	265	207	25	10	武陵区
362	昌瑞机械化工程（常德）有限公司	独资	2002-9-10	1113	867	104.8	15	汉寿县
363	常德际元泰酒店有限公司	独资	2002-9-17	288	260	35.13	10	市直
364	常德雨田电子有限公司	独资	2002-9-19	1000	700	84.56	15	市直
365	常德市旭炎宇管道燃气开发有限公司	独资	2002-9-20	991.2	826	100	15	汉寿县
366	常德基信（香港）塑料包装厂有限公司	独资	2002-9-20	70	50	6.04	10	市直
367	常德美骅针织有限公司	独资	2002-9-26	100	100	12.08	10	市直
368	常德多润新能源有限公司	独资	2002-9-28	5000	2500	300	20	德山区
369	石门富华实业有限公司	独资	2002-10-24	8245	4128	498.66	30	石门县

续表 6-5-4-2

序号	项目名称	方式	批准日期	总投资（万元）	注册资本（万元）	港澳台商投资额（万美元）	年限	行政区域
370	安乡香港路商业步行街开发有限公司	独资	2002-10-29	6000	3000	362.4	10	安乡县
371	常德宋玉水殖有限公司	独资	2002-11-15	2158	2158	260	15	临澧县
372	常德立音电子有限公司	独资	2002-11-18	80	65	7.8	10	汉寿县
373	常德伊时达珠宝有限公司	合资	2002-11-20	1000	700	84.56	20	德山区
374	常德新建德实业有限责任公司	独资	2002-11-22	2980	2088	252.3	20	武陵区
375	常德远中市场有限责任公司	独资	2002-12-20	2000	2000	241.6	20	鼎城区
376	常德金家园置业有限责任公司	独资	2003-1-24	3743	1998	241.3	20	武陵区
377	常德市新世纪汽车商贸城开发有限公司	合资	2003-4-11	8000	4000	120.8	15	市直
378	湖南康哲卫生科技实业有限公司	合资	2003-5-16	100	100	3.02	50	澧县
379	湖南兆恒水电有限公司	合资	2003-6-24	15000	15000	1208.8	30	市直
380	湖南省品芳茶业有限公司	独资	2003-7-22	250	200	24.16	20	石门县
381	湖南金恒房地产有限公司	合资	2003-8-8	8000	8000	579.84	30	市直
382	常德红太阳滨湖大剧院有限公司	独资	2003-8-18	1000	700	120.8	15	市直
383	常德市阳光电子有限公司	合资	2003-8-29	140	100	6.041	10	津市市
384	常德纺织机械有限公司	合资	2003-9-10	5814	4235	1058.75	12	德山区
385	湖南英仕达机械设备有限公司	合资	2003-9-18	400	300	18.4855	10	汉寿县
386	常德佳顺实业有限公司	独资	2003-9-28	5800	5800	700.756	10	澧县
387	常德华盟旅游开发有限公司	独资	2003-9-28	3304	1734.6	210	50	鼎城区
388	常德嘉福园林绿化有限公司	独资	2003-10-28	300	300	38.463	30	武陵区
389	常德市东盛德城市建设开发有限公司	合资	2003-10-29	16520	8260	970	13	澧县
390	常德湘鄂大市场开发有限公司	合作	2003-11-5	24000	10000	1196.118	10	澧县
391	常德广达置业发展有限公司	合作	2003-11-12	8260	4130	500	15	汉寿县
392	津市华锋房地产开发有限公司	独资	2003-11-20	2550	2550	308.09	10	津市市
393	常德丁玲文化广场开发有限公司	独资	2003-11-25	3304	3304	400	10	临澧县
394	常德港宏汽车修饰有限公司	独资	2003-11-26	455	455	55.13	20	澧县
395	常德雪龙食品有限公司	独资	2003-11-26	1000	700	84.57	15	澧县

续表 6-5-4-2

序号	项目名称	方式	批准日期	总投资（万元）	注册资本（万元）	港澳台商投资额（万美元）	年限	行政区域
396	常德胜湘农业开发有限公司	独资	2003-12-17	5512	2756	333.34	30	鼎城区
397	湖南竹道酒业有限公司	独资	2003-12-22	6942.6	3471.3	399	20	桃源县
398	常德天心置业有限公司	独资	2003-12-22	7920	5000	604.1	20	武陵区
399	常德市西洞庭泓利供水有限公司	独资	2004-1-5	116	82.6	10	40	市直
400	常德朗峰房地产开发有限公司	独资	2004-1-13	4130	2891	350	15	市直
401	常德美华尼龙有限公司	合资	2004-2-3	11500	5000	296	12	临澧县
402	常德市利华针织服装制造有限公司	独资	2004-2-20	530	371	44.88	15	市直
403	常德市东华服装织造有限公司	独资	2004-2-25	636	445.2	53.85	12	市直
404	常德特选食品化工科技有限公司	独资	2004-2-26	1400	1000	120.8	50	鼎城区
405	湖南嘉业达电子有限公司	合资	2004-3-1	4000	3300	279.07	10	澧县
406	常德欣成电子科技有限公司	独资	2004-3-23	8162	8162	987.29	15	桃源县
407	常德中融置业有限公司	合资	2004-4-7	7500	5000	543.65	12	澧县
408	常德凯宏实业有限公司	合资	2004-4-21	1200	1000	90.6	50	汉寿县
409	常德三汇水电有限公司	合资	2004-5-13	15000	15000	1208.7	30	市直
410	安乡维多利亚大酒店有限公司	独资	2004-6-10	3300	3300	398.67	30	安乡县
411	湖南康采实业有限公司	独资	2004-6-10	10738	10738	1300	50	安乡县
412	常德石门世运针织有限责任公司	独资	2004-6-15	1400	1000	120.81	50	石门县
413	湖南花岩溪太阳城旅游度假中心有限公司	合资	2004-6-16	1000	1000	30.2	50	鼎城区
414	益丰（临澧）毛织有限公司	独资	2004-6-18	1060	1060	128.22	15	临澧县
415	常德市复兴林业开发有限公司	合资	2004-7-13	1427	1000	118.99	30	德山区
416	常德浩兴纺织有限公司	合资	2004-7-14	200	200	12.08	50	鼎城区
417	华洋（常德）化工实业有限公司	合作	2004-7-23	6360	4240	512.88	20	市直
418	常德市汇美食品有限公司	合资	2004-8-11	1486.8	1098.58	33.25	45	市直
419	澧县万润肉类加工有限公司	独资	2004-8-20	1734.6	1239	150	20	澧县
420	湖南洞庭牧业有限责任公司	合资	2004-8-20	2000	2000	60.4	20	安乡县
421	湖南德惠纸业有限公司	合资	2004-8-27	24000	9600	770.55	50	德山区

续表 6-5-4-2

序号	项目名称	方式	批准日期	总投资（万元）	注册资本（万元）	港澳台商投资额（万美元）	年限	行政区域
422	湖南津市市益林麻棉纺织印染有限公司	独资	2004-9-16	3000	3000	362.43	10	津市市
423	常德沱源保健品有限公司	合作	2004-9-20	3000	2100	199.34	10	石门县
424	常德富民房地产开发有限公司	独资	2004-9-22	5300	2650	320.55	50	武陵区
425	常德佳安房地产开发有限公司	独资	2004-9-24	10000	10000	1208.1	20	安乡县
426	常德楚邦中草药开发有限公司	合作	2004-10-18	826	826	100	10	石门县
427	常德柳叶湖畔体育度假村有限公司	独资	2004-10-26	12000	5000	604.1	50	市直
428	常德市鸿高科技有限公司	独资	2004-11-5	5000	2600	333.37	30	德山区
429	常德聚天置业有限公司	独资	2004-11-10	1280	900	108.74	10	市直
430	常德云天食品有限公司	合资	2004-11-10	6500	6500	439.78	50	鼎城区
431	常德滨河置业有限公司	合资	2004-11-16	15000	15000	1268.5	5	临澧县
432	富天服装开发(常德)有限公司	独资	2004-11-25	8000	6000	724.92	30	汉寿县
433	常德天盛电化有限公司	独资	2004-12-3	3300	3300	398.7	10	津市市
434	津市骏豪针织有限公司	独资	2004-12-6	1075	827	100	10	津市市
435	常德市威龙建设开发有限公司	独资	2004-12-8	5000	3000	362.46	20	武陵区
436	湖南三江电力有限责任公司	合资	2004-12-15	19944.5	19944.5	444	15	市直
437	骏鹰（湖南）陶瓷有限公司	独资	2005-1-12	5367	2693	345.2965	20	澧县
438	中瑞诚(常德)卫生用品有限公司	独资	2005-2-5	5000	2500	302.05	12	安乡县
439	湖南千足珍珠有限公司	合资	2005-3-29	1000	1000	120.82	50	市直
440	神农（湖南）生物技术有限公司	独资	2005-5-18	1240	868	105	20	市直
441	常德石门恒胜茶业有限责任公司	独资	2005-5-24	200	150	19.233	20	石门县
442	常德锋华农业综合资开发有限公司	合资	2005-6-3	100	100	12.082	10	市直
443	常德惠泰织造有限责任公司	独资	2005-6-14	1000	800	96.656	10	桃源县
444	湖南安福气门有限公司	独资	2005-6-30	1076.33	130.0422	130.0422	40	临澧县
445	常德牛力水泥有限责任公司	合作	2005-7-21	29772	29772	2000	15	桃源县
446	常德世光水泥有限公司	独资	2005-7-25	41400	12165	1469.7753	15	澧县
447	津市市友和燃气有限责任公司	独资	2005-7-28	1488	1488	180	10	津市市

续表 6-5-4-2

序号	项目名称	方式	批准日期	总投资（万元）	注册资本（万元）	港澳台商投资额（万美元）	年限	行政区域
448	常德湘大骆驼饲料有限公司	合资	2005-8-11	1400	1000	30.8263	30	德山区
449	中鼎（湖南）家俱产业有限公司	独资	2005-9-6	8110	6488	800	40	汉寿县
450	津市市新型发酵有限责任公司	独资	2005-9-13	1800	1800	221.94	10	津市市
451	常德松冠石膏有限公司	独资	2005-9-28	4866	4866	600	15	临澧县
452	常德泰兴房地产开发有限公司	合资	2005-9-28	1070	1070	33.291	30	市直
453	常德市天耀纸业有限公司	合资	2005-10-17	500	500	31.4415	30	汉寿县
454	常德金芙蓉（特种）纸业有限公司	合资	2005-11-4	600	600	29.592	10	市直
455	福森（常德）木业开发有限公司	独资	2005-11-11	8000	7300	900.09	30	汉寿县
456	欧达丹（常德）置业有限公司	独资	2005-11-22	5677	3081	380	20	武陵区
457	兆恒威勒（石门）钨业有限公司	合资	2006-2-17	1119	811	26	20	石门
458	湖南华纳房地产开发有限公司	独资	2006-3-10	15648	6259	771.78	50	市直
459	常德石门源恒化工有限公司	合作	2006-3-24	2433	1703	210	10	石门
460	湖南中泰特种装备有限责任公司	合资	2006-4-10	1000	1000	60.42	15	临澧
461	常德惠生肉类食品有限公司	独资	2006-4-19	1568	1097	135.31	10	武陵
462	湖南中宏房地产有限公司	合作	2006-4-19	8000	7000	782.02	10	澧县
463	常德石门协鹏针织有限公司	独资	2006-4-26	1463	1045	128.87	20	石门
464	常德月亮湖生态旅游园有限公司	独资	2006-7-3	1614	1614	200	50	鼎城
465	常德湘耀海泡石有限公司	独资	2006-8-1	16000	16000	2000	15	临澧
466	湖南置联箱包有限公司	合资	2006-8-23	1400	1000	31.03	10	德山
467	常德嘉丰针织有限公司	独资	2006-11-22	200	200	25.06	10	津市
468	常德港湘联合珍珠养殖有限公司	独资	2006-12-13	23840	9600	1200	12	市直
469	常德华油燃气有限公司	合资	2007-1-8	45000	11967	731.55	26	市直
470	湖南华油天然气输配有限责任公司	合资	2007-1-8	34620	14925	622.52	48	市直
471	湖南鹰鲲油墨化学品有限公司	合作	2007-3-26	2000	1400	105.25	15	武陵
472	常德集水复合材料有限公司	独资	2007-4-2	1546	1082	140	10	德山
473	常德鑫磊建材有限公司	合资	2007-5-24	500	500	51.46	15	石门

续表 6-5-4-2

序号	项目名称	方式	批准日期	总投资（万元）	注册资本（万元）	港澳台商投资额（万美元）	年限	行政区域
474	常德天利置业有限公司	独资	2007-7-3	19697	19697	2558	20	市直
475	常德陶然旅游有限公司	独资	2007-7-18	1000	1000	129.83	50	鼎城
476	湖南三升光电有限公司	合资	2007-7-31	10000	4000	155.8	20	德山
477	湖南铭裕无纺布有限公司	合资	2007-8-16	4000	2000	77.9	20	德山
478	常德柏力科技园有限公司	独资	2007-10-30	6267	6267	834.93	50	安乡
479	常德毅力能源有限公司	独资	2007-11-16	485	485	64.23	50	安乡
480	常德市世鸿生物科技有限公司	合作	2007-12-11	12000	4800	643.92		德山
481	湖南晋丽环保包装有限公司	合资	2008-6-12	1000	1000	99.8	30	汉寿
482	常德集水水务有限责任公司	独资	2008-9-18	4200	2100	300	30	澧县
483	湖南天洁纸业有限公司	独资	2008-12-22	6000	6000	878.7	20	安乡
484	湖南益丰大药房医药连锁有限公司	合资	2008-12-30	17252.5	6901	190.53	30	市直
485	常德中联环保电力有限公司	独资	2009-8-11	1000	1000	146.36	27	市直
486	湖南澳中耐寒桉树林业有限公司	合资	2009-8-25	4875	2500	186.61	30	市直
487	常德市腾祥新型建材有限公司	合资	2009-8-31	683	478	28	15	汉寿
488	湖南正阳科技有限公司	独资	2009-9-7	13660	5464	800	20	津市
489	常德德山电子科技有限公司	合资	2009-9-30	20476	10245	525	10	德山
490	湖南猎鹰教育投资管理有限公司	合资	2009-11-10	16600	1886.8	129.84	30	汉寿
491	常德汇景针织有限公司	独资	2010-1-7	176	176	25.81	20	桃源
492	常德湘澳中药材市场开发有限公司	合资	2010-1-11	1000	1000	102.45	20	武陵
493	胜美达电机（常德）有限公司	合资	2010-3-9	1233	881	32.24	50	德山
494	常德腾辉农业科技开发有限公司	合作	2010-3-19	33330	11270	1650	20	石门
495	湖南德昌牧业有限公司	合作	2010-4-16	10040	4098	600	13	安乡
496	常德湘澳医药物流开发有限公司	独资	2010-5-27	1700	1200	175.79	20	武陵
497	常德市惠宾大酒店有限公司	合作	2010-6-13	6720	6720	984.41	15	武陵
498	常德湘盈皮草服装有限公司	独资	2010-8-3	683	683	100	30	澧县
499	常德福源饲料有限公司	独资	2010-8-24	6816	6816	998	30	石门

续表 6-5-4-2

序号	项目名称	方式	批准日期	总投资（万元）	注册资本（万元）	港澳台商投资额（万美元）	年限	行政区域
500	湖南京盛农业开发有限公司	独资	2010-11-25	15026	6010	880	15	汉寿
501	常德德云纺织服装有限公司	合作	2011-4-2	33000	19800	3000	50	德山
502	安乡宝升制衣有限公司	独资	2011-4-8	119	85	12.84	15	安乡
503	湖南上水低碳旅游城投资有限公司	独资	2011-4-27	6600	1000	1000	30	市直
504	湖南欧亚碳纤维复合材料有限公司	独资	2011-5-11	25000	18000	2739.02	15	临澧
505	常德柏劲服装有限公司	独资	2011-6-2	759	531	80.5	20	德山
506	湖南金帛化纤有限公司	合作	2011-7-14	30000	10000	3956.37	30	德山
507	湖南盛华一力农业有限公司	合资	2011-7-15	3300	500	65	30	临澧
508	湖南津港实业有限公司	合资	2011-8-5	32670	18480	2520	30	津市
509	常德市利峰鞋业有限公司	合资	2011-11-14	3000	1500	119.7	10	桃源
510	湖南卡普吉诺建材有限公司	合资	2012-1-4	9625	3850	743.14	50	津市
511	常德柏力机电制造有限公司	独资	2012-1-5	408	408	64.29	50	安乡
512	湖南中锂新材料有限公司	合资	2012-1-10	15000	6000	63.09	30	德山
513	常德保艺源工艺品有限公司	独资	2012-2-6	25	25	4	25	鼎城
514	湖南杰进纺织有限公司	独资	2012-3-13	3240	1620	257.16	30	临澧
515	常德惠风农业科技有限公司	独资	2012-4-20	300	300	47.31	20	柳叶湖
516	常德旺鑫实业有限公司	独资	2012-6-5	18883	12589	2000	30	汉寿
517	湖南联艺戴姆斯纸业有限公司	合作	2012-7-17	37800	12600	2800	10	津市
518	湖南宏耀扬科技电子有限公司	独资	2012-11-19	57044	19015	3000	50	临澧

截至 2012 年年底，尚存外商投资与港澳台投资企业 70 家，详见表 6-5-4-3：

2012 年前尚在经营的外商或港澳台商投资企业统计表

表 6-5-4-3

企业名称	区域	企业类型	企业经营状况
湖南德佳娱乐有限公司	武陵区	中外合资企业	投产开业
湖南东汉房地产开发有限公司	汉寿县	中外合资企业	投产开业
湖南爱而发合金材料有限公司	常德经开区	外资企业	投产开业

续表 6-5-4-3

企业名称	区域	企业类型	企业经营状况
常德达门船舶有限公司	武陵区	外资企业	投产开业
荣祺食品罐头（汉寿）有限公司	汉寿县	外资企业	投产开业
常德金鹏印务有限公司	武陵区	中外合资企业	投产开业
常德威名家俱有限公司	桃源县	外资企业	投产开业
康哲（湖南）制药有限公司	澧县	中外合资企业	投产开业
湖南恒安纸业有限公司	武陵区	外资企业	投产开业
湖南德富房地产开发有限公司	汉寿县	中外合资企业	筹建
常德百江能源实业有限公司	武陵区	中外合资企业	投产开业
常德花山果林庄园发展有限公司	常德市	中外合资企业	投产开业
湖南中加国际水电有限公司	临澧县	中外合作企业	投产开业
湖南常德家居市场开发有限公司	武陵区	中外合资企业	投产开业
岩下荣祺食品（湖南）有限公司	汉寿县	外资企业	投产开业
伟明湘旺（常德）五金制品有限公司	汉寿县	中外合资企业	投产开业
湖南常德雄久保健品有限公司	石门县	外资企业	投产开业
常德向都实业有限公司	武陵区	中外合资企业	投产开业
湖南中泰特种装备有限责任公司	临澧县	中外合资企业	投产开业
特季（常德）轻纺有限公司	常德经开区	外资企业	投产开业
常德亿达食品有限公司	临澧县	外资企业	投产开业
湖南创元铝业有限公司	桃源县	中外合资企业	投产开业
湖南三江电力有限责任公司	石门县	中外合资企业	投产开业
常德丽之源洗浴广场有限公司	武陵区	中外合资企业	投产开业
常德金太阳科技林业有限公司	武陵区	外资企业	投产开业
湖南兆恒水电有限公司	石门县	外资企业	投产开业
常德纺织机械有限公司	常德经开区	中外合资企业	投产开业
湖南英仕达机械设备有限公司	汉寿县	中外合资企业	投产开业
湖南猎鹰教育投资管理有限公司	汉寿县	中外合作企业	投产开业
常德朗峰房地产开发有限公司	武陵区	外资企业	投产开业

续表 6-5-4-3

企业名称	区域	企业类型	企业经营状况
常德美华尼龙有限公司	临澧县	中外合资企业	投产开业
湖南千足珍珠有限公司	武陵区	中外合资企业	投产开业
常德石门恒胜茶业有限责任公司	石门县	外资企业	投产开业
常德湘大骆驼饲料有限公司	常德经开区	中外合资企业	投产开业
常德市天耀纸业有限公司	汉寿县	中外合资企业	投产开业
常德清蓝水务有限公司	常德经开区	外资企业	投产开业
常德中联环保电力有限公司	武陵区	外资企业	投产开业
常德新希望饲料有限公司	常德经开区	中外合资企业	投产开业
湖南恒安生活用纸有限公司	常德经开区	中外合资企业	投产开业
恒安（湖南）心相印纸业有限公司	常德经开区	中外合资企业	投产开业
常德大润发商业有限公司	常德市	外资企业	投产开业
常德集水复合材料有限公司	常德经开区	外资企业	投产开业
湖南鹰鲲油墨化学品有限公司	武陵区	中外合作企业	投产开业
常德新达鞋业有限公司	石门县	外资企业	投产开业
常德天利置业有限公司	武陵区	外资企业	投产开业
常德陶然旅游有限公司	鼎城区	外资企业	筹建
湖南铭裕无纺布有限公司	常德经开区	中外合资企业	投产开业
常德柏力科技园有限公司	安乡县	外资企业	筹建
常德毅力能源有限公司	安乡县	外资企业	投产开业
金州（汉寿）可再生能源有限公司	汉寿县	中外合资企业	筹建
湖南惠生肉业有限公司	常德经开区	外资企业	投产开业
凯发新泉自来水（桃源）有限公司	桃源县	外资企业	投产开业
常德湘美石膏建材有限公司	临澧县	中外合资企业	投产开业
益丰大药房连锁股份有限公司	常德市	外商投资股份制	投产开业
常德集水水务有限责任公司	澧县	外资企业	投产开业
胜美达电机（常德）有限公司	常德经开区	中外合资企业	投产开业
常德湘澳医药物流开发有限公司	武陵区	外资企业	筹建

续表 6-5-4-3

企业名称	区域	企业类型	企业经营状况
常德湘盈皮草服装有限公司	澧县	外资企业	投产开业
湖南卡普吉诺建材有限公司	津市市	中外合资企业	投产开业
湖南上水低碳旅游城投资有限公司	武陵区	外资企业	筹建
安乡宝升制衣有限公司	安乡县	外资企业	投产开业
湖南盛华一力农业有限公司	临澧县	中外合资企业	投产开业
常德市利峰鞋业有限公司	桃源县	中外合资企业	投产开业
常德柏力机电制造有限公司	安乡县	外资企业	筹建
湖南中锂新材料有限公司	常德经开区	中外合资企业	筹建
常德保艺源工艺品有限公司	鼎城区	外资企业	筹建
湖南杰进纺织有限公司	临澧县	外资企业	投产开业
常德惠风农业科技有限公司	武陵区	外资企业	筹建
湖南联艺戴姆斯纸业有限公司	津市市	中外合作企业	筹建
湖南宏耀扬科技电子有限公司	临澧县	外资企业	筹建

二、主要港澳台商投资企业

（一）常德金鹏印务有限公司：该司是由湖南中烟投资管理有限公司、常德芙蓉投资有限公司、香港贵联发展有限公司、深圳鹤韵投资有限公司共同出资设立的合营企业，批准成立于 1995 年 4 月，位于武陵区人民路 3368 号。该司注册资本 1.63 亿元，资产总额逾 12 亿元，占地面积 4.9 万余平方米，有员工 700 余人，年销售收入逾 20 亿元。

1998 年时的常德金鹏印务有限公司大门

该司历获“中国包装龙头企业”“中国包装产品定点生产企业”“国家高新技术企业”“中国印刷行业效益十佳企业”“湖南省纳税 50 强”“湖南省推进新型工业化先进单位”等省部级荣誉 80 多项，居中国印刷行业前 15 强，中国烟标印刷前 3 强。

该司先后建成国内第一个凹

印版辊自动化存储中心，引进亚洲第一台斯托拿高速烫金机及瑞士 BOBST 七色、八色凹印机、海德堡 8+2 胶印机、博斯特卷到卷高速烫金机、瑞士潘泰克 E-PACK850 烫金机、博斯特 SP102-SE 模切机、瑞典丝维亚滚筒丝印机等国际领先水平的印刷及后加工生产设备 70 台套。该司设备进口为主、国产为辅，年产能 250 万大箱。具有凹、胶、丝等多个门类印刷互补，全息防伪联烫、印刷联线压凹凸等印后关键技术。建有集研发、设计、制版、打样和检测于一体的现代化包装技术中心。先后受邀参与 QB/T3007-2008 “凹印纸基装潢印刷品”、“凹版印刷工职业标准”、“水性烟包凹印油墨标准”“凹印与胶印环保印刷标准”等多项国家行业标准的编写，被评为“湖南省知识产权优势培育企业”，公司技术中心被省经信委评为“省级企业技术中心”、被省科技厅评为“湖南省高端印刷与包装工程技术中心”。

公司具有自己特色的文化，即把企业文化的影响力深入到员工生活，形成金鹏人“包容共勉、和谐共进”的团队精神；致富不忘本，思进求发展，始终坚持诚信纳税；热心支持社会公益事业，定期组织员工开展“慈善一日捐”“爱心助学子”等活动，先后捐资建立 9 所希望小学，支持“新农村建设”、支持对口支援建设，累计捐赠各类款项 1500 多万元，被评为常德市“慈善大使”。

（二）湖南惠生肉业有限公司：该司是香港惠生肉类食品有限公司出资设立的港商独资企业，成立于 2007 年 12 月，位于常德经济技术开发区德山镇河家坪居委会四组。2011 年 9 月，该司以港资股权并购的方式被批准变更为港商投资企业，是一家从事生猪屠宰、肉类食品加工销售及生猪养殖的企业，是省农业产业化龙头企业、中国肉类协会理事单位、省肉类协会副会长单位、省食品行业联合会常务理事单位。

该司奉行“放心肉品，惠民济生”的企业宗旨，取得全国工业产品生产许可证（即 QS 证），通过了 ISO9001 国际质量管理体系、ISO22000 食品安全体系双认证；“歪脖脖”腊制品及冷鲜肉分别在中国湖南第八届、第十届（国际）农博会上获得金奖，“歪脖脖”被认定为“中国驰名商标”、“湖南省著名商标”。公司被省消费者委员会评为“保护消费者合法权益先进单位”，被省企业质量信用等级评定委员会评为省质量信用 AAA 级企业；

2011 年，公司被授予中国食品安全年会“食品安全示范单位”；2012 年，公司旗下的鼎城区石公桥镇生态猪养殖场被评为湖南省“生猪标准化示范场”，被市政府评为“2012 年度畜禽养殖环保先进企业”。

该司在鼎城区石公桥镇、临澧县杨板乡、桃源县陬市镇、青林乡共拥有 5 座生猪标准化养殖场。

（三）益丰大药房连锁股份有限公司：该司原为湖南益丰大药房医药连锁有限公司，由湖南益丰医药投资管理有限公司、高毅、湖南益之丰医药咨询管理有限公司、Capital-TodayInvestmentXV (HK) Limited、CapitalTodayInvestmentXIV (HK) Limite 共同出资，于 2008 年 12 月经批准设立的合营企业，注册地址位于武陵区人民路 2638 号。2011 年 8 月，公司变更为益丰大药房连锁股份有限公司。公司在湖南、湖北、上海、江苏、浙江、江西六省（市）开设810家直营医药连锁门店，位列全国连锁药店综合实力五强，是行业内少有的母公司与跨省子公司均实现盈利的公司。

公司奉行"平价、专业""一切以顾客价值为导向"的经营理念。2001年6月，该司首创中南5省"开架自选，平价销售"平价药品超市模式。2003年，公司改变供应链利益分配方式，让厂商把广告、营销和中间环节费用让利给顾客，创立顾客、益丰、厂商三方得利的"三得利"经营模式，由此发展至中南、华东，并取得在该地的市场领先地位。

公司引进国际领先的ERP信息管理系统和WMS物流管理系统，实现财务、业务、人力资源一体化信息管理，并建成行业内规模大、自动化、信息化的现代物流中心。

公司尝试多元化经营，从药品向保健食品、养生食品、个人护理、母婴产品等健康关联的商品延伸，让顾客一站式享受与健康相关联的商品和服务。

（四）湖南纺织机械有限公司：该司由经纬纺织机械股份有限公司、常德纺织机械厂、香港华明有限公司共同出资设立，批准并成立于2003年9月，注册地址位于常德经济技术开发区德山镇。公司占地25万平方米。

公司具有先进的技术装备，其产品包括KS系列高速经编机、GE272SM系列毛巾经编机、GE241Y系列贾卡提花经编机、E2268网类经编机、GE283A、E2281、E2291系列双针床经编机等7个系列的经编机；FA251E、FA256两个系列的棉精梳机；用于棉、毛、麻、绢、中长纤维的8大类26个产品的各系列摇架。

公司产品除在国内具有极大的销售市场外，产品还销往西班牙、意大利、英国、越南、印度、印度尼西亚、巴基斯坦等20多个国家。

该司处于国内同行业领先地位，为中国最大的纺纱摇架和经编机械、棉精梳机械的生产和销售基地。2000年，公司的YJ2及YJ4系列摇架被列入国家级火炬计划；2001年，公司的新型摇架、KS系列高速经编机、E2281及E2291系列经编机被评为湖南省高新技术产品；2002年，公司被湖南省认定为高新技术企业。

公司贯彻GB/T19000-2000质量管理体系标准，在为顾客提供先进的、可靠的、安全的、满意的产品的同时，为顾客提供安装、调试、培训、咨询等技术服务。

第五节　商会

常德市委、市政府成立由主要市级领导任主任的常德异地商会和异地常德商会协调委员会，安排有专人负责异地常德商会与常德异地商会的服务协调工作。2012年9月，市委、市政府下发《关于进一步加强常德商会建设的通知》，文件指出：大力支持常德商会发展，鼓励常德商会及其会员企业在常德投资兴业并提供优惠与支持。从20世纪90年代开始，一批敢想敢闯的常德人纷纷外出经商，随着经济的发展，一批优秀的德商企业取得成功。截至2012年年底，常德在全国各地成立的常德异地商会有13家，全国各地在常德成立的异地常德商会9家。

一、商会名录

（一）常德在外地成立的商会

常德外地商会统计表

表6-5-5-1

商会名称	成立时间	姓名	商会职务	单位及职务	籍贯
山东省湖南商会		蒋军	会长	中国姜仔鸭企业集团总裁	常德
新疆湖南商会		万超	会长	新疆寰欣矿业投资有限公司董事长	常德
青海湖南商会	2010-06	余湘军	会长	青海余亿房地产有限公司董事长	常德
山西省湖南商会		伍育刚	执行会长	太原味知源酒店管理有限公司董事长	鼎城
杭州市湖南商会		侯义华	会长	杭州格格数码科技有限公司董事长	常德
包头市湖南商会	2011	万必国	会长	包头市联压机械公司董事长	常德
上海市常德商会	2008-06-18	何绍军	会长	上海东方雨虹防水技术有限责任公司董事长	桃源
		方世毕	执行会长	上海东方雨虹防水技术有限责任公司总经理	桃源
		戴正玉	常务副会长兼秘书长	常德市政府驻上海联络处副主任	临澧
		林泽华	常务副会长	江苏阳澄湖大闸蟹股份有限公司董事长	武陵
深圳市常德商会	2007-06-01	李元成	特别顾问	深圳警备区原副司令	桃源
		赵志宏	名誉会长	深圳市金利源投资发展有限公司董事长	鼎城
		罗祖明	会长	深圳市金晟安智能系统有限公司董事长	武陵
		王桥立	常务副会长	深圳市三升高科技股份有限公司董事长	武陵
		辜中云	常务副会长	深圳市良田科技有限公司董事长	鼎城
		梁白苹	常务副会长	深圳市鹏玥投资有限公司董事长	武陵
		刘海宁	常务副会长	深圳市居众装饰工程有限公司董事长	武陵
		薛建宏	常务副会长	深圳市齐普生技术有限公司董事长	汉寿

续表 6-5-5-1

商会名称	成立时间	姓名	商会职务	单位及职务	籍贯
		覃元清	常务副会长	深圳市博益宏光电科技有限公司董事长	桃源
		袁军	常务副会长	华亨国际置业（深圳）有限公司董事长	武陵
		宋冠毅	常务副会长	湖南武陵酒业有限公司董事长	临澧
		刘敏	常务副会长	深圳市中天超硬刀具有限公司董事长	武陵
		石志超	秘书长	深圳市常德商会秘书长	鼎城
东莞市常德商会	2011-7	佘协红	会长	东莞市铭裕鞋材有限公司董事长	桃源
		王羽刚	监事长	东莞市利俊商贸有限公司总经理	津市
		凌世雄	常务副会长	东莞市宸跃鞋业有限公司总经理	鼎城
		龙树初	常务副会长	东莞站胜模具有限公司董事长	桃源
		罗诗境	常务副会长	东莞市海顺皮革有限公司总经理	武陵
		毛志龙	常务副会长	东莞市俊达装饰有限公司总经理	桃源
		聂东华	常务副会长	东莞市联升电线电缆有限公司总经理	安乡
		覃道炯	常务副会长	东莞市佳美滤清器有限公司总经理	石门
		周小文	常务副会长	东莞市中堂广阳化工涂料厂总经理	汉寿
		李良玉	常务副会长	东莞市德彩德五金有限公司总经理	柳叶湖
		张鸿	秘书长	东莞市世界鞋业总部基地有限公司总经理	津市
昆明市常德商会	2007-12	张国武	会长	云南绿洲装饰材料有限公司董事长	武陵
		瞿鑫	名誉会长	云南日鑫纸业有限公司董事长	安乡
		张银生	常务副会长	昆明老来寿生物技术有限公司董事长	安乡
		程恒林	常务副会长	昆明诚力成套电气有限公司董事长	临澧
		金旺	秘书长	昆明盛瑞快捷酒店董事总经理	汉寿
厦门市常德商会	2010-06	袁万忠	会长	厦门实权能源管理有限公司董事长	鼎城
		李万喜	名誉会长	厦门鼎喜房地产开发有限公司董事长	鼎城
		王琴	秘书长	厦门市常德商会秘书长	鼎城
		吴华珠	副会长	厦门叁德利化工有限公司总经理	津市
		周国浩	副会长	厦门鑫烨盛能源科技有限公司总经理	安乡
		王平	副会长	昆山英建机电工程有限公司工程部总经理	临澧

续表 6-5-5-1

商会名称	成立时间	姓名	商会职务	单位及职务	籍贯
		刘宏阳	副会长	厦门东发兴进出口有限公司董事长	鼎城
珠海常德商会	2010-12	覃佐堂	会长	珠海警备区原政委、中共珠海市委原常委	澧县
		魏天赐	常务副会长兼秘书长	中铁二十五局集团珠海分公司副总经理	桃源
		张苏成	常务副会长	珠海市鼎胜胶粘制品有限公司总经理	桃源
		杜伟清	常务副会长	珠海市顶辉印刷有限公司董事长	桃源
		唐君才	常务副会长	珠海固得焊接自动化设备有限公司总经理	鼎城
		梁兴业	常务副会长	珠海市业佳精密橡胶制品有限公司董事长	鼎城
		陈玉	常务副会长	珠海市圣迪服装有限公司董事长	汉寿
		文林	常务副会长	珠海市林顺机电有限公司总经理	桃源
		熊成华	常务副会长	珠海一特自动化设备有限公司总经理	鼎城
		刘玲芳	常务副会长	广州凌瑞电气有限公司总经理	鼎城
		覃业庆	常务副会长	湖南天鉴工程项目管理有限公司总经理	石门
		曾东初	常务副会长	珠海市京师园林绿化工程有限公司总经理	鼎城
		李世民	常务副会长	珠海市文华酒店有限公司总经理	安乡
		向艳	常务副会长	杉德银卡通信息服务有限公司总经理	鼎城
		张仕华	副会长	深圳发展银行珠海分行行长	鼎城
		郭文芳	副会长	珠海瑞联商用家具有限公司总经理	桃源
		丁厚爱	副会长	珠海嘉雄包装材料有限公司总经理	安乡
		陈永辉	副会长	中国工商银行吉大支行行长	武陵
		王剑	副会长	中国工商银行珠海五洲支行行长	津市
惠州市常德商会	2011-08-28	杨永忠	会长	TCL 长江监理公司总经理	鼎城
		张良臣	秘书长	前程文化传播公司总经理	临澧
		余宗儒	常务副会长	惠州市金迪实业发展公司总经理	津市
		朱七一	常务副会长	惠州市超智能电子公司总经理	鼎城
		雷国平	常务副会长	惠州市湘西酒楼总经理惠州国泰电子公司	桃源
		陈超	常务副会长	惠州家和实业有限公司总经理	汉寿
		梁兴业	常务副会长	珠海市业佳精密橡胶制品有限公司总经理	鼎城

续表 6-5-5-1

商会名称	成立时间	姓名	商会职务	单位及职务	籍贯
		吴春芳	常务副会长	惠州鹏鑫信用担保有限公司总经理	桃源
		唐英	常务副会长	惠州唐韵装饰材料有限公司总经理	鼎城
		戴志军	常务副会长	惠州湘澧化工有限公司总经理	澧县
		李君	常务副会长	博罗县淇虹和泰电子有限公司总经理	武陵
		黄贤军	常务副会长	惠州新世界大酒店会所中心总经理	桃源
衡阳市常德商会	2009-5	高邵巨	名誉会长	中共衡阳市委组织部原常务副部长	汉寿
		周瑞华	名誉秘书长	衡阳日报社衡阳晚报广告部副主任	桃源
		李泽振	会长	衡阳市华丰水电安装有限公司总经理	澧县
		符韬	常务副会长	衡阳市金涛冶金机械电器有限公司总经理	桃源
		麻英杰	副会长 兼秘书长	衡阳市建筑防水工程有限公司总经理	鼎城
广东省常德商会	2011-11-29	罗志祥	会长	香港金辉实业有限公司董事长	安乡
		刘丽英	秘书长	广州军区东山宾馆原党委书记	武陵
		万俊华	常务副会长	广州粤旺农业有限公司董事长	澧县
		王焕庆	常务副会长	广州名铸珠宝有限公司董事长	澧县
		水群强	常务副会长	广州市翔龙集团常务副总	澧县
		刘太平	常务副会长	广州楚天颜料化工有限公司董事长	汉寿
		刘德明	常务副会长	深圳正桥电子有限公司总经理	汉寿
		辛和平	常务副会长	深圳市金宇宙光电有限公司董事长	澧州
		周文东	常务副会长	广东溢高置业有限公司总经理	常德
		周文清	常务副会长	广东南安消防工程有限公司总经理	汉寿
		胡强明	常务副会长	广东长融投资股份有限公司董事长	澧县

（二）外地在常德成立的商会表

外地企业在常德成立商会统计表

表 6-5-5-2

商会名称	姓名	商会职务	单位及职务	成立时间	商会名称	姓名	商会职务	单位及职务	成立时间
温州商会	王国云	会长		2002-07-20	河南商会	王志江	会长		
邵阳商会	舒新飞	会长		2004-04	衡阳商会	周传家	会长		

续表 6-5-5-2

商会名称	姓名	商会职务	单位及职务	成立时间	商会名称	姓名	商会职务	单位及职务	成立时间
台州商会	叶锦文	会长		2008-03	泉州商会	李建流	会长		
益阳商会	李志兵	会长		2010	福建商会	张国友	会长		
湖北商会	伍祖成	会长			川渝商会	汤礼廉	会长		
江苏商会	丁来华	会长							

说明：商会名称前均冠有“常德市”3字，表中已省略。本志关于外地在常德成立的商会的信息不全，详尽资料见于市工商联的志书

二、商会主要活动

为了回报家乡或支持当地的建设，异地商会为当地的经济发展做出了很大的贡献。主要有：

珠海常德商会引进资金5.2亿元，回乡建立油茶新造、物联网电子配件及服装生产基地；广东省湖南常德商会引进9.95亿元用于养殖、善德防洪大道及外滩综合治理等工程；东莞市常德商会会员企业投资3.2亿元用于常德的东莞工业园以及加工制造等项目的建设；上海市常德商会引入4.25亿元用于酒店及广场等工程建设；深圳常德商会引进17.47亿元用于机电制造、矿产、物流等项目建设。

2004年6月，市工商联先后组建常德温州商会、常德邵阳商会、常德台州商会、常德益阳商会、常德河南商会、常德福建商会等9家常德异地商会，会员总数达2500多人。数年来，几家常德异地商会协助常德市政府招商引资，先后引进了久光国际商厦、浙商广场、水星楼等项目，共为常德引资200多亿元。

三、主要商会简介

2007年6月1日深圳市湖南常德商会成立

（一）深圳市常德商会：为第一个异地常德商会，2007年6月1日成立。成立大会在深圳市彭年酒店召开，时任常德市委副书记、代市长卿渐伟率团到场祝贺。深圳市金晟安科技有限公司董事长罗祖明当选会长。该会会员企业近300家，广泛分布在科技、电子、机械、五金、地产、投资、装饰、贸易、物流、珠宝、酒店、餐饮、娱乐等领域，资产总规模近1500亿元。会员

企业中有国家级和深圳市高新技术企业20家，具有深圳市、广东省、国家知名品牌16个，国内外发明专利、著作权1000余项，企业从业人员近4万人。在深圳的常德籍人士30多万，创办各类企业3000余家。该会设立的“种子基金”是常德市异地常德商会的第一只基金。该基金以罗祖明会长、刘海宁执行会长、袁军执行会长为主要发起人，初期规模3000万元，主要投资方向有2个，一是扶持商会中小微企业的发展，二是与银行捆绑合作做投资开发项目。

该会成立7年来，先后组织20多家会员企业到常德投资兴业，促进20多个项目的成功合作，金额达3亿多元。会长罗祖明在常德经开区投资建设湖南金晟安科技有限公司；常务副会长王桥立投资建设湖南三升光电产业园；常务副会长辜中云投资建设湖南华富高科有限公司；常务副会长刘敏投资建设湖南中天精密工具有限公司；常务副会长宋冠毅回常德扛起复兴武陵酒业的大旗，建成千亩万吨酱酒工业园项目；名誉会长蔡得在做大做强金鹏凹印的同时，投资建设体育生态园；名誉会长胡素文在常德投资多个房地产项目。

该会组织会员企业参与社会公益和慈善事业，2008年为常德冰灾捐助款物155万余元；

2012年，商会为常德市慈善总会“真爱慈善人间情”大型慈善募捐晚会捐助现金100万元；

赵志宏名誉会长捐款支持家乡新农村建设，捐资助学800多万元。常德籍在深圳的企业和人士共为常德等地捐款5000多万元。该会由此两次荣获常德慈善奖。

（二）昆明常德商会：2007年12月经昆明市相关部门批准成立，瞿鑫当选会长。2006年6月，市长陈君文在参加“9+2”会议期间，向参加会议的常德籍人士提出建立昆明常德商会的建议，得到云南日鑫纸业有限公司总经理瞿鑫、长沙神宇建筑防水防腐公司昆明分公司总经理孔令华等在滇的湘籍各界人士的响应。

该会成立后，在短短的5年时间内，来自常德商界的200多家企业成为其会员，这些企业的经营范围涉及造纸、房地产、汽车、矿业、种植、餐饮、木材加工、保健品研发、对外贸易等行业，为昆明的新经济建设起到了推动作用。该会会员分布在云南全省和东南亚的老挝等国家，从事钻探设备、林业开发、办公用品、旅游机票、酒店投资等各个行业，解决社会就业人员近万人，每年为国家上缴税收近千万。

2011年11月18日，该会承办由常德市政府主办的第一届异地常德商会会长联谊会。副市长朱晓平与会。

2012年，云南遭受严重旱灾，该会把抗旱救灾当作商会工作的重中之重，在会长瞿鑫的号召下，商会各企业会聚一堂，踊跃捐款，并为楚雄州双柏县大麦地中心校普龙小学修建水池和水管，解决了学校师生的用水问题。

（三）上海市湖南常德商会：2008年6月7日成立，上海文峰国际集团总经理陈星被推选为该会会长，邱正安、陈爱国等被选为常务副会长，许宁、张佳佳等被选为副

2008年6月上海市湖南常德商会成立大会及与会人员合影

会长。

该会有注册会员120多家，行业涉及机械制造、科技互联、地产开发、美容美发、医药生物、品牌连锁等众多领域。商会知名企业有东方雨虹防水技术公司、上海泓鑫置业公司、中建七局上海公司、文峰美容美发集团、爱建证券公司、热风投资有限公司、上海益丰大药房公司、上海创图网络科技公司、上海嘉宝莉涂料公司等。

陈巍担任常德上海商会执行会长和上海湖南商会常务副会长期间，关心家乡建设，代表公司捐款修路、修桥、建养老院，排灌站、学校，累积上千万元。2008年四川汶川地震捐款500万元。

（四）厦门市常德商会：2010年6月成立，袁万忠当选为会长。常德有近10万人在厦门经商、务工，其中常德人在当地注册的公司达100多家。该会有企业会员50多家，会员分布在光电、生物工程、地产、卫浴、对外贸易等多个行业，并在各自领域取得较为突出的成就。像M90醇化油厨用燃料项目、节能路灯改造项目等都是会员企业的创作。每年中秋、春节期间，该会都会邀请厦门常德籍领导、各商会会员的亲朋好友参与商会联谊活动，联络感情，交流信息，共谋发展。该会建有商会QQ群，通过这个平台，让会员企业资源、信息共享，加强相互沟通。会员企业遇到难题，都可以在群里寻求帮助，商会也由此在第一时间了解各会员企业的情况。

该会投身各项公益活动，经常慰问工人、军人等，给家乡的学校、村镇捐款。

该会在发展壮大中，会员企业涉及的领域增加工业、餐饮、光电等。如其会员单位厦门鑫烨盛能源科技有限公司，就是一家专门从事醇基液体燃料、该燃料的添加剂及其相关设备的研究、生产、销售、服务的高新技术企业。该司在新能源领域产学研结合，不断提升核心技术创新能力，实现了醇基液体燃料的高效低污染燃烧，开创双燃料燃烧新工艺，取得低碳醇清洁能源产业化系列成果，先后获得12项国家实用新型专利授权和2项国家发明专利。2010年，该司自主研发的M90醇化油厨用燃烧项目，获得厦门市科技局创新资金支持。

2011年，该会企业和亳州市城投公司及台商共同投资成立安徽实权光电科技有限公司，专注于LED大功率研发、生产、销售的高新、节能、环保型科技项目。公司建于工业园的项目总投资10亿元，占地25.21亩，总建筑面积26万平方米，成为安徽最大的工业企业。该司自主研发的大功率陶瓷复金属路灯处于国际先进水平，已申请全球国际专利；该司已在世界领域内率先掌握LED核心技术，其照明电源攻克早期LED负电容效应，使得光源能够稳定长时间工作。且已通过CCC、CQC、ISO9001、ISO14001等相关荣誉资质认证，并已面向北美、欧洲、亚洲、中亚及非洲地区主要客户供应产品。该司在全国多个城市承接节能路灯改造项目，节省大量电能，2011年即与亳州市政府签订安装6万盏节能路灯的合同。

2012年8月，该司启动自主开发LED植物生长灯项目，该项目是植物通过所需光谱的LED灯照射，促进其生长，缩短生长周期一半以上，用于花卉则可延长2~3倍花期。

（五）珠海常德商会：2010年年底批准成立，2011年1月6日在中国人民解放军珠海警备区军人大礼堂召开成立大会，覃佐堂任会长。该会有会员企业160多家，其中会员单位91家，理事单位44家，副会长单位7家，常务副会长单位18家。该会会员企业遍布珠海全市，涵盖几十个行业，安排就业岗位近3万个，年纳税过10亿元。该会为家乡常德做出的贡献主要有：向常德市慈善总会捐款人民币20万元；执行会长梁兴业、常务副会长陈玉、文华3位带头回常德投资，其项目总额近5亿元。

珠海常德商会回乡投资考察座谈会

该会党委被评为先进基层党组织，商会组织被授予“先进单位”称号，该会所办《珠海德商》被授予优秀会刊称号。

该会于2010年年初筹备商会的同时组建商会党委，是珠海市社会组织中率先建立党委的商会，有正式党员113名，商会党委在会员企业中建立14个支部委员会，已培养并接纳12名企业家加入中国共产党。

（六）惠州市常德商会：2011年8月28日正式注册成立，杨永忠被推选为会长。该会有会员单位188家，这些企业从事电子、化工、制鞋、服装、房地产、餐饮、装饰、教育、机械、能源等行业，每年为惠州市缴纳各项税费5亿元以上。

该会成立后组织公益慈善活动20多次：资助贫困母亲、清洁高榜山、救助患病学生、

惠州市常德商会回乡参观考察团合影

慰问见义勇为英雄、探望敬老院老人等。

2006年9月，杨永忠会长与湖南省政府驻惠州办事处主任李长陵共同奔走，捐款捐物在湖南省益阳市建了一所希望小学；2008年得知家乡鼎城区十美堂学校改造，杨永忠主动提出捐赠10台TCL电视机；2008年四川汶川发生地震后，杨永忠第一时间随惠州援助汶川救援队奔赴灾区，义务参与抢险救灾和灾区重建工作；2011年11月，惠州学院举办65周年校庆，杨永忠个人以商会的名义捐款2万元；2012年3月，杨永忠带领部分会员到惠州博罗县观音阁敬老院慰问，并送去慰问金6000元；4月，杨永忠从报纸上得知桃源籍老乡在惠州仲恺高新区见义勇为受伤住院时，马上带领商会部分骨干前往医院探望，并送去慰问金4000元；10月，在收到常德市慈善总会、常德市民政局主办的“真爱慈善人间情”——常德市大型慈善募捐晚会的邀请信后，该会召开会长会议，决定捐资100万元在常德市建造一所乡镇敬老院。

该会还专门与惠州知名公益组织——惠州微笑爱心扶老助学会结对，与其一起举行公益活动。2012年3月，商会就与微笑爱心扶老助学会举行“学雷锋、环保行、清洁高榜山行动”。

该会常务副会长朱七一，1998年创立惠州市超智能科技发展有限公司，系拥有10多个智能系统软件自主产权的广东省高新技术企业。近10年来，朱七一为社会公益慈善事业捐款近80万元。

该会的名誉会长企业惠州中京电子科技股份有限公司，先后设立惠州市PCB工程技术研究中心、广东省PCB重点工程技术研究开发中心，2007年被评为广东省高新技术企业，2009年被认定为国家高新技术企业、中国印制电路板百强企业。2011年5月，中京电子首次公开发行A股，并且在深交所中小板上市。

湖南海外联谊会常务理事、深圳湖南商会常务副会长、深圳常德商会名誉会长、惠州市女企业家协会副会长、惠州市常德商会顾问梁白苹，与海南天拓房地产开发有限公司合作，斥资7亿元开发大亚湾菩提园；她曾在北京、深圳两地分别斥资4000万元开发房地产项目；为响应国家节能减排、低碳环保产业的政策，梁白苹斥资500多万元研发“聚丙撑碳酸酯（PPC）水发泡”和“三元复配可完全生物降解的聚乳酸型复合材料”。

（七）广东省湖南常德商会：2011年11月底经广东省民政厅批准正式成立，罗志祥董事长当选会长。12月29日在广州举行挂牌仪式，新华社、南方日报等主流媒体亦对该会的成立给予关注。该会拥有会员企业300多家。常德人在广东创办的企业近800家，提供就业岗位10万多个，经营范围涉及农业、金融、化工、信息、房地产、机械制造、服务业等。

2008年，罗志祥在常德创立湖南鸿昌房地产开发有限公司，开发了两个楼盘。

该会专门成立有创业基金会，旨在帮扶一批能力强、有思想、大胆创业的常德人创业发展。

（八）常德市温州商会：2002年7月20日成立，是在常德的温州籍人士共同组织的具有法人资格的非营利性民间社团。成立以来，该会坚持政治育会、服务立会、自律强会、和谐兴会。

该会成立时有会员近200名，大会选举出第一届理事会成员37名，王国云当选为会长。温州籍人士在常德的投资总额超过200亿元，涉及工业、房地产、矿产开发、化工、商业流通、服务业、加工业等十多个领域，形成了以商业、房地产和工业为主的三大板块。

商会成立后，为会员及温州籍人士解决各类纠纷、维护合法权益800余件，挽回经济损失500多万元。该会还开展融资服务、培训服务、信息服务和亲情服务。商会注重引导会员常怀感恩之心和慈善之心，参加扶贫帮困等光彩事业活动，成立以来共组织各种爱心公益活动60余次，累计向社会捐款捐物达500多万元。

该会党支部先后被评为全省“两新”组织深入学习实践科学发展观活动先进单位、全省非公先进基层党组织和全市先进基层党组织。会长王国云先后被评为常德市优秀中国特色社会主义事业建设者和常德市十佳政协委员。

（九）常德市邵阳商会：成立于2004年4月（原名为常德市宝庆商会，2007年1月更名为邵阳商会）。第一届（2004–2005）会长刘义祥，第二、三届（2006–2010）会长刘代礼，第四届（2011–）会长舒新飞。

该会会员人数从最初的十几人发展到上万人；邵商企业从1000多家，发展到2700多家。在常邵商主要分布在鼎城区武陵镇桥南市场（约2000余家，1万多人），另在市场外围的家电城、副食城、隆阳路、大湖路、五运车站、商贸城以及江北武陵区火车站大市场、汽车北站、步行街等地亦有分布。常德邵商80%以上经营商贸业，以五金、家电、服装、小商品居多；经营房地产、金融、农副产品深加工和生产企业者不到20%。

商会建有党支部，主办刊物《常德邵商》。

前商会党支部书记周德权，最初来到常德时，一穷二白，从购买一些纸、笔等文化用品摆地摊做起，发展成为常德最大的文体用品批发、零售商。

常德邵商的优秀知名企业有五金机电城（常德市鼎城区桥南大市场的五金家电销售，邵商占有一半的份额）、名郡国际、嘉美置业、亮万家、华盛物业、捌海公馆、信和小贷公司、华丰小贷公司、信达油品公司等。

邵商有20多人担任当地政府和地方的社会职务，有人大代表、政协委员、优化经济环境监督员等。

由常德邵商自筹资金建设的湘西北五金机电交易中心坐落于鼎城区武陵镇桃花源路，毗邻金霞路、物流园及桃花源机场，是一座专业化、规模化的五金机电城，占地面积223亩，总投资达6亿元。该中心为五金机电一站式商贸交易服务平台，将市场、交易、办公、仓储、流通进行融合，包含湘西北国际五金机电城、邵商大院、邵商俱乐部、邵商养老院。

2005年，桥南市场发生大火灾，该会组织资金100多万元，大米20多吨，食油500多公斤，杀猪20多头，慰问受灾户800多户。2008年，四川汶川地震，商会组织会员赈灾募捐，筹集资金20多万元送到汶川灾民手中。

10年来，邵商们为1000多户4000多人解难解困，帮助过500多名孤寡老人和儿童，200多名贫困学生等，共为社会公益事业捐款近1000万元。

商会自成立以来，多次被市工商联评为先进单位；2012年6月省委授牌，评该会为全省非公有制经济组织创先争优先进单位。

（十）常德市台州商会：2008年3月成立，叶锦文为会长。该会第一批吸纳会员60人，数年发展，其在常德各区县（市）的会员已经发展到1万多人。

会员企业分布于房地产、机电、塑料制品、服务业、商品流通等十多个行业。商会在常德的投资项目有：柳叶湖梦幻桃花岛、临澧县月亮湾桥建设、安乡县香港步行街改造工程、常德桥南隆腾物流园、金龙电机在常德经济技术开发区新建厂房等。

该会2008年、2010年、2011年3次被常德市总工会、常德市工商联评为先进基层组织；商会党支部2010年被常德市委组织部评为全市创先争优先进基层党组织。

(十一) 常德市益阳商会：2010年成立，后又成立桃江、沅江、南县、安化、益阳五个分会，会员达300余人，涉及企业200余家。

李志兵会长为常德东方旭机电设备有限公司董事长，湖南省高城消防有限公司常德分公司总经理，湖南天源置业有限责任公司董事长以及常德市鑫圆企业合作社有限责任公司董事长，同时担任市工商联副主席以及市人大代表，获得过第四届“常德市优秀中国特色社会主义事业建设者”荣誉称号。商会获得过“常德市先进商会基层组织”荣誉称号。

该会每年“八一”期间，都会主动给市消防官兵送温暖；在常德市委办、市政府办、市慈善总会、市民政局、市民间组织管理局开展的“真爱慈善人间情”慈善募捐活动中，捐献善款100万元。

商会党支部于2011年9月成立，有党员13人。

(十二) 郴州市常德商会：至2012年年底，在郴州的常德籍客商逾1800人，其中高层管理人员近百人。商会拥有600余会员，理事会成员100多人，副会长、常务副会长20

人。商会会员经营企业160余家，其产业覆盖房地产、高新科技、信息、餐饮、能源、制造等数十个行业。该会会长张华，为常德市慈善总会捐赠善款15万元，商会其他爱心人士捐款37万元。

第七篇　服务经营

服务经营具有宽泛的经营内容，包含宾馆（酒店）、餐饮、美发、洗浴、照相、拍卖、典当等大类，本篇除了对这些经营进行记述之外，还用专章记录以科技、资金等手段对企业的扶持和服务。

第一章　宾馆与餐饮

第一节　宾　馆

一、经营概貌

1986 年后，常德地区新建旅社客容量较前 10 余年增加 1 倍多，服务设施得到改善，一般旅社房间都配有电扇、电视机；高级招待所、饭店和宾馆客房一般都装有彩电、电话机、空调器、卫生间；单人间、双人间和三人间客房比重大为增加。

20 世纪 90 年代，常德流动人口增多，原有的旅社接待能力已不适应形势发展的需要，出现国家、集体、个体、企事业单位争办旅店、宾馆的热潮，一批以单位投资兴建的装修豪华的高档宾馆、酒店遍布城区，住宿价格一般在 100~300 元间。

1989 年 2 月 25 日,湘北工贸总公司与香港富隆实业有限公司合资投入 700 万元创办市城区第一家宾馆——德晖宾馆,1990 年 9 月 1 日正式营业。

1995 年，常德城区有旅社、招待所、宾馆 100 多家，共有床位 7825 个，各区县(市）党政机关办的招待所也纷纷扩大规模，更新设施，升级为宾馆并对外开放。

1998 年，市城区由市工商银行投资的星级宾馆华都宾馆建成，尔后芙蓉大酒店、八百里、金海、凯利、宏达等 20 多家集商务、住宿、娱乐为一体的大型宾馆、酒店陆续建成营业。大型宾馆、酒店均配有商务包房、行政包房、标准房、KTV 包厢。房间一般都配有空调、高档席梦思床、彩色电视机、电话、高档卫生间，并提供美容美发、按摩、茶饮、咖啡服务，住宿、商务、娱乐一体化。

2004 年，全市拥有星级（限额以上）宾馆、酒店 31 家，其中四星级 2 家，三星级 6 家，从业人员 3506 人。

2011 年，全市拥有星级（限额以上）酒店、宾馆 50 家，其中五星级 4 家，四星级 8 家，三星级 13 家。当年全市住宿业零售额 8 亿元。2012 年星级（限额以上）酒店、宾馆 49 家，全市住宿业零售额 9.7 亿元。

城乡个体私营旅馆业部分年份经营统计表

表 7-1-1-1

年份	经营户数	从业人员	收入（万元）	年份	经营户数	从业人员	收入（万元）
1995	1868	5934	2328	1999	1105	2618	7285
1996	1562	3507	3388	2000	659	1732	5358
1997	1723	4070	3860	2001	567	1306	5823
1998	1812	5217	7393				

常德市部分年份星级（限额以上）住宿企业经营情况表

表 7-1-1-2

年份	企业数（家）						年末从业（人）	营业额（万元）
	合计	五星级	四星级	三星级	二星级	其他		
2004	29		3	10	16		3506	20310.5
2005	31						3445	23268.3
2006	30						3643	21916.8
2007	40						3944	25897
2008	41						4635	36748.7
2009	41		4	17	12	8	5726	41696.5
2010	42		4	17	12	9	5521	47701.6
2011	42	1	4	17	10	10		48995.6
2012		2	3	24	23			

常德市星级以上宾馆（酒店）情况表

表 7-1-1-3

星　级	企业名称	地　　址
五星级	常德共和酒店	武陵区柳叶湖旅游度假区
	常德澧县瑞高酒店	澧县运达路 88 号
四星级	常德金龙玉凤饭店	武陵区武陵大道北段 877 号
	常德市顶贯天逸大酒店	武陵区柳叶大道 2555 号
	常德中瀚假日国际大酒店	武陵区人民中路 1958 号

续表 7-1-1-3

星级	企业名称	地址
四星级	常德华天大酒店	武陵区武陵大道 98 号
	常德新亚柳叶国际大酒店	武陵区建设中路与高山街交汇处
	常德国际大酒店	武陵区武陵大道 686 号
	常德金悦国际大酒店	武陵区沅安东路 433 号
	常德芙蓉大酒店	武陵区洞庭大道 199 号
	常德石门县尧业国际大酒店	石门县宝峰开发区梯云中路
	常德八百里大酒店	武陵区洞庭大道 721 号
三星级	常德清真第一春宾馆	武陵区人民路 1503 号
	常德宏大宾馆	武陵区武陵大道 359 号
	常德雅康大酒店	武陵区洞庭大道 3550 号
	常德九重天大酒店	武陵区人民路 69 号
	常德新世界大酒店	武陵区人民东路 219 号
	常德托斯卡纳大酒店	武陵区柳叶大道东方美景花园
	常德汤臣万豪酒店	武陵区武陵大道南段 103 号
	常德长鹰国际大酒店	安乡县香港路商务步行街 19 栋
	常德朗延威斯汀酒店	武陵区人民中路 99 号
	常德汉寿县清水湖国际会议中心	汉寿县清水湖
	常德假日大酒店	武陵区柳叶大道中段 1113 号
	常德金钻新天地大酒店	武陵区金钻广场 A 座
	常德德华宾馆	武陵区洞庭大道 117 号
	常德金沙大酒店	武陵区武陵大道 438 号
	常德尚城酒店	武陵区洞庭大道 1655 号
	常德美景宾馆	武陵区武陵大道 326 号
	常德紫云天商务酒店	武陵区武陵大道中段紫云天大厦
	常德凯悦大酒店	武陵区武陵大道北段 19 号
	常德鼎喜万和大酒店	武陵区洞庭大道 3008 号
	常德华京大酒店	鼎城区武陵镇善卷中路

续表 7-1-1-3

星 级	企业名称	地 址
三星级	澧县星香源国际大酒店	澧县澧州大道 897 号
	常德桃源花园大酒店	桃源县漳江镇漳江中路 44 号
	汉寿县云鼎大酒店	汉寿县龙阳镇芙蓉中路 312 号
	常德临澧天鹅湖大酒店	临澧县安福东路 97 号
	澧县维多利亚豪美大酒店	澧县解放中路与澧州大道交汇处
	常德泓利商务酒店	常德市西洞庭管理区祝丰镇广益路
	常德亚米连锁酒店形象店	武陵区朗州南路 173 号
	常德今天连锁步行街店	武陵区武陵大道 26 号首创大厦
	常德澧县桃花滩宾馆	澧县澧县大道中段
	石门国际大酒店	石门县梯云中路
	常德东汉大酒店	石门县壶瓶山镇
	常德芷园宾馆	武陵区人民东路 92 号

二、星级宾馆选介

（一）常德共和酒店：位于常德市区柳叶湖畔，占地面积 11.33 万平方米，总投资 3 亿元，主高楼 15 层，建筑面积 5 万平方米。该酒店为五星级，于 2006 年 1 月 23 日开业，共有客房 365 间（套）。酒店湘缘食府设有中餐厅，酒店前临柳叶湖，是集餐饮、客房、娱乐、会务、健身于一体的休闲、度假和旅游的生态乐园。

（二）澧县瑞高酒店：位于澧县经济开发区运达路 88 号，总建筑面积 5 万多平方米，配有地下停车场 1 万平方米。酒店共 13 层，拥有总统套房、大使套房、行政套房和标准客房等客房 288 套，配有各类先进语音设备的会议室，能满足包括远程视频会议等专业商务会议需求；设有能容纳 1200 人同时就餐的大宴会厅、中餐厅、西餐厅、具有特色的风味餐厅以及世界名品商场、高档会所、棋牌室、美容美发、室内恒温泳池、SAP 水疗中心和健身房等综合设施。2012 年，该酒店通过国家星评委五星级评定验收。

澧县瑞高酒店外景

（三）常德华天大酒店：位于武陵区武陵大道南段，常德华天大酒店是华天大酒店开设的四星级连锁店，于2001年1月8日开业，2002年引入“金钥匙”服务理念。2005年12月，部分建筑设施重新装修。该酒店主楼高21层，拥有总统套房、商务套房、豪华、标准等高、中档客房，共有客房总数238间（套），标间面积24平方米。酒店设有餐位1200个，拥有高档豪华包厢、中西式餐厅、巴西烧烤旋转餐厅。1楼设有美食广场，供应全国各地小吃，2楼主要供应湘菜、粤菜；21楼是旋转西餐厅。

（四）常德金龙玉凤饭店：位于武陵区武陵大道877号，是由常德市金龙玉凤酒店管理有限公司投资管理的按五星级标准筹建的国际商务饭店，拥有166间豪华客房，独立控制空调，液晶电脑上网，超大屏幕液晶电视，卫星电视境外频道等，设有风格各异的中、西餐厅，其中有豪华包房30余间、宴会厅2个，还设有咖啡厅、大堂吧、茶室、VIP高级会所、休闲吧、茶室、多功能厅、会议室及商务设施，户外游泳池、网球场、健身房、乒乓球室、台球室等康体设施配套完善。

常德金龙玉凤饭店外景

（五）常德国际大酒店：位于武陵区武陵大道北段，北临常德火车站和汽车总站。酒店是一家集住宿、美食、休闲、娱乐、购物、商旅于一体的综合性现代化四星级涉外酒店。酒店于2006年1月25日开业。该酒店建筑楼高19层，拥有客房220间（套）；中、西餐厅汇集湘、川、潮及欧美、亚太地区的美食，可同时容纳1000多人就餐；功能齐全的多功能会议厅及大小各类会议室，可举行远程视频会议；设有商务会所、KTV、网球场、健身房、棋牌室、桑拿中心、美容美发等一系列休闲娱乐设施。

常德国际大酒店外貌

（六）常德金悦国际大酒店：位于常德市沅安路433号。酒店有32层，经营面积3.5万平方米，地下双层停车场有车位200个。酒店拥有各类豪华客房202间（套），有可容纳500人的国际会议厅及大中小各类会议室5个，可同时为近1000人提供中西餐饮服务。酒店集餐饮、住宿、停车、江景观光、购物、健身于一体，行政酒廊、自助餐厅、多功能厅、商务中心、大堂吧、美容美发、商场、精品屋、书店、鲜花

常德金悦国际大酒店外景

店、台球房、乒乓球室、棋牌室、游戏厅、瑜伽健身中心、网吧、商务会所、员工生活基地等服务功能齐全。

(七)常德芙蓉大酒店:位于洞庭大道199号,是常德卷烟厂全资兴办的四星级涉外酒店,总资产达1.4亿元,占地面积5800平方米。该酒店于1999年9月9日开业,拥有各类客房125间(套),设有中餐厅、美容美发中心、桑拿中心、商务中心和大型国际会议中心。并建有面积达1100平方米的现代化室内游泳馆,1999—2005年,该酒店实现销售收入近2亿元,上缴各类税费1000多万元。

常德芙蓉大酒店外景

(八)常德芷园宾馆:位于武陵区人民东路92号,原名中共常德地委招待所,1985年5月改名常德地区接待处,1987年7月加挂“常德芷园宾馆”的牌子。1993年10月,常德地区接待处撤销,宾馆成为独立单位法人。从1993年开始,该宾馆先后投资8000多万元进行庭院改造,使宾馆占地面积达到2万平方米,拥有250张床位,餐厅可一次性容纳400人就餐的规模,成为常德市旅游涉外三星级宾馆。1986~2004年,该宾馆接待党和国家领导人64人次。

常德芷园宾馆前门

(九)湖南尧业国际大酒店:位于石门县宝峰开发区梯云路,酒店于2011年6月开业,系集客房、餐饮、商务、休闲、会议、娱乐为一体的多功能豪华酒店。该酒店建筑23层,高87.8米,面积达2万多平方米,拥有标准客房、豪华客房、商务套房、大使套房等各类客房216间;有可容纳300多人的多功能会议室;有可容纳600人用餐的宴会厅及中餐厅,有110个餐位的西餐厅和160个餐位的风味美食街;拥有13个豪华餐饮包厢;足浴、水疗、KTV等娱乐设施齐备,为常德市旅游涉外四星级酒店。

湖南尧业国际大酒店全貌

第二节 餐 饮

一、经营基本情况

常德餐饮历史悠久，其菜肴是湘菜的重要组成部分。民间流行“常德米粉、陬市洋糖(桂花糖)、河洑油条扁担长”的口头禅。

1989年，全市有饮食经营网点8510个，从业人员18 664人。随着市场经济的发展，全市私营、个体饮食业逐渐成为市场主体。1991年，常德城区饮食服务网点1913个，其中国营经营网点19个，集体网点46个，个体网点1848个。

1995年，全市社会和个体饮食业迅速发展，市城区华都宾馆、芙蓉大酒店、凯利、八百里、华天、华云等一批装饰豪华的大酒店相继开业，特别是适应大众消费的快餐业快速发展，机构网点达12 095个，从业人员36 091人。市城区快餐店达500多家，从业人员7000多人，有名气的快餐店大多分布在建设路和高山街一带。1995年全市饮食业营业收入5.54亿元。

2000年，全市饮食业机构网点达22 341个，从业人员67 245人，实现营业收入14.8 亿元。

2003年9月22—23日，全省第四届烹饪技术比赛在长沙举行。常德市有20名选手参加了所有项目的比赛，共获得7枚金牌、6枚银牌、11枚铜牌。津市兰苑宾馆刘文娴取得餐厅服务第一名的成绩，荣获“湖南省技术能手”称号。常德市代表队获优秀组织奖。刘文娴、何永庆两位选手直接晋升为技师。

2007年9—12月，市政府在全市范围内开展常德餐饮行业名店、名师、名菜、服务明星评选活动。评选出“常德餐饮名店”26家,“常德烹饪名师”25名,“常德餐饮服务明星”30名,“常德名菜”40道。常德市的清真第一春、刘聋子粉馆、壹德壹小吃等餐饮名牌店颇具地方特色，在省内外均有影响；常德擂茶、穿眼巴巴、酱板鸭、巴掌牛肉、甜藠果等地方风味食品，受到消费者欢迎。

2010年,全市饮食业机构网点达到 10 234 户，其中城区4400户，全市餐饮业实现营业收入 61.3 亿元，其中城区16亿元。

常德市餐饮业基本情况统计表

表7-1-2-1

年份	机构网点（户）	从业人员	营业收入（亿元）	年份	机构网点（户）	从业人员	营业收入（亿元）
1989	6561	14916	1.17	2001			15.9
1990	6910	15289	1.167	2002			17
1991	6293	14241	1.60	2003			18.02
1992	7667	17415	2.086	2004			22.87

续表 7-1-2-1

年份	机构网点（户）	从业人员	营业收入（亿元）	年份	机构网点（户）	从业人员	营业收入（亿元）
1993	9278	18730	2.33	2005			25.7
1994	11998	39040	3.97	2006			29.41
1995	12095	36091	5.54	2007			35.5
1996	14471	42205	7.46	2008			42.9
1997	16762	34696	7.89	2009			51.7
1998	19305	47128	11.2	2010			61.3
1999	19363	96643	13.3	2011			73.4
2000	22341	67245	14.8	2012			85.2

2004—2012 年限额以上餐饮企业经营情况表

表 7-1-2-2

年份	企业（个）	年末从业者（人）	营业额（万元）
2004	13	1354	8263.5
2005	11	1397	9753.7
2006	14	2402	15937.9
2007	16	2657	21621
2008	21	2106	18189.2
2009	32	2924	22426.0
2010	23	2706	28224.9
2011	25		28547.1
2012			

说明：限额以上餐饮企业标准为年营业收入 200 万元以上,年末从业人员 40 人以上

二、餐饮名师

（一）中国烹饪大师 2 名：朱克纯、林友清。

（二）湘菜大师 6 名：朱克纯、朱剑龙、林友清、毛法清、裴世军、吴明星。

（三）湖南餐饮服务大师 4 名：周英华、唐利敏、彭敏丽、唐静。

（四）湘菜名师 24 名：王一军、肖炜全、张兵、枚国运、肖治军、彭丰才、刘冬南、彭进、邹永国、伍成军、田野、童方来、童方林、李代常、杨亚辉、戴军、胡定华、何月明、姚运祥、李超纯、彭勇、徐国鹏、刘知、孙焱、张国华。

（五）面点名师2名：丁长虹、鲁礼艳。

（六）常德烹饪名师25名：张晚清、曾德勇、刘春辉、施光桂、龙田球、邹永国、梅国运、王宏飞、李承前、潘勇、夏海燕、张邵华、施达文、段秀刚、裴世军、刘焕军、童方来、黄国军、孙焱、张军、杨亚辉、彭信玉、鲁礼艳、于秀山。

三、餐饮名店

常德华天大酒店、常德国际大酒店、常德共和酒店、常德八百里、金龙玉凤酒楼、澧县星香源国际大酒店、柳叶大酒店、壹德壹小吃店、德鸿餐厅、龙弟餐饮有限公司、富天和中餐厅、广源餐饮娱乐城、阳光楼酒店、临澧伍大姐休闲农庄（农家乐）、津市锦绣兰苑、安乡雨花天大酒店、安乡晶鑫大酒店、安乡新阳光大酒店、桃源万家福满楼、石门宏启美食城、柳叶湖大排档（农家乐）、美伦舫渔家乐（农家乐）、桃源人家（农家乐）、东永海鲜酒楼、汉寿春华轩酒店、澧县桃花滩宾馆、津市刘聋子粉馆。

四、餐饮服务明星

邬玲霞、李明松、章 艳、周兴霞、王静、刘芬、唐冰洁、毛丽、罗芳、许凤、张琴、严恋、吴鹏、严钦梅、吴水荣、曾林英、伍小兰、张玲玲、蒯素梅、聂龙梅、黄明、魏小花、梁霞、张国芳、彭英、陈香平、向白艺、彭媛媛、张金浓、文蓉。

五、名菜

36道常德名菜如下：潇湘武陵龟、洞庭柳叶水鱼、秘制牛尾、秘制狗肉、洞庭水鱼

松鼠鱼

秘制牛尾

古法黄山龟

珍珠麒麟桂鱼

裙边、秘制回头鱼、砂锅回鱼肚、阿婆桔香鹅皇、姜辣猪手、竹香牛排、鳜鱼炖鱼腐、脆皮乳鸽松、一品水鱼、古法黄山龟、蒜香牛蛙、红煨牛水爪、德鸿谷香鸭、德鸿牛三珍、石锅豆腐、农家口味鱼、巴掌牛肉钵子、松鼠鱼、鸡汁花溪榨笋、柳叶湖石锅鱼、沙滩烤肉排、农家炒腊肉、外婆坛子肉、朗州砂锅水鱼裙边、黄焖芦鳝、干煎鳜鱼王、五谷杂粮熏谷鸭、园园土鸡、巴掌牛肉、鱿鱼杂烩、祖庵水鱼、高山羊肉。

龙阳金龟

六、常德风味小吃

20世纪80年代，常德风味小吃不下百余种，主要有米粉、面点、面条、饺儿、手工宽面、包点等。华北馆的锅饺和镙锅面最有名气。武陵豆皮、油条、米发糕、糍粑颇为消费者喜爱。还有以炒米粉为原料的煎米茶，煮成糊状，辅以佐料，拌油条、油饼佐餐，味香而美。常德名点有伏油盐菜包等。

（一）常德米粉：米粉是诸多常德人早餐之首选。早在清光绪年间，常德就有了生产米粉的店坊，生产的米粉圆而细长，形如龙须。米粉的烹制类型较多，如牛肉类，即有牛肉炖粉、牛排炖粉、红烧牛肉粉等，均属常德名小吃。

常德米粉

常德清真第一春的牛肉粉闻名全省，进入20世纪90年代，津市“刘聋子”米粉红遍长沙、常德，连锁门店达500多家。2003年，常德“壹德壹”食品公司成立,也是一家以经营常德米粉为主的地方特色小吃店。

（二）黄金台猪脚：郑记猪脚缘起于20世纪60年代常德城的一个小吃零担，那时的经营者是后来的郑记黄金台猪脚老店总经理匡艳兵的外婆。匡家外婆每天的营生就是靠着祖传的手艺，制作卤猪脚、莲藕汤、臭豆腐、卤茶蛋，挑着小吃担子沿街叫卖。20世纪80年代初期，匡家外婆制作猪脚的手艺逐渐在家族里传播，衍生成常德城里一大知名地方风味菜品。到80年代末期，匡家外婆在当时名不见经传的一个叫“黄金台”的背街小巷正式开店。鼎盛时期，黄金台整个一条街，大小排档都是匡家外婆家的食客。

黄金台猪脚

（三）常德鸭霸王、酱板鸭：常德鸭霸王主打系列有鸭脖、鸭头、鸭舌、鸭翅、鸭掌、鸭肠、鸭架、鸭拐、鸭合子（鸭的紫色圆形消化器官）。常德人在吸收前人和外地制作工艺精华的基础上，根据常德人自身的口味，通过技术改进，推出了酱板鸭、酱板干子、酱板口味蛇、酱板毛豆等系列。

常德酱板鸭选用洞庭湖区蛋鸭为材料，经30多种名贵中药浸泡，添加10余种香料，经过风干、烤制等15道工序精制而成。

常德酱板鸭

成品色泽深红，皮肉酥香，酱香浓郁，滋味悠长，具有活血、顺气、健脾、养胃、美容之功效。常德酱板鸭1999年被评为省首届农博会优质产品奖、2000年10月获首届中国西部糖酒副食展销会金奖、市首届食品工业博览会金奖、省第二届名优特新农副产品博览会金奖。

穿眼巴巴和煎米茶

（四）穿眼巴巴和煎米茶：常德人在吃东西的搭配上颇有讲究，如油条配豆浆、油粑粑配煎米茶等。

（五）北堤麻辣肉：麻辣肉系此品俗称，由优质黄豆经高温膨化为植物蛋白，再经油炸并调味而成，味含麻辣，故有此称谓。

（六）常德擂茶：系民间一种待客的饮料，以粗茶叶、生姜、芝麻等为主要原料，辅以豆类、蒜瓣、糯米等捣成泥状，然后用滚开水冲泡成茶。喝擂茶时，以油炸锅巴、米面皮、馓子、豆尖、腌菜、泡菜、瓜子、花生、红薯片、板栗、点心等作搭茶（又称“压桌”）。20世纪80年代后，常德、桃源等地将擂茶引入饮食市场，成为旅游景点和夜市的一种热门茶点。常德城区比较有名气的有黄婆擂茶等。

常德擂茶席上摆设的各种食品

七、常德钵子菜

该菜既是一种餐饮方式，又是一种烹调方法。从饮食方式上说，它是将炊、食具合一，让食者边煮边吃，还可以根据食者的嗜好将一些新鲜蔬菜、香菜、面条等下入其中，搭配可多样化。从烹调方法上说，它属于炖这种烹调方法中的不隔水炖一类。

常德民谣曰：“不愿朝中为驸马，只要炖钵炉子咕咕嘎。”常德地处洞庭湖区，地势低洼，冬春寒冷潮湿，夏秋湿热。钵子菜能驱寒去湿，增进食欲。常德钵子菜这种古老的烹食方式，是一种多汤菜肴，主料酥烂、鲜嫩，可较好地保持菜肴的色、香、味，汁浓味鲜。常德人知道人们一般喜爱热食，故有“一滚当三鲜”之说；从味觉的最佳温度70摄氏度左右这点来看，钵子菜正好满足人们的品位要求。常德钵子菜制作的原料都取材于本地所产的水鲜、畜禽、时蔬等，原料广泛且易获得，所以常德无论城乡居民家中都会做了招待客人。就口味上分，此菜有浓味和清淡两类，因常德人喜爱辛香、好浓鲜，故钵子菜以浓味为主打味型。原料多是就地取材的鸡、鸭、鱼、肉、水产、蛋类、豆类、豆制品及各种时蔬、干菜等，也有用海鲜原料所做的钵子菜、火锅菜，可荤可素。此类菜主辅料搭配随意，可以说无所不能炖。其主料前期处理可以用煸炒、红烧、黄焖、红煨、白煮、烩、氽、炸等方法，然后炖制。常德钵子菜虽风味纷呈，但既可因人特别烹制，亦可成批预制。此类菜的代表作品有清炖牛肉、虾仁炖萝卜丝、金龟炖黄豆、黄古鱼炖皮蛋等。

八、特色餐饮企业

（一）常德柳叶大酒店：创办于1989年，后发展为常德柳叶酒店管理有限公司，旗下拥有7家分店，分布在全国部分大中城市，是一家集自主经营、品牌加盟、合资经营、资质培训、物流配送、产品研发等多功能于一体的餐饮品牌连锁企业。拥有员工800余人，国家考评员3人，中国烹饪大师、湘菜大师、高级技师、技师数名。该店的特色菜肴多次在全国及省市烹饪大赛中获奖，被评为全国“中华餐饮名店”，其法人代表2004年参加全国第14届厨师节制作的“洞庭甲鱼”“潇湘武陵龟”被认定为中国名菜，同时被授予“中华金厨奖”。

（二）常德德鸿餐厅：创建于1994年,是一家面向大众消费群体的中型餐饮企业,位于常德市朗州路中段108号。餐厅设有包房24个,大厅桌席20张,卡座7个,可同时容纳500余人就餐。到2012年，餐厅在市区内已经拥有3家连锁店。

（三）津市刘聋子粉馆：创办于20世纪40年代初期，因其创办人是一个刘姓的聋子，粉馆因而得名。该粉馆的牛肉米粉具有辣、热、香、鲜的特点。该粉馆在全国的连锁（加盟）店有4000多家。

（四）壹德壹食品公司：成立于2003年7月，首家成立的店铺位于武陵区武陵大道中段，面积450平方米，以经营常德米粉为主兼及其他地方特色小吃，即有粉面类、卤菜类、鸭霸王系列、家常炒菜等近两百个品种。该店成立不到10年，已接待国内外顾客300多万人次。该店2005年被市旅游局推荐为市首批旅游接待单位，市消费者委员推荐为首批“名优特新品”店；2007年成为第二批54家“湖南餐饮名店”之一；2009年，被市工商局认定为知名商标。2010年，常德“壹德壹”除在市城区设有6家直营店之外，另在石门县、澧县、桃源县、安乡、益阳、岳阳和张家界等地有了加盟店。2010年接待顾客51万人次，年营业额达6000万元。

（五）汉寿县春华轩餐饮服务有限责任公司：其前身是汉寿县春华轩酒楼和红旗粉馆，该店的历史可追溯到清朝光绪年间，后建设成为一家综合型餐饮服务公司，并开发出湘、川、粤系菜品百余种。酒店先后被评为湖南湘菜名店和常德餐饮名店。

（六）龙弟餐饮公司：是一家拥有4家连锁店的餐饮企业，其中龙弟贵宾店拥有全市最大的就餐大厅。1990年11月，龙弟首家餐饮店开业。在饮食特色定位发展中集百家之所长形成“龙弟”独特口味与市场口碑。到2012年，该司已接待团体酒席逾3万桌。

（七）东海鱼庄：创办于2002年，总店位于武陵区常德大道。鱼庄后发展1家餐饮连锁酒店，位于武陵区建设中路。两家店共有员工300多名。鱼庄主要经营平价海鲜、特色湘菜、粤菜等。

第二章　美发、洗浴、照相

第一节　美发美容

一、经营概况

1980年，常德市城区有国营理发店1个，集体店11个，理发组8个，从业人员256人。20世纪80年代，理发行业开始恢复烫发，各式发型也相继出现，5~7元烫发费，顾客易于接受，故生意颇为兴隆。1985年，温州等地的理发人到常德开发廊，发型多样，价格攀高。此后，国营、集体理发店逐渐分化解体，技术人员离店经营，国营店只剩东门理发店，集体店只剩下孔雀林理发店，个体理发店快速发展起来。

1990年以后，理发业逐渐向美容美发等项目发展。最早从事美容业务的是位于百街口的珍珍美容院，尔后出现杨氏美容院、汎歌国际连锁美容院、养颜堂、歌莉斯兰、维佳美容院等近100家企业。专业美容美发店为顾客开展洗发、剪发、烫发、盘发及结婚化妆等形象设计，还开展按摩、整形专业化服务和洗面、祛斑、倒膜、祛皱、祛眼袋、祛痣、文眉、文唇、文眼线、美体、美甲等多项服务。服务人员一般为青年女性，服务态度热情、周到，很受女性青睐，故美容店生意较好。2005年，市美容美发行业协会成立，会员单位有72家，其时全市有3000家美容美发企业，从业人员3万多人，年营业收入5700万元，年上缴税收1100万元。2010年全市美容美发企业发展到3500家，从业人员近4万人。

全市美容美发业部分年份情况统计表

表7-2-1-1

年份	经营户数（户）	从业人员（人）	营业收入（万元）
2000	3947	8552	19213
2001	3363	6469	25783
2002	3011	6175	25368
2003	3630	7877	28226.5

二、主要企业选介

（一）市博美美容服务有限公司：该司于2001年11月1日经市工商局武陵分局批准登记成立，系集美容、SPA、养生、医疗美容、培训学校于一体的综合型美容连锁企业。截至2012年，该司在常德、长沙拥有5家直营店、一家联营店，一个美容培训学校，营业总面积达5000平方米。企业创建以来为上万名顾客提供了美容、美体、SPA、养生等各类优质服务。通过美容学校培训培养近200名专业美容人才。2012年公司实现营业额

1400万元，上缴税收120万元。该企业法人代表系市美容美发行业协会会长，先后荣获“武陵区十大杰出青年”“武陵区巾帼创业明星”以及省妇联授予的“三八红旗手”等光荣称号。

（二）常德廊少爷形象设计有限责任公司：首家店成立于1997年8月，位于武陵区人民路，经十余年的发展，由初期的60平方米的单店转型为后来拥有18家分店，面积过千平方米的专业美发美容连锁机构。公司于2009年注册成立，为社会解决200多个就业岗位。该司2005年被市美发协会评为“技术与服务双优企业”，2007年被常德电视台评为“唯一指定发型机构”，2009年5月被中国新丝路模特大赛被评为“常德赛区唯一指定发型机构”，2010年被中国环球旅游小姐大赛指定为常德赛区唯一造型机构。2011—2012年被常德新闻频道和都市频道指定为主持人发型定点机构。

常德廊少爷形象设计门店

（三）圣景兰美容美发休闲中心：成立于2002年，位于武陵区人民西路2663号。中心主营发型设计、美容、美体等，成立逾10年，曾荣获中华全国工商业美容化妆商会全国养生名店、市“消费者信得过单位”等荣誉称号。中心是常德电视台主持人形象设计机构，在市首届美发比武比赛中获得一等奖和最佳组织奖。

圣景兰美容美发休闲中心

（四）市武陵区燕子坞美容美发店：创始于1998年，从专业美发逐渐发展成拥有15家店铺和一家美容美发培训学校的企业。燕子坞是常德电视台新闻频道、公共频道、武陵栏目、都市频道的指定形象设计单位，是市劳动局指定的美容美发人才教育培训及就业基地，有员工500多名，美容美发培训导师30多名，资产过3000万元。燕子坞以学校育人才，以分店创效益，培养了一批美容美发经营管理人才和专业技术人才。

燕子坞美容美发店

第二节 洗浴按摩

一、经营概览

20世纪90年代，从沿海传过来的桑拿、足疗、按摩纷纷进入常德市场且发展很快，成为新兴产业。洗脚为中药泡脚，同时有按摩、修指甲、修脚等服务项目。2004年，常德城区有专业洗脚城100多家，其时比较专业、名气较大的有蓝风专业按摩、三和盲人按摩、和平休闲中心、巴蜀鑫源保健按摩、碧水山庄温泉广场、海伦休闲中心、御思德等。规模较小的洗脚城价格适中，每次10元。大型休闲中心分为全套服务和单项服务，经营者按顾客享用情况收取费用。

2004年12月，市足疗按摩养生协会成立，有会员单位30家。2008年5月4日，市质监、商务部门召集全市沐浴、足浴、按摩行业的店主或负责人，召开《沐浴足浴按摩服务规范》（DB43/342-2007，以下简称《服务规范》）宣传贯彻会议。《服务规范》是省质监局、省商务厅2007年联手省内知名保健按摩企业共同起草的，对从业人员、安全、环境保护与卫生要求，经营场所结构与布局、服务设施等都有详细规定，其中安全、环境保护与卫生要求为强制型条款。经过一段时间的自我整改和部门监督、整顿、规范，常德市的沐浴、足浴、按摩业走上健康有序的发展之路。2010年，全市城区足疗按摩沐浴场所近400家，从业人员2万多人。

二、主要企业选介

（一）常德蓝风巴蜀有限公司：创建于1997年，位于武陵区校场街。该司主营业务为传统足疗养生，泰式按摩、中医推拿、SPA养生。蓝风巴蜀发展有3家连锁店，分别为锦都店、利民店、宏大店。

（二）市富源保健服务有限公司：创建于2003年12月，是一家集足疗、按摩、理疗养生为一体的综合型连锁企业，是省足浴按摩行业协会副会长单位。所属企业有富源巴蜀保健会所常德店、桃源店、临澧店。该企业法人代表系市足疗按摩养生协会会长，先后获市“十佳青年优秀企业家”、全国“优秀私营企业家”和市非公有制经济组织“优秀党支部书记”等光荣称号。

（三）湘三和推拿保健医院：创建于1997年4月，是常德市最早的由盲人按摩的推拿保健医院。该院有经市卫生局颁发的执业医疗许可证，系常德市专业而颇具中医特色的推拿保健医院。医院位于武陵区柳叶大道与朗州路交会处，营业面积2层楼面2600平方米，有床位150个，技师150人，其中具有中级以上职称的技师40多人（含多名高级推拿师、针灸师）；有盲医50人。其技师以中医经络穴位理论为基础进行按摩或推拿，融治疗、保健、休闲为一体，能够医治颈椎、腰椎及一些内脏疾病。在本院既有技术力量的基础上，该院还聘请两名教授级中医师坐诊。医院配有相应的医疗设备，如三维多功能腰颈椎牵引仪，电脑高频、中频治疗仪，自动煎药机，制丸机等；设置了可以配置500余种中药的中药房，集打包、打粉、制丸于一体，解决了顾客煎熬中药的不便。

该院2011年2月被评为湖南省足浴按摩行业十大品牌企业。

第三节　照相、干洗

一、照相

（一）经营概况

20 世纪 80 年代，常德市城区有照相馆 17 家，其中国营照相馆 6 家，从业人员 113 人；民营个体专业照相馆成立较早的有市青春影视社等。其时美国柯达、日本富士、樱花胶卷进入常德销售，国外发展起来的彩扩技术被常德照相业采用。常德城区较大的有曙光摄影扩印部、海鸥摄影社、武陵源扩印公司，这三家企业的营业额占全市的 90%。20 世纪 90 年代中期，婚纱摄影风行全市，照相企业推出的各种艺术照，3000~5000 元结婚套照被视为新婚夫妇的时髦消费。“时光”“台北”“春天”“梦恋”“真爱”“罗曼”等 20 多家大型婚纱摄影社遍布市城区及县市城镇。2000 年以后，婚纱摄影行业竞争激烈，该行业除管理人员和摄影师外，还出现了化妆师、化妆师助理、摄影助理及模特业务员等新兴岗位。2003 年，摄影行业成立人像摄影协会，全市城区近 30 家摄影社为该协会第一批会员。2004 年，婚纱摄影行业还在商业步行街推出外景自然风光婚纱摄影照，并开展免费为中老年夫妇补拍婚纱照业务，深受老年消费者喜爱。2010 年，全市摄影大小企业达 1000 多家。年营业额 4500 万元，上缴税收 400 万元。

（二）主要企业选介

1.常德市海鸥摄影有限公司：位于武陵区人民中路小高山街，是一家有 80 多年历史的摄影名店，有“中华老字号”的荣誉称号。海鸥婚纱摄影广场独家拥有 360 度楼中楼剧情式花园爱情影棚，经营面积达 1600 多平方米，拥有进口彩扩等高档设备。摄影背景有石砌雕栏、花草树木，房舍和古色古香的家具等。该司主要为新人摄制婚纱照，为个人拍摄艺术照，拍摄儿童照和全家福等。

市罗曼婚纱摄影有限公司门店

2.市罗曼婚纱摄影有限公司：成立于 2002 年 8 月 8 日，位于武陵区人民中路 46 号，有 3 个品牌制作部门：罗曼婚纱、瑞俪时尚写真馆、真真宝贝儿童摄影俱乐部，营业总面积上千平方米，于 2004 年初率先推出全数码摄影新概念，成为常德首家集拍摄、制作、输出于一体的全数码摄影公司。罗曼婚纱可为新人提供化妆造型摄影的全程服务。2007 年 8 月，该司迁至武陵区高山街口。

3.春天婚纱国际梦幻影城：1998 年成立，为集婚纱摄影、艺术写真、全家福、宝宝照为一体的专业影楼。2011 年，该城斥巨资打造 3000 平方米“天鹅城堡”实景基地，在常德首开包厢服务。

二、干洗

20世纪80年代，人们的着装出现“西装热”，干洗店应运而生。90年代，大型洗衣、烘干、熨烫设备进入常德，自动化程度提高，业务量不断扩大，效益显著。1998年，城区有干洗店126家，年营业额200多万元。2000年以后，一部分洗衣店推出旧衣染新色，服装改色的服务项目，并采用德国进口的专用原料，聘请上海普兰德洗染中心主理，推出旧衣变新衣的经营措施。由于服装款式变化较快，此业务受众有限，未能大面积推广。2005年，城区洗衣店60余家，大多为夫妻摊或家人班子，一般租用临街门面经营。2012年，全市有干洗店161家。

常德市服务业部分行业从业人员统计表

表7-2-3-1　　单位：人

年份	人员总数	旅馆业	理发业	洗染业	摄影业	修理业	其他
1989	14116	2810	3259	15	940	4623	2469
1990	15035	2383	3207	15	877	4222	4331
1991	14558	2756	3790	21	883	4636	2472
1992	14521	3738	3762	119	847	3895	2154

第三章　拍卖、典当

第一节　拍　卖

一、恢复和发展

常德市的拍卖行业恢复于20世纪90年代末。1997年6月27日，省政府财贸领导小组办公室发出湘政财字〔1997〕68号文，同意成立常德市金翼、银通、侨星、一亨、常通5家拍卖公司。同年7月，这5家拍卖公司相继挂牌成立。

常德市的拍卖公司成立之初，业务经营范围仅限于政府部门委托的公物拍卖。

全市拍卖行业恢复之初成立的5家公司中，常德市银通拍卖有限公司后更名为常德市政源拍卖有限公司，侨星、常通两家公司被注销。到2001年年底，常德市的拍卖企业为金翼、一亨、政源、金祥、龙阳5家，

2002年年初至2006年2月，全市拍卖行业发展迅速，拍卖公司数由恢复之初的5家发展到16家。业务经营范围不再是单一政府委托的公物拍卖，而以司法委托的拍卖为主。在此期间，全市国有企业实施“两个置换”，其改制中的资产变现及其拍卖成交额每年均在10亿元左右。特别是2002年和2003年这两年年拍卖成交额高达数十亿元，创历史之最。

在经营中推动拍卖流程和档案管理标准化进程，开展诚信体系建设，截至2010年，全市拍卖企业已有4家获得湖南省首批诚信示范企业称号，3家获中国拍卖A级企业称号。

二、经营

2007年常德市拍卖统计表

表7-3-1-1

分类	房地产		机动车		农副产品		股权、债权、产权		无形资产		其他		合计	
委托部门	成交额（万元）	成交场次	成交额（万元）	成交场次	成交额（万元）	成交场次	成交额（万元）	成交场次	成交额（万元）	成交场次	成交额（万元）	成交场次	成交额（万元）	成交场次
法院	14583.85	39	19.7	3	123	1	106	2			3	1	14835.55	46
政府	2901.02	10	320.08	15					19.2	1	134.3	4	3374.6	30
金融资产	3904.24	34	215	5							2.1	1	4121.34	40
其他	5129	8	2	1					212.55	3	263	2	5606.55	14
个人	888	4	9	2									897	6
合计	32063.91	102	666.38	35	123	1	106	2	231.75	4	402.4	8	33593.44	152

2008年常德市拍卖统计表

表7-3-1-2

分类	房地产		机动车		股权、债权、产权		无形资产		其他		合计	
委托部门	成交额（万元）	成交场次	成交额（万元）	成交场次	成交额（万元）	成交场次	成交额（万元）	成交场次	成交额（万元）	成交场次	成交额（万元）	成交场次
法院	9968.82	54	75.2	7					302.3	3	10346.32	64
政府	8647.05	25	345.54	33	4857.6	1	170.2	6	2709.22	12	16729.61	77
金融资产	900.5	6	36.6	3	0	0	0	0	30	1	967.1	10
其他	2534.5	13	6.2	1	0	0	0	0	609.8	4	3150.5	18
个人	68.4	2	6	1	0	0	0	0	0	0	74.4	3
合计	24919.47	113	529.05	52	4857.6	1	170.2	6	4524.32	22	35000.64	194

2009年常德市拍卖统计表

表7-3-1-3

分类	房地产		机动车		股权、债权、产权		无形资产		其他		合计	
委托部门	成交额（万元）	成交场次	成交额（万元）	成交场次	成交额（万元）	成交场次	成交额（万元）	成交场次	成交额（万元）	成交场次	成交额（万元）	成交场次
法院	21618.68	28							825	2	22443.68	30
政府	15871.13	26	203.18	21	163	1	33.13	4	913.58	4	17184.02	56
金融资产	1503.8	8	76.48	5	0	0	0	0	0	0	1580.28	13
其他	3228.35	11	48.9	1	0	0	34.36	1	155	3	3466.61	16
个人	681	6	0	0	0	0	0	0	0	0	681	6
合计	43199.81	87	564.55	40	209.5	2	67.49	5	2088.08	11	46129.43	145

2010年常德市拍卖统计表

表 7-3-1-4　　单位：万元

分类 委托部门	房地产			土地使用权			机动车			农副产品			股权、债权、产权			无形资产			其他			合计		
	成交额	成交场次	佣金额	成交额	成交场次	佣金额	成交额	成交场次	佣金额	成交额	成交场次	佣金额	成交额	成交场次	佣金额	成交额	成交场次	佣金额	成交额	成交场次	佣金额	成交额	成交场次	佣金额
法院	9154.22	21	193.34	1930	2	59	8.5	3	0.25	0	0	0	0	0	0	0	0	0	19.2	1	0	11111.92	27	252.59
政府部门	6316.8	14	260.67	11004.2	4	118.31	197.02	27	14.4	193	1	7.73	400	2	3.8	218.77	11	8.8405	1203.8	7	30.945	19533.59	66	444.6955
金融资产	1712.8	7	60.49	0	0	0	27.47	1	1.92	0	0	0	0	0	0	0	0	0	12.5	1	0.96	1752.77	9	63.37
破产清算组	719.3	3	34.5	0	0	0	0	0	0	0	0	0	0	0	0	0	0	0	19.2	1	0.3	738.5	4	34.8
其他	837.25	6	31.12	0	0	0	279	8	11.63	0	0	0	20	0	0	21.55	1	1.078	1162.1	8	42.74	2319.9	23	86.568
个人	827	2	0	0	0	0	106.85	2	0	0	0	0	0	0	0	0	0	0	28.5	1	2.85	962.35	5	2.85
合计	19567.37	53	580.12	12934.2	6	177.31	618.84	41	28.2	193	1	7.73	420	2	3.8	240.32	12	9.9185	2445.3	19	77.795	36419.03	134	884.8735

说明：营业税金（增值税）：2371.61 万元；企业所得税：14.65 万元；从业人数：144 人；拍卖师：17 人

2011年常德市拍卖统计表

表7-3-1-5　　单位：万元

分类 委托部门	房地产			土地使用权			机动车			股权、债权、产权			无形资产			其他			合计		
	成交额	成交场次	佣金额	成交额	成交场次	佣金额	成交额	成交场次	佣金额	成交额	成交场次	佣金额	成交额	成交场次	佣金额	成交额	成交场次	佣金额	成交额	成交场次	佣金额
法院	5084.5	14	72.12	158	1	0	2.55	2	0.093	0	0	0	340	1	17	275.66	3	8.595	5860.71	21	97.808
政府部门	13537.4	14	222.42	1016.05	6	69.412	212.473	23	14.2505	0	0	0	76.12	3	3.806	242.65	7	14.27	15084.69	53	324.1585
金融资产	1301	4	29.6	0	0	0	15.4	3	49.63	0	0	0	0	0	0	0	0	0	1316.4	7	79.23
破产清算组	400	1	20	0	0	0	0	0	0	0	0	0	0	0	0	0	0	0	400	1	20
其他	2917	7	53.69	0	0	0	275.18	6	11.993	3651	2	25	0	0	0	1998.42	5	37.95	8841.6	20	128.633
个人	1635	4	3	0	0	0	0	0	0	0	0	0	0	0	0	0	0	0	1635	4	3
合计	24874.9	44	400.83	1174.05	7	69.412	505.603	34	75.9665	3651	2	25	416.12	4	20.806	2516.73	15	60.815	33138.4	106	652.8295

说明：营业税金（增值税）：603.68万元；企业所得税：127.93万元；从业人数：140人；拍卖师：17人

2012 年常德市拍卖统计表

表 7-3-1-6

单位：万元

委托部门＼分类	房地产			土地使用权			机动车			农副产品			股权、债权、产权			无形资产			文物艺术品			其他			合计		
	成交额	成交场次	佣金额	成交额	成交场次	佣金额	成交额	成交场次	佣金额	成交额	成交场次	佣金额	成交额	成交场次	佣金额	成交额	成交场次	佣金额	成交额	成交场次	佣金额	成交额	成交场次	佣金额	成交额	成交场次	佣金额
法院	17992.23	27	295.87	0	0	48.64	51.47	5	2.7735	0	0	0	0	0	0	0	0	0	0	0	0	150	1	3	18193.7	33	350.2835
政府	6808.1	16	111.425	17410	2	183.38	207.8	23	14.01	284	1	19.88	241	1	16.87	177.59	5	8.875	0	0	0	19316.32	8	155.041	4444.81	56	509.481
金融资产	525	2	15	0	0	0	19.01	5	0.712	0	0	0	0	0	0	0	0	0	0	0	0	3.9	1	0.195	547.91	8	15.907
其他	3476.543	4	112.5	2225	2	11	75.34	5	1.99	0	0	0	0	0	0	16	1	1.1	0	0	0	133.85	3	6.6425	5926.733	15	133.2325
个人	180	2	0	0	0	0	3.7	1	0.18	0	0	0	0	0	0	0	0	0	33.4	1	0	8.35	1	0.4175	225.45	5	0.5975
合计	28981.87	51	534.795	19635	4	243.02	357.32	39	19.6655	284	1	19.88	241	1	16.87	193.59	6	9.975	33.4	1	0	19612.42	14	165.296	69338.6	117	1009.502

说明：主营业务利润：953.52 万元；营业税金（增值税）：59.04 万元；企业所得税：39.24 万元；流拍场次：25 场；从业人数：166 人；拍卖师：19 人

常德市拍卖分企业统计表（一）

表 7-3-1-7　　单位：万元

企业名称	2008 年				2009 年
	成交额	场次	营业税及附加	佣金额	成交额
市一亨拍卖有限责任公司	1643.52	5	2.73	49.65	100.52
市金翼拍卖有限公司	147.00	3	0.70	1.50	223.90
市政源拍卖有限公司	508.00	5	2.12	38.34	86.50
常德龙阳拍卖公司	2528.00	13	5.00	5.00	2484.20
常德金祥拍卖有限责任公司	11823.16	24	10.00	121.31	5717.55
市安福拍卖有限公司	456.20	16	1.75	32.99	538.57
市物源拍卖有限公司	875.65	15	6.20	59.90	305.68
湖南常德经典拍卖有限公司	2344.50	5	1.72	30.80	164.93
常德弘盛拍卖有限公司	326.35	4	0.54	6.10	247.20
市诚信拍卖有限公司	5219.92	23	8.07	145.29	4064.93
德市文博拍卖有限公司	1704.40	11	10.00	82.00	6976.62
市鹏程拍卖有限公司	192.60	5	0.13	2.50	989.00
市万通拍卖有限公司	372.87	6	2.62	17.20	3463.32
市安信拍卖有限责任公司	5020.38	32	3.09	59.15	8743.46
常德金诺拍卖有限公司	1008.53	14	2.60	52.20	2293.98
市金色阳光拍卖有限公司	1343.70	9	4.50	80.77	11356.50
合　计	35514.78	190	61.77	784.7	47756.86

常德市拍卖分企业统计表（二）

表 7-3-1-8　　（时段：2012 年；单位：万元）

企业名称	住所	法定代表人	注册资本	注册拍卖师	从业资格人数	拍卖场次	成交额	税金及附加	佣金总额
市文博拍卖有限公司	武陵区柳叶大道 2533 号	张维祥	200	易伟献	3	6	3449	3.4	52
市一亨拍卖有限责任公司	武陵区人民中路 92（九芝堂四楼）	罗承银	100	龙喜平 李　晖	5	3	1630	0.16	2.8

续表 7-3-1-8

企业名称	住所	法定代表人	注册资本	注册拍卖师	从业资格人数	拍卖场次	成交额	税金及附加	佣金总额
市金翼拍卖公司	常德市朗州北路 153 号	黑启发	102	黑启发	3	2	22.5	0.05	0.93
市金色阳光拍卖有限公司	武陵区朗州路 510 号丹阳楼四楼	陈华谋	100	田云南	5	8	4544	2.7	49.2
市政源拍卖有限公司	武陵区人民中路 1486 号	邹兵福	120	傅建明	3	3	287	0.83	14.35
市安信拍卖有限公司	武陵区城西办事处新光居委会二楼	周正英	100	徐峰吴易松	4	13	3946.8	4.95	88.38
市诚信拍卖有限公司	武陵区城南四眼井居委会武陵大道 84 号	彭海兰	120	俞重华李玲	8	10	6459.7	8.30	133
湖南华迪拍卖有限公司	武陵区滨江豪庭 A-1704 号	林刚	200	熊雄	4	4	2883	1.1	16
常德弘盛拍卖有限公司	鼎城区武陵镇家电城	周爱枝	100	周爱枝	3	7	1931	0.45	8.02
市万通拍卖有限公司	武陵区城南四眼井社区居委会（首创大厦 804 室）	蒋琳	100	杨文	5	6	37031	13.45	240
市经典拍卖有限公司	武陵区浙商广场 B 座 815 室	汤传元	100	王建湘	3	8	736.08	1.37	23.82
市鹏程拍卖有限公司	金泰利商业广场 A-11-25	姚登奎	100	杨飞霞	3	1	69.85	0.53	3.49
市金祥拍卖有限责任公司	澧县澧阳镇古城路 112 号	李永祥	100	李永祥	2	14	793.02	2.95	49.2
常德金诺拍卖有限公司	石门县楚江镇老西门居委会澧阳中路 001 号	覃军	100	唐哲	6	12	224	2.4	19.3

续表 7-3-1-8

企业名称	住所	法定代表人	注册资本	注册拍卖师	从业资格人数	拍卖场次	成交额	税金及附加	佣金总额
市物源拍卖有限公司	桃源县漳江镇漳江阁社区黄花路008号	刘娟	100	郑珍娟	4	7	1307.9	1.47	48.13
市安福拍卖有限公司	临澧县安福镇	吴让德	100	魏锴昀	3	20	2340	4	60
市龙阳拍卖有限公司	汉寿县龙阳镇晨阳中路	肖忠元	100	梁耿	2	3	2185	3.99	49.6
合计			1942		66	127	69840	52.1	858.22

三、企业基本情况

常德市拍卖企业基本情况表

表 7-3-1-9　单位：万元

公司名称	地　址	注册资本	设立时间	企业资质	荣誉称号
市金翼拍卖有限公司	市朗州北路 153 号	102	1997-06-27		
市一亨拍卖有限公司	市人民中路 92 号	100	1997-08-12	国 A	
市政源拍卖有限公司	市人民中路 40 号	120	1997-09-10		
金祥拍卖有限公司	澧县澧阳镇古城路 147 号	100	2000-05-09		省级诚信示范企业
市龙阳拍卖有限公司	汉寿县北正街中国银行一楼	100	2000-12-08		
弘盛拍卖有限公司	鼎城区桥南金麟市场	100	2002-01-23		
市物源拍卖有限公司	桃源县黄花路 8 号	100	2002-01-29		
市诚信拍卖有限公司	市武陵大道金碧辉煌 4 楼	120	2002-04-04	国 A	省级诚信示范企业
市金诺拍卖有限公司	石门县建设大厦 9 楼	100	2002-05-13		
经典拍卖有限公司	市育才路明城花园 102 号	100	2002-09-20		
市文博拍卖有限公司	市丹阳路实通大厦 5 楼	200	2002-10-16		
市鹏程拍卖有限公司	金泰利商业广场 A 栋 11 楼 25 号	100	2003-04-29		
市安福拍卖有限公司	临澧县人民路与建设路交会口	100	2003-02-28		

续表 7-3-1-9

公司名称	地　址	注册资本	设立时间	企业资质	荣誉称号
市万通拍卖有限公司	武陵大道首创大厦 8 楼 B 座 804 室	100	2003-07-01		省级诚信示范企业
市安信拍卖有限公司	市育才中路新光居委会 4 楼	100	2003-11-07	国 A	省级诚信示范企业
市金色阳光拍卖有限公司	常德市朗州南路 418 号丹阳楼 4 楼	100	2007-04-28		
湖南华迪拍卖有限公司	武陵区滨江豪庭 A-1704 号	200	2012-03-21		
合　计		1942			

第二节　典　当

一、恢复和发展

常德市典当业恢复于 20 世纪 90 年代末。1997 年 9 月，常德市群泰寄卖行、常德宏图旅游文化传播有限公司两个法人股东和班某等 8 个自然人股东联合出资 506 万元，注册成立常德市滨湖典当有限责任公司（以下简称滨湖公司）。这是全市典当行业恢复后首家经营质押典当业务、限额内绝当物品的变卖、鉴定评估及咨询服务的专业典当公司。该司位于武陵区建设东路 390 号。

从 1997 年到 2005 年 8 年间，全市仅有滨湖公司一家企业。由于规模不大、运作不够规范，外加社会上对典当业认识度不高，寄卖行公开挂“当”牌，违规经营典当业务，滨湖公司经营受挫，2005—2007 年连续 3 年年审获 B 级，因而退出典当行列，以致常德市的典当业又处于空白状态。

2006 年 11 月，市商务局编制《常德市典当行业 2007—2011 年发展规划》，提出“统筹规划、合理布局、规范经营、有序竞争”和适度新增的工作思路，加大培育和指导行业发展的力度。从 2007 年到 2011 年 5 年间，常德市典当业又发展起来，先后成立天翼、骏鑫、金鑫、华隆、华盛和济仁 6 家典当公司。

市商务局根据国家法律法规和政策，定期或不定期对典当企业的经营状况，包括典当企业资金来源、息费水平、当金流向、经营合规性、行业风险等指标进行检查；约谈企业相关负责人，健全与银监、人民银行、公安、工商等监管部门的协调沟通机制，指导企业规范经营，避免失误，化解经营风险。

2011 年，省商务厅受商务部委托，依据《中华人民共和国公司法》《典当管理办法》《典当行年审办法》和《湖南省商务厅关于开展 2011 年度典当行年审工作的通知》，各市州商务局对辖区内的典当行进行典当年审的初审，省厅再组织市州交叉检查验收，依据年审情况，将各典当行相应地评定为A、B、C类。经过检查组综合评审，全市6家典当企业全部获评A类。同年，天翼、骏鑫两家典当企业荣获全省首批诚信经营示范企业荣誉称号。

典当企业回报社会的典型有市华盛典当有限公司。2011年，该司总经理发起并在澧县成立华盛玉兰助学基金，首期向基金注入资金30万元，用于资助澧县籍学习成绩优秀、家庭条件困难的学子。

二、经营

2009年，经营的典当企业两家，其业务范围主要涉及动产质押、财产权利质押、房地产抵押等，业绩如下：市天翼典当有限责任公司典当总额4318万元，上缴税金23.13万元，税后利润69.89万元；常德骏鑫典当有限公司典当总额5780万元，上缴税金3.26万元，税后利润0.59万元。

常德市典当公司经营统计表

表7-3-2-1　　　　单位：万元

公司名称	2010年			2011年				
	典当总额	上缴税金	税后利润	典当总额	典当余额	利息及服务收入	上缴税金	税后利润
常德骏鑫典当有限公司	3221.50	7.35	1.52	2221.2	919	175.41	15.04	4.76
常德市天翼典当有限责任公司	2119.53	20.07	33.86	4114	2314.89	245.75	32.97	33.71
湖南金鑫典当有限公司	366.50	0.92	43.60	157	73	11.30	11	0.73
桃源县华隆典当有限责任公司	2619.00	4.15	12.40	2089.8	737.00	114.10	4	12.1
常德市华盛典当有限公司				1945	1945	159.61	8.78	6.85
常德市济仁典当有限公司				2164	992.3	68.30	5	−186

三、企业简介

至2012年年底，全市共有6家典当企业，简介如下：

（一）常德骏鑫典当有限公司，成立于2008年11月，注册资本1100万元。位于武陵区滨湖路时代广场。2011年，该司有从业人员13人。

（二）常德市天翼典当有限责任公司，成立于2008年11月，注册资本2200万元，2011年有从业人员13人。位于武陵区怡景巷富豪花苑。

（三）湖南金鑫典当有限公司，成立于2010年1月，注册资本1500万元。2011年有从业人员8人。位于鼎城区武陵镇桥南路。

（四）桃源县华隆典当有限责任公司，成立于2010年3月，注册资本1200万元，2011年有从业人员10人。位于桃源县漳江镇天子岗村。

（五）常德市华盛典当有限公司，成立于2011年4月，注册资本2000万元，2011年有从业人员 11 人。位于澧县澧阳镇翊武路 969 号。

（六）常德市济仁典当有限公司，成立于 2011 年 4 月，注册资本 2000 万元，2011 年有从业人员 10 人。位于武陵区紫菱路首创名苑。

第四章 扶持企业

第一节 电子商务

一、全市外贸电子商务模式

21 世纪以来，网上交易发展迅速，电子商务在国际贸易中的地位和重要作用日益凸显，全球外贸企业都加快了利用电子商务的步伐，使其成为对外贸易的经营和发展不可缺少的手段，使外贸企业能在电子商务中获得宣传、询盘、验厂、订单、物流、融资、支付、结汇、退税等“一站式”服务。

中国的第三方交易平台网站可分为两大类：一类是门户式的大型化网站，如阿里巴巴等；另一类是行业式的精细化网站，如湖南省国际电子商务应用平台（湖南外贸网）、广交会电子商务平台、环球医药信息网等。

作为热门的 B2B 电子商务平台，阿里巴巴为外贸企业广泛使用。另一些成熟的行业网站因能提供丰富和实用的交易信息，也受到一些外贸企业的欢迎，拥有其专业用户群：如湖南阿斯达生化科技有限公司、湖南谊诚化工有限责任公司使用中国化工网；湖南天翔脱水蔬菜有限公司使用食品商务网；三金集团湖南三金制药有限责任公司使用环球医药信息网等。

常德市的外贸企业开展电子商务，实行实体市场和虚拟市场两个市场的互动发展，市商务、海关、质检、工商、财税、交通、物流、银行和保险等众多部门和单位也采取了各种措施引导和鼓励全市外贸企业运用电子商务开拓国际市场。

至 2012 年，全市外贸企业基本上无论规模大小和业绩高低，都不同程度地运用了电子商务，它们主要采取 B2B 的贸易模式，具体来说，又可分为两大类：

（一）使用第三方电子商务交易平台

全市外贸企业在初涉电子商务时大都使用免费公众网站，收集和发布免费信息，并运用电子邮件和即时通讯工具寻找客户和进行商务洽谈。随着电子商务的发展，全免费的电子商务交易平台消失，外贸企业一般要通过交纳会员费、询盘费、佣金等来获得服务。常德市的外贸企业在 2010—2012 年间通过第三方电子商务交易平台进行外贸交易的主要有：常德双猫粮食机械有限公司、津市市金湘猪鬃实业有限公司、省铭裕无纺布有限公司使用阿里巴巴分别交易 15 万美元、30 万美元、165 万美元；津市市金湘猪鬃实业有限公司使用省国际电子商务平台成交 5 万美元；湖南三金制药有限责任公司环球医药信息网成交 5

万美元。

(二) 自建企业营销站点模式

全市外贸企业绝大多数都建有自己的企业网站，及时更新企业动态和发布产品信息，并且还经常借助网络营销公司之力推广企业网站。不少企业的自建网站水平比较高，中英文界面排版设计和文字配图都很精美和准确，赢得境外客户的惠顾。2010—2012 年，湖南飞桥汽车板簧有限公司、市鼎源化工有限公司通过自建网站分别成交 20 万美元和 100 万美元。

由于全市外贸电子商务在整体上仍处于初级阶段和较低层次，因此，市商务局对该行业的监管亦相应地处于草创阶段。

部分外贸企业使用电子商务平台进行交易的情况参见表 7-4-1-1。

二、政府扶持与促进

(一) 资金扶持

市商务局会同市财政局利用省里的有关政策资金扶持本市外贸企业开展电子商务工作，2010—2012 年，23 次下拨扶持资金给 15 家企业，总额为 50.78 万元，见表 7-4-1-1：

2010—2012 年电子商务资金扶持外贸企业统计表

表 7-4-1-1

序号	企业	项目名称	拨款金额（元）	拨款文件	拨款年月	电子商务使用情况
1	常德双猫粮食机械有限公司	电子商务活动—阿里巴巴国际网站推广	13860	湘商规财〔2010〕62 号省商务厅、省财政厅《关于做好 2010 年湖南省中小企业国际市场开拓资金项目申报工作的通知》	2011.3	从阿里巴巴接订单，已成交约 15 万美元
2		阿里巴巴→增值服务→橱窗产品	10000	湘财外指〔2012〕22 号省财政厅《关于下达 2011 年第二批电子商务平台项目扶持资金的通知》	2012.6	
3	湖南飞桥汽车板簧有限公司	阿里巴巴英文电子商务网站	13860	湘商规财〔2010〕62 号	2010.11	阿里巴巴暂无接订单成交记录。从企业自建网站接订单，已成交约 20 万美元
4		电子商务→企业自己的网站建设	30000	湘财外指〔2012〕119 号省财政厅《关于下达 2012 年度第一批中小企业国际市场开拓资金的通知》	2012.12	

续表 7-4-1-1

序号	企业	项目名称	拨款金额（元）	拨款文件	拨款年月	电子商务使用情况
5	津市市金湘猪鬃实业有限公司	电子商务平台建设—阿里巴巴	20000	湘财外指〔2012〕16号省财政厅《关于下达2011年第二批中小企业国际市场开拓资金的通知》	2012.6	从阿里巴巴接订单，已成交约30万美元。从省国际电子商务平台接订单，已成交约5万美元
6		电子商务—湖南省国际电子商务平台服务	30000	湘财外指〔2012〕119号	2012.12	
7	市鼎源化工有限公司	电子商务—企业自己的富通天下外贸管理ERP软件系统建设	24500	湘商规财〔2011〕62号省商务厅、省财政厅《关于下达2011年度中小企业国际市场开拓资金额度的通知》	2011.12	省国际电子商务平台暂无接订单成交记录。从企业自建网站接订单，已成交约100万美元
8		湖南省国际电子商务平台→增值服务→出口通	11000	湘财外指〔2012〕22号	2012.6	
9		电子商务平台建设—企业自己的网站建设	24500	湘财外指〔2012〕16号	2012.6	
10	大汉汽车集团有限公司	电子商务平台建设—中国国际电子商务中心企业网络营销活动	24500	湘财外指〔2012〕16号	2012.6	目前均暂无接订单成交记录
11		湖南省国际电子商务平台→增值服务–出口通	11000	湘财外指〔2012〕22号	2012.6	
12		电子商务平台–阿里巴巴→橱窗	11000	常财外指〔2012〕64号市财政局《关于下达2012年度电子商务平台项目扶持资金的通知》	2012.12	

续表 7-4-1-1

序号	企业	项目名称	拨款金额（元）	拨款文件	拨款年月	电子商务使用情况
13	省铭裕无纺布有限公司	阿里巴巴电子商务→企业自建网站	50260	湘商规财〔2010〕62 号	2011.3	从阿里巴巴接订单，每年成交约 55 万美元
14		电子商务平台建设—阿里巴巴企业网络营销活动	20800	湘财外指〔2012〕16 号	2012.6	
15	常德博特五金制品有限公司	湖南省电子商务应用平台→出口通	11000	湘财外指〔2011〕104 号省财政厅《关于下达 2011 年电子商务平台项目扶持资金的通知》	2012.2	省电子商务应用平台感觉效果不佳，无订单
16		电子商务平台建设—海关数据传输	24500	湘财外指〔2012〕16 号	2012.6	
17	湖南恒至凿岩科技有限公司	电子商务—企业自己的网站建设	30000	湘商规财〔2011〕62 号	2011.12	有客户看到企业网站信息后联系洽谈
18	湖南双狮橡胶制品有限责任公司	电子商务网站建设—中国国际电子商务中心帮建的企业自己的网站	30000	湘商规财〔2010〕62 号	2010.11	有客户看到企业网站信息后联系洽谈
19	市欣海鬃刷有限公司	电子商务—创建企业自己的网站	30000	湘财外指〔2012〕16 号	2012.6	有客户看到企业网站信息后联系洽谈
20	省顶春新型建材科技有限公司	电子商务—创建企业自己的网站	15000	湘财外指〔2012〕16 号	2012.6	有客户看到企业网站信息后联系洽谈

续表 7-4-1-1

序号	企业	项目名称	拨款金额（元）	拨款文件	拨款年月	电子商务使用情况
21	三金集团湖南三金制药有限责任公司	《环球医药信息网》电子商务平台合作项目	30000	湘商规财〔2010〕62号	2011.3	从环球医药信息网接订单，已成交约5万美元
22	省双豹粮食机械有限公司	电子商务——创建企业自己的网站	30000	湘财外指〔2012〕119号	2012.2	有客户看到企业网站信息后联系洽谈
23	湖南华富高科有限公司	电子商务平台-阿里巴巴→关键词搜索	12000	常财外指〔2012〕64号市财政局《关于下达2012年度电子商务平台项目扶持资金的通知》	2012.12	目前暂无订单
	合计		507780			

（二）推动企业加入第三方电子商务平台

由省商务厅和商务部中国国际电子商务中心开发及运营的中国诚商网联合建设的湖南首个服务全省外贸企业的区域电子商务平台“湖南省国际电子商务应用平台（湖南外贸网）”2009年进入试运行，2010年6月正式开通。该平台采用“政府支持、资源共享、专业服务、企业受益”的模式建设，为企业提供全流程的阶梯式进出口贸易展示、推广和撮合等电子贸易服务，帮助企业以更低的成本、更高的效率开拓海外市场。

2009—2010年，市商务局组织全市所有的外贸企业（2008年83家，2010年有经营业绩的75家）每年进行一轮免费培训，之后，全市有将近半数的外贸企业成为该平台的会员。该平台对帮助本市外贸企业拓宽融资渠道，改变贸易增长方式，提升外贸竞争力等方面能起到促进作用。市商务局加大建设“常德市跨境贸易电子商务平台暨出口商品供货库”的力度，推动全市企业加入广交会电子商务平台。

第二节　科技兴贸

2005—2010年，全市机电和科技出口企业共计申报商务部科技兴贸专项资金项目6个，获批项目资金160万元。全市拥有机电和高新技术出口（含间接、委托出口）的企业38家，已入网企业32家，其中高科技企业14家，机电企业入网18家，有自营出口的企业18家，生产规模在1000万元以上的企业26家；在38家企业中，国有企业1家，“三资”企业9家，民营企业25家，股份公司3家。

2006年，全市机电和高科技企业实现销售收入35.04亿元，上缴税金1.38亿元，出口创汇5163.6万美元，其中机电产品出口2744万美元，占全市出口总额的26.4%。企业职工人数13 023人。当年，全市机电进出口企业已创建湖南省名牌产品7个：武陵牌电力变压器、安福牌进排气门、气门座、常德牌水表、湖南飞桥钢板弹簧、安乡安凯牌缝纫机、常德砻谷胶辊“双猫”和“狮王”牌，其中被认定为省著名商标的产品有6个。

常德市机电和高新技术产品出口主要集中在船舶、电动机、汽车零部件、机械及设备、电器及电子产品、生物医药、新材料上，并呈现出以下特点：

一、机电和高新技术企业的研发、技改投入逐年增加，自主创新能力增强

2006~2010年间，全市有3家高科技企业建成研发中心，其中华南光电科技以及常纺机企业的技术中心被认定为省级技术研发中心，常德纺织机械有限公司研发中心和常德牌水表制造公司技术研发中心，自主研发的磁悬浮轴承和一种电子水表长久性自供电装置获得国家授权的实用新型专利产品。4家高科技机电企业，每年都有技术创新项目，有的项目被列入省和国家技术创新计划。2010年，全市机电和高新技术企业用于研发、技术更新改造的资金投入达1.38亿元，其中5家企业的研发投入资金达到销售收入的3%以上，有30%的机电企业每年都进行不同程度的技术更新改造。

二、机电和高新技术企业产生出含有高新技术和高附加值的产品

全市机电和高新技术企业在研发、技术创新方面，创造出了一批高科技含量和高附加值的产品，如华南光电科技公司的特种摄像机，能在特别恶劣的环境下工作；常德纺机公司的双针床高速经编机、摇架，属国内一流产品，占据国内市场70%的份额，并大量直接销往国际市场。

三、机电和高新技术企业开拓国际市场，自营出口

全市机电和高新技术企业通过参加国内外机电产品展览会，直接寻找客商，开拓销售市场渠道。从2006年开始，全市每年有3家企业参加国内省级以上举办的机电产品展览会，有2家企业参加境外机电产品展览会及技术贸易考察，开拓国际市场。

四、机电和高新技术产品的出口规模和销售市场扩大

全市机电产品出口量不大，直接出口不多，以委托出口为主。2005—2010年，全市机电和高新技术企业出口额在20万美元以上的有15家，20万美元~80万美元以内的有8家，100万美元~150万美元的有2家，300万美元~400万美元的有2家，500万美元~600万美元的有2家，1200万美元以上的有1家。产品销售市场从2005年的19个增加到2010年的26个，产品主要销往美国、日本、英国、俄罗斯、马来西亚、泰国、越南、意大利、荷兰、孟加拉国、巴勒斯坦、哈萨克斯坦、西班牙、加拿大、尼泊尔、约旦、伊朗等国家和中国台湾、香港地区。

五、民营企业在机电和高新技术产品出口中占主导地位

2006—2010年，全市民营机电和高新技术企业通过研发、技改，创新产品，提高产品质量，让其机电和高新技术产品进入国际市场，全市95%以上的民营企业生产的产品销往国（境）外。

六、进口设备逐年增加

全市进口设备及原材料的机电进出口企业有4家，每年进口额达1250万美元，主要集中在船舶、光电等高新技术企业。进口先进设备达93%。

第三节　东桑西移

该工程是商务部、财政部为贯彻落实党中央、国务院关于建设社会主义新农村，继续推进西部大开发，促进中部地区崛起的战略方针而在“十一五”期间开展的以加快茧丝绸行业发展为目的的项目。

2005年10月立于津市市渡口镇新湖村的商务部东桑西移工程公示牌

2006—2010年，商务部每年都拿出一定的资金，支持50个龙头企业建设50万亩桑园，7500个养蚕大棚，2500个小蚕共育室，推广7500万片方格蔟；支持50个配套蚕种场更新改造制种仪器和设备。

2006年7月，津市市被商务部批准为首批基地县，也是当年全省唯一的基地县。该市万盛茧丝绸有限责任公司为“东桑西移”工程蚕茧基地建设项目的承担企业。2007年9月，澧县被商务部批准为第二批基地县，诺雅蚕丝制品有限公司被批准为“东桑西移”工程蚕茧基地建设项目的承担企业。

该工程每个项目可获得200万元资金支持，其中给龙头企业170万元，配套蚕种场30万元。项目验收合格后，资金由财政部门直接拨付给企业。

第四节　家电汽摩下乡

2008年11月28日，财政部、商务部、工业和信息化部印发《关于全国推广家电下乡工作的通知》（财建〔2008〕862号），规定家电下乡产品为彩电、冰箱、洗衣机、手机4类，按产品销售价格的13%予以补贴。按照规定，湖南从2008年12月1日起，与其他14个省、自治区、直辖市及计划单列市一起开始推广家电下乡，执行到2012年11月底。市商务局和市财政局随即按规定开始组织全市的家电下乡工作。

2009年4月国家新增热水器（燃气和储水两类），6月又新增计算机、空调、微波炉、电磁炉，家电下乡产品达9大类。

2010 年，省财政厅、商务厅、经济委员会联合以湘财外〔2010〕17 号转发财政部、商务部和信息化部 2009 年 12 月 22 日下发的《关于进一步加大家电下乡政策实施力度的通知》，公布国家提高家电下乡产品最高限价后实施的新的补贴标准，并规定国有农场、国有林场职工也可作为补贴对象享受国家补贴。

2009 年 3 月 4 日家电下乡新闻发布会

2010 年家电下乡产品补贴标准情况表

表 7-4-4-1

序号	品种		调整后产品限价	补贴	
1	彩电		7000	3500 元（含）以下，按销售价格的 13%补贴	3500~7000 元，每台按 455 元定额补贴
2	冰箱		4000	2500 元（含）以下，按销售价格的 13%补贴	2500~4000 元，每台按 325 元定额补贴
3	手机		2000	1000 元（含）以下，按销售价格的 13%补贴	1000~2000 元，每台按 130 元定额补贴
4	洗衣机		3500	2000 元（含）以下，按销售价格的 13%补贴	2000~3500 元，每台按 260 元定额补贴
5	空调	壁挂式空调	3500	2500 元（含）以下，按销售价格的 13%补贴	2500~3500 元，每台按 325 元定额补贴
		落地式空调	6000	4000 元（含）以下，按销售价格的 13%补贴	4000~6000 元，每台按 520 元定额补贴
6	电脑		5000	3500 元（含）以下，按销售价格的 13%补贴	3500~5000 元，每台按 455 元定额补贴
7	热水器	太阳能热水器	5000	4000 元（含）以下，按销售价格的 13%补贴	4000~5000 元，每台按 520 元定额补贴
		储水式电热水器	2500	1500 元（含）以下，按销售价格的 13%补贴	1500~2500 元，每台按 195 元定额补贴
		燃气热水器	3500	2500 元（含）以下，按销售价格的 13%补贴	2500~3500 元，每台按 325 元定额补贴

续表 7-4-4-1

序号	品　种	调整后产品限价	补　　贴	
8	电磁炉	1000	600 元（含）以下，按销售价格的 13%补贴	600~1000 元，每台按 78 元定额补贴
9	微波炉	1500	1000 元（含）以下，按销售价格的 13%补贴	1000~1500 元，每台按 130 元定额补贴

2010 年 3 月 23 日，财政部、商务部和工业和信息化部联合印发《新增家电下乡补贴品种实施方案》，湖南新增燃气灶，每台的最高补贴限额为 195 元。至此，湖南实行补贴的家电下乡产品达到 10 大类。

除了上述 10 大类家电产品下乡实行补贴之外，2009 年 3 月 10 日，商务部、财政部等 7 部（委局）以财建〔2009〕104 号文联合下发《汽车摩托车下乡实施方案》，分别从当年 2 月和 3 月起，对农民购买摩托车、轻型载货车（总质量大于 1.8 吨但不超过 6 吨）和 1.3 升及以下排量微型客车实行补贴。补贴标准如下：

2009 年 6 月 16 日，市商务局联合工会主席石林（中）带队在步行街进行家电下乡宣传

1.对将三轮汽车或低速货车报废并换购轻型载货车的，按换购轻型载货车销售价格 10%给予补贴，换购轻型载货车单价 5 万元以上的，每辆定额补贴 5000 元。报废三轮汽车每辆补贴 2000 元，报废低速货车每辆补贴 3000 元。

2.所购微型客车，按销售价格 10%给予补贴，单价 5 万元以上的，每辆定额补贴 5000 元。

3.所购摩托车，按销售价格 13%给予补贴，单价 5000 元以上的，每辆定额补贴 650 元。

农民购买轻型载货汽车享受补贴的数量为每户限量 1 辆，补贴时段为 2009 年 3 月 1 日至 2010 年 12 月 31 日。

农民购买摩托车享受补贴的数量为每户最高两辆，补贴时段为 2009 年 2 月 1 日至 2013 年 1 月 31 日（实际执行到 2013 年 2 月末）。

2009 年开始家电下乡之初，全市有备案的销售网点 1034 个，至年底增加到 1795 个，2010 年年底达 2085 个，2011 年年底为 2050 个，2012 年年底结束时又恢复到 2085 个。

常德市家电下乡销售及补贴统计表

表 7-4-4-2

地区	2009 年				2010 年				2011 年				2012 年			
	当年销售		当年补贴		当年销售		当年补贴		当年销售		当年补贴		此期销售		此期补贴	
	销售量（台）	销售额（万元）	补贴量（台）	补贴额（万元）	销售量（台）	销售额（万元）	补贴量（台）	补贴额（万元）	销售量（台）	销售额（万元）	补贴量（台）	补贴额（万元）	销售量（台）	销售额（万元）	补贴量（台）	补贴额（万元）
安乡	17493	3386.27	17673	456.38	48416	11132.00	50624	1463.10	54175	14616.11	53895	1757.42	49808	14387.63	50651	1771.93
汉寿	35820	7140.97	36774	979.28	81878	18858.49	83720	2438.76	85294	23245.50	77283	2534.48	68283	19056.24	66746	2304.95
澧县	35112	6881.21	35600	944.13	67011	15557.44	71275	2120.73	68840	18096.69	69857	2291.48	59750	16418.17	69291	2398.45
鼎城区	50357	9685.74	33413	884.93	68297	15576.98	60604	1743.15	65930	17422.53	53478	1746.50	47934	13063.89	38124	1276.79
临澧县	15697	3044.37	16172	425.33	28821	6784.37	30310	896.58	38129	10225.30	37946	1246.95	28673	8149.14	29710	1037.05
桃源	30574	5742.24	31188	797.36	63388	13583.65	65374	1793.60	72093	17953.03	71171	2207.06	67940	17891.34	76533	2542.84
石门	18591	3320.09	18093	445.99	40916	8996.06	43000	1195.65	46539	11898.01	43986	1389.43	43512	11741.22	47363	1592.2
武陵区	11651	2604.92	3548	99.23	21179	5693.29	8917	267.46	18723	6058.63	5995	208.51	16138	5118.74	6339	240
津市	8151	1600.91	7674	199.56	18369	4330.24	16198	483.01	21365	5792.29	19051	614.53	19413	5384.58	16642	574.11
德山	1488	288.92	818	21.86	3644	770.94	2907	79.22	2558	644.70	1738	56.40	1716	446.62	656	22.57
西洞庭	895	170.60	843	22.51	3155	666.21	3394	93.83	3484	974.99	3837	127.47	2938	900.39	2897	101.37
西湖	2246	469.31	1414	37.09	4434	992.03	2963	84.47	6179	1552.61	3833	119.94	4734	1223.86	3690	122.54
柳叶湖	490	100.84	1698	46.89	1931	554.51	3128	99.06	1628	492.70	2070	70.64	877	251.26	2333	84.54
合计	228565	44436.39	204908	5360.53	451439	103496.21	442414	12758.62	484937	128973.09	444140	14370.81	411716	114033.08	410975	14069.34

说明：此项业务实际上 2013 年 2 月结束，其数据包含在 2012 年中

常德市汽摩下乡销售及补贴统计表

表 7-4-4-3

地区	2009年				2010年				2011年				2012年			
	当年销售		当年补贴		当年销售		当年补贴		当年销售		当年补贴		此期销售		此期补贴	
	销售量（台）	销售额（万元）	补贴量（台）	补贴额（万元）	销售量（台）	销售额（万元）	补贴量（台）	补贴额（万元）	销售量（台）	销售额（万元）	补贴量（台）	补贴额（万元）	销售量（台）	销售额（万元）	补贴量（台）	补贴额（万元）
安乡	4272	5581.07	4272	517.58	8301	8782.50	8301	910.08	6857	4142.16	6857	470.84	6495	3677.41	6495	421.44
汉寿	9405	8872.93	9393	947.08	10259	11549.71	10259	1184.86	8068	4822.54	8068	549.53	9550	5530.48	9550	617.03
澧县	12762	10236.89	12760	1118.50	19205	17580.78	19205	1894.99	14706	8352.06	14706	990.59	16199	8683.38	16199	1047.49
鼎城区	9094	9067.77	8771	899.17	13178	15002.57	13178	1544.39	9724	5659.24	9724	650.73	9349	5285.50	9349	599.19
临澧	4784	4629.09	4783	479.76	7237	7394.64	7237	776.64	5665	3319.77	5665	387.88	8397	4638.14	8397	542.68
桃源	7593	7231.37	7593	767.57	13671	13413.64	13671	1422.93	12066	6732.54	12066	801.34	14994	8104.84	14994	963.63
石门	6811	6394.72	6811	672.23	10609	9913.91	10609	1059.84	8387	4646.01	8387	564.77	11790	6150.96	11790	760.58
武陵区	818	1051.86	818	105.87	1449	1798.36	1449	185.79	1119	666.73	1119	75.73	747	426.24	747	47.71
津市市	2080	1734.55	2044	188.13	3616	2996.28	3616	331.48	2805	1528.60	2805	184.43	2756	1512.79	2756	178.7
德山	165	171.14	165	18.53	373	373.87	373	40.04	270	150.22	270	17.51	167	88.69	167	10.44
西洞庭	452	698.85	452	63.16	343	391.37	343	38.62	212	128.87	212	14.46	74	46.93	74	4.75
西湖	423	321.88	423	35.05	682	610.12	682	65.21	451	272.93	451	29.79	337	215.60	337	21.86
柳叶湖	380	446.95	380	46.63	754	1042.47	754	105.62	536	365.76	536	39.16	397	224.12	397	25.26
合计	59039	56439.06	58665	5859.27	89677	90850.22	89677	9560.49	70866	40787.43	70866	4776.76	81252	44585.08	81252	5240.76

说明：此项业务实际上2013年2月结束，其数据包含在2012年中。2011年以后只有摩托车下乡

第八篇　国际贸易促进

国际贸易促进活动由中国国际贸易促进委员会常德市支会（中国国际商会常德商会）组织实施，主要是外向型的商务工作。

第一章　会务会展

第一节　会　务

一、贸促工作宣传

宣传内容主要围绕贸促工作性质、地位、作用、出口企业及产品、常德资源优势、对外贸易成就、投资环境和对外开放重大举措等进行，提高全市各级各部门领导及社会公众对贸促工作的认知度，提高常德在国内、国际知名度，扩大招商引资影响力度，促进全市经济发展。

2003年8月20日，上海招商引资推介会。左二起：市贸促会会长刘志卫、上海国际商会副会长陈建华、市委常委李平、市政府副市长龚建明

20世纪90年代，中国贸促会常德市支会（以下简称市贸促会）先后在市直和安乡、津市、桃源、石门等县（市）召开“国际贸易促进工作大中型出口生产会员企业厂长、经理座谈会”“大中型出口生产企业厂长、外贸公司经理联系会”“对外经济技术引进项目座谈会”“出口生产企业贸促专（兼）干座谈会”。编印《常德贸促手册》《常德贸促简介》和有关各种宣传资料2000多册，赠送外商和国内来宾，分送到市直各部、委、办、局、行、社，分发会员企业、大中型出口生产企业、“三资”企业。整理编印中英文对照《常德市出口商品目录》，共分十二大类400多个出口商品，编撰出版《常德市国际商会会员名录》，通过有关部门发行国内外，提高常德市知名度。在新闻媒体对外宣传上，先后组织发展《中国贸促报》通讯员30多人，在《国际商报》、《东方时报》、湖南人民广播电台、《常德日报》、常德电视台等十多家报刊媒体发表通讯、消息、新闻照片、宣传广告数百篇（幅）。其中，桃

源硫酸锌厂出口创汇情况在《人民日报》《东方时报》《湖南经济信息报》刊登后，收到各地信函、电报30多件，要求订货和洽谈业务。1992中国湖南常德经技贸洽谈会暨桃花源游园会，《东方时报》专题采访常德市市长，宣传市委、市政府对外开放战略步骤、措施，扩大“两会”在国内外影响。

2003年8月20日和22日分别在上海、杭州两地举行招商引资推介会。市贸促会送发常德市鼓励投资的有关政策、常德市情介绍，常德招商引资项目册、农业招商引资项目册、金钻广场引资项目册、火车站大市场开发宣传资料近3000份。市委常委李平还在会上系统、翔实、生动地介绍了常德市情。

2003年至2007年连续5年日韩专业招商会，市贸促会注重常德投资环境宣传，播放常德宣传光碟，发放宣传资料和招商项目册。

2004年11月15日至16日，湖南国际会展中心举行“湖南—欧盟中小企业合作洽谈会”。市外经局选送《热土常德》英文解说光碟在会议期间播放。市贸促会将常德的各种宣传资料送到法国、英国、希腊、西班牙、荷兰、芬兰、丹麦、瑞典8国60余家机械设备、建筑建材企业家手中，还将常德投资环境与相关企业的宣传资料送到欧盟信息中心进行网上发布。市旅游局提供的《常德美景》宣传图片与书签小礼品亦成为常德展室热点。会议期间，常德市代表团共发放各类宣传资料2000余份，发放资料份数为全省各地州市之最；常德展室共吸引中外客商近500人次观展，为全省各地州市之最。

2004年11月15日，市贸促会牵头组织参加“湖南—欧盟中小企业合作洽谈会”，照片左起：市贸促会会长刘志卫，市委常委李平，市政府副秘书长车世炎

2005年5月31日，市政府副市长龚建明、市贸促会会长刘志卫率团参加日本爱知世博会，在中国馆举行“常德城市日”活动，向世界展示、宣传常德。装裱精湛的“中国常德剪纸”不仅剪出鸡年的祝福，获得吉尼斯纪录的“中国常德诗墙”也跃然纸上；用激光将桃花源、夹山寺、花岩溪栩栩如生地分别篆刻在常德桃木上，并写上“出入平安、安全回家”繁体字，用丝线绕成中国结制成小礼品，深受世界友人的欢迎。他们排成长队，纷纷到中国馆咨询台索取。活动日，用常德丝弦《常德是个好地方》作序曲，将常德的人文景观、自然风貌、旅游景点、工业发展、城市建设和招商项目及政策分别制成《桃花源里的城市——中国常德》CD光碟，并配中英文解说词，全面介绍常德。活动日，常德十佳

旅游景点诗国长城、金街溢彩、曲溪映峰、德山古韵、柳湖春晓、桃源仙境、灵泉悟禅、花溪鹭舞、瓶峰云海、壶瓶飞瀑和常德市创建的中国优秀旅游城市、国家文明城市、中国交通管理优秀城市、国家卫生城市、国家园林城市用彩色写真绘制成大型画展在馆内展出，吸引了世界各国友人络绎不绝地前来观看和咨询。2005年，市贸促会编辑出版《商务名片》。该书为服务企业、宣传企业、提升企业的社会知名度有积极的社会意义。

2005年5月31日，常德市政府副市长龚建明（右）陪同日本东近江市市长中村功一（左）参加日本爱知世博会“常德城市日”活动

2007年，市贸促会会同市发改委、市商务局确定日韩招商会推介项目、宣传资料明确以工业、旅游、产权交易为主的招商思路。12月12日至14日，市政府副市长李爱国率市政府代表团24人参加在香港国际会展中心举行的2007年香港中小企业国际市场推广日活动。开幕式上，李爱国介绍常德市投资环境、优惠政策及外资企业在常德运行情况。代表团先后会见50多位贸易商并发放招商资料。2008年，宣传重点是推介常德的投资环境与优惠政策。6月，市政府招商代表团一行7人，赴日本、韩国参加2008年中国湖南（日韩）专业招商活动。参会宣传资料280多份被日、韩客商全部领走，对宣传推介常德、提高常德知名度起到积极作用。

常德对外宣传通过参与2010年上海世博会达到全新高度。2008年8月，成立常德市参与2010年上海世博会工作领导小组，由常务副市长任组长、分管副市长任副组长，市贸促会、市委宣传部、市文广新局、市旅游局、市政府驻上海联络处等为成员单位，按照参博工作任务分工负责落实各项筹备工作。2009年5月17日和2010年8月17日，市政府两次召开常务会议，听取参博工作情况汇报，专题研究常德市参与2010年上海世博会工作方案。常德市参与世博筹

2010年10月,上海世博会湖南周常德活动日启动仪式上的文艺节目演出

常德市参与2010年上海世博会工作调度会暨世博游启动仪式在华天大酒店举行，常德市委常委、常务副市长刘小明（左一）、副市长朱晓平（右一）为世博游揭幕

备工作领导小组先后三次召开工作会议，落实参博工作任务，督导参博进展情况。通过两年的市贸促会牵头组织和推介，常德参与世博“十个一”在中国馆和湖南馆内得到充分展示。即：一个中国最早城市——城头山城市遗址模型在中国馆展示，成为进馆第一景；一块常德元素《桃花源记》竹简、木书进入湖南馆参展，《桃花源记》竹简同时被中国馆收藏；一台《桃花源里的城市·常德》多媒体触摸屏在湖南馆内运行，点击率在全省位居前列；一部高清宣传片《桃花源里的城市·常德》在世博会湖南活动周期间展播，并成为常德市重大经贸活动推介宣传蓝本；一瓶武陵三酱系列酒进入湖南馆·湘菜馆展销，武陵酒因此名声远扬，身价倍增；一首音乐《心中的桃花源》入选湖南馆背景音乐；一台常德特色的地方戏《魅力桃花源》等进入宝钢舞台演出；石门的有机茶进入湖南馆茶道表演；常德纸雕和常德烙画进入中华元素馆展示。2010年7月27日，上海世博会湖南周“常德活动日”启动仪式在世博园宝钢舞台隆重举行。启动仪式由市政府常务副市长刘小明主持，市委书记卿渐伟致欢迎词，市长陈文浩介绍常德市情。活动日期间，《常德丝弦》、《刘海砍樵》、江南舞蹈、武陵美酒，吸引了海内外众多游客驻足欣赏和品鉴，如痴如醉，把常德活动日推向高潮。湖南馆内，茶道表演茶香四溢，桃花仙子笑迎世界各地观博游客；摩比斯环上，常德自然美景和人文景观交相辉映；游客们争相点击《桃花源里的城市·常德》触摸屏了解常德，在《桃花源记》木书前与桃花仙子合影留念。常德元素借助活动日精彩亮相，使“桃花源里的城市·常德”得到完美演绎。上海世博会期间，市贸促会联合市旅游局、《三湘都市报》加大推介宣传常德力度。2010年4月16日，市长陈文浩在上海率先宣布持世博会门票游客可免费游常德现实版桃花源美景，得到全国各大新闻媒体的推崇和响应，纷纷转载。到常德游桃花源、柳叶湖、壶瓶山的游客倍增。

参与上海世博会，常德市人民政府被评为全省参博先进单位，会长黎运龙荣立二等功，副会长金桂兰荣立三等功。

二、贸促业务培训

20世纪90年代，主要培训会员单位对外贸易专业人才。培训方式主要有自办1~5天短期培训班和委派会员单位参加中国贸促总会和省贸促分会举办的各类外贸业务培训班、法律事务学习班。

2003年3月3日，市贸促会与香港贸易发展局联合在市华天大酒店举办“香港—常德优质服务与CEPA推介会”。市直和各区县（市）83家企业负责人参会。香港贸发局驻武汉办事处首席代表罗焕钊先生，就内地企业如何推广香港市场，以及在CEPA框架下，原产自香港的273类产品实行零关税等政策做详细介绍，并当场回答企业提问有关招商引资等问题。推介会受到与会企业代表一致好评。

2003年3月3日“香港—常德优质服务与CEPA推介会”在市华天大酒店召开，市委常委李平主持

2005年，市贸促会对企业管理层如何掌握最新国内外经贸动态和法律法规进行培训，全年先后举办“MBA讲堂——客户营销策略”（北京时代光华管理咨询公司张平博士授课）、“创新思维及哈佛商学院经典案例”（中南工大博士生导师周文辉教授授课）、“香港—常德优势服务推介”、“网上签证操作规程”和“税务筹划”五期培训班，共培训高层管理人士800余人次，企业驾驭市场风险能力得到提高。通过培训，贸促会的知名度明显提高，影响力逐步扩大。

2006—2009年，市贸促会注重以市场为导向，以企业需求为重点开展培训工作。培训方式以各类讲座为主。

2006年3月23日，由中国中部崛起特邀教授、九三学社湖南省常务副主委、经济学家吴金明教授主讲“赢在创新”在芙蓉宾馆举办。市政府各部门领导、企业高管280多人听课，对提高行政、企事业单位领导的管理水平和创新能力，加强自主创新能力，不断进行战略创新、制度创新、组织创新、观念创新与市场创新，促进全市经济健康发展起到推动作用。6月15日，由中南大学商学院副院长龚爱萍教授主讲“营销中的五大突破”在常德国际大酒店举办。全市150多名企业界营销人员听课。大家反映讲课非常精彩，为企业营销提供很多理论创新。7月11日，市贸促会、市经委和香港贸发局武汉办事处共同举办“香港金融服务推介暨2006中小企业国际市场推广日推介会”。各区县（市）、德山开发区、柳叶湖旅游度假区和西湖、西洞庭管理区工业发展局负责人、市直涉外单位负责人、常德国际商会会员、外贸出口企业和民营企业负责人参加会议。会议对香港金融服务业及香港贸发局如何为内地企业走向国际提供服务进行介绍。参会代表对会议内容表示欢迎。11月30日，由国内著名管理专家、湖南省人事厅交流中心高级顾问胡翠艳主讲“如何突破现代企业发展的五大生死关”培训讲座在市广播电视局多功能厅举办。全市100多名会员单位及其他企事业、民营企业与市直各行业单位负责人、相关领导参加。演讲针对常德区域经济实际，分析现代中小企业生存与发展中的常见问题，就发展战略、文化制度、经营创新、人才管理等方面阐述“突破”的原理与方法，分析问题，解决问题。

2007 年 5 月 31 日，胡翠艳女士再次来常德主讲“现代人力资源管理——如何选、育、用、留人才”，针对企业如何选取才、育才、用才、留才等方面做深层次探讨与分析。全市各行业 100 余名企业人力资源高管对此次讲座给予较高评价。8 月 10 日，由上海光大智业首席管理培训师张冰教授主讲“高效执行与创新管理”讲座在石门县举办。讲座围绕政府职能部门如何增强为企业服务的创新意识，企业领导人如何把握时代趋势和机遇，加速市场进程，提升驾驭市场风险的能力等方面进行。参训企业管理者对企业发展过程中必须面临的人力资源管理和创新管理等问题的解决受到有益启迪。

2008 年 5 月 15 日，市贸促会邀请中南大学法学院潘纪乐教授为企业讲解《〈合同法〉常见纠纷与风险防范》。150 多家企业高管纷纷表示，这种讲座针对性很强，具有很强的实际指导意义和可操作性。

2009 年 3 月 21 日，市贸促会在金沙宾馆举办“企业新《劳动法》下离职员工的管理技巧与仲裁应对对策”培训讲座，帮助会员企业应对金融危机，正确处理企业与离职员工的利益关系，避免各种用工风险，156 名企业高管参训。6 月 21 日，在芷园大会堂举办“增强信心，化危为机，创新发展”专题讲座，著名经济学家、博士生导师吴金明教授就金融危机的形成，影响及发展趋势，危机下常德市发展面临的挑战与机遇，企业如何把握调整新的契机，寻找逆势发展的突破口等方面进行精彩讲解。参训行政领导、企业高管 190 余人。9 月 25 日，在国际大酒店举办“低碳经济——新经济增长点”专题讲座，湖南大学政治与公共管理学院副院长、低碳经济与社会发展研究中心主任、博导陈晓春讲解“低碳经济”作为新经济增长点与常德市建设服务型政府、创立代碳企业、建设低碳工业园区、打造旗舰企业、推进资源节约型环境友好型社会和“低碳”建设，实现经济建设突破性发展的重要战略意义。

2012 年 9 月 21 日举办“2012 纳税风险防控与税务稽查”专题讲座

2010—2012 年，市贸促会培训工作基本形成每季度举办一次针对企业应对热点、难点问题培训讲座的常态。内容涉及对外经济贸易、出口退税、合理避税、劳动保护、环境保护、知识产权等诸多方面，邀请国内知名专家学者先后就“企业商业（赢利）模式设计与创新”“孙子兵法—管理韬略与实战运用”“劳动争议与新《社会保险法》解读”

“财务风险预警与防控技巧”“应收账管理与催收实战技巧”等开展针对性辅导，帮助企业掌握最新国内外经贸动态和法律法规，增强企业驾驭市场风险能力，受到企业一致好评。

三、贸促服务

（一）信息服务。1989年创办《常德贸促简讯》，当年出刊32期，为全市52家会员单位提供有参考价值的信息200多条。10月17日，省贸促会批复设立“《中国贸促报》及《湖南贸促通讯》常德贸促通讯组”。1990年上半年，市贸促会先后向省申报两批项目19个，第一批7个通过《中国贸促报》向国外发布。全年走访会员企业20多家，为会员组织1300多吨商品油料指标，部分面临停产的耗油企业恢复正常生产。《常德贸促简讯》先后开辟“国际市场、对外经贸、会务活动、会员之家、国内信息、贸易合作”等20多个栏目，为70多家会员单位提供各种信息400多条。临澧县收到服装信息后，3家服装企业产品打入国际市场。临澧太平冷冻厂收到信息后，开通中苏边境贸易。《常德市出口商品目录》（中英文对照），收集全市会员企业12大类400多个品种，由市对外经济贸易委员会出版。《常德市国际商会会员名录》经过两年编辑，1992年出版，市委书记庞道沐（名誉会长）、常务副市长李江（会长）分别题词。1992年，在常德中国银行金融研讨会上，市贸促会代表广大会员企业，向银行提出如何在资金上扶持出口生产企业的建设性意见，得到银行专家赞同。

2008年5月15日，中南大学法学院潘纪乐教授（前左一）讲解“《合同法》常见纠纷与风险防范”

在信息服务中，市贸促会除每年印发信息资料外，还通过电话信函等形式提供服务。为拓宽信息渠道，先后与北京、天津、上海等全国各省市及长沙、岳阳、株洲全省各地州市建立信息联系；与日本、美国、香港等地国际商会建立信息渠道和业务工作关系；在各区县（市）会员企业、大中型出口生产企业建立信息网，配备信息员，开展双向交流。

1999年，市贸促会根据中国贸促总会关于帮助中小型企业境外投资办厂有关精神，对欧美、非洲、拉美市场进行信息广泛收集整理，通过比较研究，发现常德市产品在中亚市场特别是哈萨克斯坦市场非常有潜力，为市政府各行业主管部门及生产企业提供市场信息近200页，作为企业境外带料加工依据。

2000年，市贸促会工作人员到人才交流中心、职业介绍所、工厂搜集不同专长劳动力资源信息300余人，为国际国内劳务输出提供市场需求人才。

2004年，市贸促会为凯瑞科技公司提供全方位服务，促进该公司新成果、新产品不断创新。6月8日，该公司研制的“KP系列建筑防水剂”“KPF-1建筑体防渗剂”经过国家科委鉴定为国内同类产品领先水平，获得国家级“科学技术成果”称号。

2005年，《常德贸促》编印提出“高、快、准”的标准。“高”即质量高、标准高，编辑在广泛收集国内外最新经贸信息后，经过认真筛选，找出符合常德市经贸特点信息，务求信息实用。“快”即全年编辑12期，每期每月10号前送达企业手中。“准”即编辑人员上门走访或发函电，向企业征求意见与建议，找准企业所需。会员企业对《常德贸促》编辑工作满意度越来越高。当年，市贸促会收集整理会员单位资料，建立完善会员档案。

2006年，市贸促会明确每名机关干部必须下企业调研1个月以上，并拿出调研报告。通过调研，全年共向会员企业提出针对性生产经营方面建议20多条。

2007—2012年，市贸促会牵头编印《名流》《常德企业精英》《金桥》等会刊推介常德企业，让来到常德的商贸人士能在第一时间如车站、机场、宾馆，了解到会员企业基本情况。不定期到企业走访，发调查函了解企业发展现状和存在问题，及时与有关部门衔接，向市政府汇报，尽快帮助企业解决困难是贸促会多年常抓不懈的工作。

（二）出证认证。1994年，市贸促会向上级申请，经中国贸促总会批准，设立原产地证代签点，常德市出口企业能在家门口办证，大大提高企业通关结汇速度。

1995年至1999年，市贸促会办理原产地证80份（1999年29份），签证金额约360万美元（1999年120余万美元），并为出口企业培训一批优秀原产地证手签员。

2002年，市贸促会签发一般原产地证书89份，出口FOB值310万美元，其中机电类产品204万美元，占比66%，化工类产品78万美元，占比25%，其他占19%。主要出口地为中东、东南亚和西欧部分国家。2003年，完成出具原产地证98份，涉及出口金额586万美元。10月中旬为全市出口企业举办“认识入世，做好出证认证工作”培训班，获得与会企业一致好评。2004年，签发出口货物一般原产地证书116份，出口金额FOB值503万美元，出口产品仍以机电、化工类产品为主；商业单据认证16份，代办埃及、土耳其驻华使馆认证6份。申办一般原产地证份数较多的企业是：常德砻谷胶辊厂32份，湖南金龙电机有限公司20份，湖南洞庭药业股份有限公司17份。洞庭药业股份有限公司手签员覃道安，办证工作规范，资料齐全，错证、重发证率很低。但全市出口企业签证工作仍存在提交审核单据不齐全、产地证签字不规范、手签员更换频繁等问题。

2005年，出证认证工作大幅进展。全年出具原产地证162份，FOB值489万美元，商业单据认证17份，代办使馆认证9份。11月22日，市贸促会在佳和大酒店三楼会议室内举办“2005年度出证认证暨网上签证实务培训班”。来自全市17家签证注册企业20名手签员参加培训。省贸促会出证认证中心、广州尊网商通公司3位专家对如何网上注册、申领和制作原产地证，如何办理商业发票等单据认证，代办使领馆认证，如何办理ATA单证册业务进行详细讲解，并对办理过程遇见的常见问题进行解答，受到参训学员好评。11月23日，市贸促会开通网上签证，办理原产地证书更加方便快捷。

2006—2012年，市贸促会为企业出具原产地证2037份，商业单据认证168份，代办使领馆认证65份。先后有5人参加中国贸促总会举办的全国出证认证人员资格培训，4人通过考试取得签证资格。

常德市出具原产地证统计表

表8-1-1-1

年份	份数（份）	涉及金额（万美元）	备 注
1995—1998	51	240	
1999	29	120	
2002	89	310	以FOB（离岸价）计，其中机电类204万美元、化工类78万美元
2003	98	586	
2004	116	503	以FOB计，机电、化工类产品为主
2005	162	489	
2006—2012	2037		

（三）*法律咨询与仲裁服务*。1990年6月，经省贸促会同意，常德市贸促会设立法律事务部，随后举办为期1天的法律事务学习班，会员企业90多人参加。1993年12月，在常德市贸促会工作年会上，市政府副市长、贸促会会长李延生要求市贸促会要尽快着手开展法律服务工作，要按照涉外法规，搞好涉外法律事务咨询服务，对中外经贸双方产生的矛盾、纠纷，该调解的调解，该代理仲裁的进行代理仲裁，公正执法，维护当事人合法权益。

2006年4月13日，市贸促会正式设立湖南省调解中心常德办事处。当年，常德水表公司卷入广东电白县自来水公司一起地方矛盾中，其名誉权因广东相关媒体报道受到极大影响，波及全国，直接后果是广东市场客户全面中止合同，或取消订单。公司利益将受到几百万元损失。市贸促会了解这一情况后，派从事法律工作的张波与厂方代表一起赴广东，奔波数地，往返数千公里，与相关媒体及地方技术监督部门联系，调查事实真相，据理力争，及时控制了局势，成功挽回影响。当年，市贸促会还为临澧供销社一起与外方投资纠纷数年的事件提供法律服务，帮助妥善解决争端。此外，还为会员企业办理诉讼案件2件，义务解答企业法律咨询10余人次。2012年，在诉讼与非诉讼业务领域办理诉讼案件1件，解答法律咨询、提供法律帮助15人次。

第二节 会 展

展览业是朝阳产业。参加、承办展览是企业、产品走向国内、国际市场、参与国际国内市场竞争的快捷方式和最佳途径，也是振兴当地经济、拉动经济发展新引擎。

一、参展

1989年市贸促会筹备成立期间就组织会员参观参展“首届北京国际博览会”“国际化工技术设备展览会”“国际纸浆造纸加工展览会”。参展产品德山大曲高、低度酒荣获“首届北京国际博览会金奖”，现场成交产品6吨。桃源县硫酸锌厂、玉雕厂、柴油机厂与国外客商达成意向性项目6个。湘北贸易进出口公司参加在丹麦哥本哈根举办的“中国出口商品展销会”，展出不同规格商品200多种，成交小儿衫、裤5000多件，旅游鞋5000双，并与丹麦、瑞典、西德等国18家工商企业建立网络关系，与西欧华侨联谊会副会长卫志远达成皮夹克来料加工和旅游鞋加工业务额200万美元协议。

1990—1993年，市贸促会配合上级贸促会组织会员企业参加国际展览、博览会10余次，参展商品涉及机械、纺织、服装、中成药、食品等8大类70多个品种，成交金额500多万美元。其中“武陵酒”荣获美国首届国际白酒博览会金奖，“滴水洞”高低度酒双双荣获加拿大国际白酒博览会金奖。在阿曼国际展览会上，湘北工贸进出口公司参展的毛巾、浴巾、围巾、衬衣、枕套等商品成为外商抢手货。马尼拉展销会上，湘北工贸进出口公司参展的纺织品、针织服装、食品、中成药等12个品种成交额达88万美元。“生命链酒”参加日本东京举办的第五届国际酒类与饮品博览会荣获金奖。1999年，洪明祥副市长率各区县（市）分管农业副县长及农牧业生产企业及专业人员50余人，参加由中国贸促会农业分会与法国爱博集团联合4月20日至30日在北京举办的’99中国国际农牧业及食品加工展览会。30多个农牧业发达国家参展，设摊位386个，中国馆摊位70个，其中常德市摊位2个。

2000年，湖南省金健米业股份有限公司与湖南湘泉集团参加由中国贸促总会与中国粮油食品进出口公司联合举办的中国国际食品和饮料展览会。

2003年12月10—14日，市贸促会组织湖南浦沅集团公司（专用车辆厂）、常德通用压缩机有限公司参加越南（胡志明市）经济贸易展览会，与越南及其他参会商家进行广泛洽谈，就产品销售达成多个合作意向。常德通用压缩机有限公司还与胡志明市主管部门达成开设办事处等意向。

参加2004年越南国际贸易展览会的组织工作，5月开始，至12月中旬结束。市贸促会先后联系各区县（市）、德山开发区、柳叶湖管委会、西湖、西洞庭管委会等部门，重点联系28家企业，对那些需要了解越南有关情况的单位提供资料40份。10月，常德耆谷胶辊厂、常德海利化工有限责任公司、临澧县杰海陶瓷有限责任公司等不及年底越南展会开幕，就先期赴越南开展业务，落实合作商家，设立办事处。

2005年越南国际贸易展览会，常德市有3家企业参展，出展展位7个，其中安乡凯斯在展会上找到销售客户并签订出口合同。

2006年12月5—9日，越南国际贸易展在胡志明市国际展览中心举行。市贸促会与市工商联组织5家企业参展。参会人员12人，其中企业参会人员10人，展位5个，在全

2011年12月1日，市贸促会组织湖南盈成油脂工业有限公司参加“2011香港国际中小企业博览会暨2011亚洲农产品展”

省地州市中位列第二。5家参展企业签订各类产品出品协议金额1400万元。临澧顶春石膏制品有限公司与胡志明市雅顺贸易公司签订齿科石膏出口合同，出口量5吨/月；与韩国客商李先生签订出口美容护肤石膏粉合同出口量7吨/月；在胡志明市落实建筑建材石膏销售代理商1名；与越南年威实业有限公司落实高档模具石膏和精密铸造石膏出口事宜，以上合计年出口额1100万元。桃源杰新纺织印染有限公司与越南童装生产企业“GOGO”、“MTCL”签订出口童装生产布料合同，出口值20万美元，并与“智远公司”签订5年代理协议。常德楚天轴承有限公司与越南华裔商人谈妥“N类、3类”轴承年出口6个货柜，出口额120万元事宜。富玺登集团有限责任公司找到3家代理商，计划在越南投资办厂。三金药业由于药品受国家管制，没有产生实质效果。

2011年，市贸促会组织全市5家酒类知名企业参加湖北荆荆宜城市群名酒节；与市委农村工作部联合组织11家农业企业参加“2011香港国际中小企业博览会暨2011亚洲农产品展”。

二、来展与办展

2000年12月8日至17日，市贸促会承办“2000年中国名牌服装服饰（常德）博览会”。照片左起：省贸促会会务展览部部长熊健、市贸促会会长刘志卫、省贸促会副会长张承柏

2000年12月8日至17日，由省贸促会与常德市人民政府联合举办，市贸促会具体承办“2000年中国名牌服装服饰（常德）博览会”在市博物馆隆重举行。这次博览会完全按市场规律运作、商业模式运行，由承办单位自主经营、自负盈亏，财政不给补贴，是常德市办会展的首次尝试。博览会期间有来自青海、宁夏、陕西、北京、大连、黑龙江、青岛、广东、福建等地的158个生产厂家参加，到会客商683

人，展出面积 2600 平方米，标准摊位 129 个，参观人数 13 万人次，累计成交金额 1800 余万元。

2001 年 9 月 21—24 日，由市人民政府举办，市贸促会具体承办“2001 中国房地产及住宅产业交易大会”在市博物馆举行。此次专业会展经过 4 个月精心组织和筹备，利用贸促会国际商会的网络优势，向江苏、广东、福建、辽宁、北京等地寄送招展资料近万份，在沅水大桥桥头设计制作 300 平方米喷绘广告，有 15 辆公交车做流动广告，发放参观门票近 5 万张。此次展会有来自省内外 55 家企业参展，其中知名企业有；吉利房产公司、五强产业集团、辽宁忠旺集团、苏州罗普斯金集团、大连实德集团、北京兆维电子、福建亚通集团、台湾吕鑫铝材等。此次会展展出面积近 2000 平方米，设国际标准展位 68 个，达成协议金额约 4000 万元人民币，有近 5000 专业人士观摩。

2003 年 10 月中下旬和 12 月下旬，市贸促会先后在市再就业广场和市体育中心两次举办国际名牌服装服饰展销会。2004 年继续举办了国际名牌服装服饰博览会。2005 年 10 月 13—22 日在市体育中心举办“第三届沿海城市商品服装展销会”，有 80 多家全国各地的参展商参展。2007 年 4 月 21 日至 5 月 6 日，市贸促会主办，北京环达科贸公司承办“华夏之春”首届苏杭丝绸暨品牌时装展销会在市体育中心举行。此次服装节展位 140 个，参展客商 400 余人，参展商品 1000 余种，成交额达 300 万元。市贸促会全过程参与展会的组织、管理协调工作，《常德晚报》《常德都市报》相继报道此次展销会盛况。购物市民对看得见的实惠给予充分认可。

2008 年月 4 月 5—22 日，市贸促会与北京环达科贸公司再次合作，举办“第二届常德国际服装节”。来自江苏、浙江、上海等 20 多个省市区近百家生产厂商、国际品牌代理商前来参展，标准展位 107 个，展出面积 1000 余平方米。展品以苏杭丝绸服装、服饰为主，还有各种品牌箱包、鞋类、床上用品等 500 多个品种，成交额约 800 万元。11 月 2—16 日，市贸促会主办，北京非凡永成展览展示有限公司承办“第二届北方服装节及全国巡回展（常德）博览会”在市体育中心举行。此次展会展位 120 余个，参展商 300 余人，商品 1000 余种，成交额 300 余万元。

2008 年月 4 月 5—22 日在市体育中心举办“第二届常德国际服装节”

2009 年 4 月 10—26 日，市贸促会与北京环达科贸有限公司联合举办“第三届苏杭丝绸暨名品衣装交易会”，展会期间完成交易额500万元。10月12—27日，市贸促会与北京环达展览公司联合在市体育中心举办“2009常德国际服装博览会”。此次展会采用德国进口全钢架一体式展棚，展馆面积近万平方米，展位300余个，汇聚全国100多家知名品牌服装企业，参展商品有各式秋冬装（尤以貂、皮类高档服装为主），针织品、床上用品等1000余种。展会组委会专门设立工商监督岗、公平台。市民对所购物品可以随时咨询，对不满意商品包换，对有缺陷商品无条件包退。经现场调查显示，80%的购物者称展会商品质量好，款式新颖，品牌服装实现生产与消费者直接见面，价格比专卖店少一半多。此次展会每天人流量上万，没有发生一起不安全、不和谐事件，成交额达2000余万元，创历届之最。

2011年4月29日至5月15日，市贸促会主办、北京环达展览有限公司承办“2011时尚盛典苏杭丝绸服装服饰博览会”在市体育中心举行。此次博览会展位300个，参展商400余人，展品1000多种，交易额1000万余元。

第二章　国内国际交流与项目引进

第一节　考察洽谈

1991年3月，中国国际商会常德商会组织常德市会员企业21人赴泰国、香港促销、洽谈，为期14天。促销团带去企业简介1500多份，产品样本1800多份，对外经济技术合作引进项目28个。洽谈会前，对外商发出邀请函500多封，在泰国《新中原报》《世界日报》连续发布《常德举办出口商品和经济合作洽谈会》消息，在热闹繁华的那那北路，竖立一块用中、英、泰三种文字印制的举办洽谈会广告宣传牌。在曼谷6天的洽谈会上，摆出实物样品60多种，接待外商60多人次，签订意向协议书7份。其中，湘北工贸进出口公司签订5份，成交金额80多万美元，洞庭制药厂的药品、常德昌明锅厂营养锅当场签订代销协议。《新中原报》对洞庭制药厂、常德轴承厂、常德电机总厂情况进行重点报道。促销团在香港期间，听取香港贸发局、怡和集团中国业务拓展部、新鸿基中国有限公司业务情况介绍，考察香港市场。当年，常德国际商会还组织常德纺织机械厂、常德灯泡厂、华南光学仪器厂、桃源硫酸锌厂分别参加湖南省国际商会组织赴日本、马来西亚、泰国及中国香港地区经贸考察活动。

1992年，市贸促会组织出国考察展销团组4个45人次，出访的国家或地区有日本、意大利、泰国、美国、及中国香港地区。

1993年，市贸促会组织两个出国团组48人分别赴日本、美国考察洽谈促销。考察团带去产品样品、企业简介1000多份，对外经济技术合作项目20多个，签订协议合同3个，引进外资100多万美元，贸易成交签约200多万美元。赴日本考察团参观考察4个现代化医院和企业，日本国贸促会会长木村一山先生接见并介绍日本对外贸易情况。代表团还与日本产通株式会社、大阪铁路医院等单位洽谈了经贸合作项目。赴美考察组先后在旧金山、洛杉矶、奥克兰召开商务座谈会、洽谈会。常德电视台副台长吴长武与美国洛杉矶熊猫电视台洽谈，签订“从1994年1月起，由美方每月播放一次（每次28分钟）《今日常德》节目”一年合同。石门三江口水电管理局局长侯令财在香港考察期间，与香港华昌捷高玩具厂签订成立湖南大昌铝材有限公司（合资）合同，引资104.8万美元。1994年，市贸促会办理出国考察、促销、经贸洽谈团组17个，参加工商企业代表104人次。

1999年，通过中国贸促总会安排，市湘北工贸进出口公司参加10月28—29日德国波茨坦举办的1999欧盟合作伙伴洽谈会。湘北公司带去的纺织品、皮革、铸铁件相关图片、样本等资料备受青睐。

2003年3月，市贸促会组织柳叶湖旅游度假区房地产开发有限责任公司等单位赴美国、加拿大进行房地产、旅游开发项目考察，为柳叶湖开发国际化打下基础。11月15—30日，市贸促会组织交通局、市云锦纺织集团8人赴南非、埃及、土耳其进行经贸考察，就境外工程承包、投资办厂和劳务输出等事项与境外政府部门和客商进行广泛接触和洽谈，达成部分合作意向。

2004年4—5月，市贸促会与香港贸发局经过2个月考察和洽谈，签署《经贸交流与友好合作备忘录》。“2004湖南—欧盟中小企业合作洽谈会”是省政府确定的重大招商活动之一。市委、市政府把“欧洽会”作为全市对外开放的一项重大活动列入议事日程，制定工作方案，成立代表团。龚建明副市长和车世炎副秘书长分别主持召开四次推介调度会。市贸促会和市乡镇企业局、市机械建材行业办分别召开4次专题推介会，保证足够候选企业报名参会。11月15—16日，欧洽会在长沙市“湖南国际会展中心”举行，市委常委李平、市政府副市长龚建明、市政府副秘书长车世炎、市贸促会会长刘志卫率团参会。此次欧洽会采取一对一洽谈对接方式，全市11家企业参会，10家企业参与对接洽谈，共洽谈106场，达成初步合作意向和销售、加工协议34项。其中，常德通用压缩机有限公司洽谈30场，在全省排第二。2004年，市贸促会还组织3个对外经贸考察与商务洽谈团组，参加企业11家。市砻谷胶辊厂生产的米机专用胶辊和金龙电机公司电机，分别通过埃及开罗联合贸易公司和土耳其梅尔森市奥斯瑞贸易公司销售，当年销售额达80多万美元。11月，市政府巡视员杨光宏带团赴巴西经贸考察，对巴西洪集集团公司进行考察洽谈。该公司由巴西籍华人创办，集商贸、旅游和国际交流为一体。考察团成员与董事长杨洪先生、副董事长郭昕伟女士进行交流，参观访问圣保罗最大纺织企业FILON公司。常德市云锦纺织有限公司代表与FILON公司代表就纺织服装布料贸易达成合作意向。

2005年，市贸促会先后7次组织各行业代表团组86人分赴美国、英国、日本、韩国、澳大利亚、越南等国进行商务考察活动，为历年组团数之最。7个团组全部一次性签证成功，没有一个拒签记录，奠定了贸促会在全市组团工作方面的优势地位。由副市长宋冬春带队的市政府交通考察团一行17人抵达美国后，马里兰州安尼朗德郡郡长简妮特·欧文斯女士亲自接待，并分别给17位代表授予“荣誉市民”称号，副郡长沃克赞誉常德淡水珍珠，并邀请常德市派农业代表团赴美国洽谈合作开发珍珠项目。副市长陈文浩带队的欧洲考察团11人，在荷兰受到达门船舶公司常德副总裁范诺那热情接待，并签订第三期投资400万元改造常德船舶厂的协议。

2006—2007年，市贸促会组织11个代表团共115人次赴美国、加拿大、英国、西北欧、南美、日韩、越南等国家（地域）考察，并与多个国家的商协会组织建立友好联系，在很多方面进行了合作洽谈。同时，加强国内横向联系，组织相关人员到上海、杭州国际商会进行学习考察，签订合作协定；长期保持与上海、无锡、秦皇岛、厦门、杭州、广东、深圳、东莞等地国际商会友好联系，与部分商会建立合作伙伴关系。2007年9月，市贸促会作为创始成员之一在山西太原参加“中国中部城市国际商会联盟”成立大会，与30个中部城市国际商会共同签署《太原宣言》。《太原宣言》在“共建合作平台、加强经济合作、共享信息资源、建立协调机制”四个方面达成共识。12月12日，副市长李爱国率政府代表团24人参加在香港国际会展中心举行2007年香港中小企业国际市场推广日活动。李爱国率部分代表团成员专程拜访香港兆恒集团董事长徐国胜先生、湖南兆恒集团董事长朱宏先生，就该集团投资澧水、溇水流域水电产业、三江电力包装上市广泛交换意见，达成共识。代表团与荷兰驻香港总领事馆廖莉莉贸易主任、印度驻香港领事馆关丽雅领事联系，分别为临澧中泰特种设备公司在荷兰及欧洲寻找合作伙伴，双豹粮机厂在南亚投资建厂达成一致意见。代表团与法国工商总会、香港信贷及收账管理协会、中国国际商务发展委员会、中国波兰商会联系，为常德市出口型企业提供国际市场服务达成初步共识。津市鸿鹰祥生物制剂公司续签出口合同50万美元。

“2008亚欧中小企业合作伙伴洽谈会”10月29日在长沙华雅华天酒店举办。常德通用压缩机有限公司、常德湘联实业有限责任公司和欣海鬃刷有限公司等3家企业参加洽谈会。湘联实业有限公司找到2家意向合作伙伴。

2009年，市贸促会多次赴广东邀请广空作战处到常德洽谈石门桥旧机场置换事宜；4月初邀请重庆三峡燃气集团董事长谭传荣一行到常德洽谈五县一市管道燃气项目；5月初邀请台湾安顺原生态农业开发公司赖建文董事长一行4人到常德考察，并就有机化肥项目进行洽谈；清明节、国庆节前后邀请深圳鹏玥投资公司张世嘉董事长、博时投资发展公司龚煌辉总经理以及深圳常德商会、东莞常德籍企业家联谊会的企业家到常德考察；邀请香港投融资协会、深圳江韬投资公司代表一行4人分别于4月中旬和9月上旬到常德考察一桥三路城市基础设施项目，与城建投资公司达成投融资协议。

2010年第十三届中国北京科技产业博览会，突出园区推介和投资洽谈，常德市上报对接项目15个。其中德山经济开发区的铝合金材料系列产品项目和多晶硅、单晶硅、太阳能光伏电池项目，被组委会作为精品项目重点推介；石门县拟投资6000万元湖南樱花溪生态旅游开发项目在投资洽谈会上倍受关注，有中国侨联投资集团有限公司、北京康瑞投资有限公司、洪范基金管理有限公司等多家公司与之洽谈。

2008—2012 年，市贸促会先后组织政府部门和企业代表团，分赴五大洲 30 多个国家和地区进行经贸考察洽谈和参观学习，先后邀请深圳新泰医药公司、华亨投资公司、欧姆龙电子、澳门名嘉集团、香港兆恒集团、盈信集团、兆联集团、江苏隆力奇集团以及深圳、珠海、惠州、东莞、广州、武汉常德商会约 300 人次到常德考察、洽谈投资项目。全市对外经贸交流工作得到持续有力推进。

第二节　项目引进

2000 年，中国贸促会根据国家经济发展需要，遵照国务委员吴仪指示，决定利用自身对外联系广泛优势，把招商引资工作作为各级分会、支会最重要的业务工作。当年，市贸促会将汉寿县芦苇、安乡县球墨铸铁编入总会对外重点招商项目。

2010 年 5 月 26 日，第十三届中国北京科技产业博览会上，德山开发区代表与客商洽谈

2002 年，市贸促会牵线，引进国家级高科技项目——特种纸，由国家烟草总局世纪风科技公司、湖南亚华太阳风公司、常德烟厂合资组建“常德金芙蓉特种纸业公司”。第一期投资 1000 万元，这一项目填补国内空白。

2003 年 8 月 20 日下午和 8 月 22 日上午，市贸促会组织承办常德—上海、杭州招商引资推介会。市委常委李平、市政府副市长龚建明主持参加两地招商会，会议共邀请 115 名具有投资实力和意向的中外客商，洽谈 10 多个项目，会后两地先后有三批客商到常德进行投资考察。10 月 22 日至 11 月 2 日，市贸促会又组织以市政府助理巡视员叶培明为团长一行 12 人，参加 2003 中国湖南（日韩）专业招商引资洽谈会。洽谈会期间，代表团邀请到会客户 20 人（日本 8 人、韩国 12 人），接触其他地市邀请日韩客商 50 人；用中、日、韩文字发布招商项目 52 个；签约津市益林纺织厂与韩国华升集团合作兴建气流纺项目，总投资 6600 万元，利用外资 600 万美元。此外，达成合作意向 5 个。

2004 年 5 月 21—26 日，第七届中国北京国际科技产业博览会在北京举行，湖南省贸促会牵头组织，常德市组成分团参会。德山开发区与北京创兴环保有限公司签订投资 5 亿元环保工业园生产项目签约，占地 500 亩，主要生产吸污器、节能灯、旋风式抽油烟机等；德山开发区与清华大学科技园初步达成建科技园的意向；德山开发区与中冶投资（竹布生产项目）、英国天望国际投资集团（计划用地30亩建五星级酒店）、日本中村产业株式会社（帆布生产基地项目）、俄罗斯务实合作集团（铝材深加工项目）、泰国汉洲有限公司（森林公园开发项目）等12位客商进行过项目投资洽谈；湖南长生生物工程股份公司经市贸促会联系洽谈，与香港中华控股集团达成合作（控股）意向。2004年至2005年，市贸促会会长刘志卫三上北京，与北京天都大宇公司多次商谈，并详细介绍常德市自然资源、交通、政策等优势，将总投资4000万元，主要生产发芽糙米和营养素系列产品项目落户常德。2015年完成投资550万元，第一条生产线投产，可年生产营养素40万瓶，销售收入1000万元。

2003年10月31日在汉城举行的中国湖南投资说明会上，津市益林纺织厂与韩国华升集团签署合作协议

2006年12月，市政府副市长李爱国带领政府部门和企业代表13人，分别在日本和韩国参加为期10天专业招商洽谈会。市贸促会先后引进“沃尔玛商业广场”“秸秆发电”等项目，总投资额达5亿元人民币。

2007年，市贸促会把招商引资作为工作主菜单，重点抓“中博会”“深洽会”“泛珠洽谈会”“湘商大会”，参加客商特别是重大工业项目签约商、战略投资者邀请组织工作。4月上旬，按照市政府主要负责人的指示，市贸促会协调深圳华享国际投资有限公司投资兴建的常德体育生态园转让给香港贵联集团于4月13日正式达成协议，5月18日常德体育生态园正式动工，兴建18洞国际锦标级高尔夫球场。该项目交由重点办跟踪服务，2009年11月30日试营业。4月下旬，“中博会”期间，挖掘客商资源，邀请8名客商参会。“深洽会”前期筹备期间，派出3名工作人员从4月份起进驻深圳，东莞开展前期公关，邀请到1家世界500强企业，3家国内500强企业负责人和1名驻港领事等78人参会，促成市政府与香港盈信集团、粤港水务集团、香港保威集团达成战略合作框架。“泛珠洽谈会”期间，邀请8名香港、广东两地客商参会，促成市政府与香港盈信集团签署在德山兴建盈信物流园合作协议，引进中冶南方集团收购常德纸业、香港保威集团开发德山东莞工业园、东莞常德商会兴建德山东莞中小企业园等项目。“湘商大会”期间，邀请10多位德国客商到会洽谈。其中由贸促会牵线引进深圳博大晶深科技公司投资2亿元在德山开发区生产可视电话、摄像头等高科技产品项目成功签约。常德博大科技公司在筹备期间，市贸促会为投资企业跟踪服务，帮助解决征地问题，挑选办公场所，物色财务、办公室管理人才等，该公司由原计划建设无线卫星手机、可视电话生产线，扩大到在常德组建卫通公司、神舟通讯科技公司三个项目。

2008 年，市贸促会继续实施招商引资“一把手”工程，增配一名党组成员专门负责招商引资工作，并制定“全会每年引进一个工业项目，在谈一个外资项目，每个会领导引进跟踪服务一个项目，每个部室服务一个项目，每个员工联系一个投资客商”目标责任，由会长黎运龙带队的招商小分队，一年内五赴上海，六下广东，二上北京，找信息，谈项目，会客商，先后拜访长江商学院上海同学会、空军总司、广州空军作战处、香港东信投资公司、香港盈信集团、香港兆恒集团、东莞嘉莉诗公司、广州开发区建设开发公司、中国多肽集团、深圳联合光电、深圳侨商会、深圳全美电子等单位或企业，积累人脉资源，寻找战略投资者。东莞嘉莉诗公司 5 月中旬就在德山开发区投资生产内衣和童装项目来常德进行实地考察，深圳华夏银行就在常德兴建村镇银行项目来常德考察石门、临澧、澧县，并与市人民银行、银监会座谈。“沪洽会”期间，市贸促会邀请 16 名客商参会，参与引进的物流中心、东信电子工业园等项目成功签约。2008 年日韩招商推介会，常德市发布 12 个招商项目，与 3 家日韩企业就 5 个引资项目进行洽谈。日本 JCT 株式会社在德山开发区投资电视芯片、医药生产项目达成投资意向，总投资 3000 万美元。

2009 年，市贸促会牵头引进三峡燃气投资常德市 5 县 1 市管道燃气项目，取得昆仑公司供气开口批复，注册资金 2000 万元，收购汉寿、安乡、临澧县燃气公司，控股津市燃气公司，注入投标保证金 3000 万元；石门桥旧机场置换项目获广空司令部同意置换批复；深圳华亨公司投资常德华亨劳务开发有限公司 2000 万元；阿联酋华商邓先宜先生投资建设德山现代物流园项目 5000 万元，在“常德上海招商推介会”上签约，2011 年追加投资 7000 万元建设常德经济开发区（以下简称常德经开区）宜达物流园，于 2012 年 5 月 28 日试营运。香港兆恒集团投资黄虎港、白沙渡电站 9700 万美元项目在“港洽周”上签约。

2010 年，市贸促会组成以黎运龙会长为队长的武汉地区招商小分队，先后 4 次赴武汉开展工作，两次邀请武汉荣星家具董事长、武汉湖南商会常务副会长袁荣彤先生来常会商。当年，荣星公司在常德投资 5000 万元技改项目竣工。2011 年 12 月 29 日，由市贸促会、市商务局联合引进的常德居和嘉美国际家居广场竣工营业、总投资达 3 亿元，建筑面积 6 万平方米，市委书记卿渐伟、市长陈文浩出席广场开业庆典。

第三节　来访团组接待

1992 年，市贸促会先后接待北京、深圳、广州、东莞、长沙、岳阳等地贸促会来访团 80 多人次。在 1992 中国湖南常德经技贸洽谈会暨桃花源游园会中，负责接待“两会”外经分团 200 多名来宾。会前组织工作人员对宾馆、房间、餐厅设备、清洁卫生、安全保卫、医务等进行逐项检查落实，受到市政府组委会表彰。

1993 年，市贸促会在“桃花源游园会”“湘交会”“深圳招商洽谈会”，接待中外客商20余批100余人。

2004年5月12—14日，日本西东京贸易董事长诹房长四郎来常德贸易合作考察。诹房长四郎是市贸促会2003年11月在日韩招商会上结识的客户，主要考察津市、安乡县部分企业和湖南长生生物有限公司。通过考察，津市的食盐、藠果，安乡草鹅等产品打开日本市场。同时，湖南长生生物有限公司与其签订合作协议。市贸促会还将德山开发区和市交通局招商引资资料委托他带到日本，寻求合作伙伴。

2011年8月11日，黎运龙会长（前排中）陪同深圳台商协会客商代表团考察西洞庭工业园

2007年6月15—17日，香港保威集团董事长卢瑞权先生应市贸促会邀请率东莞客商代表团16人到德山开发区考察，洽谈开发德山东莞工业园、东莞中小企业园投资合作事项。11月底，韩国最大LED发光芯片制造企业EPV公司驻深圳代表来常德市就兴建LED路灯生产基地进行实地考察，并对投资前景充满信心。

2008年4月中旬，应市贸促会会长黎运龙邀请，日中贸促会常务副会长赀田兴嗣先生率日本东工KOSEN株式会社取缔役松田旨立等一行5人到常德市考察访问，副市长朱晓平、曹佳中等市领导会见，双方就进一步加强交流和合作达成共识。当年，市贸促会还先后邀请和接待菲律宾华人总商会会长林国良先生及乌干达、贝宁等国经贸企业界人士到常德考察。

2008年4月14日，日中国际贸易促进会副会长赀田兴嗣先生（左一）与常德市政府朱晓平副市长（右一）会谈

2010年，湖南经济合作洽谈会暨第四届湘商大会是省政府年度重大经贸活动之一。大会组织的9项主体活动中的首场活动——首届湘商“天利杯”高尔夫精英邀请赛在常德举办。市政府指令由市贸促会和国际商会牵头组织。这次比赛有来自全国各地湘商高尔夫精英59名选手参赛。5月市贸促会完成筹备工作方案上报湘商大会组委会核准；及时向各地有关商会通报情况；认真编制赛程方案和球赛规则。比赛期间，组织工作人员为各地商会选手落实酒店，告知赛事流程，签收选手球包，解答选手问题，做到每个环节及时给予提醒和引导。热情周到的服务，热烈有序的赛事受到参赛嘉宾赞

许。常德市贸促会获得“第四届湘商大会会务组织工作先进单位”称号，会长黎运龙荣立三等功。

2010年9月，常德市政府副市长朱晓平（左一）启动首届湘商“天利杯”高尔夫精英邀请赛开球仪式

2011年3月27日，由湖南省军区组织的“将军名人杯”高尔夫邀请赛常德站比赛交由市贸促会承办。总参原副总长何其宗、建设部原部长林汉雄、内蒙古自治区原党委书记刘明祖、省军区原副司令员朱森泉等13名将军、4名省部级老领导莅临常德桃花国际高尔夫俱乐部，球场的美景、热情的接待给老领导们留下了深刻印象，纷纷表示一定大力宣传推介常德。

第九篇　行政执法与监管

商务领域的行政执法与监管包含的内容十分广泛，本篇记载的外商投资企业的监管与服务、市场运行秩序和安全生产的监管、特种行业的监管由市商务局负责组织实施；粮油经营的行政执法与监管由市粮食局负责组织实施；生猪定点屠宰监管由市生猪定点屠宰管理办公室负责组织实施；酒类行政执法与监管由市酒类产销管理办公室负责组织实施；石油经营的监管由市商务局和中石化常德石油分公司、中石油常德分公司共同负责，分别按其职责组织实施。

第一章　外商及港澳台商投资企业监管与服务

第一节　审　批

外商投资企业的设立审批和变更审批，由市商务局根据国家和省对外经贸（商务）行政主管部门赋予的权限执行。港澳台商投资企业的设立审批和变更审批，参照外商投资企业的审批办法执行。

一、设立审批

（一）审批权限及其变化

为了调动全省各地州市招商引资的积极性，省外经贸委（省商务厅）从1993年5月起逐步下放“三资”企业审批权。各地州市的审批权限从最初的500万美元加大到1000万美元、3000万美元；至2009年8月，对鼓励类和允许类外商投资企业的投资额的审批权限达到了1亿美元（不含）。

（二）审批程序

中外合资、中外合作企业的申办审批程序一般是：境外投资者/中方企业→洽谈意向→项目建议书→论证/立项→可行性研究报告→评估/审批→协议、合同、章程→审查/批复→批准证书→登记/注册→营业执照→银行开户、税务登记、海关登记。

外商独资企业的申办审批程序是：外国投资者→出具独资企业申请表、企业章程、可行性研究、注册登记证明、法人证明→审批→批准证书→法人资格审查登记→营业执照→银行开户/税务登记/海关登记。

外商投资企业设立、变更审批是依据《中外合资经营企业法》《中外合资经营企业法实施条例》《中外合作经营企业法》《中外合作经营企业法实施细则》《外资企业法》

《外资企业法实施细则》《中华人民共和国公司法》等国家公布的有关法律、法规依法进行的。

附：

1.《外商投资产业指导目录》

国家一直坚持以鼓励外商投资为主的产业导向政策。早在20世纪80年代中期，该目录就作为一份内部文件被施行。此目录1995年首次颁布，之后，根据经济发展和对外开放的需要，特别是在中国加入WTO后，按照承诺，为适应进一步扩大对外开放的要求，于1997年、2002年、2004年、2007年和2011年先后进行5次修订。

1995年6月20日，国家计划委员会、国家经济贸易委员会、对外贸易经济合作部发布第5号令，对外商投资项目和方向予以明确和规定，发布《指导外商投资方向暂行规定》和《外商投资产业指导目录》，作为审批外商投资项目的依据。《外商投资产业指导目录》中的外商投资项目分为鼓励、允许、限制和禁止四类。其中鼓励类项目涉及农、林、牧、渔业及相关工业、轻工业、纺织业等17个行业；限制类项目分限制类（甲）项目涉及轻工业、纺织业、黑色冶金工业、医疗器械、服务业等12个行业；限制类（乙）项目涉及农、林、牧、渔业及相关工业、轻工业、纺织业、有色金属工业、交通运输、邮电通信业、内外贸、旅游、房地产及服务业、金融及相关行业等15个行业；禁止类项目涉及广播影视业、贸易业、电力工业及城市公用事业、新闻业。

鼓励类、限制类和禁止类的外商投资项目，列入《外商投资产业指导目录》。不属于鼓励类、限制类和禁止类的外商投资项目，为允许类外商投资项目。允许类外商投资项目不列入《外商投资产业指导目录》。限制类外商投资项目，根据国家产业政策和宏观经济调控的需要，分别列入限制类（甲）或者限制类（乙）。限制类（甲）外商投资项目，按照规定的程序和办法审批、备案，其中属于国务院规定的审批限额以下的限制类（甲）外商投资项目，按照项目建设性质，分别由省、自治区、直辖市以及计划单列市的计划部门或者主管企业技术改造的部门审批。此类项目的审批权不得下放。

限制类（乙）外商投资项目，属于国务院规定的审批限额以下的，项目建议书由国务院行业归口管理部门审批；项目可行性研究报告按照项目建设性质，分别由省、自治区、直辖市以及计划单列市的计划部门或者主管企业技术改造的部门审批，并报国家计划委员会或者国家经济贸易委员会备案。此类项目的审批权不得下放。属于国务院规定的审批限额以上的，按照现行规定的程序和办法审批。限制类（甲）外商投资项目，产品出口销售额占其产品总销售额70%以上的，经批准可以视为允许类外商投资项目。

2.审批条件及要求

外商及港澳台商投资企业设立的审批条件、具体流程及其他要求：

⑴项目建议书的审批。由拟设立外商投资企业的中方向项目审批机关提交项目建议书和其他必要文件。经审批机关批准后，方可申请下一步的审批。

⑵可行性研究报告的审批。项目建议书经审批机关批准后，由项目各方在项目建议书的基础上，共同编制项目的可行性研究报告，报审批机关审批。

⑶合同、章程的审批。外商投资项目建议书和可行性研究报告经批准后，合营各方签订合同、制定章程，报审批机关审批。

⑷合营企业合同应包括下列主要内容：①合营各方名称、注册国家、法定地址和代表人的姓名、职务、国籍；②合营企业名称、法定地址、宗旨、经营范围和规模；③合营企业的投资总额、注册资本、合营各方的出资额、出资比例、出资方式、出资的缴付期限以及出资额欠缴、转让的规定；④合营各方利润分配和亏损分担的比例；⑤合营企业董事会的组成、董事名额的分配以及总经理、副总经理及其他高级管理人员的职责、权限和聘用办法；⑥采用的主要生产设备、生产技术及其来源；⑦原材料购买和产品销售方式，产品在中国境内和境外销售的比例；外汇资金收支的安排；财务、会计、审计的处理原则；⑧有关劳动管理、工资、福利、劳动保险等事项的规定；合营企业期限、解散及清算；违反合同的责任；⑨解决合营各方之间纠纷的方式和程序；⑩合同文本采用的文字和合同生效的条件。

合营企业合同的附件，与合营企业合同具有同等效力。

⑸合营企业的章程包括下列主要内容：①合营企业名称及法定地址；②合营企业的宗旨、经营范围和合营期限；③合营各方的名称、注册国家、法定地址、法定代表人的姓名、职务、国籍；④合营企业的投资总额、注册资本、合营各方的出资额、出资比例、出资额转让的规定，利润分配和亏损分担的比例；⑤董事会的组成，职权和议事规划，董事的任期，董事长、副董事长的职责；⑥管理机构的设置、办事规则，总经理、副总经理及其他高级管理人员的职责和任免方法；⑦财务、会计、审计制度的原则；解散和清算；⑧章程修改的程序。

⑹申请设立中外合资经营企业，应向审批机关提交以下文件：①设立合营企业的申请书；②合营各方共同编制的可行性研究报告；③由合营各方授权代表签署的合营企业合同和章程；④由合营各方委派的合营企业董事长、副董事长、董事人选名单；⑤中方合营者的企业主管部门和合营企业所在地的省、自治区、直辖市人民政府对设立该合营企业签署的意见。

审批机关自接到上述材料之日起，3个月内决定批准或不批准。

⑺设立中外合作经营企业，应当向审批机关提交以下文件：①设立合作企业的项目建议书，并附送主管部门审查同意的文件；②合作各方共同编制的可行性研究报告，并附送主管部门审查同意的文件；③由合作各方的法定代表人或其授权的代表签署的合作企业协议、合同、章程；④合作各方的营业执照或者注册登记证明、资信证明及法定代表人的有效证明文件，外国合作者是自然人的，应当提供有关其身份、履历和资信情况的有效证明文件；⑤合作各方协商确定的合作企业董事长、副董事长、董事或者联合管理委员会主

任、副主任、委员的人选名单；⑥审查批准机关要求报送的其他文件。

审批批准机关应当自收到规定的全部文件之日起45天内决定批准或者不批准。

⑻外国投资者拟在中国境内设立外资企业，应当通过拟设立外资企业所在地的县级或者县级以上人民政府向审批机关提出申请，并报送下列文件：①设立外资企业申请书；②可行性研究报告；③外资企业章程；④外资企业法定代表人（或者董事会人选）名单；⑤外国投资者的法律证明文件和资信证明文件；⑥拟设立外资企业所在地的县级或者县级以上地方人民政府的书面答复；⑦需要进口的物资清单；⑧其他需要报送的文件。

两个或者两个以上外国投资者共同申请设立外资企业，应当将其签订的合同副本报送审批机关备案。

二、变更审批

（一）一般变更（含增加注册资金的变更）需提交的资料

⑴申请报告；⑵增资的董事会决议；⑶补充的合同、章程条款，要分别注明增资前各方出资额、出资方式、出资期限及新增注册资金中各方的出资额、出资方式、出资期限；⑷前一次审批的批文；⑸前一次审批的合同与章程；⑹原董事会名单；⑺验资报告；⑻批准证书原件；⑼营业执照正副本复印件。

（二）股权转让（比例）的变更需提交的资料

除一般变更应提交的资料外，另需增加：

⑴原合营各方认可的股权转让协议（属委托人签字的，则需出具授权委托书）；⑵新的董事会成员名单（不变的不需提供）；⑶新任董事的委派书及其个人简历；⑷经国外投资者所在国家公证机关公证并经我国驻该国使（领）馆认证的外国投资者的主体资格证明或身份证明（限增加境外新股东的），香港、澳门和台湾地区投资者的主体资格证明或身份证明应当依法提供当地公证机构的公证文件（限增加境外新股东）；⑸外国投资者（授权人）与境内法律文件送达接受人（被授权人）签署的《法律文件送达授权委托书》（该委托书应当明确授权境内被授权人代为接受法律文件送达，并载明被授权人地址、联系方式）。（限增加境外新股东的）；⑹属新增建设项目的，则应提供规划、环保、国土等部门同意批复。

（三）减少注册资本的变更需提交的资料

⑴董事会一致通过的决议和董事长签署的申请书；⑵经中国注册会计师验证的资产负债表、财产清单、债权人名单和营业执照副本；⑶审批机关初步答复；⑷减资公告（报纸原件，公告期45天）；⑸债务清偿或债务担保情况说明；⑹经原合营各方签字盖章的合同、章程补充条款或重新修订的合同、章程（独资企业无合同）；⑺有股权转让的，另加股权转让资料；⑻有董事增减（更换）的，另提供新增董事委派书、个人简历及身份证复印件；⑼审批机关认为的其他资料。

常德市外商投资企业变更统计表

表 9-1-1-1

企业名称	变更时间	批准文号	资金变更				经营范围变更	董事会成员变更	公司名称变更	股权变更	延期	注销	备注
			外方资金变更（万美元）		中方资金变更（万元）								
			增资	减资	增资	减资							
湖南德银实业有限公司	1995-12-5	常招商管字〔1995〕09 号								√			
常德从智服装有限公司	1996-4-22	常招商审字〔1996〕17 号					√		√				
常德达门船舶有限公司	2000-3-1	常招商管字〔2000〕06 号	81.77 万		81.77 万美元						√		
常德雄狮化工有限公司	2000-4-20	常招商管字〔2000〕12 号					√		√				
常德达门船舶有限公司	2000-8-14	常招商〔2000〕28 号	145.27							√			合资变独资
湖南中加水电有限公司	2000-9-18	常招商管字〔2000〕32 号								√			股权质押
岩下荣祺（湖南）食品制造有限公司	2000-10-16	常招商管字〔2000〕34 号	110						√				
湘北威尔曼制药有限公司	2001-5-14	常招商管〔2001〕42 号		800 万元						√			外方增资
常德汉光科技有限公司	2000-9-6	常招商管字〔2000〕31 号					√						

续表 9-1-1-1

企业名称	变更时间	批准文号	资金变更				经营范围变更	董事会成员变更	公司名称变更	股权变更	延期	注销	备注
			外方资金变更（万美元）		中方资金变更（万元）								
			增资	减资	增资	减资							
常德汉光科技有限公司	2001-6-21	常招商管〔2001〕52号	89							√			独资
常德汉光通讯终端有限公司	2001-9-10	招商管〔2001〕75号				300				√			
常德多利多化工有限公司	2000-5-19	常招商管字〔2000〕18号					√						
常德汉光通讯终端有限公司	2002-6-17	常外管〔2002〕46号			450					√			
常德达门船舶有限公司	2002-7-11	常外管〔2002〕52号			3.5万美元					√			
常德达门船舶有限公司	2002-9-6	常外政字〔2002〕02号	24.75							√			
湘北威尔曼制药有限公司	2003-7-8	常外经管函〔2003〕01号								√			
湘北威尔曼制药有限公司	2003-12-30	便函										√	迁址
湖南中加水电有限公司	2004-6-10	常外政函〔2004〕09号						√		√			中方中的股权转让
湖南中加水电有限公司	2005-3-4	常商资函〔2005〕02号							√				

续表 9-1-1-1

企业名称	变更时间	批准文号	资金变更				经营范围变更	董事会成员变更	公司名称变更	股权变更	延期	注销	备注
			外方资金变更（万美元）		中方资金变更（万元）								
			增资	减资	增资	减资							
常德达门船舶有限公司	2006-5-9	常商外资〔2006〕04 号	290.54				√						
湖南恒安纸业有限公司	2008-6-10	常商外资〔2008〕10 号		3998						√			外方间股转
湖南恒安生活用纸有限公司	2008-11-17	常商〔2008〕120 号	2850		150								
湖南恒安生治用纸有限公司	2008-11-18	湘商外资〔2008〕63 号	2850		1024					√			
常德多利多化工有限公司	2001-5-18	常招商管字〔2001〕45 号					√						
常德百达机械制造有限公司	1994-11-7	常外经字〔1994〕第 054 号						√		√			外方更换
湘北威尔曼制药有限公司	1996-8-19	常招商管字〔1996〕45 号						√		√			
常德雄狮化工有限公司	1999-7-21	常招商管字〔1999〕15 号											设分支变更注册地址

表 9-1-1-2

常德市港澳台商投资企业变更统计表

（甲方：港澳台企业　乙方：常德企业）

企业名称	变更时间	批准文号	资金变更				经营范围变更	董事会成员变更	公司名称变更	股权变更	延期	注销	备注
			甲方资金变更（万美元）		乙方资金变更（万元）								
			增资	减资	增资	减资							
湖南中南大酒店	1994-1-31	常招商审字〔1994〕第02号				中方转给外方				√			合资变独资
湖南华联轻纺企业有限公司	1994-4-12	常招商审字〔1994〕第007号	250万元		70		√	√					
湖南俊鸣船务有限公司	1994-5-11	常招商审字〔1994〕第012号						√		√			甲方更换
湖南嘉达汽車配件制造有限公司	1994-6-28	常招商审字〔1994〕第019号						√		√			甲方更换
湖南德诚宾馆	1994-7-7	常外经字〔1994〕第027号					√						
湖南德海真兴房地产公司	1994-8-17	常外经字〔1994〕第40号	112.5万元		337.5			√	√	√			甲方更换
湖南宏达包装印刷有限公司	1994-8-22	常外经字〔1994〕第043号		53.56万元	53.56		√			√			
湖南桃源万延娱乐中心	1994-8-30	常外经字〔1994〕第046号	401.5			51.5		√		√			
湖南武陵纺织有限公司	1994-9-14	常外经字〔1994〕第049号	78.6万元		78.6								增资

续表 9-1-1-2

企业名称	变更时间	批准文号	资金变更				经营范围变更	董事会成员变更	公司名称变更	股权变更	延期	注销	备注
			甲方资金变更（万美元）		乙方资金变更（万元）								
			增资	减资	增资	减资							
湖南中南大酒店	1994-1-31	常招商审字〔1994〕第02号				中方转给外方				√			合资变独资
湖南华联轻纺企业有限公司	1994-4-12	常招商审字〔1994〕第007号	250万元		70		√	√					
湖南俊鸣船务有限公司	1994-5-11	常招商审字〔1994〕第012号						√		√			甲方更换
湖南嘉达汽車配件制造有限公司	1994-6-28	常招商审字〔1994〕第019号						√		√			甲方更换
湖南德诚宾馆	1994-7-7	常外经字〔1994〕第027号					√						
湖南德海真兴房地产公司	1994-8-17	常外经字〔1994〕第40号	112.5万元		337.5			√	√	√			甲方更换
湖南宏达包装印刷有限公司	1994-8-22	常外经字〔1994〕第043号		53.56万元	53.56		√			√			
湖南桃源万延娱乐中心	1994-8-30	常外经字〔1994〕第046号	401.5			51.5		√		√			
湖南武陵纺织有限公司	1994-9-14	常外经字〔1994〕第049号	78.6万元		78.6								增资
常德泰通汽车维修有限公司	1995-1-10	常外经字〔1995〕03号	10		10		√						

续表 9-1-1-2

企业名称	变更时间	批准文号	资金变更				经营范围变更	董事会成员变更	公司名称变更	股权变更	延期	注销	备注
			甲方资金变更（万美元）		乙方资金变更（万元）								
			增资	减资	增资	减资							
常德汇龙娱乐有限公司	1995-2-24	常外经字〔1995〕10 号	364 万元			245 万元				√			
龙马时装有限公司	1995-6-2	常外经字〔1995〕45 号									√		
常德宏达实业有限公司	1996-1-4	常招商管字〔1996〕02 号						√		√			
湖南俊鸣船务有限公司	1996-1-9	常招商管字〔1996〕03 号											修改合同条款
湖南德洋绣品有限公司	1996-1-22	常招商管字〔1996〕05 号								√			
湖南龙阳特种纸品有限公司	1996-2-12	常招商审字〔1996〕08 号					√	√	√				
湖南陵顺装饰材料有限公司	1996-2-13	常招商管字〔1996〕09 号					√						
湖南鸿达实业有限公司	1996-4-11	常招商管字〔1996〕16 号					√	√					合资变独资并设分支
湖南银兴大厦有限公司	1996-5-2	常招商管字〔1996〕22 号					√		√				
湖南金源进口汽车维修中心	1996-5-6	常招商审字〔1996〕19 号	10				√	√		√			

续表 9-1-1-2

企业名称	变更时间	批准文号	资金变更				经营范围变更	董事会成员变更	公司名称变更	股权变更	延期	注销	备注
			甲方资金变更（万美元）		乙方资金变更（万元）								
			增资	减资	增资	减资							
湖南南国金属制品有限公司	1996–5–14	常招商审字〔1996〕21 号	18.4		147 万元		√		√				
湖南升达珍珠首饰厂	1996–5–21	常招商审字〔1996〕42 号	240 万元		240 万元		√						设分支机构
常德汇龙娱乐有限公司	1996–5–28	常招商管字〔1996〕29 号							√				
湖南嘉达汽车配件制造有限公司	1996–6–12	常招商管字〔1996〕30 号						√					
龙马时装有限公司	1996–8–7	常招商管字〔1996〕43 号									√		
湖南福霖建材有限公司	1996–8–13	常招商管字〔1996〕44 号					√	√	√				
常德金利纸品实业有限公司	1996–11–1	常招商管字〔1996〕54 号	30 万元		30 万元		√						
湖南桃源万延娱乐有限公司	1996–11–22	常招商管字〔1996〕58 号				24 万元		√		√			
常德银座大酒店有限公司	1996–12–24	常招商管字〔1996〕66 号	475 万元			475 万元							
湖南东华房产发展有限公司	1997–1–9	常招商审〔1997〕01 号							√				地址变更

续表 9-1-1-2

企业名称	变更时间	批准文号	资金变更				经营范围变更	董事会成员变更	公司名称变更	股权变更	延期	注销	备注
			甲方资金变更（万美元）		乙方资金变更（万元）								
			增资	减资	增资	减资							
津市夜沙龙实业有限公司	1997-1-9	常招商管字〔1997〕02号	160万元				√						
湖南陵顺装饰材料有限公司	1997-2-3	常招商管字〔1997〕09号							√				变换老总
湖南永嘉纸管包装有限公司	1997-3-13	常招商审〔1997〕10号								√			乙方股转
湖南常伟机动车测试服务有限公司	1997-4-9	常招商管字〔1997〕12号										√	
常德金鹏凹版印刷有限公司	1997-4-17	常招商管字〔1997〕14号	749万元		816万元		√	√					
常德德港金芙纸品有限公司	1997-4-28	常招商管字〔1997〕17号					√	√		√			
湖南鸿达实业有限公司	1997-5-14	常招商管字〔1997〕19号							√				
常德昌祥路桥有限公司	1997-5-28	常招商审〔1997〕20号											经营权转让
湖南东翠工艺美术名有限公司	1997-6-5	常招商管字〔1997〕21号	100万元		100万元		√		√				
湖南中太化纤制品有限公司	1997-8-27	常招商管字〔1997〕25号	125万元		375万元			√					

续表 9-1-1-2

企业名称	变更时间	批准文号	资金变更				经营范围变更	董事会成员变更	公司名称变更	股权变更	延期	注销	备注
			甲方资金变更（万美元）		乙方资金变更（万元）								
			增资	减资	增资	减资							
湖南常伟机动车测试服务有限公司	1997-12-4	常招商管字〔1997〕33 号	18 万元		18 万元		√						
常德金象实业有限公司	1997-12-24	常招商管字〔1997〕35 号	671 万元		479 万元								
津市东宝纺织有限公司	1997-12-30	常招商审〔1997〕38 号						√	√				乙方股转
湘澳万方实业有限公司	1998-3-5	常招商管字〔1998〕06 号	2935.8 万元		1957.2 万元								
湖南惠源实业有限公司	1998-4-27	常招管字第〔1998〕09 号					√						增加
东汉房地产开发有限公司	1998-5-15	常招商管〔1998〕10 号					√						设立分支机构
常德福威纸塑复合制品有限公司	1998-7-15	常招管字第〔1998〕13 号					√						扩大
湖南鸿升置业有限公司	1998-8-24	常招商管〔1998〕17 号											设立分支机构
湘澳万方实业有限公司	1998-10-7	常招商管〔1998〕25 号							√				
湖南常伟机动车测试服务公司	1998-12-15	常招管字第〔1998〕28 号									√		

续表 9-1-1-2

企业名称	变更时间	批准文号	资金变更				经营范围变更	董事会成员变更	公司名称变更	股权变更	延期	注销	备注
			甲方资金变更（万美元）		乙方资金变更（万元）								
			增资	减资	增资	减资							
常德金鹏凹版印刷有限公司	1999-3-2	常招商管字〔1999〕03号	2450万元		2550万元								
湖南德丰合成纤维有限公司	1999-3-18	常招商管字〔1999〕05号	100万元		150万元								
常德金芙蓉铝箔包装有限公司	1999-4-26	常招商管字〔1999〕09号	367万元		129万元								
湖南德永隆实业有限公司	1999-5-17	常招商管字〔1999〕11号									√		
常德花山果林庄园发展有限公司	1999-7-16	常招商管字〔1999〕13号					√						
常德今日实业有限公司	1999-9-2	常招商管字〔1999〕19号					√						
恒安集团（安乡）卫生用品有限公司	1999-10-19	常招商管字〔1999〕23号	1700万元										
荣祺食品有限公司	1999-10-25	常招商管字〔1999〕24号	30										
湖南中太化纤制品有限公司	1999-10-28	〔99〕湘招商管字第63号								√			甲方退出合资不存在
常德桃花源大观旅游有限公司	1999-12-27	常招商管字〔1999〕28号	1245万元							√			

续表 9-1-1-2

企业名称	变更时间	批准文号	资金变更				经营范围变更	董事会成员变更	公司名称变更	股权变更	延期	注销	备注
			甲方资金变更（万美元）		乙方资金变更（万元）								
			增资	减资	增资	减资							
常德祥龙彩印包装有限公司	1999-12-31	常招商管字〔1999〕30号	126万元		54万元								
常德金鹏凹版印刷有限公司	2000-1-7	常招商管字〔2000〕01号						√		√			
常德银座大酒店有限公司	2000-3-27	常招商管字〔2000〕08号			1696万元					√			
常德恒安纸业实业有限公司	2000-3-30	常招商管字〔2000〕09号						√					
常德芙蓉铝塑有限公司	2000-5-11	常招商管字〔2000〕15号	200万元		300万元								
湖南德永隆实业有限公司	2000-5-12	常招商管字〔2000〕16号					√						
湖南嘉丰建材有限公司	2000-5-29	常招商管字〔2000〕19号						√		√			
常德台福纺织有限公司	2000-6-8	常招商管字〔2000〕21号	19			19万美元				√			
常德金象实业有限公司	2000-6-19	常招商管字〔2000〕22号	671万元		479万元								
恒安集团（安乡）卫生用品有限公司	2000-7-13	常招商管字〔2000〕23号		1000万元									

续表 9-1-1-2

企业名称	变更时间	批准文号	资金变更				经营范围变更	董事会成员变更	公司名称变更	股权变更	延期	注销	备注
			甲方资金变更（万美元）		乙方资金变更（万元）								
			增资	减资	增资	减资							
湖南陵顺合金材料有限公司	2000-8-8	常招商管字〔2000〕27号	180万元						√	√			合资变独资
常德昌冠印务有限公司	2000-9-22	常招商管字〔2000〕33号							√				迁址
常德银盛纺织有限公司	2000-12-1	常招商管字〔2000〕37号	24.4万元		655.6万元								
德全芙蓉铝箔包装有限公司	2000-12-4	常招商管字〔2000〕38号	25.9万元		9.2万元								
常德家居市场开发有限公司	2000-12-27	常招商管字〔2000〕40号	6700万元							√			增资
益侨（湖南）制药有限公司	2001-3-8	常招商管〔2001〕19号		422.28万元		190.72				√			
德港金芙蓉纸品有限公司	2001-3-12	常招商管字〔2001〕20号					√						
湖南永隆实业有限公司	2001-4-24	常招商管〔2001〕37号	20万元		10		√			√			
益侨（湖南）制药有限公司	2001-5-19	常招商管〔2001〕49号								√			
湖南德佳娱乐有限公司	2001-5-21	常招商管字〔2001〕46号					√						

续表 9-1-1-2

企业名称	变更时间	批准文号	资金变更				经营范围变更	董事会成员变更	公司名称变更	股权变更	延期	注销	备注
			甲方资金变更（万美元）		乙方资金变更（万元）								
			增资	减资	增资	减资							
益侨（湖南）制药有限公司	2001-5-23	常招商管〔2001〕48号		422.28万元						√			
益侨（湖南）制药有限公司	2001-6-21	常招商管〔2001〕51号								√			
常德百江能源实业有限公司	2001-7-17	常招商管〔2001〕58号		420万元						√			甲方股权转让
湖南陵兴房地产开发有限公司	2001-7-31	常招商管〔2001〕62号		460万元	1260					√			乙方股权转让
安乡安都纺织有限公司	2001-8-8	常招商管〔2001〕65号		2800万元									甲方股权转让
益侨（湖南）制药有限公司	2001-8-20	常招商管〔2001〕69号	293万元		879					√			乙甲双方增资
常德芙蓉铝塑有限公司	2002-3-22	常外管〔2002〕21号					√						
湖南中粮可口可乐饮料有限公司	2002-4-2	便函											设分支机构
湖南云龙制药有限公司	2002-4-25	常外管〔2002〕30号									√		
恒安集团（安乡）卫生用品有限公司	2002-7-18	常外管〔2002〕56号					√						

续表 9-1-1-2

企业名称	变更时间	批准文号	资金变更				经营范围变更	董事会成员变更	公司名称变更	股权变更	延期	注销	备注
			甲方资金变更（万美元）		乙方资金变更（万元）								
			增资	减资	增资	减资							
湖南伟临纸制品有限公司	2002-8-15	常外管〔2002〕60号						√	√	√			
湖南惠源实业有限公司	2002-9-6	常外政字〔2002〕03号					√						
常德际元泰酒店有限公司	2002-12-20	常外政字〔2002〕17号	57万港元										
湖南德海矿泉水有限公司	2003-2-11	常外政字〔2003〕02号					√						
湖南东汉房地产开发有限公司	2003-2-24	常外政字〔2003〕03号		110万元	290					√			
常德芙蓉铝塑有限公司	2003-4-1	常外资函字〔2003〕02号										√	
常德金家园置业有限公司	2003-4-1	常外资函字〔2003〕01号								√			
湖南德海矿泉水有限公司	2003-5-8	常外政字〔2003〕07号		630万元		275.2				√			
常德华安制药有限公司	2003-6-19	常外政字〔2003〕09号	2300万元							√			
常德家具产业园发展有限公司	2003-6-19	常外政字〔2003〕10号	1470万元							√			

续表 9-1-1-2

企业名称	变更时间	批准文号	资金变更				经营范围变更	董事会成员变更	公司名称变更	股权变更	延期	注销	备注
			甲方资金变更（万美元）		乙方资金变更（万元）								
			增资	减资	增资	减资							
荣祺食品罐头（汉寿）有限公司	2003-7-11	常外经管函〔2003〕02 号									√		
豪威常德永磁材料有限公司	2003-10-21	常外政字〔2003〕17 号	2380							√			
湖南金恒房地产有限公司	2004-2-23	常外政函〔2004〕03 号						√					
常德雅德实业有限公司	2004-3-30	常外政函〔2004〕05 号					√						
常德市三江口水电有限公司	2004-4-20	常外政函〔2004〕06 号							√				
湖南宏达包装印刷有限公司	2004-4-20	常外政函〔2004〕07 号		45.5 万元	45.5 万元			√			√		
湖南金恒房地产有限公司	2004-6-8	常外资函〔2004〕03 号			4089 万元			√		√			
湖南东汉房地产有限公司	2004-7-26	常外政函〔2004〕11 号			200 万元					√			
常德基信（香港）塑料包装材料厂	2004-8-9	常外资函〔2004〕04 号	560 万元					√					
益侨（湖南）制药有限公司	2004-8-11	常外政函〔2004〕12 号						√		√			甲方股权转让

续表 9-1-1-2

企业名称	变更时间	批准文号	资金变更				经营范围变更	董事会成员变更	公司名称变更	股权变更	延期	注销	备注
			甲方资金变更（万美元）		乙方资金变更（万元）								
			增资	减资	增资	减资							
常德家居产业园发展有限公司	2004-9-6	常外资函〔2004〕05 号							√				
常德家居市场开发有限公司	2004-11-16	常外政函〔2004〕12 号		1675 万元		5025 万元				√			
常德聚天置业有限公司	2005-1-10	常外政函〔2005〕01 号		450 万元	450 万元			√		√			独资变合资
湖南三江电力有限公司	2005-1-10	常外政函〔2005〕02 号	1310.125 万元		3930375 万元								
常德市汇美食品有限公司	2005-03-33	常商资函〔2005〕01 号	17.615		52.845 万美元								
湖南金恒房地产有限公司	2005-4-28	常商资函〔2005〕03 号						√		√			甲方股权变更
常德金芙蓉纸品有限公司	2005-7-19	常商资函〔2005〕06 号											甲方出资形式变更
常德华阳科技有限公司	2005-10-16	常商资函〔2005〕09 号	1578 万元					√	√				甲方股权转让
常德市新世纪汽车商贸城开发有限公司	2005-10-24	常商资函〔2005〕10 号					√						
湖南德佳娱乐有限公司	2006-4-13	常商外资〔2006〕03 号									√		

续表 9-1-1-2

企业名称	变更时间	批准文号	资金变更				经营范围变更	董事会成员变更	公司名称变更	股权变更	延期	注销	备注
			甲方资金变更（万美元）		乙方资金变更（万元）								
			增资	减资	增资	减资							
益侨（湖南）制药有限公司	2006-5-17	常商外资〔2006〕05 号							√				更名康哲
常德金家园置业有限公司	2006-5-19	常商外资〔2006〕06 号						√		√			贵联转向都
湖南三江电力有限公司	2006-6-13	常商外资〔2006〕09 号								√			乙方股转
常德金家园置业有限公司	2006-8-8	常商外资〔2006〕10 号						√		√			甲方股转
常德家具产业发展有限公司	2006-8-14	常商外资〔2006〕11 号		2000 万元									注册资本减少
湖南华星宇房产发展有限公司	2006-8-21	常商外资〔2006〕12 号										√	清算终结
常德美吉远东房地产有限公司	2006-9-30	常商外资〔2006〕14 号										√	清算终结
湖南德惠纸业有限公司	2006-12-26	常商外资〔2006〕19 号										√	清算终结
常德富民房地产开发有限公司	2007-1-15	常商外资〔2007〕01 号										√	清算终结
常德金鹏凹版印刷有限公司	2007-1-26	常商外资〔2007〕03 号								√			乙方股转

续表 9-1-1-2

企业名称	变更时间	批准文号	资金变更				经营范围变更	董事会成员变更	公司名称变更	股权变更	延期	注销	备注
			甲方资金变更（万美元）		乙方资金变更（万元）								
			增资	减资	增资	减资							
湖南兆恒水电有限公司	2007-3-14	常商外资〔2007〕07 号						√					乙方出资形式变更
常德港湘联合珍珠养殖有限公司	2007-4-13	常商外资〔2007〕09 号					√						
常德金威龙娱乐实业有限公司	2007-4-27	常商外资〔2007〕11 号										√	清算终结
常德金海湾休闲娱乐实业有限公司	2007-6-13	常商外资〔2007〕13 号					√						
湖南金恒房地产有限公司	2007-8-16	常商外资〔2007〕15 号		7089 万元									
常德雅德实业有限公司	2007-9-19	常商外资〔2007〕16 号					√						
湖南三江电力有限公司	2007-10-16	常商外资〔2007〕18 号								√			乙方股转
常德市汇美食品有限公司	2007-10-19	常商外资〔2007〕17 号							√				乙方股转
湖南三江电力有限公司	2007-12-13	常商外资〔2007〕18 号								√			乙方股转
常德聚天置业有限公司	2008-1-4	常商外资〔2008〕01 号							√				甲资变内资

续表 9-1-1-2

企业名称	变更时间	批准文号	资金变更				经营范围变更	董事会成员变更	公司名称变更	股权变更	延期	注销	备注
			甲方资金变更（万美元）		乙方资金变更（万元）								
			增资	减资	增资	减资							
湖南金恒房地产有限公司	2008-4-3	常商外资〔2008〕02 号		1398.5 万元	1398.5 万元					√			合资变内资
湖南三江电力有限公司	2008-4-29	常商外资〔2008〕04 号								√			
湖南兆恒水电有限公司	2008-4-29	常商外资〔2008〕05 号								√			甲方间股转
常德红太阳滨湖大剧院有限公司	2008-5-6	常商外资〔2008〕06 号		1200 万元	1200 万元					√			合资变内资
常德市新世纪汽车商贸城开发有限公司	2008-5-20	常商外资〔2008〕07 号		150 万亓	150 万元					√			合资变内资
湖南恒安生活用纸有限公司	2008-6-10	常商外资〔2008〕09 号	18762.5 万元							√			甲方间股转
常德金芙蓉（特种）纸业有限公司	2008-6-30	常商外资〔2008〕11 号										√	
常德雅德实业有限公司	2008-6-30	常商外资〔2008〕12 号	283.5 万元			283.5 万元				√			合资变内资
湖南东汉房地产开发有限公司	2008-8-11	常商外资〔2008〕15 号								√			乙方股转徐个人
常德市家具产业发展有限公司	2008-9-10	常商外资〔2008〕17 号										√	

续表 9-1-1-2

企业名称	变更时间	批准文号	资金变更				经营范围变更	董事会成员变更	公司名称变更	股权变更	延期	注销	备注
			甲方资金变更（万美元）		乙方资金变更（万元）								
			增资	减资	增资	减资							
常德市泰兴房地产开发有限公司	2008-9-10	常商外资〔2008〕16号								√			乙方股转让
神农（湖南）生物技龙有限公司	2008-9-16	常商外资〔2008〕18号		98.23									
常德港湘联合珍珠养殖有限公司	2008-9-17	常商外资〔2008〕19号						√					变更合同章程
常德金芙蓉铝箔包装有限公司	2008-12-26	常商外资〔2008〕22号										√	清盘
常德市汇美食品有限公司	2009-1-12	常商外资〔2009〕1号								√			
湖南中泰特种装备有限责任公司	2009-1-13	常商外资〔2009〕2号								√			
常德市德港金芙蓉纸品有限公司	2009-2-24	常商外资〔2009〕3号										√	
常德百江能源实业有限公司	2009-5-11	常商外资〔2009〕4号								√			
常德金家园置业有限公司	2009-5-25	常商外资〔2009〕5号									1年		
湖南常德家居市场开发有限公司	2009-5-25	常商外资〔2009〕6号									10年		

续表 9-1-1-2

企业名称	变更时间	批准文号	资金变更				经营范围变更	董事会成员变更	公司名称变更	股权变更	延期	注销	备注
			甲方资金变更（万美元）		乙方资金变更（万元）								
			增资	减资	增资	减资							
常德市汇美食品有限公司	2009-7-6	常商外资〔2009〕7号								√			
神龙（湖南）生物技术有限公司	2009-7-13	常商外资〔2009〕9号		42 万元						√			
湖南东汉房地产开发有限公司	2009-8-5	常商外资〔2009〕10号	250 万元		750								
常德市汇美食品有限公司	2009-8-13	常商外资〔2009〕11号	42.61		103.78 万美元		√						
湖南三江电力有限责任公司	2009-9-11	常商外资〔2009〕13号						√					
湖南兆恒水电有限公司	2009-9-11	常商外资〔2009〕14号						√					
常德中联环保电力有限公司	2009-11-3	常商外资〔2009〕16号	7378 万元										增资
常德芙蓉铝塑有限公司	2009-11-9	常商外资〔2009〕17号										√	
常德金芙蓉（特种）纸业有限公司	2009-11-9	常商外资〔2009〕18号										√	
常德市汇美食品有限公司	2009-12-11	常商外资〔2009〕19号								√			
常德金鹏印务有限公司	2010-4-13	常商外资〔2010〕2号									3 年		
常德金家园置业有限公司	2010-6-10	常商外资〔2010〕4号									2 年		
常德金鹏印务有限公司	2010-9-9	常商外资〔2010〕8号								√			
常德港湘联合珍珠养殖有限公司	2010-10-10	常商外资〔2010〕6号		583.7									
常德天利置业有限公司	2010-11-18	常商外资〔2010〕7号					√						

常德市撤销外商及港澳台商投资企业统计表

表 9-1-1-3

时间	文号	撤销家数
1996-12-31	常招商管字〔1996〕011 号	16
1996-03-22	常招商管字〔1996〕069 号	16
1997-10-05	常招商管字〔1999〕16 号	44
1997-09-11	常外管〔2002〕55 号	3
1998-07-02	常外管〔2002〕69 号	1
1999-07-22	常外管〔2002〕70 号	1
2000-08-04	常外管〔2002〕90 号	1
2001-09-26	常招商管字〔2000〕25 号	66
2002-12-05	常商资函〔2005〕05 号	57
2002-07-15	常招商管字〔2001〕79 号	49
2002-09-15	常商外资〔2006〕07 号	78
2002-09-05	常商外资〔2006〕08 号	50
2005-05-30	常招商管字〔1997〕26 号	25
2006-05-30	常招商管字〔1997〕27 号	24
2006-06-14	常招商管字〔1998〕12 号	46

第二节　年　检

港澳台商投资企业的年检参照外商投资企业的年检办法执行。

一、年检方式

（一）涉外单位各自进行年检

1997 年以前实行这种方式，由 8 家涉外单位（市外经贸委、市财政局、市经贸委、市外汇管理局、市国税局、市地税局、常德海关、市工商局）各自对企业出资、生产经营、财务、外汇、进出口等方面的情况进行年检审验。市外经贸部门主要是对外商及港澳台商投资企业的注册资本金进行核查，会同工商部门联合发催缴函，要求企业投资者之间按合同期限缴付注册资本金。同时依法对外商及港澳台商投资企业进行年检、年度审验、换发证件等项工作。

（二）联合年检

1998—2005 年，根据国家对外商及港澳台商投资企业管理的有关规定，对外贸易经济合作部、国家工商行政管理局、国家经贸委、财政部、国家外汇管理局、国家税务总局和海关总署决定自1997起对外商投资企业（包括台港澳侨投资企业，以下简称企业）的出资、生产经营、财务、外汇、进出口等方面的情况进行联合年检。

根据国家部委和省招商局有关文件精神，常德市1998年出台联合年检方案，由市招商局、市财政局、市经贸委、市外汇管理局、市国税局、市地税局、常德海关、市工商局8部门组成联合年检办事组，下设联合年检办公室。该办公室设在市招商局。办公室召集成员单位业务科室负责人每年度召开两次碰头会议，一是布置年度年检工作，草拟联合年检公告，征求各部门意见；二是年检完毕后召开联合年检总结会。1998—2003年，联合年检期间将成员单位召集在一起，统一受理企业申报资料。根据实际情况，每年年检点一般不设在同一成员单位，如分别设在市招商局、市工商局、市政务中心成员单位窗口等。

联合年检的时间每年为3月1日至4月30日，为提高参检率延长至5月30日。要求企业认真、如实、完整地进行年检报告书及其他相关文书的填写。企业向市招商局提供年检报告书复印件；批准证书正本原件及其复印件；营业执照副本复印件；验资报告复印件(仅限应在上年度缴纳出资的企业，下同)；经会计师事务所审计的年度资产负债表和损益表复印件；企业年度财务审计报告复印件。

（三）网上联合年检

2006—2012年，根据国务院批准的《关于对外商投资企业实行联合年检的实施方案》规定及商务部等国家6部委联合下发的《关于开展2006年全国外商投资企业联合年检工作的通知》精神，由市商务局牵头，市财政局、市国税局、市地税局、市外汇局、市工商局、常德海关等单位组成的常德市外商投资企业联合年检办公室，决定从2006年起对外商投资企业实行网上联合年检，3月24日举办各区县（市）招商局和全市各“三资”企业共100家单位参加的外资统计及网上年检培训。企业通过网上填报年检申报资料，然后由各联合年检成员单位，通过网上审阅企业网上申报的资料，对填报符合要求的企业网上予以通过；对不符合要求的企业，通过网络说明填报错误原因，要求企业重新填列上报，待联合年检成员单位全部通过后打印联合年检报告书并盖章通过。

二、年检结果的处理

年检结果主要有4种：合格、不合格、黄牌、吊销。

从1996年起，关于对外商及港澳台商投资企业实行联合年检的有关规定要求，实施一年一度的联合年检时，对有严重违反法律法规、没有经营地址、在规定期限内没有出资以及开业但半年以上或连续一年没有经营活动的企业，定为年检不合格企业。工商行政管理部门将通知不合格企业限期整改。对逾期未改者，要依法予以处罚；情节严重者，外经贸部门将依法撤销其批准证书，工商行政管理部门依法注销或吊销其营业执照。对不申报年检的企业，按年检不合格企业处理。对逾期参加年检的企业，工商行政管理部门将依法给予罚款处罚。对联合年检中发现有其他违规行为的企业，则依据部门规章单独或联合采取处罚措施、予以黄牌警告。

1996—2005年期间，通过年检、联合年检、换证等方式，对逾期未到资、经营不善、企业内部矛盾撤资、到期、企业改制等原因，分11个批次，共撤销企业批准证书380家。

第三节　协调服务

一、协调企业外部问题

（一）市长接待日

为进一步优化投资环境，1996—1997年，市政府实行市长接待日制度。主要是对外商及港澳台商投资企业在生产经营过程中遇到的问题和困难，由市长召集市直相关部门、涉外省垂直管理部门、市金融机构主要负责人，召开市长接待日会议。市长接待日每两个月召开一次，召开前期主要由招商局外资管理科收集企业问题，能够协调解决的问题现场解决，解决不了的提交市政府市长接待日集中解决。如达门、金鹏、恒安、惠源、鸿升等公司在固定资产投资、银行贷款、优惠政策等方面经给市长接待日会议得到解决。

（二）专题办公会议

专题办公会议就是对外商及港澳台商投资企业出现的个别突出问题和困难，采取一事一议、急事急办、特事特办的方式予以解决。该会首先由市招商局将外商及港澳台商投资企业需要政府相关职能部门解决的问题和困难收集整理，然后形成专题报告呈送给分管市政府领导，再根据市领导指示召开专题办公会议，对会议讨论解决的事项以会议纪要的形式下发相关主体责任单位，招商局随时按纪要精神督办。

（三）挂牌保护

为保护外商及港澳台商投资企业的合法权益，市政府在1996年下半年开始为常德达门船舶有限公司、常德金鹏凹版印刷有限公司、湖南鸿升置业有限公司等18家投资大、管理好、技术新、效益佳的外商企业和港澳台投资企业，由市监察局分两批给予挂牌保护。

二、协调企业内部矛盾

（一）出资额及出资时间的矛盾

对中外合资、合作及大陆方和港澳台商的合资、合作，双方出资额和出资时间没有按合同约定按时到位而产生矛盾投诉的企业，一是催缴；二是对暂时出资有困难的，则经过协商，分期出资；三是协商适当延时出资；四是对实在出资有困难的，双方协商调整出资比例以化解矛盾。

（二）利益分配或人事安排的矛盾

在利益分配上双方出现分歧主要有以下几个原因：一是税前税后，二是利润提成比例，三是成本折旧年限等问题。招商局针对双方出现的问题予以了解、摸清问题的实质和要害，加强双方的交流与沟通使分歧尽量缩小，使矛盾渐渐化解，最终达到双方利益的最大化。对双方派驻企业高层管理人员，在管理上、认识上、相互配合上产生的分歧，采取疏导的方式，必要时建议更换派驻企业的高层管理人员。

三、企业享受优惠政策的申报与监督

（一）先进技术型企业的申报

根据国务院关于鼓励外商投资的规定，对外商及港澳台商投资者提供先进技术，从事新产品开发，实现产品升级换代，以增加出口创汇或者替代进口的生产型企业，可以获得相应的优惠政策。市商务局（市外经贸委、市外经局、市招商局）按照上述规定，为外商及港澳台商投资企业服务，尽可能满足企业能够享受的各种优惠政策，先后为金鹏凹版印刷有限公司、金芙蓉铝箔、金芙蓉纸品、益侨制药等企业成功申报先进技术型企业。

（二）享受中西部地区优惠政策的认定

按照国家税务总局关于实施对设在中西部地区的外商及港澳台商投资企业给予 3 年按 15%税率征收企业所得税的优惠的通知（国税发〔1999〕172 号）精神，对本地区的外商及港澳台商投资企业按照文件内容逐条逐句认真比对、认定，使各项优惠政策能让企业享受的都能充分享受。如特季（常德）轻纺有限公司，金鹏凹版印刷有限公司等企业，经市商务局（市外经贸委、市外经局、市招商局）合适申报后都享受到相关优惠政策。

（三）海关保税与免税

对本地区的内资鼓励类产业、外商及港澳台商投资鼓励类产业及优势产业的项目在投资总额内进口自用先进技术设备，除国家规定不予免税的商品外，免征关税和进口环节增值税。市商务局（市外经贸委、市外经局、市招商局）协助企业至海关申办保税仓（如 1997 年，市招商局即为达门船舶有限公司申办成全省首家工厂设立的保税仓）、保税工厂，使符合条件的企业享受到相关的优惠或便利。

第二章　市场运行秩序和安全生产的监管

第一节　市场秩序的监管与整顿

一、监管机构

2005 年 4 月 18 日,市政府办公室以常政办发〔2005〕15 号文件印发《常德市商务局职能配置、内设机构和人员编制规定》，明确市商务局流通秩序管理科加挂常德市整顿和规范市场经济秩序领导小组办公室牌子（以下简称市整规办）。

由于机构陆续改革，市商务局及其所属的市酒管办（商务执法支队）对市场的监管职能的调整和变化，市商务局系统参与或独自进行的市场监管活动不仅在时段上不均衡，在内容上也是变化较大的。

二、监管与整顿

（一）对食品市场的监管和整顿

1.2005 年：⑴市整规办组织工商、屠管办、酒管办开展对豆制品、腌熏制品、白板

肉、酒类、奶制品的整治，检查食品经营户 1.81 万家，查处假冒伪劣案件 242 起，为消费者挽回经济损失 1552 元。⑵组织市、区两级屠管部门开展打击私屠滥宰专项整治，组织专项打击行动 70 余次，取缔私宰窝点 30 多个，拘留抗法屠商 5 人，收缴白板肉 15 吨。⑶市整规办组织市、区两级质监部门开展食品加工企业专项打假行动，共出动执法人员 2357 人次，检查食品加企业 2786 家，检查商品 3038 批次，查处违法案件 188 起，打掉无证生产和造假窝点 18 个，收缴假冒伪劣食品 10 吨多。

2.2007 年，市整规办组织市质监局开展食品生产加工企业打假专项行动，共出动执法人员 1100 人次，检查食品生产加工企业 858 家，检查商品 1320 批次，查处违法案件 63 起，端掉无证生产和造假窝点 9 个，销毁假冒伪劣食品 5000 多千克。

3.2008 年，市整规办组织工商、质监部门对市城区各大商场超市的奶粉进行检查，要求经营者对含“三聚氰胺”的婴幼儿奶粉全部下架。

4.2009 年：⑴市、县两级酒管部门开展酒类行动执法检查，共出动执法人员 9450 人次，检查商家 7794 家，查处无证经营 342 家，查处售假违规经营 277 家，捣毁制假窝点 11 个，移交公安机关处理 5 起，查获假冒伪劣酒 6735 瓶，涉及案值 72 万元。⑵市、县两级商务执法部门开展打击私屠滥宰专项行动。全市共出动执法人员 2000 余人次，车辆 600 余台次，共收缴“白板肉”2000 多千克、私宰工具 200 余件，捣毁私宰窝点 35 个，拘留不法屠宰商 5 名。

5.2010 年，市整规办组织市工商、市酒管办开展酒类流通市场专项整治，共出动执法检查人员 285 人次，执法车辆 58 台次，检查酒类流通经营户 277 家，查处扣押涉嫌假冒酒 37 瓶。

（二）对建材、农资及废旧物资市场的监管和整顿

2006 年开展的专项整治：

1.对建材市场的专项整治。全市共查处生产经营企业 1798 家，查处违法案件 418 起，收缴“地条钢”85 吨，捣毁生产“地条钢”黑窝点 26 个，查获不合格油漆、涂料及装饰材料 295 吨，涉案金额达 473.83 万元。

2.对农资市场的专项整治。全市共检查农资经营门店 5700 家，查处农资案件 289 起，收缴违规假冒种子 20.76 吨，假冒农药 13.57 吨，假冒肥料 183 吨。

3.对市城区废旧物资市场的专项整治。市整规办牵头组织的该项整治，查处非法废旧市场 1 家，限期搬迁和关闭废旧钢材市场 2 家。

（三）对药品市场的监管和整顿

2007 年，市整规办组织市食品药品监督管理局开展药品市场专项整治。全市共出动执法人员 4500 多人次，出动执法车辆 1000 多台次，检查涉药单位 3218 家，检查涉械单位 2799 家，清理药品品牌 622 413 个，清理医疗器械品种 8505 个，责令整改药品单位 383 家，查处药品案件 2118 件。

（四）打击侵犯知识产权，整治非法出版

2005年，配合市、县两级文化、出版、知识产权局开展打击侵犯知识产权专项整顿，全市共组织8次较大规模的联合执法行动，共查处假冒侵权商标案件470起，涉案金额达到1200多万元。查处出版物市场及经营店铺2100多家，取缔50家，收缴各类盗版音像制品110多万件。

2006年，配合市文化出版局组织开展打击非法出版物专项整治，共查处非法出版物案件125起，其中对情节较严重的4起案件移交司法部门处理。

2007年，配合市知识产权局、文化、公安、工商、邮政等部门联合开展打击侵犯知识产权和商业欺诈专项行动，全市共出动检查人员2700人次，检查出版物市场经营户700多家，取缔11家，收缴各类非法出版物9万多件（册），破获非法出版物案件97起。

2008年，4月20—26日，配合市知识产权局开展“保护知识产权，促进创新发展”为主题的保护知识产权宣传周活动，全市共发放宣传资料1000份，集中销毁侵权产品10万余件。

（五）“诚信经营”创建与商业欺诈整治

1.2005年：⑴配合市旅游局与常德日报社开展“常德首届诚信餐饮50强”“常德诚信旅游企业”评选活动；配合市物价局开展“价格诚信单位”评选活动；配合市三产办开展市城区“第二届优秀服务品牌”评选活动。⑵配合市工商局开展商业欺诈专项整治，查处不正当竞争案件45起，各种欺诈和虚假广告案件763起。⑶配合市物价局开展价格欺诈专项整治，查处价格欺诈案件55起，受理群众举报258起，立案查处245起。

2.2008年9月15日，市商务局开展“诚信兴商”宣传月活动，制作宣传板报，发放宣传单，并在步行街组织宣传活动。

第二节　安全生产

一、落实制度与责任

（一）强化责任落实。每年年初，市商务局与市政府、市消防委签订安全生产目标责任状，同时将安全责任层层分解到所属14家商贸流通企业和相关事业单位，并召开商务系统安全生产工作会议，对全年的安全生产工作进行安排部署，与之签订“安全生产责任状”。

（二）细化工作措施。结合重大节日和季节，根据不同时期安全工作的重点，组织开展企业自查和市商务局重点抽查，局领导亲自带队，每季度不少于一次，日常检查每月不少于一次，并督促隐患整改。重大节假日、重大活动期间、非常时期安排专人实行全天值班，落实领导带班，确保信息畅通。

二、开展商贸领域安全生产大检查

这种大检查一般是结合全市文明创建工作，对全市9家大型超市的安全隐患和突出问题进行全面检查，督促其整改。重点对商场、超市、市场等人员密集场所使用的电梯、电器设备、游乐设施、消防通道等安全设施进行检查。检查设备是否定期检验；是否办理了使用登记；管理人员和操作人员是否持证上岗；相关管理制度和操作规程是否建立和贯彻执行；对超市经营占用消防通道问题，商务局专门组织力量下到门店进行全面排查和指导改造。

2006—2010 年，市商务系统召开安全生产工作会议 32 次，对市城区商贸企业安全生产大检查达到 20 次。该时段全市商务系统安全生产形势稳定，未发生任何安全生产事故。

第三节　举报投诉

一、举报投诉机构的设立

2009 年年初，省商务厅传达商务部决定在各省的部分地市进行商务举报投诉中心（又称为 12312 商务举报投诉服务中心）试点工作的决定，市商务局即着手以法规科为主，开始筹建市商务举报投诉中心。

2009 年 3 月 6 日，商务综合执法投诉服务热线电话“12312”开通，市民可通过电信用户的座机，拨打该热线，对常德市酒管、屠宰、成品油、再生资源回收、商业特许经营、流通领域食品安全、洗染业等商务领域的行政违法案件进行举报、投诉。

2010 年按照商务部要求统一配备的办公室和执法车

服务热线开通之初，设值守的工作人员 1 人，当年 4 月 3 日，在市商务局法制科内设市商务局“12312”商务举报投诉服务中心，配备工作人员 3 人。

该中心设在市商务局办公楼内，具有 50 平方米的办公和设备用房，拥有全国统一的“12312”商务综合执法举报投诉服务热线电话和相应的计算机服务处理系统等设备。

同年 9 月 15 日，常德市正式向商务部申报商务综合行政执法试点，当月 28 日，常德市被商务厅推荐为第二批全国商务综合行政执法试点单位。同年 11 月 2 日，商务部将常德市列入 2009 年市场监管公共服务体系建设第二批重点推进的地级以上城市试点名单。

同年 11 月 27 日，该中心工作人员参加商务部的培训，经考试合格，获得商务部颁发的中心上岗资格证书，实行执证上岗。

2009—2010 年，商务部根据中心的建设情况，通过省商务厅分几次拨给市商务局 100 万元，用于市商务举报投诉中心的建设。

2010 年 7 月 1 日中心挂牌，9 月 6 日，市商务局申请对市场监管公共服务体系项目进

市商务局举报投诉服务中心办公场地

行验收，11月14日，经商务部评估，获得250分，被评定为合格等级。

2010年，随着市商务局商务综合执法投诉服务体系的完善，市商务局与商务部指定开发商国富信息技术发展有限公司签订“12312”商务举报投诉服务系统软件开发及硬件设备采购服务合同，安装了商务举报投诉服务系统，实现了举报投诉网上服务功能。同时市商务局和中国电信股份有限公司常德分公司签订了“12312”呼叫合同，实现了移动、联通等手机用户和网通、铁通等座机用户都能拨打“12312”的功能，完善了24小时待机服务的投诉机制。

设立该中心并开通“12312”举报投诉服务热线，是贯彻落实《商务部关于加强商务行政执法工作的意见》，深入推进商务行政执法工作的重要举措，是改革和创新商务行政执法体制，解决商务执法中存在的不规范等问题的重要手段。该中心建立了相应的举报投诉案件流转、督办机制，开展举报投诉、预警、咨询服务，在常德市范围内形成迅速有效、全方位覆盖的市场监管公共服务平台，更好地履行商务行政管理职能，维护市场经济秩序。

二、受理举报投诉

2009—2010年年底，该中心共接收到举报、投诉、咨询电话196起（其中2009年93起、2010年103起），转递给相关职能部门或市商务局的有关科室处理的主要案件11起，其中成品油案3起、肉类食品安全1起、酒类食品安全1起、家电下乡案4起、其他2起。

2010年，“12312”中心工作人员在新配备的办公室中记录举报投诉

1.2009年3月26日，接市民举报，在市武陵区光荣路宏紫巷居民区内有一非定点屠宰且销售未经检验的猪肉制品的收藏、冷冻窝点。中心转交武陵区屠宰办查处，从该窝点收缴不合格猪肉130斤，处罚金500元。

2.2009年11月19日，接市民举报，有人用油罐车于晚上7—

8点钟在东汉房地产至银线宾馆一线给公交车客车加油，晚上8：30~9：30，在火车站水果大市场、奇瑞汽车销售点私自销售成品油。接案后，中心向分管领导做出汇报，组织商务执法人员在上述两地蹲守，20日凌晨抓到并扣留了该违法人的2吨油和车，并按照相关法规对其进行处理。

3.2009年12月4日，接市民投诉，其在市城区桥南副食品城某酒业有限公司购买了一瓶二锅头，饮用后出现呕吐和拉肚子现象，怀疑买到假酒，要求查处。中心将此案转交市酒管办处理，经查投诉人系饮酒过量所致，并非假酒。

4.2010年2月8日，接市民举报，火车站一带，有流动加油车。中心转市商务局商业发展科查处。经查，未发现加油车。

5.2010年3月10日，一市民投诉，在市某超市购买的家电下乡产品，手续、证明齐全，澧县乡财政所不予发放财政补贴。中心当即回复，凡在湖南省内指定家电下乡销售网点购买的家电下乡产品均应兑付财政补贴，投诉人可以向市财政局进行投诉。

6.2010年5月5日，有市民投诉，5月3日开业的超市，证照齐全，5月5日，石门县商务局执法大队以未交购销台账为由，对其购进的双汇集团冷鲜肉进行查封。中心责成石门县商务执法大队撤销此违法行为。石门县商务执法大队于当天下午撤销该违法行为，投诉人表示满意。

7.2010年7月26日，有市民举报，鼎城区牛鼻滩陈某私设水上加油站，无证无照经营成品油，并且比成品油市场价每吨低20元，扰乱成品油市场。市商务局商业发展科会同鼎城区商务局对该油站进行了查处，对陈某进行了批评教育，撤除了违规水上加油站，考虑该业主家庭困难，鼎城区商务局规划了一个柴油加油点给陈某经营。

8.2010年8月17日，一市民投诉，其在市武陵区桃林宾馆旁的某药店购买的云南白药喷剂，喷不出药水来，认为产品有质量问题。由于该投诉不是中心受理范围，中心即转“12315”消费者委员会投诉热线。

9.2010年8月18日，有市民咨询一户农户可以购买几台家电下乡产品，怀疑自己的份额被盗用，由于投诉人提供不出被盗用的证据，也提供不了具体实情，此案中心未做流转。

10.2010年9月7日，一市民投诉，9月5日，其在某电器城买了台家电下乡产品——海尔洗衣机，价值1380元。9月7日，厂家送货上门，包装及里面的产品都是旧货，当即要求退换，商家拒绝退换，投诉到中心要求协调。中心转交市商务局市场体系建设科进行处理。9月8日，德山开发区经发局进行了协调，电器城同意协调意见，与投诉人达成退款协议。

11.2010年12月17日，有市民反映，鼎城区周家店镇的家电下乡经销店店主李某，利用家电下乡政策与村主任、镇财政所盗用农民个人身份信息，侵占农民家电下乡补贴。中心转交市商务局市场体系建设科处理。经查事实与举报人所提供情况不符。

第三章　粮食经营行政执法与监管

第一节　对粮食市场主体的行政执法及监管

1989—1992 年，以县为单位在未完成国家定购任务之前，除粮食部门外，其他任何单位和个人不准插手粮油经营。农户完成任务后，可以在当地集市出售余粮，以便生产者与消费者之间进行自食自用的余缺调剂，但不得转于倒卖。以区县（市）为单位完成全年定购任务后，粮食市场放开，并允许区县（市）内工商行业用粮单位在县内的集市采购自用的粮食。

1994 年，政府恢复粮食定购制度，对主要粮食品种的销售实行国家定价，国家定购以外的粮食价格实行市场调节。以县（市）为单位，在未完成粮食定购任务之前，国家粮食市场以外的任何单位不能直接到乡村和农户去收购粮食。市外采购粮食的，一律到县以上粮食批发市场交易；除粮食部门外，不能接受外省收购单位委托代收代运业务；农贸市场常年开放，允许生产者和消费者在市场调剂余缺，互通有无，但任何单位和个人都不能设点收购粮食。国家建立粮食风险基金制度，组建中国农业发展银行，对粮食收购资金实行封闭式管理。

1995 年年初，中央提出实行粮食地区平衡和省长负责制，明确中央和地方政府管理粮食的责权。对全市粮食市场的管理，执行省里规定。区县（市）只要能够保持县内粮食购销平衡，粮食的县内外购销可自行决策，报市级主管部门备案。

1996—1997 年，私营粮店、个体大米加工厂不断产生，粮食市场主体开始发生变化，全市粮食零售店、个体加工企业及公司达到 671 家，其中有 116 家初具规模，承担一定数量的批发业务和 50%以上城镇人口的口粮供应，市场占有率达 50%以上，中央提出的粮价和市场并轨开始形成。

1998 年 6 月 6 日，国务院发布《粮食收购条例》（自发布之日起生效），这是粮食统购统销以来的又一个重要粮食行政法规。8 月 5 日发布《粮食购销违法行为处罚办法》，自发布之日起生效。

第二节　主要行政执法及监管活动

2004 年 5 月 26 日，国务院发布《粮食流通管理条例》，同时生效。该条例的颁布，使各级粮食行政管理部门依法管粮，规范行政执法行为等方面有了新的依据。

一、执法主体

市粮食局是粮食行政执法主体，市粮食行政执法大队是市粮食局的执行机构。

市粮食行政执法大队成立于 1998 年 7 月，8 月 18 日正式挂牌，前身称为常德市粮食局稽查大队，与市粮食局粮油检测站实行两块牌子、一套人员、合署办公，隶属市粮食局领导。其主要职责是：负责全市范围内粮食流通环节的管理，核发粮油经营许可证；发放粮油批发准入证，会同有关部门打击非法粮油经营活动；负责依法对全市范围内生产和销售粮油、粮油深加工和饲料产（商）品的质量、计量进行监督检查，受理消费者的举报和投诉，对粮油经营中假冒伪劣等危害消费者权益的违法行为实施监督检查，并依法进行处理。

2005年1月，市编委办以常编办〔2005〕1号文件批复同意将市粮食局粮食检测站更名为市粮油食品质量检测中心，同时市粮食局稽查大队更名为市粮食行政执法大队，还是两块牌子、一套人员，确定编制7人，正科级全额拨款事业单位，隶属关系、主要职责仍维持不变。

自1998年市粮食局成立执法机构以来，全市9个区县（市）也相继成立了相应机构。至2010年，全市10个执法大队，其中正科级1个（市粮食执法大队），副科级1个（汉寿县执法大队），高配1个（安乡县执法大队），正股级7个（澧县、鼎城区、临澧、桃源、石门、津市、武陵区执法大队），共有编制34人，配备执法人员29人，获得执法证者93人。

市粮食行政执法大队历任大队长：

1998年7月—2001年11月为张家海；2001年11月—2008年1月为涂晓宾；2008年1月—2010年12月为张家海。

二、执法范围

依据《粮食流通管理条例》赋予的粮食管理部门的职责，其行政执法范围为：

（一）粮食收购方面：规范审核粮食经营者粮食收购资格条件；对粮食收购资格的核查，打击无证无照收购行为。对以欺骗、贿赂等不正当手段取得粮食收购资格许可的行为；对粮食收购者不执行国家粮食质量标准，损害种粮农民和其他粮食生产者的利益的行为；对粮食收购者不及时支付售粮款的行为；对粮食收购者代扣、代缴税费、和其他款项的行为；对接受委托的粮食经营者在从事政策性用粮的购销活动中未执行国家有关政策的行为；对不按规定报告收购数量的行为等，实施监督检查，并依法进行处理和处罚。

（二）粮食销售方面：对政策性用粮购销活动中违反规定，低价卖人情粮和挪用政策性用粮销售贷款行为；对将不具备规定资质条件企业认定具有政策粮食销售资格、或委托代理资格的行为；对接受委托的粮食经营者在从事政策性用粮的购销活动中未执行国家有关政策的行为等等。实施监督检查，并依法进行处理和处罚。

（三）粮食储存方面：对从事粮食收购、加工、销售的经营者的粮食库存低于规定的最低库存量或超出最高库存量的行为；对粮食经营者使用不符合国家粮食储存有关标准和技术规范要求的粮食仓储设施问题；对粮食经营者将粮食与可能对粮食产生污染的有害物资混存，且造成污染的问题；对粮食经营者在储存粮食过程中，使用国家禁止使用的化学药剂或超量使用化学药剂的行为；对粮油仓储单位未按要求备案，或不符合设定条件，或名称使用不规范的问题等。实施监督检查，并依法进行处理和处罚。

（四）粮食运输方面：对粮食经营者在运输粮食时不执行国家粮食运输技术规范，使用被污染的运输工具或包装材料运输粮食行为等，实施监督检查，并依法进行处理或处罚。

（五）粮食统计方面：对不按规定建立并严格执行粮食流通统计制度，不及时收集、整理和上报有关统计数据的行为；对从事粮食收购、销售、储存、加工粮食经营者以及饲料、工业用粮食企业未建立粮食经营台账的行为等。实施监督检查，并依法进行处理和处罚。

（六）粮食质量和原粮卫生方面：对粮食经营者在收购、储存活动中不严格执行国家粮食质量标准的行为；对原粮卫生状况不符合国家粮食卫生标准的行为；对陈粮出库未按规定进行质量鉴定的行为；对不严格执行粮食销售出库质量检验制度的行为等。实施监督检查，并依法进行处理和处罚。

三、执法活动

1998年市粮食局印发《粮食收购条例》宣传资料1000多份，开辟宣传专栏300期，开展法律法规宣传学习培训20多期，培训600人次。还通过广播电视、常德日报等媒体进行广泛宣传。市县粮食局与工商管理等部门共同联动，先后出动宣传车50多台次。

当年为了贯彻执行按保护价敞开收购农民余粮，粮食顺价销售、收购资金封闭运行三项政策，市委办、市政府办发出常传电〔1998〕67号《关于迅速制止粮食收购中村收村结和违法收购的紧急通知》，市政府办以〔1998〕50号文件发出《常德市人民政府加强关于进一步加强粮食市场管理的通知》，就粮食市场管理作出4条要求：一是进一步统一管好粮食市场的认证。二是加强粮食市场管理工作的领导。三是加大粮食市场监管力度。四是严厉打击非法收粮行为。对67号传真下发后继续违法收粮的责任人按有关规定严肃处理。在市政府的统一领导下，各区县（市）相继成立由分管粮食工作的区县（市）长挂帅，财办、粮食、工商、物价、农发行、财政、公安、人事、监察、政府督查室等部门为成员的粮食市场管理领导小组。全市从工商、粮食等部门抽调60多人联合齐抓粮食市场管理，共同整治粮食市场。

至1998年年底，全市共查处涉粮案件833起，没收粮食2337.35吨，罚款133万元，处分乡村、部门领导干部和工作人员12人。

1999年1月12日，市粮食局、市工商局发出常粮联发〔1999〕1号《关于清理整顿粮食市场的通知》，清理整顿时间从1月15日开始，到2月底结束。清理整顿对象是全市国有、集体、私营、个体的粮食经营企业和用粮单位。清理后，全市重新核准发放粮食收储资格证168个，粮食批发准入证986个，粮食经营许可证1120个。

2000年5月26日，市粮食局、市国税局、市工商局联合发出《关于清理整顿市城区粮食市场的通知》，根据《常德市粮食准入准运管理办法》（市政办发〔1998〕62号）和《常德市人民政府办公室转发常德市粮食局、国税局、工商局关于规范粮食市场管理有关问题的报告的通知》（常政办发〔1999〕45号），针对市城区粮食批发场外交易，粮食市场无证、无照、非法偷运粮食现象屡禁不止，外地大量粮食不按法规和政策规定进入城市销售，一些用粮单位非法采购粮食，尤其是米粉加工厂大肆采购严重陈化、劣质大米造粉等现象，对市城区 69 家企业进行检查整顿，处罚单位和个人涉粮案件 7 起。

2001 年 8 月 2 日，鼎城区黄腊溪粮库在农民交售粮食时，在秤上动手脚，克扣斤两。经查，粮库司秤员高某采取用脚挑磅秤弹簧的方法，造成计量不准，使每一码单少 5 千克。清理核实后，将少计数全部补给售粮农民，解除与高某的劳动合同，给予粮库主任杨某撤销行政职务的处分。韩公渡镇粮站断港头分站主任王某行政记大过处分。韩公渡镇粮站主任左某行政记过处分。

2004 年 5 月 26 日，国务院颁布《粮食流通管理条例》，9 月 9 日市粮食局就宣传该条例召开各区县（市）粮食局长会议。之后，通过报纸、电视、宣传车、公告等形式宣传，印发《粮食流通管理条例》《公告》《质量标准》《宣传标语》等各种宣传资料近 2 万份。对全市符合条件的经营单位和经营个体户办理粮食收购许可证 630 户。与工商联合行动查处违反条例规定的单位和个体经营户案件 9 起，并进行电视跟踪曝光与经济处罚。当年 11 月 26 日，省政府以第 191 号政府令颁发《湖南省实施〈粮食流通管理条例〉办法》，自 2005 年 1 月 1 日起施行。

2009 年 5 月 26 日，常德市《粮食流通管理条例》颁布施行五周年宣传周活动启动仪式在武陵区步行街举行

2005 年 12 月 5—11 日，市粮食局组织市、县两级粮食行政执法人员 13 人（分成 3 组），对全市粮食行政执法工作进行大检查。检查内容：⑴各区县粮食局行政执法基础工作，包括执法机构、人员编制、队伍建设、粮食政策法规宣传、收购许可证办理等情况；⑵每个县随机抽查 3~5 家粮食收购企业，检查其证照，是否持证收购，是否设立统计台账和报送统计报表，粮食收购质量、存储设施、检验设备、检验员执证情况等。从检查情况看，组织机构基本完善，队伍配备基本到位，市县两级都成立了执法（大）队；采取多种形式进行粮食政策法规宣传，组织市、县共 72 人参加国家粮食局和省粮食局组织的粮食监督检查培训班。至当年 11 月底，全市共办理或换发粮食收购资格许可证 706 个，对 11 家过期未按要求换发新证的企业作出自动退市处理；对 21 家无证经营企业进行了处理，其中取缔 3 家，18 家移交工商处罚，共罚款 18 万元；对 93 家未建台账和未按要求报送统计报表的企业下达整改通知，对其中 3 家处以 1000 元罚款。

2006年11月13—17日，市粮食局组织抽调14人检查队伍，对8个区县（市）粮食局和武陵分局进行检查，并抽查13家国有、国有控股和个体民营企业。全市9个执法（大）队，编制64名，执法人员在上年41人的基础上增加6人。当年全市共发宣传资料8000多份，宣传标语、盾牌900多条（块），出动宣传车50余台次。石门县粮食局与电视台合作，举办了一期石门人民说石门事的《粮食流通条例》专题宣传活动。当年市、县两级实施粮食监督检查140多次，检查粮食企业420多家，占企业总数的90%以上，下达整改通知书100多份。

2006年11月，市粮食执法人员检查度量衡器

2007年，全市执法人员增加到66人。安乡县政府把粮食局执法大队高配为副科级。全市增添电脑、照相机、摄像机等专业设备20台件，市粮食局、汉寿、安乡、桃源配备粮食行政执法专车。建成全市粮食执法队伍信息网络平台。全年修订和新制定了各类规章制度17项。市、县两级共办执法培训班10多期，培训人员达80多人次。全市95人获得执法与监督检查资格证。全市全年开展监督检查100多次，共检查粮食经营企业（户）450多家，纠正违法行为150起，下达整改通知书105份，实施行政处罚8起，处罚金额5.3万元。汉寿县粮食执法大队，办理一起违法案件有突出表现，处罚金额5万元，在全省产生了“震撼性”。汉寿县粮食局当年被国家粮食局授予“全国粮食依法行政示范县单位。”

2007年，市粮食局被国家粮食局评定为“2007年度全国粮食流通监督检查工作先进单位”（国粮检〔2008〕38号）。

2008年，市粮食局从5月8日至6月8日在全市范围内开展为期一个月的宣传活动。市、县两级张贴宣传画600份，印发宣传资料3000份，悬挂宣传横幅800条。

5月16日，全省粮食行政执法、政策法规与监督检查工作会议在常德召开，全省14个市（州）粮食局负责人、省粮食局领导及有关处室负责人、常德市政府领导及有关部门负责人、常德市9个区县（市）粮食局的代表共80人与会。市粮食局等9个市、县单位作了典型经验交流，省粮食局代表国家粮食局对常德市粮食局等三个单位获得“2007年度全国粮食流通监督检查工作先进单位”颁奖。

8月4—8日，市粮食局根据国家发改委、国家粮食局《关于开展常德收购政策落实情况专项检查的通知》（粮检〔2008〕122号）、省粮食〔2008〕湘粮法35号文件通知的要求，在全市范围内开展落实粮食收购政策与行政许可专项监督检查。检查结果是收购现场环境好，基础工作扎实，粮食收购许可证发放符合国家规定，收购质量合格，质价相等，农民售粮价款按时支付，三农政策与粮食收购政策落实到位。

当年全市开展监督检查34次，检查粮食经营企业622家，纠正违法违规行为为70起，下达整改通知书25份，吊销过期“粮食收购许可证”34户，立案查处4起。市粮食局被市政府办公室评为2008年度市直执法先进单位（常政办函〔2009〕2号），张家海获先进个人；获市依法治市领导小组办公室2008年度普法依法治理工作先进单位（常治市办发〔2009〕3号）称号。

2009年4月7日上午召开全市粮食清仓查库普查工作誓师大会

2009年2月20日，市政府办公室下发《关于印发常德市2009年粮食清仓查库工作实施方案的通知》（常政办函〔2009〕21号），方案确定重点检查在常所有中央储备粮、国家临时存储粮、地方储备粮的数量、品种和质量，国有及国有控股粮食企业储存商品粮的数量、品种、质量和粮权归属情况。清查时点为2009年3月末粮食库存统计结报日；清查方式分为企业和区县（市）自查、市政府全面普查、省政府重点复查、国务院有关部门随机抽查。

4月18日，市级粮食清仓查库普查工作结束。此次全市共普查9个区县（市）的71家企业，检查仓廒443个，仓容87万吨，粮食数量66万吨。非国有储存商品粮检查企业18家，存储商品粮5万多吨。普查结果：

1.检查时点粮食统计库存659 353吨，实物库存659 128吨，统计与实物相差225吨。

2.2008年中央储备粮下达轮换计划48 753吨，实际轮出42 753吨，轮入45 772吨。

3.中央储备粮承储单位5个，实际承储单位6个，其中：中央直属库4个，有资格的中央储备粮代储库2个；检查时点统计库存247 915吨，实际库存247 915吨。

4.粮食库贷检查情况，银行台账库存数量562 131吨，货款余额107 161.4万元，企业实际库存571 963吨，库存金额100 557.2万元。

2009年12月10日，省政府办公厅以湘政办函〔2009〕230号文件表彰全省粮食清仓查库工作先进单位和个人。常德市粮食局、临澧县粮食局、汉寿县粮食局、桃源县粮食局为先进单位，张家海、杨良丰、苏青林、郭杰、淳勇为先进个人。

当年全市开展粮食流通执法检查26次，实施行政处罚19例，其中下达责令整改通知书11例、书面警告2例、经济处罚6例，处罚金额14 150元。市粮食局获市政府办公室授予的2009年度市直贯彻实施《湖南省行政程序规定》暨行政执法先进单位（常政办函〔2010〕1号）称号，张家海、姚碧芬为先进个人。市粮食局为市2009年度普法依法治理工作先进单位（常治市发〔2010〕3号）。

2010年1月7日，国家发展和改革委员会以第5号令发布《粮油仓储管理办法》，自公布之日起施行。原商业部1987年6月22日颁布的《国家粮油仓库管理办法》同时废止。

2月11日，省政府颁布第248号令发布《湖南省地方储备粮管理办法》，自2011年4月1日起施行。

7月27日，《常德市粮食局行政处罚裁量权基准（试行)》正式印发实行。

当年开展年度粮食库存、政策性粮食销售、秋粮收购、早中稻收购、油菜籽收购政策执行情况等五项专项检查，出动35批次809人次，处理涉粮案件95例，其中警告14例，责令整改60例，暂停收购资格13例，经济处罚8例，处罚金额11 250元。

附：典型案例

陈粮出库不执行国家标准案

2011年市政府发布。

行政机关：常德市粮食局

当事人：中央储备粮×××直属库

一、案件事实

经查明：2009年7月24日，当事人委托李××到本市××县××乡，设立粮食收储点，共收购早籼稻48.5吨，最低收购价90元/百斤，合计金额：87300元。其中收购费用2.5元/百斤，金额2425元。2010年5月30日，当事人将收购的48.5吨早籼稻委托给李××代储保管。保管费用每吨每月3.0元。2010年6月22日，当事人经湖南省粮食批发市场公开拍卖了该批早籼稻，并于当年7月30日开始出库该批粮食。在出库过程中，发现该仓粮食表层有明显结露现象，屋顶多处漏雨，粮温较高并有异味。对该仓粮食质量进行了现场抽样检查，检验为不合格稻谷。

以上事实，有收集的现场勘验笔录、视听资料、物证、鉴定结论、当事人陈述等证据证实，当事人对以上证据没有提出异议。

二、法律适用

1.国务院《粮食流通管理条例》第十九条：建立粮食销售出库质量检验制度。在出库前应当经过有资质的粮食质量检验机构进行质量鉴定。

2.国务院《粮食流通管理条例》第四十五条：陈粮出库未按照本条例规定进行质量鉴定的，由粮食行政管理部门责令改正，给予警告；情节严重的，处出库粮食价值1倍以上5倍以下的罚款，工商行政管理部门可以吊销营业执照。

3.国家稻谷标准：

国家质量监督检验检疫总局发布的 GB1350-2009 稻谷标准

项目	标准	项目	标准
出糙率%	≧75	谷外糙米%	≦2
整精米率%	≧44	黄粒米率%	≦1
杂质含量%	≦1	互混率%	≦5
水从含量%	≦13.5	气味、色泽	正常

三、决定结果

责令立即停止销售不合格的粮食；处该批粮食总价款 1 倍的罚款，共计 174600 元。

当事人自收到本决定书之日起 15 日内，将罚款缴纳至××银行，账号××××。逾期不缴纳罚款的每日按罚款数额的 3%加处罚款。

四、说明理由

（一）对证据采信理由的说明：

1.现场勘验笔录。对当事人贮存该批粮食的仓库进行检查时，发现该仓库多处漏雨，粮食表层有明显结露现象，而且粮温较高并有异味。目测发现该批粮食有霉变、芽谷等现象，初步认定该批粮食有质量问题。

2.视听资料。对仓库的设施、该批粮食进行了现场拍照、录像，证明因存放该批粮食的场所多处漏雨、通风不良，导致存放的粮食发生霉变、发芽，证明该批粮食有明显的质量问题。

3.物证。根据国家粮油质量检验抽样的相关规定，对该批粮食进行现场抽样，共抽得 2 个样品，每个样品重量为 2 千克。并与当事人一道现场封样，检查单位和当事人各保存一份。

4.鉴定结论。2010 年 7 月 30 日，经委托常德市粮油质量检测中心对该批抽样粮食进行检测，其检测结果为：出糙率 71.4%、水分 14.8%、杂质 4.2%、整精米率 41.7%、黄粒 4.3%、色泽、气味不正常（有霉味），以上指标都超过了 GB1350-2009 所规定的标准，属不合格稻谷。

5.当事人陈述。当事人在询问笔录中，承认该批部分稻谷有霉味、霉变、芽谷等现象。

6.当事人在接受调查询问时，向检查单位出示了一份由当事人在 2010 年 6 月 18 日对该批粮食出库的检验单（书证）。以此证明该批粮食的各项指标都符合国家标准。

以上 1 至 5 组证据，全面、真实地反映了当事人未严格按照法律规定和国家标准对出库粮食进行检验的事实，证据确凿且相互印证，应当予以采信。

对当事人出示的 2010 年 6 月 18 日对该批粮食出库的单（第 6 组证据），不能作为该批粮食符合国家标准的依据。因为，从 2010 年 6 月 18 日当事人对该批粮食进行检验后至 2010 年 7 月 30 日该批粮食出库时止，期间由于存放该批粮食的仓库出现多处漏雨及通风不良等情况，该批粮食的质量经抽样送检，证明已发生了变化，故当事人提供的证据（第六组），只能证明该批粮食2010年6月18日前的质量状况，不能证明2010年7月30日该批粮食出库时的质量状况，故不予采信。

（二）对依据选择理由的说明：

当事人的行为，违反了《中华人民共和国粮食流通管理条例》第十九条的规定，应当依照《中华人民共和国粮食流通管理条例》第四十五条的规定予以追究。

（三）对决定裁量理由的说明：

当事人在陈粮出库时，未执行陈粮出库国家质量标准的实事清楚、证据确凿，情节较为严重，其行为不符合《中华人民共和国行政处罚法》第二十七条规定的“从轻或者减轻行政处罚”情形，根据《湖南省规范行政裁量权办法》第二十八条确立的“过罚相当”的原则，依照《中华人民共和国粮食流通管理条例》第四十五条的规定并参照《常德市粮食局行政裁量权基准》第×类第×条的规定，决定责令当事人立即停止销售不合格的粮食并处以该批粮食1倍的罚款的行政处罚。

五、告知权利

作出处罚决定后，当事人如不服本处罚决定，自收到本处罚决定书之日起六十日内向常德市人民政府或湖南省粮食局申请行政复议，也可以在三个月内直接向人民法院提起行政诉讼。

第四章　生猪定点屠宰行政执法与监管

2001年年底之前，全市的生猪定点屠宰监管由市食品总公司负责。2001年12月，市政府批准成立市生猪定点屠宰管理办公室（简称市屠管办），履行全市的生猪定点屠宰监管。2005年市商务局成立以后，该项监管工作由市商务局的市场秩序科和市屠管办进行。

第一节　监管所依据的法规

1997年12月，国务院第238号令颁布《生猪屠宰管理条例》，次年1月1日起施行。1998年2月，国内贸易部第4号令发布《生猪管理条例实施办法》，当年2月18日起施行。

2002年4月，市政府第13号令发布《常德市牲畜定点屠宰管理办法》，当年5月1日起施行。

2002年7月15日发布的《常德市菜牛屠宰操作规程》。

2007年12月，国务院第201次常务会议修订通过《生猪屠宰管理条例》，次年8月1日起施行。2008年7月，商务部第13号令发布《生猪屠宰管理条例实施办法》，当年8月1日起施行。

2010年12月30日，市商务局发布的《常德市牛、羊、禽类屠宰管理办法》。

第二节 监 管

市商务局市场秩序科配合有关部门进行的生猪定点屠宰监管工作见本章第二节第一目。

由市食品总公司和市屠管办进行的生猪定点屠宰监管内容及相关数据详见第二篇第一章第二节。

第五章 石油经营行政执法与监管

对石油经营的行政执法，由市商务局为主，联合有关部门执行；经营中的监管，由市商务局和经营企业共同施行。

第一节 行政执法

由于成品油在国计民生中的重要作用，20世纪80年代以前，国家按计划拨给交通运输、农业机械等系统各加油站和相关单位销售。后来市场逐步放开，20世纪80年代以后，各种民营加油站、炼油厂大力发展，大部分原乡镇农机部门的加油站经改制，变卖给私人经营，交通运输部门的道路、水上加油站大部分归原来的各地石油公司（中石化的前身）经营，少部分经改制，变卖给私人经营。在20世纪80至90年代的成品油生产经营中，出现了诸如以次充好、偷逃税款、短斤少两、事故多发等现象。为此，国家有关部门对成品油市场进行全国性的清理整顿。

1999年，国务院办公厅发布《国务院办公厅转发国家经贸委等部门关于清理整顿小炼油厂和规范原油成品油流通秩序意见的通知》（国办发〔1999〕38号）和《国务院办公厅转发国家经贸等部门关于进一步整顿和规范成品油市场意见的通知》（国办发〔2001〕72号）。经过清理整顿，全市关闭不符合加油站经营条件的加油站和油库，对中石化系统的128家加油站和民营、集体企业的318家加油站由省经贸委颁发《成品油零售经营批准证书》，并对证书开始年检。对不符合加油站建设和管理规范的110家加油站不予颁发批准证书。经过清理整顿，成品油市场秩序有所好转，加油站经营管理进一步规范，但由于利益驱动，加油站违规建设、布局不合理、过多过滥等问题还相当严重，税负不均、征收难度大等问题也较突出。为此，国务院决定从2002年2月起，在全国范围内用半年时间开展加油站专项整治工作，并于2月27日下发《国务院办公厅关于开展加油站专项整治工作的通知》（国办发〔2002〕18号）。全市根据国务院办公厅和省政府有关文件精神，成立以主管副市长为组长、市政府分管副秘书长、市长助理、经贸委、计委、公安、工商、消防、技监、国税、地税、石油公司等单位负责人为副组长和成员的市清理整顿成品油市场秩序领导小组，下设专门办公室，由经贸委主管负责人任办公室主任，各县区（市）亦成立相应的领导小组，在全市范围内开展加油站专项整治工作。通过本次专项整治，全市注销30多家不符合条件的有证加油站，取缔60多家无证、且不符合经营条件的加油站和油桶点。对有证但不符合规范要求的5家加油站进行搬迁改建，处罚一批偷逃税款的加油站；另外针对相关问题签发47份整改通知书；对无证站点发出90多份停业或限期拆除通知书。在此基础上，由中石化制定民营加油站特许经营的条件和其他相关规定；全市各颁证合法加油站统一由质监、税务部门完成税控机装置的安装和计量装置的安装检校。根据省经济贸易委员会、省工商行政管理局颁布的《湖南省成品油经营资格年审办法》（湘经贸运行〔2001〕726号）规定对加油站进行经营资格年审。年审工作随后成为每年的例行工作。全市建立加油站基本情况的档案。按照省经贸委的要求，制定“成品油零售经营许可证”的申请条件及程序。按照省经贸委、省建设厅（湘经贸运行〔2003〕190号）文件精神，制定《常德市加油站行业发展规划（2003—2010)》并经省经委、省建设厅联合审定通过。通过本次整治，全市成品油市场秩序得到根本好转，逐步走向规范化、程序化。

2003年，省安全生产监督管理局、省经贸委等6部门联合印发《关于规范危险化学安全管理的意见》的通知（湘安监管〔2003〕41号），全市在成品油行业开始全面实施危险化学品许可证制度。

2004年，国家机构调整，成品油行业的管理职能由原国家经贸委转移到商务部管理。为进一步规范成品油市场管理，12月2日商务部颁发《成品油市场管理暂行办法》（商务部令2004年第23号）。该办法从成品油经营许可的申请与受理、成品油经营许可审查的程序与期限、成品油经营批准证书的颁发与变更、成品油市场的监督管理以及法律责任都作出明确规定。该办法在试行2年后，经修改补充，由商务部于2006年正式发布为《成品油市场管理办法》。至2010年，成品油市场管理一直按照该办法执行。为方便对上述办法的操作，商务部随后印发《成品油经营企业指引手册》，对新建加油站、已经营运的加油站的歇业、注销、变更、遗失补证、年检等都作出了具体的操作规定。

2005年，市商务局成立，成品油市场管理职能由原市经贸委转移到市商务局。

2007年，为加强农村柴油零售点的建设和管理，根据上级主管部门发布的文件规定，市商务局编制《常德市农村柴油零售点行业发展规划（2007—2015)》，并经省商务厅批准发布。为保证成品油市场的正常供应，最大限度地避免减少和缓解各类突发事件造成成品油供应中断所产生的影响和危险，维护公共安全和社会稳定。2008年，根据上级政府要求制定《常德市成品油供应中断应急预案》，并经市政府发布。

2008年，成品油市场供应出现全国性紧张甚至哄抢的现象，为此，由市商务局牵头，会同公安、工商、物价、安监联合发布《关于切实加强成品油市场经营秩序管理的通告》，通过增加投放保证重点，加强市场调度等措施的实施，全市成品油市场的供应及秩序逐渐回归正常。

2009年，为打击无证经营、未经批准擅自建站的现象有所抬头，进一步规范加油站经营行为，市商务局下发《关于开展成品油市场整治工作的通知》（常商发〔2009〕2号），在全市范围内开展全面的成品油市场整治工作。本次整治共拆除（或停业）无证加油站点30多个，处罚站点20多个，发出整改通知书40多份，对符合加油站建设规范的6个无证加油站在进行处罚后，按程序申报办理成品油零售经营批准证书。

当年下半年起，受国内外油价波动的影响，市场上出现无经营资质、不符合安全要求的流动加油车从事非法经营成品油的现象。2010年，由市商务局牵头，会同工商、质监、安监、交通、公安交警支队等6部门，联合下发《关于加强成品油市场监管严厉打击流动加油车违法经营行为的通知》（常商〔2010〕9号），采取摸排底细、蹲点守候等措施，查出全市拥有流动加油车75台，通过打击、处罚、教育、停止供油等方式，使流动加油车非法的遭到取缔，合法的规范经营。

2010年，根据《湖南省商务厅关于转发〈商务部成品油分销体系“十二五发展规划编制工作总体方案”〉的通知》（湘商商贸〔2010〕15号），市商务局、市规划局联合编制出《常德市成品油分销体系“十二五”行业发展规划（2011—2015）》，并经省商务厅发布，为全市“十二五”期间加油站的建设管理提供了法规依据。

第二节　质量管理

一、中石化常德石油分公司的质量管理

1958年德山油库建设立式罐后始建化验室，配专职化验员，进行一些项目的常规化验。其他石油经营单位，按照发油单位发货单标明的商品品种规格和化验单收存和销售。在经营过程中，对可疑油品根据气味、颜色、手感判断，或用玻璃管吸取桶底层油观察有无水分、乳化、明显杂质进行直观鉴定。

1971年10月，岩码头油库设立化验室。初期，石油系统化验设备简单，检测项目较少，只测馏程、恩氏粘度、开闭口闪点、水溶性酸碱、滴点、针入度、水分等项目。

1981年7月，商业部规定《各种石油产品验收必验项目》，增加凝固点、腐蚀、抗乳化度等化验项目。1986年10月，常德石油投资20万元筹建津市、石门、慈利、临澧、澧县、安乡、汉寿、桃源、常德销售部9个支公司直通车船的油库化验室，培训化验员，开展十个项目的化验。1990年9月中国石油化工总公司下发的《各种石油产品验收必验项目》，规定油库必须配备持有合格证的化验人员，二级（万吨）以上油库要设置化验室。

油品入库必须化验合格方可接卸。油品出库发合格证（零星用户除外），油罐车实行按品种专车专罐运输并施以铅封，桶装油品和用户自备提油容器要验桶，脏、漏者强制洗（补）桶。库存油品化验周期，桶装6个月，罐装3个月，对质量有疑义时，随时化验检质。油罐清洗周期，轻质油罐3年，其他相应减少。库存油品按品种、规格分开储存，执行先进先出原则。在卸收、输转、灌桶、发油等作业时，实行专泵、专管、专罐、专用。

1978 年 8 月，常德石油站设立仓储运输课负责质量（化验）管理工作。1986—2000 年设有仓储基建科，2005 年设立安全质量基建科，2007 年调整为安全质量科。历年来机构和名称虽然不断变化，但质量管理的机构从未撤销。

1993 年 9 月《中华人民共和国产品质量法》实施，成品油的质量管理纳入法治轨道。1995 年 8 月，国家技术监督局发出《关于对加油站所售汽油、轻柴油的产品质量和加油机计量进行全国统一监督检查的通知》。1997 年 7 月印发《关于对胶粘皮鞋和成品油产品质量进行全国统一监督检查的通知》。2001 年 8 月，国务院办公厅印发《国家质量监督检验检疫总及国家认证认可监督管理委员会国家标准化管理委员会职能配置内设机构和人员编制规定的通知》（国发办〔2001〕56 号），明确流通领域商品（包含成品油）质量监督职能划归工商局。

除国家的法律规范外，企业内部也有成套的管理机制。1987 年 3 月至 2001 年 7 月，省石油公司多次印发油品质量管理工作评比办法、实施细则、奖惩办法等规章制度。2001 年 12 月、2003 年 5 月中国石油化工集团公司印发《销售企业质量管理办法》《销售企业油品质量工作考核标准》。2010 年 9 月，湖南石油分公司制定《2010 年“质量月”活动方案》，要求以品牌、标准、信誉、服务和效益为抓手促进质量管理。

二、中石油常德分公司的质量管理

（一）检验

该公司所售油品由上级公司统一配送，油品的各项质量指标由上级公司检定。配送的油罐车到达该公司加油站后，卸油前加油站计量员进行质量验收，若发现异常，经加油站经理审核后立即上报公司加管部，并启动油品质量差异处理程序。

（二）质量管理措施

1.制定《中国石油湖南销售常德分公司数、质量管理办法》（以下简称《办法》）。该《办法》初定于 2005 年，以后每年都会根据实际情况进行完善与修订。《办法》为公司油品质量管理提供依据，明确各部门的职责和工作要求，细化奖惩条例，将站长和计量员的奖罚比例确定为 7:3。为堵塞管理漏洞，公司每月中旬都会对加油站进行抽查盘库，对于抽查出超损耗的加油站要求其写出合理的盈亏分析，同时，对加油机进行“铅封”管理，杜绝人为的亏损。公司还与当地技术监督等部门联系，与质量检测部门签订了代检协议，油品质量得到控制。

2.成立公司数、质量管理领导小组。管理小组组长，由公司经理担任；副组长，由主管零售的负责人担任。组员由零售部和质安部成员组成。数、质量管理小组的日常办事机构设在加油站管理部，负责组织，指导加油站数、质量日常管理。加油站经理为该站数、质量第一负责人。质安部对加油站数、质量进行监控，出现异常情况，质安部、加管部查明原因。

3.加油站油品质量管理具体规定：

加油站油品由公司统一配送，不得自行购进或调进油品出售。对特许经营加油站，由签订特许经营合同的单位进行油品质量监督、检查和管理。

已有加管系统的加油站在进货接卸前，应在加管系统上核对来油信息；没有加管系统的加油站在进货接卸前，应核对随车油品出库单，审核油品相关信息。

油罐车到达加油站后，卸油前加油站计量员进行质量验收：从油罐车出口处将油品放入清洁的容器中进行初验，判定油品中是否含有水分或杂质。采用闻、摸、看、摇等方法判断油品是否与配送单或提油单相符，若发现异常，经加油站经理审核后立即上报公司加管部，并启动油品质量差异处理程序。

加油站配送车辆应专车专用，卸油管线要专管专用，严禁混装、混输。

不同品种不同规格的油品必须专罐专用，油罐改储其他油品时，应进行清罐。

油品储存周期：轻质燃料油3个月，散装润滑油和润滑脂6个月。如超期储存需进行油品质量分析化验，视情况处理。

每周对油罐进行水杂测试，发现水杂应立即清除。大雨、大雪后应测量水高、及时排除罐内积水，防止水杂随油发出。

严格按清罐周期规定，每3~5年进行清罐作业。清罐验收合格后，方可重新使用。

计量、卸油操作结束后，计量口、卸油口未关闭的，对责任人处以罚款20元。

油罐、管线换装其他油品时，应按规定进行清洗，未按规定清洗的，对责任人处以20元罚款，造成事故的按有关规定处理。

未按规定测量水高的，罐底水高超过5厘米未及时排水的，对责任人处以罚款30元，造成严重后果的对责任人和加油站经理进行待岗处理。

储油罐的卸油口没有标明油品品名的，对加油站经理处以罚款20元。

4.加油站油品接卸质量差异处理：加油站进货验收对油品质量有异议时，应立即电话通知公司加管部，质安部等待处理。加油站同时取样留存，查清原因后再作处理。

5.顾客对油品质量提出异议处理程序：顾客对油品质量提出异议时，加油员应立即向班长、加油站经理汇报，及时取样备查。检查油品颜色、气味和挥发性等。检查后，如确有质量问题，应立即停止相应油罐的加油业务，取样化验，同时向上级公司调运（销售）或加油站管理部门报告。反之，应耐心向顾客解释，并礼貌送客。依据取样化验结果，72小时内答复顾客，并按公司规定做出相应处理。

（三）质量监督抽检

1.加油站配合国家、地方质量管理部门以及上级公司开展产品质量监督抽查。

2.配合抽检采样时，除规定留样外，另留一份样品。公司立即对另留样品进行全项目检查分析，未经上级公司同意，不得擅自委托系统外机构进行检验。

3.查清被抽检油品的来源，并跟踪该批次油品流通去向。

4.公司定期组织加油站开展油品质量检查。

第三节　计量管理

一、中石化常德石油分公司的计量管理

石油的计量单位有吨、千克（公斤）、公升、磅、加仑、桶（古）、斤（市制）等。1959年6月，国务院发布《关于统一计量制度的命令》，确定国际公制（米制）为基本计量制度，推广公制、改革市制、限制英制和废除旧杂制，实现了计量制度从多制并存到全国的统一。1984年2月国务院公布《关于在我国统一实行法定计量单位的命令》。1986年7月《中华人民共和国计量法》实施，到1989年常德石油系统才完成法定计量单位的强制推广工作，采用吨、千克、升等法定计量单位。

早期进货主要为桶装，销售则有杆秤、磅秤称重或铁皮制作的量筒计量。1958年德山油库建立后，散装油料运输增加，轻质油料的进货、储存和油罐汽车运油的计算重量，陆续改为体积换算法，即以油料的体积和密度计算油料重量。石油站1963年建立"整装逐桶过磅，散装容积计量"的入库制度。1965年7月，中国石油公司颁布《石油产品计量管理办法》，规定各省设置计量室，负责管理所属单位的计量工作以及全省油罐、油罐汽车的检测、计量人员培训和标准传递等工作。

从20世纪60年代起，一部分供应单位开始使用流量表发油，20世纪80年代以后普遍推广。1978年，商业部下达《石油产品计量管理暂行规定》和《石油库自然损耗管理办法》。1979—1980年省石油公司举办两期计量人员考核培训班，此后又多次举办考核培训班，常德各级油库及加油站的计量人员基本配齐。1981年商业部规定，各级油库都必须配备持有合格证的计量人员。大中型油库要配备专职计量人员，设置计量机构。新建油罐或新购油罐车以及一切计量器具，必须先检定后使用。各级石油公司都成立了以分管经理和油库主任为首的石油数量、质量管理领导小组，加强计量工作。从油料入库到发出都有严密的管理制度，做到动转罐作业前后计量，非动转罐3天计量一次，接卸油料按规定计量验证。

1987年3月，湖南省石油公司印发《油库计量工作评比计分办法》，计量管理更加规范完善。此后，对石油成品油的计（数）量管理，国家和石化行业多次修订印发有关法规和制度规范。1991年，石油行业执行《中国石油化工总公司成品油计量管理标准》，对加油机计量精度，每月进行一次自校，要求在±0.3%以内；1992年，常德市石油公司建立计量检定站，取得7个项目（立罐、卧罐、油罐车、密度计、温度计、流量表、量油尺）的计量授权，对系统内（含湘西州、张家界石油公司）外开展检定工作。1994年2月，省石油总公司印发《油品数量、质量管理奖惩办法》；1995年8月，国家技术监督局下发《关于对加油站所售汽油、柴油的产品质量和加油机计量进行全国统一监督检查的通知》，常德市、县技术监督局对石油公司加油站的所有加油机计量强检每季一次成为常态。

1998年6月，市技术监督局转发省局《关于进一步规范加油机安装、改造、修理工

作的通知》，强调加油机安装、改造、修理完成后，必须经当地技术监督部门检定合格，确认无作弊嫌疑，打上铅封后方可投入使用。10月16日，省技术监督局、省国家税务局印发《关于在全省开展对加油站加油机进行计量监督检查的紧急通知》。2000年12月，中国石油化工集团公司印发《销售企业计量管理办法（试行)》。2005年10月，省质监局发布《全省加油站计量专项执法检查工作方案》。2007年2月，中国石化湖南石油分公司印发《加油站数质量管理实施细则（试行)》。

二、中石油常德分公司的计量管理

（一）强检依据

根据《中华人民共和国依法管理的计量器具目录》（1987年4月15日国务院发布）的规定，在石油贸易交接计量中列入《强检目录》的计量器具有：量油尺、玻璃液体温度计；秤（地中衡)、计量罐（计量罐车、包括立式计量罐、卧式计量罐、汽车计量罐、铁路计量罐车、船舶计量舱)、密度计、流量计、燃油加油机等。

目录中规定，计量器具必须按国家规定的周期（见9-5-3-1）申检或送检，经检定合格后方能使用。

加油站常用计量器具检定周期情况表

表9-5-3-1

计量器具	油罐		加油机	量油尺	温度计	密度计	油罐车	标准器(1、2等)	标准器(3等)
	埋地	地上							
检定周期	8年	4年	半年	半年	1年	1年	初检1年 复检2年	3年	2年

（二）计量管理

制定《中国石油湖南销售常德分公司数、质量管理办法》；成立公司数、质量管理领导小组。

加油站油品计量管理具体规定：

1.执行国家颁发的计量法规、规定，中国石油天然气股份有限公司下发的《成品油计量管理手册》。

2.加油站安装使用国家有关部门认可的油罐液位自动计量系统。

3.具有加油站管理系统和液位仪，且具备地罐交接条件的加油站，必须实行地罐交接。

4.实行地罐交接的单位，由计量岗位人员负责接卸和系统操作，进行计量验收。

5.未实行地罐交接的加油站执行《体积计量交接实施细则》。

6.加油机的最大允许误差不得超过±0.3%。超过允许误差时，应及时上报主管部门，经确认后可暂停使用，并报授权检定机构复检合格方能启用。除法定计量机构外，任何机构与个人不得拆毁加油机铅封。

7.计量人员违章进行操作，对责任人罚款20元，造成事故的按有关规定处理。

8.没有计量器具台账或记录不全的，计量器具不全或损坏的，量油尺有折痕的，计量器具不合格的，每发现一项对计量员处以20元罚款。

9.未按规定建立交接班制度并进行记录的对责任人和加油站经理各处以20元罚款。

10.实行自动液位计量的加油站，每周至少进行一次库存油品人工检尺计量比对，发现问题及时解决；未进行人工检尺计量的，对责任人处以罚款20元。

（三）计量器具及辅助用具配备

1.计量器具：量油尺、检水尺、密度计、温度计。

2.辅助器具及材料：取样器、温度计保温盒、玻璃量筒、试油膏、试水膏、计量器具箱（规格见《加油站细节管理手册》）等。

3.相关资料：《油罐车容积表》《储油罐容积表》《石油计量表》。

4.公司根据实际情况可为加油站配备计量器具、辅助器具及材料。

5.标准金属量器由公司统一管理，根据实际情况确定临近加油站共用。

（四）加油机自检

在国家强检的基础上对加油机实行自检管理。公司每季度组织加油机抽检，做好抽检记录，同时注明具体操作人和负责人，检定用油做回罐处理。对于抽检结果超出偏差范围的加油机，核实后暂停使用，及时向政府计量检定机构申请检定，检定合格后方可投入使用。

加油机维修保养技能培训

（五）地罐交接

1.地罐交接是指成品油公路配送到加油站后，通过计算埋地储油罐（以下简称“地罐”）油品标准体积，确定加油站实际收油数量的交接方式。

2.加油站油罐应符合《汽车加油加气站设计与施工规范》（GB 50156）。油罐标定总不确定度（综合误差）不超过0.3%，标定结果对公司和承运方具有同等约束力。

3.加油站管理系统能够从液位仪自动获取油品体积、油温数据，内嵌计算方式符合计量交接有关规定。未应用加油站管理系统的，可暂时采用人工辅助。

4.液位仪测量精度要求：油位准确度不大于±0.5mm，水位准确度不大于±0.5mm，温度准确度不大于±0.2℃，液位分辨率不大于±0.01mm，重复性精度不大于±0.1mm，最低油位100mm，最低水位16mm。

5.液位仪由生产厂家统一安装调试，基准点以人工检尺数据为准。液位仪读数与手工计量之间油高相差不超过 2mm、油温相差不超过 0.2℃。公司新安装的地罐液位仪原则上不得超过两个品牌。

6.承运车辆应满足国家、行业和企业标准，符合销售企业相关规定。

第四节　安全管理

一、中石化常德石油分公司的安全管理

（一）安全文化

安全是石油行业经营的命脉和重要保障，在企业管理中具有否决权。

在长期经营危险品的工作中，石油公司系统形成了一套安全管理文化，即“安全第一，预防为主，全员动手，综合治理，改善环境，保护健康，科学管理，持续发展”的方针，“全员、全过程、全方位、全天候”的原则，“安全是企业永恒的主题和责任”的理念，“职责明晰、分工负责、齐抓共管”的机制，达到制度、组织、经费落实。强调重“三基”（基层建设、基础工作、基本功训练）、反“三违”（违章指挥、违章操作、违反劳动记录），坚持事故处理“四不放过”原则。

（二）培训与竞赛

德山油库编印的《油库基础知识教材》

在安全管理中，强调人的因素第一，历年来通过培训、组织劳动竞赛和技术比武提高员工素质，关键岗位实行考试后凭证上岗。1983 年对职工开展“双补”教育（即文化补课和业务技术补课）。1988 年抓业务技术培训，举办 16 期各工种岗位的培训班，培训 289 人，占在职人数的 25. 7%。2001 年举办 18 期加油员培训班，培训 628 人；举办安全培训班，124 人参加。2007 年开展全员培训，围绕竞赛比武，举办各类培训班，参训人员 175 人。2010 年坚持以“重点人才、关键岗位和全员素质”三项培训工程为中心，开展全方位多层次的培训，组织 1032 人次参加市公司主办的 11 期培训，选送 71 人次参加省司的 29 项培训，182 人次参加地方政府、专业学会、总部外派的 14 项培训，培训面达 80%以上。

1988 年常德石油系统通过组织各县石油公司的竞赛，选拔代表队在长沙参加省石油系统第一届安全仓储知识竞赛。1990 年 4 月，常德石油公司系统举办第一次消防技术比武大会，选出的代表队于 5 月在零陵举办的全省石油公司系统消防运动上，夺得团体、个人第一名。1991 年 10 月，省石油系统第二届安全仓储知识竞赛在常德举行，常德队取得团体第三名。1997 年 9 月，在郴州举行第三届安全仓储知识竞赛，常德队取得笔试第一名、团体第二名的成绩。

1997 年 9 月，常德石油分公司代表队参加省石油公司第三届安全仓储知识竞赛时合影

从 1988 年开始，湖南石油系统每年都开展《加油站优质安全服务月活动》《加油站优质安全服务百日竞赛活动》，从 1997 年起将百日竞赛改为创先进加油站活动。2006 年起创建星级加油站活动，常德公司一、二、三站连续两年评为四星级站。

（三）安全活动

1987 年，常德石油系统在全区推行《全面安全目标管理》。

1989 年进行设备管理达标升级。

1990 年经省经委批准，常德市、县石油公司全部为设备管理三级单位。每年结合国家安委的部署和“11·9”消防日举行各种安全活动。3 月，开展“百日安全竞赛”活动。

2001 年 7 月，汉寿、津市、桃源等公司与消防部门联合，组织消防演习。

2007 年 11 月，开展“百日安全无事故”活动。

2009 年 6 月、2010 年 4 月开展“安全生产月”活动。2010 年 3 月，开展“我要安全”主题活动。

1990 年常德石油分公司第一届消防比武大会开幕式

（四）用经济手段进行安全管理

为加强安全生产责任制，从 1997 年 1 月起，常德石油实施安全风险抵押金制度（每年上缴省司 5 万元），抵押金从工资基金中列支，实行安全有奖，事故必罚的安全约束和激励机制。2004 年 4 月，省安全生产监督管理局当年开始对企事业单位实行安全风险抵押金缴纳制度，为避免重复，企业内部这一制度终止。

（五）建立健全安全制度与岗位责任制

石油公司的安全管理制度建立在国家法律法规基础之上。20 世纪 50 年代初，油库的商品出入、警卫、消防等都有严格的管理制度。60 年代初，商业部颁发《商业部门石油安全管理规定》。1964 年，中国石油公司正式颁发《石油库管理制度》，对安全、消防、设备、计量、质量、出入库、商品、包装管理、岗位责任制等工作都做了详细规定。此后经1972年、1981年7月商业部两次修订，1990年9月、1992年8月、1999年6月中国石油化工总公司3次修订，《石油库管理制度》不断健全完善。

1984年，国家计委颁布由中国石油化工总公司主编的国家标准《石油库设计规范GBJ 7474-84》，1995年修订，2003年1月再次修订，改为由建设部发布，由中国石油化工集团公司负责解释的《石油库设计规范GB 50074-2002》。1992年6月，建设部发布由中国石油化工总公司主编的国家标准《小型石油库及汽车加油站设计规范GB 50156-92》，2002年5月修订后改为国标GB 50156-2002，2005年12月30日，再次修订后发布。2002年11月1日《中华人民共和国安全生产法》颁布实施。

在上述国家法规和制度的基础上，石油公司按照管理、操作、调控要求制定库站安全、消防、收发存、计量、质量、设备、电气、环保、四防（防火、防偷、防抢、防跑冒滴漏）等制度，制定警消、司泵、加（发）油、计量、化验、维修、电工、司机等工种的岗位职责和操作规程。

为了督查各种规范、制度和岗位责任制的落实，石油公司制定出细化的油库加油站安全检查评比标准及办法，并且在实践中不断修订完善。

1983年8月30日，常德地区石油公司制定《四好油库检查评比标准》，按照组织领导和职工队伍、建立健全制度落实、安全管理、设备管理、现场管理、商品管理等项目进行检查计分评比。1984年4月，省石油公司印发《“四好油库”百分评比办法》，1985年5月修订。1986年3月印发《先进油库评比办法》，后经4月20日、1988年7月、1989年3月修订后改为《油库管理检查评分办法》。1995年5月，改为《先进油库检查评比标准》，2000年5月改为《油库考核评比办法》，9月中国石化、湖南石油分公司印发《油库安全管理规定》。2003年6月，省司印发《油库检查评比标准》，2006年3月9日，改为《油库检查评分标准》。

1986年4月，湖南省石油公司、常德石油分公司分别制定《先进加油站检查评比办法》，按照优质服务、安全保卫、管理制度、站容站貌、任务完成五大部分对加油站的工作评价。

1989年3月省司印发《加油站管理检查评分办法》，1995年5月印发《先进加油站检查评比标准》，1997年5月印发《优质安全服务先进加油站评比标准》，2000年5月印发《加油站考核评比办法》，9月中国石化、湖南石油分公司印发《加油站安全管理规定》，2006年3月印发《湖南加油站检查评分标准》，2008年1月3日，中石化印发《加油站安全管理规定》。

此外，石化行业还制定出许多企业标准。如中石化石油库《电气规程》《设备安装标准》《设备检修规程（88年版）》《静电安全规程（92年版）》《HSE检查细则》，《加油站员工手册》（市石油公司2000年5月版）、《员工守则》（中国石化集团公司2008年2月版）等。

在历年的承包和目标管理中，安全管理具有一票否决权。

（六）组织落实

石油公司规定各单位一把手为安全责任的第一负责人，并明确一名副职专管仓储安全。成立安全生产委员会，设立专职的安全管理机构。1978 年 8 月，设立常德石油站仓储运输课，1985 年各县设立仓保股。其后 25 年均保持安全管理部门的配置。

1.安全保卫机构、人员和装备

⑴德山油库。1957 年，闵克强任德山油库主任并兼任警消大队长。20 世纪 60 年代初，油库实行武装护库。1962 年，省公安厅工作组一行 5 人，驻库一星期，进行人员政治审查，不合格的调离。1963 年，省委书记张平化一行到德山油库考察，严令柘溪水电站驻常办事处临近油库的杉木板房改成砖混房。1964 年建立经济民警队，配备步枪、冲锋枪、机枪等武器。

1966 年，“文化大革命”开始后，常德军分区于 6 月派遣一个排驻守油库。1967 年，造反派组织“湘江风雷”派人乘船从长沙至德山，将油库的枪支全部夺走。

守卫油库的武器装备：1972 年 11 月有步枪 12 支，冲锋枪 4 枝；1975 年 9 月，步枪 14 支、冲锋枪 6 支、机枪 1 挺；1983 年 6 月 20 日时，配置有十支半自动步枪和四支冲锋枪，鉴于警卫人员超过武装民兵年龄等原因，常德市人民武装部将枪支全部收回。此后申请手枪执勤。

守卫油库的人员配备：1963 年年底，专职保卫 19 人；1976 年年底、1982 年年底，专职保卫 22 人（其中警卫班 2 个 18 人，保卫课 4 人）；1977 年 10 月，经常德军分区批准，配备 16 人的武器装备实行武装民兵护库；至 1983 年 6 月 20 日，该库配置有 10 支半自动步枪和 4 支铁把冲锋枪。以后改由武警消防部队护卫。

1985 年之前，常德石油公司分管安全保卫的副经理都要亲自到该油库办公。1986 年，油库全体干部、职工 67 人。油库的工作人员中，以转业军人居多。1987 年 7 月 31 日 8 点 30 分，常德地委书记陈彰嘉、行署专员程林义、常德军分区司令员方子珍等地、市党政军领导考察德山油库，研究解决安全隐患问题。常德石油分公司经理庄宗富及油库负责人等接待迎检并汇报了工作。

⑵岩码头油库。该库建立有由转业军人为主的武装警卫队伍和配备消防车的专职消防队。

⑶其他库站。配备有专职的警消人员和义务消防队伍，并与周边单位、村组、居民成立群防联治的联防组织。库站设立安全组，班组有安全员，由上而下形成消防保安体系。定期由专业消防员传授和演练各种消防器材的使用方法和灭火技术，举行消防演习。

（七）安全检查

中国石化湖南石油系统规定：省石油公司对市（州）、县公司的检查每年至少一次，市（州）公司对县公司的检查每季一次，区县（市）公司对所属库站每月检查一次，各库站执行日巡查、周抽查、月详查，每年四大节日全面查的制度。历年来省、市、县商业、经委、安监、公安消防等政府部门在重大节假日也组织对石油库站的安全检查。除以上例行检查外，还有不定期的抽查、突查或明察暗访。检查方式采用听（汇报、设备运转声音）、闻（油品气味、机器运转发出气味）、看（现场、资料、操作）、摸（油品、机器运转温度、振动）、记（发现问题记录）、测（用静电、油气浓度、超声波测厚仪等仪器检测）、考（随机提问、笔试、消防演习）。要求沟见底，轴见光，设备见本色。

1998 年 12 月 23 日，中国石化集团公司对安全检查提出“严之又严，吹毛求疵，铁面无私，六亲不认”的工作纪律，反对走过场、当老好人的不负责任态度，对检查人员实行“谁检查谁负责”的问责制。

2000 年后，GPS 定位仪、摄像机投入到安全检查中。

对检查中发现的隐患，要求落实人、财、物整改到位，绝不允许以资金紧张为由不办事，决不允许没有安全保障的经营活动，库、站、网点不符合安全条件又无法整改的，坚决撤销。

1987 年全区投入 59.5 万元，整改隐患 983 处；2001 年隐患整改资金 300 多万元；2002 年投入整改资金 147 万元，整改隐患项目 127 个；2003 年对 5 项重大隐患整改投入资金 145 万元。

1987—1988 年、1990—1993 年、1997 年、2001—2002 年、2005 年、2007 年、2010 年，常德石油分公司系统杜绝了安全事故，实现火警、油料、车辆、资金管理等级事故为零。1987—1988 年实行全面安全目标管理，全部库站评为省先进库站。1990 年，德山油库评为“全国十佳油库”。2004 年、2009 年，常德石油分公司被市防火（消防）安全委员会评为年度消防工作先进单位。2010 年，常德石油分公司被市政府授予年度安全生产先进单位。

二、中石油常德分公司的安全管理

（一）制定安全制度

2004 年，依据《中华人民共和国安全生产法》和《湖南销售分公司 QHSE 委员会章程》的要求，制定《站长、加油员、计量员、安全员安全职责》《入站管理制度》《加油站值班制度》《安全用电制度》《明火管理制度》《巡回检查制度》《安全检查制度》《消防器材管理制度》。

中石油常德分公司季度安全知识考试考场

2005 年制定《常德营销中心现场稽查处罚条例》《常德营销中心数、质量管理办法》《加油站作业指导书》《加油站设备管理规定》《有限空间作业管理规定》《动火作业安全管理规定》。

2006年制定《常德营销中心稽查督办工作制度（试行）》《常德营销中心设备维护管理办法》《常德营销中心加油站现场稽查处罚条例》。

2007年制定《常德营销中心安全检查处罚条例》。

以上制度，每年都会根据形势的变化和上级的要求，进行修订和完善，确保应时和适用。

（二）安全宣传教育

公司要求全体员工牢固树立“安全第一”的意识，具有爱护公私财产，珍爱生命的职业素质。重视安全警示教育，从典型事故案例中吸取经验教训，将安全管理工作落实到日常生活和工作的每一个细节。通过运用HSE体系风险管控理念，开展岗位危害因素大辨识活动，形成了300多条包含所有岗位、业务活动、各个区域的危害因素及风险控制措施清单，使工作中的关键环节、重点区域、要害部位可控受控；持续开展安全经验分享活动，公司领导带头在各类会议活动前开展案例分享及安全提示，每周一期下发安全分享材料到加油站。定期开展安全“金点子”征集活动，收集加油站对安全工作的想法、建议。每季度随机抽取一部分员工进行安全知识考试。

（三）开展专项整治月活动

以月为时间单位进行系列专项整治，实现“周周有安全宣传，月月有安全主题”。全年开展防火防爆、质量安全、消防安全、交通安全等11项专项整治月活动。每个月做到主题突出，形式多元化，加油站通过悬挂横幅、更新园地安全专栏、开展培训答题、组织应急预案演练等活动。

（四）开展安全排查、整治

对加油站各安全重点区域、安全管理重点环节全面开展安全隐患大排查活动。让全体员工查找隐患、关注异常，形成分享和奖励管理机制。对排查出来的隐患，立即进行整改。

在“11·9”消防日组织员工进行消防演练

（五）常年开展培训、演练工作

2004年多次组织安全学习和培训，3次参加湖南公司举办的安全考试，达180人次。

2006年组织机关、加油站体系联络员参加QHSE知识培训46人次，完成危害因素和环境因素的识别和评价工作，编制出危害因素和环境因素清单，编制出法律、法规识别清单，完善风险预案，举行安全知识抢答赛3次，举办“我为安全献一策”征文活动，开展大型应急预案演练6次。

2007年针对27个应急预案，有重点地开展大型的演练。汛期，公司在洞庭湖尾端组织“防洪、防汛预案”的演练；在高温酷暑期，组织高温中暑预案的演练；在事故多发期，组织加油机、加油车辆火灾以及跑冒油应急预案的演练；在油品紧张时期，组织资源紧张应急预案的演练；在“11·9”全国消防日，组织消防实战演练。

开展应急物资维护保养知识培训

2011年先后开展HSE培训、质量管理体系培训、交通安全培训等，组织安全生产知识竞赛、防抢防盗安全知识考试，全年共培训员工400余人次。2012年组织集中演练6次。

（六）交通安全管理

公司每年开展公司车辆，特别是油料运输车辆的安全大检查，进行“交通安全专项整治月”活动。

严禁无内部准驾证人员驾驶公务车辆或专业运输车辆。专职司机，负责车辆驾驶、维修保养、防火防盗、日常管理等工作，禁止其他人员随便驾驶车辆。规范用车制度，严禁公车私用。在加强车辆管理纪律约束的基础上，实行责任追究。

防范交通事故：

1.加油站员工在现场作业时要提高警惕，如发现车辆进站无减速现象应迅速避让并设法阻止。

2.遵守道路交通安全法规，拒绝无证驾驶，驾驶专业车辆必须按规定进行防护。

3.对车辆定期进行保养，行车前检查车辆性能是否正常。

第五节　事故案例

本节事故案例由中石化常德石油分公司记载。

一、火灾及中毒事故

1983年5月8日，省石油船队105拖轮在德山油库码头加注3.5吨柴油后停靠趸船下游201驳船外档待命，上午10时10分，船员在后生活舱内点火吸烟，火柴头丢在地板上立即引发爆炸起火，舱顶受爆变形凸起，两名船员烧伤。结论：油库码头的联通阀阀板密封不严，导致汽油串入柴油管线内注入拖轮燃油箱并渗漏，形成汽油混合气，遇火爆炸。

1986年2月14日（正月初六）下午，石门支公司荷花油库发生铁路联络员文书罗进入汽油槽车扫余油中毒死亡事故。结论：违反操作规程，未戴防毒面具并单独作业。

1989年3月30日，常德销售部武陵加油站一油罐车载二甲苯加氢半成品油在站内过夜，由于油车密封圈被腐蚀而跑油1250千克，部分油顺下水道流出站外，一民工抽烟引起火警。

1994年3月27日，安乡县石油公司大鲸港加油点发生火灾事故，烧毁70号汽油3.88吨，变压器油0.11吨，烧坏民房10间和部分家具，烧伤两人，经济损失14.6万元。经消防部门勘察认定，此次火灾事故的直接原因是储油罐冒油产生静电引起的。在油罐车向储油罐卸油时，同时打开储油罐海底阀门灌桶，并开加油机发油，严重违反操作规程，是一起人为的责任事故。

1996年5月31日17时30分，澧县石油公司黄沙湾油库职工张某及黄某（系该司退休职工黄某之子，非公司工作人员）在卸油趸船上抽取消防用水时，用真空泵抽空后未关阀即启动水泵，水流沿管线进入真空罐，将底部余存的90号50千克汽油顶出罐顶出口成雾状喷出，油气瞬间充满整个泵房，并扩散至趸船东头生活用房，遇煤炉明火迅猛燃烧，烧伤3人（其中黄某重伤后送医院抢救无效死亡，余者为其妻向某及其女黄某），直接经济损失2.3万元。

1999年8月14日15时40分，桃源石油支公司原八字路油库小型趸船发生爆炸起火事故，造成直接经济损失1.5万元。原因是趸船电缆长时间与钢管弯头在风浪中摩擦破损，短路迸出火花点燃趸船内所存余油的油气发生爆炸和燃烧。

2003年11月21日18时，临澧杨板加油站（系临澧石油公司租赁站）承包人周某（原临澧石油公司职工）运输10吨汽油至该站卸油时发生火灾，烧伤两名儿童。2007年8月27日，市中级人民法院终审判决（〔2007〕常民再字第13号）：火灾是该站使用明火和油罐车采用喷溅式卸油方式卸油造成。周某不采用密闭而采用喷溅式卸油负主要责任，承担其女周某（事发时不足两岁）火灾烧伤造成的医疗等各项费用35.57万元的60%，临澧石油公司在发包加油站后监管不力，负次要民事责任，承担费用14.23万元。

2008年9月4日20时55分，常德石油分公司本部岩坪润滑油仓库（位于岩坪加油站后院）发生一起人为纵火事件，21时45分，火势才被完全扑灭。此次大火烧毁润滑油仓库一间，损失小包装润滑油53.9吨，金额76.8万元；房屋毁损9550元；叉车烧毁损失1万元；合计损失金额78.8万元。犯罪嫌疑人王某于次日凌晨2时许被抓获。

2009年12月11日12时58分，桃源石油支公司在城南加油站隐患整改过程中，私自决定在90号汽油罐入孔盖上加装操作井和盖板（准备改装成柴油储罐），违规动火焊接作业发生闪爆，造成93号储油罐破裂，1700多升汽油泄漏，幸无人员伤亡。尽管常德石油分公司会同桃源县政府有关部门采取了对事故区域实行交通管制、对沿线下水道泄漏汽油进行回收、对泄漏汽油流经区域停电停气、组织相关地区人群紧急疏散等措施，但事故使300多户居民和部分生产经营单位停电停气达3天之久，给当地居民、企业的生产和生活带来损失及不便，还给周边环境造成一定危害。桃源县安全生产监督局就事故的善后处理与赔付问题召开专题协调会议。依据《生产安全事故报告和调查处理条例》第37条，对石油公司作出19.5万元罚款的行政处罚。

二、跑、冒、漏、混油事故

1983年1月12日，常德县石油公司高泗油库发生12个油罐海底阀冻裂，跑漏柴油24.4吨。原因是使用铸铁阀和未按规定及时排放油罐底水。

1984年3月8日，安乡县石油公司大鲸港油库卸0号柴油，司泵员和保管员联系不够，盲目起泵卸油，造成从量油孔溢柴油1.8吨。6月8日，桃源县石油公司白洋河油库，接卸煤油26吨，保管员、计量员没有认真执行操作规程，造成溢油3.9吨。10月4日，津市石油分站从2000立方米的立式柴油罐中转油至计量罐时，司泵员陈某坐在泵房休息，不监视容器储油情况，造成跑冒油5085千克。

1986年7月7日，安乡石油支公司长岭洲油库，发生跑煤油5604千克的事故。原因是发油结束后，卧罐区、高架罐、中转泵房及通往河下趸船的所开闸阀都未关闭，煤油漏入防火堤内。10月5日晚10时40分，澧县石油支公司城关加油站发生将2610千克70号汽油卸入存有7283千克0号柴油的卧式油罐内的混油事故。原因：油罐车驾驶员张某擅自将油罐车交给无证的儿子张某华驾驶，到黄沙湾油库提柴油时车停汽油发油处并插入鹤管，发油员未查提单错发汽油，加油站计量员收油未查验品种卸入柴油罐。

1988年8月15日13时25分，桃源支公司原八字路油库（8月4日省司已批准撤销）发生渗漏12.6吨煤油的事故。原因，发油后未将下河煤油管道闸阀关紧，致卸油码头煤油输送管线临河段的止回阀密封橡胶垫被管内膨胀的油气冲破造成渗漏，跑油长达四天，村民发现告知后才终止。

1989年9月25日11时20分，津市果园油库发生跑冒柴油21.4吨的事故。原因：油库司泵工路某从2号立罐往77号高架油罐转油，开泵后离开中转泵房及库区，到生活区游玩，后乘双排座汽车离开库区。到13时10分，炊事员发现隔油池有油流动，油库组织抢救才得以制止。

1995年7月14日，临澧石油公司新安油库转油作业，职工徐某脱岗，造成跑油3823千克。

1996年5月26日，澧县石油公司黄沙湾油库输转汽油，计量员脱岗，造成跑油260多千克。8月25日15—16时，津市石油公司果园油库在接卸0号柴油时，发生跑油量达62.056吨（抢救回收30.4吨，实际损失31.656吨，直接经济损失6.3312万元。）的事故。原因：立罐底阀未关闭，卸油时柴油流入防火堤内，然后顺着未关闭的防火堤底阀流出堤外。

2006年1月12日，为常德石油分公司南坪路加油站承运10吨0号柴油的常德星轲公司油罐车司机杨某，将一车调换了的劣质油卸入该站油罐，造成14台车辆加油后不同程度损坏（金额近5万元）。杨对造成的损失进行全额赔付。

三、运油车辆事故

1989年3月27日，临澧支公司油车载汽油4.5吨从株洲五里墩油库出发，走出5千米，因让道处置不当，翻入7米深坡下，司机受伤，驾驶室变形，油被哄抢，直接损失9050元。

8月29日，临澧石油支公司司机欧某驾驶丰田小客车从临澧载7人驶往长沙。8时许，行驶至长常线138千米+120米的下坡转弯地段与湘运139车队司机吴某驾驶的18-60917号东风大客车会车，由于双方在弯道视线不好的路段盲目开快车，导致两车相撞，造成小客车上当场死亡4人，重伤4人，车辆报废的特大事故。

四、社会加油站火灾事故

1991年6月10日零时，鼎城区牛鼻滩乡青年农民卜某，在灌溪乡岗市加油站修理汽油罐出口阀时，泄漏出来的汽油气体与一墙之隔的煤油炉明火接触发生火灾，烧毁房屋1间，汽油2.5吨，机油180千克及部分设施、家用电器等折款14 750元，烧死1人、烧伤3人，卜本人也烧成重伤。该站属无证照经营。

1992年5月5日19时，鼎城区石公桥农机站邱某私人经营的加油点，因汽油挥发气体与同存油库的燃煤炉接触发生火灾，烧伤3人，烧毁房间256平方米、汽油3.5吨、柴油4吨、机油1吨及所有加油设备、家用电器等物，造成直接经济损失82 245元。

1995年7月7日，汉寿县三河加油站卸油时冒油，油顺沟外流遇火发生火灾事故，烧死1人，烧伤数人，烧毁油罐车1台。

9月17日，鼎城区镇德桥加油点卸汽油时发生冒油，油气蔓延到6米外的煤炉引发火灾，烧伤8人，烧掉汽油2吨、柴油8吨，直接经济损失6万元。

11月6日，澧县小渡口个体加油站发生火灾，从20时30分起，历时6个小时，共烧毁汽油8吨，柴油、润滑油若干，烧毁房屋4间，加油机2台，当场死亡3人，重伤6人。原因：在将流量表发油改装为用旧海狮牌加油机加油的过程中出现滴漏。堵漏时，业主左某和违规帮助安装的澧县石油公司羊湖口加油站站长王某手上、身上和地上都溅上了汽油。左妻用脸盆在滴漏处接油，用铁瓢舀入炊壶，一壶壶提往门外倒入油桶。后左进入伙房准备洗手换衣，身上的挥发物遇煤灶明火引起燃烧，火焰从屋里一直烧到加油机引发爆炸，王某在室内当场烧死，左的岳父跑到屋前公路边倒地烧死，妻妹跑到屋门边烧死。左某身上着火后迅速脱衣外逃，跳入屋前小河中重伤，其妻和其他4人亦烧成重伤。

1996年3月12日16时10分，鼎城区蔡家岗农机加油站加油员向某，在卸完90号汽油后盖储存罐量油孔盖时，由于用力过猛（量油孔盖无橡胶垫片）产生火花引起爆炸。武陵区消防中队出动三台消防车补救灭火。由于该站远离城区，待消防车赶到该站时，已烧掉90号汽油6吨、70号汽油9吨，向被烧死，3个油罐报废，共计损失4万余元。

9月5日，石门土山加油站因油罐进油孔与量油孔共用，卸油时油从卸油胶管周围溅出，油气蔓延到燃烧着煤炉的第三间房子而引发火灾，烧伤3人，其中重伤2人，损失约

5 万元。

1997 年 3 月，谢家铺中心加油站（实为谢家铺农机站承包给福建人经营），因加油机泄漏的汽油流入下水道，行人丢烟头引起火灾。

第六节　市场整顿

本节记载的市场整顿由市商务局联合有关部门实施，中石化常德石油分公司为主参与。

1983 年 4 月 1 日起，常德开始出现高价油。1985 年，成品油经营的“双轨制”，导致石油资源分散，多头经营，出现油品价格和市场管理失控的局面。

1986 年 8 月，国家经委、计委《关于进一步加强石油消费管理和节约使用的通知》(经能〔1986〕512 号) 明确规定，成品油由中国石油化工总公司销售系统、农村供销社和已批准的农机部门经营管理。要求各级经委（计经委）组织工商管理、物价、公安和石油经营等部门，按照国家有关规定定期检查，整顿石油市场，对利用油品进行投机倒把、哄抬物价、扰乱市场、谋取暴利的违法活动坚决予以打击。常德对石油市场的整顿由此开始。

1989 年 3 月 3 日，汉寿县汉太乡政府、工商所对长常公路汉太地段的 8 家个体户无证经营、倒卖汽柴油、抬高物价（每公斤柴油 1.6 元、汽油 2.5~3.0 元)、短斤少两、掺假使诈的行为进行了查处，没收其汽油 939 千克，柴油 750 千克，油桶 23 个，以及磅秤、杆秤、抽油器等量具工具 24 件，现金 95 元。

6 月 15 日，市计划委员会《关于对我市乡镇农机站供应农用柴油情况及意见的汇报》中，确认全市 289 个乡镇中，共有农机站供油点 132 个，经县、市政府批准工商行政管理部门发给营业执照的 77 家：澧县 4 家、临澧 17 家、桃源 18 家、石门 8 家、津市 10 家、武陵区 1 家、鼎城区 10 家、安乡 2 家、汉寿 7 家；其余未经批准的 55 家乡镇供油点应予撤销。

7 月，市政府办转发《常德市石油成品油统一经营暂行办法》，根据国家规定明确经营主体，其他单位和个人均不得经营，在此规定的基础上抓石油市场的清理整顿，打击非法经营。

1990 年 3 月，市政府通过电视台进行石油市场清理整顿的宣传；4 月初，又通过电视向全市发布清理、取缔个体经营成品油摊点的信息，以达到宣传教育为主、罚没为辅，全市违规经营的个体户自觉收摊停业的目的。4 月下旬，常德石油公司联合市工商局、市公安局，市消防支队等，组成 30 人的工作队，出动大小车辆 10 多台，沿常长线、常桃线、常临线、常蒿线、常沅（陵）线等 5 条公路，对非法经营成品油的个体摊点逐一进行清理取缔。汉寿县工商局在汉长线共取缔非法经营个体摊点 32 个。市及武陵区工商、公安部门负责的常长、常沅线段共取缔 7 个无证经营、转手倒卖的摊点，没收油古 10 个，各种油料近 2 吨。鼎城区工商、公安部门负责的常桃、常临、常蒿线上共取缔 7 家非法经营成品油摊点，没收油古 22 个，各种油料 4 吨，查封油罐 1 个，冻结柴油 7 吨。常德电视台跟踪报道了此次取缔个体非法加油站（摊点）的实况。

9月，省政府《关于加强成品油市场管理和整顿的通知》指出，近年计划外油品进入市场，各地非法插手经营成品油的单位已涉及许多部门，私人经营成品油摊点也屡禁不绝。全省个体加油站1700多个，劣质油料充斥市场，安全事故时有发生。重申成品油由省地县石油公司、经石油公司同意并由县政府确定的基层供销社和已经批准的农机站（只限于在本辖区内经营石油公司同意的品种）经营。各级政府要加强对成品油市场整顿工作的领导。

10月26日，常德市成立由副市长陈德铨任组长，俞斌龙、王家铨、向启国、李世成、张润州、杨民权任副组长，沈兆兴、杨峰、黄德成、艾秋保、杨有年为成员的市成品油市场整顿领导小组。陈德铨就成品油市场整顿向全市发表电视讲话。10月29日，陈德铨主持召开会议，部署全市成品油市场的管理和整顿工作。

1991年7月9日，省成品油市场整顿领导小组发出《关于开展成品油市场整顿工作检查的通知》，决定7月开展成品油市场检查整顿工作。

1992年，平价油计划大幅削减，个体、集体加油站蜂拥而上，参与市场竞争。

1993年9月1日，省政府办公厅《关于加强石油库和加油站建设管理的通知》要求严格油库、加油站的建设立项审批。一般不准新建油库和加油站，确需新建的，必须报省计委和省石油公司审批。由各地经委牵头，会同工商、公安、消防、税务、计量、标准等部门对现有库、站进行清理整顿，不合格的，吊销营业执照。

1994年4月5日，国务院批转国家计委、国家经贸委《关于改革原油、成品油流通体制意见的通知》（国发〔1994〕21号）决定，实行统一政策、统一价格、统一调拨、统一质量标准的原则。对现有的油品经营单位进行清理整顿，符合条件的才能从事批发业务。油品经营单位的经营资格由各级石油公司提出意见，报同级经贸委（计经委）批准，在当地工商行政管理局重新登记。新建加油站和零售网点要符合规范要求，并征求当地石油公司的意见，报有关部门批准。成品油流通秩序的整顿工作，由国家经贸委负责，会同有关部门组织实施。

常德据此进行成品油市场的整顿，由高价油导致的价格双轨制取消。9月2日，常德石油分公司成立全市石油系统整顿成品油市场办公室。经过整顿，对全市545个申报经营单位进行了考核审批，拟报批一级批发单位11个、二级批发单位4个，加油站168个，加油点253个，建立健全了成品油经营单位档案。

1995年2月10日，省整顿成品油市场办公室《关于明确成品油市场整顿中几个具体问题的通知》明确，各个炼厂不准自销成品油，自有油库、加油站符合四个条件的，可以批发零售，但其油品资源要纳入当地石油公司。部队、武警不得对外批发、零售经营，若所属加油站对外经营，必须向当地整顿成品油市场办公室申报、审批，符合四个条件经整顿合格，办理工商营业执照，油品资源要纳入当地石油公司。

1996 年 5 月 28 日，市整顿成品油市场办公室对汉寿县农用石油总公司岩汪湖油库、桃源县农机油料公司尧河油库、安乡县农机公司油库、常德汽车运输公司河洑油库发出禁止对外经营的通知，因以上油库经市整顿成品油市场办公室检查验收，不符合国务院国发〔1994〕21 号文件规定要求，不具备一、二级油库安全规范条件，且兴建油库时，未经规划部门审核批准，属违规建筑。6 月 3 日，市整顿成品油市场办公室《关于严格按程序审批新建加油站的报告》认为，经过两年的成品油市场整顿，全市已审查批准加油站（点）323 家（全市石油公司系统加油站 1985 年为 13 家，1998 年 39 家），已基本满足本市加油的需要。此后新建油库、加油站必须报省计委和省石油总公司审查批准。

1997 年 1 月 7 日，《湖南省人民政府关于稳定柴油市场价格整顿柴油市场秩序的紧急通知》强调，原则上不再审批新建油库（含老油库扩改）、加油站；少数地方确要新建的，由省石油总公司负责统筹规划布点建设，并报省计委按基本建设程序审批立项。坚决取缔非法经营单位。各级政府要组织经贸、计划、建设、物价、工商行政管理和消防等部门加强对成品油市场和经营设施的检查、管理。对不执行国家规定定价，哄抬价格等扰乱市场的行为，以及违反油库、加油站建设管理规定，擅自私建、乱建或越权审批兴建的违法行为，要依法从严查处，情节严重的要公开曝光。1 月 15 日，省整顿成品油市场办公室《关于核定成品油批发单位经营资格有关问题的通知》明确，根据国务院、省政府有关要求，对各地申报成品油批发单位的经营资格进行了审核，确认全省一级批发单位 56 家，常德市 10 家（湖南省石油总公司常德市、津市、临澧、石门、汉寿、桃源、安乡、澧县公司和岩码头公司、常德销售部）。全省二级批发单位 74 家，常德市 5 家（鼎城农机油料供应公司、汉寿县交通燃料公司、常德轮船运输公司物资供销公司、西洞庭农场物资总公司、西湖农场物资公司限经营柴油）。经核准具有成品油批发经营资格的单位，统一纳入全省成品油销售渠道管理，按照《湖南省成品油资源配置管理办法》的规定配置油品资源和缴纳配置管理费，保证定额库存。未获审核批准的单位，应立即停止成品油批发经营业务。6 月 18 日，省、市整顿成品油市场办公室《关于立即制止临澧富源有限责任公司违规擅建加油站的通知》指出，富源化工有限责任公司在临澧县城关镇农丰村 207 国道兴建大型加油站，属非法违规建设，应立即停止。6 月 22 日，省整顿成品油市场办公室发出《关于取消汉寿县农用石油总公司成品油批发经营资格和制止该司将油库租赁省外企业经营的批复》。

1999 年 5 月 6 日，国务院办公厅转发国家经贸委等部门《关于清理整顿小炼油厂和规范原油成品油流通秩序意见的通知》（国办发〔1999〕38 号）规定成品油实行集中批发，国内各炼油厂生产的成品油除中国石油、石化集团外，其他企业、单位不得批发经营，炼厂不得自销。对成品油批发企业，要在年内进行清理整顿，要规范成品油零售市场，依法对各类加油站、点进行清理整顿，合格的必须安装税控装置或具有税控功能的加油机。

2001年8月31日，国务院办公厅转发国家经贸委等部门“关于进一步整顿和规范成品油市场秩序的意见”（国办发〔2001〕72号）规定，对未取得“成品油零售经营批准证书”和营业执照的加油站，一律依法取缔；不得向违法违规的加油站以及整改不合格的加油站销售成品油。严格成品油市场准入，进一步规范成品油市场秩序。严格控制新建加油站，各地区新建的加油站，统一由石油、石化集团全资或控股建设。成品油由两大集团集中批发，新设成品油批发企业，一律由石油集团、石化集团报国家经贸委审批。各地要成立清理整顿领导小组抓落实。

2002年2月27日，国务院办公厅发布《关于做好加油站专项整治工作的通知》（国办发〔2002〕18号)，决定在全国范围内开展加油站专项整治工作。要求严格市场准入，防止成品油违规违法流入市场，组织协调石油、石化集团对社会加油站进行集中配送，健全各级政府成品油清理整顿专门机构。

中石化常德石油分公司参与加油站专项整治，规范市场秩序，协助取缔55家无证12家不合规范的社会加油站。

2004年6月20日，国务院第412号令确定，石油成品油批发、仓储、零售经营资格审批的实施机关为商务部及省级人民政府商务行政主管部门。12月2日，商务部发布《成品油市场管理暂行办法》，规定申请从事成品油批发经营的企业，向所在地省级人民政府商务行政主管部门提出申请，上报商务部给予成品油批发经营许可。申请从事成品油仓储、零售经营的企业，向所在地市级人民政府商务行政主管部门提出申请，上报省级人民政府商务行政主管部门给予成品油仓储或零售经营许可。

2006年12月4日，商务部颁布《成品油市场管理办法》，要求批发和仓储企业建有库容不低于1万立方米的油库，拥有原油一次加工能力100万吨以上的炼油企业（限批发企业)，成品油年经营量在20万吨以上，且注册资本不低于3000万元人民币（仓储企业1000万元)，拥有接卸成品油的输送管道或铁路专用线或公路运输车辆或1万吨以上的成品油水运码头等设施。申请成品油零售经营资格的企业，具有长期、稳定的成品油供应渠道，与具有成品油批发经营资格的企业签订3年以上的与其经营规模相适应的成品油供油协议。

2008年，部分社会加油站盗用、仿冒中国石化注册商标。中国石化常德石油分公司向常德市工商局投诉，要求维护合法权益，制止侵权。

2010年4月29日，湖南省商务厅等6厅局下发《关于开展成品油流动加油车非法经营专项整治行动的通知》。决定对全省成品油市场特别是成品油流动加油车非法经营进行专项整治行动，恢复正常的成品油经营秩序。中国石化常德分公司配合政府的行动，要求下属所有的油库、加油站不得为其供应油料。

第六章　酒类行政执法与监管

第一节　法规、规章、规范性文件

一、地方法规

《湖南省酒类管理条例》2006 年 3 月 31 日由省人大常委会第 55 号公告公布，2006 年 5 月 1 日起正式施行，全文 6 章 34 条，明确县级以上人民政府酒类行政主管部门负责本行政区域内酒类行业的监督管理工作。酒类生产实行生产许可证制度，取消了原《湖南省酒类管理办法》中的酒类准产证，规定酒类生产中的 5 条禁止性行为；酒类流通实行批发许可、零售备案登记和以“酒类流通随附单”为载体的溯源制度，规定了酒类流通中的 8 条禁止性行为；禁止向未成年人销售酒类商品，禁止流动销售散装白酒等。

2007 年 11 月 3—4 日，商务部在常德市共和大酒店召开全国酒业大会

二、规章

1.中央政府部门规章：《酒类流通管理办法》系 2005 年 11 月 7 日由商务部 2005 年第 25 号令发布，2006 年 1 月 1 日起施行。全文共分 6 章 38 条，明确县级以上商务主管部门依据国家有关法律、法规和本办法，对本行政区域内酒类流通进行监督管理；酒类流通经营实行登记备案制度和以“酒类流通随附单”为载体的溯源制度；酒类流通经营中的批发、零售、储运禁止性规定；禁止向未成年人销售酒类商品，禁止流动销售散装白酒等。

2.省政府规章：《湖南省酒类管理办法》系 2000 年 8 月 18 日以第 135 号省长令发布施行，全文共分 5 章 32 条，明确省经济贸易委员会是全省的酒类行政主管部门，市（州）、县（市、区）酒类行政主管

2010 年 4 月 15 日，省人大在常德市德华宾馆召开《湖南省酒类管理条例》执法调研座谈会

部门管理本行政区域内酒类的生产和流通工作。对酒类的生产和流通、监督管理、法律责任做出了规定，明确酒类生产实行生产许可和准产证制度，酒类流通实行批发许可和质量审验（防伪保真、贴置审验标识）制度。禁止流动销售散装白酒等。

三、地方政府规范性文件

《常德市人民政府关于加强酒类产销管理的通告》系 2001 年 5 月 18 日由市政府以常政通告〔2001〕5 号文件发布，自发布之日起施行。全文共 10 条，规定酒类生产实行准产证制度；酒类批发实行许可证制度；酒类零售实行备案登记制度；销售外省酒类必须质量审验；酒类广告、新闻，促销、展销实行备案制度等。该通告是市政府贯彻实施《湖南省酒类管理办法》的配套文件。

《常德市人民政府关于进一步加强酒类产销管理工作的意见》系 2010 年 7 月 1 日由市政府以常政发〔2010〕11 号文件发布。全文共 6 部分 19 条。该意见对常德市的酒业发展提出了明确的目标，要积极推介地产名优酒，加大酒类打假力度等。

第二节　酒类经营行政执法

市政府为统筹协调全市的酒类产销管理工作，2001 年以市人民政府办公室常政办函〔2001〕42 号通知公布成立议事协调机构——市酒类产销管理工作领导小组，组长杨光宏（市政府常务副市长），副组长周国斌（市政府副秘书长）、刘克云（市经委主任），其他 10 成员由市经委、市工商局等单位的领导成员组成。此后，该小组组长均由市政府领导担任，2005 年以前由分管市经委的副市长担任，2005 年起由分管商务的副市长担任。

市、县两级酒类产销管理办公室自 2001 年相继成立以来，把酒类行政执法作为工作重点，采取日常执法检查和专项整治相结合的方式，组织开展了一些专项整治行动。

一、专项整治

（一）啤酒专项整治

针对 2001—2004 年间内全市啤酒市场品牌繁多，恶意竞争、低价倾销，偷税漏税，质量低劣啤酒混入市场等乱象，市酒管办牵头，组织开展了每年一度的专项整治行动。

2001 年 5 月 28 日，市酒类产销管理工作领导小组下发常酒管发〔2001〕1 号文件，部署开展啤酒市场治理整顿工作，市酒管办、市质监局、市工商局、市卫生局、市国税局、市地税局按照各自职责分工进行。整顿时间为 6—9 月。其间收缴劣质啤酒 1500 余件，查封不合格啤酒 2 万多件，立案查处贿赂销售案件 2 起，并对当事人进行处罚，使边城啤酒等无生产许可证、无产品合格证、无质检报告的“三无”产品彻底退出了本地流通领域。

2002 年 4 月 5 日，市酒类产销管理工作领导小组下发常酒管发〔2002〕2 号文件，部署当年的啤酒市场治理整顿工作，市酒管办、市质监局、市工商局、市卫生局、市国税局、市地税局按照各自职责分工进行。整顿时间为 4—8 月。其间，对市城区、鼎城区部分乡镇的啤酒销售市场进行了全面的清理整顿，共检查总代理商、批发商、宾馆、酒店、

2009年1月18日,湖南省酒管工作会议在在常德市八百里大酒店召开

超市及门店560余家，检查啤酒系列品牌30个，品种92种，查封过期啤酒、非B瓶啤酒、有明显的沉淀物的啤酒及存在其他问题的啤酒996件（箱）。市酒管办对这次治理整顿行动中抽样检验和市场准入审查中不合格的啤酒予以公布。⑴质量不合格：珠江淡爽8°啤酒、华南虎啤酒、神州啤酒、白沙王啤酒；⑵不能提供生产许可证、质量无法保证的：兴华啤酒、蓝仔啤酒、干啤王2001、干啤王2008、青特啤酒、拳王超干王、南极洲啤酒、南极洲超爽王啤酒、金字塔啤酒、蓝田啤酒、蓝田纯生啤酒、西北龙啤酒、金秀啤酒、五星啤酒、神州啤酒、渴力啤酒、顶威啤酒、威王啤酒、夏日啤酒、法兰克啤酒；⑶产品包装不符合国家规定标准，在储藏、运输、饮用过程中存在安全隐患的：兴华啤酒、兴华全麦芽啤酒、顶威啤酒、渴力啤酒、青特啤酒、五星啤酒、威王啤酒、雁牌啤酒；⑷产品超过保质期仍在农村市场销售的：湘乡啤酒、燕京啤酒、雁牌啤酒、强力啤酒；⑸未办理质量准入手续、未提供质检报告直接进入市场销售的：崂山啤酒、螺旋藻啤酒、男子汉啤酒、西凉啤酒、法兰克啤酒。

2003年4月25日，市酒类产销管理工作领导小组下发常酒管发〔2003〕1号文件，布置当年的啤酒市场治理整顿工作。该工作由市酒管办、市质监局、市工商局、市卫生局、市税务局、市公安局各自的职责分工进行，分为2次，分别在5月上旬和8月中旬进行。这次治理整顿，公安局人员直接参加。在治理整顿中，于6月开展一次以市城区为主，辐射鼎城区周边乡镇的联合执法检查，查处假冒伪劣酒690多瓶，案值7400元。

2004年5月14日，市酒类产销管理工作领导小组下发常酒管发〔2004〕1号文件，安排当年的啤酒市场治理整顿，市酒管办、市质监局、市工商局、市卫生局、市公安局、市国税稽查局、市地税稽查局、市公路局、市交警支队、市城管支队及相关职能部门配合。市广播电视局、常德日报社等新闻媒体进行相关新闻报道。时间为5月下旬至10月份，其中5月下旬至6月上旬为各部门联合执法检查阶段；6月下旬至9月底为各职能部门专项检查阶段；10月进行总结表彰。6月下旬开展了一次联合执法检查，发现有问题的啤酒销售点14个，查封不合格啤酒3070多瓶。

连续4年的啤酒市场专项治理整顿之前充斥市场的无证生产、质量低劣、低价倾销、品牌杂乱的几十个品牌的啤酒，在专项治理整顿后悉数退出常德市市场，诸如零点、第六感、雁牌、强力、崂山、螺旋藻、男子汉、西凉、法兰克、兴华、蓝仔、干啤王2001、干啤王2008、青特、拳王超干王、南极洲、南极洲超爽王、金字塔、蓝田啤酒、蓝田纯生、西北龙、金秀、五星、神州、渴力、顶威、威王、夏日、华南虎、神州、白沙王、惠泉、黄河、金龙泉等品牌啤酒亦逐步退出常德市的市场，常德市重庆国人公司的系列啤酒在常德市内的市场大部分得到恢复；繁荣实业公司在市城区、鼎城区经销的“重庆清爽”年销售量达到300多万箱（件）；湖南重啤一品营销有限公司销售“一品7°啤酒”年均销售量达100万箱（件）。

（二）白酒、果露酒、进口酒专项整治

2001年6月19日，市酒类产销管理工作领导小组下发常酒管发〔2001〕2号文件，布置当年的白酒市场治理整顿工作，重点检查白酒生产企业和流通企业持证经营情况，查处无证照生产经营的违法行为；严格生产准入制度，依法取缔不具备生产条件、产品质量低劣的小酒厂；小作坊和流动销售散装白酒；打击销售假冒伪劣酒类行为，摧毁和端掉一批制售假冒德山大曲、武陵酒的黑窝点；检查酒类广告宣传及展销、促销、新闻发布是否符合有关法律法规的要求，查处虚假广告；酒类的生产、销售是否偷税漏税。检查时段为6月20日至8月，分两个阶段进行。第一阶段（6月20日至7月31日），酒类生产企业、批发企业、零售企业到市或当地区县（市）办理“三证”手续；第二阶段（7月初至8月），进行专项治理整顿的执法检查。在治理整顿中，市酒管办、质监、工商、卫生、税务、公安诸部门进行执法检查，共捣毁长期制假的大小窝点20多个，其中案值在3万元以上的5起；收缴假冒伪劣白酒1900余件，查封无生产厂家的白酒2000多件，收缴假包装价值15万多元；查补偷漏税款20多万元。使东方红牌白酒等10余个无生产许可证、无产品合格证、无质检报告的“三无”产品彻底退出本地流通领域。

2004年5月14日，市酒类产销管理工作领导小组下发常酒管发〔2004〕2号文件，安排当年白酒、果露酒、进口酒专项治理整顿工作。由市酒管办牵头，市工商局、市质监局、市卫生局、市公安局、市公路局、市国税稽查局、市地税稽查局等部门共同参与，市广播电视局、常德日报作相关新闻报道。重点治理整顿10个方面：检查生产许可证、或省级质监部门、酒管部门出具的相关证明文件；经销商持证经营情况，进口酒的中文标签；白酒、果露酒生产企业的工商执照、卫生许可证、及每批次产品的质检、卫检报告组织；生产标准执行情况、外观质量和标签标准；理化指标、卫生指标是否符合国家标准；是否有酒管部门质量审验标志；查处假冒伪劣酒和生产销售半汁葡萄酒的违规行为；查处买断酒店经销权、贿赂销售等不正当经营行为；查处偷漏税行为；查处商标侵权、虚假广告宣传等行为。治理整顿时间为10月上中旬至次年春节前。集中联合执法检查时间为10月上半月；专项检查为11月上旬至次年春节前。在此次治理整顿工作中，共进行2次联合执法检查，查缴假酒500多瓶，案值8万多元。市酒管办在汉寿县某名烟名酒店查缴假冒茅台、五粮液、水井坊酒48瓶，案值上万元；在津市市某政府接待宾馆查缴假冒五粮液、茅台、水井坊、泸州老窖酒37瓶，案值上万元。

（三）进口酒整治

市酒管办于2006—2007年开展对进口酒的整治行动。

2006年1月、4月，联合市公安局治安支队，在国际洋酒协会广州代表处专职打假员的配合下，对市城区的夜总会、KTV、酒吧、中西餐厅、名烟名酒店、进口酒批发商进行全面执法检查，检查面达90%，共查缴“杰克丹尼”“芝华士”“人头马XO”“蓝带马爹利”“绝对伏特加”“黑牌”“红牌”等假冒洋酒270多瓶，案值66 813元，对涉案的经营户12家全部进行立案查处，给予没收假酒和罚款的行政处罚。另至桃源、石门、临澧、安乡、津市、汉寿等县（市）会同当地酒管办进行执法检查，共查缴假冒洋酒301瓶，案值14 484元，分别由当地酒管办给予涉案商家行政处罚。

2007年7月11日，联合市公安局治安支队，对市城区的夜总会、KTV、酒吧等洋酒经消费营场所进行执法检查，在某酒吧一次性查获假冒人头马“XSOP9”“杰克丹尼”“轩尼诗”“芝华士”“绝对伏特加”“轩尼诗XO”“人头马XO”等洋酒77瓶，案值15530元，收缴假酒并对其进行行政处罚。

（四）酒类百日专项整治

2009年7月17日，市委、市政府召开全市“一清四打”电视电话会议，副市长李爱国对全市酒类专项整治工作提出明确要求。同日，市政府以常政办函〔2009〕60号下发《常德市酒类百日专项整治行动工作方案》，部署酒类百日专项整治行动，决定严厉打击酒类制假售假行为，端掉酒类制假窝点，严惩生产、销售假酒者；从严查处仿冒“重庆清爽”“德山大曲”“武陵酒”等知名品牌的侵权行为；打击欺行霸市、恶意无序竞争等不正当竞争行为；查处酒类偷税漏税、无证经营、无《酒类流通随附单》等违法行为。

2010年3月15日，市酒管办在市城区步行街进行真假酒鉴别及酒管知识宣传

该专项整治时间安排在7月中旬至10月中旬，分3个阶段：动员部署阶段（7月中旬）、集中整治阶段（7月下旬至10月上旬）、总结验收阶段（10月中旬）。

此次整治，市直有关部门协同发力，市、县两级上下联动，德山、武陵、重啤国人公司参与，取得的成效：

1.端掉酒类制假窝点8个，查获的假酒、包装及其他配套工具、商标等案值达38万多元，现场抓获违法犯罪人员10人，其中行政处罚4人、移送公安机关刑事拘留后取保候审4人，检察机关逮捕2人。另有一名制假者逃跑，被公安部门网上追逃。

市、县两级同步行动，共出动600余车次、4000余人次，检查经销门店4380余家，收缴假酒4500余瓶，案值32万余元，立案62起，除部分人员受到行政警告外，有25人受到行政处罚，处罚金额30余万；另对26起售假案给予了查处。

2.侵犯知识产权的行为得到查处。市、县工商局和酒管办先后对侵犯重庆国人啤酒知识产权的重庆雪威清爽和湖北圣宝龙啤酒进行立案查处，查封或收缴13 621瓶有侵权问题的啤酒。禁止鼎城区德酒大曲酒厂生产的侵犯德山酒业知识产权的“德山老酒”。另对市面上销售的啤酒质量进行大量的抽捡。

3.酒类市场整治收效：共查处无证经营100起，无《酒类流通随附单》392起，行政警告242起，行政处罚150起，罚款近20万元。

4.酒税征管工作有了良好开端。7月25日，市国税局和市酒管办联合召开区县（市）国税局和酒管办负责人会议，会后，全市酒管系统进一步配合国税部门开展酒税征收工作，仅澧县、鼎城、临澧、安乡4个区、县当年即新增入库税金32万多元。

二、打击假冒伪劣

市、县两级酒管办自2001年起，依据酒类管理的法规规章，运用行政执法手段，采取日常稽查与打制假窝点相结合的方式开展打击假冒伪劣酒类行动。2008年以前，主要是查处酒类流通领域的销售假冒伪劣酒类的行为，打假端窝点为辅；此后，则转到以打假端窝点为主，市场稽查销假行为为辅。

常德市查处假酒统计表

表9-6-2-1

年 份	执法查处情况
2001	开展白酒、啤酒、酒类零售市场3次专项整治，查缴假冒伪劣白酒2000多件、劣质啤酒1500余件，查封不合格啤酒2万多件，收缴制假包装物价值15万多元，查补偷漏税款20多万元，立案查处贿赂销售案3起
2002	查处销售假冒伪劣酒类案件20余起，处罚结案率达90%以上。开展3次联合执法行动，查封有质量问题的白酒、啤酒1100余件，查处消费者投诉18起；实施行政处罚4起；区县（市）酒管办开展联合执法检查30多次，立案查处违规案件50余起，查封查扣白酒、啤酒3000余件，销毁不合格啤酒500余件
2003	开展联合执法行动1次，查处假酒690多瓶。全年开展日常稽查检查经营户、经营场所1000多户次，查缴假酒200多瓶，案值3万多元，给予违规者行政处罚11起。处理消费者投诉20多起。会同汉寿、桃源、鼎城、安乡、石门、澧县等县区，开展市场稽查10次，查获假酒610多瓶。案值11.2万元

续表 9-6-2-1

年份	执法查处情况
2004	开展 2 次联合执法行动，发现 14 个品牌的有问题啤酒，查封不合要求的啤酒 3270 余瓶。全年进行日常市场稽查 200 多次，查缴假冒伪劣白酒 1354 瓶，价值近 8 万元；行政处罚 25 件，下达警告通知书 130 多份；会同五粮液、茅台、泸州老窖、武陵、德山等酒类生产企业开展 10 多次专项稽查和打假行动；会同区县（市）酒管办开展执法检查 20 多次，查缴假酒 500 多瓶，价值 8 万多元。市、县两级酒管办全年共查处销售假冒伪劣酒类案件 400 多起，案值 60 多万元
2005	开展 1 次联合执法行动。全年进行日常执法检查 200 多人次，收缴假冒伪劣酒 540 瓶，案值 14 万多元，处理消费者投诉 20 余件；会同区县（市）酒管办开展执法检查，收缴假冒伪劣酒 145 瓶，价值 4.7 万多元
2006	开展专项检查 2 次，查缴假冒伪劣酒 1000 多瓶，案值 30 多万元，其中洋酒 270 瓶，案值 66 813 元，立案查处违规经营户并予以行政处罚 55 件；会同区县（市）酒管办开展检查 10 次，查缴假冒伪劣酒 1900 多瓶，案值 31 万多元。全市全年开展市场检查近千人次，查缴假冒伪劣酒 2.5 万多瓶，案值 140 多万元
2007	开展 1 次联合执法行动，查缴假冒伪劣酒 5774 瓶，案值 131 259 元，立案查处 37 件并给予行政处罚。受理消费者投诉 14 件；区县（市）开展市场检查 550 人次，收缴假冒伪劣酒 1534 瓶，案值 20 余万元。查处制售假冒伪劣酒类案件 99 件
2008	查缴假冒伪劣酒 15 525 瓶，案值 14.5 万元，立案查处 40 件；全市酒管系统查缴假冒伪劣酒 27 748 瓶，案值 118.74 万元。共查处案件 389 件
2009	开展 2 次专项整治和多次联合打假行动，共查缴假冒伪劣酒 24 094 瓶，涉案金额 130 多万元。其中市酒管办直接查缴 4289 瓶，涉案金额 42 万多元，给予行政处罚 20 起
2010	开展 1 次冬—春季联合执法行动，1 次酒类百日专项整治行动，查获假冒伪劣酒类 3810 瓶，案值 30 余万元。全市酒管系统查缴假酒 80 458 瓶，案值 186 万元，查处侵权酒类 19 326 瓶
2011	开展 1 次酒类百日专项整治行动、1 次专项联合执法检查、1 次洋酒专项整治、1 次对武陵区 12 个乡镇街道所辖区域的专项整治。查获 48 瓶假洋酒，查处违规经营户 184 家
2012	开展为期 3 个月的市城区春季酒类市场大检查。查缴假冒伪劣酒 191 瓶，查处违法违规案件 15 起

常德市查处制销假大案及端窝点统计表

表 9-6-2-2

年份	查处情况
2001	端窝点 20 多个，案值在 3 万元以上的 5 起，向公安部门移送涉嫌犯罪案件 1 起
2002	端掉 2 个制假窝点，移交公安机关拘留 1 人

续表 9-6-2-2

年份	查处情况
2005	查处长沙高桥大市场星球酒类批发部孔某某和张家界市肖某某、危某某销售假冒茅台酒大案，涉案假冒茅台酒 648 瓶，案值 19 万多元，移交市公安局治安支队处理，刑事拘留 3 人
2007	端掉 3 个制假窝点：4 月 23 日，在市城区武陵区东郊楠竹山 6–13 号端掉孙某某制假窝点，现场收缴假冒伪劣酒 1248 瓶，案值 35 504 元，收缴用于制假的包装物 2370 套，案件移交武陵区公安分局处理。9 月 13 日，在市城区皂果路九组查获一制假窝点，收缴用于制假的包装物 254 套。11 月 13 日，在市城区西郊皂果路某民居查获一制假窝点，收缴一大批用于制假的名优酒包装物
2008	查处 2 起大的制售假案件。6 月 3 日，查获制售假冒邵阳老酒案，查缴假邵阳老酒 632 件，15 168 瓶，移交市公安局治安支队查处，抓获以河南省商丘市某酒厂厂长乔茂盛为首、常德市王某某、王某某、高某某、虢某 5 名犯罪嫌疑人。查明该团伙在全市共销售 1500 件 3.6 万瓶假邵阳老酒，案值 13.2 万元。团伙成员被司法机关追究刑事责任，其中乔茂盛移交河南省商丘市宁陵县公安局处理。王某某、王某某、高某某被判处有期徒刑 6 个月、缓刑 1 年、罚金 4 万元，虢某被法院依法判处有期徒刑缓刑。11 月 5 日，在市城市客运管理处查获假冒少将酒 48 瓶，案值 18 624 元。对供货上线鼎城区金杯名烟名酒店尹某某给予 3 万元经济处罚
2009	端掉肖某某、唐某某、薛某某、张某等 6 个制假窝点，查处王某某、彭某某、樊某某、吴某某、胡某某、胡某某假酒案。鼎城区酒管办端掉代某某制假窝点和查处刘某某售假案，向市公安局移交涉嫌刑事犯罪案件 2 起。其中 7 月 22 日，查获张某制假案，查获假冒国窖 1573 酒 10 件，后在其白鹤山乡老家制假窝点内查获成品假酒 3 瓶、假冒酒包装、回收酒包装、制假配件一批及制假工具一套，查获的假酒案值 3.97 万元，案件移送市公安局处理。7 月 7 日，在市城区护城乡仙源村 4 组端掉薛某某的制假窝点，查获假冒高档白酒 12 瓶，用于制假的包装物、酒瓶、瓶扣、柳钉、假防伪标一大批，收缴的假酒案值 7056 元。案件移交市公安局治安支队处理。将在安乡县长期从事售假的彭某某抓获。彭某被法院判处有期徒刑 7 个月、缓刑 1 年、罚金 3 万元。薛某被法院判处有期徒刑 1 年、缓刑 1 年、罚金 6 万元。9 月 28 日，在共和大酒店库房内查获假冒 500 毫升飞天带杯茅台酒 10 件（12 瓶/件），给予吴某某 3 万元经济处罚
2010	端掉制假窝点 2 个。鼎城区酒管办端掉制假窝点 1 个。查处案值在 1 万元以上的销售假酒案 2 个。向公安机关移送涉嫌犯罪案件 3 个，其中制假案 1 个、提供制假包装物案 1 个、销售假酒案 1 个。向市工商局移送销售侵权啤酒案件 1 起。1 月 27 日 15 时，市酒管办在武陵区东郊乡赵家昏村六组将正在灌制假酒的胡氏父子及其雇请人员抓获，现场查获假冒白酒 169 件、空酒瓶 2596 个、礼品袋 3 大件、酒瓶盒 1600 个、酒瓶盖 1000 个、防伪标 589 枚、制假用 1.6 升枝江大曲桶酒 19 件、枝江大曲空桶 309 件及制假工具一套。查明该窝点共灌制假酒 988 件，案值 14.82 万元，移交市公安局德山分局侦办，对涉案的 3 名主要当事人予以逮捕，移送法院审判。胡某某被判拘役 5 个月，缓刑 6 个月，罚金 5000 元，其余 2 人均处以罚金。2 月 22—25 日，市酒管办在市场检查中，查获许某某、陈某某售假案，涉案销售 400 件 641 瓶假冒酒，案值近 5 万元，移交市公安局德山分局查处

续表 9-6-2-2

年份	查处情况
2011	端掉胡某某等5个制假窝点，查办高某等9个制售假案件，向市公安局德山分局移送涉嫌犯罪案件1起。1月20日，市酒管办会同鼎城区酒管办破获了一起制售假“枝江王”酒案，现场查获一车假酒计205件（1492瓶），案值19 680元，抓获涉案人员虢某某，端掉其藏匿在柳叶湖旅游度假管理区白鹤山乡东山村一组某村民出租屋内的制假窝点，现场起获“枝江王”酒标识15 083枚、25公斤装制假原料酒17桶约850斤及一大批用于灌制假“枝江王”酒的包装物。1月14日下午，市酒管办会同市公安局德山分局，端掉制假售假长达数年的胡某某制假窝点，收缴已制成尚未来得及卖出去的假酒218瓶，案值9.3万元；收缴假防伪标740枚和一批制假工具。涉案当事人胡某某被公安机关逮捕并移交检察机关起诉。3月2日，市酒管办在市城区某大酒店查获18瓶假五粮液酒，在送货至该酒店的郑某车上查缴假冒国窖1573酒21瓶、茅台3瓶、五粮液1瓶，对郑某予以3万元罚款行政处罚。7月20日，在市城区南坪乡七组查获假冒飞天带杯茅台酒24瓶、塑包五粮液酒24瓶及大量用于灌制假酒用的名优酒包装物（国窖1573酒瓶832个、茅台15年10套、五粮液10年12套、洞庭春色60套、白云边15年12套、水井坊6套、武陵中将30套、武陵上将2套、小糊涂仙50套）和制假工具一套，对其施以2万元罚款的行政处罚。9月14日，在市城区南坪中学旁巷内某商行仓库查获并收缴蔡某储存的假冒酒类50瓶（其中五粮液17瓶、国窖1573酒17瓶、飞天带杯茅台26瓶），案值6.88万元，对蔡某给予行政处罚。10月27日下午，鼎城区酒管办在武陵镇王家铺村端掉陈某制假窝点，查缴假冒酒891瓶（案值2.7万余元）及制假原酒12桶计600斤和一批用于制假的假包装、盒、标签、盖子，对当事人陈某给予行政处罚
2012	捣毁5个制假窝点，除掉孙某某、张某2个特大家族制假团伙：9月25日，在鼎城区韩公渡镇牛皇安村和崇河村端掉孙某某的两个制假售假的窝点、一个储存假酒的仓库、一个存放酒瓶等外包装的仓库。收缴假枝江王成品酒1080瓶、劲酒2304瓶；枝江王酒瓶及外包装2.8万套、枝江王商标1.6万余枚；中国劲酒酒瓶近2000个，商标2万余枚；压盖机一台。10月29日，捣毁张某设在白鹤山乡老家的制假窝点，收缴10多万元的假酒、可灌制近200万元假酒的包装及配件，接着在其南坪乡东风村八组的家中收缴部分假酒和包装，其中假商标32 168枚。案件均移送市公安局德山分局查处。8月25日，查获胡某某在华天宾馆附近与人进行假酒交易案，现场查获假冒52%（V/V）500毫升五粮液酒6瓶，案值4800元，对当事人胡某某进行了行政处罚

2007年4月，市酒管办查处制假窝点现场

三、公开销毁假酒行动

2007—2012年，进行5次全市集中公开销毁假酒行动。

1.2007年6月22日，在市城郊白鹤山桃树岗的市垃圾填埋场进行全市公开销毁假酒行动，销毁假酒6471瓶，案值65万余元，其中市酒管办查获的假酒2854瓶，案值30多万元，鼎城区、临澧县、桃源县、安乡县、津市市、西洞庭管理区查获的假酒

3617 瓶，案值35 万元。

2.2009 年 3 月 13 日，在市城郊白鹤山桃树岗的市垃圾填埋场进行公开销毁假酒行动，销毁案值 70 万元的24 484 瓶假酒。

3.2010 年 3 月 11 日，在市武陵区洞庭大道东延线一期工程的工地上进行全市公开销毁假酒行动，销毁五粮液、茅台等 24 个品牌高中低档假酒和少量啤酒、洋酒共 21 068 瓶以及一大批假冒酒类包装、标签、配件等物品，估值达百万余元。

2011 年 3 月 11 日，武陵区三闾路“2011 常德市集中销毁假冒伪劣酒行动”现场

4.2011 年 3 月 11 日，在武陵区东郊乡楠竹山村 8 组新三间路在建工地上举行全市公开销毁假酒行动，销毁假酒 8162 瓶和 2 卡车用于制假的包装物品及配件、原料酒等，案值百余万元。

5.2012 年 3 月 13 日，在武陵区南坪乡高峰村举行全市集中公开销毁假酒行动，销毁 16 450 瓶假酒，案值 120 多万元。

第三节　酒类生产和流通的许可与监管

依据《湖南省酒类管理条例》和商务部《酒类流通管理办法》以及《食品安全法》等法律法规的规定，酒管机构对酒类的生产实行生产许可证制度；对酒类的流通全过程实施管理，主要是贯彻实施酒类流通的批发许可、零售备案登记制度和流通溯源制度（即《酒类流通随附单》制度）。对酒类经营活动予以检查监督。并对酒类商品进行抽样检验，确保酒类商品质量可靠。落实禁止向未成年人销售酒类规定，维护未成年人身体健康等。

一、实行酒类生产许可证制度

1998 年 5 月 28 日，全国工业产品许可证办公室下发通知，酒类生产的行政主管部门审批准入制度废除，实行酒类生产许可证制度，即未取得酒类生产许可证者不得从事酒类生产。至 2012 年，全市 31 家企业获得酒类生产许可证 36 个（其中白酒生产许可证 20 个、啤酒生产许可证 2 个、配制酒生产许可证 8 个、葡萄酒生产许可证 1 个、其他酒生产许可证 4 个、酒精生产许可证 1 个）。

二、批发许可和零售备案

（一）批发许可

从事酒类批发经营活动的企业或者个体工商户，须符合一定的条件，向当地酒管机构提出书面申请，并提供所有必备的资料，经审查批准后方可进行酒类批发经营活动。2001—2005 年发证实行收费制度，依据省物价局湘价费〔2001〕307 号文的规定，每证

1500 元。2003 年 3 月，省物价局发布湘价费〔2003〕41 号文件，将批发证收费降为每证 1000 元。2005 年 6 月底，遵照 2004 年 7 月 1 日实施的《中华人民共和国行政许可法》的相关规定停止了酒类批发证的收费。

1.国产酒类批发的审批

从事国产酒类批发经营的申请人，必须持相关资料，向市级酒类行政主管部门（酒管办）提出申请。市级酒管部门依法受理，履行审查审核审批程序，对合格的颁发“酒类批发许可证”。自 2001 年 8 月开始，依据《湖南省酒类管理办法》，2006 年 5 月起依据《湖南省酒类管理条例》规定，市酒管办办理国产酒类批发许可。2011 年起，该项审批由市酒管办初审，市商务局审批办理。

2.进口酒类批发的审批

申请进口酒类批发经营活动的申请人，必须持相关资料，向省酒管办（2001—2005 年）、省商务厅（2006—2012 年）申请“进口酒类批发许可证”。

3.两类批发许可发证情况

21 世纪初及其以前，酒类的批发和零售为全市的糖酒副食品公司及其所属糖酒副食品商店以及区县（市）供销社所属的基层社网点。此后，上述企业破产改制完成，酒类流通市场由民营企业和个体经营户逐渐占领。至 2012 年 12 月底止，全市共审批颁发酒类批发证 809 个，其中国产酒类批发证 795 个，进口酒批发证 14 个（省商务厅、酒管办审批颁发）。分区县（市）分布数如下：鼎城区 145 个、桃源县 55 个、临澧县 60 个、石门县 59 个、澧县 80 个、津市市 90 个、安乡县 31 个、汉寿县 30 个、西湖管理区 8 个、西洞庭管理区 6 个、常德经开区 17 个、市江北城区（含武陵区、常德经济开发区、柳叶湖旅游度假管理区）228 个（其中 14 个进口酒批发许可证）。

（二）酒类零售备案

从事酒类零售经营活动的，依据《湖南省酒类管理办法》《湖南省酒类管理条例》、商务部《酒类流通管理办法》，必须到所在地县级以上（含县级）酒类行政主管部门（商务局、酒管办）办理酒类零售备案登记手续。2001 年市、县两级酒管办组建以来，即开始受理办理酒类零售备案登记，初始阶段，依据省物价局湘价费〔2001〕307 号文，每个零售备案登记收工本费 50 元，2005 年 6 月底后停止收费。至 2012 年 12 月 30 日，共办理酒类零售备案登记 7296 户，其中市直江北城区（武陵区、柳叶湖旅游度假管理区）992 户、安乡县 260 户、汉寿县 672 户、澧县 1386 户、鼎城区 548 户、临澧县 1205 户、桃源县 1380 户、石门县 129 户（因该县酒管办资料有丢失，实际登记备案数远远大于此数据）、津市市 358 户、西湖管理区 74 户、西洞庭管理区 79 户、常德经开区 153 户。

三、防伪保真和商品溯源

（一）防伪保真（审验贴标）

依据《湖南省酒类管理办法》第四章“酒类的防伪保真”的有关规定，销售酒类，必须由经销商持有关合格合法证件资料，以批次为单位，到市（州）以上酒管办办理审验手续，审验合格者，加贴审验标识后方可进入市场销售，简称为“审验贴标”。2002 年 1 月 26 日，市酒管办召开审验贴标工作会议安排审验贴标工作，2 月开始施行，率先在市江北城区试点，同年 4 月起，分批在全市推开。按照省物价局湘价费〔2001〕307 号文，审验贴置的防伪保真标识收取工本费。依据所审验的酒类市场零售价，分 2 类分别收取工本费，其中零售价在 50 元以上的，每枚 0.5 元；零售价在 50 元以下的，每枚 0.3 元。此规定执行至 2004 年 6 月。

除市酒管办直接负责的江北城区以外，委托各区县（市）酒管办负责本行政区域内的审验贴标，并分别给予标识开头 2 位数的编号以示区别，如市江北城区 J00、J01、安乡 J31、鼎城区 J21 等，每个区县（市）都有自己的标识编号。截至 2002 年 11 月底，审验贴标品牌达 93 个，售出标识 109 万枚。2003 年，贴标酒类品牌 102 个，贴标数 430.48 万枚。2004 年 6 月 8 日，根据省酒类产销管理办公室湘酒管〔2004〕10 号文件，停止了历时两年半的酒类质量审验贴标工作。

（二）溯源制度

该制度要求所有酒类商品从生产出厂之时起，生产企业或者批发商，必须按规定向购进酒类的经营者填制、开具信息记录详细、规范，由商务部统一格式，省一级商务主管厅局或酒类行政主管部门统一印制，县级以上（含县级）酒类行政主管部门（商务局、酒管办）管理和领购发放的《酒类流通随附单》。酒类消费者有权查阅经营者销售酒类的《酒类流通随附单》，经营者不得拒绝提供。无《酒类流通随附单》或不开具该单或开具不规范、信息记录不合要求的，由酒管部门依法给予行政处罚。2006 年 3 月 24 日，市酒管办下发《关于全面实行酒类流通溯源制度有关事项的通知》（常酒管发〔2006〕4 号），规定从 2006 年 5 月 1 日起开始实施酒类溯源制度，通过生产者对流通经营者开具的“酒类流通随附单”，使消费者能够对酒类溯源以辨别真假。截至同年 6 月 5 日，市城区繁荣公司等 30 家具有酒类流通随附单领取使用资质的批发商共购领《酒类流通随附单》2830 本，各区县（市）酒管办也同步购领酒类流通随附单，在本辖区推行使用。2008 年 5 月 26 日，市酒管办发出《关于全面实施酒类流通随附单制度的意见的通知》（常酒管发〔2008〕3 号），并印发 1.6 万份宣

2008 年 5 月 29 日，市酒管办召开强力推进酒类流通随附单制度动员大会

传资料上门分发给各酒类经销商。同年5月29日，市酒管办召开全市推进酒类流通随附单制度动员大会，提出“让每一瓶酒都有身份证（随附单）”的要求，市直100多家主要酒类生产厂家负责人和市城区主要酒类批发商、零售商参加会议。当年在市城区酒类流通随附单的使用达80%以上。

四、重点监测和抽样检测

（一）重点监测

商务部于2009年建立“酒类流通行业信息监测统计报表制度”，使用电子报表填报方式（无需上报纸质报表）。6月8日，市酒管办召开酒类流通行业信息监测统计报表工作会议，明确武陵酒业、德山酒业、神州庄园葡萄酒业、重庆啤酒国人啤酒有限公司4家企业为首批样本企业，从2010年1月起按照商务部要求报送。2012年，按照省商务厅要求，增加了繁荣实业、共和大酒店为样本企业，从当年1月起开始报送。

（二）抽样检测

为确保酒类商品质量和消费安全，市酒管办从2006年开始，对辖区内的酒类商品开展抽样检验工作。同年“五一”前后，对市城区在售的桶装白酒进行抽检，共抽检16个品牌，查出有问题的桶装白酒9个，收缴查封不合格桶装白酒1595瓶，均予以立案查处。《三湘都市报》《常德日报》《常德晚报》、常德电视台分别给予了报道。省酒管办为此专门发文至各市（州）酒管办，要求学习常德，予以协查。

2007年8月，抽检了珠江、重庆双滤清爽、雪花、清爽2009、芦荟清爽、青岛啤酒、燕京冰纯、白沙王8个品牌， 清爽2009、芦荟清爽两个牌子的啤酒不合格。

2008年6月19—30日，抽检11个品牌啤酒，分别为：一品纯生、国人冰爽、雪花、燕京、燕京冰纯、燕京纯生、骄阳（清爽）、芦荟清爽、金骄阳、骄阳（纯啤）、珠江。

2009年，对市城区在售的安徽种子酒厂种子酒等8个品牌的桶装白酒进行抽检，长沙永乐贸易有限公司大高粱酒2.5L/桶50%VOL不合格。

2012年4月12日，在市城区抽检郎酒、北京二锅头等31个品牌的白酒。

第七章　特种行业监管

第一节　拍　卖

国家对拍卖企业的设立实行行政许可，由市级有关行政主管部门进行资料初审，报省级相关行政主管部门审核批准并颁发“拍卖经营批准证书”。

常德市的拍卖公司成立后从事经营活动，其行政主管部门先后归口市财贸办、市经贸委及其所辖的市内贸办、市商务局管理。

2005年5月，市商务局组建以后，履行《中华人民共和国拍卖法》赋予的职能，对全市拍卖行业履行“指导、服务、监管”职能：

一、组建行业协会

21 世纪初全市拍卖行业超常和无序发展，导致市场无序竞争，组建行业协会、加强自律建设已是行业发展的客观需要。2005 年 11 月，常德市金翼等 5 家拍卖公司共同倡议组建市拍卖行业协会，全市 16 家拍卖企业全部响应。市商务局在筹备工作中给予指导与支持。2006 年 2 月 28 日，市拍卖行业协会正式成立。协会成立后，按照法律和章程赋予的权利，配合行业主管部门对全市拍卖经营活动和拍卖师实行监督管理，履行起组织、协调、服务和监管职能。

二、履行监管职责

督促企业在全国拍卖行业管理信息系统录入拍卖信息，开通在线审批备案、企业信息上报、数据统计分析，实现行业信息化，提高监管效率。

进行宏观指导，制订《常德市拍卖行业发展规划》《常德市公物拍卖监督管理办法》，印发《关于进一步加强全市拍卖市场管理的通知》，明确相关工作的任务和落实保障措施。

实施年度核查。从 2007 年起，市商务局每年都对拍卖企业的经营活动实施核查，记录在案，并出具年度核查意见。

三、政策引导

发挥职能部门的牵头引导作用，鼓励拍卖行业有序竞争和拓展新的业务领域，实行良性发展。提升企业设立、变更等初审事项的服务水平，简化办事程序，减少企业成本，提高办事效率。推动拍卖规范化进程。在行业中推动拍卖流程和档案管理标准化，开展诚信体系建设，截至 2010 年，全市拍卖企业已有 4 家获得湖南省首批诚信示范企业称号，3 家获得中国拍卖 A 级企业称号。

第二节　典　当

2005 年 5 月，市商务局组建后开始归口管理典当业。市商务局针对全市典当行业标准化体系不完善、行业组织化程度较低，企业经营行为有时不规范和典当行业发展相对滞后等问题，依据 2005 年 2 月 9 日颁布的《典当管理办法》（商务部、公安部令 2005 年第 8 号，以下简称《办法》）履行指导、服务、监督管理职能。

根据《办法》的规定，国家对典当公司的设立实行行政许可，市级商务主管部门负责资料初审，省级商务主管部门负责审核，商务部批准核发放《典当经营许可证》。典当公司设立后，各级商务部门根据《办法》等有关法规对其实行监管。

一、规范行业发展

根据《办法》的相关规定和商务部、省商务厅的指示，市商务局开展对典当企业执行国家法律法规和政策的引导和服务，定期或不定期对典当企业的经营状况，包括典当企业资金来源、息费水平、当金流向、经营合规性、行业风险等指标进行检查；约谈企业相关负责人，了解典当经营中出现的难点与困惑，交流经营管理经验，畅通与银监、人民银行、公安、工商等监管部门的协调机制，指导企业规范经营，避免失误，化解经营风险。

2010年，全市天翼、骏鑫两家典当企业荣获全省首批诚信经营示范企业荣誉称号。

二、对企业进行监管

2005年为规范我国典当经营行为，加强监督管理，促进典当行业规范发展，商务部颁布实施《办法》。市商务局按照《办法》的有关规定实行行业监管：

（一）在线管理。督促企业在商务部典当行业监督管理信息系统如实录入典当信息。实现当票机打、典当企业每笔业务数据实时管控。通过信息系统建立起典当企业违规经营每周通报制度，实现了企业经营活动的常态化管理。

（二）现场督导。定期或不定期走访企业了解企业经营状况，并适时给予指导。

（三）实施年审制度。对企业超业务范围经营和超过规定标准收取利息、费用等违规行为及时查处，并建立起重大事项报告制度，实行动态监管和全过程监督结合。2005年起，市商务局每年配合省商务厅对所有典当企业进行年检。

第三节　报废汽车回收拆解

一、企业经营资质的监管

1980年国家建立老旧汽车更新报废回收管理体制，国家相关部、委先后出台一系列老旧汽车报废回收的政策。1997年12月12日国家经贸委、国内贸易部联合下发《关于印发〈报废汽车回收（拆解）企业资格认证实施管理暂行办法〉的通知》（内贸再联字〔1997〕第53号）。市人民政府根据《通知》的精神，确认市金属回收总公司为常德市报废汽车回收（拆解）企业，并报全国汽车更新领导小组备案。

1998年3月31日，国内贸易部再生资源管理办公室、全国汽车更新领导小组办公室，以内贸再管字〔1998〕第19号文批准常德市金属回收总公司为常德市报废汽车回收（拆解）企业并颁发《资格认证书》。9月3日，常德市人民政府下发《关于印发〈常德市报废汽车回收和更新管理暂行办法〉的通知》（常政发〔1998〕13号），明确规定由市物资行业办主管全市汽车报废回收和更新管理工作，公安（交警）、工商、交通、物价等部门协调配合；市金属回收公司是报废汽车的回收单位，其他单位和个人不得经营报废汽车回收业务。

2001年6月16日国务院颁发《报废汽车回收管理办法》（国务院令第307号），2001年8月1日，国家经贸委下发《报废汽车回收企业总量控制方案》（国经贸资源〔2001〕773号）。市政府以常政函（2001）52号《关于确认市金属回收总公司为报废汽车回收企业的函》上报省经贸委备案。

2001年5月，常德市实施国有企业改革。根据市政府《常德市转换市直工交企业国有产权及置换职工身份试行办法》（常政发〔2002〕9号）文件精神，市金属回收总公司依法破产，该公司原具有的报废汽车回收拆解资质转移到1992年3月由公司分立改制的国资控股企业——常德市金属回收综合经营公司。按照设立报废汽车回收企业的条件和建立现代企业制度的要求，市金属回收综合经营公司进行规范改制，组建报废汽车回收拆解企业常德东方金属回收有限责任公司（本目简称东方公司）并承接报废汽车回收（拆解）经营权，由其承担市报废汽车回收拆解的经营业务，为市金属回收总公司置换身份的职工提供再就业条件。

2002年6月，根据《湖南省报废汽车回收企业资格认定办法》（湘经贸资源〔2002〕53号）的规定，结合市直工交企业转换国有产权及职工身份置换的实际，鉴于物资行业办的市金属回收总公司和供销系统的市再生物资回收总公司均已依法破产，但分别保留了“常德东方金属回收有限责任公司”和“常德宏飞再生资源有限公司”的牌子，经市内贸办申报，2003年3月10日，省经贸委重新对东方公司颁发《报废汽车回收企业资格认定书》（车回证书第14号）。2003年8月，市国资委和市内贸办给东方公司委派了筹备工作组组长和国资代表，主持报废汽车回收拆解企业重组。在市经贸委主持下，企业股份按照市内贸办与市供销社协商达成的共识分配：国有控股51%，个人持股49%；49%个人股中市内贸办归口企业持股55%，市供销社归口企业持股45%。公司注册资本241万元，其中51%国有股权以原东方公司国有划拨土地11.1亩使用权及地上附着物评估作价123万元。个人股118万元，原东方公司52人享有55%的股权、原供销下属企业43人享有45%的股权。2003年12月28日，新组建的常德东方金属回收有限公司召开股东大会，选出公司领导机构成员。2004年1月8日，东方公司正式挂牌成立。

2010年 7月，国有资产退出东方公司，该司成为民营企业，报废汽车的回收拆解业务仍由该司经营。

国家对报废汽车回收业设立实行行政许可，省级商务主管部门负责审定并颁发《报废汽车回收企业资格认定书》。

二、行业运行的监管

2005年5月，报废汽车回收行业归口管理工作由市内贸办移交给新组建的市商务局。从工作移交之日到2010年12月，市商务局对报废汽车回收行业实施的监管主要有：

（一）规范市场秩序

2004年2月10日市政府以常政通告〔2004〕1号印发《关于整顿报废汽车回收拆解市场秩序的通告》。3月9日由市内贸办、市监察局、市公安局和市工商局以常内贸〔2004〕2号印发《关于认真做好报废汽车回收管理工作的通知》。3月12日市政府办公室下发《关于召开全市报废汽车回收拆解管理工作会议的通知》（常政办明电〔2004〕27号）。3月15日市政府在芷园宾馆召开全市报废汽车回收拆解管理工作会议，各区县（市）政府分管内贸工作的副区县（市）长，贸易发展（商贸）局、监察局、公安局、工商局分管责任人、市报废汽车更新领导小组成员参会，副市长宋冬春到会讲话。4月22日市政府办公室再次以常政办明电〔2004〕44号下发《关于对全市报废汽车回收拆解市场秩序进行检查的通知》。6月23日，市人民政府办公室转发市内贸办等部门《常德市汽车市场专项整治工作方案》的通知。2005年11月21日市政府办转发市商务局《全市取缔非法报废汽车回收拆解市场专项整治行动方案》的通知。

（二）制订发展规划

2005年11月15日，市商务局根据常德市国民经济发展水平，全市汽车实际拥有量和报废汽车保有量，按照“遵循法律、法规政策；坚持以人为本，便民利民和行业发展与全市汽车保有量相适应”的原则，制订《常德市2005—2009年报废汽车回收行业发展规划》，明确报废汽车保有量每2000台设立1家企业，2005—2007年全市保持现状，2008—2009年新设1家企业。同时考虑到为方便报废汽车车主交售报废汽车，报经市政府同意，东方公司可在各区县（市）设立一个报废汽车收购点”。

2008—2010年，鼎城区连续3年强烈要求在江南城区增设1家回收企业。东方公司再次改制完成后，市商务局于2010年3月上报省商务厅批准设立了常德市鼎城区南江报废汽车回收拆解有限公司。

（三）检查与监管

市商务局组建后，多次派人深入报废汽车回收拆解企业，对《报废汽车回收证明》的领用、报废登记制度进行检查，防止《报废汽车回收证明》流入社会，扰乱市场秩序，影响到国家报废更新补贴政策的实施。

东方公司回收拆解经营情况统计表

表9-7-3-1

年份	回收数量（辆）	回收总额（万元）	回收拆解收入（万元）	回收配件收入（万元）	利润（万元）	拆解废钢（吨）	拆解废有色金属（吨）	公司人员（人）	上缴税金（万元）
2004	1194	167	298	11	98	1685	15	97	9
2005	499	69	95	7	42	601	6	97	6
2006	420	73	90	6.8	41.5	625	6.2	97	4
2007	706	85	98	8	61	867	8	97	7
2008	635	81	97	7	69	715	7.1	97	7
2009	812	125	151	4.5	83	985	9.8	97	8
2010	811	113	145	3.1	79	1115	11	97	8
2011	1125	157	255	3.7	95	1310	13.1	96	10
2012	636	59	92	1.8	41	501	5.3	96	12

南江公司回收拆解经营情况统计表

表 9-7-3-2

年份	回收数量（辆）	回收总额（万元）	回收拆解收入（万元）	回收配件收入（万元）	利润（万元）	拆解废钢（吨）	拆解废有色金属（吨）	公司人员（人）	上缴税金（万元）
2010	596	82	232	2.3	9	900	9	27	12.23
2011	591	80	168	2	8	866	8.9	30	10.77
2012	564	76	127	1.7	7	770	7	30	9.8

第四节　二手车

一、经营机构监管

常德市的二手车交易市场始建于 1987 年 7 月，其前身为“常德市旧机动车交易所”。当时的交易所仅在交警支队设立了一个交易窗口，只具有单一的为车辆交易者开具过户交易发票的功能。主办单位为原常德市汽车贸易总公司（隶属于常德市物资局）。

1998 年 3 月，国内贸易部发布内贸机字〔1998〕第 33 号文件《旧机动车交易管理办法》（以下简称《办法》）。《办法》对旧机动车交易归口管理的部门、旧机动车交易中心设立、旧机动车评估定价、交易行为与监督管理都作了明确规定。对监督管理部门，《办法》明确国务院商务主管部门、工商行政管理部门、税务部门在各自的职责范围内负责二手车流通的有关监督管理工作。

根据《办法》，1998 年 5 月，市汽车贸易总公司向市计委申请设立常德市旧机动车交易市场。同年 5 月 28 日，市计划委员会向省计委递交《关于申请设立常德市旧机动车交易市场的请示》（常计〔1998〕161 号）。6 月 30 日，湖南省计划委员会下发了《关于建设常德市旧机动车交易市场的批复》（湘计物〔1998〕351 号），同意在常德市武陵大道中段西园路 1 号（原常德市汽车贸易总公司院内）设立常德市旧机动车交易市场。同年 6 月经省工商局批准，常德市旧机动车交易市场正式挂牌成立。

该市场正式挂牌成立后，经营范围逐步从只为交易者开具过户交易发票，拓展为二手车收购、销售、寄售、过户、代购代销、代理登记、美容维护、代办保险等一条龙式的快捷机动车二手服务机构。

1999 年 4 月 26 日，市政府根据《办法》及相关规定，发布了《常德市人民政府关于加强全市旧机动车辆交易管理的通告》（常政通告〔1999〕2 号，以下简称《通告》），规定：任何单位和个人未经省计委和省工商局批准不得设立旧机动车交易市场，不得从事旧机动车经营活动。根据常德市实际情况，市旧机动车交易市场设武陵大道中段常德市汽车贸易总公司院内。

2000 年 4 月，常德市市属国有企业“两个置换”改革正式启动，2002 年 3 月，原常德市汽车贸易总公司下属常德市全顺机动车交易有限公司（以下简称全顺）分立重组。同年4月，市汽车贸易总公司向工商部门申请变更常德市旧机动车交易市场主办单位获准，全顺正式成为常德市旧机动车交易市场主办企业。

同年12月，根据国家经贸委、公安部《关于加强旧机动车市场管理工作的通知》（国经贸易〔2001〕1281号）的规定，经省内贸办、省工商局、省公安厅重新认证，市政府确认市旧机动车交易市场为全市唯一一家合格的旧机动车交易市场。此时，二手车归口管理工作由市内贸管理办公室管理。

2005年，为加强二手车流通管理，规范二手车经营行为，保障二手车交易双方的合法权益，促进二手车流通健康发展，商务部、公安部、工商总局、税务总局依据国家有关法律、行政法规制定了《二手车流通管理办法》（2005年第2号令），并从2005年10月1日起施行，湖南省商务厅、公安厅、工商行政管理局、国税局、地税局也于同年11月14日发布《关于贯彻《二手车流通管理办法》的实施意见》，从此二手车交易市场的设立开始放开。

二、经营活动监管

2005年3月，市商务局组建后，依据商务部《二手车流通管理办法》赋予的职能，对全市二手车交易市场按照“引导促发展、服务促监管”的工作思路对其进行监管：

（一）行业规划

市商务局组建之初，市辖区内仅有全顺一家企业从事旧机动车交易。2005年8月，常德市旧机动车交易市场正式更名为“常德市二手车交易市场”。2006年5月，市商务局依据国家的二手车市场管理政策法规和常德市城区二手汽车市场发展水平，编制《常德市2006—2020年城市商业网点规划》，对二手车市场的设立明确提出“统筹规划、合理布局、规模经营、有序竞争”的工作方针，规划总量：近期市城区控制2家，远期不超过3家。但实际上截止到2012年年底，全市备案的二手车交易市场已达32个（详见表9-7-4-1）。虽然此时常德市辖区各县、区（市）均设立了二手车交易市场，但这些市场大都未形成规模，许多市场则是有场无市。

常德市二手车经销和鉴定企业备案登记表

表9-7-4-1

企业名称	所在地	成立（备案）时间	注册资本（万元）	专业人员（人）
常德市二手车交易市场	常德市南坪路家具产业园	1998年6月28日	310	40
常德市全顺机动车交易有限公司二手车交易市场	常德市南坪路家具产业园	2005年6月22日	100	40

续表 9-7-4-1

企业名称	所在地	成立（备案）时间	注册资本（万元）	专业人员（人）
常德市财海二手车交易市场有限公司	常德市火车站林荫路	2007 年 1 月 8 日	50	8
常德市金斯格二手车鉴定评估有限公司	武陵大道中段西园路 1 号	2007 年 2 月 28 日	50	5
常德市武陵区汇金二手车交易服务有限公司	常德市武陵区火车站新世纪汽车城	2007 年 4 月 11 日	10	2
常德市明鉴二手车鉴定评估有限公司	常德市武陵区三间路 48 号	2007 年 4 月 27 日	30	6
澧县双汇二手车交易市场服务有限公司	澧县澧阳镇澧阳居委会澧浦大道（湖南鹏程汽车有限公司院内）	2007 年 5 月 17 日	5	6
石门佳顺二手车经营有限公司	石门县楚江镇奉天西路	2007 年 8 月 22 日	5	3
桃源县翔瑞二手汽车交易市场	桃源县漳江镇北路	2007 年 9 月 14 日	20	5
常德市索坤二手车交易市场有限责任公司	常德市武陵区朗州北路南苑小区	2008 年 5 月 9 日	50	9
汉寿县美景汽车贸易有限公司	汉寿县西竺山八角楼	2009 年 7 月 23 日	50	8
桃源县天平二手汽车交易服务有限公司	湖南省桃源县工商局	2009 年 7 月 28 日	10	3
澧县远大汽车贸易有限公司	澧县澧阳镇关心居委会澧州路 198 号	2009 年 9 月 16 日	20	5
常德市警通机动车注册登记代理有限公司	常德市 207 国道与青年路交会处	2009 年 9 月 16 日	60	6
澧县全顺二手车交易服务有限公司	澧县澧阳镇澧阳居委会三组锦绣玫瑰园 27 栋 107	2009 年 11 月 16 日	10	5
常德金和二手车交易市场有限公司	常德市洞庭大道与青年路交汇处豪荟花园 1 栋门面	2009 年 11 月 16 日	250	10
常德市武陵区远大二手车交易有限责任公司	武陵区河伏岩桥桃特物流公司院内	2010 年 2 月 8 日	10	5
常德市鼎城区德惠二手车交易市场有限公司	常德市鼎城区武陵镇福广村金霞光大道	2010 年 4 月 1 日	30	5
常德市鼎城吉鼎二手汽车交易市场有限公司	湖南省常德市鼎城区武陵镇王家铺村	2010 年 4 月 13 日	30	5
安乡县鑫驰二手车交易市场有限公司	安乡县城关镇南安国税局办公大楼门面	2010 年 4 月 13 日	10	2

续表 9-7-4-1

企业名称	所在地	成立（备案）时间	注册资本（万元）	专业人员（人）
常德市正华二手车市场服务有限公司	湖南省常德市武陵区柳叶湖双桥村 9 组	2010 年 4 月 28 日	10	5
常德市华进二手车交易服务有限公司	德山开发区常德大道	2010 年 4 月 30 日	50	5
常德市武陵区天祥二手车交易有限公司		2010 年 6 月 27 日	10	
澧县大地二手汽车经营有限公司	湖南澧县澧阳镇朱家岗村 6 组	2011 年 4 月 14 日	5	5
津市市大可二手车经营有限公司	津市市孟姜女大道	2011 年 7 月 15 日	10	5
临澧恒威二手车交易市场有限公司	临澧县经济开发区安福工业园	2011 年 7 月 20 日	50	
石门县华成二手车交易服务有限公司	石门县楚江镇永固居委会一组（东方购物城 171 号）	2011 年 11 月 22 日	5	5
常德玖霖汽车销售有限公司	常德大道与柳叶大道交会处	2011 年 12 月 6 日	500	32
石门县兄弟二手车交易有限公司	石门县楚江镇新厂居委会六组	2011 年 12 月 8 日	20	
常德市正欣二手车交易有限公司	湖南省常德市武陵区南坪岗社区常德大道（五茬加油站斜对面）	2012 年 4 月 19 日	200	3
澧县永信汽车服务有限责任公司	常德市澧县澧阳镇黄桥居委会光荣巷 86 号	2012 年 11 月 1 日	20	3
澧县三汇二手车交易所	澧县澧阳镇关心居委会澧州路 1120 号	2012 年 12 月 24 日	50	

（二）政策扶持

为满足城乡居民日益增长的二手车消费需求，根据常德市商业网点规划，2007 年全顺投资 800 万元，在常德大道与林荫路交会处征地 22.52 亩，修建全新的市二手车交易市场。市场北邻新世纪汽车城，西邻湘西北汽车城。2010 年全顺对二手车交易市场再次投资 300 万元，申请商务部专项补贴资金 100 万元对市场实施升级改造。改造项目包括内部安装电脑查询系统、闭路监控系统、车市信息电子显示屏和对市场交易大厅、大棚进行改造。改造后的新市场具备二手车收购、销售、寄售、过户、以旧换新、代购代销、鉴定评估、代理登记、美容维护、代办保险、二手车按揭、二手车质保等诸多功能于一体，业务辐射全国二十多个省（市、区）。

常德市部分二手车交易市场基本情况表

表 9-7-4-2

企业名称	2011 年基本情况					企业登记成立日期	企业场地租赁年限或自有	驻场经销户数	利润总额（万元）	上缴税金（万元）
	资产总额（万元）	经营面积（平方米）	交易大厅面积（平方米）	二手车交易量（辆）	二手车交易额（万元）					
常德市全顺机动车交易有限公司	1500	15100	310	6300	39000	1998 年 6 月 28 日	自有	40	348	26
桃源县天平二手汽车交易有限责任公司	10	1030	950	149	647	2009 年 7 月 28 日	15 年	1	2	1
桃源县翔瑞二手汽车交易市场	12	970	90	236	988	2007 年 9 月 14 日	长期	1	3	2
金和二手车交易市场	250	2000	100	100	1500	2009 年 11 月 16 日	10 年	15	80	15
武陵区远大二手车交易有限责任公司	10	5616	60	1439	2700	2010 年 2 月 8 日	10 年	3	−3.54	0.24
鼎城区德惠二手车交易市场有限公司	30	500	100	300	2000	2010 年 4 月 1 日	5 年	13	10	5
常德市正华二手车市场服务有限公司	30	200	24	100	500	2010 年 4 月 28 日	长期	4	40	2
常德市华进二手车交易服务有限公司	50	150	70	795	448	2010 年 4 月 30 日	3 年	3	−0.23	2.40
临澧恒威二手车交易市场有限公司	550	8126	1415	21	231	2011 年 7 月 20 日	自有	8	8.3	4.62
石门县华成二手车交易服务有限公司	5	28	28	暂未经营	无	2011 年 11 月 22 日	1 年	3	无	无

2009 年常德市二手车交易市场基本情况表

表 9-7-4-3

市场名称	基本情况										经营情况		
	注册资金	总投资额（万元）	职工数（人）	经营面积	交易大厅面积（平方米）	驻场商户数（个）					年二手车交易（辆）	年二手车交易额（万元）	市场营业额（万元）
						合计	经销企业	经纪公司	评估机构	其他			
常德市全顺机动车交易有限公司常德市二手车交易市场	310	425	15	10332	150	27			1	26	4874	12454	88
常德市鼎城吉鼎二手汽车交易市场有限公司	30	500	7	5000	100	22		1	1	20	450	1600	45
合计	340	925	22	15332	250	49		1	2	46	5324	14054	133

说明：以上为经营面积超过 3000 平方米的二手车交易市场，总投资额中不包括土地购置（租用）费

2011 年常德市二手车交易市场基本情况表

表 9-7-4-4

统计指标	计量单位	本年	上年	本年/上年（%）
市场数	个	5	5	100.00
其中：年成交额在亿元以上市场	个	1	1	100.00
资产总额	亿元	0.1892	0.1511	125.22
经营面积	万平方米	2.768	2.768	100.00

续表 9-7-4-4

统计指标	计量单位	本年	上年	本年/上年（%）
其中：交易大厅	万平方米	0.145	0.145	100.00
驻场企业数	个	57	42	135.71
二手车交易量	万辆	0.7385	0.6565	112.49
二手车交易额	亿元	4.2152	1.9253	218.94
市场营业收入	亿元	0.1385	0.0796	173.99
市场营业利润	亿元	0.0435	0.0213	204.23
市场内的从业人数	人	210	155	135.48
其中：市场管理及服务人员数	人	39	34	114.71

2008—2009 年常德市二手车鉴定评估机构基本情况表

表 9-7-4-5

企业名称	注册资金（万元）	专业人员（人）	2008 年				2009 年			
			营业额（万元）	评估车辆数（辆）			营业额	评估车辆数（辆）		
				合计	乘用车	商用车		合计	乘用车	商用车
常德市金斯格二手车鉴定评估有限公司	30	5	5.0	105	55	50	3.5	78	48	30
常德市明鉴二手车鉴定评估有限公司	30	5	0.23	1	1		0.18	1	1	
合　计	60	10	5.2	106	56	50	3.68	79	49	30

全顺二手车交易市场经营业绩统计表

表 9-7-4-6

年份	二手车收购		二手车销售		二手车寄售	以旧换新量（辆）	代购量（辆）	代销量（辆）	代收税费（万元）
	数量（辆）	金额（万元）	数量（辆）	金额（万元）	数量（辆）				
2000	2110	6330	2590	8288	370			110	12
2001	2390	7648	2760	9660	348			22	13

续表 9-7-4-6

年份	二手车收购		二手车销售		二手车寄售	以旧换新量（辆）	代购量（辆）	代销量（辆）	代收税费（万元）
	数量（辆）	金额（万元）	数量（辆）	金额（万元）	数量（辆）				
2002	2770	9141	3050	10675	260			20	15
2003	3170	10778	3430	12005	210			50	17
2004	3520	11968	3790	13265	200			70	18
2005	3635	12723	3920	14112	210			75	20
2006	3810	13335	4100	14760	150	50		90	22
2007	3990	14364	4290	15873	130	70		100	24
2008	4380	16644	4760	18564	120	190		70	27
2009	4610	18440	5080	21336	100	260		110	28
2010	4980	21414	5390	24255	80	110		220	30

（三）规范发展

2005 年，二手车行业管理归口市商务局。市商务局根据《二手车流通管理办法》赋予商务部门的职能，对二手车市场进行了监管。

1.规划管控。2006 年 5 月，市商务局会同市公安局、市工商行局、市国税局和市地税局联合下发了《关于贯彻执行〈二手车流通管理办法〉的通知》（常商〔2006〕30 号），明确规定对二手车交易市场、二手车经销企业、二手车经纪机构、二手车拍卖企业及二手车鉴定评估机构实行分类管理。

2.行业指导。引导市场运用现代企业管理制度，引进经纪人驻场交易，实现二手车经营主体多元化，促进了市场的规范化管理，提升了社会效益和经营业绩。

3.规范发展。市二手车交易市场自 1998 年成立以来，其市场主体全顺经过十多年的经营，该市场先后被省文明办评为省级信用单位、市工商部门授予守合同重信用单位、市商务局市场运行监测样本企业、商贸流通业典型统计调查企业。

2005 年 10 月起，国家实行二手车交易市场经营者和二手车经营主体备案制度，具备企业法人条件者设立二手车交易市场或二手车经销企业、经纪机构，只需到工商行政管理部门办理登记，商务系统则取消了相应的行政许可，只进行网上备案。

第五节　老旧汽车报废更新补贴

常德市自 2004 年（国家为 2003 年）启动老旧汽车报废更新补贴以来，每年都开展此项活动。此项工作由市商务局、市财政局联合进行。其间，有一年对黄标车的审核有市环保局参与。对该补贴发放的监管：

一、发布公告

财政部、商务部（2003 年是国家经贸委）一般在每年的上半年发布本年度报废汽车更新补贴公告，面向社会公布更新补贴车辆范围及补贴标准，并规定领取补贴所需提供的材料。之后，市商务局和市财政局即通过媒体联合发布电视和纸质的公告，告知符合补贴标准的车主领取补贴的具体时间、地点、所需资料等事项。

二、资料审核

符合补贴范围的车辆，应是车主于本年度之内交售到报废汽车回收公司的报废车辆。该报废车辆的信息已由回收公司通过网络录入商务部市场体系建设司主办的老旧汽车报废更新信息管理系统（以下简称报废管理系统），并向车主出具了《报废汽车回收证明》。

车主申领补贴需提交的资料：

《老旧汽车报废更新补贴资金申请表》、《报废汽车回收证明》第三联原件、《机动车注销证明》原件及复印件、更新车辆购车发票原件及复印件、车主有效身份证明原件及复印件、与车主同名的个人银行账户存折或单位账户开户证复印件、单位机构代码等。申请农村客运车辆报废更新补贴的车主，还需同时提供中华人民共和国道路运输证、运输管理部门出具的意见。

资料的审核由市商务局会同市财政局等相关单位进行。市商务局在检查车主的资料是否完备且合规的基础上，在报废管理系统中查询该车辆的信息是否存在，再在原信息的基础上录入相关网上初审信息。初审通过的再由市财政局进行网上复审。财政部门复审通过后，商务部门打印一式三联的审批单，分别由经办工作人员和车主签署认可，加盖市商务局和市财政局的专用审批印章后审核完成。审核中不符合规定的资料予以退回。

三、补贴发放

市商务局、市财政局审核盖章确认后，在上级补贴资金拨付到位后的 15 个工作日内由市财政部门直接将补贴资金划拨到车主提供的个人银行账户或车主单位账户。

国家规定的领取报废更新补贴的车型各年有所变化，因而领取补贴的车辆数量和金额变化较大。

常德市报废汽车以旧换新财政资金补贴统计表

表 9-7-5-1

年份	补贴类型及金额							
2004	2003 年报废、拆解的大型载货车（4.5 吨以上）、大型载客车（19 座以上），补贴标准均为 0.4 万元/辆							
	合计		大型载货车		大型载客车			
	数量（辆）	金额（万元）	数量（辆）	金额（万元）	数量（辆）	金额（万元）		
	186	74.4	16	6.4	170	68		
2005	2004 年报废、拆解的大型载货车（4.5 吨以上，含 4.5 吨的半挂牵引车）、大型载客车（19 座以上），补贴标准均为 0.4 万元/辆；2005 年报废的大型载货车（12 吨以上，含 12 吨的半挂牵引车）、大型载客车（30 座以上），补贴标准均为 0.4 万元/辆，城市公交车 1.5 万元/辆							
	合计		大型载货车		大型载客车		中型客车	
	数量（辆）	金额（万元）	数量（辆）	金额（万元）	数量（辆）	金额（万元）	数量（辆）	金额（万元）
	115	46	1	0.4	25	10	89	35.6
2006	补贴的车型及标准同 2005 年							
	合计		大型载客汽车		城市公交车			
	数量（辆）	金额（万元）	数量（辆）	金额（万元）	数量（辆）	金额（万元）		
	36	19.9	31	12.4	5	7.5		
2007	暂无资料。补贴的车型及标准同 2006 年							
2008	农村客运车 1 万元/辆，载客汽车（23 座以上）0.4 万元/辆，城市公交车 1.5 万元/辆，大型载货车（12 吨以上，含 12 吨的半挂牵引车）0.4 万元/辆							
	合计		载客汽车		农村客运车			
	数量（辆）	金额（万元）	数量（辆）	金额（万元）	数量（辆）	金额（万元）	数量（辆）	金额（万元）
	82	79	5	2	77	77		

续表 9-7-5-1

年份	补贴类型及金额							
2009—2010	2009—2010 年两年一起办理。2009 年农村客运车 1 万元/辆，载客汽车（乘坐 23 人及以上）0.5 万元/辆，城市公交 1~1.5 万元/辆，载货汽车（总质量大于 12 吨，含 12 吨的半挂牵引车）0.5 万元/辆							
	合计		农村客运车		城市公交车		载货汽车	
	数量（辆）	金额（万元）	数量（辆）	金额（万元）	数量（辆）	金额（万元）	数量（辆）	金额（万元）
	1349	1752.6						
2011	农村客运车 1.1 万元/辆，城市公交车 1.8 万元/辆，重型载货汽车 1.8 万元/辆							
	合计		农村客运车		城市公交车		重型载货汽车	
	数量（辆）	金额（万元）	数量（辆）	金额（万元）	数量（辆）	金额（万元）	数量（辆）	金额（万元）
	420	536.2	314	345.4	103	185.4	3	5.4
2012	农村客运车 1.1 万元/辆，城市公交车 1.1~1.8 万元/辆，重型载货汽车（总质量大于 12 吨，含半挂牵引车）1.8 万元/辆							
	合计		农村客运车		城市公交车		重型载货汽车	
	数量（辆）	金额（万元）	数量（辆）	金额（万元）	数量（辆）	金额（万元）	数量（辆）	金额（万元）
	349	418.2	300	330	36	64.8	13	23.4

第六节　直　销

2005 年 8 月 10 日，国务院颁布《直销管理条例》（以下简称《条例》），同年 12 月 1 日起施行。

为规范直销行为，加强对直销活动的监管，商务部于 2006 年 10 月 20 日发布的《直销行业服务网点设立管理办法》（以下简称《办法》）中规定：对依法取得直销经营许可证的企业，应于批准文件下发之日起 6 个月内上报经商务部核准的服务网点方案并完成服务网点的设立。6 个月内不能按商务部核准的服务网点方案完成服务网点设立的企业，不得在未完成服务网点方案的地区从事直销业务，若该企业要在上述地区开展直销业务，应按《条例》规定另行申报。《办法》同时规定：省、自治区、直辖市商务主管部门会同服务网点所在地的区、县级以上（含县级）商务主管部门，根据《条例》及有关规定对直销企业已设立的服务网点进行核查，并将核查结果逐级上报商务部备案。

根据上述规定，对直销虽没有设立行政许可，但实行备案制，即商务部对直销企业及其直销范围进行核准，对直销企业在各地的服务网点则由省、市、县三级商务主管部门进行核查。

2005年5月市商务局组建后，根据《条例》和《办法》，对经商务部核准的直销企业及其执有的《直销经营许可证》和商务部核准的服务网点方案等证明文件和资料进行查验，并对其在辖区内设立的服务网点进行实地核查。

对设立在市城区的服务网点，由市商务局组织核查；对设立在区、县、市的服务网点则按属地原则，由服务网点所在地的商务部门进行核查。经属地区、县、市商务部门核查后，向市商务局出具服务网点确认函，并附申报企业服务网点方案。

核查的主要内容：一是核查直销企业所提供的资质和证明材料的合法性和有效性。二是对拟从事直销企业的网点是否符合《办法》的具体要求而进行实地核查，看其是否违规设在了居民住宅、学校、医院、部队、政府机关等场所；看网点的设立是否符合当地县级以上人民政府的规划和其他合符法规的要求。三是对直销产品和直销培训员进行核查。依据国家相关规定，直销产品必须符合国家认证、许可或强制性标准。直销培训员必须向省商务厅报备，未经省商务厅备案的企业培训员，不得开展直销培训活动。

经过核查以后，市商务局出具确认函，报送省商务厅。

常德市直销核查备案登记情况表

表9-7-6-1

时　间	核查企业	网点数（个）	备　注
2006年2月13日	完美（中国）日用品有限公司	7	设于武陵区、安乡、汉寿、澧县、临澧、桃源、津市
2006年2月22日	南方李锦记有限公司	5	设于武陵区、鼎城区、澧县、临澧、桃源
2006年2月22日	玫琳凯（中国）化妆品有限公司	8	设于武陵区、澧县；2007年6月12日加设鼎城区、临澧、石门、津市；2008年10月24日加设安乡、桃源
2006年2月22日	南京中脉科技发展有限公司	2	设于武陵区、澧县
2006年3月9日	安利（中国）日用品有限公司	8	设于武陵区、鼎城区、汉寿、澧县、临澧、桃源、石门、津市
2006年4月13日	中山市理科虫草制品有限公司	2	设于武陵区、桃源

续表 9-7-6-1

时间	核查企业	网点数（个）	备注
2006 年 5 月 9 日	雅芳（中国）有限公司	1	设于武陵区
2006 年 5 月 23 日	康成投资（中国）有限公司	1	城区
2008 年 8 月 14 日	康宝莱（中国）保健品有限公司	2	设于武陵区、鼎城区。2009 年 4 月 14 日复核
2009 年 10 月 13 日	湖南炎帝生物工程有限公司	8	设于武陵区、鼎城区、安乡、澧县、临澧、桃源、石门、津市，2011 年 11 月 10 日复核
2009 年 10 月 26 日	广东康力医药有限公司	1	设于武陵区
2010 年 7 月 27 日	绿之韵生物工程集团有限公司	2	设于武陵区、汉寿
2010 年 11 月 3 日	长沙屈臣氏个人用品商店有限公司	1	设于本市城区
2011 年 7 月 20 日	无限极（中国）有限公司	7	设于武陵区、鼎城区、安乡、澧县、临澧、桃源、石门
2012 年 3 月 5 日	江苏隆力奇生物科技股份有限公司	7	设于武陵区、鼎城区、汉寿、澧县、桃源、石门、津市

第十篇　市场建设与管理

随着城市建设发展的逐步加快，常德市的市场建设也在快速发展。1989 年，市城区大型的日用工业品零售市场只有市中心百货大楼、市武陵百货大楼等寥寥可数的几座。之后，随着主要集群市场如桥南市场（1992 年）、火车站大市场（首期 2000 年开建）等的兴建，步行街的开街（1995 年），超市的入驻（1999 年），21 世纪初家润多超市常德店（2002 年 2 月 10 日开业）、春天百货常德店（2003 年）、常德大润发商业有限公司（2007 年 7 月 31 日开业）等大型综合商场陆续开业，既引领着全市的市场建设，又兴盛了商务流通。

20 世纪 70 年代以前，城区的农产品交易场所在“马路市场”，此后，为加强城市管理，专门的农贸市场渐次兴建。1989 年时，城区主要的农贸市场有：龙港巷工农贸综合市场、北站市场、青阳阁农贸市场等。至 2010 年年末，市城区农贸市场达到 36 家。城区市级公有的农贸市场由市市场服务中心管理。

除了上述两大类市场，还有粮油经营市场、万村千乡市场体系建设均载于本篇，至于石油经营市场，则在第五篇石油经营中记述。

第一章　农副产品交易市场

第一节　主要农贸市场

市委、市政府于 2007 年责成市商务局拟订农贸市场建设及其提质改造方案。当年，市商务局拟定新建（补）一批、升级改造一批、关闭一批的方案。茉莉村、红旗路、青阳阁 3 农贸市场的改造是年动工。

为了规范农贸市场的管理，不断对其进行提质改造，市政府及其有关工作部门相继发布一系列文件：市政府 2010 年 2 月 2 日印发《常德市城区农贸市场管理办法》（常政发〔2010〕4 号）和《市城区农贸市场建设改造标准》（试行）（常政发〔2010〕5 号）、市政府办公室印发《常德市城区农贸市场提质改造实施方案的通知》（常政办函〔2010〕5 号）、市财政局、市商务局 2010 年 3 月 31 日印发《常德市城区农贸市场提质改造资金管理暂行办法》（常财发〔2010〕3 号）。

在抓管理的同时，市、区两级财政先后拨付专款，用于市场的提质改造：

为创建全国文明城市，拨付维修改造专项资金 120 余万元，其中 2008 年 20 余万元，

2009 年 100 万元。2010 年将市城区 34 家农贸市场的升级改造纳入市政府“为民办实事”的重要内容，年内完成 12 家农贸市场的改造升级，改造面积 36 800 平方米，总投资 6500 多万元，市、区两级财政当年拨付专项资金 1074.59 万元（其中市本级 664.21 万元，武陵区 169 万元、鼎城区 176.88 万元、德山区 64.5 万元）。

在提质改造的同时，2010 年，经武陵区、鼎城区、德山开发区共同兴工，楠竹山、维畅、佳泰、乾明寺、东沿路、樟木桥等多家新市场正式开工，年内大部分接近竣工。

至 2010 年年末，市城区共有农贸市场 36 家，按地理位置划分：江北 22 家，江南 9 家，德山经济技术开发区 5 家；按管理隶属划分：市直 6 家（由常德市市场服务中心管理），武陵区 17 家，鼎城区 9 家，德山经济技术开发区 3 家，柳叶湖区 1 家。

一、市场简介

下面简介的市场，前 10 家为市市场服务中心管辖，第 11 家为民营市场。

（一）龙港巷工农贸综合市场

该市场位于武陵区人民西路与龙港路交会处，始建于 1986 年，占地面积约 14 亩，建筑系半封闭的钢架大棚。

市场为集工贸、农贸于一体的综合性市场。工贸类按行业划分为服装、百货、鞋类等交易区域，年成交额达 2.2 亿元；农贸类按行业划分为粮油、肉食、卤腊、家禽、水产、干鲜、豆制品、蔬菜、水果等多类农副产品和食品，共有门面 56 个，各类摊位 202 个，从业人员近 600 余人，年成交额达 2.6 亿元。其中肉类经营摊位 32 个，从业人员 33 名，年销售量 356 吨左右。

1986 年建成的武陵区龙港巷农贸市场

2001—2004 年，市市场服务中心曾陆续对该市场进行维修改造。但该市场因消防安全隐患十分严重，被省、市消防主管部门列为火灾隐患重点整治单位。2005 年 2 月 6 日，市政府决定对该市场市属部分的工贸区实行关闭并整体拆除重建。2006 年 1 月起陆续复市。升级改造后，市场占地面积 6299 平方米，建筑面积 8281 平方米，经营面积 7000 平方米，拥有工贸门面 64 个，农贸门面 8 个，摊位 105 个，是武陵区城西及西郊地区居民食品、蔬菜、日用品等商品的主要供应地。

（二）德山洞庭北路农贸市场

位于德山新马路十字路口以北，修建于 1992 年，当年 5 月 28 日正式开业。

市场营业后，市市场服务中心曾于 2002 年 3 月、10 月进行两期扩建改造。2008 年初

1992 年修建的德山洞庭北路农贸市场

的冰灾导致市场大棚垮塌，3 月经市市场服务中心申请，市财政拨付 180 万元，对该市场进行恢复性改造，10 月完成。

经过扩建改造和修复后的洞北农贸市场采用钢架大棚整体覆盖，通风采光性能好，在市场内无日晒雨淋之虞。市场内门面摊位布局合理，六条宽敞的主道和纵横交错的通道沟通市场内外，为经营者和消费者提供了方便的经营和购物环境，成为德山开发区设施最好、面积最大的农贸市场，占地 5713 平方米，建筑面积 4000 平方米，营业面积达 5282 平方米，各种经营门面 40 个，摊位 88 个（其中肉类专用摊架 39 副），有 220 余户经营业主在此经营，日成交量约 10 万元。

（三）北站市场

该市场建于 1979 年，占地 10 余亩，位于武陵区汽车北站东面，毗邻路南的梅尼广场和屈原公园。该市场是集活动物（主要为鸡、鸭、狗）、南杂、水产品、冻库、水果经营于一体的大型综合批发市场，建筑面积 1.9 万平方米， 营业面积 1.3 万多平方米，账面资产总额 890 多万元。2011 年时有门面和摊位 200 个，场内经营者达 500 人左右，市场内日销售约 60 万元，年销售额约 1.5 亿元，年交税费 300 万元。市场临街的金海湾休闲广场，一楼至三楼可同时容纳 300 人左右的休闲娱乐。该市场于 2011 年根据武陵区政府〔2011〕常武政决字第 4–173 号房屋征收决定已整体征收，分步拆除，补偿资金 69688742 元交市财政局统一管理使用，保障中心的正常运转之需。

（四）长胜桥市场

位于武陵区朝阳路中段，始建于 1985 年。1999 年 1 月进行改建，2000 年 2 月竣工。改建市场是市工商局（后移交市市场服务中心）与常德市绿如蓝实业有限公司联合进行的，由开发商全额出资，建成后享有 20 年经营收益权，起始日为 2000 年 3 月 1 日。该市场已依法办理土地及房产权证。

1999 年 1 月改建后的武陵区长胜桥市场

2001 年 11 月，根据市委办、市政府办常办通字〔2001〕43 号文件要求与市工商局常工商字〔2001〕48 号文件批复， 市场服务中心与开发商达成协议，以资产置换方式赎回其 18 年的经营权。

该市场主要经营农副产品，商品种类有：卤腊、熟食、南杂干鲜、水产、家禽、蔬菜、肉类等，日成交量约 8 万元。2008 年初冰灾后，投入 330 万元对市场受损部分拆除后原址重建，2010 年 1 月 1 日正式复市。重建后，市场占地面积 1916 平方米，建筑面积 1507 平方米， 其中经营面积 1286.67 平方米，有门面 10 个，摊位 59 个，每年收取租金 30 万元以上。

（五）茉莉村农贸市场

2012 年提质改造后的武陵区茉莉村农贸市场

位于武陵区滨湖社区内， 始建于 1985 年，占地面积 1700 平方米。2007 年 11 月投入 90 万元进行升级改造，建筑面积 1100 平方米， 2008 年 1 月复市。2012 年提质改造，当年复市。改造后的市场建筑面积 1500 平方米，营业面积 1100 平方米，共有门面 12 个、摊位 31 个。该市场主要经营农副产品，商品种类有：卤腊、其他熟食、南杂干鲜、水产、家禽、蔬菜、生鲜肉类等，年交易额约 3000 万元。

（六）新一村农贸市场

建成于 20 世纪 80 年代初期，市场主体部分占地 1404 平方米，地面建筑均为简易大棚。1997 年，市工商局城东分局所属城东工商所组织个体经营户集资建设的钢网结构简易门面，至 2002 年年底时已破损严重。自 2000 年始，市场年平均租金收入不足 9 万元(包括周边临时摊担收费)。该市场属计划经济时期根据有关领导指示建设的，各种征地及建筑手续不完备，市市场服务中心仅拥有事实产权，无正式法定产权证书。2002 年 11 月 27 日，常德万源评估咨询有限公司常土价估案〔2002〕第 228 号评估报告书称：新一村农贸市场评估总价值 92.38 万元，其中土地 1404 平方米，价值 71.38 万元；地上建筑物价值 21 万元。

根据市委、市政府领导指示及新一村农贸市场发展的要求，2002 年 12 月，市市场服务中心决定对该市场进行扩建改造，考虑到投资风险和资金筹措困难，同时也为了理顺长胜桥市场的管理机制以及与开发商的关系，决定将新一村农贸市场的扩建改造及开发，有偿交开发商实施。经与开发商议定，将该市场（作价 300 万元）与长胜桥市场（作价 200 万元）一起进行资产置换，由开发商净付市场服务中心资产置换费 100 万元。实行资产置换后，新一村农贸市场产权转至开发商名下，由其组建具有独立法人资格的物业管理与经营的公司对市场进行日常管理。

（七）青阳阁农贸市场

地处朗州南路，建筑面积1000平方米，门面29个，摊位109个，肉案28个。

2000年时，有经营户43家，每月收取租金不到2000元，还抵偿不了该市场的水电费缺口，因此，市场基本处于关闭状态。市市场中心接管后，投入20多万元，用18天时间，将整个市场进行翻修改造，而后重新正常启用，一次性收回投资18万多元，年租金近20万元。

2005年5月17日，由市中级人民法院委托拍卖公司对青阳阁农贸市场依法进行拍卖，拍卖所得125万元用于偿还市工商银行的部分债务。

（八）东沿路农贸市场

系市工商局于1991年在德山自建的市场，占地面积2190平方米，初期由一个大棚和一个管理间组成，建筑面积800平方米，有门面12个、摊位16个。

2009年12月25日，根据市场现状及管理需要，市市场中心与侯某签订委托管理协议，将该市场委托其管理，时间自2010年1月起至东沿路农贸市场关闭止，候每月向中心交托管费500元。

根据市政府2010年农贸市场提质改造规划，该市场于2000年10月25日开始改造施工。2011年1月10日竣工开业后，建筑面积1695.89平方米、经营面积1500平方米，经营肉类、水产、家禽、蔬菜、卤腊食品、调味品、冷冻食品、南杂、小百货等多类商品的零售与批发，年交易额约1亿元。至2012年，具有经营面积2500平方米，有门面10个，摊位30个。囿于地理位置，该市场尚处于免费经营培育市场阶段。

（九）新五村农贸市场

该市场在2000年由市工商局移交给中心时，账面价值6.1万元，占地2.57亩（1713.04平方米），属国有划拨土地使用权，另有两间砖木结构简易平房，为市场管理办公室用房。至2012年，该市场无经营门面和摊位，一直处于闲置状态。

（十）红旗路农贸市场

位于人民东路与建设东路交汇处，1991年市政府市长办公会（3号纪要）决定兴建。该市场占地面积1300平方米，产权属市房产管理局下属的市房产经营公司。该公司的经营门面占地700平方米，另600平方米系原工商局搭建的钢架大棚。该市场有门面11个、摊位63个，经营蔬菜、豆制品、肉类、水产品、家禽、卤腊食品、调味品等，年交易额约2000万元。

2000年以前，该市场一直由市工商局进行管理并收取各种费用，以市场养市场。2001年市工商局将该市场移交给市市场中心，依旧沿用以市场养市场的体制，对红旗路农贸市场进行日常管理（代管）。

根据市政府常务副市长2008年10月21日组织召开的市政府专题会议精神，为有利于红旗路农贸市场的升级改造，中心于2008年10月31日将该市场的管理权移交给市房产经营公司。

（十一）朝阳农贸大市场

该市场为常德市朝阳综合大市场开发有限公司（成立于2003年8月，法人代表杨启华，注册资本人民币400万元）于2003年9月购地建设，2004年9月建成投入使用。市场位于武陵区朝阳路南段，占地面积9 711平方米，建有市场大楼一座，交易钢网架大棚一座，经营面积达16 870平方米，共有门面86间，各类摊位428个。市场批零兼营，经营粮、油、肉、家禽、蛋、水产品、速冻食品、干鲜蔬菜、干鲜果、食品、服饰、文化娱乐及日用品等12大类商品，年交易额过亿元，是市城区第二大农贸蔬菜批零市场。

二、市场维护

市市场服务中心组建后对其所接收管理的10个农贸市场除进行日常的维护管理工作外，还根据实际和发展需要多次进行提质改造、改建重建。

（一）龙港巷工农贸综合市场

在2001年对该市场进行过大规模维修的基础上，2002年再次投入60多万元对农贸区进行翻新改造，2003年和2004年又分别对场内供电线路进行更新改造，增配消防器具。2005年，该市场因消防安全隐患严重而被省、市消防主管部门列为重点整治单位。按照市委市政府统一部署，当年1月17日市内贸管理办公室、市工商行政管理局、市公安局联合发布关于2005年2月6日关闭龙港巷市场工贸区（市属部分）的通告。3月31日，该市场关闭改造指挥部和中心联合发布《关于龙港巷农贸市场关闭进行升级改造的通告》，决定对龙港巷市场进行整体拆除重建。按规划部门总体规划方案，拆除原市场，先期投入资金600万元，新建2600平方米农贸市场和2100平方米3层工贸市场。农贸市场当年8月开工，2006年1月复市经营。之后接着进行工贸市场的重建。该市场全部重建总投资1600万元，财政拨款400万元，中心自筹1200万元，2008年10月全面复市。

2012年起对该市场进行标准化示范工程改造，投入资金334万元。升级改造后，市场占地面积6299平方米，建筑面积6481平方米，经营面积7000平方米，拥有工贸门面64个、农贸门面8个、摊位105个。

（二）茉莉村农贸市场

2003年首次在该市场将经营摊位由条柜式改为“岛式”，并将此模式推广到其他市场。

2005年投入1.5万元为市场修建20平方米办公室一间。

2008—2009年根据商务部、财政部《关于实施标准化菜市场示范工程的通知》（商贸发〔2009〕290号）文件精神，常德市政府将茉莉村农贸市场纳入“标准化菜市场示范工程”项目进行市场升级改造，投入资金94.09万元。

2012年起进行市场提质升级改造，项目建设总投资200万元。改造面积1100平方米。改造范围包括：原摊位、地面及墙面拆除，原有卤菜店、南货店、办公室、水产区及检测室的改造，钢屋架顶棚以及鸡鸭区新建等工程。提质升级改造后的市场建筑面积

1500 平方米，营业面积 1100 平方米，共有门面 12 个、摊位 31 个。

（三）新一村农贸市场

该市场建成于 20 世纪 80 年代初期，当时只有 1404 平方米的土地面积用于市场及配套设施建设，交易市场就是简陋低矮的交易棚。2001 年 11 月，中心将该市场置换为 300 万元，其中 200 万元用于赎回长胜桥市场 18 年的经营权。

（四）德山洞庭北路农贸市场

第一期改造工程于 2002 年 3 月开始，8 月完工，农贸市场复业。扩建改造后的洞北农贸市场建筑面积 4000 平方米，营业面积达 3600 平方米，各种经营门面 64 个，肉类专用摊架 39 副，蔬菜及其他摊位 130 个，有 220 余户经营业主在此经营，日成交量约 10 万元。市场采用钢架大棚整体覆盖，场内通道宽敞，成为当时德山开发区设施最好、面积最大的农贸市场。

2006 年年底至 2007 年初对该市场供水管网使用 PPR 管进行彻底改造。

2008 年冰灾后，当年起至 2010 年对该市场投资 181.1 万元恢复重建。拆除原农贸市场后新建农贸市场，新建的农贸市场为主体钢网结构、屋顶网架、屋面双层夹心彩钢瓦，基础为桩基础，新建 18 个售菜台板等。2008 年 3 月 9 日开工， 9 月底建成交付使用。2009 年年初，该市场被商务部列入 2009 年度“双百市场工程”承办市场，对市场 3800 平方米的大棚及部分门面等经营设施进行了改造。

2012 年 8—10 月对该市场进行提质升级改造，投入资金 600 万元，改造面积 4200 平方米。改造范围包括：原摊位、地面、墙面及部分房屋拆除，原有干货店、值班室、水产区、粮油区的改造，钢柱和钢屋架顶棚油漆翻修以及鸡鸭区新建。另外新建 500 平方米综合楼，并对停车坪进行硬化等。

多次改造后，该市场占地 5713 平方米，建筑面积 4000 平方米，营业面积达到 5282 平方米，各种经营门面 40 个，摊位 88 个（其中肉类专用摊架 39 副）。

（五）北站农贸市场

2001 年投入 170 万元对该市场进行扩建改造。2003 年 8 月投入 5 万多元对市场水电设施进行维修改造。2005 年对该市场的供水、消防管道进行重新铺设。

（六）青阳阁农贸市场

2000 年投入 30 万元对市场进行维修改造。

（七）长胜桥农贸市场

1999 年 1 月进行改建，同年 2 月建成开业。2005 年初，市市场服务中心投入 2 万元，对市场内临街各门面的电器线路进行了升级改造，同年 8 月又投入 5 万元将市场大棚顶原来的彩钢瓦换成 PVC 瓦，更换了落水槽和下水道。2007 年投资 111 万元对该市场进行维修。

2008 年，该市场遭冰灾损毁，拆除后原址重建，主体建筑 3 层，重建面积 1300 平方米，投资 198 万元，2010 年 1 月 1 日正式复市。

(八) 德山东沿路农贸市场

2010年投入资金301.36万元进行提质改造，新建后市场占地面积1363平方米，建筑面积1758平方米；拆除原钢架棚市场，新建1100平方米办公楼和钢架大棚农贸市场经营区。工程于当年10月25日开工，2011年1月10日竣工开业。

第二节　专业市场

一、甘露寺蔬菜批发大市场

该市场是市委、市政府作为“菜篮子”工程统一规划，1995年由武陵区委、区政府在原甘露寺蔬菜批发市场、甘露寺综合市场和市橡胶厂的基础上扩建并管理的市场，位于武陵区人民东路。市场以蔬菜批发交易为主，兼营水果、水产品、粮油、畜禽、种子等农副产品。该市场为综合性、多功能、跨地域、跨行业的批发大市场。市场地处市城区东郊，南临贯穿城区东西的人民路，毗邻石长铁路常德货运站和沅江货运码头。市场邻近常德大道，场内的停车场是常德至省内外各地及市内各主要集镇的始发或终点站之一，又是市区公共交通1路车的停靠站，交通方便。市场配有公安、工商、法庭、交通、邮电、银行等管理服务机构，为客户提供相应服务。市场共占地10.33公顷，建筑面积5.5万平方米，总投资8000多万元。市场内有2.1万平方米的大型停车场，二层有门面兼商居楼520间，批发及零售交易摊位458个，蔬菜储运直批仓库1400平方米，高低温冷库1座2600平方米。2010年前，市场年蔬菜交易量达25万吨，交易额近3亿元。年均上市蔬菜品种达120个以上。市场集销售、加工、仓储、运输于一体，业务范围辐射全国20多个省、市，是农业部定点鲜活农产品中心批发市场和湖南省重点市场。

1995年扩建而成的武陵区甘露寺蔬菜批发大市场

二、水果大市场

位于武陵区林荫路。2002年，市市场服务中心组建常德市宏利市场开发股份有限公司，公司股东为市市场服务中心及其全部员工，当时募集股本150万元。2003年，宏利公司与开发商合作，在火车站农产品大市场内新建水果批发大市场。该市场占地1.53公顷，建筑面积2.1万平方米，其中交易大棚6000多平方米，门面110个，总投资达1200万元。2003年5月28日建成开业。2008年，市市场服务中心公有股本退出，公司成为私营企业。该市场有200多户经营者经营全国各地出产或进口的各类水果，从业人数约500名。

三、常德水产大市场

该市场位于鼎城区武陵镇善卷路三滴水，是省发改委批准，由湖南拓宇置业有限公司投资，于2010年起动工新建的。市场占地13.15公顷，规划建筑面积10.9万平方米，总投资2.8亿元，分两期建设。

市场以经营淡水鱼类、海产品、贝类产品、水生植物产品及干货产品等的大型批发和零售市场，集产品交易、加工、储存、配送、信息咨询、会展、广告、质检等服务功能；市场分为鲜活鱼交易市场、渔具鱼需交易市场、干货交易市场、冷链及深加工市场、相关配套服务功能区、大型停车场、信息大楼以及综合大楼等区域。

市场首期投资1.1亿元，工程于2010年竣工，11月28日开业。首期建成经营区域营业面积4万平方米，有门面164间，已容纳经营业主120余户，就业人员达6000人，日交易水产品500吨，交易额300万元。该市场由鼎城区管理。

第二章　粮油经营市场

常德市的粮油经营市场由市粮食局管理。

第一节　粮食市场设立的规定

1985年，国家对粮食流通体制进行改革，取消粮食统购，改为合同定购。合同定购以外的粮食，农民可上市交易。即粮食流通体制的“双轨制”运行。为了保障粮食市场的规范运行，1989年，省、市粮食主管部门先后印发一系列关于加强粮食市场管理的文件（市粮食局常粮办字〔1989〕第112号文件，省粮食局、省工商局湘粮财联〔1989〕107号）等，对议价粮的交易作出相应规定：议价粮食只能归系统内粮油贸易公司经营，出省的稻谷大米须经当地行署、州、市人民政府批准，发放“准运证”等等。为此，市粮食局于1989年上报市政府请求成立“常德市粮油贸易公司”并获得批准（市政府常政通〔1989〕7号），为了保障粮贸公司切实履行其业务职能并正常经营，市粮食局不断完善其经营设施和运行管理，将武陵区原市粮油贸易公司使用的固定资产、市粮油加工厂两侧五栋仓库（6340吨仓容）及其他设施、原地区粮食局驻岳阳转运站等均划归市粮油贸易公司管理。

1992年3月，市政府根据市粮食局《关于建立常德市粮食初级市场的请示》批复同意在全市范围内建立110个左右的国家粮食初级市场。第一批27个，具体是：安乡的城关、黄山头、大鲸港；汉寿的城关、军山铺、坡头；澧县的城关、金罗、黄桥；鼎城区的武陵镇、蒿子港、河洑镇；临澧县的城关、新安、合口；桃源县的城关、陬市、漆河；石门县的城关镇、夏家巷；津市市的粮贸楼、新州；武陵区的甘露寺、三岔路、城南、德山等。

当年5月，市粮食局根据业务需要提出在市城区建设湘西北粮油贸易综合商场，建设规模为建筑面积1.4万平方米，总投资估算为1300万元，并获得省粮食局批复同意

(〔1992〕湘粮财字 223 号)。

1994 年，省粮食局根据国务院关于深化粮食购销体制改革的有关规定，提出在全省范围内“建立一个适应社会主义市场经济体制要求的放而有管、管而不死、购销方便、调度灵活的现代化粮食市场”。当年全省农村集贸市场和城市零售市场全面放开，在发挥粮食部门主渠道作用的前提下，允许多渠道经营。

市粮食局根据省粮食局“逐步建立起统一、开放、有序的粮油批发市场体系”的要求，确定在全市所辖区县（市）政府所在的地域、镇建立县级粮食批发市场，并下发《关于组建县级粮食批发市场的通知》（常粮发〔1994〕040 号）。

后因粮食市场完全市场化，全市粮食系统由过去的直接经营转向服务和监管为主。

第二节　各区县（市）粮食市场的建设和经营

一、鼎城区

区粮食局根据国务院〔1991〕3 号文件精神，于 1993 年年初在原鼎城区粮贸公司院内组建鼎城区粮食批发市场，负责全区粮食外销，1994 年交易市场粮 1.2 万吨，平价销售粮食 4.72 万吨。

二、临澧县

县粮食局于 1992 年年初根据市粮食局统一规划完成了临澧县城关、新安 2 个粮食初级市场建设，于当年 7 月底投入使用。当年交易市场粮 6960 吨，平价销售粮食 3.71 万吨。1994 年根据省粮食局（湘粮批字 175 号）及市粮食局（常粮发〔1994〕40 号）文件精神，投资 1000 多万元于县城朝阳西街兴建临澧县粮食批发交易市场。该市场于 1995 年 4 月正式开业，注册资金 800 万元，建筑面积 9100 平方米，门面 100 间，摊位 108 个，主要担负社会粮油的归口归市交易，全权承担本县粮油批发业务。主营粮油及粮油制品、农副产品，兼营百货、五金交电、化工原料、建筑材料、烟酒副食等，年交易额达 2000 多万元。1993 年和 1994 年，临澧县粮食局先后筹资 600 万元，在新安、合口等农村集镇和产销区粮食集散地以粮站、仓库、米厂为依托，兴建初级粮食批发市场。1999 年，临澧县粮食局投资 270 万元兴建迎宾路综合批发市场，建筑面积 7440 平方米，门面 69 间，摊位 105 个，集粮油食品、农副产品、百货、烟酒副食等经营为一体。2000 年 1 月 1 日该市场开业。2003 年国有粮食企业改革后，该县各地各级粮油批发市场随即改制解散。

三、桃源县

该县县级粮食批发交易市场成立于 1992 年。1992—1995 年，建立实体市场于陬市镇（陬市粮油综合批发市场），由县粮食局协助原陬市粮站建立，占地 30 余亩，上有封闭顶棚，下有大小门面 30 多间，仓库容量近 100 吨，年批发粮食 300 吨左右，由于经营很不景气，不得不于 1995 年年底出售。1995 年陬市粮油综合批发市场撤销，更名为县粮食批发交易市场，属县粮食局股级单位，设有专门场所和人员，与粮食行业协会、学会合署办公。2005年国家开始收购最低价粮食，县局决定由县粮食局批发交易市场出面，主要任务为衔接中储粮长沙分公司经销公司，组织基层粮站开展为中储粮公司代为收购、储存粮食。是年至2010年，共收购政策性粮食12万吨，代储国储玉米1万吨。

四、津市市

1992年8月，为适应粮食体制改革，大力发展第三产业，根据市政府常务会议（5号）和省、地粮食局关于建立粮食初级批发市场的文件精神，组建津市粮食贸易市场，该市场地处津市生产街，占地面积400平方米，毗邻津市粮贸公司。主要依托交易平台，开展粮油系列品种的贸易活动。3年时间，共交易粮食总量近万吨，交易油菜籽600吨，其他杂粮500吨。随着粮食市场的全面放开，加上沿河大堤码头因防洪需要被堵死，1996年粮食批发交易市场关闭。

津市市传统粮食零售集贸市场情况表

表10-2-2-1　　单位：千克

年份	合计	大米			面粉
		居民口粮	食品酿造	市场供应	
1989	28877	12846	135	14548	1348
1990	29448	13008	160	14908	1372
1991	26863	11858	146	13615	1244
1992	30315	13381	165	15365	1404
1993	31347	13835	172	15884	1456
1994	33328	14628	280	16795	1625
1995	34554	15132	365	17372	1685
1996	35504	15390	449	17955	1710
1997	37089	15925	619	18677	1868
1998	41589	16200	959	22415	2015
1999	46400	16686	1638	25810	2266
2000	41508	16815	1296	24402	2595
2001	35923	17285	2785	13178	2675
2002	39484	17755	3586	15403	2740
2003	54112	24624	4560	21280	3648
2004	56853	25871	4791	22358	3833
2005	45372	17630	4290	20020	3432
2006	48416	22032	4080	19040	3264
2007	43289	19699	3648	17024	2918
2008	40655	18500	3426	15988	2741
2009	51831	23652	4235	20440	3504
2010	55089	25110	4559	21700	3720

第三章　日用工业品市场

第一节　主要商场、超市

一、春天百货常德店

该店地处武陵区人民中路步行街，是湖南友谊阿波罗商业股份有限公司旗下在湖南长沙以外开设的首家精品百货连锁店。2003 年 12 月 7 日开业，卖场共 6 层，经营场地面积 2010 年达 17 663 平方米（实际营业面积 9604 平方米），经营中高档品牌 300 多个，年均销售额约 1 亿元，最高的 2010 年达 1.89 亿元；年均缴税约 400 万元，最高的 2010 年达 905 万元。门店就业人员年均为 900 多人。开业以来，门店先后获得的荣誉有：2004—2007 年市消费者委员会颁发的“消费者信得过单位”、2006 年省信用建设促进会颁发的“创建湖南信用单位先进集体”、2007 年市消费者委员会颁发的“常德市消费者权益保护先进单位”、 2008 年为“常德市优秀明星企业”和省“百城万店无假货”先进单位。

二、家润多超市常德店

湖南家润多超市有限公司原系湖南友谊阿波罗股份有限公司全资控股的子公司，先后拓展 15 家直营店。2011 年 4 月，公司被海航集团并购。公司在市城区共拓展两家门店，即常德店和泓鑫店。常德店地处武陵区人民中路 1655 号，注册资金 1000 万元，2002 年 2 月 10 日开业，卖场共 3 层，营业面积 8000 多平方米，经营商品两万多种。年均销售额约 1.2 亿元，最高的 2008 年达 1.33 亿元；年均缴税 200 多万元，最高的 2010 年达 257 万元。门店年均向社会提供约 300 人的就业机会，其中下岗失业人员再就业者达百余名。门店在文化、艺术、教育、慈善等领域向社会作出过回报，先后被评为“消费者信得过单位”“服务质量双满意单位”，并被授予“市明星企业”荣誉称号。泓鑫店位于武陵大道中段。

位于武陵区人民中路的家润多超市

三、常德大润发商业有限公司

该司系台资企业，于武陵区朗州路 580 号设立的大润发超市常德店，2007 年 7 月 31 日开业，注册资金 100 万美元，共四层楼，地下 1 层为免费停车场；营业区面积 12 020 平

位于武陵区朗州路的大润发超市

方米，分3层，1楼商业街、2楼生鲜杂货区、3楼百货区。经营人员约400人，批发、零售各类食品、日用百货等商品34类3万余种，年均销售额约2亿元，最高的2010年达2.41亿元；年均缴税300多万元，最高的2010年达513万元。超市曾先后获得市消费者信得过单位、创建全国文明城市工作先进单位、食品安全诚信企业、商贸流通十佳超市等荣誉称号。

四、步步高集团公司

该司始创于1995年，目前拥有超市、百货、电器、餐饮、娱乐、大型商业地产等业态，拥有中南零售业最大的现代化物流中心。连锁门店已遍及湘、赣各地，并已进入川、渝、桂、黔等省、市、区。

1999年12月30日，该司在市城区步行街开设步步高武陵量贩广场，系常德市城区首家自选超市，经营兴隆空前，2001年因故退出。

2006年，该司复在常德开店经营，截至2010年底，其在常德城区共设有3家门店：

（一）百货常德店

位于武陵区人民路的步步高超市

位于武陵区人民中路1617号，处于城区下南门中心商圈，占地面积2.37万平方米，注册资本2101万元，2006年9月16日正式开业，经营黄金珠宝、鞋类、化妆品、钟表、各类服装、家居、床品、文体、玩具等大类1.2万种商品。另经营有丁丁明星教育、儿童乐园、哈特波波巴西烧烤、涮锅等项目。年均销售额过亿元，最高的2010年达1.73亿元；年均缴税400余万元，最高的2010年达563万元。

（二）邮政店

位于武陵区武陵大道和柳叶大道交汇处，2007年7月开业，经营面积3125平方米，是一家以食品、日用品、生鲜商品为主的社区超市。邮政店还引进民康药品、北京布鞋、自然堂、精品皮具等品牌。

（三）芙蓉店

位于武陵区洞庭大道和龙港路交汇处， 于2007年12月1日开业，经营面积2571平方米，是一家经营生鲜、食品、日化、家居、针棉服饰的综合性社区超市。

五、沃尔玛

沃尔玛（中国）投资有限公司设立的沃尔玛（湖南）百货有限公司于2007年10月在武陵区人民中路开办水星楼城市购物广场，投资总额390万美元，注册资金200万美元，营业面积9309平方米。为大型综合性连锁超市，经营商业批发和零售业务。

六、梅尼广场

位于武陵区人民路的梅尼广场

位于武陵区人民路2111号，是市城区首座集购物、休闲、娱乐、餐饮、文化、康体、服务为一体的大型一站式购物广场，注册资本5800万元。广场分三层，经营面积3.6万平方米，地下层为快乐驿站，设有大型停车场、经营面积3000多平方米的梅尼书城、电玩乐园和家居布艺馆。一楼为购物天堂，系大型超市。二楼为时尚长廊，除经营时尚名品外，还设有高档餐厅。2010年1月26日超市和书城开业，同年5月28日精品百货开业。开业当年经营额即达6584万元，上缴税金28万元。就业人数750人。广场以其商业环境、功能配套、周到的服务，为顾客带来新的购物体验。

七、新一佳常德金钻店

该店由省新一佳商业投资有限公司投资，位于武陵区城南办事处四眼井社区步行街金钻双子楼负一楼，2003年10月30日开业，固定资产550万元，营业面积8900平方米，经营日用百货、家用电器、服装、电子产品、蔬菜等21类1.65万个商品，年均经营规模4300多万元，最高经营额为2006年，达到6665万元，年均缴税10万元，从业人数120人左右，曾先后获得市“常德价格诚信示范单位”“消费者信得过单位”“食品安全信用A级单位”等荣誉称号。

八、国美电器常德店

位于武陵区人民路吉春广场的国美电器常德店

国美电器成立于1987年1月1日，是一家以经营各类家用电器为主的全国性零售连锁企业，在中国大、中型城市拥有直营门店1200多家。常德店位于武陵区人民路吉春广场，注册资本1000万元，经营面积5900平方米，于2005

年9月开业，经营彩电、冰箱、洗衣机、空调、手机、数码、IT等产品。年均销售额在3000万元以上，最高的2006年销售额逾8000万元；年均缴税50万元左右，最高的2006年达70万元；年均就业人数110人左右。该店曾获得过省维权先进单位、2006年度诚信经营单位、省保护消费者权益示范单位等荣誉。

九、苏宁电器

苏宁电器1990年创立于江苏南京，2004年7月上市，至2010年，连锁网络覆盖中国大陆300多个城市，并进入中国香港和日本，拥有近1600家连锁店。

常德苏宁电器有限公司2007年6月注册成立，城区店位于武陵区人民中路，是3C（家电、电脑、通信）家电零售连锁企业，经营空调、冰箱、洗衣机、彩电、音像、生活电器、厨卫、通讯、电脑、数码、OA外设共10个品类的3C电器上百个品牌，上万个规格型号。

苏宁电器在常德市所属县设有多家连锁店，1个物流配送点，4家售后网点，经营总面积2万多平方米，年销售额5 000万元左右，最高的2010年达1.3亿元；年交税金近百万元，最高的2010年达117万元。

十、华星电器

2011年12月10日，华星电器北站店8周年店庆

1998年11月成立于常德的家电销售企业。目前，其旗下有9家连锁门店，其中常德市辖区7家（市城区5家：常德北站店、湘北店、德山店、青年路店、桥南店；汉寿县和澧县各一家），市外2家（张家界店、慈利店）。

华星电器以经营国内外知名品牌电器为主，经营品种有彩电、冰箱、空调、洗衣机、热水器、各类厨具、电话机、小家电、手机、数码相机、摄像机、电教产品、MP3/MP4等，是国际国内多家知名品牌的指定经销商。拥有固定资产3亿多元，经营总面积近5.5万平方米，年销售总额近4亿元，且每年都在以20%左右的速度稳步增长。华星电器共为社会解决就业岗位1000多个。

华星电器被市消费者委员会连续评为“2007—2010年度消费者信得过单位”；被省消费者委员会评为“2009年度消费维权先进单位”；被市工商局评为“2009—2010年度守合同、重信用企业”；被省银行业协会连续评为“2004—2010年度守信用企业”；被市委、市政府评为“2008年度商贸流通十佳超市”。其董事长被国家统计局中国经济景气监测中心聘为“百名专家团”成员。

十一、桥北市场

桥北市场原称常德沅水大桥商场，由原常德市（即1988年更名的武陵区，下同）市长办公会议决定，于1986年10月正式组建"常德沅水大桥商场筹建指挥部"，开始建设该商场。大桥商场初始建设投资139万元，其中原市财政拨款18万元，社会筹资121万元。商场占地7429平方米，建筑总面积6053平方米，门店288个，于1988年6月14日建成开业。1989年3月29日，根据市政府政发〔1988〕14号文件决定，大桥商场交由市工商局管理。

桥北商场（市场）属于工贸市场，在2002年12月31日关闭拆除前，建筑总面积6702平方米，其中桥孔部分6252平方米，西路（桥西人民路至建设路路段）450平方米。市场内经营业主238户，其中服装经营户155户，鞋类经营户56户，家具经营户10户，其他经营户17户，从业人员500余人。经营户主要来自安乡，约占50%，市外其他县、区约占20%，武陵区本地的30%左右。经营户向物业权属部门即市市场服务中心（前期为武陵区工商局）交纳租金每年为80余万元。

根据城市创建与规划要求，2002年7月14日，市规划局、市城管局、市工商局联合下发"关于关闭桥北工贸市场的通告"，于2002年12月31日关闭该工贸市场，实行无补偿拆除，其场地改建为市民的休闲场所。

第二节　主要集群市场

一、商业步行街

1995年，市政府在市城区人民中路上南门至下南门地段投资建设商业步行街。后因配套工程没跟上，步行街改造工程暂停至1999年2月重新开始。4年先后投资800万元进行全面改造，2000年7月1日重新开街。步行街街长560米，街面宽30米，沿街有商场大楼9个，经营门面2020个，总营业面积超过10万平方米，从业人员约5000人。步行街中央铺设花岗岩，两侧人行道铺设广场砖，空中架设五座彩虹门，装有全天候红外线监控系统，栽种2排共96棵桂花树，各种庭院灯、树景灯、礼花灯、轮廓灯、射灯等灯饰设施错落分布，装灯负荷达150千瓦。街区配套建有公共厕所、停车场等辅助设施。

位于武陵区人民中路上南门至下南门地段的商业步行街

步行街是常德城区商业网点最密集、建设投资最大、美化亮化最好的街区。在两千余个经营门面中，名精品专店120家，“船王”“恒源样”“双星”“森达”“金顶针”等一大批国际国内知名品牌和湖南“步步高”等一批知名企业先后入驻步行街。街区日平均人流6万人左右，节假日达10万人，日平均营业额100万元左右，年费税收入600多万元。中央、省内主要新闻媒体多次对常德商业步行街予以宣传报道，曾被人们誉为“湖南步行第一街”，2001年被中宣部等6部、委授予“全国百城万店无假货示范街”，被国家质量技术监督局授予“购物放心一条街”称号。

二、火车站大市场

是湖南省计委批准立项，由武陵区委、区政府独立承办的省、市重点市场建设工程。

该市场位于常德火车站对面，临常德大道，城区主干道皂果路、次干道新河路、三星路纵横贯穿其中，与湘运中心客运站、公共汽车总站正对，处于火车站周边市场群中心。市场内配有百亩仓库、大型停车场、货物配载中心等，幼儿园、学校、农贸市场、邮电、银行、运输、商居等配套服务设施齐全。市场内配备有电子监控系统。

大市场首期开发19.27公顷，后期规划46.67公顷，采取滚动开发模式，分项、分场、分期逐步开发建设。已建成的一、二期糖酒副食城、家电五金日化城和正在开发建设的三期百货服装城，建筑面积16万多平方米，门面3000多个，已完成固定资产投资近2亿元，其中仅消防设施投入就达500多万元。

市场首期建设的糖酒副食城于2000年8月28日正式营业，共有门面442个，建筑面积6万平方米，采取一楼为经营门面、二楼为仓库、三楼为居所的连体单户模式。二楼设有环形通道连接所有区域。主营糖酒副食、南货日杂等，开业后引进浓香武陵、金德山、珠江啤酒、百事可乐、娃哈哈、康师傅、伊利奶粉等57个品牌，拥有繁荣公司、隆盛公司等总经销代理商36家。该城成功地举办过首届中国中西部地区糖酒副食展销会，成为中西部地区规模最大、专业化程度最高、配套设施最齐全、政策服务最到位的现代化批零大市场。

家电日化城于2000年12月18日营业，共有门面408个，建筑面积近7万平方米，主营电子电器、五金、日化等，设计为3层，一层经营、二层仓储、三层居住的连体单户型，并实行分区、分块经营。已拥有TCL王牌、创维、格力、康佳、比倩、飘柔、海飞丝等38个品牌产品的总代理和润发公司、鑫盛公司等总经销商18家。

百货服装城于2001年9月28日开工，占地3公顷多，建筑面积3.3万 余平方米，主营百货、鞋帽、箱包、小商品、 轻纺、布匹、床上用品、服装等，拥有经营门面1300余个。采用全框架结构，室内有假山流水、休闲天庭、自动扶手电梯、预置中央空调等，集购物、观光于一体，于2002年3月交付使用。

大型停车场占地1.8万平方米，拥有市内主要公共交通线路20条，县、市线路5条， 日车流量达4200台次，紧靠停车场的仓库还引进湘西北最大的医药批发企业——吉春药业。市场实行管委会统一领导下的工商、税务、公安、司法四位一体封闭式管理体制，由大市场管委会统一收取税费、统一办理证照、统一行业管理，保安、物业24小时为经营户服务，并帮助解决城镇户口及子女入学。大市场采用现代企业管理模式，设有办公室、财务部、管理部、招商部、工程部、开发部、保卫科、物业公司等工作部门，聘有高级管理人员35名，市场服务人员62人。

三、桥南市场

该集群市场由鼎城区管理，包含桥南桥头市场、桥南工贸市场、桥南副食城、桥南家电城、桥南轻纺市场5个区域。

20世纪90年代初的鼎城区桥南大市场（视频截图）

桥南桥头市场：位于常德沅水大桥南端东侧。1986年10月1日，常德武陵大桥（原名常德沅水大桥）通车，河坡市场逐渐萧条。原常德县（1988年更名为鼎城区）工商局投资40万元，征地6180平方米，开建桥南桥头市场，1986年10月动工，次年4月1日竣工开市。整个市场建筑面积3500平方米，摊位557个，系楼、棚结合式结构，场前有16米高标志塔，开业当天，有来自河坡市场、市小河街工业品批发市场、广东、广西、浙江、湖南、湖北、河南等省的450多户客商在此经营。商品主要有中、低档服装、鞋类、毛线、床上用品等生活日用品2000余种。市场紧邻汽车南站，每天有168次长、短途班车开往周边县城、乡镇及邵东、怀化、娄底、吉首、武汉、沙市等地，便捷的交通使得数百里之外的商贩可早来晚归，因而来此进货的商贩日渐增多。1990年，经营户突破1000户，日人流量1万人以上。1991年区五运公司打通市场东墙，向五运车站停车场扩建，修建8个砖柱石棉瓦顶棚货场，筑水泥台摊位500个。其后经过多次小型扩建，摊位总是供不应求。20世纪90年代经营户达2100多户，商圈辐射至湘、鄂、川、黔的30多个县（市、区），年销售额达3.6亿元，上缴利税600万元。

桥南工贸市场：位于常德沅水大桥南端大圆盘西，由区工商局、商业局、粮食局、劳动局、房地产、建筑设计院、五运公司、保安公司等8个单位筹资共建，1992年6月7日动工，10月完成主体工程。市场初建时，建筑面积4.8万平方米，门面294间，摊位4213个；分上下两层，框架拱顶，钢筋混凝土结构。1994年，区桥南市场管理委员会（以下简称管委会）投资560万元修建市场综合办公楼——桥南大厦，是年12月28日落成，楼高7层，建筑面积5374平方米。1995年，管委会投资830万元修建名牌商城，楼高5层，建筑面积8310平方米。同年，市场内架天桥12座，自备发电机组，开通程控电话，解决市场边角照明。1997 年，管委会为名牌商城安装货运电梯，建设服装门面 200 个，扩大名牌商品销售区，在名牌商城三楼建立文体书市专业市场。1998 年，管委会投资 2300 万元，在东大门建 7 层楼桥南宾馆，建筑面积 10 483 平方米。该楼一楼辟为“电通讯城”、二楼辟为“女人大世界”。2001 年，管委会邀请国务院研究中心市场研究所和省委党校的经济专家及国家经济贸易委员会商业网点中心的行业领导，到市场进行研讨论证。后管委会与北京汉农科技发展有限公司对工贸市场主体楼进行加层升级改造，2002 年 1 月 28 日动工，当年 12 月 28 日竣工试营业。工程总投资 800 万元、新增营业面积 2.3 万平方米。经营业主来自湖南、黑龙江、山东、江苏等 17 个省的 98 个市、县（区），经营商人达 2.5 万人，经营品种主要有百货、服装、床上用品、针棉织品、塑料制品、鞋类、袋（包）类、日化日杂、文体器材、书籍、影碟、毛绒、五金等商品达 6000 余种。日人流量在 5 万人次以上。商品辐射湖南、湖北、江西、贵州、四川、重庆、广西等 7 个省（自治区、直辖市）的 53 个县（市、区）。工贸市场投入营运的第一年，商品销售额达 5 亿元。2004 年 12 月 21 日桥南工贸市场发生火灾，由于消防设施不全、消防通道狭小，消防车辆及人员无法进场灭火，致使大火焚烧长达 4 天之久，直接经济损失达 1.88 亿元。2005 年 3 月，区委、区政府筹措资金 6.3 亿元，在原址上扩大重建该市场。市场占地 80 余亩，建筑面积 11.6 万平方米，经营门面 4300 多个，可容纳经营商人 3 万人。主要经营服装、鞋类、百货、日化日杂、出版物、文化用品，床上用品、小家电、电子通讯、系列品牌等 10 多个类别 8000 多个品种。商品结构由原来的“中低档为主，高档为辅”转向“中高档为主、低中档统筹兼顾”的模式。市场实行名牌准入制、品牌保护制、鼓励经营户引进知名品牌、做品牌代理。梦娜、梦特娇、花花公子、三力、富绅、步森、罗蒙、斯得雅、威斯曼、梦洁、民光、浪莎、森达、恒源祥等 1000 多个知名品牌先后在市场设立总代理或总经销。商品辐射粤、鄂、川、滇、桂、黔、渝等省、市，至 2010 年，交易额达 28 亿元。

桥南副食城：建成于 1997 年，地处武陵镇临沅路与南站车站路交汇处，由区政府与常德欣运集团合作开发，专营糖酒副食批发，总投资 2100 万元，占地 2.2 万平方米，建筑面积 17 378 平方米，有门面 500 多间、停车场两处（3000 平方米）。市场管理机构为副食城管理委员会，下设办公室、保卫部、财务部、市管部、物管部。场内经营户来自全国各地，商品来源于全国各地的副食、糖酒、日杂、食杂、日化、小百货、纸品等几大类 3000 余种商品。2010 年年末，市场内有经营户近 600 余家，从业人员 4000 余人，年成交额逾 5 亿元。

桥南家电城：地处武陵镇仿古城内，为原武陵镇政府主持兴建和管理，1996 年 9 月 30 日建成开业，投资 1.5 亿元，占地 5.67 万平方米，建筑面积 8.75 万平方米，有家电门面 249 间，其他摊位门面 151 个。国内 21 家厂家代理商及 300 余户经销商在此经营，从业人员达 1500 余人。该城主要经营家用电器、电子元件、灯具、电脑、影碟音像等 600

余种，销售网络覆盖湘、鄂、黔三省 90 余县（市、区）。2001 年销售额达 10.5 亿元。至 2010 年，市场有经营户近 700 家，从业人员达 1 万余人，年销售总额近 20 亿元。其中年销售额上 500 万元的经销商近 100 户。

桥南轻纺市场：地处常德沅水武陵大桥南端的桥头桥南市场旧址。1992 年桥南工贸市场建成后，原桥南市场先后被改建为布匹市场和药材市场，1996 年 1 月改造成轻纺市场。该市场首期投资为 1740 万元，占地 14 663 平方米，建筑面积 4 万平方米，有门面 300 余间，每间门面使用面积为 20 平方米。至 2010 年有经营业主 80 户，从业人员近 600 余名，年经营总额近 1 亿元。2002 年 9 月，为加大市场开发力度，减少门面闲置率，区委、区政府决定把轻纺市场改造成桥南加工城。至 2010 年，共有 14 家加工企业进驻轻纺市场，其中服装 5 家、床上用品 4 家、鞋业 5 家，加工工业生产面积达 4000 平方米，固定资产投资 8000 万元，年产值近 2 亿元；其中引进的省蚕科所企业生产的“兰洁”牌蚕丝远销香港、奥地利、比利时、加拿大等国家和地区。

到 2010 年，该集群市场占地 26.67 公顷，门面摊位近 3 万个，固定资产近 30 亿元，有来自全国 20 个省（区、直辖市）的 200 多个县（市、区）的 5 万余名商人在此经营。商品辐射国内 10 多个省近 300 多个县（市、区），市场日人流量达 10 万人次，商品年成交额 180 亿元，上缴税费近 1.5 亿元。

第四章　建筑材料与汽车市场

第一节　常德钢材大市场

位于武陵区东郊乡唐家溶村境内的常德大道旁，由常德星达置业有限公司投资 3000 万元兴建， 2004 年 11 月 8 日竣工开业。市场是以钢材交易、仓储物流、加工配送为一体的大型钢材贸易专业市场。已建成的市场占地 6.67 公顷，建筑面积 3.3 万平方米，有经营门店 212 间，另有临时建筑门面 38 间。市场辐射湘西北，入驻省内外业主 100 余家，从业人员 1500 余人，经营各规格品种 1900 余种，年钢材交易量 45 万吨以上，交易额达 20 亿元，上缴税收 1500 万元。

第二节　常德兴隆装饰城

系连云港兴隆实业集团子公司，由温州企业家王尤德和叶华荣于 2001 年投资创办，位于武陵区人民路 3588 号。市场占地约 17 公顷，累计投资 1.5 亿元。市场内驻入国内著名品牌的商家和业主达 500 余户，进行陶瓷洁具、木业板材、窗饰布艺、电工电料、铝材型材、玻璃石材、五金油漆、地板家具、吊顶材料、水暖器材等上万种商品的加工、仓储、批发、零售一体化经营。所经营的商品中汇聚了国内外千余种高档装饰建材品牌，产

位于武陵区人民路的常德兴隆装饰城

品直销常德市、辐射湘西北。市场水电、通信设施齐全，工商、税务、银行、保安、邮政等功能配套。营运后从业人数3000余人，年均上缴税收400万元。

第三节　市新世纪汽车城

位于常德大道和龙港路交汇处，2003年4月在市工商局注册名为《常德市新世纪汽车商贸城开发有限公司》，系大陆与台湾的合资企业，后经批准，于2008年8月改为内资，更名为《常德市新世纪置业有限公司》，注册资金4000万元，占地113亩，总建筑面积66 457平方米。2003年4月开始筹建，2005年1月竣工建成，同年6月18日正式营业并召开常德市及湘西北汽车博览会，往后几年又在此召开了同名的3届汽车博览会。

公司总股本2.4亿元。拥有固定资产1.8亿元，已建成4S店7个，大小汽车销售专卖店24个，大小汽车零配件销售店、汽车维修车间（店）、汽车装饰美容店219个，从业人员3900余人。配套经营户住房184套，独立临街门面148个，总面积7871平方米。该汽车城市政配套设施完善，已形成体系完整的汽车商业园，开业营运后，年均销售额5.8亿元，最高年销售额达到7.8亿元，成为常德市乃至湘西北规模最大、品种最全、品质最高的汽车销售市场、汽车配件市场、汽车装饰美容市场。

第五章　其他市场

第一节　市废旧物资大市场

该市场由市富民废旧物资经营有限公司开发建设和经营管理，位于武陵区东江乡新坡村4组，总投资8100万元，占地4.07公顷，建筑面积3.1万平方米，其中经营面积1万平方米，仓储面积1.2万平方米，配套住房9000平方米。市场开业后已入住200经营户，从业人员500多人。主要经营品类包括：废旧金属、有色金属、二手机电设备、废旧电器电子产品、二手家具办公用品等。市场自2006年11月建成开业以后至2010年收售各类再生资源数量及交易额如下：2007 年 12 万吨，1.9 亿元；2008 年 16 万吨，2.4 亿元；2009 年 20 万吨，2.8 亿元；2010 年 23 万吨，3.2 亿元。

市场还组织开展再生资源回收体系建设，打造再生资源回收加工产业链条。按照行业“七统一、一规范”的要求，建立再生资源回收网点 60 多家；联系落实拆解处理企业 4 家；联络利废企业若干家并引进鑫发公司利用废旧金属生产标准件，产品出口马来西亚、新加坡。

第二节　“万村千乡”市场体系建设

常德市自 2005 年起参与商务部“万村千乡市场工程”试点工作。截至 2010 年年末，先后有 14 家较大型的商业流通企业参加承办“万村千乡市场工程”；全市地方财政在“十一五”期间累计支持“万村千乡市场工程”扶持资金 165 万元，由此带动各方投资 5 亿元（其中获得中央财政补贴资金 1832.8 万元），全市 6 年改造或新建成 2758 个连锁化农家店，营业面积达 39.57 万平方米，从业人员 0.85 万人。所建农家店覆盖全市 100%的县、100%的乡镇和 52%的行政村；在建成的农家店中，有 8 家企业建设的 2680 个农家店正常营业，年销售额 49 292 万元。

一个以城市超市为龙头、乡级店为骨干、村级店为基础的新农村流通体系已初具规模。

2006 年商务部授予常德市万村千乡市场工程先进集体奖牌

常德市各年建成农家店数量表

表 10-5-2-1

年份	建成家数	年份	建成家数
2005	139	2008	411
2006	539	2009	399
2007	590	2010	680
合计		2758	

附　　录

一、招商引资重要文件

市政府办公室
关于贯彻国务院、湖南省人民政府
鼓励外商、台商投资的有关规定的意见

常政办发〔1990〕20号

为了进一步扩大对外开放，加强国际经济技术合作，改善投资环境，吸引更多的外商、台商来常德投资，加快常德市经济建设的发展,特制定以下措施：

一、常德市人民政府坚决贯彻国务院和湖南省人民政府关于鼓励外商、台商投资的有关政策和规定。

二、凡外商、台商来常德投资兴办的企业，均纳入我市国民经济计划，优先安排生产所需的原材料，优先安排提供生产所需的水、电、燃料、运输和通讯设施，并与新办同类国营企业执行同一价格。企业所需资金，由有关银行审核后优先贷款。

三、凡外商、台商来我市投资兴办企业，优先安排使用土地，优惠收取土地使用费，每年每平方米收费标准如下：

外商投资使用土地收费标准表

表附-1-1

	市区内	一般地区	边远地区	单位
“两型”企业	1.20	0.80	0.40	元
生产型企业	1.50	1.10	0.70	元
非生产型企业	2.00	1.50	1.00	元

凡外商、台商来我市投资兴办的生产型企业、先进技术型企业以及开发能源、资源、交通和在不发达边远地区投资的其他企业，经营期在10年以上的，免征地方税10年，其他非生产型企业免征地方税5年。

四、在我市兴办的外商、台商投资企业中，中方职工的劳务费可比我国沿海地区同类企业、同一工种低30%~40%。

五、保证外商、台商投资企业充分享受生产经营自主权:即自行确定企业机构设置和

人员编制，决定企业总经理和其他高级经营管理人员和职工的聘用和辞退；企业总经理在董事会授权的范围内，可以全权处理企业生产经营的各种业务，在本地、外地和国外招聘技术人员和管理人员，制定企业的生产经营计划、收支预算、利润分配；除国家统一定价的商品外，自行确定本企业产品的价格;自行确定企业的工资标准、工资形式和奖助津贴制度。

六、港澳同胞、台湾同施、海外侨跑投资者可以在投资的企业中安排其亲属就业，投资额在10万美元以上的，视投资额多少，可对其国内直系亲属在城镇落户方面给予照顾。

七、对引荐外商、台商投资，协助合作双方联系，促使项目成功者（党政机关干部除外)，经合作双方认定，按项目外商、台商实际出资（折人民币）的一定比例发给奖金。奖金在验资后一个月内付清。若该企业被确定为产品出口型或先进技术型企业，另给项目引荐者发给一定奖金（人民币)，其奖金由合营企业发给。

引荐加工装配业务，并使项目成功者，按工缴费收入总额（折人民币）发给一定数额奖金，由加工企业在该合同执行完毕后一次发放。

引荐补偿贸易业务并促使成功者,按合同金额（折人民币）发给一定比例奖金,由我方企业按实际完成的合同金额分季发给。

八、严禁向外商投资企业乱收费、乱摊派。凡行政、事业性收费，必须经省、市人民政府批准方可收取。凡未经省、市人民政府批准，擅自向企业收费者，企业有权拒付，并可向市人民政府及其授权部门投诉。违者，由当地政府严肃查处。

九、进一步提高为外商、台商投资的服务质量。简化办事程序，提高办事效率。凡在我市审批权限以内的外商、台商投资项目，其立项以及合同、章程的批复，在收到全部材料之日起15天内做出决定。小型项目可行性报告和立项报告可一次审批。超越我市审批权限的，在7天内上报审批。

十、市政府成立“三胞”投资协调小组。市直有关部门参加，负责统一协调管理“三胞”投资企业工作，保证各项鼓励“三胞”投资政策和措施的贯彻实施。领导小组下设办公室。凡有“三胞”投资企业的所在地，建立由当地政府主管负责人主持的联合办公会议制度，及时解决需要政府协调解决的问题。

1990年11月19日

市政府办
常德市招商引资奖励办法

常政办发〔1998〕31号

第一条　为加大我市招商引资工作力度，鼓励外国（含港、澳、台地区）的公司、企业和其他经济组织或者个人（以下统称外商）前来我市投资，促进常德经济发展，根据有关法律和行政法规，结合实际我市实际，制定本办法。

第二条　本办法适用于引荐、介绍外商来我市投资的直接引荐人、介绍人。外商在我市投资包括兴办中外合资经营企业、中外合作经营企业、外商独资经营企业、三来一补项目及法定其他形式。外商投资的企业必须在法定范围内并经审批机关依法审批方可成立。直接引荐人、介绍人是指对外商起直接引荐、介绍作用，并对外商投资企业的合法成立有重要联系并企业中、外双方共同认可、项目审批机关予以确认的个人。

第三条　奖励采取物质奖励（奖金）和精神奖励两种形式。奖金根据外方资金实际到位额按比例计发，以现金人民币支付，引进多个项目，按项目数分别给予奖励。计发标准为：引进外资开办合资、合作、独资企业，外方资金实际到位额在500万美元以下的，按实际到位额的0.3%计发奖金；501万美元以上的，按0.2%计发奖金。引进外资开办三来一补项目或国家允许、鼓励的其他形式的企业，按外资实际到位额0.5%计发奖金。精神奖金采取通报表扬、嘉奖、记功、晋级等形式。

第四条　引进合资、合作、“三来一补”项目的奖金由企业中方支付；引进外商独资项目按纳税关系由同级财政拨付。

第五条　由财政支付奖金的，需由外商的直接引荐人、介绍人本人提出书面申请，同时出具中外双方认可的证明，由会计师事务所注册会计师验资的验资报告及其他合法原始凭证、实物等，经同级招商局审核确认，报同级人民政府批准后施行。由企业中方支付奖金的，按前款程序经招商局审核确认后施行。

第六条　本办法由常德市对外经济贸易委员会（招商局）负责组织实施。

本办法自1998年6月20日起施行，原《常德市招商引资奖励试行办法》同时废止。

常德市人民政府
关于鼓励外商投资的若干意见

市政府常政发〔1995〕13号

为了进一步扩大对外开放，加快招商引资步伐，促进我市经济持续、快速、健康发展，根据上级有关文件规定，结合我市实际，经市委、市政府研究，现就鼓励外商来常投资提出如下意见：

一、凡外商来我市投资兴办企业，需要使用土地的，其应缴纳的土地出让金（剔除征地费、拆迁安置费、开发成本部分）按如下标准给予优惠：

外商独资兴办生产出口产品的企业、先进科技企业、开发性农业、牧业、渔业企业，免收土地出让金。

兴办其他工业项目和基础设施项目，外商独资的，优惠80%；中外合资、合作兴办的，外资投资部分优惠80%。

旧城改造项目，外商独资的优惠50%；中外合资、合作兴办的，外资投资部分优惠30%。

二、外商投资企业生产、经营所需的水、电和运输条件、通讯设施优先安排，并按当地国有企业的收费标准计收费用。

外商投资企业在生产、流通过程中需要的信贷资金，银行优先贷放。外商投资企业出口产品，凡符合我国原产地规定的，优先办理原产地证。

外商投资兴办我市重点鼓励的项目，优先纳入我市、县固定资产投资计划和技术改造计划；其建设、生产、经营所需物资属国家控制进口的，依照规定优先申报。

三、中介人为投资商的直系亲属,且家住农村为农村户口的,除按市人民政府办公室常政办发〔1995〕3号文件规定给予物质奖励外,引资在500万美元以上的,为中介人或其直系亲属解决一个农转非指标。

四、对为常德经济建设做出较大贡献的外商给予如下精神

奖励：

投资额在100万美元以上的,市属新闻媒介予以专题报道;

投资额在500万美元以上的,其姓名录入市志或区、县（市）志外，外商投资的建(构）筑物、企业可以投资者姓名命名；

投资额在2000万美元以上的,可授予“常德市荣誉市民”称号。

五、简化办事手续,实行“一站式审批，一条龙服务”的联合办公制度。建立投诉、咨询服务中心，为投资商提供政策、法律及业务咨询和服务。

六、保护外商投资企业的合法权益。在遵守我国法律、法规的前提下，外商投资企业有权自行设置本企业机构，自行聘用企业员工，自行决定工资及奖金分配，依法处理违章职工任何单位不得设置关卡，干扰其生产经营活动。外商投资企业按法律、法规规定缴纳各种税费，对法律、法规规定以外的收费和摊派，有权拒交。

七、本规定自发布之日起施行。我市过去有关规定与本规定不一致的，以本规定为准。

常德市
改善外商投资环境的八条措施

市政府常政发〔1996〕2号

一、对外商投资项目实行一站式审批。凡在本级权限内属国家产业政策鼓励或允许的外商投资项目，由同级招商局（外经办，下同）会同计委、经委审批。经审批同意，招商局签字盖章的外商投资项目，其他有关部门都必须认可，不得再对其审批；涉及环保和规划的外商投资项目，由同级招商局牵头，会同环保、规划部门联合审批；外商独资企业由市政府委托招商局审批；属于限制性的外商投资项目，按现行审批程序审批。

二、检查外商投资企业必须申报。除税务机关组织的税收检查外，其他任何部门对外商投资企业进行检查（含调查），都必须事先向同级招商局申报。说明检查的理由、内容、时间、人数等事项，经招商局同意并领取《检查外商投资企业通知单》。对不按通知单要求行事，随意变动检查时间、增加参检人数，以及未经申报和未领取检查通知单而擅自进行检查的，视情况予以通报批评或追究当事人与检查单位负责人的责任。

三、建立外商投资企业费负卡。由市物价局、收费局与招商局对有关部门向外商投资企业收费的情况进行一次清理。在清理甄别的基础上统一印制和发放外商投资企业费负卡。费负卡应载明收费项目、标准、依据和收费机关名称及收取办法。超出费负卡范围收费的，外商投资企业应予拒绝或向招商局投诉，物价等部门应严肃查处。

四、对外商投资企业实施的重大行政行为要进行备案。行政机关对外商投资企业实施冻结账户、查封财产、扣押货物、勒令停业整顿、吊销营业执照以及限制企业法人代表人身自由等重大行政行为的，应自作出行政行为之时起24小时内向同级人民政府法制机构备案。政府法制机构对备案的行政行为应及时审查，发现违法或不当的，应予纠正。

五、建立未履约外商投资项目报告制度。已签约的外商投资项目，如未履约，有关部门或单位应向同级政府书面报告未履约原因，同时抄送同级招商局。属我方责任未履约的，要追究责任人和责任单位负责人的行政责任。

六、开展外商投诉受理服务。市招商局要尽快建立外商投诉中心和涉外经济法律服务站，为外商排忧解难，为外商投资企业提供法律咨询服务。

七、确定部门办事时限。外商投资企业到有关部门办理证、照等有关手续，有关部门要热情服务。符合政策，资料齐全的，随到随办，一个工作日时间内办完；政策规定不允许的，应耐心解释；资料不齐全的，要给予指导，进行补充；资料审核复杂且当天不能办结的，必须采取措施，在三天之内办结。超过三天未办结的，要追究单位主要负责人的责任。

八、建立定期接待外商制度。市人民政府市长或副市长与市直有关部门负责人定期接待外商，当面听取外商的意见、建议和要求，当场解决有关问题。市长接待外商每两个月一次，一般为双月中旬，由市招商局具体组织。

1996年1月15日

中共常德市委　常德市人民政府
关于进一步加强招商引资的意见

常发〔2012〕9号

为进一步加大招商引资力度，掀起招商引资工作新高潮，加快我市新型工业化、农业产业化和城市化进程，促进全市经济社会又好又快发展，现提出如下意见。

一、明确目标任务

1.引资总额目标。2012年，全市引进资金总额362亿元以上，其中外资到位4亿美元以上。“十二五”期间，全市引进内外资总额2000亿元以上，年均增幅达到30%，其中外资到位30亿美元以上。

2.项目引进目标。2012年，全市引进亿元以上项目100个，合同投资总额300亿元以上。“十二五”期间，全市引进亿元以上项目600个，合同投资总额1500亿元以上。工业项目450个，商贸、旅游、农业产业化项目150个，其中引进世界500强和国内100强企业30家。

3.标准化厂房建设目标。2012年，全市新建标准化厂房100万平方米以上。“十二五”期间，全市新建标准化厂房500万平方米以上。

4.发展开放型经济目标。2012年，全市完成进出口总额4.5亿美元，其中加工贸易1.2亿美元。“十二五”期间，全市进出口总额达到25亿美元，年均增幅达到20%以上，其中加工贸易达到5亿美元以上。

二、突出招商重点

5.突出重点产业。紧紧围绕食品、纺织等传统优势产业和先进装备制造、新材料、文化创意、生物医药、新能源、电子信息、节能环保等战略性新兴产业，按照我市产业发展规划和产业集聚要求，重点筛选一批带动产业结构升级、延长产业链条、引发产业裂变的项目。市发改委每年要收集整理和对外发布项目200个以上，其中市十二大产业领导小组每年要新开发5个符合国家产业政策的重大项目。各园区每年要围绕各自重点产业，开发10个亿元以上的重点项目。此外，要加大地区总部中心、检测认证中心、研发中心、采购中心等功能性机构的引进和扶持力度。

6.突出重点区域。围绕承接国际资本和沿海产业转移，重点抓好港澳台、长三角、珠三角、闽三角、环渤海湾等地区招商引资；围绕引进央企，抓好北京等地区招商引资；围绕产业配套，抓好长株潭、武汉城市圈等中部地区招商引资。

7.突出重点客商。加强与在常投资客商、在外常德籍成功客商、世界500强和国内100强客商、我市产业链上下游配套有紧密联系的客商、对我市资源深度开发有意向客商的对接联络，深入了解其发展方向、投资意向、投资领域等情况，积极争取其来常投资、扩大投资规模。

三、加强平台建设

8.加强园区功能配套。坚持长期投入理念，把工业园区纳入城市总体规划，与城市同步规划、同步建设、同步发展。“十二五”期间，市财政每年投入2亿元以上，用于常德经济技术开发区、西洞庭食品工业园等园区基础设施和配套设施建设，区县（市）对园区的投入不低于城市基础设施总投入的25%，同时要加快园区职工生活楼、宾馆、学校、医院、休闲娱乐等配套服务设施建设。加大物流企业的引进和物流园区建设力度，对物流企业、道路运输站场和物流配送中心建设减免部分地方规费；对规模以上汽车货运企业，由营运税收受益财政按地方所得税额给予一定奖励。“十二五”期末，基本形成方便、快捷、高效的物流网络，降低企业生产成本。

9.加强标准化厂房建设。市招商引资领导小组要制定实施细则和奖励措施，加大标准化厂房建设力度。2012 年，常德经济技术开发区新建 30 万平方米以上，鼎城、汉寿、桃源、临澧、石门、澧县、安乡、津市等区县（市）各新建 10 万平方米以上，西洞庭管理区新建 5 万平方米以上。对当年新建成的标准化厂房，按竣工验收面积，给予 20 元/平方米补贴，补贴资金由市政府和园区所在地政府（管委会）各承担 50%。市政府对标准化厂房建设工作抓得好的区县（市）政府（管委会）给予一定奖励。

10.推进园区升级。加大园区升级申报力度，2012 年，津市、桃源、安乡工业园区和西洞庭食品工业园力争升级为省级工业园区。“十二五”期末，灌溪工业园和西洞庭食品工业园力争申报为国家级经济开发区或国家级专业园区。

11.提高通关效率。加大口岸申报力度，力争“十二五”期间成功申报除航空以外的铁路、公路和水路 2 级口岸；支持常德经济技术开发区设立综合保税区。同时，加快推进“属地申报、口岸验放”通关监管模式，改进海关监管和服务，加大检验检疫服务力度，促进贸易便利化。

四、强化招商举措

12.推进领导招商。实行招商引资工作党政“一把手”负责制。区县（市）和市直相关单位“一把手”作为第一责任人，要把大部分精力放在抓招商引资工作上，亲自参与重大项目的考察、谈判和决策。区县（市）党政“一把手”每年分别引进 1 个亿元以上的工业项目，市直相关单位“一把手”要确保本单位小分队完成招商任务。区县（市）和市直相关单位分管领导是直接责任人，要把主要精力用在招商引资上。市十二大产业领导小组要把工作重点放在项目引进上，由市级领导牵头，围绕产业规划和产业链加大引资力度，引领产业发展。

13.推进小分队招商。市委常委所在部门（政法部门除外）、市四大家办公室、市政府工作部门（国土资源、规划、安监、统计、信访等部门除外）及其他相关经济部门和部分群团组织要成立招商小分队。招商小分队队长由相关责任单位处级干部兼任，原则上脱产驻点招商，每年引进 1 个 5000 万元以上符合国家产业政策的工业项目或 2 亿元以上的商贸物流、文化旅游项目落户常德经济技术开发区、柳叶湖旅游度假区、西湖管理区、西洞庭管理区、桃花源旅游管理区（筹）、武陵区和鼎城区。其中，市发改委要突出产业中心和总部经济、市经信委要突出电子信息产业、市财政局要突出纺织产业、市商务局要突出产业转移、市国资委要突出央企抓好招商引资工作，每年各引进 1 个 5 亿元以上的项目。各区县（市）和园区要抽调专人，组织专业队伍开展驻点招商。市招商引资工作领导小组办公室要加强对招商小分队的协调管理。

14.推进活动招商。积极参加国家、省举办的重大招商活动，并以长三角、珠三角为重点，每年举办1~2次大型招商活动。市十二大产业领导小组和区县（市）每年组织1场有针对性的专题招商活动，每年引进1个重大项目。

15.推进园区招商。各工业园区是招商引资的第一主体，要编制发展规划，优化产业布局，加大工作力度，引进一批科技含量高、产品附加值高、产业关联度大、财政贡献率高的项目，每年引资增幅要达到50%以上，使园区真正成为我市经济发展的核心增长极。

16.推进商会招商。充分发挥商会、协会的桥梁纽带作用，积极支持发展异地常德商会和常德异地商会，对新成立商会给予5万元工作经费补贴。充分利用商会、协会的人脉资源，鼓励在外投资者回乡发展，吸引外地客商来常投资兴业。

17.推进驻外机构招商。市政府驻外联络处的主要任务是招商引资，每个驻外办事机构每年要引进1个投资5000万元以上的工业项目。

五、优化投资环境

18.优化政策环境。全面清理现行招商引资优惠政策，学习借鉴外地做法，从工业用地、企业融资、员工培训、社保缴费、科技扶持等方面进一步制定招商引资优惠政策。企业办理资产评估、公证等中介业务的，由企业自主选择有资质的机构。

19.简化办事程序。强化部门主动服务、优质服务、创造性服务意识，推行部门行政审批内部相对集中改革，深化联合审批四项制度，精简和规范审批流程，逐步推行申报资料电子化。规范各类执法和检查行为，落实行政处罚自由裁量权基准，严格行政执法责任制，加强行政执法公开评议和重要岗位行政效能监察，营造“亲商、富商、安商”的投资环境。

20.加强跟踪服务。所有签约项目实行“一个项目、一名领导牵头、一套班子服务、一个窗口办理、一条龙服务”的项目全程代理、跟踪服务责任制，各区县（市）政府（管委会）、市直相关部门要扎实做好配套服务，促进签约项目早落地、早开工、早投产。

21.加大宣传力度。常德电视台、常德日报、常德新闻网等新闻媒体要开辟专栏，推出专版，宣传常德企业，宣传常德优势资源、优势产业和创业环境，宣传先进典型，营造浓厚氛围。

六、落实保障措施

22.加强组织领导。调整市招商引资工作领导小组，由市长任组长，市人大常委会、市政府、市政协相关领导任副组长。领导小组下设办公室，办公地点设市商务局内，市政府分管副市长兼任办公室主任。同时，从市直相关部门抽调专人，集中办公。

23.强化考核调度。将招商引资工作纳入年度绩效考核范围，提高考核分值。由市招商引资工作领导小组办公室牵头负责，组织市纪委、市委组织部、市直机关工委、市发改委、市经信委、市人社局、市财政局、市商务局、市审计局等单位，重点考核引进资金总额、到位外资总额、引进重大项目数量及履约率等；市推新办组织相关单位重点考核标准化厂房建设工作。强化工作调度，实施招商引资工作三级调度制度：市招商引资工作领导小组办公室每月调度一次，通报工作进度，明确整改措施，提升招商实效；市招商引资工作领导小组每两个月调度一次，专题分析研究具体工作；市委常委会、市政府常务会每半年听取一次情况汇报，研究解决重大战略项目引进落户问题。

24.制定激励政策。对引进重大产业转移项目获得省政府奖励的区县（市），给予20万元奖励；对区县（市）政府（管委会）引进的外资项目，按《中共常德市委常德市人民政府关于印发的通知》（常委〔2007〕19号）相关规定给予奖励；对每个市直招商小分队，市财政拨付年度工作经费10万元，没有完成招商任务的，从部门经费中扣除2万元；市直招商小分队每引进1个5000万元以上的工业项目，除按《常德市人民政府关于印发的通知》（常政发〔2011〕26号）给予奖励外，市财政给予5万元工作经费补助，项目落户地园区给予不少于5万元工作经费补助；常德异地商会和异地常德商会每引进1个亿元以上的工业项目，除按常政发〔2011〕26号文件规定给予奖励外，市财政和项目落户地园区分别给予10万元奖励。

25.提供经费保障。市财政要加强对标准化厂房建设、小分队招商引资、招商活动、客商来常考察等方面的经费保障。各区县（市）要加大对园区基础设施建设的投入，并保障招商引资所需资金。

各区县（市）及其园区和市直有关单位要根据本意见，抓紧制定具体贯彻落实意见或实施方案。

以前相关政策与本意见不一致的，以本意见为准。

2012年6月5日

二、商务、粮食工作重要文件

常德市人民政府
关于积极承接沿海产业转移发展加工贸易的意见

常政发〔2008〕16号

加工贸易是承接国际和沿海资本、技术及产业转移的有效途径，是加速融入世界经济发展的新型生产合作方式，已成为世界各国参与国际分工的重要贸易方式。为贯彻落实《湖南省人民政府关于积极承接产业转移促进加工贸易发展的意见》（湘政发〔2008〕16号）文件精神，促进加工贸易健康发展，提高我市外向型经济发展水平，现提出以下意见：

一、明确发展目标

坚持以科学发展观为指导，以加强基础设施、功能配套设施和产业发展环境建设为保障，以德山开发区、各县市区工业园区为加工贸易重点承接地的主要载体，大力引导国际资本、沿海地区加工贸易产业向我市转移，加快形成产业布局合理、比较优势明显、区域特色鲜明的加工贸易格局。力争通过五年努力，全市对外贸易进出口总额超过5亿美元，其中加工贸易进出口总额达到2亿美元。

二、编制发展规划

由市商务局牵头，市发改委、市经委、市建设局、市规划局、市国土资源局、市环保局、常德海关、常德出入境检验检疫局等单位配合，抓紧编制《常德市承接沿海加工贸易产业转移总体规划》，规划要以科学发展观为指导，突出重点园区、重点产业，明确发展目标。各县市区要根据总体规划，结合本地实际，尽快编制承接产业转移详细规划，并制定实施意见。

三、落实配套措施

㈠加强平台建设。积极做好常德市申报国家中西部地区加工贸易重点承接地，以及汉寿县作为湖南省承接产业转移重点县的工作。德山开发区、各县市区要加强基础设施建设，完善配套功能，要确定一个以上示范承接专业园区，努力做到“一县一品牌、一园（区）一特色”。积极推进标准厂房建设，每年应采取多种途径，筹措资金建设标准厂房，确保每年新建标准厂房不低于1万平方米。

㈡加快发展现代物流业。建立和完善物流产业发展配套政策，加快发展现代物流业，重点建设好市城区物流中心和德山开发区物流中心，积极引进和培育大型现代化物流企业，改善交通基础设施条件，加强与沿海地区物流枢纽的协作，进一步提高口岸大通关效率，降低通关费用和时效成本。

㈢积极培养加工贸易人才。各级领导干部要带头学习加工贸易知识，加强加工贸易政策研究，提高管理加工贸易的业务水平。市县两级商务部门要抓紧学习承接产业转移发展加工贸易的政策，各类进出口企业要抓紧培养加工贸易人才。

四、优化政策环境

㈠加大财政扶持力度。从2009年起市财政连续3年设立承接产业转移发展加工贸易引导资金，从工业发展等现有专项资金中统筹安排。市财政局、市商务局要制订具体的资金使用管理办法，提高资金使用效率。各县市区也要根据需要，设立专项资金，加强引导。

对引进重大产业转移项目获得省政府奖励的县市区，市政府配套给予工作奖励。

对加工贸易出口增量适当给予贴息，从2008年开始，以上年为基数，对加工贸易企业出口增量部分给予1‰~2‰的贴息，所需资金按税收级次由同级财政负担。

对德山开发区、各县市区标准化厂房建设给予一定的资金补贴。

㈡税收优惠。对新落户的加工贸易企业，投产后三年内增值税地方所得部分财政返还30%给企业；

所得税地方留成部分实行前两年全返，后三年减半返还。

㈢改进海关服务工作。加快推进“属地申报、口岸验放”、担保验收、联网报关等便捷通关措施，提高通关效率。常德海关要优先办理转移企业注册、合同备案、变更、结转、外发加工等手续，在手续齐备的情况下做到当日办结；对沿海内迁A类加工贸易企业落户常德后，海关要凭该企业以往资信状况，尽快将其纳入A类企业管理。

对管理类别为A类和B类的企业，开展限制类商品加工贸易业务时，均实行银行保证金台账空转。允许转移企业将原进口设备结转到新企业继续使用，监管期限连续计算，常德海关提供办理结转手续优质服务。

㈣检验检疫部门要及时完成对加工贸易企业进出口货物的检验，做到随到随检，快捷高效。对入境原料价值占50%以上的进料/来料加工贸易降低收费标准，避免重复收费。对进料加工的出境货物品质检验费，按收费标准的70%计收；来料加工的入境货物不做品质检验的，不收品质检验费；来料加工的出境货物品质检验费，按收费标准的70%计收。同时，适度放宽首件检测，型式试验的审查条件。给予一段时间的待定整改期，对不涉及安全、卫生、环保要求的试生产出口企业，适度放宽注册许可的前置条件。全面实施检验检疫直通放行新规定，对符合条件的企业，出口货物经产地检验检疫机构检验检疫合格后，凭通关单在口岸直接通关；进口货物口岸检验检疫机构不实施检验检疫，货物直运至目的地后，由目的地检验检疫机构实施检验检疫。

㈤金融部门要开辟承接产业转移发展加工贸易的信贷绿色通道，对符合条件的转移企业适当增加贷款额度，放宽企业贷款抵押担保条件，对产品有市场、有效益的转移企业，利率可按基准利率适当下浮；建立市、县两级中小企业信用担保体系，支持担保机构为落户加工贸易企业提供贷款担保。

㈥外汇部门对有真实贸易背景的用汇，优先满足出口加工贸易企业的需求，鼓励进料加工贸易企业实行抵扣核销，合理精简前台审核，强化事后监督。

㈦环保部门按照“依法审批、快捷高效”的原则，提供优质服务。引进项目严格执行环境影响评价制度，坚决杜绝污染产业向我市转移，积极支持低污染、低能耗产业的发展。对于符合国家环保政策的项目应缩短审批时间，及时办结。

㈧国土部门要优先保证加工贸易项目用地，依法高效为落户企业办理用地手续。坚持把加工贸易落户项目用地作为全市建设供地的保障重点，加强用地指标统筹，保证承接加工贸易产业转移重点项目建设用地。

㈨商务部门要在加工贸易联网审批的基础上，简化管理程序，缩短审批时间。对符合规定、材料齐全、手续完备的加工贸易合同，要及时办结。

其他有关部门要积极为加工贸易企业落户提供优质、高效服务，为投资者排忧解难。

五、加强组织领导

㈠健全领导机制。成立常德市承接产业转移发展加工贸易领导小组，由市人民政府市长任组长，常务副市长、分管副市长为副组长，市发改委、市经委、市商务局、市财政局、市环保局、市交通局、市建设局、市规划局、市统计局、德山开发区、常德海关、常德出入境检验检疫局、市外汇管理局等部门负责人为成员，定期召开联席会议，研究解决承接产业转移中发现的困难和问题。领导小组办公室设在市商务局，负责处理日常工作。各县市区也要成立相应机构，明确分管领导，建立工作机制。

㈡建立重点企业联系制度。对年出口额达到一定规模的加工贸易企业，定为市、县两级政府工作联系点，指定相关政府职能部门实行联系，明确专人，及时为企业提供产前、产中、产后服务。市商务局、常德海关、常德出入境检验检疫局、常德外汇管理局要建立市级加工贸易重点企业、重点园区联系制度，加强跟踪服务。

㈢加强考核督导。市政府将加工贸易纳入外向型经济工作考核目标。各县市区政府、商务部门要把加工贸易纳入招商引资的考核范围，建立督导考核机制。市委督查室、市政府督查室、市承接产业转移发展加工贸易领导小组办公室要加强对承接沿海加工贸易产业转移工作的督促和检查，确保各项工作落到实处。

2008 年 10 月 30 日

常德市人民政府
关于进一步加强酒类产销管理工作的意见

常政发〔2010〕11 号

为加快酿酒工业发展，促进地产酒类消费，依法实施酒类监管，现就加强我市酒类产销管理工作提出以下意见：

一、高度统一思想认识

㈠充分认识加强酒类产销管理工作的重要性。我市酒类产品品种较为齐全，是省内酒类商品生产大市；酒类市场需求比较旺盛，酒类消费名列全省前茅；酒类商品是食品类的一种特殊商品，酒类消费安全责任重大。切实加强酒类产销管理工作，是当地政府及相关职能部门的重要职责，必须抓紧抓好。

二、服务地方酒业发展

㈡明确酒业发展目标。到 2015 年，全市实现地产酒类销售收入 30 亿元；到 2020 年，实现地产酒类销售收入 50 亿元以上。

㈢推进品牌发展战略。用 2~3 年时间，力争新创中国驰名商标 1 个，新创中国名牌 1 个，新创湖南省著名商标 6 个，新创湖南名牌产品 5 个，新创常德名牌 10 个。定期组织全市地产名优酒评选即酒类产品质量检测评选，编制包括国家级和省级名优酒在内的年度《地产名优酒品牌目录》向社会公布。

㈣扶持酒类生产企业。重点扶持武陵酒业、德山酒业、重啤国人酒业和神州庄园酒业快速发展，充分发挥其品牌优势、企业龙头优势以及品种地域优势，促其做大做强；支持八百里酒业、金三湘酒业等其他拥有生产许可证的企业生产上规模、产品上档次、管理上水平。贯彻落实市委、市政府《关于加速推进新型工业化的若干意见》（常发〔2006〕4

号）精神，对酒类生产企业的技术改造、品牌创建、信贷规模和人才引进以及生产经营环境等方面，实施扶持政策，促进酒类行业又好又快发展。

㈤鼓励企业扩大销售。鼓励酒类生产企业和经销商积极拓展市场，千方百计搞活地产名优酒的销售，对销售地产酒有功的企业和个人，按照《市本级工业发展奖励办法》（常办通字〔2006〕36 号）的规定给予奖励。

三、加强酒类流通市场监管

㈥加大宣传酒管法规的力度。加大对《湖南省酒类管理条例》和商务部《酒类流通管理办法》的宣传力度，一是利用各类媒体，运用各种方式广泛开展社会宣传；二是在酒类从业人员中开展法律法规宣传培训，不断增强从业人员的法律意识，做到守法经营。

㈦落实酒类批发许可证制度。依法依规审查酒类批发入市资格，严格审批酒类批发许可证，把住酒类批发市场资格准入关。按规定开展酒类零售备案登记，引导酒类零售企业逐步达到并执行国家行业标准，不断提升我市酒类零售业经营水平。

㈧执行酒类商品流通溯源制度即《酒类流通随附单》（以下简称《随附单》）制度。贯彻执行酒类商品供货人填制《随附单》和采购人索要《随附单》的规定，严格检查酒类商品《随附单》单随货走、单货相符的执行情况，确保消费者购买酒类时有权查阅《随附单》。

㈨整治酒类流通市场秩序。依法查处酒类商品无许可证批发等违法行为，大力整治酒类流通中各种不正当竞争行为，确保酒类市场安全有序。

四、加大酒类打假力度

㈩成立酒类联合打假工作机构。为适应酒类打假维权工作的需要，市政府成立由政府分管副市长任组长，商务（酒管）部门牵头，工商、质监、食药和公安等相关部门参加的酒类联合打假维权领导小组，领导小组办公室设在市酒管办。各县市区也要成立相应的工作机构。

（十一）建立酒类打假长效工作机制。为实现酒类打假维权工作常态化，要建立市县整体联动、部门各司其职、信息互通共享、开展专项整治、定期调度督办、投诉举报有奖的工作机制。各级财政应保障酒类打假执法经费。

（十二）突出酒类打假重点难点。在地域上，集中整治在城市郊区、城郊接合部和社区的出租屋制假行为；在内容上，突出整治制假售假和仿冒侵权行为；在对象上，既要打击直接制假者，又要查处销售假酒者，还要专项整治为制假提供（回收）酒包装物的违法行为，推动酒类打假维权工作深入进行。

（十三）落实基层组织酒类打假责任。乡镇、村和街道、居委会要主动抓好酒类食品安全工作，发动群众举报，提供制假线索，积极配合酒类打假。

五、积极推介地产名优酒

（十四）大力宣传地产名优酒。新闻媒体应加大对“武陵酒”、“德山大曲酒”等国家名优酒和"重庆国人"啤酒、"八百里"白酒等省级名优酒以及市级名优酒的宣传力度。

（十五）提倡公务活动使用地产名优酒。行政和企事业单位必要的公务接待活动，提倡使用地产名优酒。

（十六）全市酒类零售经营场所，应积极支持地产名优酒上架参与商品陈列、展示和销售，并积极宣传、推介地产名优酒。在市城区酒类零售终端中评选一批地产名优酒经营示范店。

六、充分发挥各级各部门的作用

（十七）重视发挥酒类产销管理工作领导小组的作用。市县两级酒类产销管理工作领导小组定期召开会议，听取情况汇报，研究部署工作，明确任务，抓好协调，及时调度，加强检查督促。

（十八）充分发挥各相关职能部门的作用。商务（酒管）部门积极履行酒类产销管理工作的牵头职能，经信委、工商、质监、公安、食药、物价、财政、国税和地税等部门，应积极履责，主动作为，加强配合，不断推进酒类产销管理工作。

（十九）重视发挥酒业协会的作用。充分发挥酒业协会行业服务、行业自律、行业代表和行业协调的基本职能和作用，酒业协会在为会员服好务的同时，积极沟通会员与政府、社会的联系；努力维护行业公平竞争秩序和行业整体利益，促进行业健康发展。有关职能部门要把行业管理中协会能办好的事交给协会去办，支持酒业协会发挥更大的作用。

2010 年 7 月 1 日

常德市牲畜定点屠宰管理办法

经市人民政府 2002 年第 1 次常务会议通过，自 2002 年 5 月 1 日起施行。

第一章　总　则

第一条　为加强牲畜肉品管理，保障经营者、消费者合法权益，根据国家有关法律、法规，结合我市实际，特制定本办法。

第二条　对上市牲畜一律实行定点屠宰、集中检疫的制度。除农户自养自宰自食外，任何单位和个人不得在定点屠宰场以外屠宰猪、牛、羊。

本办法所称牲畜是指猪、牛、羊等动物，所称牲畜产品，是指猪、牛、羊在屠宰后的胴体、肉、脂肪、脏器、头、蹄等。

第三条　本办法适用于市城区（含武陵区、德山开发区、柳叶湖旅游度假区）从事牲畜屠宰活动的单位和个人。

第四条　市内贸办是市人民政府商品流通行政主管部门，主管全市牲畜定点屠宰的监督管理工作。其所属的屠管办负责发放和管理定点屠宰标志牌，取缔私屠滥宰场点，对市场（含超市）、餐饮行业、集体伙食单位、肉制品加工企业的监督检查等具体工作。工商、畜牧、质量技术监督、卫生、物价、公安等有关行政主管部门按照各自职责协同做好牲畜屠宰的监督管理工作。

第五条　定点屠宰场的设立必须经市人民政府批准，符合规划、卫生、环保等方面的要求。

第二章　屠　宰

第六条　定点屠宰场屠宰加工牲畜必须遵守下列规定：

㈠收购的牲畜应有动物防疫机构出具的产地检疫证明，不得收购、屠宰染疫、病死、毒死和死因不明的牲畜；

㈡屠宰加工应按有关工艺流程要求和卫生防疫规定进行；

㈢按国家有关规定进行肉品品质同步检验；

㈣屠宰后的肉品符合国家产品质量标准，供应少数民族的畜产品还应符合少数民族的风俗习惯；

㈤病畜、死畜和不合格的肉品按有关规定进行无害化处理；

㈥屠宰牲畜不得注水、灌水、掺杂使假；

㈦经检疫合格的公母猪肉出场必须有明显的标志；

㈧未经检验或者检验不合格的肉品不得出场。

第七条　牲畜产品经营者可自主选择定点屠宰场屠宰牲畜或购进牲畜产品。

第八条　定点屠宰场检验人员每日必须将牲畜屠宰数量、检验结果登记建档，并接受有关部门的监督检查。出场的肉品必须标示检验合格标志，并对检验结果负责。

第九条　肉制品加工企业必须有固定场所，生产场房、设施布局和工艺流程及相应设施必须符合国家、省有关规定。

第十条　肉制品加工企业生产加工用肉必须是定点屠宰场出场的经检疫检验合格的牲畜产品，禁止使用法律、法规、规章规定禁用的肉品。

第十一条　肉制品加工企业应当每月分别向当地动物防疫监督机构、质量技术监督管理部门报告当月肉品购销、仓储情况和报验产成品质量。

第三章　检　疫

第十二条　牲畜屠宰检疫必须在定点屠宰场内进行，由动物检测机构派驻的检疫人员负责实施。动物检测机构驻场检疫人员必须是经上级畜牧主管部门考试合格，具有动物检疫资格的持证人员。检疫人员不得在屠宰场外实施牲畜产品检疫。

第十三条　检疫检验要与屠宰同步实施，并按照国家规定的《检疫规范》操作，详细记录检疫情况，以备查验。经检疫合格的牲畜产品必须按要求和规定出具检疫合格证明，加盖检讫印章，凭证、章出场。对检疫不合格的应当监督屠宰场进行无害化处理，无检疫证明的牲畜肉品一律不准上市销售和加工。

第十四条　动物检测机构对定点屠宰场检疫合格的牲畜产品必须统一使用农业部监制

的针刺式防伪印章。

第十五条 检疫人员在定点屠宰场内检出染疫牲畜，应当立即采取隔离等防疫措施，并报告畜牧主管部门。畜牧主管部门接到疫情报告后应积极组织疫情监测和处理。检疫人员发现人畜共患病或疑似传染病时，应及时向卫生行政主管部门报告，按规定措施进行处理。

第十六条 动物检测机构发现私屠滥宰的牲畜产品要立即暂扣，并及时移交屠宰管理部门依法处理。对虽经定点屠宰，但不能提供检疫证明或者物证不符的，要依照《动物防疫法》有关规定严厉处罚。同时要向屠宰场所在地动检监督机构通报情况，追究当班检疫员责任。

第四章 销 售

第十七条 进入城区市场销售的鲜肉必须是市城区牲畜定点屠宰场屠宰、检疫检验合格的牲畜产品，任何单位和个人均不得经销非定点屠宰的牲畜及其产品。

第十八条 餐饮行业；集体伙食单位、超市和牲畜产品加工用肉的单位和个人，不得购进、使用非定点屠宰场屠宰的牲畜产品。

第十九条 进入市场销售的牲畜产品，必须盖有检疫印章，并有检疫证、规费缴讫票且票物相符，票、印制式为市城区统一制式。票印不符、票印不全的牲畜产品，一律不得上市销售。

第二十条 销售、使用牲畜产品的单位和个人，应对其销售使用的牲畜产品质量负责，不得销售使用病害、注水、变质等不符合质量和卫生标准的牲畜产品。

第五章 税 费

第二十一条 国税、地税、动检、工商、屠宰管理部门必须依法按标准征收增值税、屠宰税、检疫费、工商管理费、屠宰管理费，不得擅自增加收费项目、提高收费标准，严禁任何单位和个人乱收费。

第二十二条 市城区牲畜定点屠宰实行税费分开征收的办法，即只在定点屠宰场内由动检部门、屠管办收取检疫费、屠宰管理费，国税、地税、工商管理费均分别由国税部门、地税部门、工商部门向经营牲畜产品的单位和个人按标准收取。

第二十三条 定点屠宰场对经检疫合格的牲畜肉品必须坚持先收费、开票，再加盖检讫印章的工作程序。规费票据填写必须字迹清晰，印章齐全，姓名、日期真实准确。

第六章 罚 则

第二十四条 未经定点，擅自屠宰牲畜的，由商品流通行政主管部门予以取缔，并没收非法屠宰的牲畜及其产品、违法所得、非法财物，拆除屠宰设施，并处违法经营额 2 倍的罚款，情节严重的，处违法经营额 3 倍的罚款。

第二十五条 定点屠宰场出场未经肉品品质检验或肉品检验不合格未按规定处理的牲畜产品，由市商品流通行政主管部责令限期处理，没收牲畜产品和违法所得，并处 2 万元罚款；情节严重的，并处 3 万元罚款，取消定点屠宰场资格。

第二十六条　定点屠宰场在屠宰过程中，对牲畜及牲畜产品注水或注入其他物质的，由市商品流通行政主管部门责令停产整顿，没收注水或注入其他物质的牲畜及其产品和违法所得，并处违法经营额2倍的罚款；情节严重的，取消定点屠宰场资格。

第二十七条　餐饮行业、集体伙食单位、超市以及从事牲畜产品加工的单位和个人，使用非定点屠宰场屠宰的产品的，由市商品流通行政主管部门予以没收，并处违法经营额2倍的罚款。

肉制品加工企业使用病、害肉品的，由卫生、质量技术监督部门责令停止经营，并依法给予处罚。

第二十八条　销售公、母猪肉及其产品不悬牌的，由工商部门予以没收，并处500元罚款；情节严重的，吊销营业执照。

第二十九条　以暴力拒绝或阻碍牲畜定点屠宰监督管理工作人员执行公务的，由公安机关按照《中华人民共和国治安管理处罚条例》处罚。

第三十条　负有牲畜定点屠宰监督管理职责的国家工作人员玩忽职守、徇私舞弊的，依法给予行政处分。

第七章　附　则

第三十一条　本办法自2002年5月1日起施行。

常德市牛、羊、禽类屠宰管理办法

《常德市牛、羊、禽类屠宰管理办法》已经报请市人民政府备案，现印发给你们，请认真贯彻执行。

常德市商务局

二〇一〇年十二月三十日

第一条　为加强畜牛、羊、禽类屠宰管理，规范屠宰行为，保证牛、羊、禽类产品质量，保障人民身体健康，根据《中华人民共和国动物防疫法》《中华人民共和国食品安全法》、国务院《生猪屠宰管理条例》、湖南省《生猪屠宰管理条例》等法律、法规，结合本市实际，制定本办法。

第二条　本市行政区域内从事牛、羊、禽类屠宰及相关经营活动的单位和个人，应当遵守本办法。

第三条　市商务行政管理部门是本市牛、羊、禽类屠宰行业的行政主管部门。

农业、畜牧兽医行政管理部门负责牛、羊、禽类屠宰检疫监督管理工作；质量技术监督行政管理部门负责牛、羊、禽类产品的质量监督管理工作；工商行政管理部门负责牛、羊、禽类产品市场销售的监督管理工作；卫生行政管理部门负责牛、羊、禽类屠宰卫生监督管理工作；民族工作部门负责对清真牛、羊、禽类产品经营活动进行监督管理。

第四条　牛、羊、禽类屠宰实行统一规划、定点屠宰、集中检疫、分散经营的原则。市城区牛、羊、禽类定点屠宰场的设置规划由市商务行政主管部门负责。市城区原则上只设立一个牛羊定点屠宰场，由市商务综合执法支队全天候监管。市城区其他禽类屠宰必须在指定区域内封闭式屠宰。牛羊交易市场由市工商局、市畜牧水产局监管。

第五条　定点屠宰厂（场）的设立，应当坚持符合规划、布局合理、有利流通、方便群众、便于管理的原则。

第六条　牛、羊、禽类定点屠宰厂（场）的选址，应当远离生活饮用水的地表水源保护区，并不得妨碍或者影响所在地居民生活和公共场所的活动。

第七条　确定设置的牛、羊、禽类屠宰厂（场），经商务行政管理部门颁发常德市牛、羊、禽类定点屠宰许可证、章、标志牌，并依法办理动物防疫合格证、卫生许可证、工商营业执照后，方可开展牛、羊、禽类屠宰活动。

第八条　申请设立牛、羊、禽类定点屠宰厂（场），应当提交书面申请和有关技术资料，并具备下列条件：

㈠有依法取得健康证明，并经相关部门培训考核合格的屠宰技术人员；

㈡配备有经培训考核合格，并与屠宰规模相应的肉品品质检验人员；

㈢有专用的牛、羊、禽类肉品检疫室，相对独立的牛、羊、禽类屠宰场所，待宰与屠宰场所分开，有必要的屠宰设备，有充足的符合生活饮用水标准的水源，有污水排放渠道并保持畅通，有畜禽产品质量管理的各项管理制度；

㈣有必要的检验设备、消毒设施和消毒药品以及污染物处理设施；

㈤有牛、羊、禽类及其产品无害化处理设施、冷藏设施；

㈥符合动物防疫法，食品安全法规定的防疫、卫生条件；

㈦符合国家法律、法规和国家强制性标准规定的其他条件。

申请设立清真牛、羊、禽类屠宰厂（场）的，除符合上述条件外，还应当符合民族工作部门的相关规定。

第九条　定点屠宰厂（场）屠宰的牛、羊、禽类，应当有免疫标识标志，并具有动物防疫监督机构出具的动物产地检疫合格证明及动物产品运载工具消毒证明。未经检疫的牛、羊、禽类不得入厂（场）。

第十条　定点屠宰厂（场）屠宰牛、羊、禽类，应当符合下列条件：

㈠牛、羊、禽类待宰前应当按国家有关规定停食静养饮水；

㈡应当分设清洁区、非清洁区，防止交叉污染，保持环境清洁，对污染物、废弃物应当有专门存放场所或者容器；

㈢禁止屠宰加工病死、毒死或者死因不明的牛、羊、禽类。

第十一条　定点屠宰厂（场）应当建立严格的肉品品质检验管理制度。肉品品质检验必须与牛、羊、禽类屠宰同步进行，并对肉品品质检验结果及其处理情况进行登记。

肉品品质检验应当包括以下内容：

㈠传染性疾病和寄生虫以外的疾病；

㈡有害腺体和有害物质；

㈢肉品是否注水或者注入其他物质；

㈣屠宰加工质量；

㈤其他按照规定应当检验的内容。

第十二条　经肉品品质检验合格的牛、羊、禽类产品，应当加盖肉品品质检验合格验讫印章。并出具统一印制的常德市牛、羊、禽类产品品质检验合格证明，方可出厂（场）。

未经检验或者未加盖检验合格验讫印章、未出具牛、羊、禽类产品品质检验合格证明的牛、羊、禽类产品，不得出厂（场）；经检验不合格的牛、羊、禽类产品，应当按照规定分别加盖相应的验讫印章，并在肉品品质检验人员监督下，按照国家有关规定进行无害化处理。

第十三条　任何单位和个人不得对牛、羊、禽类或牛、羊、禽类产品注水或者注入其他物质。定点屠宰厂（场）不得屠宰已注水或者注入其他物质的牛、羊、禽类。

第十四条　定点屠宰厂（场）对未能及时销售或者及时出厂（场）的牛、羊、禽类产品，应当采取冷冻或者冷藏等必要措施予以储存。

第十五条　定点屠宰厂（场）供应少数民族食用的牛、羊、禽类产品，应当尊重少数民族风俗习惯，按照国家和省有关规定执行。

第十六条　本市设立的牛、羊、禽类定点屠宰厂（场）生产的符合质量要求的牛、羊、禽类产品，在本市行政区域内按照有关规定流通销售。

第十七条　运输牛、羊、禽类产品应当使用防尘、封闭的专用车辆，不得敞车运输。

运输片鲜肉应当有吊挂设备，运输有温度要求的牛、羊、禽类产品应当使用相应的低温运输设备。

运输车辆、工具及容器在使用前后应当清洗并消毒。清真牛、羊、禽类产品不得与非清真牛、羊、禽类产品混装运输。

第十八条　从事牛、羊、禽类产品加工、销售的单位和个人，应当加工、销售定点屠宰厂（场）屠宰的牛、羊、禽类产品，并对加工或销售的牛、羊、禽类产品进行实物登记，存档备查。

不得加工、销售未经检疫、检验或者经检疫、检验不合格的牛、羊、禽类产品。

第十九条　违反本办法规定的单位和个人，由有关行政管理部门依法处理。市商务综合执法支队负责市城区、柳叶湖度假区、德山、西湖、西洞庭、桃花源旅游区的执法监管，其他县市区由各自的商务行政主管部门负责监管。

第二十条　拒绝、阻碍、威胁或者以暴力等方法，妨碍商务综合执法人员依法执行公务的，由公安机关依法予以治安处罚；构成犯罪的，由司法机关依法追究刑事责任。

第二十一条 屠宰监督管理人员和商务综合执法人员滥用职权、索贿受贿、徇私舞弊、玩忽职守的，依法给予行政处分；构成犯罪的，由司法机关依法追究刑事责任。

第二十二条 本办法所称禽类，是指鸡、鸭、鹅。本办法所称禽类产品，是指禽类屠宰后未经加工的胴体、肉、脂、脏器、血液、骨、头、蹄爪、皮等。

第二十三条 本办法自2011年1月1日起施行。

常德市人民政府
关于印发《常德市城区农贸市场管理办法》的通知

常政发〔2010〕4号

武陵区、鼎城区人民政府，德山开发区、柳叶湖旅游度假区管委会，市直有关单位：

《常德市城区农贸市场管理办法》已经市人民政府同意，现印发给你们，请认真贯彻执行。

二〇一〇年二月一日

常德市城区农贸市场管理办法

第一章 总 则

第一条 为促进市城区农贸市场建设，规范经营管理，维护交易秩序，保护开办者、经营者和消费者的合法权益，根据有关法律、法规和规章，制定本办法。

第二条 本办法所称的农贸市场是指由开办者提供固定场所、设施，经营者进场进行集中和公开交易农副产品，并经工商行政管理部门办理营业执照的市场。

第三条 市城区范围内（指武陵区、鼎城区武陵镇、德山开发区、柳叶湖旅游度假区的城市建成区〉农贸市场的规划、建设、经营和监管，适用本办法。

第四条 商务行政主管部门负责牵头组织实施市城区农贸市场行业管理工作。

第五条 农贸市场实行属地化管理，武陵区人民政府、鼎城区人民政府、德山开发区管委会、柳叶湖旅游度假区管委会负责辖区内农贸市场的日常管理工作。

第二章 规划与建设

第六条 市城区农贸市场建设专项规划由市规划部门会同市商务等部门共同编制，作为商业网点规划的重要组成部分，纳入城市总体规划和控制性详规。

第七条 农贸市场专项规划确定的农贸市场用地和设施，任何单位和个人不得擅自改变用途。在实施过程中如需变更规划，须经市规划部门审批。市规划部门在审批中应征求市商务等相关部门意见。

第八条 市商务部门会同市工商、规划、建设、公安消防、城管、卫生、环保、质量技术监督等部门制定常德市农贸市场建设改造标准，报经市人民政府批准后实施。

第九条　市城区范围内的农贸市场应当按照经过批准后的建设改造标准规划、建设、改造，项目建成后经相关部门验收合格，方可投入使用。

第十条　按照“谁开发、谁建设、谁管理、谁受益”的原则，鼓励公民、法人、其他组织投资新建、改建、扩建农贸市场。

第十一条　农贸市场建设纳入公共财政支持范围，对市城区农贸市场提质改造和新建，市、区两级财政实行定额补助，补助标准由市商务部门会同市财政部门另行制订，报市人民政府批准后执行。

第十二条　新建、改建、扩建农贸市场的各项地方性行政规费全免，办理证照只收取工本费；服务性收费按最低标准收取。

第三章　市场开办

第十三条　开办农贸市场应当具备下列条件：

㈠符合农贸市场专项规划要求；

㈡具备与市场规模相适应的固定场地、设施、管理机构和专职管理人员及卫生保洁人员；

㈢法律、法规和规章规定的其他条件。

第十四条　开办农贸市场应当到工商行政管理部门办理市场营业执照。需要办理规划、建设、用地等其他审批手续的，应当按照有关规定办理。

第十五条　市场开办者依法自主经营，收取场地、设施租金和其他规定范围内的服务费用。

第十六条　市场开办者应当履行以下职责：

㈠建立健全市场内治安、消防、环境卫生、市场准入及农产品质量安全监督管理和消费纠纷投诉受理等日常管理制度并组织落实；

㈡负责市场内消防、安全、给排水、市容环境卫生、计量、用电等设施的设置、维护和更新，并保证相关设施处于完好状态；

㈢制止并协助行政管理部门查处场内经营者扰乱市场经营秩序的行为；

㈣定期对经营户进行有关法律、政策的宣传教育，在经营户中开展文明经商活动；

㈤按照农副产品种类合理布局，划行归市，功能分区，分类设摊；城乡接合部农贸市场应设立自产自销区，供菜农进场交易；

㈥审查入场销售经营户的资格，明确入场销售的产品安全管理责任，定期对入场销售者的经营环境、条件、内部安全管理制度和经营产品是否符合法定要求进行检查；

㈦法律、法规、规章规定的其他职责。

第十七条　市场开办者按照规定设置合格的公平计量器具，负责市场内计量器具的定期检定管理工作，并在市场内设立投诉点接受投诉。

第十八条　市场开办者按照规定在市场内配置检测室，负责市场内销售农副产品的安全检测，检测结果及时公示。负责建立进销今帐，实行质量追溯。

市场开办者应当协助执法人员查验畜禽产品检疫检验合格证明、检疫标志和法律、法规、规章规定应当检测合格方可销售的其他农副产品的检测证明，对无检疫证明或检测不合格的，禁止入场交易。

第十九条　活禽销售必须设立相对独立的区域，水禽与其他活禽分区经营，污物(水）处置和消毒设施完善，实行隔离屠宰，保持环境卫生。

第二十条　市场开办者负责维护市场内的市容环境卫生，及时清除场内的污水、垃圾和其他废弃物。

开办市场必须有相应垃圾收集点、停车场和配套公厕，并保持配套设施达到国家规定的卫生标准。

市场开办者依法承担场外责任区内的“门前三包”责任。

第二十一条　市场开办者必须与经营者依法签订合同，依照合同对经营者的经营行为实施管理。

第四章　经营规范

第二十二条　农贸市场经营者依法自主经营，依法自主决定农副产品价格和服务收费标准。

第二十三条　除农民销售自产的农副产品外，其他经营者在经营场所内必须悬挂营业执照和其他相关证照。

第二十四条　农贸市场经营者应当遵守下列规定：

㈠遵守法律、法规、规章和市场内各项管理制度；

㈡市场内农副产品必须划行归市，从事经营活动的单位和个人应服从农贸市场的统一安排，在划定区域内经营；

㈢货物摆放整齐、摊内外地面干净卫生；

㈣使用国家法定计量单位和依法检定合格的计量器具；

㈤遵守交易规则，文明经商；

㈥履行国家有关消费者权益保护、产品质量等法律、法规、规章规定的义务。因所售农副产品质量或者提供服务不合格对消费者造成伤害的，应当依法承担相应的责任。

第二十五条　市场内禁止销售下列产品：

㈠假冒伪劣或者过期、失效、变质的产品；

㈡病死、毒死或者死因不明的动物及其产品；

㈢农药残留超标的蔬菜、水果等；

㈣法律、法规、规章禁止销售的动植物及其制成品、其他农副产品。

第二十六条　市场内禁止下列行为：

㈠对环境造成污染，对人体健康造成危害的烧、烤、煎、炸等。

㈡强买强卖，骗买骗卖，欺行霸市；

㈢掺杂、掺假、以假充真、以次充好；

㈣法律、法规、规章禁止的其他行为。

第五章　行业监管

第二十七条　商务、工商、城管、食品药品监督、质量技术监督、农业、林业、畜牧兽医水产、公安、消防、建设、规划、物价、环保等部门根据各自职责，依法共同做好农贸市场的监督管理工作。

商务部门负责组织制定和实施农贸市场行业发展规划，制定行业管理规范，指导行业自律，落实相关优惠政策。

工商行政管理部门负责对农贸市场农产品质量安全和经营行为实施监管，查处交易活动中的违法行为，维护市场经营秩序，保护消费者权益。

城管部门负责农贸市场市容环境卫生的监督管理，对依照有关规定设立的临时性市场实行限时、限地监督管理，取缔农贸市场周边的马路市场。

食品药品监督管理部门负责农贸市场餐饮消费环节的监督管理。

质量技术监督部门负责农贸市场经营活动中的计量器具和计量行为的监督管理。

农业部门配合工商等部门做好农产品质量安全的监督管理。林业部门会同工商部门对市场野生动植物的经营进行监管，查处违法经营行为。

畜牧兽医水产部门负责畜禽和水产品质量安全的监督管理。公安部门负责农贸市场的治安管理，依法查处市场内阻碍执法、抗法等违法犯罪行为，督促市场开办者建立安全保卫机构，落实安全保卫措施。

消防部门负责农贸市场消防安全的监督管理。

规划部门负责农贸市场的规划管理。

建设部门负责农贸市场建设质量安全的监督管理。

物价部门负责对市场经营者销售产品明码标价的规范，查处各种价格违法行为。

环保部门负责市场环境保护的监督管理。

其他有关行政管理部门根据各自职责加强对农贸市场的监督管理。

第六章　法律责任

第二十八条　市场开办者、经营者违反本办法规定的，由有关行政管理部门依法进行处罚；构成犯罪的，依法追究刑事责任。

第二十九条　违反城市规划改变市场用途的，依法责令改正，不得享受相关优惠；已经享受优惠的，由相关部门负责追回优惠资金。

第三十条　职能部门及其工作人员在农贸市场监督管理工作中滥用职权、玩忽职守、徇私舞弊的，依照有关规定给予行政处分；构成犯罪的，依法追究刑事责任。

第七章 附 则

第三十一条 本办法自2010年3月1日起施行。

常德市人民政府
关于印发《常德市城区农贸市场建设改造标准（试行)》的通知

常政发〔2010〕5号

武陵区、鼎城区人民政府，德山开发区、柳叶湖旅游度假区管委会，市直有关单位：

《常德市城区农贸市场建设改造标准（试行)》已经市人民政府同意，现印发给你们，请认真贯彻执行。

二〇一〇年二月一日

常德市城区农贸市场建设改造标准（试行)

第一章 总 则

第一条 为抓好农贸市场建设改造工作，改善农贸市场经营与购物环境，制定本标准。

第二条 农贸市场是指由开办者提供固定场所、设施，经营者进场进行集中和公开交易农副产品，并经工商行政管理部门办理营业执照的场所。

第三条 农贸市场建设改造具体形式包括新建、提质改造。

第四条 新建改造农贸市场招牌使用统一的材质、字体和色彩（可采取统一设计标识，全市建设风格统一)。

第二章 市场规划及建设标准

第五条 选址要求。农贸市场选址必须符合规划部门制定的布局规划和《常德市城市商业网点布局规划（2006—2020)》的要求，坚持以人为本的原则，与城市开发改造同步规划、同步建设。农贸市场服务半径不大于800米。

第六条 建筑要求。农贸市场应具有良好的通风条件，室内宽敞明亮，不宜建在地下层。新建市场经营面积应不小于1000平方米。农贸市场布局结构比例宜为：摊位面积55%、通道面积35%、辅助面积10%。市场内净高应不低于4米，主通道宽度应不小于3米，次通道宽度应不小于2米，出入口不少于2个，主要出入口的宽度不小于4米。

第七条 场内布局要求。农贸市场经营布局按商品种类分区，鲜、活、生、熟、干、湿商品严格分开。经营鲜活禽畜、水产的区域与其他食品加工或经营区域隔开，间距不少于5米；熟食、卤腊经营档不得与经营鲜活禽畜、水产的区域相邻或相对；熟食、卤品、豆制品、酱菜等直接入口食品的柜台距离活禽专柜、卫生间、垃圾房的间距应大于10米；

活禽档、水产档、海鲜档集中设置。

第八条　给排水设施要求。场内配备合理的供水系统，设置供消费者使用的供水点。柜台内设置带滤网地漏，下水通过暗沟排放。主下水道排水管应设置管径大于400毫米的PVC管。水产、冰鲜、禽类经营区内排放污水要设置格栅沉淀设施，污水排放要满足污水处理厂进水水质要求。

第九条　通风要求。市场要保持良好的通风。市场排放废气应采用管道式二级排风系统，废气经专用管道净化后高空排放。通风不畅的市场，应安装与面积相适应的抽送风机设施。

第十条　照明和用电设施要求。市场内用电管线采 用暗敷，或采用桥架敷设，电线必须穿管敷设。应配备符合用电负荷、安全的供电设施，并设置漏电防护装置。设置专用配电间，电表集中管理。市场内普照灯光度应达到100LX，柜台摊位辅助灯光度达到150LX，主通道出入口应设置应急灯。每个摊位应根据经营需要设置带地线低压电源插座，水产摊位应安装防水电源开关、插座。

第十一条　市场地面及墙身要求。市场为防滑地面，色调统一，并向排水沟倾斜，坡度为1%~3%，市场内墙身和立柱四周贴墙砖，高度不低于1.8米。

第十二条　消防等安全设施要求。市场要按照消防要求配备必要的消防设施，符合消防规范的要求。

第三章　场内经营设施标准

第十三条　摊档台建设总体要求。市场内摊档台设置要整齐划一，台面用不锈钢或面砖制作，柜台应设置档水设施，保证柜台前后有一定坡度。柜台外立面贴墙面砖。柜台经营摊位结合部应留出设置电子秤及悬挂证照、号牌和安装辅助光源的不锈钢支架位置，支架顶端离柜台面1.8米。

第十四条　鲜肉类柜台要求。鲜肉类销售设置砧板、肉架等专用器具。肉品柜每柜台面面积不少于1.4平方米，柜台高度为700毫米，柜台面宽度为700毫米，应设置不锈钢制挂架，挂架离柜台面高1米，柜台面应用穿孔不锈钢制作。

第十五条　水产、冰鲜柜台要求。水产、冰鲜柜每柜面积不少于5平方米，必须设置固定操作台，配置排污槽、污物桶。冰鲜柜要求配有冷柜保鲜。水产类销售柜台外立面地台高300毫米，外柜玻璃400毫米，内柜玻璃300毫米，池内按经营需要用玻璃设置活动隔板，台面应用穿孔不锈钢制作，柜台应设置砧板。

第十六条　活禽类区建设要求。按照存放、宰杀、销售三分离的原则，用玻璃与其他商品区隔离设置。采 用管道式排风，同时设置符合流量要求的排风系统，并视外部环境需要，使用符合环保要求的方式排放废气。存放活体禽类使用不锈钢笼，笼底应设置接载禽类粪便的设施，配备给排水设施、清洗水池、操作台以及垃圾收集设施。

第十七条　熟食及半成品柜要求。应配有防尘、防蝇、防鼠、防蟑螂设施；有专用带滑门的玻璃或有机玻璃柜，配置加热或冷藏设施，不得露空售卖；进行熟食分切应设置专间。熟食间设有更衣室、洗手、消毒设备，用脚踏式或自动感应式水龙头。

等十八条　豆制品柜要求。豆制品销售应设置冷藏设备，应在25℃以下陈列销售，分类陈列，未销售完的互制品应放入冷柜贮藏。

第十九条　粮油、干货、调味品柜要求。应设置独立门面，面积不少于5平方米，安装卷闸门，设置统一台面、货架，商品堆放高于地面10毫米。

第二十条　“农改超”“农加超”的超市设施要求。超市的农产品经营面积不少于60%；每500平方米配置2台以上收款机，散装生鲜食品应设置2台以上电子秤；设有冷藏库、冰库、保鲜壁柜、制冷机等相应设备；配备寄存柜、手推车、菜篮子和负责提供有超市名称的购物袋；配有电子监控系统和其他防盗设施：配备公用电话等便民设施。

第二十一条　自产自销区要求。近郊的市场要划定一定区域，设置独立的自产自销区。

第四章　场内附属设施标准

第二十二条　市场设有管理办公室。按规定领取营业执照，并悬挂在办公室内，市场建立健全治安、消防、卫生制度并在办公室内公示，配备专职管理人员，管理人员经过培训上岗，有条 件的市场实行统一着装并佩戴标志。办公室设置开水供应处和公平秤、服务、问询、投诉处，配备专职人员。有条件的市场设置顾客休息场所和电视监控系统。

第二十三条　检测设施要求。市场设置面积不小于6平方米的食品安全检测室，检测室设置采 用密闭和透明材料建造，操作规程悬挂在检测室内，检测结果要进行公示，检测室门口应设有明显标志。

第二十四条　宣传和导购设施要求。市场设置宣传、告示、商品区域及摊位号牌、导购图，有条 件的市场应设置电子显示屏。

第二十五条　停车场要求。根据市场规模，相应设置车辆停放场、点。

第二十六条　卫生间要求。布场设置卫生间（不得设置在熟食经营区域内按不低于二级公厕标准建设。

第二十七条　环卫要求。市场内通道按每1000平方米不少于6个的标准合理设置果皮箱或垃圾箱，每个摊位设有统一的垃圾容器，设置垃圾临时收集点，市场垃圾日产日清。

第二十八条　其他要求。市场必须使用统一配置的电子秤、冰柜，电子秤要符合计量法律法规的要求，尤其是最小分度值和准确度要满足零售商品计量允许误差的规定。

第五章　附　则

第二十九条　本标准适应于常德市城区内（武陵区、鼎城区武陵镇、德山开发区、柳叶湖旅游度假区的城市建成区）新建、提质改举的农贸市场。新建是指在规划内按此标准建设新的农贸市场；提质改造是指对原有农贸市场按此标准进行改造提升。

第三十条　本标准与法律、法规、规章和国家、省标准等相冲突时，以国家的法律、法规、规章和国家、省标准为准。

第三十一条　本标准自2010年3月1日起施行。

常德市人民政府办公室
关于印发《常德市粮油食品生产经营管理办法》和
《常德市乳及乳制品管理办法》的通知

常政办发〔2004〕39号

各区县（市）人民政府，德山开发区、柳叶湖旅游度假区、西湖管理区、西洞庭管理区管委会，市直有关单位：

现将《常德市粮油食品生产经营管理办法》和《常德市乳及乳制品管理办法》印发给你们，请认真遵照执行。

二○○四年十二月十日

常德市粮油食品生产经营管理办法

第一条　为加强粮油食品生产经营管理，维护粮油食品生产者、经营者和消费者的合法权益，根据国家有关法律法规，结合我市实际，制定本办法。

第二条　本市行政区域内所有从事粮油食品生产经营的企业和个人，均应遵守本办法。

本办法所称粮油食品，是指大米、小麦粉、食用植物油等及其制成品。

第三条　市“放心粮油”管理办公室负责督促、协调各有关职能部门切实履行粮油食品监督管理职责。粮食、卫生、工商、质监等部门依据各自职责，共同做好粮油食品的监督、管理工作。

第四条　粮油食品生产、加工企业必须具备食品企业通用卫生规定的条件（GB14881-94）。

第五条　符合规定条件的企业应当办理卫生许可证，通过环保审批，领取营业执照，获得食品生产许可证后方可从事粮油食品加工生产。

第六条　生产粮油食品原辅材料必须符合下列要求：

（一）加工大米、小麦粉和食用植物油所需的稻谷、小麦和菜籽、茶籽、棉籽等，以及加工米粉和面条所需的大米和小麦粉，都必须符合国家规定的质量标准（具体标准详见附件1）。严禁用陈化、霉变的原料加工生产。

（二）粮油食品加工过程中的生产用水，必须符合《生活饮用水卫生标准》（GB5749-1985），严禁使用不符合卫生标准的水加工生产粮油产品。

（三）粮油食品加工过程中使用的添加剂必须符合《食品添加剂使用卫生标准》（GB2760-1996），并应严格控制使用范围和剂量，严禁使用标准规定之外的任何有害物质作为添加剂。

（四）加强原辅料的储存保管，确保原辅料的质量安全。

第七条　粮油食品生产企业必须严格遵守以下规定：

（一）严格质量把关，规范工艺操作，所有加工生产的大米、小麦粉和食用植物油，以及米粉和面条等产品，其感官、理化指标和微生物指标，都必须符合国家或行业标准（具体标准详见附件2）。

（二）在粮油食品生产过程中，要严格做到原辅料与半成品、成品分开隔离，防止交叉污染，同时要确保粮油食品不接触有毒物和不洁物。

（三）严格执行不合格品处理制度，对生产过程中出现的不合格品，以及超过保质期的产品，必须按规定妥善处理，严禁回头再加工。

（四）所有加工生产的粮油食品，必须严格执行《食品标签通用标准》，标注食品准入QS标志、生产厂家、生产日期及保质期限等。鼓励采用定型包装，包装物使用的原材料应符合卫生要求。

（五）加强粮油产品的储存保管，专仓存放，严防质变，确保安全。

第八条　生产粮油产品应注意操作卫生，严格按卫生规程进行。其中，加工面条和米粉必须达到以下要求：

（一）进入生产车间的人员必须穿戴清洁的工作服、鞋、帽，其中操作人员还须清洁双手和消毒，并通过消毒间进入生产车间。

（二）生产结束后，应及时对生产设备、操作台、生产车间地面进行彻底清洗，消除生产垃圾。

（三）生产车间、更衣室、工间休息室必须做到经常清扫、冲洗，定期消毒。

第九条　粮油加工企业应加强内部管理，建立健全相应的岗位责任制及原辅料采购制度、生产管理制度、卫生管理制度、质量检验制度、不合格品处理制度等一系列规章制度，并严格执行，确保粮油产品的安全生产和质量达标。凡不符合质量标准的产品，一律不得出厂。

第十条　从事粮油食品销售的企业（店）和个人应具备下列条件：

（一）有一定规模的经营店面；

（二）有与经营相适应的专用库房，并配备通风、防潮、防虫、防鼠等设施；

（三）从业人员必须每年进行健康检查，取得健康证和卫生知识培训合格证，并持证上岗。

第十一条　符合第十条规定条件的，应分别取得卫生许可证、营业执照后方可从事粮油食品销售。

第十二条　不得销售没有检验合格证，不符合质量、计量、卫生、标签、包装等规定的粮油食品；销售期间出现粮油食品霉变、污染，超过保质期等，应立即停止销售，妥善处理。

第十三条　市“放心粮油”管理办公室应督促粮食、卫生、工商、质监等部门，积极履行监管粮油食品生产经营的职责，做好以下工作：

（一）依法审查生产、销售粮油食品企业和个人的资质条件。对现已从业但不符合国家有关规定的，要限期整改，整改后仍不达标的，要责令停业；对新申请从业的，要依法组织评审，根据评审结果决定是否准予开业。

（二）加强对粮油食品生产、销售的监督和检查，全面掌握粮油食品生产厂家、经销门店的环境卫生、工艺规程、原辅料采用、产品质量及经营信誉等情况，并及时发现问题，督导整改。检查、抽查及整改结果必要时向社会公告。

（三）阻止并杜绝市内、外不合格粮油食品流入本市经销市场；严厉打击制假贩假和欺诈行为，确保粮油食品市场安全稳定。接受并处理消费投诉，维护粮油食品消费者的合法权益。

（四）对违法行为及时依法查处。

第十四条　广播、电视、报纸等媒体，应加强粮油食品质量标准和相关知识的宣传，提高消费者的食品科学知识，增强自我保护能力。各有关职能部门应建立社会监督机制，公布投诉、举报电话，鼓励社会各方面对粮油食品生产经营进行监督。

第十五条　市粮食行业协会应当加强行业自律，督促粮油食品生产经营者循规守法，照章办事。按照公开、公平、公正的原则，向社会推介“放心粮油食品”。

第十六条　对未经批准，私自生产销售粮油食品，证照不全、伪造证照生产销售粮油食品，生产销售的粮油食品达不到质量标准，粮油食品的包装标签达不到规定要求，制售伪劣粮油食品，生产销售粮油食品的场所环境严重脏乱差等行为，分别由粮食、卫生、质监、工商等部门依法查处。情节严重的由工商部门依法吊销营业执照，质监部门吊销食品生产许可证。

第十七条　商店、宾馆、餐饮店、集体伙食单位等购进、销售或使用无 QS 标志的粮油食品的，由质监部门依法查处；情节严重的，由工商部门依法吊销营业执照。

第十八条　负责粮油食品生产、销售监督管理职责的国家工作人员玩忽职守、徇私舞弊的，依法给予行政处分，构成犯罪的，依法追究刑事责任。

第十九条　本办法自 2005 年 1 月 1 日起施行。

常德市乳及乳制品管理办法

第一条　为加强乳及乳制品生产经营的监督管理，提高乳品质量，保障人民身体健康，根据国家有关法律、法规，结合我市实际，制定本办法。

第二条　本办法适用于本市行政区域内所有从事乳及乳制品生产经营的单位和个人。

本办法所称乳及乳制品是指消毒乳、新鲜生乳、混合消毒乳、炼乳（淡、甜）、奶粉(全脂、脱脂和全脂加糖)、奶油、干酪、酸乳、乳糖、乳清粉等。

第三条　市卫生行政部门负责乳及乳制品的卫生监督管理工作。市工商、质监、食品药品监督、畜牧等行政管理部门按照各自职责做好乳及乳制品生产销售的监督管理工作。

第四条　开办乳及乳制品生产厂，应当办理卫生许可证、食品生产许可证，领取营业执照。

第五条　乳及乳制品生产经营人员必须每年进行健康检查，取得健康合格证明和卫生知识培训合格证。

第六条　乳及乳制品生产经营单位应加强生产经营管理，建立健全相应的管理制度，配备专职或兼职的管理人员。

第七条　为防止人畜共患病的传播，乳牛由当地动物防疫机构定期检疫。发生传染病时，乳牛饲养单位或个人应立即向畜牧、卫生等部门报告，采取有效免疫、治疗、消毒、隔离、扑杀等防治措施。被污染的乳汁不得供食用。

第八条　乳及乳制品生产企业必须具备食品企业通用卫生规定的条件（GB14881-94）。

第九条　乳及乳制品企业生产经营过程必须符合下列要求：

（一）牛舍、牛体应保持清洁，设置单独挤奶间，防止污染乳汁。

（二）挤奶操作人员双手干净卫生，乳牛挤奶前后均要消毒，擦洗牛乳房要做到一牛一巾，挤奶前半小时不要清扫和更换饲料，避免尘埃飞扬。

（三）挤下的乳汁必须尽快冷却或及时加工，消毒乳、酸牛乳在发售前应置于10℃以下冷库保存，奶油应置于-15℃以下冷库保存，防止变质。

（四）乳品生产车间应保持内外环境整洁，及时清洗地面，清除垃圾，定期消毒。

（五）生产车间工作人员要保持良好的个人卫生，进入车间前必须穿戴清洁的工作衣、帽、鞋，清洁双手和消毒。进入灌装间的人员必须进入二次更衣室更衣，配戴口罩方准进入。

（六）生产场所不得存放与生产无关的设备物品，防止乳及乳制品与有毒物、不洁物相互污染。

（七）凡与乳品直接接触的工具、容器及机械设备，在生产结束后要彻底清洗，使用前要严密消毒。

（八）乳汁中不得掺水，不得加入任何其他物质。乳品中使用添加剂应符合现行的《食品添加剂使用卫生标准》。

（九）乳品贮存要有单独冷库并清洁干燥通风。成品存放离地隔墙，入库乳品要标明日期，先进先出，避免存放时间过长引起变质。

第十条　乳品的包装必须完整，包装材料应符合国家有关卫生、质量标准。产品标签必须符合《食品标签通用标准》（GB7718-1994）要求，分别标明品名、厂名、厂址、生产日期、批号、保存期限、食用方法和生产许可标志等事项，其产品标签和说明书不得有夸大或虚假的宣传内容。

第十一条　乳品的运输工具应清洁干净，防止日光照射和雨水入侵，禁止与有毒、有害物品及其他有气味的物品混运；装卸时避免强烈震动，防止包装破裂，原料乳、酸乳、奶油、干酪要低温运输。

第十二条　乳及乳制品批发销售的营业间必须与库房分开，经营场所必须与生活场所分开，严禁有毒有害物品与乳及乳制品同库贮存。

第十三条　禁止生产经营下列乳品：

（一）腐败变质、不洁，混有异物或其他感官性状异常的；（二）含有毒、有害物质，或者被有毒、有害物质污染，可能对人体健康有害的；（三）未经检疫的乳牛所挤乳汁生产的产品；（四）掺假、掺杂、伪造，影响营养、卫生的；（五）超过保质期限的；（六）未经检验或检验不合格出厂的；（七）无有关证照生产的；（八）其他不符合国家食品卫生质量标准的。

第十四条　卫生、质监、食品药品监督、畜牧、工商等行政管理部门应加强对乳及乳制品生产厂家、销售单位卫生状况、产品质量的监督检查，并及时向社会公布检测结果。

第十五条　各行政主管部门应当公布举报电话。对违反本办法的行为，任何人都有权检举和控告。

第十六条　违反本办法规定，依法应给予行政处罚的，由县级以上卫生、工商、质监、畜牧等行政管理部门依照有关法律法规给予行政处罚。

第十七条　负有乳及乳制品生产经营监督管理职责的国家工作人员滥用职权、玩忽职守、徇私舞弊的，依法给予行政处分；构成犯罪的，依法追究刑事责任。

第十八条　本办法2005年1月1日起施行。

市粮食局、市财政局、市农发行
《关于印发〈常德市市级调节储备粮管理办法（试行）〉的通知》

常粮联〔2007〕1号

各市级调节储备粮承储企业：

现将《常德市级调节储备粮管理办法（试行）》印发给你们，请遵照执行。执行中有何问题，请及时反馈给市粮食局、市财政局、市农发行。

附：常德市市级调节储备粮管理办法（试行）

二〇〇七年元月九日

常德市市级调节储备粮管理办法（试行）

为落实市政府常政发〔2006〕8号文件精神，认真抓好市储备粮的管理工作，特制定本办法。

一、建立市级储备粮的目的和原则

建立市级储备粮的目的是保障粮食安全，应对因自然灾害等原因引起的粮食市场波动，扶持粮食产业化龙头企业又快又好的发展，促进社会主义新农村建设。

市级储备粮调节储备的基本原则是购得进、销得出、调得动、用得上。

二、代储条件

代储企业应具备以下条件：（1）主营业务以粮油仓储和粮油加工为主；（2）总仓容达到1万吨以上（含1万吨，下同）；（3）具备农业发展银行贷款资格；（4）有较强的保防力量；（5）必须具备一定数量的合格检测专业人员和必备的检测设备；（6）具有独立的产权关系和法人资格；（7）经营状况良好，近年来不发生亏损。

三、品种和数量

收储品种为普通籼稻谷（包括成品粮），具体稻谷品种由代储企业自定。储备数量一年一定。

四、贷款发放与监管

由市农发行在市下达各企业的代储规模内，按国务院规定的最低收购价（或普通籼稻谷市场均价）加收购费用2.5元/百斤发放粮食收购贷款，每百斤具体贷款标准由市财政局、市农发行、市粮食局按具体品种联合下达，贷款实行期限管理，一年内由企业周转使用。

五、库存核查和监管

1.调节储备粮粮权属代储企业。代储企业根据市场行情和企业经营需要自主进行收购、销售和轮换，并对粮食经营盈亏负责。但在市场供求紧张、粮价大幅波动时，代储企业必须服从市政府宏观调控，在保本微利的情况下将调节储备粮按照市政府的要求参与粮食市场调节。

2.建立调节储备粮库存月报制度。代储企业须如实上报月末库存。库存月报表（见附件1）由代储企业于月后5日内上报市粮食局（调控科）、市财政局（经建科），同时抄送市农发行（客户科）。市有关部门将不定期进行检查，对企业报表不实的取消其代储资格。

3.调节储备粮的库存要求。月最低库存量要达到代储总规模的40%（原粮、成品粮），季度平均库存要达到下达的储备规模。有关部门要采取定期或不定期抽查方式加强库存检查。

4.粮食质量和储存安全。由市粮食局参照《湖南省省级储备粮管理办法（试行）》和《湖南省省级储备粮质量监督抽查扦样检验制度（试行）》，对企业代储的调节储备粮食质量及安全储存等方面的情况进行定期或不定期检查。

六、补贴

调节储备粮储存期间的利息补贴和保管费用从市本级节余的粮食风险基金中支出。由有关部门根据企业代储规模和粮食收购价格（最低收购价或普通籼稻谷市场均价加上收购费用）确定贷款规模，按农发行当期贷款利率计算利息补贴。月最低库存低于其代储规模的40%，不给予利息补贴。保管费用按年2元/百斤予以安排。每半年预拨利息费用补贴，年终据实清算。粮食储存不安全，质量不符合标准的酌情扣减保管费用。调节储备粮一律不安排损失损耗、轮换等费用补贴。

七、代储合同

代储试点企业必须与市粮食局、市财政局签订《常德市市级调节储备粮代储合同》（样式见附件2）。

附件1：

常德市市级调节储备粮库存月报表

表附-2-1

填报单位　　　　　　　　　　　　　　　　　　单位：吨/原粮、成品粮

存放地点	存放仓廒	数量	其中				备注
			品种(早、中、晚籼/原粮)	数量	品种(早、中、晚籼/成品粮)	数量	
普通籼稻品种小计（折合原粮）							
合计（折合原粮）							

单位负责人：　　　　　　　填报人：　　　　　　　　　填报日期：

备注：1.市级调节储备粮库存以月末30日（或31日）24：00时为统计时点；

2.要求在月后5日内上报。

附件 2：

常德市市级调节储备粮代储合同

甲方：常德市粮食局、常德市财政局

乙方：责任单位：__________________________（定点代储企业）

签订地点：常德市

时间：______________________

根据《常德市市级调节储备粮管理办法（试行）》要求，甲乙双方就常德市市级调节储备粮代储事项签订本合同，并共同遵守：

第一条　市级调节储备粮代储品种、数量和代储补贴标准：

市级储备粮代储品种、数量：

品种为普通籼稻谷（包括成品粮），具体稻谷品种由代储企业自定；

数量______________________________万吨；

代储补贴标准：

在代储企业代储规模内按国家、省规定的最低收购价（或普通籼稻谷市场均价）加收购费用每百斤 2.5 元和农发行当期贷款利率计算利息补贴，月最低库存低于其代储规模的 40%，不给予利息补贴。调节储备粮保管费用按年每百斤 2 元予以安排，粮食储存不安全，质量不符合标准的酌情扣减保管费用。调节储备粮一律不安排损失损耗、轮换等费用补贴。

第二条　乙方按《常德市市级调节储备粮管理办法（试行）》要求，开展市级调节储备粮代储业务。

第三条　市级调节储备粮粮权属代储企业，其收购、销售和轮换由企业根据市场行情和企业经营需要自主进行，盈亏由企业自负。但在出现重大自然灾害和突发事件时，市场粮食供求紧张、粮价大幅波动时，代储企业必须服从市政府宏观调控，在保本微利的情况下将调节储备粮按照市政府的要求参与粮食市场调节。

第四条　甲方每年 7 月 15 日前向乙方预拨上半年利息费用补贴，年终据实清算，多退少补。

第五条　乙方代储的原粮质量要符合国家质量标准三等以上（含三等），成品大米质量要符合国家质量标准一等以上。

第六条　乙方必须按照“一符四无”的要求科学储粮。加强对市级调节储备粮的库存实物管理，做到账实相符，并常年达到无害虫、无变质、无鼠雀、无事故的“四无粮仓”标准，确保储存安全。储存市级调节储备粮的仓储设施，必须符合上不漏、下不潮、通风好、密闭严、能降温的条件。

第七条　乙方在市级调节储备粮代储过程中，接受甲方的监督管理。甲方对乙方代储的市级调节储备粮，定期和不定期进行检查和抽查，对乙方不能按甲方要求收购、保管、轮换代储粮食的，甲方可随时取消乙方代储资格，并扣减相应的补贴。

第八条　乙方必须定期向甲方上报《常德市级调节储备粮库存月报表》，并做到账实相符，收支有据。

第九条　乙方在代储过程中转包或验收检查中达不到要求及因自身原因违反《常德市市级调节储备粮管理办法（试行）》等有关规定的，甲方可取消乙方的市级调节储备粮代储资格，并扣减相应的补贴。

第十条　本合同未尽事宜，由甲、乙双方协商解决，协商结果以“纪要”形式作为合同的附件，与合同具有同等的法律效力。

第十一条　附则

1.本合同经甲、乙双方签字、盖章后生效。合同内容如国家法律、法规及政策另有规定的，从其规定。

2.本合同一式叁份，甲、乙方单位各执壹份。

甲方：　　　　　　　　　　授权代表（签章）

常德市粮食局

常德市财政局

乙方（定点代储企业）：　　　授权代表（签章）

二〇〇七年1月九日

索 引

A

B

C

D

E

F

G

H

J

K

L

M

N

P

Q

R

S

T

W

X

Z

编后记

2012年7月，由市商务局牵头组建《常德市商务志（1989—2010）》编纂班子，即应《常德市人民政府志》编修工作领导小组的紧急要求，着手搜集资料，编纂该志第五篇（施政纪要）中的第四章（商贸流通），突击完成该任务后，于10月下旬正式开始编纂《常德市商务志》。该志作为反映常德商务大流通历史的地方志，由市商务局、市粮食局、市贸促会、中石化常德分公司、中石油常德分公司、市酒管办（商务执法支队）等承修单位的编修人员共同完成。

本志文字资料主要来源于市档案馆的馆藏档案，部分采集于各相关单位的自存档案，另有少量的资料系编纂人员通过召开座谈会或个别走访的形式找当事人征集或搜集。图片主要来源于各承修单位的档案，另有一部分征集于相关个人或捐献者，少数的由编纂人员在不影响历史真实性的原则下补拍。互联网上的某些文字和图片资料，能对本志相关部分起到校核和补充作用的，经核实或考证之后，为我们所采用。

在本志的资料搜集中，得到市档案局（档案馆）和各承修单位档案室的大力支持，其纸质档案成为构成本志的最主要资料的来源。除此而外，编纂办在通过召开座谈会或个别走访的形式找当事人征集或搜集前述档案中无法得到的珍稀资料方面，得到了许多相关单位的老同志的鼎力相助：他们将自己秘藏的资料和照片送到我们编纂办来，这些珍贵的资料，有的弥补了我们的资料之不足，有的为我们提供了新的素材。特别是许荣武、谭志等同志，分别为我们提供了招商引资和进出口贸易方面的详尽资料，给我们的编修工作注入了难得的主要顺利因素。

对于为本志的编纂出版做出过无私奉献的全体同志，我们在此表示衷心的感谢！

至于编纂人员，有的抢救性地拍摄了不少珍贵、稀有的照片以丰富本志的内容，虽为“职责”所系，但其敬业精神值得称颂。编纂者们为了本志的早日出版，不计报酬厚薄，无论上班下班，虽然无人鞭策，但其奉献精神值得点赞。

我们全体编纂人员虽然力求做得最好，但囿于水平或某些条件的限制，疏漏在所难免，敬祈读者批评指正。

《常德市商务志》编纂办公室

2017年4月